PESQUISA OPERACIONAL

8ª EDIÇÃO

PESQUISA OPERACIONAL

8ª EDIÇÃO

HAMDY A. TAHA

Tradução
Arlete Simille Marques
Engenheira Química – UFPR

Revisão Técnica
Rodrigo Arnaldo Scarpel
Professor doutor do Instituto Tecnológico de Aeronáutica – ITA

Pearson

Tradução autorizada a partir da edição original em inglês *Operations Research: an introduction*, 8th ed., publicada pela Pearson Education Inc., sob o selo Prentice Hall.

Gerente editorial: *Roger Trimer*
Editora sênior: *Sabrina Cairo*
Editor de desenvolvimento: *Marco Pace*
Editora de texto: *Arlete Sousa*
Preparação: *Alessandra Miranda de Sá*
Revisão: *Daniela Medeiros e Érica Alvim*
Capa: *Celso Blanes*
Projeto gráfico e diagramação: *Globaltec Artes Gráficas*

Dados Internacionais de Catalogação na Publicação (CIP)
(Câmara Brasileira do Livro, SP, Brasil)

Taha, Hamdy A.
Pesquisa operacional : uma visão geral / Hamdy A. Taha ; tradução Arlete Simille Marques ; revisão técnica Rodrigo Arnaldo Scarpel. -- 8. ed. -- São Paulo : Pearson Prentice Hall, 2008.

Título original: Operations research : an introduction
ISBN 978-85-7605-150-3

1. Pesquisa operacional 2. Programação (Matemática) I. Scarpel, Rodrigo Arnaldo. II. Título.

07-8879 CDD-658.4034

Índice para catálogo sistemático:
1. Pesquisa operacional : Administração 658.4034

Direitos exclusivos cedidos à
Pearson Education do Brasil Ltda.,
uma empresa do grupo Pearson Education
Avenida Santa Marina, 1193
CEP 05036-001 - São Paulo - SP - Brasil
Fone: 11 2178-8609 e 11 2178-8653
pearsonuniversidades@pearson.com

Distribuição
Grupo A Educação
www.grupoa.com.br
Fone: 0800 703 3444

Para Karen

Los rios no llevan água,
el sol las fuentes secó...
¡Yo sé donde hay uma fuente
que no ha de secar el sol!
La fuente que no se agota
es mi propio corazón...

V. Ruiz Aguilera (1862)

Sumário

Prefácio

Pesquisa operacional traz uma importante colaboração às discussões e pesquisas sobre o tema, à medida que oferece um texto atual e coeso e dá ênfase às aplicações e cálculos em pesquisa operacional. Dentre os principais assuntos e características do livro, destacam-se:

- O Capítulo 2 é dedicado à modelagem em programação linear com aplicações nas áreas de renovação urbana, arbitragem de moedas, investimento, planejamento de produção, mistura, programação e perda por corte. Problemas de fim de seção tratam de tópicos que abrangem desde gerenciamento da qualidade da água e controle de tráfego até guerra.
- O Capítulo 3 apresenta a análise de sensibilidade em PL geral, incluindo preços duais e custos reduzidos, de uma maneira simples e direta como uma extensão dos cálculos de tabela simplex.
- O Capítulo 4 é dedicado à análise pós-otimização em PL com base em dualidade.
- Uma heurística baseada em Excel, que combina o algoritmo do vizinho mais próximo com o do subcircuito inverso, é apresentada para o problema do caixeiro-viajante.
- O tratamento das cadeias de Markov é detalhadamente abordado no Capítulo 17.
- Mais de mil problemas de fim de seção.
- A introdução de cada capítulo, que começa com um guia de estudo para facilitar a compreensão do material e a utilização efetiva do software que o acompanha.
- A integração do software ao texto, que permite testar conceitos que, de outro modo, não poderiam ser apresentados com eficiência:

1. Implementações de planilhas em Excel são utilizadas em todo o livro, incluindo programação dinâmica, o problema do caixeiro-viajante, estoque, AHP, probabilidades de Bayes, tabelas estatísticas 'eletrônicas', filas, simulação, cadeias de Markov e programação não-linear. A entrada interativa de dados executada pelo usuário em algumas planilhas promove um melhor entendimento das técnicas subjacentes.
2. A utilização do Excel Solver se estende por todo o livro, em particular nas áreas de programação linear, de rede, inteira e não-linear.
3. A poderosa linguagem comercial de modelagem AMPL® foi integrada ao livro por meio da utilização de diversos exemplos que abrangem desde programação linear e de rede até programação inteira e não-linear. A sintaxe da AMPL é dada no Apêndice A e o conteúdo é citado em exemplos no decorrer do livro.
4. O TORA desempenha, principalmente, o papel de software tutorial.

- Todo material relacionado a recursos computacionais foi deliberadamente agrupado, seja em seções separadas, seja na forma de subseções intituladas *Momento AMPL/Excel Solver/TORA*, com o objetivo de minimizar as interrupções no texto principal do livro.

5. No Companion Website (www.pearson.com.br/taha), professores e alunos têm acesso a outros recursos que os ajudarão a fazer melhor uso deste livro:

- Quatro capítulos complementares e dois apêndices (todos em inglês). O Capítulo 24 é dedicado à apresentação de 15 aplicações reais completamente desenvolvidas. A análise, que freqüentemente se estende por mais de uma técnica de PO (por exemplo, heurística e PL, ou PLI e filas), trata de modelagem, coleta de dados e aspectos de cálculo da resolução do problema. Essas aplicações são citadas em capítulos pertinentes para oferecer uma avaliação da utilização das técnicas de PO na prática.
- TORA: um sistema de otimização prático e fácil de usar baseado em menus (há, no livro, o Momento TORA, seção em que é explicado como utilizar esse sistema). Nota: ressaltamos que, por questões de padronização no uso deste software, o leitor deve inserir os valores decimais nas planilhas disponíveis no Companion Website para este software

utilizando ponto (por exemplo, 0.25). No texto, esses valores decimais estão apresentados de acordo com a norma vigente da língua portuguesa para o uso de números decimais, ou seja, 0,25.

- Vários gabaritos de Excel Solver.
- Os arquivos citados no livro para soluções e modelos (como, por exemplo, solverTOYCO.xls, amplTOYCO.txt, toraEx.txt, solverEx.xls, amplEx.txt).
- Linguagem AMPL® (versão para estudantes) com inúmeros modelos totalmente desenvolvidos e prontos para uso.
- Biblioteca de imagens.
- Manual de soluções (em inglês).

O material de apoio disponível no site está agrupado em quatro pastas:

- **Capítulos adicionais** Aqui, professores e alunos encontram quatro capítulos adicionais (em inglês) para aprofundarem seus estudos de pesquisa operacional. São eles: Chapter 21, "Forecasting models", Chapter 22, "Probabilistic dinamic programming", Chapter 23, "Markovian decision process" e Chapter 24, "Case analysis"; além de dois apêndices: o apêndice D apresenta o conteúdo para a revisão do estudo de vetores e matrizes, enquanto o apêndice E traz dezenas de estudos de caso relacionados aos temas de cada um dos capítulos apresentados no livro.
- **Softwares** Nesta pasta estão disponíveis os softwares AMPL® (diretório AmplSystem), TORA® (diretório toraSystem), planilhas Excel e diversos modelos do Excel Solver, AMPL® e TORA® espalhados pelo livro e categorizados em subpastas intituladas de acordo com o capítulo. Por exemplo, para acessar os arquivos referentes ao Capítulo 2, acesse a pasta ch2Files dentro da pasta Arquivos dos capítulos e planilhas Excel.
- **Manual de soluções** Os professores terão acesso às resoluções dos conjuntos de problemas de cada capítulo.
- **Biblioteca de imagens** Esta pasta disponibiliza, para professores, as imagens, as tabelas e os gráficos que aparecem no livro.

A seleção desse material disponível no site de apoio do livro foi baseada na experiência do autor em relação à freqüência de utilização desses assuntos em cursos de introdução de PO.

Agradecimentos

Quero reconhecer a importância das revisões da sétima edição executadas por Layek L. Abdel-Malek, New Jersey Institute of Technology, Evangelos Triantaphyllou, Louisiana State University, Michael Branson, Oklahoma State University, Charles H. Reilly, University of Central Florida, e Mazen Arafeh, Virginia Polytechnic Institute e State University. Em particular, devo um agradecimento especial a duas pessoas que influenciaram meu modo de pensar durante a preparação da oitava edição: R. Michael Harnett, Kansas State University, que ao longo dos anos me forneceu um valioso feedback em relação à organização e ao conteúdo do livro, e Richard H. Bernhard, North Carolina State University, cuja crítica minuciosa da sétima edição inspirou uma reorganização dos capítulos de abertura desta edição.

Robert Fourer, Northwestern University, me forneceu pacientemente um feedback valioso sobre o material do AMPL apresentado nesta edição. Dou grande valor à sua ajuda na correção crítica do material e na sugestão de mudanças que tornaram a apresentação mais fácil de ler. Quero agradecer também a sua ajuda na obtenção de permissões para incluir a versão da AMPL para estudantes e os solvers CPLEX, KNITRO, LPSOLVE, LOQO e MINOS no site de apoio do livro.

Como sempre, sou muito grato a meus colegas e a centenas de estudantes por seus comentários e incentivo. Em particular, gostaria de agradecer ao apoio que recebi de Yuh-Wen Chen, Da-Yeh University, Taiwan; Miguel Crispin, University of Texas, El Paso; David Elizandro, Tennessee Tech University; Rafael Gutiérrez, University of Texas, El Paso; Yasser Hosni, University of Central Florida; Erhan Kutanoglu, University of Texas, Austin; Robert E. Lewis, United States Army Management Engineering College; Gino Lim, University of Houston; Scott Mason, University of Arkansas; Manuel Rossetti, University of Arkansas; e Tarek Taha, JB Hunt, Inc.

Gostaria de expressar meu sincero apreço às equipes editorial e de produção da Pearson Prentice Hall norte-americana por seu esplêndido auxílio durante a produção do livro: Dee Bernhard, editor associado, David George, gerente de produção de engenharia, Bob Lentz, editor de texto, Craig Little, editor de produção, e Holly Stark, editor de aquisições.

Hamdy A. Taha
hat@uark.edu

Agradecimentos aos editores brasileiros

Agradecemos aos professores Marcio Mattos Borges de Oliveira, da FEARP-USP, e Mischel Carmen Neyra Belderrain, do ITA, pelo auxílio no processo de avaliação desta obra e, em especial, ao professor João Paulo Seno, da ESPM, pela intensa colaboração no desenvolvimento do material.

Capítulo 1

O que é pesquisa operacional?

Guia do capítulo. As primeiras atividades formais de pesquisa operacional (PO) foram iniciadas na Inglaterra durante a Segunda Guerra Mundial, quando uma equipe de cientistas britânicos decidiu tomar decisões com bases científicas sobre a melhor utilização de material de guerra. Após a guerra, as idéias propostas para operações militares foram adaptadas para melhorar a eficiência e a produtividade no setor civil.

Este capítulo o familiarizará com a terminologia básica de pesquisa operacional, incluindo modelagem matemática, soluções viáveis, otimização e cálculos iterativos. Você aprenderá que a definição correta do problema é a fase mais importante (e a mais difícil) da prática de PO. Este capítulo também enfatiza que, embora a modelagem matemática seja a pedra fundamental da PO, fatores intangíveis (não quantificáveis), como o comportamento humano, devem ser levados em conta na decisão final. À medida que você progredir na leitura do livro, uma variedade de aplicações lhe será apresentada por meio de exemplos resolvidos e problemas referentes aos assuntos do capítulo. Em particular, o Capítulo 24 (disponível em inglês no site do livro) é inteiramente dedicado à apresentação de análises de casos totalmente desenvolvidos. Os materiais dos capítulos fazem remissão aos casos de modo que a utilização da PO possa ser avaliada na prática.

1.1 MODELOS DE PESQUISA OPERACIONAL

Imagine que você tenha um compromisso de trabalho de cinco semanas entre Fayetteville (FYV) e Denver (DEN). Você pega um avião em Fayetteville na segunda-feira e volta na quarta-feira. Uma passagem aérea normal de ida e volta custa \$ 400, mas há um desconto de 20% se as datas do bilhete abrangerem um final de semana. Uma passagem só de ida em qualquer direção custa 75% do preço normal. Como seria mais conveniente você comprar as passagens para o período de cinco semanas?

Podemos considerar a situação como um problema de tomada de decisão cuja solução requer a resposta a três perguntas:

1. Quais são as **alternativas** para a decisão?
2. Sob quais **restrições** a decisão é tomada?
3. Qual seria um **critério objetivo** para avaliar as alternativas?

Três alternativas são consideradas:

1. Comprar cinco passagens normais FYV-DEN-FYV partindo às segundas-feiras e retornando às quartas-feiras da mesma semana.
2. Comprar uma passagem FYV-DEN, quatro DEN-FYV-DEN que abranjam finais de semanas e uma DEN-FYV.
3. Comprar uma passagem FYV-DEN-FYV para cobrir a segunda-feira da primeira semana e a quarta-feira da última semana, e quatro DEN-FYV-DEN para cobrir as viagens restantes. Todos esses bilhetes nessa alternativa abrangeriam pelo menos um final de semana.

A restrição a essas opções é que você possa ser capaz de sair de FYV na segunda-feira e voltar na quarta-feira da mesma semana.

Um critério objetivo óbvio para avaliar as alternativas propostas é o preço dos bilhetes. A alternativa de menor custo é a melhor. Especificamente, temos

Custo da alternativa 1 = 5 × 400 = \$ 2.000
Custo da alternativa 2 = 0,75 × 400 + 4 × (0,8 × 400) + 0,75 × 400 = \$ 1.880
Custo da alternativa 3 = 5 × (0,8 × 400) = **\$ 1.600**

Portanto, você deve escolher a alternativa 3.

Embora o exemplo precedente ilustre os três principais componentes de um modelo de PO — alternativas, critério objetivo e restrições —, as situações são diferentes no que se refere aos detalhes do modo como cada componente é desenvolvido e construído. Para ilustrar esse ponto, considere a montagem de um retângulo de área máxima com um pedaço de fio de comprimento L polegadas. Qual deveria ser a largura e a altura do retângulo?

Em comparação com o exemplo das passagens aéreas, o número de alternativas no exemplo presente não é finito; ou seja, a largura e a altura do retângulo podem assumir um número infinito de valores. Para formalizar essa observação, as alternativas do problema são identificadas definindo a largura e a altura como variáveis (algébricas) contínuas.

Seja

w = largura do retângulo em polegadas

h = altura do retângulo em polegadas

Com base nessas definições, as restrições da situação podem ser expressas verbalmente como

1. Largura do retângulo + Altura do retângulo = Metade do comprimento do fio.
2. Largura e altura não podem ser negativas.

Essas restrições são expressas algebricamente como

1. $2(w + h) = L$
2. $w \geq 0, h \geq 0$

Agora, o único componente restante é o objetivo do problema, ou seja, a maximização da área do retângulo. Seja z a área do retângulo, então o modelo completo se torna

$$\text{Maximizar } z = wh$$

sujeito a

$$2(w + h) = L$$
$$w, h \geq 0$$

A solução ótima desse modelo é $w = h = \frac{L}{4}$, o que significa a construção de uma forma quadrada.

Com base nos dois exemplos precedentes, o modelo geral de PO pode ser organizado no seguinte formato geral:

Maximizar ou minimizar **função objetivo**
sujeito a
restrições

Uma solução do modelo é **viável** se satisfizer todas as restrições. É **ótima** se, além de ser viável, resultar no melhor valor (máximo ou mínimo) da função objetivo. No exemplo das passagens aéreas, o problema apresenta três alternativas viáveis, sendo que a terceira dá a solução ótima. No problema do retângulo, uma alternativa viável deve satisfazer a condição $w + h = \frac{L}{2}$ com w e h assumindo valores não negativos. Isso leva a um número infinito de soluções viáveis e, diferentemente do problema das passagens aéreas, a solução ótima é determinada por uma ferramenta matemática adequada (nesse caso, cálculo diferencial).

Embora modelos de PO sejam elaborados para 'otimizar' um critério objetivo específico sujeito a um conjunto de restrições, a qualidade da solução resultante depende de quanto o modelo representa o sistema real. Considere, por exemplo, o modelo das passagens aéreas. Se não conseguirmos identificar todas as alternativas dominantes para comprar os bilhetes, a solução resultante vai ser ótima apenas em relação às opções representadas no modelo. Mais especificamente: se deixarmos a alternativa 3 fora do modelo, a solução 'ótima' resultante seria comprar as passagens por $ 1.880, que é uma solução **subótima**. A conclusão é que 'a' solução ótima de um modelo é a melhor somente para *aquele* modelo. Se o modelo representar o sistema real razoavelmente bem, sua solução vai ser ótima também para a situação real.

CONJUNTO DE PROBLEMAS 1.1A

1. No exemplo das passagens aéreas, identifique uma quarta solução viável.

2. No problema do retângulo, identifique duas soluções viáveis e determine qual delas é a melhor.

3. Determine a solução ótima do problema do retângulo. (*Sugestão*: use a restrição para expressar a função objetivo em termos de uma só variável, portanto utilize o cálculo diferencial.)

4. Amy, Jim, John e Kelly estão em pé na margem leste de um rio e querem atravessar para a margem oeste usando uma canoa. A canoa pode levar no máximo duas pessoas por vez. Amy, que tem a constituição mais atlética, pode atravessar o rio a remo em 1 minuto. Jim, John e Kelly levariam 2, 5 e 10 minutos, respectivamente. Se houver duas pessoas na canoa, a mais lenta determinará o tempo da travessia. O objetivo é que os quatro estejam do outro lado do rio no menor tempo possível.

(a) Identifique no mínimo dois planos viáveis para atravessar o rio (lembre-se de que a canoa é o único meio de transporte, e não pode ir nem voltar vazia).

(b) Defina o critério para avaliar as alternativas.

***(c)**[1] Qual é o menor tempo para transportar os quatro para o outro lado do rio?

***5.** Em um jogo de beisebol, Jim é o lançador e Joe é o rebatedor. Suponha que Jim possa atirar uma bola com velocidade ou uma bola curva de maneira aleatória. Se Joe prever corretamente que será uma bola curva, poderá manter uma média de rebates de 0,500. Ao contrário, se Jim atirar uma bola curva e Joe se preparar para uma bola com velocidade, sua média de rebates ficará em 0,200. Por outro lado, se Joe prever corretamente que será uma bola com velocidade, conseguirá uma média de rebates de 0,300; caso contrário, sua média será de apenas 0,100.

(a) Defina as alternativas para essa situação.

(b) Defina a função objetivo para o problema e discuta em que ela difere de um critério de otimização familiar (maximização ou minimização).

6. Durante a construção de uma casa, seis vigas de 8 metros cada devem ser recortadas para atingir o comprimento correto de 7,5 metros. As operações para cortar uma viga envolvem a seqüência expressa na Tabela 1.1:

Tabela 1.1 Seqüência de operações para cortar uma viga

Operação	Tempo (segundos)
1. Colocar viga nos cavaletes	15
2. Medir o comprimento correto (7,5 metros)	5
3. Marcar a linha de corte para serra circular	5
4. Recortar a viga até o comprimento correto	20
5. Armazenar a viga cortada em uma área designada	20

Há três pessoas envolvidas: dois carregadores devem trabalhar simultaneamente nas operações 1, 2 e 5, e um cortador se encarregará das operações 3 e 4. Há dois pares de cavaletes nos quais as vigas a recortar são colocadas na preparação para o corte, e cada par pode suportar até três vigas lado a lado. Sugira uma boa programação para recortar as seis vigas.

1.2 SOLUÇÃO DO MODELO DE PO

Em PO, não temos uma única técnica para resolver todos os modelos matemáticos que podem surgir na prática. Em vez disso, o tipo e a complexidade do modelo matemático é que determinam a natureza do método de solução. Por exemplo, na Seção 1.1, a solução do problema das passagens aéreas requeria uma simples ordenação das alternativas com base no preço total de compra, ao passo que a solução do problema do retângulo utilizou cálculo diferencial para determinar a área máxima.

A técnica mais utilizada de PO é a **programação linear**. Ela é aplicada a modelos cujas funções objetivo e restrição são lineares. Outras técnicas são a **programação inteira** (na qual as variáveis assumem valores inteiros), a **programação dinâmica** (na qual o modelo original pode ser decomposto em subproblemas mais fáceis de tratar), a **otimização em redes** (na qual o problema pode ser modelado como uma rede) e a **programação não linear** (na qual as funções do modelo são não lineares). Essas são apenas algumas das muitas ferramentas de PO disponíveis.

Uma peculiaridade da maior parte das técnicas de PO é que as soluções não são obtidas em formas fechadas (semelhantes a fórmulas). Em vez disso, são determinadas por **algoritmos**. Um algoritmo fornece regras de cálculo fixas que são aplicadas repetidas vezes ao problema, sendo que em cada repetição (denominada **iteração**) a solução fica mais próxima de se tornar ótima. Como os cálculos associados a cada iteração costumam ser entediantes e volumosos, é imperativo que esses algoritmos sejam executados por computadores.

Alguns modelos matemáticos também podem ser tão complexos que é impossível resolvê-los por quaisquer dos algoritmos de otimização disponíveis. Nesses casos, pode ser necessário abandonar a busca de uma solução *ótima* e simplesmente procurar uma *boa* solução usando **heurísticas** ou *regras práticas*.

1.3 MODELOS DE FILAS E SIMULAÇÃO

Modelos de filas e simulação tratam do estudo de filas de espera. Não são técnicas de otimização; em vez disso, determinam medidas de desempenho de filas de espera como o tempo médio de espera na fila, o tempo médio para conclusão de um serviço e a utilização de instalações de serviços.

Modelos de filas utilizam probabilidade e modelos estocásticos para analisar filas de espera, e a simulação estima as medições de desempenho reproduzindo o comportamento do sistema real. De certo modo, a simulação pode ser considerada a segunda melhor coisa; a primeira seria a observação de um sistema real. A principal diferença entre os modelos de filas e a simulação é que os modelos de filas são puramente matemáticos e, portanto, sujeitos a premissas específicas que limitam seu escopo de aplicação. Por sua vez, a

[1] O asterisco (*) designa problemas cuja solução será dada no Apêndice C.

simulação é flexível e pode ser utilizada para analisar praticamente qualquer situação de enfileiramento.

A utilização de simulação não deixa de ter suas desvantagens. O processo de desenvolvimento de modelos de simulação é dispendioso tanto em tempo quanto em recursos. Além do mais, a execução de modelos de simulação, mesmo nos computadores de maiores velocidades de processamento, costuma ser lenta.

1.4 ARTE DA MODELAGEM

Os modelos hipotéticos desenvolvidos na Seção 1.1 são representações verdadeiras de situações reais. Essa é uma ocorrência rara em PO porque, de modo geral, a maioria das aplicações envolve (graus variados de) aproximações. A Figura 1.1 ilustra os níveis de abstração que caracterizam o desenvolvimento de um modelo de PO. Abstraímos o mundo real considerado da situação real, concentrando-nos nas variáveis dominantes que controlam o comportamento do sistema real. O modelo expressa de maneira tratável as funções matemáticas que representam o comportamento do mundo real considerado.

Para ilustrar níveis de abstração em modelagem, considere a Tyko Manufacturing Company, na qual são fabricados diversos recipientes de plástico. Quando uma ordem de produção é emitida para o departamento de produção, as matérias-primas necessárias são requisitadas dos estoques da empresa ou compradas de fontes externas. Tão logo o lote de produção esteja concluído, o departamento de vendas se encarrega de distribuir o produto aos clientes.

Figura 1.1
Níveis de abstração no desenvolvimento do modelo

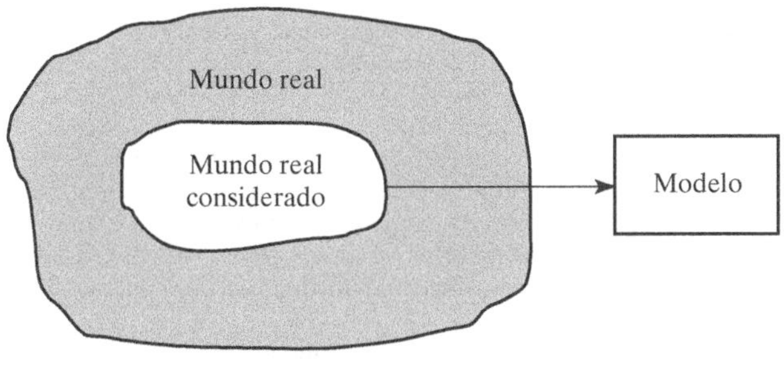

Uma questão lógica na análise da situação da Tyko é a determinação do tamanho de um lote de produção. Como essa situação pode ser representada por um modelo?

Examinando o sistema como um todo, diversas variáveis podem afetar diretamente o nível de produção, entre elas a seguinte lista (parcial) categorizada por departamentos.

1. *Departamento de produção*: capacidade de produção expressa em termos de horas/máquina e horas de trabalho disponíveis, estoque para o processo e padrões de controle de qualidade.
2. *Departamento de materiais*: estoque disponível de matérias-primas, programações de entrega de fontes externas e limitações de armazenagem.
3. *Departamento de vendas*: previsão de vendas, capacidade dos sistemas de distribuição, efetividade das campanhas publicitárias e efeito da concorrência.

Cada uma dessas variáveis afeta o nível de produção da Tyko. Tentar estabelecer relações funcionais explícitas entre elas e o nível de produção é uma tarefa realmente difícil.

Um primeiro nível de abstração requer definir as fronteiras do mundo real considerado. Com um pouco de reflexão, podemos aproximar o sistema real por duas variáveis dominantes:

1. Taxa de produção.
2. Taxa de consumo.

A determinação da taxa de produção envolve variáveis como capacidade de produção, padrões de controle de qualidade e disponibilidade de matérias-primas. A taxa de consumo é determinada pelas variáveis associadas ao departamento de vendas. Em essência, a simplificação do mundo real para o mundo real considerado é conseguida ao se 'aglomerar' diversas variáveis do mundo real em uma única variável do mundo real considerado.

Agora fica mais fácil abstrair um modelo partindo do mundo real considerado. A partir das taxas de produção e consumo podem-se estabelecer medições de excesso ou escassez de estoque. O modelo abstraído pode então ser construído para balancear os custos conflitantes de excesso e escassez de estoque — isto é, minimizar o custo total do estoque.

1.5 MAIS DO QUE APENAS MATEMÁTICA

Devido à natureza matemática de modelos de PO, tendemos a achar que um estudo de PO *sempre* está relacionado a análise matemática. Embora a modelagem matemática seja a pedra fundamental da PO, abordagens mais simples devem ser exploradas em primeiro lugar. Em alguns casos, pode-se chegar a uma solução 'de bom senso' por meio de simples observações. De fato, visto que o elemento humano invariavelmente afeta a maioria das tomadas de decisão, um estudo do perfil psicológico das pessoas pode ser a chave para a resolução do problema. Apresentamos aqui três exemplos que apóiam esse argumento.

1. Atendendo a reclamações quanto à lentidão no serviço de elevadores em um grande edifício de escritórios, inicialmente a equipe de PO analisou a situação como um problema de fila de espera que poderia exigir a utilização de análise matemática com modelos de fila ou simulação. Após estudar o comportamento das pessoas que reclamaram, o psicólogo da equipe sugeriu a instalação de espelhos de corpo inteiro nas entradas dos elevadores. Como um milagre, as reclamações cessaram porque as pessoas ficavam ocupadas em se olhar e observar as outras pessoas nos espelhos enquanto esperavam pelo elevador.

2. Em um estudo das instalações de check-in de um grande aeroporto britânico, uma equipe de consultoria dos Estados Unidos–Canadá usou a teoria de filas para investigar e analisar a situação. Parte da solução recomendou a utilização de sinalização bem visível para alertar os passageiros que estivessem a 20 minutos do horário de partida previsto a passar para a frente da fila e requisitar serviço imediato. A solução não foi bem-sucedida porque os passageiros, na maioria britânicos, estavam 'condicionados a um comportamento muito rigoroso em relação a filas' e, por conseguinte, relutavam em passar à frente dos outros que estavam esperando na mesma fila.

3. Em uma siderúrgica, lingotes eram, inicialmente, produzidos com minério de ferro para, depois, ser utilizados na fabricação de barras e vigas de aço. O gerente percebeu uma longa espera entre a produção de lingotes e a transferência para a próxima fase de fabricação (onde os produtos finais eram fabricados). Para reduzir o custo de reaquecimento, o ideal seria que a fabricação começasse logo após que os lingotes saíssem dos fornos. A princípio, o problema foi tratado como uma situação de balanceamento de linha de produção, que poderia ser resolvido pela redução da produção de lingotes ou pelo aumento da capacidade do processo de fabricação. A equipe de PO usou um gráfico simples para sumarizar a produção dos fornos durante os três turnos do dia e constatou que, embora o terceiro turno começasse às 23h, grande parte dos lingotes era produzida entre as 2h e as 7h. Investigações adicionais revelaram que os operadores do terceiro turno preferiam longos períodos de descanso no início do turno e então recuperavam a produção perdida durante o horário da manhã. O problema foi resolvido 'nivelando' a produção de lingotes durante o turno.

Três conclusões podem ser tiradas desses exemplos:

1. Antes de partir para a sofisticada modelagem matemática, a equipe de PO deve explorar a possibilidade de usar idéias 'agressivas' para resolver a situação. A solução do problema do elevador pela instalação de espelhos tem suas raízes na psicologia humana, e não na modelagem matemática. Também é mais simples e menos cara que qualquer recomendação que um modelo matemático pudesse ter produzido. Talvez seja por essa razão que as equipes de PO costumam incluir os conhecimentos técnicos de 'estranhos' vindos de áreas que não a matemática (a psicologia, no caso do problema do elevador). Esse ponto foi reconhecido e implementado pela primeira equipe de PO na Grã-Bretanha durante a Segunda Guerra Mundial.

2. Soluções têm raízes em pessoas, e não em tecnologia. Qualquer solução que não leva em conta o comportamento humano é candidata ao fracasso. Ainda que a solução matemática para o problema do aeroporto britânico fosse sensata, o fato de a equipe de consultoria não estar a par das diferenças culturais entre os Estados Unidos e a Grã-Bretanha (americanos e canadenses tendem a ser menos formais) resultou em uma recomendação impossível de ser implementada.

3. Um estudo de PO nunca deve começar com um viés em favor de utilizar uma ferramenta matemática específica antes que sua utilização possa ser justificada. Por exemplo, como a programação linear é uma técnica de sucesso, há uma tendência a usá-la como a ferramenta preferencial para modelar 'qualquer' situação. Tal abordagem costuma resultar em um modelo matemático muito distante da situação real. Portanto, é imperativo que em primeiro lugar analisemos os dados disponíveis utilizando as técnicas mais simples onde for possível (por exemplo, médias, gráficos e histogramas), com o objetivo de apontar a fonte do problema. Uma vez definido o problema, pode-se tomar uma decisão em relação à ferramenta mais adequada para a solução.[2] No problema da siderúrgica, um simples gráfico que mostrava a produção de lingotes foi o bastante para esclarecer a situação.

1.6 FASES DE UM ESTUDO

O estudo de PO está intrinsecamente ligado a *trabalho de equipe*, em que os analistas de PO e o cliente trabalham lado a lado. O conhecimento técnico de modelagem dos analistas de PO deve ser complementado pela experiência e cooperação do cliente para quem o estudo está sendo realizado.

Como uma ferramenta de tomada de decisões, PO é uma ciência e também uma arte. É uma ciência em virtude das técnicas matemáticas que incorpora e é uma arte porque o sucesso das fases que resultam na solução do modelo matemático depende em grande parte da criatividade e da experiência da equipe de pesquisa operacional. Willemain (1994) aconselha que a "prática efetiva [de PO] requer mais do que competência analítica: requer também, entre outros atributos, julgamento técnico (por exemplo, quando e como usar determinada técnica) e habilidades de comunicação e sobrevivência organizacional".

É difícil prescrever cursos de ação específicos (semelhantes aos determinados pela teoria exata de modelos matemáticos) para esses fatores intangíveis. Entretanto, podemos oferecer diretrizes gerais para a implementação da PO na prática.

As principais fases de implementação da PO na prática incluem:

1. Definição do problema.
2. Construção do modelo.
3. Solução do modelo.
4. Validação do modelo.
5. Implementação da solução.

A fase 3, que trata da *solução do modelo*, é a mais bem-definida e, em geral, a mais fácil de implementar em um estudo de PO porque lida em grande parte com modelos matemáticos precisos. A implementação das fases remanescentes é mais uma arte do que uma teoria.

Definição do problema envolve definir o escopo do problema sob investigação. Essa função deve ser executada por toda a equipe de PO. A meta é identificar os três elementos principais de um problema de decisão: (1) descrição das alternativas de decisão, (2) determinação do objetivo do estudo e (3) especificação das limitações sob as quais o sistema modelado funciona.

Construção do modelo implica uma tentativa de traduzir a definição do problema em relações matemáticas. Se o modelo resultante se ajustar a um dos métodos matemáticos padrão, tal como programação linear, podemos, geralmente, chegar a uma solução utilizando algoritmos disponíveis. Alternativamente, se as relações matemáticas forem muito complexas para permitir a determinação de uma solução analítica, a equipe de PO pode optar por simplificar o modelo e usar uma abordagem heurística, ou pode considerar a utilização de simulação, se adequado. Em alguns casos, modelos matemáticos, de simulação e heurísticos podem ser combinados para resolver o problema de decisão, como demonstram os casos analisados no Capítulo 24.

Solução do modelo é de longe a fase mais simples de todas as fases da PO porque se baseia na utilização de algoritmos de otimização bem-definidos. Um aspecto importante da fase de solução do modelo é a *análise de sensibilidade*, que trata de obter informações adicionais sobre o comportamento da solução ótima quando o modelo passa por algumas mudanças de parâmetros. A análise de sensibilidade é particularmente necessária quando os parâmetros do modelo não podem ser estimados com precisão. Nesses casos, é importante estudar o comportamento da solução ótima na vizinhança dos parâmetros estimados.

Validação do modelo verifica se o modelo proposto faz ou não o que diz fazer — isto é, ele prevê adequadamente o comportamento do sistema em estudo? Inicialmente, a equipe de PO deve estar certa de que o resultado do modelo não inclua 'surpresas'. Em outras palavras, a solução faz sentido? Os resultados são intuitivamente aceitáveis? Do lado formal, um método comum para verificar a validade de um modelo é comparar seus resultados com dados históricos. O modelo é válido se, sob condições similares de entradas, reproduz razoavelmente o desempenho anterior. Todavia, de modo geral, não há nenhuma garantia de que o desempenho futuro continuará a reproduzir o comportamento passado. Além disso, como o modelo costuma ser baseado no exame cuidadoso de dados passados, a comparação proposta costuma ser favorável. Se o modelo proposto representar um novo sistema (não existente), não haverá dados históricos disponíveis. Nesses casos, podemos usar a simulação como uma ferramenta independente para verificar os resultados do modelo matemático.

Implementação da solução de um modelo validado envolve a tradução dos resultados em instruções operacionais inteligíveis que serão emitidas para as pessoas que administrarão o sistema recomendado. A carga dessa tarefa cabe primariamente à equipe de PO.

1.7 SOBRE ESTE LIVRO

Morris (1967) afirma que "o ensino de modelos não é equivalente ao ensino de modelagem". Anotei essa afirmação importante durante a preparação da oitava edição, fazendo um esforço para apresentar a arte da modelagem em PO com a inclusão de modelos realistas em todo o livro. Devido à importância dos cálculos em PO, o livro apresenta uma grande quantidade de ferramentas para executar essa tarefa, que vão do tutorial de auxílio TORA aos pacotes comerciais Excel, Excel Solver e AMPL.

Um primeiro curso de pesquisa operacional deve dar ao estudante uma boa base na matemática da PO, bem como uma apreciação de suas aplicações potenciais. Isso dará aos usuários de PO o tipo de confiança que normalmente faltaria se o treinamento estivesse concentrado somente nos aspectos filosóficos e artísticos desse tipo de pesquisa. Uma vez estabelecida a base matemática, você poderá aumentar suas capacidades no lado artístico da modelagem em PO

[2] Decidir por um modelo matemático específico antes de justificar sua utilização é como 'pôr a carroça à frente dos bois' e me faz lembrar da história de uma pessoa que viajava de avião com freqüência e era paranóica com a possibilidade de uma bomba terrorista a bordo da aeronave. Ela calculou a probabilidade da ocorrência de tal evento e, mesmo sendo pequena, não era suficientemente pequena para acalmar sua ansiedade. Dali em diante, ela sempre carregava uma bomba em sua maleta porque, segundo seus cálculos, a probabilidade de haver *duas* bombas a bordo era praticamente zero!

por meio do estudo dos casos práticos publicados. Para ajudá-lo nessa questão, o Capítulo 24 inclui 15 casos totalmente desenvolvidos e analisados que abrangem grande parte dos modelos de PO apresentados neste livro. Há também cerca de 50 casos que são baseados em aplicações na vida real no Apêndice E (disponível em inglês no site do livro). Estudos de casos adicionais estão disponíveis em periódicos e publicações. Em particular, a revista *Interfaces* (publicada por Informs)[3] é uma rica fonte de aplicações diversas em PO.

REFERÊNCIAS BIBLIOGRÁFICAS

Altier, W. J. *The thinking manager's toolbox: effective processes for problem solving and decision making*. Nova York: Oxford University Press, 1999.

Checkland, P. *Systems thinking, system practice*. Nova York: Wiley, 1999.

Evans, J. *Creative thinking in the decision and management sciences*. Cincinnati: South-Western Publishing, 1991.

Gass, S. "Model world: danger, beware the user as a modeler". *Interfaces*, v. 20, n. 3, p. 60–64, 1990.

Morris, W. "On the art of modeling". *Management Science*, v. 13, p. B707–B717, 1967.

Paulos, J. A. *Innumeracy: mathematical illiteracy and its consequences*. Nova York: Hill and Wang, 1988.

Singh, S. *Fermat's enigma*. Nova York: Walker, 1997.

Willemain, T. R. "Insights on modeling from a dozen experts". *Operations Research*, v. 42, n. 2, p. 213–222, 1994.

[3] The Institute for Operations Research and the Management Sciences (Instituto de Pesquisa Operacional e Gerenciamento Científico).

Capítulo 2

Modelagem com programação linear

Guia do capítulo. Este capítulo se concentra na formulação de modelos e cálculos em programação linear (PL). Começa com a modelagem e a solução gráfica de um problema de duas variáveis que, embora muito simplificado, proporciona um entendimento concreto dos conceitos básicos da PL e lança as bases para o desenvolvimento do algoritmo *simplex* do Capítulo 3. Para ilustrar a utilização de PL no mundo real, são formuladas e resolvidas aplicações nas áreas de planejamento urbano, arbitragem de moedas, investimento, planejamento de produção e controle de estoques, mistura de gasolina, planejamento de mão-de-obra e programação. Quanto à questão do cálculo por computador, são usados dois tipos distintos de software neste capítulo: 1) TORA, um programa tutorial totalmente autodocumentado e baseado em menus, elaborado para ajudá-lo a entender a base da PL de forma interativa; e 2) Excel Solver baseado em planilhas e a linguagem de modelagem AMPL, pacotes comerciais projetados para problemas práticos.

O material das seções 2.1 e 2.2 é crucial para se entender os desenvolvimentos subseqüentes de PL no livro. Você verá que o módulo gráfico interativo do TORA é especialmente útil em conjunto com a Seção 2.2. A Seção 2.3 apresenta diversas aplicações de PL, cada uma seguida por problemas pertinentes.

A Seção 2.4 apresenta os pacotes comerciais Excel Solver e AMPL. Os modelos da Seção 2.3 são resolvidos com AMPL e Solver, e todos os códigos estão incluídos na pasta ch2Files. Modelos Solver e AMPL adicionais serão incluídos oportunamente nos capítulos subseqüentes e uma apresentação detalhada da sintaxe do AMPL aparece no Apêndice A. Um bom modo de aprender AMPL e Solver é experimentar os vários modelos apresentados no livro e tentar adaptá-los aos problemas apresentados ao final de cada seção. Há remissões aos códigos AMPL e ao material do Apêndice A para facilitar o processo de aprendizado.

Os materiais TORA, Solver e AMPL foram deliberadamente distribuídos e apresentados em seções separadas ou com os subtítulos *Momento TORA/Solver/AMPL* para minimizar interferências no texto principal. Não obstante, aconselhamos o leitor a resolver os problemas apresentados nos finais de seção com a utilização do computador. A razão é que às vezes um modelo pode parecer 'correto' até você tentar obter uma solução; só então pode descobrir que a formulação precisa de modificações.

Este capítulo inclui resumos de duas aplicações da vida real, 12 exemplos resolvidos, 2 modelos Solver, 4 modelos AMPL, 94 problemas de final de seção e 4 casos. Os casos estão no Apêndice E (disponível em inglês no site do livro). Os programas AMPL/Excel Solver/TORA estão na pasta ch2Files.

Aplicação real — Frontier Airlines compra combustível com economia

O abastecimento de uma aeronave pode ocorrer em qualquer uma das escalas ao longo da rota do vôo. O preço do combustível varia conforme as escalas e é possível conseguir economizar substancialmente ao abastecer a aeronave com combustível a mais (operação denominada *tankering*) em um lugar onde ele seja mais barato para ser utilizado em etapas subseqüentes do vôo. A desvantagem do *tankering* é a queima de uma quantidade maior de gasolina resultante do peso adicional. PL (e heurística) é usada para determinar a quantidade ótima de *tankering* que equilibraria o custo da queima de mais gasolina com a economia do custo de combustível. O estudo, realizado em 1981, resultou em economia líquida de aproximadamente $ 350.000 por ano. O Caso 1 do Capítulo 24 (disponível em inglês no site do livro) fornece os detalhes do estudo. Interessante é que, com a recente elevação do custo do combustível, muitas linhas aéreas agora utilizam um software de *tankering* baseado em PL para comprar combustível.

2.1 MODELO DE PL DE DUAS VARIÁVEIS

Esta seção trata da solução gráfica de um problema de PL de duas variáveis. Embora seja raro existirem problemas de duas variáveis na prática, seu tratamento proporciona bases concretas para o desenvolvimento do algoritmo simplex geral apresentado no Capítulo 3.

Exemplo 2.1-1 (Companhia Reddy Mikks)

A Reddy Mikks produz tintas para interiores e exteriores com base em duas matérias-primas, $M1$ e $M2$. A Tabela 2.1 apresenta os dados básicos do problema:

Tabela 2.1 Produção de tintas da Reddy Mikks

	Toneladas de matéria-prima por tonelada de		
	Tinta para exteriores	*Tinta para interiores*	Disponibilidade máxima diária (ton)
Matéria-prima, $M1$	6	4	24
Matéria-prima, $M2$	1	2	6
Lucro por tonelada ($1.000)	5	4	

Uma pesquisa de mercado indica que a demanda diária de tintas para interiores não pode ultrapassar a de tintas para exteriores por mais de 1 tonelada. Além disso, a demanda máxima diária de tinta para interiores é 2 t.

A Reddy Mikks quer determinar o mix ótimo (o melhor) de produtos de tintas para interiores e exteriores que maximize o lucro total diário.

O modelo de PL, como qualquer modelo de PO, tem três componentes básicos.

1. **Variáveis** de decisão que procuramos determinar.
2. **Objetivo** (meta) que precisamos otimizar (maximizar ou minimizar).
3. **Restrições** que a solução deve satisfazer.

A definição adequada das variáveis de decisão é uma primeira etapa essencial no desenvolvimento do modelo. Uma vez concluída, a tarefa de construir a função objetivo e as restrições torna-se mais direta.

Para o problema da Reddy Mikks, precisamos determinar as quantidades diárias a produzir de tintas para exteriores e interiores. Assim, as variáveis do modelo são definidas como

x_1 = toneladas de tinta para exteriores produzidas diariamente

x_2 = toneladas de tinta para interiores produzidas diariamente

Para construir a função objetivo, observe que a empresa quer *maximizar* (isto é, aumentar o máximo possível) o lucro total diário para as duas tintas. Dado que os lucros por tonelada de tintas para exteriores e interiores são de 5 e 4 (mil) dólares, respectivamente, decorre que

Lucro total da tinta para exteriores = $5x_1$ (mil) dólares

Lucro total da tinta para interiores = $4x_2$ (mil) dólares

Representando o lucro total diário (em milhares de dólares) por z, o objetivo da empresa é

$$\text{Maximizar } z = 5x_1 + 4x_2$$

Em seguida, construímos as restrições que limitam a utilização da matéria-prima e a demanda do produto. As restrições sobre a matéria-prima são expressas em palavras como

$$\begin{pmatrix}\text{Utilização de uma matéria-prima}\\ \text{para ambas as tintas}\end{pmatrix} \leq \begin{pmatrix}\text{Máxima disponibilidade}\\ \text{de matéria-prima}\end{pmatrix}$$

A utilização por dia da matéria-prima $M1$ é de 6 t por tonelada de tinta para exteriores, e de 4 t por tonelada de tinta para interiores. Assim,

Utilização da matéria-prima $M1$ para tinta para exteriores = $6x_1$ t/dia

Utilização da matéria-prima $M1$ para tinta para interiores = $4x_2$ t/dia

Então temos que

Utilização da matéria-prima $M1$ para ambas as tintas = $6x_1 + 4x_2$ t/dia

De maneira semelhante,

Utilização da matéria-prima $M2$ para ambas as tintas = $1x_1 + 2x_2$ t/dia

Como as disponibilidades diárias das matérias-primas $M1$ e $M2$ estão limitadas a 24 e 6 t, respectivamente, as restrições relacionadas são dadas como

$$6x_1 + 4x_2 \quad 24 \text{ (matéria-prima } M1)$$

$$x_1 + 2x_2 \quad 6 \text{ (matéria-prima } M2)$$

A primeira restrição relacionada à demanda estipula que o excesso da produção diária de tinta para interiores em relação à de tinta para exteriores, $x_2 - x_1$, não deve ultrapassar 1 t, o que poderia ser traduzido para

$$x_2 - x_1 \quad 1 \text{ (limite de mercado)}$$

A segunda restrição relacionada à demanda estipula que a demanda diária máxima de tinta para interiores está limitada a 2 t, o que é traduzido para

$$x_2 \quad 2 \text{ (limite de demanda)}$$

Uma restrição implícita (ou 'subentendida') é que as variáveis x_1 e x_2 não podem assumir valores negativos. As **restrições de não-negatividade**, $x_1 \;\; 0, x_2 \;\; 0$, são as responsáveis por esse requisito. O modelo completo da Reddy Mikks é

$$\text{Maximizar } z = 5x_1 + 4x_2$$

sujeito a

$$\begin{aligned} 6x_1 + 4x_2 &\quad 24 && (1)\\ x_1 + 2x_2 &\quad 6 && (2)\\ -x_1 + x_2 &\quad 1 && (3)\\ x_2 &\quad 2 && (4)\\ x_1, x_2 &\quad 0 && (5) \end{aligned}$$

Quaisquer valores de x_1 e x_2 que satisfaçam *todas* as cinco restrições constituem uma **solução viável**. Caso contrário, a solução é **inviável**. Por exemplo, a solução $x_1 = 3$ t/d e $x_2 = 1$ t/d é viável porque não viola *nenhuma* das restrições, entre elas as de não-negatividade. Para verificar esse resultado, substitua ($x_1 = 3, x_2 = 1$) no lado esquerdo de cada restrição. Na restrição (1) temos $6x_1 + 4x_2 = 6 \times 3 + 4 \times 1 = 22$, que é menor do que o lado direito da restrição (= 24). As restrições 2 a 5 resultarão em conclusões semelhantes (Verifique!). Por outro lado, a solução $x_1 = 4$ e $x_2 = 1$ é inviável porque não satisfaz a restrição (1) — ou seja, $6 \times 4 + 4 \times 1 = 28$, que é maior do que o lado direito (= 24).

A meta do problema é achar a melhor solução *viável*, ou a solução **ótima**, que maximize o lucro total. Antes de podermos fazer isso, precisamos saber quantas soluções *viáveis* o problema da Reddy Mikks tem. A resposta, como veremos pela solução gráfica na Seção 2.2, é um 'número infinito' que impossibilita a resolução do problema por enumeração. Em vez disso, precisamos de um procedimento sistemático que localizará a solução ótima em um número finito de etapas. O método gráfico da Seção 2.2 e sua generalização algébrica no Capítulo 3 explicarão como se pode conseguir isso.

Propriedades do modelo de PL. No Exemplo 2.1-1, o objetivo e as restrições são todos funções lineares. **Linearidade** implica que a PL deve satisfazer três propriedades básicas:

1. Proporcionalidade: essa propriedade requer que a contribuição de cada variável de decisão, tanto na função objetivo quanto nas restrições, seja *diretamente proporcional* ao valor da variável. Por exemplo, no modelo Reddy Mikks, as quantidades $5x_1$ e $4x_2$ dão os lucros para a produção de x_1 e x_2 toneladas de tinta para exteriores e interiores, respectivamente, sendo que os lucros unitários por tonelada, 5 e 4, darão as constantes de proporcionalidade. Por outro lado, se a Reddy Mikks conceder algum tipo de desconto por quantidade quando as vendas ultrapassarem certas quantidades, o lucro não será mais proporcional às quantidades de produção, x_1 e x_2, e a função lucro se torna não linear.

2. Aditividade: essa propriedade requer que a contribuição total de todas as variáveis da função objetivo e das restrições seja a soma direta das contribuições individuais de cada variável. No modelo da Reddy Mikks, o lucro total é igual à soma dos dois componentes individuais do lucro. Contudo, se os dois produtos *competirem* por participação de mercado de modo tal que um aumento nas vendas de um deles provoque um efeito adverso nas vendas do outro, então a propriedade de aditividade não é satisfeita e o modelo deixa de ser linear.

3. Certeza: todos os coeficientes da função objetivo e das restrições do modelo de PL são determinísticos, o que significa que são constantes conhecidas — uma ocorrência rara na vida real, na qual o mais provável é que os dados sejam representados por distribuições de probabilidade. Em essência, os coeficientes em PL são aproximações do valor médio das distribuições de probabilidade. Se os desvios-padrão dessas distribuições forem suficientemente pequenos, a aproximação será aceitável. Grandes desvios-padrão podem ser levados em conta diretamente com a utilização de algoritmos estocásticos de PL (Seção 19.2.3) ou indiretamente pela aplicação de análise de sensibilidade à solução ótima (Seção 3.6).

CONJUNTO DE PROBLEMAS 2.1A

1. Construa, para o modelo Reddy Mikks, cada uma das seguintes restrições e as expresse com o lado esquerdo linear e com o lado direito constante:

- ***(a)** A demanda diária de tinta para interiores ultrapassa a de tinta para exteriores por *no mínimo* 1 t.
- **(b)** A utilização diária da matéria-prima $M2$ em toneladas é de *no máximo* 6 e de *no mínimo* 3.
- ***(c)** A demanda de tinta para interiores não pode ser menor do que a demanda de tinta para exteriores.
- **(d)** A quantidade mínima que deve ser produzida de ambas as tintas, para interiores e para exteriores, é 3 t.

*(e) A proporção de tinta para interiores em relação à produção total de ambas as tintas, para interiores e exteriores, não deve ultrapassar 0,5 t.

2. Determine a melhor *solução viável* entre as seguintes soluções (viáveis e inviáveis) do modelo da Reddy Mikks:

(a) $x_1 = 1, x_2 = 4$
(b) $x_1 = 2, x_2 = 2$
(c) $x_1 = 3, x_2 = 1{,}5$
(d) $x_1 = 2, x_2 = 1$
(e) $x_1 = 2, x_2 = -1$

***3.** Para a solução viável $x_1 = 2, x_2 = 2$ do modelo da Reddy Mikks, determine as quantidades não utilizadas das matérias-primas *M*1 e *M*2.

4. Suponha que a Reddy Mikks venda sua tinta para exteriores a um único varejista com um desconto por quantidade. O lucro por tonelada é $ 5.000 se o contratante comprar não mais do que 2 t diárias e, caso contrário, é $ 4.500. Expresse a função objetivo matematicamente. A função resultante é linear?

2.2 SOLUÇÃO GRÁFICA EM PL

O procedimento gráfico inclui duas etapas:

1. Determinação da região de soluções viáveis.
2. Determinação da solução ótima entre todos os pontos viáveis da região de soluções.

O procedimento utiliza dois exemplos para mostrar como a maximização e a minimização das funções objetivo são tratadas.

2.2.1 Solução de um modelo de maximização

Exemplo 2.2-1

Este exemplo resolve o modelo da Reddy Mikks do Exemplo 2.1-1.

Etapa 1. *Determinação da região de soluções viáveis*

Em primeiro lugar, levamos em conta as restrições de não-negatividade x_1 0 e x_2 0. Na Figura 2.1, o eixo horizontal x_1 e o eixo vertical x_2 representam as variáveis tinta para exteriores e tinta para interiores, respectivamente. Assim, a não-negatividade das variáveis restringe a área da região de soluções ao primeiro quadrante que se encontra acima do eixo x_1 e à direita do eixo x_2.

Para levar em conta as quatro restrições restantes, em primeiro lugar substitua cada desigualdade por uma equação e depois represente em gráfico a linha reta resultante localizando dois pontos distintos nela. Por exemplo, após substituir $6x_1 + 4x_2$ 24 pela linha reta $6x_1 + 4x_2 = 24$, podemos determinar dois pontos distintos, primeiro ao fazer $x_1 = 0$ para obter $x_2 = \frac{24}{4} = 6$, e, após, ao fazer $x_2 = 0$ para obter $x_1 = \frac{24}{6} = 4$. Assim, a reta passa pelos dois pontos, (0, 6) e (4, 0), como mostra a reta (1) na Figura 2.1.

Em seguida, considere o efeito da desigualdade. Tudo que ela faz é dividir o plano (x_1, x_2) em dois meios-espaços, um de cada lado da reta representada no gráfico. Só uma dessas duas metades satisfaz a desigualdade. Para determinar o lado correto, tome (0, 0) como um *ponto de referência*. Se ele satisfizer a desigualdade, o lado no qual ele se encontra é a meia-região viável; caso contrário, o viável é o outro lado. A utilização do ponto de referência (0, 0) é ilustrada com a restrição $6x_1 + 4x_2$ 24. Como $6 \times 0 + 4 \times 0 = 0$ é menor do que 24, a meia-região que representa a desigualdade inclui a origem (como é mostrado pela seta na Figura 2.1).

Em termos de cálculo, é conveniente selecionar (0, 0) como o ponto de referência, a menos que, por acaso, a reta passe pela origem, quando então qualquer outro ponto pode ser usado. Por exemplo, se usarmos o ponto de referência (6, 0), o lado esquerdo da primeira restrição é $6 \times 6 + 4 \times 0 = 36$, que é maior do que seu lado direito (= 24), o que significa que o lado no qual (6, 0) se encontra não é viável para a desigualdade $6x_1 + 4x_2$ 24. A conclusão é consistente com a baseada no ponto de referência (0, 0).

Figura 2.1
Região viável do modelo da Reddy Mikks

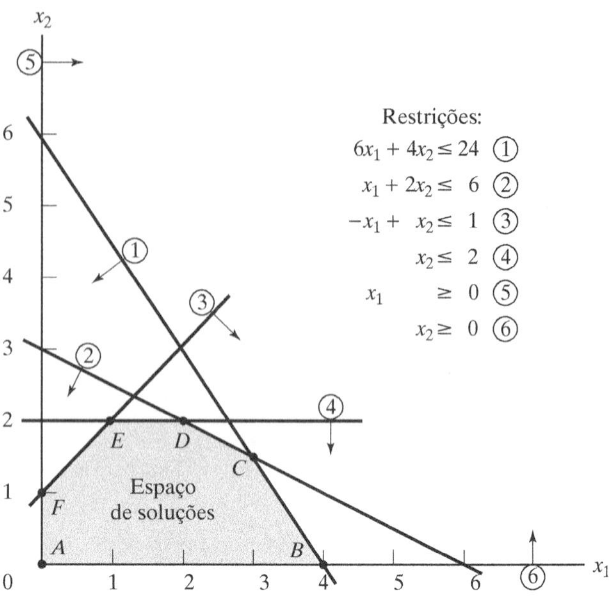

A aplicação do procedimento do ponto de referência a todas as restrições do modelo produz as restrições mostradas na Figura 2.1 (verifique!). A **região de soluções viáveis** do problema representa a área do primeiro quadrante na qual todas as restrições são satisfeitas simultaneamente. Na Figura 2.1, qualquer ponto que esteja dentro ou sobre o contorno da área *ABCDEF* é parte da região de soluções viáveis. Todos os pontos fora dessa área são inviáveis.

Momento TORA

O menu do módulo gráfico de PL do TORA por certo será útil para ajudá-lo a reforçar seu entendimento do modo como as restrições de PL são representadas graficamente. Selecione 'Linear Programming' no Main menu. Após entrar com o modelo, selecione 'Solve Graphical' no menu Solve/Modify. Na tela apresentada você poderá fazer experimentos interativos representando as restrições graficamente, uma por vez, e assim poderá ver como cada restrição afeta a região de soluções.

Etapa 2. *Determinação da solução ótima*

A região viável da Figura 2.1 é delimitada pelos segmentos de reta que unem os pontos *A, B, C, D, E* e *F*. Qualquer ponto dentro ou sobre o contorno do espaço *ABCDEF* é viável. Como a região viável *ABCDEF* consiste em um número *infinito* de pontos, precisamos de um procedimento sistemático para identificar a solução ótima.

A determinação da solução ótima requer identificar a direção na qual a função lucro $z = 5x_1 + 4x_2$ aumenta (lembre-se de que estamos *maximizando* z). Podemos fazer isso designando valores crescentes *arbitrários* a z. Por exemplo, usar $z = 10$ e $z = 15$ equivaleria a representar em gráfico as duas retas, $5x_1 + 4x_2 = 10$ e $5x_1 + 4x_2 = 15$. Assim, a direção do aumento de z é a mostrada na Figura 2.2. A solução ótima ocorre em *C*, que é o ponto na região de soluções além do qual qualquer aumento adicional levará z para fora dos contornos de *ABCDEF*.

Os valores de x_1 e x_2 relacionados com o ponto ótimo *C* são determinados pela resolução das equações relacionadas com as retas (1) e (2), isto é,

$$6x_1 + 4x_2 = 24$$
$$x_1 + 2x_2 = 6$$

A solução é $x_1 = 3$ e $x_2 = 1{,}5$, com $z = 5 \times 3 + 4 \times 1{,}5 = 21$. Isso representa um mix de produto diário de 3 t de tinta para exteriores e 1,5 t de tinta para interiores. O lucro diário associado é $ 21.000.

Figura 2.2
Solução ótima do modelo da Reddy Mikks

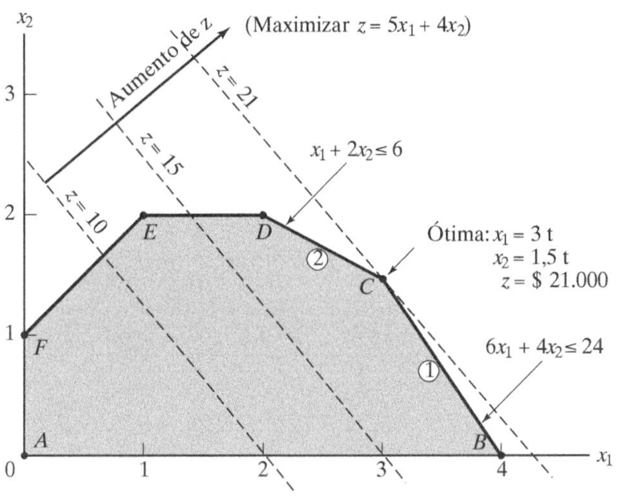

Uma característica importante da solução ótima de PL é que ela *sempre* está relacionada com um **ponto extremo** da região de soluções (em que duas retas se cruzam). Isso é válido até se, por acaso, a função objetivo for paralela a uma restrição. Por exemplo, se a função objetivo for $z = 6x_1 + 4x_2$, que é paralela à restrição 1, sempre podemos dizer que a solução ótima ocorre no ponto extremo B ou no ponto extremo C. Na verdade, qualquer ponto sobre o segmento de reta BC será uma *alternativa* ótima (veja também o Exemplo 3.5-2), mas a observação importante aqui é que o segmento de reta BC é totalmente definido pelos *pontos extremos* B e C.

Momento TORA

Você pode usar TORA interativamente para ver se a solução ótima estará sempre relacionada a um ponto extremo. Na tela de saída, você pode clicar em 'View/Modify Input Data' para modificar os coeficientes da função objetivo e resolver novamente o problema graficamente. Você pode usar as seguintes funções objetivo para testar a idéia proposta:

(a) $z = 5x_1 + x_2$
(b) $z = 5x_1 + 4x_2$
(c) $z = x_1 + 3x_2$
(d) $z = -x_1 + 2x_2$
(e) $z = -2x_1 + x_2$
(f) $z = -x_1 - x_2$

A observação de que a solução ótima em PL está sempre associada a um ponto extremo significa que a solução ótima pode ser encontrada pela simples enumeração de todos os pontos extremos, como mostra a Tabela 2.2.

Tabela 2.2 Enumeração dos pontos extremos

Ponto extremo	$(x_1; x_2)$	z
A	(0; 0)	0
B	(4; 0)	20
C	**(3; 1,5)**	**21 (ÓTIMA)**
D	(2; 2)	18
E	(1; 2)	13
F	(0; 1)	4

À medida que o número de restrições e variáveis aumenta, o número de pontos extremos também aumenta, e o procedimento de enumeração proposto torna-se menos viável em termos de cálculo. Não obstante, a idéia mostra que, do ponto de vista da determinação da solução ótima em PL, o espaço de solução $ABCDEF$ com seu número *infinito* de soluções pode, de fato, ser substituído por um número *finito* de soluções — ou seja, os pontos extremos A, B, C, D, E e F. Esse resultado é fundamental para o desenvolvimento do algoritmo algébrico geral denominado *método simplex*, que estudaremos no Capítulo 3.

CONJUNTO DE PROBLEMAS 2.2A

1. Determine a região de soluções viáveis para cada uma das seguintes restrições independentes, dado que x_1, x_2 0.
*(a) $-3x_1 + x_2$ 6
(b) $x_1 - 2x_2$ 5
(c) $2x_1 - 3x_2$ 12
*(d) $x_1 - x_2$ 0
(e) $-x_1 + x_2$ 0

2. Identifique a direção de crescimento de z em cada um dos seguintes casos:
*(a) Maximizar $z = x_1 - x_2$
(b) Maximizar $z = -5x_1 - 6x_2$
(c) Maximizar $z = -x_1 + 2x_2$
*(d) Maximizar $z = -3x_1 + x_2$

3. Determine a região de soluções viáveis e a solução ótima do modelo da Reddy Mikks para cada uma das seguintes alterações independentes:
(a) A demanda diária de tinta para exteriores é de no máximo 2,5 t.
(b) A demanda diária de tinta para interiores é de no mínimo 2 t.
(c) A demanda diária de tinta para interiores é exatamente 1 t superior à de tinta para exteriores.
(d) A disponibilidade diária da matéria-prima $M1$ é de pelo menos 24 t.
(e) A disponibilidade diária da matéria-prima $M1$ é de pelo menos 24 t, e a demanda diária de tinta para interiores é maior do que a de tinta para exteriores por no mínimo 1 t.

4. Uma empresa que funciona dez horas por dia fabrica dois produtos em três processos seqüenciais. A Tabela A resume os dados do problema.

Tabela A

Produto	Minutos por unidade: *Processo 1*	*Processo 2*	*Processo 3*	Lucro por unidade ($)
1	10	6	8	2
2	5	20	10	3

Determine o mix ótimo dos dois produtos.

***5.** Uma empresa fabrica dois produtos, A e B. O volume de vendas de A é de no mínimo 80% do total de vendas de ambos (A e B). Contudo, a empresa não pode vender mais do que 100 unidades de A por dia. Ambos os produtos usam uma matéria-prima cuja disponibilidade máxima diária é 240 lb. As taxas de utilização da matéria-prima são 2 lb por unidade de A e 4 lb por unidade de B. Os lucros unitários para A e B são $ 20 e $ 50, respectivamente. Determine o mix de produto ótimo para a empresa.

6. A Alumco fabrica chapas e barras de alumínio. A capacidade máxima de produção estimada são 800 chapas ou 600 barras por dia. A demanda máxima diária são 550 chapas e 580 barras. O lucro por tonelada é $ 40 por chapa e $ 35 por barra. Determine o mix ótimo de produção diária.

***7.** Um indivíduo quer investir $ 5.000 no próximo ano em dois tipos de investimento: o investimento A rende 5% e o investimento B rende 8%. Pesquisas de mercado recomendam uma alocação de no mínimo 25% em A e no máximo 50% em B.

Além do mais, o investimento em A deve ser no mínimo metade do investimento em B. Como o fundo deveria ser alocado aos dois investimentos?

8. A Divisão de Educação Continuada (DEC) da Ozark Community College oferece um total de 30 cursos a cada semestre. Os cursos oferecidos são, geralmente, de dois tipos: práticos, como de marcenaria, edição de textos e manutenção de carros; e na área de Humanas, como história, música e belas-artes. Para satisfazer as demandas da comunidade, devem ser oferecidos no mínimo dez cursos de cada tipo a cada semestre. A DEC estima que as receitas geradas pelos cursos práticos e da área de Humanas sejam de aproximadamente \$ 1.500 e \$ 1.000 por curso, respectivamente.

(a) Elabore uma oferta ótima de cursos para a escola.

(b) Mostre que o ganho por curso adicional é de \$ 1.500, que é igual à receita por curso prático. O que esse resultado significa em termos de oferta de cursos adicionais?

9. O ChemLabs usa as matérias-primas I e II para produzir dois produtos líquidos para limpeza doméstica, A e B. As disponibilidades diárias das matérias-primas I e II são de 150 e 145 unidades, respectivamente. Uma unidade do produto A consome 0,5 unidade da matéria-prima I e 0,6 unidade da matéria-prima II, e uma unidade do produto B usa 0,5 unidade da matéria-prima I e 0,4 unidade da matéria-prima II. Os lucros por unidade dos produtos A e B são \$ 8 e \$ 10, respectivamente. A demanda diária do produto A varia entre 30 e 150 unidades e a do produto B, entre 40 e 200 unidades. Encontre as quantidades ótimas de produção de A e B.

10. No armazém de secos e molhados Ma-and-Pa, o espaço de prateleira é limitado e deve ser usado com efetividade para aumentar o lucro. Os dois itens de cereal, Grano e Wheatie, disputam um espaço total de prateleira de 60 pés². Uma caixa de Grano ocupa 0,2 pés² e uma caixa de Wheatie precisa de 0,4 pés². As demandas diárias máximas de Grano e Wheatie são de 200 e 120 caixas, respectivamente. Uma caixa de Grano gera um lucro líquido de \$ 1, e uma caixa de Wheatie gera um lucro líquido de \$ 1,35. Os proprietários da loja acham que, como o lucro unitário do Wheatie 35% mais alto do que o do Grano, o espaço destinado ao Wheatie deve ser 35% maior do que o destinado ao Grano, o que equivale a destinar aproximadamente 57% do espaço total ao Wheatie e 43% ao Grano. O que você acha disso?

11. Jack pretende entrar na Ulern University e já percebeu que 'só trabalho e nenhuma diversão faz do Jack um bobalhão'. O resultado é que ele quer partilhar seu tempo disponível de aproximadamente dez horas por dia entre estudo e diversão. Ele estima que se divertir é duas vezes mais interessante do que estudar e, além disso, ele quer estudar pelo menos o mesmo tempo que dedica à diversão. Contudo, Jack percebeu que, se quiser realizar todas as suas tarefas escolares, não pode se divertir mais do que 4 horas por dia. Como ele deve alocar seu tempo para maximizar seu prazer em termos de estudar e se divertir?

12. A Wild West produz dois tipos de chapéus de vaqueiro. Um chapéu do tipo 1 requer duas vezes mais mão-de-obra do que um do tipo 2. Se todas as horas de trabalho forem dedicadas só ao tipo 2, a empresa pode produzir um total de 400 chapéus por dia. Os limites de mercado respectivos para os dois tipos são 150 e 200 chapéus por dia. O lucro é \$ 8 por chapéu do tipo 1 e \$ 5 por chapéu do tipo 2. Determine o número de chapéus de cada tipo que maximizaria o lucro.

13. A Show & Sell pode anunciar seus produtos na rádio local e na televisão. A verba de propaganda é limitada a \$ 10.000 por mês. Cada minuto de propaganda pelo rádio custa \$ 15 e cada minuto de comerciais na TV custa \$ 300. A Show & Sell gosta de anunciar pelo rádio no mínimo duas vezes mais do que na TV. Ao mesmo tempo, não é prático usar mais do que 400 minutos por mês de propaganda pelo rádio. Por experiência anterior, a empresa estima que anunciar na TV é 25 vezes mais eficiente do que anunciar no rádio. Determine a alocação ótima da verba de propaganda entre rádio e TV.

***14.** A Wyoming Electric Coop tem uma usina de geração de energia por turbinas a vapor. Como o Estado de Wyoming é rico em depósitos de carvão, a usina utiliza carvão para gerar vapor. No entanto, isso pode resultar em emissões que não cumprem os padrões da Agência de Proteção Ambiental (Environmental Protection Agency – EPA). As regulamentações da Agência de Proteção Ambiental limitam a descarga de dióxido de enxofre a 2.000 partes por milhão por tonelada de carvão queimado e a descarga de fumaça palas chaminés da usina a 20 lb por hora. A Coop recebe duas categorias de carvão pulverizado, $C1$ e $C2$, para utilização na geração de vapor. As duas categorias costumam ser misturadas antes da queima. Para simplificar, podemos considerar que a quantidade (em partes por milhão) do poluente enxofre descarregado é uma média ponderada entre as proporções de cada categoria usada na mistura. Os dados da Tabela B são baseados no consumo de 1 t por hora de cada uma das duas categorias de carvão.

Tabela B

Categoria do carvão	Descarga de enxofre em partes por milhão	Descarga de fumaça em lb por hora	Vapor gerado em lb por hora
$C1$	1.800	2,1	12.000
$C2$	2.100	0,9	9.000

(a) Determine a razão ótima para a mistura das duas categorias de carvão.

(b) Determine que efeito teria o aumento de 1 lb no limite da descarga de fumaça sobre a quantidade de vapor gerada por hora.

15. A Top Toys está planejando uma nova campanha publicitária por rádio e TV. Um comercial de rádio custa \$ 300 e um anúncio de TV custa \$ 2.000. A verba total alocada à campanha é de \$ 20.000. Contudo, para garantir que cada mídia terá no mínimo um comercial de rádio e um anúncio de TV, o máximo que pode ser alocado a qualquer uma delas não pode passar de 80% da verba total. Estima-se que o primeiro comercial de rádio alcançará 5.000 pessoas, e que cada comercial adicional alcançará apenas 2.000 novas pessoas. No caso da TV, o primeiro anúncio alcançará 4.500 pessoas e cada anúncio adicional alcançará mais 3.000. Como a verba deve ser alocada entre rádio e TV?

16. A Burroughs Garment Company fabrica camisas masculinas e blusas femininas para a Walmark Discount Stores. A Walmark aceitará toda a produção fornecida pela Burroughs. O processo de produção inclui cortar, costurar e embalar. A Burroughs emprega 25 trabalhadores no departamento de corte, 35 no departamento de costura e 5 no departamento de embalagem. A empresa trabalha em turnos de 8 horas por dia, 5 dias por semana. A Tabela C dá os requisitos de tempo e os lucros por unidade para as duas peças de vestuário.

Tabela C

Peça	Minutos por unidade: *Corte*	*Costura*	*Embalagem*	Lucro por unidade (\$)
Camisas	20	70	12	8
Blusas	60	60	4	12

Determine a programação semanal ótima de produção para a Burroughs.

17. Uma fabricante de móveis produz mesas e cadeiras. O departamento de serraria corta a madeira para ambos os produtos, que então é enviada separadamente para os respectivos departamentos de montagem. Os itens montados são enviados ao departamento de pintura para acabamento. A capacidade diária do departamento de serraria é de 200 cadeiras e 80 mesas. O departamento de montagem de cadeiras pode produzir 120 cadeiras por dia e o de montagem de mesas tem uma capacidade diária de montagem de 60 mesas. A capacidade diária do departamento de pintura é 150 cadeiras ou 110 mesas. Dado que o lucro por cadeira é \$ 50 e o de uma mesa é \$ 100, determine o mix de produção ótimo para a empresa.

***18.** Uma linha de montagem que consiste em três estações consecutivas produz dois modelos de rádio: HiFi-1 e HiFi-2. A Tabela D dá os tempos de montagem para as três estações de trabalho.

Tabela D

	Minutos por unidade	
Estação de trabalho	*HiFi-1*	*HiFi-2*
1	6	4
2	5	5
3	4	6

A manutenção diária para as estações 1, 2 e 3 consome 10%, 14% e 12%, respectivamente, de um máximo de 480 minutos disponíveis para cada estação por dia. Determine o mix ótimo de produtos que minimizará as horas ociosas (ou não utilizadas) nas três estações de trabalho.

19. *Experimento com TORA.* Digite o seguinte PL no TORA e selecione o modo de solução gráfica para revelar a tela gráfica de PL.

$$\text{Minimizar } z = 3x_1 + 8x_2$$

sujeito a

$$x_1 + x_2 \quad 8$$
$$2x_1 - 3x_2 \quad 0$$
$$x_1 + 2x_2 \quad 30$$
$$3x_1 - x_2 \quad 0$$
$$x_1 \quad 10$$
$$x_2 \quad 9$$
$$x_1, x_2 \quad 0$$

Em seguida, pegue uma folha de papel e desenhe e subdivida os eixos x_1 e x_2 em escalas adequadas ao problema (você também pode clicar 'Print Graph' no topo da janela direita para obter uma planilha com subdivisões pronta para usar). Agora, represente manualmente no gráfico uma restrição na folha preparada e então clique na janela esquerda da tela para verificar sua resposta. Repita o mesmo para cada restrição e depois encerre o procedimento com um gráfico da função objetivo. O processo sugerido foi elaborado para testar e reforçar seu entendimento da solução gráfica de PL verificando de imediato a resposta no TORA.

20. *Experimento com o TORA.* Considere o seguinte modelo de PL:

$$\text{Maximizar } z = 5x_1 + 4x_2$$

sujeito a

$$6x_1 + 4x_2 \quad 24$$
$$6x_1 + 3x_2 \quad 22{,}5$$
$$x_1 + x_2 \quad 5$$
$$x_1 + 2x_2 \quad 6$$
$$-x_1 + x_2 \quad 1$$
$$x_2 \quad 2$$
$$x_1, x_2 \quad 0$$

Em PL, diz-se que uma restrição é *redundante* se sua retirada do modelo não modificar a região de soluções viáveis. Use o recurso gráfico do TORA para identificar as restrições redundantes e em seguida mostre que a retirada dessas restrições (pela simples ação de não representá-las em gráfico) não afeta a região de soluções ou a solução ótima.

21. *Experimento com o TORA.* No modelo da Reddy Mikks, use o TORA para mostrar que a retirada das restrições de matéria-prima (restrições 1 e 2) resultariam em uma região *de soluções ilimitada.* Nesse caso, o que se pode dizer sobre a solução ótima do modelo?

22. *Experimento com o TORA.* No modelo da Reddy Mikks, suponha que a seguinte restrição seja adicionada ao problema:

$$x_2 \quad 3$$

Use o TORA para mostrar que o modelo resultante tem restrições conflitantes que não podem ser satisfeitas simultaneamente e, portanto, não tem nenhuma *solução viável.*

2.2.2 Solução de um modelo de minimização

Exemplo 2.2-2 (Problema da dieta)

A Ozark Farms usa no mínimo 800 lb de ração especial por dia. Essa ração especial é uma mistura de milho e soja com as composições elencadas na Tabela 2.3.

Tabela 2.3 Composição de ração da Ozark Farms

	lb por lb de ração		
Ração	*Proteína*	*Fibra*	Custo(\$/lb)
Milho	0,09	0,02	0,30
Soja	0,60	0,06	0,90

Os requisitos nutricionais da ração especial são de no mínimo 30% de proteína e de no máximo 5% de fibra. A Ozark Farms quer determinar a mistura que gera a ração de mínimo custo diário.

Como a ração consiste em milho e preparado de soja, as variáveis de decisão do modelo são definidas como

x_1 = lb de milho na mistura diária

x_2 = lb de preparado de soja na mistura diária

A função objetivo procura minimizar o custo total diário da ração e, por isso, é expressa como

$$\text{Minimizar } z = 0{,}3x_1 + 0{,}9x_2$$

As restrições do modelo refletem a quantidade diária necessária e os requisitos nutricionais. Como a Ozark Farms precisa de no mínimo 800 lb de ração por dia, a restrição associada pode ser expressa como

$$x_1 + x_2 \quad 800$$

Quanto à restrição ao requisito nutricional de proteína, a quantidade de proteína presente em x_1 lb de milho e x_2 lb de preparado de soja é $(0{,}09x_1 + 0{,}6x_2)$ lb. Essa quantidade deve ser igual a no mínimo 30% do total da mistura das rações $(x_1 + x_2)$ lb, isto é,

$$0{,}09x_1 + 0{,}6x_2 \quad 0{,}3(x_1 + x_2)$$

De modo semelhante, o requisito de no máximo 5% de fibras é expresso por

$$0{,}02x_1 + 0{,}06x_2 \quad 0{,}05(x_1 + x_2)$$

Podemos simplificar as restrições passando os termos em x_1 e x_2 para o lado esquerdo de cada desigualdade, deixando somente uma constante no lado direito. Assim, o modelo completo se torna

$$\text{Minimizar } z = 0{,}3x_1 + 0{,}9x_2$$

sujeito a

$$x_1 + x_2 \quad 800$$
$$0{,}21x_1 - 0{,}30x_2 \quad 0$$
$$0{,}03x_1 - 0{,}01x_2 \quad 0$$
$$x_1, x_2 \quad 0$$

A Figura 2.3 apresenta a solução gráfica do modelo. Diferente das restrições do modelo da Reddy Mikks (Exemplo 2.2-1), a segunda e a terceira restrições passam pela origem. Para representar em gráfico as retas associadas precisamos de um ponto adicional, que pode ser obtido com a designação de um valor a uma das variáveis e depois com a resolução para a outra variável. Por exemplo, na segunda restrição, $x_1 = 200$ fará $0{,}21 \times 200 - 0{,}3x_2 = 0$, ou $x_2 = 140$. Isso significa que a linha reta $0{,}21x_1 - 0{,}3x_2 = 0$ passa por (0, 0) e (200, 140). Observe também que (0, 0) não pode ser usado como um ponto de referência para as restrições 2 e 3 porque ambas as retas passam pela origem. Em vez disso, pode-se usar um outro ponto (por exemplo, (100, 0) ou (0, 100)) para essa finalidade.

Solução

Como o presente modelo busca a minimização da função objetivo, precisamos reduzir o valor de z o máximo possível na direção mostrada na Figura 2.3. A solução ótima é o extremo das duas retas $x_1 + x_2 = 800$ e $0{,}21x_1 - 0{,}3x_2 = 0$, o que dá como resultado $x_1 = 470{,}59$ lb e $x_2 = 329{,}41$ lb. O custo da ração é $z = 0{,}3 \times 470{,}59 + 0{,}9 \times 329{,}42 = \$\ 437{,}65$ por dia.

Comentários. Precisamos observar o modo como as restrições do problema são construídas. Como o modelo está minimizando o custo total, poderíamos argumentar que a solução buscará exatamente 800 t de ração. De fato, é isso o que a solução ótima encontrada nos dá.

Figura 2.3
Solução gráfica do modelo da dieta

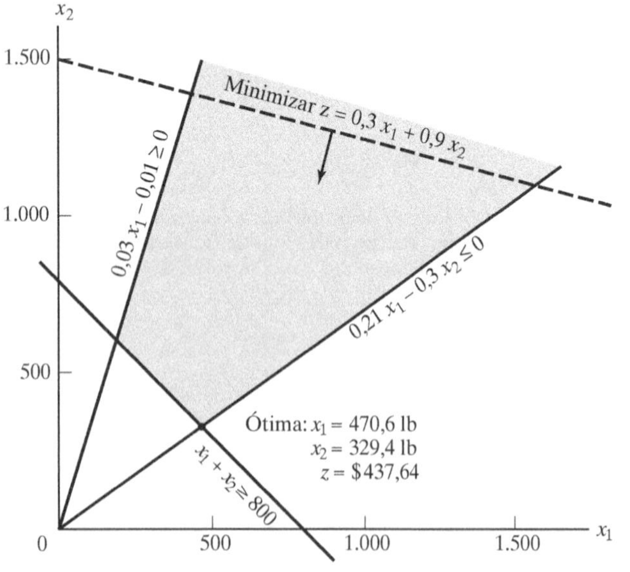

Portanto, isso significa que a primeira restrição pode ser totalmente eliminada pela simples inclusão da quantidade de 800 t nas restrições remanescentes? Para achar a resposta, expressaremos as novas restrições para proteína e fibra como

$$0{,}09x_1 + 0{,}6x_2 \quad 0{,}3 \times 800$$
$$0{,}02x_1 + 0{,}06x_2 \quad 0{,}05 \times 800$$

ou

$$0{,}09x_1 + 0{,}6x_2 \quad 240$$
$$0{,}02x_1 + 0{,}06x_2 \quad 40$$

A nova formulação dá a solução $x_1 = 0$ e $x_2 = 400$ lb (Verifique com o TORA!), que não satisfaz o requisito *implícito* de 800 lb de ração. Isso significa que a restrição $x_1 + x_2$ 800 deve ser usada explicitamente e que as restrições de proteína e fibra devem permanecer exatamente iguais às criadas originalmente.

Seguindo essa mesma linha de raciocínio, poderíamos ficar tentados a substituir $x_1 + x_2$ 800 por $x_1 + x_2 = 800$. No presente exemplo, as duas restrições dão a mesma resposta, mas, de modo geral, esse pode não ser o caso. Por exemplo, suponha que a mistura diária deva incluir no mínimo 500 lb de milho. Nesse caso, a solução ótima exigiria usar 500 lb de milho e 350 lb de soja (Verifique com TORA!), o que equivale a uma mistura diária de 500 + 350 = 850 lb. Impor a restrição de igualdade *a priori* levará à conclusão de que o problema não tem nenhuma solução viável (Verifique com TORA!). Por outro lado, a utilização da desigualdade inclui também o caso da igualdade e, portanto, não impede que o modelo produza exatamente 800 lb de mistura de rações, caso as restrições remanescentes o permitissem. A conclusão é que não devemos 'adivinhar' a solução impondo a restrição adicional de igualdade e devemos usar sempre desigualdades, a menos que a situação estipule explicitamente o uso de igualdades.

CONJUNTO DE PROBLEMAS 2.2B

1. Identifique a direção de decrescimento de z em cada um dos seguintes casos:
*__(a)__ Minimizar $z = 4x_1 - 2x_2$
(b) Minimizar $z = -3x_1 + x_2$
(c) Minimizar $z = -x_1 - 2x_2$

2. Suponha que, no modelo da dieta, a disponibilidade diária de milho esteja limitada a 450 lb. Identifique a nova região de soluções e determine a nova solução ótima.

3. No caso do modelo da dieta, que tipo de solução ótima o modelo daria se a mistura não pudesse passar de 800 lb por dia? A solução faz sentido?

4. John deve trabalhar no mínimo 20 horas por semana para reforçar sua renda enquanto ainda está na escola. Ele tem a oportunidade de trabalhar em duas lojas de varejo. Na loja 1, pode trabalhar entre 5 e 12 horas por semana, e na loja 2, entre 6 e 10 horas. Ambas pagam o mesmo salário por hora. Para decidir quantas horas trabalhará em cada loja, John quer basear sua decisão no estresse causado pelo trabalho. Com base em conversas com os atuais empregados, John estima que, em uma escala ascendente de 1 a 10, os fatores de estresse são 8 e 6 nas lojas 1 e 2, respectivamente. Como o estresse aumenta com o tempo, ele considera que o estresse total para cada loja no final da semana seja proporcional ao número de horas que ele trabalhar na loja. Quantas horas John deve trabalhar em cada loja?

***5.** A OilCo está construindo uma refinaria para fabricar quatro produtos: óleo diesel, gasolina, lubrificantes e combustível para jatos. A demanda mínima (em barris/dia) para cada um desses produtos é 14.000, 30.000, 10.000 e 8.000, respectivamente. A OilCo tem contratos de fornecimento de óleo cru para o Irã e Dubai. Por causa das cotas de produção especificadas pela Organização dos Países Exportadores de Petróleo (Opep), a nova refinaria pode receber no mínimo 40% de seu óleo cru do Irã e a quantidade restante de Dubai. A OilCo prevê que a demanda e as cotas de óleo cru permanecerão estáveis nos próximos dez anos.

As especificações dos dois óleos crus resultam em duas misturas de produtos diferentes: um barril de óleo cru do Irã rende 0,2 barril de diesel, 0,25 barril de gasolina, 0,1 barril de lubrificante e 0,15 barril de combustível para jatos. Os rendimentos correspondentes do óleo cru de Dubai são 0,1; 0,6; 0,15 e 0,1, respectivamente. A OilCo precisa determinar a capacidade mínima da refinaria (em barris/dia).

6. A Day Trader quer investir uma quantia de dinheiro para gerar um rendimento anual de no mínimo \$ 10.000. Há dois grupos de ações disponíveis: as de primeira linha e as de alta tecnologia, cujos rendimentos médios anuais são 10% e 25%, respectivamente. Embora as ações de empresas de alta tecnologia apresentem um rendimento médio mais alto, são mais arriscadas, e a Trader quer limitar a quantia investida nessas ações a não mais do que 60% do investimento total. Qual é a quantidade mínima que a Trader deve investir em cada grupo de ações para cumprir a meta de rendimento do investimento?

***7.** Uma central industrial de reciclagem usa dois tipos de sucata de alumínio, *A* e *B*, para produzir uma liga especial. A sucata *A* contém 6% de alumínio, 3% de silício e 4% de carbono. A sucata *B* tem 3% de alumínio, 6% de silício e 3% de carbono. Os custos por tonelada das sucatas *A* e *B* são \$ 100 e \$ 80, respectivamente. As especificações da liga especial requerem que 1) o teor de alumínio deva ser no mínimo 3% e no máximo 6%; 2) o teor de silício deva ficar entre 3% e 5%; e 3) o teor de carbono deva ficar entre 3% e 7%. Determine o mix ótimo (de mínimo custo) de sucatas que deve ser usado para produzir 1.000 toneladas da liga.

8. *Experimento com o TORA.* Considere o Modelo da Dieta e suponha que a função objetivo é dada por

$$\text{Minimizar } z = 0{,}8x_1 + 0{,}8x_2$$

Use o TORA para mostrar que a solução ótima está relacionada com *dois* pontos extremos distintos e que ambos dão o mesmo valor para a função objetivo. Nesse caso, diz-se que o problema tem soluções *ótimas alternativas.* Explique as condições que levam a essa situação e mostre que, na verdade, o problema tem um número infinito de soluções ótimas alternativas; depois, esboce uma fórmula para determinar todas essas soluções.

2.3 APLICAÇÕES SELECIONADAS DE PL

Esta seção apresenta modelos realistas de PL nos quais a definição das variáveis e a construção da função objetivo e das restrições não são tão diretas como no caso do modelo de duas variáveis. Entre as áreas abrangidas por essas aplicações citamos as seguintes:

1. Planejamento urbano.
2. Arbitragem de moedas.
3. Investimento.
4. Planejamento de produção e controle de estoque.
5. Mistura e refino de petróleo.
6. Planejamento de mão-de-obra.

Cada modelo é desenvolvido completamente e sua solução ótima é analisada e interpretada.

2.3.1 Planejamento urbano[1]

Planejamento urbano trata de três áreas gerais: 1) construção de novos projetos habitacionais; 2) recuperação de áreas habitacionais e recreacionais urbanas deterioradas; e 3) planejamento de instalações públicas (como escolas e aeroportos). As restrições associadas com esses projetos são tanto econômicas (terreno, construção, financiamento) quanto sociais (escolas, parques, nível de renda). Os objetivos do planejamento urbano variam. No desenvolvimento de projetos habitacionais, de modo geral o lucro é o motivo para a consecução do projeto. Nas duas categorias restantes, os objetivos envolvem considerações sociais, políticas, econômicas e culturais. De fato, em um caso divulgado em 2004, o prefeito de uma cidade de Ohio queria condenar uma área antiga da cidade para dar lugar a um projeto habitacional de alto padrão. O motivo era aumentar a arrecadação de impostos para ajudar a amenizar a insuficiência orçamentária. O exemplo apresentado nesta seção foi motivado com base no caso de Ohio.

[1] Esta seção é baseada em Laidlaw (1972).

Exemplo 2.3-1 (Modelo de renovação urbana)

A cidade de Erstville enfrenta uma séria carência orçamentária. Em busca de uma solução de longo prazo, a câmara de vereadores da cidade aprova uma melhoria da base de cobrança de impostos que prevê a condenação de uma área habitacional do centro da cidade e sua substituição por um conjunto habitacional moderno.

O projeto envolve duas fases: 1) demolição das casas que estão aquém do padrão para liberar terreno para o novo projeto; e 2) construção do novo conjunto urbano. A seguir daremos um resumo da situação.

1. Um total de 300 casas aquém do padrão podem ser demolidas. Cada casa ocupa um lote de 0,25 acres. O custo da demolição de uma casa condenada é de \$ 2.000.
2. Os tamanhos de lotes para domicílios (unidades) simples, duplos, triplos e quádruplos são de 0,18; 0,28; 0,4 e 0,5 acres, respectivamente. Ruas, espaços abertos e instalações públicas ocupam 15% da área disponível.
3. No novo conjunto habitacional, as unidades triplas e quádruplas representam no mínimo 25% do total. Unidades simples devem representar no mínimo 20% de todas as unidades, e unidades duplas, no mínimo 10%.
4. O imposto cobrado por unidade para unidades simples, duplas, triplas e quádruplas é de \$ 1.000, \$ 1.900, \$ 2.700 e \$ 3.400, respectivamente.
5. O custo da construção por unidade domiciliar simples, dupla, tripla e quádrupla é de \$ 50.000, \$ 70.000, \$ 130.000 e \$ 160.000, respectivamente. O financiamento acordado com um banco local será de no máximo \$ 15 milhões.

Quantas unidades de cada tipo devem ser construídas para maximizar a arrecadação de impostos?

Modelo matemático. Além de determinar o número de unidades de cada tipo a ser construído, precisamos também decidir quantas casas devem ser demolidas para liberar espaço para o novo projeto habitacional. Assim, as variáveis do problema podem ser definidas da seguinte maneira:

x_1 = número de unidades simples

x_2 = número de unidades duplas

x_3 = número de unidades triplas

x_4 = número de unidades quádruplas

x_5 = número de casas antigas a demolir

O objetivo é maximizar a arrecadação de impostos de todos os quatro tipos de residências, isto é,

$$\text{Maximizar } z = 1.000x_1 + 1.900x_2 + 2.700x_3 + 3.400x_4$$

A primeira restrição do problema trata da disponibilidade de terreno.

$$\begin{pmatrix}\text{Área usada para}\\ \text{construção de novas casas}\end{pmatrix} \le \begin{pmatrix}\text{Área líquida}\\ \text{disponível}\end{pmatrix}$$

Pelos dados do problema, temos

$$\text{Área necessária para novas casas} = 0{,}18x_1 + 0{,}28x_2 + 0{,}4x_3 + 0{,}5x_4$$

Para determinar a área disponível, cada casa demolida ocupa um lote de 0,25 acres, o que resulta em um total de $0{,}25x_5$ acres. Deixando 15% para espaços abertos, ruas e instalações públicas, a área líquida disponível é $0{,}85(0{,}25x_5) = 0{,}2125x_5$. A restrição resultante é

$$0{,}18x_1 + 0{,}28x_2 + 0{,}4x_3 + 0{,}5x_4 \quad 0{,}2125x_5$$

ou

$$0{,}18x_1 + 0{,}28x_2 + 0{,}4x_3 + 0{,}5x_4 - 0{,}2125x_5 \quad 0$$

O número de casas demolidas não pode exceder 300, o que é expresso como

$$x_5 \quad 300$$

Em seguida, adicionamos as restrições que limitam o número de unidades de cada tipo de casa.

(Número de unidades simples) (20% do total de unidades)

(Número de unidades duplas) (10% do total de unidades)

(Número de unidades triplas e quádruplas) (25% do total de unidades)

Essas restrições são expressas matematicamente como

$$x_1 \quad 0{,}2(x_1 + x_2 + x_3 + x_4)$$
$$x_2 \quad 0{,}1(x_1 + x_2 + x_3 + x_4)$$
$$x_3 + x_4 \quad 0{,}25(x_1 + x_2 + x_3 + x_4)$$

A única restrição restante trata de manter o custo de demolição/construção dentro do orçamento permitido, isto é,

(Custo de demolição e construção) (Orçamento disponível)

Exprimindo todos os custos em milhares de dólares, obtemos

$$(50x_1 + 70x_2 + 130x_3 + 160x_4) + 2x_5 \quad 15.000$$

Assim, o modelo completo se torna

$$\text{Maximizar } z = 1.000x_1 + 1.900x_2 + 2.700x_3 + 3.400x_4$$

sujeito a

$$0{,}18x_1 + 0{,}28x_2 + 0{,}4x_3 + 0{,}5x_4 - 0{,}2125x_5 \quad 0$$
$$x_5 \quad 300$$
$$-0{,}8x_1 + 0{,}2x_2 + 0{,}2x_3 + 0{,}2x_4 \quad 0$$
$$0{,}1x_1 - 0{,}9x_2 + 0{,}1x_3 + 0{,}1x_4 \quad 0$$
$$0{,}25x_1 + 0{,}25x_2 - 0{,}75x_3 - 0{,}75x_4 \quad 0$$
$$50x_1 + 70x_2 + 130x_3 + 160x_4 + 2x_5 \quad 15.000$$
$$x_1, x_2, x_3, x_4, x_5 \quad 0$$

Solução

A solução ótima (usando o arquivo amplEX2.3-1.txt ou solverEx2.3-1.xls), tendo:

Arrecadação total de impostos = z = $ 343.965

Número de unidades residenciais simples = $x_1 = 35{,}83 \approx 36$ unidades

Número de unidades residenciais duplas = $x_2 = 98{,}53 \approx 99$ unidades

Número de unidades residenciais triplas = $x_3 = 44{,}79 \approx 45$ unidades

Número de unidades residenciais quádruplas = $x_4 = 0$ unidades

Número de casas demolidas = $x_5 = 244{,}49 \approx 245$ unidades

Comentários. A programação linear não garante automaticamente uma solução com números inteiros, e essa é a razão do arredondamento de valores contínuos para o inteiro mais próximo. A solução aproximada exige a construção de 180 (= 36 + 99 + 45) unidades e a demolição de 245 casas velhas, o que rende $ 345.600 em impostos. Entretanto, não esqueça que, de modo geral, a solução aproximada pode não ser viável. De fato, a solução aproximada encontrada ultrapassa a restrição orçamentária em $ 70.000 (verifique!). O interessante é que a verdadeira solução ótima com números inteiros (usando os algoritmos do Capítulo 9) é $x_1 = 36, x_2 = 98, x_3 = 45, x_4 = 0$ e $x_5 = 245$, com $z = \$\ 343.700$. Observe atentamente que a solução aproximada resulta em um melhor valor para a função objetivo, o que parece contraditório. A razão é que a solução aproximada exige a produção de uma unidade residencial dupla a mais, o que só é viável se houver um aumento de $ 70.000 no orçamento.

CONJUNTO DE PROBLEMAS 2.3A

1. Uma empresa imobiliária está desenvolvendo um projeto habitacional de casas de aluguel e um espaço para o comércio varejista. O projeto habitacional consiste em apartamentos funcionais, apartamentos duplex e unidades residenciais simples. A demanda máxima de inquilinos potenciais é estimada em 500 apartamentos funcionais, 300 apartamentos duplex e 250 unidades residenciais simples, mas o número de apartamentos duplex deve ser igual a no mínimo 50% do número de apartamentos funcionais e unidades residenciais simples. O espaço para o comércio varejista é proporcional ao número de unidades residenciais à razão de no mínimo 10 pés^2, 15 pés^2 e 18 pés^2 para apartamentos funcionais, apartamentos duplex e unidades residenciais simples, respectivamente. Contudo, a disponibilidade de terreno limita o espaço de comércio varejista a não mais do que 10.000 pés^2. A receita mensal de aluguéis é estimada em $ 600, $ 750 e $ 1.200 para apartamentos funcionais, apartamentos duplex e unidades residenciais simples, respectivamente. O aluguel de espaços para comércio varejista é $ 100/pés^2. Determine a área ótima de espaço para comércio varejista e o número de unidades residenciais.
2. A Câmara de Vereadores da cidade de Fayetteville está em processo de aprovação da construção de um novo centro de convenções de 200.000 pés^2. Foram propostos dois locais e ambos requerem a aplicação da lei do 'domínio eminente' para a aquisição da propriedade. A Tabela E apresenta dados sobre as propriedades (contíguas) propostas em ambos os locais, acompanhados do custo de aquisição.

Tabela E

	Local 1		Local 2	
Propriedade	*Área* (1.000 pés^2)	*Custo* ($ 1.000)	*Área* (1.000 pés^2)	*Custo* ($ 1.000)
1	20	1.000	80	2.800
2	50	2.100	60	1.900
3	50	2.350	50	2.800
4	30	1.850	70	2.500
5	60	2.950		

A aquisição parcial da propriedade é permitida. No mínimo 75% da propriedade 4 deve ser adquirida se for selecionado o local 1, e no mínimo 50% da propriedade 3 deve ser adquirida se for selecionado o local 2. Embora a propriedade do local 1 seja mais cara (com base no valor por pés^2), o custo da construção é menor do que no local 2 porque o estado da infra-estrutura no local 1 é muito melhor. O custo de construção é de $ 25 milhões no local 1 e de $ 27 milhões no local 2. Qual dos locais deve ser selecionado e quais propriedades devem ser adquiridas?

*3. Uma cidade executará cinco projetos de renovação habitacional urbana nos próximos cinco anos. Cada projeto será iniciado em um ano diferente e terá duração diferenciada. A Tabela F apresenta os dados básicos da situação.

Tabela F

	Ano 1	Ano 2	Ano 3	Ano 4	Ano 5	Custo (milhões $)	Receita anual (milhões $)
Projeto 1	Início		Final			5,0	0,05
Projeto 2		Início			Final	8,0	0,07
Projeto 3	Início				Final	15,0	0,15
Projeto 4			Início	Final		1,2	0,02
Orçamento (milhões $)	3,0	6,0	7,0	7,0	7,0		

Os projetos 1 e 4 devem estar totalmente concluídos dentro dos prazos. Os dois projetos restantes podem ser concluídos parcialmente dentro das limitações orçamentárias, se necessário. Todavia, cada projeto deve estar no mínimo 25% concluído dentro do prazo. Ao final de cada ano, a seção concluída de um projeto será imediatamente ocupada por inquilinos e uma quantidade proporcional de receita será realizada. Por exemplo, se 40% do projeto 1 estiver concluído no ano 1 e 60% no ano 3, a receita associada para os cinco anos na projeção do planejamento será de 0,4 × $ 50.000 (para o ano 2) + 0,4 × $ 50.000 (para o ano 3) + (0,4 + 0,6) × $ 50.000 (para o ano 4) + (0,4 + 0,6) × $ 50.000 (para o ano 5) = (4 × 0,4 + 2 × 0,6) × $ 50.000. Determine a programação ótima para os projetos que maximizará a receita total na projeção de cinco anos. Para simplificar, desconsidere a desvalorização do valor ao longo do tempo.

4. A cidade de Fayetteville está concebendo um projeto de renovação urbana que incluirá conjuntos habitacionais de casas geminadas para baixa e média rendas, apartamentos de luxo para rendas mais altas e conjuntos habitacionais públicos. O projeto também inclui uma escola primária e lojas de varejo. O tamanho da escola primária (número de salas de aula) é proporcional ao número de alunos, e o espaço para comércio varejista é proporcional ao número de unidades residenciais. A Tabela G apresenta os dados pertinentes à situação.

Tabela G

	Renda mais baixa	Renda média	Renda mais elevada	Conjunto habitacional público	Sala de aula	Lojas de varejo
Número mínimo de unidades	100	125	75	300		0
Número máximo de unidades	200	190	260	600		25
Tamanho do lote por unidade (acre)	0,05	0,07	0,03	0,025	0,045	0,1
Número médio de alunos por unidade	1,3	1,2	0,5	1,4		
Demanda pelo varejo por unidade (acre)	0,023	0,034	0,046	0,023	0,034	
Renda anual por unidade($)	7.000	12.000	20.000	5.000	—	15.000

A nova escola pode ocupar uma área máxima de 2 acres a uma taxa de no máximo 25 alunos por sala de aula. O custo operacional anual por sala de aula é $ 10.000. O projeto será localizado em uma propriedade desocupada de 50 acres pertencente ao município. Além disso, o projeto pode fazer uso de uma propriedade adjacente ocupada por 200 cortiços condenados. Cada casa condenada ocupa 0,25 acres. O custo para comprar e demolir uma unidade de cortiço é $ 7.000. Espaços abertos, ruas e estacionamentos consomem 15% do terreno total disponível.

Desenvolva um modelo de programação linear para determinar o plano ótimo para o projeto.

5. A Realco possui 800 acres de terreno virgem perto de um lago panorâmico no coração das Ozark Mountains. No passado, pouca ou nenhuma regulamentação foi imposta aos novos empreendimentos ao redor do lago. Agora, as margens estão cheias de casas de veraneio e fossas sépticas em uso, a maioria instalada inadequadamente. Ao longo dos anos, o vazamento dessas fossas sépticas causou grave contaminação da água.

Para impedir a degradação do lago, os responsáveis aprovaram rigorosas posturas municipais aplicáveis a todos os empreendimentos futuros: 1) só poderão ser construídas unidades habitacionais simples, duplas e triplas, sendo que as simples abrangerão no mínimo 50% do total; 2) para limitar o número de fossas sépticas, serão exigidos lotes de tamanhos mínimos de 2, 3 e 4 acres para unidades residenciais simples, duplas e triplas, respectivamente; 3) é obrigatória a criação de áreas de recreação de 1 acre na proporção de uma área para cada 200 famílias; 4) para preservar a ecologia do lago, a água subterrânea não pode ser bombeada para uso domiciliar, nem para o jardim.

O presidente da Realco está estudando a possibilidade de explorar a propriedade de 800 acres. O novo projeto incluirá unidades residenciais simples, duplas e triplas. Estima-se que 15% da área será alocada para ruas e utilidades públicas. A Realco estima que o retorno dos diferentes tipos de unidades residenciais será como mostrado na Tabela H.

Tabela H

Unidade residencial	Simples	Dupla	Tripla
Retorno líquido por unidade ($)	10.000	12.000	15.000

O custo do serviço de ligação da área à rede de abastecimento de água é proporcional ao número de unidades construídas. Contudo, a prefeitura cobra um mínimo de $ 100.000 para o projeto. Adicionalmente, a expansão do sistema de água em relação à sua presente capacidade está limitada a 200.000 galões por dia durante períodos de pico. Os dados apresentados na Tabela I resumem o custo de conexão à rede de abastecimento de água, bem como o consumo de água para uma família média.

Tabela I

Unidade residencial	Simples	Dupla	Tripla	Recreação
Custo da conexão à rede de abastecimento de água por unidade ($)	1.000	1.200	1.400	800
Consumo de água por unidade (galão/dia)	400	600	840	450

Desenvolva um plano ótimo para a Realco.

6. Considere o modelo da Realco do Problema 5. Suponha que há um terreno adicional de 100 acres que possa ser adquirido por $ 450.000, o que aumentará a área total para 900 acres. Esse negócio seria lucrativo para a Realco?

2.3.2 Arbitragem de moedas[2]

Na economia globalizada de hoje, uma empresa multinacional tem de lidar com as moedas dos países onde opera. A arbitragem de moedas, ou compra e venda simultâneas de moedas, em diferentes mercados, oferece oportunidades para movimentação vantajosa de dinheiro de uma moeda para outra. Por exemplo, converter £ 1.000 em dólares americanos em 2001 a uma taxa de câmbio de $ 1,60 por £ 1 resultará em $ 1.600. Um outro modo de fazer a conversão é primeiro trocar a libra esterlina por ienes japoneses e depois converter os ienes em dólares americanos usando as taxas de câmbio de 2001 de £ 1 = ¥ 175 e $ 1 = ¥ 105.

A quantia resultante em dólares é $\dfrac{(£\ 1.000 \times ¥\ 175)}{¥\ 105} = \$\ 1.666,67$.

Esse exemplo demonstra a vantagem de converter a moeda britânica primeiro em iene japonês e depois em dólares. Esta seção mostra como o problema de arbitragem que envolve muitas moedas pode ser formulado e resolvido como um problema de programação linear.

[2] Esta seção é baseada em J. Kornbluth e G. Salkin (1987), Capítulo 6.

Exemplo 2.3-2 (Modelo da arbitragem de moedas)

Suponha que uma empresa tem um total de 5 milhões de dólares que podem ser trocados por euros (€), libras esterlinas (£), ienes (¥) e dinares do Kuwait (KD). Os cambistas estabeleceram os seguintes limites para a quantidade trocada em uma única transação: 5 milhões de dólares, 3 milhões de euros, 3,5 milhões de libras, 100 milhões de ienes e 2,8 milhões de KDs. A Tabela 2.4 mostra taxas de câmbio típicas no mercado à vista. As taxas abaixo da diagonal são as inversas das taxas acima da diagonal. Por exemplo, a taxa (€ $) = 1/taxa($ €) = 1/0,769 = 1,30.

Tabela 2.4 Taxas de câmbio típicas do mercado à vista

	$	€	£	¥	KD
$	1	0,769	0,625	105	0,342
€	$\frac{1}{0{,}769}$	1	0,813	137	0,445
£	$\frac{1}{0{,}625}$	$\frac{1}{0{,}813}$	1	169	0,543
¥	$\frac{1}{105}$	$\frac{1}{137}$	$\frac{1}{169}$	1	0,0032
KD	$\frac{1}{0{,}342}$	$\frac{1}{0{,}445}$	$\frac{1}{0{,}543}$	$\frac{1}{0{,}0032}$	1

É possível aumentar o estoque de dólares (acima dos $ 5 milhões iniciais) fazendo as moedas circularem pelo mercado de câmbio?

Modelo matemático. A situação começa com $ 5 milhões. Essa quantia passa por várias conversões para outras moedas antes de ser afinal convertida novamente em dólares. Assim, o problema busca determinar a quantia de cada conversão que maximizará o estoque total de dólares.

Para a finalidade de desenvolvimento do modelo e para simplificar a notação, usaremos o código numérico da Tabela 2.5 para representar as moedas.

Tabela 2.5 Código numérico

Moeda	$	€	£	¥	KD
Código	1	2	3	4	5

Definam-se:

x_{ij} = quantia da moeda i convertida na moeda j, i e $j = 1, 2, \ldots, 5$

Por exemplo, x_{12} é a quantia em dólares convertida em euros, e x_{51} é a quantia de dinares convertida em dólares. Definimos ainda duas variáveis adicionais que representam a entrada e a saída do problema de arbitragem:

I = quantia inicial de dólares (= $ 5 milhões)

y = estoque final de dólares (a ser determinado pela solução)

Nossa meta é determinar o maior estoque final de dólares possível, y, sujeito às restrições aplicadas ao fluxo de moedas e aos limites máximos permitidos para as diferentes transações.

Figura 2.4
Definição da variável de entrada/saída, x_{13}, entre $ e £.

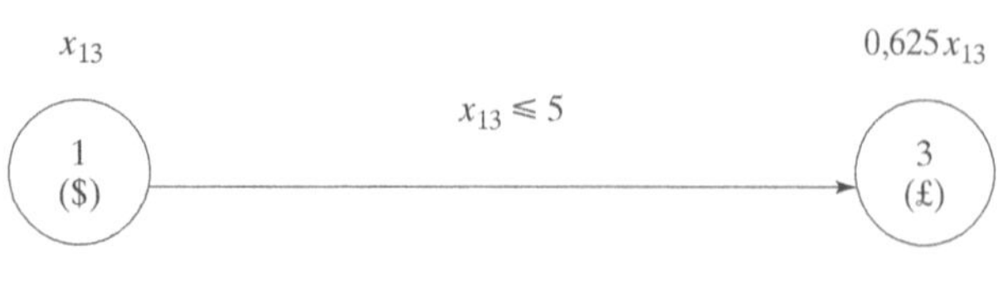

Começamos desenvolvendo as restrições do modelo. A Figura 2.4 demonstra a idéia de converter dólares em libras. A quantia de dólares x_{13} na moeda de origem 1 é convertida em $0{,}625x_{13}$ libras na moeda final 3. Ao mesmo tempo, a quantia de dólares transacionada não pode exceder o limite estabelecido pelo cambista, x_{13} 5.

Para conservar o fluxo de dinheiro de uma moeda para outra, cada moeda deve satisfazer a seguinte equação de entrada-saída:

$$\begin{pmatrix}\text{Quantia total disponível}\\ \text{de uma moeda (entrada)}\end{pmatrix} = \begin{pmatrix}\text{Quantia total convertida}\\ \text{em outras moedas (saída)}\end{pmatrix}$$

1. *Dólar* ($i = 1$)

Total disponível de dólares
= Quantia inicial de dólares +
Quantia equivalente de dólares em outras moedas

$= I + (€ \ \$) + (£ \ \$) + (¥ \ \$) + (KD \ \$)$

$= I + \left(\frac{1}{0{,}769}\ x_{21}\right) + \left(\frac{1}{0{,}625}\right)x_{31} + \left(\frac{1}{105}\right)x_{41} + \frac{1}{0{,}342}x_5x_{51}$

Total de dólares distribuídos
= Estoque final de dólares +
Quantia de dólares equivalente em outras moedas

$= y + (\$ \ €) + (\$ \ £) + (\$ \ ¥) + (\$ \ KD)$
$= y + x_{12} + x_{13} + x_{14} + x_{15}$

Dado $I = 5$, a restrição do dólar se torna

$y + x_{12} + x_{13} + x_{14} + x_{15} - \left(\frac{1}{0{,}769}\right)x_{21} +$

$\frac{1}{0{,}625}\ x_{31} + \frac{1}{105}\ x_{41} + \left(\frac{1}{0{,}342}\right)x_{51}) = 5$

2. *Euro* ($i = 2$)

Total disponível em euros = ($ €) + (£ €) + (¥ €) + (KD €)

$= 0{,}769x_{12} + \frac{1}{0{,}813}\ x_{32} + \frac{1}{137}\ x_{42} + \frac{1}{0{,}445}\ x_{52}$

Total distribuído de euros = (€ $) + (€ £) + (€ ¥) + (€ KD)

$= x_{21} + x_{23} + x_{24} + x_{25}$

Assim, a restrição é

$x_{21} + x_{23} + x_{24} + x_{25} - (0{,}769)x_{12} + \frac{1}{0{,}813}\ x_{32} +$

$\frac{1}{137}\ x_{42} + \frac{1}{0{,}445}\ x_{52} = 0$

3. *Libra* ($i = 3$)

Total disponível em libras = ($ £) + (€ £) + (¥ £) + (KD £)

$= 0{,}625x_{13} + 0{,}813x_{23} + \frac{1}{169}\ x_{43} + \frac{1}{0{,}543}\ x_{53}$

Total distribuído de libras = (£ $) + (£ €) + (£ ¥) + (£ KD)

$= x_{31} + x_{32} + x_{34} + x_{35}$

Assim, a restrição é

$x_{31} + x_{32} + x_{34} + x_{35} - 0{,}625x_{13} + 0{,}813x_{23} +$

$\frac{1}{169}\ x_{43} + \frac{1}{0{,}543}\ x_{53} = 0$

4. *Iene* ($i = 4$)

Total disponível em ienes = ($ ¥) + (€ ¥) + (£ ¥) + (KD ¥)

$= 105x_{14} + 137x_{24} + 169x_{34} + \frac{1}{0{,}0032}\ x_{54}$

Total distribuído de ienes = (¥ $) + (¥ €) + (¥ £) + (¥ KD)

$= x_{41} + x_{42} + x_{43} + x_{45}$

Assim, a restrição é

$x_{41} + x_{42} + x_{43} + x_{45} - (105x_{14} + 137x_{24} + 169x_{34} +$

$\frac{1}{0{,}0032}\ x_{54}) = 0$

5. *Dinares* ($i = 5$)

Total disponível em dinares
= (KD $) + (KD €) + (KD £) + (KD ¥)
$= 0{,}342x_{15} + 0{,}445x_{25} + 0{,}543x_{35} + 0{,}0032x_{45}$

Total de dinares distribuídos
= ($ KD) + (€ KD)+ (£ KD) + (¥ KD)
$= x_{51} + x_{52} + x_{53} + x_{54}$

Assim, a restrição é

$$x_{51} + x_{52} + x_{53} + x_{54} - (0{,}342x_{15} + 0{,}445x_{25} + 0{,}543x_{35} + 0{,}0032x_{45}) = 0$$

As únicas restrições remanescentes são os limites das transações, que são 5 milhões de dólares, 3 milhões de euros, 3,5 milhões de libras, 100 milhões de ienes e 2,8 milhões de KDs, que podem ser expressas como

$$x_{1j}\ 5; j = 2, 3, 4, 5$$
$$x_{2j}\ 3; j = 1, 3, 4, 5$$
$$x_{3j}\ 3{,}5; j = 1, 2, 4, 5$$
$$x_{4j}\ 100; j = 1, 2, 3, 5$$
$$x_{5j}\ 2{,}8; j = 1, 2, 3, 4$$

Agora, o modelo completo é dado por

$$\text{Maximizar } z = y$$

sujeito a

$$y + x_{12} + x_{13} + x_{14} + x_{15} - \left(\frac{1}{0,769}x_{21} + \frac{1}{0,625}x_{31} + \frac{1}{105}x_{41} + \frac{1}{0,342}x_{51}\right) = 5$$
$$x_{21} + x_{23} + x_{24} + x_{25} - (0{,}769x_{12} + \frac{1}{0,813}x_{32} + \frac{1}{137}x_{42} + \frac{1}{0,445}x_{52}) = 0$$
$$x_{31} + x_{32} + x_{34} + x_{35} - (0{,}625x_{13} + 0{,}813x_{23} + \frac{1}{169}x_{43} + \frac{1}{0,543}x_{53}) = 0$$
$$x_{41} + x_{42} + x_{43} + x_{45} - (105x_{14} + 137x_{24} + 169x_{34} + \frac{1}{0,0032}x_{54}) = 0$$
$$x_{51} + x_{52} + x_{53} + x_{54} - (0{,}342x_{15} + 0{,}445x_{25} + 0{,}543x_{35} + 0{,}0032x_{45}) = 0$$
$$x_{1j}\ 5; j = 2, 3, 4, 5$$
$$x_{2j}\ 3; j = 1, 3, 4, 5$$
$$x_{3j}\ 3{,}5; j = 1, 2, 4, 5$$
$$x_{4j}\ 100; j = 1, 2, 3, 5$$
$$x_{5j}\ 2{,}8; j = 1, 2, 3, 4$$
$$x_{ij}\ 0, \text{ para todo } i \text{ e } j$$

Solução

A solução ótima (usando o arquivo amplEx2.3-2.txt ou solverEx2.3-2.xls) é mostrada na Tabela 2.6.

Tabela 2.6 Solução ótima

Solução	Interpretação
$y = 5.09032$	Quantia final = \$ 5.090.320 Ganho líquido em dólares = \$ 90.320, o que representa uma taxa de retorno de 1,8064%
$x_{12} = 1{,}46206$	Comprar \$ 1.462.060 de euros
$x_{15} = 5$	Comprar \$ 5.000.000 de dinares
$x_{25} = 3$	Comprar € 3.000.000 de dinares
$x_{31} = 3{,}5$	Comprar £ 3.500.000 de dólares
$x_{32} = 0{,}931495$	Comprar £ 931.495 de euros
$x_{41} = 100$	Comprar ¥ 100.000.000 de dólares
$x_{42} = 100$	Comprar ¥ 100.000.000 de euros
$x_{43} = 100$	Comprar ¥ 100.000.000 de libras
$x_{53} = 2{,}085$	Comprar KD 2.085.000 de libras
$x_{54} = 0{,}96$	Comprar KD 960.000 de ienes

Comentários. A princípio pode parecer que a solução não tem sentido porque recomenda usar $x_{12} + x_{15} = 1{,}46206 + 5 = 6{,}46206$, ou \$ 6.462.060 para comprar euros e dinares, quando a quantia inicial de dólares é apenas \$ 5.000.000. De onde vêm os dólares a mais? O que ocorre na prática é que a solução dada é apresentada ao cambista como *um* pedido, o que significa que não esperamos até acumular quantidade suficiente de moedas de certo tipo antes de fazer uma compra. No final, o resultado de todas essas transações é um custo líquido de \$ 5.000.000 para o investidor. Isso pode ser visto somando todas as transações em dólares na solução:

$$I = y + x_{12} + x_{13} + x_{14} + x_{15} - \left(\frac{1}{0,769}x_{21} + \frac{1}{0,625}x_{31} + \frac{1}{105}x_{41} + \frac{1}{0,342}x_{51}\right)$$
$$= 5{,}09032 + 1{,}46206 + 5 - \left(\frac{3,5}{0,625} + \frac{100}{105}\right) = 5$$

Note que x_{31} e x_{41} estão em libras e ienes, respectivamente, e, portanto, têm de ser convertidos em dólares.

CONJUNTO DE PROBLEMAS 2.3B

1. Modifique o modelo de arbitragem para levar em conta a comissão que chega a 0,1% sobre qualquer compra de moeda. Considere que a comissão não afeta os fundos circulantes e que é cobrada na conclusão da ordem de compra inteira. Compare essa solução com a do modelo original.

*2. Suponha que a empresa esteja disposta a converter os \$ 5 milhões iniciais em qualquer outra moeda que dará a taxa de retorno mais elevada. Modifique o modelo original para determinar qual moeda é a melhor.

3. Suponha que a quantia inicial seja I = \$ 7 milhões e que a empresa queira convertê-la otimamente para uma combinação de euros, libras e ienes. O mix final não pode incluir mais do que 2 milhões de euros, 3 milhões de libras e 200 milhões de ienes. Modifique o modelo original para determinar o mix de compra ótimo das três moedas.

4. Suponha que a empresa deseje comprar 6 milhões de dólares. Os limites de transação para as diferentes moedas são os mesmos do problema original. Elabore um esquema de compra para essa transação, dado que o mix não pode incluir mais do que 3 milhões de euros, 2 milhões de libras e 2 milhões de dinares do Kuwait.

5. Suponha que a empresa tenha 2 milhões de dólares, 5 milhões de euros e 4 milhões de libras. Elabore uma ordem de compra e venda que melhorará os estoques globais de moedas convertidas em ienes.

2.3.3 Investimento

Hoje, há inúmeras oportunidades de investimento disponíveis para os investidores. Exemplos de problemas de investimento são orçamentos de capital para projetos, estratégia de investimentos em títulos, seleção de carteira de ações e determinação da política de empréstimos bancários. Em muitas dessas situações, a programação linear pode ser usada para selecionar o mix ótimo de oportunidades que maximizará o retorno, atendendo às condições estabelecidas pelo investidor.

Exemplo 2.3-3 (Modelo de política de empréstimo)

O Thriften Bank está em processo de elaboração de uma política de empréstimo que envolve um máximo de \$ 12 milhões. A Tabela 2.7 apresenta os dados pertinentes aos tipos de empréstimos disponíveis.

Tabela 2.7 Empréstimos disponíveis no Thriften Bank

Tipo de empréstimo	Taxa de juros	Taxa de inadimplência
Pessoal	0,140	0,10
Automóvel	0,130	0,07
Habitacional	0,120	0,03
Agrícola	0,125	0,05
Comercial	0,100	0,02

A inadimplência são débitos incobráveis e não geram receita de juros.

A concorrência com outras instituições financeiras requer que o banco destine no mínimo 40% dos fundos a créditos agrícola e comercial. Para auxiliar o setor de construção de residências da região, a quantia destinada ao crédito habitacional deve ser igual a no mínimo 50% dos empréstimos pessoais para aquisição de automóveis e aquisição habitacional. O banco também estabeleceu uma política de não permitir que a taxa global de inadimplência sobre todos os empréstimos exceda 4%.

Modelo matemático. A situação procura determinar a quantidade de empréstimos em cada categoria, o que resulta nas seguintes definições das variáveis:

x_1 = empréstimos pessoais (em milhões de dólares)

x_2 = empréstimos para compra de automóveis

x_3 = empréstimos habitacionais

x_4 = empréstimos agrícolas

x_5 = empréstimos comerciais

O objetivo do Thriftem Bank é maximizar seu retorno líquido, que é a diferença entre receita de juros e créditos inadimplentes. A receita de juros é obtida somente com base em empréstimos em boa posição. Portanto, como 10% dos empréstimos pessoais são créditos inadimplentes, o banco receberá juros sobre apenas 90% do valor emprestado — isto é, receberá 14% de juros sobre $0{,}9x_1$ do empréstimo original, x_1. O mesmo raciocínio é aplicado aos outros quatro tipos de empréstimos. Assim,

$$\begin{aligned}\text{Total de juros} &= 0{,}14(0{,}9x_1) + 0{,}13(0{,}93x_2) + 0{,}12(0{,}97x_3)\\ &\quad + 0{,}125(0{,}95x_4) + 0{,}1(0{,}98x_5)\\ &= 0{,}126x_1 + 0{,}1209x_2 + 0{,}1164x_3 + 0{,}11875x_4 + 0{,}098x_5\end{aligned}$$

Também temos

$$\text{Créditos inadimplentes} = 0{,}1x_1 + 0{,}07x_2 + 0{,}03x_3 + 0{,}05x_4 + 0{,}02x_5$$

Desse modo, a função objetivo é expressa como

$$\begin{aligned}\text{Maximizar } z &= \text{Total de juros} - \text{Créditos inadimplentes}\\ &= (0{,}126x_1 + 0{,}1209x_2 + 0{,}1164x_3 + 0{,}11875x_4 + 0{,}098x_5)\\ &\quad - (0{,}1x_1 + 0{,}07x_2 + 0{,}03x_3 + 0{,}05x_4 + 0{,}02x_5)\\ &= 0{,}026x_1 + 0{,}0509x_2 + 0{,}0864x_3 + 0{,}06875x_4 + 0{,}078x_5\end{aligned}$$

O problema tem cinco restrições:

1. *O total de fundos não deve exceder \$ 12 (milhões)*

$$x_1 + x_2 + x_3 + x_4 + x_5 \quad 12$$

2. *Os empréstimos agrícolas e comerciais são iguais a no mínimo 40% de todos os empréstimos*

$$x_4 + x_5 \quad 0{,}4(x_1 + x_2 + x_3 + x_4 + x_5)$$

ou

$$0{,}4x_1 + 0{,}4x_2 + 0{,}4x_3 - 0{,}6x_4 - 0{,}6x_5 \quad 0$$

3. *O crédito habitacional deve ser igual a no mínimo 50% dos empréstimos pessoais, para compra de automóveis e habitacional*

$$x_3 \quad 0{,}5(x_1 + x_2 + x_3)$$

ou

$$0{,}5x_1 + 0{,}5x_2 - 0{,}5x_3 \quad 0$$

4. *Créditos inadimplentes não devem exceder 4% de todos os empréstimos*

$$0{,}1x_1 + 0{,}07x_2 + 0{,}03x_3 + 0{,}05x_4 + 0{,}02x_5 \quad 0{,}04(x_1 + x_2 + x_3 + x_4 + x_5)$$

ou

$$0{,}06x_1 + 0{,}03x_2 - 0{,}01x_3 + 0{,}01x_4 - 0{,}02x_5 \quad 0$$

5. *Não-negatividade*

$$x_1 \quad 0, x_2 \quad 0, x_3 \quad 0, x_4 \quad 0, x_5 \quad 0$$

Uma premissa sutil adotada na formulação precedente é que todos os empréstimos são concedidos aproximadamente ao mesmo tempo. Essa premissa nos permite ignorar diferenças no valor tempo dos fundos alocados aos diferentes empréstimos.

Solução

A solução ótima é

$$z = 0{,}99648; x_1 = 0; x_2 = 0; x_3 = 7{,}2; x_4 = 0; x_5 = 4{,}8$$

Comentários

1. Você deve estar imaginando por que não definimos o lado direito da segunda restrição como $0{,}4 \times 12$ em vez de $0{,}4(x_1 + x_2 + x_3 + x_4 + x_5)$. Afinal, parece lógico que o banco queira emprestar todos os \$ 12 milhões. A resposta é que a segunda utilização não 'rouba' essa possibilidade do modelo. Se a solução ótima precisar do total de \$ 12 milhões, a restrição dada o permitirá. Mas há duas razões importantes por que você não deve usar $0{,}4 \times 12$: (1) se as outras restrições do modelo forem tais que o total dos \$ 12 milhões *não puder* ser usado (por exemplo, o banco pode impor limites aos diferentes empréstimos), então escolher $0{,}4 \times 12$ poderia levar a uma solução inviável ou incorreta; 2) se você quiser experimentar para ver qual é o efeito da alteração do montante de fundos disponíveis (digamos, de \$ 12 para \$ 13 milhões) sobre a solução ótima, há uma chance real de que você possa esquecer de alterar $0{,}4 \times 12$ para $0{,}4 \times 13$, caso em que a solução que você obtém não será correta. Um raciocínio semelhante se aplica ao lado esquerdo da quarta restrição.

2. A solução ótima exige a alocação de todos os \$ 12 milhões: \$ 7,2 milhões para crédito habitacional e \$ 4,8 milhões para crédito comercial. As categorias restantes nada recebem. O retorno sobre o investimento é calculado como

$$\text{Taxa de retorno} = \left(\frac{z}{12}\right) = \left(\frac{0{,}99648}{12}\right) = 0{,}08034$$

Isso mostra que a taxa de retorno anual combinada é 8,034%, que é menor do que a melhor taxa *líquida* de juros (= 0,0864 para empréstimos habitacionais), e ficamos imaginando por que a solução ótima não aproveita essa oportunidade. A resposta é que a restrição que estipula que o crédito agrícola e o crédito comercial devem representar no mínimo 40% de todos os empréstimos (restrição 2) obriga a solução a destinar \$ 4,8 milhões para o crédito comercial à taxa *líquida* mais baixa de 0,078, o que reduz a taxa global de juros para $0{,}0864 \times 7{,}2 + 0{,}078 \times \frac{4{,}8}{12} = 0{,}08034$. De fato, se eliminássemos a restrição 2, a solução ótima alocaria todos os fundos ao crédito habitacional à taxa mais elevada de 8,64%.

CONJUNTO DE PROBLEMAS 2.3C

1. A Fox Enterprises está considerando seis possíveis projetos para construção nos próximos quatro anos. Os retornos esperados (ao valor presente) e desembolsos de caixa esperados para os projetos são dados na Tabela 2.8. A Fox pode executar qualquer um dos projetos parcial ou completamente. A execução parcial de um projeto resultará em retornos e desembolsos proporcionais.

Tabela 2.8 Retornos e desembolsos de caixa esperados

Projeto	Desembolso de caixa (\$ 1.000) *Ano 1*	*Ano 2*	*Ano 3*	*Ano 4*	Retorno (\$ 1.000)
1	10,5	14,4	2,2	2,4	32,40
2	8,3	12,6	9,5	3,1	35,80
3	10,2	14,2	5,6	4,2	17,75
4	7,2	10,5	7,5	5,0	14,80
5	12,3	10,1	8,3	6,3	18,20
6	9,2	7,8	6,9	5,1	12,35
Fundos disponíveis (\$ 1.000)	60,0	70,0	35,0	20,0	

(a) Formule o problema de programação linear e determine o mix ótimo de projetos que maximize o retorno total. Ignore a desvalorização do valor ao longo do tempo.

(b) Suponha que, se uma parte do projeto 2 for executada, no mínimo uma parte igual do projeto 6 deve ser executada. Modifique a formulação do modelo e ache a nova solução ótima.

(c) No modelo original, suponha que quaisquer fundos não utilizados até o final de um ano sejam usados no ano seguinte. Ache a nova solução ótima e determine quanto cada ano 'toma emprestado' do ano anterior. Para simplificar, ignore a desvalorização do dinheiro ao longo do tempo.

(d) No modelo original, suponha que os fundos disponíveis por ano, para qualquer ano, possam ser ultrapassados, se necessário, tomando emprestado de outras atividades financeiras internas da empresa. Ignorando a desvalorização do dinheiro ao longo do tempo, reformule o modelo de PL e ache a solução ótima. A nova solução exigiria tomar emprestado em algum ano? Se sim, qual seria a taxa de retorno sobre o dinheiro emprestado?

*__2.__ O investidor Fulano de Tal tem $ 10.000 para investir em quatro projetos. A Tabela 2.9 dá o fluxo de caixa para os quatro investimentos.

Tabela 2.9 Fluxo de caixa

	Fluxo de caixa ($ 1.000) no início do				
Projeto	*Ano 1*	*Ano 2*	*Ano 3*	*Ano 4*	*Ano 5*
1	–1,00	0,50	0,30	1,80	1,20
2	–1,00	0,60	0,20	1,50	1,30
3	0,00	–1,00	0,80	1,90	0,80
4	–1,00	0,40	0,60	1,80	0,95

A informação na Tabela 2.9 pode ser interpretada da seguinte maneira: para o projeto 1, $ 1 investido no início do ano 1 renderá $ 0,50 no início do ano 2; $ 0,30 no início do ano 3; $ 1,80 no início do ano 4; e $ 1,20 no início do ano 5. As entradas restantes podem ser interpretadas de modo semelhante. A entrada 0,00 indica que nenhuma transação ocorreu. Fulano de Tal tem a opção adicional de investir em uma conta corrente bancária que renda 6,5% ao ano. Todos os fundos acumulados ao final de um ano podem ser reinvestidos no ano seguinte. Formule a questão como um problema de programação linear para determinar a alocação ótima de fundos às oportunidades de investimento.

3. A HiRise Construction pode apostar em dois projetos com duração de um ano. A Tabela 2.10 apresenta o fluxo de caixa trimestral (em milhões de dólares) para os dois projetos.

Tabela 2.10 Fluxo de caixa trimestral

	Fluxo de caixa (em milhões de $) em				
Projeto	*1/1/08*	*1/4/08*	*1/7/08*	*1/10/08*	*31/12/08*
I	–1,0	–3,1	–1,5	1,8	5,0
II	–3,0	–2,5	1,5	1,8	2,8

A HiRise tem fundos em caixa de $ 1 milhão no início de cada trimestre e pode tomar emprestado no máximo $ 1 milhão a uma taxa de juros anual nominal de 10%. Qualquer quantia que tomar emprestada deve ser paga no final do trimestre. Sobras de caixa podem render juros a uma taxa nominal anual de 8%. O acúmulo líquido no final de um trimestre será investido no trimestre seguinte.

(a) Considere que a HiRise possa ter participação total ou parcial nos dois projetos. Determine o nível de participação que maximizará o caixa líquido acumulado em 31 de dezembro de 2008.

(b) Em qualquer trimestre é possível tomar dinheiro emprestado e ao mesmo tempo encerrar o trimestre com sobra de caixa? Explique.

4. Prevendo as enormes despesas com educação universitária, um casal deu início a um programa anual de investimentos quando seu filho fez oito anos. O programa deverá durar até ele fazer 18 anos. O casal estima que poderá investir no início de cada ano os valores demonstrados na Tabela 2.11.

Tabela 2.11 Projeção de investimento

Ano	1	2	3	4	5	6	7	8	9	10
Quantia ($)	2.000	2.000	2.500	2.500	3.000	3.500	3.500	4.000	4.000	5.000

Para evitar surpresas desagradáveis, eles querem investir o dinheiro com segurança nas seguintes opções: poupança garantida a 7,5% de rendimento anual; títulos do governo de seis anos que rendem 7,9% e cujo preço corrente de mercado equivale a 98% de seu valor de face; e títulos municipais de nove anos que rendem 8,5% com preço corrente de mercado de 1,02 do valor de face. Como o casal deve investir o dinheiro?

*__5.__ Um executivo de negócios tem a opção de investir dinheiro em dois planos: o plano A garante que cada dólar investido renderá $ 0,70 um ano depois e o plano B garante que cada dólar investido renderá $ 2 após dois anos. No plano A, os investimentos podem ser feitos anualmente; no plano B, os investimentos são permitidos somente para períodos múltiplos de dois anos. Como o executivo deveria investir $ 100.000 para maximizar os rendimentos ao final de três anos?

6. Um apostador gosta de um jogo que exige dividir o dinheiro da aposta entre quatro opções. O jogo tem três resultados. A Tabela 2.12 apresenta o ganho ou a perda por dólar para as diferentes opções do jogo.

Tabela 2.12 Ganho e perda para opções de jogo

	Retorno por $ depositado na opção			
Resultado	*1*	*2*	*3*	*4*
1	–3	4	–7	15
2	5	–3	9	4
3	3	–9	10	–8

O apostador tem um total de $ 500, que pode ser apostado somente uma vez. O resultado exato do jogo não é conhecido *a priori*. Por causa dessa incerteza, a estratégia do apostador é maximizar o retorno *mínimo* produzido pelos três resultados. Como ele deveria alocar os $ 500 entre as quatro opções? (*Sugestão*: o retorno líquido do apostador pode ser positivo, zero ou negativo.)

7. (Lewis, 1996) Um domicílio possui contas mensais (por exemplo, hipoteca), trimestrais (por exemplo, pagamento de impostos), semestrais (por exemplo, seguro) ou anuais (por exemplo, renovações de assinaturas e outras taxas). A Tabela 2.13 apresenta as contas mensais para o próximo ano.

Tabela 2.13 Contas mensais

Mês	Jan.	Fev.	Mar.	Abr.	Mai.	Jun.	Jul.	Ago.	Set.	Out.	Nov.	Dez.	Total
$	800	1.200	400	700	600	900	1.500	1.000	900	1.100	1.300	1.600	12.000

Para arcar com essas despesas, a família separa $ 1.000 por mês, que é a média (total dividido por 12 meses). Se o dinheiro for depositado em uma conta de poupança normal, pode render 4% de juros ao ano, contanto que fique na conta no mínimo um mês. O banco também oferece certificados de depósito de três e seis meses que podem render 5,5% e 7% de juros ao ano, respectivamente. Desenvolva um programa de investimento para 12 meses que maximize o retorno total da família para o ano. Informe quaisquer premissas ou requisitos necessários para chegar a uma solução viável.

2.3.4 Planejamento de produção e controle de estoque

Há inúmeras aplicações de PL em controle da produção e de estoque, indo desde a simples alocação de capacidade de máquina para atender à demanda até o caso mais complexo da utilização de estoque para 'atenuar' o efeito da mudança imprevisível na demanda para determinada projeção de planejamento e da utilização de contratação e demissão para enfrentar as mudanças nas necessidades de mão-de-obra. Esta seção apresenta três exemplos. O primeiro trata da programação de produtos usando as instalações normais de produção para atender à demanda durante um único período; o segundo trata da utilização do estoque em um sistema de produção que abrange vários períodos para atender à demanda futura; e o terceiro trata da utilização de um sistema combinado de estoque e contratação/demissão de operários para 'nivelar' a produção durante um horizonte de planejamento de vários períodos com demanda variável.

Exemplo 2.3-4 (Modelo de produção para um único período)

Como precaução para o inverno, uma empresa de confecção está fabricando parcas e casacos com enchimento de penas de ganso, calças com isolamento térmico e luvas. Todos os produtos são fabricados em quatro departamentos diferentes: corte, isolamento térmico, costura e embalagem. A empresa recebeu pedidos fechados para seus produtos. O contrato estipula uma multa para itens não entregues. A Tabela 2.14 mostra os dados pertinentes à situação.

Tabela 2.14 Dados para a produção da confecção

	Tempo por unidade (hora)				
Departamento	*Parca*	*Penas de ganso*	*Calças*	*Luvas*	Capacidade (hora)
Corte	0,30	0,30	0,25	0,15	1.000
Isolamento	0,25	0,35	0,30	0,10	1.000
Costura	0,45	0,50	0,40	0,22	1.000
Embalagem	0,15	0,15	0,1	0,05	1.000
Demanda	800	750	600	500	
Lucro por unidade ($)	30	40	20	10	
Multa por unidade ($)	15	20	10	8	

Elabore um plano ótimo de produção para a empresa.

Modelo matemático. A definição das variáveis é direta. Seja

x_1 = número de parcas
x_2 = número de jaquetas com enchimento de penas de ganso
x_3 = número de calças
x_4 = número de pares de luvas

A empresa é multada se não atender à demanda, o que significa que o objetivo do problema é maximizar as receitas líquidas, definidas como

Receitas líquidas = Lucro total − Multa total

O lucro total é expresso como $30x_1 + 40x_2 + 20x_3 + 10x_4$. A multa total é uma função das quantidades não fornecidas (= Demanda − Unidades fornecidas de cada produto). Essas quantidades podem ser determinadas pelos seguintes limites de demanda:

$$x_1\ 800, x_2\ 750, x_3\ 600, x_4\ 500$$

Uma demanda não é atendida se sua restrição for satisfeita como uma desigualdade. Por exemplo, se forem produzidas 650 parcas, então $x_1 = 650$, o que resulta em 800 − 650 = 150 parcas a menos. Podemos expressar a falta de qualquer produto algebricamente com a definição de uma nova variável não negativa, ou seja,

sj = Número de unidades faltantes do produto $j, j = 1, 2, 3, 4$
Nesse caso, as restrições da demanda podem ser expressas como

$$x_1 + s_1 = 800, x_2 + s_2 = 750, x_3 + s_3 = 600, x_4 + s_4 = 500$$
$$x_j\ 0, s_j\ 0, j = 1, 2, 3, 4$$

Agora podemos calcular a multa por produto não entregue como $15s_1 + 20s_2 + 10s_3 + 8s_4$. Assim, a função objetivo pode ser escrita como

$$\text{Maximizar } z = 30x_1 + 40x_2 + 20x_3 + 10x_4 - (15s_1 + 20s_2 + 10s_3 + 8s_4)$$

Para completar o modelo, as restrições restantes tratam das capacidades de produção, ou seja

$0{,}30x_1 + 0{,}30x_2 + 0{,}25x_3 + 0{,}15x_4\ 1.000$ (Corte)
$0{,}25x_1 + 0{,}35x_2 + 0{,}30x_3 + 0{,}10x_4\ 1.000$ (Isolamento)
$0{,}45x_1 + 0{,}50x_2 + 0{,}40x_3 + 0{,}22x_4\ 1.000$ (Costura)
$0{,}15x_1 + 0{,}15x_2 + 0{,}10x_3 + 0{,}05x_4\ 1.000$ (Embalagem)

Portanto, o modelo completo se torna

$$\text{Maximizar } z = 30x_1 + 40x_2 + 20x_3 + 10x_4 - (15s_1 + 20s_2 + 10s_3 + 8s_4)$$

sujeito a

$$0{,}30x_1 + 0{,}30x_2 + 0{,}25x_3 + 0{,}15x_4\ 1.000$$
$$0{,}25x_1 + 0{,}35x_2 + 0{,}30x_3 + 0{,}10x_4\ 1.000$$
$$0{,}45x_1 + 0{,}50x_2 + 0{,}40x_3 + 0{,}22x_4\ 1.000$$
$$0{,}15x_1 + 0{,}15x_2 + 0{,}10x_3 + 0{,}05x_4\ 1.000$$
$$x_1 + s_1 = 800, x_2 + s_2 = 750, x_3 + s_3 = 600, x_4 + s_4 = 500$$
$$x_j\ 0, s_j\ 0, j = 1, 2, 3, 4$$

Solução

A solução ótima é z = \$ 64.625, $x_1 = 850$, $x_2 = 750$, $x_3 = 387{,}5$, $x_4 = 500$, $s_1 = s_2 = s_4 = 0$, $s_3 = 212{,}5$. A solução satisfaz toda a demanda por ambos os tipos de jaquetas (parcas e de penas de ganso) e por luvas. A ausência de 213 (arredondada de 212,5) calças resultará em um custo de multa de 213 × \$ 10 = \$ 2.130.

Exemplo 2.3-5 (Modelo de produção e estoque para vários períodos)

A Acme Manufacturing Company firmou um contrato para entrega de janelas de casa para os próximos seis meses. As demandas para cada mês são de 100, 250, 190, 140, 220 e 110 unidades, respectivamente. O custo de produção por janela varia de mês para mês, dependendo do custo da mão-de-obra, do material e de utilidades. A Acme estima que o custo de produção por janela nos próximos seis meses seja \$ 50, \$ 45, \$ 55, \$ 48, \$ 52 e \$ 50, respectivamente. Para aproveitar a vantagem das variações no custo de fabricação, a Acme pode optar por produzir mais do que o necessário em determinado mês e reter as unidades excedentes para entregar em meses posteriores. Entretanto, isso incorrerá em custos de armazenagem de \$ 8 por janela, por mês, considerando o estoque no final do mês. Desenvolva um modelo de programação linear para determinar a programação ótima de produção.

Modelo matemático. As variáveis do problema incluem a quantidade de produção mensal e o estoque no final do mês. Para $i = 1, 2, \ldots, 6$, seja

x_i = número de unidades produzidas no mês i

I_i = número de unidades deixadas no estoque no final do mês i

A relação entre essas variáveis e a demanda mensal para a projeção de seis meses é representada pelo gráfico esquemático da Figura 2.5. O sistema começa vazio, o que significa que $I_0 = 0$.

Figura 2.5
Representação esquemática do sistema de produção e estoque

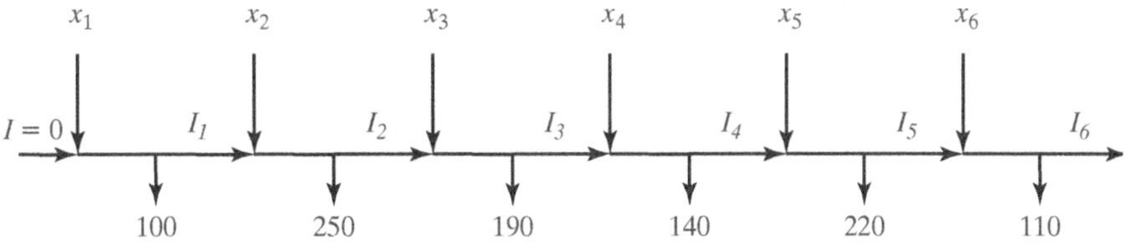

A função objetivo procura minimizar a soma dos custos de produção e de estoque. Aqui temos

$$\text{Custo total de produção} = 50x_1 + 45x_2 + 55x_3 + 48x_4 + 52x_5 + 50x_6$$
$$\text{Custo total de estoque} = 8(I_1 + I_2 + I_3 + I_4 + I_5 + I_6)$$

Dessa maneira, a função objetivo é

$$\text{Minimizar } z = 50x_1 + 45x_2 + 55x_3 + 48x_4 + 52x_5 + 50x_6$$
$$+ 8(I_1 + I_2 + I_3 + I_4 + I_5 + I_6)$$

As restrições do problema podem ser determinadas diretamente de acordo com a representação na Figura 2.5. Para cada período, temos a seguinte equação de equilíbrio:

Estoque inicial + Quantia produzida – Estoque final = Demanda

Essa relação é expressa matematicamente para cada um dos meses como:

$$I_0 + x_1 - I_1 = 100 \text{ (Mês 1)}$$
$$I_1 + x_2 - I_2 = 250 \text{ (Mês 2)}$$
$$I_2 + x_3 - I_3 = 190 \text{ (Mês 3)}$$
$$I_3 + x_4 - I_4 = 140 \text{ (Mês 4)}$$
$$I_4 + x_5 - I_5 = 220 \text{ (Mês 5)}$$
$$I_5 + x_6 - I_6 = 110 \text{ (Mês 6)}$$
$$x_i, I_i \; 0, \text{para todo } i = 1, 2, \ldots, 6$$
$$I_0 = 0$$

Para o problema, $I_0 = 0$ porque a situação parte de zero de estoque inicial. Ademais, em qualquer solução ótima, o estoque final I_6 será zero, uma vez que não é lógico terminar a projeção com estoque positivo, cujo único efeito seria incorrer em custo adicional de estoque sem atender a nenhuma finalidade.

Agora, o modelo completo é dado por:

$$\text{Minimizar } z = 50x_1 + 45x_2 + 55x_3 + 48x_4 + 52x_5 + 50x_6$$
$$= 8(I_1 + I_2 + I_3 + Ix_4 + I_5 + I_6)$$

sujeito a

$$x_1 - I_1 = 100 \text{ (Mês 1)}$$
$$I_1 + x_2 - I_2 = 250 \text{ (Mês 2)}$$
$$I_2 + x_3 - I_3 = 190 \text{ (Mês 3)}$$
$$I_3 + x_4 - I_4 = 140 \text{ (Mês 4)}$$
$$I_4 + x_5 - I_5 = 220 \text{ (Mês 5)}$$
$$I_5 + x_6 - I_6 = 110 \text{ (Mês 6)}$$
$$x_i, I_i \; 0, \text{para todo } i = 1, 2, \ldots, 6$$

Solução

A solução ótima está resumida na Figura 2.6. Ela mostra que a demanda de cada mês é satisfeita diretamente pela produção do mês, exceto no mês 2, cuja quantidade produzida de 440 unidades abrange a demanda para ambos os meses, 2 e 3. O custo total associado é z = \$ 49.980.

Exemplo 2.3-6 (Modelo de nivelamento da produção para vários períodos)

Uma empresa fabricará um produto para os próximos quatro meses: março, abril, maio e junho. A demanda em cada mês é de 520, 720, 520 e 620 unidades, respectivamente. A empresa dispõe de mão-de-obra constante de dez empregados, mas pode atender a necessidades variáveis de produção contratando e demitindo empregados temporários, se necessário. Os custos adicionais de contratação e demissão em qualquer mês são de \$ 200 e \$ 400 por empregado, respectivamente. Um operário permanente pode produzir 12 unidades por mês, e um temporário, por não ter experiência comparável, produz apenas dez unidades por mês. A empresa pode produzir mais do que o necessário em qualquer mês e transferir o excedente de produção para um mês posterior a um custo de carregamento de \$ 50 por unidade por mês. Desenvolva uma política ótima de contratação/demissão para a empresa na projeção de um planejamento de quatro meses.

Modelo matemático. Esse modelo é semelhante ao do Exemplo 2.3-5 no sentido geral, pois cada mês tem sua produção, demanda e estoque final. Há duas exceções: 1) contabilizar a diferença entre a

Figura 2.6
Solução ótima para o problema de produção e estoque

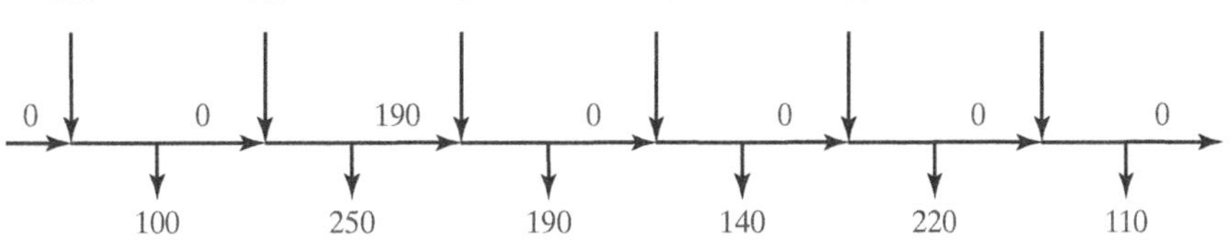

mão-de-obra permanente e a temporária; e 2) contabilizar o custo de contratação e demissão para cada mês.

Como os dez empregados permanentes não podem ser demitidos, o impacto que causam pode ser calculado com a subtração das unidades que produzem da demanda mensal respectiva. A demanda restante, se houver, é satisfeita pela contratação e demissão de temporários. Do ponto de vista do modelo, a demanda líquida para cada mês é

$$\text{Demanda de março} = 520 - 12 \times 10 = 400 \text{ unidades}$$
$$\text{Demanda de abril} = 720 - 12 \times 10 = 600 \text{ unidades}$$
$$\text{Demanda de maio} = 520 - 12 \times 10 = 400 \text{ unidades}$$
$$\text{Demanda de junho} = 620 - 12 \times 10 = 500 \text{ unidades}$$

Para $i = 1, 2, 3, 4$, as variáveis do modelo podem ser definidas como

x_i = número líquido de temporários no início do mês i *após* qualquer contratação ou demissão

S_i = número de temporários contratados ou demitidos no início do mês i

I_i = unidades de estoque final para o mês i

Por definição, as variáveis xi e I_i devem assumir valores não negativos. Por outro lado, a variável S_i pode ser positiva quando novos temporários são contratados, negativa quando trabalhadores são demitidos e zero se não houver contratações nem demissões. O resultado é que a variável deve ser *irrestrita em relação ao sinal*. Esta é a primeira vez neste capítulo que usamos uma variável irrestrita. Como veremos em breve, é necessário fazer uma substituição para permitir a implementação de contratação e demissão no modelo.

O objetivo é minimizar a soma do custo de contratação e demissão mais o custo de manutenção de estoque de um mês para o mês seguinte. O tratamento do custo de estoque é semelhante ao dado no Exemplo 2.3-5, ou seja,

$$\text{Custo de manutenção de estoque} = 50(I_1 + I_2 + I_3)$$

(Observe que $I_4 = 0$ na solução ótima.) O custo de contratação e demissão é um pouco mais complicado. Sabemos que, em qualquer solução ótima, no mínimo 40 temporários ($= \frac{400}{10}$) devem ser contratados no início de março para atender à demanda do mês. Contudo, em vez de tratarmos essa situação como um caso especial, podemos deixar que o processo de otimização se encarregue disso automaticamente. Assim, dado que os custos de contratar e demitir um temporário são de \$ 200 e \$ 400, respectivamente, temos que

$$\begin{pmatrix}\text{Custo de}\\ \text{contratar e demitir}\end{pmatrix} = 200\begin{pmatrix}\text{Número de temporários}\\ \text{contratados no início de}\\ \text{março, abril, maio e junho}\end{pmatrix} + 400\begin{pmatrix}\text{Número de temporários}\\ \text{demitidos no início de}\\ \text{março, abril, maio e junho}\end{pmatrix}$$

Para expressar essa equação matematicamente, em primeiro lugar precisamos definir as restrições.

As restrições do modelo tratam de estoque, contratação e demissão. Primeiro desenvolvemos as restrições de estoque. Defina-se x_i como o número de temporários disponíveis no mês i, e dado que a produtividade de um temporário é dez unidades por mês, o número de unidades produzidas no mesmo mês é $10x_i$. Assim, as restrições do estoque serão

$$10x_1 = 400 + I_1 \text{ (março)}$$
$$I_1 + 10x_2 = 600 + I_2 \text{ (abril)}$$
$$I_2 + 10x_3 = 400 + I_3 \text{ (maio)}$$
$$I_3 + 10x_4 = 500 \text{ (junho)}$$
$$x_1, x_2, x_3, x_4 \quad 0, I_1, I_2, I_3 \quad 0$$

Em seguida, desenvolvemos as restrições que tratam de contratação e demissão. Em primeiro lugar, observe que a mão-de-obra temporária começa com x_1 operários no início de março. No início de abril, x_1 será ajustada (para mais ou para menos) por S_2 para gerar x_2. A mesma idéia é aplicada a x_3 e x_4. Essas observações resultam nas seguintes equações

$$x_1 = S_1$$
$$x_2 = x_1 + S_2$$
$$x_3 = x_2 + S_3$$
$$x_4 = x_3 + S_4$$
$$S_1, S_2, S_3, S_4 \text{ irrestritas em sinal}$$
$$x_1, x_2, x_3, x_4 \quad 0$$

As variáveis S_1, S_2, S_3 e S_4 representam contratação quando são estritamente positivas e demissão quando são estritamente negativas. Contudo, essa informação 'qualitativa' não pode ser usada em uma expressão matemática. No lugar dela, usamos a seguinte substituição:

$$S_i = S_i^- - S_i^+, \text{ em que } S_i^-, S_i^+ \quad 0$$

Agora, a variável irrestrita S_i é a diferença entre duas variáveis não negativas, S_i^- e S_i^+. Podemos pensar em S_i^- como o número de temporários contratados e em S_i^+ como o número de temporários demitidos. Por exemplo, se $S_i^- = 5$ e $S_i^+ = 0$, então $S_i = 5 - 0 = +5$, o que representa contratação. Se $S_i^- = 0$ e $S_i^+ = 7$, então $S_i = 0 - 7 = -7$, o que representa demissão. No primeiro caso, o custo de contratação correspondente é $200\,S_i^- = 200 \times 5 = \$\,1.000$, e, no segundo caso, o custo de demissão correspondente é $400\,S_i^+ = 400 \times 7 = \$\,2.800$. Essa idéia é a base para o desenvolvimento da função objetivo.

Em primeiro lugar, precisamos atacar um ponto importante: e se ambas, S_i^- e S_i^+, forem positivas? A resposta é que isso não pode acontecer porque implica que a solução exija contratação e demissão no mesmo mês. O interessante é que a teoria da programação linear (veja Capítulo 7) nos diz que S_i^- e S_i^+ nunca podem ser positivas simultaneamente, um resultado que confirma a intuição.

Agora podemos expressar o custo de contratação e de demissão da seguinte maneira:

$$\text{Custo de contratação} = 200(S_1^- + S_2^- + S_3^- + S_4^-)$$

$$\text{Custo de demissão} = 400(S_1^+ + S_2^+ + S_3^+ + S_4^+)$$

O modelo completo é

$$\text{Minimizar } z = 50(I_1 + I_2 + I_3 + I_4) + 200(S_1^- + S_2^- + S_3^- + S_4^-) + 400(S_1^+ + S_2^+ + S_3^+ + S_4^+)$$

sujeito a

$$10x_1 = 400 + I_1$$
$$I_1 + 10x_2 = 600 + I_2$$
$$I_2 + 10x_3 = 400 + I_3$$
$$I_3 + 10x_4 = 500$$
$$x_1 = S_1^- - S_1^+$$
$$x_2 = x_1 + S_2^- - S_2^+$$
$$x_3 = x_2 + S_3^- - S_3^+$$
$$x_4 = x_3 + S_4^- - S_4^+$$
$$S_1^-, S_1^+, S_2^-, S_2^+, S_3^-, S_3^+, S_4^-, S_4^+ \quad 0$$
$$x_1, x_2, x_3, x_4 \quad 0$$
$$I_1, I_2, I_3 \quad 0$$

Solução

A solução ótima é z = \$ 19.500, $x_1 = 50$, $x_2 = 50$, $x_3 = 45$, $x_4 = 45$, $S_1^- = 50$, $S_3^+ = 5$, $I_1 = 100$, $I_3 = 50$. Todas as variáveis restantes são zero. A solução exige contratar 50 temporários em março ($S_1^- = 50$) e manter a mão-de-obra constante até maio, quando cinco temporários serão demitidos ($S_3^+ = 5$). Não haverá mais contratações nem demissões recomendadas até o final de junho, quando está previsto que todos os temporários serão demitidos. Essa solução requer o carregamento de 100 unidades de estoque até maio e 50 unidades até junho.

CONJUNTO DE PROBLEMAS 2.3D

1. A AutoMate contratou a Toolco para fornecer chaves inglesas e talhadeiras para seu varejo de peças automotivas. A demanda semanal da AutoMate consiste em no mínimo 1.500 chaves inglesas e 1.200 talhadeiras. A Toolco não pode produzir todas as unidades requisitadas com sua atual capacidade de produção de um só turno e tem de usar horas extras, e possivelmente subcontratar parte da produção com outros fabricantes de ferramentas. O resultado é um aumento no custo de produção por unidade, como mostra a Tabela J. A demanda de mercado restringe a razão entre talhadeiras e chaves inglesas a no mínimo 2:1.

Tabela J

Ferramenta	Tipo de produção	Faixa de produção semanal (unidades)	Custo por unidade (\$)
Chave inglesa	Normal	0–550	2,00
	Hora-extra	551–800	2,80
	Subcontratação	801–∞	3,00
Talhadeira	Normal	0–620	2,10
	Hora-extra	621–900	3,20
	Subcontratação	901–∞	4,20

(a) Formule o problema como de programação linear e determine a programação ótima de produção para cada ferramenta.

(b) Relacione o fato de a função custo de produção ter custos unitários crescentes com a validade do modelo.

2. Quatro produtos são processados seqüencialmente em três máquinas. A Tabela K apresenta os dados pertinentes ao problema.

Tabela K

Máquina	Custo por hora (\$)	Tempo de fabricação (horas) por unidade: *Produto 1*	*Produto 2*	*Produto 3*	*Produto 4*	Capacidade (hora)
1	10	2	3	4	2	500
2	5	3	2	1	2	380
3	4	7	3	2	1	450
Preço unitário de venda (\$)		75	70	55	45	

Formule o problema como um modelo de PL e ache a solução ótima.

***3.** Um fabricante produz três modelos, I, II e III, de um certo produto usando as matérias-primas A e B. A Tabela L apresenta os dados para o problema.

Tabela L

Matéria-prima	Requisitos por unidade: *I*	*II*	*III*	Disponibilidade
A	2	3	5	4.000
B	4	2	7	6.000
Demanda mínima	200	200	150	
Lucro por unidade (\$)	30	20	50	

O tempo de mão-de-obra por unidade do modelo I é duas vezes o do modelo II e três vezes o do modelo III. O total da mão-de-obra da fábrica pode produzir o equivalente a 1.500 unidades do modelo I. Os requisitos de mercado especificam as razões 3:2:5 para a produção dos três modelos respectivos. Formule o problema de programação linear e ache a solução ótima.

4. A demanda de sorvete durante os meses de verão (junho, julho e agosto) na sorveteria All-Flavors Parlor é estimada em 500, 600 e 400 caixas de vinte galões, respectivamente. Dois atacadistas, 1 e 2, fornecem sorvete a All–Flavors. Embora os sabores dos dois fornecedores sejam diferentes, são ambos utilizados. O número máximo de caixas que cada fornecedor pode entregar é 400 por mês. Além disso, os preços que os dois fornecedores cobram de um mês para o seguinte mudam conforme o esquema da Tabela M.

Tabela M

	Preço (\$) por caixa no mês de: *Junho*	*Julho*	*Agosto*
Fornecedor 1	100	110	120
Fornecedor 2	115	108	125

Para aproveitar a flutuação dos preços, a All-Flavors pode comprar mais do que o necessário para um mês e armazenar o excedente para satisfazer a demanda em um mês posterior. O custo de refrigeração de uma caixa de sorvete é de \$ 5 por mês. Na presente situação, seria realista considerar que o custo de refrigeração é uma função do número médio de caixas à mão durante o mês. Desenvolva uma programação ótima para comprar sorvete dos dois fornecedores.

5. A demanda por um item nos próximos quatro trimestres é 300, 400, 450 e 250 unidades, respectivamente. O preço por unidade começa em \$ 20 no primeiro trimestre e aumenta \$ 2 a cada trimestre posterior. O fornecedor não pode entregar mais do que 400 unidades em qualquer trimestre. Embora possamos aproveitar os preços mais baixos nos primeiros trimestres, incorremos em um custo de armazenagem de \$ 3,50 por unidade por trimestre. Além disso, o número máximo de unidades que podem ser mantidas de um trimestre para o outro não pode passar de 100. Desenvolva uma programação ótima para a compra do item, de modo a satisfazer a demanda.

6. Uma empresa foi contratada para produzir dois produtos, A e B, nos meses de junho, julho e agosto. A capacidade total de produção (expressa em horas) varia mensalmente. A Tabela N apresenta os dados básicos da situação.

Tabela N

	Junho	Julho	Agosto
Demanda para A (unidades)	500	5.000	750
Demanda para B (unidades)	1.000	1.200	1.200
Capacidade (horas)	3.000	3.500	3.000

As taxas de produção em unidades por hora são 1,25 e 1 para os produtos A e B, respectivamente. Toda a demanda deve ser atendida. Contudo, a demanda para um mês posterior pode ser completada com a produção de um anterior. Para qualquer carregamento de um mês para o seguinte são cobrados custos de permanência no estoque de \$ 0,90 e \$ 0,75 por unidade por mês para os produtos A e B, respectivamente. Os custos unitários de produção para os dois produtos são \$ 30 e \$ 28 para A e B, respectivamente. Determine a programação ótima de produção para os dois produtos.

***7.** O processo de fabricação de um produto consiste em duas operações sucessivas, I e II. A Tabela O apresenta os dados pertinentes para os meses de junho, julho e agosto.

Tabela O

	Junho	Julho	Agosto
Demanda do produto acabado (unidades)	500	450	600
Capacidade de operação I (hora)	800	700	550
Capacidade de operação II (hora)	1.000	850	700

Para produzir uma unidade do produto são gastas 0,6 hora na operação I mais 0,8 hora na operação II. É permitida a superprodução de produtos semi-acabados (operação I) ou acabados (operação II) em qualquer mês para utilização em um mês posterior. Os custos correspondentes de carregamento em estoque são \$ 0,20 e \$ 0,40 por unidade por mês. O custo de produção varia por operação e por mês. Para a operação I, o custo de produção por unidade é \$ 10, \$ 12 e \$ 11 para junho, julho e agosto. Para a operação II, o custo de produção por unidade correspondente é \$ 15, \$ 18 e \$16. Determine a programação ótima de produção para as duas operações em uma projeção de três meses.

8. Dois produtos são fabricados em seqüência em duas máquinas. O tempo disponível em cada máquina é de oito horas por dia e pode ser aumentado com quatro horas extras, se necessário, a um custo adicional de \$ 100 por hora. A Tabela P dá a taxa de produção para as duas máquinas, bem como o preço por unidade dos dois produtos. Determine a programação ótima de produção e a utilização recomendada das horas extras, se houver.

Tabela P

	Taxa de produção (unidades/hora)	
	Produto 1	*Produto 2*
Máquina 1	5	5
Máquina 2	8	4
Preço por unidade (\$)	110	118

2.3.5 Mistura e refinação

Várias aplicações de PL tratam da mistura de diferentes materiais de entrada para produzir produtos que obedecem a certas especificações e, ao mesmo tempo, minimizar o custo ou maximizar o lucro. Os materiais de entrada podem ser minérios, sucatas de metal, produtos químicos ou óleos crus, e os produtos de saída podem ser lingotes de metal, tintas ou gasolina de vários graus. Esta seção apresenta um modelo (simplificado) para a refinação de petróleo. O processo começa com a destilação de óleo cru para produzir frações intermediárias de gasolina e em seguida misturam-se essas frações para produzir a gasolina final.

Os produtos finais devem satisfazer certas especificações de qualidade (como a octanagem, ou índice de octano). Além disso, as capacidades de destilação e limites de demanda podem afetar diretamente o nível de produção dos diferentes tipos de gasolina. Uma meta do modelo é determinar o mix ótimo de produtos finais que maximizará uma função lucro adequada. Em alguns casos, a meta pode ser minimizar uma função custo.

Exemplo 2.3-7 (Refinação de óleo cru e mistura de gasolinas)

A Shale Oil, localizada na ilha de Aruba, tem uma capacidade de 1.500.000 barris de óleo cru por dia. Entre os produtos finais da refinaria estão três tipos de gasolina sem chumbo, com diferentes octanagens (ON): normal com ON = 87, premium com ON = 89 e super com ON = 92. O processo de refinação abrange três estágios: 1) uma torre de destilação que produz fração (ON = 82) à razão de 0,2 barris por barris de óleo cru; 2) uma unidade de craqueamento que produz frações de gasolina (ON = 98) usando uma porção da fração produzida na torre de destilação à taxa de 0,5 barris por barris de fração; e 3) uma unidade misturadora que mistura a fração de gasolina da unidade de craqueamento com a fração da torre de destilação. A empresa estima o lucro líquido por barril dos três tipos de gasolina em \$ 6,70, \$ 7,20 e \$ 8,10, respectivamente. A capacidade de entrada da unidade de craqueamento é 200.000 barris de fração por dia. Os limites da demanda para gasolina comum, premium e super são 50.000, 30.000 e 40.000 barris por dia. Desenvolva um modelo para determinar a programação ótima de produção para a refinaria.

Modelo matemático. A Figura 2.7 resume os elementos do modelo. As variáveis podem ser definidas em termos das duas correntes de entrada para a unidade de mistura (fração e gasolina craqueada) e dos três produtos finais. Seja

$$x_{ij} = \text{barris/dia da corrente de entrada } i \text{ usada para misturar o produto final } j, i = 1, 2; j = 1, 2, 3$$

Usando essa definição, temos

$$\text{Produção diária de gasolina comum} = x_{11} + x_{21} \text{ barris/dia}$$

$$\text{Produção diária de gasolina premium} = x_{12} + x_{22} \text{ barris/dia}$$

$$\text{Produção diária de gasolina super} = x_{13} + x_{23} \text{ barris/dia}$$

$$\begin{pmatrix}\text{Produção diária}\\ \text{da unidade}\\ \text{misturadora}\end{pmatrix} = \begin{pmatrix}\text{Produção}\\ \text{diária de}\\ \text{gasolina comum}\end{pmatrix} + \begin{pmatrix}\text{Produção}\\ \text{diária de}\\ \text{gasolina premium}\end{pmatrix} + \begin{pmatrix}\text{Produção diária}\\ \text{de gasolina super}\end{pmatrix}$$

$$= (x_{11} + x_{21}) + (x_{12} + x_{22}) + (x_{13} + x_{23}) \text{ barris/dia}$$

Figura 2.7
Fluxo de produto no problema da refinaria

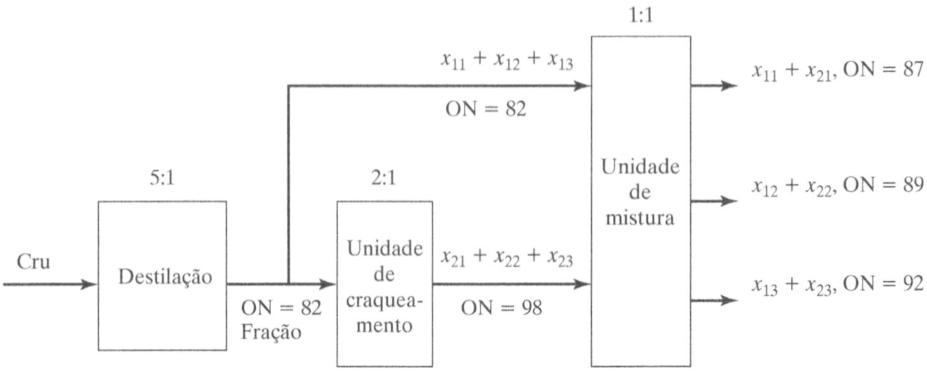

$$\begin{pmatrix}\text{Alimentacão diária de fração}\\ \text{para a unidade misturadora}\end{pmatrix} = x_{11} + x_{12} + x_{13}\ \text{barris/dia}$$

$$\begin{pmatrix}\text{Alimentação diária da unidade de}\\ \text{craqueamento para a unidade misturadora}\end{pmatrix} = x_{21} + x_{22} + x_{23}\ \text{barris/dia}$$

$$\begin{pmatrix}\text{Alimentação diária de fração para}\\ \text{a unidade de craqueamento}\end{pmatrix} = 2(x_{21} + x_{22} + x_{23})\ \text{barris/dia}$$

$$\begin{pmatrix}\text{Quantidade diária}\\ \text{de óleo cru}\\ \text{usada na refinaria}\end{pmatrix} = 5(x_{11}+x_{12}+x_{13})\ \text{barris/dia} + 10(x_{21}+x_{22}+x_{23})\ \text{barris/dia}$$

O objetivo do modelo é maximizar o lucro total resultante da venda de todos os três tipos de gasolina. Pelas definições dadas, obtemos

$$\text{Maximizar } z = 6{,}70(x_{11} + x_{21}) + 7{,}20(x_{12} + x_{22}) + 8{,}10(x_{13} + x_{23})$$

As restrições do problema são desenvolvidas da seguinte maneira:

1. *Fornecimento diário de óleo cru não deve exceder 1.500.000 barris/dia:*

$$5(x_{11} + x_{12} + x_{13}) + 10(x_{21} + x_{22} + x_{23})\quad 1.500.000$$

2. *Capacidade de entrada da unidade de craqueamento não deve exceder 200.000 barris/dia:*

$$2(x_{21} + x_{22} + x_{23})\quad 200.000$$

3. *Demanda diária para gasolina comum não deve exceder 50.000 barris/dia:*

$$x_{11} + x_{21}\quad 50.000$$

4. *Demanda diária para gasolina premium não deve exceder 30.000 barris/dia:*

$$x_{12} + x_{22}\quad 30.000$$

5. *Demanda diária para gasolina super não deve exceder 40.000 barris/dia:*

$$x_{13} + x_{23}\quad 40.000$$

6. *Octanagem para gasolina comum é no mínimo 87:*

A octanagem de uma gasolina é a média ponderada das octanagens das correntes de entrada usadas no processo de mistura e pode ser calculada como

$$\begin{pmatrix}\text{ON médio da}\\ \text{gasolina comum}\end{pmatrix} = \frac{\text{ON da fração} \times \text{barris/dia de fração} + \text{ON da unidade de craqueamento} \times \text{barris/dia da unidade de craqueamento}}{\text{Total de barris/dia de gasolina comum}}$$

$$= \frac{82x_{11} + 98x_{21}}{x_{11} + x_{21}}$$

Assim, a restrição de octanagem para a gasolina comum se torna

$$\frac{82x_{11} + 98x_{21}}{x_{11} + x_{21}} \geq 87$$

A restrição é linearizada como

$$82x_{11} + 98x_{21}\quad 87(x_{11} + x_{21})$$

7. *Octanagem para premium é no mínimo 89:*

$$\frac{82x_{12} + 98x_{22}}{x_{12} + x_{22}} \geq 89$$

que é linearizada como

$$82x_{12} + 98x_{22}\quad 89(x_{12} + x_{22})$$

8. *Octanagem para super é no mínimo 92:*

$$\frac{82x_{13} + 98x_{23}}{x_{13} + x_{23}} \geq 92$$

ou

$$82x_{13} + 98x_{23}\quad 92(x_{13} + x_{23})$$

Assim, o modelo completo é resumido como

$$\text{Maximizar } z = 6{,}70(x_{11} + x_{21}) + 7{,}20(x_{12} + x_{22}) + 8{,}10(x_{13} + x_{23})$$

sujeito a

$$\begin{aligned}
5(x_{11} + x_{12} + x_{13}) + 10(x_{21} + x_{22} + x_{23}) &\quad 1.500.000\\
2(x_{21} + x_{22} + x_{23}) &\quad 200.000\\
x_{11} + x_{21} &\quad 50.000\\
x_{12} + x_{22} &\quad 30.000\\
x_{13} + x_{23} &\quad 40.000\\
82x_{11} + 98x_{21} &\quad 87(x_{11} + x_{21})\\
82x_{12} + 98x_{22} &\quad 89(x_{12} + x_{22})\\
82x_{13} + 98x_{23} &\quad 92(x_{13} + x_{23})
\end{aligned}$$

$$x_{11}, x_{12}, x_{13}, x_{21}, x_{22}, x_{23}\quad 0$$

As últimas três restrições podem ser simplificadas para produzir um lado direito constante.

Solução

A solução ótima (usando o arquivo amplEx2.3-7.txt) é $z = 1.482.000$, $x_{11} = 20.625$, $x_{21} = 9.375$, $x_{12} = 16.875$, $x_{22} = 13.125$, $x_{13} = 15.000$, $x_{23} = 25.000$. Essas expressões são traduzidas como

Lucro diário = $ 1.482.000

Quantidade diária de gasolina comum
$= x_{11} + x_{21} = 20.625 + 9.375 = 30.000$ barris/dia

Quantidade diária de gasolina premium
$= x_{12} + x_{22} = 16.875 + 13.125 = 30.000$ barris/ dia

Quantidade diária de gasolina super
$= x_{13} + x_{23} = 15.000 + 25.000 = 40.000$ barris/dia

A solução mostra que a produção de gasolina comum é 20.000 barris/dia abaixo da demanda máxima. A demanda para os outros dois tipos restantes é satisfeita.

CONJUNTO DE PROBLEMAS 2.3E

1. A Hi-V produz três tipos de sucos de frutas em lata, *A*, *B* e *C*, usando morangos, uvas e maçãs frescas. O fornecimento diário é limitado a 200 t de morangos, 100 t de uvas e 150 t de maçãs. O custo por tonelada de morangos, uvas e maçãs é $ 200, $ 100 e $ 90, respectivamente. Cada tonelada rende 1.500 lb de suco de morango, 1.200 lb de suco de uva e 1.000 lb de suco de maçã. A bebida *A* é uma mistura 1:1 de suco de morango e de maçã. A bebida *B* é uma mistura 1:1:2 de suco de morango, de uva e de maçã. A bebida *C* é uma mistura 2:3 de suco de uva e de maçã. Todas as bebidas são acondicionadas em latas de 16 oz (1 lb). O preço por lata é $ 1,15, $ 1,25 e $ 1,20 para as bebidas *A*, *B* e *C*. Determine o mix ótimo de produção para as três bebidas.

*2. Uma loja de ferragens vende pacotes prontos de parafusos comuns, parafusos com porca, porcas e arruelas. Parafusos comuns vêm em caixas de 100 lb e custam $ 110 cada; parafusos com porca vêm em caixas de 100 lb e custam $ 150 cada; porcas vêm em caixas de 80 lb e custam $ 70 cada; e arruelas vêm em caixas de 30 lb e custam \$ 20 cada. A embalagem pronta pesa no mínimo 1 lb e deve incluir, por peso, no mínimo 10% de parafusos comuns e 25% de parafusos de porca, e no máximo 15% de porcas e 10% de arruelas. Para balancear o pacote, o número de parafusos de porca não pode ultrapassar o número de porcas ou o número de arruelas. Um parafuso de porca pesa 10 vezes mais do que uma porca e 50 vezes mais do que uma arruela. Determine o mix ótimo do pacote.

3. A All-Natural Coop produz três cereais matutinos, *A*, *B* e *C*, usando quatro ingredientes: aveia granulada, uva-passa, coco ralado e lascas de amêndoas. As disponibilidades diárias dos ingredientes são de 5 t, 2 t, 1 t e 1 t, respectivamente. Os custos correspondentes por tonelada são de \$ 100, \$ 120, \$ 110 e \$ 200. O cereal *A* é uma mistura de 50:5:2 de aveia, passas e amêndoa. O cereal *B* é uma mistura de 60:2:3 de aveia, coco e amêndoa. O cereal *C* é uma mistura de 60:3:4:2 de aveia, passas, coco e amêndoas. Os cereais são produzidos em tamanhos grandes de 5 lb. A All-Natural vende os cereais *A*, *B* e *C* a \$ 2, \$ 2,50 e \$ 3,00 a caixa, respectivamente. A demanda mínima diária dos cereais *A*, *B* e *C* é de 500, 600 e 500 caixas. Determine o mix de produção ótimo dos cereais e as quantidades associadas de ingredientes.

4. Uma refinaria fabrica dois tipos de combustível para jatos, *F1* e *F2*, pela mistura de quatro tipos de gasolina: *A*, *B*, *C* e *D*. O combustível *F1* usa gasolinas *A*, *B*, *C* e *D* na proporção 1:1:2:4, e o combustível *F2*, na proporção 2:2:1:3. Os limites de fornecimento para *A*, *B*, *C* e *D* são 1.000, 1.200, 900 e 1.500 barris/dia, respectivamente. Os custos por barril para as gasolinas *A*, *B*, *C* e *D* são \$ 120, \$ 90, \$ 100 e \$ 150, respectivamente. Os combustíveis *F1* e *F2* são vendidos por \$ 200 e \$ 250 o barril. A demanda mínima para *F1* e *F2* é de 200 e 400 barris/dia. Determine o mix de produção ótimo para *F1* e *F2*.

5. Uma empresa petrolífera destila dois tipos de óleo cru, *A* e *B*, para produzir gasolina comum, gasolina premium e combustível para jatos. Há limites para a disponibilidade diária de óleo cru e para a demanda mínima dos produtos finais. Se a produção não for suficiente para atender à demanda, a falta deve ser completada com produtos de fontes externas com multa. A produção excedente não será vendida imediatamente e incorrerá em custos de armazenagem. A Tabela Q apresenta os dados da situação.

Tabela Q

Óleo Cru	Rendimento da fração por barril: *Comum*	*Premium*	*Jato*	Preço/ barril (\$)	barris/ dia
Óleo Cru A	0,20	0,1	0,25	30	2.500
Óleo Cru B	0,25	0,3	0,10	40	3.000
Demanda (barris/dia)	500	700	400		
Receita (\$/barril)	50	70	120		
Custo de armazenagem para produção excedente (\$/barril)	2	3	4		
Multa pelo não atendimento da demanda (\$/barril)	10	15	20		

Determine o mix ótimo de produtos para a refinaria.

6. Na situação da refinaria do Problema 5, suponha que, na realidade, a unidade de destilação produza os produtos intermediários nafta e óleo leve. Um barril de óleo cru *A* produz 0,35 barril de nafta e 0,6 barril de óleo leve, e um barril de óleo cru *B* produz 0,45 barril de nafta e 0,5 barril de óleo leve. Nafta e óleo leve são misturados para produzir os três produtos finais de gasolina: um barril de gasolina comum tem a proporção de mistura de 2:1 (nafta para óleo leve), um barril de gasolina premium tem a proporção de mistura de 1:1, e um barril de combustível para jatos tem a proporção de mistura de 1:2. Determine o mix de produção ótimo.

7. A Hawaii Sugar Company produz açúcar mascavo, açúcar refinado (branco), açúcar de confeiteiro e melado usando xarope de cana-de-açúcar. A empresa compra 4.000 t de xarope por semana e tem um contrato para entrega de no mínimo 25 t por semana de cada tipo de açúcar. O processo de produção começa pela fabricação de açúcar mascavo e melado com base em xarope. Uma tonelada de xarope produz 0,3 t de açúcar mascavo e 0,1 t de melado. O açúcar refinado é produzido pelo processamento do açúcar mascavo, e 1 t de açúcar mascavo rende 0,8 t de açúcar refinado. O açúcar de confeiteiro é produzido do açúcar refinado por meio de um processo especial de moagem cuja eficiência de conversão é de 95% (1 t de açúcar refinado produz 0,95 t de açúcar de confeiteiro). Os lucros por tonelada de açúcar mascavo, açúcar refinado, açúcar de confeiteiro e melado são \$ 150, \$ 200, \$ 230 e \$ 35, respectivamente. Formule a questão como um problema de programação linear e determine a programação ótima semanal de produção.

8. A refinaria Shale Oil mistura dois tipos de frações de petróleo, *A* e *B*, para produzir dois produtos de gasolina de alta octanagem, I e II. As taxas máximas de produção dos dois tipos de frações *A* e *B* são 450 e 700 barris/hora, respectivamente. As octanagens correspondentes são 98 e 89, e as pressões de vapor são 10 e 8 lb/in^2. As octanagens da gasolina I e da gasolina II devem ser de no mínimo 91 e 93, respectivamente. A pressão de vapor associada a ambos os produtos não deve exceder 12 lb/in^2. Os lucros por barril de I e II são \$ 7 e \$ 10, respectivamente. Determine a taxa ótima de produção para I e II bem como suas razões de mistura das frações *A* e *B*. (*Sugestão*: a pressão de vapor, assim como a octanagem, é a média ponderada das pressões de vapor das frações componentes da mistura.)

9. Uma fundição utiliza sucata de aço, de alumínio e de ferro fundido para produzir dois tipos de lingotes de metal, I e II, com limites específicos para os teores de alumínio, grafite e silício. Briquetes de alumínio e silício podem ser usados no processo de fundição para atender às especificações desejadas. As Tabelas R e S determinam as especificações do problema.

Tabela R

Insumo	Teores (%): *Alumínio*	*Grafite*	*Silício*	Custo/ tonelada (\$)	Toneladas disponíveis/ dia
Sucata de aço	10	5	4	100	1.000
Sucata de alumínio	95	1	2	150	500
Sucata de ferro fundido	0	15	8	75	2.500
Briquete de alumínio	100	0	0	900	Qualquer quantidade
Briquete de silício	0	0	100	380	Qualquer quantidade

Tabela S

Componente	Lingote I: *Mínimo*	*Máximo*	Lingote II: *Mínimo*	*Máximo*
Alumínio	8,1%	10,8%	6,2%	8,9%
Grafite	1,5%	3,0%	4,1%	∞
Silício	2,5%	∞	2,8%	4,1%
Demanda (t/dia)	130		250	

Determine o mix de insumos ótimo que deve ser fundido.

10. Duas ligas, *A* e *B*, são fabricadas com base em quatro metais, I, II, III e IV, de acordo com as especificações da Tabela T.

Tabela T

Liga	Especificações	Preço de venda (\$)
A	No máximo 80% de I	200
	No máximo 30% de II	
	No mínimo 50% de IV	
B	Entre 40% e 60% de II	300
	No mínimo 30% de III	
	No máximo 70% de IV	

Por sua vez, os quatro metais são extraídos de três minérios, conforme os dados da Tabela U.

Tabela U

Minério	Quantidade máxima (t)	Constituintes (%) *I*	*II*	*III*	*IV*	*Outros*	Preço/ tonelada ($)
1	1.000	20	10	30	30	10	30
2	2.000	10	20	30	30	10	40
3	3.000	5	5	70	20	0	50

Quanto de cada tipo de liga deve ser produzido? (*Sugestão*: considere x_{kj} como toneladas de minério *i* alocadas à liga *k* e defina w_k como a quantidade de toneladas produzidas da liga *k*.)

2.3.6 Planejamento de mão-de-obra

Variações na mão-de-obra para atender à demanda variável ao longo do tempo podem ser obtidas por meio do processo de contratação e demissão, como demonstrado no Exemplo 2.3-6. Há situações em que o efeito das variações na demanda pode ser 'absorvido' pelo ajuste dos horários de início e término de um turno de trabalho. Por exemplo, em vez dos seguintes horários tradicionais de início de turnos de oito horas: 8h, 15h e 23h, podemos sobrepor turnos de oito horas cujos horários de início variem em função do aumento ou diminuição da demanda.

A idéia de redefinir o horário de início de um turno para enfrentar a variação da demanda pode ser estendida também para outros ambientes operacionais. O Exemplo 2.3-8 trata da determinação do número mínimo de ônibus necessário para satisfazer as necessidades de transporte em horários de pico e fora de pico.

Aplicação real — Planejamento de pessoal de vendas na Qantas Airways

O horário de funcionamento das principais centrais de reserva da linha área australiana Qantas é das 7h às 22h, com seis turnos que iniciam em diferentes horários do dia. A Qantas usou programação linear (incluindo análise de filas) para determinar com eficiência o pessoal necessário para sua principal central de reservas por telefone e, ao mesmo tempo, oferecer serviço de boa qualidade a seus clientes. O estudo, executado no final da década de 1970, resultou em economias anuais de mais de 200.000 dólares australianos por ano. Esse estudo é detalhado no Caso 15, Capítulo 24 (disponível em inglês no site do livro).

Exemplo 2.3-8 (Programação de ônibus)

A cidade de Progress está estudando a viabilidade de introduzir um sistema de ônibus para transporte de massa que aliviará o problema da mistura de nevoeiro com fumaça pela redução do trânsito no centro da cidade. O estudo procura o número mínimo de ônibus que possa dar conta das necessidades de transporte. Após colher as informações necessárias, o engenheiro da prefeitura percebeu que o número mínimo de ônibus necessários variava de acordo com a hora do dia, e que o número de ônibus requeridos poderia ser aproximado para valores constantes em intervalos sucessivos de quatro horas. A Figura 2.8 resume as constatações do engenheiro. Devido à manutenção diária obrigatória, cada ônibus pode circular apenas oito horas sucessivas por dia.

Modelo matemático. Determine o número de ônibus em funcionamento em cada turno (variáveis) que atenderá à demanda mínima (restrições) e ao mesmo tempo minimizará o número total de ônibus em funcionamento (objetivo).

É provável que você já tenha notado que a definição das variáveis é ambígua. Sabemos que cada ônibus circulará por oito horas consecutivas, mas não sabemos quando o turno deve começar. Se seguirmos o esquema normal de três turnos (8h01-16h, 16h01-24h e 24h01-8h) e considerarmos que x_1, x_2 e x_3 são as quantidades de ônibus que começam no primeiro, segundo e terceiro turnos, podemos ver, pela Figura 2.8, que x_1 10, x_2 12 e x_3 8. O número mínimo diário de ônibus correspondente é $x_1 + x_2 + x_3 = 10 + 12 + 8 = 30$.

Figura 2.8
Número de ônibus como função do horário do dia

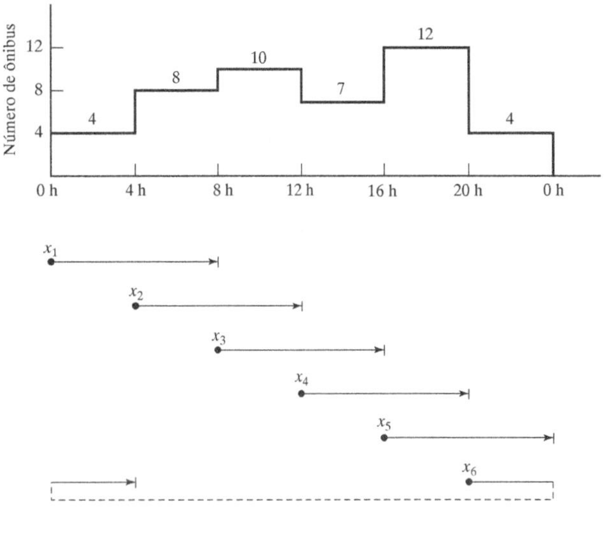

A solução dada só é aceitável se os turnos coincidirem *obrigatoriamente* com o esquema normal de três turnos. Entretanto, pode ser vantajoso permitir que o processo de otimização escolha o 'melhor' horário de início para um turno. Uma maneira razoável de conseguir isso é permitir o início de um turno a cada quatro horas. A parte inferior da Figura 2.8 ilustra essa idéia sobrepondo turnos de oito horas, podendo iniciar às 24h01, 4h01, 8h01, 12h01, 16h01 e 20h01. Assim, as variáveis podem ser definidas como

x_1 = número de ônibus que começam às 24h01

x_2 = número de ônibus que começam às 4h01

x_3 = número de ônibus que começam às 8h01

x_4 = número de ônibus que começam às 12h01

x_5 = número de ônibus que começam às 16h01

x_6 = número de ônibus que começam às 20h01

Podemos notar, pela Figura 2.8, que, devido à sobreposição dos turnos, o número de ônibus para períodos sucessivos de quatro horas é dado como mostrado na Tabela 2.15.

Tabela 2.15 Número de ônibus para períodos de quatro horas

Período	Número de ônibus em circulação
0h01 - 4h	$x_1 + x_6$
4h01 - 8h	$x_1 + x_2$
8h01 - 12h	$x_2 + x_3$
12h01 - 16h	$x_3 + x_4$
16h01 - 20h	$x_4 + x_5$
20h01 - 0h	$x_5 + x_6$

Portanto, o modelo completo é expresso como

$$\text{Minimizar } z = x_1 + x_2 + x_3 + x_4 + x_5 + x_6$$

sujeito a

$$\begin{aligned}
&x_1 \qquad\qquad\qquad\qquad + x_6 \quad 4\ (24h01\text{–}4h)\\
&x_1 + x_2 \qquad\qquad\qquad\qquad 8\ (4h01\text{–}8h)\\
&\quad x_2 + x_3 \qquad\qquad\qquad 10\ (8h01\text{–}12h)\\
&\qquad x_3 + x_4 \qquad\qquad 7\ (12h01\text{–}16h)\\
&\qquad\quad x_4 + x_5 \qquad 12\ (16h01\text{–}20h)\\
&\qquad\qquad x_5 + x_6 \quad 4\ (20h01\text{–}24h)\\
&\qquad\qquad x_j\ 0, j = 1, 2, \ldots, 6
\end{aligned}$$

Solução

A solução ótima exige a utilização de 26 ônibus para satisfazer a demanda com x_1 = 4 ônibus que iniciam às 0h01, x_2 = das 10h às 4h01, x_4 = das 8h às 12h01 e x_5 = das 4h às 16h01.

CONJUNTO DE PROBLEMAS 2.3F

***1.** No exemplo de programação de ônibus, suponha que cada um deva circular em turnos de 8 ou de 12 horas. Se um ônibus circular por 12 horas, o valor das horas extras pagas ao motorista será 150% a mais do que o valor das horas comuns. Você recomendaria a utilização de turnos de 12 horas?

2. Um hospital emprega voluntários para trabalhar na mesa de recepção entre 8h e 22h. Cada voluntário trabalha três horas consecutivas, exceto os que começam às 20h, que trabalham apenas duas horas. A necessidade mínima de voluntários é aproximada por uma função escalonada com intervalos de duas horas que iniciam às 8h, como 4, 6, 8, 18, 16, 18, 20. Como a maioria dos voluntários é de pessoas aposentadas, elas estão dispostas a oferecer seus serviços a qualquer hora do dia (das 8h às 22h). Contudo, devido ao grande número de instituições de caridade que disputam os serviços desses voluntários, o número necessário deve ser mantido o mais baixo possível. Determine uma programação ótima para o horário de início dos voluntários.

3. Considerando o Problema 2, suponha que nenhum voluntário comece a trabalhar ao meio-dia ou às 18h por causa do horário do almoço e do jantar. Determine a programação ótima.

4. Em uma empresa de transporte por caminhões que fazem viagens com carga incompleta, os terminais de carga utilizam trabalhadores *temporários* contratados por tempo determinado para enfrentar picos de carregamento. No terminal de Omaha, Nebraska, a demanda mínima de trabalhadores temporários durante os sete dias da semana (começando às segundas-feiras) é 20, 14, 10, 15, 18, 10, 12. Cada trabalhador é contratado para cumprir uma jornada de cinco dias consecutivos. Determine uma prática ótima de contratação de trabalhadores temporários por semana para a empresa.

***5.** Em grande parte dos *campi* universitários, os departamentos acadêmicos contratam alunos para prestar pequenos serviços, como atender telefone e fazer trabalhos de digitação. A necessidade desse tipo de serviço varia durante o horário normal de trabalho (8h às 17h). No departamento de Engenharia Industrial, o número mínimo necessário de estudantes é dois entre 8h e 10h, três entre 10h01 e 11h, quatro entre 11h01 e 13h, e três entre 13h01 e 17h. Cada estudante trabalha por três horas consecutivas (exceto os que começam às 15h01, que trabalham duas horas, e os que começam às 16h01, que trabalham uma hora). Devido a seu horário flexível, de modo geral os estudantes podem se apresentar para o trabalho a qualquer hora durante o horário normal de trabalho, mas nenhum deles quer começar a trabalhar na hora do almoço (meio-dia). Determine o número mínimo de estudantes que o Departamento de Engenharia Industrial deve contratar e especifique a que hora do dia cada um deve se apresentar para trabalhar.

6. Uma grande loja de departamentos funciona sete dias por semana. O gerente estima que o número mínimo de vendedores necessários para prestar serviço de imediato é de 12 às segundas-feiras, 18 às terças-feiras, 20 às quartas-feiras, 28 às quintas-feiras, 32 às sextas-feiras e 40 aos sábados e domingos. Cada vendedor trabalha cinco dias por semana, com dois dias consecutivos de folga distribuídos durante a semana. Por exemplo, se dez vendedores começarem às segundas-feiras, dois podem tirar folga às terças e quartas, cinco às quartas e quintas, e três aos sábados e domingos. Quantos vendedores devem ser contratados e como seus dias de folga devem ser alocados?

2.3.7 Aplicações adicionais

As seções precedentes demonstraram a aplicação de PL em seis áreas representativas. O fato é que a PL tem diversas aplicações em um número enorme de áreas. O problema ao final desta seção demonstra algumas dessas áreas, que abrangem de agricultura a aplicações militares. Esta seção também apresenta uma interessante aplicação que trata do corte de quantidades padronizadas de rolos de papel em tamanhos especificados pelos clientes.

Exemplo 2.3-9 (Perda por corte ou corte de rolos de papel)

A Pacific Paper Company produz rolos de papel com uma largura de 20 pés cada. Pedidos especiais de clientes com larguras diferentes são produzidos pelo corte padronizado de rolos. Os pedidos típicos estão resumidos na Tabela 2.16.

Tabela 2.16 Pedidos típicos

Pedido	Largura desejada (pés)	Número de rolos desejado
1	5	150
2	7	200
3	9	300

Na prática, um pedido é atendido pelo ajuste das facas às larguras desejadas. De modo geral, há várias maneiras de cortar um rolo padronizado para atender a determinado pedido. A Figura 2.9 mostra três ajustes viáveis de facas para o rolo de 20 pés. Embora haja outros ajustes viáveis, a discussão está limitada aos ajustes 1, 2 e 3 na Figura 2.9. Há várias maneiras de combinar esses ajustes para atender aos pedidos para larguras de 5, 7 e 9 pés. A seguir daremos exemplos de combinações viáveis.

1. Cortar 300 rolos (padronizados) usando o ajuste 1 e 75 rolos usando o ajuste 2.
2. Cortar 200 rolos usando o ajuste 1 e 100 rolos usando o ajuste 3.

Qual das combinações é a melhor? Podemos responder a essa pergunta considerando a 'perda' gerada por cada uma delas. Na Figura 2.9, as porções sombreadas representam sobras de rolos cujas larguras não são suficientes para atender aos pedidos em questão. Essas sobras são denominadas *perdas por corte*. Podemos avaliar a qualidade de cada combinação calculando sua perda por corte. Entretanto, como as sobras de rolos podem ter larguras diferentes, devemos basear nossa avaliação na *área* da perda por corte, e não na *quantidade* de sobra de rolos. Considerando que o comprimento do rolo padrão é L pés, podemos calcular a área de perda por corte da seguinte maneira:

$$\text{Combinação 1: } 300\ (4 \times L) + 75\ (3 \times L) = 1.425\ L \text{ pés}^2$$

$$\text{Combinação 2: } 200\ (4 \times L) + 100\ (1 \times L) = 900\ L \text{ pés}^2$$

Essas áreas referem-se apenas às porções sombreadas na Figura 2.9. Qualquer sobra de produção de rolos de 5, 7 e 9 pés também deve ser considerada no cálculo da área de perda por corte.

Na combinação 1, o ajuste 1 produz uma sobra de 300 – 200 = 100 rolos adicionais de 7 pés, e o ajuste 2 produz 75 rolos adicionais de 7 pés. Assim, a área adicional de perda é 175 ($7 \times L$) = 1.225 L pés^2. A combinação 2 não produz sobras dos rolos de 7 e 9 pés, mas o ajuste 3

Figura 2.9
Perda por corte (área sombreada) para ajustes das facas 1, 2 e 3

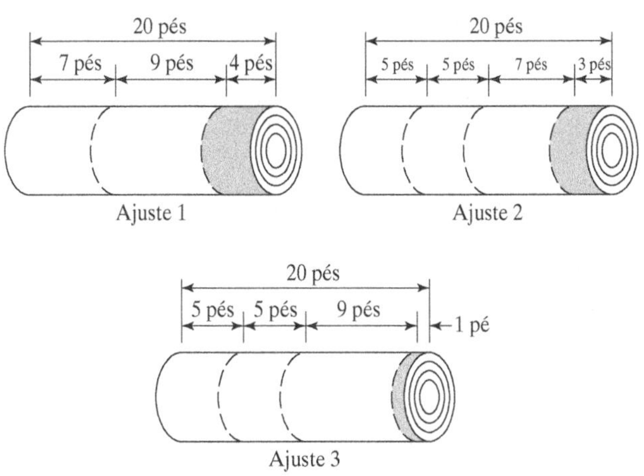

produz 200 – 150 = 50 rolos adicionais de 5 pés, com uma área adicional de perda de 50 (5 × L) = 250 L pés². Temos como resultado

Área total de perda por corte para a combinação 1
= 1.425 L + 1.225 L = 2.650 L pés²

Área total de perda por corte para a combinação 2
= 900 L + 250 L = 1.150 L pés²

A combinação 2 é melhor porque resulta em menor área de perda por corte.

Modelo matemático. O problema pode ser resumido da seguinte maneira: *determinar as combinações de ajuste de facas* (variáveis) *que atenderão aos pedidos requisitados* (restrições) *com a mínima área de perda por corte* (objetivo).

A definição das variáveis, no modo como são dadas, deve ser traduzida para uma linguagem que o operador da máquina possa usar. Especificamente, as variáveis são definidas como *o número de rolos padronizados a ser cortado conforme determinado ajuste de facas*. Essa definição requer identificar todos os possíveis ajustes de facas como resumidos na Tabela 2.17 (ajustes 1, 2 e 3 são dados na Figura 2.9). É bom que você tenha certeza de que os ajustes 4, 5 e 6 são válidos e que nenhum ajuste 'promissor' foi excluído. Lembre-se de que um ajuste promissor não pode resultar em uma sobra de rolo com 5 pés de largura ou mais.

Tabela 2.17 Ajustes de facas

Largura requerida (pés)	Ajuste das facas						Número mínimo de rolos
	1	*2*	*3*	*4*	*5*	*6*	
5	0	2	2	4	1	0	150
7	1	1	0	0	2	0	200
9	1	0	1	0	0	2	300
Perda por corte por pé de comprimento	4	3	1	0	1	2	

Para expressar o modelo matematicamente, definimos as variáveis como

x_j = número de rolos padronizados a cortar conforme o ajuste j, $j = 1, 2, \ldots, 6$

As restrições do modelo referem-se diretamente à satisfação da demanda de rolos.

Número de rolos de 5 pés produzidos = $2x_2 + 2x_3 + 4x_4 + x_5$ 150

Número de rolos de 7 pés produzidos = $x_1 + x_2 + 2x_5$ 200

Número de rolos de 9 pés produzidos = $x_1 + x_3 + 2x_6$ 300

Para construir a função objetivo, observamos que a área total de perda por corte é a diferença entre a área total dos rolos padronizados usados e a área total que representa todos os pedidos. Sendo assim,

Área total de rolos padronizados = $20\,L(x_1 + x_2 + x_3 + x_4 + x_5 + x_6)$

Área total dos pedidos = $L(150 \times 5 + 200 \times 7 + 300 \times 9) = 4.850\,L$

Portanto, a função objetivo se torna

$$\text{Minimizar } z = 20\,L(x_1 + x_2 + x_3 + x_4 + x_5 + x_6) - 4.850\,L$$

Como o comprimento L do rolo padronizado é uma constante, de modo equivalente a função objetivo se reduz a

$$\text{Minimizar } z = x_1 + x_2 + x_3 + x_4 + x_5 + x_6$$

Portanto, o modelo pode ser expresso como

$$\text{Minimizar } z = x_1 + x_2 + x_3 + x_4 + x_5 + x_6$$

sujeito a

$$\begin{array}{lll} 2x_2 + 2x_3 + 4x_4 + x_5 & & 150 \text{ (rolos de 5 pés)} \\ x_1 + x_2 \qquad\qquad + 2x_5 & & 200 \text{ (rolos de 7 pés)} \\ x_1 \qquad + x_3 \qquad\qquad + 2x_6 & & 300 \text{ (rolos de 9 pés)} \\ x_j\ 0, j = 1, 2, \ldots, 6 & & \end{array}$$

Solução

A solução ótima exige o corte de 12,5 rolos padronizados conforme o ajuste 4, 100 conforme o ajuste 5 e 150 conforme o ajuste 6. A solução não pode ser implementada porque x_4 não é um inteiro. Podemos usar um algoritmo de números inteiros para resolver o problema (veja Capítulo 9) ou adotar o método conservador e arredondar x_4 para 13 rolos.

Comentários. O modelo da perda por corte como apresentado aqui considera que todos os ajustes de facas viáveis podem ser determinados com antecedência. Essa tarefa pode ser difícil para problemas grandes, e pode ser que combinações viáveis deixem de ser consideradas. O problema pode ser remediado usando um modelo de PL com programas de números inteiros embutidos elaborado para gerar ajustes de facas promissores sob pedido até encontrar a solução ótima. Esse algoritmo, às vezes denominado **geração de coluna**, é detalhado no Problema 7-3 do Apêndice E (disponível em inglês no site do livro). O método é baseado na utilização da *teoria* (razoavelmente avançada) de programação linear e pode servir para refutar o argumento de que, na prática, é desnecessário aprender a teoria da PL.

CONJUNTO DE PROBLEMAS 2.3G

*1. Considere o modelo de perda por corte do Exemplo 2.3-9.
   (a) Se cortarmos 200 rolos usando o ajuste 1 e 100 rolos usando o ajuste 3, calcule a área de perda por corte associada a cada um deles.
   (b) Suponha que o único rolo padronizado disponível tenha 15 pés de largura. Gere todos os possíveis ajustes de facas para produzir rolos de 5, 7 e 9 pés, e calcule a perda por corte associada por comprimento em pés.
   (c) No modelo original, se a demanda para rolos de 7 pés for reduzida em 80, qual será o número mínimo de rolos padronizados de 20 pés necessário para atender à demanda para os três tipos de rolos?
   (d) No modelo original, se a demanda para rolos de 9 pés for alterada para 400, quantos rolos padronizados adicionais de 20 pés serão necessários para satisfazer a nova demanda?

2. *Alocação de espaço na prateleira.* Uma loja de secos e molhados tem de decidir o espaço de prateleira a ser alocado a cada um dos cinco tipos de cereais matutinos. A demanda máxima diária é 100, 85, 140, 80 e 90 caixas, respectivamente. O espaço de prateleira em

polegadas quadradas (in^2) para as respectivas caixas é 16, 24, 18, 22 e 20. O espaço de prateleira total disponível é 5.000 in^2. O lucro por unidade é \$ 1,10, \$ 1,30, \$ 1,08, \$ 1,25 e \$ 1,20, respectivamente. Determine a alocação ótima de espaço para os cinco cereais.

3. *Votação de propostas de interesse.* Em determinada cidade do Estado de Arkansas, há quatro questões em pauta para votação: construir novas rodovias, ampliar o controle de armas de fogo, aumentar os subsídios para agricultores e aumentar o imposto sobre a gasolina. Os eleitores da cidade estão subdivididos em 100.000 na área urbana, 250.000 na área suburbana e 50.000 na área rural, todos com vários graus de suporte a favor ou contra as questões em pauta. Por exemplo, os eleitores das áreas rurais se opõem ao controle de armas de fogo e ao imposto sobre a gasolina, e estão a favor da construção de estradas e dos subsídios à agricultura. A cidade está planejando uma campanha publicitária pela TV com uma verba de \$ 100.000 ao custo de \$ 1.500 por anúncio publicitário. A Tabela V resume o impacto de um único anúncio em termos do número de votos pró e contra como uma função das diferentes questões:

Tabela V

Questão	Número esperado de votos pró (+) e contra (–) por anúncio		
	Área urbana	*Área suburbana*	*Área rural*
Novas rodovias	–30.000	+60.000	+30.000
Controle de armas de fogo	+80.000	+30.000	–45.000
Subsídios para a agricultura	+40.000	+10.000	0
Imposto sobre a gasolina	+90.000	0	–25.000

Uma questão será adotada se conseguir no mínimo 51% dos votos. Quais questões serão aprovadas pelos eleitores e quantos anúncios devem ser alocados a cada uma das questões?

4. *Balanceamento de linha de montagem.* Um produto é montado com três partes diferentes. As partes são fabricadas por dois departamentos a diferentes taxas de produção, como apresentadas na Tabela W.

Tabela W

Departamento	Capacidade (hora/ empregado)	Taxa de produção (unidades/hora)		
		Parte 1	*Parte 2*	*Parte 3*
1	100	8	5	10
2	80	6	12	4

Determine o número máximo de unidades completas que podem ser produzidas por semana. (*Sugestão*: unidades completas = min {unidades da parte 1, unidades da parte 2, unidades da parte 3}. Maximizar $z = \min\{x_1, x_2\}$ é equivalente a max z sujeito a z x_1 e z x_2.)

5. *Controle de poluição.* Três tipos de carvão, C1, C2 e C3, são pulverizados e misturados para produzir 50 t por hora necessárias para alimentar uma usina de geração de eletricidade. A queima de carvão emite óxido de enxofre (em partes por milhão), que deve obedecer às especificações da Agência de Proteção Ambiental de no máximo 2.000 partes por milhão. A Tabela X resume os dados da situação.

Tabela X

	C1	C2	C3
Enxofre (partes por milhão)	2.500	2.500	2.500
Capacidade do pulverizador (ton/hora)	30	30	30
Custo por tonelada (\$)	30	30	30

Determine o mix ótimo de carvões.

*6. *Controle de semáforo.* (Stark e Nicholes, 1972) O tráfego de automóveis de três rodovias, H1, H2 e H3, deve parar e esperar pelo sinal verde antes de sair de uma rodovia que cobre pedágio. As taxas de pedágio são \$ 3, \$ 4 e \$ 5 para carros que saem de H1, H2 e H3, respectivamente. As taxas de fluxo de H1, H2 e H3 são 500, 600 e 400 carros por hora. O ciclo do semáforo não pode exceder a 2,2 minutos, e o sinal verde em qualquer rodovia deve durar no mínimo 25 segundos. O sinal amarelo permanece 10 segundos. O posto de pedágio pode atender um máximo de 510 carros por hora. Considerando que nenhum carro passe no amarelo, determine o intervalo ótimo para o sinal verde para as três rodovias que maximizará a receita do posto de pedágio por ciclo de tráfego.

7. *Ajuste de uma reta a dados empíricos (regressão).* Em um curso de datilografia para iniciantes com duração de dez semanas, a velocidade média por aluno (em palavras por minuto) como uma função do número de semanas de aula é dada na Tabela Y.

Tabela Y

Semana, x	1	2	3	4	5	6	7	8	9	10
Palavras / minuto, y	5	9	15	19	21	24	26	30	31	35

Determine os coeficientes a e b na relação linear $\hat{y} = ax + b$ que melhor se ajuste aos dados apresentados. (*Sugestão*: minimize a soma dos *valores absolutos* dos desvios entre $\hat{y}$ teórico e y empírico. Min $|x|$ é equivalente a minimizar z sujeito a z x e z $-x$.)

8. *Nivelamento de terreno para uma nova rodovia.* (Stark e Nicholes, 1972) O Departamento de Estradas de Rodagem do Arkansas está planejando uma nova rodovia de 10 milhas em terreno irregular, como mostra o perfil na Figura 2.10. A largura do terreno de construção é de aproximadamente 50 jardas. Para simplificar a situação, o perfil do terreno pode ser substituído por uma função escalonada, como mostra a figura. Usando maquinaria pesada, a terra removida do terreno alto é transportada para encher as áreas baixas. Também há duas áreas de escavação, I e II, localizadas nas extremidades da extensão de 10 milhas das quais mais terra pode ser transportada se necessário.

Figura 2.10
Perfil do terreno para o Problema 8

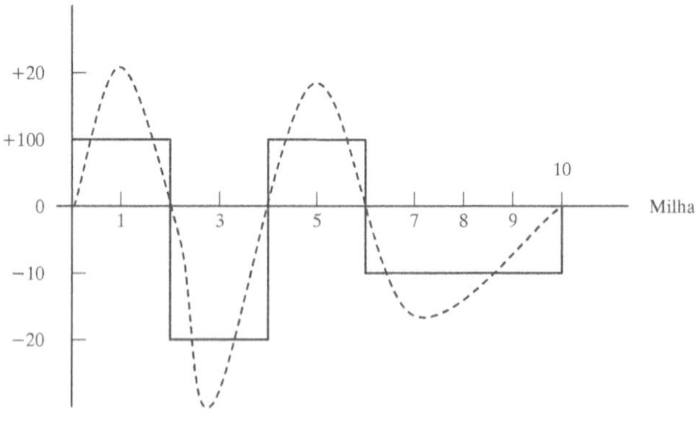

A área I tem uma capacidade de 20.000 jardas cúbicas, e a área II, uma capacidade de 15.000 jardas cúbicas. Os custos de remoção da terra das áreas I e II são, respectivamente, \$ 1,50 e \$ 1,90 por jarda cúbica. O custo de transporte por jarda cúbica por milha é \$ 0,15, e o custo de utilização da maquinaria pesada para carregar caminhões de transporte é \$ 0,20 por jarda cúbica. Isso significa que 1 jarda cúbica da área I transportada a 1 milha de distância custará um total de $(1{,}5 + 0{,}20) + 1 \times 0{,}15 = \$\ 1{,}85$, e 1 jarda cúbica transportada de uma colina à distância de 1 milha para encher uma área custará $0{,}20 + 1 \times 0{,}15 = \$\ 0{,}35$. Desenvolva um plano de custo mínimo para nivelar a extensão de 10 milhas.

9. *Planejamento militar.* (Shepard et al., 1988) O Exército Vermelho (R) está tentando invadir o território defendido pelo Exército Azul (B). O Azul tem três linhas de defesa e 200 unidades regu-

lares de combate, além de também poder utilizar um contingente de reserva de 200 unidades. O Vermelho planeja atacar em duas frentes, norte e sul, e o Azul estabeleceu três linhas de defesa leste-oeste: I, II e III. A finalidade das linhas de defesa I e II é retardar o ataque do Exército Vermelho por no mínimo quatro dias em cada linha e maximizar a duração total da batalha. O tempo de avanço do Exército Vermelho é estimado pela seguinte fórmula empírica:

$$\text{Duração da batalha em dias} = a + b\left(\frac{\text{Unidades Azuis}}{\text{Unidades Vermelhas}}\right)$$

As constantes a e b são uma função da linha de defesa e da frente norte/sul, como mostra a Tabela Z:

Tabela Z

	a			*b*		
	I	*II*	*III*	*I*	*II*	*III*
Frente norte	0,5	0,75	0,55	8,8	7,9	10,2
Frente sul	1,1	1,3	1,5	10,5	8,1	9,2

As unidades de reserva do Exército Azul podem ser usadas apenas nas linhas de defesa I e II. A alocação das unidades pelo Exército Vermelho às três linhas de defesa é dada na Tabela A1.

Tabela A1

	Número de unidades de ataque do Exército Vermelho		
	Linha de Defesa I	*Linha de Defesa II*	*Linha de Defesa III*
Frente norte	30	60	20
Frente sul	30	40	20

Como o Azul deve alocar seus recursos entre as três linhas de defesa e as frentes norte/sul?

10. *Gerenciamento da qualidade da água.* (Stark e Nicholes, 1972) Quatro cidades descarregam águas servidas na mesma corrente. A cidade 1 está a montante, seguida pela cidade 2, depois pela cidade 3 e, por fim, pela cidade 4, na direção a jusante. Medidas ao longo da corrente, as distâncias entre as cidades são de aproximadamente 15 milhas. Um dos parâmetros de medida da quantidade de poluentes em águas servidas é a demanda biológica de oxigênio (DBO), que é o montante de oxigênio requerido para estabilizar os resíduos poluentes presentes na água. Uma DBO mais elevada indica pior qualidade da água.

A Agência de Proteção Ambiental estabelece um máximo permissível de carga de DBO, expressa em lb de DBO por galão. A remoção de poluentes das águas servidas ocorre de duas formas: 1) atividade natural de decomposição estimulada pelo oxigênio presente no ar; e 2) estações de tratamento nos pontos de descarga antes que os resíduos poluentes cheguem à corrente. O objetivo é determinar a melhor eficiência econômica de cada uma das quatro estações que reduzirá a DBO a níveis aceitáveis. A máxima eficiência possível de uma estação de tratamento é 99%.

Para demonstrar os cálculos envolvidos no processo, considere as seguintes definições para a estação 1:

Q_1 = fluxo da corrente (galões/hora) no trecho de 15 milhas entre as cidades 1 e 2 na direção da cidade 2

p_1 = taxa de descarga de DBO (em lb/hora)

x_1 = eficiência da estação 1 (0,99)

b_1 = máxima carga de DBO permissível no trecho 1-2 (em lb DBO/galão)

Para satisfazer o requisito de carga de DBO no trecho 1-2, precisamos ter

$$p_1(1 - x_1) \quad b_1Q_1$$

De maneira semelhante, a restrição de carga de DBO para o trecho 2-3 toma a forma

$$(1 - r_{12})\left(\begin{matrix}\text{taxa de descarga de}\\ \text{DBO no trecho 1-2}\end{matrix}\right) + \left(\begin{matrix}\text{taxa de descarga de}\\ \text{DBO no trecho 2-3}\end{matrix}\right) \leq b_2Q_2$$

ou

$$(1 - r_{12})p_1(1 - x_1) + p_2(1 - x_2) \quad b_2Q_2$$

O coeficiente r_{12} (< 1) representa a fração de resíduos removida no trecho 1-2 por decomposição. Para o trecho 2-3, a restrição é

$$(1 - r_{23})[(1 - r_{12})p_1(1 - x_1) + p_2(1 - x_2)] + p_3(1 - x_3) \quad b_3Q_3$$

Determine a maior eficiência econômica para as quatro estações usando os dados da Tabela B1 (a fração de DBO removida por decomposição é 6% para os quatro trechos):

Tabela B1

	Trecho 1-2 ($i = 1$)	Trecho 2-3 ($i = 2$)	Trecho 2-3 ($i = 3$)	Trecho 3-4 ($i = 4$)
Qi (galão/hora)	215.000	220.000	200.000	210.000
pi (lb/hora)	500	3.000	6.000	1.000
bi (lb DBO/galão)	0,00085	0,0009	0,0008	0,0008
Custo do tratamento ($/lb DBO removida)	0,20	0,25	0,15	0,18

11. *Estrutura de carregamento.* (Stark e Nicholes, 1972) A ponte rolante com duas cangas de suspensão na Figura 2.11 é usada para transportar concreto misturado até um canteiro de obras para vazar em barreiras de concreto. A caçamba de concreto fica pendurada no centro da canga. Os trilhos da extremidade

Figura 2.11
Ponte rolante com duas cangas (Problema 11)

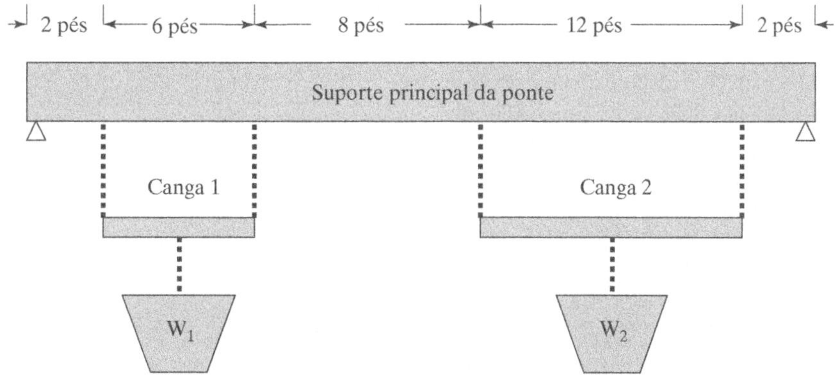

da ponte rolante podem suportar um máximo de 25 kip (kilopounds) cada e a capacidade de cada cabo da canga é de 20 kip. Determine as capacidades máximas de carga W_1 e W_2. (*Sugestão*: no equilíbrio, as somas dos momentos ao redor de qualquer ponto da trave ou da canga é zero.)

12. *Alocação de aeronaves às rotas.* Considere o problema da designação de aeronaves a quatro rotas conforme os dados da Tabela C1.

Tabela C1

Tipo da aeronave	Capacidade (passageiros)	Número de aeronaves	Número de viagens diárias na rota 1	2	3	4
1	50	5	3	2	2	1
2	30	8	4	3	3	2
3	20	10	5	5	4	2
Número diário de clientes			1.000	2.000	900	1.200

Os custos associados, entre eles os prejuízos pela perda de clientes devido à indisponibilidade de espaço, são dados na Tabela D1.

Tabela D1

Tipo de aeronave	Custo operacional ($) por viagem na rota 1	2	3	4
1	1.000	1.100	1.200	1.500
2	800	900	1.000	1.000
3	600	800	800	900
Penalidade ($)/ cliente perdido	40	50	45	70

Determine a alocação ótima de aeronaves às rotas e determine o número associado de viagens.

2.4 SOLUÇÃO POR COMPUTADOR COM SOLVER E AMPL

Na prática, quando os modelos típicos de programação linear podem envolver milhares de variáveis e restrições, o único modo viável de resolver tais modelos é usar o computador. Esta seção apresenta dois tipos distintos de softwares populares: o Excel Solver e o AMPL. O Solver é particularmente atraente para usuários de planilhas. O AMPL é uma linguagem algébrica de modelagem que, como qualquer outra linguagem de programação, requer maior conhecimento técnico. Não obstante, o AMPL, e outras linguagens semelhantes,[3] oferece grande flexibilidade na modelagem e execução de modelos de PL grandes e complexos. Embora a apresentação nesta seção se concentre em PL, tanto o AMPL quanto o Solver podem ser usados em programação inteira e não linear, como será mostrado mais adiante neste livro.

2.4.1 Solução de PL com Excel Solver

Com o Excel Solver, a planilha é o meio de entrada e saída para a PL. A Figura 2.12 mostra o layout dos dados para o modelo da Reddy Mikks (arquivo solverRM1.xls). A parte superior da figura inclui quatro tipos de informação: 1) células de dados de entrada (áreas sombreadas, B5:C9 e F6:F9); 2) células que representam as variáveis e a função objetivo que procuramos avaliar (células retangulares com moldura em linha grossa, B13:D13); 3) definições algébricas da função objetivo e o lado esquerdo das restrições (células retangulares com moldura tracejada, D5:D9); e 4) células que fornecem nomes ou símbolos explicativos. O Solver requer somente os três primeiros tipos. O quarto tipo aperfeiçoa a legibilidade do modelo e não tem nenhuma outra finalidade.

O posicionamento relativo dos quatro tipos de informação na planilha não precisa seguir o layout da Figura 2.12. Por exemplo, as células que definem a função objetivo e as variáveis não precisam ser contíguas, nem têm de ser colocadas abaixo do problema. O importante é que saibamos onde elas estão para que possam ser referenciadas pelo Solver. Ainda assim, é uma boa idéia usar um formato semelhante ao sugerido na Figura 2.12 porque ele torna o modelo mais legível.

Como o Solver está vinculado aos dados da planilha? Em primeiro lugar, fornecemos definições 'algébricas' equivalentes para a função objetivo e o lado esquerdo das restrições usando os dados de entrada (células sombreadas B5:C9 e F6:F9), e para a função objetivo e variáveis (células retangulares com moldura em linha grossa B13:D13); após, colocamos as fórmulas resultantes nas células apropriadas do retângulo tracejado D5:D9. A Tabela E1 mostra as funções PL originais e seu posicionamento nas células adequadas.

Tabela E1

	Expressão algébrica	Fórmula na planilha	Inserida na célula
Objetivo, z	$5x_1 + 4x_2$	=B5*$B$13+C5*$C$13	D5
Restrição 1	$6x_1 + 4x_2$	=B6*$B$13+C6*$C$13	D6
Restrição 2	$x_1 + 2x_2$	=B7*$B$13+C7*$C$13	D7
Restrição 3	$-x_1 + x_2$	=B8*$B$13+C8*$C$13	D8
Restrição 4	$0x_1 + x_2$	=B9*$B$13+C9*$C$13	D9

Na verdade, basta que você digite a fórmula para a célula D5 e então a copie para as células D6:D9. Para fazer isso corretamente, devem ser usadas as referências fixas $B$13 e $C$13, que representam x_1 e x_2. Para programas maiores é mais eficiente digitar

=SOMARPRODUTO(B5:C5;$B$13:$C$13)

na célula D5 e copiar para as células D6:D9.

Agora, todos os elementos do modelo de PL estão prontos para ser vinculados ao Solver. No menu 'Ferramentas' do Excel, selecione 'Solver'[4] para abrir a caixa de diálogo **Parâmetros do Solver** (Solver Parameters) mostrada no meio da Figura 2.12. Em primeiro lugar, defina a função objetivo, z, e o sentido da otimização digitando os seguintes dados:

Definir Célula de Destino (Set Target Cell): $D$5

Igual a (Equal to): ⊙ Max

Células Variáveis (Changing Cells): $B$13:$C$13

Essa informação deixa claro ao Solver que as variáveis definidas pelas células $B$13 e $C$13 são determinadas pela maximização da função objetivo na célula $D$5.

A próxima etapa é estabelecer as restrições dos problemas clicando **Adicionar** (Add) na caixa de diálogo **Parâmetros do Solver** (Solver Parameters). A caixa de diálogo **Submeter às Restrições** (Add Constraint) será exibida (veja a parte inferior da Figura 2.12) para facilitar a digitação dos elementos das restrições (lado esquerdo, tipo de desigualdade e lado direito)[5] como

$D$6:$D$9<=$F$6:$F$9

Um substituto conveniente para digitar as faixas de células é destacar as células D6:D9 para entrar com os lados esquerdos e então as células F6:F9 para entrar com os lados direitos. O mesmo procedimento pode ser usado com Célula de Destino.

As únicas restrições restantes são as restrições de não-negatividade que são adicionadas ao modelo clicando em **Adicionar** na caixa de diálogo **Submeter às Restrições** para digitar

$B$13:$C$13>=0

Uma outra maneira de entrar com as restrições de não-negatividade é clicar **Opções** na caixa de diálogo **Parâmetros do Solver**

---

[3] Outros pacotes comerciais são Aimms, Gams, Lingo, MPL, OPL Studio e Xpress-Mosel.

[4] Se o Solver não aparecer em 'Ferramentas', clique em 'Suplementos' no mesmo menu e selecione 'Add-in Solver'; depois clique 'OK'.

[5] Você notará que, na caixa de diálogo **Adicionar Restrição** (Figura 2.12), a caixa do meio, que especifica o tipo de desigualdade (<= e >=), tem duas opções adicionais, 'int' e 'bin', que representam **inteiro** e **binário**, e podem ser usadas em programação inteira para restringir variáveis a valores inteiros ou binários (veja Capítulo 9).

Figura 2.12
Definição do modelo da Reddy Mikks com o Excel Solver (arquivo solverRM1.xls)

	A	B	C	D	E	F	G	H	I	J	K
1		Reddy Mikks Model									
2	Input data:							Cell	Formula		Copy to
3		x1	x2					D5	=B5*B$13+C5*C$13		D6:D9
4		Exterior	Interior	Totais		Limits		D13	=D5		
5	Objective	5	4	21							
6	Raw material 1	6	4	24	<=	24					
7	Raw material 2	1	2	6	<=	6					
8	Market limit	-1	1	-1.5	<=	1					
9	Demand limit	0	1	1.5	<=	2					
10		>=0	>=0								
11	Output results:										
12		x1	x2	z							
13	Solution	3	1.5	21							

Solver Parameters

Set Target Cell: $D$5
Equal To: ● Max ○ Min ○ Value of: 0
By Changing Cells:
$B$13:$C$13
Subject to the Constraints:
$B$13:$C$13 >= 0
$D$6:$D$9 <= $F$6:$F$9

Solve | Close | Guess | Options | Add | Change | Reset All | Delete | Help

Add Constraint

Cell Reference: Constraint:
<= (<=, =, >=, int, bin)

OK | Cancel | Add | Help

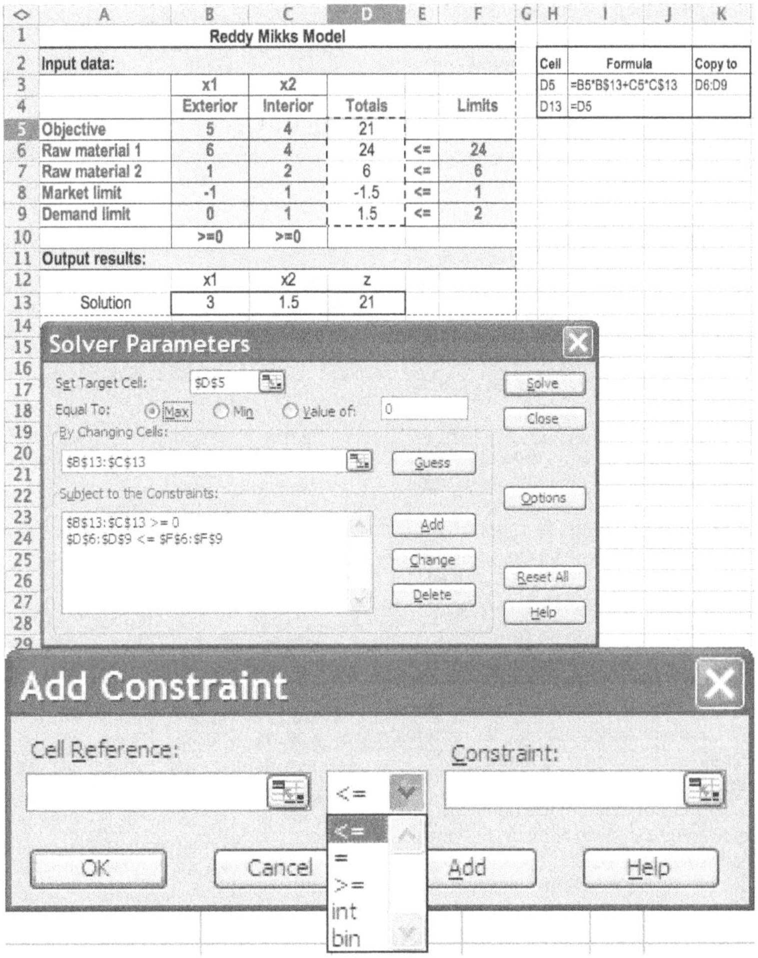

Figura 2.13
Caixa de diálogo de opções do Solver

Solver Options

Max Time: 100 seconds
Iterations: 100
Precision: 0.000001
Tolerance: 5 %
Convergence: 0.0001

☑ Assume Linear Model
☑ Assume Non-Negative
☐ Use Automatic Scaling
☐ Show Iteration Results

Estimates: ● Tangent ○ Quadratic
Derivatives: ● Forward ○ Central
Search: ● Newton ○ Conjugate

OK | Cancel | Load Model... | Save Model... | Help

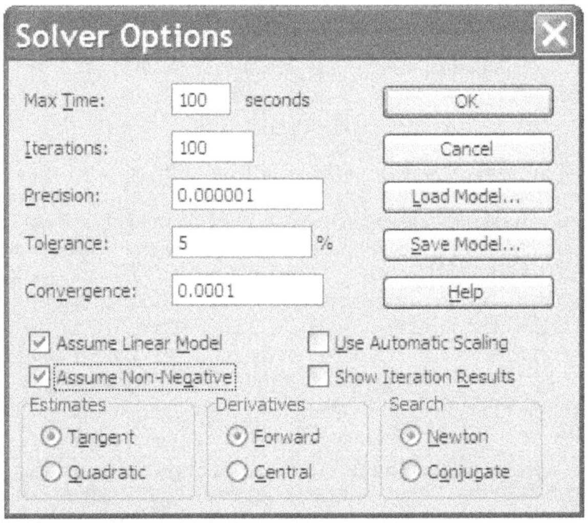

Figura 2.14
Utilização de nomes de faixa em Excel Solver (arquivo solverRM2.xls)

	A	B	C	D	E	F	G	H	I
1		Reddy Mikks Model							
2	Input data:							Range name	Cells
3		x1	x2					UnitsProduced	B13:C13
4		Exterior	Interior	Totais		Limits		UnitProfit	B5:C5
5	Objective	5	4	21				Totais	D6:D9
6	Raw material 1	6	4	24	<=	24		Limits	F6:F9
7	Raw material 2	1	2	6	<=	6		TotalProfit	D5
8	Market limit	-1	1	-1.5	<=	1			
9	Demand limit	0	1	1.5	<=	2			
10		>=0	>=0						
11	Output results:								
12		x1	x2	z					
13	Solution	3	1.5	21					

Solver Parameters

Set Target Cell: TotalProfit
Equal To: ● Max ○ Min ○ Value of: 0
By Changing Cells:
UnitsProduced
Subject to the Constraints:
Totals <= Limits
UnitsProduced >= 0

Solve | Close | Guess | Options | Add | Change | Reset All | Delete | Help

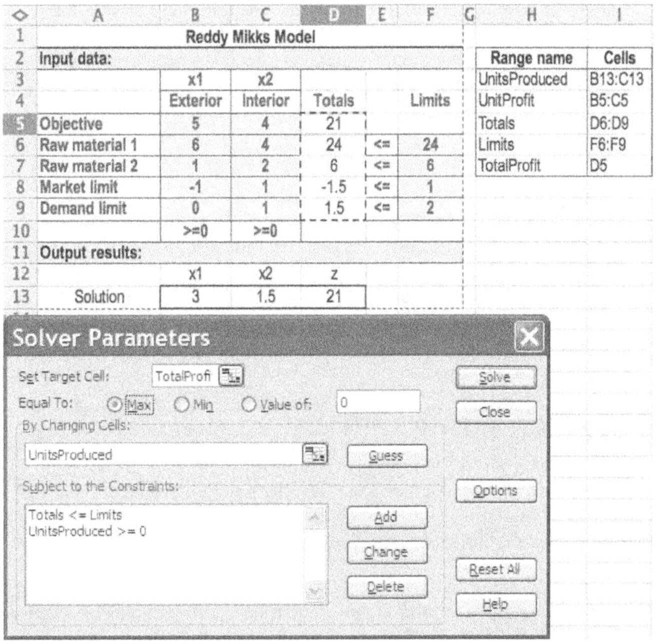

(Solver Parameters) para acessar a caixa de diálogo **Opções do Solver** (Solver Options) (veja Figura 2.13), e então selecionar ☑ **Considerar Não-Negativos** (Assume Non-Negative). Enquanto estiver na caixa **Opções do Solver** (Solver Options), você também precisa selecionar ☑ **Considerar Modelo Linear** (Assume Linear Model).

Em geral, os ajustes default remanescentes no **Opções do Solver** (Solver Options) não precisam ser alterados. Contudo, a precisão de 0,000001 estabelecida por default pode ser muito 'alta' para alguns problemas, e o Solver pode retornar a mensagem "Solver não pôde achar uma solução viável" quando, na verdade, o problema tem uma solução viável. Em tais casos, é necessário ajustar a precisão para menor. Se persistir a mesma mensagem, o problema pode ser inviável.

Por questão de legibilidade, você pode usar nomes descritivos de faixas do Excel em vez de nomes de células. Uma faixa pode ser criada destacando as células desejadas, digitando o nome da faixa na caixa superior esquerda da planilha e então pressionando 'Return'. A Figura 2.14 (arquivo solverRM2.xls) fornece os detalhes com um resumo de nomes de faixas usados no modelo. Você deve comparar o arquivo solverRM2.xls com o arquivo solverRM1.xls para ver como as faixas serão usadas nas fórmulas.

Para resolver o problema, clique **Resolver** (Solve) em **Parâmetros do Solver** (Solver Parameters) (Figura 2.14). Após, uma nova caixa de diálogo, **Resultados do Solver** (Solver Results), dará o status da solução. Se a montagem do modelo estiver correta, o valor ótimo de z aparecerá na célula D5 e os valores de x_1 e x_2 irão para as células B13 e C13, respectivamente. Por conveniência, usamos a célula D13 para exibir o valor ótimo de z digitando a fórmula =D5 na célula D13 para exibir toda a solução ótima em células contíguas.

Se um problema não tiver solução viável, o Solver emitirá a mensagem explícita "Solver não pôde achar uma solução viável". Se o valor objetivo ótimo for ilimitado, o Solver emitirá a mensagem um tanto ambígua "Os valores das Células de Destino não convergem". Em qualquer um dos casos, a mensagem indica que há algo errado com a formulação do modelo, como será discutido na Seção 3.5.

A caixa de diálogo **Resultados do Solver** (Solver Results) lhe dará a oportunidade de requisitar mais detalhes sobre a solução, incluindo o importante relatório de análise de sensibilidade. Discutiremos os resultados adicionais na Seção 3.6.4.

A solução do modelo da Reddy Mikks pelo Solver é direta. Outros modelos podem exigir um 'pouco de engenhosidade' antes de podermos defini-los de maneira conveniente. Uma classe de modelos de PL que cai nessa categoria trata da otimização de redes, como será demonstrado no Capítulo 6.

CONJUNTO DE PROBLEMAS 2.4A

1. Modifique o modelo Solver da Reddy Mikks da Figura 2.12 para levar em conta um terceiro tipo de tinta denominado 'naval'. Os requisitos por tonelada das matérias-primas 1 e 2 são 0,5 e 0,75 t, respectivamente. A demanda diária para a nova tinta está entre 0,5 t e 1,5 t. O lucro por tonelada é $ 3.500.

2. Desenvolva o modelo Excel Solver para os seguintes problemas:
- **(a)** O modelo de dieta do Exemplo 2.2-2.
- **(b)** Problema 16, Conjunto 2.2a
- **(c)** O modelo de renovação urbana do Exemplo 2.3-1.
- ***(d)** O modelo de arbitragem de moedas do Exemplo 2.3-2. (*Sugestão*: você verá que é conveniente utilizar toda a matriz de conversão de moedas em vez de apenas os elementos acima da diagonal. Claro que você pode gerar os elementos abaixo da diagonal com a utilização de fórmulas de Excel adequadas.)
- **(e)** O modelo de produção e estoque para múltiplos períodos do Exemplo 2.3-5.

2.4.2 Solução de PL com AMPL[6]

Esta seção apresenta uma breve introdução ao AMPL. O material do Apêndice A oferece uma descrição detalhada da sintaxe do AMPL, à qual nos referiremos oportunamente nesta seção, bem como em apresentações do AMPL ao longo do livro.

Quatro exemplos são apresentados aqui: os dois primeiros tratam dos aspectos básicos da AMPL, e os dois restantes tratam de utilizações mais avançadas para demonstrar as vantagens do AMPL.

O problema da Reddy Mikks — modelo rudimentar. O AMPL oferece um instrumento para modelar uma PL em um formato rudimentar por extenso (por escrito). A Figura 2.15 mostra o código auto-explicativo para o modelo da Reddy Mikks (arquivo amplRM1.txt). Todas as palavras-chave reservadas estão em negrito. Todos os outros nomes são gerados pelo usuário. A função objetivo e cada uma das restrições devem receber um nome distinto gerado pelo usuário seguido por dois-pontos. Cada declaração é encerrada com um ponto-e-vírgula.

Figura 2.15
Modelo rudimentar em AMPL para o problema da Reddy Mikks (arquivo amplRM1.txt)

```
var x1 >=0;
var x2 >=0;
maximize z: 5*x1+4*x2;
subject to
c1: 6*x1+4*x2<=24;
c2: x1+2*x2<=6;
c3: -x1+x2<=1;
c4: x2<=2;
solve;
display z,x1,x2;
```

Esse modelo rudimentar do AMPL é muito específico no sentido de que requer o desenvolvimento de um novo código cada vez que os dados do problema são alterados. Para problemas práticos com centenas (e até milhares) de variáveis e restrições, esse formato por extenso é incômodo. O AMPL ameniza essa dificuldade dividindo o problema em dois componentes: 1) um modelo geral que expressa o problema em linguagem algébrica para qualquer número desejado de variáveis e restrições; e 2) dados específicos que guiam o modelo algébrico. Usaremos o modelo da Reddy Mikks para demonstrar as idéias básicas do AMPL.

Problema da Reddy Mikks — modelo algébrico. A Figura 2.16 apresenta a lista de declarações do modelo (arquivo amplRM2.txt). O arquivo deve estar estritamente em texto (ASCII). Comentários são precedidos por # e podem aparecer em qualquer lugar do modelo. A linguagem é sensível a letras maiúsculas ou minúsculas e todas as suas palavras-chave (com poucas exceções) devem ser escritas em letras minúsculas. (A Seção A.2 vai dar mais detalhes.)

O modelo algébrico em AMPL vê o problema geral da Reddy Mikks no seguinte formato genérico

$$\textbf{Maximizar } z\text{: } \sum_{j=1}^{n} c_j x_j$$

$$\textbf{sujeito a } restr_i\text{: } \sum_{j=1}^{n} a_{ij} x_j \leq b_i,\ i = 1, 2, \ldots, m$$

$$x_j\ 0, j = 1, 2, \ldots, n$$

Considera-se que o problema tem n variáveis e m restrições. Dá-se à função objetivo e à restrição i os nomes (arbitrários) z e $restr_i$. O restante dos parâmetros, c_j, b_i e a_{ij}, são auto-explicativos.

O modelo começa com as declarações **`param`** que declaram m, n, c, b e a_{ij} como parâmetros (ou constantes) cujos valores específicos são dados na seção de entrada de dados do modelo. Traduz-se $c_j (j = 1, 2, \ldots, n)$ como `c{1..n}`, $b_i (i = 1, 2, \ldots, m)$ como `b{1..m}` e $a_{ij} (i = 1, 2, \ldots, m, j = 1, 2, \ldots, n)$ como `a{1..m,1..n}`. Em seguida, as variáveis $x_j (j = 1, 2, \ldots, n)$ junto com a restrição de não-negatividade são definidas pela declaração **var**

```
var x{1..n}>=0;
```

[6] Por conveniência, a versão do AMPL para estudantes fornecida pela AMPL Optimization LLC com instruções está disponível em inglês no site do livro. Atualizações futuras podem ser baixadas no *www.ampl.com*. O AMPL usa linhas de comando e funciona em ambiente DOS (em vez de em Windows). Uma versão beta recente de uma interface Windows pode ser encontrada em *www.OptiRisk-Systems.com*.

Figura 2.16
Modelo AMPL do problema da Reddy Mikks com dados de entrada (arquivo amplRM2.txt)

```
#-----------------------------------algebraic model
param m;
param n;
param c{1..n};
param b{1..m};
param a{1..m,1..n};

var x{1..n}>=0;

maximize z: sum{j in 1..n}c[j]*x[j];
subject to restr{i in 1..m}:
           sum{j in 1..n}a[i,j]*x[j]<=b[i];
#--------------------------------specify model data
data;
param n:=2;
param m:=4;
param c:=1 5 2 4;
param b:=1 24   2 6   3 1   4 2;
param a:     1   2 :=
       1   6   4
       2   1   2
       3  -1   1
       4   0   1;
#---------------------------------solve the problem
solve;
display z, x;
```

Se >=0 for removido da definição de x_j, então a variável é considerada irrestrita. A notação entre $\{\ \}$ representa o *conjunto* de índices sobre os quais um `param` ou uma `var` é definido.

Após definir todos os parâmetros e as variáveis, podemos desenvolver o modelo propriamente dito. A função objetivo e as restrições devem ter, cada uma, um nome distinto definido pelo usuário seguido por dois-pontos (:). No modelo da Reddy Mikks, a função objetivo recebeu o nome de `z:` precedido por `maximize`, como a seguinte declaração em AMPL:

```
maximizar z: sum{j in 1..n}c[j]*x[j];
```

A declaração é uma tradução direta de maximizar $z = \sum_{j=1}^{n} c_j x_j$ (com : no lugar de =).

Observe a utilização dos colchetes [ ] para representar os índices.

A restrição *i* recebe o nome-*raiz* `restr`, cujos índices pertencem ao conjunto {`1..m`}:

```
restr{i in 1..m}:sum{j in 1..n}a[i,j]*x[j]<=b[i];
```

A declaração é uma tradução direta de $\sum_{j=1}^{n} a_{ij} x_j \le b_i$.

As palavras-chave `subject to` são opcionais. Agora, esse modelo geral pode ser usado para resolver qualquer problema com qualquer conjunto de dados de entrada representando qualquer número de restrições `m` e qualquer número de variáveis `n`.

A seção `data;` permite ajustar o modelo para o problema específico da Reddy Mikks. Assim, `param n:=2;` e `param m:=4;` informam ao AMPL que o problema tem duas variáveis e quatro restrições. Observe que o operador composto := deve ser usado e que a declaração deve começar com a palavra-chave `param`. Para o parâmetro com um único índice `c`, cada elemento é representado pelo índice *j*, seguido por c_j, separado por um espaço em branco. Portanto, os dois valores são traduzidos para

```
param c:= 1 5 2 4;
```

Os dados para o parâmetro `b` entram de modo semelhante.

Para o parâmetro `a` com dois índices, a linha de cima define o índice *j*, e o índice *i* entra no início de cada linha como

```
param a:   1    2 :=
           1    6    4
           2    1    2
           3   -1    1
           4    0    1;
```

Na verdade, os dados a_{ij} são lidos como uma matriz bidimensional cujas linhas designam *i* e cujas colunas designam *j*. Observe que o ponto-e-vírgula só é necessário no final de todos os dados.

Agora, o modelo e seus dados estão prontos. O comando `solve;` invoca a solução e o comando `display z, x;` dá a solução.

Para executar o modelo, primeiro invoque AMPL (clicando 'ampl.exe' no diretório AMPL). Quando aparecer o prompt do 'ampl', entre o próximo comando `model`, e em seguida pressione 'Return':

```
ampl: model AmplRM2.txt;
```

Depois, o resultado do sistema aparecerá na tela da seguinte maneira:

```
MINOS 5.5: Optimal solution found.
2 iterations, objective = 21

z = 21
x[*]:=

1 = 3
2 = 1.5
```

As quatro últimas linhas são o resultado da execução de `display z,x;`.

Na verdade, o AMPL permite separar o modelo algébrico e os dados em dois arquivos independentes. Esse arranjo é aconselhável porque, uma vez desenvolvido o modelo, apenas o arquivo de dados precisa ser alterado. (Se quiser detalhes, consulte o final da Seção A.2.) Neste livro, optamos por separar os arquivos do modelo e de dados principalmente por questão de compactação.

O problema da arbitragem. O modelo simples da Reddy Mikks apresenta alguns dos elementos básicos de AMPL. O modelo mais complexo da arbitragem de moedas do Exemplo 2.3-2 oferece a oportunidade de apresentar capacidades adicionais de AMPL, entre elas: 1) imposição de condições sobre os elementos de um conjunto; 2) utilização de `if then else` para representar valores condicionais; 3) utilização de parâmetros calculados; e 4) utilização de uma simples declaração `print` para apresentar o resultado. Esses pontos também serão discutidos com mais detalhes no Apêndice A.

A Figura 2.17 (arquivo amplEx2.3-2.txt) dá o código AMPL para o problema da arbitragem. O modelo é geral no sentido de que pode ser usado para maximizar o estoque final `y` de qualquer moeda, denominado `outCurrency`, começando com uma quantidade inicial `I` de uma outra moeda, denominada `inCurrency`. Além disso, qualquer número de moedas, `n`, pode estar envolvido no processo de arbitragem.

As taxas de câmbio são definidas como

```
param r{i in 1..n,j in 1..n:i<=j};
```

A definição dá apenas os elementos da diagonal e acima da diagonal pela imposição da condição `i<=j` (precedida por dois-pontos) no conjunto `{i in 1..n,j in 1..n}`. Com essa definição, são usados recíprocos para calcular as taxas abaixo da diagonal, como será mostrado em breve.

Figura 2.17
Modelo em AMPL do problema da arbitragem (arquivo amplEx2.3-2.txt)

```
param inCurrency;                       #initial amount I
param outCurrency;                      #maximized holding y
param n;                                #nbr of currencies
param r{i in 1..n,j in 1..n:i<=j};#above-diagonal rates
param I;                                #initial amt of inCurrency
param maxTransaction{1..n};             #limit on transaction amt

var x{i in 1..n,j in 1..n}>=0;          #amt of i converted to j
var y>=0;                               #max amt of outCurrency

maximize z: y;
subject to
 r1{i in 1..n,j in 1..n}:x[i,j]<=maxTransaction[i];
 r2{i in 1..n}:(if i=inCurrency then I else 0)+
   sum{k in 1..n}(if k<i then r[k,i] else 1/r[i,k])*x[k,i]=
      (if i=outCurrency then y else 0)+sum{j in 1..n}x[i,j];
#---------------------------------------input data
data;
param inCurrency=1;
param outCurrency=1;
param n:=5;
#                    $      euro   pound     yen    KD
param r:             1      2      3         4      5:=
               1     1      .769   .625      105    .342   #$
               2     .      1      .813      137    .445   #euro
               3     .      .      1         169    .543   #pound
               4     .      .      .         1      .0032  #yen
               5     .      .      .         .      1;     #KD
param I:= 5;
param maxTransaction:=1 5 2 3 3 3.5 4 100 5 2.8;
#---------------------------------------Solution command
solve;
display z,y,x>file2.out;
print "rate of return =",trunc(100*(z-I)/I,4),"%">file2.out;
```

A variável x_{ij}, que representa o montante de moeda *i* convertida em moeda *j*, é definida como

```
var x{i in 1..n,j in 1..n}>=0;
```

O modelo tem dois conjuntos de restrições: o primeiro conjunto com o nome-raiz r1 estabelece os limites para as quantidades de qualquer transação de conversão de moedas usando a declaração

```
r1{i in 1..n,j in 1..n}: x[i,j]<=maxTransaction[i];
```

O segundo conjunto de restrições com o nome-raiz r2 é uma tradução da restrição

(Entrada para moeda *i*) = (Saída da moeda *i*)

Sua declaração é dada como

```
r2{i in 1..n}:
  (if i=inCurrency then I else 0)+
    sum{k in 1..n}(if k<i then r[k,i]
                   else 1/r[i,k])*x[k,i]
      =(if i=outCurrency then y else 0)
                  +sum{j in 1..n}x[i,j];
```

Esse tipo de restrição é ideal para a utilização do constructo especial `if then else` para especificar valores condicionais. No lado esquerdo da restrição, a expressão

```
(if i=inCurrency then I else 0)
```

informa que na restrição para a moeda de entrada, (i=inCurrency), há um insumo externo I, senão o insumo externo será zero. Em seguida, a expressão

```
sum{k in 1..n}(if k<i then r[k,i]
               else 1/r[i,k])*x[k,i]
```

calcula os fundos de entrada de outra moeda convertidos na moeda de entrada. Se você revisar o Exemplo 2.3-2, notará que, quando k<i, a conversão usa os elementos acima da diagonal da taxa de câmbio r. Senão, a recíproca na *linha* é usada para os elementos abaixo da diagonal (os elementos da diagonal são 1). Isso é exatamente o que `if then else` faz.

A expressão `if` do lado direito da restrição r2 pode ser explicada de modo semelhante, ou seja,

```
(if i=outCurrency then y else 0)
```

informa que a saída externa é y para outCurrency e zero para todas as outras.

Podemos aprimorar a legibilidade das restrições r2 definindo o seguinte **parâmetro calculado** (veja Seção A.3), que define toda a tabela de taxas de câmbio:

```
Param rate{k in 1..n,i in 1..n}
       =(if k<i then r[k,i] else 1/r[i,k])
```

Nesse caso, as restrições r2 tornam-se

```
r2{i in 1..n}:
   (if i=inCurrency then I else 0)
   + sum{k in 1..n}rate[k,i]*x[k,i]
     =(if i=outCurrency then y else 0)
     +sum{j in 1..n}x[i,j];
```

Na seção data;, cada uma, inCurrency e outCurrency, é igual a 1, o que significa que o problema é procurar a máxima saída de dólares usando uma quantidade inicial de $ 5 milhões. Em geral,

Figura 2.18
Modelo em AMPL do problema da programação de ônibus do Exemplo 2.3-8 (arquivo amplEx2.3-8.txt)

```
param m;
param  min_nbr_buses{1..m};
var x_nbr_buses{1..m} >= 0;
minimize tot_nbr_buses: sum {i in 1..m} x_nbr_buses[i];
subject to constr_nbr{i in 1..m}:
        if i=1 then
              x_nbr_buses[i]+x_nbr_buses[m]
        else
              x_nbr_buses[i-1]+x_nbr_buses[i] >= min_nbr_buses[i];

data;
param m:=6;
param min_nbr_buses:= 1 4  2 8  3 10  4 7  5 12  6 4;

solve;
display tot_nbr_buses, x_nbr_buses;
```

`inCurrency` e `outCurrency` podem designar quaisquer moedas distintas. Por exemplo, fazer `inCurrency` igual a 2 e `outCurrency` igual a 4 maximiza a saída de ienes dado um investimento inicial de 5 milhões de euros.

As entradas não especificadas de `param r` são sinalizadas no AMPL com pontos (.). Então, esses valores são superados ou pela utilização do inverso, como mostra a Figura 2.17, ou por meio da utilização do parâmetro calculado `rate`, como já mostramos. A alternativa à utilização de pontos é calcular e entrar, sem necessidade, com os elementos abaixo da diagonal como dados.

A declaração `display` envia o resultado para o arquivo file2.out em vez de enviá-lo para a tela, que é a operação default. A declaração `print` calcula e trunca a taxa de retorno, enviando o resultado para o arquivo file2.out. A declaração `print` também pode ser formatada usando `printf`, exatamente como qualquer linguagem de programação de alto nível. (Se quiser detalhes, consulte a Seção A.5.2.)

É importante perceber que os dados de entrada no AMPL não precisam ser codificados no modelo porque podem ser recuperados de arquivos externos, planilhas e bancos de dados (para detalhes, veja a Seção A.5). Isso é crucial no modelo de arbitragem, no qual as voláteis taxas de câmbio freqüentemente têm de ser aceitas em menos de dez segundos. Se o modelo em AMPL puder receber seus dados de um banco de dados que atualiza automaticamente as taxas de câmbio, o modelo pode fornecer soluções ótimas a tempo.

O problema da programação de ônibus. O problema da programação de ônibus do Exemplo 2.3-8 oferece uma interessante situação de modelagem em AMPL. Claro que sempre podemos usar um parâmetro com dois índices, semelhante ao parâmetro `a` do modelo da Reddy Mikks da Seção 2.4.2 (Figura 2.16), o que pode ser incômodo nesse caso. Em vez disso, podemos aproveitar a estrutura especial das restrições e usar expressões condicionais para representá-las implicitamente.

O lado esquerdo da restrição 1 é $x_1 + x_m$, em que m é o número total de períodos em um dia de 24 horas (= 6 no exemplo presente). Para as restrições restantes, o lado esquerdo toma a forma $x_{i-1} + x_i, i = 2, 3,..., m$. Usando `if then else` (como fizemos no problema da arbitragem), todas as m restrições podem ser representadas de maneira compacta por uma única declaração, como mostra a Figura 2.18 (arquivo amplEx2.3-8.txt). Essa representação é superior à definição do lado esquerdo das restrições como um parâmetro explícito.

O AMPL oferece ampla extensão de capacidades de programação. Por exemplo, os dados de entrada/saída podem ser recebidos/enviados de arquivos externos, planilhas e bancos de dados, e o modelo pode ser executado interativamente para ampla variedade de opções que permitem o teste de diferentes cenários. Os detalhes são dados no Apêndice A. Ademais, muitos modelos em AMPL são apresentados neste livro com referências ao material no Apêndice A para ajudá-lo a entender essas opções.

CONJUNTO DE PROBLEMAS 2.4B

1. No modelo da Reddy Mikks, suponha que seja produzido um terceiro tipo de tinta denominado 'naval'. Os requisitos por tonelada das matérias-primas *M*1 e *M*2 são 0,5 e 0,75 t, respectivamente. A demanda diária para a nova tinta está entre 0,5 t e 1,5 t, e o lucro por tonelada é de $ 3.500. Modifique o modelo Excel Solver solverRM2.xls e o modelo em AMPL amplRM2.txt para levar em conta a nova situação e determine a solução ótima. Compare o esforço adicional associado com cada modificação.

2. Desenvolva modelos em AMPL para os seguintes problemas:
(a) O problema da dieta do Exemplo 2.2-2, achando a solução ótima.
(b) Problema 4, Conjunto 2.3b.
*__(c)__ Problema 7, Conjunto 2.3d.
(d) Problema 7, Conjunto 2.3g.
(e) Problema 9, Conjunto 2.3g.
*__(f)__ Problema 10, Conjunto 2.3g.

REFERÊNCIAS BIBLIOGRÁFICAS

Fourer, R.; Gay, D. e Kernighan, B. *AMPL, a modeling language for mathematical programming.* 2. ed. Pacific Grove (CA): Brooks/Cole-Thomson, 2003.
Kornbluth, J. e Salkin, G. *The management for corporate financial assets: applications of mathematical programming models.* London: Academic, 1987.
Laidlaw, C. *Linear programming for urban development plan evaluation.* London: Praegers, 1972.
Lewis, T. "Personal operations research: practicing OR on ourselves". *Interfaces,* v. 26, n. 5, p. 34–41, 1996.
Shepard, R. et al. *Applied operations research.* Nova York: Plenum, 1988.
Stark, R. e Nicholes, R. *Mathematical programming foundations for design: civil engineering systems.* Nova York: McGraw-Hill, 1972.
William, H. *Model building in mathematical programming.* 2. ed. Nova York: Wiley, 1994.

Capítulo 3

O método simplex e a análise de sensibilidade

Guia do capítulo. Este capítulo detalha o método simplex de resolução do problema geral de PL. Também explica como a análise de sensibilidade baseada no simplex é usada para fornecer importantes interpretações econômicas em relação à solução ótima, entre elas os *preços duais* e o *custo reduzido*.

Os cálculos do método simplex são particularmente tediosos, repetitivos e, acima de tudo, maçantes. Quando você os fizer, não deve perder de vista o quadro geral, ou seja, o método simplex tenta passar de um ponto extremo na região de soluções para um ponto extremo melhor até achar a solução ótima. Para ajudá-lo nessa questão, o módulo interativo *comandado pelo usuário* do TORA (com retorno imediato) permite que você decida como os cálculos devem prosseguir e, ao mesmo tempo, o livra da tarefa árdua dos cálculos maçantes. Dessa maneira, você consegue entender os conceitos sem ser sufocado pelos detalhes dos cálculos. Pode ter certeza de que, tão logo tenha aprendido como o método simplex funciona (e é importante que realmente entenda os conceitos), os computadores se encarregarão do trabalho tedioso e você *nunca mais* precisará resolver um problema de PL à mão.

Durante toda a minha experiência como professor, observei que, embora os estudantes conseguissem executar com facilidade os tediosos cálculos do método simplex, no final alguns deles não sabiam dizer por que os estavam executando ou qual era a solução. Para ajudar a superar essa dificuldade potencial, o material deste capítulo enfatiza a interpretação de cada iteração em termos da solução do problema original.

Quando você concluir o capítulo, estará apto a ler e interpretar relatórios produzidos por softwares comerciais. A última seção descreve como esses relatórios são gerados em AMPL, Excel Solver e TORA.

Este capítulo inclui um resumo de uma aplicação da vida real, 11 exemplos resolvidos, 1 modelo em AMPL, 1 modelo em Solver, 1 modelo em TORA, 107 problemas de final de seção e 3 casos. Os casos estão no Apêndice E, disponível em inglês no site do livro. Os programas em AMPL/Excel Solver/TORA estão na pasta ch3Files.

Aplicação real – Otimização da produção de válvulas cardíacas

Válvulas cardíacas biológicas de diferentes tamanhos são próteses biológicas para implantação em seres humanos fabricadas com base em corações suínos. Da perspectiva do fornecimento, corações de porcos não podem ser 'produzidos' em tamanhos específicos. Além disso, o tamanho exato de uma válvula fabricada não pode ser determinado até que o componente biológico do coração suíno tenha sido processado. O resultado é que pode haver excesso de estoque para alguns tamanhos e escassez para outros. Um modelo de programação linear foi desenvolvido para reduzir o excesso de estoque de certos tamanhos e aumentar o de outros. A economia resultante passou de $ 1.476.000 em 1981, o ano em que o estudo foi realizado. Os detalhes desse estudo são apresentados no Caso 1, Capítulo 24 (disponível em inglês no site do livro).

3.1 MODELO DE PL EM FORMA DE EQUAÇÃO

O desenvolvimento dos cálculos do método simplex é facilitado pela imposição de dois requisitos às restrições do problema:

1. Todas as restrições (com exceção da não-negatividade das variáveis) são equações cujos lados direitos são não negativos.
2. Todas as variáveis são não negativas.

Aqui, a finalidade primordial desses dois requisitos é padronizar e tornar mais eficientes os cálculos do método simplex. É importante saber que todos os pacotes comerciais (e o TORA) aceitam diretamente restrições de desigualdade, lados direitos não negativos e variáveis irrestritas. Qualquer precondicionamento necessário do modelo é realizado internamente no software antes de o método simplex resolver o problema.

3.1.1 Conversão de desigualdades em equações com o lado direito não negativo

Em restrições (≤), o lado direito pode ser considerado como a representação do limite imposto à disponibilidade de um recurso, caso em que o lado esquerdo representaria a utilização desse recurso limitado pelas atividades (variáveis) do modelo. Assim, a diferença entre o lado direito e o lado esquerdo da restrição (≤) resultaria na quantidade do recurso *não utilizada* ou *folga*.

Para converter uma desigualdade (≤) em uma equação, uma **variável de folga** não negativa é adicionada ao lado esquerdo da restrição. Por exemplo, no modelo da Reddy Mikks (Exemplo 2.1-1), a restrição associada com a utilização da matéria-prima $M1$ é dada como

$$6x_1 + 4x_2 \leq 24$$

Defina-se s_1 como a folga ou a quantidade não utilizada de $M1$, a restrição pode ser convertida na seguinte equação:

$$6x_1 + 4x_2 + s_1 = 24, s_1 \geq 0$$

De forma semelhante, uma restrição (≥) estabelece um limite inferior para as atividades do modelo de PL, de modo que a quantidade pela qual o lado esquerdo excede o limite mínimo representa uma *sobra*. Consegue-se a conversão de (≥) em (=) com a subtração de uma **variável de sobra** não negativa do lado esquerdo da desigualdade. Por exemplo, no modelo da dieta (Exemplo 2.2-2), a restrição que representa os requisitos mínimos da ração é

$$x_1 + x_2 \geq 800$$

Defina-se S_1 como a variável de sobra, a restrição pode ser convertida na seguinte equação

$$x_1 + x_2 - S_1 = 800, S_1 \geq 0$$

O único requisito restante é que o lado direito da equação resultante seja não negativo. A condição sempre pode ser satisfeita multiplicando-se ambos os lados da equação resultante por –1, onde necessário. Por exemplo, a restrição

$$-x_1 + x_2 \leq -3$$

é equivalente à equação

$$-x_1 + x_2 + s_1 = -3, s_1 \geq 0$$

Agora, multiplicando ambos os lados por –1, teremos um lado direito não negativo, como desejado, isto é:

$$x_1 - x_2 - s_1 = 3$$

CONJUNTO DE PROBLEMAS 3.1A

*1. No modelo da Reddy Mikks (Exemplo 2.2-1), considere a solução viável $x_1 = 3$ t e $x_2 = 1$ t. Determine o valor das folgas associadas para as matérias-primas *M*1 e *M*2.

2. No modelo da dieta (Exemplo 2.2-2), determine a quantidade excedente (sobra) de ração obtida na mistura de 500 lb de milho e 600 lb soja.

3. Considere a seguinte desigualdade

$$10x_1 - 3x_2 \geq -5$$

Mostre que multiplicar ambos os lados da desigualdade por –1 e então converter a desigualdade resultante em uma equação é o mesmo que primeiro convertê-la em uma equação e depois multiplicar ambos os lados por –1.

*4. Dois produtos diferentes, *P*1 e *P*2, podem ser fabricados por uma ou por duas máquinas diferentes, *M*1 e *M*2. O tempo unitário de processamento de qualquer um dos produtos em qualquer uma das máquinas é o mesmo. A capacidade diária da máquina *M*1 é 200 unidades (de *P*1 ou *P*2, ou de qualquer mistura dos dois), e a capacidade diária da máquina *M*2 é 250 unidades. O supervisor da fábrica quer equilibrar a programação de produção das duas máquinas de modo que a diferença entre o número total de unidades produzidas em uma máquina e o número total de unidades produzidas na outra seja no máximo cinco unidades. O lucro por unidade de *P*1 é \$ 10 e o de *P*2 é \$ 15. Formule a questão como um problema de PL na forma de equação.

*5. Mostre como a seguinte função objetivo pode ser apresentada em forma de equação:

$$\text{Minimizar } z = \max\{|x_1 - x_2 + 3x_3|, |-x_1 + 3x_2 - x_3|\}$$

$$x_1, x_2, x_3 \geq 0$$

(*Sugestão*: $|a| \leq b$ é equivalente a $a \leq b$ e a $a \geq -b$.)

6. Mostre que as m equações:

$$\sum_{j=1}^{n} a_{ij}x_j = b_i, i = 1, 2, \ldots, m$$

são equivalentes às seguintes $m + 1$ desigualdades:

$$\sum_{j=1}^{n} a_{ij}x_j \leq b_i, i = 1, 2, \ldots, m$$

$$\sum_{j=1}^{n}\left(\sum_{i=1}^{m} a_{ij}\right)x_j \geq \sum_{i=1}^{m} b_i$$

3.1.2 Como lidar com variáveis irrestritas

No Exemplo 2.3-6 apresentamos um modelo de ajuste de produção para vários períodos no qual a mão-de-obra no início de cada período é ajustada para mais ou para menos, dependendo da demanda para o período em questão. Especificamente, se x_i (≥ 0) for o tamanho da mão-de-obra no período i, então x_{i+1} (≥ 0), o tamanho da mão-de-obra no período $i + 1$ pode ser expresso como

$$x_i + 1 = x_i + y_i + 1$$

A variável y_{i+1} deve ser irrestrita em relação ao sinal para permitir que x_{i+1} aumente ou diminua em relação a x_i, dependendo do número de trabalhadores contratados ou demitidos, respectivamente.

Como veremos em breve, os cálculos do método simplex requerem que todas as variáveis sejam não negativas. Sempre podemos satisfazer esse requisito usando a substituição

$$y_{i+1} = y_{i+1}^{-} - y_{i+1}^{+}, \text{ onde } y_{i+1}^{-} \geq 0 \text{ e } y_{i+1}^{+} \geq 0$$

Para mostrar como essa substituição funciona, suponha que no período 1 a mão-de-obra seja $x_1 = 20$ trabalhadores e que no período 2 a mão-de-obra tenha um aumento de 5 para chegar a 25 trabalhadores. Em termos das variáveis y_2^- e y_2^+, isso será equivalente a $y_2^- = 5$ e $y_2^+ = 0$, ou $y_2 = 5 - 0 = 5$. De maneira semelhante, se a mão-de-obra no período 2 for reduzida para 16, temos $y_2^- = 0$ e $y_2^+ = 4$, ou $y_2 = 0 - 4 = -4$. A substituição também permite a possibilidade de não haver alteração na mão-de-obra, fazendo com que ambas as variáveis assumam um valor igual a zero.

É provável que você esteja pensando na possibilidade de que y_2^- e y_2^+ possam assumir valores positivos simultaneamente. De maneira intuitiva, como explicamos no Exemplo 2.3-6, isso não pode acontecer, porque significaria que poderíamos contratar e demitir um trabalhador ao mesmo tempo. Essa intuição também é reforçada por uma prova matemática que mostra que, em qualquer solução pelo método simplex, é impossível que ambas as variáveis assumam valores positivos simultaneamente.

CONJUNTO DE PROBLEMAS 3.1B

1. A lanchonete McBurger vende hambúrgueres e cheesebúrgueres. Um dos tipos de hambúrguer ('quarterão') usa um quarto de libra de carne, e um cheesebúrguer, apenas 0,2 lb. O restaurante começa o dia com 200 lb de carne, mas pode pedir mais a um custo adicional de 25 centavos por libra para cobrir o custo da entrega. Qualquer sobra de carne ao final do dia é doada para instituições de caridade. Os lucros da McBurger são de 20 centavos para um 'quarterão' e 15 centavos para um cheesebúrguer. A expectativa de vendas da McBurger é de no máximo 900 sanduíches em qualquer dia. Quantos sanduíches de cada tipo a McBurger deve planejar para o dia? Resolva o problema usando o TORA, o Solver ou o AMPL.

2. Dois produtos são fabricados em uma central de usinagem. Os tempos de produção por unidade dos produtos 1 e 2 são 10 e 12 minutos, respectivamente. O tempo normal de máquina é 2.500 minutos por dia. Em qualquer dia, o fabricante pode produzir entre 150 e 200 unidades do produto 1, porém não mais que 45 unidades do produto 2. É possível usar horas extras para atender à demanda a um custo adicional de \$ 0,50 por minuto. Considerando que os lucros unitários para os produtos 1 e 2 são \$ 6 e \$ 7,50, respectivamente, formule a questão como um problema de PL e, depois, resolva com o TORA, o Solver ou o AMPL para determinar o nível ótimo de produção para cada produto, bem como quaisquer horas extras necessárias na central de usinagem.

*3. A JoShop fabrica três produtos cujos lucros unitários são \$ 2, \$ 5 e \$ 3, respectivamente. No orçamento, a empresa calculou 80 horas de mão-de-obra e 65 horas/máquina para a fabricação dos três produtos. Os requisitos de mão-de-obra por unidade dos produtos 1, 2 e 3 são 2, 1 e 2 horas, respectivamente. Os requisitos correspondentes de horas/máquina por unidade são 1, 1 e 2 horas. A JoShop considera o total de mão-de-obra e de horas/máquina como metas que podem ser ultrapassadas, se necessário, mas ao custo adicional de \$ 15 por hora de mão-de-obra e \$ 10 por hora/máquina. Formule a questão como um problema de PL e determine sua solução ótima usando o TORA, o Solver ou o AMPL.

4. Em uma PL na qual há diversas variáveis irrestritas, uma transformação do tipo $x_j = x_j^- - x_j^+, x_j^-, x_j^+ \geq 0$ dobrará o número correspondente de variáveis não negativas. Em vez disso, podemos substituir k variáveis irrestritas por exatamente $k + 1$ variáveis não negativas usando a substituição $x_j = x_j' - w, x_j', w \geq 0$. Use o TORA, o Solver ou o AMPL para mostrar que os dois métodos produzem a mesma solução para a seguinte PL:

$$\text{Maximizar } z = -2x_1 + 3x_2 - 2x_3$$

sujeito a

$$4x_1 - x_2 - 5x_3 = 10$$

$$2x_1 + 3x_2 + 2x_3 = 12$$

$$x_1 \geq 0, x_2, x_3 \text{ irrestrita}$$

3.2 TRANSIÇÃO DA SOLUÇÃO GRÁFICA PARA A SOLUÇÃO ALGÉBRICA

As idéias transmitidas pela solução gráfica do problema de PL na Seção 2.2 lançam as bases para o desenvolvimento do método algébrico simplex. A Figura 3.1 traça um paralelo entre os dois métodos. No método gráfico, a região de soluções é delineada pelos meios-espaços, que representam as restrições, e, no método simplex, a região de soluções é representada por m equações lineares simultâneas e n variáveis não negativas.

Podemos verificar visualmente pelo gráfico por que a região de soluções tem um número infinito de pontos de solução, mas como podemos tirar a mesma conclusão da representação algébrica da região de soluções? A resposta é que na representação algébrica o número de equações m é sempre *menor do que* ou *igual ao* número de variáveis n.[1]

Figura 3.1
Transição de solução gráfica para solução algébrica

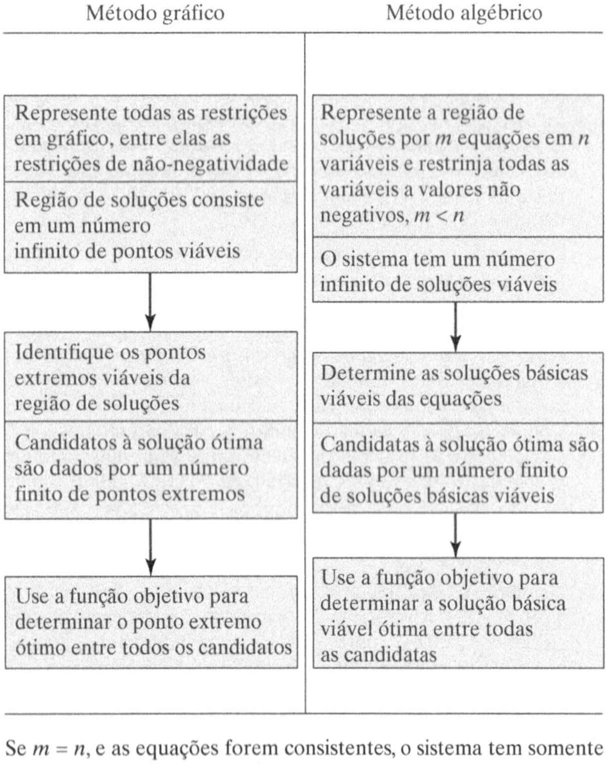
Método gráfico
Método algébrico
Represente todas as restrições em gráfico, entre elas as restrições de não-negatividade
Região de soluções consiste em um número infinito de pontos viáveis
Identifique os pontos extremos viáveis da região de soluções
Candidatos à solução ótima são dados por um número finito de pontos extremos
Use a função objetivo para determinar o ponto extremo ótimo entre todos os candidatos
Represente a região de soluções por m equações em n variáveis e restrinja todas as variáveis a valores não negativos, m < n
O sistema tem um número infinito de soluções viáveis
Determine as soluções básicas viáveis das equações
Candidatas à solução ótima são dadas por um número finito de soluções básicas viáveis
Use a função objetivo para determinar a solução básica viável ótima entre todas as candidatas

Se $m = n$, e as equações forem consistentes, o sistema tem somente uma solução; mas se $m < n$ (o que representa a maioria dos problemas de PL), então o sistema de equações, novamente, se consistente, dará como resultado um número infinito de soluções. Para dar um exemplo simples, a equação $x = 2$ tem $m = n = 1$, e a solução é obviamente única. Mas a equação $x + y = 1$ tem $m = 1$ e $n = 2$, e resulta em um número infinito de soluções (qualquer ponto sobre a reta $x + y = 1$ é uma solução).

Agora que já mostramos como a região de soluções em PL é representada em linguagem algébrica, as candidatas à solução ótima (isto é, pontos extremos) são determinadas pelas equações lineares simultâneas da seguinte maneira:

Determinação algébrica dos pontos extremos

Em um conjunto de $m \times n$ equações ($m < n$), se igualarmos $n - m$ variáveis a zero, e depois resolvermos as m equações para as m variáveis restantes, a solução resultante, se for única, é denominada **solução básica** e deve corresponder a um ponto extremo (viável ou inviável) da região de soluções. Isso significa que o número *máximo* de pontos extremos é

$$C_m^n = \frac{n!}{m!(n-m)!}$$

O exemplo a seguir demonstra o procedimento.

Exemplo 3.2-1

Considere o seguinte problema de PL com duas variáveis:

$$\text{Maximizar } z = 2x_1 + 3x_2$$

sujeito a

$$2x_1 + x_2 \leq 4$$
$$x_1 + 2x_2 \leq 5$$
$$x_1, x_2 \geq 0$$

A Figura 3.2 mostra o gráfico da região de soluções para o problema.

Em linguagem algébrica, a região de soluções do problema de PL é representada como:

$$2x_1 + x_2 + s_1 = 4$$
$$x_1 + 2x_2 + s_2 = 5$$
$$x_1, x_2, s_1, s_2 \geq 0$$

Figura 3.2
Região de soluções do problema de PL do Exemplo 3.2-1

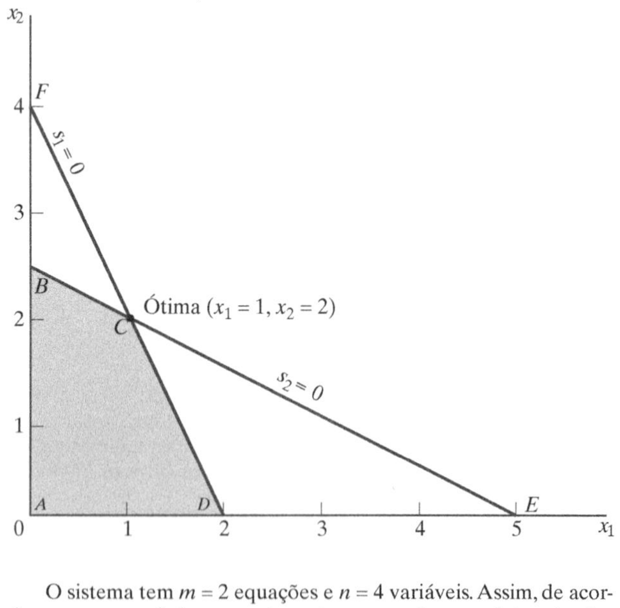
x2
x1
F
B
C
A
D
E
Ótima (x1 = 1, x2 = 2)
s1 = 0
s2 = 0
0
1
2
3
4
5

O sistema tem $m = 2$ equações e $n = 4$ variáveis. Assim, de acordo com a regra dada, os pontos extremos podem ser determinados algebricamente igualando $n - m = 4 - 2 = 2$ variáveis a zero e depois resolvendo para as $m = 2$ variáveis restantes. Por exemplo, se fizermos $x_1 = 0$ e $x_2 = 0$, as equações dão a solução (básica) única

$$s_1 = 4, s_2 = 5$$

Esta solução corresponde ao ponto A na Figura 3.2 (certifique-se de que $s_1 = 4$ e $s_2 = 5$ no ponto A). Um outro ponto pode ser determinado fazendo $s_1 = 0$ e $s_2 = 0$ e então resolvendo as duas equações

[1] Se o número de equações m for maior do que o número de variáveis n, então no mínimo $m - n$ equações devem ser redundantes.

$$2x_1 + x_2 = 4$$
$$x_1 + 2x_2 = 5$$

o que dá como resultado a solução básica ($x_1 = 1, x_2 = 2$), que é o ponto C na Figura 3.2.

É provável que você esteja imaginando como podemos decidir quais $(n - m)$ variáveis devem ser igualadas a zero para chegar a um ponto extremo específico. Sem o auxílio da solução gráfica (que é aplicável apenas a duas ou três variáveis), não podemos dizer quais $(n - m)$ variáveis zero estão associadas com quais pontos extremos. Mas isso não nos impede de enumerar *todos* os pontos extremos da região de soluções. Apenas considere *todas* as combinações nas quais $n - m$ variáveis sejam igualadas a zero e resolva as equações resultantes. Isso feito, a solução ótima é a solução básica viável (ponto extremo) que resultar no melhor valor para a função objetivo.

No exemplo presente temos $C_2^4 = \dfrac{4!}{2!2!} = 6$ pontos extremos. Examinando a Figura 3.2, podemos localizar imediatamente os quatro pontos extremos: A, B, C e D. Então, onde estão os dois remanescentes? Na verdade, os pontos E e F também são soluções básicas para o problema, mas são não *viáveis* porque não satisfazem todas as restrições. Essas soluções básicas não viáveis não são candidatas para a solução ótima.

Para resumir a transição da solução gráfica para a solução algébrica, as $n - m$ variáveis zero são conhecidas como **variáveis não básicas**. As restantes m variáveis são denominadas **variáveis básicas** e sua solução (obtida pela resolução das m equações) é denominada **solução básica**. A Tabela 3.1 dá todas as soluções básicas e não básicas do presente exemplo.

Tabela 3.1 Soluções básicas e não básicas

Variáveis (zero) não básicas	Variáveis básicas	Solução básica	Ponto extremo associado	Viável?	Valor da função objetivo, z
(x_1, x_2)	(s_1, s_2)	(4; 5)	A	Sim	0
(x_1, s_1)	(x_2, s_2)	(4; –3)	F	Não	—
(x_1, s_2)	(x_2, s_1)	(2,5; 1,5)	B	Sim	7,5
(x_2, s_1)	(x_1, s_2)	(2; 2)	D	Sim	4
(x_2, s_2)	(x_1, s_1)	(2; 3)	E	Não	—
$(\mathbf{s_1, s_2})$	$(\mathbf{x_1, x_2})$	(5; –6) **(1; 2)**	$\mathbf{C}$	**Sim**	**8 (ótimo)**

Comentários. Pelos cálculos anteriores podemos ver que, à medida que o tamanho do problema aumenta (isto é, m e n ficam maiores), o procedimento de enumerar todas as soluções básicas envolve cálculos impraticáveis. Por exemplo, para $m = 10$ e $n = 20$ é necessário resolver $C_{10}^{20} = 184{,}756$ conjuntos de 10×10 equações, uma tarefa realmente assombrosa, em particular quando percebemos que um problema de PL de tamanho (10×20) é pequeno na maioria das situações da vida real, em que não é incomum termos centenas ou até milhares de variáveis e restrições. O método simplex ameniza drasticamente essa tarefa árdua de cálculo investigando apenas uma fração de todas as possíveis soluções básicas viáveis (pontos extremos) da região de soluções. Em essência, o método simplex utiliza uma busca inteligente que localiza o ponto extremo ótimo de maneira eficiente.

CONJUNTO DE PROBLEMAS 3.2A

1. Considere o seguinte problema de PL:

Maximizar $z = 2x_1 + 3x_2$

sujeito a

$$x_1 + 3x_2 \le 6$$
$$3x_1 + 2x_2 \le 6$$
$$x_1, x_2 \ge 0$$

(a) Expresse o problema em forma de equação.

(b) Determine todas as soluções básicas do problema e classifique-as como viáveis e não viáveis.

*__(c)__ Use substituição direta na função objetivo para determinar a solução básica viável ótima.

(d) Verifique graficamente que a solução obtida em (c) é a solução ótima do problema de PL — daí, conclua que a solução ótima pode ser determinada algebricamente considerando somente soluções básicas viáveis.

*__(e)__ Mostre como as soluções básicas *não viáveis* são representadas graficamente na região de soluções.

2. Determine a solução ótima para cada um dos seguintes problemas de PL enumerando todas as soluções básicas.

(a) Maximizar $z = 2x_1 - 4x_2 + 5x_3 - 6x_4$
sujeito a

$$x_1 + 4x_2 - 2x_3 + 8x_4 \le 2$$
$$-x_1 + 2x_2 + 3x_3 + 4x_4 \le 1$$
$$x_1, x_2, x_3, x_4 \ge 0$$

(b) Minimizar $z = x_1 + 2x_2 - 3x_3 - 2x_4$
sujeito a

$$x_1 + 2x_2 - 3x_3 + x_4 = 4$$
$$x_1 + 2x_2 + x_3 + 2x_4 = 4$$
$$x_1, x_2, x_3, x_4 \ge 0$$

***3.** Mostre algebricamente que todas as soluções básicas do seguinte problema de PL são não viáveis.

Maximizar $z = x_1 + x_2$

sujeito a

$$x_1 + 2x_2 \le 6$$
$$2x_1 + x_2 \le 16$$
$$x_1, x_2 \ge 0$$

4. Considere o seguinte problema de PL:

Maximizar $z = 2x_1 + 3x_2 + 5x_3$

sujeito a

$$-6x_1 + 7x_2 - 9x_3 \ge 4$$
$$x_1 + x_2 + 4x_3 = 10$$
$$x_1, x_3 \ge 0$$
$$x_2 \text{ irrestrita}$$

A conversão na forma de equação envolve utilizar a substituição $x_2 = x_2^- - x_2^+$. Mostre que a solução básica não pode incluir ambas, x_2^- e x_2^+, simultaneamente.

5. Considere o seguinte problema de PL:

Maximizar $z = x_1 + 3x_2$

sujeito a

$$x_1 + x_2 \le 2$$
$$-x_1 + x_2 \le 4$$
$$x_1 \text{ irrestrita}$$
$$x_2 \ge 0$$

(a) Determine todas as soluções básicas viáveis do problema.

(b) Use substituição direta na função objetivo para determinar a melhor solução básica.

(c) Resolva o problema pelo método gráfico e verifique que a solução obtida em (c) é a ótima.

3.3 O MÉTODO SIMPLEX

Em vez de enumerar *todas* as soluções básicas (pontos extremos) do problema de PL (como fizemos na Seção 3.2), o método simplex investiga somente 'algumas dessas soluções selecionadas'. A Seção 3.3.1 descreve a natureza *iterativa* do método, e a Seção 3.3.2 apresenta detalhes de cálculo do algoritmo simplex.

3.3.1 Natureza iterativa do método simplex

A Figura 3.3 apresenta a região de soluções do problema de PL do Exemplo 3.2-1. Normalmente o método simplex começa na origem (ponto A), onde $x_1 = x_2 = 0$. Nesse ponto de partida, o valor da função objetivo, z, é zero, e a pergunta lógica é se um aumento em x_1 e/ou x_2 não básicas acima de seus valores zero atuais pode melhorar (aumentar) o valor de z. Respondemos a essa pergunta investigando a função objetivo:

$$\text{Maximizar } z = 2x_1 + 3x_2$$

A função mostra que um aumento em x_1 ou x_2 (ou em ambas) acima de seus valores zero atuais *melhorará* o valor de z. O projeto do método simplex exige o aumento de *uma variável por vez*, sendo que a variável selecionada será aquela que tiver *a maior taxa de melhoria* em z. No presente exemplo, o valor de z aumentará em 2 para cada unidade de aumento de x_1 e em 3 para cada unidade de aumento em x_2. Isso significa que a *taxa* de melhoria no valor de z é 2 para x_1 e 3 para x_2. Assim, optamos por aumentar x_2, a variável que tem a maior taxa de melhoria. A Figura 3.3 mostra que o valor de x_2 deve ser aumentado até alcançar o ponto extremo B (lembre-se de que parar um pouco antes de alcançar o ponto extremo B não é ótimo porque um candidato a ótimo deve ser um ponto extremo).

Figura 3.3
Processo iterativo do método simplex

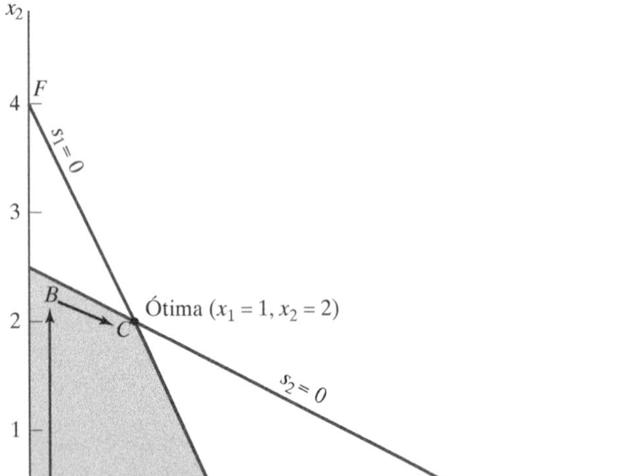

Portanto, no ponto B o método simplex aumentará o valor de x_1 para alcançar o ponto extremo melhorado C, que é a solução ótima. Assim, o caminho do método simplex é definido como A → B → C. Cada ponto extremo ao longo do caminho é associado a uma **iteração**. É importante observar que o método simplex percorre as **bordas** da região de soluções, o que significa que o método não pode atravessar a região de soluções e ir de A para C diretamente.

Precisamos fazer a transição da solução gráfica para a solução algébrica mostrando como os pontos A, B e C são representados por suas variáveis básicas e não básicas. A Tabela 3.2 resume essas representações.

Tabela 3.2 Variáveis básicas e não básicas

Ponto extremo	Variáveis básicas	Variáveis (zero) não básicas
A	s_1, s_2	x_1, x_2
B	s_1, x_2	x_1, s_2
C	x_1, x_2	s_1, s_2

Observe a mudança de padrão nas variáveis básicas e não básicas à medida que a solução percorre o caminho A → B → C. De A a B, a variável não básica x_2 em A torna-se básica em B, e s_2 básica em A se torna não básica em B. Na terminologia do método simplex, dizemos que x_2 é a **variável que entra na base** (porque ela entra na solução básica) e s_2 é a **variável que sai da base** (porque ela sai da solução básica). De maneira semelhante, no ponto B, x_1 *entra* na base e s_1 *sai da base*, o que leva ao ponto C.

CONJUNTO DE PROBLEMAS 3.3A

1. Na Figura 3.3, suponha que a função objetivo é mudada para

$$\text{Maximizar } z = 8x_1 + 4x_2$$

Identifique o caminho do método simplex e as variáveis básicas e não básicas que definem esse caminho.

2. Considere a solução gráfica do modelo da Reddy Mikks dado na Figura 2.2. Identifique o caminho do método simplex e as variáveis básicas e não básicas que definem esse caminho.

***3.** Considere a região de soluções tridimensional do problema de PL na Figura 3.4, cujos pontos extremos viáveis são $A, B, \ldots,$ e J.

(a) Quais dos seguintes pares de pontos extremos não podem representar iterações simplex *sucessivas*: (A, B), (B, D), (E, H) e (A, I)? Explique a razão.

(b) Suponha que as iterações do método simplex comece em A e que a solução ótima ocorra em H. Indique se qualquer um dos caminhos seguintes *não* forem legítimos para o algoritmo simplex e diga por que razão.

(i) $A \to B \to G \to H$.
(ii) $A \to E \to I \to H$.
(iii) $A \to C \to E \to B \to A \to D \to G \to H$.

4. Para a região de soluções na Figura 3.4, todas as restrições são do tipo ≤ e todas as variáveis, x_1, x_2 e x_3, são não negativas. Suponha que s_1, s_2, s_3 e s_4 (≥ 0) sejam as folgas associadas com as restrições representadas pelos planos $CEIJF$, $BEIHG$, $DFJHG$ e IJH, respectivamente. Identifique as variáveis básicas e não básicas associadas com cada ponto extremo viável da região de soluções.

Figura 3.4
Região de soluções do Problema 3, Conjunto 3.2B

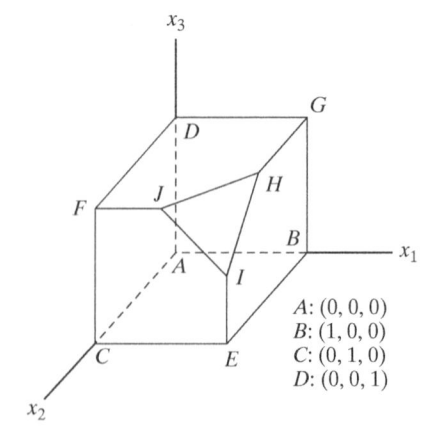

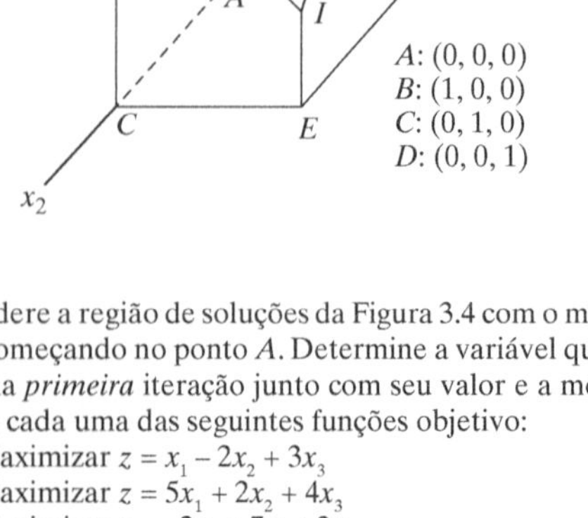

5. Considere a região de soluções da Figura 3.4 com o método simplex começando no ponto A. Determine a variável que entra na base na *primeira* iteração junto com seu valor e a melhoria em z para cada uma das seguintes funções objetivo:

*(a) Maximizar $z = x_1 - 2x_2 + 3x_3$
(b) Maximizar $z = 5x_1 + 2x_2 + 4x_3$
(c) Maximizar $z = -2x_1 + 7x_2 + 2x_3$
(d) Maximizar $z = x_1 + x_2 + x_3$

3.3.2 Detalhes de cálculo do algoritmo simplex

Esta seção apresenta os detalhes de cálculo de uma iteração do método simplex, incluindo as regras para determinar as variáveis que entram na base e que saem da base, bem como as regras para interromper os cálculos quando a solução ótima tiver sido alcançada. A explicação se dará por meio de um exemplo numérico.

Exemplo 3.3-1

Usamos o modelo da Reddy Mikks (Exemplo 2.1-1) para explicar os detalhes do método simplex. O problema é expresso na forma de equações como

$$\text{Maximizar } z = 5x_1 + 4x_2 + 0s_1 + 0s_2 + 0s_3 + 0s_4$$

sujeito a

$$\begin{aligned} 6x_1 + 4x_2 + s_1 \quad &= 24 \quad \text{(matéria-prima } M1) \\ x_1 + 2x_2 \quad + s_2 &= 6 \quad \text{(matéria-prima } M2) \\ -x_1 + x_2 \quad + s_3 &= 1 \quad \text{(limite de mercado)} \\ x_2 \quad + s_4 &= 2 \quad \text{(limite da demanda)} \\ x_1, x_2, s_1, s_2, s_3, s_4 &\geq 0 \end{aligned}$$

As variáveis s_1, s_2, s_3 e s_4 são as folgas associadas às respectivas restrições.

Em seguida, escrevemos a função objetivo como

$$z - 5x_1 - 4x_2 = 0$$

Dessa maneira, a tabela simplex inicial pode ser representada da seguinte maneira:

Base	z	x_1	x_2	s_1	s_2	s_3	s_4	Solução	
z	1	–5	–4	0	0	0	0	0	linha z
s_1	0	6	4	1	0	0	0	24	linha s_1
s_2	0	1	2	0	1	0	0	6	linha s_2
s_3	0	–1	1	0	0	1	0	1	linha s_3
s_4	0	0	1	0	0	0	1	2	linha s_4

O arranjo da tabela especifica o conjunto de variáveis básicas e não básicas, bem como apresenta a solução associada com a iteração inicial. Como explicamos na Seção 3.3.1, as iterações simplex começam na origem, $(x_1, x_2) = (0, 0)$, cujos conjuntos associados de variáveis não básicas e básicas são definidos como

Variáveis (zero) não básicas: (x_1, x_2)

Variáveis básicas: (s_1, s_2, s_3, s_4)

Substituindo as variáveis não básicas $(x_1, x_2) = (0, 0)$ e observando o arranjo especial 0-1 dos coeficientes de z bem como as variáveis básicas (s_1, s_2, s_3, s_4) da tabela, a seguinte solução está imediatamente disponível (sem nenhum cálculo):

$$\begin{aligned} z &= 0 \\ s_1 &= 24 \\ s_2 &= 6 \\ s_3 &= 1 \\ s_4 &= 2 \end{aligned}$$

Essa informação é mostrada na tabela pela listagem das variáveis básicas na coluna da extrema esquerda, *Base,* e seus valores aparecem na coluna da extrema direita, *Solução.* Na verdade, a tabela define o ponto extremo atual especificando suas variáveis básicas e seus valores bem como o valor correspondente da função objetivo, z. Lembre-se de que as variáveis não básicas (as que não aparecem na lista da coluna *Base*) sempre são iguais a zero.

A solução inicial é ótima? A função objetivo $z = 5x_1 + 4x_2$ mostra que a solução pode ser melhorada aumentando x_1 ou x_2. Usando o argumento da Seção 3.3.1, x_1, que tem o coeficiente *mais positivo,* é selecionada como a *variável a entrar na base*. De modo equivalente, como a tabela simplex expressa a função objetivo como $z - 5x_1 - 4x_2 = 0$, a variável a entrar na base corresponderá à variável com o coeficiente *mais negativo* na equação. Essa regra é denominada **condição de otimalidade**.

A mecânica da determinação da variável que sai com base na tabela simplex exige o cálculo das **razões** *não negativas* entre o lado direito das equações (coluna *Solução*) e o coeficiente de restrição correspondente da variável que entra, x_1, como mostra a tabela:

Base	Entrando x_1	Solução	Razão (ou intercepto)
s_1	6	24	$x_1 = \frac{24}{6} = 4 \leftarrow$ mínimo
s_2	1	6	$x_1 = \frac{6}{1} = 6$
s_3	–1	1	$x_1 = \frac{1}{-1} = -1$ (ignorar)
s_4	0	2	$x_1 = \frac{2}{0} = \infty$ (ignorar)
Conclusão: x_1 entra e s_1 sai			

Figura 3.5
Interpretação gráfica das razões do método simplex no modelo da Reddy Mikks

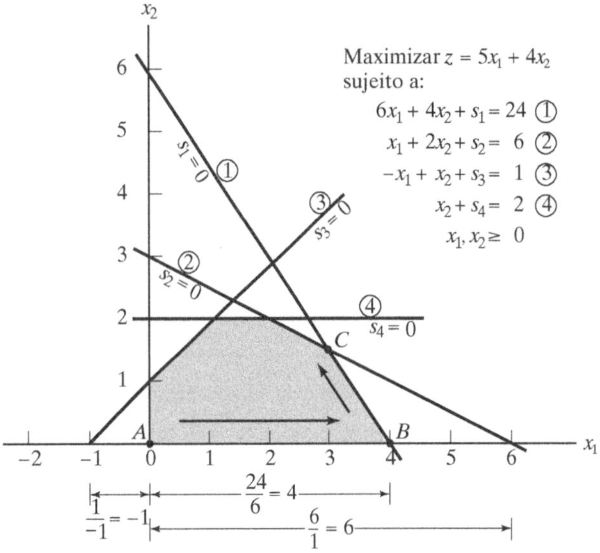

A razão *mínima não negativa* identifica automaticamente a variável s_1 como a variável que sai da base e designa à variável que entra na base (x_1) o valor de 4.

Como as razões calculadas determinam a variável que sai da base e o valor da variável que entra na base? A Figura 3.5 mostra que, na verdade, as razões calculadas são as interseções das restrições com o eixo (x_1) da variável que entra na base. Podemos ver que o valor de x_1 deve ser aumentado para 4 no ponto extremo B, que é a menor interseção não negativa com o eixo x_1. Um aumento que ultrapasse B é inviável. No ponto B, a variável básica atual associada com a restrição 1 assume um valor zero e torna-se a *variável que sai da base.* A regra associada com os cálculos das razões é denominada **condição de viabilidade** porque garante a viabilidade da nova solução.

O novo ponto de solução B é determinado pela 'troca' entre a variável que entra na base x_1 e a variável que sai da base s_1 na tabela simplex para produzir os seguintes conjuntos de variáveis não básicas e básicas:

Variáveis não básicas (zero) em B: (s_1, x_2)

Variáveis básicas em B: (x_1, s_2, s_3, s_4)

O processo de troca é baseado nas **operações de Gauss-Jordan,** que identifica a coluna da variável que entra na base como a **coluna do pivô**, e a linha da variável que sai como a **linha do pivô**. A interseção da coluna do pivô com a linha do pivô é denominada **elemento pivô**. A tabela seguinte é uma reafirmação da tabela do começo com sua coluna e linhas dos pivôs em destaque.

	Base	z	Entra ↓ x_1	x_2	s_1	s_2	s_3	s_4	Solução	
	z	1	–5	–4	0	0	0	0	0	
Sai ←	s_1	0	**6**	4	1	0	0	0	24	Linha do pivô
	s_2	0	1	2	0	1	0	0	6	
	s_3	0	–1	1	0	0	1	0	1	
	s_4	0	0	1	0	0	0	1	2	
			Coluna do pivô							

Os cálculos por Gauss-Jordan necessários para produzir a nova solução básica são de dois tipos.

1. *Linha do pivô*
   (a) Substituir a variável que sai da base na coluna *Base* pela variável que entra na base.
   (b) Nova linha do pivô = Linha do pivô atual ÷ Elemento pivô

2. *Todas as outras linhas, incluindo z*

Nova linha = (Linha atual) – (Seu coeficiente de coluna do pivô) × (Nova linha do pivô)

Esses cálculos são aplicados à tabela anterior da seguinte maneira:

1. Substituir s_1 na coluna *Base* por x_1:

Nova linha x_1 = Linha s_1 atual ÷ 6

$= \frac{1}{6}(0\ 6\ 4\ 1\ 0\ 0\ 0\ 24)$

$= (0\ 1\ \frac{2}{3}\ \frac{1}{6}\ 0\ 0\ 0\ 4)$

2. Nova linha z = Linha z atual – (–5) × Nova linha x_1

$= (1\ {-5}\ {-4}\ 0\ 0\ 0\ 0\ 0) - (-5) \times (0\ 1\ \frac{2}{3}\ \frac{1}{6}\ 0\ 0\ 0\ 4)$

$= (1\ 0\ {-\frac{2}{3}}\ \frac{5}{6}\ 0\ 0\ 0\ 20)$

3. Nova linha s_2 = Linha s_2 atual – (1) × Nova linha x_1

$= (0\ 1\ 2\ 0\ 1\ 0\ 0\ 6) - (1) \times (0\ 1\ \frac{2}{3}\ \frac{1}{6}\ 0\ 0\ 0\ 4)$

$= (0\ 0\ \frac{4}{3}\ {-\frac{1}{6}}\ 1\ 0\ 0\ 2)$

4. Nova linha s_3 = Linha s_3 atual – (–1) × Nova linha x_1

$= (0\ {-1}\ 1\ 0\ 0\ 1\ 0\ 1) - (-1) \times (0\ 1\ \frac{2}{3}\ \frac{1}{6}\ 0\ 0\ 0\ 4)$

$= (0\ 0\ \frac{5}{3}\ \frac{1}{6}\ 0\ 1\ 0\ 5)$

5. Nova linha s_4 = Linha s_4 atual – (0) × Nova linha x_1

$= (0\ 0\ 1\ 0\ 0\ 0\ 1\ 2) - (0)(0\ 1\ \frac{2}{3}\ \frac{1}{6}\ 0\ 0\ 0\ 4)$

$= (0\ 0\ 1\ 0\ 0\ 0\ 1\ 2)$

A nova solução básica é (x_1, s_2, s_3, s_4), e a nova tabela se torna da seguinte maneira

	Base	z	x_1	↓ x_2	s_1	s_2	s_3	s_4	Solução
	z	1	0	$\frac{-2}{3}$	$\frac{5}{6}$	0	0	0	20
	x_1	0	1	$\frac{2}{3}$	$\frac{1}{6}$	0	0	0	4
←	s_2	0	0	$\frac{4}{3}$	$\frac{-1}{6}$	1	0	0	2
	s_3	0	0	$\frac{5}{3}$	$\frac{1}{6}$	0	1	0	5
	s_4	0	0	1	0	0	0	1	2

Observe que a nova tabela tem as mesmas propriedades da tabela inicial. Quando igualamos as novas variáveis não básicas x_2 e s_1 a zero, a coluna *Solução* dá automaticamente a nova solução básica ($x_1 = 4, s_2 = 2, s_3 = 5, s_4 = 2$). Esse 'condicionamento' da tabela é o resultado da aplicação das operações de linha por Gauss-Jordan. O novo valor da função objetivo correspondente é $z = 20$, que é consistente com

Novo z = Velho z + Novo valor x_1 × Seu coeficiente na função objetivo

$= 0 + 4 \times 5 = 20$

Na última tabela, a *condição de otimalidade* mostra que x_2 é a variável que deve entrar na base. A condição de viabilidade produz o seguinte

Base	Entrando x_2	Solução	Razão
x_1	$\frac{2}{3}$	4	$x_2 = 4 \div \frac{2}{3} = 6$
s_2	$\frac{4}{3}$	2	$x_2 = 2 \div \frac{4}{3} = 1{,}5$ (mínimo)
s_3	$\frac{5}{3}$	5	$x_2 = 5 \div \frac{5}{3} = 3$
s_4	1	2	$x_2 = 2 \div 1 = 2$

Assim, s_2 sai da solução básica e o novo valor de x_2 é 1,5. O aumento correspondente em z é $\frac{2}{3}x_2 = \frac{2}{3} \times 1{,}5 = 1$, o que dá $z = 20 + 1 = 21$.

Substituindo s_2 na coluna *Base* por x_2 que entra, as seguintes operações de fila por Gauss-Jordan são aplicadas:

1. Nova linha do pivô x_2 = Linha s_2 atual ÷ $\frac{4}{3}$

2. Nova linha z = Linha z atual – ($-\frac{2}{3}$) × Nova linha x_2

3. Nova linha x_1 = Linha x_1 atual – ($\frac{2}{3}$) × Nova linha x_2

4. Nova linha s_3 = Linha s_3 atual – ($\frac{5}{3}$) × Nova linha x_2

5. Nova linha s_4 = Linha s_4 atual – (1) × Nova linha x_2

Esses cálculos produzem a tabela que se segue

Base	z	x_1	x_2	s_1	s_2	s_3	s_4	Solução
z	1	0	0	$\frac{3}{4}$	$\frac{1}{2}$	0	0	21
x_1	0	1	0	$\frac{1}{4}$	$-\frac{1}{2}$	0	0	3
x_2	0	0	1	$-\frac{1}{8}$	$\frac{3}{4}$	0	0	$\frac{3}{2}$
s_3	0	0	0	$\frac{3}{8}$	$-\frac{5}{4}$	1	0	$\frac{5}{2}$
s_4	0	0	0	$\frac{1}{8}$	$-\frac{3}{4}$	0	1	$\frac{1}{2}$

Com base na condição de otimalidade, *nenhum* dos coeficientes da linha z associados com as variáveis não básicas, s_1 e s_2, é negativo.

Assim, essa tabela simplex é ótima.

A solução ótima pode ser lida na tabela simplex da seguinte maneira: os valores ótimos das variáveis na coluna *Base* são dados na coluna *Solução* do lado direito da tabela, e podem ser interpretados como demonstrado na tabela a seguir

Variável de decisão	Valor ótimo	Recomendação
x_1	3	Produzir 3 t diárias de tintas para exteriores
x_2	$\frac{3}{2}$	Produzir 1,5 t diária de tintas para interiores
z	21	Lucro diário é \$ 21.000

Você pode verificar que os valores $s_1 = s_2 = 0, s_3 = \frac{5}{2}$ e $s_4 = \frac{1}{2}$ são consistentes com os valores dados de x_1 e x_2 se os substituirmos nos valores de x_1 e x_2 nas restrições.

A solução também dá o status dos recursos. Um recurso é designado como **escasso** se as atividades (variáveis) do modelo o usarem totalmente. Caso contrário, o recurso é denominado **abundante**. Essa informação é obtida da tabela ótima pela verificação do valor da variável de folga associado à restrição que representa o recurso. Se o valor da folga for zero, o recurso é totalmente utilizado e, por conseguinte, é classificado como escasso. Ao contrário, uma folga positiva indica que o recurso é abundante. A Tabela 3.3 classifica as restrições do modelo.

Tabela 3.3 Classificação das restrições do modelo

Recurso	Valor da folga	Status
Matéria-prima, *M*1	$s_1 = 0$	Escasso
Matéria-prima, *M*2	$s_2 = 0$	Escasso
Limite de mercado	$s_3 = \frac{5}{2}$	Abundante
Limite da demanda	$s_4 = \frac{1}{2}$	Abundante

Comentários. A tabela simplex oferece uma abundância de informações adicionais, entre elas:

1. *Análise de sensibilidade,* que trata da determinação das condições que manterão a solução atual inalterada.
2. *Análise pós-otimação,* que trata de achar uma nova solução ótima quando os dados do modelo original são alterados.

A Seção 3.6 trata da análise de sensibilidade. O tópico mais complexo da análise pós-otimação é abordado no Capítulo 4.

Momento TORA

Os cálculos por Gauss-Jordan são tediosos, volumosos e, acima de tudo, maçantes. Ainda assim, são os menos importantes porque, na prática, esses cálculos são executados pelo computador. O importante é que você entenda *como* o método simplex funciona. A opção interativa *comandada pelo usuário* do TORA (com retorno imediato) pode ser útil nessa questão particular porque permite que você decida o rumo dos cálculos no método simplex sem a tarefa árdua da execução dos cálculos por Gauss-Jordan. Para usar o TORA no problema da Reddy Mikks, entre no modelo e, então, no menu 'Solve/Modify', selecione Solve ⇒ Algebraic ⇒ Iterations ⇒ All-Slack. (A seleção All-Slack indica que a solução básica inicial consiste somente em variáveis de folga. As opções restantes serão apresentadas nas seções 3.4, 4.3 e 7.4.2.) Em seguida, clique em 'Go To Output Screen'. Você pode gerar uma ou todas as iterações clicando em 'Next Iteration' ou 'All Iterations'. Se preferir gerar as iterações uma por vez, você pode especificar interativamente as variáveis que entram na base e as variáveis que saem da base clicando nos cabeçalhos de suas colunas e linhas correspondentes. Se suas seleções estiverem corretas, a coluna fica verde e a linha fica vermelha. Caso contrário, aparecerá uma mensagem de erro.

3.3.3 Resumo do método simplex

Até aqui tratamos do caso de maximização. Em problemas de minimização, as *condições de otimalidade* exigem a seleção da variável que entra na base como a variável não básica que tenha o coeficiente mais *positivo* na função objetivo, exatamente o oposto da regra de maximização. Isso ocorre porque max z é equivalente a min $(-z)$. Quanto à *condição de viabilidade* para selecionar a variável que sai, a regra permanece sem alteração.

Condição de otimalidade. A variável que entra na base em um problema de maximização (minimização) é a *variável não básica* que tiver o coeficiente mais negativo (positivo) na linha z. Os vínculos são rompidos arbitrariamente. O ótimo é alcançado na iteração em que todos os coeficientes da linha z das variáveis não básicas forem não negativos (não positivos).

Condição de viabilidade. Tanto para os problemas de maximização quanto para os de minimização, a variável que sai da base é a variável *básica* associada com a menor razão não negativa (que tenha um denominador *estritamente positivo*). Os vínculos são quebrados arbitrariamente.

Operações de linha por Gauss-Jordan

1. Linha do pivô
   (a) Substitua a variável que sai da base na coluna *Base* pela variável que entra na base.
   (b) Nova linha do pivô = Linha do pivô atual ÷ Elemento pivô

2. Todas as outras linhas, incluindo z
   Nova linha = (Linha atual) – (Coeficiente da coluna do pivô) × (Nova linha do pivô)

As etapas do método simplex são

Etapa 1. Determine uma solução básica inicial viável.

Etapa 2. Selecione uma *variável para entrar na base* usando a condição de otimalidade. Pare aqui se não houver nenhuma variável para entrar na base; a última solução é a ótima. Senão, passe para a etapa 3.

Etapa 3. Selecione uma *variável para sair da base* usando a condição de viabilidade.

Etapa 4. Determine a nova solução básica usando os cálculos de Gauss-Jordan adequados. Passe para a etapa 2.

CONJUNTO DE PROBLEMAS 3.3B

1. Esse problema foi elaborado para reforçar o seu entendimento da condição de viabilidade em simplex. Na primeira tabela do Exemplo 3.3-1, usamos o teste da razão mínima (não negativa) para determinar a variável que sai. Tal condição garante que nenhum dos novos valores das variáveis básicas se tornará negativo (como estipulado pela definição em PL). Para demonstrar esse ponto, force s_2, em vez de s_1, a sair da solução básica. Agora, examine a tabela simplex resultante e você notará que s_1 assume um valor negativo (= –12), o que significa que a nova solução é inviável. Essa situação nunca ocorrerá se empregarmos a condição de viabilidade da razão mínima.
2. Considere o seguinte conjunto de restrições:

$$x_1 + 2x_2 + 2x_3 + 4x_4 \leq 40$$
$$2x_1 - x_2 + x_3 + 2x_4 \leq 8$$
$$4x_1 - 2x_2 + x_3 - x_4 \leq 10$$
$$x_1, x_2, x_3, x_4 \geq 0$$

Resolva o problema para cada uma das seguintes funções objetivo.

(a) Maximizar $z = 2x_1 + x_2 - 3x_3 + 5x_4$.

(b) Maximizar $z = 8x_1 + 6x_2 + 3x_3 - 2x_4$.

(c) Maximizar $z = 3x_1 - x_2 + 3x_3 + 4x_4$.

(d) Minimizar $z = 5x_1 - 4x_2 + 6x_3 - 8x_4$.

***3.** Considere o seguinte sistema de equações:

$$\begin{aligned} x_1 + 2x_2 - 3x_3 + 5x_4 + x_5 &= 4 \\ 5x_1 - 2x_2 + 6x_4 + x_6 &= 8 \\ 2x_1 + 3x_2 - 2x_3 + 3x_4 + x_7 &= 3 \\ -x_1 + x_3 - 2x_4 + x_8 &= 0 \\ x_1, x_2, \ldots, x_8 &\geq 0 \end{aligned}$$

Seja x_5, x_6,..., e x_8 determinada solução básica inicial viável. Suponha que x_1 entre na base. Quais das variáveis básicas dadas devem se tornar não básicas com valor zero para garantir que todas as variáveis permaneçam não negativas, e qual é o valor de x_1 na nova solução? Repita esse procedimento para x_2, x_3 e x_4.

4. Considere o seguinte problema de PL:

$$\text{Maximizar } z = x_1$$

sujeito a

$$\begin{aligned} 5x_1 + x_2 &= 4 \\ 6x_1 + x_3 &= 8 \\ 3x_1 + x_4 &= 3 \\ x_1, x_2, x_3, x_4 &\geq 0 \end{aligned}$$

(a) Resolva o problema *por inspeção* (não use as operações de linha por Gauss-Jordan) e justifique a resposta em termos das soluções básicas do método simplex.

(b) Repita (a) considerando que a função objetivo exige minimizar $z = x_1$.

5. Resolva o seguinte problema *por inspeção* e justifique o método de solução em termos das soluções básicas do método simplex.

$$\text{Maximizar } z = 5x_1 - 6x_2 + 3x_3 - 5x_4 + 12x_5$$

sujeito a

$$\begin{aligned} x_1 + 3x_2 + 5x_3 + 6x_4 + 3x_5 &\leq 90 \\ x_1, x_2, x_3, x_4, x_5 &\geq 0 \end{aligned}$$

(*Sugestão*: uma solução básica consiste em apenas uma variável.)

6. A próxima tabela representa uma iteração no método simplex. Todas as variáveis são não negativas. A tabela não é ótima nem para um problema de maximização nem para um problema de minimização. Por isso, quando uma variável não básica entra na solução, ela pode aumentar ou reduzir z, ou deixá-lo inalterado, dependendo dos parâmetros da variável não básica que entrar.

Base	x_1	x_2	x_3	x_4	x_5	x_6	x_7	x_8	Solução
z	0	–5	0	4	–1	–10	0	0	620
x_8	0	3	0	–2	–3	–1	5	1	12
x_3	0	1	1	3	1	0	3	0	6
x_1	1	–1	0	0	6	–4	0	0	0

(a) Categorize as variáveis como básicas e não básicas, e dê os valores atuais de todas as variáveis.

***(b)** Considerando que o problema é de maximização, identifique as variáveis não básicas que têm o potencial de melhorar o valor de z. Se tal variável entrar na solução básica, determine a variável associada que sai, se houver, e a alteração associada em z. Não use as operações de linha por Gauss-Jordan.

(c) Repita a parte (b) considerando que o problema é de minimização.

(d) Qual (quais) variável(is) não básica(s) não causará(ão) uma alteração no valor de z quando selecionada(s) para entrar na solução?

Figura 3.6
Região de soluções para o Problema 7, Conjunto 3.3B

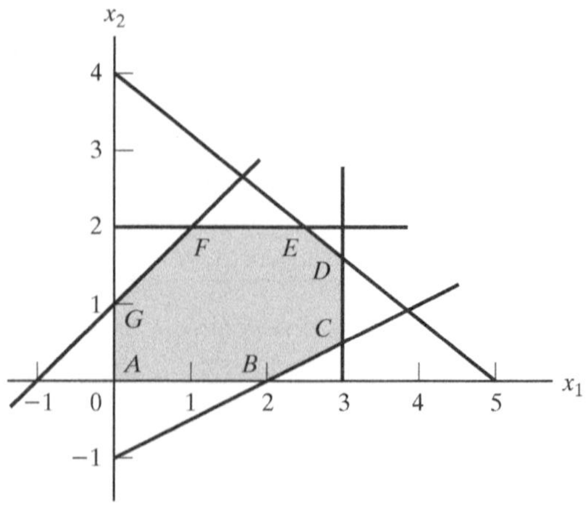

7. Considere a região de soluções bidimensional da Figura 3.6.

(a) Suponha que a função objetivo seja dada como

$$\text{Maximizar } z = 3x_1 + 6x_2$$

Se as iterações do método simplex começarem no ponto A, identifique o caminho até o ponto ótimo E.

(b) Determine a variável que entra na base, as razões correspondentes da condição de viabilidade e a alteração no valor de z considerando que a iteração inicial ocorre no ponto A e que a função objetivo é dada como

$$\text{Maximizar } z = 4x_1 + x_2$$

(c) Repita (b) considerando que a função objetivo é

$$\text{Maximizar } z = x_1 + 4x_2$$

8. Considere o seguinte problema de PL:

$$\text{Maximizar } z = 16x_1 + 15x_2$$

sujeito a

$$\begin{aligned} 40x_1 + 31x_2 &\leq 124 \\ -x_1 + x_2 &\leq 1 \\ x_1 &\leq 3 \\ x_1, x_2 &\geq 0 \end{aligned}$$

(a) Resolva o problema pelo método simplex, no qual a variável que entra na base é a variável não básica que tem o coeficiente *mais* negativo na linha z.

(b) Resolva o problema pelo método simplex, sempre selecionando a variável que entra na base como a variável não básica que tem o coeficiente *menos* negativo na linha z.

(c) Compare o número de iterações em (a) e (b). A seleção da variável que entra na base como a variável não básica que tem o coeficiente *mais* negativo na linha z resulta em um número menor de iterações? A que conclusão podemos chegar quanto à condição de otimalidade?

(d) Suponha que o sentido de otimização seja mudado para minimização multiplicando z por –1. Como essa alteração afeta as iterações no método simplex?

***9.** No Exemplo 3.3-1, mostre como o segundo melhor valor ótimo de z pode ser determinado de acordo com a tabela que contém a solução ótima.

10. Você pode ampliar o procedimento do Problema 9 para determinar o terceiro melhor valor ótimo de z?

11. A Gutchi Company fabrica carteiras, estojos de barbear e mochilas. A produção das peças utiliza couro e materiais sintéticos, sendo o couro a matéria-prima que limita a produção. O processo de produção requer dois tipos de mão-de-obra especializada: costura e acabamento. A Tabela A dá a disponibilidade dos recursos, sua utilização nos três produtos e os lucros por unidade.

Tabela A

	Recursos necessários por unidade			
Recurso	*Carteira*	*Estojo de barbear*	*Mochila*	Disponibilidade diária
Couro (pés^2)	2	1	3	42
Costura (h)	2	1	2	40
Acabamento (h)	1	0,5	1	45
Preço de venda ($)	24	22	45	

(a) Formule a questão como um problema de programação linear e ache a solução ótima (usando o TORA, o Excel Solver ou o AMPL).

(b) De acordo com a solução ótima, determine o status de cada recurso.

12. *Experimento com o TORA*. Considere o seguinte problema de PL:

$$\text{Maximizar } z = x_1 + x_2 + 3x_3 + 2x_4$$

sujeito a

$$\begin{aligned} x_1 + 2x_2 - 3x_3 + 5x_4 &\le 4 \\ 5x_1 - 2x_2 + 6x_4 &\le 8 \\ 2x_1 + 3x_2 - 2x_3 + 3x_4 &\le 3 \\ -x_1 + x_3 + 2x_4 &\le 0 \\ x_1, x_2, x_3, x_4 &\ge 0 \end{aligned}$$

(a) Use a opção de iterações do TORA para determinar a tabela simplex com a solução ótima.

(b) Selecione qualquer variável não básica para 'entrar' na solução básica e selecione 'Next Iteration' para obter a iteração correspondente. Compare o novo valor da função objetivo com o valor ótimo em (a). A idéia é mostrar que a tabela simplex em (a) é ótima porque nenhuma das variáveis não básicas pode melhorar o valor da função objetivo.

13. *Experimento com o TORA*. No Problema 12, use o TORA para encontrar a segunda melhor solução.

3.4 SOLUÇÃO INICIAL ARTIFICIAL

Como demonstrado no Exemplo 3.3-1, problemas de PL nos quais todas as restrições são (≤) com lados direitos não negativos oferecem uma solução básica inicial viável conveniente na qual todas as variáveis são de folga. Isso não acontece com modelos que envolvem restrições (=) e/ou (≥).

O procedimento para iniciar a resolução de problemas de PL 'mal comportados' com restrições (=) e (≥) é usar **variáveis artificiais** que desempenham o papel de folgas na primeira iteração e então decartá-las legitimamente em iterações posteriores. Dois métodos fortemente relacionados são apresentados aqui: o método do *M*-grande e o método das duas fases.

3.4.1 Método do *M*-grande

O método do *M*-grande começa com um problema de PL na forma de equações (Seção 3.1). Se a equação *i* não tiver uma folga (ou uma variável que possa desempenhar o papel de uma folga), uma variável artificial, R_i, é adicionada para formar uma solução inicial semelhante à solução básica na qual todas as variáveis são de folga. Contudo, como as variáveis artificiais não são parte do modelo original, recebem **punições** muito altas na função objetivo, o que (a certa altura) as força a ter valor igual a zero na solução ótima. Isso sempre ocorrerá se o problema tiver uma solução viável. A regra a seguir mostra como a punição é designada nos casos de maximização e minimização.

Regra da penalização das variáveis artificiais

Dado *M*, um valor positivo suficientemente alto (em termos matemáticos, $M \to \infty$), o coeficiente na função objetivo de uma variável artificial representa uma **punição** adequada se:

$$\text{Coeficiente na função objetivo da variável artificial} = \begin{cases} -M, \text{ em problemas de maximização} \\ M, \text{em problemas de minimização} \end{cases}$$

Exemplo 3.4-1

$$\text{Minimizar } z = 4x_1 + x_2$$

sujeito a

$$\begin{aligned} 3x_1 + x_2 &= 3 \\ 4x_1 + 3x_2 &\ge 6 \\ x_1 + 2x_2 &\le 4 \\ x_1, x_2 &\ge 0 \end{aligned}$$

Usando x_3 como uma sobra na segunda restrição e x_4 como uma folga na terceira restrição, a forma de equações do problema é dada como

$$\text{Minimizar } z = 4x_1 + x_2$$

sujeito a

$$\begin{aligned} 3x_1 + x_2 &= 3 \\ 4x_1 + 3x_2 - x_3 &= 6 \\ x_1 + 2x_2 + x_4 &= 4 \\ x_1, x_2, x_3, x_4 &\ge 0 \end{aligned}$$

A terceira equação tem sua variável de folga, x_4, mas a primeira e a segunda equações não têm. Assim, adicionamos as variáveis artificiais R_1 e R_2 nas duas primeiras equações, e as punimos na função objetivo com $MR_1 + MR_2$ (porque estamos minimizando). O problema de PL resultante é dado como

$$\text{Minimizar } z = 4x_1 + x_2 + MR_1 + MR_2$$

sujeito a

$$\begin{aligned} 3x_1 + x_2 + R_1 &= 3 \\ 4x_1 + 3x_2 - x_3 + R_2 &= 6 \\ x_1 + 2x_2 + x_4 &= 4 \\ x_1, x_2, x_3, x_4, R_1, R_2 &\ge 0 \end{aligned}$$

Agora, sua solução básica inicial é dada por $(R_1, R_2, x_4) = (3, 6, 4)$.

Do ponto de vista da resolução do problema por computador, *M* deve assumir um valor numérico. Ainda assim, em praticamente todos os livros didáticos, entre eles as sete primeiras edições deste livro, *M* é manipulado algebricamente em todas as tabelas simplex. O resultado é um acréscimo de dificuldade adicional, desnecessária, que pode ser evitado pela simples substituição de um valor numérico adequado para *M* (o que, de qualquer maneira, é o que fazemos quando usamos o computador). Nesta edição, romperemos com essa longa tradição de manipular *M* algebricamente e usaremos uma substituição numérica. Claro que a intenção é simplificar a apresentação sem perder substância.

Qual é o valor de *M* que devemos usar? A resposta depende dos dados do problema de PL original. Lembre-se de que *M* deve ser suficientemente grande *em relação aos coeficientes da função objetivo original*, de modo que agirá como uma punição que força as variáveis artificiais a ter valor zero na solução ótima. Ao mesmo tempo, visto que computadores são a principal ferramenta para resolver problemas de PL, não queremos que *M* seja demasiadamente grande (ainda que em termos matemáticos ele deva tender a infinito) devido ao grave erro de arredondamento que pode resultar quando valores muito grandes são manipulados com valores muito menores. No presente exemplo, os coeficientes de x_1 e x_2 são 4 e 1, respectivamente. Portanto, parece razoável estabelecer $M = 100$.

Usando $M = 100$, a tabela simplex inicial é dada como se segue (por conveniência, a coluna z é eliminada porque ela não muda em nenhuma das iterações):

Base	x_1	x_2	x_3	R_1	R_2	x_4	Solução
z	–4	–1	0	–100	–100	0	0
R_1	3	1	0	1	0	0	3
R_2	4	3	–1	0	1	0	6
x_4	1	2	0	0	0	1	4

Antes de continuar com os cálculos do método simplex, precisamos tornar a linha z consistente com o resto da tabela. Especificamente, na tabela, $x_1 = x_2 = x_3 = 0$, o que resulta na solução básica $R_1 = 3$, $R_2 = 6$ e $x_4 = 4$. Essa solução dá $z = 100 \times 3 + 100 \times 6 = 900$ (em vez de 0, como mostra agora o lado direito da linha z). Essa inconsistência surge do fato de R_1 e R_2 não terem coeficientes não zero (–100, –100) na linha de z (compare com a solução inicial na qual todas as variáveis são de folga no Exemplo 3.3-1, onde os coeficientes das folgas na linha z são zero).

Podemos eliminar essa inconsistência com a substituição de R_1 e R_2 na linha z usando as equações de restrição adequadas. Em particular, observe os elementos destacados (= 1) na linha R_1 e na linha R_2. Multiplicar *cada* linha R_1 e linha R_2 por 100 e adicionar a *soma* à linha z substituirá R_1 e R_2 na linha objetivo, isto é,

Nova linha z = Linha z anterior + (100 × linha R_1 + 100 × linha R_2)

Portanto, a tabela simplex modificada se torna (Verifique!)

Base	x_1	x_2	x_3	R_1	R_2	x_4	Solução
z	696	399	–100	0	0	0	900
R_1	3	1	0	1	0	0	3
R_2	4	3	–1	0	1	0	6
x_4	1	2	0	0	0	1	4

Observe que $z = 900$, o que agora é consistente com os valores da solução básica viável inicial: $R_1 = 3$, $R_2 = 6$ e $x_4 = 4$.

A última tabela está pronta para a aplicação do método simplex usando as condições simplex de otimalidade e viabilidade, exatamente como fizemos na Seção 3.3.2. Como estamos minimizando a função objetivo, a variável x_1, que tem o coeficiente mais *positivo* na linha z (= 696), entra na solução. A razão mínima da condição de viabilidade especifica R_1 como a variável que sai (Verifique!).

Tão logo as variáveis que entram na base e que saem da base estejam determinadas, a nova tabela pode ser calculada usando as conhecidas operações por Gauss-Jordan.

Base	x_1	x_2	x_3	R_1	R_2	x_4	Solução
z	0	167	–100	–232	0	0	204
x_1	1	$\frac{1}{3}$	0	$\frac{1}{3}$	0	0	1
R_2	0	$\frac{5}{3}$	–1	$\frac{-4}{3}$	1	0	2
x_4	0	$\frac{5}{3}$	0	$\frac{-1}{3}$	0	1	3

A última tabela simplex mostra que x_2 e R_2 são as variáveis que entram na base e saem da base, respectivamente. Continuando os cálculos do método simplex, são necessárias mais duas iterações para chegar à solução ótima: $x_1 = \frac{2}{5}$, $x_2 = \frac{9}{5}$, $z = \frac{17}{5}$ (verifique com o TORA!).

Observe que as variáveis artificiais R_1 e R_2 saem da solução básica na primeira e na segunda iterações, um resultado que é consistente com o conceito de puni-las na função objetivo.

Comentários. A utilização da punição do M não forçará uma variável artificial ao nível zero na iteração final se o problema de PL não tiver uma solução viável (isto é, se as restrições não forem consistentes). Nesse caso, a iteração final pelo método simplex incluirá no mínimo uma variável artificial em um nível positivo. A Seção 3.5.4 explica essa situação.

CONJUNTO DE PROBLEMAS 3.4A

1. Faça os cálculos à mão para completar a iteração simplex do Exemplo 3.4-1 e obter a solução ótima.

2. *Experimento com o TORA.* Gere as iterações pelo método simplex do Exemplo 3.4-1 usando o módulo Iterations ⇒ *M*-method do TORA (arquivo toraEx3.4-1.txt). Compare com o efeito da utilização de $M = 1$, $M = 10$ e $M = 1.000$ na solução. A qual conclusão podemos chegar com base nesse experimento?

3. No Exemplo 3.4-1, identifique a tabela simplex inicial para cada um dos seguintes casos (independentes) e desenvolva a linha z associada substituindo todas as variáveis artificiais:

*(a) A terceira restrição é $x_1 + 2x_2 \geq 4$.
*(b) A segunda restrição é $4x_1 + 3x_2 \leq 6$.
(c) A segunda restrição é $4x_1 + 3x_2 = 6$.
(d) A função objetivo é maximizar $z = 4x_1 + x_2$.

4. Considere o seguinte conjunto de restrições:

$$\begin{aligned} -2x_1 + 3x_2 &= 3 \quad (1)\\ 4x_1 + 5x_2 &\geq 10 \quad (2)\\ x_1 + 2x_2 &\leq 5 \quad (3)\\ 6x_1 + 7x_2 &\leq 3 \quad (4)\\ 4x_1 + 8x_2 &\geq 5 \quad (5)\\ x_1, x_2 &\geq 0 \end{aligned}$$

Para cada um dos problemas a seguir, desenvolva a linha z após substituir as variáveis artificiais:

(a) Maximizar $z = 5x_1 + 6x_2$ sujeito a (1), (3) e (4).
(b) Maximizar $z = 2x_1 - 7x_2$ sujeito a (1), (2), (4) e (5).
(c) Minimizar $z = 3x_1 + 6x_2$ sujeito a (3), (4) e (5).
(d) Minimizar $z = 4x_1 + 6x_2$ sujeito a (1), (2) e (5).
(e) Minimizar $z = 3x_1 + 2x_2$ sujeito a (1) e (5).

5. Considere o seguinte conjunto de restrições:

$$\begin{aligned} x_1 + x_2 + x_3 &= 7\\ 2x_1 - 5x_2 + x_3 &\geq 10\\ x_1, x_2, x_3 &\geq 0 \end{aligned}$$

Resolva o problema para cada uma das seguintes funções objetivo:

(a) Maximizar $z = 2x_1 + 3x_2 - 5x_3$.
(b) Minimizar $z = 2x_1 + 3x_2 - 5x_3$.
(c) Maximizar $z = x_1 + 2x_2 + x_3$.
(d) Minimizar $z = 4x_1 - 8x_2 + 3x_3$.

***6.** Considere o problema

$$\text{Maximizar } z = 2x_1 + 4x_2 + 4x_3 - 3x_4$$

sujeito a

$$\begin{aligned} x_1 + x_2 + x_3 &= 4\\ x_1 + 4x_2 + x_4 &= 8\\ x_1, x_2, x_3, x_4 &\geq 0 \end{aligned}$$

O problema mostra que x_3 e x_4 podem desempenhar o papel de folgas para as duas equações. Elas são diferentes de folgas no sentido de que seus coeficientes são não zero na função objetivo. Podemos usar x_3 e x_4 como variáveis iniciais, mas, como no caso das variáveis artificiais, elas devem ser substituídas na função objetivo antes da execução das iterações do método simplex. Resolva o problema com x_3 e x_4 como variáveis básicas iniciais e sem usar quaisquer variáveis artificiais.

7. Resolva o seguinte problema usando x_3 e x_4 como variáveis básicas iniciais viáveis. Como no Problema 6, não use quaisquer variáveis artificiais.

$$\text{Minimizar } z = 3x_1 + 2x_2 + 3x_3$$

sujeito a

$$x_1 + 4x_2 + x_3 \geq 7$$
$$2x_1 + x_2 + x_4 \geq 10$$
$$x_1, x_2, x_3, x_4 \geq 0$$

8. Considere o problema

$$\text{Maximizar } z = x_1 + 5x_2 + 3x_3$$

sujeito a

$$x_1 + 2x_2 + x_3 = 3$$
$$2x_1 - x_2 = 4$$
$$x_1, x_2, x_3 \geq 0$$

A variável x_3 desempenha o papel de uma folga. Assim, nenhuma variável artificial é necessária na primeira restrição. Todavia, na segunda restrição é necessária uma variável artificial. Use essa solução inicial (isto é, x_3 na primeira restrição e R_2 na segunda restrição) para resolver este problema.

9. Mostre como o método do *M*-grande vai indicar que o problema a seguir não tem nenhuma solução viável.

$$\text{Maximizar } z = 2x_1 + 5x_2$$

sujeito a

$$3x_1 + 2x_2 \geq 6$$
$$2x_1 + x_2 \leq 2$$
$$x_1, x_2 \geq 0$$

3.4.2 Método das duas fases

No método do *M*-grande, a utilização da punição do *M*, que, por definição, deve ser grande em relação aos coeficientes da função objetivo, pode resultar em erros de arredondamento que podem comprometer a precisão dos cálculos simplex. O método das duas fases ameniza essa dificuldade eliminando totalmente a constante *M*. Como o nome sugere, o método resolve o problema de PL em duas fases: a Fase I tenta achar uma solução básica viável inicial e, se ela for encontrada, a Fase II é invocada para resolver o problema original.

Resumo do método das duas fases

Fase I. Expresse o problema na forma de equações e adicione as variáveis artificiais necessárias às restrições (exatamente como no método do *M*-grande) para garantir uma solução básica inicial. Em seguida, ache uma solução básica com as equações resultantes que, independentemente do problema de PL ser de maximização ou minimização, *sempre* minimizará a soma das variáveis artificiais. Se o valor mínimo da soma for positivo, o problema de PL não tem nenhuma solução viável, o que encerra o processo (lembre-se de que uma variável artificial positiva significa que uma restrição original não foi satisfeita). Caso contrário, passe para a Fase II.

Fase II. Use a solução viável da Fase I como uma solução básica viável inicial para o problema *original*.

Exemplo 3.4-2

Usamos o mesmo problema do Exemplo 3.4-1.

Fase I

$$\text{Minimizar } r = R_1 + R_2$$

sujeito a

$$3x_1 + x_2 + R_1 = 3$$
$$4x_1 + 3x_2 - x_3 + R_2 = 6$$
$$x_1 + 2x_2 + x_4 = 4$$
$$x_1, x_2, x_3, x_4, R_1, R_2 \geq 0$$

A tabela associada é dada

Base	x_1	x_2	x_3	R_1	R_2	x_4	Solução
r	0	0	0	−1	−1	0	0
R_1	3	1	0	1	0	0	3
R_2	4	3	−1	0	1	0	6
x_4	1	2	0	0	0	1	4

Como no método do *M*-grande, R_1 e R_2 são substituídas na linha r usando os seguintes cálculos:

Nova linha r = Velha linha r + (1 × linha R_1 + 1 × linha R_2)

A nova linha r é usada para resolver a Fase I do problema, o que dá a seguinte tabela ótima (verifique no TORA com Iterations ⇒ Two-phase Method):

Base	x_1	x_2	x_3	R_1	R_2	x_4	Solução
r	0	0	0	−1	−1	0	0
x_1	1	0	$\frac{1}{5}$	$\frac{3}{5}$	$\frac{-1}{5}$	0	$\frac{3}{5}$
x_2	0	1	$\frac{-3}{5}$	$\frac{-4}{5}$	$\frac{3}{5}$	0	$\frac{6}{5}$
x_4	0	0	1	1	−1	1	1

Como mínimo $r = 0$, a Fase I produz a solução básica viável $x_1 = \frac{3}{5}$, $x_2 = \frac{6}{5}$ e $x_4 = 1$. Nesse ponto, as variáveis artificiais concluíram sua missão e podemos eliminar totalmente suas colunas da tabela e passar para a Fase II.

Fase II

Após eliminar as colunas artificiais, escrevemos o problema *original* como

$$\text{Minimizar } z = 4x_1 + x_2$$

sujeito a

$$x_1 + \tfrac{1}{5}x_3 = \tfrac{3}{5}$$
$$x_2 - \tfrac{3}{5}x_3 = \tfrac{6}{5}$$
$$x_3 + x_4 = 1$$
$$x_1, x_2, x_3, x_4 \geq 0$$

Em essência, a Fase I é um procedimento que transforma as equações de restrição originais de maneira a fornecer uma solução básica viável inicial para o problema, se houver alguma. Assim, a tabela associada com o problema da Fase II é dada como:

Base	x_1	x_2	x_3	x_4	Solução
z	−4	−1	0	0	0
x_1	1	0	$\frac{1}{5}$	0	$\frac{3}{5}$
x_2	0	1	$-\frac{3}{5}$	0	$\frac{6}{5}$
x_4	0	0	1	1	1

Novamente, como as variáveis básicas x_1 e x_2 têm coeficientes não zero na linha z, elas devem ser substituídas com a utilização dos seguintes cálculos.

Nova linha z = Velha linha z + (4 × linha x_1 + 1 × linha x_2)

Portanto, a tabela inicial da Fase II é dada como:

Base	x_1	x_2	x_3	x_4	Solução
z	0	0	$\frac{1}{5}$	0	$\frac{18}{5}$
x_1	1	0	$\frac{1}{5}$	0	$\frac{3}{5}$
x_2	0	1	$-\frac{3}{5}$	0	$\frac{6}{5}$
x_4	0	0	1	1	1

Como estamos minimizando, x_3 deve entrar na solução. A aplicação do método simplex produzirá a solução ótima em uma única iteração (verifique com o TORA).

Comentários. Praticamente todos os pacotes comerciais usam o método das duas fases para resolver problemas de PL. O método do *M*-grande, com seu erro de arredondamento potencial adverso, provavelmente nunca será usado na prática. Sua inclusão neste texto deve-se a razões exclusivamente históricas, porque seu desenvolvimento é anterior ao desenvolvimento do método das duas fases.

A remoção das variáveis artificiais e de suas colunas no final da Fase I só pode ocorrer quando todas elas forem *não básicas* (como o Exemplo 3.4-2 ilustra). Se uma ou mais variáveis artificiais forem *básicas* (em nível *zero*) no final da Fase I, então é preciso executar as seguintes etapas adicionais para removê-las antes do início da Fase II.

Etapa 1. Selecione uma variável artificial com coeficiente igual a zero para sair da solução básica e designe sua linha como a *linha do pivô*. A variável que entra pode ser *qualquer* variável não básica (não artificial) que tenha um coeficiente *não zero* (positivo ou negativo) na linha do pivô. Execute a iteração simplex associada.

Etapa 2. Remova da tabela a coluna da variável artificial (que acabou de sair). Se todas as variáveis artificiais com coeficiente igual a zero tiverem sido removidas, passe para a Fase II. Caso contrário, volte para a Etapa 1.

A lógica que fundamenta a Etapa 1 é que a viabilidade das variáveis básicas remanescentes não será afetada quando uma variável artificial com coeficiente igual a zero for transformada em não básica, independentemente de o elemento pivô ser positivo ou negativo. Os problemas 5 e 6 do Conjunto 3.4b ilustram essa situação. O Problema 7 dá detalhes adicionais sobre os cálculos da Fase I.

CONJUNTO DE PROBLEMAS 3.4B

***1.** Na Fase I, se o problema de PL for do tipo maximização, explique por que não maximizamos a soma das variáveis artificiais na Fase I.

2. Para cada caso do Problema 4, Conjunto 3.4a, escreva a função objetivo correspondente da Fase I.

3. Resolva o Problema 5, Conjunto 3.4a, pelo método das duas fases.

4. Escreva a Fase I para o seguinte problema e após o resolva (é mais conveniente fazê-lo com o TORA) para mostrar que o problema não tem nenhuma solução viável.

$$\text{Maximizar } z = 2x_1 + 5x_2$$

sujeito a

$$3x_1 + 2x_2 \geq 6$$
$$2x_1 + x_2 \leq 2$$
$$x_1, x_2 \geq 0$$

5. Considere o seguinte problema:

$$\text{Maximizar } z = 2x_1 + 2x_2 + 4x_3$$

sujeito a

$$2x_1 + x_2 + x_3 \leq 2$$
$$3x_1 + 4x_2 + 2x_3 \geq 8$$
$$x_1, x_2, x_3 \geq 0$$

(a) Mostre que a Fase I terminará com uma variável *básica* artificial com nível igual a zero (pode-se usar o TORA por conveniência).

(b) Remova a variável artificial com nível igual a zero antes do início da Fase II, depois execute as iterações da Fase II.

6. Considere o seguinte problema:

$$\text{Maximizar } z = 3x_1 + 2x_2 + 3x_3$$

sujeito a

$$2x_1 + x_2 + x_3 = 2$$
$$x_1 + 3x_2 + x_3 = 6$$
$$3x_1 + 4x_2 + 2x_3 = 8$$
$$x_1, x_2, x_3 \geq 0$$

(a) Mostre que a Fase I termina com duas variáveis artificiais com nível igual a zero na solução básica (é mais conveniente usar o TORA).

(b) Mostre que, quando o procedimento do Problema 5(b) for aplicado ao final da Fase I, só uma das duas variáveis artificiais com nível igual a zero pode ser transformada em não básica.

(c) Mostre que a restrição original associada com a variável artificial com nível igual a zero que não pode ser transformada em não básica em (b) deve ser redundante — em decorrência, sua linha e sua coluna podem ser totalmente descartadas no início da Fase II.

***7.** Considere o seguinte problema de PL:

$$\text{Maximizar } z = 3x_1 + 2x_2 + 3x_3$$

sujeito a

$$2x_1 + x_2 + x_3 \leq 2$$
$$3x_1 + 4x_2 + 2x_3 \geq 8$$
$$x_1, x_2, x_3 \geq 0$$

A tabela simplex ótima no final da Fase I é dada como:

Base	x_1	x_2	x_3	x_4	x_5	R	Solução
z	−5	0	−2	−1	−4	0	0
x_2	2	1	1	0	1	0	2
R	−5	0	−2	−1	−4	1	0

Explique por que as variáveis não básicas x_1, x_3, x_4 e x_5 nunca podem assumir valores positivos ao final da Fase II. Daí, conclua que suas colunas podem ser descartadas antes do início da Fase II. Em essência, a remoção dessas variáveis reduz as equações de restrição do problema a $x_2 = 2$. Isso significa que não será necessário executar a Fase II porque a região de soluções é reduzida a apenas um ponto.

8. Considere o problema de PL

$$\text{Minimizar } z = 2x_1 - 4x_2 + 3x_3$$

sujeito a

$$5x_1 - 6x_2 + 2x_3 \geq 5$$
$$-x_1 + 3x_2 + 5x_3 \geq 8$$
$$2x_1 + 5x_2 - 4x_3 \leq 4$$
$$x_1, x_2, x_3 \geq 0$$

Mostre como as desigualdades podem ser modificadas para um conjunto de equações que requer a utilização de apenas uma única variável artificial (em vez de duas).

3.5 CASOS ESPECIAIS DO MÉTODO SIMPLEX

Esta seção considera quatro casos especiais que podem surgir na utilização do método simplex.

1. Degeneração
2. Soluções ótimas alternativas (ou múltiplas soluções ótimas)
3. Soluções ilimitadas
4. Soluções não existentes (ou inviáveis)

Nosso interesse em estudar esses casos especiais tem duas intenções: 1) apresentar uma explanação *teórica* dessas situações e; 2) dar uma interpretação *prática* do que esses resultados poderiam significar em um problema na vida real.

3.5.1 Degeneração

Na aplicação da condição de viabilidade do método simplex pode ocorrer um empate na razão mínima que pode ser resolvido arbitrariamente. Quando isso acontece, no mínimo uma variável *básica* será zero na iteração seguinte, e diz-se que a nova solução é **degenerada**.

Não há nada de alarmante com uma solução degenerada, exceto uma pequena inconveniência teórica denominada **ciclagem** ou **retorno cíclico**, que discutiremos em breve. Do ponto de vista prático, a condição revela que o modelo tem no mínimo uma *restrição* redundante. Para esclarecer um pouco mais os impactos práticos e teóricos da degeneração, usaremos um exemplo numérico.

Exemplo 3.5-1 (Solução ótima degenerada)

$$\text{Maximizar } z = 3x_1 + 9x_2$$

sujeito a

$$x_1 + 4x_2 \leq 8$$
$$x_1 + 2x_2 \leq 4$$
$$x_1, x_2 \geq 0$$

Dadas as variáveis de folga x_3 e x_4, a tabela seguinte dá as iterações simplex do problema.

Iteração	Base	x_1	x_2	x_3	x_4	Solução
0	z	−3	−9	0	0	0
Entra x_2	x_3	1	4	1	0	8
Sai x_3	x_4	1	2	0	1	4
1	z	$-\frac{3}{4}$	0	$\frac{9}{4}$	0	18
Entra x_1	x_2	$\frac{1}{4}$	1	$\frac{1}{4}$	0	2
Sai x_4	x_4	$\frac{1}{2}$	0	$-\frac{1}{2}$	1	0
2	z	0	0	$\frac{3}{2}$	$\frac{3}{2}$	18
(ótima)	x_2	0	1	$\frac{1}{2}$	$-\frac{1}{2}$	2
	x_1	1	0	−1	2	0

Na iteração 0, x_3 e x_4 empatam no critério que determina a variável que sai, o que leva à degeneração na iteração 1 porque a variável básica x_4 assume valor igual a zero. A solução ótima é alcançada em uma iteração adicional.

Qual é a implicação prática da degeneração? Examine a solução gráfica na Figura 3.7. Três retas passam pelo ponto ótimo ($x_1 = 0$, $x_2 = 2$). Como esse é um problema bidimensional, o ponto está *superdeterminado* e uma das restrições é redundante.[2] Na prática, o simples fato de saber que alguns recursos são supérfluos pode ser valioso durante a implementação da solução. A informação também pode levar à descoberta de irregularidades na construção do modelo. Infelizmente, não existe nenhuma técnica de cálculo eficiente para identificar as restrições redundantes diretamente pela tabela.

Figura 3.7
Degeneração do problema de PL no Exemplo 3.5-1

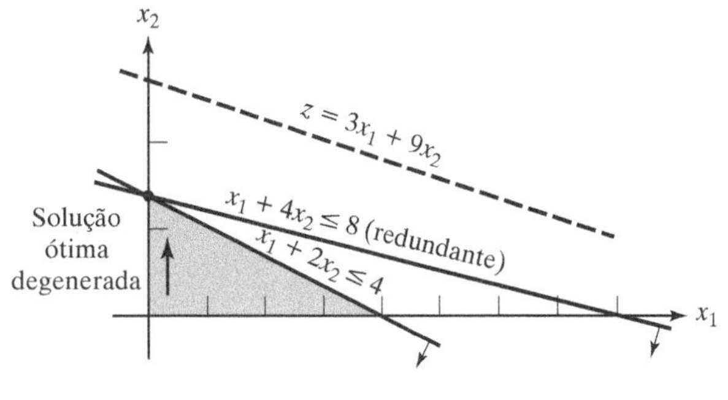

Do ponto de vista teórico, a degeneração tem duas implicações A primeira é o fenômeno da **ciclagem** ou do **retorno cíclico**. Examinando as iterações 1 e 2 do método simplex, você notará que o valor da função objetivo não melhora ($z = 18$). Assim, é possível que o método simplex entre em uma seqüência de iterações sem nunca melhorar o valor da função objetivo e nunca satisfazer a condição de otimalidade (veja Problema 4, Conjunto 3.5a). Embora haja métodos para eliminar a ciclagem, eles resultam em uma drástica redução na velocidade dos cálculos. Por essa razão, grande parte dos códigos em PL não inclui provisões para ciclagem, contando com o fato de sua ocorrência ser rara na prática.

O segundo ponto teórico surge no exame das iterações 1 e 2. Ambas as iterações, embora diferentes na categorização de suas variáveis como básicas e não básicas, resultam em valores idênticos para o valor da função objetivo, ou seja,

$$x_1 = 0, x_2 = 2, x_3 = 0, x_4 = 0, z = 18$$

Sendo assim, é possível interromper os cálculos na iteração 1 (quando a degeneração aparece pela primeira vez) ainda que não seja ótima? A resposta é não, porque a solução pode ser *temporariamente* degenerada, como demonstra o Problema 2, Conjunto 3.5a.

CONJUNTO DE PROBLEMAS 3.5A

*1. Considere o gráfico da região de soluções da Figura 3.8. Suponha que as iterações do método simplex comecem em A e que a solução ótima ocorra em D. Além disso, considere que a função objetivo é definida de modo tal que, em A, x_1 entra na solução em primeiro lugar.
   (a) Identifique (no gráfico) os pontos extremos que definem o caminho do método simplex até o ponto ótimo.
   (b) Determine o número máximo possível de iterações no método simplex necessárias para alcançar a solução ótima considerando que não haja ciclagem.

2. Considere o seguinte problema de PL:

$$\text{Maximizar } z = 3x_1 + 2x_2$$

sujeito a

$$4x_1 - x_2 \leq 8$$
$$4x_1 + 3x_2 \leq 12$$
$$4x_1 + x_2 \leq 8$$
$$x_1, x_2 \geq 0$$

[2] De modo geral, redundância implica que restrições possam ser removidas sem afetar a região de soluções viáveis. Um contra-exemplo que às vezes é citado é $x + y \leq 1, x \geq 1, y \geq 0$. Nesse caso, a remoção de qualquer uma das restrições mudará o espaço viável de um único ponto para uma região. Contudo, basta dizer que essa condição é válida somente se a região de soluções consistir em um único ponto viável, algo muitíssimo raro de acontecer em problemas de PL na vida real.

(a) Mostre que as iterações no método simplex são temporariamente degeneradas (pode-se usar o TORA por conveniência).

(b) Verifique o resultado pela solução gráfica do problema (aqui, o módulo Graphic do TORA pode ser usado).

3. *Experimento com o TORA.* Considere o problema de PL 2.

(a) Use o TORA para gerar as iterações pelo método simplex. Quantas iterações são necessárias para alcançar a solução ótima?

(b) Inverta as restrições (1) e (3) e resolva novamente o problema com o TORA. Quantas iterações são necessárias para resolver o problema?

(c) Explique por que as quantidades de iterações em (a) e (b) são diferentes.

Figura 3.8
Região de soluções do Problema 1, Conjunto 3.5A

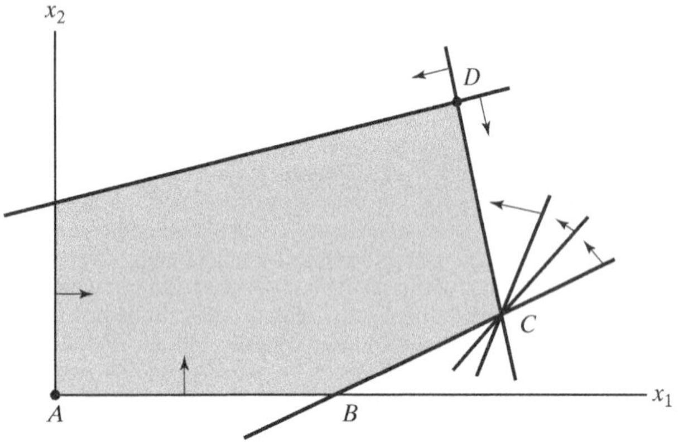

4. *Experimento com o TORA.* Considere o seguinte problema de PL (de autoria de E. M. Beale) para demonstrar ciclos:

$$\text{Maximizar } z = \tfrac{3}{4}x_1 - 20x_2 + \tfrac{1}{2}x_3 - 6x_4$$

sujeito a

$$\tfrac{1}{4}x_1 - 8x_2 - x_3 + 9x_4 \leq 0$$
$$\tfrac{1}{2}x_1 - 12x_2 - \tfrac{1}{2}x_3 + 3x_4 \leq 0$$
$$x_3 \leq 1$$
$$x_1, x_2, x_3, x_4 \geq 0$$

No menu do TORA, Solve/Modify, selecione Solve ⇒ Algebraic ⇒ Iterations ⇒ All-slack. Em seguida, 'percorra' as iterações sucessivas do método simplex usando o comando Next iteration (não use All iterations porque, então, o método simplex entrará em ciclagem indefinidamente). Você notará que a solução básica viável na iteração 0, na qual todas as variáveis são de folga, reaparecerá de modo idêntico na iteração 6. Esse exemplo ilustra a ocorrência de ciclagem nas iterações do método simplex e a possibilidade de que o algoritmo talvez nunca convirja para a solução ótima.

O interessante é que a ciclagem não ocorrerá nesse exemplo se todos os coeficientes desse problema de PL forem convertidos em valores inteiros utilizando múltiplos adequados (tente fazer isso!).

3.5.2 Soluções ótimas alternativas

Quando a função objetivo tem direção paralela a uma **restrição vinculadora** não redundante (isto é, uma restrição que é satisfeita como uma equação na solução ótima), a função objetivo pode assumir o mesmo valor ótimo em mais de um ponto de solução, o que dá origem a soluções ótimas alternativas (ou múltiplas soluções ótimas). O exemplo seguinte mostra que há um número *infinito* de tais soluções e também demonstra a relevância prática de encontrar tais soluções.

Exemplo 3.5-2 (Múltiplas soluções ótimas)

$$\text{Maximizar } z = 2x_1 + 4x_2$$

sujeito a

$$x_1 + 2x_2 \leq 5$$
$$x_1 + x_2 \leq 4$$
$$x_1, x_2 \geq 0$$

A Figura 3.9 demonstra como as soluções ótimas alternativas podem surgir no modelo de PL quando a função objetivo tem direção paralela a uma restrição vinculadora. Qualquer ponto sobre o *segmento de reta BC* representa uma solução ótima alternativa com o mesmo valor da função objetivo $z = 10$.

Figura 3.9
Soluções ótimas alternativas do problema de PL no Exemplo 3.5-2

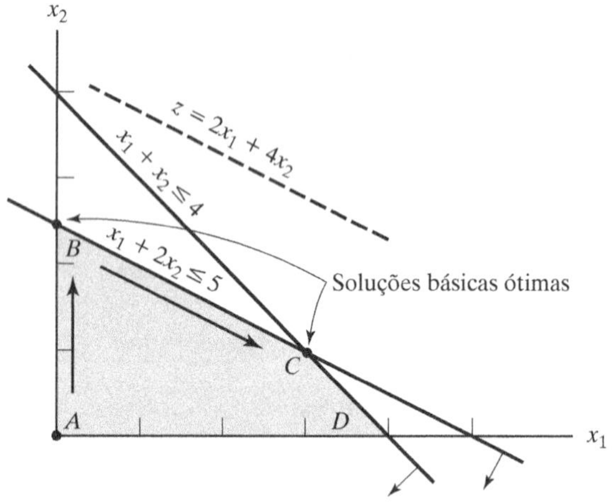

As iterações do modelo são dadas pela tabela apresentada a seguir.

Iteração	Base	x_1	x_2	x_3	x_4	Solução
0	z	–2	–4	0	0	0
Entra x_2	x_3	1	2	1	0	5
Sai x_3	x_4	1	1	0	1	4
1 (ótima)	z	0	0	2	0	10
Entra x_1	x_2	$\frac{1}{2}$	1	$\frac{1}{2}$	0	$\frac{5}{2}$
Sai x_4	x_4	$\frac{1}{2}$	0	$-\frac{1}{2}$	1	$\frac{3}{2}$
2	z	0	0	2	0	10
(ótima alternativa)	x_2	0	1	1	–1	1
	x_1	1	0	–1	2	3

A iteração 1 dá a solução ótima $x_1 = 0, x_2 = \frac{5}{2}$ e $z = 10$, que coincide com o ponto B na Figura 3.9. Como sabemos por essa tabela que as soluções ótimas alternativas existem? Observe os coeficientes das variáveis *não* básicas da equação z na iteração 1. O coeficiente de x_1 não básica é zero, o que indica que x_1 pode entrar na solução básica sem alterar o valor de z, mas causando uma mudança nos valores das variáveis. A iteração 2 faz exatamente isso, deixando x_1 entrar na solução básica e forçando x_4 a sair. O novo ponto de solução ocorre em $C(x_1 = 3, x_2 = 1, z = 10)$. (A opção 'Iterations' do TORA permite a determinação de uma solução ótima alternativa por vez.)

O método simplex determina apenas os dois pontos extremos B e C, mas, matematicamente, podemos determinar todos os pontos (x_1, x_2) sobre o segmento da reta BC como uma média ponderada não negativa dos pontos B e C. Assim, dados

$$B: x_1 = 0, x_2 = \frac{5}{2}$$
$$C: x_1 = 3, x_2 = 1$$

todos os pontos sobre o segmento de reta BC são dados por

$$\left.\begin{array}{l}\hat{x}_1 = \alpha(0)+(1-\alpha)(3) = 3-3\alpha \\ \hat{x}_2 = \alpha\left(\frac{5}{2}\right)+(1-\alpha)(1) = 1+\frac{3}{2}\alpha\end{array}\right\}, 0 \le \alpha \le 1$$

Quando $\alpha = 0$, $(\hat{x}_1, \hat{x}_2) = (3, 1)$, que é o ponto C. Quando $\alpha = 1$, $(\hat{x}_1, \hat{x}_2) = \left(0, \frac{5}{2}\right)$, que é o ponto B. Para valores de α entre 0 e 1, $(\hat{x}_1, \hat{x}_2)$ está entre B e C.

Comentários. Na prática, soluções ótimas alternativas são úteis porque podemos escolher entre muitas soluções sem que o valor da função objetivo sofra deterioração. Ou seja, no presente exemplo, a solução em B mostra que somente a atividade 2 está em um nível positivo, ao passo que, em C, ambas as atividades são positivas. Se o exemplo representar uma situação de mix de produtos, pode haver vantagem em produzir dois produtos em vez de um para enfrentar a concorrência de mercado. Nesse caso, a solução em C pode ser mais atraente.

CONJUNTO DE PROBLEMAS 3.5B

*1. Para o seguinte problema de PL, identifique três soluções básicas ótimas alternativas e depois escreva uma expressão geral para todas as soluções ótimas alternativas não básicas que compreenda as três soluções básicas.

$$\text{Maximizar } z = x_1 + 2x_2 + 3x_3$$

sujeito a

$$x_1 + 2x_2 + 3x_3 \le 10$$
$$x_1 + x_2 \le 5$$
$$x_1 \le 1$$
$$x_1, x_2, x_3 \ge 0$$

Nota: embora o problema tenha mais do que três soluções básicas ótimas alternativas, você só precisa identificar três delas. Pode-se usar o TORA por conveniência.

2. Resolva o seguinte problema de PL:

$$\text{Maximizar } z = 2x_1 - x_2 + 3x_3$$

sujeito a

$$x_1 - x_2 + 5x_3 \le 10$$
$$2x_1 - x_2 + 3x_3 \le 40$$
$$x_1, x_2, x_3 \ge 0$$

Pela tabela ótima, mostre que todas as soluções ótimas alternativas não são pontos extremos (isto é, não básicos). Demonstre utilizando um gráfico bidimensional o tipo de região de soluções e a função objetivo que produzirá esse resultado. (Pode-se usar o TORA por conveniência.)

3. Para o seguinte problema de PL, mostre que a solução ótima é degenerada e que nenhuma das soluções alternativas são pontos extremos (pode-se usar o TORA por conveniência).

$$\text{Maximizar } z = 3x_1 + x_2$$

sujeito a

$$x_1 + 2x_2 \le 5$$
$$x_1 + x_2 - x_3 \le 2$$
$$7x_1 + 3x_2 - 5x_3 \le 20$$
$$x_1, x_2, x_3 \ge 0$$

3.5.3 Solução ilimitada

Em alguns problemas de PL, os valores das variáveis podem ser aumentados indefinidamente sem violar nenhuma das restrições, o que significa que a região de soluções é *ilimitada* em no mínimo uma variável. O resultado é que o valor da função objetivo pode crescer (caso da maximização) ou decrescer (caso da minimização) indefinidamente. Nesse caso, a região de soluções, bem como o valor ótimo da função objetivo, são ilimitados.

A falta de limites indica a possibilidade de o modelo ter sido mal construído. A irregularidade mais provável em tais modelos é que uma ou mais restrições não redundantes deixaram de ser levadas em conta e os parâmetros (constantes) de algumas restrições podem não ter sido estimados corretamente.

Os exemplos apresentados a seguir mostram como a falta de limites na região de soluções, bem como no valor da função objetivo, pode ser reconhecida na tabela simplex.

Exemplo 3.5-3 (Valor da função objetivo ilimitado)

$$\text{Maximizar } z = 2x_1 + x_2$$

sujeito a

$$x_1 - x_2 \le 10$$
$$2x_1 \le 40$$
$$x_1, x_2 \ge 0$$

Iteração inicial

Base	x_1	x_2	x_3	x_4	Solução
z	−2	−1	0	0	0
x_3	1	−1	1	0	10
x_4	2	0	0	1	40

Na tabela inicial, ambas, x_1 e x_2, têm coeficientes negativos na equação z. Por conseguinte, qualquer uma pode melhorar a solução. Como x_1 tem o coeficiente mais negativo, normalmente ela é selecionada como a variável que entra. Contudo, *todos* os *coeficientes* das restrições sob x_2 (isto é, os denominadores das razões da condição de viabilidade) são *negativos* ou *zero*. Isso significa que não há nenhuma variável que saia e que x_2 possa ser aumentada indefinidamente sem violar nenhuma das restrições (compare com a interpretação gráfica da razão mínima na Figura 3.5). Como cada aumento unitário em x_2 aumentará z em 1, um aumento infinito em x_2 resultará em um aumento infinito em z. Assim, o problema não tem nenhuma solução limitada. Esse resultado pode ser visto na Figura 3.10. A região de soluções é ilimitada na direção de x_2 e o valor de z pode ser aumentado indefinidamente.

Comentários. O que aconteceria se tivéssemos aplicado a condição de otimalidade estrita que exige que x_1 entre na solução? A resposta é que, a certa altura, uma tabela subseqüente teria levado a uma variável que entraria com as mesmas características de x_2. Veja o Problema 1, Conjunto 3.5c.

CONJUNTO DE PROBLEMAS 3.5C

1. *Experimento com o TORA.* Resolva o Exemplo 3.5-3 usando a opção Iterations do TORA e mostre que mesmo que a solução comece com x_1 como a variável que entra na base (pelo condição de otimalidade), a certa altura o método simplex indicará solução ilimitada.

*2. Considere o problema de PL:

$$\text{Maximizar } z = 20x_1 + 10x_2 + x_3$$

sujeito a

$$3x_1 - 3x_2 + 5x_3 \le 50$$
$$x_1 + x_3 \le 10$$
$$x_1 - x_2 + 4x_3 \le 20$$
$$x_1, x_2, x_3 \ge 0$$

Figura 3.10
Solução ilimitada do problema de PL no Exemplo 3.5-3

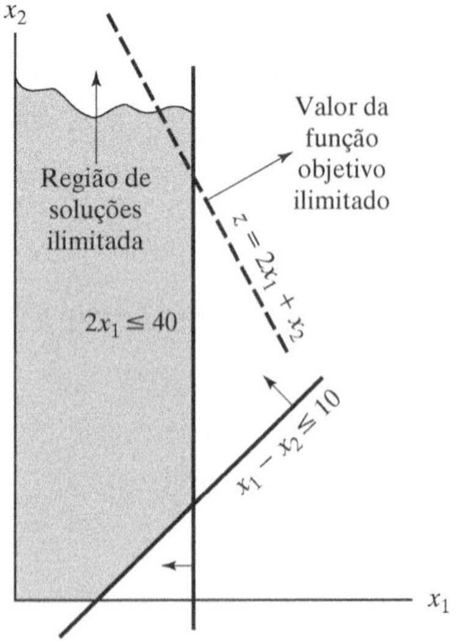

(a) Pela inspeção das restrições, determine em qual direção (x_1, x_2 ou x_3) a região de soluções é ilimitada.

(b) Sem mais cálculos, o que podemos concluir em relação ao valor ótimo da função objetivo?

3. Em alguns modelos de PL mal construídos, a região de soluções pode ser ilimitada mesmo que o problema possa ter um valor limitado da função objetivo. Tal ocorrência só pode indicar irregularidades na construção do modelo. Em problemas grandes pode ser difícil detectar a falta de limites por inspeção. Elabore um procedimento para determinar se uma região de soluções é ou não é ilimitada.

3.5.4 Solução inviável

Problemas de PL com restrições inconsistentes podem não ter nenhuma solução viável. Pode ser que essa situação nunca ocorra se *todas* as restrições forem do tipo ≤ com constantes do lado direito não negativas porque as folgas fornecem uma solução viável. Para outros tipos de restrições, usamos variáveis artificiais. Embora as variáveis artificiais sejam punidas na função objetivo para forçá-las a zero na solução ótima, isso só pode ocorrer se o modelo tiver uma região viável. Caso contrário, ao menos uma variável artificial será *positiva* na iteração ótima. Do ponto de vista prático, a não-existência de uma região viável indica a possibilidade de o problema não ter sido formulado corretamente.

Exemplo 3.5-4 (Região de soluções inviável)

Considere o seguinte problema de PL:

$$\text{Maximizar } z = 3x_1 + 2x_2$$

sujeito a

$$2x_1 + x_2 \leq 2$$
$$3x_1 + 4x_2 \geq 12$$
$$x_1, x_2 \geq 0$$

Usando a punição $M = 100$ para a variável artificial R, a tabela seguinte fornece as iterações do método simplex do problema.

Iteração	Base	x_1	x_2	x_4	x_3	R	Solução
0	z	–303	–402	100	0	0	–1.200
entra x_2	x_3	2	1	0	1	0	2
sai x_3	R	3	4	–1	0	1	12
1	z	501	0	100	402	0	–396
(pseudo-ótima)	x_2	2	1	0	1	0	2
	R	–5	0	–1	–4	1	4

A iteração ótima 1 mostra que a variável artificial R é *positiva* (= 4), o que indica que o problema é inviável. A Figura 3.11 demonstra a região de soluções inviável. Permitindo que a variável artificial seja positiva, o método simplex, em essência, inverteu a direção da desigualdade de $3x_1 + 4x_2 \geq 12$ para $3x_1 + 4x_2 \leq 12$ (você pode explicar como?). O resultado é o que denominamos **solução pseudo-ótima**.

Figura 3.11
Solução inviável do Exemplo 3.5-4

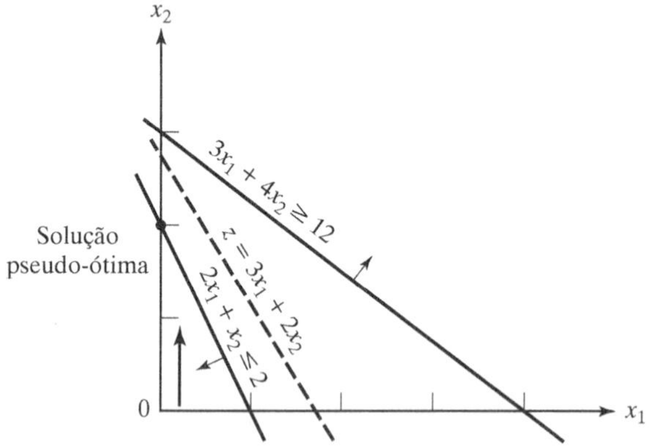

CONJUNTO DE PROBLEMAS 3.5D

***1.** A Toolco produz três tipos de ferramentas, *T1*, *T2* e *T3*. As ferramentas usam duas matérias-primas, *M1* e *M2*, conforme os dados apresentados na Tabela B:

Tabela B

	Número de unidades de matérias-primas por ferramenta		
Matéria-prima	*T1*	*T2*	*T3*
M1	3	5	6
M2	5	3	4

As quantidades diárias disponíveis das matérias-primas *M1* e *M2* são 1.000 unidades e 1.200 unidades, respectivamente. O departamento de marketing informou ao gerente de produção que, conforme suas pesquisas, a demanda diária para as três ferramentas deve ser no mínimo 500 unidades. O departamento de produção conseguirá satisfazer a demanda? Caso não consiga, qual é o número máximo das três ferramentas que a Toolco pode fornecer?

2. *Experimento com o TORA.* Considere o problema de PL:

$$\text{Maximizar } z = 3x_1 + 2x_1 + 3x_3$$

sujeito a

$$2x_1 + x_2 + x_3 \leq 2$$
$$3x_1 + 4x_2 + 2x_3 \geq 8$$
$$x_1, x_2, x_3 \geq 0$$

Use Iterations ⇒ M-Method do TORA para mostrar que a solução ótima inclui uma variável básica artificial, mas com nível zero. O problema tem uma solução ótima *viável*?

3.6 ANÁLISE DE SENSIBILIDADE

Em PL, os parâmetros (dados de entrada) do modelo podem mudar dentro de certos limites sem provocar alteração na solução ótima. Isso é denominado *análise de sensibilidade*, e será o assunto desta seção. Mais adiante, no Capítulo 4, estudaremos *análise pós-ótima*, que trata da determinação da nova solução ótima resultante de alterações intencionais e calibradas nos dados de entrada.

De modo geral, os parâmetros em modelos de PL não são exatos. Com análise de sensibilidade podemos averiguar o impacto dessa incerteza sobre a qualidade da solução ótima. Por exemplo, no caso do lucro unitário estimado de um produto, se a análise de sensibilidade revelar que a solução ótima continua a mesma com uma variação de ± 10% no lucro unitário, podemos concluir que a solução é mais encorpada do que quando a faixa de indiferença é de apenas ± 1%.

Começaremos com a solução gráfica, mais concreta, para explicar os fundamentos da análise de sensibilidade. Em seguida, esses fundamentos serão estendidos ao problema geral de PL usando os resultados da tabela simplex.

3.6.1 Análise de sensibilidade gráfica

Esta seção demonstra a idéia geral da análise de sensibilidade. Serão considerados dois casos:

1. Sensibilidade da solução ótima às variações na disponibilidade dos recursos (lado direito das restrições).
2. Sensibilidade da solução ótima às variações no lucro unitário ou no custo unitário (coeficientes da função objetivo).

Consideraremos os dois casos separadamente, usando exemplos gráficos de problemas de PL de duas variáveis.

Exemplo 3.6-1 (Variações no lado direito)

A Jobco produz dois produtos em duas máquinas. Uma unidade do produto 1 requer duas horas na máquina 1 e uma hora na máquina 2. Para o produto 2, uma unidade requer uma hora na máquina 1 e três horas na máquina 2. As receitas por unidade dos produtos 1 e 2 são \$ 30 e \$ 20, respectivamente. O tempo de processamento diário disponível para cada máquina é oito horas.

Representando o número diário de unidades de produtos 1 e 2 por x_1 e x_2, respectivamente, o modelo de PL é dado como

$$\text{Maximizar } z = 30x_1 + 20x_2$$

sujeito a

$$2x_1 + x_2 \leq 8 \text{ (Máquina 1)}$$
$$x_1 + 3x_2 \leq 8 \text{ (Máquina 2)}$$
$$x_1, x_2 \geq 0$$

A Figura 3.12 ilustra a variação na solução ótima quando são feitas alterações na capacidade da máquina 1. Se a capacidade diária for aumentada de oito horas para nove horas, a nova solução ótima ocorrerá no ponto G. A taxa de variação em z ótima resultante da alteração da capacidade da máquina 1 de oito horas para nove horas pode ser calculada da seguinte maneira:

$$\begin{pmatrix} \text{Taxa de variação na} \\ \text{receita resultante do} \\ \text{aumento de uma hora na} \\ \text{capacidade da máquina} \\ \text{(ponto C para ponto G)} \end{pmatrix} = \frac{z_G - z_C}{(\text{Alteração na capacidade})} = \frac{142 - 128}{9 - 8} = \$\,14/\text{h}$$

A taxa calculada fornece uma *ligação direta* entre a entrada do modelo (recursos) e sua saída (receita total), que representa o **valor unitário equivalente de um recurso** (em \$/hora), isto é, a variação no valor ótimo da função objetivo por unidade de variação na disponibilidade do recurso (capacidade da máquina). Isso significa que uma unidade de aumento (redução) na capacidade da máquina 1 aumentará (reduzirá) a receita em \$ 14. Embora o *valor unitário equivalente de um recurso* seja uma descrição adequada da taxa de variação da função objetivo, o nome técnico, **preço dual** ou **preço sombra,** agora é um padrão na literatura de PL e em todos os pacotes comerciais; por conseguinte, será usado neste livro.

Examinada a Figura 3.12, podemos ver que o preço dual de \$ 14/hora permanece válido para variações (aumentos ou reduções) na capacidade da máquina 1 que deslocam sua restrição paralelamente para qualquer ponto sobre o segmento de reta BF. Isso significa que a faixa de aplicabilidade de determinado preço dual pode ser calculada da seguinte maneira:

$$\text{Capacidade mínima da máquina 1 [em } B = (0,\ 2{,}67)]$$
$$= 2 \times 0 + 1 \times 2{,}67 = 2{,}67 \text{ horas}$$

$$\text{Capacidade máxima da máquina 1 [em } F = (8, 0)]$$
$$= 2 \times 8 + 1 \times 0 = 16 \text{ horas}$$

Desse modo, podemos concluir que o preço dual de \$ 14/hora permanecerá válido para a faixa

$$2{,}67 \text{ horas} \leq \text{Capacidade da máquina 1} \leq 16 \text{ horas}$$

Variações fora dessa faixa produzirão um preço dual (equivalente por unidade) diferente.

Usando cálculos semelhantes, você pode verificar que o preço dual para a capacidade da máquina 2 é \$ 2/hora e permanece válido para variações (aumentos ou reduções) que deslocam sua restrição paralelamente para qualquer ponto sobre o segmento de reta DE, o que resulta nos seguintes limites:

$$\text{Capacidade mínima da máquina 2 [em } D = (4, 0)]$$
$$= 1 \times 4 + 3 \times 0 = 4 \text{ horas}$$

$$\text{Capacidade máxima da máquina 2 [em } E = (8, 0)]$$
$$= 1 \times 0 + 3 \times 8 = 24 \text{ horas}$$

Figura 3.12
Gráfico de análise de sensibilidade da solução ótima a variações na disponibilidade de recursos (lado direito das restrições)

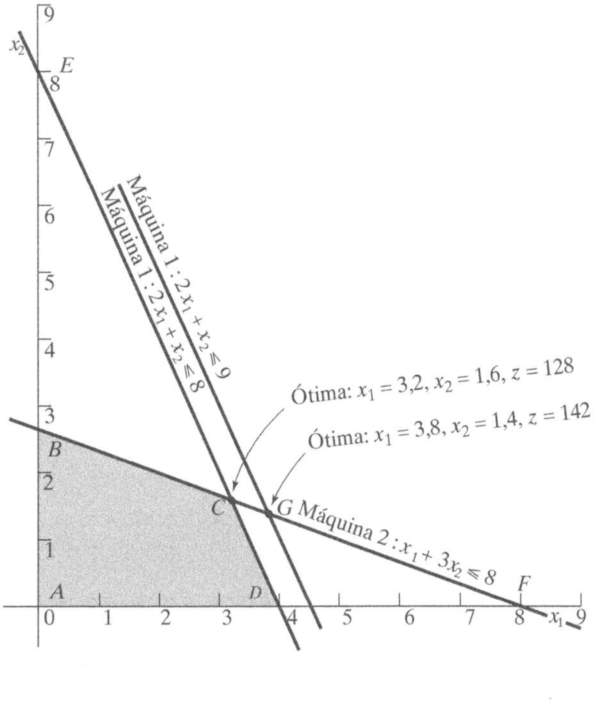

A conclusão é que o preço dual de $ 2/hora para a máquina 2 continuará aplicável para a faixa

$$4 \text{ horas} \leq \text{Capacidade da máquina } 2 \leq 24 \text{ horas}$$

Os limites calculados para as máquinas 1 e 2 são denominados **faixas de viabilidade**. Todos os pacotes computacionais fornecem informações sobre os preços duais e suas faixas de viabilidade. A Seção 3.6.4 mostra como o AMPL, o Solver e o TORA geram essa informação.

Os preços duais permitem tomar decisões econômicas sobre o problema de PL, como demonstram as respostas às perguntas apresentadas a seguir.

Pergunta 1. Se a Jobco puder aumentar a capacidade de ambas as máquinas, qual delas deve receber maior prioridade?

Os preços duais para as máquinas 1 e 2 são $ 14/hora e $ 2/hora. Isso significa que cada hora adicional da máquina 1 resultará em um aumento de $ 14 na receita, em comparação com apenas $ 2 para a máquina 2. Por isso, deve ser dada prioridade à máquina 1.

Pergunta 2. É dada uma sugestão para aumentar as capacidades das máquinas 1 e 2 ao custo adicional de $ 10/hora. Isso é aconselhável?

Para a máquina 1, a receita líquida adicional por hora é $ 14 – $ 10 = $ 4, e, para a máquina 2, a receita líquida é $ 2 – $ 10 = – $ 8. Portanto, só a capacidade da máquina 1 deve ser aumentada.

Pergunta 3. Se a capacidade da máquina 1 for aumentada das atuais 8 horas para 13 horas, qual será o impacto desse aumento na receita ótima?

O preço dual para a máquina 1 é $ 14 e é aplicável na faixa (2,67, 16) horas. O aumento proposto para 13 horas cai dentro da faixa de viabilidade. Portanto, o aumento na receita é $ 14(13 – 8) = $ 70, o que significa que haverá um aumento na receita total de (Receita atual + Variação na receita) = 128 + 70 = $ 198.

Pergunta 4. Supondo que a capacidade da máquina 1 seja aumentada para 20 horas, qual será o impacto desse aumento sobre a receita ótima?

A alteração proposta está fora da faixa (2,67, 16) horas, para a qual o preço dual de $ 14 permanece aplicável. Assim, só podemos tirar uma conclusão imediata em relação a um aumento para 16 horas. Passando disso, serão necessários mais cálculos para achar a resposta (veja Capítulo 4). Lembre-se de que cair fora da faixa de viabilidade *não* significa que o problema não tenha nenhuma solução. Significa apenas que não temos informações suficientes para tomar uma decisão *imediata*.

Pergunta 5. Sabemos que a variação no valor ótimo da função objetivo é igual a (Preço dual × Variação do recurso) contanto que a variação do recurso esteja dentro da faixa de viabilidade. O que dizer dos valores ótimos das variáveis?

Os valores ótimos das variáveis com certeza mudarão. Contudo, o nível de informação que obtemos da solução gráfica não é suficiente para determinar os novos valores. A Seção 3.6.2, que trata do problema da sensibilidade algebricamente, nos fornece esse detalhe.

CONJUNTO DE PROBLEMAS 3.6A

1. Uma empresa produz dois produtos, *A* e *B*. As receitas unitárias são $ 2 e $ 3, respectivamente. A disponibilidade das duas matérias-primas, *M*1 e *M*2, usadas na fabricação dos dois produtos é 8 e 18 unidades. Uma unidade de *A* usa duas unidades de *M*1 e duas unidades de *M*2, e uma unidade de *B* usa três unidades de *M*1 e seis unidades de *M*2.
   - **(a)** Determine os preços duais de *M*1 e *M*2 bem como suas faixas de viabilidade.
   - **(b)** Suponha que quatro unidades adicionais de *M*1 podem ser adquiridas ao custo de 30 centavos por unidade. Você recomendaria essa compra adicional?
   - **(c)** Qual é o valor máximo que a empresa deve pagar por unidade de *M*1?
   - **(d)** Determine a receita ótima se a disponibilidade de *M*2 for aumentada em cinco unidades.

*2. A Wild West produz dois tipos de chapéus de vaqueiro. Um chapéu do tipo 1 requer duas vezes mais mão-de-obra do que um do tipo 2. Se todas as horas de trabalho forem dedicadas apenas ao tipo 2, a empresa pode produzir um total de 400 chapéus do tipo 2 por dia. Os limites de mercado respectivos para os dois tipos são 150 e 200 chapéus por dia. O lucro é de $ 8 por chapéu do tipo 1 e de $ 5 por chapéu do tipo 2.
   - **(a)** Use o método gráfico para determinar o número de chapéus de cada tipo que maximizará a receita.
   - **(b)** Determine o preço dual da capacidade de produção (em termos de chapéu do tipo 2) e a faixa para a qual ele é aplicável.
   - **(c)** Se o limite diário da demanda do tipo 1 for reduzido a 120, use o preço dual para determinar o efeito correspondente sobre a receita ótima.
   - **(d)** Qual é o preço dual da participação de mercado do chapéu do tipo 2? Quanto a participação de mercado pode ser aumentada contanto que continue a dar o valor equivalente por unidade?

Exemplo 3.6.2 (Alterações nos coeficientes da função objetivo)

A Figura 3.13 mostra o gráfico da região de soluções do problema da Jobco apresentado no Exemplo 3.6-1. A ótima ocorre no ponto C ($x_1 = 3{,}2$; $x_2 = 1{,}6$; $z = 128$). Alterações nas receitas unitárias (isto é, nos coeficientes da função objetivo) alterarão a inclinação de z. Contudo, como podemos ver pela figura, a solução ótima continuará no ponto C contanto que a função objetivo esteja entre as retas BF e DE, as duas restrições que definem o ponto ótimo. Isso significa que há uma faixa para os coeficientes da função objetivo que manterá inalterada a solução ótima em C.

Podemos escrever a função objetivo no formato geral

$$\text{Maximizar } z = c_1x_1 + c_2x_2$$

Figura 3.13
Análise de sensibilidade da solução ótima às variações nas receitas unitárias (coeficientes da função objetivo)

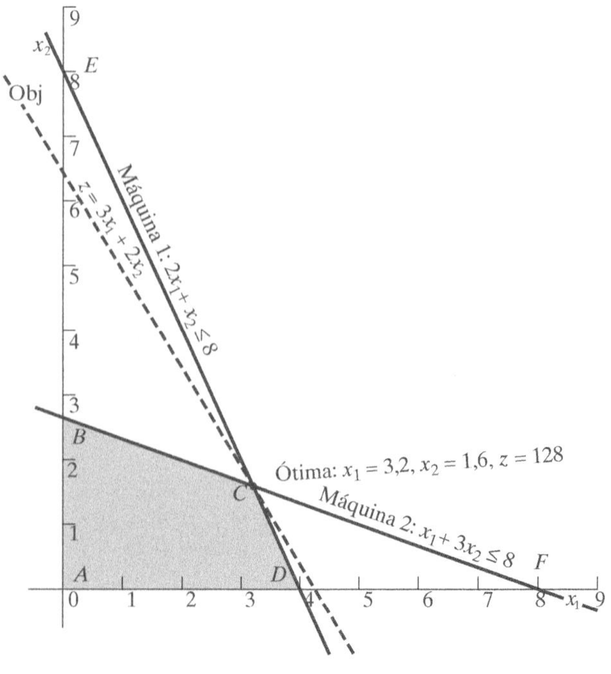

Agora imagine que a reta z gire em torno de C no sentido horário e anti-horário. A solução ótima permanecerá no ponto C enquanto $z = c_1x_1 + c_2x_2$ estiver entre as duas retas, $x_1 + 3x_2 = 8$ e $2x_1 + x_2 = 8$. Isso significa que a razão $\frac{c_1}{c_2}$ pode variar entre $\frac{1}{3}$ e $\frac{2}{1}$, o que resulta na seguinte condição:

$$\frac{1}{3} \leq \frac{c_1}{c_2} \leq \frac{2}{1} \text{ ou } 0{,}333 \leq \frac{c_1}{c_2} \leq 2$$

Essa informação pode fornecer respostas imediatas referentes à solução ótima, como demonstram as respostas às perguntas a seguir.

Pergunta 1. Suponha que as receitas unitárias para os produtos 1 e 2 sejam alteradas para \$ 35 e \$ 25, respectivamente. A solução ótima atual permanecerá a mesma?

A nova função objetivo é

$$\text{Maximizar } z = 35x_1 + 25x_2$$

A solução em C permanecerá ótima porque $\frac{c_1}{c_2} = \frac{35}{25} = 1{,}4$ continua dentro da faixa de otimalidade (0,333; 2). Quando a razão cair fora dessa faixa, serão necessários cálculos adicionais para achar a nova solução ótima (veja Capítulo 4). Observe que, embora os valores das variáveis no ponto ótimo C permaneçam sem alteração, o valor ótimo de z muda para $35 \times (3{,}2) + 25 \times (1{,}6) = \$ 152$.

Pergunta 2. Suponha que a receita unitária do produto 2 seja fixada em um valor atual de $c_2 = \$ 20$. Qual é a faixa de variação para c_1, a receita unitária do produto 1, que manterá a solução ótima inalterada?

Substituindo $c_2 = 20$ na condição $\frac{1}{3} \leq \frac{c_1}{c_2} \leq 2$, obtemos

$$\frac{1}{3} \times 20 \leq c_1 \leq 2 \times 20$$

ou

$$6{,}67 \leq c_1 \leq 40$$

Essa faixa de variação é denominada **faixa de otimalidade** para c_1 e considera implicitamente que c_2 é fixada em \$ 20.

De maneira semelhante, podemos determinar a *faixa de otimalidade* para c_2 fixando o valor de c_1 em \$ 30. Assim,

$$c_2 \leq 30 \times 3 \text{ e } c_2 \geq \frac{30}{2}$$

ou

$$15 \leq c_2 \leq 90$$

Como no caso do lado direito, todos os pacotes de software fornecem faixas de otimalidade. A Seção 3.6.4 mostra como esses resultados são gerados no AMPL, no Solver e no TORA.

Comentário. Embora o material desta seção tenha tratado apenas de duas variáveis, os resultados lançam as bases para o desenvolvimento da análise de sensibilidade para o problema geral da PL nas seções 3.6.2 e 3.6.3.

CONJUNTO DE PROBLEMAS 3.6B

1. Considere o Problema 1, Conjunto 3.6A.
   - **(a)** Determine a condição de otimalidade para $\frac{C_A}{C_B}$ que manterá a solução ótima inalterada.
   - **(b)** Determine as faixas de otimalidade para c_A e c_B considerando que o outro coeficiente é mantido constante em seu valor atual.
   - **(c)** Se as receitas unitárias c_A e c_B forem alteradas de maneira simultânea para \$ 5 e \$ 4, respectivamente, determine a nova solução ótima.
   - **(d)** Se as alterações em (c) forem feitas uma por vez, o que podemos dizer sobre a solução ótima?
2. No modelo da Reddy Mikks do Exemplo 2.2-1:
   - **(a)** Determine a faixa de otimalidade para a razão entre a receita unitária de tintas para exteriores e a receita unitária de tintas para interiores.
   - **(b)** Se a receita por tonelada de tintas para exteriores permanecer constante em \$ 5.000/tonelada, determine a máxima receita unitária de tintas para interiores que manterá a solução atual ótima inalterada.
   - **(c)** Se por razões de marketing a receita unitária de tintas para interiores tiver de ser reduzida para \$ 3.000, o atual mix ótimo de produção mudará?

*3. No Problema 2, Conjunto 3.6A:
   - **(a)** Determine a faixa de otimalidade para a razão entre as receitas unitárias dos dois tipos de chapéus que manterá a solução ótima inalterada.
   - **(b)** Usando a informação em (b), a solução ótima mudará se a receita por unidade for a mesma para os dois tipos?

3.6.2 Análise de sensibilidade algébrica — variações no lado direito

Na Seção 3.6.1 usamos o método gráfico para determinar os *preços duais* (o valor unitário dos recursos) e suas faixas de viabilidade. Esta seção estende a análise ao modelo geral de PL. Um exemplo numérico (o modelo da Toyco) será usado para facilitar a apresentação.

Exemplo 3.6-2 (Modelo da Toyco)

A Toyco monta três tipos de brinquedos — trens, caminhões e carros — usando três operações. Os limites diários dos tempos disponíveis para as três operações são 430, 460 e 420 minutos, respectivamente, e as receitas por unidade de trem, caminhão e carro de brinquedo são \$ 3, \$ 2 e \$ 5, respectivamente. Os tempos de montagem por trem nas três operações são 1, 3 e 1 minutos, respectivamente. Os tempos correspondentes por caminhão e por carro são (2, 0, 4) e (1, 2, 0) minutos (o tempo zero indica que a operação não foi usada).

Representando o número diário de unidades montadas de trens, caminhões e carros, respectivamente, o problema de PL associado é dado por:

$$\text{Maximizar } z = 3x_1 + 2x_2 + 5x_3$$

sujeito a

$$\begin{aligned} x_1 + 2x_2 + x_3 &\leq 430 \text{ (Operação 1)} \\ 3x_1 + 2x_3 &\leq 460 \text{ (Operação 2)} \\ x_1 + 4x_2 &\leq 420 \text{ (Operação 3)} \\ x_1, x_2, x_3 &\geq 0 \end{aligned}$$

Usando x_4, x_5 e x_6 como as variáveis de folga para as restrições das operações 1, 2 e 3, respectivamente, a tabela é

Base	x_1	x_2	x_3	x_4	x_5	x_6	Solução
z	4	0	0	1	2	0	1.350
x_2	$-\frac{1}{4}$	1	0	$\frac{1}{2}$	$-\frac{1}{4}$	0	100
x_3	$\frac{3}{2}$	0	1	0	$\frac{1}{2}$	0	230
x_6	2	0	0	–2	1	1	20

A solução recomenda a fabricação de 100 caminhões e 230 carros, mas de nenhum trem. A receita associada é \$ 1.350.

Determinação de preços duais. As restrições do modelo após a adição das variáveis de folga x_4, x_5 e x_6 podem ser expressas como:

$$\begin{aligned} x_1 + 2x_2 + x_3 + x_4 &= 430 \text{ (Operação 1)} \\ 3x_1 + 2x_3 + x_5 &= 460 \text{ (Operação 2)} \\ x_1 + 4x_2 + x_6 &= 420 \text{ (Operação 3)} \end{aligned}$$

ou

$$x_1 + 2x_2 + x_3 = 430 - x_4 \text{ (Operação 1)}$$
$$3x_1 + 2x_3 = 460 - x_5 \text{ (Operação 2)}$$
$$x_1 + 4x_2 = 420 - x_6 \text{ (Operação 3)}$$

Com essa representação, as variáveis de folga têm as mesmas unidades (minutos) que os tempos de operação. Assim, podemos dizer que uma *redução* de 1 minuto na variável de folga é equivalente ao *aumento* de 1 minuto no tempo de operação.

Podemos usar essas informações para determinar os *preços duais* pela equação z na tabela ótima abaixo:

$$z + 4x_1 + x_4 + 2x_5 + 0x_6 = 1.350$$

Essa equação pode ser expressa como:

$$z = 1.350 - 4x_1 - x_4 - 2x_5 - 0x_6$$
$$= 1.350 - 4x_1 + 1(-x_4) + 2(-x_5) + 0(-x_6)$$

Dado que um *decréscimo* no valor de uma variável de folga é equivalente a um *aumento* em seu tempo de operação, obtemos

$$z = 1.350 - 4x_1 + 1 \times \text{(aumento no tempo de Operação 1)}$$
$$+ 2 \times \text{(aumento no tempo de Operação 2)}$$
$$+ 0 \times \text{(aumento no tempo de Operação 3)}$$

Essa equação revela que 1) um aumento de 1 minuto no tempo da operação 1 provoca um aumento de \$ 1 em z; 2) um aumento de 1 minuto no tempo da Operação 2 provoca um aumento de \$ 2 em z; e 3) um aumento de 1 minuto no tempo da Operação 3 não altera z.

Base	x_1	x_2	x_3	x_4	x_5	x_6	Solução
z	4	0	0	1	2	0	1.350

Resumindo, a linha z na tabela simplex ótima fornece diretamente os preços duais, como mostra a Tabela 3.4:

Tabela 3.4 Preços duais

Recurso	Variável de folga	Coeficiente da variável de folga na equação ótima z	Preço dual (\$/minuto)
Operação 1	x_4	1	1
Operação 2	x_5	2	2
Operação 3	x_6	0	0

O preço dual zero para a Operação 3 significa que não há nenhuma vantagem econômica em alocar mais tempo de produção a essa operação. O resultado faz sentido porque o recurso já é abundante, como fica evidente pelo fato de a variável de folga associada com a Operação 3 ser positiva (= 20) na solução ótima. Em relação às operações 1 e 2, um aumento de 1 minuto provocará uma melhoria de \$ 1 e \$ 2 na receita, respectivamente. Os preços duais também indicam que, quando forem alocados recursos adicionais, a Operação 2 pode ter uma prioridade mais alta porque seu preço dual é duas vezes o da Operação 1.

Esses cálculos mostram como os preços duais são determinados de acordo com a *tabela simplex* ótima para restrições $\leq$. Para restrições $\geq$, a mesma idéia continua aplicável, exceto que o preço dual assumirá o sinal oposto do associado à restrição $\leq$. Quanto ao caso em que a restrição for uma equação, a determinação do preço dual com base na *tabela simplex* ótima requer cálculos um tanto 'complicados', como será mostrado no Capítulo 4.

Determinação das faixas de viabilidade. Agora que já determinamos os preços duais, mostraremos como são determinadas as *faixas de viabilidade* nas quais os preços permanecem válidos. Representando as variações (positivas ou negativas) nos tempos diários de fabricação alocados às operações 1, 2 e 3 por D_1, D_2 e D_3, respectivamente, o modelo pode ser expresso da seguinte maneira:

$$\text{Maximizar } z = 3x_1 + 2x_2 + 5x_3$$

sujeito a

$$x_1 + 2x_2 + x_3 \leq 430 + D_1 \text{ (Operação 1)}$$
$$3x_1 + 2x_3 \leq 460 + D_2 \text{ (Operação 2)}$$
$$x_1 + 4x_2 \leq 420 + D_3 \text{ (Operação 3)}$$
$$x_1, x_2, x_3 \geq 0$$

Consideraremos o caso geral de alterações simultâneas. Os casos especiais de uma alteração por vez são derivados desses resultados.

O procedimento é baseado em recalcular a *tabela simplex* ótima com o lado direito modificado e depois derivar as condições que manterão a solução viável, isto é, o lado direito da tabela ótima permanecerá não negativo. Para mostrar como o lado direito é recalculado, começamos modificando a coluna *Solução* da tabela inicial usando os novos lados direitos: $430 + D_1$, $460 + D_2$ e $420 + D_3$. Assim, a tabela simplex inicial terá o seguinte aspecto

Base	x_1	x_2	x_3	x_4	x_5	x_6	Solução: LD	Solução: D_1	Solução: D_2	Solução: D_3
z	–3	–2	–5	0	0	0	0	0	0	0
x_4	1	2	1	1	0	0	430	1	0	0
x_5	3	0	2	0	1	0	460	0	1	0
x_6	1	4	0	0	0	1	420	0	0	1

As colunas sob D_1, D_2 e D_3 são idênticas às que estão sob as colunas básicas iniciais x_4, x_5 e x_6. Isso significa que, quando executamos as *mesmas* iterações simplex que as do modelo *original*, as colunas dos dois grupos devem ter resultados idênticos também. Na verdade, a nova tabela ótima ficará:

Base	x_1	x_2	x_3	x_4	x_5	x_6	Solução: LD	Solução: D_1	Solução: D_2	Solução: D_3
z	4	0	0	1	2	0	1.350	1	2	0
x_2	$\frac{-1}{4}$	1	0	$\frac{1}{2}$	$\frac{-1}{4}$	0	100	$\frac{1}{2}$	$\frac{-1}{4}$	0
x_3	$\frac{3}{2}$	0	1	0	$\frac{1}{2}$	0	230	0	$\frac{1}{2}$	0
x_6	2	0	0	–2	1	1	20	–2	1	1

A *nova tabela simplex* ótima fornece a seguinte solução ótima:

$$z = 1.350 + D_1 + 2D_2$$
$$x_2 = 100 + \frac{1}{2}D_1 - \frac{1}{4}D_2$$
$$x_3 = 230 + \frac{1}{2}D_2$$
$$x_6 = 20 - 2D_1 + D_2 + D_3$$

O interessante é que, como já mostramos, o novo valor de z confirma que os preços duais para as operações 1, 2 e 3 são 1, 2 e 0, respectivamente.

A solução atual permanece viável, contanto que todas as variáveis sejam não negativas, o que resulta nas seguintes **condições de viabilidade:**

$$x_2 = 100 + \frac{1}{2}D_1 - \frac{1}{4}D_2 \geq 0$$
$$x_3 = 230 + \frac{1}{2}D_2 \geq 0$$
$$x_6 = 20 - 2D_1 + D_2 + D_3 \geq 0$$

Quaisquer variações simultâneas de D_1, D_2 e D_3 que satisfaçam essas desigualdades manterão a solução viável. Se todas as condições forem satisfeitas, então a nova solução ótima pode ser encontrada por meio da substituição direta de D_1, D_2 e D_3 nas equações dadas antes.

Para ilustrar o uso dessas condições, suponha que o tempo de fabricação disponível para as operações 1, 2 e 3 sejam 480, 440 e 410 minutos, respectivamente. Então, $D_1 = 480 - 430 = 50$, $D_2 = 440 - 460 = -20$ e $D_3 = 410 - 420 = -10$. Substituindo nas condições de viabilidade, obtemos

$$x_2 = 100 + \frac{1}{2}(50) - \frac{1}{4}(-20) = 130 > 0 \text{ (viável)}$$
$$x_3 = 230 + \frac{1}{2}(-20) = 220 > 0 \text{ (viável)}$$
$$x_6 = 20 - 2(50) + (-20) + (-10) = -110 < 0 \text{ (inviável)}$$

Os cálculos mostram que $x_6 < 0$; em decorrência, a solução atual não permanece viável. Serão necessários cálculos adicionais para achar a nova solução. Esses cálculos são discutidos no Capítulo 4 como parte da análise pós-otimização.

Alternativamente, se as variações nos recursos forem tais que $D_1 = -30$, $D_2 = -12$ e $D_3 = 10$, então

$$x_2 = 100 + \frac{1}{2}(-30) - \frac{1}{4}(-12) = 88 > 0 \text{ (viável)}$$
$$x_3 = 230 + \frac{1}{2}(-12) = 224 > 0 \text{ (viável)}$$
$$x_6 = 20 - 2(-30) + (-12) + (10) = 78 > 0 \text{ (viável)}$$

A nova solução viável é $x_1 = 88$, $x_3 = 224$ e $x_6 = 68$ com $z = 3(0) + 2(88) + 5(224) = \$ 1.296$. Note que o valor ótimo da função objetivo também pode ser calculado como $z = 1.350 + 1(-30) + 2(-12) = \$ 1.296$.

As condições dadas podem ser especificadas para produzir as *faixas de viabilidade* individuais que resultam da variação dos recursos *um por vez* (como definido na Seção 3.6.1).

Caso 1. Na operação 1 mude o tempo de 460 *para* 460 + D_1 *minutos.* Essa alteração é equivalente a fazer $D_2 = D_3 = 0$ nas condições simultâneas, o que resulta em

$$\left.\begin{array}{l} x_2 = 100 + \frac{1}{2}D_1 \geq 0 \Rightarrow D_1 \geq -200 \\ x_3 = 230 > 0 \\ x_6 = 20 - 2D_1 \geq 0 \Rightarrow D_1 \leq 10 \end{array}\right\} \Rightarrow -200 \leq D_1 \leq 10$$

Caso 2. Na operação 2 mude o tempo de 430 *para* 430 + D_2 *minutos.* Essa alteração é equivalente a fazer $D_1 = D_3 = 0$ nas condições simultâneas, o que resulta em

$$\left.\begin{array}{l} x_2 = 100 - \frac{1}{4}D_2 \geq 0 \Rightarrow D_2 \geq 400 \\ x_3 = 230 + \frac{1}{2}D_2 \geq 0 \Rightarrow D_2 \geq -460 \\ x_6 = 20 + 2D_2 \geq 0 \ \Rightarrow D_2 \leq -20 \end{array}\right\} \Rightarrow -20 \leq D_2 \leq 400$$

Caso 3. Na operação 3 mude o tempo de 420 *para* 420 + D_3 *minutos.* Essa alteração é equivalente a fazer $D_1 = D_2 = 0$ nas condições simultâneas, o que resulta em

$$\left.\begin{array}{l} x_2 = 100 > 0 \\ x_3 = 230 > 0 \\ x_6 = 20 + D_3 \geq 0 \end{array}\right\} \Rightarrow -20 \leq D_3 < \infty$$

Agora podemos resumir os preços duais e suas faixas de viabilidade para o modelo da Toyco como demonstrado na Tabela 3.5.[3]

Tabela 3.5 Preços duais e faixas de viabilidade

			Quantidade do recurso (minutos)		
Recurso	Preço dual	Faixa de viabilidade	*Mínimo*	*Atual*	*Máximo*
Operação 1	1	$-200 \leq D_1 \leq 10$	230	430	440
Operação 2	2	$-20 \leq D_2 \leq 400$	440	440	860
Operação 3	0	$-20 \leq D_3 < \infty$	400	420	∞

É importante observar que os preços duais permanecerão aplicáveis para quaisquer variações *simultâneas* que mantenham a solução viável, ainda que essas variações violem as faixas individuais. Por exemplo, as variações $D_1 = 30$, $D_2 = -12$ e $D_3 = 100$ manterão a solução viável ainda que $D_1 = 30$ viole a faixa de viabilidade $-200 \leq D_1 \leq 10$, como mostram os cálculos a seguir:

$$x_2 = 100 + \frac{1}{2}(30) - \frac{1}{4}(-12) = 118 > 0 \text{ (viável)}$$
$$x_3 = 230 + \frac{1}{2}(-12) = 224 > 0 \text{ (viável)}$$
$$x_6 = 20 - 2(30) + (-12) + (100) = 48 > 0 \text{ (viável)}$$

Isso significa que os preços duais permanecerão aplicáveis e portanto poderemos calcular o novo valor ótimo da função objetivo pelos preços duais como $z = 1.350 + 1(30) + 2(-12) + 0(100) = \$ 1.356$.

Os resultados assim obtidos podem ser resumidos da seguinte maneira:

1. Os preços duais permanecem válidos contanto que as variações D_i, $i = 1, 2,..., m$, dos lados direitos das restrições, satisfaçam todas as condições de viabilidade quando as variações forem simultâneas ou caiam dentro das faixas de viabilidade quando as variações forem feitas individualmente.
2. Para outras situações em que os preços duais não são válidos porque as condições simultâneas de viabilidade não são satisfeitas ou porque as faixas individuais de viabilidade foram violadas, o recurso é resolver novamente o problema com os novos valores de D_i ou aplicar a análise pós-otimização apresentada no Capítulo 4.

CONJUNTO DE PROBLEMAS 3.6C[4]

1. No modelo da Toyco, suponha que as variações D_1, D_2 e D_3 sejam *simultâneas* nas três operações.
   (a) Se as disponibilidades das operações 1, 2 e 3 forem alteradas para 438, 500 e 410 minutos, respectivamente, use as condições simultâneas para mostrar que a solução básica atual permanece viável e determine a variação na receita ótima usando os preços duais ótimos.
   (b) Se as disponibilidades das três operações forem alteradas para 460, 440 e 380 minutos, respectivamente, use as condições simultâneas para mostrar que a solução básica atual se torna inviável.

*2. Considere o problema da Toyco.
   (a) Suponha que qualquer tempo adicional para a Operação 1 que ultrapasse sua capacidade atual de 430 minutos/dia tenha de ser na base da hora extra a $ 50/hora. O custo por hora inclui mão-de-obra e a operação da máquina. É economicamente vantajoso usar horas extras na Operação 1?

[3] Pacotes de PL disponíveis costumam apresentar essa informação como saída-padrão. Praticamente nenhum fornece o caso das condições simultâneas, provavelmente porque sua apresentação é difícil, em particular para problemas de PL grandes.

[4] Nesse conjunto de problemas, talvez seja conveniente gerar a tabela simplex ótima com o Tora.

(b) Suponha que o operador da Operação 2 concorde em trabalhar 2 horas extras por dia a $ 45 por hora. Além disso, o custo da operação em si é $ 10 por hora. Qual é o efeito dessa atividade sobre a receita diária?

(c) É necessário fazer horas extras na Operação 3?

(d) Suponha que a disponibilidade diária da Operação 1 seja aumentada para 440 minutos. Qualquer hora extra utilizada que ultrapasse a capacidade máxima atual custará $ 40 a hora. Determine a nova solução ótima, incluindo a receita líquida associada.

(e) Suponha que a disponibilidade da Operação 2 seja reduzida em 15 minutos por dia e que o custo por hora da operação durante o horário normal seja de $ 30. É vantajoso reduzir a disponibilidade da Operação 2?

3. Uma empresa produz três produtos, *A*, *B* e *C*. O volume de vendas de *A* é no mínimo 50% do total das vendas dos três produtos. Contudo, a empresa não pode vender mais do que 75 unidades de *A* por dia. Os três produtos usam uma única matéria-prima, cuja disponibilidade diária máxima é 240 lb. As taxas de utilização da matéria-prima são 2 lb por unidade de *A*, 4 lb por unidade de *B* e 3 lb por unidade de *C*. Os preços unitários de *A*, *B* e *C* são $ 20, $ 50 e $ 35, respectivamente.

(a) Determine o mix ótimo de produtos para a empresa.

(b) Determine o preço dual do recurso matéria-prima e sua faixa permissível. Se houver um aumento de 120 lb na quantidade de matéria-prima disponível, determine a solução ótima e a variação na receita total usando o preço dual.

(c) Use o preço dual para determinar o efeito de uma variação de mais ou menos dez unidades na demanda máxima do produto *A*.

4. Uma empresa que funciona 10 horas por dia fabrica três produtos em três processos seqüenciais. A Tabela C resume os dados do problema.

Tabela C

Produto	Minutos por unidade			Preço unitário ($)
	Processo 1	*Processo 2*	*Processo 3*	
1	10	6	8	4,50
2	5	8	10	5
3	6	9	12	4

(a) Determine o mix ótimo de produtos.

(b) Use os preços duais para priorizar os três processos para uma possível expansão.

(c) Se fosse possível alocar horas de produção adicionais, qual seria um custo justo por hora adicional para cada processo?

5. A Divisão de Educação Continuada (DEC) da Ozark Community College oferece um total de 30 cursos a cada semestre. De modo geral, os cursos oferecidos são de dois tipos: práticos, como marcenaria, edição de textos e manutenção de carros; e na área de Humanas, como história, música e belas-artes. Para satisfazer as demandas da comunidade, devem ser oferecidos no mínimo dez cursos de cada tipo a cada semestre. A DEC estima que a receita por curso prático e da área de Humanas seja de aproximadamente $ 1.500 e $ 1.000, respectivamente.

(a) Elabore a oferta ótima de cursos para a escola.

(b) Mostre que o preço dual por um curso adicional é $ 1.500, igual à receita por curso prático. O que esse resultado significa em termos da oferta de cursos adicionais?

(c) Quantos cursos mais podem ser oferecidos garantindo, ao mesmo tempo, que cada um contribuirá com $ 1.500 para a receita total?

(d) Determine a variação na receita resultante do aumento de um curso da área de Humanas.

***6.** A Show & Sell pode anunciar seus produtos na rádio e televisão locais ou no jornal. A verba para propaganda é limitada a $ 10.000/mês. Cada minuto de propaganda pelo rádio custa $ 15 e cada minuto pela TV custa $ 300. Um anúncio no jornal custa $ 50. A Show & Sell gosta de anunciar pelo rádio no mínimo duas vezes mais do que pela TV. Ao mesmo tempo, recomenda-se usar no mínimo cinco anúncios no jornal, e não mais do que 400 minutos por mês de propaganda pelo rádio. A experiência anterior mostra que anunciar pela TV dá 50 vezes mais resultado do que anunciar pelo rádio, e dez vezes mais resultado do que por jornal.

(a) Determine a alocação ótima da verba de propaganda para as três mídias.

(b) Os limites impostos à propaganda pelo rádio e por jornal são justificáveis em termos econômicos?

(c) Se houvesse um aumento de 50% na verba mensal, isso resultaria em um aumento proporcional na efetividade global da propaganda?

7. A Burroughs Garment Company fabrica camisas masculinas e blusas femininas para a Walmark Discount Stores. A Walmark aceitará toda a produção fornecida pela Burroughs. O processo de produção inclui cortar, costurar e embalar. A Burroughs emprega 25 trabalhadores no departamento de corte, 35 no departamento de costura e 5 no departamento de embalagem. A empresa trabalha com um turno de 8 horas por dia, 5 dias por semana. A Tabela D dá os requisitos de tempo e os preços por unidade para as duas peças de vestuário:

Tabela D

Produto	Minutos por unidade			Preço unitário
	Corte	*Costura*	*Embalagem*	
Camisas	20	70	12	8
Blusas	60	60	4	12

(a) Determine a programação de produção semanal ótima para a Burroughs.

(b) Determine o valor de uma hora de corte, costura e embalagem em termos da receita total.

(c) Se for possível usar horas extras para corte e costura, qual é a taxa máxima, por hora, que a Burroughs deve pagar pelas horas extras?

8. O ChemLabs usa as matérias-primas *I* e *II* para produzir dois produtos líquidos para limpeza doméstica, *A* e *B*. As disponibilidades diárias das matérias-primas *I* e *II* são 150 e 145 unidades, respectivamente. Uma unidade do produto *A* consome 0,5 unidade da matéria-prima *I* e 0,6 unidade da matéria-prima *II*, e uma unidade do produto *B* usa 0,5 unidade da matéria-prima *I* e 0,4 unidade da matéria-prima *II*. Os preços por unidade dos produtos *A* e *B* são $ 8 e $ 10, respectivamente. A demanda diária do produto *A* está entre 30 e 150 unidades, e do produto *B*, entre 40 e 200 unidades.

(a) Ache as quantidades ótimas de *A* e *B* que o ChemLabs deve produzir.

(b) Use os preços duais para determinar quais limites da demanda dos produtos *A* e *B* devem ser menos exigentes para melhorar a lucratividade.

(c) Caso fosse possível adquirir unidades adicionais de matéria-prima por $ 20 por unidade, isso seria aconselhável? Explique.

(d) Alguém sugeriu um aumento de 25% da disponibilidade de matéria-prima *II* para eliminar um gargalo na produção. Isso é aconselhavel? Explique.

9. Uma linha de montagem que consiste em três estações de trabalho consecutivas produz dois modelos de rádio: DiGi-1 e DiGi-2. A Tabela E dá os tempos de montagem para as três estações de trabalho.

Tabela E

Estação de trabalho	Minutos por unidade	
	DiGi-1	*DiGi-2*
1	6	4
2	5	4
3	4	6

A manutenção diária para as estações de trabalho 1, 2 e 3 consome 10%, 14% e 12%, respectivamente, do máximo de 480 minutos disponíveis para cada estação por dia.

(a) A empresa quer determinar o mix ótimo de produtos que minimizará os tempos ociosos (ou não utilizados) nas três estações de trabalho. Determine a utilização ótima das estações de trabalho. (*Sugestão*: expresse a soma dos tempos ociosos (folgas) para as três operações em termos das variáveis originais.)

(b) Determine o valor da redução de um ponto percentual no tempo de manutenção diária para cada estação de trabalho.

(c) Alguém propôs que o tempo de operação para as três estações de trabalho fosse aumentado para 600 minutos por dia ao custo adicional de $ 1,50 por minuto. Essa proposta pode ser melhorada?

10. A Gutchi Company fabrica carteiras, estojos de barbear e mochilas. A produção dessas peças utiliza couro e materiais sintéticos, sendo o couro a matéria-prima que limita a produção. O processo de produção usa dois tipos de mão-de-obra especializada: costura e acabamento. A Tabela F dá a disponibilidade dos recursos, sua utilização pelos três produtos e os preços por unidade.

Tabela F

	Recursos necessários por unidade			
Recurso	*Carteira*	*Estojo de barbear*	*Mochila*	Disponibilidade diária
Couro (pés²)	2	1	3	42
Costura (h)	2	1	2	40
Acabamento(h)	1	0,5	1	45
Preço ($)	24	22	45	

Formule a questão como um problema de programação linear e ache a solução ótima. Em seguida, indique se as seguintes variações nos recursos manterão a solução atual viável.

Para os casos em que a viabilidade for mantida, determine a nova solução ótima (valores das variáveis e da função objetivo).

(a) Disponibilidade de couro é aumentada para 45 pés².

(b) Disponibilidade de couro é reduzida em 1 pés².

(c) Horas de costura disponíveis são alteradas para 38 horas.

(d) Horas de costura disponíveis são alteradas para 46 horas.

(e) Horas de acabamento disponíveis são reduzidas para 15 horas.

(f) Horas de acabamento disponíveis são aumentadas para 50 horas.

(g) Você recomendaria a contratação de um trabalhador a mais para o setor de costura a $ 15 por hora?

11. A HiDec produz dois modelos de equipamentos eletrônicos que utilizam resistores, capacitores e chips. A Tabela G resume os dados da situação.

Tabela G

	Requisitos de recurso por unidade		
Recurso	*Modelo 1 (unidades)*	*Modelo 2 (unidades)*	Disponibilidade máxima (unidades)
Resistores	2	3	1.200
Capacitores	2	1	1.000
Chips	0	4	800
Preço unitário ($)	3	4	

As quantidades dos modelos 1 e 2 são representadas por x_1 e x_2, respectivamente. A seguir damos a formulação do problema de PL e sua tabela simplex ótima associada.

$$\text{Maximizar } z = 3x_1 + 4x_2$$

sujeito a

$$2x_1 + 3x_2 \le 1.200 \text{ (resistores)}$$
$$2x_1 + x_2 \le 1.000 \text{ (capacitores)}$$
$$4x_2 \le 800 \text{ (chips)}$$
$$x_1, x_2 \ge 0$$

Base	x_1	x_2	s_1	s_2	s_3	Solução
z	0	0	$\frac{5}{4}$	$\frac{1}{4}$	0	1.750
x_1	1	0	$-\frac{1}{4}$	$\frac{3}{4}$	0	450
s_3	0	0	-2	2	1	400
x_2	0	1	$\frac{1}{2}$	$-\frac{1}{2}$	0	100

***(a)** Determine o status de cada recurso.

***(b)** Determine os preços duais para os resistores, capacitores e chips na solução ótima.

(c) Determine as faixas de viabilidade para os preços duais obtidos em (b).

(d) Se a quantidade disponível de resistores for aumentada para 1.300 unidades, ache a nova solução ótima.

***(e)** Se o número disponível de chips for reduzido para 350 unidades, você conseguirá determinar a nova solução ótima diretamente pelas informações dadas? Explique.

(f) Se a disponibilidade de capacitores for limitada pela faixa de viabilidade calculada em (c), determine a faixa de viabilidade da receita ótima (função objetivo) e das quantidades a serem produzidas dos modelos 1 e 2.

(g) Um novo fornecedor está propondo vender à HiDec resistores adicionais a 40 centavos cada, mas só se a HiDec comprar no mínimo 500 unidades. A HiDec deve aceitar a proposta?

12. *Regra da viabilidade 100%.* Uma regra simplificada baseada nas variações *individuais* $D_1, D_2, \ldots,$ e D_m no lado direito das restrições pode ser usada para testar se as variações *simultâneas* manterão ou não a viabilidade da solução atual. Considere que o lado direito b_i da restrição i é alterado para $b_i + D_i$, *um por vez*, e que $p_i \le D_i \le qi$ é a faixa de viabilidade correspondente obtida pela utilização do procedimento da Seção 3.6.2. Por definição, $p_i \le 0$ ($q_i \ge 0$) porque essa expressão representa o máximo decréscimo (aumento) permitido. Em seguida, defina r_i como igual a $\frac{D_i}{p_i}$ se D_i for negativa, e $\frac{D_i}{q_i}$ se D_i for positiva. Por definição, temos $0 \le r_i \le 1$. Assim, a regra dos 100% diz que, dadas as variações $D_1, D_2, \ldots,$ e D_m, uma condição *suficiente* (embora não necessária) para que a solução atual permanecesse viável seria que $r_1 + r_2 + \ldots + r_m \le 1$. Se essa condição não for satisfeita, a solução atual pode permanecer viável ou não. A regra não é aplicável se D_i sair da faixa (p_i, q_i).

Na realidade, a regra dos 100% é muito frágil para ser usada consistentemente. Mesmo para casos em que a viabilidade possa ser confirmada, ainda precisaremos obter a nova solução usando as condições normais de viabilidade do método simplex. Além disso, os cálculos diretos associados às variações simultâneas dadas na Seção 3.6.2 são diretos e manejáveis.

Para constatar a fragilidade da regra, aplique-a às partes (a) e (b) do Problema 1 deste conjunto. A regra falha na confirmação da viabilidade da solução de (a), e não se aplica a (b) porque as variações em D_1 estão fora das faixas admissíveis. O Problema 13 demonstra melhor esse ponto.

13. Considere o problema

$$\text{Maximizar } z = x_1 + x_2$$

sujeito a

$$2x_1 + x_2 \le 6$$
$$x_1 + 2x_2 \le 6$$
$$x_1 + x_2 \ge 0$$

(a) Mostre que a solução básica ótima inclui ambas, x_1 e x_2, e que as faixas de viabilidade para as duas restrições, consideradas uma por vez, são $-3 \le D_1 \le 6$ e $-3 \le D_2 \le 6$.

*(b) Suponha que os dois recursos sejam aumentados simultaneamente em $\Delta > 0$ cada. Em primeiro lugar, mostre que a solução básica continua viável para todas os $\Delta > 0$. Em seguida, mostre que a regra dos 100% confirmará a viabilidade só se o aumento estiver na faixa de $0 < \Delta \leq 3$ unidades. Caso contrário, a regra falha para $3 < \Delta \leq 6$, e não se aplica a $\Delta > 6$.

3.6.3 Análise de sensibilidade algébrica — função objetivo

Na Seção 3.6.1 usamos a análise de sensibilidade gráfica para determinar as condições que manterão a otimalidade da solução de um problema de PL de duas variáveis. Nesta seção, estendemos essas idéias ao problema geral de PL.

Definição de custo reduzido. Para facilitar a explicação da análise de sensibilidade da função objetivo, primeiro precisamos definir *custos reduzidos*. No modelo da Toyco (Exemplo 3.6-2), a função objetivo z na tabela ótima é

$$z + 4x_1 + x_4 + 2x_5 = 1.350$$

ou

$$z = 1.350 - 4x_1 - x_4 - 2x_5$$

A solução ótima não recomenda a produção de trens de brinquedo ($x_1 = 0$). Essa recomendação é confirmada pela informação dada por z porque cada unidade de aumento em x_1 acima de seu nível zero atual reduzirá o valor de z em \$ 4, ou seja, $z = 1.350 - 4 \times (1) - 1 \times (0) - 2 \times (0) = \$\ 1.346$.

Podemos considerar o coeficiente de x_1 em z (= 4) como um *custo* unitário porque ele provoca uma redução na receita z. Mas de onde vem esse 'custo'? Sabemos que x_1 tem uma receita unitária de \$ 3 no modelo original. Também sabemos que cada trem de brinquedo consome recursos (tempos de operações) que, por sua vez, incorrem em custo. Assim, a 'atratividade' de x_1 do ponto vista da otimização depende dos valores relativos da receita por unidade e do custo dos recursos consumidos por uma unidade. Essa relação é formalizada na literatura da PL ao se definir o custo reduzido como

$$\begin{pmatrix}\text{Custo reduzido}\\ \text{por unidade}\end{pmatrix} = \begin{pmatrix}\text{Custo dos recursos}\\ \text{consumidos por unidade}\end{pmatrix} - \begin{pmatrix}\text{Receita por}\\ \text{unidade}\end{pmatrix}$$

Para avaliar a relevância dessa definição, no modelo original da Toyco, a receita por unidade para caminhões de brinquedo (= \$ 2) é menor do que a para trens de brinquedo (= \$ 3). Ainda assim, a solução ótima aconselha fabricar caminhões de brinquedo ($x_2 = 100$ unidades) e nenhum trem de brinquedo ($x_1 = 0$). A razão para esse resultado (aparentemente não intuitivo) é que o custo unitário dos recursos usados para caminhões de brinquedo (isto é, tempos de operações) é menor do que seu preço unitário. O oposto se aplica ao caso dos trens de brinquedo.

Pela definição dada de *custo reduzido*, agora podemos ver que uma variável não lucrativa (como x_1) pode vir a ser lucrativa de dois modos:

1. Com o aumento da receita unitária.
2. Com a redução do custo unitário dos recursos consumidos.

Em grande parte das situações reais, o preço por unidade pode não ser uma opção viável porque seu valor é determinado por condições de mercado. Portanto, a opção real é reduzir o consumo de recursos, talvez aumentando a eficiência do processo de produção, o que será mostrado no Capítulo 4.

Determinação das faixas de otimalidade. Agora voltemos nossa atenção à determinação das condições que manterão uma solução ótima inalterada. A apresentação é baseada na definição de *custo reduzido*.

No modelo da Toyco, representamos a variação nas receitas unitárias para caminhões, trens e carros de brinquedo por d_1, d_2 e d_3, respectivamente. Desse modo, a função objetivo se torna

$$\text{Maximizar } z = (3 + d_1)x_1 + (2 + d_2)x_2 + (5 + d_3)x_3$$

Do mesmo modo que fizemos para a análise de sensibilidade do lado direito na Seção 3.6.2, em primeiro lugar trataremos da situação geral na qual todos os coeficientes da função objetivo são alterados *simultaneamente* e depois especializaremos os resultados para um caso por vez.

Com as variações simultâneas, a *linha z* na tabela simplex inicial aparece como:

Base	x_1	x_2	x_3	x_4	x_5	x_6	Solução
z	$-3 - d_1$	$-2 - d_2$	$-5 - d_3$	0	0	0	0

Quando geramos as tabelas simplex usando a mesma seqüência de variáveis que entram e que saem do modelo original (antes da introdução das variações d_j), a iteração ótima aparecerá como se segue:

Base	x_1	x_2	x_3	x_4	x_5	x_6	Solução
z	$4 - \frac{1}{4}d_2 + \frac{3}{2}d_3 - d_1$	0	0	$1 + \frac{1}{2}d_2$	$2 - \frac{1}{4}d_2 + \frac{1}{2}d_3$	0	$1.350 + 100d_2 + 230d_3$
x_2	$-\frac{1}{4}$	1	0	$\frac{1}{2}$	$-\frac{1}{4}$	0	100
x_3	$\frac{3}{2}$	0	1	0	$\frac{1}{2}$	0	230
x_6	$-\frac{1}{4}$	0	0	−2	1	1	20

A *nova tabela simplex* ótima é exatamente igual à *tabela simplex original*, exceto pelos *custos reduzidos* (coeficientes na linha z) que mudaram. Isso significa que *variações nos coeficientes da função objetivo só podem afetar a otimalidade do problema.*

Na realidade, você não precisa executar a operação de linha para calcular os novos custos reduzidos. Um exame da nova *linha z* mostra que os coeficientes de d_j são tomados diretamente dos coeficientes da restrição da *tabela simplex* ótima. Um modo conveniente de calcular o novo custo reduzido é adicionar à tabela ótima uma nova linha superior e uma nova coluna na extrema esquerda, como mostram as áreas sombreadas da próxima tabela. As entradas na linha superior são as variações d_j associadas a cada variável. Para a coluna na extrema esquerda, as entradas são 1 na linha z e d_j na linha de cada variável básica associada. Não esqueça que, para as variáveis de folga, $d_j = 0$.

		d_1	d_2	d_3	0	0	0	
1	Base	x_1	x_2	x_3	x_4	x_5	x_6	Solução
1	z	4	0	0	1	2	0	1.350
d_2	x_2	$\frac{-1}{4}$	1	0	$\frac{1}{2}$	$\frac{-1}{4}$	0	100
d_3	x_3	$\frac{3}{2}$	0	1	0	$\frac{1}{2}$	0	230
0	x_6	2	0	0	−2	1	1	20

Agora, calcule o novo custo reduzido para qualquer variável (ou o valor de z), multiplique os elementos de sua coluna pelos elementos correspondentes na coluna da extrema esquerda, some-os e subtraia dessa soma o elemento da linha superior. Por exemplo, para x_1, temos os cálculos da Tabela 3.6:

Tabela 3.6 Cálculos de x_1

Coluna da esquerda	d_1 x_1	(x_1-coluna × coluna da esquerda)
1	4	4×1
d_2	$-\frac{1}{4}$	$-\frac{1}{4}d_2$
d_3	$\frac{3}{2}$	$\frac{3}{2}d_3$
0	2	2×0
Custo reduzido para $x_1 = 4 - \frac{1}{4}d_2 + \frac{3}{2}d_3 - d_1$		

Observe que a aplicação desses cálculos às *variáveis básicas* sempre produzirão um custo reduzido zero, um resultado teórico comprovado. Ademais, aplicar a mesma regra à coluna *Solução* produz $z = 1.350 + 100d_2 + 230d_3$.

Como estamos lidando com um problema de maximização, a solução atual permanece ótima, contanto que os novos custos reduzidos (coeficientes da linha z) permaneçam não negativos para todas as variáveis não básicas. Assim, temos as seguintes **condições de otimalidade** correspondentes às variáveis não básicas x_1, x_4 e x_5:

$$4 - \frac{1}{4}d_2 + \frac{3}{2}d_3 - d_1 \geq 0$$

$$1 + \frac{1}{2}d_2 \geq 0$$

$$2 - \frac{1}{4}d_2 + \frac{1}{2}d_3 \geq 0$$

Essas condições devem ser satisfeitas *simultaneamente* para manter a otimalidade da solução ótima atual.

Para ilustrar a utilização dessas condições, suponha que a função objetivo da Toyco seja alterada de

$$\text{Maximizar } z = 3x_1 + 2x_2 + 5x_3$$

para

$$\text{Maximizar } z = 2x_1 + x_2 + 6x_3$$

Portanto, $d_1 = 2 - 3 = -\$ 1$, $d_2 = 1 - 2 = -\$ 1$ e $d_3 = 6 - 5 = \$ 1$. Substituição nas condições dadas resulta em

$$4 - (\tfrac{1}{4})d_2 + (\tfrac{3}{2})d_3 - d_1 = 4 - (\tfrac{1}{4})(-1) + (\tfrac{3}{2})(1) - (-1) = 6{,}75 > 0$$
(satisfeita)

$$1 + (\tfrac{1}{2})d_2 = 1 + (\tfrac{1}{2})(-1) = 0{,}5 > 0$$
(satisfeita)

$$2 - (\tfrac{1}{4})d_2 + (\tfrac{1}{2})d_3 = 2 - (\tfrac{1}{4})(-1) + (\tfrac{1}{2})(1) = 2{,}75 > 0$$
(satisfeita)

Os resultados mostram que as alterações propostas manterão ótima a solução atual ($x_1 = 0, x_2 = 100, x_3 = 230$). Por conseguinte, não são necessários cálculos a mais, exceto que o valor objetivo mudará para $z = 1.350 + 100d_2 + 230d_3 = 1.350 + 100 \times -1 + 230 \times 1 = \$ 1.480$. Se qualquer uma das condições não for satisfeita, é preciso determinar uma nova solução (veja Capítulo 4).

Até aqui a discussão tratou do caso de maximização. A única diferença no caso da minimização é que os custos reduzidos (coeficientes da linha z) devem ser ≤ 0 para manter a otimalidade.

As condições gerais de otimalidade podem ser usadas para determinar o caso especial no qual as variações d_j ocorrem *uma por vez* em vez de simultaneamente. Essa análise equivale a considerar os três casos a seguir:

1. Maximizar $z = (3 + d_1)x_1 + 2x_2 + 5x_3$
2. Maximizar $z = 3x_1 + (2 + d_2)x_2 + 5x_3$
3. Maximizar $z = 3x_1 + 2x_2 + (5 + d_3)x_3$

As condições individuais podem ser consideradas como casos especiais do caso simultâneo.[5]

Caso 1. Faça $d_2 = d_3 = 0$ nas condições simultâneas, o que dá

$$4 - d_1 \geq 0 \Rightarrow -\infty < d_1 \leq 4$$

Caso 2. Faça $d_1 = d_3 = 0$ nas condições simultâneas, o que dá

$$\left.\begin{array}{l} 4 - \frac{1}{4}d_2 \geq 0 \Rightarrow d_2 \leq 16 \\ 1 + \frac{1}{2}d_2 \geq 0 \Rightarrow d_2 \geq -2 \\ 2 - \frac{1}{4}d_2 \geq 0 \Rightarrow d_2 \leq 8 \end{array}\right\} \Rightarrow -2 \leq d_2 \leq 8$$

Caso 3. Faça $d_1 = d_2 = 0$ nas condições simultâneas, o que dá

$$\left.\begin{array}{l} 4 + \frac{3}{2}d_3 \geq 0 \Rightarrow d_3 \geq -\frac{8}{3} \\ 2 + \frac{1}{2}d_3 \geq 0 \Rightarrow d_3 \geq -4 \end{array}\right\} \Rightarrow -\frac{8}{3} \leq d_3 < \infty$$

As condições individuais dadas podem ser traduzidas em termos da receita total unitária. Por exemplo, para caminhões de brinquedo (variável x_2), a receita total unitária é $2 + d_2$, e a condição associada $-2 \leq d_2 \leq 8$ é expressa como

$$2 + (-2) \leq 2 + d_2 \leq 2 + 8$$

ou

$$\$ 0 \leq (\text{Receita unitária da caminhão de brinquedo}) \leq \$ 10$$

Essa condição considera que as receitas unitárias para trens e carros de brinquedo permanecem fixas em \$ 3 e \$ 5, respectivamente.

A faixa permissível (\$ 0, \$ 10) indica que a receita unitária de caminhões de brinquedo (variável x_2) pode chegar a \$ 0 ou alcançar \$ 10 sem alterar a solução ótima atual, $x_1 = 0, x_2 = 100, x_3 = 230$. Contudo, a receita total passará para $1.350 + 100d_2$.

É importante notar que as variações d_1, d_2 e d_3 podem estar dentro de suas faixas individuais admissíveis sem satisfazer as condições simultâneas, e vice-versa. Por exemplo, considere

$$\text{Maximizar } z = 6x_1 + 8x_2 + 3x_3$$

Aqui, $d_1 = 6 - 3 = \$ 3$, $d_2 = 8 - 2 = \$ 6$ e $d_3 = 3 - 5 = -\$ 2$, e todas estão dentro das faixas individuais permissíveis ($-\infty < d_1 \leq 4$, $-2 \leq d_2 \leq 8$ e $-(\frac{8}{3}) \leq d_3 < \infty$). Todavia, as condições simultâneas correspondentes dão

$$4 - (\tfrac{1}{4})\, d_2 + (\tfrac{3}{2})\, d_3 - d_1 = 4 - (\tfrac{1}{4})\,(6) + (\tfrac{3}{2})\,(-2) - 3 = -3{,}5 < 0$$
(não satisfeita)

$$1 + (\tfrac{1}{2})\, d_2 = 1 + (\tfrac{1}{2})\,(6) = 4 > 0$$
(satisfeita)

$$2 - (\tfrac{1}{4})\, d_2 + (\tfrac{1}{2})\, d_3 = 2 - (\tfrac{1}{4})\,(6) + (\tfrac{1}{2})\,(-2) = -0{,}5 < 0$$
(não satisfeita)

Esses resultados podem ser resumidos da maneira descrita a seguir.

1. Os valores ótimos das variáveis permanecem inalterados contanto que as variações $d_j, j = 1, 2, \ldots, n$, nos coeficientes da função objetivo satisfaçam todas as condições de otimalidade quando as variações forem simultâneas ou caírem dentro das faixas de otimalidade quando ocorrer uma variação individual.
2. Para as outras situações em que as condições simultâneas de otimalidade não forem satisfeitas ou as faixas de viabilidade individuais forem violadas, o recurso é resolver o problema com os novos valores ou aplicar análise pós-otimização apresentada no Capítulo 4.

[5] As faixas individuais são saídas padronizadas em todos os softwares de PL. De modo geral, condições simultâneas não são parte da saída, provavelmente porque são inconvenientes no caso de grandes problemas.

CONJUNTO DE PROBLEMAS 3.6D[6]

1. No modelo da Toyco, determine se a solução atual mudará em cada um dos seguintes casos:

(i) $z = 2x_1 + x_2 + 4x_3$
(ii) $z = 3x_1 + 6x_2 + x_3$
(iii) $z = 8x_1 + 3x_2 + 9x_3$

***2.** O armazém B&K vende três tipos de refrigerantes: marcas registradas A1 Cola e A2 Cola, e a marca BK Cola, a mais barata da loja. Os preços por lata para A1, A2 e BK são 80, 70 e 60 centavos, respectivamente. Na média, a loja não vende mais do que 500 latas dos três refrigerantes por dia. Embora A1 seja um nome de marca reconhecido, os clientes tendem a comprar mais A2 e BK porque são mais baratos. A estimativa é que no mínimo 100 latas de A1 sejam vendidas por dia e que as vendas combinadas de A2 e BK ultrapassem as de A1 por uma margem de no mínimo 4:2.

(a) Mostre que a solução ótima não exige a venda da marca A3.
(b) De quanto deveria ser o aumento por lata para A3 para ser vendido pela B&K?
(c) Para ser competitiva em relação às outras lojas, a B&K decidiu reduzir em 5 centavos/lata os preços dos três tipos de refrigerantes. Calcule novamente os custos reduzidos para determinar se essa promoção mudará a solução ótima atual.

3. A Baba Furniture Company emprega quatro carpinteiros por dez dias para montar mesas e cadeiras. A montagem de uma mesa leva dois homens por hora e a montagem de uma cadeira leva 0,5 homem por hora. Em geral, os clientes compram uma mesa e quatro a seis cadeiras. Os preços são \$ 135 por mesa e \$ 50 por cadeira. A empresa funciona em um turno de 8 horas por dia.

(a) Determine o mix de produção ótimo para os dez dias.
(b) Se os preços unitários atuais por mesa e cadeira forem reduzidos em 10% cada, use análise de sensibilidade para determinar se a solução ótima obtida em (a) mudará.
(c) Se os preços unitários atuais por mesa e cadeira forem alterados para \$ 120 e \$ 25, a solução em (a) mudará?

4. No próximo mês, o Bank of Elkins alocará no máximo \$ 200.000 para linhas de crédito pessoal e financiamento para compra de automóveis. A taxa de juros cobrada pelo banco é de 14% para o crédito pessoal e 12% para o financiamento da compra de automóveis. O prazo de pagamento para as duas linhas de crédito é de um ano. A experiência mostra que aproximadamente 3% dos empréstimos pessoais e 2% dos empréstimos para compra de automóveis não são pagos. Em geral, o banco destina no mínimo duas vezes mais verba para o financiamento da compra de automóveis do que para o crédito pessoal.

(a) Determine a alocação ótima de fundos entre os dois tipos de empréstimos e a taxa líquida de retorno sobre todos os empréstimos.
(b) Se as porcentagens destinadas ao crédito pessoal e ao financiamento da compra de automóveis forem alteradas para 4% e 3%, respectivamente, use a análise de sensibilidade para determinar se a solução ótima em (a) mudará.

***5.** A Electra produz quatro tipos de motores elétricos, cada um em uma linha de montagem separada. As capacidades respectivas das linhas são 500, 500, 800 e 750 motores por dia. O motor do tipo 1 usa oito unidades de um certo componente eletrônico, o motor do tipo 2 usa cinco unidades, o motor do tipo 3 usa quatro unidades e o motor do tipo 4 usa seis unidades. O fabricante do componente pode fornecer 8.000 peças por dia. Os preços dos componentes para os respectivos tipos de motor são \$ 60, \$ 40, \$ 25 e \$ 30 por motor.

(a) Determine o mix ótimo de produção diário.
(b) A atual programação de produção atende às necessidades da Electra. Contudo, devido à concorrência, pode ser que a empresa precise reduzir o preço do motor do tipo 2. Qual é a maior redução que pode ser efetuada sem alterar a programação de produção atual?
(c) A Electra decidiu reduzir em 25% o preço de todos os tipos de motores. Use análise de sensibilidade para determinar se a solução ótima permanecerá inalterada.
(d) Atualmente, o motor do tipo 4 não é produzido. De quanto deveria ser o aumento no preço desse motor para ser incluído na programação de produção?

6. A Popeye Canning tem um contrato de recebimento de 60.000 lb diárias de tomates maduros a 7 centavos por libra, com os quais produz suco de tomate, molho de tomate e massa de tomate enlatados. A embalagem-padrão dos produtos enlatados contém 24 latas. Uma lata de suco usa 1 lb de tomates frescos, uma lata de molho usa $\frac{1}{2}$ lb e uma lata de massa usa $\frac{3}{4}$ lb. A participação de mercado diária da empresa está limitada a 2.000 caixas de suco, 5.000 caixas de molho e 6.000 caixas de massa. Os preços no atacado para caixa de suco, molho e massa são \$ 21, \$ 9 e \$ 12, respectivamente.

(a) Desenvolva um programa de produção diário ótimo para a Popeye.
(b) Se os preços por caixa de suco e de massa permanecerem fixos, como dados no problema, use análise de sensibilidade para determinar a faixa de preço unitário que a Popeye deve cobrar por uma caixa de molho para manter inalterado o mix ótimo de produtos.

7. A Dean's Furniture Company monta armários de cozinha normais e de luxo, e utiliza madeira pré-cortada. Os armários normais são pintados de branco e os de luxo são envernizados. As operações de pintura e envernizamento são executadas em um só departamento. A capacidade diária do departamento de montagem é de 200 armários normais e de 150 de luxo. Envernizar uma unidade de luxo leva duas vezes mais tempo do que pintar uma unidade normal. Se o departamento de pintura/envernizamento se dedicar apenas às unidades de luxo, pode produzir 180 unidades por dia. A empresa estima que as receitas por unidade para os armários normal e de luxo são \$ 100 e \$ 140, respectivamente.

(a) Formule a questão como um problema de programação linear e ache a programação da produção diária ótima.
(b) Suponha que a concorrência imponha que os preços por unidade do armário comum e de luxo sejam reduzidos para \$ 80. Use análise de sensibilidade para determinar se a solução ótima em (a) permanecerá inalterada.

8. *Regra da otimalidade 100%.* Uma regra semelhante à da *viabilidade 100%* descrita no Problema 12, Conjunto 3.6C, também pode ser desenvolvida para testar o efeito da alteração simultânea de todos os c_j para $c_j + d_j, j = 1, 2,..., n$, sobre a otimalidade da solução atual. Suponha que $u_j \leq d_j \leq v_j$ é a faixa de otimalidade obtida como resultado da variação de cada c_j para $c_j + d_j$, um por vez, usando o procedimento da Seção 3.6.3. Nesse caso, $u_j \leq 0$ ($v_j \geq 0$), porque representa o máximo decréscimo (aumento) permitido para manter ótima a solução atual. Para os casos em que $u_j \leq d_j \leq v_j$, defina r_j igual a $(\frac{d_j}{v_j})$ se d_j for positiva e igual a $(\frac{d_j}{u_j})$ se d_j for negativa. Por definição, $0 \leq r_j \leq 1$. A regra dos 100% diz que uma condição suficiente (embora não necessária) para a solução atual permanecer ótima é que $r_1 + r_2 + ... + r_n \leq 1$. Se a condição não for satisfeita, a solução atual pode permanecer ou não ótima. A regra não se aplica se d_j cair fora das faixas especificadas.

Demonstre que a regra da otimalidade 100% é muito fraca para ser sempre confiável como uma ferramenta de tomada de decisão aplicando-a aos seguintes casos:

(a) Partes (ii) e (iii) do Problema 1.
(b) Parte (b) do Problema 7.

[6] Nesse conjunto de problemas, talvez seja conveniente gerar a tabela simplex ótima com o Tora.

Figura 3.14
Análise de sensibilidade do TORA para o modelo da Toyco.

Análise de sensibilidade

Variable	CurrObjCoeff	MinObjCoeff	MaxObjCoeff	Reduced Cost
x1:	3.00	-infinity	7.00	4.00
x2:	2.00	0.00	10.00	0.00
x3:	5.00	2.33	infinity	0.00

Constraint	Curr RHS	Min RHS	Max RHS	Dual Price
1(<):	430.00	230.00	440.00	1.00
2(<):	460.00	440.00	860.00	2.00
3(<):	420.00	400.00	infinity	0.00

Figura 3.15
Relatório da análise de sensibilidade do Excel Solver para o modelo da Toyco

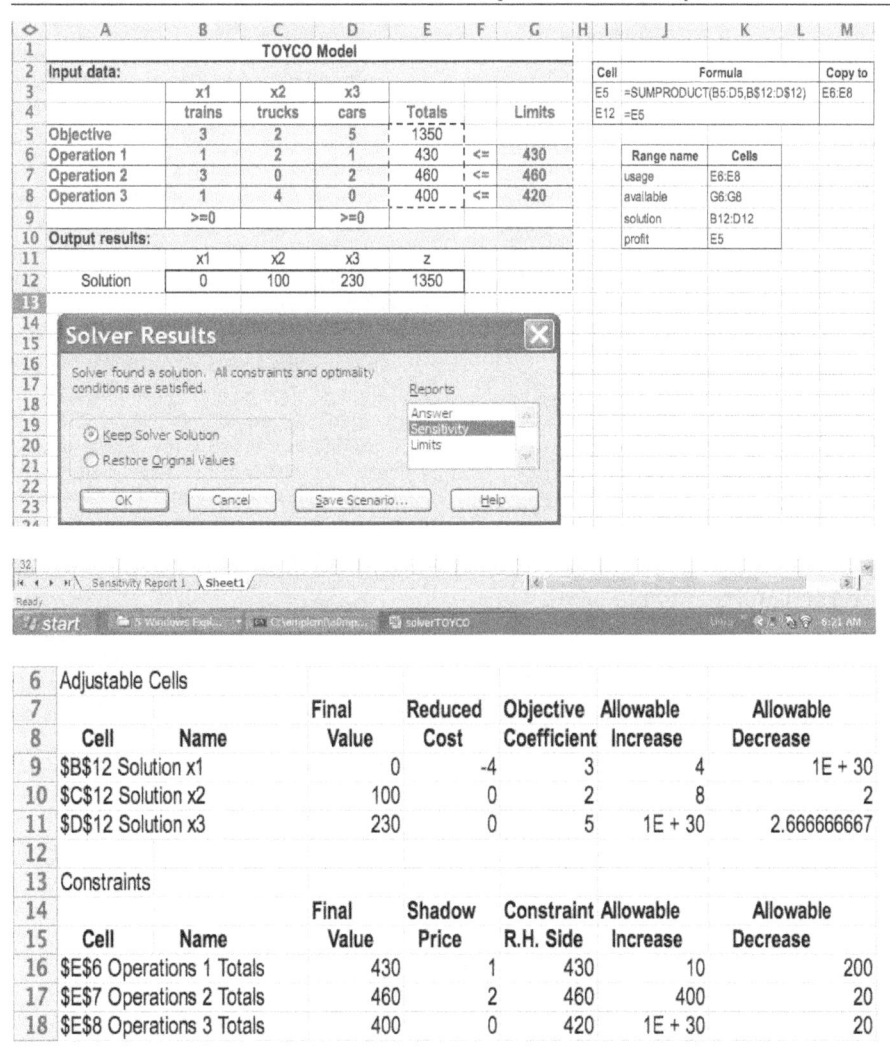

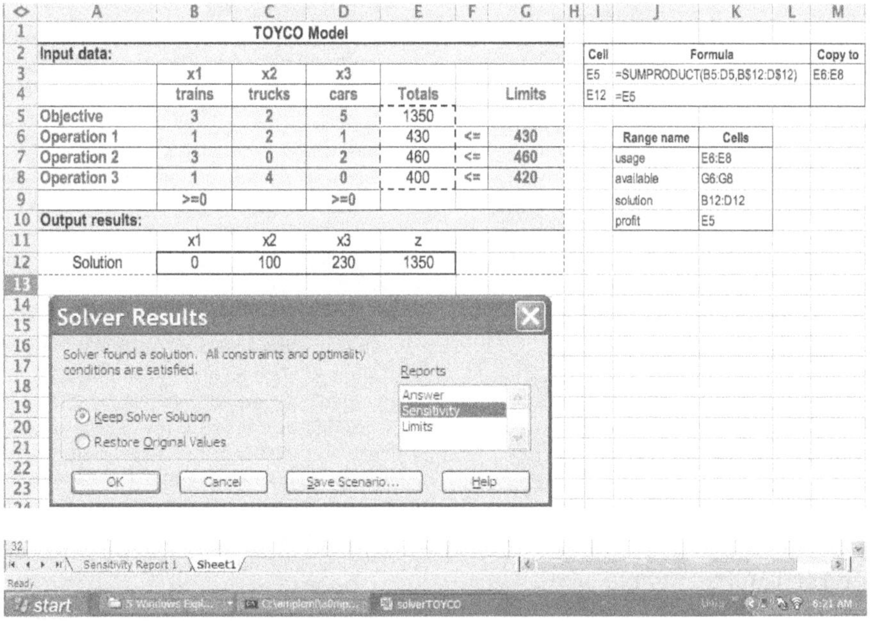

6	Adjustable Cells							
7			Final	Reduced	Objective	Allowable	Allowable	
8	Cell	Name	Value	Cost	Coefficient	Increase	Decrease	
9	$B$12	Solution x1	0	-4	3	4	1E + 30	
10	$C$12	Solution x2	100	0	2	8	2	
11	$D$12	Solution x3	230	0	5	1E + 30	2.666666667	
12								
13	Constraints							
14			Final	Shadow	Constraint	Allowable	Allowable	
15	Cell	Name	Value	Price	R.H. Side	Increase	Decrease	
16	$E$6	Operations 1 Totals	430	1	430	10	200	
17	$E$7	Operations 2 Totals	460	2	460	400	20	
18	$E$8	Operations 3 Totals	400	0	420	1E + 30	20	

3.6.4 Análise de sensibilidade com o TORA, o Solver e o AMPL

Agora temos todas as ferramentas necessárias para decifrar a saída fornecida pelos softwares de PL, em particular em relação à análise de sensibilidade. Usaremos o exemplo da Toyco para demonstrar as saídas do TORA, do Solver e do AMPL.

O relatório de saída de PL do TORA fornece os dados da análise de sensibilidade automaticamente, como mostra a Figura 3.14 (arquivo TOYCO.txt). A saída inclui os custos reduzidos e os preços duais, bem como suas faixas de otimalidade e de viabilidade.

A Figura 3.15 apresenta o modelo da Toyco no Solver (arquivo solverTOYCO.xls) e seu relatório de análise de sensibilidade. Depois de clicar em 'Resolver' na caixa de diálogo **Parâmetros do Solver**, a nova caixa de diálogo **Resultados do Solver** lhe dará a oportunidade de solicitar mais detalhes sobre a solução, entre eles o importante relatório de análise de sensibilidade. O relatório será armazenado em uma planilha Excel separada, como mostram as opções na parte inferior da tela. Então, você pode clicar em **'Relatório de Sensibilidade 1'** para ver os resultados. O relatório é semelhante ao do TORA, exceto por quatro diferenças: 1) o nome *Reduzido Gradiente* substitui o nome *Reduced Cost*; 2) o custo reduzido tem um sinal contrário; 3) o nome *Lagrange Multiplicador* substitui o nome *Dual Price*; e 4) as faixas de otimalidade são para as variações d_j e D_i em vez de para os coeficientes da função objetivo e restrições totais do lado direito. As diferenças são pequenas e a interpretação dos resultados permanece a mesma.

Em AMPL, o relatório de análise de sensibilidade é imediatamente disponibilizado. O arquivo amplTOYCO.txt fornece o código necessário para determinar a saída da análise de sensibilidade e requer as seguintes declarações adicionais.

```
option solver cplex;
option cplex_options 'sensitivity';
solve; ?/
#------------------------sensitivity analysis
display oper.down,oper.current,
        oper.up,oper.dual>a.out;
display x.down,x.current,x.up,x.rc>a.out;
```

As declarações CPLEX `option` são necessárias para poder obter o relatório-padrão de análise de sensibilidade. No modelo da Toyco, as variáveis e restrições indexadas usam os nomes-raiz `x` e `oper`, respectivamente. Usando esses nomes, os sugestivos sufixos `.down`, `.current` e `.up` na declaração `display` geram automaticamente o relatório formatado de análise de sensibilidade da Figura 3.16. Os sufixos `.dual` e `.rc` fornecem o preço dual e o custo reduzido.

Uma alternativa para o relatório-padrão de análise em AMPL é resolver o problema de PL para uma faixa de valores para os coeficientes da função objetivo e para o lado direito das restrições. O AMPL automatiza esse processo por meio da utilização de `commands` (veja a Seção A.7). Suponha que queiramos investigar o efeito causado por alterações em `b[1]`, o tempo total disponível para a operação 1, no modelo da Toyco, arquivo amplTOYCO.txt. Podemos fazer isso passando `solve` e `display` de amplTOYCO.txt para um novo arquivo, ao qual daremos o nome arbitrário de analysis.txt:

```
repeat while b[1]<=500
{
solve;
display z, x;
let b[1]:=b[1]+1;
};
```

Em seguida, entre com as seguintes linhas no prompt ampl:

```
ampl:model amplTOYCO.txt;
ampl:commands analysis.txt;
```

Figura 3.16
Relatório de análise de sensibilidade do AMPL para o modelo da Toyco

```
: oper.down oper.current oper.up oper.dual    :=
1     230        430          440      1
2     440        460          860      2
3     400        420        1e+20      0
;

:       x.down     x.current      x.up   x.rc      :=
1    -1e+20             3            7     -4
2     0                 2           10      0
3        2.33333        5        1e+20      0
;
```

A primeira linha dará o modelo e seus dados, e a segunda linha dará as soluções ótimas, começando com `b[1]` em 430 (valor inicial dado em amplTOYCO.txt) e continuando com incrementos de 1 até `b[1]` alcançar 500. Depois, um exame da saída nos permitirá estudar a sensibilidade da solução ótima a variações em `b[1]`. Procedimentos semelhantes podem ser seguidos com os outros coeficientes incluindo o caso de variações simultâneas.

CONJUNTO DE PROBLEMAS 3.6E[7]

1. Considere o Problema 1, Conjunto 2.3C (Capítulo 2). Use o preço dual para decidir se vale a pena aumentar os fundos para o ano 4.

2. Considere o Problema 2, Conjunto 2.3C (Capítulo 2).
(a) Use os preços duais para determinar o retorno global sobre o investimento.
(b) Se você quiser gastar $ 1.000 em lazer ao final do ano 1, como isso afetaria a quantia acumulada no início do ano 5?

3. Considere o Problema 3, Conjunto 2.3C (Capítulo 2).
(a) Dê uma interpretação econômica dos preços duais do modelo.
(b) Mostre como o preço dual associado com o limite superior do dinheiro que foi tomado emprestado no terceiro trimestre pode ser derivado com base nos preços duais associados com as equações de equilíbrio que representam o fluxo de caixa de entrada e de saída nas cinco datas designadas do ano.

4. Considere o Problema 4, Conjunto 2.3C (Capítulo 2). Use os preços duais para determinar a taxa de retorno associada a cada ano.

***5.** Considere o Problema 5, Conjunto 2.3C (Capítulo 2). Use o preço dual para determinar se vale a pena o executivo investir mais dinheiro nos planos.

6. Considere o Problema 6, Conjunto 2.3C (Capítulo 2). Use o preço dual para decidir se é aconselhável que o jogador aposte mais dinheiro.

7. Considere o Problema 1, Conjunto 2.3D (Capítulo 2). Relacione os preços duais com os custos unitários de produção do modelo.

8. Considere o Problema 2, Conjunto 2.3D (Capítulo 2). Suponha que qualquer capacidade adicional das máquinas 1 e 2 possa ser adquirida com utilização apenas de horas extras. Qual é o custo máximo por hora no qual a empresa deve estar disposta a incorrer para qualquer uma das máquinas?

***9.** Considere o Problema 3, Conjunto 2.3D (Capítulo 2).
(a) Suponha que o fabricante possa comprar unidades adicionais da matéria-prima *A* a $ 12 por unidade. Seria aconselhável fazer isso?
(b) Você recomendaria que o fabricante comprasse unidades adicionais da matéria-prima *B* a $ 5 por unidade?

10. Considere o Problema 10, Conjunto 2.3E (Capítulo 2).
(a) Qual das restrições da especificação causa um impacto adverso sobre a solução ótima?
(b) Qual é o máximo que a empresa deve pagar por tonelada de cada minério?

[7] Antes de resolver os problemas desse conjunto, aconselhamos que você gere o relatório da análise de sensibilidade usando o AMPL, o Solver ou o TORA.

REFERÊNCIAS BIBLIOGRÁFICAS

Bazaraa, M.; Jarvis, J. e Sherali, H. *Linear programming and network flows.* 2. ed. Nova York: Wiley, 1990.

Dantzig, G. *Linear programming and extensions.* Princeton (NJ): Princeton University, 1963.

Dantzig, G. e Thapa, M. *Linear programming 1: introduction.* Nova York: Springer, 1997.

Fourer, R.; Gay, D. e Kernighan, B. *AMPL, a modeling language for mathematical programming.* 2. ed. Pacific Grove (CA): Brooks/Cole-Thompson, 2003.

Nering, E. e Tucker, A. *Linear programming and related problems.* Boston: Academic, 1992.

Schrage, L. *Optimization modeling with LINGO.* Chicago: LINDO Systems, Inc., 1999.

Taha, H. "Linear programming". In: Moder, J. e Elmaghraby, S. (eds.). *Handbook of operations research.* Nova York: Van Nostrand Reinhold, 1987. cap. II-1.

Capítulo 4

Dualidade e análise pós-otimização

Guia do capítulo. O Capítulo 3 tratou da sensibilidade da solução ótima determinando as faixas para os parâmetros do modelo que manterão a solução básica ótima inalterada. Uma conseqüência natural da análise de sensibilidade é a *análise pós-otimização*, cujo objetivo é determinar a nova solução ótima que resulta de alterações intencionais nos parâmetros do modelo. Embora a análise pós-otimização possa ser executada usando os cálculos da tabela simplex da Seção 3.6, este capítulo é inteiramente baseado no problema dual.

Você vai precisar, no mínimo, estudar o problema dual e sua interpretação econômica (seções 4.1, 4.2 e 4.3). A definição matemática do problema dual na Seção 4.1 é puramente abstrata. Ainda assim, quando você estudar a Seção 4.3 verá que o problema dual leva a interpretações econômicas intrigantes do modelo de PL, entre elas os *preços duais* e os *custos reduzidos*. Além disso, proporciona as bases para o desenvolvimento do novo *algoritmo dual simplex*, um pré-requisito para a análise pós-otimização. O algoritmo dual simplex também é necessário para a programação inteira que será discutida no Capítulo 9.

O *algoritmo simplex generalizado* da Seção 4.4.2 pretende mostrar que o método simplex não é rígido, no sentido de que podemos modificar as regras para tratar de problemas que, de início, são inviáveis e também não ótimos. Contudo, esse material pode ser ignorado sem prejuízo de continuidade.

Você pode usar o modo interativo do TORA para reforçar o que entendeu dos detalhes de cálculo do método dual simplex.

Este capítulo inclui 14 exemplos resolvidos, 56 problemas de final de seção e dois casos. Os casos estão no Apêndice E, disponível em inglês no site do livro.

4.1 DEFINIÇÃO DO PROBLEMA DUAL

O problema **dual** é um problema de PL definido direta e sistematicamente de acordo com o problema de PL **primal** (ou original). Os dois problemas guardam uma relação tão estreita que a solução ótima de um problema fornece automaticamente a solução ótima do outro.

Em grande parte dos tratamentos de PL, o dual é definido para os vários formatos do primal dependendo do sentido de otimização (maximização ou minimização), dos tipos de restrições ($\leq, \geq$ ou $=$) e da orientação das variáveis (não negativa ou irrestrita). Esse tipo de tratamento é um pouco confuso e, por essa razão, oferecemos uma definição *única* que abranja automaticamente *todas* as formas do primal.

Nossa definição do problema dual requer expressar o problema primal na *forma de equações* apresentada na Seção 3.1 (todas as restrições são equações cujo lado direito é não negativo e todas as variáveis são não negativas). Esse requisito é consistente com o formato da tabela simplex inicial. Por conseguinte, quaisquer resultados obtidos com base na solução ótima do problema primal se aplicarão diretamente ao problema dual associado.

Para mostrar como o problema dual é construído, o problema primal é definido na *forma de equações* da seguinte maneira:

$$\text{Maximizar ou minimizar } z = \sum_{i=1}^{n} c_j x_j$$

sujeito a

$$\sum_{i=1}^{n} a_{ij} x_j = b_i,\ i = 1, 2, \ldots, m$$

$$x_j \geq 0, j = 1, 2, \ldots, n$$

As variáveis x_j, $j = 1, 2, \ldots, n$ incluem as variáveis de sobra, de folga e artificiais, se houver.

A Tabela 4.1 mostra como o problema dual é construído com base no problema primal. Efetivamente, temos:

1. Uma variável dual é definida para cada equação (restrição) primal.
2. Uma restrição dual é definida para cada variável primal.
3. Os coeficientes da restrição (coluna) de uma variável primal definem os coeficientes do lado esquerdo da restrição dual, e seus coeficientes na função objetivo definem os coeficientes do lado direito.
4. Os coeficientes da função objetivo do problema dual são iguais aos coeficientes do lado direito das equações de restrição do problema primal.

Tabela 4.1 Construção do problema dual com base no problema primal

	Variáveis primais do problema						
	x_1	x_2	$\ldots$	x_j	$\ldots$	x_n	
Variáveis duais do problema	c_1	c_2	$\ldots$	c_j	$\ldots$	c_n	Lado direito
y_1	a_{11}	a_{12}	$\ldots$	a_{1j}	$\ldots$	a_{1n}	b_1
y_2	a_{21}	a_{22}	$\ldots$	a_{2j}	$\ldots$	a_{2n}	b_2
$\vdots$	$\vdots$	$\vdots$	$\ddots$	$\vdots$	$\ddots$	$\vdots$	$\vdots$
y_m	a_{m1}	a_{m2}	$\ldots$	a_{mj}	$\ldots$	a_{mn}	b_m
				↑ *j*-ésima restrição do dual			↑ Coeficientes da função objetivo do dual

Tabela 4.2 Regras para construir o problema dual

Função objetivo* do problema primal	Problema dual		
	Objetivo	*Tipos de restrições*	*Sinal das variáveis*
Maximização	Minimização	$\geq$	Irrestrita
Minimização	Maximização	$\leq$	Irrestrita

* Todas as restrições do problema primal são equações cujo lado direito e cujas variáveis, todas, são não negativos.

As regras para determinar o sentido da otimização (maximização ou minimização), o tipo da restrição ($\leq, \geq$ ou $=$) e o sinal das variáveis duais estão resumidas na Tabela 4.2. Observe que o sentido da otimização no dual é sempre oposto ao do primal. Um modo fácil de lembrar o tipo de restrição no dual (isto é, $\leq, \geq$ ou $=$) é: se o objetivo do dual for *minimização* (isto é, dirigido *para baixo*), então as restrições são todas do tipo $\geq$ (isto é, apontam *para cima*). Vale o oposto quando o objetivo do dual for maximização.

Os seguintes exemplos demonstram a utilização das regras da Tabela 4.2 e também mostram que nossa definição incorpora automaticamente todas as formas do primal.

Exemplo 4.1-1

Tabela 4.3 Utilização das regras da Tabela 4.2

Problema primal	Problema primal na forma de equações	Variáveis duais
Maximizar	Maximizar	
$z = 5x_1 + 12x_2 + 4x_3$	$z = 5x_1 + 12x_2 + 4x_3 + 0x_4$	
sujeito a	sujeito a	
$x_1 + 2x_2 + x_3 \le 10$	$x_1 + 2x_2 + x_3 + x_4 = 10$	y_1
$2x_1 - x_2 + 3x_3 = 8$	$2x_1 - x_2 + 3x_3 + 0x_4 = 8$	y_2
$x_1, x_2, x_3 \ge 0$	$x_1, x_2, x_3, x_4 \ge 0$	

Problema dual

Minimizar $w = 10y_1 + 8y_2$

sujeito a

$$y_1 + 2y_2 \ge 5$$
$$2y_1 - y_2 \ge 12$$
$$y_1 + 3y_2 \ge 4$$
$$\left.\begin{array}{l} y_1 + 0y_2 \ge 0 \\ y_1, y_2 \text{ irrestritas} \end{array}\right\} \Rightarrow (y_1 \ge 0, y_2 \text{ irrestrita})$$

Exemplo 4.1-2

Tabela 4.4 Utilização das regras da Tabela 4.2

Problema primal	Problema primal na forma de equações	Variáveis duais
Minimizar	Minimizar	
$z = 15x_1 + 12x_2$	$z = 15x_1 + 12x_2 + 0x_3 + 0x_4$	
sujeito a	sujeito a	
$x_1 + 2x_2 \ge 3$	$x_1 + 2x_2 - x_3 + 0x_4 = 3$	y_1
$2x_1 - 4x_2 \le 5$	$2x_1 - 4x_2 + 0x_3 + x_4 = 5$	y_2
$x_1, x_2 \ge 0$	$x_1, x_2, x_3, x_4 \ge 0$	

Problema dual

Maximizar $w = 3y_1 + 5y_2$

sujeito a

$$y_1 + 2y_2 \le 15$$
$$2y_1 - 4y_2 \le 12$$
$$\left.\begin{array}{l} -y_1 \le 0 \\ y_2 \le 0 \\ y_1, y_2 \text{ irrestritas} \end{array}\right\} \Rightarrow (y_1 \ge 0, y_2 \le 0)$$

Exemplo 4.1-3

Tabela 4.5 Utilização das regras da Tabela 4.2

Problema primal	Problema primal na forma de equações	Variáveis duais
	Substituir $x_1 = x_1^+ - x_1^-$	
Maximizar $z = 5x_1 + 6x_2$	Maximizar $z = 5x_1^+ - 5x_1^- + 6x_2$	
sujeito a	sujeito a	
$x_1 + 2x_2 = 5$	$x_1^- - x_1^+ + 2x_2 = 5$	y_1
$-x_1 + 5x_2 \ge 3$	$-x_1^- + 4x_1^+ + 5x_2 - x_3 = 3$	y_2
$4x_1 + 7x_2 \le 8$	$4x_1^- - 4x_1^+ + 7x_2 + x_4 = 8$	y_3
x_1 irrestrita, $x_2 \ge 0$	$x_1^-, x_1^+, x_2, x_3, x_4 \ge 0$	

Problema dual

Minimizar $z = 5y_1 + 3y_2 + 8y_3$

sujeito a

$$\left.\begin{array}{l} y_1 - y_2 + 4y_3 \ge 5 \\ -y_1 + y_2 - 4y_3 \ge -5 \end{array}\right\} \Rightarrow (y_1 - y_2 + 4y_3 = 5)$$
$$2y_1 + 5y_2 + 7y_3 \ge 6$$
$$\left.\begin{array}{l} -y_2 \ge 0 \\ y_3 \ge 0 \\ y_1, y_2, y_3 \text{ irrestritas} \end{array}\right\} \Rightarrow (y_1 \text{ irrestrita}, y_2 \le 0, y_3 \ge 0)$$

A primeira e a segunda restrições são substituídas por uma equação. A regra geral nesse caso é que uma variável primal irrestrita sempre corresponde a uma restrição dual de igualdade. Ao contrário, uma equação primal produz uma variável dual irrestrita, como demonstra a primeira restrição primal.

Resumo das regras para construir o problema dual. A conclusão geral com base nos exemplos precedentes é que as variáveis e restrições nos problemas primal e dual são definidas pelas regras na Tabela 4.3. É um bom exercício verificar se essas regras explícitas são abrangidas pelas regras gerais apresentadas na Tabela 4.2.

Tabela 4.6 Regras para construção do problema dual

Problema de maximização		Problema de minimização
Restrições		*Variáveis*
$\ge$	$\Leftrightarrow$	≤ 0
$\le$	$\Leftrightarrow$	≥ 0
$=$	$\Leftrightarrow$	Irrestrita
Variáveis		*Restrições*
≥ 0	$\Leftrightarrow$	$\ge$
≤ 0	$\Leftrightarrow$	$\le$
Irrestrita	$\Leftrightarrow$	$=$

Observe que a tabela não usa a designação primal e dual. O que importa aqui é o sentido de otimização. Se o primal for de maximização, então o dual é de minimização, e vice-versa.

CONJUNTO DE PROBLEMAS 4.1A

1. No Exemplo 4.1-1, derive o problema dual associado se o sentido da otimização no problema primal for mudado para minimização.

***2.** No Exemplo 4.1-2, derive o problema dual associado, dado que o problema primal é aumentado com uma terceira restrição, $3x_1 + x_2 = 4$.

3. No Exemplo 4.1-3, mostre que, mesmo que o sentido da otimização no problema primal seja mudado para minimização, uma variável primal irrestrita sempre corresponde a uma restrição dual de igualdade.

4. Escreva o problema dual para cada um dos seguintes problemas primais:

(a) Maximizar $z = -5x_1 + 2x_2$
sujeito a

$$-x_1 + x_2 \le -2$$
$$2x_1 + 3x_2 \le 5$$
$$x_1, x_2 \ge 0$$

(b) Minimizar $z = 6x_1 + 3x_2$
sujeito a

$$6x_1 - 3x_2 + x_3 \ge 2$$
$$3x_1 + 4x_2 + x_3 \ge 5$$
$$x_1, x_2, x_3 \ge 0$$

*(c) Maximizar $z = x_1 + x_2$
sujeito a

$$2x_1 + x_2 = 5$$
$$3x_1 - x_2 = 6$$
$$x_1, x_2 \text{ irrestritas}$$

*5. Considere o Exemplo 4.1-1. A aplicação do método simplex ao problema primal requer a utilização de uma variável artificial na segunda restrição para garantir uma solução básica inicial. Mostre que a presença de uma variável primal artificial na forma de equação não afeta a definição do problema dual porque leva a uma restrição dual redundante.

6. Falso ou verdadeiro?
(a) O dual do problema dual dá o problema primal original.
(b) Se uma restrição primal estiver originalmente na forma de equação, a variável dual correspondente é necessariamente irrestrita.
(c) Se a restrição primal for do tipo ≤, a variável dual correspondente será não negativa (não positiva) se o problema primal for de maximização (minimização).
(d) Se a restrição primal for do tipo ≥, a variável dual correspondente será não negativa (não positiva) se o problema primal for minimização (maximização).
(e) Uma variável primal irrestrita resultará em uma restrição dual de igualdade.

4.2 RELAÇÕES PRIMAIS-DUAIS

Iterações feitas no problema de PL original mudarão os elementos da tabela simplex ótima atual, o que, por sua vez, pode afetar a otimalidade e/ou a viabilidade da solução atual. Esta seção apresenta algumas relações primais-duais que podem ser utilizadas para recalcular a tabela simplex ótima. Essas relações formarão a base para a interpretação econômica do problema de PL, bem como para a análise pós-otimização.

A seção começa com uma breve revisão de matrizes, uma ferramenta conveniente para executar os cálculos da tabela simplex.

4.2.1 Revisão de operações matriciais simples

Os cálculos da tabela simplex usam apenas três operações matriciais elementares: (Vetor linha) × (Matriz), (Matriz) × (Vetor coluna), (Escalar) × (Matriz). Para facilitar, essas operações estão resumidas aqui. Em primeiro lugar, apresentamos algumas definições de matriz:[1]

1. Uma *matriz*, **A**, de tamanho ($m \times n$) com m linhas e n colunas.

2. Um *vetor linha*, **V**, de tamanho m é uma matriz ($1 \times m$).

3. Um *vetor coluna*, **P**, de tamanho n é uma matriz ($n \times 1$).

Essas definições podem ser representadas matematicamente como

$$\mathbf{V} = (v_1, v_2, \ldots, v_m),\ \mathbf{A} = \begin{pmatrix} a_{11} & a_{12} & \vdots & a_{1n} \\ a_{21} & a_{22} & \vdots & a_{2n} \\ \cdots & \cdots & \cdots & \cdots \\ a_{m1} & a_{m2} & \vdots & a_{mn} \end{pmatrix},\ \mathbf{P} = \begin{pmatrix} p_1 \\ p_2 \\ \cdots \\ p_n \end{pmatrix}$$

1. (Vetor linha × matriz, VA). A operação é definida somente se o número de linhas do vetor linha **V** for igual ao número de linhas de **A**. Nesse caso,

$$\mathbf{VA} = \left(\sum_{i=1}^{m} v_i a_{i1}, \sum_{i=1}^{m} v_i a_{i2}, \ldots, \sum_{i=1}^{m} v_i a_{in} \right)$$

Por exemplo:

$$(11, 22, 33) \begin{pmatrix} 1 & 2 \\ 3 & 4 \\ 5 & 6 \end{pmatrix} = (1 \times 11 + 3 \times 22 + 5 \times 33,\ 2 \times 11 + 4 \times 22 + 6 \times 33)$$
$$= (242, 308)$$

2. (Matriz × vetor coluna, AP). A operação é definida somente se o número de colunas de **A** for igual ao número de linhas do vetor coluna **P**. Nesse caso,

$$\mathbf{AP} = \begin{pmatrix} \sum_{j=1}^{n} a_{1j} p_j \\ \sum_{j=1}^{n} a_{2j} p_j \\ \vdots \\ \sum_{j=1}^{n} a_{mj} p_j \end{pmatrix}$$

Como ilustração, temos

$$\begin{pmatrix} 1 & 3 & 5 \\ 2 & 4 & 6 \end{pmatrix} \begin{pmatrix} 11 \\ 22 \\ 33 \end{pmatrix} = \begin{pmatrix} 1 \times 11 + 3 \times 22 + 5 \times 33 \\ 2 \times 11 + 4 \times 22 + 6 \times 33 \end{pmatrix} = \begin{pmatrix} 242 \\ 308 \end{pmatrix}$$

3. (Escalar × matriz, αA). Dada uma quantidade (ou constante) escalar α, a operação de multiplicação $\alpha\mathbf{A}$ resultará em uma matriz do mesmo tamanho de **A** cujo (i, j)-ésimo elemento for igual a αa_{ij}. Por exemplo, dado $\alpha = 10$,

$$(10) \begin{pmatrix} 1 & 2 & 3 \\ 4 & 5 & 6 \end{pmatrix} = \begin{pmatrix} 10 & 20 & 30 \\ 40 & 50 & 60 \end{pmatrix}$$

De forma geral, $\alpha\mathbf{A} = \mathbf{A}\alpha$. A mesma operação é estendida igualmente à multiplicação de vetores por escalares. Por exemplo, $\alpha\mathbf{V} = \mathbf{V}\alpha$ e $\alpha\mathbf{P} = \mathbf{P}\alpha$.

CONJUNTO DE PROBLEMAS 4.2A

1. Considere as seguintes matrizes:

$$\mathbf{A} = \begin{pmatrix} 1 & 4 \\ 2 & 5 \\ 3 & 6 \end{pmatrix},\ \mathbf{P}_1 = \begin{pmatrix} 1 \\ 2 \end{pmatrix},\ \mathbf{P}_2 = \begin{pmatrix} 1 \\ 2 \\ 3 \end{pmatrix}$$
$$\mathbf{V}_1 = (11, 22),\ \mathbf{V}_2 = (-1, -2, -3)$$

Em cada um dos casos seguintes, indique se a operação matricial dada é legítima e, se for, calcule o resultado.

*(a) $\mathbf{AV}_1$
(b) $\mathbf{AP}_1$
(c) $\mathbf{AP}_2$
(d) $\mathbf{V}_1\mathbf{A}$
*(e) $\mathbf{V}_2\mathbf{A}$
(f) $\mathbf{P}_1\mathbf{P}_2$
(g) $\mathbf{V}_1\mathbf{P}_1$

4.2.2 Layout da tabela simplex

No Capítulo 3, seguimos um formato específico para montar a tabela simplex. Esse formato é a base para o desenvolvimento neste capítulo.

A Figura 4.1 mostra a representação esquemática das tabelas simplex *inicial* e *geral*. Na tabela inicial, os coeficientes das restrições sob as variáveis básicas iniciais formam uma **matriz identidade** (todos os elementos da diagonal principal são iguais a 1 e todos os elementos fora da diagonal principal são iguais a zero). Com esse arranjo, as iterações subseqüentes da tabela simplex geradas pelas operações de linha por Gauss-Jordan (veja Capítulo 3) modificarão os elementos da matriz identidade para produzir o que conhecemos por **matriz inversa**. Como veremos no restante deste capítulo, a matriz inversa é fundamental para calcular todos os elementos da tabela simplex associada.

[1] O Apêndice D, disponível em inglês no site do livro, fornece uma revisão mais completa de matrizes.

Figura 4.1
Representação esquemática das tabelas simplex inicial e geral

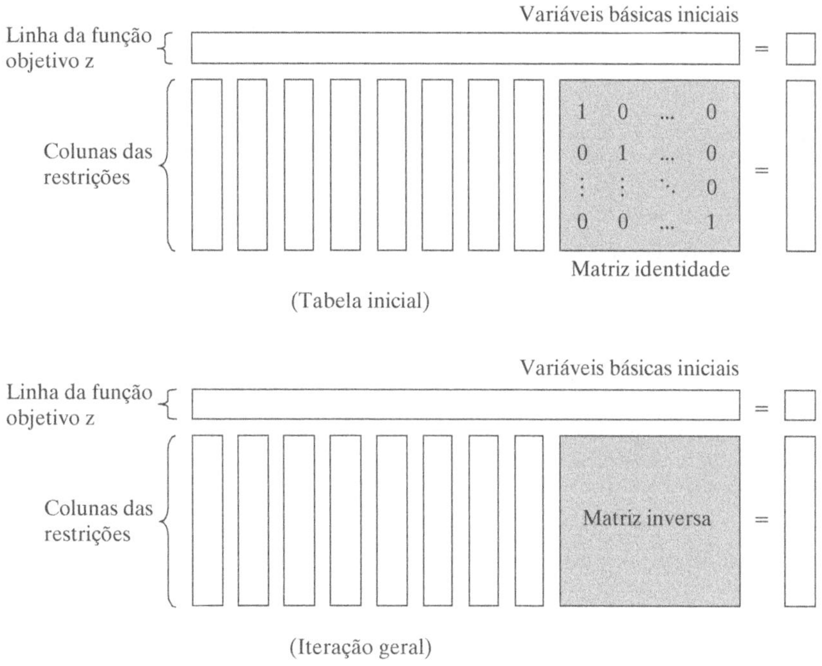

CONJUNTO DE PROBLEMAS 4.2B

1. Considere a tabela simplex ótima do Exemplo 3.3-1.

*(a) Identifique a matriz inversa na solução ótima.

(b) Mostre que o lado direito é igual à matriz inversa multiplicada pelo vetor do lado direito das restrições originais.

2. Repita o Problema 1 para a última tabela simplex do Exemplo 3.4-1.

4.2.3 Solução dual ótima

As soluções primal e dual guardam estreita relação no sentido de que a solução ótima de qualquer um dos problemas dá diretamente (com um pouco de cálculo adicional) a solução ótima do outro. Assim, em um problema de PL no qual o número de variáveis é consideravelmente menor do que o número de restrições, podem-se conseguir economias de cálculo resolvendo o problema dual, de acordo com o qual a solução primal é determinada automaticamente. Esse resultado decorre porque a quantidade de cálculos pelo método simplex depende em grande parte (embora não totalmente) do número de restrições (veja Problema 2, Conjunto 4.2C).

Esta seção apresenta dois métodos para determinar os valores duais. Observe que o dual do dual é, em si, o primal, o que significa que a solução dual também pode ser usada para obter a solução ótima primal automaticamente.

Método 1

$$\begin{pmatrix}\text{Valor ótimo de}\\ \text{variável dual } y_i\end{pmatrix} = \begin{pmatrix}\text{Coeficiente } z \text{ ótimo prima de variável inicial } x_i\\ +\\ \text{Coeficiente de função objetivo original de } x_i\end{pmatrix}$$

Método 2

$$\begin{pmatrix}\text{Valores ótimos das}\\ \text{variáveis duais}\end{pmatrix} = \begin{pmatrix}\text{Vetor linha dos coeficientes de função}\\ \text{objetivo original das variáveis}\\ \text{básicas da solução prima ótima}\end{pmatrix} \times \begin{pmatrix}\text{Matriz inversa da}\\ \text{solução primal ótima}\end{pmatrix}$$

Os elementos do vetor linha devem aparecer na mesma ordem em que as variáveis básicas são apresentadas na lista da coluna *Base* da tabela simplex.

Exemplo 4.2-1

Considere o seguinte problema de PL:

$$\text{Maximizar } z = 5x_1 + 12x_2 + 4x_3$$

sujeito a

$$x_1 + 2x_2 + x_3 \leq 10$$
$$2x_1 - x_2 + 3x_3 = 8$$
$$x_1, x_2, x_3 \geq 0$$

Para preparar o problema para ser solucionado pelo método simplex, adicionamos uma folga x_4 na primeira restrição e uma variável artificial R na segunda. Assim, os problemas primal resultante e o dual associado são definidos da maneira descrita na Tabela 4.7.

Tabela 4.7 Problemas primal resultante e dual associado

Primal	Dual
Maximizar $z = 5x_1 + 12x_2 + 4x_3 - MR$	Minimizar $w = 10y_1 + 8y_2$
sujeito a	sujeito a
$x_1 + 2x_2 + x_3 + x_4 = 10$	$y_1 + 2y_2 \geq 5$
$2x_1 - x_2 + 3x_3 + R = 8$	$2y_1 - y_2 \geq 12$
$x_1, x_2, x_3, x_4, R \geq 0$	$y_1 + 3y_2 \geq 4$
	$y_1 \geq 2$
	$y_2 \geq -M$ ($\Rightarrow y_2$ irrestrita)

A Tabela 4.9 dá a tabela simplex ótima para o problema primal.

Agora mostramos como os valores ótimos duais são determinados utilizando os dois métodos descritos no início desta seção.

Método 1. Na Tabela 4.9, as variáveis básicas iniciais primais x_4 e R correspondem exclusivamente às variáveis duais y_1 e y_2, respectivamente. Assim, determinamos a solução ótima para o problema dual como descrito na Tabela 4.8.

Tabela 4.8 Solução ótima para o problema dual

Variáveis básicas iniciais do primal	x_4	R
Coeficientes da função objetivo z	$\frac{29}{5}$	$-\frac{2}{5}+M$
Coeficiente da função objetivo original	0	$-M$
Variáveis duais	y_1	y_2
Valores ótimos duais	$\frac{29}{5}+0=\frac{29}{5}$	$-\frac{2}{5}+M+(-M)=-\frac{2}{5}$

Método 2. A matriz inversa na solução ótima, destacada sob as variáveis iniciais x_4 R, é dada na Tabela 4.9 como

$$\text{Inversa na solução ótima} = \begin{pmatrix} \frac{2}{5} & \frac{-1}{5} \\ \frac{1}{5} & \frac{2}{5} \end{pmatrix}$$

Em primeiro lugar, observe que as variáveis básicas na solução primal ótima aparecem nas linhas da tabela simplex na *ordem* x_2 e depois x_1. Isso significa que os elementos dos coeficientes na função objetivo original para as duas variáveis devem aparecer na mesma ordem, ou seja,

(Coeficientes da função objetivo original)
= (Coeficiente de x_2, coeficiente de x_1) = (12, 5)

Tabela 4.9 Tabela simplex ótima do problema primal do Exemplo 4.2-1

Base	x_1	x_2	x_3	x_4	R	Solução
z	0	0	$\frac{3}{5}$	$\frac{29}{5}$	$-\frac{2}{5}+M$	$54\frac{4}{5}$
x_2	0	1	$-\frac{1}{5}$	$\frac{2}{5}$	$-\frac{1}{5}$	$\frac{12}{5}$
x_1	1	0	$\frac{7}{5}$	$\frac{1}{5}$	$\frac{2}{5}$	$\frac{26}{5}$

Assim, os valores duais ótimos são calculados como

$$(y_1, y_2) = \begin{pmatrix} \text{Coeficientes da função} \\ \text{objetivo original de } x_2, x_1 \end{pmatrix} \times \begin{pmatrix} \text{Matriz inversa} \\ \text{da solução ótima} \end{pmatrix}$$

$$= (12, 5)\begin{pmatrix} \frac{2}{5} & -\frac{1}{5} \\ \frac{1}{5} & \frac{2}{5} \end{pmatrix}$$

$$= \left(\frac{29}{5}, -\frac{2}{5}\right)$$

Valores da função objetivo primal-dual. Agora que já mostramos como os valores duais ótimos são determinados, apresentamos a relação entre os valores da função objetivo primal e dual. Para qualquer par de soluções *viáveis* primal e dual,

$$\begin{pmatrix} \text{Valor da função objetivo no} \\ \text{problema de } \textit{maximização} \end{pmatrix} \leq \begin{pmatrix} \text{Valor da função objetivo no} \\ \text{problema de } \textit{minimização} \end{pmatrix}$$

Na solução ótima, a relação se mantém como uma equação restrita. A relação não especifica qual problema é o primal e qual é o dual. A única coisa importante nesse caso é o sentido da otimização (maximização ou minimização).

O ótimo não pode ocorrer com z estritamente menor do que w (isto é, $z < w$) porque, não importa quão próximos um do outro z e w estiverem, há sempre espaço para melhoria, o que contradiz a otimalidade, como demonstra a Figura 4.2.

Exemplo 4.2-2

No Exemplo 4.2-1, ($x_1 = 0, x_2 = 0, x_3 = \frac{8}{3}$) e ($y_1 = 6, y_2 = 0$) são soluções primal e dual viáveis. Os valores das funções objetivo são

$$z = 5x_1 + 12x_2 + 4x_3 = 5(0) + 12(0) + 4(\tfrac{8}{3}) = 10\tfrac{2}{3}$$
$$w = 10y_1 + 8y_2 = 10(6) + 8(0) = 60$$

Assim, z (= $10\frac{2}{3}$) para o problema (primal) de maximização é menor do que w (= 60) para o problema (dual) de minimização. O valor ótimo de z (= $54\frac{4}{5}$) cai dentro da faixa ($10\frac{2}{3}$, 60).

Figura 4.2
Relação entre z máximo e w mínimo

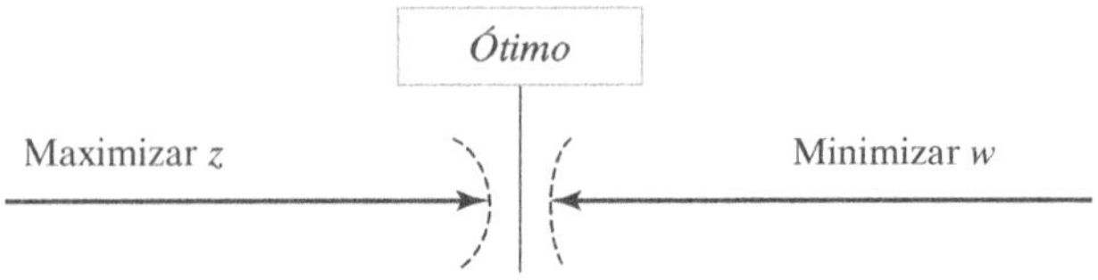

CONJUNTO DE PROBLEMAS 4.2C

1. Ache o valor ótimo da função objetivo para o seguinte problema só pela inspeção de seu dual. (Não resolva o dual pelo método simplex.)

$$\text{Minimizar } z = 10x_1 + 4x_2 + 5x_3$$

sujeito a

$$5x_1 - 7x_2 + 3x_3 \geq 50$$
$$x_1, x_2, x_3 \geq 0$$

2. Resolva o dual do seguinte problema e então ache sua solução ótima com base na solução do dual. A solução do problema dual oferece vantagens de cálculo em relação à resolução direta do problema primal?

$$\text{Minimizar } z = 5x_1 + 6x_2 + 3x_3$$

sujeito a

$$5x_1 + 5x_2 + 3x_3 \geq 50$$
$$x_1 + x_2 - x_3 \geq 20$$
$$7x_1 + 6x_2 - 9x_3 \geq 30$$
$$5x_1 + 5x_2 + 5x_3 \geq 35$$
$$2x_1 + 4x_2 - 15x_3 \geq 10$$
$$12x_1 + 10x_2 \geq 90$$
$$x_2 - 10x_3 \geq 20$$
$$x_1, x_2, x_3 \geq 0$$

*3. Considere o seguinte problema de PL:

$$\text{Maximizar } z = 5x_1 + 2x_2 + 3x_3$$

sujeito a

$$x_1 + 5x_2 + 2x_3 = 30$$
$$x_1 - 5x_2 - 6x_3 \leq 40$$
$$x_1, x_2, x_3 \geq 0$$

Dado que a variável artificial x_4 e a variável de folga x_5 formam as variáveis básicas iniciais, e que igualamos M a 100 quando resolvemos o problema, a tabela simplex *ótima* é dada como

Base	x_1	x_2	x_3	x_4	x_5	Solução
z	0	23	7	105	0	150
x_1	1	5	2	1	0	30
x_5	0	–10	–8	–1	1	10

Escreva o problema dual associado e determine sua solução ótima de duas maneiras.

4. Considere o seguinte problema de PL:

$$\text{Minimizar } z = 4x_1 + x_2$$

sujeito a

$$3x_1 + x_2 = 3$$
$$4x_1 + 3x_2 \geq 6$$
$$x_1 + 2x_2 \leq 4$$
$$x_1, x_2 \geq 0$$

A solução inicial consiste nas variáveis artificiais x_4 e x_5 para a primeira e a segunda restrições, e na variável de folga x_6 para a terceira restrição. Usando $M = 100$ para as variáveis artificiais, a tabela simplex ótima é dada como

Base	x_1	x_2	x_3	x_4	x_5	x_6	Solução
z	0	0	0	–98,6	–100	–0,2	3,4
x_1	1	0	0	0,4	0	–0,2	0,4
x_2	0	1	0	0,2	0	0,6	1,8
x_3	0	0	1	1	–1	1	1,0

Escreva o problema dual associado e determine sua solução ótima de duas maneiras.

5. Considere o seguinte problema de PL:

$$\text{Maximizar } z = 2x_1 + 4x_2 + 4x_3 - 3x_4$$

sujeito a

$$x_1 + x_2 + x_3 = 4$$
$$x_1 + 4x_2 + x_4 = 8$$
$$x_1, x_2, x_3, x_4 \geq 0$$

Usando x_3 e x_4 como variáveis básicas iniciais, a tabela simplex ótima é dada como

Base	x_1	x_2	x_3	x_4	Solução
z	2	0	0	3	16
x_3	0,75	0	1	–0,25	2
x_2	0,25	1	0	0,25	2

Escreva o problema dual associado e determine sua solução ótima de duas maneiras.

***6.** Considere o seguinte problema de PL:

$$\text{Maximizar } z = x_1 + 5x_2 + 3x_3$$

sujeito a

$$x_1 + 2x_2 + x_3 = 3$$
$$2x_1 - x_2 = 4$$
$$x_1, x_2, x_3 \geq 0$$

A solução básica inicial consiste em x_3 na primeira restrição e uma variável artificial x_4 na segunda restrição com $M = 100$. A tabela simplex ótima é dada como

Base	x_1	x_2	x_3	x_4	Solução
z	0	2	0	99	5
x_3	1	2,5	1	–0,5	1
x_1	0	–0,5	0	0,5	2

Escreva o problema dual associado e determine sua solução ótima de duas maneiras.

7. Considere o seguinte conjunto de desigualdades:

$$2x_1 + 3x_2 \leq 12$$
$$-3x_1 + 2x_2 \leq -4$$
$$3x_1 - 5x_2 \leq 2$$
$$x_1 \text{ irrestrita}$$
$$x_2 \geq 0$$

Uma solução viável pode ser encontrada aumentando a função objetivo trivial 'Maximizar $z = x_1 + x_2$' e então resolvendo o problema. Uma outra maneira é resolver o dual, com base no qual pode-se achar uma solução para o conjunto de desigualdades. Aplique os dois métodos.

8. Estime a faixa para o valor da função objetivo ótima para os seguintes problemas de PL:

*(a) Minimizar $z = 5x_1 + 2x_2$
sujeito a

$$x_1 - x_2 \geq 3$$
$$2x_1 + 3x_2 \geq 5$$
$$x_1, x_2 \geq 0$$

(b) Maximizar $z = x_1 + 5x_2 + 3x_3$
sujeito a

$$x_1 + 2x_2 + x_3 = 3$$
$$2x_1 - x_2 = 4$$
$$x_1, x_2, x_3 \geq 0$$

(c) Maximizar $z = 2x_1 + x_2$
sujeito a

$$x_1 - x_2 \leq 10$$
$$2x_1 \leq 40$$
$$x_1, x_2 \geq 0$$

(d) Maximizar $z = 3x_1 + 2x_2$
sujeito a

$$2x_1 + x_2 \leq 3$$
$$3x_1 + 4x_2 \leq 12$$
$$x_1, x_2 \geq 0$$

9. No Problema 7(a), sejam y_1 e y_2 as variáveis duais. Determine se os seguintes pares de soluções primais-duais são ótimos:

*(a) $(x_1 = 3, x_2 = 1; y_1 = 4, y_2 = 1)$
(b) $(x_1 = 4, x_2 = 1; y_1 = 1, y_2 = 0)$
(c) $(x_1 = 3, x_2 = 0; y_1 = 5, y_2 = 0)$

4.2.4 Cálculos da tabela simplex

Esta seção mostra como *qualquer iteração* da tabela simplex pode ser gerada de acordo com os dados *originais* do problema, a matriz *inversa* associada com a iteração e o problema dual. Usando o layout da tabela simplex da Figura 4.1, podemos dividir os cálculos em dois tipos:

1. Colunas de restrições (lados esquerdo e direito).
2. Linha da função objetivo z.

Fórmula 1: Cálculo da coluna de restrições. Em qualquer iteração simplex, uma coluna do lado esquerdo ou uma coluna do lado direito é calculada da seguinte maneira:

$$\begin{pmatrix}\text{Coluna de restrições}\\ \text{na iteração } i\end{pmatrix} = \begin{pmatrix}\text{Matriz inversa}\\ \text{na iteração } i\end{pmatrix} \times \begin{pmatrix}\text{Coluna de}\\ \text{restrições original}\end{pmatrix}$$

Fórmula 2: Cálculos da linha da função objetivo z. Em qualquer iteração simplex, o coeficiente da função objetivo (custo reduzido) de x_j é calculado da seguinte maneira:

$$\begin{pmatrix}\text{Coeficiente da variável}\\ x_j \text{ na equação } z \text{ primal}\end{pmatrix} = \begin{pmatrix}\text{Lado esquerdo da}\\ j\text{-ésima restrição } \textit{dual}\end{pmatrix} \times \begin{pmatrix}\text{Lado direito da}\\ j\text{-ésima restrição } \textit{dual}\end{pmatrix}$$

Exemplo 4.2-3

Usamos o problema de PL do Exemplo 4.2-1 para ilustrar a aplicação das fórmulas 1 e 2. Pela tabela simplex ótima na Tabela 4.9, temos:

$$\text{Matriz inversa na solução ótima} = \begin{pmatrix} \frac{2}{5} & -\frac{1}{5} \\ \frac{1}{5} & \frac{2}{5} \end{pmatrix}$$

A utilização da Fórmula 1 é ilustrada com o cálculo de todas as colunas do lado esquerdo e do lado direito da tabela simplex ótima:

$$\begin{pmatrix}\text{Coluna } x_1 \text{ na} \\ \text{iteração ótima}\end{pmatrix} = \begin{pmatrix}\text{Matriz inversa} \\ \text{da iteração ótima}\end{pmatrix} \times \begin{pmatrix}\text{Coluna } x_1 \\ \text{original}\end{pmatrix}$$

$$= \begin{pmatrix} \frac{2}{5} & -\frac{1}{5} \\ \frac{1}{5} & \frac{2}{5} \end{pmatrix} \times \begin{pmatrix} 1 \\ 2 \end{pmatrix} = \begin{pmatrix} 0 \\ 1 \end{pmatrix}$$

De modo semelhante, calculamos as colunas de restrições restantes, ou seja:

$$\begin{pmatrix}\text{Coluna } x_2 \text{ na} \\ \text{iteração ótima}\end{pmatrix} = \begin{pmatrix} \frac{2}{5} & -\frac{1}{5} \\ \frac{1}{5} & \frac{2}{5} \end{pmatrix} \times \begin{pmatrix} 2 \\ -1 \end{pmatrix} = \begin{pmatrix} 1 \\ 0 \end{pmatrix}$$

$$\begin{pmatrix}\text{Coluna } x_3 \text{ na} \\ \text{iteração ótima}\end{pmatrix} = \begin{pmatrix} \frac{2}{5} & -\frac{1}{5} \\ \frac{1}{5} & \frac{2}{5} \end{pmatrix} \times \begin{pmatrix} 1 \\ 3 \end{pmatrix} = \begin{pmatrix} -\frac{1}{5} \\ \frac{7}{5} \end{pmatrix}$$

$$\begin{pmatrix}\text{Coluna } x_4 \text{ na} \\ \text{iteração ótima}\end{pmatrix} = \begin{pmatrix} \frac{2}{5} & -\frac{1}{5} \\ \frac{1}{5} & \frac{2}{5} \end{pmatrix} \times \begin{pmatrix} 1 \\ 0 \end{pmatrix} = \begin{pmatrix} \frac{2}{5} \\ \frac{1}{5} \end{pmatrix}$$

$$\begin{pmatrix}\text{Coluna } R \text{ na} \\ \text{iteração ótima}\end{pmatrix} = \begin{pmatrix} \frac{2}{5} & -\frac{1}{5} \\ \frac{1}{5} & \frac{2}{5} \end{pmatrix} \times \begin{pmatrix} 0 \\ 1 \end{pmatrix} = \begin{pmatrix} -\frac{1}{5} \\ \frac{2}{5} \end{pmatrix}$$

$$\begin{pmatrix}\text{Coluna do lado} \\ \text{direito na} \\ \text{iteração ótima}\end{pmatrix} = \begin{pmatrix} x_2 \\ x_1 \end{pmatrix} = \begin{pmatrix} \frac{2}{5} & -\frac{1}{5} \\ \frac{1}{5} & \frac{2}{5} \end{pmatrix} \times \begin{pmatrix} 10 \\ 8 \end{pmatrix} = \begin{pmatrix} \frac{12}{5} \\ \frac{26}{5} \end{pmatrix}$$

Em seguida, demonstramos como são executados os cálculos da linha da função objetivo usando a Fórmula 2. Os valores ótimos das variáveis duais, $(y_1, y_2) = (\frac{29}{5}, -\frac{2}{5})$, foram calculados no Exemplo 4.2-1 usando dois métodos diferentes. Esses valores são utilizados na Fórmula 2 para determinar os coeficientes da linha z associados, ou seja,

Coeficiente da linha z de $x_1 = y_1 + 2y_2 - 5 = \frac{29}{5} + 2 \times -\frac{2}{5} - 5 = 0$

Coeficiente da linha z de $x_2 = 2y_1 - y_2 - 12 = 2 \times \frac{29}{5} - (-\frac{2}{5}) - 12 = 0$

Coeficiente da linha z de $x_3 = y_1 + 3y_2 - 4 = \frac{29}{5} + 3 \times -\frac{2}{5} - 4 = \frac{3}{5}$

Coeficiente da linha z de $x_4 = y_1 - 0 = \frac{29}{5} - 0 = \frac{29}{5}$

Coeficiente da linha z de $R = y_2 - (-M) = -\frac{2}{5} - (-M) = -\frac{2}{5} + M$

Observe que os cálculos da Fórmula 1 e da Fórmula 2 podem ser aplicados a qualquer iteração do problema primal ou do problema dual. Basta que tenhamos a matriz inversa associada com a iteração (primal ou dual) e os dados originais do problema de PL.

CONJUNTO DE PROBLEMAS 4.2D

1. Gere a primeira iteração simplex do Exemplo 4.2-1 (você pode usar Iterations ⇒ M-method do TORA por conveniência), depois use as fórmulas 1 e 2 para verificar todos os elementos da tabela simplex resultante.

2. Considere o seguinte problema de PL:

$$\text{Maximizar } z = 4x_1 + 14x_2$$

sujeito a

$$2x_1 + 7x_2 + x_3 = 21$$
$$7x_1 + 2x_2 + x_4 = 21$$
$$x_1, x_2, x_3, x_4 \geq 0$$

Verifique a otimalidade e a viabilidade de cada uma das seguintes soluções básicas.

***(a)** Variáveis básicas = (x_2, x_4), Matriz inversa = $\begin{pmatrix} \frac{1}{7} & 0 \\ -\frac{2}{7} & 1 \end{pmatrix}$

(b) Variáveis básicas = (x_2, x_3), Matriz inversa = $\begin{pmatrix} 0 & \frac{1}{2} \\ 1 & -\frac{7}{2} \end{pmatrix}$

(c) Variáveis básicas = (x_2, x_1), Matriz inversa = $\begin{pmatrix} \frac{7}{45} & -\frac{2}{45} \\ -\frac{2}{45} & \frac{7}{45} \end{pmatrix}$

(d) Variáveis básicas = (x_1, x_4), Matriz inversa = $\begin{pmatrix} \frac{1}{7} & 0 \\ -\frac{7}{2} & 1 \end{pmatrix}$

3. Considere o seguinte problema de PL:

$$\text{Maximizar } z = 3x_1 + 2x_2 + 5x_3$$

sujeito a

$$x_1 + 2x_2 + x_3 + x_4 = 30$$
$$3x_1 + 2x_3 + x_5 = 60$$
$$x_1 + 4x_2 + x_6 = 20$$
$$x_1, x_2, x_3, x_4, x_5, x_6 \geq 0$$

Verifique a otimalidade e a viabilidade de cada uma das seguintes soluções básicas.

(a) Variáveis básicas = (x_4, x_3, x_6), Matriz inversa = $\begin{pmatrix} 1 & -\frac{1}{2} & 0 \\ 0 & \frac{1}{2} & 0 \\ 0 & 0 & 1 \end{pmatrix}$

(b) Variáveis básicas = (x_2, x_3, x_1), Matriz inversa = $\begin{pmatrix} \frac{1}{4} & -\frac{1}{8} & \frac{1}{8} \\ \frac{3}{2} & -\frac{1}{4} & -\frac{3}{4} \\ -1 & \frac{1}{2} & \frac{1}{2} \end{pmatrix}$

(c) Variáveis básicas = (x_2, x_3, x_6), Matriz inversa = $\begin{pmatrix} \frac{1}{2} & -\frac{1}{4} & 0 \\ 0 & \frac{1}{2} & 0 \\ -2 & 1 & 1 \end{pmatrix}$

***4.** Considere o seguinte problema de PL:

$$\text{Minimizar } z = 2x_1 + x_2$$

sujeito a

$$3x_1 + x_2 - x_3 = 3$$
$$4x_1 + 3x_2 - x_4 = 6$$
$$x_1 + 2x_2 + x_5 = 3$$
$$x_1, x_2, x_3, x_4, x_5 \geq 0$$

Calcule a tabela simplex inteira associada com a seguinte solução básica e verifique a otimalidade e a viabilidade.

Variáveis básicas = (x_1, x_2, x_5), Matriz inversa = $\begin{pmatrix} \frac{3}{5} & -\frac{1}{5} & 0 \\ -\frac{4}{5} & \frac{3}{5} & 0 \\ -1 & -1 & 1 \end{pmatrix}$

5. Considere o seguinte problema de PL:

$$\text{Maximizar } z = 5x_1 + 12x_2 + 4x_3$$

sujeito a

$$x_1 + 2x_2 + x_3 + x_4 = 10$$
$$2x_1 - x_2 + 3x_3 = 2$$
$$x_1, x_2, x_3, x_4 \geq 0$$

(a) Identifique a melhor solução entre as seguintes soluções básicas viáveis:

(i) Variáveis básicas = (x_4, x_3), Matriz inversa = $\begin{pmatrix} 1 & -\frac{1}{3} \\ 0 & \frac{1}{3} \end{pmatrix}$

(ii) Variáveis básicas = (x_2, x_1), Matriz inversa = $\begin{pmatrix} \frac{2}{5} & -\frac{1}{5} \\ \frac{1}{5} & \frac{2}{5} \end{pmatrix}$

(iii) Variáveis básicas = (x_2, x_3), Matriz inversa = $\begin{pmatrix} \frac{3}{7} & -\frac{1}{7} \\ \frac{1}{7} & \frac{2}{7} \end{pmatrix}$

(b) A solução obtida em (a) é ótima para o problema de PL?

6. Considere o seguinte problema de PL:

$$\text{Maximizar } z = 5x_1 + 2x_2 + 3x_3$$

sujeito a

$$x_1 + 5x_2 + 2x_3 \leq b_1$$
$$x_1 - 5x_2 - 6x_3 \leq b_2$$
$$x_1, x_2, x_3 \geq 0$$

A tabela seguinte, uma simplex ótima, corresponde a valores específicos de b_1 e b_2:

Base	x_1	x_2	x_3	x_4	x_5	Solução
z	0	a	7	d	e	150
x_1	1	b	2	1	0	30
x_5	0	c	–8	–1	1	10

Determine:

(a) Os valores do lado direito, b_1 e b_2.
(b) A solução ótima dual.
(c) Os elementos a, b, c, d, e.

***7.** A tabela a seguir é uma simplex ótima para um problema de PL de maximização com três restrições (≤) e todas as variáveis não negativas. As variáveis x_3, x_4 e x_5 são de folga associadas às três restrições. Determine o valor da função objetivo ótima associado de duas maneiras diferentes usando as funções objetivo primal e dual.

Base	x_1	x_2	x_3	x_4	x_5	Solução
z	0	0	0	3	2	?
x_3	0	0	1	1	–1	2
x_2	0	1	0	1	0	6
x_1	1	0	0	–1	1	2

8. Considere o seguinte problema de PL:

$$\text{Maximizar } z = 2x_1 + 4x_2 + 4x_3 - 3x_4$$

sujeito a

$$x_1 + x_2 + x_3 = 4$$
$$x_1 + 4x_2 + x_4 = 8$$
$$x_1, x_2, x_3, x_4 \geq 0$$

Use o problema dual para mostrar que a solução básica (x_1, x_2) não é ótima.

9. Mostre que o Método 1 da Seção 4.2.3 para determinar os valores ótimos duais é, na verdade, baseado na Fórmula 2 da Seção 4.2.4.

4.3 INTERPRETAÇÃO ECONÔMICA DA DUALIDADE

O problema da programação linear pode ser considerado como um modelo de alocação de recursos, cujo objetivo é maximizar a receita, sujeito à disponibilidade de recursos limitados. Considerando o problema desse ponto de vista, o problema dual associado oferece interessantes interpretações econômicas para o problema de PL de alocação de recursos.

Para formalizar a discussão, consideramos a seguinte representação geral dos problemas primal e dual como demonstrado na Tabela 4.10.

Tabela 4.10 Representação geral dos problemas primal e dual

Primal	Dual
Maximizar $z = \sum_{j=1}^{n} c_j x_j$	Minimizar $w = \sum_{i=1}^{m} b_i y_i$
sujeito a	sujeito a
$\sum_{j=1}^{n} a_{ij} x_j \leq b_i,\ i = 1, 2, \ldots, m$	$\sum_{i=1}^{m} a_{ij} y_i \geq c_j,\ j = 1, 2, \ldots, n$
$x_j \geq 0,\ j = 1, 2, \ldots, n$	$y_i \geq 0,\ i = 1, 2, \ldots, m$

Visto como um modelo de alocação de recursos, o problema primal tem n atividades econômicas e m recursos. O coeficiente c_j no primal representa a receita por unidade da atividade j. O recurso i, cuja disponibilidade máxima é b_i, é consumido à taxa de a_{ij} unidades por unidade da atividade j.

4.3.1 Interpretação econômica de variáveis duais

A Seção 4.2.3 afirma que, para qualquer uma das duas soluções *viáveis* primal e dual, os valores das funções objetivo, quando finitos, devem satisfazer a seguinte desigualdade:

$$z = \sum_{j=1}^{n} c_j x_j \leq \sum_{i=1}^{n} b_i y_i = w$$

A igualdade $z = w$ vale quando ambas as soluções, primal e dual, são ótimas.

Vamos considerar primeiro a condição ótima $z = w$. Dado que o problema primal representa um modelo de alocação de recursos, podemos considerar que z representa receita em dólares. Como b_i representa o número de unidades disponíveis do recurso i, a equação $z = w$ pode ser expressa em linguagem dimensional como

$$\$ = \sum_i (\text{Unidades do recurso } i) \times (\$ \text{ por unidade do recurso } i)$$

Isso significa que a variável dual, y_i, representa o **valor equivalente por unidade** do recurso i. Como foi dito na Seção 3.6, a expressão-padrão **preço dual** (ou **preço sombra**) do recurso i substitui a expressão *valor equivalente por unidade* em toda a literatura de PL e em todos os pacotes de software.

Usando a mesma lógica, a desigualdade $z < w$ associada com quaisquer duas soluções viáveis, primal e dual, é interpretada como

$$(\text{Receita}) < (\text{Valor equivalente de recursos})$$

Essa relação afirma que, contanto que a receita total de todas as atividades seja menor do que o valor equivalente dos recursos, as soluções primal e dual correspondentes não são ótimas. A otimalidade (receita máxima) só é alcançada quando os recursos são explorados completamente, o que só pode acontecer quando a entrada (valor equivalente dos recursos) for igual à saída (receita em dólares). Em termos econômicos, diz-se que o sistema é *instável* (não ótimo) quando a entrada (valor equivalente dos recursos) for maior do que a saída (receita). A estabilidade só ocorre quando as duas quantidades são iguais.

Exemplo 4.3-1

O problema de PL da Reddy Mikks (Exemplo 2.1-1) e seu dual são dados como mostrado na Tabela 4.11.

Tabela 4.11 Problema de PL da Reddy Mikks e seu dual

Reddy Mikks primal	Reddy Mikks dual
Maximizar $z = 5x_1 + 4x_2$	Minimizar $w = 24y_1 + 6y_2 + y_3 + 2y_4$
sujeito a	sujeito a
$6x_1 + 4x_2 \leq 24$ (recurso 1, $M1$)	$6y_1 + y_2 - y_3 \geq 5$
$x_1 + 2x_2 \leq 6$ (recurso 2, $M2$)	$4y_1 + 2y_2 + y_3 + y_4 \geq 4$
$-x_1 + x_2 \leq 1$ (recurso 3, mercado)	$y_1, y_2, y_3, y_4 \geq 0$
$x_2 \leq 2$ (recurso 4, demanda)	
$x_1, x_2 \geq 0$	
Solução ótima:	Solução ótima:
$x_1 = 3; x_2 = 1{,}5; z = 21$	$y_1 = 0{,}75; y_2 = 0{,}5; y_3 = y_4 = 0; w = 21$

Resumindo, o problema da Reddy Mikks trata da produção de dois tipos de tintas (para interiores e exteriores) que utilizam duas matérias-primas, $M1$ e $M2$ (recursos 1 e 2), sujeito aos limites de mercado e demanda representados pelas terceira e quarta restrições. O problema determina as quantidades (em toneladas por dia) de tinta para interiores e exteriores que maximizam a receita diária (expressa em milhares de dólares). A solução ótima do dual mostra que o preço dual (valor equivalente por unidade) da matéria-prima $M1$ (recurso 1) é $y_1 = 0{,}75$ (ou \$ 750 por tonelada) e o da matéria-prima $M2$ (recurso 2) é $y_2 = 0{,}5$ (ou \$ 500 por tonelada). Esses resultados são válidos para *faixas de viabilidade* específicas, como mostramos na Seção 3.6. Para os recursos 3 e 4, que representam os limites de mercado e demanda, ambos os preços duais são zero, o que indica que seus recursos associados são abundantes. Por conseguinte, seu valor equivalente por unidade é zero.

CONJUNTO DE PROBLEMAS 4.3A

1. No Exemplo 4.3-1, calcule a variação na receita ótima em cada um dos seguintes casos (use a saída do TORA para obter as *faixas de viabilidade*):
(a) A restrição para a matéria-prima $M1$ (recurso 1) é $6x_1 + 4x_2 \leq 22$.
(b) A restrição para a matéria-prima $M2$ (recurso 2) é $x_1 + 2x_2 \leq 4{,}5$.
(c) A condição de mercado representada pelo recurso 4 é $x_2 \leq 10$.

***2.** A NWAC Electronics fabrica quatro tipos de cabos simples para a área de segurança. Cada cabo deve passar por quatro operações seqüenciais: entrançadura, soldagem, enluvamento e inspeção. A Tabela A apresenta os dados pertinentes à situação.

Tabela A

	Minutos por unidade				
Cabo	*Entrançadura*	*Soldagem*	*Enluvamento*	*Inspeção*	Receita unitária (\$)
SC320	10,5	20,4	3,2	5,0	9,40
SC325	9,3	24,6	2,5	5,0	10,80
SC340	11,6	17,7	3,6	5,0	8,75
SC370	8,2	26,5	5,5	5,0	7,80
Capacidade diária (minutos)	4.800	9.600	4.700	4.500	

O fabricante garante um nível mínimo de produção de 100 unidades para cada um dos quatro cabos.
(a) Formule o problema de programação linear e determine a programação de produção ótima.
(b) Tendo como base os preços duais, você recomenda aumentar as capacidades de alguma das quatro operações? Explique.
(c) Os requisitos mínimos de produção para os quatro cabos representam uma vantagem ou uma desvantagem para a NWAC Electronics? Dê uma explicação baseada nos preços duais.
(d) A contribuição unitária atual à receita como especificada pelo preço dual pode ser garantida se aumentarmos a capacidade de soldagem em 10%?

3. A BagCo produz jaquetas e bolsas de couro. Uma jaqueta requer 8 m² de couro e uma bolsa, apenas 2 m². Os requisitos de mão-de-obra para os dois produtos são 12 e 5 horas, respectivamente. As disponibilidades semanais atuais de couro e mão-de-obra estão limitadas a 1.200 m² e 1.850 horas. A empresa vende jaquetas e bolsas a \$ 350 e \$ 120, respectivamente. O objetivo é determinar a programação de produção que maximize a receita líquida. A BagCo está considerando uma expansão da produção. Qual é o preço máximo de compra que a empresa deve pagar pelo couro adicional e para a mão-de-obra?

4.3.2 Interpretação econômica de restrições duais

As restrições duais podem ser interpretadas usando a Fórmula 2 da Seção 4.2.4, que afirma que, em qualquer iteração primal:

$$\text{Coeficiente da função objetivo de } x_j = \begin{pmatrix}\text{Lado esquerdo}\\ \text{da restrição dual } j\end{pmatrix} - \begin{pmatrix}\text{Lado direito da}\\ \text{restrição dual } j\end{pmatrix} = \sum_{i=1}^{m} a_{ij}y_i - c_j$$

Mais uma vez, usamos análise dimensional para interpretar essa equação. A receita por unidade, c_j, da atividade j é em dólares por unidade. Daí, por coerência, a quantidade $\sum_{i=1}^{m} a_{ij}y_i$ também deve ser em dólares por unidade. Em seguida, como c_j representa receita, a quantidade $\sum_{i=1}^{m} a_{ij}y_i$, que aparece na equação com um sinal oposto, deve representar custo. Portanto, temos

$$\$\text{ custo} = \sum_{i=1}^{m} a_{ij}y_i = \sum_{i=1}^{m}\begin{pmatrix}\text{Utilização do recurso } i\\ \text{por unidade de atividade } j\end{pmatrix}\times\begin{pmatrix}\text{Custo por unidade}\\ \text{do recurso } i\end{pmatrix}$$

Aqui, a conclusão é que a variável dual y_i representa o **custo imputado** por unidade de recurso i, e podemos considerar a quantidade $\sum_{i=1}^{m} a_{ij}y_i$ como o custo imputado de todos os recursos necessários para produzir uma unidade de atividade j.

Na Seção 3.6, referimo-nos à quantidade $\left(\sum_{i=1}^{m} a_{ij}y_i - c_j\right)$ como o **custo reduzido** da atividade j. A condição de otimalidade de maximização do método simplex diz que um aumento no nível de uma atividade j (não básica) não utilizada só pode melhorar a receita se seu custo reduzido for negativo. Em termos da interpretação precedente, essa condição afirma

$$\begin{pmatrix}\text{Custo imputado de}\\ \text{recursos usados por uma}\\ \text{unidade da atividade } j\end{pmatrix} < \begin{pmatrix}\text{Receita por unidade}\\ \text{da atividade } j\end{pmatrix}$$

Assim, a condição de otimalidade de maximização diz que é economicamente vantajoso aumentar uma atividade até um nível positivo se sua receita unitária ultrapassar seu custo unitário imputado.

Usaremos o problema da Toyco da Seção 3.6 para demonstrar o cálculo. Para facilitar, repetimos aqui os detalhes do problema.

Exemplo 4.3-2

A Toyco monta três tipos de brinquedos — trens, caminhões e carros — usando três operações. Os tempos de montagem diários disponíveis para as três operações são 430, 460 e 420 minutos, respectivamente, e as receitas por trem, caminhão e carro de brinquedo são \$ 3, \$ 2 e \$ 5, respectivamente. Os tempos de montagem por trem para as três operações são um, três e um minutos, respectivamente. Os tempos correspondentes por caminhão e por carro são (2, 0, 4) e (1, 2, 0) minutos (um tempo zero indica que a operação não é usada).

Representando o número diário de unidades montadas de trens, caminhões e carros por x_1, x_2 e x_3, respectivamente, o problema de PL associado e seu dual são dados como na Tabela 4.12.

Tabela 4.12 Problema de PL da Toyco

Toyco primal	Toyco dual
Maximizar	Minimizar
$z = 3x_1 + 2x_2 + 5x_3$	$w = 430y_1 + 460y_2 + 420y_3$
sujeito a	sujeito a
$x_1 + 2x_2 + x_3 \leq 430$ (Operação 1)	$y_1 + 3y_2 + y_3 \geq 3$
$3x_1 + 2x_3 \leq 460$ (Operação 2)	$2y_1 + 4y_3 \geq 2$
$x_1 + 4x_2 \leq 420$ (Operação 3)	$y_1 + 2y_2 \geq 5$
$x_1, x_2, x_3 \geq 0$	$y_1, y_2, y_3 \geq 0$
Solução ótima:	Solução ótima:
$x_1 = 0, x_2 = 100, x_3 = 230, z = \$\ 1.350$	$y_1 = 1, y_2 = 2, y_3 = 0, w = \$\ 1.350$

A solução ótima primal recomenda a produção de nenhum trem, 100 caminhões de brinquedo e 230 carros de brinquedo. Suponha que a Toyco esteja interessada em produzir trens de brinquedo também. Como fazer isso? Observando o problema do ponto de vista da interpretação do *custo reduzido* para x_1, os trens de brinquedos se tornarão economicamente atrativos só se o custo imputado dos recursos utilizados para produzir uma única unidade de trem for estritamente menor do que sua receita unitária.

Portanto, a Toyco pode aumentar a receita unitária aumentando o preço unitário, ou pode reduzir o custo imputado dos recursos utilizados ($= y_1 + 3y_2 + y_3$). Talvez não seja possível aumentar o preço unitário por causa da concorrência de mercado. O mais plausível é uma redução no custo unitário imputado porque acarreta promover melhorias nas operações de montagem. Representando as proporções de redução dos tempos unitários das três operações por r_1, r_2 e r_3, o problema requer determinar r_1, r_2 e r_3 de modo que o novo custo imputado por trem de brinquedo seja menor do que sua receita unitária, isto é,

$$1(1 - r_1)y_1 + 3(1 - r_2)y_2 + 1(1 - r_3)y_3 < 3$$

Para os valores ótimos dados $y_1 = 1$, $y_2 = 2$ e $y_3 = 0$, essa desigualdade se reduz a (Verifique!)

$$r_1 + 6r_2 > 4$$

Assim, quaisquer valores de r_1 e r_2 entre 0 e 1 que satisfaçam $r_1 + 6r_2 > 4$ devem tornar os trens de brinquedo lucrativos. Entretanto, talvez não seja possível alcançar essa meta porque ela requer reduções praticamente impossíveis nos tempos das operações 1 e 2. Por exemplo, mesmo reduções de 50% nesses tempos (isto é, $r_1 = r_2 = 0{,}5$) não são suficientes para satisfazer a condição dada. Por isso, a Toyco não deve produzir trens, a menos que seja possível aumentar o preço unitário deles.

CONJUNTO DE PROBLEMAS 4.3B

1. No Exemplo 4.3-2, suponha que, para os trens de brinquedo, o tempo por unidade da Operação 2 possa ser reduzido de 3 minutos para no máximo 1,25 minutos. Em quanto deve ser reduzido o tempo unitário da Operação 1 para que fabricar trens comece a ser lucrativo?

***2.** No exemplo 4.3-2, suponha que a Toyco esteja estudando a possibilidade de introduzir um quarto brinquedo: carros de bombeiros. A montagem não utiliza a Operação 1, e os tempos unitários de montagem para as operações 2 e 3 são 1 e 3 minutos, respectivamente. A receita por unidade é $ 4. Você aconselharia a Toyco a introduzir o novo produto?

***3.** A JoShop usa tornos e furadeiras de coluna para produzir quatro tipos de peças de máquina: *PP*1, *PP*2, *PP*3 e *PP*4. A Tabela B resume os dados pertinentes.

Tabela B

Máquina	Tempo de usinagem em minutos por unidade de *PP1*	*PP2*	*PP3*	*PP4*	Capacidade (minutos)
Tornos	2	5	3	4	5.300
Furadeiras de coluna	3	4	6	4	5.300
Receita unitária ($)	3	6	5	4	

Para as peças que não são produzidas na solução ótima atual, determine a taxa de deterioração da receita ótima por unidade de aumento de cada um desses produtos.

4. Considere a solução ótima da JoShop no Problema 3. A empresa estima que, para cada peça que não seja produzida (pela solução ótima), uma redução global de 20% no tempo de usinagem pode ser obtida por meio de melhorias no processo. Essas melhorias tornariam essas peças lucrativas? Se isso não acontecer, qual é a porcentagem mínima de redução necessária para conseguir realizar a capacidade de receita?

4.4 ALGORITMOS SIMPLEX ADICIONAIS

No algoritmo simplex apresentado no Capítulo 3, o problema começa com uma solução (básica) viável. Iterações sucessivas continuam a ser viáveis até que a ótima seja atingida na última iteração. O algoritmo será tratado por método **simplex primal**.

Esta seção apresenta mais dois algoritmos: o **dual simplex** e o **simplex generalizado**. No dual simplex, a PL começa em uma solução (básica) *inviável* melhor do que a ótima. Iterações sucessivas permanecem inviáveis e (melhores do que) ótimas até que a viabilidade seja restaurada na última iteração. O simplex generalizado combina os dois métodos simplex, primal e dual, em um único algoritmo. Ele trata de problemas que começam não ótimos e também inviáveis. Nesse algoritmo, iterações sucessivas são associadas com soluções básicas viáveis ou (básicas) inviáveis. Na iteração final, a solução se torna ótima e viável (considerando que ela exista).

Os três algoritmos, o primal, o dual e o generalizado, são utilizados no decorrer dos cálculos de análise pós-otimização, como será mostrado na Seção 4.5.

4.4.1 Algoritmo dual simplex

O ponto crucial do dual simplex é começar com uma solução básica melhor do que a ótima e inviável. As condições de otimalidade e viabilidade são desenvolvidas para preservar a otimalidade das soluções básicas enquanto as iterações da solução são manipuladas na direção da viabilidade.

Condição de viabilidade dual. A variável que sai da base, x_r, é a variável que tem o valor mais negativo (os empates são resolvidos arbitrariamente). Se todas as variáveis básicas forem não negativas, o algoritmo termina.

Condição de otimalidade dual. Dado que x_r é a variável que sai da base, sejam $\bar{c}_j$ o custo reduzido da variável não básica x_j e α_{rj} o coeficiente de restrição da linha x_r e a coluna x_j da tabela simplex. A variável que entra na base é a variável não básica com $\alpha_{rj} < 0$ que corresponde a

$$\min_{\text{Não básica } x_j} \left\{ \left|\frac{\bar{c}_j}{\alpha_{rj}}\right|, \alpha_{rj} < 0 \right\}$$

(Os empates são resolvidos arbitrariamente.) Se $\alpha_{rj} \geq 0$ para todas as variáveis não básicas x_j, o problema não tem nenhuma solução viável.

Para que o problema de PL inicie como ótima e inviável, é necessário cumprir dois requisitos:

1. A função objetivo deve satisfazer a condição de otimalidade do método simplex normal (Capítulo 3).
2. Todas as restrições devem ser do tipo ($\leq$).

A segunda condição requer converter qualquer ($\geq$) em ($\leq$) pela simples multiplicação de ambos os lados da desigualdade ($\geq$) por –1. Se o problema de PL incluir restrições (=), a equação pode ser substituída por duas desigualdades. Por exemplo,

$$x_1 + x_2 = 1$$

é equivalente a

$$x_1 + x_2 \leq 1,\ x_1 + x_2 \geq 1$$

ou

$$x_1 + x_2 \leq 1,\ -x_1 - x_2 \leq -1$$

Após converter todas as restrições em ($\leq$), a solução inicial é inviável se pelo menos algum dos lados direitos das desigualdades for estritamente negativo.

Exemplo 4.4-1

$$\text{Minimizar } z = 3x_1 + 2x_2 + x_3$$

sujeito a

$$\begin{aligned} 3x_1 + x_2 + x_3 &\geq 3 \\ -3x_1 + 3x_2 + x_3 &\geq 6 \\ x_1 + x_2 + x_3 &\leq 3 \\ x_1, x_2, x_3 &\geq 0 \end{aligned}$$

No presente exemplo, as duas primeiras desigualdades são multiplicadas por –1 a fim de se convertê-las em restrições (≤). Assim, a tabela simplex inicial é dada como:

Base	x_1	x_2	x_3	x_4	x_5	x_6	Solução
z	–3	–2	–1	0	0	0	0
x_4	–3	–1	–1	1	0	0	–3
x_5	3	–3	–1	0	1	0	–6
x_6	1	1	1	0	0	1	3

A tabela simplex é ótima porque todos os custos reduzidos na linha z são ≤ 0 ($\bar{c}_1 = -3, \bar{c}_2 = -2, \bar{c}_3 = -1, \bar{c}_4 = 0, \bar{c}_5 = 0, \bar{c}_6 = 0$). Também é inviável porque pelo menos uma das variáveis básicas é negativa ($x_4 = -3, x_5 = -6, x_6 = 3$).

De acordo com a condição de viabilidade dual, x_5 (= –6) é a variável que sai. A Tabela 4.13 mostra como a condição de otimalidade dual é usada para determinar a variável que entra na base.

Tabela 4.13 Condição de otimalidade dual

	$j = 1$	$j = 2$	$j = 3$
Variável não básica	x_1	x_2	x_3
($\bar{c}_j$) da linha z	–3	–2	–1
Linha x_5, α_{4j}	3	–3	–1
Razão, $\left(\frac{\bar{c}_j}{\alpha_{5j}}\right)$, $\alpha_{5j} < 0$	—	$\frac{2}{3}$	1

As razões mostram que x_2 é a variável que entra na base. Observe que uma variável não básica x_j é uma candidata a entrar na solução básica só se α_{rj} for estritamente negativa. Essa é a razão por que x_1 foi excluída da Tabela 4.13.

A tabela simplex seguinte é obtida usando as conhecidas operações de linha, que dão

Base	x_1	x_2	x_3	x_4	x_5	x_6	Solução
z	–5	0	$-\frac{1}{3}$	0	$-\frac{2}{3}$	0	4
x_4	–4	0	$-\frac{2}{3}$	1	$-\frac{1}{3}$	0	–1
x_2	–1	1	$\frac{1}{3}$	0	$-\frac{1}{3}$	0	2
x_6	2	0	$\frac{2}{3}$	0	$\frac{1}{3}$	1	1
Razão	$\frac{5}{4}$	—	$\frac{1}{2}$	—	2	—	

A tabela anterior mostra que x_4 sai da base e x_3 entra na base, o que resulta na seguinte tabela, que é, ao mesmo tempo, ótima e viável.

Base	x_1	x_2	x_3	x_4	x_5	x_6	Solução
z	–3	0	0	$-\frac{1}{2}$	$-\frac{1}{2}$	0	$\frac{9}{2}$
x_3	6	0	1	$-\frac{3}{2}$	$\frac{1}{2}$	0	$\frac{3}{2}$
x_2	–3	1	0	$\frac{1}{2}$	$-\frac{1}{2}$	0	$\frac{3}{2}$
x_6	–2	0	0	1	0	1	0

Observe como o dual simplex funciona. Em todas as iterações, a otimalidade é mantida (todos os custos reduzidos são ≤ 0). Ao mesmo tempo, cada nova iteração leva a solução em direção à viabilidade. Na iteração 3, a viabilidade é restaurada pela primeira vez e o processo termina com a solução ótima viável dada por $x_1 = 0, x_2 = \frac{3}{2}, x_3 = \frac{3}{2}$ e $z = \frac{9}{2}$.

Momento TORA

O TORA fornece um módulo tutorial para o método dual simplex. No menu Solve/Modify selecione Solve ⇒ Algebraic ⇒ Iterations ⇒ Dual Simplex. Lembre-se de que você precisa converter restrições (=) em desigualdades, porém não precisa converter as restrições (≥) porque o TORA fará a conversão internamente. Se o problema de PL não satisfizer os requisitos iniciais do dual simplex, aparecerá uma mensagem na tela.

Como no método simplex normal, o módulo tutorial permite que você selecione com antecedência as variáveis que entram na base e as variáveis que saem da base. Depois, uma mensagem informa se sua seleção está correta.

CONJUNTO DE PROBLEMAS 4.4A[2]

1. Considere a região de soluções da Figura 4.3, na qual desejamos encontrar o ponto extremo ótimo que o método *dual* simplex usa para minimizar $z = 2x_1 + x_2$. A solução ótima ocorre no ponto $F = (0{,}5; 1{,}5)$ no gráfico.
   (a) O dual simplex pode iniciar no ponto A?
   *__(b)__ Se a solução básica inicial (inviável, porém melhor do que a ótima) é dada pelo ponto G, seria possível que as iterações do método dual simplex percorressem o caminho $G \to E \to F$? Explique.
   (c) Se a solução básica inicial (inviável) começar no ponto L, indique um possível caminho do método dual simplex que leva ao ponto ótimo viável no ponto F.
2. Gere as iterações do dual simplex para os seguintes problemas (utilize o TORA por conveniência) e trace o caminho do algoritmo no gráfico da região de soluções.
   (a) Minimize $z = 2x_1 + 3x_2$

Figura 4.3
Região de soluções para o Problema 1, Conjunto 4.4A

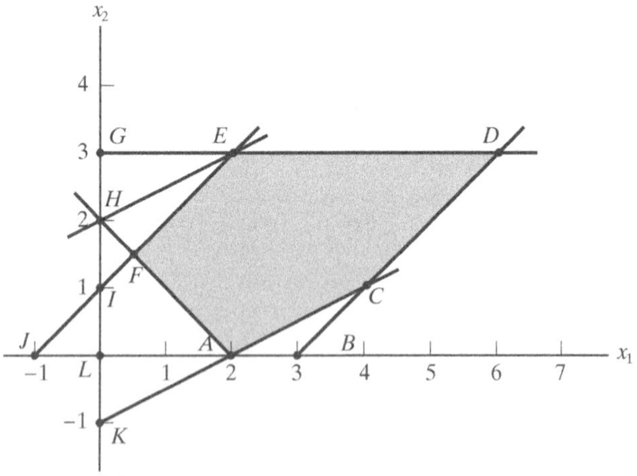

sujeito a

$$2x_1 + 2x_2 \leq 30$$
$$x_1 + 2x_2 \geq 10$$
$$x_1, x_2 \geq 0$$

(b) Minimizar $z = 5x_1 + 6x_2$
sujeito a

$$x_1 + x_2 \geq 2$$
$$4x_1 + x_2 \geq 4$$
$$x_1, x_2 \geq 0$$

[2] Aconselhamos você a usar o modo tutorial do TORA no que for possível para evitar a tediosa tarefa de executar as operações do Gauss-Jordan. Dessa maneira você pode se concentrar no entendimento das idéias principais do método.

(c) Minimizar $z = 4x_1 + 2x_2$
sujeito a

$$x_1 + x_2 = 1$$
$$3x_1 - x_2 \geq 2$$
$$x_1, x_2 \geq 0$$

(d) Minimizar $z = 2x_1 + 3x_2$
sujeito a

$$2x_1 + x_2 \geq 3$$
$$x_1 + x_2 = 2$$
$$x_1, x_2 \geq 0$$

3. *Dual simplex com restrições artificiais.* Considere o seguinte problema:

$$\text{Maximizar } z = 2x_1 - x_2 + x_3$$

sujeito a

$$2x_1 + 3x_2 - 5x_3 \geq 4$$
$$-x_1 + 9x_2 - x_3 \geq 3$$
$$4x_1 + 6x_2 + 3x_3 \leq 8$$
$$x_1, x_2, x_3 \geq 0$$

A solução básica inicial que consiste das variáveis de sobra x_4 e x_5 e da variável de folga x_6 é inviável porque $x_4 = -4$ e $x_5 = -3$. Contudo, o dual simplex não é aplicável diretamente porque x_1 e x_3 não satisfazem a condição de otimalidade para maximização. Mostre que adicionando a restrição artificial $x_1 + x_3 \leq M$ (na qual M é suficientemente grande para não eliminar nenhum ponto viável da região de soluções original), e depois usando a nova restrição como uma linha pivô, a seleção de x_1 como a variável que entra na base (porque ela tem coeficiente na função objetivo mais negativa) resultará em uma linha z em que todas as variáveis são ótimas. Em seguida, aplique o método dual simplex normal ao problema modificado.

4. Usando o procedimento da restrição artificial apresentado no Problema 3, resolva os seguintes problemas pelo método dual simplex. Em cada caso, indique se a solução resultante é viável, inviável ou ilimitada.

(a) Maximizar $z = 2x_3$
sujeito a

$$-x_1 + 2x_2 - 2x_3 \geq 8$$
$$-x_1 + x_2 + x_3 \leq 4$$
$$2x_1 - x_2 + 4x_3 \leq 10$$
$$x_1, x_2, x_3 \geq 0$$

(b) Maximizar $z = x_1 - 3x_2$
sujeito a

$$x_1 - x_2 \leq 2$$
$$x_1 + x_2 \geq 4$$
$$2x_1 - 2x_2 \geq 3$$
$$x_1, x_2 \geq 0$$

***(c)** Minimizar $z = -x_1 + x_2$
sujeito a

$$x_1 - 4x_2 \geq 5$$
$$x_1 - 3x_2 \leq 1$$
$$2x_1 - 5x_2 \geq 1$$
$$x_1, x_2 \geq 0$$

(d) Maximizar $z = 2x_3$
sujeito a

$$-x_1 + 3x_2 - 7x_3 \geq 5$$
$$-x_1 + x_2 - x_3 \leq 1$$
$$3x_1 + x_2 - 10x_3 \leq 8$$
$$x_1, x_2, x_3 \geq 0$$

5. Resolva o seguinte problema de PL de três maneiras diferentes (use o TORA por conveniência). Qual método parece ser mais eficiente em termos de cálculo por computador?

$$\text{Minimizar } z = 6x_1 + 7x_2 + 3x_3 + 5x_4$$

sujeito a

$$5x_1 + 6x_2 - 3x_3 + 4x_4 \geq 12$$
$$x_2 - 5x_3 - 6x_4 \geq 10$$
$$2x_1 + 5x_2 + x_3 + x_4 \geq 8$$
$$x_1, x_2, x_3, x_4 \geq 0$$

4.4.2 Algoritmo simplex generalizado

O algoritmo simplex (primal) do Capítulo 3 começa viável, porém não ótimo. O dual simplex da Seção 4.4.1 começa (melhor do que) ótimo, porém inviável. E se um problema de PL começar não ótimo e também inviável? Vimos que o simplex primal leva em conta a inviabilidade da solução inicial usando variáveis artificiais. De modo semelhante, o dual simplex leva em conta a não-otimalidade usando uma restrição artificial (veja Problema 3, Conjunto 4.4A). Embora esses procedimentos sejam desenvolvidos para aprimorar cálculos *automáticos*, tais detalhes podem fazer com que percamos de vista o que o algoritmo simplex verdadeiramente acarreta, ou seja, a solução ótima de uma PL está associada com uma solução básica. Tomando essa observação como base, você será capaz de 'talhar' seu próprio algoritmo simplex para problemas de PL que começam não ótimos e também inviáveis. O exemplo seguinte ilustra o denominado algoritmo simplex generalizado.

Exemplo 4.4-2

Considere o problema de PL do Problema 4(a), Conjunto 4.4A. O modelo pode ser colocado na forma de uma tabela como a tabela que se segue, na qual a solução básica inicial (x_3, x_4, x_5) é não ótima (porque x_3 tem um custo reduzido negativo) e também inviável (porque $x_4 = -8$). (A primeira equação foi multiplicada por -1 para revelar a inviabilidade diretamente na coluna *Solução*.)

Base	x_1	x_2	x_3	x_4	x_5	x_6	Solução
z	0	0	-2	0	0	0	0
x_4	1	-2	2	1	0	0	-8
x_5	-1	1	1	0	1	0	4
x_6	2	-1	4	0	0	1	10

Podemos resolver o problema sem a utilização de quaisquer variáveis artificiais, ou restrições artificiais, da seguinte maneira: elimine a inviabilidade primeiro aplicando uma versão da condição de viabilidade do dual simplex, que seleciona x_4 como a variável que sai da base. Para determinar a variável que entra na base, basta que tenhamos uma variável não básica cujo coeficiente de restrição na linha x_4 seja estritamente negativo. A seleção pode ser feita sem levar em consideração a otimalidade porque, de qualquer modo, a esta altura ela não existe (compare com a condição de otimalidade dual). No presente exemplo, x_2 tem um coeficiente negativo na linha x_4 e é selecionada como a variável que entra. O resultado é a tabela seguinte:

Base	x_1	x_2	x_3	x_4	x_5	x_6	Solução
z	0	0	-2	0	0	0	0
x_2	$-\frac{1}{2}$	1	-1	$-\frac{1}{2}$	0	0	4
x_5	$-\frac{1}{2}$	0	2	$\frac{1}{2}$	1	0	0
x_6	$\frac{3}{2}$	0	3	$-\frac{1}{2}$	0	1	14

A solução na tabela simplex precedente agora é viável, porém não ótima, e podemos usar o simplex primal para determinar a solução ótima. De modo geral, se não tivéssemos restaurado a viabilidade na tabela anterior, repetiríamos o procedimento conforme necessário até a viabilidade ser satisfeita ou haver evidência de que o problema não tem nenhuma solução viável (o que acontece se uma variável básica for negativa e se todos os coeficientes de restrição forem não negativos). Uma vez estabelecida a viabilidade, a próxima etapa é dar atenção à otimalidade aplicando a condição de otimalidade adequada do método simplex primal.

Comentários. A essência do Exemplo 4.4-2 é que o método simplex não é rígido. A literatura apresenta uma profusão de variações do método simplex (por exemplo, o método primal-dual, o método simétrico, o método entrecruzado e o método multiplex), o que dá a impressão de que cada procedimento é diferente quando, na verdade, todos procuram uma solução básica com um viés em favor de cálculos automatizados e, talvez, eficiência em termos desses cálculos.

CONJUNTO DE PROBLEMAS 4.4B

1. O problema de PL do Problema 4(c), Conjunto 4.4A, não tem nenhuma solução viável. Mostre como essa condição é detectada pelo *procedimento simplex generalizado*.
2. O problema de PL do Problema 4(d), Conjunto 4.4A, não tem nenhuma solução limitada. Mostre como essa condição é detectada pelo *procedimento simplex generalizado.*

4.5 ANÁLISE PÓS-OTIMIZAÇÃO

Na Seção 3.6, tratamos da sensibilidade da solução ótima pela determinação das faixas para os diferentes parâmetros que manteriam a solução básica ótima inalterada. Nesta seção, tratamos de fazer alterações nos parâmetros do problema e achar a nova solução ótima. Considere, por exemplo, um caso do setor de avicultura no qual um problema de PL costuma ser usado para determinar a ração ótima para frangos (Exemplo 2.2-2). O consumo por frango varia de 0,26 lb (120 gramas) para uma ave de uma semana a 2,1 lb (950 gramas) para uma ave de oito semanas. Ademais, o custo dos ingredientes da ração pode variar periodicamente. Essas alterações requerem o recálculo periódico da solução ótima. A *análise pós-otimização* determina a nova solução de modo eficiente. A base dos novos cálculos é a utilização da dualidade e as relações primais-duais dadas na Seção 4.2.

A Tabela 4.14 apresenta uma lista de casos que podem surgir na análise pós-otimização e as ações necessárias para obter a nova solução (considerando que ela exista).

Tabela 4.14 Casos de análise pós-otimização e respectivas ações necessárias para a solução

Condição após a mudança de parâmetros	Ação recomendada
Solução atual permanece ótima e viável	Nenhuma ação adicional é necessária
Solução atual se torna inviável	Usar o dual simplex para recuperar a viabilidade
Solução atual se torna não ótima	Usar o simplex primal para recuperar otimalidade
Solução atual se torna não ótima e também inviável	Usar o método simplex generalizado para obter uma nova solução

Os três primeiros casos são investigados nesta seção. O quarto caso, por ser uma combinação dos casos 2 e 3, é tratado no Problema 6, Conjunto 4.5A.

O problema da Toyco do Exemplo 4.3-2 será usado para explicar os diferentes procedimentos. Lembre-se de que o problema da Toyco trata da montagem de três tipos de brinquedos: trens, caminhões e carros. Três operações estão envolvidas na montagem. Desejamos determinar o número de unidades de cada brinquedo que maximizará a receita. O problema e seu dual são repetidos aqui para facilitar.

Tabela 4.15 Problemas da Toyco primal e dual

Toyco primal	Toyco dual
Maximizar	Minimizar
$z = 3x_1 + 2x_2 + 5x_3$	$w = 430y_1 + 460y_2 + 420y_3$
sujeito a	sujeito a
$x_1 + 2x_2 + x_3 \leq 430$ (Operação 1)	$y_1 + 3y_2 + y_3 \geq 3$
$3x_1 + 2x_3 \leq 460$ (Operação 2)	$2y_1 + 4y_3 \geq 2$
$x_1 + 4x_2 \leq 420$ (Operação 3)	$y_1 + 2y_2 \geq 5$
$x_1, x_2, x_3 \geq 0$	$y_1, y_2, y_3 \geq 0$
Solução ótima:	Solução ótima:
$x_1 = 0, x_2 = 100, x_3 = 230, z = \$\ 1.350$	$y_1 = 1, y_2 = 2, y_3 = 0, w = \$\ 1.350$

A tabela simplex ótima associada para o primal é dada como:

Base	x_1	x_2	x_3	x_4	x_5	x_6	Solução
z	4	0	0	1	2	0	1.350
x_2	$-\frac{1}{4}$	1	0	$\frac{1}{2}$	$-\frac{1}{4}$	0	100
x_3	$\frac{3}{2}$	0	1	0	$\frac{1}{2}$	0	230
x_6	2	0	0	-2	1	1	20

4.5.1 Alterações que afetam a viabilidade

A viabilidade da solução ótima atual só pode ser afetada se: 1) o lado direito das restrições for alterado; ou 2) uma nova restrição for adicionada ao modelo. Em ambos os casos, a inviabilidade ocorre quando no mínimo um elemento do lado direito da tabela ótima se torna negativo, ou seja, uma ou mais variáveis básicas atuais se tornam negativas.

Alterações do lado direito. Essa alteração requer recalcular o lado direito da tabela usando a Fórmula 1 da Seção 4.2.4:

$$\begin{pmatrix}\text{Novo lado direito da}\\ \text{tabela na iteração } i\end{pmatrix} = \begin{pmatrix}\text{Inversa na}\\ \text{iteração } i\end{pmatrix} \times \begin{pmatrix}\text{Novo lado direito}\\ \text{das restrições}\end{pmatrix}$$

Lembre-se de que o lado direito da tabela simplex dá os valores das variáveis básicas.

Exemplo 4.5-1

Situação 1. Suponha que a Toyco queira expandir suas linhas de montagem aumentando a capacidade diária das operações 1, 2 e 3 em 40%, passando para 602, 644 e 588 minutos, respectivamente. Como essa alteração afetaria a receita total?

Com esses aumentos, a única alteração que ocorrerá na tabela simplex ótima é o lado direito das restrições (e o valor objetivo ótimo). Assim, a nova solução básica será calculada da seguinte maneira:

$$\begin{pmatrix} x_2 \\ x_3 \\ x_6 \end{pmatrix} = \begin{pmatrix} \frac{1}{2} & -\frac{1}{4} & 0 \\ 0 & \frac{1}{2} & 0 \\ -2 & 1 & 1 \end{pmatrix} \begin{pmatrix} 602 \\ 644 \\ 588 \end{pmatrix} = \begin{pmatrix} 140 \\ 322 \\ 28 \end{pmatrix}$$

Assim, as variáveis básicas atuais, x_2, x_3 e x_6, permanecem viáveis nos novos valores 140, 322 e 28, respectivamente. A receita ótima associada é \$ 1.890, que é \$ 540 maior do que a receita atual de \$ 1.350.

Situação 2. Embora a nova solução seja atraente do ponto de vista do aumento de receita, a Toyco reconhece que sua implementação pode demorar. Portanto, foi feita outra proposta para deslocar a folga de capacidade da Operação 3 ($x_6 = 20$ minutos) para a capacidade da Operação 1. Como essa mudança afetaria a solução ótima?

O mix de capacidade das três operações muda para 450, 460 e 400 minutos, respectivamente. A solução resultante é

$$\begin{pmatrix} x_2 \\ x_3 \\ x_6 \end{pmatrix} = \begin{pmatrix} \frac{1}{2} & -\frac{1}{4} & 0 \\ 0 & \frac{1}{2} & 0 \\ -2 & 1 & 1 \end{pmatrix} \begin{pmatrix} 450 \\ 460 \\ 400 \end{pmatrix} = \begin{pmatrix} 110 \\ 230 \\ -40 \end{pmatrix}$$

A solução resultante é inviável porque $x_6 = -40$, o que requer a aplicação do método dual simplex para recuperar viabilidade. Em primeiro lugar, modificamos o lado direito da tabela simplex, como mostra a coluna sombreada da tabela seguinte. Observe que o valor associado de $z = 3 \times 0 + 2 \times 110 + 5 \times 230 = \$\ 1.370$.

Base	x_1	x_2	x_3	x_4	x_5	x_6	Solução
z	4	0	0	1	2	0	1.370
x_2	$-\frac{1}{4}$	1	0	$\frac{1}{2}$	$-\frac{1}{4}$	0	110
x_3	$\frac{3}{2}$	0	1	0	$\frac{1}{2}$	0	230
x_6	2	0	0	-2	1	1	-40

Pelo dual simplex, x_6 sai da base e x_4 entra na base, o que resulta na tabela a seguir (em geral, o dual simplex pode exigir mais do que uma iteração para recuperar viabilidade).

Base	x_1	x_2	x_3	x_4	x_5	x_6	Solução
z	5	0	0	0	$\frac{5}{2}$	$\frac{1}{2}$	1.350
x_2	$\frac{1}{4}$	1	0	0	0	$\frac{1}{4}$	100
x_3	$\frac{3}{2}$	0	1	0	$\frac{1}{2}$	0	230
x_4	-1	0	0	1	$-\frac{1}{2}$	$-\frac{1}{2}$	20

A solução ótima (em termos de x_1, x_2 e x_3) permanece a mesma do modelo original. Isso significa que o deslocamento proposto da alocação de capacidade não é vantajoso nesse caso porque a única coisa que acontece é a troca de uma sobra de capacidade da Operação 3 por uma sobra de capacidade da Operação 1. A conclusão é que a Operação 2 é o gargalo e pode ser vantajoso deslocar a sobra para a Operação 2 (veja Problema 1, Conjunto 4.5A). A seleção da Operação 2 em vez da Operação 1 também é reforçada pelo fato de o preço dual para a Operação 2 (= \$ 2/min) ser mais alto do que para a Operação 1 (= \$ 1/min).

CONJUNTO DE PROBLEMAS 4.5A

1. No modelo da Toyco apresentado no início da Seção 4.5, seria mais vantajoso designar os 20 minutos de excesso de capacidade da Operação 3 para a Operação 2 em vez de para a Operação 1?
2. Suponha que a Toyco queira alterar as capacidades das três operações de acordo com os casos seguintes:

$$\textbf{(a)} \begin{pmatrix} 460 \\ 500 \\ 400 \end{pmatrix} \quad \textbf{(b)} \begin{pmatrix} 500 \\ 400 \\ 600 \end{pmatrix} \quad \textbf{(c)} \begin{pmatrix} 300 \\ 800 \\ 200 \end{pmatrix} \quad \textbf{(d)} \begin{pmatrix} 450 \\ 700 \\ 350 \end{pmatrix}$$

   Use a análise pós-otimização para determinar a solução ótima em cada caso.
3. Considere o problema da Reddy Mikks do Exemplo 2.1-1. Sua tabela simplex ótima é dada no Exemplo 3.3-1. No caso de as disponibilidades diárias das matérias-primas *M*1 e *M*2 serem aumentadas para 28 e 8 toneladas, respectivamente, use a análise pós-otimização para determinar a nova solução ótima.

*4. A Ozark Farm tem 20.000 frangos que são alimentados durante oito semanas e só depois são comercializados. A ração semanal por frango varia de acordo com o esquema da Tabela C.

Tabela C

Semana	1	2	3	4	5	6	7	8
lb/frango	0,26	0,48	0,75	1,00	1,30	1,60	1,90	2,10

Para o frango conseguir o ganho de peso desejado em oito semanas, as rações devem satisfazer necessidades nutricionais específicas. Embora uma lista típica de itens para compor as rações seja grande, para simplificar limitaremos o problema a três itens apenas: calcário, milho e preparado de soja. As necessidades nutricionais também serão limitadas a três tipos: cálcio, proteína e fibra. A Tabela D resume o teor nutritivo dos ingredientes selecionados, junto com os dados de custo.

Tabela D

	Teor (lb) por lb de			
Ingrediente	*Cálcio*	*Proteína*	*Fibra*	\$ por lb
Calcário	0,380	0,00	0,00	0,12
Milho	0,001	0,09	0,02	0,45
Preparado de soja	0,002	0,50	0,08	1,60

O mix da ração deve conter:

(a) No mínimo 0,8% de cálcio, porém não mais do que 1,2%.
(b) No mínimo 22% de proteína.
(c) No máximo 5% de fibra em estado natural.

Resolva o problema de PL para a semana 1 e depois use a análise pós-otimização para desenvolver uma esquema ótimo para as sete semanas restantes.

5. Mostre que a regra dos 100% de viabilidade do Problema 12, Conjunto 3.6C (Capítulo 3), é baseada na condição

$$\begin{pmatrix} \text{Matriz inversa} \\ \text{da solução ótima} \end{pmatrix} \begin{pmatrix} \text{Vetor original} \\ \text{do lado direito} \end{pmatrix} \geq 0$$

6. *A análise pós-otimização para casos que afetam a otimalidade e também a viabilidade.* Suponha que você receba as seguintes alterações simultâneas para o problema da Reddy Mikks: as receitas por tonelada de tinta para exteriores e interiores são \$ 1.000 e de \$ 4.000, respectivamente, e as disponibilidades máximas diárias das matérias-primas *M*1 e *M*2 são 28 e 8 toneladas, respectivamente.
   (a) Mostre que as alterações propostas tornarão a solução ótima atual não ótima e também inviável.
   (b) Use o *algoritmo simplex generalizado* (Seção 4.4.2) para determinar a solução viável ótima.

Adição de novas restrições. A adição de uma nova restrição a um modelo existente pode levar a um de dois casos.

1. A nova restrição é *redundante*, o que significa que é satisfeita pela solução ótima atual e, por conseguinte, pode ser totalmente eliminada do modelo.
2. A solução atual viola a nova restrição, caso em que o método dual simplex é usado para restaurar a viabilidade.

Observe que a adição de uma nova restrição nunca pode melhorar o valor ótimo atual da função objetivo.

Exemplo 4.5-3

Situação 1. Suponha que a Toyco esteja mudando o projeto de seus brinquedos e que a mudança exigirá a adição de uma quarta operação nas linhas de montagem. A capacidade diária da nova operação é 500 minutos, e os tempos por unidade para os três produtos nessa operação são três, um e um minutos, respectivamente. Estude o efeito da nova operação sobre a solução ótima.

A restrição para a Operação 4 é

$$3x_1 + x_2 + x_3 \leq 500$$

Essa restrição é redundante porque é satisfeita pela solução ótima atual, $x_1 = 0$, $x_2 = 100$ e $x_3 = 230$. Portanto, a solução ótima atual permanece inalterada.

Situação 2. Agora suponha que os tempos unitários da Toyco para a quarta operação sejam alterados para três, três e um minutos, respectivamente. Todos os dados restantes do modelo permanecem os mesmos. A solução ótima mudará?

A restrição para a Operação 4 é

$$3x_1 + 3x_2 + x_3 \leq 500$$

Essa restrição não é satisfeita pela solução ótima atual. Portanto, a nova restrição deve ser adicionada à tabela simplex ótima atual da seguinte maneira (x_7 é uma folga):

Base	x_1	x_2	x_3	x_4	x_5	x_6	x_7	Solução
z	4	0	0	1	2	0	0	1.350
x_2	$-\frac{1}{4}$	1	0	$\frac{1}{2}$	$-\frac{1}{4}$	0	0	100
x_3	$\frac{3}{2}$	0	1	0	$\frac{1}{2}$	0	0	230
x_6	2	0	0	-2	1	1	0	20
x_7	3	3	1	0	0	0	1	500

A tabela mostra que $x_7 = 500$, o que não é consistente com os valores de x_2 e x_3 no restante da tabela. A razão é que as variáveis básicas x_2 e x_3 não foram substituídas na nova restrição. Essa substituição é realizada com a execução da seguinte operação:

Nova linha x_7 = Velha linha x_7 – {3 × (linha x_2) + 1 × (linha x_3)}

Essa operação é exatamente o mesmo que substituir

$$x_2 = 100 - (-\frac{1}{4}x_1 + \frac{1}{2}x_4 - \frac{1}{4}x_5)$$

$$x_3 = 230 - (\frac{3}{2}x_1 + \frac{1}{2}x_5)$$

na nova restrição. Assim, a nova tabela simplex é dada como:

Base	x_1	x_2	x_3	x_4	x_5	x_6	x_7	Solução
z	4	0	0	1	2	0	0	1.350
x_2	$-\frac{1}{4}$	1	0	$\frac{1}{2}$	$-\frac{1}{4}$	0	0	100
x_3	$\frac{3}{2}$	0	1	0	$\frac{1}{2}$	0	0	230
x_6	2	0	0	-2	1	1	0	20
x_7	$\frac{9}{4}$	0	0	$-\frac{3}{2}$	$\frac{1}{4}$	0	1	-30

A aplicação do método dual simplex produzirá a nova solução ótima: $x_1 = 0$, $x_2 = 90$, $x_3 = 230$ e z = \$ 1.330 (verifique!). A solução mostra que a adição da Operação 4 provocará uma redução na receita de \$ 1.350 para \$ 1.330.

CONJUNTO DE PROBLEMAS 4.5B

1. No modelo da Toyco, suponha que a quarta operação tenha as seguintes especificações: a taxa máxima de produção baseada em 480 minutos por dia é 120 unidades do produto 1, 480 unidades do produto 2 ou 240 unidades do produto 3. Determine a solução ótima considerando que a capacidade diária é limitada a:

*(a) 570 minutos.

(b) 548 minutos.

2. *Restrições secundárias.* Em vez de resolver o problema usando todas as suas restrições, podemos começar identificando as denominadas *restrições secundárias* — restrições que suspeitamos serem menos restritivas em termos da solução ótima. O modelo é resolvido usando as restrições (primárias) remanescentes. Então adicionamos as restrições secundárias, uma por vez. Uma restrição secundária é descartada se satisfizer a solução ótima disponível. O processo é repetido até que todas as restrições secundárias sejam levadas em conta.

Aplique o procedimento proposto ao seguinte problema de PL:

$$\text{Maximizar } z = 5x_1 + 6x_2 + 3x_2$$

sujeito a

$$5x_1 + 5x_2 + 3x_3 \leq 50$$
$$x_1 + x_2 - x_3 \leq 20$$
$$7x_1 + 6x_2 - 9x_3 \leq 30$$
$$5x_1 + 5x_2 + 5x_3 \leq 35$$
$$12x_1 + 6x_2 \leq 90$$
$$x_2 - 9x_3 \leq 20$$
$$x_1, x_2, x3 \geq 0$$

4.5.2 Alterações que afetam a otimalidade

Esta seção considera duas situações particulares que poderiam afetar a otimalidade da solução atual:

1. Alterações nos coeficientes originais da função objetivo.
2. Adição de uma nova atividade econômica (variável) ao modelo.

Alterações nos coeficientes originais da função objetivo. Essas alterações afetam apenas a otimalidade da solução e, por isso, exigem um novo cálculo dos coeficientes da linha z (custos reduzidos) de acordo como o seguinte procedimento:

1. Calcule os valores duais usando o Método 2 da Seção 4.2.3.
2. Use os novos valores duais da Fórmula 2, Seção 4.2.4, para determinar os novos custos reduzidos (coeficientes da linha z).

Serão tidos como resultado dois casos:

1. A nova linha z satisfaz a condição de otimalidade. A solução permanece inalterada (contudo, o valor objetivo ótimo pode mudar).
2. A condição de otimalidade não é satisfeita. Aplique o método simplex (primal) para recuperar a otimalidade.

Exemplo 4.5-4

Situação 1. No modelo da Toyco, suponha que a empresa adotou uma nova política de preços para enfrentar a concorrência. As receitas unitárias sob a nova política são \$ 2, \$ 3 e \$ 4 para trens, caminhões e carros de brinquedo, respectivamente. Como a solução ótima será afetada?

A nova função objetivo é

$$\text{Maximizar } z = 2x_1 + 3x_2 + 4x_3$$

Portanto,

(Novos coeficientes da função objetivo das variáveis básicas x_2, x_3 e x_6) = (3, 4, 0)

Usando o Método 2, Seção 4.2.3, as variáveis duais são calculadas como

$$(y_1, y_2, y_3) = (3, 4, 0)\begin{pmatrix} \frac{1}{2} & -\frac{1}{4} & 0 \\ 0 & \frac{1}{2} & 0 \\ -2 & 1 & 1 \end{pmatrix} = \left(\frac{3}{2}, \frac{5}{4}, 0\right)$$

Os coeficientes da linha z são determinados como as diferenças entre os lados esquerdo e direito das restrições duais (Fórmula 2, Seção 4.2.4). Não é necessário recalcular os coeficientes da linha z das variáveis básicas x_2, x_3 e x_6 porque eles sempre são iguais a zero, independentemente de quaisquer alterações feitas nos coeficientes da função objetivo (Verifique!).

$$\text{Custo reduzido de } x_1 = y_1 + 3y_2 + y_3 - \mathbf{2} = \frac{3}{2} + 3\left(\frac{5}{4}\right) + 0 - \mathbf{2} = \frac{13}{4}$$

$$\text{Custo reduzido de } x_4 = y_1 - 0 = \frac{3}{2}$$

$$\text{Custo reduzido de } x_5 = y_2 - 0 = \frac{5}{4}$$

Note que o lado direito da primeira restrição dual é 2, o *novo* coeficiente na função objetivo modificada.

Os cálculos mostram que a solução atual, $x_1 = 0$ trens, $x_2 = 100$ caminhões e $x_3 = 230$ carros, continua ótima. A nova receita correspondente é calculada como $2 \times 0 + 3 \times 100 + 4 \times 230 = \$\ 1.220$. A nova política de preços não é vantajosa porque leva a uma receita mais baixa.

Situação 2. Agora, suponha que a função objetivo da Toyco seja alterada para

$$\text{Maximizar } z = 6x_1 + 3x_2 + 4x_3$$

A solução ótima mudará?

Temos

$$(y_1, y_2, y_3) = (3, 4, 0)\begin{pmatrix} \frac{1}{2} & -\frac{1}{4} & 0 \\ 0 & \frac{1}{2} & 0 \\ -2 & 1 & 1 \end{pmatrix} = \left(\frac{3}{2}, \frac{5}{4}, 0\right)$$

$$\text{Custo reduzido de } x_1 = y_1 + 3y_2 + y_3 - \mathbf{6} = \frac{3}{2} + 3\left(\frac{5}{4}\right) + 0 - \mathbf{6} = -\frac{3}{4}$$

$$\text{Custo reduzido de } x_4 = y_1 - 0 = \frac{3}{2}$$

$$\text{Custo reduzido de } x_5 = y_2 - 0 = \frac{5}{4}$$

O novo custo reduzido de x_1 mostra que a solução atual não é ótima.

Para determinar a nova solução, a linha z é alterada como mostram as células sombreadas da tabela seguinte.

Base	x_1	x_2	x_3	x_4	x_5	x_6	Solução
z	$-\frac{3}{4}$	0	0	$\frac{3}{2}$	$\frac{5}{4}$	0	1.220
x_2	$-\frac{1}{4}$	1	0	$\frac{1}{2}$	$-\frac{1}{4}$	0	100
x_3	$\frac{3}{2}$	0	1	0	$\frac{1}{2}$	0	230
x_6	2	0	0	−2	1	1	20

Os elementos mostrados nas células sombreadas são o novo *custo reduzido* para as variáveis não básicas x_1, x_4 e x_5. Todos os elementos restantes são os mesmos da tabela simplex ótima original. Portanto, a nova solução ótima é determinada deixando que x_1 entre na base e x_6 saia da base, o que resulta em $x_1 = 10; x_2 = 102{,}5; x_3 = 215$; e z = $ 1.227,50 (Verifique!). Embora a nova solução recomende a produção dos três brinquedos, a receita ótima é menor do que quando são fabricados apenas dois brinquedos.

CONJUNTO DE PROBLEMAS 4.5C

1. Investigue a otimalidade da solução da Toyco para cada uma das seguintes funções objetivo. Se a solução mudar, use a análise pós-otimização para determinar uma nova solução ótima. (A tabela simplex ótima da Toyco foi dada no início da Seção 4.5.)
   (a) $z = 2x_1 + x_2 + 4x_3$
   (b) $z = 3x_1 + 6x_2 + x_3$
   (c) $z = 8x_1 + 3x_2 + 9x_3$
2. Investigue a otimalidade da solução da Reddy Mikks (Exemplo 4.3-1) para cada uma das seguintes funções objetivo. Se a solução mudar, use a análise pós-otimização para determinar uma nova solução ótima. (A tabela simplex ótima do problema foi dada no Exemplo 3.3.-1.)
   ***(a)** $z = 3x_1 + 2x_2$
   (b) $z = 8x_1 + 10x_2$
   ***(c)** $z = 2x_1 + 5x_2$
3. Mostre que a regra dos 100% de otimalidade (Problema 8, Conjunto 3.6D, Capítulo 3) é derivada de (Custos reduzidos) ≥ 0 para problemas de maximização e de (Custos reduzidos) ≤ 0 para problemas de minimização.

Adição de uma nova atividade. A adição de uma nova atividade em um problema de PL equivale a adicionar uma nova variável. Por intuição, a adição de uma nova atividade só é desejável se ela for lucrativa, isto é, se melhorar o valor ótimo da função objetivo. Essa condição pode ser averiguada pelo cálculo do custo reduzido de uma nova variável usando a Fórmula 2 da Seção 4.2.4. Se a nova atividade satisfizer a condição de otimalidade, então ela não é lucrativa. Caso contrário, é vantajoso incluir a nova atividade.

Exemplo 4.5-5

A Toyco reconhece que trens de brinquedo não estão em produção atualmente porque não são lucrativos. A empresa quer substituir os trens por um novo produto, um carro de bombeiros, a ser montado em suas instalações fabris em funcionamento. A Toyco estima que a receita por carro de bombeiros seja $ 4 e que os tempos de montagem por unidade sejam um minuto para cada uma das operações, um e dois, e dois minutos para a Operação 3. Como essa alteração afetaria a solução?

Vamos representar o novo produto, carro de bombeiros, por x_7. Dado que $(y_1, y_2, y_3) = (1, 2, 0)$ são os valores duais ótimos, obtemos

$$\text{Custo reduzido de } x_7 = 1y_1 + 1y_2 + 2y_3 - 4 = 1 \times 1 + 1 \times 2 + 2 \times 0 - 4 = -1$$

O resultado mostra que é lucrativo incluir x_7 na solução básica ótima. Para obter a nova solução ótima, em primeiro lugar calculamos sua coluna de restrição usando a Fórmula 1 da Seção 4.2.4, como

$$\text{Coluna de restrição } x_7 = \begin{pmatrix} \frac{1}{2} & -\frac{1}{4} & 0 \\ 0 & \frac{1}{2} & 0 \\ -2 & 1 & 1 \end{pmatrix}\begin{pmatrix} 1 \\ 1 \\ 2 \end{pmatrix} = \begin{pmatrix} \frac{1}{4} \\ \frac{1}{2} \\ 1 \end{pmatrix}$$

Assim, a tabela simplex atual pode ser modificada da seguinte maneira

Base	x_1	x_2	x_3	x_7	x_4	x_5	x_6	Solução
z	4	0	0	−1	1	2	0	1.350
x_2	$-\frac{1}{4}$	1	0	$\frac{1}{4}$	$\frac{1}{2}$	$-\frac{1}{4}$	0	100
x_3	$\frac{3}{2}$	0	1	$\frac{1}{2}$	0	$\frac{1}{2}$	0	230
x_6	2	0	0	1	−2	1	1	20

A nova solução ótima é determinada deixando que x_7 entre na solução básica, caso em que x_6 deve sair da base. Uma nova solução é $x_1 = 0, x_2 = 0, x_3 = 125, x_7 = 210$ e $z = \$\ 1.465$, (Verifique!), o que resulta em um aumento da receita em $ 115.

CONJUNTO DE PROBLEMAS 4.5D

*1. No problema original da Toyco, trens de brinquedo não fazem parte do mix ótimo de produtos. A empresa reconhece que a concorrência de mercado não permitirá a elevação do preço unitário do brinquedo. Em vez disso, ela quer se concentrar na melhoria da operação de montagem em si, o que acarreta reduzir o tempo de montagem por unidade em cada uma das três operações em uma porcentagem especificada, p%. Determine o valor de p que tornará os trens de brinquedos lucrativos. (A tabela simplex ótima do problema da Toyco foi dada no início da Seção 4.5.)

2. No problema da Toyco, suponha que a empresa possa reduzir os tempos unitários das operações 1, 2 e 3 para trens de brinquedo dos atuais níveis de um, três e um minutos para meio, um e meio minutos, respectivamente. A receita por unidade permanece inalterada em $ 3. Determine uma nova solução ótima.

3. No modelo da Toyco, suponha que um novo brinquedo (carro de bombeiros) requeira três, dois e quatro minutos, respectivamente, para as operações 1, 2 e 3. Determine a solução ótima quando a receita por unidade for dada por

   *(a) $ 5.

   (b) $ 10.

4. No problema da Reddy Mikks, a empresa está considerando a produção de uma marca mais barata de tinta para exteriores cujos requisitos de entrada por tonelada incluam 0,75 t de cada uma das matérias-primas, *M*1 e *M*2. As condições de mercado ainda determinam que o excesso de tinta para interiores em relação à produção de *ambos* os tipos de tinta seja limitado a 1 t por dia. A receita por tonelada da nova tinta para exteriores é $ 3.500. Determine a nova solução ótima. (O problema foi explicado no Exemplo 4.5-1, e sua tabela ótima foi dada no Exemplo 3.3-1.)

REFERÊNCIAS BIBLIOGRÁFICAS

Bazaraa, M.; Jarvis, J. e Sherali, H. *Linear programming and network flows.* 2. ed. Nova York: Wiley, 1990.
Bradley, S.; Hax, A. e Magnanti, T. *Applied mathematical programming.* Reading: Addison-Wesley, 1977.
Diwckar, U. *Introduction to applied optimization.* Boston: Kluwer Academic, 2003.
Nering, E. e Tucker, A. *Linear programming and related problems.* Boston: Academic, 1992.
Vanderbei, R. *Linear programming: foundation and optimization.* 2. ed. Boston: Kluwer Academic, 2001.

Capítulo 5

O problema de transporte e suas variantes

Guia do capítulo. O problema de transporte é uma classe especial de problemas de programação linear que trata do envio de uma mercadoria de *origens* (por exemplo, fábricas) para *destinos* (por exemplo, depósitos). O objetivo é determinar a programação de expedição que minimize o custo total de expedição e, ao mesmo tempo, satisfaça os limites de fornecimento e demanda. A aplicação do problema de transporte pode ser estendida a outras áreas de operações, entre elas controle de estoque, programação de empregos e designação de pessoal.

Ao estudar o conteúdo deste capítulo, tenha sempre em mente que as etapas do algoritmo de transporte são exatamente as do método simplex. Um outro ponto é que o algoritmo de transporte foi desenvolvido nos primórdios da PO para aperfeiçoar cálculos feitos à mão. Agora, com o imenso poder do computador, pode ser que esses atalhos não se justifiquem mais e, na verdade, nunca sejam utilizados em códigos comerciais na maneira específica como apresentados neste capítulo. Não obstante, a apresentação mostra que a tabela simplex para o problema de transporte é útil na modelagem de uma classe de problemas de maneira concisa (ao contrário do conhecido problema de PL com função objetivo e restrições explícitas). Em particular, o formato da tabela simplex para o problema de transporte simplifica a solução do problema pelo Excel Solver. A representação também dá idéias interessantes sobre como a teoria básica da programação linear é explorada para produzir atalhos em cálculos.

Você verá que o módulo tutorial do TORA ajuda a entender os detalhes do algoritmo de transporte. O módulo permite tomar decisões quanto à lógica dos cálculos e dá retorno imediato.

Este capítulo inclui um resumo de uma aplicação real, 12 exemplos resolvidos, 1 modelo Solver, 4 modelos AMPL, 46 problemas de final de seção e 5 casos. Os casos estão no Apêndice E, disponível em inglês no site do livro. Os programas AMPL/Excel Solver/TORA estão na pasta ch5Files.

Aplicação real — Programação de reuniões em eventos comerciais na Austrália

A Australian Tourist Commission (ATC) organiza eventos comerciais no mundo inteiro para oferecer aos vendedores australianos um espaço onde eles possam se reunir com compradores internacionais de produtos de turismo como acomodação, excursões e transporte. Durante esses eventos, os vendedores ocupam pequenas salas onde recebem compradores de acordo com uma agenda de compromissos. Como o número de intervalos de tempo disponíveis em um evento e outro é limitado e o número de compradores e vendedores pode ser bastante grande (um desses eventos organizados em Melbourne, em 1997, atraiu 620 vendedores e 700 compradores), a ATC tenta programar as reuniões entre vendedores e compradores com antecedência, de modo a maximizar preferências. A resolução do problema proporcionou maior satisfação para ambos, compradores e vendedores. O caso 3 no Capítulo 24 (disponível em inglês no site do livro) fornece os detalhes do estudo.

5.1 DEFINIÇÃO DO PROBLEMA DE TRANSPORTE

O problema geral é representado pela rede na Figura 5.1. Há m origens e n destinos, cada um representado por um **nó**. Os **arcos** representam as rotas que ligam as origens aos destinos. O arco (i, j),

Figura 5.1
Representação do problema de transporte com nós e arcos

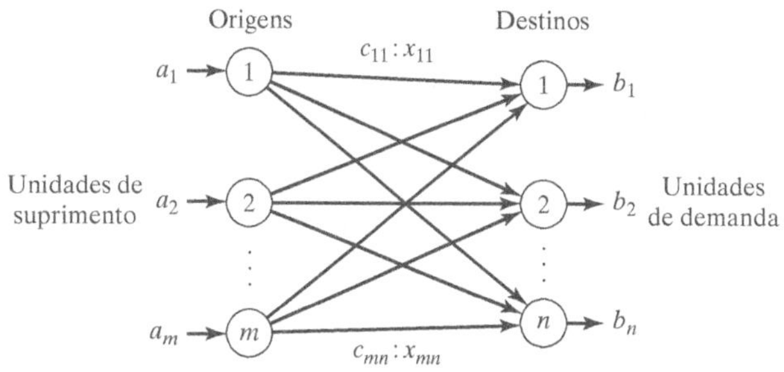

que liga a origem i ao destino j, nos dá duas informações: 1) o custo de transporte por unidade, c_{ij}; e 2) a quantidade enviada, x_{ij}. A quantidade de suprimento na origem i é a_i e a quantidade de demanda no destino j é b_j. O objetivo do problema é determinar as incógnitas x_{ij} que minimizarão o custo total de transporte e, ao mesmo tempo, satisfarão todas as restrições de suprimento e demanda.

Exemplo 5.1-1

A MG Auto tem três fábricas: uma em Los Angeles, uma em Detroit e outra em Nova Orleans, e duas grandes centrais de distribuição: uma em Denver e outra em Miami. As capacidades das três fábricas para o próximo trimestre são 1.000, 1.500 e 1.200 carros. As demandas trimestrais nas duas centrais de distribuição são 2.300 e 1.400 carros. O mapa de distâncias entre as fábricas e as centrais de distribuição é dado na Tabela 5.1.

A empresa transportadora encarregada do transporte dos carros cobra 8 centavos por milha por carro. Os custos de transporte por carro nas diferentes rotas, arredondados para o valor mais próximo, são dados na Tabela 5.2.

A formulação do problema de PL da questão é dada por

$$\text{Minimizar } z = 80x_{11} + 215x_{12} + 100x_{21} + 108x_{22} + 102x_{31} + 68x_{32}$$

Tabela 5.1 Mapa de distâncias

	Denver	Miami
Los Angeles	1.000	2.690
Detroit	1.250	1.350
Nova Orleans	1.275	850

Tabela 5.2 Custo ($) de transporte por carro

	Denver (1)	Miami (2)
Los Angeles (1)	80	215
Detroit (2)	100	108
Nova Orleans (3)	102	68

sujeito a

$$\begin{array}{llllllll}
x_{11} + x_{12} & & & & & = 1.000 & \text{(Los Angeles)} \\
& x_{21} + x_{22} & & & & = 1.500 & \text{(Detroit)} \\
& & + x_{31} + x_{32} & & & = 1.200 & \text{(Nova Orleans)} \\
x_{11} & + x_{21} + & x_{31} & & & = 2.300 & \text{(Denver)} \\
x_{12} + & x_{22} & + x_{32} & & & = 1.400 & \text{(Miami)} \\
& & x_{ij} \geq 0; i = 1, 2, 3; j = 1, 2 & & & &
\end{array}$$

Todas essas restrições são equações porque o suprimento total das três origens (= 1.000 + 1.500 + 1.200 = 3.700 carros) é igual à demanda total dos dois destinos (= 2.300 + 1.400 = 3.700 carros).

O problema de PL pode ser resolvido pelo método simplex, porém, com a estrutura especial das restrições podemos resolver o problema com mais facilidade usando a **tabela simplex para o problema de transporte** mostrada na Tabela 5.3.

Tabela 5.3 Modelo de transporte da MG

	Denver	Miami	Suprimento
Los Angeles	80 x_{11}	215 x_{12}	**1.000**
Detroit	100 x_{21}	108 x_{22}	**1.500**
Nova Orleans	102 x_{31}	68 x_{32}	**1.200**
Demanda	**2.300**	**1.400**	

Figura 5.2
Solução ótima para o modelo da MG Auto

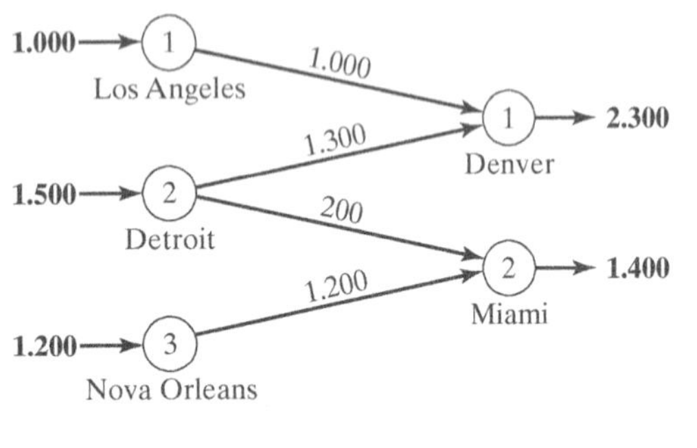

A solução ótima na Figura 5.2 (obtida pelo TORA)[1] recomenda o embarque de 1.000 carros de Los Angeles para Denver, 1.300 de Detroit para Denver, 200 de Detroit para Miami e 1.200 de Nova Orleans para Miami. O custo mínimo de transporte associado é calculado como 1.000 × \$ 80 + 1.300 × \$ 100 + 200 × \$ 108 + 1.200 × \$ 68 = \$ 313.200.

Balanceamento do problema de transporte. O algoritmo de transporte é baseado na premissa de que o problema é balanceado, o que significa que a demanda total é igual ao fornecimento total. Se o problema não for balanceado, sempre podemos adicionar uma origem fictícia ou um destino fictício para restaurar o equilíbrio.

Exemplo 5.1-2

No modelo da MG, suponha que a capacidade da fábrica de Detroit seja 1.300 carros (em vez de 1.500). O suprimento total (= 3.500 carros) é menor do que a demanda total (= 3.700 carros), o que significa que parte da demanda em Denver e Miami não será satisfeita.

Como a demanda ultrapassa o fornecimento, uma origem (fábrica) fictícia com uma capacidade de 200 carros (= 3.700 – 3.500) é adicionada para equilibrar o problema de transporte. O custo unitário de transporte da fábrica fictícia para os dois destinos é zero porque a fábrica não existe.

A Tabela 5.4 dá o problema balanceado acompanhado de sua solução ótima. A solução mostra que a fábrica fictícia despacha 200 carros para Miami, o que significa que Miami terá 200 carros a menos do que sua demanda de 1.400 carros.

Podemos garantir que um destino específico não sofra escassez designando um custo unitário de transporte muito alto da origem fictícia até aquele destino. Por exemplo, uma multa de \$ 1.000 na célula fictícia de Miami evitará escassez em Miami. Claro que não podemos usar esse 'truque' em todos os destinos, porque com certeza ocorrerá escassez em alguma parte do sistema.

O caso em que o fornecimento ultrapassa a demanda pode ser demonstrado ao se considerar que a demanda em Denver é apenas 1.900 carros. Nesse caso, precisamos adicionar uma central de distribuição fictícia para 'receber' o suprimento excedente. Novamente, o custo unitário de transporte para a central de distribuição fictícia é zero, a menos que exijamos que a fábrica 'esgote seu suprimento' completamente. Nesse caso, devemos designar um alto custo unitário de transporte da fábrica designada ao destino fictício.

Tabela 5.4 Modelo da MG com fábrica fictícia

	Denver	Miami	Fornecimento
Los Angeles	80 **1.000**	215	**1.000**
Detroit	100 **1.300**	108	**1.300**
Nova Orleans	102	68 **1.200**	**1.200**
Fábrica fictícia	0	0 **200**	**200**
Demanda	**2.300**	**1.400**	

Tabela 5.5 Modelo da MG com destino fictício

	Denver	Miami	Fictício	
Los Angeles	80 **1.000**	215	0	**1.000**
Detroit	100 **900**	108 **200**	0 **400**	**1.500**
Nova Orleans	102	68 **1.200**	0	**1.200**
Demanda	**1.900**	**1.400**	**400**	

A Tabela 5.5 dá o novo modelo e sua solução ótima (obtida pelo TORA). A solução mostra que a fábrica de Detroit terá um excedente de 400 carros.

[1] Para usar o TORA, selecione Transportation Model em Main Menu. No menu Solve/Modify, selecione Solve ⇒ Final solution para obter um resumo da solução ótima. Uma descrição detalhada da solução iterativa do problema de transporte será dada na Seção 5.3.3.

CONJUNTO DE PROBLEMAS 5.1A[2]

1. Falso ou verdadeiro?

(a) Para balancear um problema de transporte, pode ser necessário adicionar uma origem fictícia, bem como um destino fictício.

(b) As quantidades expedidas para um destino fictício representam excedentes na origem da expedição.

(c) As quantidades expedidas de uma origem fictícia representam escassez nos destinos receptores.

2. Em cada um dos seguintes casos, determine se deve ser adicionado um destino fictício ou uma origem fictícia para equilibrar o modelo.

(a) Fornecimento: $a_1 = 10, a_2 = 5, a_3 = 4, a_4 = 6$
Demanda: $b_1 = 10, b_2 = 5, b_3 = 7, b_4 = 9$

(b) Fornecimento: $a_1 = 30, a_2 = 44$
Demanda: $b_1 = 25, b_2 = 30, b_3 = 10$

3. Na Tabela 5.4 do Exemplo 5.1-2, na qual foi adicionada uma fábrica fictícia, o que significa, na solução, a fábrica fictícia 'despachar' 150 carros para Denver e 50 carros para Miami?

***4.** Na Tabela 5.5 do Exemplo 5.1-2, na qual foi adicionado um destino fictício, suponha que a fábrica de Detroit deva despachar *toda* a sua produção. Como essa restrição pode ser implementada?

5. No Exemplo 5.1-2, suponha que, para o caso em que a demanda ultrapasse o fornecimento (Tabela 5.4), seja cobrada uma multa à taxa de $ 200 e $ 300 para cada carro não entregue em Denver e Miami, respectivamente. Ademais, nenhuma entrega é feita da fábrica de Los Angeles para a central de distribuição de Miami. Formule o problema e determine a programação de expedição ótima.

***6.** Três usinas de geração de energia elétrica com capacidades de 25, 40 e 30 milhões de kWh fornecem eletricidade a três cidades. As demandas máximas das três cidades são estimadas em 30, 35 e 25 milhões de kWh. Os preços por milhão de kWh nas três cidades é dado na Tabela A.

Durante o mês de agosto há um aumento de 20% na demanda em cada uma das três cidades, que pode ser satisfeito com a compra de fornecimento de eletricidade de uma outra rede, a uma taxa mais elevada, por $ 1.000 por milhão de kWh. Contudo, a rede não está ligada à Cidade 3. A empresa fornecedora deseja determinar o plano mais econômico para a distribuição e compra de energia adicional.

(a) Formule a questão como um problema de transporte.

(b) Determine um plano de distribuição ótimo para a empresa fornecedora.

(c) Determine o custo da energia adicional comprada por cada uma das três cidades.

7. Resolva o Problema 6 considerando que há uma perda de 10% na transmissão de energia em toda a rede.

8. Três refinarias com capacidades diárias de 6, 5 e 8 milhões de galões, respectivamente, abastecem três áreas de distribuição cujas demandas diárias são 4, 8 e 7 milhões de galões, respectivamente. A gasolina é transportada para as três áreas de distribuição por meio de uma rede de tubulações. O custo de transporte é 10 centavos por 1.000 galões por milha de tubulação. A Tabela B dá as distâncias entre as refinarias e as áreas de distribuição. A Refinaria 1 não está conectada à área de distribuição 3.

(a) Formule o problema de transporte associado.

(b) Determine a programação ótima de expedição na rede.

Tabela A Preço ($) por milhão de kWh para o Problema 6

	Cidade 1	Cidade 2	Cidade 3
Refinaria 1	600	700	400
Refinaria 2	320	300	350
Refinaria 3	500	480	450

Tabela B Mapa de distâncias para o Problema 8

	Área de distribuição 1	Área de distribuição 2	Área de distribuição 3
Refinaria 1	120	180	—
Refinaria 2	300	100	80
Refinaria 3	200	250	120

***9.** No Problema 8, suponha que a capacidade da Refinaria 3 seja apenas 6 milhões de galões e que a área de distribuição 1 deva receber toda a sua demanda. Ademais, quaisquer faltas nas áreas 2 e 3 sofrerão uma multa de 5 centavos por galão.

(a) Formule a questão como um problema de transporte.

(b) Determine a programação ótima de expedição.

10. No Problema 8, suponha que a demanda diária na área 3 caia para 4 milhões de galões. A produção excedente nas refinarias 1 e 2 é desviada para outras áreas de distribuição por caminhão-tanque. O custo de transporte por 100 galões é $ 1,50 da Refinaria 1 e $ 2,20 da Refinaria 2. A Refinaria 3 pode destinar seu excedente de produção para outros processos químicos dentro da fábrica.

(a) Formule a questão como um problema de transporte.

(b) Determine a programação ótima de expedição.

11. Três pomares fornecem caixas de laranjas a quatro varejistas. As demandas diárias dos quatro varejistas são 150, 150, 400 e 100 caixas, respectivamente. As quantidades fornecidas pelos três pomares são determinadas pela mão-de-obra normal disponível e são estimadas em 150, 200 e 250 caixas por dia. Contudo, os pomares 1 e 2 indicaram que poderiam fornecer mais caixas, se necessário, usando horas extras. O Pomar 3 não oferece essa opção. Os custos de transporte por caixa dos pomares até os varejistas são dados na Tabela C.

(a) Formule a questão como um problema de transporte.

(b) Resolva o problema.

(c) Quantas caixas os pomares 1 e 2 devem fornecer usando horas extras?

12. Três centrais de distribuição enviam carros para cinco revendedoras. O custo de expedição é baseado nas distâncias entre as origens e os destinos e independe de a carreta fazer a viagem com cargas parciais ou completas. A Tabela D resume as distâncias entre as centrais de distribuição e as revendedoras, junto com as quantidades fornecidas e as demandas, ambas mensais, dadas em *números* de carros. Uma carga completa corresponde a 18 carros. O custo de transporte por milha por carreta é $ 25.

(a) Formule o problema de transporte associado.

(b) Determine a programação ótima de expedição.

Tabela C Custo ($) de transporte/caixa para o Problema 11

	Varejista 1	Varejista 2	Varejista 3	Varejista 4
Pomar 1	1	2	3	2
Pomar 2	2	4	1	2
Pomar 3	1	3	5	3

Tabela D Mapa de distâncias, fornecimento e demanda para o Problema 12

	Revendedora 1	Revendedora 2	Revendedora 3	Revendedora 4	Revendedora 5	Fornecimento
Central 1	100	150	200	140	35	**400**
Central 2	50	70	60	65	80	**200**
Central 3	40	90	100	150	130	**150**
Demanda	**100**	**200**	**150**	**160**	**140**	

[2] Nesse conjunto você pode usar o TORA para achar a solução ótima. Modelos AMPL e Solver para o problema de transporte serão apresentados no final da Seção 5.3.2.

13. A MG Auto, do Exemplo 5.1-1, produz quatro modelos de carros: *M*1, *M*2, *M*3 e *M*4. A fábrica de Detroit produz os modelos *M*1, *M*2 e *M*4. Os modelos *M*1 e *M*2 também são produzidos em Nova Orleans. A fábrica de Los Angeles produz os modelos *M*3 e *M*4. As capacidades das várias fábricas e as demandas nas centrais de distribuição são dadas na Tabela E.

O mapa de distâncias é o mesmo dado no Exemplo 5.1-1 e a taxa de transporte continua sendo 8 centavos por carro, por milha, para todos os modelos. Além disso, é possível satisfazer uma porcentagem da demanda por alguns modelos com o suprimento de outros conforme as especificações da Tabela F.

(a) Formule o problema de transporte correspondente.

(b) Determine a programação ótima de expedição.

(*Sugestão*: adicione quatro novos destinos correspondentes às novas combinações: [*M*1, *M*2], [*M*3, *M*4], [*M*1, *M*2] e [*M*2, *M*4]. As demandas dos novos destinos são determinadas pelas porcentagens dadas.)

Tabela E Capacidades e demandas para o Problema 13

	Modelo				
	*M*1	*M*2	*M*3	*M*4	Totais
Fábrica					
Los Angeles	—	—	700	300	1.000
Detroit	500	600	—	400	1.500
Nova Orleans	800	400	—	—	1.200
Central de distribuição					
Denver	700	500	500	600	2.300
Miami	600	500	200	100	1.400

Tabela F Modelos intercambiáveis do Problema 13

Central de distribuição	Porcentagem de demanda	Modelos intercambiáveis
Denver	10	*M*1, *M*2
	20	*M*3, *M*4
Miami	10	*M*1, *M*2
	5	*M*2, *M*4

5.2 PROBLEMAS DE TRANSPORTE NÃO TRADICIONAIS

A aplicação do problema de transporte não se limita ao *transporte* de mercadorias entre origens e destinos geográficos. Esta seção apresenta duas aplicações nas áreas de controle da produção e estoques, e serviço de afiação de ferramentas.

Exemplo 5.2-1 (Controle de produção e estoques)

A Boralis fabrica mochilas para praticantes de esportes radicais. A demanda para seu produto ocorre entre março e junho de cada ano. A Boralis estima que a demanda para os quatro meses é 100, 200, 180 e 300 unidades, respectivamente. A empresa usa mão-de-obra de tempo parcial para fabricar as mochilas e, por causa disso, sua capacidade de produção varia mensalmente. Estima-se que a Boralis possa produzir 50, 180, 280 e 270 unidades de março a junho. Como a capacidade de produção e a demanda para os diferentes meses não combinam, a demanda de um mês corrente pode ser satisfeita de uma entre três maneiras:

1. Produção do mês corrente.
2. Excesso de produção de um mês anterior.
3. Excesso de produção em um mês posterior (atendimento de pedidos pendentes).

No primeiro caso, o custo de produção por mochila é \$ 40. O segundo caso incorre em um custo adicional de permanência em estoque de \$ 0,50 por mochila por mês. No terceiro caso há um custo adicional de multa de \$ 2 por mochila para cada mês de atraso. A Boralis quer determinar a programação ótima de produção para os quatro meses.

A situação pode ser formulada como um problema de transporte reconhecendo os paralelos entre os elementos do problema de produção-estoque e o problema de transporte, conforme demonstrado na Tabela 5.6.

Tabela 5.6 Produção-estoque e problema de transporte

Transporte	Produção-estoque
1. Origem *i*	1. Período de produção *i*
2. Destino *j*	2. Período de demanda *j*
3. Quantidade fornecida na origem *i*	3. Capacidade de produção do período *i*
4. Demanda no destino *j*	4. Demanda para o período *j*
5. Custo unitário de transporte da origem *i* ao destino *j*	5. Custo unitário (produção + estoque + multa) no período *i* para o período *j*

O modelo resultante é dado na Tabela 5.7.

Tabela 5.7 Modelo que fundamenta o Exemplo 5.2-1

	1	2	3	4	Capacidade
1	\$ 40	\$ 40,50	\$ 41	\$ 41,50	**50**
2	\$ 42	\$ 40	\$ 40,50	\$ 41	**180**
3	\$ 44	\$ 42	\$ 40	\$ 40,50	**280**
4	\$ 46	\$ 44	\$ 42	\$ 40	**270**
Demanda	**100**	**200**	**180**	**300**	

Figura 5.3
Solução ótima do modelo de produção-estoque

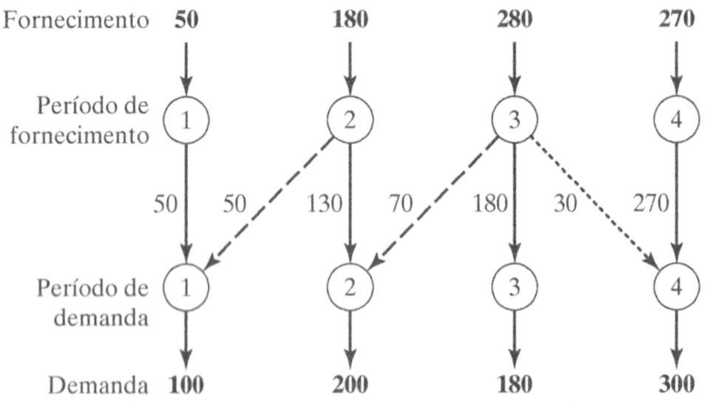

O custo unitário de 'transporte' do período *i* para o período *j* é calculado por

$$c_{ij} = \begin{cases} \text{Custo de produção em } i,\ i = j \\ \text{Custo de produção em } i + \text{Custo de permanência em estoque de } i \text{ para } j,\ i < j \\ \text{Custo de produção em } i + \text{Custo de multa de } i \text{ para } j,\ i > j \end{cases}$$

Por exemplo,

$$c_{11} = \$\ 40$$

$$c_{24} = \$\ 40 + (\$\ 0{,}50 + \$\ 0{,}50) = \$\ 41$$

$$c_{41} = \$\ 40 + (\$\ 2 + \$\ 2 + \$\ 2) = \$\ 46$$

A solução ótima está resumida na Figura 5.3. As linhas tracejadas indicam pedidos pendentes; as linhas pontilhadas indicam produção para um período futuro, e as linhas cheias mostram a produção para o período presente propriamente dito. O custo total é $ 31.455.

Exemplo 5.2-2 (Afiação de ferramentas)

A Arkansas Pacific opera uma serraria de médio porte. A serraria prepara diferentes tipos de madeira que abrangem desde o pinho, macio, até o carvalho, duro, conforme uma programação semanal. Dependendo do tipo de madeira a ser serrada, a demanda de serras afiadas varia de dia para dia conforme os dados da Tabela 5.8, referentes a uma semana (7 dias) de produção.

Tabela 5.8 Demanda de serras

Dia	Seg.	Terça	Quarta	Quinta	Sexta	Sáb.	Dom.
Demanda (serras)	24	12	14	20	18	14	22

A serraria pode satisfazer a demanda diária das seguintes maneiras:

1. Comprar novas serras ao custo de $ 12 por serra.
2. Usar um serviço noturno de afiação ao custo de $ 6 por serra.
3. Usar um serviço de afiação lento, de 2 dias, ao custo de $ 3 por serra.

A situação pode ser representada como um problema de transporte com oito origens e sete destinos. Os destinos representam os sete dias da semana. As origens do modelo são definidas da seguinte maneira: Origem 1 corresponde a comprar novas serras, o que, em caso extremo, pode chegar à quantidade suficiente para abastecer a demanda para todos os sete dias (= 24 + 12 + 14 + 20 + 18 + 14 + 22 = 124). Origens 2 a 8 correspondem aos sete dias da semana.

A quantidade fornecida por cada uma dessas origens é igual ao número de serras utilizadas ao final do dia associado. Por exemplo, Origem 2 (isto é, segunda) fornecerá uma quantidade de serras utilizadas igual à demanda de segunda. O 'custo unitário de transporte' para o modelo é $ 12, $ 6 ou $ 3, dependendo de o suprimento de serras ser satisfeito por novas serras, pelo serviço noturno de afiação ou pelo serviço de afiação de dois dias. Observe que o serviço noturno significa que as serras utilizadas enviadas ao *final* do dia i estarão disponíveis para utilização no *início* do dia $i + 1$ ou do dia $i + 2$, porque o serviço lento de dois dias não estará disponível até o *início* do dia $i + 3$. A coluna 'descarte' do Quadro 5.1 é um destino fictício necessário para equilibrar o problema. O problema completo e sua solução são dados na Tabela 5.9.

O problema tem soluções ótimas alternativas a um custo de $ 840 (arquivo toraEx5.2-2.txt). A Tabela 5.10 resume uma dessas soluções.

Tabela 5.10 Uma solução ótima alternativa

	Número de serras afiadas (dia determinado)			
Período	*Nova*	*Noturno*	*2 dias*	Descarte
Segunda	24 (segunda)	10 (terça) + 8 (quarta)	6 (quinta)	0
Terça	2 (terça)	6 (quarta)	6 (sexta)	0
Quarta	0	14 (quinta)	0	0
Quinta	0	12 (sexta)	8 (domingo)	0
Sexta	0	14 (sábado)	0	4
Sábado	0	14 (domingo)	0	0
Domingo	0	0	0	22

Comentários. O modelo da Tabela 5.9 é adequado apenas para a primeira semana de operação porque não leva em conta a natureza *rotativa* dos dias da semana, no sentido de que esses dias da semana podem agir como origens para a demanda da semana seguinte. Um modo de tratar essa situação é considerar que a primeiríssima semana de operação começa com todas as serras novas para cada dia. Daí em diante, usamos um modelo que consiste em exatamente sete origens e sete destinos correspondentes aos dias da semana. O novo modelo será semelhante ao da Tabela 5.9, exceto em relação à origem 'Nova' e ao destino 'Descarte'. Além disso, só células na diagonal serão bloqueadas (custo unitário = M).

Tabela 5.9 Problema da afiação de ferramentas expresso como problema de transporte

	1 Segunda	2 Terça	3 Quarta	4 Quinta	5 Sexta	6 Sábado	7 Domingo	8 Descarte	
1-Nova	$ 12 **24**	$ 12 **2**	$ 12	$ 12	$ 12	$ 12	$ 12	$ 0 **98**	**124**
2-Segunda	*M*	$ 6 **10**	$ 6 **8**	$ 3 **6**	$ 3	$ 3	$ 3	$ 0	**24**
3-Terça	*M*	*M*	$ 6 **6**	$ 6	$ 3 **6**	$ 3	$ 3	$ 0	**12**
4-Quarta	*M*	*M*	*M*	$ 6 **14**	$ 6	$ 3	$ 3	$ 0	**14**
5-Quinta	*M*	*M*	*M*	*M*	$ 6 **12**	$ 6	$ 3 **8**	$ 0	**20**
6-Sexta	*M*	*M*	*M*	*M*	*M*	$ 6 **14**	$ 6	$ 0 **4**	**18**
7-Sábado	*M*	*M*	*M*	*M*	*M*	*M*	$ 6 **14**	$ 0	**14**
8-Domingo	*M*	*M*	*M*	*M*	*M*	*M*	*M*	$ 0 **22**	**22**
	24	**12**	**14**	**20**	**18**	**14**	**22**	**124**	

As células restantes terão um custo unitário de $ 3 ou $ 6. Por exemplo, o custo unitário da célula (sábado, segunda) é $ 6, e o das células (sábado, terça), (sábado, quarta), (sábado, quinta) e (sábado, sexta) é $ 3. A Tabela 5.11 dá a solução que custa $ 372. Como esperado, a solução ótima usará sempre apenas o serviço de dois dias. O problema tem soluções ótimas alternativas (veja arquivo toraEx5.2-2a.txt).

Tabela 5.11 Solução ótima

	Semana *i* + 1							
Semana *i*	*Seg.*	*Ter.*	*Quar.*	*Quin.*	*Sex.*	*Sáb.*	*Dom.*	Total
Segunda				6			18	24
Terça					8		4	12
Quarta	12					2		14
Quinta	8	12						20
Sexta	4		14					18
Sábado				14				14
Domingo					10	12		22
Total	24	12	14	20	18	14	22	

CONJUNTO DE PROBLEMAS 5.2A[3]

1. No Exemplo 5.2-1, suponha que o custo de permanência por unidade seja dependente do período e dado por 40, 30 e 70 centavos para os períodos 1, 2 e 3, respectivamente. Os custos de multa e de produção são os mesmos dados no exemplo. Determine a solução ótima e interprete os resultados.

***2.** No Exemplo 5.2-2, suponha que o serviço de afiação ofereça uma alternativa de três dias por $ 1 por serra às segundas e terças (dias 1 e 2). Reformule o problema e interprete a solução ótima.

3. No Exemplo 5.2-2, se uma serra não for usada no dia em que foi afiada, há um custo de permanência em estoque de 50 centavos por serra ao dia. Reformule o modelo e interprete a solução ótima.

4. A JoShop quer designar quatro categorias de máquinas para execução de cinco tipos de tarefas. O número de máquinas disponíveis nas quatro categorias são 25, 30, 20 e 30. As quantidades de serviço nas cinco tarefas são 20, 20, 30, 10 e 25. A máquina de Categoria 4 não pode ser designada à tarefa do tipo 4. A Tabela G dá o custo unitário (em dólares) da designação de uma categoria de máquina para execução de um tipo de tarefa. O objetivo do problema é determinar o número ótimo de máquinas em cada categoria a ser designado a cada tipo de tarefa. Resolva o problema e interprete a solução.

***5.** A demanda para um item perecível para os quatro meses seguintes é 400, 300, 420 e 380 t, respectivamente. As capacidades de fornecimento para os mesmos meses são 500, 600, 200 e 300 t. O preço de compra por tonelada varia de mês para mês e é estimado em $ 100, $ 140, $ 120 e $ 150, respectivamente. Como o item é perecível, a quantidade fornecida em um mês corrente deve ser consumida dentro de três meses (começando no mês corrente). O custo de armazenagem por tonelada por mês é de $ 3. A natureza do item não permite pedidos pendentes. Resolva a questão como um problema de transporte e determine a programação ótima de entrega para o item para os próximos quatro meses.

6. A demanda de um pequeno motor especial nos cinco trimestres seguintes é 200, 150, 300, 250 e 400 unidades. O fabricante que fornece o motor tem capacidades estimadas de produção de 180, 230, 430, 300 e 300 unidades para os cinco trimestres. Não são permitidos pedidos pendentes, mas o fabricante pode usar horas extras para atender à demanda imediata, se necessário. A capacidade de horas extras para cada período é metade da capacidade normal. Os custos de produção por unidade para os cinco períodos são $ 100, $ 96, $ 116, $ 102 e $ 106, respectivamente. O custo de produção por motor com horas extras é 50% mais alto do que o custo de produção no horário de trabalho normal. Se um motor é produzido agora para ser utilizado em períodos posteriores, há um custo adicional de armazenagem de $ 4 por motor ao período. Formule a questão como um problema de transporte. Determine o número ótimo de motores a ser produzido durante o horário normal de trabalho e durante as horas extras para cada período.

7. A manutenção preventiva periódica executada em motores de aeronaves determina se um importante componente deve ser substituído. Os números de aeronaves programadas para tal manutenção nos próximos seis meses são estimados em 200, 180, 300, 198, 230 e 290, respectivamente. Todo o serviço de manutenção é realizado durante o primeiro dia do mês, quando um componente usado pode ser substituído por um componente novo ou por um componente recondicionado. O recondicionamento de componentes usados pode ser feito em uma oficina especializada local e estarão prontos para utilização no início do próximo mês, ou podem ser enviados para uma oficina central de manutenção na qual se espera por um período de três meses (incluindo o mês no qual ocorre a manutenção). O custo de reparo na oficina local é $ 120 por componente. Na central de manutenção o custo é apenas $ 35 por componente. Um componente recondicionado usado em um mês posterior incorrerá em um custo adicional de armazenagem de $ 1,50 por unidade ao mês. Componentes novos podem ser comprados a $ 200 cada no Mês 1, com um aumento de 5% no preço a cada dois meses. Formule a questão como um problema de transporte e determine a programação ótima para satisfazer a demanda do componente nos próximos seis meses.

Tabela G Custos unitários para o Problema 4

		Tipo de tarefa				
		1	2	3	4	5
Categoria da máquina	1	10	2	3	15	9
	2	5	10	15	2	4
	3	15	5	14	7	15
	4	20	15	13	—	8

Tabela H Propostas por área para o Problema 8

		Local		
		1	2	3
Empresa	1	$ 520	$ 210	$ 570
	2	—	$ 510	$ 495
	3	$ 650	—	$ 240
	4	$ 180	$ 430	$ 710

8. O National Parks Service está recebendo quatro propostas para extração de toras em três florestas de pinheiros no Arkansas. Os três locais abrangem 10.000, 20.000 e 30.000 acres. Uma empresa participante individual pode apresentar proposta para no máximo 50% da área disponível. As propostas por área nos três locais são dadas na Tabela H. A Empresa 2 não quer apresentar proposta para o Local 1 e a Empresa 3 não pode apresentar proposta para o Local 2.

(a) Na presente situação, precisamos *maximizar* a receita total das propostas para o Parks Service. Mostre como a questão pode ser formulada como um problema de transporte.

(b) Determine a área que deve ser designada a cada uma das quatro empresas.

[3] Neste conjunto, você pode usar o TORA para achar a solução ótima. Modelos AMPL e Solver para o problema de transporte serão apresentados no final da Seção 5.3.2.

5.3 O ALGORITMO PARA O PROBLEMA DE TRANSPORTE

O algoritmo para o problema de transporte segue *exatamente* as mesmas etapas do método simplex (Capítulo 3). Porém, em vez de usar a tabela simplex normal, aproveitaremos a estrutura especial do problema de transporte para organizar os cálculos de maneira mais conveniente.

O algoritmo especial para o problema de transporte especial foi desenvolvido logo no início da programação linear, quando os cálculos à mão eram a norma e os atalhos eram justificáveis. Hoje, temos computadores poderosos que podem resolver um problema de transporte de qualquer tamanho como uma PL normal.[4] Não obstante, esse algoritmo, além da sua importância didática, nos dá uma visão da utilização das relações primais-duais teóricas (apresentadas na Seção 4.2) para conseguir um resultado final prático, o de aprimorar os cálculos à mão. O exercício é intrigante do ponto de vista teórico.

Os detalhes do algoritmo são explicados usando o seguinte exemplo numérico.

Exemplo 5.3-1 (SunRay Transport)

A SunRay Transport Company despacha caminhões de grãos provenientes de três silos para quatro moinhos. As quantidades fornecidas (em cargas de caminhão) e a demanda (também em cargas de caminhão), aliadas aos custos unitários de transporte por caminhão nas diferentes rotas, estão resumidas na Tabela 5.12. Os custos unitários de transporte, c_{ij} (mostrados no canto nordeste de cada célula), estão em centenas de dólares. O modelo procura a programação de expedição de custo mínimo x_{ij} entre o silo i e o moinho j ($i = 1, 2, 3; j = 1, 2, 3, 4$).

Tabela 5.12 Modelo de transporte da SunRay

	Moinho 1	Moinho 2	Moinho 3	Moinho 4	Fornecimento
Silo 1	10 x_{11}	2 x_{12}	20 x_{13}	11 x_{14}	**15**
Silo 2	12 x_{21}	7 x_{22}	9 x_{23}	20 x_{24}	**25**
Silo 3	4 x_{31}	14 x_{32}	16 x_{33}	18 x_{34}	**10**
Demanda	**5**	**15**	**15**	**15**	

Resumo do algoritmo para o problema de transporte. As etapas do algoritmo são um paralelo exato das etapas do algoritmo simplex.

Etapa 1. Determine uma solução básica *inicial* viável e passe para a etapa 2.
Etapa 2. Use a condição de otimalidade do método simplex para determinar a *variável que entra* entre todas as variáveis não básicas. Se a condição de otimalidade for satisfeita, pare. Caso contrário, passe para a etapa 3.
Etapa 3. Use a condição de viabilidade do método simplex para determinar a *variável que sai* entre todas as variáveis básicas atuais e ache a nova solução básica. Volte para a etapa 2.

5.3.1 Determinação da solução inicial

Um problema geral de transporte com m origens e n destinos tem $m + n$ equações de restrição, uma para cada par origem-destino. Contudo, como o problema de transporte é sempre equilibrado (soma dos fornecimentos = soma das demandas), uma dessas equações é redundante. Assim, o problema tem $m + n - 1$ equações de restrição independentes, o que significa que a solução básica inicial consiste em $m + n - 1$ variáveis básicas. Por isso, no Exemplo 5.3-1, a solução inicial tem $3 + 4 - 1 = 6$ variáveis básicas.

A estrutura especial do problema de transporte permite garantir uma solução básica inicial não artificial usando um de três métodos:[5]

1. Método do canto noroeste.
2. Método do menor custo.
3. Método de aproximação de Vogel.

Os três métodos são diferentes quanto à 'qualidade' da solução básica inicial que produzem, no sentido de que uma solução inicial melhor resulta em um valor para a função objetivo menor. Em geral, porém, nem sempre o método de Vogel dá a melhor solução básica inicial, e o método do canto noroeste dá a pior, contudo este envolve menor quantidade de cálculos.

Método do canto noroeste. O método começa na célula do canto noroeste (rota) da tabela simplex (variável x_{11}).

Etapa 1. Aloque o máximo possível à célula selecionada e ajuste as quantidades associadas fornecidas e demandadas subtraindo a quantidade alocada.
Etapa 2. Cancele a linha ou coluna com suprimento ou demanda zero para indicar que nenhuma outra designação pode ser feita àquela linha ou coluna. Se uma linha e uma coluna chegam a zero simultaneamente, *cancele somente uma* e deixe um suprimento (demanda) zero na linha (coluna) não cancelada.
Etapa 3. Se restar *exatamente uma* linha ou coluna não cancelada, pare. Caso contrário, passe para a célula à direita se uma coluna acabou de ser cancelada ou para a célula abaixo se uma linha foi cancelada. Volte à etapa 1.

Exemplo 5.3-2

A aplicação do procedimento ao modelo do Exemplo 5.3-1 dá a solução básica inicial apresentada na Tabela 5.13. As setas mostram a ordem na qual as quantidades alocadas são geradas.

A solução básica inicial é

$$x_{11} = 5, x_{12} = 10$$
$$x_{22} = 5, x_{23} = 15, x_{24} = 5$$
$$x_{34} = 10$$

O custo associado da programação é

$$z = 5 \times 10 + 10 \times 2 + 5 \times 7 + 15 \times 9 + 5 \times 20 + 10 \times 18 = \$\,520$$

Método do menor custo. O método do menor custo acha uma solução inicial melhor concentrando-se nas rotas mais baratas. O método designa o máximo possível à célula que tiver o menor custo unitário (empates são resolvidos arbitrariamente). Em seguida, a linha ou coluna satisfeita é cancelada e as quantidades fornecidas ou demandadas são ajustadas de acordo.
Se ambas, uma linha e uma coluna, forem satisfeitas simultaneamente, *só uma delas é cancelada*, semelhantemente ao método do canto noroeste. Em seguida, procure a célula não cancelada que tenha o menor custo unitário e repita o processo até restar exatamente uma linha ou coluna não cancelada.

[4] Na verdade, o TORA se encarrega de todos os cálculos necessários usando o método simplex normal e usa o formato do problema de transporte apenas como um 'modelo de fundo' de tela.
[5] Os três métodos são apresentados no módulo tutorial do TORA. Veja o final da Seção 5.3.3.

Tabela 5.13 Solução inicial do canto noroeste

	1	2	3	4	Fornecimento
1	10 **5**	2 **10**	20	11	**15**
2	12	7 **5**	9 **15**	20 **5**	**25**
3	4	14	16	18 **10**	**10**
Demanda	**5**	**15**	**15**	**15**	

Exemplo 5.3-3

O método do menor custo é aplicado ao Exemplo 5.3-1 da seguinte maneira:

1. Célula (1, 2) tem o menor custo unitário da tabela simplex (= \$ 2). O máximo que pode ser despachado por (1, 2) é $x_{12} = 15$ caminhões, o que satisfaz a linha 1 e a coluna 2 simultaneamente. Cancelamos arbitrariamente a coluna 2 e ajustamos o suprimento na linha 1 para 0.
2. A célula (3, 1) tem o menor custo unitário não cancelado (= \$ 4). Designe $x_{31} = 5$ e cancele a coluna 1 porque ela está satisfeita; após, ajuste a demanda da linha 3 para 10 – 5 = 5 caminhões.
3. Continuando da mesma maneira, designamos sucessivamente 15 caminhões à célula (2, 3), 0 caminhões à célula (1, 4), 5 caminhões à célula (3, 4) e 10 caminhões à célula (2, 4) (Verifique!).

A solução inicial resultante está resumida na Tabela 5.14. As setas mostram a ordem em que são feitas as alocações. A solução inicial (que consiste em seis variáveis básicas) é $x_{12} = 15, x_{14} = 0, x_{23} = 15, x_{24} = 10, x_{31} = 5, x_{34} = 5$. O valor para a função objetivo associada é

$$z = 15 \times 2 + 0 \times 11 + 15 \times 9 + 10 \times 20 + 5 \times 4 + 5 \times 18 = \$\,475$$

A qualidade da solução inicial pelo método do menor custo é melhor do que a dada pelo método do canto noroeste (Exemplo 5.3-2) porque resulta em um valor menor de z (\$ 475 *versus* \$ 520 pelo método do canto noroeste).

Método de aproximação de Vogel (MAV). O MAV (Vogel Approximation Method) é uma versão melhorada do método do menor custo que, em geral, mas não sempre, produz soluções iniciais melhores.

Etapa 1. Para cada linha (coluna), determine uma multa subtraindo o elemento de *menor* custo unitário da linha (coluna) do próximo *elemento de menor custo* da mesma linha (coluna).

Etapa 2. Identifique a linha ou coluna que tenha a maior multa. Resolva os empates arbitrariamente. Aloque o máximo possível à variável que tiver o menor custo unitário da linha ou coluna selecionada. Ajuste o fornecimento e a demanda, e cancele a linha *ou* coluna satisfeita. Se uma linha e uma coluna forem satisfeitas simultaneamente, cancele apenas uma das duas e atribua fornecimento (demanda) zero à linha (coluna) restante.

Etapa 3.

(a) Se exatamente uma linha ou coluna com zero fornecimento ou demanda permanecer não cancelada, pare.

(b) Se uma linha (coluna) com fornecimento (demanda) *positivo* permanecer não cancelada, determine as variáveis básicas na linha (coluna) pelo método do menor custo. Pare.

(c) Se todas as linhas e colunas não canceladas (restantes) tiverem fornecimento e demanda zero, determine as variáveis básicas *zero* pelo método do menor custo. Pare.

(d) Caso contrário, volte à etapa 1.

Tabela 5.14 Solução inicial do método do menor custo

	1	2	3	4	Fornecimento
1	10	(início) 2 **15**	20	11 **0**	**15**
2	12	7	9 **15**	(final) 20 **10**	**25**
3	4 **5**	14	16	18 **5**	**10**
Demanda	**5**	**15**	**15**	**15**	

Exemplo 5.3-4

O MAV é aplicado ao Exemplo 5.3-1. A Tabela 5.15 calcula o primeiro conjunto de multas.

Como a linha 3 tem a maior multa (= 10) e a célula (3, 1) tem o menor custo unitário naquela linha, a quantidade 5 é designada a x_{31}. Agora, a coluna 1 está satisfeita e deve ser cancelada. Em seguida, novas multas serão recalculadas como na Tabela 5.16.

A Tabela 5.16 mostra que a linha 1 tem a maior multa (= 9). Em decorrência, designamos a máxima quantidade possível à célula (1, 2), o que resulta em $x_{12} = 15$ e satisfaz simultaneamente a linha 1 e a coluna 2. Cancelamos arbitrariamente a coluna 2 e ajustamos o fornecimento na linha 1 para zero.

Continuando da mesma maneira, a linha 2 produzirá a multa mais alta (= 11), e designaremos $x_{23} = 15$, o que cancela a coluna 3 e deixa 10 unidades na linha 2. Sobra apenas a coluna 4, e ela tem um fornecimento positivo de 15 unidades. Aplicando o método do menor custo a essa coluna, designaremos sucessivamente $x_{14} = 0, x_{34} = 5$ e $x_{24} = 10$ (Verifique!). O valor para a função objetivo associado para essa solução é

$$z = 15 \times 2 + 0 \times 11 + 15 \times 9 + 10 \times 20 + 5 \times 4 + 5 \times 18 = \$\,475$$

Ocorre que essa solução tem o mesmo valor para a função objetivo que o método do menor custo.

CONJUNTO DE PROBLEMAS 5.3A

1. Compare as soluções iniciais obtidas pelos métodos do canto noroeste, do menor custo e de Vogel para cada um dos seguintes modelos:

*(a)

0	2	1	**6**
2	1	5	**7**
2	4	3	**7**
5	**5**	**10**	

(b)

1	2	6	**7**
0	4	2	**12**
3	1	5	**11**
10	**10**	**10**	

(c)

5	1	8	**12**
2	4	0	**14**
3	6	7	**4**
9	**10**	**11**	

Tabela 5.15 Multas de linha e coluna pelo MAV

	1	2	3	4		Multa de linha
1	10	2	20	11	**15**	10 - 2 = 8
2	12	7	9	20	**25**	9 - 7 = 2
3	4 **5**	14	16	18	**10**	14 - 4 = 10
	5	**15**	**15**	**15**		
Multa de coluna	10 - 4 = 6	7 - 2 = 5	16 - 9 = 7	18 - 11 = 7		

Tabela 5.16 Primeira designação pelo MAV ($x_{31} = 5$)

	1	2	3	4		Multa de linha
1	10	2	20	11	**15**	9
2	12	7	9	20	**25**	2
3	4 **5**	14	16	18	**10**	2
	5	**15**	**15**	**15**		
Multa de coluna	—	5	7	7		

5.3.2 Cálculos iterativos do algoritmo para o problema de transporte

Após determinar a solução inicial (usando qualquer um dos três métodos da Seção 5.3.1), utilizaremos os seguintes algoritmos para determinar a solução ótima:

Etapa 1. Use a *condição de otimalidade* do simplex para designar a *variável que entra na base* como a variável não básica atual que pode melhorar a solução. Se a condição de otimalidade for satisfeita, pare. Caso contrário, passe para a etapa 2.
Etapa 2. Determine a *variável que sai da base* usando a *condição de viabilidade* do simplex. Mude a base e volte à etapa 1.

As condições de otimalidade e viabilidade não envolvem as conhecidas operações de linha usadas no método simplex. Em vez disso, a estrutura especial do problema de transporte permite cálculos mais simples.

Exemplo 5.3-5

Resolva o problema de transporte do Exemplo 5.3-1 começando com a solução do canto noroeste.

A Tabela 5.18 dá a solução inicial pelo método do canto noroeste como determinada na Tabela 5.13, Exemplo 5.3-2.

A determinação da variável que entra na base entre as variáveis não básicas atuais (entre as que não fazem parte da solução básica inicial) é feita com o cálculo dos coeficientes não básicos da linha z usando o **método dos multiplicadores** (que, como mostramos na Seção 5.3.4, tem sua raiz na teoria da dualidade da PL).

No método dos multiplicadores, associamos os multiplicadores u_i e v_j com a linha i e a coluna j da tabela simplex de transporte. Na Seção 5.3.4 mostramos que, para cada *variável básica* atual x_{ij}, esses multiplicadores satisfazem as seguintes equações:

$$u_i + v_j = c_{ij}, \text{ para cada } x_{ij} \textit{ básica}$$

Como mostra a Tabela 5.18, a solução inicial tem seis variáveis básicas, o que resulta em seis equações com sete incógnitas. Para resolver essas equações, o método dos multiplicadores recomenda estabelecer arbitrariamente qualquer $u_i = 0$ e então resolver para as variáveis restantes, como mostrado a seguir.

Tabela 5.17 Resolução das seis equações

Variável básica	Equação (u, v)	Solução
x_{11}	$u_1 + v_1 = 10$	Faça $u_1 = 0 \rightarrow v_1 = 10$
x_{12}	$u_1 + v_2 = 2$	$u_1 = 0 \rightarrow v_2 = 2$
x_{22}	$u_2 + v_2 = 7$	$v_2 = 2 \rightarrow u_2 = 5$
x_{23}	$u_2 + v_3 = 9$	$u_2 = 5 \rightarrow v_3 = 4$
x_{24}	$u_2 + v_4 = 20$	$u_2 = 5 \rightarrow v_4 = 15$
x_{34}	$u_3 + v_4 = 18$	$v_4 = 15 \rightarrow u_3 = 3$

Resumindo, temos

$$u_1 = 0, u_2 = 5, u_3 = 3$$
$$v_1 = 10, v_2 = 2, v_3 = 4, v_4 = 15$$

Em seguida, usamos u_i e v_j para avaliar as variáveis não básicas calculando

$$u_i + v_j - c_{ij} \text{ para cada } x_{ij} \textit{ não básica}$$

Tabela 5.18 Iteração inicial

	1	2	3	4	Fornecimento
1	10 **5**	2 **10**	20	11	**15**
2	12	7 **5**	9 **15**	20 **5**	**25**
3	4	14	16	18 **10**	**10**
Demanda	**5**	**15**	**15**	**15**	

Os resultados dessas avaliações são mostrados na Tabela 5.19.

Tabela 5.19 Resultados das avaliações

Variável não básica	$u_i + v_j - c_{ij}$
x_{13}	$u_1 + v_3 - c_{13} = 0 + 4 - 20 = -16$
x_{14}	$u_1 + v_4 - c_{14} = 0 + 15 - 11 = 4$
x_{21}	$u_2 + v_1 - c_{21} = 5 + 10 - 12 = 3$
x_{31}	$u_3 + v_1 - c_{31} = 3 + 10 - 4 = \mathbf{9}$
x_{32}	$u_3 + v_2 - c_{32} = 3 + 2 - 14 = -9$
x_{33}	$u_3 + v_3 - c_{33} = 3 + 4 - 16 = -9$

A informação precedente, aliada ao fato de que $u_i + v_j - c_{ij} = 0$ para cada x_{ij} básica, é, na realidade, equivalente a calcular a linha z da tabela simplex, como mostra a Tabela 5.20.

Tabela 5.20 Resumo

Base	x_{11}	x_{12}	x_{13}	x_{14}	x_{21}	x_{22}	x_{23}	x_{24}	↓ x_{31}	x_{32}	x_{33}	x_{34}
z	0	0	–16	4	3	0	0	0	9	–9	–9	0

Como o problema de transporte procura *minimizar* custo, a variável que entra na base é a que tem o coeficiente *mais positivo* na linha z. Portanto, x_{31} é a variável que entra na base.

Os cálculos precedentes costumam ser feitos diretamente na tabela simplex para o problema de transporte, como mostra a Tabela 5.21, o que significa que, na realidade, não é necessário escrever as equações (u, v) explicitamente. Em vez disso, começamos fazendo $u_1 = 0$.[6] Após, podemos calcular os valores de v de todas as colunas que têm variáveis *básicas* na linha 1, ou seja, v_1 e v_2. Em seguida, calculamos u_2 com base na equação (u, v) da variável básica x_{22}. Agora, dada u_2, podemos calcular v_3 e v_4. Por fim, determinamos u_3 usando a equação básica de x_{33}. Uma vez que todas as u e v sejam determinadas, podemos avaliar as variáveis não básicas com o cálculo de $u_i + v_j - c_{ij}$ para cada x_{ij} não básica. Essas avaliações são mostradas na Tabela 5.21 no pequeno quadrado no canto inferior direito de cada célula.

Agora que x_{31} já foi identificada como a variável que entra na base, precisamos determinar a variável que sai da base. Lembre-se de que, se x_{31} entrar na solução para se tornar básica, uma das variáveis básicas atuais tem de sair como não básica (em nível zero).

A seleção de x_{31} como a variável que entra na base significa que queremos despachar mercadorias por essa rota porque ela reduz o custo total de expedição. Qual é o máximo que podemos despachar por essa nova rota? Observe na Tabela 5.21 que, se forem despachadas θ unidades (isto é, $x_{31} = \theta$) pela rota (3, 1), então o valor máximo de θ é determinado com base em duas condições.

Tabela 5.21 Cálculos da iteração 1

	$v_1 = 10$	$v_2 = 2$	$v_3 = 4$	$v_4 = 15$	Fornecimento
$u_1 \equiv 0$	custo 10; **5**	custo 2; **10**	custo 20; [–16]	custo 11; [4]	**15**
$u_2 = 5$	custo 12; [3]	custo 7; **5**	custo 9; **15**	custo 20; **5**	**25**
$u_3 = 3$	custo 4; [9]	custo 14; [–9]	custo 16; [–9]	custo 18; **10**	**10**
Demanda	**5**	**15**	**15**	**15**	

1. Os limites de fornecimento e os requisitos da demanda continuam satisfeitos.

2. Os despachos por todas as rotas permanecem não negativos.

Essas duas condições determinam o valor máximo de θ e a variável que sai da base da seguinte maneira: em primeiro lugar, é construído um *circuito fechado* que começa e termina na célula da variável que entra na base, (3, 1). O circuito consiste somente em segmentos *horizontais* e *verticais conectados* (não são permitidas diagonais).[7] Com exceção da célula da variável que entra na base, cada canto do circuito fechado deve coincidir com a variável básica. A Tabela 5.22 mostra o circuito para x_{31}. Existe exatamente um circuito para uma dada variável que entra na base.

Em seguida, designamos a quantidade θ à célula da variável que entra na base, (3, 1). Para que os limites de fornecimento e demanda permaneçam satisfeitos, temos de alternar entre subtrair e somar a quantidade θ nos *cantos* sucessivos do circuito, como mostra a Tabela 5.22 (é indiferente percorrer o circuito em sentido horário ou anti-horário). Portanto, para $\theta \geq 0$, os novos valores das variáveis permanecem não negativos se

$$x_{11} = 5 - \theta \geq 0$$
$$x_{22} = 5 - \theta \geq 0$$
$$x_{34} = 10 - \theta \geq 0$$

O valor máximo correspondente de θ é 5, o que ocorre quando ambas, x_{11} e x_{22}, alcançam nível zero. Como somente uma variável básica atual deve sair da solução básica, podemos escolher x_{11} ou x_{22} como a variável que sai da base. Escolhemos x_{11} arbitrariamente para fechar a solução.

A seleção de x_{31} (= 5) como a variável que entra na base e de x_{11} como a variável que sai da base requer ajustar os valores das variáveis básicas nos cantos do circuito fechado, como mostra a Tabela 5.23. Como cada unidade despachada pela rota (3, 1) reduz o custo de expedição em \$ 9 (= $u_3 + v_1 - c_{31}$), o custo total associado com a nova programação é \$ 9 × 5 = \$ 45, menor do que na programação anterior. Assim, o novo custo é \$ 520 – \$ 45 = \$ 475.

Tabela 5.22 Determinação do circuito fechado para x_{31}

	$v_1 = 10$	$v_2 = 2$	$v_3 = 4$	$v_4 = 15$	Fornecimento
$u_1 \equiv 0$	custo 10; **5 – θ** (–)	custo 2; **10 + θ** (+)	custo 20; [–16]	custo 11; [4]	**15**
$u_2 = 5$	custo 12; [3]	custo 7; **5 – θ** (–)	custo 9; **15**	custo 20; **5 + θ** (+)	**25**
$u_3 = 3$	custo 4; **θ** (+) [9]	custo 14; [–9]	custo 16; [–9]	custo 18; **10 – θ** (–)	**10**
Demanda	**5**	**15**	**15**	**15**	

[6] O módulo tutorial do TORA é projetado para demonstrar que designar um valor inicial zero a qualquer u ou v não afeta os resultados da otimização. Veja a próxima seção Momento TORA.

[7] O módulo tutorial do TORA permite que você determine as células do *circuito fechado* interativamente com retorno imediato em relação à validade de suas seleções. Veja a próxima seção Momento TORA.

Tabela 5.23 Cálculos da iteração 2

	$v_1 = 1$	$v_2 = 2$	$v_3 = 4$	$v_4 = 15$	Fornecimento
$u_1 \equiv 0$	10 −9	2 **15 − θ** (−)	20 −16	11 **θ** (+) 4	**15**
$u_2 = 5$	12 −6	7 **0 + θ** (+)	9 **15**	20 **10 − θ** (−)	**25**
$u_3 = 3$	4 **5**	14 −9	16 −9	18 **5**	**10**
Demanda	**5**	**15**	**15**	**15**	

Tabela 5.24 Cálculos da iteração 3 (ótima)

	$v_1 = -3$	$v_2 = 2$	$v_3 = 4$	$v_4 = 11$	Fornecimento
$u_1 \equiv 0$	10 −13	2 **5**	20 −16	11 **10**	**15**
$u_2 = 5$	12 −10	7 **10**	9 **15**	20 −4	**25**
$u_3 = 7$	4 **5**	14 −5	16 −5	18 **5**	**10**
Demanda	**5**	**15**	**15**	**15**	

Dada a nova solução básica, repetimos o cálculo dos multiplicadores u e v, como mostra a Tabela 5.23. A variável que entra na base é x_{14}. O circuito fechado mostra que $x_{14} = 10$ e que a variável que sai da base é x_{24}.

A nova solução, mostrada na Tabela 5.24, custa \$ 4 × 10 = \$ 40, menos do que a precedente, o que resulta no novo custo \$ 475 − \$ 40 = \$ 435. Os novos $u_i + v_j - c_{ij}$ agora são negativos para todas as x_{ij} não básicas. Portanto, a solução na Tabela 5.24 é ótima.

A Tabela 5.25 resume a solução ótima.

Tabela 5.25 Resumo

Do silo	Para o moinho	Número de cargas (caminhões)
1	2	5
1	4	10
2	2	10
2	3	15
3	1	5
3	4	5
	Custo ótimo = \$ 435	

Momento TORA

No menu Solve/Modify, selecione Solve ⇒ Iterations e escolha um dos três métodos (canto noroeste, menor custo ou Vogel) para iniciar as iterações do problema de transporte. O módulo de iterações oferece duas características interativas úteis:

1. Você pode igualar qualquer u ou v a zero antes de gerar a Iteração 2 (o default é $u_1 = 0$). Então observe que, embora os valores de u_i e v_j mudem, a avaliação das células não básicas ($= u_i + v_j - c_{ij}$) permanece a mesma. Isso significa que, inicialmente, qualquer u ou v pode ser igualado a zero (na verdade, a qualquer valor) sem afetar os cálculos de otimalidade.
2. Você pode testar seu entendimento da seleção do *circuito fechado* clicando (em qualquer ordem) nas células de *canto* que abrangem a trajetória. Se sua seleção estiver correta, a célula mudará de cor (verde para a variável que entra na base, vermelho para a variável que sai da base e cinza para qualquer outra).

Momento Solver

A entrada do problema de transporte na planilha Excel é direta. A Figura 5.4 mostra o gabarito Excel Solver para o Exemplo 5.3-1 (arquivo solverEx5.3-1.xls), acompanhado de todas as fórmulas e da definição dos nomes das faixas.

Na seção de entrada, os dados incluem matriz de custo unitário (células B4:E6), nomes das origens (células A4:A6), nomes dos destinos (células B3:E3), fornecimento (células F4:F6) e demanda (células B7:E7). Na seção de saída, as células B11:E13 dão a solução ótima em forma de matriz. A fórmula do custo total é dada na célula-alvo A10.

Momento AMPL

A Figura 5.5 dá o modelo em AMPL para o problema de transporte do Exemplo 5.3-1 (arquivo amplEx5.3-1a.txt). Os nomes usados no modelo são auto-explicativos. Ambas, restrições e função objetivo, seguem o formato do problema de PL apresentado no Exemplo 5.1-1.

O modelo usa os conjuntos `sNodes` e `dNodes` para permitir a conveniente utilização dos membros dos conjuntos alfanuméricos `{S1, S2, S3}` e `{D1, D2, D3, D4}` que entram na seção de

Figura 5.4
Solução do problema de transporte do Exemplo 5.3-1 com o Excel Solver (arquivo solverEx5.3-1.xls)

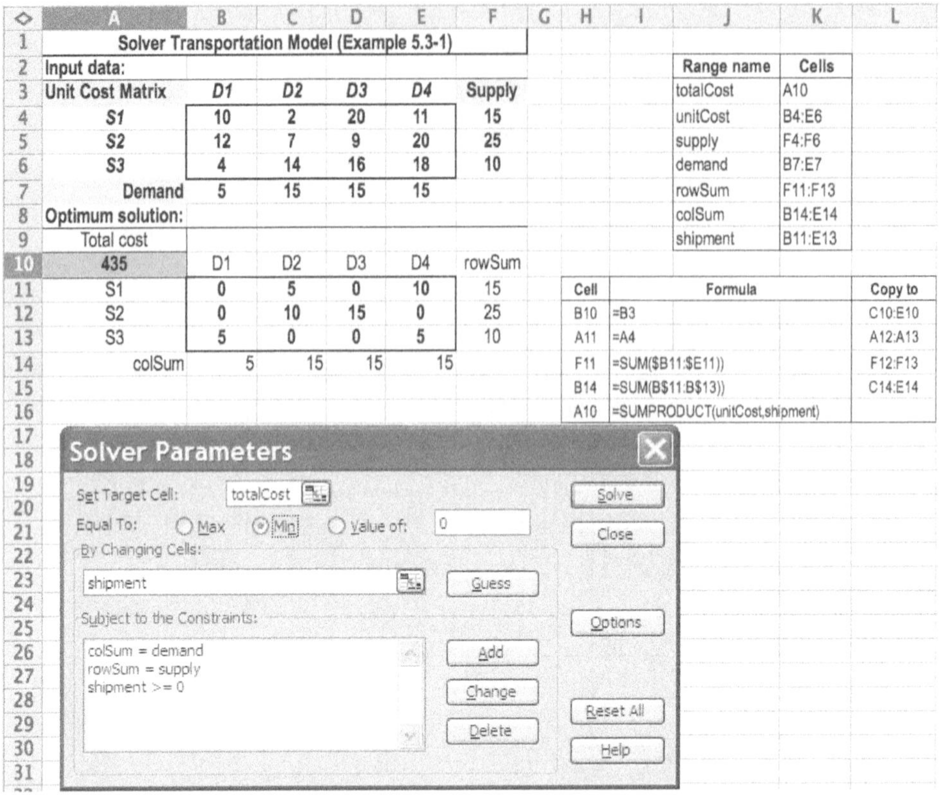

dados. Sendo assim, todos os dados de entrada são inseridos tendo-se em conta esses membros do conjunto, como mostra a Figura 5.5.

Embora o código alfanumérico para os membros do conjunto seja mais fácil de ler, gerá-los para problemas grandes pode não ser conveniente. O arquivo amplEx5.3-1b mostra como os mesmos conjuntos podem ser definidos como `{1..m}` e `{1..n}`, em que m e n representam o número de origens e o número de destinos. Com a simples designação de valores numéricos para m e n, os conjuntos são automaticamente definidos para modelos de qualquer tamanho.

Os dados para o problema de transporte podem ser recuperados de uma planilha (arquivo TM.xls) usando a declaração `table` do AMPL. O arquivo amplEx3.5-1c.txt dá os detalhes. Para estudar esse modelo, você vai precisar revisar o material da Seção A.5.5.

CONJUNTO DE PROBLEMAS 5.3B

1. Considere os problemas de transporte da Tabela I.
   (a) Use o método do canto noroeste para achar a solução inicial.
   (b) Desenvolva as iterações que levam à solução ótima.
   (c) *Experimento com o TORA.* Use o módulo Iterations do TORA para comparar os efeitos da utilização da regra do canto noroeste, do método do custo mínimo e do método de Vogel em relação ao número de iterações que levam à solução ótima.
   (d) *Experimento com o Solver.* Resolva o problema modificando o arquivo solverEx5.3-1.xls.
   (e) *Experimento com o AMPL.* Resolva o problema modificando o arquivo amplEx5.3-1b.txt.

2. No problema de transporte da Tabela J, a demanda total ultrapassa o fornecimento total. Suponha que os custos de multa por unidade de demanda não satisfeita sejam $ 5, $ 3 e $ 2 para os destinos 1, 2 e 3, respectivamente. Use a solução inicial de menor custo e calcule as iterações que levam à solução ótima.

Figura 5.5
Modelo AMPL do problema de transporte do Exemplo 5.3-1 (arquivo amplEx5.3-1a.txt)

```
#----- Transporation model (Example 5.3-1)-----
set sNodes;
set dNodes;
param c{sNodes,dNodes};
param supply{sNodes};
param demand{dNodes};
var x{sNodes,dNodes}>=0;
minimize z:sum {i in sNodes,j in dNodes}c[i,j]*x[i,j];
subject to
source {i in sNodes}:sum{j in dNodes}x[i,j]=supply[i];
dest {j in dNodes}:sum{i in sNodes}x[i,j]=demand[j];
data;
set sNodes:=S1 S2 S3;
set dNodes:=D1 D2 D3 D4;
param c:
   D1  D2  D3  D4 :=
S1 10  2   20  11
S2 12  7   9   20
S3 4   14  16  18;
param supply:= S1 15 S2 25 S3 10;
param demand:=D1 5 D2 15 D3 15 D4 15;
solve;display z, x;
```

Tabela I Problemas de transporte (Problema 1)

(i)

$ 0	$ 2	$ 1	**6**
$ 2	$ 1	$ 5	**9**
$ 2	$ 4	$ 3	**5**
5	**5**	**10**	

(ii)

$ 10	$ 4	$ 2	**8**
$ 2	$ 3	$ 4	**5**
$ 1	$ 2	$ 0	**6**
7	**6**	**6**	

(iii)

—	$ 3	$ 5	**4**
$ 7	$ 4	$ 9	**7**
$ 1	$ 8	$ 6	**19**
5	**6**	**19**	

Tabela J Dados para o Problema 2

$ 5	$ 1	$ 7	**10**
$ 6	$ 4	$ 6	**80**
$ 3	$ 2	$ 5	**15**
75	**20**	**50**	

3. No Problema 2, suponha que não haja custo de multas, mas que a demanda no Destino 3 deva ser totalmente satisfeita.

(a) Ache a solução ótima.

(b) *Experimento com o Solver.* Resolva o problema modificando o arquivo solverEx5.3-1.xls.

(c) *Experimento com o AMPL.* Resolva o problema modificando o arquivo amplEx5.3b-1.txt.

Tabela K Dados para o Problema 4

$ 1	$ 2	$ 1	**20**
$ 3	$ 4	$ 5	**40**
$ 2	$ 3	$ 3	**30**
30	**20**	**20**	

Tabela L Dados para o Problema 6

10			**10**
	20	20	**40**
10	**20**	**20**	

4. No problema de transporte não equilibrado da Tabela K, se uma unidade de uma origem não for despachada (para qualquer um dos destinos), há um custo de armazenagem à taxa de $ 5, $ 4 e $ 3 por unidade das origens 1, 2 e 3, respectivamente. Ademais, toda a quantidade fornecida na Origem 2 deve ser despachada completamente a fim de liberar espaço para um novo produto. Use a solução inicial pelo método de Vogel e determine todas as iterações que levam à programação ótima de expedição.

***5.** Em um problema de transporte 3 × 3, seja x_{ij} a quantidade despachada da origem i para o destino j e seja c_{ij} o custo de transporte por unidade correspondente. As quantidades fornecidas nas origens 1, 2 e 3 são 15, 30 e 85 unidades, respectivamente, e as demandas nos destinos 1, 2 e 3 são 20, 30 e 80 unidades, respectivamente. Considere que a solução inicial pelo método do canto noroeste seja ótima e que os valores associados dos multiplicadores sejam dados como $u_1 = -2$, $u_2 = 3$, $u_3 = 5$, $v_1 = 2$, $v_2 = 5$ e $v_3 = 10$.

(a) Ache o custo ótimo associado.

(b) Determine o menor valor de c_{ij} para cada variável não básica que manterá a otimalidade da solução obtida pelo método do canto noroeste.

6. O problema de transporte da Tabela L dá a solução básica *degenerada* indicada (isto é, no mínimo uma das variáveis básicas é zero). Suponha que os multiplicadores associados com essa solução sejam $u_1 = 1$, $u_2 = -1$, $v_1 = 2$, $v_2 = 2$ e $v_3 = 5$, e que o custo unitário para todas as variáveis x_{ij} *zero* (básicas e não básicas) seja dado por

$$c_{ij} = i + j\theta, -\infty < \theta < \infty$$

(a) Se a solução dada é ótima, determine o valor ótimo da função objetivo associada.

(b) Determine o valor de θ que garantirá a otimalidade da solução dada. (*Sugestão*: localize a variável básica zero.)

7. Considere o problema

$$\text{Minimizar } z = \sum_{i=1}^{m}\sum_{j=1}^{n} c_{ij}x_{ij}$$

Tabela M Dados para o Problema 7

$ 1	$ 1	$ 2	**5**
$ 6	$ 5	$ 1	**6**
2	**7**	**1**	

sujeito a

$$\sum_{j=1}^{n} x_{ij} \geq a_i, i = 1,2,\ldots,m$$

$$\sum_{j=1}^{m} x_{ij} \geq b_i, i = 1,2,\ldots,n$$

$$x_{ij} \geq 0 \text{ para todos os } i \text{ e } j$$

Pode parecer lógico considerar que a solução ótima exigirá que o primeiro (segundo) conjunto de desigualdades seja substituído por equações se $\sum a_i \geq \sum b_j \left(\sum a_i \leq \sum b_j\right)$. O contraexemplo da Tabela M mostra que essa premissa não é correta.

Mostre que a aplicação do procedimento sugerido dá como resultado a solução $x_{11} = 2$, $x_{12} = 3$, $x_{22} = 4$ e $x_{23} = 2$, com $z = \$\ 27$, o que é pior do que a solução viável $x_{11} = 2$, $x_{12} = 7$ e $x_{23} = 6$, com $z = \$\ 15$.

5.3.3 Explicação do método simplex para o método dos multiplicadores

A relação entre o método dos multiplicadores e o método simplex pode ser explicada com base nas relações primais-duais (Seção 4.2). Pela estrutura especial da PL que representa o problema de transporte (veja o Exemplo 5.1-1 como exemplo), o problema dual associado pode ser escrito como

$$\text{Maximizar } z = \sum_{i=1}^{m} a_i u_i + \sum_{j=1}^{n} b_j v_j$$

sujeito a

$$u_i + v_j \leq c_{ij} \text{ para todos os } i \text{ e } j$$

$$u_i \text{ e } v_j \text{ irrestritos}$$

em que

a_i = quantidade fornecida na origem i
b_j = quantidade demandada no destino j
c_{ij} = custo de transporte da origem i ao destino j
u_i = variável dual da restrição associada com a origem i
v_j = variável dual da restrição associada com o destino j

Pela Fórmula 2, Seção 4.2.4, os coeficientes da função objetivo (custos reduzidos) da variável x_{ij} são iguais às diferenças entre os lados esquerdo e direito das restrições duais correspondentes, isto é, $u_i + v_j - c_{ij}$. Contudo, sabemos que essa quantidade deve ser igual a zero para cada *variável básica*, o que produz o seguinte resultado:

$$u_i + v_j = c_{ij} \text{ para cada variável básica } x_{ij}$$

Há $m + n - 1$ dessas equações cuja solução (após assumir um valor arbitrário $u_1 = 0$) dá como resultado os multiplicadores u_i e v_j. Uma vez calculados esses multiplicadores, a variável que entra na base é determinada entre todas as variáveis *não básicas* como aquela que tiver o maior $u_i + v_j - c_{ij}$ positivo.

A designação de um valor arbitrário para uma das variáveis duais (isto é, $u_1 = 0$) pode parecer inconsistente com o modo como as variáveis duais são calculadas usando o Método 2 da Seção 4.2.3. A saber, para uma dada solução básica (e, portanto, uma solução inversa), os valores duais devem ser únicos. O Problema 2, Conjunto 5.3c, aborda essa questão.

CONJUNTO DE PROBLEMAS 5.3C

1. Escreva o problema dual para a PL do problema de transporte do Exemplo 5.3-5 (Tabela 5.18). Calcule o valor da função objetivo dual ótima usando os valores ótimos duais dados na Tabela 5.24 e mostre que ele é igual ao custo ótimo dado no exemplo.
2. No problema de transporte, uma das variáveis duais assume um valor arbitrário. Isso significa que, para a mesma solução básica, os valores das variáveis duais associadas não são únicos. O resultado parece contradizer a teoria da programação linear, na qual os valores duais são determinados como o produto do vetor dos coeficientes da função objetivo para as variáveis básicas e a matriz inversa da base associada (veja Método 2, Seção 4.2.3). Mostre que, para o problema de transporte, embora a base inversa seja única, o vetor dos coeficientes da função objetivo da base não precisa ser. Especificamente, mostre que, se c_{ij} for alterado para $c_{ij} + k$ para todos os i e j, em que k seja uma constante, os valores ótimos de x_{ij} permanecerão os mesmos. Por conseguinte, a utilização de um valor arbitrário para uma variável dual é implicitamente equivalente a admitir que uma constante k seja adicionada a todos os c_{ij}.

5.4 O PROBLEMA DE DESIGNAÇÃO

'A melhor pessoa para a tarefa' é uma descrição adequada do problema de designação. A situação pode ser ilustrada pela designação de trabalhadores com graus variáveis de habilidade a determinadas tarefas. Uma tarefa que combine com a habilidade de um trabalhador custa menos do que uma tarefa para a qual o trabalhador não seja tão habilidoso. O objetivo do problema é determinar a designação de menor custo de trabalhadores a tarefas.

O problema geral de designação com n trabalhadores e n tarefas é representado na Tabela 5.26.

O elemento c_{ij} representa o custo de designar o trabalhador i à tarefa j ($i, j = 1, 2, \ldots, n$). Não há nenhum prejuízo em termos de generalidade se considerarmos que o número de trabalhadores é sempre igual ao número de tarefas, uma vez que sempre podemos adicionar trabalhadores fictícios ou tarefas fictícias para satisfazer essa premissa.

TABELA 5.26 Problema de designação

		Tarefas				
		1	2	...	n	
Trabalhador	1	c_{11}	c_{12}	...	c_{1n}	**1**
	2	c_{21}	c_{22}	...	c_{2n}	**1**
	⋮	⋮	⋮	⋮	⋮	⋮
	n	c_{n1}	c_{n2}	...	c_{nn}	**1**
		1	**1**	...	**1**	

O problema de designação é, na realidade, um caso especial do problema de transporte no qual os trabalhadores representam as origens e as tarefas representam os destinos. A quantidade fornecida (demandada) em cada origem (destino) é exatamente igual a 1. O custo de 'transportar' o trabalhador i para a tarefa j é c_{ij}. Na verdade, o problema de designação pode ser resolvido diretamente como um problema de transporte comum. De qualquer maneira, o fato de todas as quantidades fornecidas e demandadas serem iguais a 1 levou ao desenvolvimento de um algoritmo de solução simples denominado **método húngaro**. Embora o novo método de solução pareça não ter relação alguma com o problema de transporte, na realidade a raiz do algoritmo é o método simplex, exatamente como a do problema de transporte.

5.4.1 O método húngaro[8]

Usaremos dois exemplos para apresentar a mecânica do novo algoritmo. A próxima seção dá uma explanação do procedimento baseada no simplex.

Exemplo 5.4-1

Os três filhos de Joe Klyne — John, Karen e Terri — querem ganhar algum dinheiro para gastar durante uma excursão da escola até o zoológico local. O Sr. Klyne escolheu três tarefas para seus filhos: 1) cortar a grama; 2) pintar a porta da garagem; e 3) lavar os carros da família. Para evitar a concorrência prevista entre os irmãos, ele pediu que seus filhos apresentassem propostas (fechadas) do que eles consideravam que fosse um pagamento justo para cada uma das três tarefas. Ficou combinado que os três concordariam com a decisão do pai sobre quem executaria qual tarefa. A Tabela 5.27 resume as propostas recebidas. Com base nessas informações, como o Sr. Klyne deve designar as tarefas?

O problema de designação será resolvido pelo método húngaro.

[8] Assim como o problema de transporte, o método húngaro clássico, projetado primeiro para cálculos *à mão*, é coisa do passado e é apresentado aqui por razões exclusivamente didáticas. Hoje, não se justificam tais atalhos de cálculo porque o problema pode ser resolvido como um problema de PL normal, com a utilização de códigos de computador de alta eficiência.

Etapa 1. Na matriz de custo original, identifique o mínimo de cada linha e o subtraia de todas as entradas da linha.

Tabela 5.27 Problema de designação do Sr. Klyne

	Cortar	Pintar	Lavar
John	\$ 15	\$ 10	\$ 9
Karen	\$ 9	\$ 15	\$ 10
Terri	\$ 10	\$ 12	\$ 8

Etapa 2. Na matriz resultante da etapa 1, identifique o mínimo de cada coluna e o subtraia de todas as entradas da coluna.

Etapa 3. Identifique a solução ótima como a designação viável associada com os elementos zero da matriz obtida na etapa 2.

Sejam p_i e q_j os custos mínimos associados com a linha i e a coluna j, como definido na etapas 1 e 2, respectivamente. Os mínimos de linha da etapa 1 são calculados de acordo com a matriz de custo original, como mostra a Tabela 5.28.

Em seguida, subtraia o mínimo da linha de cada linha respectiva para obter a matriz reduzida da Tabela 5.29.

A aplicação da etapa 2 resulta nos mínimos de coluna da Tabela 5.29. Subtraindo esses valores das respectivas colunas, obtemos a matriz reduzida da Tabela 5.30.

Tabela 5.28 Etapa 1 do método húngaro

	Cortar	Pintar	Lavar	Mínimo da linha
John	15	10	9	$p_1 = 9$
Karen	9	15	10	$p_2 = 9$
Terri	10	12	8	$p_3 = 8$

Tabela 5.29 Etapa 2 do método húngaro

	Cortar	Pintar	Lavar
John	6	1	0
Karen	0	6	1
Terri	2	4	0
Mínimo da coluna	$q_1 = 0$	$q_2 = 1$	$q_3 = 0$

Tabela 5.30 Etapa 3 do método húngaro

	Cortar	Pintar	Lavar
John	6	0	0
Karen	0	5	1
Terri	2	3	0

As células com entradas zero sublinhadas dão a solução ótima, o que significa que John pintará a porta da garagem, Karen cortará a grama e Terri lavará os carros da família. O custo total para o Sr. Klyne é 9 + 10 + 8 = \$ 27. Essa quantia também será sempre igual a $(p_1 + p_2 + p_3) + (q_1 + q_2 + q_3) = (9 + 9 + 8) + (0 + 1 + 0) = \$ 27$. (Daremos uma justificativa para esse resultado na próxima seção.)

As etapas do método húngaro apresentadas funcionam bem no exemplo precedente porque as entradas zero na matriz final produzem uma designação *viável* (no sentido de que uma tarefa distinta é designada a cada filho). Em alguns casos, os zeros criados pelas etapas 1 e 2 podem não resultar em uma solução viável diretamente e serão necessárias mais etapas para achar a designação ótima (viável). O exemplo seguinte demonstra essa situação.

Exemplo 5.4-2

Suponha que a situação discutida no Exemplo 5.4-1 seja estendida para quatro filhos e quatro tarefas. A Tabela 5.31 resume os elementos de custo do problema.

A aplicação das etapas 1 e 2 à matriz da Tabela 5.31 (usando $p_1 = 1, p_2 = 7, p_3 = 4, p_4 = 5, q_1 = 0, q_2 = 0, q_3 = 3$ e $q_4 = 0$) dá como resultado a matriz reduzida da Tabela 5.32 (Verifique!).

As localizações das entradas zero não permitem designar tarefas únicas a todos os filhos. Por exemplo, se designarmos a Tarefa 1 ao Filho 1, então a coluna 1 será eliminada e o Filho 3 não terá uma entrada zero nas três colunas restantes. Esse obstáculo pode ser superado com a adição das seguintes etapas ao procedimento delineado no Exemplo 5.4-1.

Etapa 2a. Se não for possível garantir nenhuma designação viável (com todas as entradas zero) pelas etapas 1 e 2,

(i) trace o número *mínimo* de linhas horizontais e verticais na última matriz reduzida que abrangerá *todas* as entradas zero;

Tabela 5.31 Modelo de designação

		Tarefa 1	Tarefa 2	Tarefa 3	Tarefa 4
Filho	1	\$ 1	\$ 4	\$ 6	\$ 3
	2	\$ 9	\$ 7	\$ 10	\$ 9
	3	\$ 4	\$ 5	\$ 11	\$ 7
	4	\$ 8	\$ 7	\$ 8	\$ 5

Tabela 5.32 Matriz de designação reduzida

		Tarefa 1	Tarefa 2	Tarefa 3	Tarefa 4
Filho	1	**0**	3	2	2
	2	2	**0**	**0**	2
	3	**0**	1	4	3
	4	3	2	**0**	**0**

Tabela 5.33 Aplicação da etapa 2a

		Tarefa 1	Tarefa 2	Tarefa 3	Tarefa 4
Filho	1	0	3	2	2
	2	**2**	0	0	2
	3	0	*1*	4	3
	4	**3**	2	0	0

Tabela 5.34 Designação ótima

		Tarefa 1	Tarefa 2	Tarefa 3	Tarefa 4
Filho	1	0	2	1	1
	2	3	0	0	2
	3	0	0	3	2
	4	4	2	0	0

(ii) selecione a *menor* entrada *não* abrangida, subtraia essa entrada de todas as entradas não abrangidas e então a adicione a todas as entradas na interseção de duas linhas;
(iii) se não for possível encontrar nenhuma designação viável entre as entradas zero resultantes, repita a etapa 2a. Caso contrário, passe para a etapa 3 a fim de determinar a designação ótima.

A aplicação da etapa 2a à última matriz produz as células sombreadas da Tabela 5.33. A menor entrada não sombreada (mostrada em caracteres itálicos) é igual a 1. Essa entrada é adicionada à interseção de células em negrito e subtraída das células sombreadas restantes para produzir a matriz da Tabela 5.34.

A solução ótima (mostrada pelos zeros não sublinhados) recomenda a designação do Filho 1 à Tarefa 1, do Filho 2 à Tarefa 3, do Filho 3 à Tarefa 2 e do Filho 4 à Tarefa 4. O custo ótimo associado é 1 + 10 + 5 + 5 = $ 21. O mesmo custo também é determinado pela soma dos p_i e q_j e pela entrada que foi subtraída depois que as células sombreadas foram determinadas, isto é, (1 + 7 + 4 + 5) + (0 + 0 + 3 + 0) + (1) = $ 21.

Momento AMPL

O arquivo amplEx5.4-2.txt dá o modelo em AMPL para o problema de designação, que é muito semelhante ao do problema de transporte.

CONJUNTO DE PROBLEMAS 5.4A

1. Resolva o problema de designação da Tabela N.

Tabela N Dados para o Problema 1

(i)

$3	$8	$2	$10	$3
$8	$7	$2	$9	$7
$6	$4	$2	$7	$5
$8	$4	$2	$3	$5
$9	$10	$6	$9	$10

(ii)

$3	$9	$2	$3	$7
$6	$1	$5	$6	$6
$9	$4	$7	$10	$3
$2	$5	$4	$2	$1
$9	$6	$2	$4	$5

(a) Resolva pelo método húngaro.
(b) *Experimento com o TORA.* Expresse a questão como um problema de PL e o resolva com o TORA.
(c) *Experimento com o TORA.* Use o TORA para resolver a questão como um problema de transporte.
(d) *Experimento com o Solver.* Modifique o arquivo Excel solverEx5.3-1.xls para resolver o problema.
(e) *Experimento com o AMPL.* Modifique amplEx5.3-1b.txt para resolver o problema.

2. A JoShop precisa designar quatro tarefas a quatro trabalhadores. O custo de realizar uma tarefa é uma função das habilidades dos trabalhadores. A Tabela O resume o custo das designações. O Trabalhador 1 não pode executar a Tarefa 3, e o Trabalhador 3 não pode executar a Tarefa 4. Determine a designação ótima usando o método húngaro.

3. No modelo da JoShop do Problema 2, suponha que há um (quinto) trabalhador adicional disponível para realizar as quatro tarefas aos custos respectivos de $ 60, $ 45, $ 30 e $ 80. É uma medida econômica substituir algum dos quatro trabalhadores atuais pelo novo?

4. No modelo do Problema 2, suponha que a JoShop tenha acabado de receber uma quinta tarefa e que os custos respectivos de executá-la com os quatro trabalhadores atuais sejam $ 20, $ 10, $ 20 e $ 80. A nova tarefa deve ter prioridade sobre qualquer uma das outras quatro que a JoShop já tem?

***5.** Um executivo de negócios deve fazer as quatro viagens de ida e volta apresentadas na lista da Tabela P entre a matriz de sua empresa em Dallas e uma filial em Atlanta.

O preço de uma passagem de ida e volta partindo de Dallas é $ 400. Há um desconto de 25% se as datas de chegada e de retorno de um bilhete abrangerem um final de semana (sábado e domingo). Se a estada em Atlanta demorar mais do que 21 dias, o desconto aumenta para 30%. Uma passagem só de ida (ou só de volta) entre Dallas e Atlanta (em qualquer direção) custa $ 250. Como o executivo deve efetuar a compra das passagens?

Tabela O Dados para o Problema 2

		Tarefa 1	Tarefa 2	Tarefa 3	Tarefa 4
Trabalhador	1	$ 50	$ 50	—	$ 20
	2	$ 70	$ 40	$ 20	$ 30
	3	$ 90	$ 30	$ 50	—
	4	$ 70	$ 20	$ 60	$ 70

Tabela P Dados para o Problema 5

Data de partida de Dallas	Data de retorno a Dallas
Segunda-feira, 3 de junho	Sexta-feira, 7 de junho
Segunda-feira, 10 de junho	Quarta-feira, 12 de junho
Segunda-feira, 17 de junho	Sexta-feira, 21 de junho
Terça-feira, 25 de junho	Sexta-feira, 28 de junho

***6.** A Figura 5.6 dá o layout esquemático de uma oficina cujas centrais de trabalho existentes são designadas pelos quadrados 1, 2, 3 e 4. Quatro novas centrais de trabalho, I, II, III e IV, devem ser adicionadas à oficina nos locais designados pelos círculos *a*, *b*, *c* e *d*. O objetivo é designar as novas centrais aos locais propostos de modo a minimizar o tráfego total de manipulação de materiais entre as centrais existentes e as propostas. A Tabela Q resume a freqüência das viagens entre as novas centrais e as antigas. O equipamento de manipulação de materiais percorre os corredores retangulares que se cruzam nos locais das centrais de trabalho. Por exemplo, a distância de deslocamento em uma só direção (em metros) entre a central de trabalho 1 e o local *b* é 30 + 20 = 50 m.

7. No Departamento de Engenharia Industrial da Universidade do

Tabela Q Dados para o Problema 6

		Novas centrais de trabalho I	II	III	IV
Centrais de trabalho existentes	1	10	2	4	3
	2	7	1	9	5
	3	0	8	6	2
	4	11	4	0	7

Figura 5.6
Layout da oficina para o Problema 6, Conjunto 5.4A.

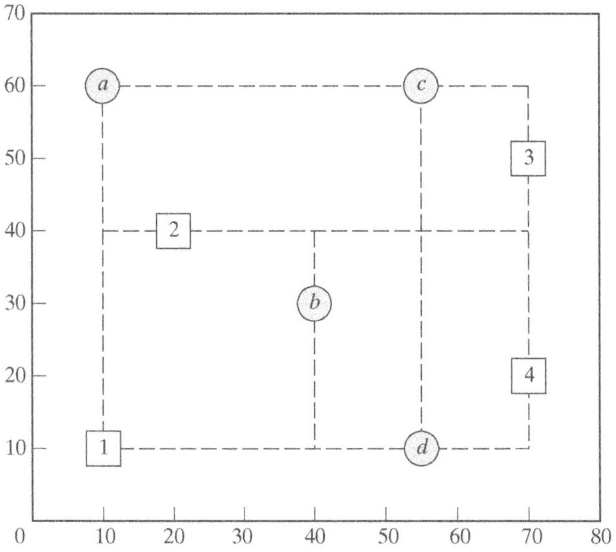

Arkansas, o Ineg 4904 é o ponto alto de um curso de projeto cuja intenção é permitir que equipes de estudantes apliquem o conhecimento e as habilidades que aprenderam no currículo normal do curso de engenharia a um problema prático. Os membros de cada equipe escolhem um gerente de projeto, identificam um escopo adequado para seu projeto, redigem e apresentam uma proposta, executam as tarefas necessárias para cumprir os objetivos do projeto e redigem e apresentam um relatório final. O instrutor do curso identifica projetos potenciais e fornece planilhas com informações adequadas para cada um, entre elas contatos na organização patrocinadora, resumo do projeto e habilidades potenciais necessárias para concluir o projeto.

Cada equipe de projeto deve apresentar um relatório justificando a seleção dos membros e do gerente da equipe. O relatório também apresenta uma classificação para cada projeto em ordem de preferência, incluindo justificativas para o ajuste adequado das habilidades da equipe aos objetivos do projeto. Em um semestre específico, foram identificados os seguintes projetos: Boeing F-15, Boeing F-18, Boeing Simulation, Cargil, Cobb-Vantress, ConAgra, Cooper, DaySpring (layout), DaySpring (manipulação de materiais), J. B. Hunt, Raytheon, Tyson South, Tyson East, Wal-Mart e Yellow Transportation. Os projetos para a Boeing e a Raytheon exigem que todos os membros da equipe tenham cidadania americana. Das 11 equipes de projetos disponíveis para este semestre, quatro não cumprem esse requisito.

Elabore um procedimento para designar projetos a equipes e justifique os argumentos que utilizou para chegar à decisão.

5.4.2 Explicação do método húngaro pelo método simplex

O problema de designação no qual n trabalhadores são designados a n tarefas pode ser representado como um problema de PL da seguinte maneira: seja c_{ij} o custo de designar o trabalhador i à tarefa j, e defina

$$x_{ij} = \begin{cases} 1, \text{ se o trabalhador } i \text{ for designado a tarefa } j \\ 0, \text{ caso contrário} \end{cases}$$

Portanto, o problema de PL é dado por

$$\text{Minimizar } z = \sum_{i=1}^{m} \sum_{j=1}^{n} c_{ij} x_{ij}$$

sujeito a

$$\sum_{j=1}^{n} x_{ij} = 1, \; i = 1, 2, \ldots, n$$

$$\sum_{i=1}^{n} x_{ij} = 1, \; j = 1, 2, \ldots, n$$

$$x_{ij} = 0 \text{ ou } 1$$

A solução ótima do problema de PL precedente permanece inalterada se uma constante for adicionada ou subtraída de qualquer linha ou coluna da matriz de custo (c_{ij}). Para provar esse ponto, sejam p_i e q_j constantes subtraídas da linha i e da coluna j. Assim, o elemento de custo c_{ij} é alterado para

$$c'_{ij} = c_{ij} - p_i - q_j$$

Agora,

$$\begin{aligned} \sum_i \sum_j c'_{ij} x_{ij} &= \sum_i \sum_j (c_{ij} - p_i - q_j) x_{ij} \\ &= \sum_i \sum_j c_{ij} x_{ij} - \sum_i p_i \left(\sum_j x_{ij} \right) - \sum_j q_j \left(\sum_i x_{ij} \right) \\ &= \sum_i \sum_j c_{ij} x_{ij} - \sum_i p_i (1) - \sum_j q_j (1) \\ &= \sum_i \sum_j c_{ij} x_{ij} - \text{constante} \end{aligned}$$

Como a diferença entre a nova função objetivo e a original é uma constante, os valores ótimos de x_{ij} devem ser os mesmos nos dois casos. Assim, o desenvolvimento mostra que as etapas 1 e 2 do método húngaro, que recomendam subtrair p_i da linha i e então subtrair q_j da coluna j, produzem um problema de designação equivalente. Quanto a isso, se for possível achar uma solução viável entre as entradas zero da matriz de custo criadas pelas etapas 1 e 2, ela deve ser ótima porque o custo na matriz modificada não pode ser menor do que zero.

Se as entradas zero criadas não puderem dar uma solução viável (como o Exemplo 5.4-2 demonstra), então a etapa 2a (que trata de abranger as entradas zero) deve ser aplicada. Mais uma vez, a validade desse procedimento tem sua origem no método simplex de programação linear e pode ser explicado pela teoria da dualidade (Capítulo 4) e pelo teorema das folgas complementares (Capítulo 7). Não apresentaremos os detalhes da prova aqui porque são bastante complexos.

A razão de $(p_1 + p_2 + \ldots + p_n) + (q_1 + q_2 + \ldots + q_n)$ dar o valor ótimo é que essa expressão representa a função objetivo dual do problema de designação. Esse resultado pode ser percebido por comparação com a função objetivo dual do problema de transporte dada na Seção 5.3.4. (Se quiser mais detalhes, consulte Bazaraa et al. (1990, p. 499–508).)

5.5 O PROBLEMA DE TRANSBORDO

O problema de transbordo reconhece que pode ser mais barato despachar mercadorias com a utilização de nós intermediários ou *transientes* antes de chegar ao destino final. Esse conceito é mais geral do que o do problema de transporte normal, no qual são permitidas apenas expedições diretas entre uma origem e um destino.

Esta seção mostra como um problema de transbordo pode ser convertido em (e resolvido como) um problema de transporte normal usando a noção de **tampão**.

Exemplo 5.5-1

Duas fábricas de automóveis, *P*1 e *P*2, estão ligadas a três revendedoras, *D*1, *D*2 e *D*3, por meio de duas centrais de trânsito, *T*1 e *T*2, de acordo com a rede mostrada na Figura 5.7. As quantidades fornecidas pelas fábricas *P*1 e *P*2 são 1.000 e 1.200 carros, e as quantidades demandadas nas revendedoras *D*1, *D*2 e *D*3 são 800, 900 e 500 carros. Os custos de expedição por carro (em centenas de dólares) entre pares de nós são mostrados nas ligações (ou arcos) que conectam os nós da rede.

Ocorre transbordo na rede da Figura 5.7 porque seria concebível que a quantidade total de carros fornecida, de 2.200 (= 1.000 + 1.200), pelos nós *P*1 e *P*2 passasse por qualquer um dos nós da rede antes de chegar a seus destinos nos nós *D*1, *D*2 e *D*3. Quanto a isso, cada nó da rede que tenha arcos de entrada, bem como de saída (*T*1, *T*2, *D*1 e *D*2), age como uma origem e também como um destino, e é denominado **nó de transbordo**. Os nós restantes são **nós de fornecimento puros** (*P*1 e *P*2) ou **nós de demanda puros** (*D*3).

Figura 5.7
Rede de transbordo entre as fábricas e as revendedoras

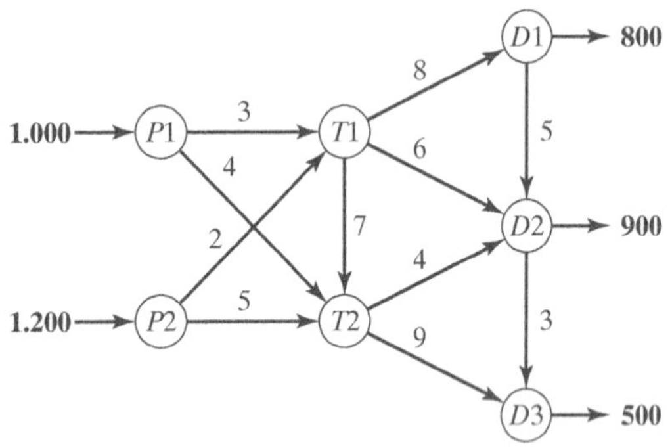

O problema de transbordo pode ser convertido em um problema de transporte normal com seis origens (*P*1, *P*2, *T*1, *T*2, *D*1 e *D*2) e cinco destinos (*T*1, *T*2, *D*1, *D*2 e *D*3). As quantidades fornecidas e demandadas nos diferentes nós são calculadas por

Fornecimento em um *nó de suprimento puro* =
Fornecimento original
Demanda em um *nó de demanda puro* =
Demanda original
Fornecimento em um *nó de transbordo* =
Fornecimento original + Quantidade tampão
Demanda em um *nó de transbordo* =
Demanda original + Quantidade tampão

A quantidade tampão deve ser suficientemente grande para permitir que todas as unidades de fornecimento (ou de demanda) originais passem por qualquer um dos nós de *transbordo*. Seja *B* a quantidade tampão desejada; então

B = Fornecimento (ou demanda) total
= 1.000 + 1.200 (ou 800 + 900 + 500)
= 2.200 carros

Usando o tampão *B* e os custos unitários de expedição dados na rede, construímos o problema de transporte normal equivalente, como mostra a Tabela 5.35.

A solução do problema de transporte resultante (determinado com a utilização do TORA) é mostrada na Figura 5.8. Observe o efeito do transbordo: a revendedora *D*2 recebe 1.400 carros, conserva 900 carros para satisfazer sua demanda e envia os 500 carros restantes para a revendedora *D*3.

Tabela 5.35 Dados do problema de transbordo

	T1	*T2*	*D1*	*D2*	*D3*	
*P*1	3	4	*M*	*M*	*M*	**1.000**
*P*2	2	5	*M*	*M*	*M*	**1.200**
*T*1	0	7	8	6	*M*	***B***
*T*2	*M*	0	*M*	4	9	***B***
*D*1	*M*	*M*	0	5	*M*	***B***
*D*2	*M*	*M*	*M*	0	3	***B***
	B	***B***	**800 + *B***	**900 + *B***	**500**	

Figura 5.8
Solução de um problema de transbordo

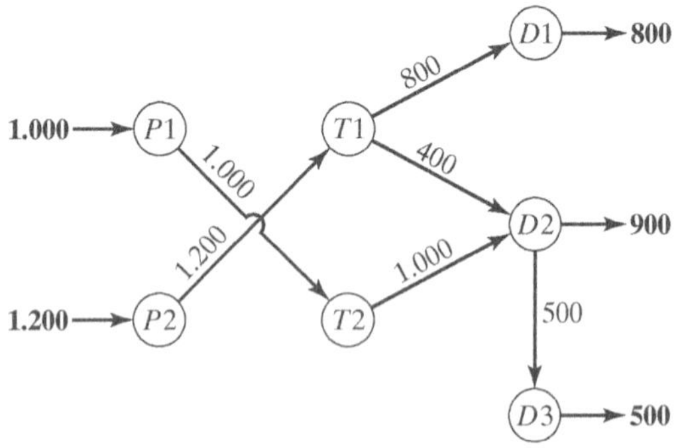

Figura 5.9
Rede para o Problema 1, Conjunto 5.5A

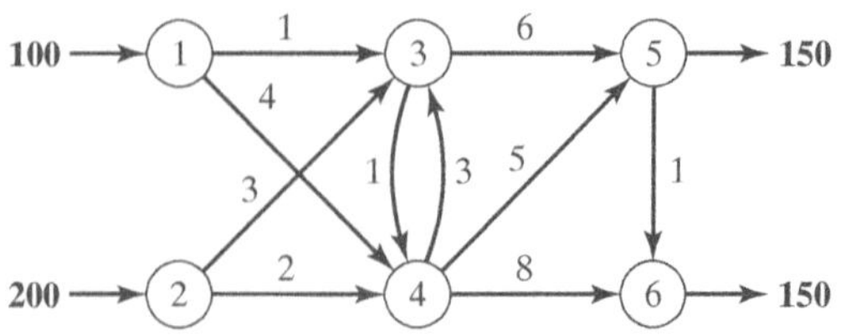

CONJUNTO DE PROBLEMAS 5.5A[9]

1. A rede da Figura 5.9 dá as rotas de expedição dos nós 1 e 2 para os nós 5 e 6, passando pelos nós 3 e 4. Os custos unitários de expedição são mostrados nos respectivos arcos.
   (a) Desenvolva o problema de transbordo correspondente.
   (b) Resolva o problema e mostre como os embarques são roteados desde as origens até os destinos.

2. No Problema 1, suponha que o nó de origem 1 possa ser ligado ao nó de origem 2 com um custo unitário de expedição de $ 1. O custo unitário de expedição do nó 1 ao nó 3 sofre um aumento de $ 5. Formule a questão como um problema de transbordo e ache a programação de expedição ótima.

[9] Aconselhamos a utilização do TORA, Excel Solver ou AMPL para resolver os problemas deste conjunto.

3. A rede da Figura 5.10 mostra as rotas de expedição de carros de três fábricas (nós 1, 2 e 3) para as três revendedoras (nós 6 a 8), passando por duas centrais de distribuição (nós 4 e 5). Os custos de expedição por carro (em $ 100) são mostrados nos arcos.
   (a) Resolva a questão como um problema de transbordo.
   (b) Ache a nova solução ótima considerando que a Central de Distribuição 4 possa vender 240 carros diretamente a clientes.

*4. Considere o problema de transporte no qual duas fábricas forneçam determinada mercadoria a três lojas. As quantidades (em unidades) a fornecer disponíveis nas origens 1 e 2 são 200 e 300; as quantidades demandadas nas lojas 1, 2 e 3 são 100, 200 e 50, respectivamente. Pode haver transbordo de unidades entre as fábricas e as lojas antes de chegarem a seu destino final. Ache a programação ótima de expedição com base nos custos unitários apresentados na Tabela R.

5. Considere a rede de tubulações de petróleo mostrada na Figura 5.11. Os diferentes nós representam estações de bombeamento e recepção. As distâncias em milhas entre as estações são mostradas na rede. O custo de transporte por galão entre dois nós é diretamente proporcional ao comprimento da tubulação. Desenvolva o modelo de transbordo associado e ache a solução ótima.

6. *Problema da rota mais curta.* Ache a rota mais curta entre os nós 1 e 7 da rede da Figura 5.12 formulando a questão como um problema de transbordo. As distâncias entre os diferentes nós são mostradas na rede. (*Sugestão*: considere que o fornecimento líquido do nó 1 é uma unidade e que a demanda líquida do nó 7 também é uma unidade.)

7. No modelo de transbordo do Exemplo 5.5-1, defina x_{ij} como a quantidade enviada do nó i ao nó j. A questão pode ser formulada como um problema de programação linear no qual cada nó produza uma equação de restrição. Desenvolva o problema linear e mostre que a formulação resultante tem a seguinte característica: os coeficientes das restrições, a_{ij}, da variável x_{ij} são

$$a_{ij} = \begin{cases} 1, & \text{na restrição } i \\ -1, & \text{na restrição } j \\ 0, & \text{caso contrário} \end{cases}$$

Figura 5.10
Rede para o Problema 3, Conjunto 5.5A

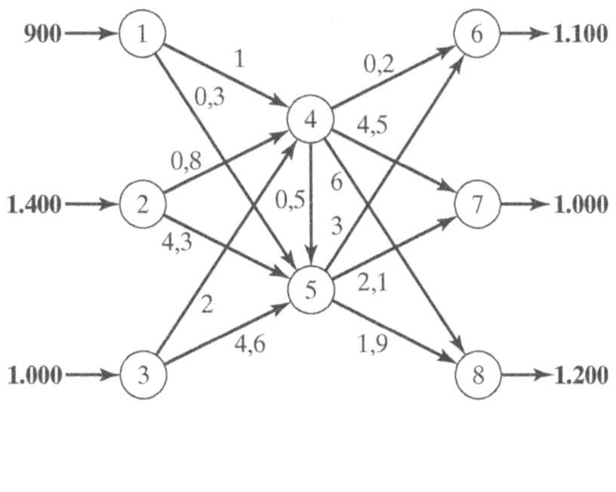

Tabela R Dados para o Problema 4

		Fábrica 1	Fábrica 2	Loja 1	Loja 2	Loja 3
Fábrica	1	$ 0	$ 6	$ 7	$ 8	$ 9
	2	$ 6	$ 0	$ 5	$ 4	$ 3
	1	$ 7	$ 2	$ 0	$ 5	$ 1
Loja	3	$ 1	$ 5	$ 1	$ 0	$ 4
	3	$ 8	$ 9	$ 7	$ 6	$ 0

Figura 5.11
Rede para o Problema 5, Conjunto 5.5A

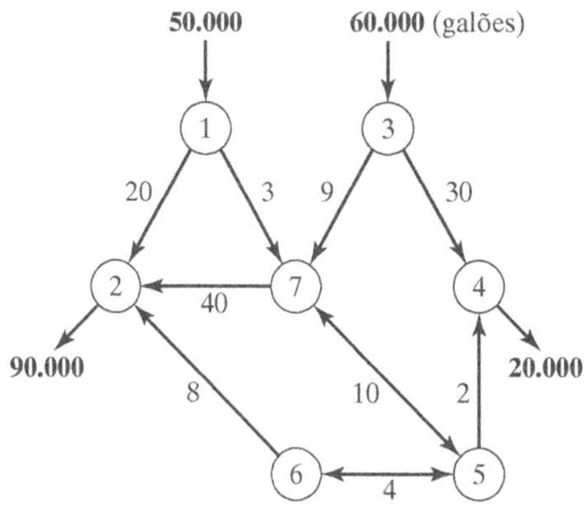

Figura 5.12
Rede para o Problema 6, Conjunto 5.5A

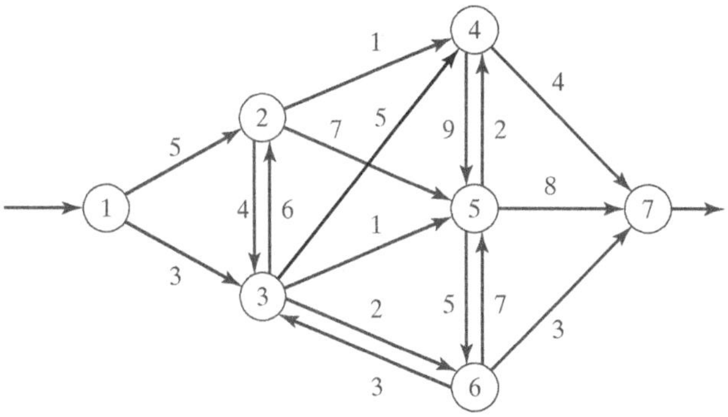

8. Uma agência de empregos deve fornecer operários nos próximos cinco meses segundo mostrado na Tabela S.

Tabela S Fornecimento de operários

Mês	1	2	3	4	5
N. de operários	100	120	80	170	50

Como o custo de mão-de-obra depende da duração do emprego, pode ser mais econômico manter mais operários do que o necessário durante alguns meses da projeção para cinco meses. A Tabela T estima o custo de mão-de-obra em função da duração do emprego.

Tabela T Custo na mão-de-obra *versus* duração do emprego

Meses de emprego	1	2	3	4	5
Custo por operário ($)	100	130	180	220	250

Formule a questão como um problema de programação linear. Depois, usando manipulações algébricas adequadas das equações de restrição, mostre que o modelo pode ser convertido em um problema de transbordo e ache a solução ótima. (*Sugestão*: use a característica de transbordo do Problema 7 para converter as restrições do problema de programação nas restrições do problema de transbordo.)

REFERÊNCIAS BIBLIOGRÁFICAS

Bazaraa, M.; Jarvis, J. e Sherali, H. *Linear programming and network flows.* 2. ed. Nova York: Wiley, 1990.
Dantzig, G. *Linear programming and extensions.* Princeton: Princeton University, 1963.
Hansen, P. e Wendell, R. "A note on airline commuting". *Interfaces*, v. 12, n. 1, 1982, p. 85–87.
Murty, K. *Network programming.* Upper Saddle River: Prentice Hall, 1992.

Capítulo 6

Otimização em redes

Guia do capítulo. Os problemas de otimização em redes apresentados neste capítulo incluem as aplicações tradicionais: encontrar o modo mais eficiente de ligar várias localidades direta ou indiretamente, achar o caminho mais curto entre duas cidades, determinar o fluxo máximo em uma rede de tubulações que satisfaça requisitos de suprimento e demanda em diferentes locais e programar as atividades de um projeto.

O algoritmo capacitado de custo mínimo é uma rede generalizada que comporta os problemas de caminho mais curto e de máximo fluxo apresentados neste capítulo. Seus detalhes podem ser encontrados na Seção 20.1, disponível em inglês no site do livro. Ao estudar o material deste capítulo, você deve dar especial atenção às aplicações não tradicionais desses problemas. Por exemplo, o problema de caminho mais curto pode ser usado para determinar a política ótima de reposição de equipamentos e o problema de fluxo máximo pode ser usado para determinar o número ótimo de navios para atender a uma programação específica de embarque. Essas situações estão incluídas no capítulo como exemplos resolvidos, problemas ou casos.

O capítulo inteiro dá ênfase à formulação e à solução de um problema de otimização em rede como um problema de programação linear. Recomendamos que você estude essas relações, porque grande parte dos códigos comerciais resolvem problemas de otimização em rede como meros problemas de programação linear. Ademais, algumas formulações requerem a imposição de restrições de lado que só podem ser implementadas se o problema for resolvido como PL.

Para entender os detalhes de cálculo, aconselhamos a utilização dos módulos interativos do TORA, que criam as etapas da solução exatamente como apresentadas no livro. Para problemas de grande escala, o capítulo oferece o Excel Solver e o AMPL para os diferentes algoritmos.

Este capítulo inclui um resumo de uma aplicação real, 17 exemplos resolvidos, 2 modelos em Solver, 3 modelos em AMPL, 69 problemas de final de seção e 5 casos. Os casos estão no Apêndice E, disponível em inglês no site do livro. Os programas em AMPL/Excel Solver/TORA estão na pasta ch6Files.

Aplicação real — Como poupar dólares do Governo Federal em viagens

Os funcionários do Governo Federal dos Estados Unidos devem comparecer a conferências de desenvolvimento e cursos de treinamento em diferentes localidades em todo o país. Como eles estão localizados em escritórios dispersos por todo o país, a seleção das cidades onde esses eventos serão realizados causa impacto no custo de viagem. No momento, a seleção das cidades que abrigarão eventos de conferência/treinamento é feita sem considerar o custo de viagem incorrido. O problema procura determinar a localização ótima da cidade que promoverá o evento. Estimou-se que o modelo desenvolvido poupou no mínimo $ 400.000 no ano fiscal de 1997. O Caso 4 do Capítulo 24, disponível em inglês no site do livro, dá os detalhes do estudo.

6.1 ESCOPO E DEFINIÇÃO DE PROBLEMAS DE OTIMIZAÇÃO EM REDES

Uma grande quantidade de situações de pesquisa operacional pode ser modelada e resolvida como redes (nós conectados por ramos):

1. Projeto de uma rede de tubulações marítimas para ligar as bocas de poço de uma plataforma *offshore* de gás natural no golfo do México a um ponto de entrega em terra. O objetivo é minimizar o custo de construção da rede de tubulações.
2. Determinação do caminho mais curto entre duas cidades em uma rede de rodovias existentes.
3. Determinação da capacidade máxima (em toneladas por ano) de uma tubulação de lama de carvão que liga as minas de carvão no Wyoming com as usinas geradoras de energia elétrica em Houston. (Esse tipo de tubulação transporta lama de carvão por meio do bombeamento de água por tubulações especialmente projetadas.)
4. Determinação de um cronograma (datas de início e de conclusão) para as atividades de um projeto de construção civil.
5. Determinação de um esquema de fluxo de custo mínimo entre as bacias de petróleo e as refinarias por meio de uma rede de tubulações.

A solução dessas situações e de outras semelhantes é obtida por meio de uma variedade de algoritmos de otimização em redes. Este capítulo apresenta quatro desses algoritmos.

1. Árvore geradora mínima (situação 1).
2. Algoritmo de caminho mais curto (situação 2).
3. Algoritmo de fluxo máximo (situação 3).
4. Algoritmo de caminho crítico (CPM – critical path method) (situação 4).

Para a quinta situação, o algoritmo capacitado de rede de custo mínimo é apresentado na Seção 20.1, disponível em inglês no site do livro.

Definições em redes. Uma rede consiste em um conjunto de **nós** conectados por **arcos** (ou **ramos**). A notação para descrever uma rede é (N, A), na qual N é o conjunto de nós e A é o conjunto de arcos. Como exemplo, a rede da Figura 6.1 é descrita como

$$N = \{1, 2, 3, 4, 5\}$$
$$A = \{(1,2), (1,3), (2,3), (2,5), (3,4), (3,5), (4,2), (4,5)\}$$

Associado com cada rede está um **fluxo** (por exemplo, fluxo de produtos de petróleo em uma tubulação ou fluxos de tráfego de automóveis em rodovias). Em geral, o fluxo em uma rede é limitado pela capacidade de seus arcos, que pode ser finita ou infinita.

Figura 6.1
Exemplo de rede (N, A)

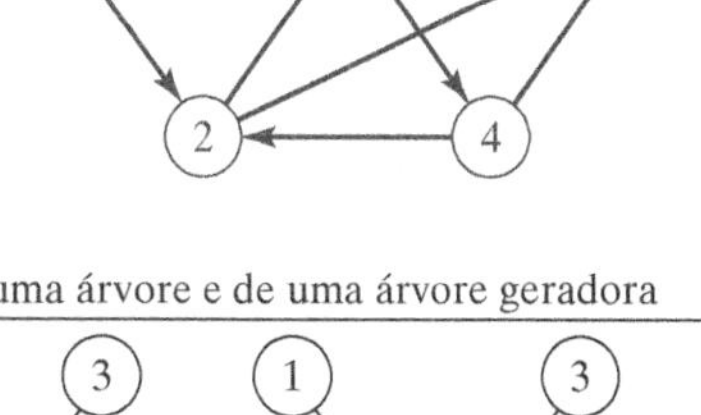

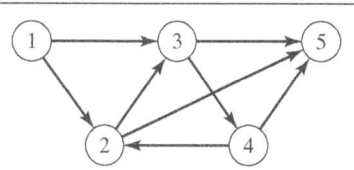

Figura 6.2
Exemplos de uma árvore e de uma árvore geradora

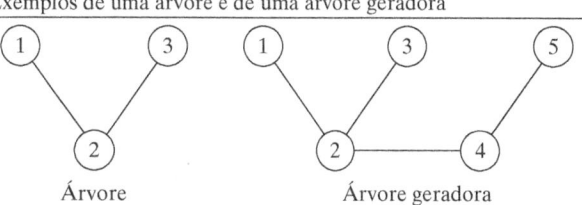

Diz-se que um arco é **orientado** ou **dirigido** se ele permitir fluxo positivo em uma direção e fluxo zero na direção oposta. Uma **rede orientada** é aquela na qual todos os arcos são orientados.

Um **caminho** é uma seqüência de arcos distintos que ligam dois nós passando por outros nós, independentemente da direção de fluxo em cada arco. Um caminho forma um **ciclo** ou um **loop** se conectar um nó a si mesmo, passando por outros nós. Por exemplo, na Figura 6.1, os arcos (2, 3), (3, 4) e (4, 2) formam um ciclo.

Uma **rede conectada** é uma rede tal que todos os pares de nós estão ligados por no mínimo um caminho. A rede da Figura 6.1 demonstra esse tipo de rede. Uma **árvore** é uma rede conectada *sem ciclos* formada por um *subconjunto* de todos os nós, e uma **árvore geradora** é uma árvore que liga *todos* os nós da rede. A Figura 6.2 dá exemplos de uma árvore e de uma árvore geradora da rede da Figura 6.1.

Exemplo 6.1-1 (Pontes de Königsberg)

A cidade de Königsberg, na Prússia (agora Kalingrado, na Rússia), foi fundada em 1254 às margens do rio Pergel e tem sete pontes que conectam suas quatro seções (rotuladas *A, B, C* e *D*), como mostra a Figura 6.3. Um problema sempre presente entre os habitantes da cidade era verificar se seria *possível percorrer* as quatro seções e voltar ao local de partida cruzando cada ponte exatamente uma vez. Não havia limite no número de vezes que qualquer uma das quatro seções poderia ser visitada.

Figura 6.3
Pontes de Königsberg

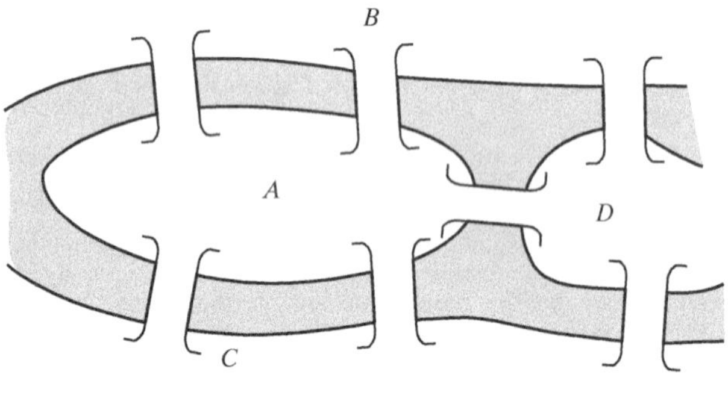

Figura 6.4
Representação em rede do problema de Königsberg

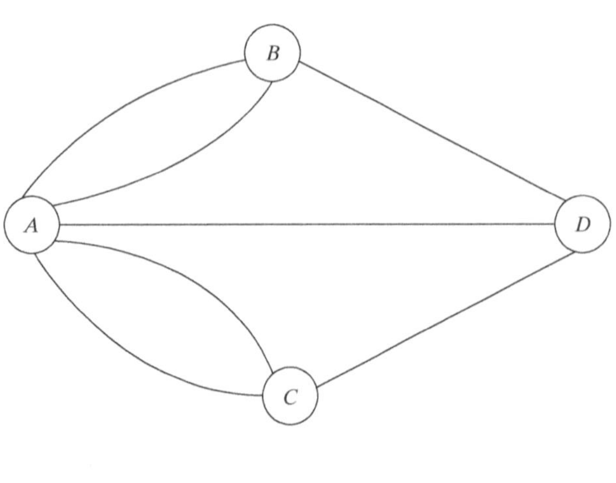

Em meados do século XVIII, o famoso matemático Leonhard Euler desenvolveu um argumento especial de 'construção de caminho' para provar que era impossível percorrer tal trajeto. Mais tarde, no início do século XIX, o mesmo problema foi resolvido representando a situação como uma rede na qual cada uma das quatro seções (*A, B, C* e *D*) era um nó e cada ponte era um arco que conectava nós aplicáveis, como mostra a Figura 6.4.

A solução baseada em rede é que o desejado trajeto de ida e volta (iniciado e concluído em uma das seções da cidade) era impossível porque havia quatro nós, e cada um estava associado com um número *ímpar* de arcos, o que não permitia entrada e saída distintas (e, em conseqüência, a utilização distinta das pontes) para cada seção da cidade.[1] O exemplo demonstra como a solução do problema é facilitada pela utilização da representação em rede.

CONJUNTO DE PROBLEMAS 6.1A

*1. Para cada rede da Figura 6.5 determine: (a) um caminho; (b) um ciclo; (c) uma árvore; e (d) uma árvore geradora.

2. Determine os conjuntos N e A para as redes da Figura 6.5.

3. Desenhe a rede definida por

$$N = \{1, 2, 3, 4, 5, 6\}$$
$$A = \{(1,2), (1,5), (2,3), (2,4), (3,4), (3,5), (4,3), (4,6), (5,2), (5,6)\}$$

*4. Considere oito quadrados iguais arranjados em três linhas, com dois quadrados na primeira linha, quatro na segunda e dois na terceira. Os quadrados de cada linha são arranjados simetricamente em relação ao eixo vertical. Deseja-se preencher os quadrados com números distintos nas faixas de 1 a 8 de modo que nenhum conjunto de dois quadrados verticais, horizontais ou diagonais *adjacentes* contenha números consecutivos. Use alguma forma de representação em rede para achar a solução de modo sistemático.

Figura 6.5
Redes para o Problema 1, Conjunto 6.1A

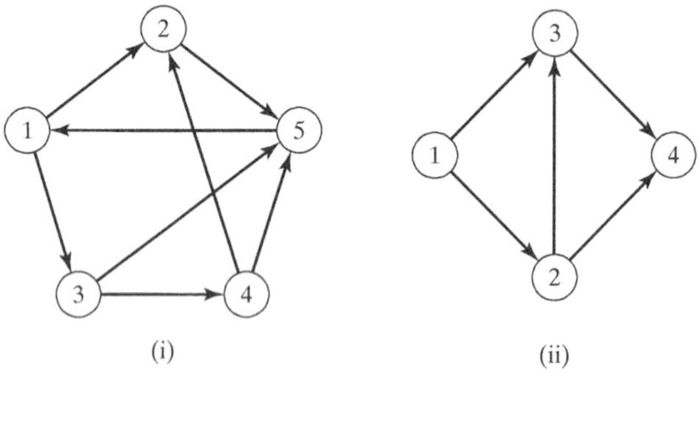

5. Três presidiários escoltados por três guardas devem ser transportados de barco do continente até uma ilha-presídio para cumprir as respectivas sentenças. O barco não pode transferir mais do que duas pessoas em qualquer direção. É dado como certo que os presidiários dominarão os guardas se estiverem em maior número, não importa o momento. Desenvolva um modelo de rede que organize as viagens de barco de uma maneira que garanta a transferência segura dos presidiários.

[1] Solução geral: existe uma viagem de ida e volta se todos os nós tiverem um número par de ramos ou se exatamente dois nós tiverem um número ímpar de ramos. Não há nenhuma outra alternativa. Veja B. Hopkins e R. Wilson, "The truth about Königsberg", *College Math Journal*, v. 35, n. 3. p. 198-207.

6.2 ALGORITMO DA ÁRVORE GERADORA MÍNIMA

O algoritmo da árvore geradora mínima trata de conectar os nós de uma rede, direta ou indiretamente, usando o comprimento total mais curto de ramos conectores. Uma aplicação típica ocorre na construção de estradas pavimentadas que ligam várias cidades rurais. A estrada entre duas cidades deve passar por uma ou mais outras cidades. O projeto mais econômico do sistema rodoviário recomenda minimizar o comprimento total da estrada pavimentada, um resultado que é obtido por meio da implementação do algoritmo da árvore geradora mínima.

As etapas do procedimento são dadas a seguir. Seja $N = \{1, 2, \ldots, n\}$ o conjunto de nós da rede e defina

C_k = conjunto de nós que foram conectados permanentemente na iteração k

$\bar{C}_k$ = conjunto de nós que ainda terão de ser conectados permanentemente após a iteração k

Etapa 0. Faça $C_0 = \emptyset$ e $\bar{C}_0 = N$.

Etapa 1. Comece com *qualquer* nó i no conjunto não conectado $\bar{C}_0$ e faça $C_1 = \{i\}$, o que dá como resultado $\bar{C}_1 = N - \{i\}$. Faça $k = 2$.

Etapa geral *k*. Selecione um nó, j^*, no conjunto não conectado $\bar{C}_{k-1}$ que dê o arco mais curto até um nó no conjunto conectado C_{k-1}. Ligue j^* permanentemente a C_{k-1} e elimine-o de $\bar{C}_{k-1}$, isto é,

$$C_k = C_{k-1} + \{j^*\}, \; \bar{C}_k = \bar{C}_{k-1} - \{j^*\}$$

Figura 6.6
Conexões por cabo para a Midwest TV Company

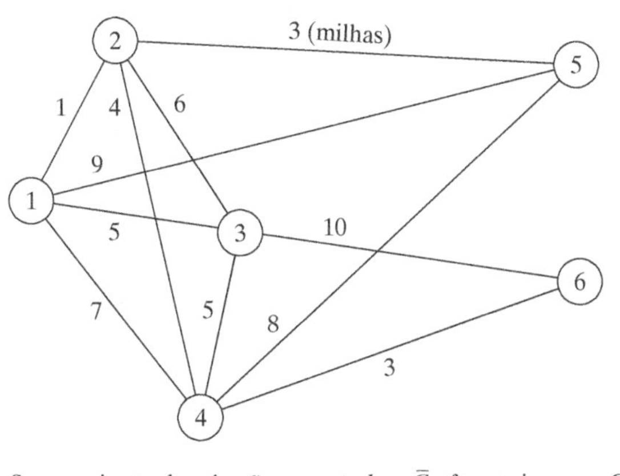

Se o conjunto de nós não conectados, $\bar{C}_k$, for vazio, pare. Caso contrário, faça $k = k + 1$, e repita a etapa.

Exemplo 6.2-1

A Midwest TV Cable Company está em vias de fornecer serviços por cabo a cinco novas áreas onde estão em desenvolvimento projetos residenciais. A Figura 6.6 mostra as possíveis conexões de TV entre as cinco áreas. As extensões (em milhas) dos cabos são mostradas em cada arco. Determine a rede mais econômica.

O algoritmo começa no nó 1 (mas qualquer outro nó também serviria), o que dá

$$C_1 = \{1\}, \; \bar{C}_1 = \{2, 3, 4, 5, 6\}$$

As iterações do algoritmo estão resumidas na Figura 6.7. Os arcos representados por linhas finas mostram todas as conexões candidatas entre C e $\bar{C}$. Os ramos, desenhados em linhas mais grossas, representam as conexões permanentes entre os nós do conjunto conectado C, e os ramos em linhas tracejadas representam a nova conexão (permanente) adicionada a cada iteração. Por exemplo, na iteração 1, o ramo (1, 2) é a conexão mais curta (= 1 milha) entre todos os ramos candidatos do nó 1 aos nós 2, 3, 4, 5 e 6 do conjunto não conectado $\bar{C}_1$. Por conseguinte, a conexão (1, 2) torna-se permanente e $j^* = 2$, o que dá

$$C_2 = \{1, 2\}, \bar{C}_2 = \{3, 4, 5, 6\}$$

A solução é dada pela árvore geradora mínima mostrada na iteração 6 da Figura 6.7. As extensões mínimas de cabos resultantes necessárias para oferecer o serviço por cabo desejado são 1 + 3 + 4 + 3 + 5 = 16 milhas.

Momento TORA

Você pode usar o TORA para gerar as iterações da árvore geradora mínima. Em Main Menu selecione Network models ⇒ Minimal spanning tree. Em seguida, no menu Solve/Modify selecione Solve problem ⇒ Go to output screen. Selecione um Starting node na tela de saída e então use Next iteration ou All iterations para gerar as iterações sucessivas. Você pode reiniciar as iterações selecionando um novo Starting node. O arquivo toraEx6.2-1.txt dá os dados do TORA para o Exemplo 6.2-1.

Figura 6.7
Soluções dadas por iteração para a Midwest TV Company

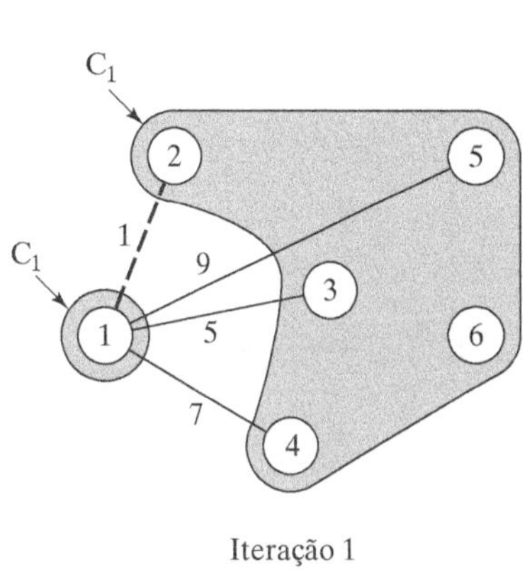

Iteração 1

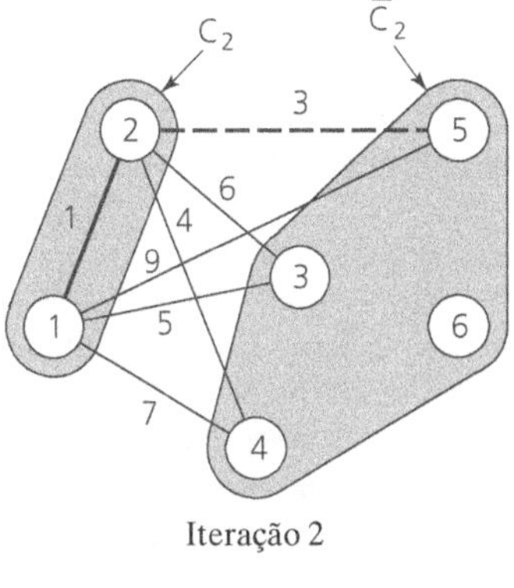

Iteração 2

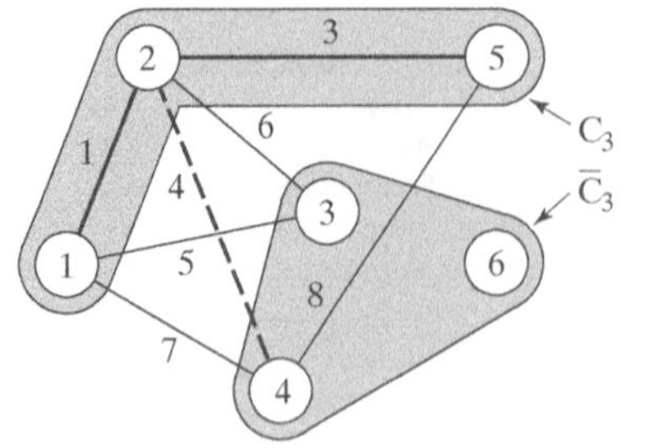

Iteração 3

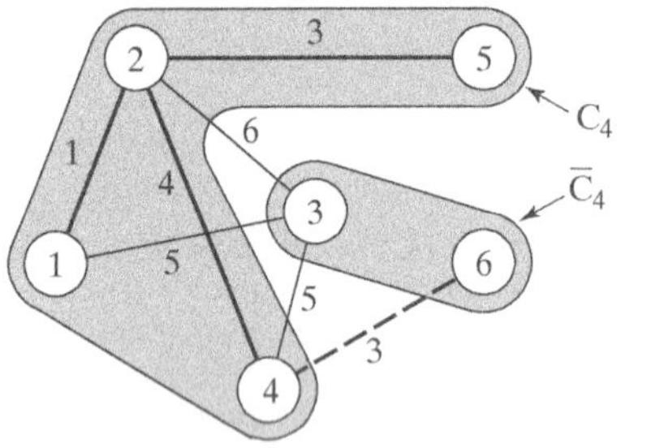

Iteração 4

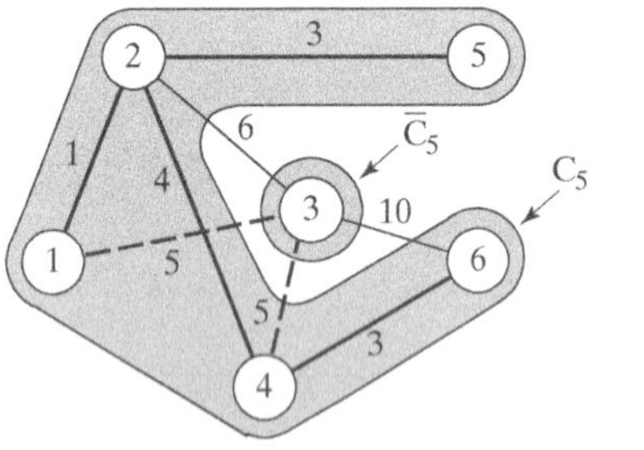

Iteração 5

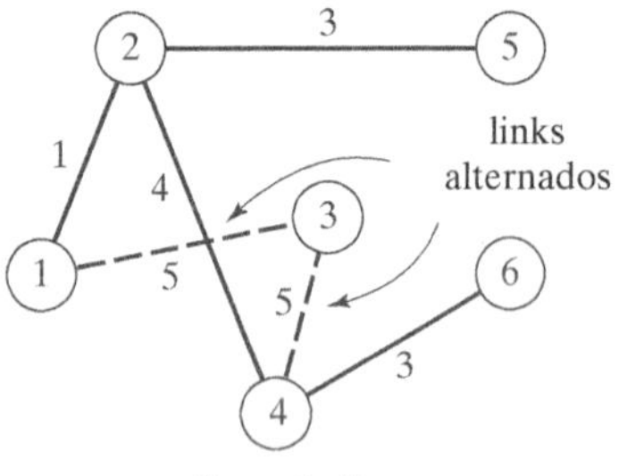

Iteração 6
(Árvore geradora mínima)

CONJUNTO DE PROBLEMAS 6.2A

1. Resolva o Exemplo 6.2-1 começando no nó 5 (em vez de no nó 1) e mostre que o algoritmo produz a mesma solução.

2. Determine a árvore geradora mínima da rede do Exemplo 6.2-1 sob cada uma das seguintes condições específicas:

*__(a)__ Os nós 5 e 6 são conectados por um cabo de 2 milhas.

(b) Os nós 2 e 5 não podem ser conectados.

(c) Os nós 2 e 6 são conectados por um cabo de 4 milhas.

(d) O cabo entre os nós 1 e 2 tem 8 milhas de comprimento.

(e) Os nós 3 e 5 são conectados por um cabo de 4 milhas.

(f) O nó 2 não pode ser conectado diretamente aos nós 3 e 5.

Figura 6.8
Rede para o Problema 3, Conjunto 6.2A

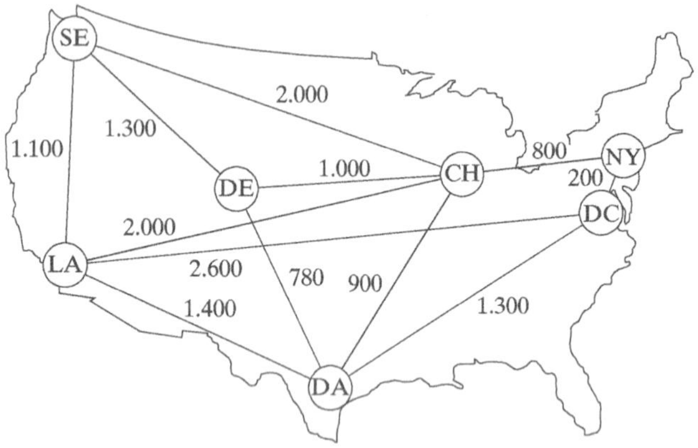

3. Em transporte intermodal, caminhões-reboque carregados são despachados entre terminais ferroviários sobre vagões-plataformas especiais. A Figura 6.8 mostra a localização dos principais terminais ferroviários nos Estados Unidos e as ferrovias existentes. O objetivo é decidir quais ferrovias devem ser 'revitalizadas' para enfrentar o tráfego intermodal. Em particular, o terminal de Los Angeles (LA) deve ser conectado diretamente ao de Chicago (CH) para dar conta do esperado tráfego pesado. Fora estes, todos os terminais restantes podem ser conectados direta ou indiretamente de modo que o comprimento total (em milhas) das ferrovias selecionadas seja minimizado. Determine os trechos das ferrovias que devem ser incluídos no programa de revitalização.

4. A Figura 6.9 apresenta as extensões das conexões viáveis para ligar nove bocas de poços localizadas em plataformas marítimas *offshore* de gás natural com um ponto de entrega em terra. Como a boca de poço 1 é a mais próxima do litoral, está equipada com capacidades de bombeamento e armazenagem suficientes para bombear a produção dos oito poços restantes até o ponto de entrega. Determine a rede mínima de tubulações para ligar as bocas de poço ao ponto de entrega.

*__5.__ Na Figura 6.9 do Problema 4, suponha que as bocas de poço possam ser divididas em dois grupos dependendo da pressão do gás: um grupo de alta pressão, que inclui os poços 2, 3, 4 e 6, e um grupo de baixa pressão, que inclui os poços 5, 7, 8 e 9. Devido à diferença de pressão, não é possível conectar as bocas de poço de um grupo com as do outro. Ao mesmo tempo, os dois grupos devem ser conectados ao ponto de entrega passando pela boca de poço 1. Determine a rede mínima de tubulações para essa situação.

6. A Electro produz 15 componentes eletrônicos em 10 máquinas. A empresa quer agrupar as máquinas em células projetadas para minimizar as dissimilaridades entre os componentes processados em cada célula. Uma medida da 'dissimilaridade', d_{ij}, entre os componentes processados nas máquinas i e j pode ser expressa como

$$d_{ij} = 1 - \frac{n_{ij}}{n_{ij} + m_{ij}}$$

na qual n_{ij} é o número de componentes compartilhados entre as máquinas i e j, e m_{ij} é o número de componentes que é usado somente pela máquina i ou pela máquina j.

Figura 6.9
Rede para o Problema 4, Conjunto 6.2A

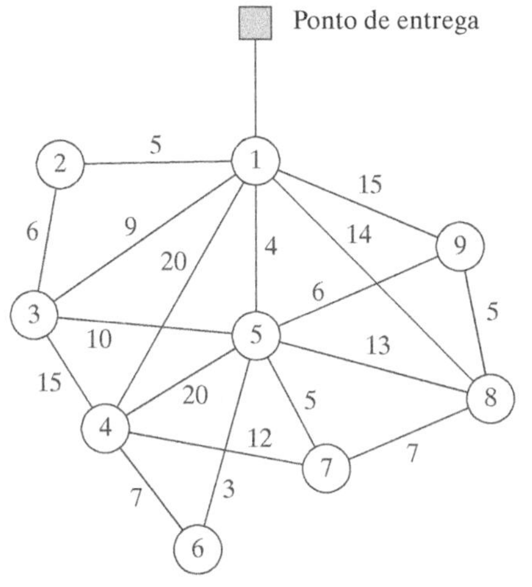

A Tabela A designa os componentes para as máquinas.

Tabela A

Máquina	Componentes designados
1	1, 6
2	2, 3, 7, 8, 9, 12, 13, 15
3	3, 5, 10, 14
4	2, 7, 8, 11, 12, 13
5	3, 5, 10, 11, 14
6	1, 4, 5, 9, 10
7	2, 5, 7, 8, 9, 10
8	3, 4, 15
9	4, 10
10	3, 8, 10, 14, 15

(a) Expresse o problema como um modelo de rede.

(b) Mostre que a determinação das células pode ser baseada na solução da árvore geradora mínima.

(c) Para os dados apresentados na Tabela A, construa as soluções de duas e três células.

6.3 O PROBLEMA DE CAMINHO MÍNIMO

O problema de caminho mínimo determina o caminho mais curto entre um destino e uma origem em uma rede de transporte. Outras situações podem ser representadas pelo mesmo problema, como ilustrado pelos seguintes exemplos.

6.3.1 Exemplos de aplicações do caminho mínimo

6.3-1 (Reposição de equipamento)

A RentCar está desenvolvendo uma política de reposição para sua frota de carros considerando uma projeção de planejamento de quatro anos. No início de cada ano é tomada uma decisão sobre a conservação em operação ou reposição de um carro.

Figura 6.10
Problema da reposição de equipamento como um problema de caminho mínimo

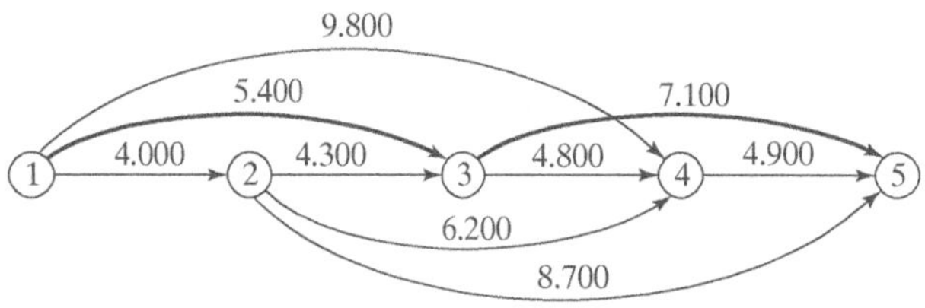

Um carro deve permanecer em serviço por no mínimo um ano e no máximo três anos. A Tabela 6.1 dá o custo de reposição como uma função do ano em que o carro foi adquirido e do número de anos em operação.

Tabela 6.1 Custo de reposição

Equipamento adquirido no início do ano	Custo de reposição ($) por anos em operação *1*	*2*	*3*
1	4.000	5.400	9.800
2	4.300	6.200	8.700
3	4.800	7.100	—
4	4.900	—	—

O problema pode ser formulado como uma rede na qual os nós 1 a 5 representam o início dos anos 1 a 5. Os arcos provenientes do nó 1 (ano 1) podem chegar somente aos nós 2, 3 e 4 porque um carro deve estar em operação entre 1 e 3 anos. Os arcos que vêm dos outros nós podem ser interpretados de maneira semelhante. O comprimento de cada arco é igual ao custo de reposição. A solução do problema equivale a achar o caminho mais curto entre os nós 1 e 5.

A Figura 6.10 mostra a rede resultante. Usando o TORA,[2] o caminho mínimo (representado pelas linhas grossas) é $1 \rightarrow 3 \rightarrow 5$. A solução significa que um carro adquirido no início do ano 1 (nó 1) deve ser substituído após dois anos, no início do ano 3 (nó 3). Portanto, o carro novo será mantido em serviço até o final do ano 4. O custo total dessa política de reposição é $ 12.500 (= $ 5.400 + $ 7.100).

Exemplo 6.3-2 (Rota mais confiável)

Q.I. Espertinho vai trabalhar de carro todos os dias. Como acabou de concluir um curso de análise de redes, Espertinho sabe determinar o caminho mais curto até seu local de trabalho. Infelizmente, a rota escolhida é muito bem policiada e, com todas as multas por excesso de velocidade que ele recebe, o caminho mais curto pode não ser a melhor opção. Por isso, Espertinho decidiu escolher uma rota que maximizasse a probabilidade de ele *não* ser multado por um policial.

A rede da Figura 6.11 mostra as possíveis rotas entre sua casa e seu trabalho, e as probabilidades de ele não ser parado associadas com cada trecho. A probabilidade de ele não ser parado em uma

2 Em Main menu, selecione Network models ⇒ Shortest route. No menu Solve/Modify, selecione Solve problem ⇒ Shortest routes.

rota é o produto das probabilidades associadas aos segmentos. Por exemplo, a probabilidade de não receber uma multa na rota $1 \to 3 \to 5 \to 7$ é $0{,}9 \times 0{,}3 \times 0{,}25 = 0{,}0675$. O objetivo de Espertinho é selecionar a rota que *maximize* a probabilidade de ele não ser multado.

Figura 6.11
Modelo de rede de rota mais confiável

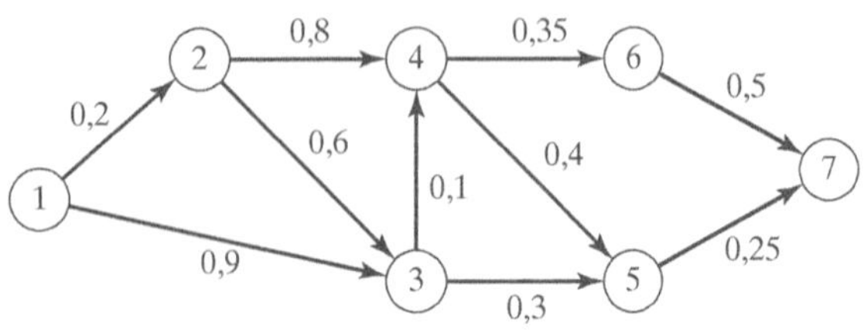

A questão pode ser formulada como um problema de caminho mínimo usando uma transformação logarítmica que converte o produto das probabilidades na soma dos logaritmos das probabilidades, isto é, se $p_{1k} = p_1 \times p_2 \times \ldots \times p_k$ é a probabilidade de ele não ser multado, então $\log p_{1k} = \log p_1 + \log p_2 + \ldots + \log p_k$.

Como $\log p_{1k} \leq 0$, a maximização de $\log p_{1k}$ é equivalente à minimização de $-\log p_{1k}$. Usando essa transformação, as probabilidades individuais p_j da Figura 6.11 são substituídas por $-\log p_j$ para todos os j na rede, o que dá como resultado a rede de caminho mínimo da Figura 6.12.

Usando o TORA, a rota mais curta da Figura 6.12 é definida pelos nós 1, 3, 5 e 7 com um 'comprimento' correspondente de 1,1707 ($= -\log p_{17}$). Assim, a probabilidade máxima de ele não ser multado é de apenas $p_{17} = 0{,}0675$, nada animadora para Espertinho!

Exemplo 6.3-3 (Charada dos três jarros)

Um jarro de 8 galões é enchido com fluido. Dados dois jarros vazios de 5 e 3 galões, queremos dividir os 8 galões de fluido em duas partes iguais usando os três jarros. Não é permitido nenhum outro instrumento de medida. Qual é o menor número de transferências (despejamentos) necessários para obter esse resultado?

É provável que você possa adivinhar a solução dessa charada. De qualquer maneira, o processo de solução pode ser sistematizado com a representação da questão como um problema de caminho mínimo.

Define-se um nó para representar a quantidade de fluido nos jarros de 8, 5 e 3 galões, respectivamente, o que significa que a rede inicia com o nó (8, 0, 0) e termina com o nó de solução desejado (4, 4, 0). Um novo nó é gerado com base no nó atual ao se despejar fluido de um jarro para o outro.

Figura 6.12
Representação da rota mais confiável como um problema de caminho mínimo

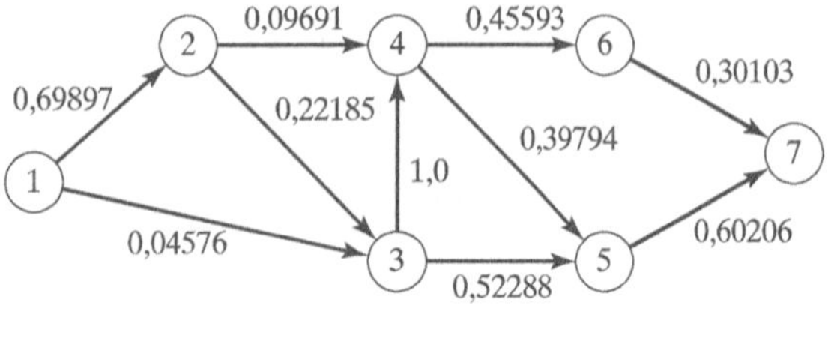

Figura 6.13
Representação da charada dos três jarros como um problema de caminho mínimo

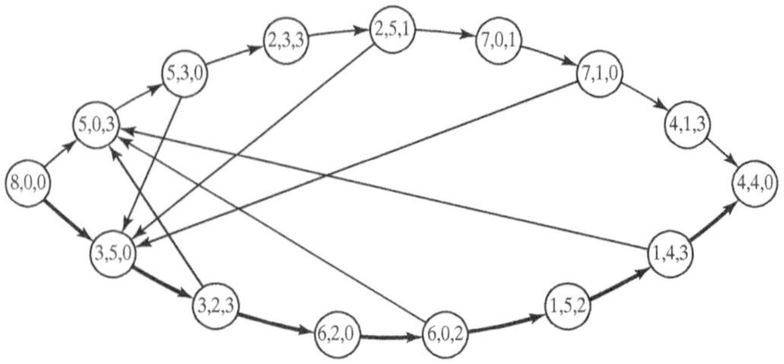

A Figura 6.13 mostra diferentes rotas que levam do nó inicial (8, 0, 0) ao nó final (4, 4, 0). O arco entre dois nós sucessivos representa uma única transferência e, portanto, podemos considerar que tem um comprimento de uma unidade. Assim, o problema se reduz a determinar o caminho mais curto entre o nó (8, 0, 0) e o nó (4, 4, 0).

A solução ótima, dada pelo caminho na parte inferior da Figura 6.13, requer sete transferências.

CONJUNTO DE PROBLEMAS 6.3A

*1. Reconstrua o problema de reposição de equipamento do Exemplo 6.3-1 considerando que um carro deve ser mantido em serviço no mínimo por dois anos, com uma vida útil máxima em serviço de quatro anos. O horizonte de planejamento é do início do ano 1 ao final do ano 5. A Tabela B apresenta os dados necessários.

Tabela B

	Custo de reposição ($) de acordo com os anos em operação		
Ano de aquisição	*2*	*3*	*4*
1	3.800	4.100	6.800
2	4.000	4.800	7.000
3	4.200	5.300	7.200
4	4.800	5.700	—
5	5.300	—	—

2. A Figura 6.14 apresenta a rede de comunicação entre duas estações, 1 e 7. A probabilidade de uma conexão operar sem falhas é mostrada em cada arco. Mensagens são enviadas da Estação 1 à Estação 7, e o objetivo é determinar a rota que maximizará a probabilidade de uma transmissão bem-sucedida. Formule a situação como um problema de caminho mínimo e determine a solução ótima.

Figura 6.14
Rede para o Problema 2, Conjunto 6.3A

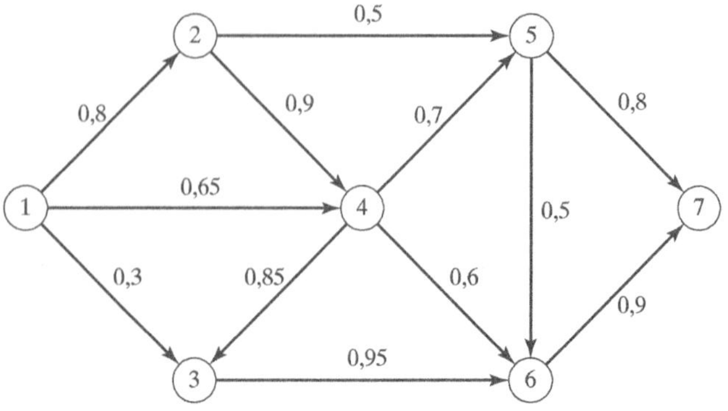

3. *Planejamento de produção.* A DirectCo vende um item cujas demandas nos próximos quatro meses são 100, 140, 210 e 180 unidades, respectivamente. A empresa pode estocar apenas o suficiente para atender à demanda de cada mês, ou então pode manter excesso de estoque para satisfazer a demanda de dois ou mais meses subseqüentes e consecutivos. No último caso é cobrado um custo de permanência de \$ 1,20 por unidade de excesso de estoque por mês. A DirectCo estima que os preços de compra por unidade para os próximos quatro meses serão \$ 15, \$ 12, \$ 10 e \$ 14, respectivamente. Um custo de preparação de \$ 200 é incorrido toda vez que um pedido de compra é colocado. A empresa quer desenvolver um plano de compra que minimizará os custos totais de colocação de pedido, compra e permanência do item em estoque. Formule a questão como um problema de caminho mínimo e use o TORA para achar a solução ótima.

*4. *O problema da mochila.* Um adepto de caminhadas tem uma mochila de 5 pés^3 e precisa definir os itens mais valiosos para levar em um passeio. Há três itens entre os quais escolher. Seus volumes são 2, 3 e 4 pés^3, e o esportista estima que seus valores associados em uma escala de 0 a 100 sejam 30, 50 e 70, respectivamente. Expresse o problema como uma rede de caminho máximo (mais longo) e ache a solução ótima. (*Sugestão*: um nó da rede pode ser definido como $[i, v]$, no qual i é o número de itens considerado para levar na mochila, e v é o volume que resta imediatamente antes de ser tomada uma decisão sobre i.)

5. Uma torradeira elétrica antiga tem duas portas com dobradiças acionadas por molas. As duas portas se abrem para fora em direções opostas e afastando-se do elemento de aquecimento. Um lado de uma fatia de pão é torrado por vez abrindo-se a porta da torradeira com uma mão e colocando a fatia com a outra mão. Após um lado estar torrado, a fatia é virada para torrar o outro lado. A meta é determinar a seqüência das operações (colocar, tostar, virar e remover) necessárias para torrar três fatias de pão no tempo mais curto possível. Formule a questão como um problema de caminho mínimo usando os tempos elementares para as diferentes operações como demonstrado na Tabela C.

Tabela C

Operação	Tempo (segundos)
Colocar uma fatia de qualquer lado	3
Torrar um lado	30
Virar a fatia que já está na torradeira	1
Remover a fatia de qualquer lado	3

6.3.2 Algoritmos para a resolução do problema de caminho mínimo

Esta seção apresenta dois algoritmos para resolver redes cíclicas (isto é, que contêm ciclos, ou laços) e redes acíclicas:

1. O algoritmo de Dijkstra.
2. O algoritmo de Floyd.

O algoritmo de Dijkstra foi desenvolvido para determinar o caminho mais curto entre o nó de origem e qualquer outro nó da rede. O algoritmo de Floyd é mais abrangente porque permite a determinação do caminho mais curto entre *quaisquer* dois nós da rede.

Algoritmo de Dijkstra. Seja u_i a distância mais curta do nó de origem 1 ao nó i, e defina-se d_{ij} (≥ 0) como o comprimento do arco (i, j). Então, o algoritmo define o rótulo para um nó imediatamente posterior, j, como

$$[u_j, i] = [u_i + d_{ij}, i], d_{ij} \geq 0$$

O rótulo para o nó inicial é [0,—], o que indica que o nó não tem nenhum predecessor.

Os rótulos dos nós no algoritmo de Dijkstra são de dois tipos: *temporários* e *permanentes*. Um rótulo temporário é modificado se for possível encontrar uma rota mais curta até um nó. Se não for possível encontrar nenhuma rota melhor, o status do rótulo temporário muda para permanente.

Etapa 0. Rotule o nó de origem (nó 1) com o rótulo *permanente* [0, —]. Determine $i = 1$.

Etapa i.

(a) Calcule os rótulos *temporários* $[u_i + d_{ij}, i]$ para cada nó j que puder ser alcançado partindo do nó i, *contanto que j não seja permanentemente rotulado.* Se o nó j já estiver rotulado com $[u_j, k]$ passando por um outro nó k, e se $u_i + d_{ij} < u_j$, substitua $[u_j, k]$ por $[u_i + d_{ij}, i]$.

(b) Se *todos* os nós tiverem rótulos *permanentes*, pare. Caso contrário, selecione o rótulo $[u_r, s]$, cuja distância ($= u_r$) é a mais curta entre todos os *rótulos temporários* (empates são resolvidos arbitrariamente). Determine $i = r$ e repita a etapa i.

Exemplo 6.3-4

A rede da Figura 6.15 dá as rotas possíveis e seus comprimentos em milhas entre a Cidade 1 (nó 1) e quatro outras cidades (nós 2 a 5). Determine os caminhos mais curtos entre a Cidade 1 e cada uma das outras quatro cidades.

Iteração 0. Designe o rótulo *permanente* [0, —] ao nó 1.

Iteração 1. Os nós 2 e 3 podem ser alcançados com base no nó 1 (último nó rotulado permanentemente). Assim, a lista de nós rotulados (temporários e permanentes) fica como demonstrado na Tabela 6.2.

Tabela 6.2 Lista de nós

Nó	Rótulo	Status
1	**[0, —]**	**Permanente**
2	[0 + 100, 1] = [100, 1]	Temporário
3	[0 + 30, 1] = [30, 1]	Temporário

Figura 6.15
Exemplo de rede para o algoritmo de caminho mínimo de Dijkstra

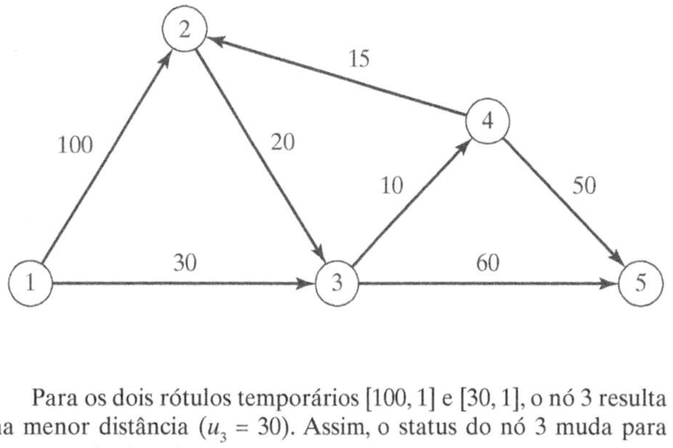

Para os dois rótulos temporários [100, 1] e [30, 1], o nó 3 resulta na menor distância ($u_3 = 30$). Assim, o status do nó 3 muda para permanente.

Iteração 2. Os nós 4 e 5 podem ser alcançados com base no nó 3, e a lista de nós fica como demonstrado na Tabela 6.3.

Tabela 6.3 Lista de nós

Nó	Rótulo	Status
1	[0, —]	Permanente
2	[100, 1]	Temporário
3	**[30, 1]**	**Permanente**
4	[30 + 10, 3] = [40, 3]	Temporário
5	[30 + 60, 3] = [90, 3]	Temporário

O status do rótulo temporário [40, 3] no nó 4 muda para permanente ($u_4 = 40$).

Iteração 3. Nós 2 e 5 podem ser alcançados com base no nó 4. Assim, a lista de nós rotulados é atualizada como demonstrado na Tabela 6.4.

Tabela 6.4 Lista de nós

Nó	Rótulo	Status
1	[0, —]	Permanente
2	[40 + 15, 4] = [55, 4]	Temporário
3	[30, 1]	Permanente
4	**[40, 3]**	**Permanente**
5	[90, 3] or [40 + 50, 4] = [90, 4]	Temporário

O rótulo temporário do nó 2 [100, 1] obtido na iteração 1 muda para [55, 4] na iteração 3 a fim de indicar que foi encontrada uma rota mais curta que passa pelo nó 4. Além disso, na iteração 3, o nó 5 tem dois rótulos alternativos com a mesma distância $u_5 = 90$.

Figura 6.16
Procedimento de rotulagem do algoritmo de Dijkstra

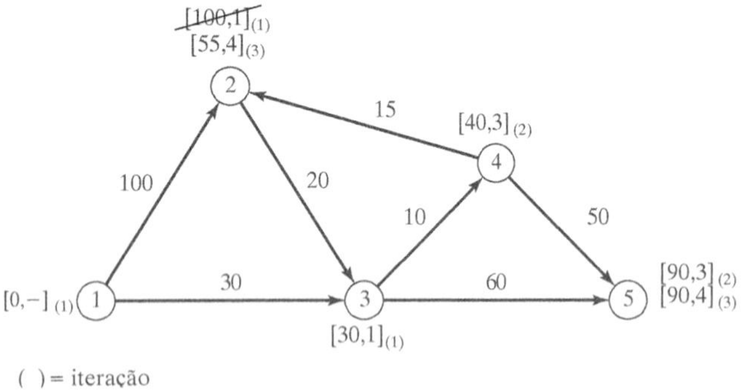

A lista para a iteração 3 mostra que o rótulo para o nó 2 agora é permanente.

Iteração 4. Só o nó 3 pode ser alcançado com base no nó 2. Contudo, o nó 3 tem um rótulo permanente e não pode ser rotulado novamente. A nova lista de rótulos permanece a mesma da iteração 3, exceto que o rótulo no nó 2 agora é permanente. Isso deixa o nó 5 como o único rótulo temporário. Como o nó 5 não leva a outros nós, seu status é convertido em permanente, e o processo termina.

Os cálculos do algoritmo podem ser executados com mais facilidade na rede, como a Figura 6.16 demonstra.

O caminho mais curto entre o nó 1 e qualquer outro nó da rede é determinado começando no nó de destino desejado e percorrendo a rota inversa a partir desse ponto, usando a informação dada pelos rótulos permanentes. Por exemplo, a seguinte seqüência determina a rota mais curta do nó 1 ao nó 2:

$$(2) \rightarrow [55, 4] \rightarrow (4) \rightarrow [40, 3] \rightarrow (3) \rightarrow [30, 1] \rightarrow (1)$$

Assim, a rota desejada é $1 \rightarrow 3 \rightarrow 4 \rightarrow 2$ com um comprimento total de 55 milhas.

Momento TORA

O TORA pode ser usado para gerar iterações do algoritmo de Dijkstra. No menu Solve/Modify, selecione Solve problem ⇒ Iterations ⇒ Dijkstra's algorithm. O arquivo toraEx6.3-4.txt apresenta os dados do TORA para o Exemplo 6.3-4.

CONJUNTO DE PROBLEMAS 6.3B

1. A rede da Figura 6.17 dá as distâncias em milhas entre pares de cidades 1, 2,..., e 8. Use o algoritmo de Dijkstra para achar o caminho mais curto entre as seguintes cidades:

(a) Cidades 1 e 8.

(b) Cidades 1 e 6.

*(c) Cidades 4 e 8.

(d) Cidades 2 e 6.

Figura 6.17
Rede para o Problema 1, Conjunto 6.3B

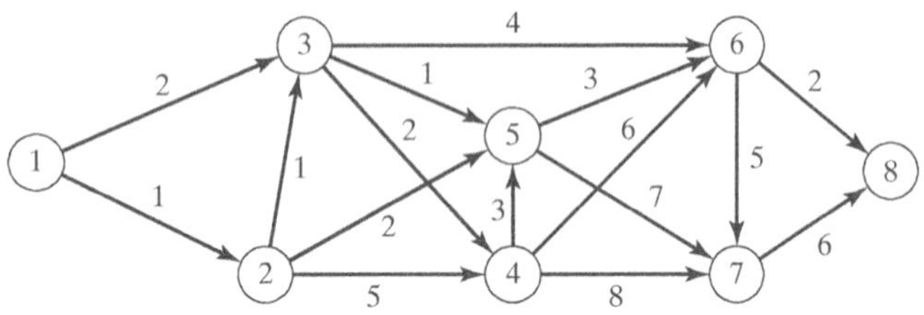

Figura 6.18
Rede para o Problema 2, Conjunto 6.3B

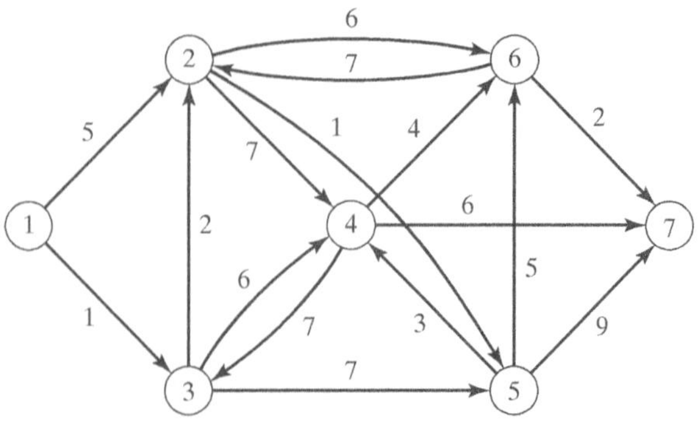

2. Use o algoritmo de Dijkstra para achar o caminho mais curto entre o nó 1 e todos os outros nós da rede da Figura 6.18.

3. Use o algoritmo de Dijkstra para determinar a solução ótima de cada um dos seguintes problemas:

(a) Problema 1, Conjunto 6.3A.

(b) Problema 2, Conjunto 6.3A.

(c) Problema 4, Conjunto 6.3A.

Algoritmo de Floyd. O algoritmo de Floyd é mais geral do que o de Dijkstra porque determina o caminho mínimo entre *quaisquer* dois nós da rede. O algoritmo representa uma rede de n nós como uma matriz quadrada com n linhas e n colunas. A entrada (i, j) da matriz dá a distância, d_{ij}, do nó i ao nó j, que é finita se i estiver ligado diretamente a j; caso contrário, é infinita.

O conceito do algoritmo de Floyd é objetivo. Dados três nós, i, j e k, na Figura 6.19 com as distâncias que os conectam mostradas nos três arcos, o caminho mais curto é ir de i a j passando por k

$$d_{ik} + d_{kj} < d_{ij}$$

Figura 6.19
Operação tripla de Floyd

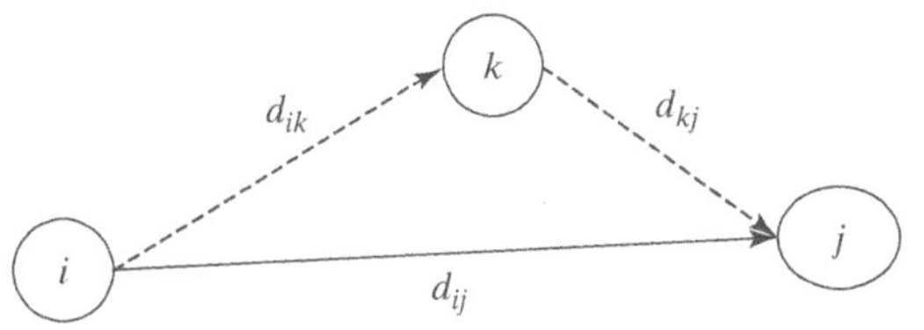

Nesse caso, é ótimo substituir a rota direta de $i \rightarrow j$ pela rota indireta $i \rightarrow k \rightarrow j$. Essa **operação tripla** de troca é aplicada sistematicamente à rede usando as seguintes etapas:

Etapa 0. Defina a matriz de distâncias inicial D_0 e a matriz de seqüência de nós S_0 como dado a seguir. Os elementos da diagonal são marcados com (—) para indicar que estão bloqueados. Determine $k = 1$.

Matriz de distâncias inicial D_0

D_0 =	1	2	...	j	...	n
1	—	d_{12}	...	d_{ij}	...	d_{1n}
2	d_{21}	—	...	d_{2j}	...	d_{2n}
⋮	⋮	⋮	⋮	⋮	⋮	⋮
i	d_{i1}	d_{i2}	...	d_{ij}	...	d_{in}
⋮	⋮	⋮	⋮	⋮	⋮	⋮
n	D_{n1}	d_{n2}	...	d_{nj}	...	—

Matriz de seqüência de nós S_0

S_0 =	1	2	...	j	...	n
1	—	2	...	j	...	n
2	1	—	...	j	...	n
⋮	⋮	⋮	⋮	⋮	⋮	⋮
i	1	2	...	j	...	n
⋮	⋮	⋮	⋮	⋮	⋮	⋮
n	1	2	...	j	...	—

Etapa geral *k*. Defina a linha k e a coluna k como a *linha pivô* e a *coluna pivô*. Aplique a *operação tripla* a cada elemento d_{ij} em D_{k-1} para todo i e j. Se a condição for satisfeita, faça as seguintes mudanças:

$$d_{ik} + d_{kj} < d_{ij}, (i \neq k, j \neq k, \text{ e } i \neq j)$$

(a) Crie D_k substituindo d_{ij} em D_{k-1} por $d_{ik} + d_{kj}$

(b) Crie S_k substituindo s_{ij} em S_{k-1} por k. Determine $k = k + 1$. Se $k = n + 1$, pare; caso contrário, repita a etapa k.

A etapa k do algoritmo pode ser explicada com a representação de D_{k-1} segundo mostra a Figura 6.20. Nela, a linha k e a coluna k definem a linha e a coluna pivô atuais. A linha i representa qualquer uma das linhas: 1, 2,..., e $k - 1$, e a linha p representa qualquer uma das linhas: $k + 1$, $k + 2$,..., e n. De maneira semelhante, a coluna j representa qualquer uma das colunas: 1, 2,..., e $k - 1$, e a coluna q representa qualquer uma das colunas: $k + 1$, $k + 2$,..., e n. A *operação tripla* pode ser aplicada da seguinte maneira: se a soma dos elementos da linha pivô e da coluna pivô (representados por quadrados) for menor do que o elemento de interseção associado (representado por um círculo), então é ótimo substituir a distância de interseção pela soma das distâncias da linha e da coluna pivôs.

Figura 6.20
Implementação da operação tripla em forma de matriz

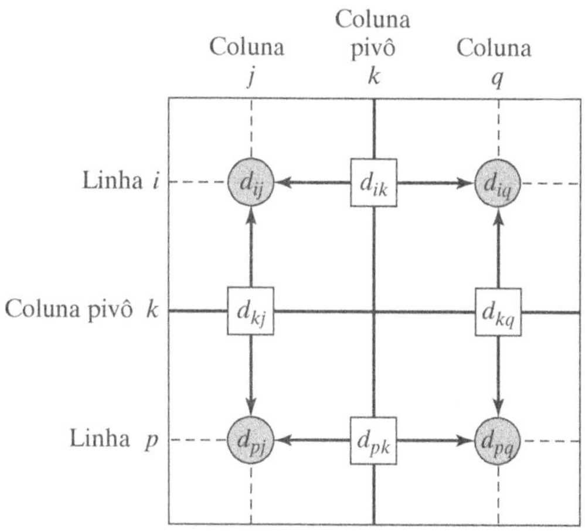

Após n etapas, podemos determinar o caminho mais curto entre os nós i e j com base nas matrizes D_n e S_n usando as seguintes regras:

1. A partir de D_n, d_{ij} dá a menor distância entre os nós i e j.
2. A partir de S_n, determine o nó intermediário $k = s_{ij}$ que dá como resultado a rota $i \rightarrow k \rightarrow j$. Se $s_{ik} = k$ e $s_{kj} = j$, pare; todos os nós intermediários da rota foram encontrados. Caso contrário, repita o procedimento entre os nós i e k e entre os nós k e j.

Exemplo 6.3-5

Para a rede da Figura 6.21, encontre os caminhos mais curtos entre todos os conjuntos de dois nós. As distâncias (em milhas) são dadas nos arcos. O arco (3, 5) é direcional, de modo que nenhum tráfego é permitido do nó 5 ao nó 3. Todos os outros arcos permitem tráfego nos dois sentidos.

Figura 6.21
Rede para o Exemplo 6.3-5

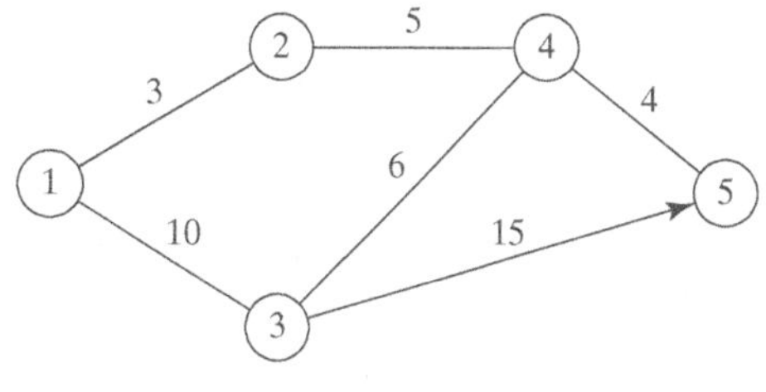

Iteração 0. As matrizes D_0 e S_0 dão a representação inicial da rede. D_0 é simétrica, exceto por $d_{53} = \infty$, porque nenhum tráfego é permitido do nó 5 ao nó 3.

Matriz D_0

	1	2	3	4	5
1	—	3	10	∞	∞
2	3	—	∞	5	∞
3	10	∞	—	6	15
4	∞	5	6	—	4
5	∞	∞	∞	4	—

Matriz S_0

	1	2	3	4	5
1	—	2	3	4	5
2	1	—	3	4	5
3	1	2	—	4	5
4	1	2	3	—	5
5	1	2	3	4	—

Iteração 1. Determine $k = 1$. A linha pivô e a coluna pivô são mostradas pela primeira linha e pela primeira coluna sombreadas em tom mais claro na matriz D_0. As células sombreadas em tom mais escuro, d_{23} e d_{32}, são as únicas que podem ser melhoradas pela *operação tripla*. Assim, D_1 e S_1 são obtidas de D_0 e S_0 da seguinte maneira:

1. Substitua d_{23} por $d_{21} + d_{13} = 3 + 10 = 13$ e determine $s_{23} = 1$.
2. Substitua d_{32} por $d_{31} + d_{12} = 10 + 3 = 13$ e determine $s_{32} = 1$.

Matriz D_1

	1	2	3	4	5
1	—	3	10	∞	∞
2	3	—	**13**	5	∞
3	10	**13**	—	6	15
4	∞	5	6	—	4
5	∞	∞	∞	4	—

Matriz S_1

	1	2	3	4	5
1	—	2	3	4	5
2	1	—	**1**	4	5
3	1	**1**	—	4	5
4	1	2	3	—	5
5	1	2	3	4	—

Iteração 2. Determine $k = 2$, como mostram a linha e a coluna sombreadas em tom mais claro em D_1. A *operação tripla* é aplicada às células sombreadas em tom mais escuro em D_1 e S_1. As mudanças resultantes são representadas em negrito em D_2 e S_2.

Matriz D_2

	1	2	3	4	5
1	—	3	10	**8**	∞
2	3	—	13	5	∞
3	10	13	—	6	15
4	**8**	5	6	—	4
5	∞	∞	∞	4	—

Matriz S_2

	1	2	3	4	5
1	—	2	3	**2**	5
2	1	—	1	4	5
3	1	1	—	4	5
4	**2**	2	3	—	5
5	1	2	3	4	—

Iteração 3. Determine $k = 3$, como mostram a linha e a coluna sombreadas em D_2. As novas matrizes são dadas por D_3 e S_3.

Matriz D_3

	1	2	3	4	5
1	—	3	10	8	**25**
2	3	—	13	5	**28**
3	10	13	—	6	15
4	8	5	6	—	4
5	∞	∞	∞	4	—

Matriz S_3

	1	2	3	4	5
1	—	2	3	2	**3**
2	1	—	1	4	**3**
3	1	1	—	4	5
4	2	2	3	—	5
5	1	2	3	4	—

Iteração 4. Determine $k = 4$, como mostram a linha e a coluna sombreadas em D_3. As novas matrizes são dadas por D_4 e S_4.

Matriz D_4

	1	2	3	4	5
1	—	3	10	8	**12**
2	3	—	**11**	5	**9**
3	10	**11**	—	6	**10**
4	8	5	6	—	4
5	**12**	**9**	**10**	4	—

Matriz S_4

	1	2	3	4	5
1	—	2	3	2	**4**
2	1	—	**4**	4	**4**
3	1	**4**	—	4	**4**
4	2	2	3	—	5
5	**4**	**4**	**4**	4	—

Iteração 5. Determine $k = 5$, como mostram a linha e a coluna sombreadas em D_4. Nenhuma melhoria adicional é possível nessa iteração.

As matrizes finais D_4 e S_4 contêm todas as informações necessárias para determinar a rota mais curta entre quaisquer dois nós da rede. Por exemplo, partindo de D_4, a distância mais curta do nó 1 ao nó 5 é $d_{15} = 12$ milhas. Para determinar a rota associada, lembre-se de que um segmento (i, j) representa uma conexão direta só se $s_{ij} = j$. Caso contrário, i e j são conectados por pelo menos um outro nó intermediário. Como $s_{15} = 4 \neq 5$, a rota é dada inicialmente como $1 \rightarrow 4 \rightarrow 5$. Agora, como $s_{14} = 2 \neq 4$, o segmento (1, 4) não é uma *conexão direta* e $1 \rightarrow 4$ é substituída por $1 \rightarrow 2 \rightarrow 4$, e a rota $1 \rightarrow 4 \rightarrow 5$ agora se torna $1 \rightarrow 2 \rightarrow 4 \rightarrow 5$. Em seguida, como $s_{12} = 2$, $s_{24} = 4$ e $s_{45} = 5$, nenhuma outra 'dissecção' é necessária e $1 \rightarrow 2 \rightarrow 4 \rightarrow 5$ define a rota mais curta.

Momento TORA

Como no algoritmo de Dijkstra, o TORA pode ser usado para gerar iterações do algoritmo de Floyd. No menu Solve/Modify, selecione Solve problem ⇒ Iterations ⇒ Floyd's algorithm. O arquivo toraEx6.3-5.txt apresenta os dados do TORA para o Exemplo 6.3-5.

CONJUNTO DE PROBLEMAS 6.3C

1. No Exemplo 6.3-5, use o algoritmo de Floyd para determinar os caminhos mais curtos entre cada um dos seguintes pares de nós:

*(**a**) Do nó 5 ao nó 1.

(**b**) Do nó 3 ao nó 5.

(**c**) Do nó 5 ao nó 3.

(**d**) Do nó 5 ao nó 2.

Figura 6.22
Rede para o Problema 2, Conjunto 6.3C

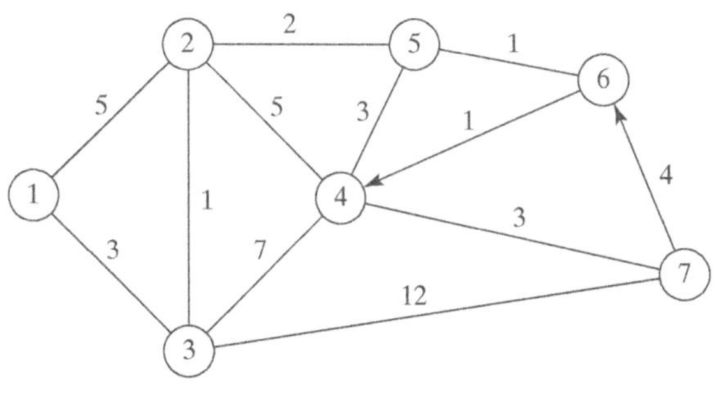

2. Aplique o algoritmo de Floyd à rede da Figura 6.22. Os arcos (7, 6) e (6, 4) são unidirecionais, e todas as distâncias estão em milhas. Determine o caminho mais curto entre os seguintes pares de nós:

(**a**) Do nó 1 ao nó 7.

(**b**) Do nó 7 ao nó 1.

(**c**) Do nó 6 ao nó 7.

3. A empresa de telefonia celular Tell-All atende seis áreas geográficas. As distâncias de satélite (em milhas) entre as seis áreas são dadas na Figura 6.23. A Tell-All precisa determinar as rotas de mensagens mais eficientes que devem ser estabelecidas entre cada duas áreas da rede.

***4.** Seis crianças, Joe, Kay, Jim, Bob, Rae e Kim, fazem uma brincadeira parecida com *esconde-esconde*. O esconderijo de uma criança só é conhecido por um pequeno grupo de outras, num acerto prévio. Depois, são formados pares de crianças com o objetivo de achar o esconderijo de sua parceira. Consegue-se isso por meio de uma cadeia de outras crianças que, a certa altura, levará à descoberta de onde a criança designada está escondida. Por exemplo, suponha que Joe precise achar Kim e saiba onde Jim está escondido, o qual, por sua vez, sabe onde Kim está. Assim, Joe pode achar Kim se antes achar Jim, que, depois, levará Joe a Kim. A lista apresentada a seguir informa onde estão as crianças:

Joe conhece os esconderijos de Bob e Kim.
Kay conhece os esconderijos de Bob, Jim e Rae.
Jim e Bob conhecem apenas o esconderijo de Kay.
Rae sabe onde Kim está escondida.
Kim sabe onde Joe e Bob estão escondidos.

Figura 6.23
Rede para o Problema 3, Conjunto 6.3C

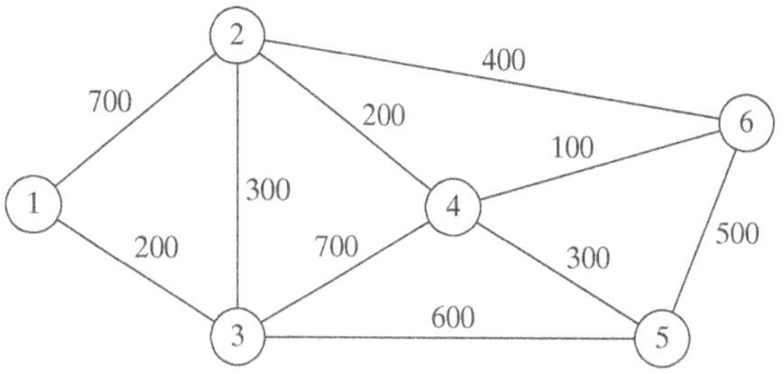

Elabore um plano para cada criança achar todas as outras por meio do menor número de contatos. Qual seria o maior número de contatos?

6.3.3 Formulação em programação linear para o problema de caminho mínimo

Esta seção dá um modelo de PL para o problema de caminho mínimo. O modelo é geral no sentido de que pode ser usado para achar o caminho mínimo entre quaisquer dois nós da rede. Nesse sentido, é equivalente ao algoritmo de Floyd.

Suponha que a rede de caminho mínimo inclua n nós e que desejamos determinar o caminho mais curto entre quaisquer dois nós s e t da rede. O modelo de PL considera que uma unidade de fluxo entra na rede no nó s e sai no nó t.

Definam-se:

x_{ij} = quantidade de fluxo no arco (i, j)

$$= \begin{cases} 1, \text{se o arco } (i, j) \text{ estiver mais curto} \\ 0, \text{caso contrário} \end{cases}$$

c_{ij} = comprimento do arco (i, j)

Assim, a função objetivo do programa linear se torna

$$\text{Minimizar } z = \sum_{\substack{\text{para todos} \\ \text{os arcos} \\ \text{definidos } (i,j)}} c_{ij} x_{ij}$$

As restrições representam a *equação de conservação de fluxo* em cada nó:

Fluxo total de entrada = Fluxo total de saída

Traduzido matematicamente, temos, para o nó j:

$$\begin{pmatrix}\text{Entrada externa} \\ \text{para o nó } j\end{pmatrix} + \sum_{\substack{i \\ \text{todos os} \\ \text{arcos } (i,j) \\ \text{definidos}}} x_{ij} = \begin{pmatrix}\text{Saída externa} \\ \text{do nó } j\end{pmatrix} + \sum_{\substack{k \\ \text{todos os} \\ \text{arcos } (j,k) \\ \text{definidos}}} x_{jk}$$

Exemplo 6.3-6

Considere a rede de caminho mínimo do Exemplo 6.3-4. Suponha que queiramos determinar o caminho mais curto do nó 1 ao nó 2, isto é, $s = 1$ e $t = 2$. A Figura 6.24 mostra como a unidade de fluxo entra no nó 1 e sai no nó 2.

Podemos ver pela rede que a equação de conservação de fluxo dá como resultado:

$$\begin{aligned}
&\text{Nó 1: } 1 &&= x_{12} + x_{13}\\
&\text{Nó 2: } x_{12} + x_{42} &&= x_{23} + 1\\
&\text{Nó 3: } x_{13} + x_{23} &&= x_{34} + x_{35}\\
&\text{Nó 4: } x_{34} &&= x_{42} + x_{45}\\
&\text{Nó 5: } x_{35} + x_{45} &&= 0
\end{aligned}$$

Figura 6.24
Inserção de unidade de fluxo para determinar o caminho mais curto entre o nó $s = 1$ e o nó $t = 2$

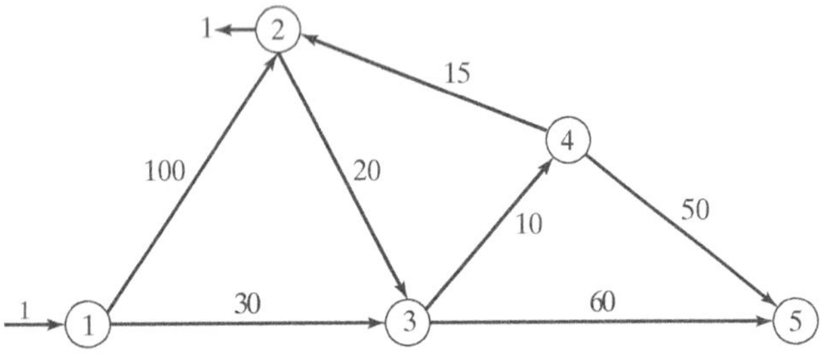

A formulação em PL completa pode ser expressa como demonstrado na Tabela 6.5.

Tabela 6.5 Formulação em PL

	x_{12}	x_{13}	x_{23}	x_{34}	x_{35}	x_{42}	x_{45}	
Minimizar z =	100	30	20	10	60	15	50	
Nó 1	1	1						= 1
Nó 2	–1		1			–1		= – 1
Nó 3		–1	– 1	1	1			= 0
Nó 4				–1		1	1	= 0
Nó 5					–1		–1	= 0

Observe que a coluna x_{ij} tem exatamente uma entrada '1' na linha i e uma entrada '–1' na linha j, uma propriedade típica de uma rede em PL.

A solução ótima (obtida por TORA, arquivo toraEx6.3-6.txt) é

$$z = 55, x_{13} = 1, x_{34} = 1, x_{42} = 1$$

Esta solução dá o caminho mais curto do nó 1 ao nó 2 como 1 3 → 4 → 2, e a distância associada é $z = 55$ (milhas).

PROBLEMA 6.3D

1. No Exemplo 6.3-6, use PL para determinar os caminhos mais curtos entre os seguintes pares de nós:
   *(a) Nó 1 ao nó 5.
   (b) Nó 2 ao nó 5.

Momento Solver

A Figura 6.25 apresenta a planilha Excel Solver para achar o caminho mais curto entre o nó *inicial* N1 e o nó *final* N2 do Exemplo 6.3-6 (arquivo solverEx6.3-6.xls). Os dados de entrada do problema são apresentados na matriz de distâncias nas células B3:E6. Não tem nenhuma coluna associada ao nó N1 porque nenhum arco chega até ele e não há nenhuma linha associada ao nó N5 porque nenhum arco sai dele. Uma entrada em branco significa que o arco correspondente não existe. Os nós N1 e N2 são designados como os nós *inicial* e *final* digitando 1 em F3 e em B7. Essas designações podem ser alteradas pelo simples deslocamento da entrada 1 para novas células. Por exemplo, para achar o caminho mais curto do nó N2 ao nó N4, entramos com 1 na célula F4 e na célula D7.

Figura 6.25
Solução por Excel Solver do caminho mais curto entre os nós 1 e 2 do Exemplo 6.3-6 (arquivo solverEx6.3-6.xls)

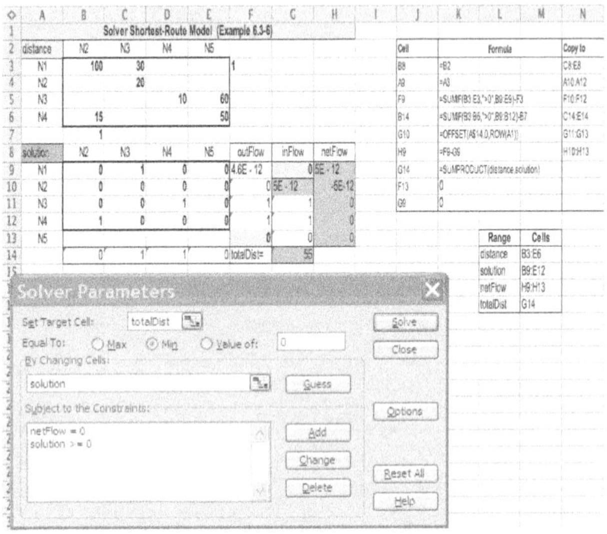

A solução do problema é dada nas células B9:E12. Uma célula define um trecho que conecta seus nós designados. Por exemplo, a célula C10 define o trecho (N2, N3), e sua variável associada é x_{23}. Uma variável de célula $x_{ij} = 1$ se seu trecho (Ni, Nj) estiver na rota. Caso contrário, seu valor é zero.

Como a matriz de distâncias é dada pela faixa B3:E6 (denominada *distance*) e a matriz de solução é dada pela faixa B9:E12 (denominada *solution*), a função objetivo é calculada na célula G14 como =SOMARPRODUTO(B3:E6,B9:E12) ou, de forma equivalente, =SOMARPRODUTO(distance,solution). Você talvez esteja imaginando qual é o significado das entradas em branco (cujo valor default é zero no Excel) na matriz de distâncias e que impacto elas causam na definição da função objetivo. Essa questão será abordada em breve, após termos mostrado como as variáveis correspondentes são totalmente excluídas das restrições do problema.

Como explicamos no Exemplo 6.3-6 de PL, as restrições do problema são, de modo geral:

$$(\text{Fluxo de saída}) - (\text{Fluxo de entrada}) = 0$$

Essa definição é adaptada ao layout da planilha com a incorporação do fluxo unitário externo, se houver, diretamente ao *Fluxo de saída* ou ao *Fluxo de entrada* da equação. Por exemplo, no Exemplo 6.3-6, um fluxo unitário externo entra em N1 e sai em N2. Assim, as restrições associadas são dadas como

$$\left.\begin{array}{ll}(\text{Fluxo de saída em N1}) & = x_{12} + x_{13} - 1 \\ (\text{Fluxo de entrada em N1}) & = 0\end{array}\right\} \Rightarrow x_{12} + x_{13} - 1 = 0$$

$$\left.\begin{array}{ll}(\text{Fluxo de saída em N2}) & = x_{23} \\ (\text{Fluxo de entrada em N2}) & = x_{12} + x_{42} - 1\end{array}\right\} \Rightarrow x_{23} - x_{12} - x_{42} - 1 = 0$$

Examinando a planilha da Figura 6.25, as duas restrições são expressas em termos de células como

(Fluxo de saída em N1) = `B9+C9-F3`

(Fluxo de entrada em N1) = `0`

(Fluxo de saída em N2) = `C10`

(Fluxo de entrada em N2) = `B9+B12-B7`

Para identificar as células de solução na faixa B9:E12 que se aplicam a cada restrição, observamos que uma célula de solução é parte de uma restrição só se tiver uma entrada positiva na matriz de distâncias.[3] Assim, usamos as seguintes fórmulas para identificar os fluxos de saída e de entrada para cada nó:

1. Fluxo de saída: digite `=SOMASE(B3:E3;">0";B9:E9)-F3` na célula F9 e copie o comando nas células F10:F12.

2. Fluxo de entrada: digite `=SOMASE(B3:B6;">0";B9:B12)-B7` na célula B14 e copie o comando nas células C14:E14.

3. Digite `=DESLOC(A$14;0;LIN(A1)` na célula G10 e copie o comando nas células G11:G13 para transferir o fluxo de entrada para a coluna G.

4. Digite 0 em G9 e em F13 para indicar que N1 não tem nenhum fluxo de entrada e que N5 não tem nenhum fluxo de saída (pelas definições da planilha).

5. Digite `=F9-G9` na célula H9 e copie o comando nas células H10:H13 para calcular o fluxo líquido.

Agora a planilha está pronta para a aplicação do Solver, como mostra a Figura 6.25. Porém, algo curioso ocorre: quando você define as restrições dentro da caixa de diálogo **Parâmetros do Solver** como *outFlow* = *inFlow*, o Solver não localiza uma solução viável mesmo após fazer os ajustes com *precisão* na caixa **Opções do Solver**. (Para reproduzir essa experiência, as células variáveis B9:E12 devem ser reajustadas para zero ou estar em branco.) Mais curioso ainda é que, se as restrições forem substituídas por *inFlow* = *outFlow*, a solução ótima é encontrada. No arquivo solverEx6.3-6.xls, usamos a faixa *netFlow* nas células H9:H12 e expressamos a restrição como *netFlow* = 0 sem nenhum problema. Não fica evidente por que essa peculiaridade ocorre, mas o problema poderia estar relacionado ao erro de arredondamento.

A saída da Figura 6.25 dá a solução (N1-N3 = 1, N3-N4 = 1, N4-N2 = 1) com uma distância total de 55 milhas. Isso significa que o caminho ótimo é $1 \to 3 \to 4 \to 2$.

Comentários. Em grande parte dos livros didáticos, as redes são definidas por seus arcos explícitos (nó *i*, nó *j*, distância), um processo demorado e inconveniente que pode não ser prático quando o número de arcos é grande. Nosso modelo é regido primariamente pela compacta matriz de distâncias, que é tudo de que precisamos saber para desenvolver as restrições de fluxo. Pode-se argumentar que nosso modelo lida com $(n - 1 \times n - 1)$ variáveis x_{ij}, cujo número poderia ser muito maior do que o número de variáveis associadas com os arcos do modelo (por exemplo, o Exemplo 6.3-6 tem sete arcos e, por conseguinte, sete variáveis x_{ij}, em vez de $4 \times 4 = 16$ em nossa formulação).

Não esqueça que essas variáveis adicionais só aparecem na função objetivo e com coeficientes zero (entradas em branco), e que as restrições de fluxo são *exatamente as mesmas* que em outras apresentações (pela função `SOMARSE`). O resultado é que as *operações preliminares de resolução* dos softwares comerciais detectarão essa 'excentricidade' e excluirão automaticamente as variáveis adicionais antes de aplicar o método simplex, sem nenhuma sobrecarga apreciável de computação.

Momento AMPL

A Figura 6.26 apresenta o modelo em AMPL para resolver o Exemplo 6.3-6 (arquivo amplEx6.3-6a.txt). A variável `x[i,j]` assume o valor 1 se o arco `[i,j]` estiver no caminho mínimo; caso contrário, é 0. O modelo é geral no sentido de que pode ser usado para achar o caminho mínimo entre quaisquer dois nós em problemas de qualquer tamanho.

Como explicado no Exemplo 6.3-6, o AMPL trata o problema como uma rede na qual um fluxo unitário externo entra e sai dos nós `start` e `end` especificados. Os principais dados de entrada do modelo estão em uma matriz $n \times n$ que representa a distância `d[i,j]` do arco que une os nós `i` e `j`.

Figura 6.26
Problema do caminho mínimo em AMPL (arquivo amplEx6.3-6a.txt)

```
#------ shortest route model (Example 6.3-6)------
param n;
param start;
param end;
param M=999999; #infinity
param d{i in 1..n, j in 1..n} default M;
param rhs{i in 1..n}=if i=start then 1
else (if i=end then -1 else 0);
var x{i in 1..n,j in 1..n}>=0;
var outFlow{i in 1..n}=sum{j in 1..n}x[i,j];
var inFlow{j in 1..n}=sum{i in 1..n}x[i,j];
minimize z: sum{i in 1..n, j in 1..n}d[i,j]*x[i,j];
subject to limit{i in 1..n}:outFlow[i]-
inFlow[i]=rhs[i];
data;
param n:=5;
param start:=1;
param end:=2;
param d:
1 2 3 4 5:=
1 . 100 30 . .
2 . . 20 . .
3 . . . 10 60
4 . 15 . . 50
5 . . . . .;
solve;
print "Shortest length from",start,"to",end,"=",z;
printf "Associated route: %2i",start;
for {i in 1..n-1} for {j in 2..n}
{if x[i,j]=1 then printf" - %2i",j;} print;
```

Pela sintaxe do AMPL, uma entrada com ponto em `d[i,j]` significa que nenhuma distância é especificada para o arco correspondente. No modelo, a entrada com ponto é superada pela distância infinita `M` (= 999999) em `param d{i in 1...n, j in 1...n} default M;` que a converterá em um caminho de distância infinita. O mesmo resultado poderia ser obtido substituindo a entrada com ponto (.) por `999999` na seção de dados, o que, além de 'atravancar' os dados, é inconveniente.

As restrições representam conservação de fluxo em cada nó:

(Fluxo de entrada) – (Fluxo de saída) = (Fluxo externo)

Por `x[i,j]` podemos definir os fluxos de entrada e saída para o nó *i* usando as declarações

[3] Se acontecer de um problema ter uma distância zero entre dois nós, a distância zero pode ser substituída por um valor positivo bem pequeno.

```
var inFlow{j in 1..n}=sum{i in 1..n}x[i,j];
var outFlow{i in 1..n}=sum{j in 1..n}x[i,j];
```

Assim, o lado esquerdo da restrição i é dado por `outFlow[i]-inFlow[i]`.

O lado direito da restrição i (fluxo externo no nó i) é definido por

```
param rhs{i in 1..n}=if i=start then 1 else(if i=end then -1 else 0);
```

(A Seção A.3 dá detalhes sobre `if then else`.) Com essa declaração, especificar os nós `start` e `end` designa automaticamente `1, -1, or 0` para `rhs`, o lado direito das restrições. A função objetivo busca a minimização da soma de `d[i,j]*x[i,j]` para todos os `i` e `j`.

No exemplo presente, `start=1` e `end=2`, o que significa que queremos determinar o caminho mais curto do nó 1 ao nó 2. A saída associada é

```
Shortest length from 1 to 2 = 55
Associated route: 1 - 3 - 4 - 2
```

Comentários. O modelo em AMPL, como dado na Figura 6.26, tem uma falha: o número de variáveis x_{ij} *ativas* é n^2, que poderia ser significativamente bem maior do que o número real de arcos (distâncias positivas) na rede, o que resultaria em um problema muito maior. A razão é que o modelo leva em conta os arcos não existentes, designando-lhes uma distância infinita `M` (= 999999) para garantir que serão zero na solução ótima. Essa situação pode ser remediada com a utilização de um subconjunto de `{i in 1..n,j in 1..n}` que exclua os arcos não existentes, como mostra a seguinte declaração:

```
var x{i in 1..n,j in 1..n:d[i,j]<M}>=0;
```

(A Seção A.4 mostra a utilização de condições para definir subconjuntos.) A mesma lógica também deve ser aplicada às restrições utilizando as seguintes declarações:

```
var inFlow{j in 1..n}=sum{i in 1..n:d[i,j]<M}x[i,j];
var outFlow{i in 1..n}=sum{j in 1..n:d[i,j]<M}x[i,j];
```

O arquivo amplEx6.36b.txt dá o modelo completo.

PROBLEMA 6.3E

1. Modifique o arquivo solverEx6.3-6.xls para achar o caminho mais curto entre os seguintes pares de nós:
   (a) Nó 1 ao nó 5.
   (b) Nó 4 ao nó 3.
2. Adapte o arquivo amplEx6.3-6b.txt para o Problema 2, Conjunto 6.3A, para achar o caminho mais curto entre o nó 1 e o nó 7. Os dados de entrada devem ser as probabilidades normais. Use os recursos de programação em AMPL para imprimir/exibir o caminho de transmissão ótimo e sua probabilidade de sucesso.

6.4 O PROBLEMA DE FLUXO MÁXIMO

Considere uma rede de tubulações que transporte petróleo cru de poços de petróleo a refinarias. Estações intermediárias de impulsores auxiliares e de bombeamento são instalados a distâncias adequadas para transportar o petróleo cru pela rede. Cada segmento de tubulação tem uma taxa de descarga máxima finita (ou capacidade) de fluxo de petróleo cru. Um segmento de tubulação pode ser unidirecional ou bidirecional, dependendo de seu projeto. A Figura 6.27 mostra uma rede de tubulações típica. Como podemos determinar a capacidade máxima da rede entre os poços e as refinarias?

A solução do problema proposto requer equipar a rede com uma única origem e um único sorvedouro usando arcos unidirecionais de capacidade infinita representados pelos arcos tracejados da Figura 6.27.

Dado o arco (i, j) com $i < j$, usamos a notação $(\bar{C}_{ij}, \bar{C}_{ji})$ para representar as capacidades de fluxo nas duas direções, $i \to j$ e $j \to i$, respectivamente. Para eliminar ambigüidades, colocamos $\bar{C}_{ij}$ no arco próximo ao nó i e $\bar{C}_{ji}$ no arco próximo ao nó j, como mostra a Figura 6.28.

6.4.1 Enumeração de cortes

Um **corte** define um conjunto de arcos que, quando eliminado da rede, causará um rompimento total do fluxo entre o nó de origem e o nó sorvedouro. A **capacidade do corte** é igual à soma das capacidades de seus arcos. Entre *todos* os possíveis cortes na rede, o que tiver a *menor capacidade* dá o fluxo máximo na rede.

Exemplo 6.4-1

Considere a rede da Figura 6.29. As capacidades bidirecionais são mostradas nos respectivos arcos usando a convenção da Figura 6.28. Por exemplo, para o arco (3, 4), o limite de fluxo é dez unidades de 3 para quatro e cinco unidades de 4 para 3.

A Figura 6.29 ilustra três cortes cujas capacidades estão calculadas na Tabela 6.6.

Tabela 6.6 Cortes

Corte	Arcos associados	Capacidade
1	(1, 2), (1, 3), (1, 4)	$20 + 30 + 10 = 60$
2	(1, 3), (1, 4), (2, 3), (2, 5)	$30 + 10 + 40 + 30 = 110$
3	(2, 5), (3, 5), (4, 5)	$30 + 20 + 20 = 70$

Figura 6.27
Rede capacitada que conecta poços e refinarias por meio de estações de impulsores auxiliares

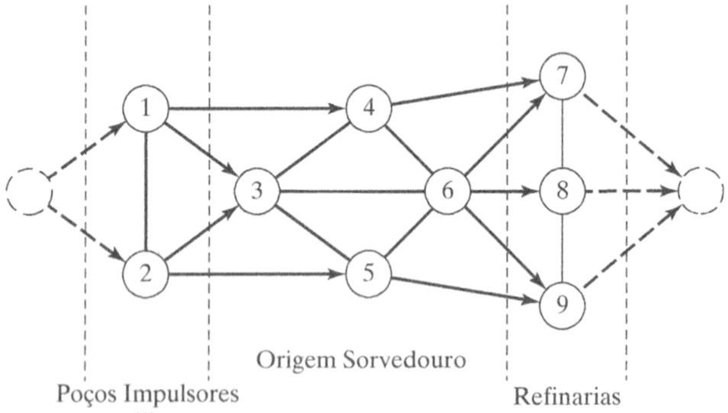

Figura 6.28
Arcos de fluxo $\bar{C}_{ij}$ de $i \to j$ e $\bar{C}_{ji}$ de $j \to i$

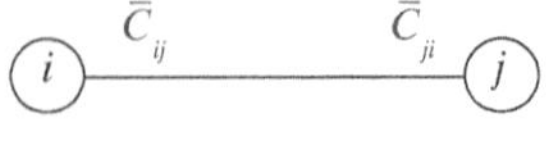

A única informação que podemos captar dos três cortes é que o fluxo máximo na rede não pode ultrapassar 60 unidades. Para determinar o fluxo máximo, é necessário enumerar *todos* os cortes, uma tarefa difícil para a rede geral. Por isso, a necessidade de um algoritmo eficiente é imperativa.

Figura 6.29
Exemplos de cortes em redes de fluxo

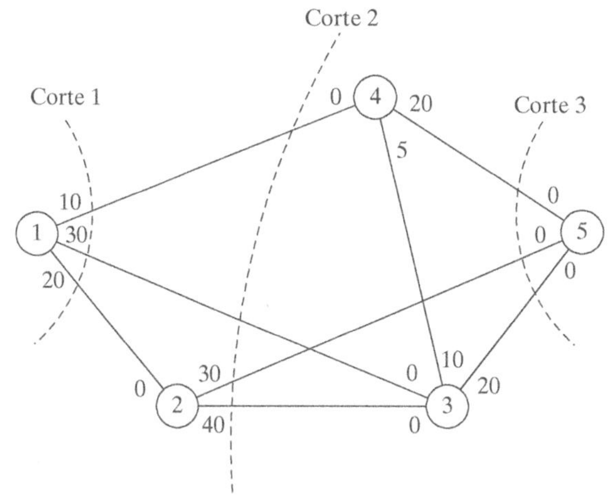

CONJUNTO DE PROBLEMAS 6.4A

*1. Para a rede da Figura 6.29, determine dois cortes adicionais e ache as respectivas capacidades.

6.4.2 Algoritmo de fluxo máximo

O algoritmo de fluxo máximo é baseado em achar **rotas de passagem** com fluxo líquido *positivo* entre os nós de origem e sorvedouro. Cada rota compromete parte ou toda a capacidade de seus arcos ao fluxo na rede.

Considere o arco (i, j) inicialmente com capacidade $(\bar{C}_{ij}, \bar{C}_{ji})$. À medida que porções dessas capacidades são comprometidas ao fluxo no arco, as capacidades **residuais** (ou capacidades restantes) do arco são atualizadas. Usamos a notação (c_{ij}, c_{ji}) para representar essas capacidades residuais.

Para um nó j que recebe fluxo do nó i, anexamos um rótulo $[a_j, i]$, no qual a_j é o fluxo do nó i ao nó j. Assim, as etapas do algoritmo são resumidas da maneira a seguir.

Etapa 1. Para todos os arcos (i, j), iguale a capacidade residual à capacidade inicial, isto é, $(c_{ij}, c_{ji}) = (\bar{C}_{ij}, \bar{C}_{ji})$. Seja $a_1 = \infty$ e rotule o nó de origem com $[\infty, -]$. Determine $i = 1$ e passe para a etapa 2.

Etapa 2. Determine S_i, o conjunto de nós j não rotulados que podem ser alcançados diretamente do nó i por arcos com residuais *positivas* (isto é, $c_{ij} > 0$ para todo $j \in S_i$). Se $S_i \neq \varnothing$, vá para a etapa 3. Caso contrário, vá para a etapa 4.

Etapa 3. Determine $k \in S_i$ tal que

$$c_{ik} = \max_{j \in S_i} \{c_{ij}\}$$

Determine $a_k = c_{ik}$ e rotule o nó k com $[a_k, i]$. Se $k = n$, o nó sorvedouro foi rotulado e foi encontrada uma *rota de passagem*, vá para a etapa 5. Caso contrário, determine $i = k$ e vá para a etapa 2.

Etapa 4. (Percorrer a rota inversa.) Se $i = 1$, nenhuma rota de passagem é possível; vá para a etapa 6. Caso contrário, determine que r seja o nó que foi rotulado *imediatamente* antes do nó atual i e elimine i do conjunto de nós adjacentes a r. Determine $i = r$ e vá para a etapa 2.

Etapa 5. (Determinação das capacidades residuais.) Defina os nós da p-ésima rota de passagem do nó de origem ao nó sorvedouro n como $N_p = (1, k_1, k_2, \ldots, n)$. Então, o fluxo máximo ao longo da rota é calculado por

$$f_p = \min\{a_1, a_{k1}, a_{k2}, \ldots, a_n\}$$

A capacidade residual de cada arco ao longo da rota de passagem é *reduzida* de f_p na direção do fluxo e *aumentada* de f_p na direção contrária; isto é, para os nós i e j na rota, o fluxo residual é alterado do atual (c_{ij}, c_{ji}) para

(a) $(c_{ij} - f_p, c_{ji} + f_p)$ se o fluxo for de i para j
(b) $(c_{ij} + f_p, c_{ji} - f_p)$ se o fluxo for de j para i

Reinstale quaisquer nós que foram eliminados na etapa 4. Determine $i = 1$ e retorne à etapa 2 para tentar uma nova rota de passagem.

Etapa 6. (Solução.)

(a) Dado que foram determinadas m rotas de passagem, o fluxo máximo na rede é

$$F = f_1 + f_2 + \ldots + f_m$$

(b) Usando as capacidades residuais *iniciais* e *finais* do arco (i, j), $(\bar{C}_{ij}, \bar{C}_{ji})$ e (c_{ij}, c_{ji}), respectivamente, o fluxo ótimo no arco (i, j) é calculado da seguinte maneira: seja $(\alpha, \beta) = (\bar{C}_{ij} - c_{ij}, \bar{C}_{ji} - c_{ji})$. Se $\alpha > 0$, o fluxo ótimo de i a j é α. Caso contrário, se $\beta > 0$, o fluxo ótimo de j a i é β. (É impossível ter ambos, α e β, positivos.)

O processo de percorrer a rota inversa da etapa 4 é invocado quando o algoritmo encontra um 'beco sem saída' em um nó intermediário. O ajuste do fluxo na etapa 5 pode ser explicado por meio da rede de fluxo simples da Figura 6.30. A rede (a) dá a primeira rota de passagem $N_1 = \{1, 2, 3, 4\}$ com seu fluxo máximo $f_1 = 5$. Assim, as residuais de cada um dos arcos (1,2), (2,3) e (3,4) são alteradas de (5,0) para (0,5) pela etapa 5. Agora, a rede (b) dá a segunda rota de passagem $N_2 = \{1, 3, 2, 4\}$ com $f_2 = 5$. Após fazer os necessários ajustes de fluxo, obtemos a rede (c), na qual não há mais nenhuma rota de passagem possível. O que aconteceu na transição de (b) para (c) nada mais foi do que um cancelamento de um fluxo anteriormente comprometido na direção 2 → 3. O algoritmo consegue 'lembrar' que um fluxo de 2 para 3 foi comprometido antes só porque aumentamos a capacidade na direção inversa de 0 para 5 (pela etapa 5).

Figura 6.30
Utilização das capacidades residuais para calcular o fluxo máximo

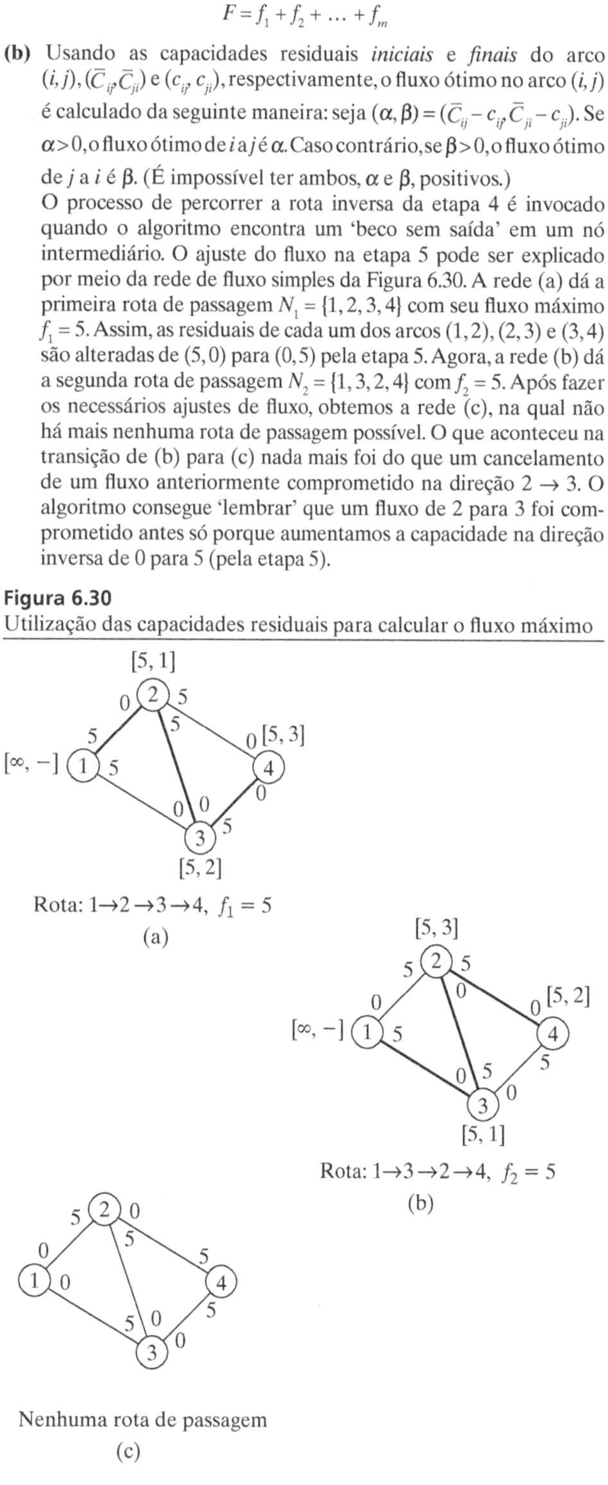

Exemplo 6.4-2

Determine o fluxo máximo na rede do Exemplo 6.4-1 (Figura 6.29). A Figura 6.31 apresenta um resumo gráfico das iterações do algoritmo. Você verá que é útil comparar a descrição das iterações com o resumo gráfico.

Iteração 1. Iguale as capacidades residuais iniciais (c_{ij}, c_{ji}) às capacidades iniciais $(\bar{C}_{ij}, \bar{C}_{ji})$.

Etapa 1. Determine $a_1 = \infty$ e rotule o nó 1 com $[\infty, —]$. Determine $i = 1$.

Etapa 2. $S_1 = \{2, 3, 4\}$ $(\neq \emptyset)$.

Etapa 3. $k = 3$ porque $c_{13} = \max\{c_{12}, c_{13}, c_{14}\} = \max\{20, 30, 10\} = 30$. Determine $a_3 = c_{13} = 30$, e rotule o nó 3 com [30,1]. Determine $i = 3$ e repita a etapa 2.

Etapa 2. $S_3 = \{4, 5\}$.

Etapa 3. $k = 5$ e $a_5 = c_{35} = \max\{10, 20\} = 20$. Rotule o nó 5 com [20, 3]. Uma rota de passagem é obtida. Vá para a etapa 5.

Etapa 5. A rota de passagem é determinada pelos rótulos que iniciam no nó 5 e percorrem a rota inversa até o nó 1, isto é, **(5)** $\rightarrow$ [20, **3**] $\rightarrow$ **(3)** $\rightarrow$ [30, **1**] $\rightarrow$ **(1)**. Assim, $N_1 = \{1, 3, 5\}$ e $f_1 = \min\{a_1, a_3, a_5\} = \{\infty, 30, 20\} = 20$. As capacidades residuais ao longo da rota N_1 são

$$(c_{13}, c_{31}) = (30 - 20, 0 + 20) = (10, 20)$$
$$(c_{35}, c_{53}) = (20 - 20, 0 + 20) = (0, 20)$$

Iteração 2

Etapa 1. Determine $a_1 = \infty$, e rotule o nó 1 com $[\infty, —]$. Determine $i = 1$.

Etapa 2. $S_1 = \{2, 3, 4\}$.

Etapa 3. $k = 2$ e $a_2 = c_{12} = \max\{20, 10, 10\} = 20$. Determine $i = 2$ e repita a etapa 2.

Figura 6.31
Iterações do algoritmo de fluxo máximo do Exemplo 6.4-2

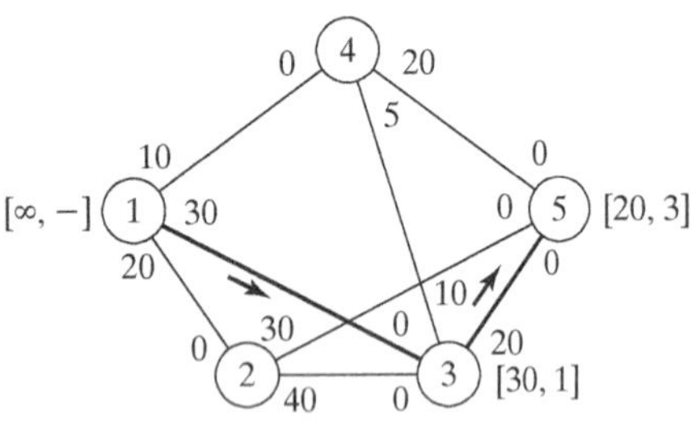

(a) $f_1 = 20$

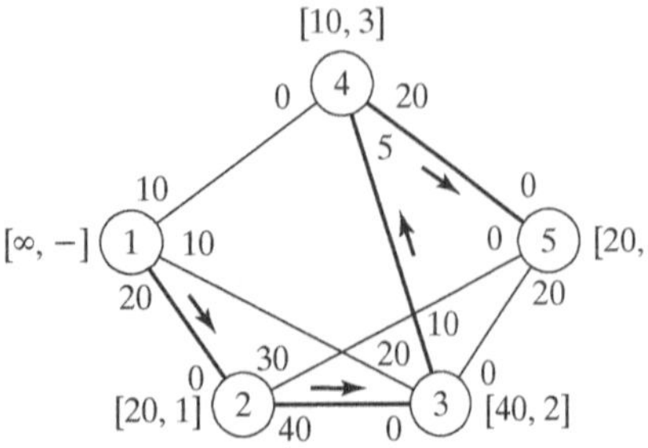

(b) $f_2 = 10$

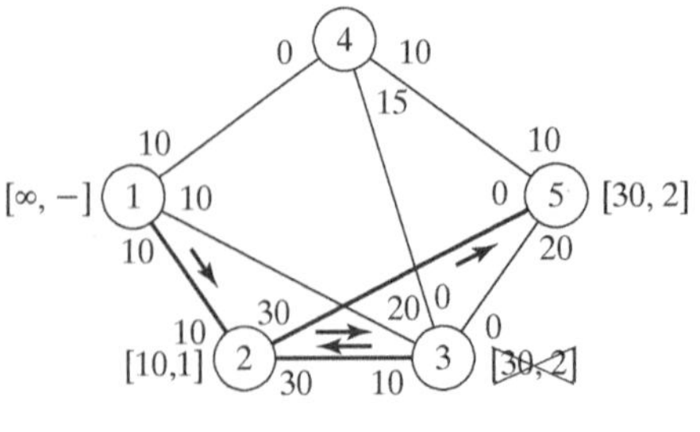

(c) $f_3 = 10$

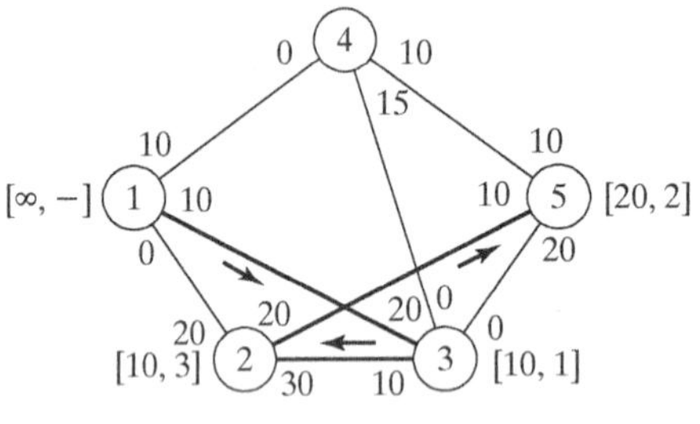

(d) $f_4 = 10$

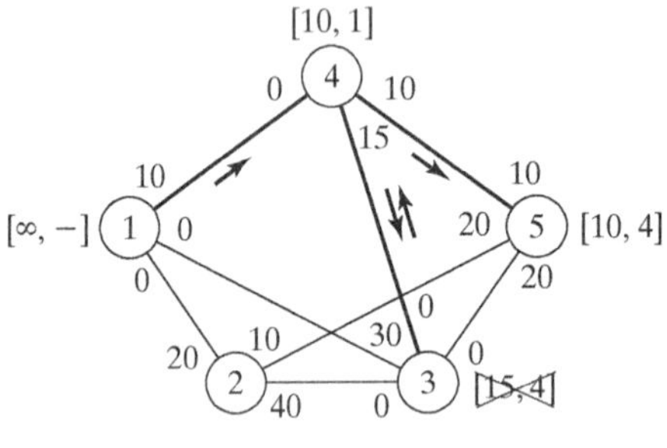

(e) $f_5 = 10$

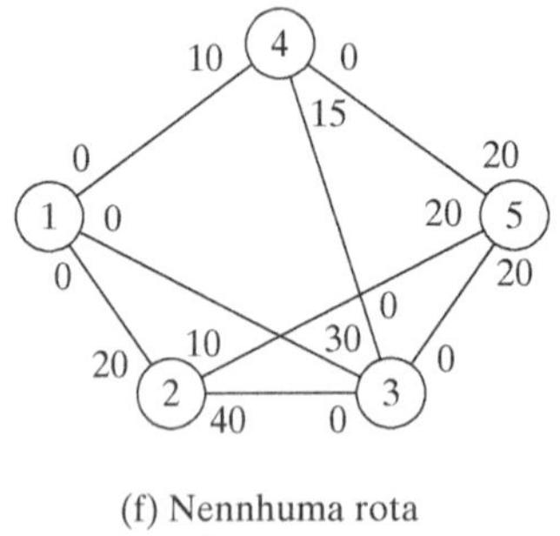

(f) Nennhuma rota de passagem

Etapa 2. $S_2 = \{3, 5\}$.

Etapa 3. $k = 3$ e $a_3 = c_{23} = 40$. Rotule o nó 3 com [40, 2]. Determine $i = 3$ e repita a etapa 2.

Etapa 2. $S_3 = \{4\}$ (observe que $c_{35} = 0$; portanto, o nó 5 não pode ser incluído em S_3).

Etapa 3. $k = 4$ e $a_4 = c_{34} = 10$. Rotule o nó 4 com [10, 3]. Determine $i = 4$ e repita a etapa 2.

Etapa 2. $S_4 = \{5\}$ (observe que os nós 1 e 3 já estão rotulados; portanto, não podem ser incluídos em S_4).

Etapa 3. $k = 5$ e $a_5 = c_{45} = 20$. Rotule o nó 5 com [20, 4]. Foi conseguida uma rota de passagem. Vá para a etapa 5.

Etapa 5. $N_2 = \{1, 2, 3, 4, 5\}$ e $f_2 = \min\{\infty, 20, 40, 10, 20\} = 10$. As capacidades residuais ao longo da rota de N_2 são

$$(c_{12}, c_{21}) = (20 - 10, 0 + 10) = (10, 10)$$
$$(c_{23}, c_{32}) = (40 - 10, 0 + 10) = (30, 10)$$
$$(c_{34}, c_{43}) = (10 - 10, 5 + 10) = (0, 15)$$
$$(c_{45}, c_{54}) = (20 - 10, 0 + 10) = (10, 10)$$

Iteração 3

Etapa 1. Determine $a_1 = \infty$ e rotule o nó 1 com $[\infty, —]$. Determine $i = 1$.

Etapa 2. $S_1 = \{2, 3, 4\}$.

Etapa 3. $k = 2$ e $a_2 = c_{12} = \max\{10, 10, 10\} = 10$. (Embora os empates sejam decididos aleatoriamente, o TORA sempre seleciona o nó vinculado que tenha o menor índice. Usaremos essa convenção neste exemplo.) Rotule o nó 2 com $[10, 1]$. Determine $i = 2$ e repita a etapa 2.

Etapa 2. $S_2 = \{3, 5\}$.

Etapa 3. $k = 3$ e $a_3 = c_{23} = 30$. Rotule o nó 3 com $[30, 2]$. Determine $i = 3$ e repita a etapa 2.

Etapa 2. $S_3 = \emptyset$ (porque $c_{34} = c_{35} = 0$). Vá para a etapa 4 a fim de percorrer a rota inversa.

Etapa 3. *Rota inversa.* O rótulo $[30, 2]$ no nó 3 dá o nó imediatamente precedente $r = 2$. Elimine o nó 3 de qualquer consideração *nessa iteração* cancelando-o. Determine $i = r = 2$, e repita a etapa 2.

Etapa 2. $S_2 = \{5\}$ (observe que o nó 3 foi eliminado na etapa da rota inversa).

Etapa 3. $k = 5$ e $a_5 = c_{25} = 30$. Rotule o nó 5 com $[30, 2]$. Foi conseguida uma rota de passagem; vá para a etapa 5.

Etapa 5. $N_3 = \{1, 2, 5\}$ e $c_5 = \min\{\infty, 10, 30\} = 10$. As residuais ao longo da rota de N_3 são

$$(c_{12}, c_{21}) = (10 - 10, 10 + 10) = (0, 20)$$
$$(c_{25}, c_{52}) = (30 - 10, 0 + 10) = (20, 10)$$

Iteração 4. Essa iteração dá $N_4 = \{1, 3, 2, 5\}$ com $f_4 = 10$ (Verifique!).

Iteração 5. Essa iteração dá $N_5 = \{1, 4, 5\}$ com $f_5 = 10$ (Verifique!).

Iteração 6. Todos os arcos que partem do nó 1 têm residuais zero. Portanto, não há mais nenhuma rota de passagem possível. Voltamos à etapa 6 para determinar a solução.

Etapa 6. Fluxo máximo na rede é $F = f_1 + f_2 + \ldots + f_5 = 20 + 10 + 10 + 10 + 10 = 60$ unidades. O fluxo nos diferentes arcos são calculados subtraindo as últimas residuais (c_{ij}, c_{ji}) nas iterações 6 das capacidades iniciais $(\bar{C}_{ij}, \bar{C}_{ji})$, como mostra a Tabela 6.7.

Tabela 6.7 Fluxo dos arcos

Arco	$(\bar{C}_{ij}, \bar{C}_{ji}) - (c_{ij}, c_{ji})$	Fluxo dos arcos	Direção
(1,2)	(20, 0) - (0, 20) = (20, - 20)	20	$1 \to 2$
(1,3)	(30, 0) - (0, 30) = (30, - 30)	30	$1 \to 3$
(1,4)	(10, 0) - (0, 10) = (10, - 10)	10	$1 \to 4$
(2,3)	(40, 0) - (40, 0) = (0, 0)	0	—
(2,5)	(30, 0) - (10, 20) = (20, - 20)	20	$2 \to 5$
(3,4)	(10, 5) - (0, 15) = (10, - 10)	10	$3 \to 4$
(3,5)	(20, 0) - (0, 20) = (20, - 20)	20	$3 \to 5$
(4,5)	(20, 0) - (0, 20) = (20, - 20)	20	$4 \to 5$

Momento TORA

Você pode usar o TORA para resolver o problema de fluxo máximo de modo automático ou para produzir as iterações apresentadas antes. No menu Solve/Modify selecione Solve problem. Após especificar o formato da saída, vá para a tela de saída e selecione Maximum flows ou Iterations. O arquivo toraEx6.4-2.txt apresenta os dados do TORA para o Exemplo 6.4-2.

CONJUNTO DE PROBLEMAS 6.4B

*1. No Exemplo 6.4-2:

(a) Determine as capacidades excedentes para todos os arcos.

(b) Determine a quantidade de fluxo que passa pelos nós 2, 3 e 4.

(c) O fluxo da rede pode ser aumentado com o aumento das capacidades nas direções $3 \to 5$ e $4 \to 5$?

2. Determine o fluxo máximo e o fluxo ótimo em cada arco para a rede da Figura 6.32.

Figura 6.32
Rede para o Problema 2, Conjunto 6.4B

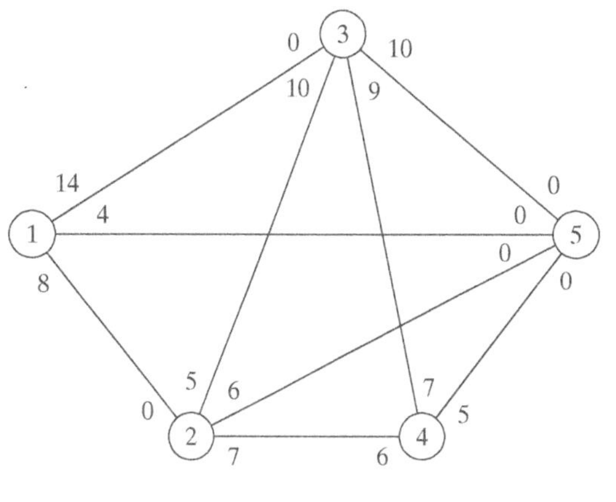

Figura 6.33
Rede para o Problema 3, Conjunto 6.4B

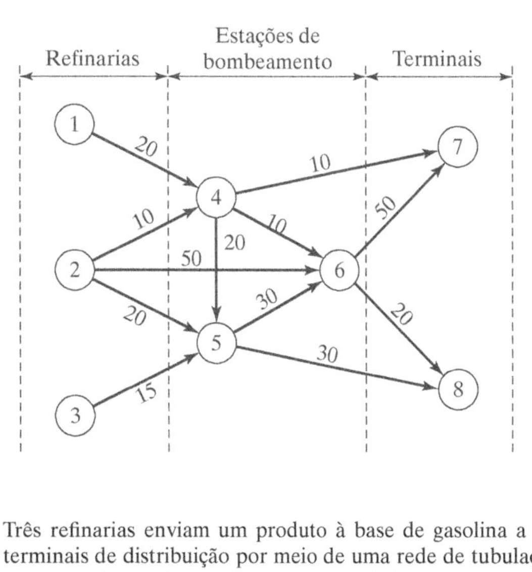

3. Três refinarias enviam um produto à base de gasolina a dois terminais de distribuição por meio de uma rede de tubulações. Qualquer demanda que não puder ser satisfeita pela rede é adquirida de outras fontes. A rede de tubulações é atendida por três estações de bombeamento, como mostrado na Figura 6.33. O produto flui pela rede na direção mostrada pelas setas. A capacidade de cada segmento de tubulação (mostrada diretamente nos arcos) é dada em milhões de barris por dia. Determine o seguinte:

(a) A produção diária em cada refinaria que combina com a máxima capacidade da rede.

(b) A demanda diária em cada terminal que combina com a máxima capacidade da rede.

(c) A capacidade diária de cada bomba que combina com a máxima capacidade da rede.

4. Suponha que a capacidade diária máxima da bomba 6 na rede da Figura 6.33 esteja limitada a 50 milhões de barris por dia. Remodele a rede para incluir essa restrição e depois determine a máxima capacidade da rede.

5. Certo tipo de ração para frangos é transportado por caminhões de três silos a quatro granjas. Alguns dos silos não podem enviar ração diretamente para algumas das granjas. As capacidades das outras rotas estão limitadas pelo número de caminhões disponíveis e pelo número de viagens diárias. A Tabela D mostra as quantidades diárias fornecidas nos silos e as demandas nas granjas (em milhares de libras). As entradas nas células da tabela especificam as capacidades diárias das rotas associadas.

Tabela D

	Granja 1	2	3	4	
Silo 1	30	5	0	40	**20**
Silo 2	0	0	5	90	**20**
Silo 3	100	40	30	40	**200**
	200	**10**	**60**	**20**	

(a) Determine a programação que satisfaça a maior demanda.

(b) A programação proposta satisfará todas as demandas nas granjas?

6. No Problema 5, suponha que seja permitido transbordo entre os silos 1 e 2 e entre os silos 2 e 3. Suponha também que o transbordo seja permitido entre as granjas 1 e 2, 2 e 3, e 3 e 4. A capacidade máxima diária nas duas vias nas rotas de transbordo propostas é de 50 (mil) lb. Qual é o efeito do transbordo sobre as demandas não satisfeitas nas granjas?

*7. Um pai tem cinco filhos (adolescentes) e cinco tarefas domésticas para lhes designar. Por experiências anteriores, o pai já sabe que obrigar os filhos a desempenhar essas tarefas não será produtivo. Com esse fato em mente, o pai pediu a seus filhos que organizassem uma lista com as tarefas que preferem, como mostra a Tabela E.

Tabela E

Filho	Tarefa preferida
Rif	3, 4 ou 5
Mai	1
Ben	1 ou 2
Kim	1, 2 ou 5
Ken	2

Agora, a modesta meta do pai é concluir o máximo possível de tarefas e, ao mesmo tempo, respeitar as preferências dos filhos. Determine o número máximo de tarefas que podem ser concluídas e a designação das tarefas aos filhos.

8. Quatro fábricas dedicam-se à produção de quatro tipos de brinquedos. A Tabela F apresenta uma lista de brinquedos que podem ser produzidos por cada fábrica.

Todos os brinquedos requerem aproximadamente as mesmas unidades de mão-de-obra e material. As capacidades diárias das quatro fábricas são 250, 180, 300 e 100 brinquedos, respectivamente. As demandas diárias para os quatro brinquedos são 200, 150, 350 e 100 unidades, respectivamente. Determine as programações de produção para as fábricas que melhor satisfarão as demandas dos quatro brinquedos.

Tabela F

	Brinquedos produzidos
1	1, 2, 3
2	2, 3
3	1, 4
4	3, 4

9. O Conselho Acadêmico de certa universidade está procurando representação entre seis estudantes que são afiliados a quatro sociedades honorárias. A representação do Conselho Acadêmico inclui três áreas: matemática, artes e engenharia. No máximo dois estudantes de cada área podem ocupar lugar no Conselho. A Tabela G mostra as sociedades honorárias às quais os seis estão afiliados.

Tabela G

Sociedade	Estudantes afiliados
1	1, 2, 3
2	1, 3, 5
3	3, 4, 5
4	1, 2, 4, 6

Os estudantes que têm habilidades nas áreas de matemática, artes e engenharia são mostrados na Tabela H.

Tabela H

Área	Estudantes
Matemática	1, 2, 4
Artes	3, 4
Engenharia	4, 5, 6

Um estudante que tem habilidades em mais de uma área deve ser designado exclusivamente a uma única área. Todas as sociedades honorárias podem ser representadas no Conselho?

10. *Fluxo máximo/mínimo em redes com limites inferiores.* O algoritmo de fluxo máximo dado nesta seção considera que todos os arcos têm limites inferiores iguais a zero. Em alguns modelos, os limites inferiores podem ser estritamente positivos e podemos estar interessados em achar o fluxo máximo ou mínimo na rede (veja caso 6-3 no Apêndice E). A presença do limite inferior gera dificuldades porque pode acontecer de a rede não ter absolutamente nenhum fluxo viável. O objetivo deste exercício é mostrar que qualquer modelo de fluxo máximo e mínimo com limites inferiores positivos pode ser resolvido usando duas etapas.

Etapa 1. Ache uma solução inicial viável para a rede com limites inferiores positivos.

Etapa 2. Usando a solução viável da etapa 1, ache o fluxo máximo ou mínimo na rede original.

(a) Mostre que um arco (i, j) com fluxo limitado por $l_{ij} \le x_{ij} \le u_{ij}$ pode ser representado de modo equivalente por um *sorvedouro* com demanda l_{ij} no nó i e uma *origem* com suprimento l_{ij} no nó j com fluxo limitado por $0 \le x_{ij} \le u_{ij} - l_{ij}$.

(b) Mostre que achar uma solução viável para a rede original equivale a achar o fluxo máximo x'_{ij} na rede após: 1) modificar os limites sobre x_{ij} para $0 \le x'_{ij} \le u_{ij} - l_{ij}$; 2) 'aglomerar' todas as origens resultantes em uma superorigem com capacidade l_{ij} no arco de saída; 3) 'aglomerar' todos os sorvedouros resultantes em um supersorvedouro com capacidade l_{ij} no arco de entrada; e 4) conectar o nó terminal t ao nó de origem s na rede original por um arco de retorno de capacidade infinita. Existe uma solução viável se o fluxo máximo da nova rede for igual à soma dos limites inferiores da rede original. Aplique o procedimento à rede da Tabela I e ache uma solução viável para o fluxo.

Tabela I

Arco (i, j)	(l_{ij}, u_{ij})
(1, 2)	(5, 20)
(1, 3)	(0, 15)
(2, 3)	(4, 10)
(2, 4)	(3, 15)
(3, 4)	(0, 20)

(c) Use a solução viável para a rede em (b) junto com o algoritmo de fluxo máximo para determinar o fluxo *mínimo* na rede original. (*Sugestão*: primeiro calcule a rede residual, dada a solução inicial viável. Em seguida, determine o fluxo máximo *do nó terminal ao nó inicial*, o que equivale a achar o fluxo máximo que deveria ser cancelado do nó inicial ao nó final. Agora, combinando as soluções de fluxo máximo e viável, obtemos o fluxo mínimo na rede original.)

(d) Use a solução viável para a rede em (b) junto com o problema de *fluxo máximo* para determinar o fluxo máximo na rede original. (*Sugestão*: como na parte (c), comece com a rede residual. Em seguida, aplique o algoritmo da rota de passagem à rede residual resultante exatamente como no problema de fluxo máximo normal.)

6.4.3 Formulação em programação linear para o problema de fluxo máximo

Defina x_{ij} como a quantidade de fluxo no arco (i,j) com capacidade C_{ij}. O objetivo é determinar x_{ij} para todo i e j que maximizará o fluxo entre o nó inicial s e o nó terminal t sujeito às restrições de fluxo (Fluxo de entrada = Fluxo de saída) em todos os nós, exceto nos nós s e t.

Exemplo 6.4-3

No modelo de fluxo máximo da Figura 6.29 (Exemplo 6.4-2), $s = 1$ e $t = 5$. A Tabela 6.8 resume a formulação em PL associada com duas funções objetivo diferentes, porém equivalentes, em que maximizamos a saída do nó inicial 1 ($= z_1$) ou a entrada no nó terminal 5 ($= z_2$).

Tabela 6.8 Formulação em PL

	x_{12}	x_{13}	x_{14}	x_{23}	x_{25}	x_{34}	x_{35}	x_{43}	x_{45}	
Maximizar z_1 =	1	1	1							
Maximizar z_2 =					1		1		1	
Nó 2	1			−1	−1					= 0
Nó 3		1		1		−1	−1	1		= 0
Nó 4			1			1		−1	−1	= 0
Capacidade	20	30	10	40	30	10	20	5	20	

A solução ótima usando qualquer uma das funções objetivo é

$$x_{12} = 20, x_{13} = 30, x_{14} = 10, x_{25} = 20, x_{34} = 10, x_{35} = 20, x_{45} = 20$$

O fluxo máximo associado é $z_1 = z_2 = 60$.

Momento Solver

A Figura 6.34 dá o modelo em Excel Solver para o problema de fluxo máximo do Exemplo 6.4-2 (arquivo solverEx6.4-2.xls). A idéia geral do modelo é semelhante à usada no problema de caminho mínimo, que foi detalhada no Exemplo 6.3-6. As principais diferenças são: 1) não há nenhuma equação de fluxo para o nó inicial 1 e o nó final 5; e 2) o objetivo é maximizar o fluxo total de saída no nó inicial 1 (F9) ou, de forma equivalente, o fluxo total de entrada no nó terminal 5 (G13). O arquivo solverEx6.4-2.xls usa G13 como a célula de destino (*target cell*). Aconselhamos a execução do modelo tendo F9 como a célula de destino.

Momento AMPL

A Figura 6.35 dá o modelo em AMPL para o problema de fluxo máximo. Os dados se aplicam ao Exemplo 6.4-2 (arquivo amplEx6.4-2.txt). A idéia global de determinar os fluxos de entrada e de saída em um nó é semelhante à detalhada no Exemplo 6.3-6 do problema de caminho mínimo (você verá que é útil revisar os arquivos amplEx6.3-6a.txt e amplEx6.3-6b.txt antes). Contudo, como o modelo foi criado para achar o fluxo máximo entre *quaisquer* dois nós, `start` e `end`, são necessárias duas restrições adicionais para garantir que nenhum fluxo *entre* em `start` e nenhum fluxo *saia* de `end`. As restrições `inStart` e `outEnd` no modelo garantem esse resultado. Essas duas restrições não são necessárias quando `start=1` e `end=5` porque a natureza dos dados garante o resultado desejado. Contudo, para `start=3`, o nó 3 permite fluxo de entrada bem como fluxo de saída (arcos 4-3 e 3-4), e, por conseguinte, a restrição `inStart` é necessária (experimente o modelo sem `inStart`!).

A função objetivo maximiza a soma do fluxo de saída no nó `start`. De modo equivalente, podemos optar por maximizar a soma do fluxo de entrada no nó `end`. O modelo pode achar o fluxo máximo entre quaisquer nós designados `start` e `end` na rede.

Figura 6.34
Solução do problema de fluxo máximo de 6.4-2 pelo Excel Solver (arquivo solverEx6.4-2.xls)

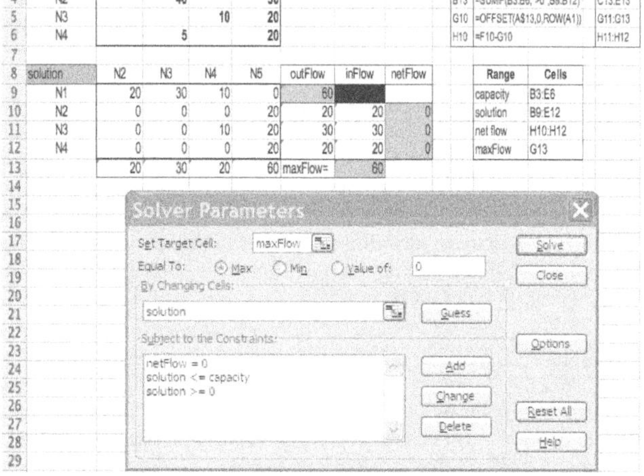

CONJUNTO DE PROBLEMAS 6.4C

1. Modele cada um dos seguintes problemas como de programação linear e, após, resolva-os usando o Solver e o AMPL.
   (a) Problema 2, Conjunto 6.4B
   (b) Problema 5, Conjunto 6.4B
   (c) Problema 9, Conjunto 6.4B

2. Jim mora em Denver, Colorado, e gosta de passar suas férias anuais no Yellowstone National Park, em Wyoming. Como adora a natureza, todo ano ele experimenta uma estrada de paisagem diferente. Depois de consultar os mapas adequados, Jim representou suas rotas preferidas entre Denver (D) e Yellowstone (Y) na rede da Figura 6.36. Os nós 1 a 14 representam cidades intermediárias. Embora não esteja preocupado com as distâncias, Jim estipulou que as rotas selecionadas entre D e Y não incluiriam cidades repetidas.

Figura 6.35
Modelo em AMPL do problema de fluxo máximo do Exemplo 6.4-2 (arquivo amplEx6.4-2.txt)

```
param n;
param start;
param end;
param c{i in 1..n, j in 1..n} default 0;

var x{i in 1..n,j in 1..n:c[i,j]>0}>=0,<=c[i,j];
var outFlow{i in 1..n}=sum{j in 1..n:c[i,j]>0}x[i,j];
var inFlow{i in 1..n}=sum{j in 1..n:c[j,i]>0}x[j,i];

maximize z: sum {j in 1..n:c[start,j]>0}x[start,j];
subject to
limit{i in 1..n:
     i<>start and i<>end}:outFlow[i]-inFlow[i]=0;
inStart:sum{i in 1..n:c[i,start]>0}x[i,start]=0;
outEnd:sum{j in 1..n:c[end,j]>0}x[end,j]=0;

data;
param n:=5;
param start:=1;
param end:=5;
param c:
  1  2  3  4  5 :=
1 .  20 30 10 0
2 .  .  40 0  30
3 .  .  0  10 20
4 .  .  5  .  20
5 .  .  .  .  .;

solve;
print "MaxFlow between nodes",start,"and",end, "=",z;
printf "Associated flows:\n";
for {i in 1..n-1} for {j in 2..n:c[i,j]>0}
    {if x[i,j]>0 then
     printf"(%2i-%2i)= %5.2f\n",i,j,x[i,j];} print;
```

Determine (usando o AMPL e o Solver) todas as rotas distintas disponíveis para Jim. (*Sugestão*: modifique a formulação em PL de fluxo máximo para determinar o número máximo de caminhos únicos entre D e Y.)

3. (Guéret et al., 2002, Seção 12.1) Um sistema militar de telecomunicação que liga nove localidades é dado na Figura 6.37. Os locais 4 e 7 devem continuar a se comunicar mesmo que até três outros locais sejam destruídos por ações inimigas. A rede de comunicação atual cumpre esse requisito? Use o AMPL e o Solver para resolver o problema.

6.5 CPM E PERT

Método do caminho crítico (CPM – critical path method) e técnica de revisão e avaliação de programa (Pert – program evaluation and review technique) são métodos baseados em rede desenvolvidos para auxiliar no planejamento, na programação e no controle de projetos. Um projeto é definido como um conjunto de atividades inter-relacionadas, sendo que cada atividade consome tempo e recursos. O objetivo do CPM e do Pert é fornecer meios analíticos para programar as atividades. A Figura 6.38 resume as etapas das técnicas. Em primeiro lugar, defina as atividades do projeto, suas relações de precedência e seus requisitos de tempo. Em seguida, as relações de precedência entre as atividades deverão ser representadas por uma rede. A terceira etapa envolve cálculos específicos para desenvolver uma programação temporal para o projeto. Durante a execução dele propriamente dita, pode ser que as coisas não ocorram conforme o planejado, assim como algumas atividades podem ser adiantadas ou atrasadas. Quando isso acontece, a programação deve ser revisada para refletir a realidade. Essa é a razão para a inclusão de um loop de retorno entre a fase de programação temporal e a fase de rede, como mostra a Figura 6.38.

Figura 6.36
Rede para o Problema 2, Conjunto 6.4C

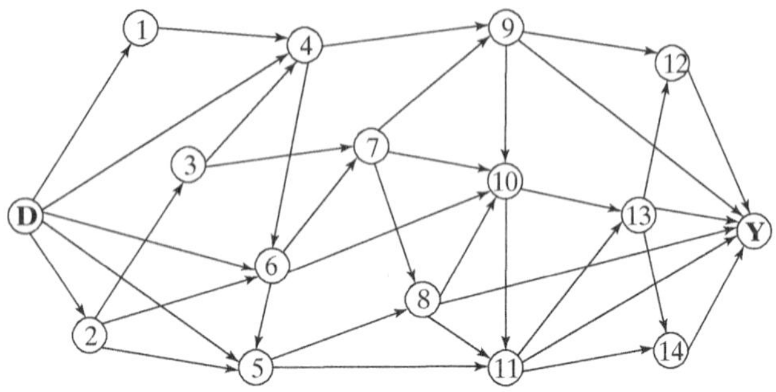

Figura 6.37
Rede para o Problema 3, Conjunto 6.4C

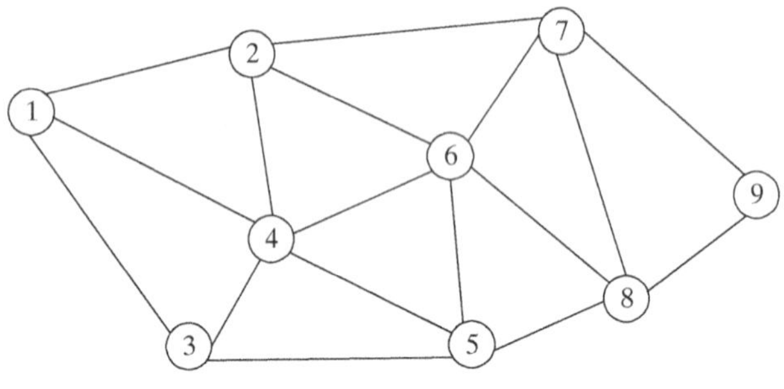

Figura 6.38
Fases para planejamento de projeto com CPM-Pert

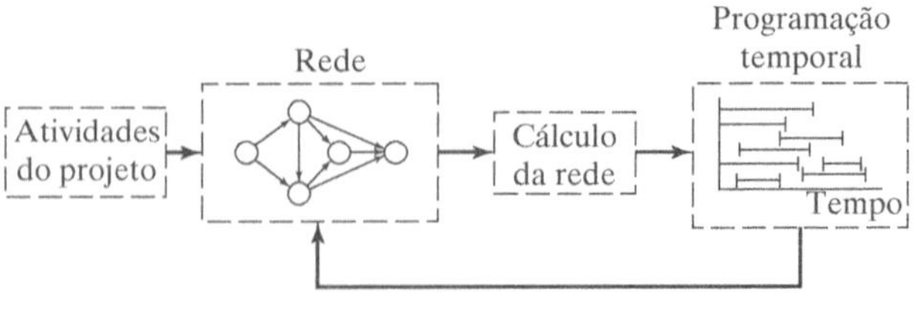

As duas técnicas — CPM e Pert —, que foram desenvolvidas independentemente uma da outra, são diferentes no sentido de que o CPM considera durações determinísticas para as atividades, e o Pert considera durações probabilísticas. Esta apresentação começará com o CPM e depois prosseguirá com os detalhes do Pert.

6.5.1 Representação em rede

Cada atividade do projeto é representada por um arco que aponta na direção do desenvolvimento em um projeto. Os nós da rede estabelecem as relações de precedência entre as diferentes atividades.

Há três regras disponíveis para construir a rede.

Regra 1. *Cada atividade é representada por um, e somente um, arco.*
Regra 2. *Cada atividade deve ser identificada por dois nós finais distintos.*

A Figura 6.39 mostra como uma atividade fictícia pode ser usada para representar duas atividades concorrentes, A e B. Por definição, uma atividade fictícia, que normalmente é representada por um arco tracejado, não consome nem tempo nem recursos. Inserindo uma atividade fictícia de um dos quatro modos mostrados na Figura 6.39, mantemos a concorrência entre A e B, e fornecemos nós finais exclusivos para as duas atividades (para satisfazer a regra 2).

Regra 3. *Para manter as relações corretas de precedência, é preciso responder às seguintes perguntas quando cada atividade for adicionada à rede:*

(a) *Quais atividades devem preceder imediatamente a atividade atual?*
(b) *Quais atividades devem vir após a atividade atual?*
(c) *Quais atividades devem ocorrer concorrentemente com a atividade atual?*

Figura 6.39
Utilização de uma atividade fictícia para produzir uma representação única de atividades concorrentes

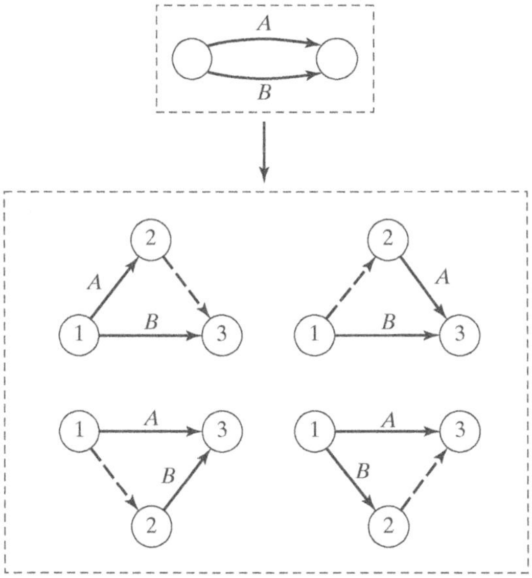

Figura 6.40
Utilização de uma atividade fictícia para garantir relação de precedência correta

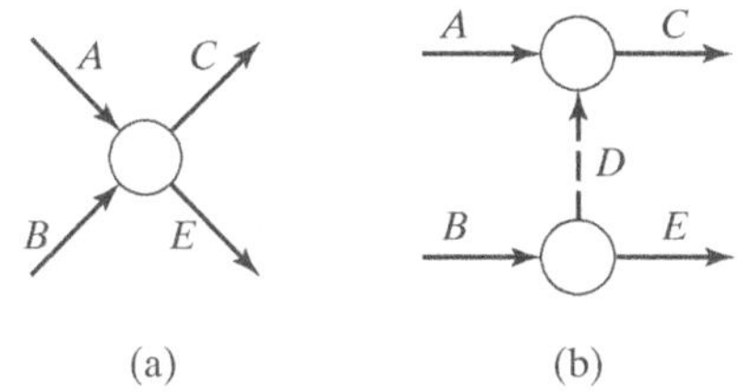

As respostas para essas perguntas podem exigir a utilização de atividades fictícias para garantir as precedências corretas entre as atividades. Por exemplo, considere o seguinte segmento de um projeto:

1. A atividade C começa imediatamente após a conclusão de A e B.
2. A atividade E só começa após a conclusão de B.

A parte (a) da Figura 6.40 mostra a representação incorreta da relação de precedência porque ela requer que ambas, A e B, sejam concluídas antes de E poder começar. Na parte (b), a utilização de uma atividade fictícia retifica a situação.

Exemplo 6.5-1

Uma editora tem um contrato com um autor para a publicação de um livro didático. As atividades (simplificadas) associadas com a produção do livro são dadas na Tabela 6.9. O autor deve apresentar à editora um arquivo em computador e uma cópia impressa do manuscrito. Desenvolva a rede associada para o projeto.

Tabela 6.9 Atividades da produção do livro

Atividade	Predecessora(s)	Duração (semanas)
A: Revisão do manuscrito pela editora	—	3
B: Preparação de páginas de amostra	—	2
C: Projeto gráfico da capa do livro	—	4
D: Preparação da arte-final	—	3
E: Aprovação do autor para o manuscrito editado e para as páginas de amostra	A, B	2
F: Diagramação do livro	E	4
G: Revisão das provas diagramadas pelo autor	F	2
H: Revisão da arte-final pelo autor	D	1
I: Produção dos clichês	G, H	2
J: Produção e encadernação do livro	C, I	4

A Figura 6.41 apresenta a rede que descreve as relações de precedência entre as diferentes atividades. A atividade fictícia (2, 3) produz nós finais únicos para as atividades concorrentes A e B. É conveniente numerar os nós em ordem crescente na direção da evolução do projeto.

CONJUNTO DE PROBLEMAS 6.5A

1. Construa a rede para o projeto que abrange as atividades de A a L com as seguintes relações de precedência:
   (a) A, B e C, as primeiras atividades do projeto, podem ser executadas concorrentemente.
   (b) A e B precedem D.
   (c) B precede E, F e H.
   (d) F e C precedem G.
   (e) E e H precedem I e J.
   (f) C, D, F e J precedem K.
   (g) K precede L.
   (h) I, G e L são as atividades terminais do projeto.
2. Construa a rede para o projeto que abrange as atividades de A a P que satisfaça as seguintes relações de precedência:
   (a) A, B e C, as primeiras atividades do projeto, podem ser executadas concorrentemente.

Figura 6.41
Rede do projeto para o Exemplo 6.5-1

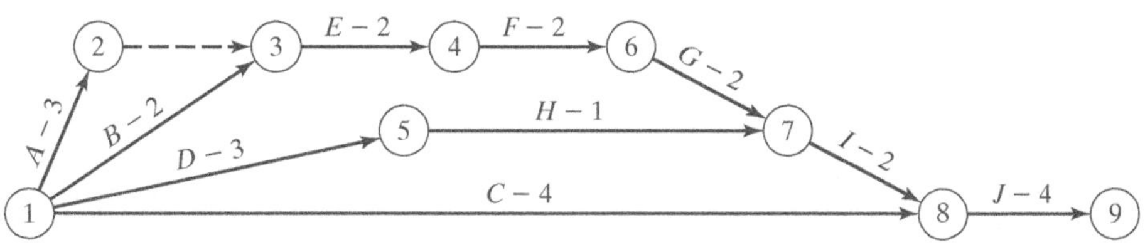

(b) *D*, *E* e *F* vêm depois de *A*.
(c) *I* e *G* vêm depois de ambas, *B* e *D*.
(d) *H* vem depois de ambas, *C* e *G*.
(e) *K* e *L* vêm depois de *I*.
(f) *J* sucede ambas, *E* e *H*.
(g) *M* e *N* sucedem *F*, mas não podem começar até que ambas, *E* e *H*, sejam concluídas.
(h) *O* sucede *M* e *I*.
(i) *P* sucede *J*, *L* e *O*.
(j) *K*, *N* e *P* são as atividades terminais do projeto.

***3.** As fundações de um edifício podem ser concluídas em quatro seções consecutivas. As atividades para cada seção incluem: 1) escavar; 2) colocar armações; e 3) verter concreto. A escavação de uma seção não pode começar até que a escavação da seção precedente tenha sido concluída. A mesma restrição se aplica a verter concreto. Desenvolva a rede para o projeto.

4. No Problema 3, suponha que 10% do serviço de encanamento possa ser iniciado simultaneamente com a escavação da primeira seção, mas antes de qualquer concreto ser vertido. Após cada seção das fundações ser concluída, podem-se executar mais 5% de encanamento contanto que os 5% precedentes estejam concluídos. O restante do encanamento pode ser concluído no final do projeto. Construa a rede para o projeto.

5. Uma pesquisa de opinião envolve elaborar e imprimir questionários, contratar e treinar pessoal, selecionar participantes, despachar questionários pelo correio e analisar dados. Construa a rede para o projeto, declarando todas as premissas.

6. As atividades da Tabela J descrevem a construção de uma nova casa. Construa a rede associada para o projeto.

Tabela J

Atividade	Predecessora(s)	Duração (dias)
A: Limpar o local	—	1
B: Trazer utilidades até o local	—	2
C: Escavar	*A*	1
D: Verter fundação	*C*	2
E: Encanamento externo	*B*, *C*	6
F: Arcabouço da casa em madeira	*D*	10
G: Fiação elétrica	*F*	3
H: Assentar assoalho	*G*	1
I: Assentar telhado	*F*	1
J: Encanamento interno	*E*, *H*	5
K: Paredes externas	*I*	2
L: Revestimento isolante externo	*F*, *J*	1
M: Instalar janelas e portas externas	*F*	2
N: Alvenaria	*L*, *M*	4
O: Isolamento térmico de paredes e tetos	*G*, *J*	2
P: Revestir paredes e tetos	*O*	2
Q: Isolamento térmico do telhado	*I*, *P*	1
R: Acabamento interno	*P*	7
S: Acabamento externo	*I*, *N*	7
T: Paisagismo	*S*	3

7. Uma empresa está em processo de preparação de um orçamento para o lançamento de um novo produto. A Tabela K apresenta as atividades associadas e respectivas durações. Construa a rede para o projeto.

Tabela K

Atividade	Predecessora(s)	Duração (dias)
A: Prever volume de vendas	—	10
B: Estudar concorrência de mercado	—	7
C: Elaborar o projeto do item e das instalações	*A*	5
D: Preparar programação de produção	*C*	3
E: Estimar custo de produção	*D*	2
F: Determinar preço de venda	*B*, *E*	1
G: Preparar orçamento	*E*, *F*	14

8. As atividades envolvidas em um serviço de coral à luz de velas são apresentadas na Tabela L. Construa a rede para o projeto.

Tabela L

Atividade	Predecessora(s)	Duração (dias)
A: Selecionar música	—	2
B: Aprender música	*A*	14
C: Fazer cópias das partituras e comprar pastas	*A*	14
D: Provas	*B*, *C*	3
E: Ensaios	*D*	70
F: Alugar candelabros	*D*	14
G: Decorar candelabros	*F*	1
H: Montar as decorações	*D*	1
I: Providenciar túnicas para os cantores	*D*	7
J: Providenciar o sistema de comunicação com o público	*D*	7
K: Selecionar trilhas musicais	*J*	14
L: Montar o sistema de comunicação com o público	*K*	1
M: Ensaio final	*E*, *G*, *L*	1
N: Festa com apresentação do coral	*H*, *L*, *M*	1
O: Programa final	*I*, *N*	1

9. O alargamento de uma seção de rodovia requer relocalizar ('reposicionar') os 1.700 pés de cabos elétricos suspensos de uma linha primária de 13,8 kV. A Tabela M resume as atividades do projeto. Construa a rede associada para o projeto.

Tabela M

Atividade	Predecessora(s)	Duração (dias)
A: Revisão do serviço	—	1
B: Avisar clientes sobre a falta temporária de energia elétrica	*A*	$\frac{1}{2}$
C: Fazer requisições de estoque	*A*	1
D: Fazer o reconhecimento da obra	*A*	$\frac{1}{2}$
E: Garantir postes e material	*C*, *D*	3
F: Distribuir postes	*E*	$3\frac{1}{2}$
G: Coordenação da localização dos postes	*D*	$\frac{1}{2}$
H: Reestaquear	*G*	$\frac{1}{2}$
I: Escavar buracos	*H*	3
J: Armar e fixar postes	*F*, *I*	4
K: Cobrir condutores antigos	*F*, *I*	1
L: Instalar novos condutores	*J*, *K*	2
M: Instalar materiais restantes	*L*	2
N: Vergar condutor	*L*	2
O: Podar árvores	*D*	2
P: Desenergizar e desviar as linhas	*B*, *M*, *N*, *O*	$\frac{1}{10}$
Q: Energizar e ligar nova linha	*P*	$\frac{1}{2}$
R: Providenciar limpeza	*Q*	1
S: Remover condutor velho	*Q*	1
T: Remover postes velhos	*S*	2
U: Devolver materiais aos estoques	*R*, *T*	2

10. A Tabela N dá as atividades para a compra de um carro novo. Construa a rede para o projeto.

Tabela N

Atividade	Predecessora(s)	Duração (dias)
A: Realizar estudo de viabilidade	—	3
B: Achar comprador potencial para carro atual	*A*	14
C: Fazer uma lista dos possíveis modelos	*A*	1
D: Pesquisar todos os possíveis modelos	*C*	3
E: Conversar com o mecânico	*C*	1
F: Coletar propaganda de revendedoras	*C*	2
G: Compilar dados pertinentes	*D, E, F*	1
H: Escolher os três melhores modelos	*G*	1
I: Fazer test-drive com os três modelos escolhidos	*H*	3
J: Reunir dados de garantia e financiamento	*H*	2
K: Escolher um carro	*I, J*	2
L: Escolher revendedora	*K*	2
M: Procurar cor e opcionais desejados	*L*	4
N: Fazer mais um test-drive com o modelo escolhido	*L*	1
O: Comprar o carro novo	*B, M, N*	3

6.5.2 Cálculos do caminho crítico

O resultado final do CPM é a construção da programação temporal para o projeto (veja Figura 6.38). Para atingir esse objetivo de modo conveniente, executamos cálculos especiais para produzir as seguintes informações:

1. Duração total necessária para concluir o projeto.
2. Classificação das atividades do projeto como *críticas* e *não críticas*.

Diz-se que uma atividade é **crítica** se não houver nenhum 'espaço de manobra', ou folga, na determinação de seus tempos de início e conclusão. Uma **atividade não crítica** permite certa folga na programação, de modo que o tempo de início da atividade pode ser adiantado ou atrasado dentro de limites sem que afete a conclusão do projeto como um todo.

Para fazer todos os cálculos necessários, definimos um **evento** como um ponto no tempo em que as atividades são concluídas e outras, iniciadas. Em termos de rede, um evento corresponde a um nó. Definam-se:

$\square_j$ = tempo mais cedo da ocorrência do evento j
Δ_j = tempo mais tarde da ocorrência do evento j
D_{ij} = duração da atividade (i, j)

As definições do *tempo mais cedo* e do *tempo mais tarde* da ocorrência do evento j são especificadas em relação às datas de início e de conclusão do projeto inteiro.

Os cálculos do caminho crítico envolvem dois passos: o primeiro é o cálculo no sentido nó inicial-nó final do projeto, denominado **forward pass**, que determina os tempos *mais cedo* de ocorrência dos eventos, e o segundo é o cálculo no sentido nó final-nó inicial, denominado **backward pass**, que determina os tempos *mais tarde* de ocorrência.

Forward pass (tempos mais cedo de ocorrência, $\square$). Os cálculos começam no nó 1 e continuam recursivamente até o nó final n.
Etapa inicial. Determine $\square_1 = 0$ para indicar que o projeto começa no tempo 0.
Etapa geral *j*. Dado que os nós $p, q, \ldots,$e v são ligados *diretamente* ao nó j por atividades de entrada $(p,j), (q,j), \ldots,$ e (v, j), e que os tempos de ocorrência mais cedo dos eventos (nós) $p, q, \ldots,$ e v já foram calculados, a ocorrência mais cedo do evento j é calculada como

$$\square_j = \max\{\square_p + D_{pj}, \square_q + D_{qj}, \ldots, \square_v + D_{vj}\}$$

O forward pass vai estar concluído quando $\square_n$ no nó n tiver sido calculado. Por definição, $\square_j$ representa o caminho (duração) mais longo até o nó j.

Backward pass (tempos mais tarde de ocorrência, Δ). Após a conclusão do forward pass, os cálculos do backward pass começam no nó n e terminam no nó 1.
Etapa inicial. Determine $\Delta_n = \square_n$ para indicar que os tempos mais cedo e mais tarde de ocorrência do último nó do projeto serão os mesmos.
Etapa geral *j*. Dado que os nós $p, q, \ldots,$ e v são ligados *diretamente* ao nó j por atividades *de saída* $(j, p), (j, q), \ldots,$ e (j, v), e que os tempos mais tarde de ocorrência dos nós $p, q, \ldots$ e v já foram calculados, a ocorrência mais tarde do nó j é calculada como

$$\Delta_j = \min\{\Delta_p - D_{jp}, \Delta_q - D_{jq}, \ldots, \Delta_v - D_{jv}\}$$

O backward pass vai estar concluído quando Δ_1 no nó 1 for calculado. Nesse ponto, $\Delta_1 = \square_1$ (= 0).

Com base nos cálculos precedentes, uma atividade (i, j) será *crítica* se satisfizer três condições:

1. $\Delta_i = \square_i$
2. $\Delta_j = \square_j$
3. $\Delta_j - \Delta_i = \square_j - \square_i = D_{ij}$

As três condições declaram que os tempos mais cedo e mais tarde de ocorrência dos nós finais i e j são iguais, e que a duração D_{ij} se ajusta 'rigidamente' ao espaço de tempo especificado. Portanto, uma atividade que não satisfaça as três condições é *não crítica*.

Por definição, as atividade críticas de uma rede devem constituir um caminho ininterrupto que abranja toda a rede, do início ao fim.

Exemplo 6.5-2

Determine o caminho crítico para a rede do projeto da Figura 6.42. Todas as durações são em dias.

Forward pass

Nó 1. Determine $\square_1 = 0$
Nó 2. $\square_2 = \square_1 + D_{12} = 0 + 5 = 5$
Nó 3. $\square_3 = \max\{\square_1 + D_{13}, \square_2 + D_{23}\} = \max\{0 + 6, 5 + 3\} = 8$
Nó 4. $\square_4 = \square_2 + D_{24} = 5 + 8 = 13$
Nó 5. $\square_5 = \max\{\square_3 + D_{35}, \square_4 + D_{45}\} = \max\{8 + 2, 13 + 0\} = 13$
Nó 6. $\square_6 = \max\{\square_3 + D_{36}, \square_4 + D_{46}, \square_5 + D_{56}\}$
$= \max\{8 + 11, 13 + 1, 13 + 12\} = 25$

Os cálculos mostram que o projeto pode ser concluído em 25 dias.

Backward pass

Nó 6. Determine $\Delta_6 = \square_6 = 25$
Nó 5. $\Delta_5 = \Delta_6 - D_{56} = 25 - 12 = 13$
Nó 4. $\Delta_4 = \min\{\Delta_6 - D_{46}, \Delta_5 - D_{45}\} = \min\{25 - 1, 13 - 0\} = 13$
Nó 3. $\Delta_3 = \min\{\Delta_6 - D_{36}, \Delta_5 - D_{35}\} = \min\{25 - 11, 13 - 2\} = 11$
Nó 2. $\Delta_2 = \min\{\Delta_4 - D_{24}, \Delta_3 - D_{23}\} = \min\{13 - 8, 11 - 3\} = 5$
Nó 1. $\Delta_1 = \min\{\Delta_3 - D_{13}, \Delta_2 - D_{2}\} = \min\{11 - 6, 5 - 5\} = 0$

Cálculos corretos sempre terminarão com $\Delta_1 = 0$.

Os cálculos do forward pass e do backward pass podem ser feitos diretamente na rede, como mostra a Figura 6.42. Aplicando as regras para determinar as atividades críticas, o caminho crítico é $1 \rightarrow 2 \rightarrow 4 \rightarrow 5 \rightarrow 6$ que, como era de esperar, abrange a rede do início (nó 1) ao fim (nó 6). A soma das durações das atividades críticas $[(1,2), (2,4), (4,5)$ e $(5,6)]$ é igual à duração do projeto (= 25 dias).

Figura 6.42
Cálculos do forward pass e do backward pass para o projeto do Exemplo 6.5-2

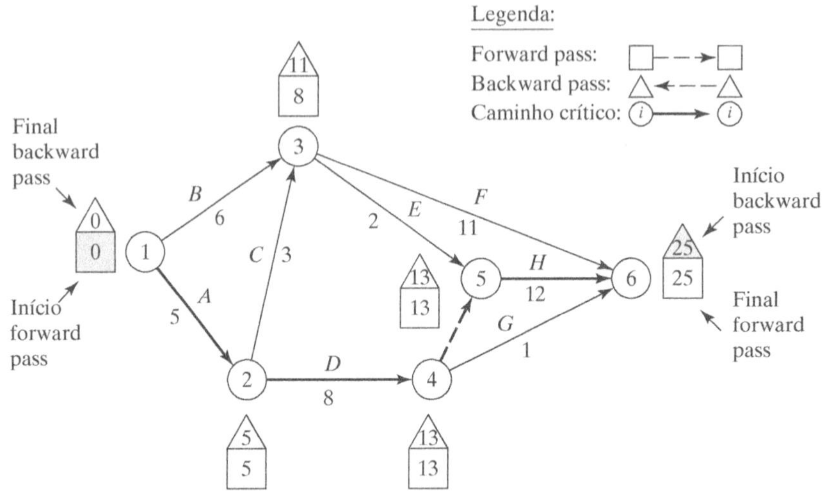

Figura 6.43
Redes para os projetos do Problema 1, Conjunto 6.5B

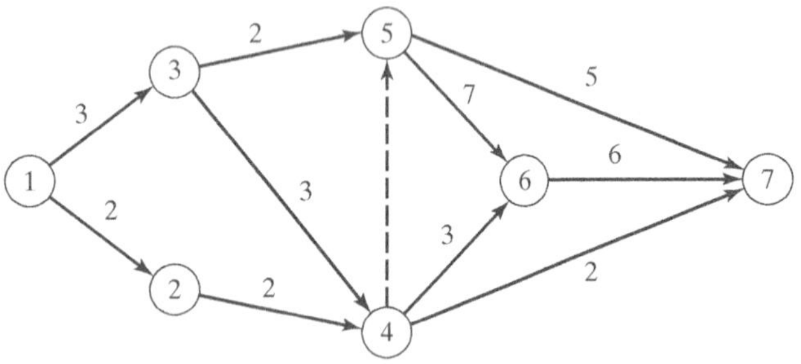

Figura 6.44
Redes para o projeto do Problema 2, Conjunto 6.5B

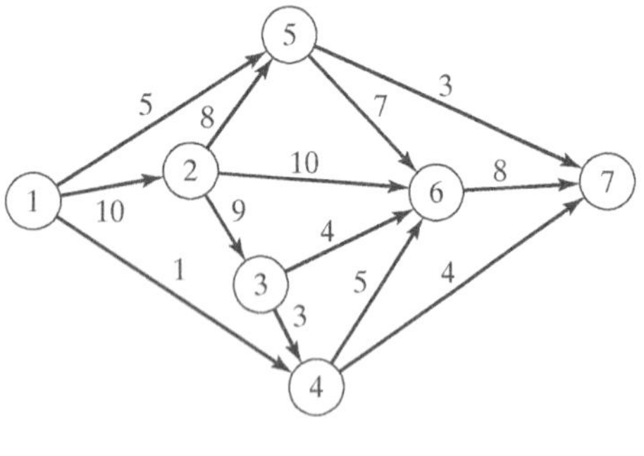

Projeto (a)

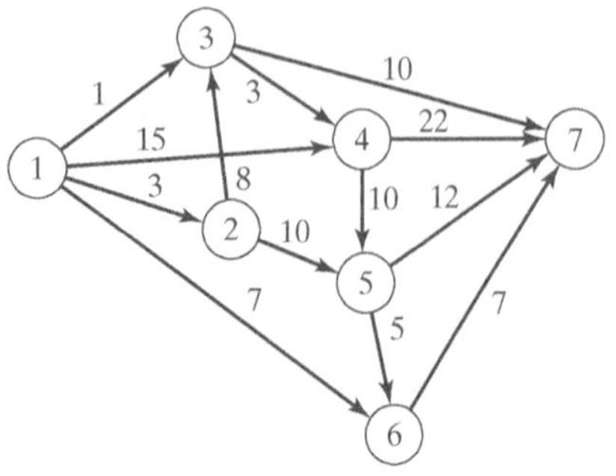

Projeto (b)

Observe que a atividade (4, 6) satisfaz as duas primeiras condições para uma atividade crítica ($\Delta_4 = \square_4 = 13$ e $\Delta_5 = \square_5 = 25$), mas não a terceira ($\square_6 - \square_4 \neq D_{46}$). Por isso, a atividade não é crítica.

CONJUNTO DE PROBLEMAS 6.5B

*1. Determine o caminho crítico para a rede do projeto da Figura 6.43.

2. Determine o caminho crítico para a rede do projeto da Figura 6.44.

3. Determine o caminho crítico para o projeto do Problema 6, Conjunto 6.5A.

4. Determine o caminho crítico para o projeto do Problema 8, Conjunto 6.5A.

5. Determine o caminho crítico para o projeto do Problema 9, Conjunto 6.5A.

6. Determine o caminho crítico para o projeto do Problema 10, Conjunto 6.5A.

6.5.3 Construção da programação temporal

Esta seção mostra como as informações obtidas com base nos cálculos da Seção 6.5.2 podem ser usadas para desenvolver a programação temporal. Reconhecemos que, para uma atividade (i, j), $\square_i$ representa o *tempo mais cedo de início* e Δ_j representa o *tempo mais tarde de conclusão.* Isso significa que o intervalo $(\square_i, \Delta_j)$ delineia o intervalo de tempo (máximo) durante o qual a atividade (i, j) pode ser programada sem atrasar o projeto inteiro.

Construção da programação temporal preliminar. O método para construir uma programação temporal preliminar é ilustrado por um exemplo.

Exemplo 6.5-3

Determine a programação temporal para o projeto do Exemplo 6.5-2 (Figura 6.42).

Podemos obter uma programação temporal preliminar para as diferentes atividades do projeto delineando seus respectivos intervalos de tempo, como mostra a Figura 6.45. É preciso fazer duas observações.

1. As atividades críticas (representadas pelas linhas cheias) devem ser alinhadas uma depois da outra para garantir que o projeto seja concluído dentro de sua duração especificada de 25 dias.
2. As atividades não críticas (representadas pelas linhas tracejadas) têm intervalos de tempo maiores do que suas respectivas durações, o que permite uma folga (ou 'espaço de manobra') para programá-las dentro de seus intervalos de tempo permitidos.

Figura 6.45
Programação temporal preliminar para o projeto do Exemplo 6.5-2

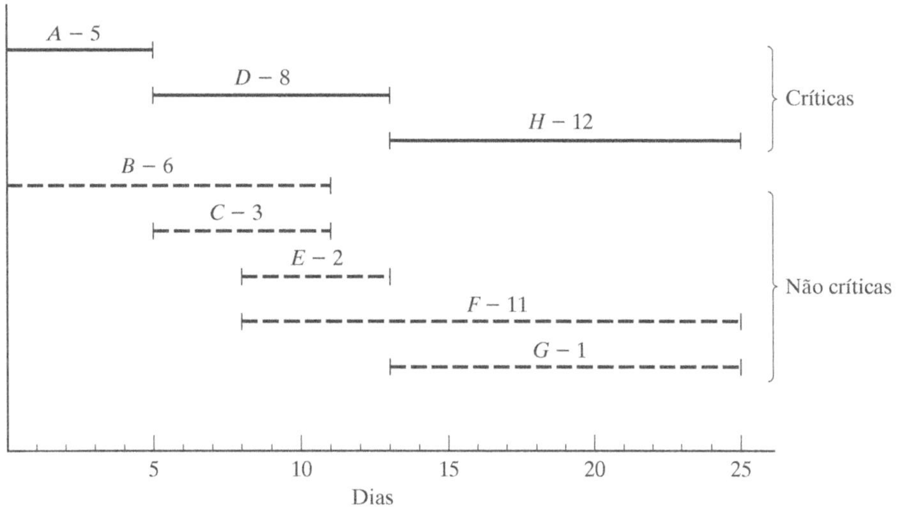

Como devemos programar as atividades não críticas dentro de seus respectivos intervalos de tempo? Normalmente é preferível iniciar cada atividade não crítica o mais cedo possível. Dessa maneira, os períodos de folga permanecerão convenientemente disponíveis até o final do intervalo de tempo permitido, quando podem ser usadas para absorver atrasos inesperados na execução da atividade. Entretanto, pode ser necessário atrasar o início de uma atividade não crítica para depois de seu tempo mais cedo de início. Por exemplo, na Figura 6.45, suponha que cada uma das atividades não críticas, *E* e *F*, requeira a utilização de um trator de terraplenagem e que haja só um desses tratores à disposição. Programar ambas (*E* e *F*) o mais cedo possível requer dois tratores de terraplenagem entre os tempos 8 e 10. Podemos eliminar essa sobreposição iniciando *E* no tempo 8 e deslocando o tempo de início de *F* para algum momento entre os tempos 10 e 14.

Se todas as atividades não críticas puderem ser programadas o mais cedo possível, a programação resultante é automaticamente viável. Caso contrário, é possível que algumas relações de precedência sejam violadas se as atividades não críticas forem adiadas para além de seu tempo mais cedo de início. Considere como exemplo as atividades *C* e *E* da Figura 6.45. Na rede do projeto (Figura 6.42), embora *C* deva ser concluída antes de *E*, os intervalos de tempo de *C* e *E* na Figura 6.45 nos permitem programar *C* entre os tempos 6 e 9 e *E* entre os tempos 8 e 10, o que viola o requisito de *C* preceder *E*. Por isso, fica evidente a necessidade de uma 'bandeira vermelha' (ou sinalização) que revele automaticamente conflitos de programação. Tal informação é dada calculando as *folgas* para as atividades não críticas.

Determinação das folgas. Folgas, ou flutuações, são os tempos disponíveis dentro do intervalo de tempo designado à atividade não crítica. As mais comuns são a **folga total** e a **folga livre**.

A Figura 6.46 apresenta um resumo conveniente para calcular a folga total (TF_{ij}) e a folga livre (FF_{ij}) para uma atividade (i, j). A folga total é o excesso do intervalo de tempo definido entre a ocorrência *mais cedo* do evento *i* e a ocorrência *mais tarde* do evento *j* dentro da duração de (i, j), isto é,

$$TF_{ij} = \Delta_j - \square_i - D_{ij}$$

A folga livre é o excesso do intervalo de tempo definido desde a ocorrência *mais cedo* do evento *i* até a ocorrência *mais cedo* do evento *j* dentro da duração de (i, j), isto é,

$$FF_{ij} = \square_j - \square_i - D_{ij}$$

Por definição, $FF_{ij} \leq TF_{ij}$.

Regra da bandeira vermelha. *Para uma atividade não crítica (i, j)*

(a) *Se* $FF_{ij} = TF_{ij}$, *então a atividade pode ser programada em qualquer tempo dentro de seu intervalo* $(\square_i, \Delta_j)$ *sem causar conflito de programação.*

(b) *Se* $FF_{ij} < TF_{ij}$, *então a atividade pode ser atrasada por no máximo* FF_{ij} *em relação a seu tempo mais cedo de início* $(\square_i)$, *sem causar conflito de programação. Qualquer atraso maior do que* FF_{ij} *(mas não maior do que* TF_{ij}*) deve ser acoplado com um atraso igual em relação a* $\square_j$ *no tempo de início de todas as atividades que se originam no nó j.*

A implicação da regra é que uma atividade não crítica (i, j) será sinalizada se seu $FF_{ij} < TF_{ij}$. Essa sinalização é importante somente se decidirmos atrasar o início da atividade para além de seu tempo mais cedo de início, $\square_i$, caso em que devemos dar atenção aos tempos de início das atividades que saem do nó *j* para evitar conflitos de programação.

Figura 6.46
Cálculo de folgas totais e livres

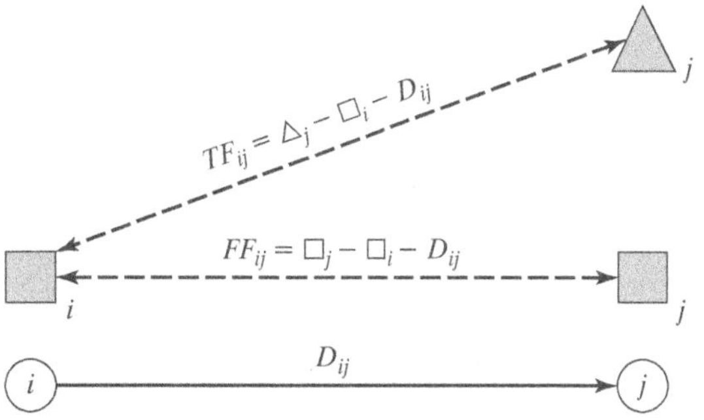

Exemplo 6.5-4

Calcule as folgas para as atividades não críticas da rede do Exemplo 6.5-2 e discuta sua utilização na finalização de uma programação para o projeto.

A Tabela 6.10 resume os cálculos das folgas totais e livres. É mais conveniente fazer os cálculos diretamente na rede usando o procedimento da Figura 6.42.

Tabela 6.10 Cálculos das folgas totais e livres

Atividade não crítica	Duração	Folga total (*TF*)	Folga livre (*FF*)
$B(1,3)$	6	11 - 0 - 6 = 5	8 - 0 - 6 = 2
$C(2,3)$	3	11 - 5 - 3 = 3	8 - 5 - 3 = 0
$E(3,5)$	2	13 - 8 - 2 = 3	13 - 8 - 2 = 3
$F(3,6)$	11	25 - 8 - 11 = 6	25 - 8 - 11 = 6
$G(4,6)$	1	25 - 13 - 1 = 11	25 - 13 - 1 = 11

Os cálculos sinalizam as atividades B e C porque sua $FF < TF$. As atividades restantes (E, F e G) têm $FF = TF$ e, portanto, podem ser programadas para qualquer momento entre seus tempos de início mais cedo e de término mais tarde.

Para averiguar o significado das atividades sinalizadas, considere a atividade B. Como sua $TF = 5$ dias, essa atividade pode começar até mesmo no tempo 0 (mais cedo) ou então no tempo 5 (mais tarde) (veja a Figura 6.45). Contudo, como sua $FF = 2$ dias, iniciar B em qualquer momento entre os tempos 0 e 2 não causará nenhum efeito sobre as atividades sucessoras E e F. Entretanto, se a atividade B deve iniciar no tempo $2 + d$ (≤ 5), os tempos de início das atividades imediatamente sucessoras E e F devem ser deslocados para diante, ultrapassando seu tempo de início mais cedo (= 8) por no mínimo d. Dessa maneira, a relação de precedência entre B e suas sucessoras E e F é preservada.

Voltando à atividade sinalizada C, observamos que sua $FF = 0$, o que significa que *qualquer* atraso no início de C que ultrapasse seu tempo de início mais cedo (= 5) deve ser acoplado a um atraso no mínimo igual ao início de suas atividades sucessoras E e F.

Momento TORA

O TORA fornece ferramentas tutoriais úteis para cálculos de CPM e para montar a programação temporal. Para usar essas ferramentas, selecione Project planning ⇒ CPM-Critical path method em Main menu. Na tela de saída, você tem a opção de selecionar CPM calculations para produzir cálculos etapa por etapa do forward pass, backward pass e das folgas, ou CPM bar chart para montar e experimentar a programação temporal.

O arquivo toraEx6.5-2.txt apresenta dados do TORA para o Exemplo 6.5-2. Se você preferir gerar a saída usando a opção Next step, o TORA o guiará pelos detalhes dos cálculos do forward e do backward pass.

A Figura 6.47 apresenta a programação produzida pelo TORA pela opção CPM bar chart para o projeto do Exemplo 6.5-2. O gráfico de barras-padrão do TORA programa automaticamente todas as atividades não críticas o mais cedo possível. Você pode estudar o impacto causado por um atraso no tempo de início de uma atividade não crítica usando as listas auto-explicativas que podem ser acessadas pelas janelas que aparecem na parte inferior esquerda da tela. O impacto do atraso de uma atividade não crítica será mostrado diretamente no gráfico de barras acompanhado de uma explicação. Por exemplo, se você atrasar o início da atividade B por mais de 2 unidades de tempo, as atividades sucessoras E e F sofrerão atrasos iguais à diferença entre o atraso na folga livre da atividade B. Especificamente, dado que a folga livre para B é 2 unidades de tempo, se B sofrer um atraso de 3 unidades de tempo, então E e F terão de ser atrasadas por no mínimo $3 - 2 = 1$ unidade de tempo. Essa situação é demonstrada na Figura 6.47.

Momento AMPL

A Figura 6.48 dá o modelo em AMPL para o CPM (arquivo amplEx6.52.txt). O modelo é regido pelos dados do Exemplo 6.5-2. Esse modelo AMPL é uma aplicação exclusiva porque usa *conjuntos indexados* (veja a Seção A.4) e não requer otimização. Em essência, nenhum comando `solve` é necessário e o AMPL é implementado como uma linguagem de programação pura semelhante à Basic ou C.

A natureza dos cálculos do CPM requer representar a rede associando dois conjuntos *indexados* com cada nó: `into` e `from`. Para o nó `i`, o conjunto `into[i]` define todos os nós que alimentam o nó `i`, e o conjunto `from[i]` define todos os nós que são alcançados com base no nó `i`. Por exemplo, no Exemplo 6.5-2, `from[1] = {2,3}` e `into[1]` está vazio.

A determinação de subconjuntos `from` e `into` é obtida no modelo da seguinte maneira: como `D[i,j]` pode ser zero quando uma rede CPM usa atividades fictícias, o valor default para `D[i,j]` é –1

Figura 6.47
Saída de gráfico de barras do TORA para o Exemplo 6.5-2 (arquivo toraEx6.5-2.txt)

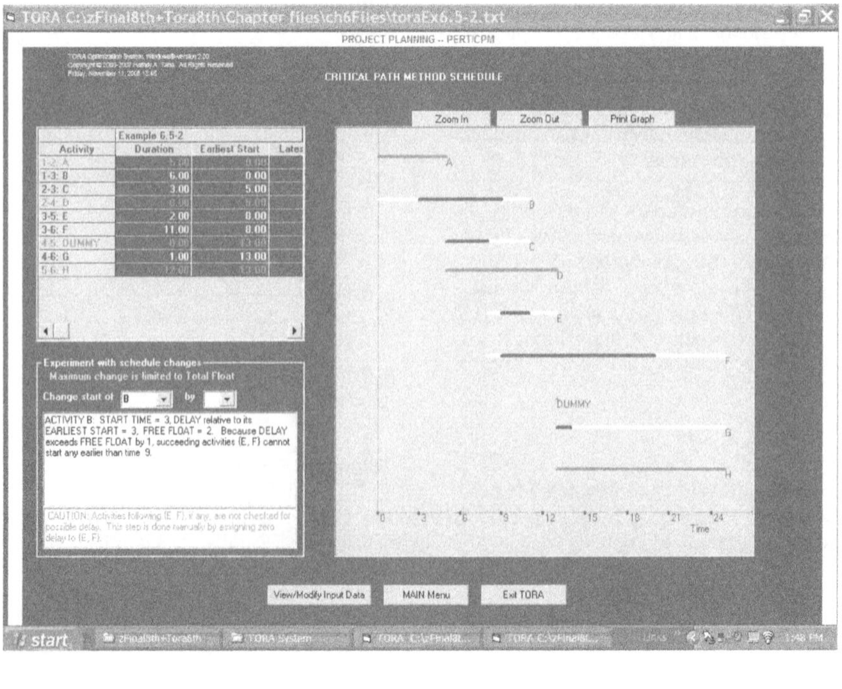

para todos os arcos não existentes. Assim, o conjunto `from[i]` representa todos os nós `j` no conjunto `{1..n}` que podem ser alcançados partindo do nó `i`, o que só pode acontecer se `D[i,j]>=0`. Isso quer dizer que `from[i]` é definido pelo subconjunto `{j in 1..n:D[i,j]> =0}`.

Figura 6.48
Modelo em AMPL para o Exemplo 6.5-2 (arquivo amplEx6.5-2.txt)

```
#---------- CPM (Example 6.5-2)-----------
param n;
param D{1..n,1..n} default -1;

set into{1..n};
set from{1..n};

var x{i in 1..n,j in from[i]}>=0;
var ET{i in 1..n};
var LT{i in 1..n};
var TF{i in 1..n, j in from[i]};
var FF{i in 1..n, j in from[i]};

data;
param n:=6;
param D: 1 2 3 4 5 6:=
1 . 5 6 . . .
2 . . 3 8 . .
3 . . . . 2 11
4 . . . . 0 1
5 . . . . . 12
6 . . . . . .;

for {i in 1..n} {let from[i]:={j in 1..n:D[i,j]>=0}};
for {j in 1..n} {let into[j]:={i in 1..n:D[i,j]>=0}};

#------nodes earliest and latest times and floats
let ET[1]:=0;          #earliest node time
for {i in 2..n}let ET[i]:=max{j in into[i]}
    (ET[j]+D[j,i]);

let LT[n]:=ET[n];      #latest node time
for{i in n-1..1 by -1}let LT[i]:=min{j in from[i]}
   (LT[j]-D[i,j]);

printf "%1s-%1s %5s %5s %5s %5s %5s %5s %5s \n\n",
       "i","j","D","ES","EC","LS","LC","TF","FF"
       >Ex6.6-2out.txt;
for {i in 1..n, j in from[i]}
{
let TF[i,j]:=LT[j]-ET[i]-D[i,j];
let FF[i,j]:=ET[j]-ET[i]-D[i,j];
printf "%1i-%1i %5i %5i %5i %5i %5i %5i %5i %3s\n",
  i,j,D[i,j],ET[i],ET[i]+D[i,j],LT[j]-D[i,j],LT[j],
  TF[i,j],FF[i,j],
  if TF[i,j]=0 then "c" else "" >Ex6.6-2out.txt;
}
```

Raciocínio semelhante aplica-se à determinação de subconjuntos `into[i]`. As seguintes declarações em AMPL automatizam a determinação desses conjuntos e devem vir após os dados `D[i,j]`, como mostra a Figura 6.48:

```
for {i in 1..n} {let from[i]:={j in 1..n:D[i,j]>=0}};
for {j in 1..n} {let into[j]:={i in 1..n:D[i,j]>=0}};
```

Logo que os conjuntos `from` e `into` tenham sido determinados, o modelo passa pelo forward pass para calcular o tempo mais cedo, `ET[i]`. Com a conclusão desse passo, podemos iniciar o backward pass usando

```
let LT[n]:=ET[n];
```

O restante do modelo é necessário para obter a saída mostrada na Figura 6.49. Essa saída determina todos os dados necessários para construir o gráfico CPM. A lógica desse segmento é baseada nos cálculos dados nos Exemplos 6.5-2 e 6.5-4.

CONJUNTO DE PROBLEMAS 6.5C

1. Dada uma atividade (i, j) com duração D_{ij}, seu tempo de início mais cedo $\square_i$ e seu tempo de término mais tarde Δ_j, determine os tempos mais cedo de conclusão e mais tarde de início de (i, j).

2. Quais são as folgas total e livre de um atividade crítica? Explique.

***3.** Para cada uma das seguintes atividades, determine o máximo atraso no tempo de início em relação a seu tempo mais cedo de início que permitirá que todas as atividades imediatamente sucessoras sejam programadas em qualquer momento entre seus tempos mais cedo e mais tarde de conclusão.
(a) $TF = 10, FF = 10, D = 4$
(b) $TF = 10, FF = 5, D = 4$
(c) $TF = 10, FF = 0, D = 4$

4. No Exemplo 6.5-4, use as folgas para responder o seguinte:
(a) Se a atividade *B* for iniciada no tempo 1 e a atividade *C* for iniciada no tempo 5, determine os tempos mais cedo de início para *E* e *F*.
(b) Se a atividade *B* for iniciada no tempo 3 e a atividade *C* for iniciada no tempo 7, determine os tempos mais cedo de início para *E* e *F*.
(c) Se a atividade *B* iniciar no tempo 6, qual será o impacto sobre a programação das outras atividades?

***5.** No projeto do Exemplo 6.5-2 (Figura 6.42), considere que a duração das atividades *B* e *F* são alteradas de 6 e 11 dias para 20 e 25 dias, respectivamente.
(a) Determine o caminho crítico.
(b) Determine as folgas total e livre para a rede e identifique as atividades sinalizadas.
(c) Se a atividade *A* for iniciada no tempo 5, determine os tempos mais cedo de início possíveis para as atividades *C, D, E* e *G*.
(d) Se as atividades *F, G* e *H* exigirem o mesmo equipamento, determine o número mínimo de unidades necessárias desse equipamento.

Figura 6.49
Saída do modelo em AMPL para o Exemplo 6.5-2 (arquivo amplEx6.5-2.txt)

i-j	D	ES	EC	LS	LC	TF	FF	
1-2	5	0	5	0	5	0	0	c
1-3	6	0	6	5	11	5	2	
2-3	3	5	8	8	11	3	0	
2-4	8	5	13	5	13	0	0	c
3-5	2	8	10	11	13	3	3	
3-6	11	8	19	14	25	6	6	
4-5	0	13	13	13	13	0	0	c
4-6	1	13	14	24	25	11	11	
5-6	12	13	25	13	25	0	0	c

6. Calcule as folgas e identifique as atividades sinalizadas para os projetos (a) e (b) na Figura 6.44; depois desenvolva as programações temporais sob as seguintes condições:

Projeto (a)
(i) A atividade (1, 5) não pode iniciar em nenhum momento antes do tempo 14.
(ii) As atividades (5, 6) e (5, 7) usam o mesmo equipamento, e só existe uma unidade disponível.
(iii) Todas as outras atividades começam o mais cedo possível.

Projeto (b)

(i) A atividade (1, 3) deve ser programada para seu tempo mais cedo de início e, ao mesmo tempo, levar em conta o requisito de que (1, 2), (1, 3) e (1, 6) usam um equipamento especial, e só existe uma unidade disponível.

(ii) Todas as outras atividades começam o mais cedo possível.

6.5.4 Formulação em programação linear para o CPM

Um problema de CPM pode ser considerado como o oposto do problema de caminho mínimo (Seção 6.3), no sentido de que estamos interessados em achar o caminho *mais longo* (máximo) de um fluxo unitário que entra no nó inicial e termina no nó final. Por isso, podemos aplicar ao CPM a formulação em PL para o problema de caminho mínimo apresentada na Seção 6.3.3 da maneira demonstrada a seguir. Definam-se:

x_{ij} = quantidade de fluxo na atividade (i, j) para todos os i e j definidos
D_{ij} = duração da atividade (i, j) para todos os i e j definidos

Assim, a função objetivo do problema de programação linear se torna

$$\text{Maximizar } z = \sum_{\substack{\text{todas as atividades} \\ (i,\,j)\text{ definidas}}} D_{ij} x_{ij}$$

(Compare com a formulação em PL para o caminho mínimo apresentada na Seção 6.3.3 na qual a função objetivo é minimizada.) Para cada nó há uma única restrição que representa a conservação de fluxo:

Fluxo total de entrada = Fluxo total de saída

Todas as variáveis, x_{ij}, são não negativas.

Exemplo 6.5-5

A formulação em PL para o projeto do Exemplo 6.5-2 (Figura 6.42) é dada na Tabela 6.11. Observe que os nós 1 e 6 são os nós de início e de final, respectivamente.

Tabela 6.11 Formulação em PL para o projeto do Exemplo 6.5-2

	A	B	C	D	E	F	Fictícia	G	H	
	x_{12}	x_{13}	x_{23}	x_{24}	x_{35}	x_{36}	x_{45}	x_{46}	x_{56}	
Maximizar z =	6	6	3	8	2	11	0	1	12	
Nó 1	–1	–1								=–1
Nó 2	1		–1	–1						= 0
Nó 3		1	1		–1	–1				= 0
Nó 4				1			–1	–1		= 0
Nó 5					1		1		–1	= 0
Nó 6						1		1	1	= 1

A solução ótima é

z = 25; $x_{12}(A)$ = 1; $x_{24}(D)$ = 1; x_{45}(Fictícia) = 1; $x_{56}(H)$ = 1; todas as outras = 0

A solução define o caminho crítico como A → D → Fictícia → H, e a duração do projeto é de 25 dias. A solução da PL não é completa porque determina o caminho crítico, mas não fornece os dados necessários para construir o gráfico CPM. Contudo, pela Figura 6.48, vimos que o AMPL pode ser usado para fornecer todas as informações necessárias sem a otimização da PL.

CONJUNTO DE PROBLEMAS 6.5D

1. Use PL para determinar o caminho crítico para a rede do projeto da Figura 6.43.
2. Use PL para determinar o caminho crítico para as redes dos projetos da Figura 6.44.

6.5.5 Redes Pert

A diferença entre Pert e CPM é que este baseia a duração de uma atividade em três estimativas:

1. **Tempo otimista,** a, que ocorre quando a execução vai muitíssimo bem.
2. **Tempo mais provável,** m, que ocorre quando a execução transcorre sob condições normais.
3. **Tempo pessimista,** b, que ocorre quando a execução vai muitíssimo mal.

A faixa (a, b) engloba todas as estimativas possíveis da duração de uma atividade. A estimativa m se encontra em algum ponto na faixa (a, b). Com base nas estimativas, o tempo médio de duração, $\overline{D}$, e a variância, v, são aproximados como:

$$\overline{D} = \frac{a + 4m + b}{6}$$

$$v = \left(\frac{b - a}{6}\right)^2$$

Os cálculos do CPM dados nas seções 6.5.2 e 6.5.3 podem ser aplicados diretamente, sendo que $\overline{D}$ substitui a estimativa única D.

Agora é possível estimar a probabilidade de que um nó j da rede ocorrerá conforme uma programação temporal pré-especificada, S_j. Seja e_j o tempo de ocorrência mais cedo do nó j. Como as durações das atividades que levam do nó inicial ao nó j são variáveis aleatórias, e_j também deve ser uma variável aleatória. Considerando que todas as atividades da rede sejam estatisticamente independentes, podemos determinar a média, $E\{e_j\}$, e a variância, $\text{var}\{e_j\}$, da seguinte maneira: se houver só um caminho do nó inicial ao nó j, então a média é a soma das durações esperadas, $\overline{D}$, para todas as atividades ao longo desse caminho, e a variância é a soma das variâncias, v, das mesmas atividades. Por outro lado, se mais de um caminho levar ao nó j, é necessário primeiro determinar a distribuição estatística da duração do caminho mais longo. Esse problema é bastante difícil porque equivale a determinar a distribuição de no máximo duas ou mais variáveis aleatórias. Assim, uma premissa simplificadora recomenda calcular a média e a variância, $E\{e_j\}$ e $var\{e_j\}$, como as do caminho até o nó j que tenha a maior soma de durações *esperadas* de atividades. Se dois ou mais caminhos tiverem a mesma média, aquele que tiver a maior variância é selecionado porque reflete a maior incerteza e, portanto, leva a uma estimativa mais conservadora de probabilidades.

Logo que a média e a variância do caminho até o nó j, $E\{e_j\}$ e $\text{var}\{e_j\}$, tenham sido calculadas, a probabilidade de que o nó j será realizado até um tempo predeterminado S_j é calculada usando a seguinte fórmula:

$$P\{e_j \le S_j\} = P\left\{\frac{e_j - E\{e_j\}}{\sqrt{\text{var}\{e_j\}}} \le \frac{S_j - E\{e_j\}}{\sqrt{\text{var}\{e_j\}}}\right\} = P\{z \le K_j\}$$

na qual

z = variável aleatória normal padronizada

$$K_j = \frac{S_j - E\{e_j\}}{\sqrt{\text{var}\{e_j\}}}$$

A variável normal padronizada z tem média 0 e desvio-padrão 1 (veja a Seção 12.4.4). A justificativa para usar a distribuição normal é que e_j é a soma de variáveis aleatórias independentes. De acordo com o *teorema do limite central* (veja a Seção 12.4.4), a distribuição de e_j é aproximadamente normal.

Exemplo 6.5-6

Considere o projeto do Exemplo 6.5-2. Para evitar repetir os cálculos do caminho crítico, os valores de a, m e b na Tabela 6.12 são selecionados de modo que $\overline{D}_{ij} = D_{ij}$ para todo i e j no Exemplo 6.5-2.

Tabela 6.12 Valores de a, m e b

Atividade	i–j	(a, m, b)	Atividade	i–j	(a, m, b)
A	1–2	(3, 5, 7)	*E*	3–5	(1, 2, 3)
B	1–3	(4, 6, 8)	*F*	3–6	(9, 11, 13)
C	2–3	(1, 3, 5)	*G*	4–6	(1, 1, 1)
D	2–4	(5, 8, 11)	*H*	5–6	(10, 12, 14)

A média $\overline{D}_{ij}$ e a variância v_{ij} para as diferentes atividades são dadas na Tabela 6.13. Observe que, em decorrência, para a atividade fictícia, $(a, m, b) = (0, 0, 0)$, ou seja, a média e a variância também são iguais a zero.

Tabela 6.13 Média D_{ij} e variância v_{ij}

Atividade	i–j	$\overline{D}_{ij}$	V_{ij}	Atividade	i–j	$\overline{D}_{ij}$	V_{ij}
A	1–2	5	0,444	*E*	3–5	2	0,111
B	1–3	6	0,444	*F*	3–6	11	0,444
C	2–3	3	0,444	*G*	4–6	1	0,000
D	2–4	8	1,000	*H*	5–6	12	0,444

A Tabela 6.14 dá o caminho mais longo do nó 1 até os diferentes nós, junto com suas médias e desvios-padrão associados.

Tabela 6.14 Caminho mais longo do nó 1

Nó	Caminho mais longo com base nas durações médias	Média do caminho	Desvio-padrão do caminho
2	1–2	5,00	0,67
3	1–2–3	8,00	0,94
4	1–2–4	13,00	1,20
5	1–2–4–5	13,00	1,20
6	1–2–4–5–6	25,00	1,37

Por fim, a Tabela 6.15 calcula a probabilidade de que cada nó seja realizado até o tempo S_j especificado pelo analista.

Tabela 6.15 Probabilidade de realização de cada nó até o tempo S_j

Nó j	Caminho mais longo	Média do caminho	Desvio-padrão do caminho	S_j	K_j	$P\{z \leq K_j\}$
2	1–2	5,00	0,67	5,00	0	0,5000
3	1–2–3	8,00	0,94	11,00	3,19	0,9993
4	1–2–4	13,00	1,20	12,00	–0,83	0,2033
5	1–2–4–5	13,00	1,20	14,00	0,83	0,7967
6	1–2–4–5–6	25,00	1,37	26,00	0,73	0,7673

Momento TORA

O TORA fornece um módulo para executar cálculos de Pert. Para usar esse módulo selecione Project planning ⇒ Pert-Program evaluation and review technique em Main menu. Na tela de saída, você tem a opção para selecionar Activity mean/Var para calcular a média e a variância para cada atividade, ou a opção Pert calculations para calcular a média e a variância do caminho mais longo para cada nó da rede. O arquivo toraEx6.5-6.txt apresenta os dados do TORA para o Exemplo 6.5-6.

CONJUNTO DE PROBLEMAS 6.5E

1. Considere o Problema 2, Conjunto 6.5B. As estimativas (a, m, b) são apresentadas na Tabela O. Determine as probabilidades de que os diferentes nós do projeto sejam realizados sem atraso.

Tabela O

Projeto (a)				Projeto (b)			
Atividade	(a, m, b)	*Atividade*	(a, m, b)	Atividade	(a, m, b)	*Atividade*	(a, m, b)
1-2	(5, 6, 8)	3-6	(3, 4, 5)	1-2	(1, 3, 4)	3-7	(12, 13, 14)
1-4	(1, 3, 4)	4-6	(4, 8, 10)	1-3	(5, 7, 8)	4-5	(10, 12, 15)
1-5	(2, 4, 5)	4-7	(5, 6, 8)	1-4	(6, 7, 9)	4-7	(8, 10, 12)
2-3	(4, 5, 6)	5-6	(9, 10, 15)	1-6	(1, 2, 3)	5-6	(7, 8, 11)
2-5	(7, 8, 10)	5-7	(4, 6, 8)	2-3	(3, 4, 5)	5-7	(2, 4, 8)
2-6	(8, 9, 13)	6-7	(3, 4, 5)	2-5	(7, 8, 9)	6-7	(5, 6, 7)
3-4	(5, 9, 19)			3-4	(10, 15, 20)		

REFERÊNCIAS BIBLIOGRÁFICAS

Ahuja, R.; Magnati, T. e Orlin, J. *Network flows: theory, algorithms, and applications.* Upper Saddle: Prentice Hall, 1993.
Bazaraa, M.; Jarvis, J. e Sherali, H. *Linear programming and network flow.* 2. ed. Nova York: Wiley, 1990.
Bersetkas, D. *Network optimization: continuous and discrete* models. Nashua: Athena Scientific, 1998.
Charnes, A. e Cooper, W. "Some network characterization for mathematical programming and accounting applications to planning and control". *The Accounting Review*, v. 42, n. 3, 1967, p. 24–52.
Evans, J. R. e Minieka, E. *Optimization algorithms for networks and graphs.* 2. ed. Nova York: Marcel Dekker, 1992.
Guéret, C.; Prins, C. e Sevaux, M. *Applications of optimization with Xpress-MP.* Trad. e rev. por Susanne Heipke. Londres: Dash Optimization, 2002.
Glover, F.; Klingman, D. e Phillips, N. *Network models and their applications in practice.* Nova York: Wiley, 1992.
Glover, F. e Laguna, M. *Tabu search.* Boston: Kulwer Academic, 1997.
Murty, K. *Network programming.* Upper Saddle River: Prentice Hall, 1992.
Robinson, E. W.; Gao, L. e Muggenborg, S. "Designing an integrated distribution system at DowBrands, Inc.". *Interfaces*, v. 23, n. 3, 1993, p. 107–117.

Capítulo 7

Programação linear avançada

Guia do capítulo. Este capítulo apresenta a fundamentação matemática da programação linear e da teoria da dualidade. A apresentação permite o desenvolvimento de vários algoritmos eficientes em termos computacionais, entre eles o método simplex revisado, variáveis canalizadas e programação paramétrica. O Capítulo 20, disponível em inglês no site do livro, apresenta dois algoritmos adicionais que tratam de problemas de PL de grande escala: decomposição e o algoritmo de pontos interiores de Karmarkar.

O material deste capítulo baseia-se na utilização de álgebra matricial. O Apêndice D, disponível em inglês no site do livro, dá uma revisão de matrizes.

Os três tópicos que devem receber especial atenção neste capítulo são o método simplex revisado, o algoritmo para variáveis canalizadas e a programação paramétrica. A utilização de manipulações de matrizes no método simplex revisado permite melhor controle do erro de arredondamento da máquina, um problema que está sempre presente no método de operações de linha do Capítulo 3. O algoritmo para variáveis canalizadas é usado com destaque com o algoritmo de programação com números inteiros (ou programação inteira) *branch-and-bound* (Capítulo 9). A programação paramétrica adiciona uma dimensão dinâmica ao modelo de PL que permite a determinação das alterações na solução ótima resultantes de variações contínuas nos parâmetros do modelo.

A tarefa de entender os detalhes do método simplex revisado, das variáveis canalizadas, da decomposição e da programação paramétrica é aprimorada pelo resumo dos resultados de manipulações matriciais no formato fácil de ler da tabela simplex do Capítulo 3. Embora manipulações matriciais façam com que os algoritmos pareçam diferentes, a teoria é exatamente a mesma do Capítulo 3.

Este capítulo inclui uma aplicação real, 8 exemplos resolvidos, 58 problemas de final de seção e 4 problemas abrangentes de final de capítulo. Os problemas abrangentes estão no Apêndice E, disponível em inglês no site do livro. Os programas em AMPL/Excel Solver/TORA estão na pasta ch7Files.

Aplicação real — Roteamento ótimo de embarque e designação de pessoal para o recrutamento da Marinha na Tailândia

A Marinha tailandesa convoca recrutas quatro vezes por ano. Um convocado se apresenta em uma das 34 centrais locais e então é transportado por ônibus até uma das quatro bases navais auxiliares. Destas, os recrutas são transportados para a base naval principal por navio. As instalações de atracação das bases auxiliares podem restringir o tipo de navio que pode ser recebido. As bases auxiliares têm capacidades limitadas, porém, como um todo, as quatro bases têm capacidade suficiente para dar conta de todos os convocados Durante o verão de 1983, um total de 2.929 convocados foram transportados das centrais de recrutamento até as quatro bases auxiliares, e destas para a base principal. O problema trata de determinar a programação ótima para transportar os recrutas, primeiro das centrais de recrutamento até às bases auxiliares, e depois delas até a base principal. O estudo usa uma combinação de programação linear e programação inteira. Os detalhes são dados no Caso 5 do Capítulo 24, disponível em inglês no site do livro.

7.1 FUNDAMENTOS DO MÉTODO SIMPLEX

Em programação linear, diz-se que o espaço de soluções viáveis forma um **conjunto convexo** se o segmento de reta que une quaisquer dois pontos viáveis *distintos* também cair dentro do conjunto. Um **ponto extremo** do conjunto convexo é um ponto viável que não pode estar sobre um segmento de reta que una quaisquer dois pontos viáveis *distintos* no conjunto.

A Figura 7.1 ilustra dois conjuntos. O conjunto (a), que é um espaço de soluções típico de um problema de programação linear, é convexo (com seis pontos extremos), enquanto o conjunto (b) é não convexo.

Na solução gráfica de PL dada na Seção 2.3, demonstramos que a solução ótima sempre pode ser associada com um ponto extremo (vértice) viável do espaço de soluções. Esse resultado faz sentido dedutivamente porque, no espaço de soluções em PL, todo ponto viável pode ser determinado como uma função de seus pontos extremos viáveis. Por exemplo, no conjunto convexo (a) da Figura 7.1, um ponto viável **X** pode ser expresso como uma **combinação convexa** de seus pontos extremos $\mathbf{X}_1, \mathbf{X}_2, \mathbf{X}_3, \mathbf{X}_4, \mathbf{X}_5$ e $\mathbf{X}_6$, usando

$$\mathbf{X} = \alpha_1\mathbf{X}_1 + \alpha_2\mathbf{X}_2 + \alpha_3\mathbf{X}_3 + \alpha_4\mathbf{X}_4 + \alpha_5\mathbf{X}_5 + \alpha_6\mathbf{X}_6$$

onde

$$\alpha_1 + \alpha_2 + \alpha_3 + \alpha_4 + \alpha_5 + \alpha_6 = 1$$
$$\alpha_i \geq 0; i = 1, 2, \ldots, 6$$

Essa observação mostra que pontos extremos fornecem tudo que é necessário para definir completamente o espaço de soluções.

Figura 7.1
Exemplos de um conjunto convexo e de um conjunto não convexo

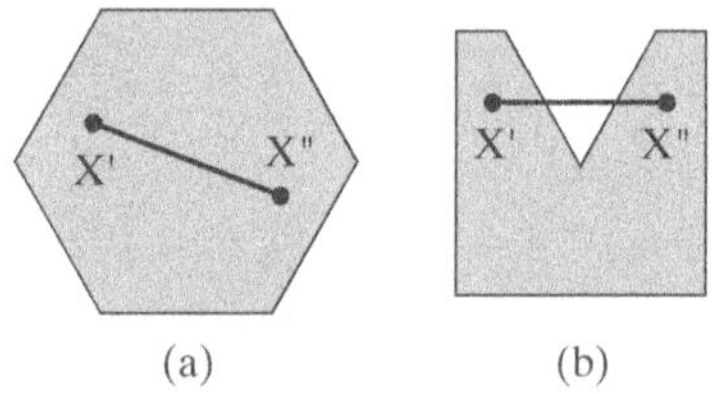

Exemplo 7.1-1

Mostre que o seguinte conjunto é convexo:

$$C = \{(x_1, x_2) | x_1 \leq 2, x_2 \leq 3, x_1 \geq 0, x_2 \geq 0\}$$

Sejam $\mathbf{X}_1 = \{x'_1, x'_2\}$ e $\mathbf{X}_2 = \{x''_1, x''_2\}$ dois pontos distintos quaisquer em C. Se C é convexo, então $\mathbf{X} = (x_1, x_2) = \alpha_1\mathbf{X}_1 + \alpha_2\mathbf{X}_2$, $\alpha_1 + \alpha_2 = 1$, $\alpha_1, \alpha_2 \geq 0$ também devem estar em C. Para mostrar que isso é verdade, precisamos mostrar que todas as restrições de C são satisfeitas pelo segmento de reta **X**, isto é,

$$x_1 = \alpha_1 x'_1 + \alpha_2 x''_1 \leq \alpha_1(2) + \alpha_2(2) = 2$$
$$x_2 = \alpha_1 x'_2 + \alpha_2 x''_2 \leq \alpha_1(3) + \alpha_2(3) = 3$$

Assim, $x_1 \leq 2$ e $x_2 \leq 3$. Adicionalmente, as condições de não-negatividade são satisfeitas porque α_1 e α_2 são não negativos.

CONJUNTO DE PROBLEMAS 7.1A

1. Mostre que o conjunto $Q = \{x_1, x_2 | x_1 + x_2 \leq 1, x_1 \geq 0, x_2 \geq 0\}$ é convexo. A condição de não-negatividade é essencial para a prova?

*2. Mostre que o conjunto $Q = \{x_1, x_2 | x_1 \geq 1 \text{ ou } x_2 \geq 2\}$ não é convexo.

3. Determine por meios gráficos os pontos extremos do seguinte conjunto convexo:

$$Q = \{x_1, x_2 \mid x_1 + x_2 \leq 2, x_1 \geq 0, x_2 \geq 0\}$$

Mostre que o espaço de soluções viável inteiro pode ser determinado como uma combinação convexa de seus pontos extremos. Daí, conclua que qualquer espaço de solução convexo (limitado) é totalmente definido tão logo seus pontos extremos sejam conhecidos.

4. No espaço de solução da Figura 7.2 (desenhado em escala), expresse o ponto interior (3, 1) como uma combinação convexa dos pontos extremos *A, B, C* e *D*, sendo que cada ponto extremo tem um peso estritamente positivo.

Figura 7.2
Espaço de soluções para o Problema 4, Conjunto 7.1a

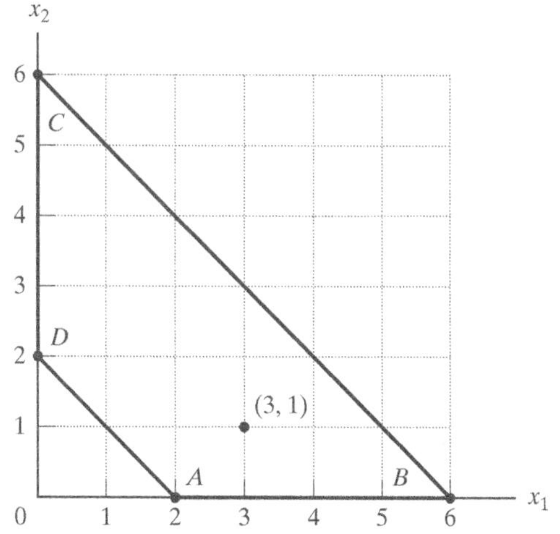

7.1.1 DE PONTOS EXTREMOS A SOLUÇÕES BÁSICAS

É conveniente expressar o problema geral de PL na forma de equações (veja a Seção 3.1) usando notação matricial. Defina **X** como um vetor de tamanho n que representa as variáveis, **A** como uma matriz ($m \times n$) que representa os coeficientes das restrições, **b** como um vetor coluna que representa o lado direito e **C** como um vetor de tamanho n que representa os coeficientes da função objetivo. Portanto, um problema de PL é escrito como

$$\text{Maximizar ou minimizar } z = \mathbf{CX}$$

sujeito a

$$\mathbf{AX} = \mathbf{b}$$
$$\mathbf{X} \geq \mathbf{0}$$

Usando o formato do Capítulo 3 (veja também Figura 4.1), sempre podemos fazer com que as m colunas da extrema direita de **A** representem a matriz-identidade **I** por meio de arranjos adequados das variáveis de folga/artificiais associadas com a solução básica inicial.

Uma **solução básica** de $\mathbf{AX} = \mathbf{b}$ é determinada igualando $n - m$ variáveis a zero e depois resolvendo as m equações resultantes nas m incógnitas restantes, *contanto que a solução resultante seja única.* Dada essa definição, a teoria da programação linear estabelece o seguinte resultado entre a definição geométrica de pontos extremos e a definição algébrica de soluções básicas:

$$\text{Pontos extremos de } \{\mathbf{X} | \mathbf{AX} = \mathbf{b}\} \Leftrightarrow \text{Soluções básicas de } \mathbf{AX} = \mathbf{b}$$

A relação significa que os pontos extremos do espaço de soluções da PL são totalmente definidos pelas soluções básicas do sistema $\mathbf{AX} = \mathbf{b}$, e vice-versa. Portanto, concluímos que as soluções básicas de $\mathbf{AX} = \mathbf{b}$ contêm todas as informações que precisamos para determinar a solução ótima do problema de PL. Além do mais, se impusermos a restrição de não-negatividade $\mathbf{X} \geq \mathbf{0}$, a busca pela solução ótima fica confinada apenas às soluções básicas *viáveis.*

Para formalizar a definição de uma solução básica, o sistema $\mathbf{AX} = \mathbf{b}$ pode ser expresso em forma de vetor da seguinte maneira:

$$\sum_{j=1}^{n} \mathbf{P}_j x_j = \mathbf{b}$$

O vetor $\mathbf{P}_j$ é a j-ésima coluna de **A**. Diz-se que um subconjunto de m vetores forma uma **base**, **B**, se, e somente se, os m vetores selecionados forem **linearmente independentes**. Nesse caso, a matriz **B** é **não singular**. Se $\mathbf{X}_B$ é o conjunto de m variáveis associadas com os vetores da matriz não singular **B**, então $\mathbf{X}_B$ deve ser uma solução básica. Nesse caso, temos

$$\mathbf{BX}_B = \mathbf{b}$$

Dada a inversa $\mathbf{B}^{-1}$ de **B**, obtemos a solução básica correspondente como

$$\mathbf{X}_B = \mathbf{B}^{-1}\mathbf{b}$$

Se $\mathbf{B}^{-1}\mathbf{b} \geq \mathbf{0}$, então $\mathbf{X}_B$ é viável. A definição considera que as $n - m$ variáveis restantes são **não básicas** no nível zero.

O resultado precedente mostra que em um sistema de m equações e n incógnitas, o número máximo de soluções básicas (viáveis e inviáveis) é dado por

$$\binom{n}{m} = \frac{n!}{m!(n-m)!}$$

Exemplo 7.1-2

Determine e classifique (como viável e inviável) todas as soluções básicas do seguinte sistema de equações.

$$\begin{pmatrix} 1 & 3 & -1 \\ 2 & -2 & -2 \end{pmatrix} \begin{pmatrix} x_1 \\ x_2 \\ x_3 \end{pmatrix} = \begin{pmatrix} 4 \\ 2 \end{pmatrix}$$

A Tabela 7.1 resume os resultados. A inversa de **B** é determinada por um dos métodos da Seção D.2.7, disponível em inglês no site do livro.

Tabela 7.1 Resumo dos resultados

B	$\mathbf{BX}_B = \mathbf{b}$	Solução	Status
$(\mathbf{P}_1, \mathbf{P}_2)$	$\begin{pmatrix} 1 & 3 \\ 2 & -2 \end{pmatrix} \begin{pmatrix} x_1 \\ x_2 \end{pmatrix} = \begin{pmatrix} 4 \\ 2 \end{pmatrix}$	$\begin{pmatrix} x_1 \\ x_2 \end{pmatrix} = \begin{pmatrix} \frac{1}{4} & \frac{3}{8} \\ \frac{1}{4} & -\frac{1}{8} \end{pmatrix} \begin{pmatrix} 4 \\ 2 \end{pmatrix} = \begin{pmatrix} \frac{7}{4} \\ \frac{3}{4} \end{pmatrix}$	Viável
$(\mathbf{P}_1, \mathbf{P}_3)$	(Não é uma base)	—	—
$(\mathbf{P}_2, \mathbf{P}_3)$	$\begin{pmatrix} 3 & -1 \\ -2 & -2 \end{pmatrix} \begin{pmatrix} x_2 \\ x_3 \end{pmatrix} = \begin{pmatrix} 4 \\ 2 \end{pmatrix}$	$\begin{pmatrix} x_2 \\ x_3 \end{pmatrix} = \begin{pmatrix} \frac{1}{4} & -\frac{1}{8} \\ -\frac{1}{4} & -\frac{3}{8} \end{pmatrix} \begin{pmatrix} 4 \\ 2 \end{pmatrix} = \begin{pmatrix} \frac{3}{4} \\ -\frac{7}{4} \end{pmatrix}$	Inviável

Também podemos investigar o problema expressando-o em forma vetorial da seguinte maneira:

$$\begin{pmatrix} 1 \\ 2 \end{pmatrix} x_1 + \begin{pmatrix} 3 \\ -2 \end{pmatrix} x_2 + \begin{pmatrix} -1 \\ -2 \end{pmatrix} x_3 = \begin{pmatrix} 4 \\ 2 \end{pmatrix}$$

Cada $\mathbf{P}_1$, $\mathbf{P}_2$, $\mathbf{P}_3$ e **b** é um vetor bidimensional que pode ser representado genericamente como $(a_1, a_2)^T$. A Figura 7.3 mostra um gráfico desses vetores no plano (a_1, a_2). Por exemplo, para $\mathbf{b} = (4, 2)^T$, $a_1 = 4$ e $a_2 = 2$.

Figura 7.3
Representação vetorial de um espaço de soluções de PL

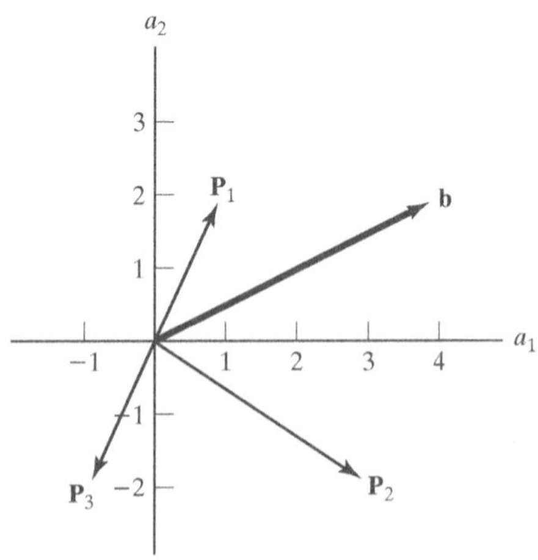

Como estamos lidando com duas equações ($m = 2$), uma base deve incluir exatamente dois vetores, selecionados entre $\mathbf{P}_1$, $\mathbf{P}_2$ e $\mathbf{P}_3$. Pela Figura 7.3, as matrizes $(\mathbf{P}_1, \mathbf{P}_2)$ e $(\mathbf{P}_2, \mathbf{P}_3)$ formam bases porque seus vetores associados são independentes. Na matriz $(\mathbf{P}_1, \mathbf{P}_3)$, os dois vetores são dependentes e, por conseqüência, não constituem uma base.

Em termos algébricos, uma matriz (quadrada) forma uma base se seu determinante não for zero (veja a Seção D.2.5). Os cálculos a seguir mostram que as combinações $(\mathbf{P}_1, \mathbf{P}_2)$ e $(\mathbf{P}_2, \mathbf{P}_3)$ são bases e que a combinação $(\mathbf{P}_1, \mathbf{P}_3)$ não é.

$$\det(\mathbf{P}_1, \mathbf{P}_2) = \det\begin{pmatrix} 1 & 3 \\ 2 & -2 \end{pmatrix} = (1 \times -2) - (2 \times 3) = -8 \neq 0$$

$$\det(\mathbf{P}_2, \mathbf{P}_3) = \det\begin{pmatrix} 3 & -1 \\ -2 & -2 \end{pmatrix} = (3 \times -2) - (-2 \times -1) = -8 \neq 0$$

$$\det(\mathbf{P}1, \mathbf{P}3) = \det\begin{pmatrix} 1 & -1 \\ 2 & -2 \end{pmatrix} = (1 \times -2) - (2 \times -1) = 0$$

Podemos aproveitar a representação vetorial do problema para discutir como a solução inicial do método simplex é determinada. Pela representação vetorial da Figura 7.3, a base $\mathbf{B} = (\mathbf{P}_1, \mathbf{P}_2)$ pode ser usada para iniciar as iterações simplex porque ela produz a solução básica viável $\boldsymbol{X}_B = (x_1, x_2)^T$. Contudo, na ausência da representação vetorial, o único curso de ação disponível é tentar todas as bases possíveis (três neste exemplo, como já mostramos).

A dificuldade de usar o método de tentativa-e-erro é que ele não é adequado para cálculos automáticos. Em um problema de PL típico, com milhares de variáveis e restrições, no qual a utilização do computador é imperativa, o método de tentativa e erro não é uma opção prática por causa de sua tremenda sobrecarga de cálculo. Para amenizar esse problema, o método simplex sempre usa uma matriz-identidade, $\mathbf{B} = \mathbf{I}$, para iniciar as iterações. Por que uma $\mathbf{B} = \mathbf{I}$ inicial oferece uma vantagem? A resposta é que ela sempre fornecerá uma solução básica inicial *viável* (contanto que o vetor de coeficientes do lado direito das equações seja não negativo). Você pode ver esse resultado na Figura 7.3 representando em gráfico os vetores de $\mathbf{B} = \mathbf{I}$ e observando que eles coincidem com os eixos horizontal e vertical, o que, em decorrência, sempre garante uma solução básica inicial viável.

A base $\mathbf{B} = \mathbf{I}$ forma automaticamente parte das equações do problema de PL se todas as restrições originais forem $\leq$. Em outros casos, simplesmente adicionamos os vetores unitários onde forem necessários. É isso que as variáveis artificiais conseguem (Seção 3.4). Então, punimos essas variáveis na função objetivo para obrigá-las ao nível zero na solução final.

CONJUNTO DE PROBLEMAS 7.1B

1. Nos seguintes conjuntos de equações, (a) e (b) têm soluções únicas (básicas), (c) tem uma infinidade de soluções e (d) não tem nenhuma solução. Mostre como esses resultados podem ser verificados utilizando representação *vetorial* gráfica. Baseado nesse exercício, declare as condições gerais para dependência-independência de vetores que levam a uma solução única, a uma infinidade de soluções e a nenhuma solução.

(a) $x_1 + 3x_2 = 2$
$3x_1 + x_2 = 3$

(b) $2x_1 + 3x_2 = 1$
$2x_1 - x_2 = 2$

(c) $2x_1 + 6x_2 = 4$
$x_1 + 3x_2 = 2$

(d) $2x_1 - 4x_2 = 2$
$-x_1 + 2x_2 = 1$

2. Use vetores para determinar graficamente o tipo de solução para cada um dos conjuntos de equações a seguir: solução única, uma infinidade de soluções ou nenhuma solução. Para os casos de soluções únicas indique, pela representação vetorial (e sem resolver as equações algebricamente), se os valores de x_1 e x_2 são positivos, zero ou negativos.

(a) $\begin{pmatrix} 5 & 4 \\ 1 & -3 \end{pmatrix}\begin{pmatrix} x_1 \\ x_2 \end{pmatrix} = \begin{pmatrix} 1 \\ 1 \end{pmatrix}$ ***(b)** $\begin{pmatrix} 2 & -2 \\ 1 & 3 \end{pmatrix}\begin{pmatrix} x_1 \\ x_2 \end{pmatrix} = \begin{pmatrix} 1 \\ 3 \end{pmatrix}$

(c) $\begin{pmatrix} 2 & 4 \\ 1 & 3 \end{pmatrix}\begin{pmatrix} x_1 \\ x_2 \end{pmatrix} = \begin{pmatrix} -2 \\ -1 \end{pmatrix}$ ***(d)** $\begin{pmatrix} 2 & 4 \\ 1 & 2 \end{pmatrix}\begin{pmatrix} x_1 \\ x_2 \end{pmatrix} = \begin{pmatrix} 6 \\ 3 \end{pmatrix}$

(e) $\begin{pmatrix} -2 & 4 \\ 1 & -2 \end{pmatrix}\begin{pmatrix} x_1 \\ x_2 \end{pmatrix} = \begin{pmatrix} 2 \\ 1 \end{pmatrix}$ ***(f)** $\begin{pmatrix} 1 & -2 \\ 0 & 0 \end{pmatrix}\begin{pmatrix} x_1 \\ x_2 \end{pmatrix} = \begin{pmatrix} 1 \\ 1 \end{pmatrix}$

3. Considere o seguinte sistema de equações:

$$\begin{pmatrix} 1 \\ 2 \\ 3 \end{pmatrix} x_1 + \begin{pmatrix} 0 \\ 2 \\ 1 \end{pmatrix} x_2 + \begin{pmatrix} 1 \\ 4 \\ 2 \end{pmatrix} x_3 + \begin{pmatrix} 2 \\ 0 \\ 0 \end{pmatrix} x_4 = \begin{pmatrix} 3 \\ 4 \\ 2 \end{pmatrix}$$

Determine se qualquer uma das seguintes combinações forma uma base.

***(a)** $(\mathbf{P}_1, \mathbf{P}_2, \mathbf{P}_3)$
(b) $(\mathbf{P}_1, \mathbf{P}_2, \mathbf{P}_4)$
(c) $(\mathbf{P}_2, \mathbf{P}_3, \mathbf{P}_4)$
***(d)** $(\mathbf{P}_1, \mathbf{P}_2, \mathbf{P}_3, \mathbf{P}_4)$

4. Falso ou verdadeiro?
(a) O sistema $\mathbf{BX} = \mathbf{b}$ tem uma solução única se $\mathbf{B}$ for não singular.
(b) O sistema $\mathbf{BX} = \mathbf{b}$ não tem nenhuma solução se $\mathbf{B}$ for singular e $\mathbf{b}$ for independente de $\mathbf{B}$.
(c) O sistema $\mathbf{BX} = \mathbf{b}$ tem uma infinidade de soluções se $\mathbf{B}$ for singular e $\mathbf{b}$ for dependente.

7.1.2 Tabela simplex generalizada em forma de matriz

Nesta seção usamos matrizes para desenvolver a tabela simplex geral. Essa representação será a base para os desenvolvimentos subseqüentes do capítulo.

Considere o problema de PL na forma de equações:

$$\text{Maximizar } z = \mathbf{CX}, \text{ sujeito a } \mathbf{AX} = \mathbf{b}, \mathbf{X} \geq \mathbf{0}$$

O problema pode ser escrito de maneira equivalente como

$$\begin{pmatrix} 1 & -\mathbf{C} \\ \mathbf{0} & \mathbf{A} \end{pmatrix}\begin{pmatrix} z \\ \mathbf{X} \end{pmatrix} = \begin{pmatrix} 0 \\ \mathbf{b} \end{pmatrix}$$

Suponha que $\mathbf{B}$ seja uma base viável do sistema $\mathbf{AX} = \mathbf{b}, \mathbf{X} \geq \mathbf{0}$, e seja $\mathbf{X}$ o vetor correspondente de variáveis básicas com $\mathbf{C}_B$ como seu vetor de coeficientes da função objetivo associado. Então, a solução correspondente pode ser calculada da maneira que descrevemos a seguir (o método para inverter matrizes particionadas é dado na Seção D.2.7):

$$\begin{pmatrix} z \\ \mathbf{X}_B \end{pmatrix} = \begin{pmatrix} 1 & -\mathbf{C}_B \\ \mathbf{0} & \mathbf{B} \end{pmatrix}^{-1}\begin{pmatrix} 0 \\ \mathbf{b} \end{pmatrix} = \begin{pmatrix} 1 & \mathbf{C}_B\mathbf{B}^{-1} \\ \mathbf{0} & \mathbf{B}^{-1} \end{pmatrix}\begin{pmatrix} 0 \\ \mathbf{b} \end{pmatrix} = \begin{pmatrix} -\mathbf{C}_B\mathbf{B}^{-1}\mathbf{b} \\ \mathbf{B}^{-1}\mathbf{b} \end{pmatrix}$$

A tabela simplex geral na forma matricial pode ser derivada das equações-padrão originais da seguinte maneira:

$$\begin{pmatrix} 1 & \mathbf{C}_B\mathbf{B}^{-1} \\ 0 & \mathbf{B}^{-1} \end{pmatrix}\begin{pmatrix} 1 & -\mathbf{C} \\ 0 & \mathbf{A} \end{pmatrix}\begin{pmatrix} z \\ \mathbf{X} \end{pmatrix} = \begin{pmatrix} 1 & \mathbf{C}_B\mathbf{B}^{-1} \\ 0 & \mathbf{B}^{-1} \end{pmatrix}\begin{pmatrix} 0 \\ \mathbf{b} \end{pmatrix}$$

Manipulações matriciais resultam nas seguintes equações:

$$\begin{pmatrix} 1 & \mathbf{C}_B\mathbf{B}^{-1}\mathbf{A} - \mathbf{C} \\ 0 & \mathbf{B}^{-1}\mathbf{A} \end{pmatrix}\begin{pmatrix} z \\ \mathbf{X} \end{pmatrix} = \begin{pmatrix} \mathbf{C}_B\mathbf{B}^{-1}\mathbf{b} \\ \mathbf{B}^{-1}\mathbf{b} \end{pmatrix}$$

Dado que $\mathbf{P}_j$ é o j-ésimo vetor de **A**, a coluna da tabela simplex associada com a variável x_j pode ser representada como:

Base	x_j	Solução
z	$\mathbf{C}_B\mathbf{B}^{-1}\mathbf{P}_j - \mathbf{c}_j$	$\mathbf{C}_B\mathbf{B}^{-1}\mathbf{b}$
$\mathbf{X}_B$	$\mathbf{B}^{-1}\mathbf{P}_j$	$\mathbf{B}^{-1}\mathbf{b}$

Na verdade, a tabela é igual à que apresentamos no Capítulo 3 (veja Problema 5 do Conjunto 7.1c) e igual à dos cálculos primais-duais da Seção 4.2.4. Uma importante propriedade dessa tabela é que a inversa, $\mathbf{B}^{-1}$, é o único elemento que muda de uma tabela para a seguinte, e que a tabela *inteira* pode ser gerada tão logo $\mathbf{B}^{-1}$ seja conhecida. Esse ponto é importante porque o erro de arredondamento no cálculo de qualquer tabela pode ser controlado por meio do controle da precisão de $\mathbf{B}^{-1}$. Esse resultado é a base para o desenvolvimento do método simplex revisado na Seção 7.2.

Exemplo 7.1-3

Considere o seguinte problema de PL:

$$\text{Maximizar } z = x_1 + 4x_2 + 7x_3 + 5x_4$$

sujeito a

$$2x_1 + x_2 + 2x_3 + 4x_4 = 10$$
$$3x_1 - x_2 - 2x_3 + 6x_4 = 5$$
$$x_1, x_2, x_3, x_4 \geq 0$$

Gere a tabela simplex associada à base $\mathbf{B} = (\mathbf{P}_1, \mathbf{P}_2)$.

Dado $\mathbf{B} = (\mathbf{P}_1, \mathbf{P}_2)$, então $\mathbf{X}_B = (x_1, x_2)^T$ e $\mathbf{C}_B = (1, 4)$. Assim,

$$\mathbf{B}^{-1} = \begin{pmatrix} 2 & 1 \\ 3 & -1 \end{pmatrix}^{-1} = \begin{pmatrix} \frac{1}{5} & \frac{1}{5} \\ \frac{3}{5} & -\frac{2}{5} \end{pmatrix}$$

Portanto, obtemos

$$\mathbf{X}_B = \begin{pmatrix} x_1 \\ x_2 \end{pmatrix} = \mathbf{B}^{-1}\mathbf{b} = \begin{pmatrix} \frac{1}{5} & \frac{1}{5} \\ \frac{3}{5} & -\frac{2}{5} \end{pmatrix}\begin{pmatrix} 10 \\ 5 \end{pmatrix} = \begin{pmatrix} 3 \\ 4 \end{pmatrix}$$

Para calcular as colunas de restrição no corpo da tabela, temos

$$\mathbf{B}^{-1}(\mathbf{P}_1, \mathbf{P}_2, \mathbf{P}_3, \mathbf{P}_4) = \begin{pmatrix} \frac{1}{5} & \frac{1}{5} \\ \frac{3}{5} & -\frac{2}{5} \end{pmatrix}\begin{pmatrix} 2 & 1 & 2 & 4 \\ 3 & -1 & -2 & 6 \end{pmatrix} = \begin{pmatrix} 1 & 0 & 0 & 2 \\ 0 & 1 & 2 & 0 \end{pmatrix}$$

Em seguida, calculamos a linha associada com a função objetivo da seguinte maneira:

$$\mathbf{C}_B(\mathbf{B}^{-1}(\mathbf{P}_1, \mathbf{P}_2, \mathbf{P}_3, \mathbf{P}_4)) - \mathbf{C} = (1, 4)\begin{pmatrix} 1 & 0 & 0 & 2 \\ 0 & 1 & 2 & 0 \end{pmatrix} - (1, 4, 7, 5) = (0, 0, 1, -3)$$

Por fim, calculamos o valor da função objetivo da seguinte maneira:

$$z = \mathbf{C}_B\mathbf{B}^{-1}\mathbf{b} = \mathbf{C}_B\mathbf{X}_B = (1, 4)\begin{pmatrix} 3 \\ 4 \end{pmatrix} = 19$$

Assim, a tabela inteira pode ser resumida como mostrado a seguir:

Base	x_1	x_2	x_3	x_4	Solução
z	0	0	1	-3	19
x_1	1	0	0	2	3
x_2	0	1	2	0	4

A conclusão principal desse exemplo é que, tão logo a inversa, $\mathbf{B}^{-1}$, seja conhecida, a tabela simplex inteira pode ser gerada de acordo com $\mathbf{B}^{-1}$ e com os dados *originais* do problema.

CONJUNTO DE PROBLEMAS 7.1C

*1. No Exemplo 7.1-3, considere $\mathbf{B} = (\mathbf{P}_3, \mathbf{P}_4)$. Mostre que a solução básica correspondente é viável, então gere a tabela simplex correspondente.

2. Considere o seguinte problema de PL:

$$\text{Maximizar } z = 5x_1 + 12x_2 + 4x_3$$

sujeito a

$$x_1 + 2x_2 + x_3 + x_4 = 10$$
$$2x_1 - 2x_2 - x_3 \quad = 2$$
$$x_1, x_2, x_3, x_4 \geq 0$$

Verifique se cada uma das seguintes matrizes forma uma base (viável ou inviável): $(\mathbf{P}_1, \mathbf{P}_2)$, $(\mathbf{P}_2, \mathbf{P}_3)$, $(\mathbf{P}_3, \mathbf{P}_4)$.

3. No seguinte problema de PL, calcule a tabela simplex inteira associada com $\mathbf{X}_B = (x_1, x_2, x_5)^T$.

$$\text{Minimizar } z = 2x_1 + x_2$$

sujeito a

$$3x_1 + x_2 - x_3 \quad = 3$$
$$4x_1 + 3x_2 \quad - x_4 \quad = 6$$
$$x_1 + 2x_2 \quad + x_5 = 3$$
$$x_1, x_2, x_3, x_4, x_5 \geq 0$$

*4. Apresentamos a seguir uma tabela ótima de um problema de PL.

Base	x_1	x_2	x_3	x_4	x_5	Solução
z	0	0	0	3	2	?
x_3	0	0	1	1	-1	2
x_2	0	1	0	1	0	6
x_1	1	0	0	-1	1	2

As variáveis x_3, x_4 e x_5 são de folga no problema original. Use manipulações matriciais para reconstruir o problema de PL original e depois calcule o valor ótimo.

5. Na tabela simplex generalizada, suponha que $\mathbf{X} = (\mathbf{X}_I, \mathbf{X}_{II})^T$, onde $\mathbf{X}_{II}$ corresponde a uma solução básica *inicial* típica (consistindo em variáveis de folga e/ou artificiais) com $\mathbf{B} = \mathbf{I}$, e sejam $\mathbf{C} = (\mathbf{C}_I, \mathbf{C}_{II})$ e $\mathbf{A} = (\mathbf{D}, \mathbf{I})$ as repartições correspondentes de **C** e **A**, respectivamente. Mostre que a forma de matriz da tabela simplex se reduz à forma apresentada a seguir, que é exatamente a forma usada no Capítulo 3.

Base	$\mathbf{X}_I$	$\mathbf{X}_{II}$	Solução
z	$\mathbf{C}_B\mathbf{B}^{-1}\mathbf{D} - \mathbf{C}_I$	$\mathbf{C}_B\mathbf{B}^{-1} - \mathbf{C}_{II}$	$\mathbf{C}_B\mathbf{B}^{-1}\mathbf{b}$
$\mathbf{X}_B$	$\mathbf{B}^{-1}\mathbf{D}$	$\mathbf{B}^{-1}$	$\mathbf{B}^{-1}\mathbf{b}$

7.2 MÉTODO SIMPLEX REVISADO

A Seção 7.1.1 mostra que a solução ótima de um problema de programação linear está sempre associada a uma solução básica (viável). A busca da ótima pelo método simplex começa com a seleção de uma base viável, **B**, e continua passando para uma outra base, $\mathbf{B}_{next}$, que dá um valor melhor (ou, ao menos, não pior) da função objetivo. Continuando dessa maneira, a certa altura a base ótima é alcançada.

As etapas iterativas do método simplex *revisado* são exatamente as mesmas da *tabela* do método simplex apresentada no Capítulo 3. A principal diferença é que os cálculos no método revisado são baseados em manipulações matriciais em vez de em operações de linha. A utilização da álgebra matricial reduz o efeito adverso do erro de arredondamento da máquina por meio do controle da precisão no cálculo de $\mathbf{B}^{-1}$. Esse resultado decorre porque, como mostra a Seção 7.1.2, a tabela simplex inteira pode ser calculada com base nos dados *originais* e da $\mathbf{B}^{-1}$ atual. Na tabela do método simplex do Capítulo 3, cada tabela é gerada de acordo com a imediatamente precedente, o que tende a piorar o problema do erro de arredondamento.

7.2.1 Desenvolvimento das condições de otimalidade e viabilidade

O problema geral de PL pode ser expresso da seguinte maneira:

Maximizar ou minimizar $z = \sum_{j=1}^{n} c_j x_j$ sujeito a $\sum_{j=1}^{n} \mathbf{P}_j x_j = \mathbf{b}$, $x_j \geq 0, j = 1, 2, \ldots, n$

Para um dado vetor básico $\boldsymbol{X}_B$, e sua base correspondente **B** e vetor de coeficientes da função objetivo $\mathbf{C}_B$, a tabela simplex geral desenvolvida na Seção 7.1.2 mostra que qualquer iteração simplex pode ser representada pelas seguintes equações:

$$z + \sum_{j=1}^{n} (z_j - c_j) x_j = \mathbf{C}_B \mathbf{B}^{-1} \mathbf{b}$$

$$(\mathbf{X}_B)_i + \sum_{j=1}^{n} (\mathbf{B}^{-1}\mathbf{P}_j)_i x_j = (\mathbf{B}^{-1}\mathbf{b})_i$$

$z_j - c_j$, o custo reduzido de x_j (veja a **Seção 4.3.2**) é definido como

$$z_j - c_j = \mathbf{C}_B \mathbf{B}^{-1} \mathbf{P}_j - c_j$$

A notação $(\mathbf{V})_i$ é usada para representar o *i*-ésimo elemento do vetor **V**.

Condição de otimalidade. Pela equação z dada, um aumento na x_j não básica acima de seu valor zero atual melhorará o valor de z em relação a seu valor atual ($= \mathbf{C}_B \mathbf{B}^{-1} \mathbf{b}$) só se $z_j - c_j$ for estritamente negativo no caso de maximização e estritamente positivo no caso de minimização. Caso contrário, x_j não pode melhorar a solução e deve permanecer não básica no nível zero. Embora qualquer variável não básica que satisfaça a condição dada possa ser escolhida para melhorar a solução, o método simplex usa uma regra prática que recomenda a seleção da **variável que entra** como a que tiver $z_j - c_j$ *mais* negativo (*mais* positivo) em caso de maximização (minimização).

Condição de viabilidade. A determinação do **vetor que sai** é baseada no exame da equação de restrição associada com a *i*-ésima variável *básica*. Especificamente, temos

$$(\mathbf{X}_B)_i + \sum_{j=1}^{n} (\mathbf{B}^{-1}\mathbf{P}_j)_i x_j = (\mathbf{B}^{-1}\mathbf{b})_i$$

Quando o vetor $\mathbf{P}_j$ é selecionado pela condição de otimalidade para entrar na base, sua variável associada x_j aumentará acima do nível zero. Ao mesmo tempo, todas as variáveis não básicas restantes permanecem no nível zero. Portanto, a *i*-ésima equação de restrição se reduz a

$$(\mathbf{X}_B)_i = (\mathbf{B}^{-1}\mathbf{b})_i - (\mathbf{B}^{-1}\mathbf{P}_j)_i x_j$$

A equação mostra que, se $(\mathbf{B}^{-1}\mathbf{P}_j)_i > 0$, um aumento em x_j pode fazer com que $(\mathbf{X}_B)_i$ se torne negativo, o que viola a condição de não-negatividade para todo i. Assim, temos

$$(\mathbf{B}^{-1}\mathbf{b})_i - (\mathbf{B}^{-1}\mathbf{P}_j)_i x_j \geq 0 \text{ para todo } i$$

Essa condição resulta no valor máximo da variável x_j que entra como

$$x_j = \min_i \left\{ \frac{(\mathbf{B}^{-1}\mathbf{b})_i}{(\mathbf{B}^{-1}\mathbf{P}_j)_i} \middle| (\mathbf{B}^{-1}\mathbf{P}_j)_i > 0 \right\}$$

A variável básica responsável por produzir a razão mínima sai da solução básica para se tornar não básica no nível zero.

CONJUNTO DE PROBLEMAS 7.2A

*1. Considere o seguinte problema de PL:

$$\text{Maximizar } z = c_1x_1 + c_2x_2 + c_3x_3 + c_4x_4$$

sujeito a

$$\mathbf{P}_1x_1 + \mathbf{P}_2x_2 + \mathbf{P}_3x_3 + \mathbf{P}_4x_4 = \mathbf{b}$$
$$x_1, x_2, x_3, x_4 \geq 0$$

Os vetores $\mathbf{P}_1$, $\mathbf{P}_2$, $\mathbf{P}_3$ e $\mathbf{P}_4$ são mostrados na Figura 7.4. Considere que a base **B** da iteração atual consista em $\mathbf{P}_1$ e $\mathbf{P}_2$.

(a) Se o vetor $\mathbf{P}_3$ entrar na base, qual dos dois vetores básicos atuais deve sair para que a solução básica resultante seja viável?

(b) O vetor $\mathbf{P}_4$ pode ser parte de uma base viável?

*2. Prove que, em qualquer iteração simplex, $z_j - c_j = 0$ para todas as variáveis *básicas* associadas.

3. Prove que, se $z_j - c_j > 0$ (< 0) para todas as variáveis não básicas x_j de um problema de PL de maximização (minimização), então a solução ótima é única. Ao contrário, se $z_j - c_j$ for igual a zero para uma x_j não básica, o problema tem soluções ótimas alternativas.

4. Em uma solução básica inicial na qual todas as variáveis sejam de folga, use a forma matricial da tabela para mostrar que o procedimento mecânico usado na **Seção 3.3**, no qual a equação com os coeficientes da função objetivo foi estabelecida por

$$z - \sum_{j=1}^{n} c_j x_j = 0$$

calcula automaticamente o $z_j - c_j$ adequado para todas as variáveis na tabela simplex inicial.

5. Usando a forma matricial da tabela simplex, mostre que, em uma solução básica na qual todas as variáveis iniciais são artificiais, o procedimento empregado na Seção 3.4.1 que recomenda a substituição das variáveis artificiais da função objetivo (usando as equações de restrição) na verdade calcula $z_j - c_j$ adequado para todas as variáveis na tabela simplex inicial.

Figura 7.4
Representação vetorial do Problema 1, Conjunto 7.2a

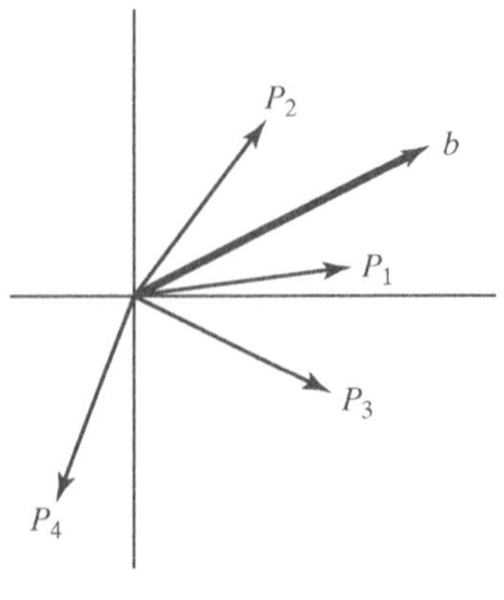

6. Considere um problema de PL no qual a variável x_k é irrestrita em sinal. Prove que, pela substituição $x_k = x_k^- - x_k^+$, onde x_k^- e x_k^+ são não negativas, é impossível que as duas variáveis substituam uma à outra em uma solução ótima alternativa.

*7. Dado um problema de PL geral na forma de equações com m equações e n incógnitas, determine o número máximo de pontos extremos *adjacentes* que podem ser alcançados a partir de um ponto extremo não degenerado (todas as variáveis básicas são > 0) do espaço de soluções.

8. Ao aplicar a condição de viabilidade do método simplex, suponha que $x_r = 0$ é uma variável básica e que x_j é a variável que entra na base com $(\mathbf{B}^{-1}\mathbf{P}_j)_r \neq 0$. Prove que a solução básica resultante permanece viável mesmo quando $(\mathbf{B}^{-1}\mathbf{P}_j)_r$ for negativa.

9. Na implementação da condição de viabilidade do método simplex, quais são as condições para encontrar uma solução degenerada (ao menos uma variável básica = 0) pela primeira vez? E para continuar a obter uma solução degenerada na próxima iteração? E para eliminar a degeneração na próxima iteração? Explique as respostas matematicamente.

*10. Quais são as relações entre pontos extremos e soluções básicas sob degeneração e não-degeneração? Qual é o número máximo de iterações que podem ser realizadas em determinado ponto extremo considerando que não haja ciclos?

*11. Considere o problema de PL, maximizar $z = \mathbf{CX}$ sujeito a $\mathbf{AX} \leq \mathbf{b}$, $\mathbf{X} \geq \mathbf{0}$, onde $\mathbf{b} \geq \mathbf{0}$. Suponha que o vetor que entra na base, $\mathbf{P}_j$, seja tal que pelo menos um elemento de $\mathbf{B}^{-1}\mathbf{P}_j$ seja positivo.
   (a) Se $\mathbf{P}_j$ for substituído por $\alpha\mathbf{P}_j$, onde α é um escalar positivo, e contanto que x_j permaneça a variável que entra na base, ache a relação entre os valores de x_j correspondentes a $\mathbf{P}_j$ e a $\alpha\mathbf{P}_j$.
   (b) Responda a parte (a) se, adicionalmente, $\mathbf{b}$ for substituído por $\beta\mathbf{b}$, onde β é um escalar positivo.

12. Considere o problema de PL

$$\text{Maximizar } z = \mathbf{CX} \text{ sujeito a } \mathbf{AX} \leq \mathbf{b}, \mathbf{X} \geq \mathbf{0}, \text{ onde } \mathbf{b} \geq \mathbf{0}$$

Após obter a solução ótima, é sugerido que uma variável não básica x_j possa ser transformada em básica (lucrativa) pela redução dos requisitos (de recurso) por unidade de x_j para os diferentes recursos para $1/\alpha$ de seus valores originais, $\alpha > 1$. Visto que os requisitos por unidade são reduzidos, espera-se que o lucro por unidade de x_j também seja reduzido para $1/\alpha$ de seu valor original. Essas mudanças farão de x_j uma variável lucrativa? Explique matematicamente.

13. Considere o problema de PL

$$\text{Maximizar } z = \mathbf{CX} \text{ sujeito a } (\mathbf{A}, \mathbf{I})\mathbf{X} = \mathbf{b}, \mathbf{X} \geq \mathbf{0}$$

Defina $\mathbf{X}_B$ como o vetor básico atual, sendo $\mathbf{B}$ sua base associada e $\mathbf{C}_B$ seu vetor de coeficientes da função objetivo. Mostre que, se $\mathbf{C}_B$ for substituído pelos novos coeficientes $\mathbf{D}_B$, os valores de $z_j - c_j$ para o vetor básico $\mathbf{X}_B$ permanecerão iguais a zero. Qual é o significado desse resultado?

7.2.2 Algoritmo simplex revisado

Como já desenvolvemos as condições de otimalidade e viabilidade na Seção 7.2.1, agora apresentamos as etapas de cálculo do método simplex revisado.

Etapa 0. Construa uma solução básica inicial viável e sejam $\mathbf{B}$ e $\mathbf{C}_B$ sua base associada e seu vetor de coeficientes da função objetivo, respectivamente.

Etapa 1. Calcule a inversa $\mathbf{B}^{-1}$ usando um método de inversão adequado.[1]

Etapa 2. Para cada variável x_j *não básica*, calcule

$$z_j - c_j = \mathbf{C}_B\mathbf{B}^{-1}\mathbf{P}_j - c_j$$

Se $z_j - c_j \geq 0$ em maximização (≤ 0 em minimização) para toda x_j não básica, pare; a solução ótima é dada por

$$\mathbf{X}_B = \mathbf{B}^{-1}\mathbf{b},\ z = \mathbf{C}_B\mathbf{X}_B$$

Caso contrário, aplique a condição de otimalidade e determine a variável x_j *que entra na base* como a variável não básica que tenha $z_j - c_j$ mais negativo (positivo) no caso de maximização (minimização).

Etapa 3. Calcule $\mathbf{B}^{-1}\mathbf{P}_j$. Se todos os elementos de $\mathbf{B}^{-1}\mathbf{P}_j$ forem negativos ou zero, pare; o problema não tem nenhuma solução limitada. Caso contrário, calcule $\mathbf{B}^{-1}\mathbf{b}$. Então, para todos os elementos *estritamente positivos* de $\mathbf{B}^{-1}\mathbf{P}_j$, determine as razões definidas pela condição de viabilidade. A variável básica x_i associada à menor razão é a variável que *sai da base*.

Etapa 4. De acordo com a base atual $\mathbf{B}$, forme uma nova base substituindo o vetor que sai da base, $\mathbf{P}_i$, pelo vetor que entra na base, $\mathbf{P}_j$. Vá para a etapa 1 e inicie uma nova iteração.

Exemplo 7.2-1

O modelo da Reddy Mikks (**Seção 2.1**) é resolvido pelo algoritmo simplex revisado. O mesmo modelo foi resolvido pelo método da tabela simplex na **Seção 3.3.2**. Uma comparação entre os dois métodos mostrará que são um único e mesmo método.

A forma de equações do modelo da Reddy Mikks pode ser expressa na forma matricial como

$$\text{Maximizar } z = (5, 4, 0, 0, 0, 0)(x_1, x_2, x_3, x_4, x_5, x_6)^T$$

sujeito a

$$\begin{pmatrix} 6 & 4 & 1 & 0 & 0 & 0 \\ 1 & 2 & 0 & 1 & 0 & 0 \\ -1 & 1 & 0 & 0 & 1 & 0 \\ 0 & 1 & 0 & 0 & 0 & 1 \end{pmatrix} \begin{pmatrix} x_1 \\ x_2 \\ x_3 \\ x_4 \\ x_5 \\ x_6 \end{pmatrix} = \begin{pmatrix} 24 \\ 6 \\ 1 \\ 2 \end{pmatrix}$$

$$x_1, x_2, \ldots, x_6 \geq 0$$

Usamos a notação $\mathbf{C} = (c_1, c_2, \ldots, c_6)$ para representar os coeficientes da função objetivo e $(\mathbf{P}_1, \mathbf{P}_2, \ldots, \mathbf{P}_6)$ para representar os vetores coluna das equações de restrição. O lado direito das restrições dá o vetor $\mathbf{b}$.

Nos cálculos a seguir, damos a fórmula algébrica para cada etapa e sua resposta numérica final sem detalhar as operações aritméticas. Você verá que é instrutivo completar as lacunas em cada etapa.

Iteração 0

$$\mathbf{X}_{B_0} = (x_3, x_4, x_5, x_6),\ \mathbf{C}_{B_0} = (0, 0, 0, 0)$$

$$\mathbf{B}_0 = (\mathbf{P}_3, \mathbf{P}_4, \mathbf{P}_5, \mathbf{P}_6) = \mathbf{I},\ \mathbf{B}_0^{-1} = \mathbf{I}$$

Assim,

$$\mathbf{X}_{B_0} = \mathbf{B}_0^{-1}\mathbf{b} = (24, 6, 1, 2)^T,\ z = \mathbf{C}_{B_0}\mathbf{X}_{B_0} = 0$$

Cálculos de otimalidade

$$\mathbf{C}_{B_0}\mathbf{B}_0^{-1} = (0, 0, 0, 0)$$

$$\{z_j - c_j\}_{j = 1, 2} = \mathbf{C}_{B_0}\mathbf{B}_0^{-1}(\mathbf{P}_1, \mathbf{P}_2) - (c_1, c_2) = (-5, -4)$$

Assim, $\mathbf{P}_1$ é o vetor que entra na base.

[1] Na maioria das apresentações de PL, entre elas as das seis primeiras edições deste livro, o método da *forma de produto* para inverter uma base (veja a Seção D.2.7) está integrado ao algoritmo simplex revisado porque a *forma de produto* se presta prontamente aos cálculos do simplex revisado, no qual a diferença entre bases sucessivas é exatamente uma coluna. Esse detalhe foi eliminado dessa apresentação porque faz o algoritmo parecer mais complexo do que é na realidade. Além do mais, a *forma de produto* raramente é usada no desenvolvimento de códigos de PL porque não é projetada para cálculos automáticos, nos quais o erro de arredondamento da máquina pode ser uma questão séria. Normalmente é utilizado algum método avançado de análise numérica, como o método de decomposição LU, para obter a inversa. (A propósito, a inversão de matriz do TORA é baseada na decomposição LU.)

Cálculos de viabilidade

$$\mathbf{X}_{B_0} = (x_3, x_4, x_5, x_6)^T = (24, 6, 1, 2)^T$$

$$\mathbf{B}_0^{-1}\mathbf{P}_1 = (6, 1, -1, 0)^T$$

Daí que

$$x_1 = \min\left\{\frac{24}{6}, \frac{6}{1}, -, -\right\} = \min\{4, 6, -, -\} = 4$$

e $\mathbf{P}_3$ se torna o vetor que sai da base.

Esses resultados podem ser resumidos no conhecido formato da tabela simplex. A apresentação deve ajudar a convencê-lo de que os dois métodos são, em essência, os mesmos. Você verá que é instrutivo desenvolver tabelas semelhantes nas iterações sucessivas.

Base	x_1	x_2	x_3	x_4	x_5	x_6	Solução
z	-5	-4	0	0	0	0	0
x_3	6						24
x_4	1						6
x_5	-1						1
x_6	0						2

Iteração 1

$$\mathbf{X}_{B_1} = (x_1, x_4, x_5, x_6), \mathbf{C}_{B_1} = (5, 0, 0, 0)$$

$$\mathbf{B}_1 = (\mathbf{P}_1, \mathbf{P}_4, \mathbf{P}_5, \mathbf{P}_6)$$

$$= \begin{pmatrix} 6 & 0 & 0 & 0 \\ 1 & 1 & 0 & 0 \\ -1 & 0 & 1 & 0 \\ 0 & 0 & 0 & 1 \end{pmatrix}$$

Usando um método de inversão adequado (veja a Seção D.2.7, em particular o método da *forma de produto*), a inversa é dada por

$$\mathbf{B}_1^{-1} = \begin{pmatrix} \frac{1}{6} & 0 & 0 & 0 \\ -\frac{1}{6} & 1 & 0 & 0 \\ \frac{1}{6} & 0 & 1 & 0 \\ 0 & 0 & 0 & 1 \end{pmatrix}$$

Portanto,

$$\mathbf{X}_{B_1} = \mathbf{B}_1^{-1}\mathbf{b} = (4, 2, 5, 2)^T, z = \mathbf{C}_{B_1}\mathbf{X}_{B_1} = 20$$

Cálculos de otimalidade

$$\mathbf{C}_{B_1}\mathbf{B}_1^{-1} = (\tfrac{5}{6}, 0, 0, 0)$$

$$\{z_j - c_j\}_{j=2,3} = \mathbf{C}_{B_1}\mathbf{B}_1^{-1}(\mathbf{P}_2, \mathbf{P}_3) - (c_2, c_3) = (-\tfrac{2}{3}, \tfrac{5}{6})$$

Dessa maneira, $\mathbf{P}_2$ é o vetor que entra na base.

Cálculos de viabilidade

$$\mathbf{X}_{B_1} = (x_1, x_4, x_5, x_6)^T = (4, 2, 5, 2)^T$$

$$\mathbf{B}_1^{-1}\mathbf{P}_2 = \left(\frac{2}{3}, \frac{4}{3}, \frac{5}{3}, 1\right)^T$$

Daí que

$$x_2 = \min\left\{\frac{4}{\frac{2}{3}}, \frac{2}{\frac{4}{3}}, \frac{5}{\frac{5}{3}}, \frac{2}{1}\right\} = \min\left\{6, \frac{3}{2}, 3, 2\right\} = \frac{3}{2}$$

e $\mathbf{P}_4$ se torna o vetor que sai da base. (Você verá que é proveitoso resumir esses resultados na forma de tabela simplex, como fizemos na iteração 0.)

Iteração 2

$$\mathbf{X}_{B_2} = (x_1, x_2, x_5, x_6)^T, \mathbf{C}_{B_2} = (5, 4, 0, 0)$$

$$\mathbf{B}_2 = (\mathbf{P}_1, \mathbf{P}_2, \mathbf{P}_5, \mathbf{P}_6)$$

$$= \begin{pmatrix} 6 & 4 & 0 & 0 \\ 1 & 2 & 0 & 0 \\ -1 & 1 & 1 & 0 \\ 0 & 1 & 0 & 1 \end{pmatrix}$$

Daí que

$$\mathbf{B}_2^{-1} = \begin{pmatrix} \frac{1}{4} & -\frac{1}{2} & 0 & 0 \\ -\frac{1}{8} & \frac{3}{4} & 0 & 0 \\ \frac{3}{8} & -\frac{5}{4} & 1 & 0 \\ \frac{1}{8} & -\frac{3}{4} & 0 & 1 \end{pmatrix}$$

Portanto,

$$\mathbf{X}_{B_2} = \mathbf{B}_2^{-1}\mathbf{b} = (3, \tfrac{3}{2}, \tfrac{5}{2}, \tfrac{1}{2})^T, z = \mathbf{C}_{B_2}\mathbf{X}_{B_2} = 21$$

Cálculos de otimalidade

$$\mathbf{C}_{B_2}\mathbf{B}_2^{-1} = (\tfrac{3}{4}, \tfrac{1}{2}, 0, 0)$$

$$\{z_j - c_j\}_{j=3,4} = \mathbf{C}_{B_2}\mathbf{B}_2^{-1}(P_3, P_4) - (c_3, c_4) = (\tfrac{3}{4}, \tfrac{1}{2})$$

Dessa maneira, $\mathbf{X}_{B_2}$ é ótima e os cálculos terminam.

Resumo da solução ótima

$$x_1 = 3; x_2 = 1{,}5; z = 21$$

CONJUNTO DE PROBLEMAS 7.2B

1. No Exemplo 7.2-1, resuma os dados da iteração 1 no formato de tabela da Seção 3.3.

2. Resolva os seguintes problemas de PL pelo método simplex revisado:

(a) Maximizar $z = 6x_1 - 2x_2 + 3x_3$
sujeito a

$$2x_1 - x_2 + 2x_3 \leq 2$$
$$x_1 + 4x_3 \leq 4$$
$$x_1, x_2, x_3 \geq 0$$

***(b)** Maximizar $z = 2x_1 + x_2 + 2x_3$
sujeito a

$$4x_1 + 3x_2 + 8x_3 \leq 12$$
$$4x_1 + x_2 + 12x_3 \leq 8$$
$$4x_1 - x_2 + 3x_3 \leq 8$$
$$x_1, x_2, x_3 \geq 0$$

(c) Minimizar $z = 2x_1 + x_2$
sujeito a

$$3x_1 + x_2 = 3$$
$$4x_1 + 3x_2 \geq 6$$
$$x_1 + 2x_2 \leq 3$$
$$x_1, x_2 \geq 0$$

(d) Minimizar $z = 5x_1 - 4x_2 + 6x_3 + 8x_4$
sujeito a

$$x_1 + 7x_2 + 3x_3 + 7x_4 \leq 46$$
$$3x_1 - x_2 + x_3 + 2x_4 \leq 20$$
$$2x_1 + 3x_2 - x_3 + x_4 \geq 18$$
$$x_1, x_2, x_3, x_4 \geq 0$$

3. Resolva o seguinte problema de PL pelo método simplex revisado dado o vetor básico inicial viável $\mathbf{X}_{B_0} = (x_2, x_4, x_5)^T$.

Minimizar $z = 7x_2 + 11x_3 - 10x_4 + 26x_6$

sujeito a

$$x_2 - x_3 + x_5 + x_6 = 6$$
$$x_2 - x_3 + x_4 + 3x_6 = 8$$
$$x_1 + x_2 - 3x_3 + x_4 + x_5 = 12$$
$$x_1, x_2, x_3, x_4, x_5, x_6 \geq 0$$

4. Resolva os problemas seguintes usando o método simplex revisado de duas fases:
(a) Problema 2-c.
(b) Problema 2-d.
(c) Problema 3 (desconsidere a $\mathbf{X}_{B_0}$ inicial dada).

5. *Método simplex dual revisado.* As etapas do método simplex dual revisado (usando manipulações de matrizes) podem ser resumidas da seguinte maneira:

Etapa 0. Seja $\mathbf{B}_0 = \mathbf{I}$ a base inicial para a qual no mínimo um dos elementos de $\mathbf{X}_{B_0}$ é negativo (inviável).

Etapa 1. Calcule $\mathbf{X}_B = \mathbf{B}^{-1}\mathbf{b}$, os valores atuais das variáveis básicas. Selecione a variável x_r que sai da base como a que tem o valor mais negativo. Se todos os elementos de $\mathbf{X}_B$ forem não negativos, pare; a solução atual é viável (e ótima).

Etapa 2.
(a) Calcule $z_j - c_j = \mathbf{C}_B\mathbf{B}^{-1}\mathbf{P}_j - c_j$ para todas as variáveis x_j não básicas.
(b) Para todas as variáveis x_j não básicas, calcule os coeficientes de restrição $(\mathbf{B}^{-1}\mathbf{P}_j)_r$ associados com a linha da variável x_r que sai da base.
(c) A variável que entra na base está associada com

$$\theta = \min_i \left\{ \left| \frac{z_j - c_j}{(\mathbf{B}^{-1}\mathbf{P}_j)_r} \right|, (\mathbf{B}^{-1}\mathbf{P}_j)_r < 0 \right\}$$

Se toda $(\mathbf{B}^{-1}\mathbf{P}_j)_r \geq 0$, não existe nenhuma solução viável.

Etapa 3. Obtenha a nova base permutando os vetores que entram na base e que saem da base ($\mathbf{P}_j$ e $\mathbf{P}_r$). Calcule as novas inversas e vá para a etapa 1.

Aplique o método ao seguinte problema:

$$\text{Minimizar } z = 3x_1 + 2x_2$$

sujeito a

$$\begin{aligned} 3x_1 + x_2 &\geq 3 \\ 4x_1 + 3x_2 &\geq 6 \\ x_1 + 2x_2 &\leq 3 \\ x_1, x_2 &\geq 0 \end{aligned}$$

7.3 ALGORITMO PARA VARIÁVEIS CANALIZADAS

Em problemas de PL, variáveis podem ter limites superiores e inferiores positivos explícitos. Por exemplo, em instalações de produção, limites inferiores e superiores podem representar as demandas mínimas e máximas para certos produtos. Variáveis canalizadas também surgem com freqüência no decorrer da resolução de problemas de programação inteira pelo algoritmo branch-and-bound (veja a Seção 9.3.1).

O algoritmo para variáveis canalizadas é eficiente em termos computacionais porque leva em conta os limites *implicitamente.* Em primeiro lugar, vamos considerar os limites inferiores porque é mais simples. Dado $\mathbf{X} \geq \mathbf{L}$, podemos usar a substituição

$$\mathbf{X} = \mathbf{L} + \mathbf{X}'; \mathbf{X}' \geq \mathbf{0}$$

globalmente e resolver o problema em termos de $\mathbf{X}'$ (cujo limite inferior agora é igual a zero). O $\mathbf{X}$ original é determinado por substituição posterior, o que é legítimo porque garante que $\mathbf{X} = \mathbf{X}' + \mathbf{L}$ permanecerá não negativo para todo $\mathbf{X}' \geq \mathbf{0}$.

Em seguida, considere as restrições para o limite superior, $\mathbf{X} \leq \mathbf{U}$. A idéia da substituição direta (isto é, $\mathbf{X} = \mathbf{U} - \mathbf{X}''$; $\mathbf{X}'' \geq \mathbf{0}$) não é correta porque a substituição posterior, $\mathbf{X} = \mathbf{U} - \mathbf{X}''$, não garante que $\mathbf{X}$ permanecerá não negativo. Em conseqüência, é preciso um procedimento diferente.

Defina o limite superior do problema de PL como

$$\text{Maximizar } z = \{\mathbf{CX} | (\mathbf{A}, \mathbf{I})\mathbf{X} = \mathbf{b}, \mathbf{0} \leq \mathbf{X} \leq \mathbf{U}\}$$

O algoritmo para variáveis canalizadas usa somente as restrições $(\mathbf{A}, \mathbf{I})\mathbf{X} = \mathbf{b}$; $\mathbf{X} \geq \mathbf{0}$ e, ao mesmo tempo, leva $\mathbf{X} \leq \mathbf{U}$ implicitamente em conta por meio da modificação da condição simplex de viabilidade.

Seja $\mathbf{X}_B = \mathbf{B}^{-1}\mathbf{b}$ uma solução básica viável atual de $(\mathbf{A}, \mathbf{I})\mathbf{X} = \mathbf{b}$, $\mathbf{X} \geq \mathbf{0}$ e suponha que, de acordo com a condição de otimalidade (normal), $\mathbf{P}_j$ seja o vetor que entra na base. Então, *dado que todas as variáveis não básicas são zero,* a equação de restrição da *i*-ésima variável básica pode ser escrita como

$$(\mathbf{X}_B)_i = (\mathbf{B}^{-1}\mathbf{b})_i - (\mathbf{B}^{-1}\mathbf{P}_j)_i\, x_j$$

Quando a variável que entra na base, x_j, aumentar acima do nível zero, $(\mathbf{X}_B)_i$ *aumentará* ou *diminuirá* dependendo de $(\mathbf{B}^{-1}\mathbf{P}_j)_i$ ser negativa ou positiva, respectivamente. Assim, ao determinar o valor da variável x_j que entra na base, três condições devem ser satisfeitas.

1. A variável básica $(\mathbf{X}_B)_i$ permanece não negativa, isto é, $(\mathbf{X}_B)_i \geq 0$.
2. A variável básica $(\mathbf{X}_B)_i$ não ultrapassa seu limite superior, isto é, $(\mathbf{X}_B)_i \leq (\mathbf{U}_B)_i$, onde $\mathbf{U}_B$ compreende os elementos ordenados de $\mathbf{U}$ correspondentes a $\mathbf{X}_B$.
3. A variável x_j que entra na base não pode assumir um valor maior do que seu limite superior, isto é, $x_j \leq u_j$, onde u_j é o *j*-ésimo elemento de $\mathbf{U}$.

A primeira condição, $(\mathbf{X}_B)_i \geq 0$, requer que

$$(\mathbf{B}^{-1}\mathbf{b})_i - (\mathbf{B}^{-1}\mathbf{P}_j)_i\, x_j \geq 0$$

e é satisfeita se

$$x_j = \theta_1 = \min_i \left\{ \frac{(\mathbf{B}^{-1}b)_i}{(\mathbf{B}^{-1}\mathbf{P}_j)_i} \; (\mathbf{B}^{-1}\mathbf{P}_j)_i > 0 \right\}$$

Essa condição é igual à condição de viabilidade do método simplex normal.

Em seguida, a condição $(\mathbf{X}_B)_i \leq (\mathbf{U}_B)_i$ especifica que

$$(\mathbf{B}^{-1}\mathbf{b})_i - (\mathbf{B}^{-1}\mathbf{P}_j)_i\, xj \leq (\mathbf{U}_B)_i$$

e é satisfeita se

$$x_j = \theta_1 = \min_i \left\{ \frac{(\mathbf{B}^{-1}\mathbf{b})_i - (\mathbf{U}_B)_i}{(\mathbf{B}^{-1}\mathbf{P}_j)_i} \; (\mathbf{B}^{-1}\mathbf{P}_j)_i < 0 \right\}$$

Combinando as três restrições, x_j entra na solução no nível que satisfaz as três condições, ou seja,

$$x_j = \min\{\theta_1, \theta_2, u_j\}$$

A mudança de base para a próxima iteração depende de x_j entrar na solução no nível θ_1, θ_2 ou u_j. Considerando que $(\mathbf{X}_B)_r$ é a variável que sai da base, temos as seguintes regras:

1. $xj = \theta_1$: $(\mathbf{X}_B)_r$ sai da solução básica (torna-se não básica) no nível zero. A nova iteração é gerada usando o método simplex normal com x_j e $(\mathbf{X}_B)_r$ como as variáveis que entram na base e saem da base, respectivamente.
2. $x_j = \theta_2$: $(\mathbf{X}_B)_r$ torna-se não básica *em seu limite superior.* A nova iteração é gerada como no caso de $x_j = \theta_1$, com uma modificação que leva em conta o fato de que $(\mathbf{X}_B)_r$ será não básica no *limite superior.* Como os valores de θ_1 e θ_2 requerem que *todas as variáveis não básicas estejam no nível zero* (certifique-se de que é esse o caso!), devemos converter a nova $(\mathbf{X}_B)_r$ não básica no limite superior a uma variável não básica no nível zero. Consegue-se isso usando a substituição $(\mathbf{X}_B)_r = (\mathbf{U}_B)_r - (\mathbf{X}'_B)_r$, onde $(\mathbf{X}'_B)_r \geq 0$. É irrelevante se a substituição é feita antes ou depois do cálculo da nova base.
3. $x_j = u_j$: o vetor básico $\mathbf{X}_B$ permanece inalterado porque $x_j = u_j$ pára quando está perto de obrigar qualquer uma das variáveis básicas atuais a alcançar seu nível inferior (= 0) ou superior. Isso significa que x_j permanecerá não básica, *mas em limite superior.* Segundo o argumento que acabamos de apresentar, a nova iteração é gerada usando a substituição $x_j = u_j - x'_j$.

Um empate entre θ_1, θ_2 e u_j pode ser decidido arbitrariamente. Contudo, é preferível, sempre que possível, implementar a regra $x_j = u_j$ porque acarreta menos cálculos.

A substituição $x_j = u_j - x'_j$ alterará c_j, $\mathbf{P}_j$ e $\mathbf{b}$ originais para $c'_j = -c_j$, $\mathbf{P'}_j = -\mathbf{P}_j$, e $\mathbf{b}$ para $\mathbf{b'} = \mathbf{b} - u_j\mathbf{P}_j$. Isso significa que, se o método simplex revisado for usado, todos os cálculos (por exemplo, $\mathbf{B}^{-1}$, $\mathbf{X}_B$ e $z_j - c_j$) devem ser baseados nos valores atualizados de **C**, **A** e **b** em cada iteração (se quiser mais detalhes, veja o Problema 5, Conjunto 7.3a).

Exemplo 7.3-1

Resolva o seguinte problema de PL por algoritmo para variáveis canalizadas no limite superior.[2]

$$\text{Maximizar } z = 3x_1 + 5y + 2x_3$$

sujeito a

$$x_1 + y + 2x_3 \le 14$$
$$2x_1 + 4y + 3x_3 \le 43$$
$$0 \le x_1 \le 4;\ 7 \le y \le 10;\ 0 \le x_3 \le 3$$

O limite inferior em y é levado em conta usando a substituição $y = x_2 + 7$, onde $0 \le x_2 \le 10 - 7 = 3$.

Para evitar 'distrações' devidas aos detalhes de cálculo, não usaremos o método simplex revisado para executar os cálculos. Em vez disso, usaremos a forma compacta da tabela simplex. Os problemas 5, 6 e 7 do Conjunto 7.3a abordam a versão revisada do algoritmo.

Iteração 0

Base	x_1	x_2	x_3	x_4	x_5	Solução
z	-3	-5	-2	0	0	35
x_4	1	1	2	1	0	7
x_5	2	4	3	0	1	15

Temos $\mathbf{B} = \mathbf{B}^{-1} = \mathbf{I}$ e $\mathbf{X}_B = (x_4, x_5)^T = \mathbf{B}^{-1}\mathbf{b} = (7, 15)^T$. Dado que x_2 é a variável que entra na base ($z_2 - c_2 = -5$), obtemos

$$\mathbf{B}^{-1}\mathbf{P}_2 = (1, 4)^T$$

o que dá

$$\theta_1 = \min\left\{\frac{7}{1}, \frac{15}{4}\right\} = 3{,}75 \text{, correspondente a } x_5$$

$$\theta_2 = \infty \text{ (porque todos os elementos de } \mathbf{B}^{-1}\mathbf{P}_2 > \mathbf{0})$$

Em seguida, dado o limite superior da variável que entra na base, $x_2 \le 3$, segue-se que

$$x_2 = \min\{3{,}75, \infty, 3\} = 3\ (= u_2)$$

Como x_2 entra na base em seu limite superior ($= u_2 = 3$), $\mathbf{X}_B$ permanece inalterada e se torna não básica em seu *limite superior*. Usamos a substituição $x_2 = 3 - x'_2$ para obter a nova tabela simplex como demonstrado na tabela seguinte.

Base	x_1	x'_2	x_3	x_4	x_5	Solução
z	-3	-5	-2	0	0	50
x_4	1	-1	2	1	0	4
x_5	2	-4	3	0	1	3

Na verdade, a substituição muda o vetor original do lado direito de $\mathbf{b} = (7, 15)^T$ para $\mathbf{b'} = (4, 3)^T$. Essa mudança deve ser considerada em cálculos futuros.

Iteração 1. A variável que entra na base é x_1. O vetor básico $\mathbf{X}_B$ e $\mathbf{B}^{-1}$ ($= \mathbf{I}$) são os mesmos da iteração 0. Em seguida,

$$\mathbf{B}^{-1}\mathbf{P}_1 = (1, 2)^T$$

$$\theta_1 = \min\left\{\frac{4}{1}, \frac{3}{2}\right\} = 1{,}5 \text{, correspondente a } x_5 \text{ na base}$$

$$\theta_2 = \infty \text{ (porque } \mathbf{B}^{-1}\mathbf{P}_1 > 0)$$

Assim,

$$x_1 = \min\{1{,}5; \infty; 4\} = 1{,}5\ (= \theta_1)$$

Desse modo, a variável x_1 que entra se torna básica, e a variável x_5 que sai se torna não básica no nível zero, o que resulta em

Base	x_1	x'_2	x_3	x_4	x_5	Solução
z	0	-1	$\frac{5}{2}$	0	$\frac{3}{2}$	$\frac{109}{2}$
x_4	0	1	$\frac{1}{2}$	1	$-\frac{1}{2}$	$\frac{5}{2}$
x_1	1	-2	$\frac{3}{2}$	0	$\frac{1}{2}$	$\frac{3}{2}$

Iteração 2. A nova inversa é

$$\mathbf{B}^{-1} = \begin{pmatrix} 1 & -\frac{1}{2} \\ 0 & \frac{1}{2} \end{pmatrix}$$

Agora

$$\mathbf{X}_B = (x_4, x_1)^T = \mathbf{B}^{-1}\mathbf{b'} = \left(\tfrac{5}{2}, \tfrac{3}{2}\right)^T$$

onde $\mathbf{b'} = (4, 3)^T$ como calculado no final da iteração 0. Selecionamos x'_2 como a variável que entra na base e, observando que $\mathbf{P'}_2 = -\mathbf{P}_2$, obtemos

$$\mathbf{B}^{-1}\mathbf{P'}_2 = (1, -2)^T$$

Portanto,

$$\theta_1 = \min\left\{\frac{\frac{5}{2}}{1}, -\right\} = 2{,}5 \text{, correspondente a } x_4 \text{ na base}$$

$$\theta_2 = \min\left\{-, \frac{\frac{3}{2} - 4}{-2}\right\} = 1{,}25 \text{, correspondente a } x_1 \text{ na base}$$

Então, temos

$$x'_2 = \min\{2{,}5; 1{,}25; 3\} = 1{,}25\ (= \theta_2)$$

Como x_1 se torna não básica em seu limite superior, aplicamos a substituição $x_1 = 4 - x'_1$ para obter

Base	x'_1	x'_2	x_3	x_4	x_5	Solução
z	0	-1	$\frac{5}{2}$	0	$\frac{3}{2}$	$\frac{109}{2}$
x_4	0	1	$\frac{1}{2}$	1	$-\frac{1}{2}$	$\frac{5}{2}$
x'_1	-1	-2	$\frac{3}{2}$	0	$\frac{1}{2}$	$-\frac{5}{2}$

[2] Você pode usar Linear programming ⇒ Solve problem ⇒ Algebraic ⇒ Iterations ⇒ Bounded simplex do TORA para produzir as iterações simplex associadas (arquivo toraEx7.3-1.txt).

Em seguida, a variável x'_2 que entra se torna básica, e a variável x_1 que sai se torna não básica no nível superior, o que resulta em

Base	x'_1	x'_2	x_3	x_4	x_5	Solução
z	$\frac{1}{2}$	0	$\frac{7}{4}$	0	$\frac{5}{4}$	$\frac{223}{4}$
x_4	$-\frac{1}{2}$	0	$\frac{5}{4}$	1	$-\frac{1}{4}$	$\frac{5}{4}$
x'_2	$\frac{1}{2}$	1	$-\frac{3}{4}$	0	$-\frac{1}{4}$	$\frac{5}{4}$

A última tabela simplex é viável e ótima. Observe que as últimas duas etapas poderiam ter sido invertidas – o que significa que poderíamos primeiro tornar x'_2 básica e então aplicar a substituição $x_1 = 4 - x'_1$ (tente fazer isso!). Entretanto, a seqüência apresentada aqui envolve menos cálculo.

Os valores ótimos de x_1, x_2 e x_3 são obtidos por substituição posterior como $x_1 = u_1 - x'_1 = 4 - 0 = 4$; $x_2 = u_2 - x'_2 = 3 - \frac{5}{4} = \frac{7}{4}$ e $x_3 = 0$. Por fim, obtemos $y = l_2 + x_2 = 7 + \frac{7}{4} = \frac{35}{4}$.

O valor ótimo da função objetivo associada z é $\frac{223}{4}$.

CONJUNTO DE PROBLEMAS 7.3A

1. Considere o seguinte problema de programação linear:
Maximizar $z = 2x_1 + x_2$
sujeito a

$$x_1 + x_2 \le 3$$
$$0 \le x_1 \le 2; 0 \le x_2 \le 2$$

(a) Resolva o problema graficamente e trace a seqüência de pontos extremos que leva à solução ótima. (Pode-se usar o TORA.)

(b) Resolva o problema pelo algoritmo para variáveis canalizadas no limite superior e mostre que o método produz a mesma seqüência de pontos extremos que a solução ótima gráfica (pode-se usar o TORA para gerar as iterações).

(c) Como o algoritmo para variáveis canalizadas no limite superior reconhece os pontos extremos?

***2.** Resolva o seguinte problema pelo algoritmo para variáveis canalizadas:
Maximizar $z = 6x_1 + 2x_2 + 8x_3 + 4x_4 + 2x_5 + 10x_6$
sujeito a

$$8x_1 + x_2 + 8x_3 + 2x_4 + 2x_5 + 4x_6 \le 13$$
$$0 \le x_j \le 1; j = 1, 2, \ldots, 6$$

3. Resolva os seguintes problemas pelo algoritmo para variáveis canalizadas:

(a) Minimizar $z = 6x_1 - 2x_2 - 3x_3$
sujeito a

$$2x_1 + 4x_2 + 2x_3 \le 8$$
$$x_1 - 2x_2 + 3x_3 \le 7$$
$$0 \le x_1 \le 2; 0 \le x_2 \le 2; 0 \le x_3 \le 1$$

(b) Maximizar $z = 3x_1 + 5x_2 + 2x_3$
sujeito a

$$x_1 + 2x_2 + 2x_3 \le 10$$
$$2x_1 + 4x_2 + 3x_3 \le 15$$
$$0 \le x_1 \le 4; 0 \le x_2 \le 3; 0 \le x_3 \le 3$$

4. Nos seguintes problemas, algumas das variáveis têm limites inferiores positivos. Use o algoritmo para variáveis canalizadas para resolver esses problemas.

(a) Maximizar $z = 3x_1 + 2x_2 - 2x_3$
sujeito a

$$2x_1 + x_2 + x_3 \le 8$$
$$x_1 + 2x_2 - x_3 \ge 3$$
$$1 \le x_1 \le 3; 0 \le x_2 \le 3; 2 \le x_3$$

(b) Maximizar $z = x_1 + 2x_2$
sujeito a

$$-x_1 + 2x_2 \ge 0$$
$$3x_1 + 2x_2 \le 10$$
$$-x_1 + x_2 \le 1$$
$$1 \le x_1 \le 3; 0 \le x_2 \le 1$$

(c) Maximizar $z = 4x_1 + 2x_2 + 6x_3$
sujeito a

$$4x_1 - x_2 \le 9$$
$$-x_1 + x_2 + 2x_3 \le 8$$
$$-3x_1 + x_2 + 4x_3 \le 12$$
$$1 \le x_1 \le 3; 0 \le x_2 \le 5; 0 \le x_3 \le 2$$

5. Considere a definição matricial do problema para variáveis canalizadas. Suponha que o vetor $\mathbf{X}$ seja particionado em $(\mathbf{X}_z, \mathbf{X}_u)$, onde $\mathbf{X}_u$ representa as variáveis básicas *e* não básicas que serão substituídas no limite superior no decorrer do algoritmo. Assim, o problema pode ser escrito como

$$\begin{pmatrix} 1 & -\mathbf{C}_z & -\mathbf{C}_u \\ 0 & \mathbf{D}_z & \mathbf{D}_u \end{pmatrix} \begin{pmatrix} z \\ \mathbf{X}_z \\ \mathbf{X}_u \end{pmatrix} = \begin{pmatrix} 0 \\ \mathbf{b} \end{pmatrix}$$

Usando $\mathbf{X}_u = \mathbf{U}_u - \mathbf{X'}_u$, onde $\mathbf{U}_u$ é um subconjunto de $\mathbf{U}$ que representa os limites superiores para $\mathbf{X}_u$, seja $\mathbf{B}$ (e $\mathbf{X}_B$) a base da iteração simplex atual após $\mathbf{X}_u$ ter sido substituída. Mostre que a tabela simplex geral associada é dada por

Base	$\mathbf{X}_z^T$	$\mathbf{X'}_u^T$	Solução
z	$\mathbf{C}_B\mathbf{B}^{-1}\mathbf{D}_z - \mathbf{C}_z$	$-\mathbf{C}_B\mathbf{B}^{-1}\mathbf{D}_u + \mathbf{C}_u$	$\mathbf{C}_u\mathbf{B}^{-1}\mathbf{b}' + \mathbf{C}_u\mathbf{U}_u$
$\mathbf{X}_B$	$\mathbf{B}^{-1}\mathbf{D}_z$	$-\mathbf{B}^{-1}\mathbf{D}_u$	$\mathbf{B}^{-1}\mathbf{b}'$

onde $\mathbf{b}' = \mathbf{b} - \mathbf{D}_u\mathbf{U}_u$.

6. No Exemplo 7.3-1, faça o seguinte:

(a) Na iteração 1, verifique que $\mathbf{X}_B = (x_4, x_1)^T = (5/2, 3/2)^T$ usando manipulação matricial.

(b) Na iteração 2, mostre como $\mathbf{B}^{-1}$ pode ser calculada com base em dados originais do problema. Então verifique os valores dados de x_4 e x'_2 básicas usando manipulação matricial.

7. Resolva a parte (a) do Problema 3 usando a versão do simplex revisado (matricial) para as variáveis canalizadas no limite superior.

8. *Algoritmo dual simplex para variáveis canalizadas.* O algoritmo dual simplex (Seção 4.4.1) pode ser modificado para levar em conta as variáveis canalizadas da maneira descrita a seguir. Dada a restrição do limite superior $x_j \le u_j$ para todo j (se u_j for infinito, substitua-o por um limite superior M suficientemente grande), o problema de PL é convertido em uma forma dual viável (isto é, ótima primal) usando a substituição $x_j = u_j - x'_j$, onde necessário.

Etapa 1. Se qualquer uma das variáveis básicas atuais $(\mathbf{X}_B)_i$ ultrapassar seu limite superior, use a substituição $(\mathbf{X}_B)_i = (\mathbf{U}_B)_i - (\mathbf{X}_B)'_i$. Vá para a etapa 2.

Etapa 2. Se todas as variáveis básicas forem viáveis, pare. Caso contrário, selecione a variável x_r que sai da base como a variável básica que tenha o valor mais negativo. Vá para a etapa 3.

Etapa 3. Selecione a variável que entra na base usando a condição de otimalidade do método dual simplex normal (Seção 4.4.1). Vá para etapa 4.

Etapa 4. Execute uma mudança de base. Vá para a etapa 1.

Aplique o algoritmo dado aos seguintes problemas:

(a) Minimizar $z = -3x_1 - 2x_2 + 2x_3$
sujeito a

$$2x_1 + x_2 + x_3 \le 8$$
$$-x_1 + 2x_2 + x_3 \ge 13$$
$$0 \le x_1 \le 2; 0 \le x_2 \le 3; 0 \le x_3 \le 1$$

(b) Maximizar $z = x_1 + 5x_2 - 2x_3$
sujeito a

$$4x_1 + 2x_2 + 2x_3 \leq 26$$
$$x_1 + 3x_2 + 4x_3 \geq 17$$
$$0 \leq x_1 \leq 2; 0 \leq x_2 \leq 3; x_3 \geq 0$$

7.4 DUALIDADE

Tratamos do problema dual no Capítulo 4. Esta seção apresenta um tratamento mais rigoroso da dualidade e permite que verifiquemos as relações primais-duais que formaram a base para a análise pós-otimização no Capítulo 4. A apresentação também lança as bases para o desenvolvimento da programação paramétrica.

7.4.1 Definição do problema dual na forma matricial

Suponha que o problema primal em forma de equações com m restrições e n variáveis seja definido como

$$\text{Maximizar } z = \mathbf{CX}$$

sujeito a

$$\mathbf{AX} = \mathbf{b}$$
$$\mathbf{X} \geq \mathbf{0}$$

Representando as variáveis duais pelo vetor $\mathbf{Y} = (y_1, y_2, \ldots, y_m)$, as regras da Tabela 4.2 produzem o seguinte problema dual:

$$\text{Minimizar } w = \mathbf{Yb}$$

sujeito a

$$\mathbf{YA} \geq \mathbf{C}$$
$$\mathbf{Y} \text{ irrestrita}$$

Algumas das restrições $\mathbf{YA} \geq \mathbf{C}$ podem superar $\mathbf{Y}$ irrestrita.

CONJUNTO DE PROBLEMAS 7.4A

1. Prove que o dual do dual é o primal.

***2.** Se o primal é dado como min $z = \{\mathbf{CX} | \mathbf{AX} \geq \mathbf{b}, \mathbf{X} \geq \mathbf{0}\}$, defina o problema dual correspondente.

7.4.2 Solução ótima dual

Esta seção estabelece relações entre os problemas primal e dual e mostra como a solução dual ótima pode ser determinada com base na solução ótima primal. Seja $\mathbf{B}$ a base *ótima* primal atual, e defina-se $\mathbf{C}_B$ como os coeficientes da função objetivo associados ao vetor ótimo $\mathbf{X}_B$.

Teorema 7.4-1. (Teorema fraco da dualidade.) *Para qualquer par de soluções primal e dual viáveis* $(\mathbf{X}, \mathbf{Y})$, *o valor da função objetivo no problema de* minimização *estabelece um limite superior para o valor da função objetivo no problema de* maximização. *Para o par ótimo* $(\mathbf{X}^*, \mathbf{Y}^*)$, *os valores das funções objetivo são iguais.*

Prova. O par viável $(\mathbf{X}, \mathbf{Y})$ satisfaz todas as restrições dos dois problemas. Multiplicando ambos os lados das restrições do problema de maximização por $\mathbf{Y}$ (irrestrita), obtemos

$$\mathbf{YAX} = \mathbf{YB} = w \quad (1)$$

Além disso, para o problema de minimização, multiplicando ambos os lados de cada um dos dois primeiros conjuntos de restrições por $\mathbf{X}(\geq \mathbf{0})$, obtemos

$$\mathbf{YAX} \geq \mathbf{CX}$$

ou

$$\mathbf{YAX} \geq \mathbf{CX} = z \quad (2)$$

(A não-negatividade do vetor $\mathbf{X}$ é essencial para preservar a direção da desigualdade.) Combinando (1) e (2), obtemos $z \leq w$ para qualquer par $(\mathbf{X}, \mathbf{Y})$ *viável.*

Observe que o teorema *não* depende de rotular os problemas como primal ou dual. O importante é o sentido da otimização em cada problema. Especificamente, para qualquer par de soluções viáveis, o valor da função objetivo no problema de maximização não ultrapassa o valor da função objetivo no problema de minimização.

A implicação do teorema é que, dado que $z \leq w$ para quaisquer soluções viáveis, o máximo de z e o mínimo de w são atingidos quando os dois valores forem iguais. Uma conseqüência desse resultado é que o 'grau de qualidade' de quaisquer soluções primais e duais viáveis em relação à solução ótima pode ser verificado comparando a diferença $(w - z)$ com $\frac{z+w}{2}$. Quanto menor for a razão $\frac{2(w-z)}{z+w}$, mais próximas as duas soluções estarão de serem ótimas. A *regra prática* sugerida *não* implica que o valor objetivo ótimo seja $\frac{z+w}{2}$.

O que ocorre se um dos dois problemas tiver um valor objetivo ilimitado? A resposta é que o outro problema deve ser inviável porque, se não for, os dois problemas terão soluções viáveis, e a relação $z \leq w$ deve se manter — um resultado impossível, porque, por premissa, $z = +\infty$ ou $w = -\infty$.

A próxima pergunta é: se um problema for inviável, o outro problema é ilimitado? Não necessariamente. O seguinte contra-exemplo mostra que ambos, o primal e o dual, podem ser inviáveis (verifique graficamente!):

Primal. Maximizar $z = \{x_1 + x_2 | x_1 - x_2 \leq -1, -x_1 + x_2 \leq -1, x_1, x_2 \geq 0\}$
Dual. Minimizar $w = \{-y_1 - y_2 | y_1 - y_2 \geq 1, -y_1 + y_2 \geq 1, y_1, y_2 \geq 0\}$

Teorema 7.4-2. *Dada a base* ótima *primal* $\mathbf{B}$ *e seu vetor de coeficientes objetivos associados* $\mathbf{C}_B$, *a solução ótima do problema dual é*

$$\mathbf{Y} = \mathbf{C}_B\mathbf{B}^{-1}$$

Prova. A prova se baseia na verificação de dois pontos: $\mathbf{Y} = \mathbf{C}_B\mathbf{B}^{-1}$ é uma solução dual viável e $z = w$ pelo Teorema 7.4-1.

A viabilidade de $\mathbf{Y} = \mathbf{C}_B\mathbf{B}^{-1}$ é garantida pela otimalidade do primal, $z_j - c_j \geq 0$ para todo j, isto é,

$$\mathbf{C}_B\mathbf{B}^{-1}\mathbf{A} - \mathbf{C} \geq \mathbf{0}$$

(Veja a Seção 7.2.1.) Assim, $\mathbf{YA} - \mathbf{C} \geq \mathbf{0}$ ou $\mathbf{YA} \geq \mathbf{C}$, o que mostra que $\mathbf{Y} = \mathbf{C}_B\mathbf{B}^{-1}$ é uma solução dual viável.

Em seguida, mostramos que $w = z$ observando que

$$w = \mathbf{Yb} = \mathbf{C}_B\mathbf{B}^{-1}\mathbf{b} \quad (1)$$

De modo semelhante, dada a solução primal $\mathbf{X}_B = \mathbf{B}^{-1}\mathbf{b}$, obtemos

$$z = \mathbf{C}_B\mathbf{X}_B = \mathbf{C}_B\mathbf{B}^{-1}\mathbf{b} \quad (2)$$

Pelas relações (1) e (2), concluímos que $z = w$.

As variáveis duais $\mathbf{Y} = \mathbf{C}_B\mathbf{B}^{-1}$ às vezes são denominadas **preços duais** ou **preços sombra,** nomes que apareceram na interpretação econômica das variáveis duais na Seção 4.3.1.

Dado que $\mathbf{P}_j$ é a j-ésima coluna de $\mathbf{A}$, observamos, pelo Teorema 7.4-2, que

$$z_j - c_j = \mathbf{C}_B\mathbf{B}^{-1}\mathbf{P}_j - c_j = \mathbf{YP}_j - c_j$$

representa a diferença entre os lados esquerdo e direito das restrições duais. O problema primal de maximização primal começa com $z_j - c_j < 0$ para no mínimo um j, o que significa que a restrição dual correspondente, $\mathbf{YP}_j \geq c_j$, não é satisfeita. Quando a solução ótima primal é alcançada, obtemos $z_j - c_j \geq 0$ para todo j, o que significa que a solução dual correspondente $\mathbf{Y} = \mathbf{C}_B\mathbf{B}^{-1}$ se torna viável. Assim, enquanto o problema primal busca otimalidade, o dual está automaticamente buscando viabilidade. Esse ponto é a base para o desenvolvimento do *método dual simplex* (Seção 4.4.1), no qual as iterações começam melhores do que a ótima e inviáveis, e assim permanecem até que seja adquirida viabilidade na última iteração.

Esse método contrasta com o método simplex (primal) (Capítulo 3), que permanece pior do que a ótima, porém viável, até alcançar a iteração ótima.

Exemplo 7.4-1

A base *ótima* para o seguinte problema de PL é $\mathbf{B} = (\mathbf{P}_1, \mathbf{P}_4)$. Escreva o problema dual e ache sua solução ótima usando a base ótima primal.

$$\text{Maximizar } z = 3x_1 + 5x_2$$

sujeito a

$$\begin{aligned} x_1 + 2x_2 + x_3 \quad &= 5 \\ -x_1 + 3x_2 \quad + x_4 &= 2 \\ x_1, x_2, x_3, x_4 &\geq 0 \end{aligned}$$

O problema dual é

$$\text{Minimizar } w = 5y_1 + 2y_2$$

sujeito a

$$\begin{aligned} y_1 - y_2 &\geq 3 \\ 2y_1 + 3y_2 &\geq 5 \\ y_1, y_2 &\geq 0 \end{aligned}$$

Temos $\mathbf{X}_B = (x_1, x_4)^T$ e $\mathbf{C}_B = (3, 0)$. A base ótima e sua inversa são

$$\mathbf{B} = \begin{pmatrix} 1 & 0 \\ -1 & 1 \end{pmatrix}, \mathbf{B}^{-1} = \begin{pmatrix} 1 & 0 \\ 1 & 1 \end{pmatrix}$$

Os valores primal e dual associados são

$$(x_1, x_4)^T = \mathbf{B}^{-1}\mathbf{b} = (5, 7)^T$$
$$(y_1, y_2) = \mathbf{C}_B\mathbf{B}^{-1} = (3, 0)$$

Ambas as soluções são viáveis e $z = w = 15$ (verifique!). Portanto, as duas soluções são ótimas.

CONJUNTO DE PROBLEMAS 7.4B

1. Verifique se o problema dual do exemplo numérico dado no final do Teorema 7.4-1 está correto. Depois, verifique graficamente que os dois problemas, primal e dual, não têm nenhuma solução viável.

2. Considere o seguinte problema de PL:

$$\text{Maximizar } z = 50x_1 + 30x_2 + 10x_3$$

sujeito a

$$\begin{aligned} 2x_1 + x_2 \quad &= 1 \\ 2x_2 \quad &= -5 \\ 4x_1 \quad + x_3 &= 6 \\ x_1, x_2, x_3 &\geq 0 \end{aligned}$$

(a) Escreva o dual.
(b) Mostre, por inspeção, que o primal é inviável.
(c) Mostre que o dual em (a) é ilimitado.
(d) Pelos problemas 1 e 2, desenvolva uma conclusão geral com respeito à relação entre inviável e ilimitado nos problemas primal e dual.

3. Considere o seguinte problema de PL:

$$\text{Maximizar } z = 5x_1 + 12x_2 + 4x_3$$

sujeito a

$$\begin{aligned} 2x_1 - x_2 + 3x_3 \quad &= 2 \\ x_1 + 2x_2 + x_3 + x_4 &= 5 \\ x_1, x_2, x_3, x_4 &\geq 0 \end{aligned}$$

(a) Escreva o dual.
(b) Em cada um dos seguintes casos, primeiro verifique que a base dada **B** é viável para o primal. Em seguida, usando $\mathbf{Y} = \mathbf{C}_B\mathbf{B}^{-1}$, calcule os valores duais associados e verifique se a solução primal é ótima ou não.

(i) $\mathbf{B} = (\mathbf{P}_4, \mathbf{P}_3)$ **(iii)** $\mathbf{B} = (\mathbf{P}_1, \mathbf{P}_2)$
(ii) $\mathbf{B} = (\mathbf{P}_2, \mathbf{P}_3)$ **(iv)** $\mathbf{B} = (\mathbf{P}_1, \mathbf{P}_4)$

4. Considere o seguinte problema de PL:

$$\text{Maximizar } z = 2x_1 + 4x_2 + 4x_3 - 3x_4$$

sujeito a

$$\begin{aligned} x_1 + x_2 + x_3 \quad &= 4 \\ x_1 + 4x_2 \quad + x_4 &= 8 \\ x_1, x_2, x_3, x_4 &\geq 0 \end{aligned}$$

(a) Escreva o problema dual.
(b) Verifique que $\mathbf{B} = (\mathbf{P}_2, \mathbf{P}_3)$ é ótima calculando $z_j - c_j$ para todo $\mathbf{P}_j$ não básico.
(c) Ache a solução dual ótima associada.

***5.** Um problema de PL inclui duas variáveis, x_1 e x_2, e três restrições do tipo ≤. As variáveis de folga associadas são x_3, x_4 e x_5. Suponha que a base ótima seja $\mathbf{B} = (\mathbf{P}_1, \mathbf{P}_2, \mathbf{P}_3)$, e que sua inversa seja

$$\mathbf{B}^{-1} = \begin{pmatrix} 0 & -1 & 1 \\ 0 & 1 & 0 \\ 1 & 1 & -1 \end{pmatrix}$$

As soluções primal e dual ótimas são:

$$\mathbf{X}_B = (x_1, x_2, x_3)^T = (2, 6, 2)^T$$
$$\mathbf{Y} = (y_1, y_2, y_3) = (0, 3, 2)$$

Determine o valor ótimo da função objetivo de duas maneiras, usando os problemas primal e dual.

6. Prove a seguinte relação entre as soluções ótimas primal e dual:

$$\sum_{i=1}^{m} c_i(\mathbf{B}^{-1}\mathbf{P}_k)_i = \sum_{i=1}^{m} y_i a_{ik}$$

onde $\mathbf{C}_B = (c_1, c_2, \ldots, c_m)$ e $\mathbf{P}_k = (a_{1k}, a_{2k}, \ldots, a_{mk})^T$, para $k = 1, 2, \ldots, n$, e $(\mathbf{B}^{-1}\mathbf{P}_k)_i$ é o i-ésimo elemento de $\mathbf{B}^{-1}\mathbf{P}_k$.

***7.** Escreva o dual de

$$\text{Maximizar } z = \{\mathbf{CX} | \mathbf{AX} = \mathbf{b}, \mathbf{X} \text{ irrestrita}\}$$

8. Mostre que o dual de

$$\text{Maximizar } z = \{\mathbf{CX} | \mathbf{AX} \leq \mathbf{b}, \mathbf{0} < \mathbf{L} \leq \mathbf{X} \leq \mathbf{U}\}$$

sempre possui uma solução viável.

7.5 PROGRAMAÇÃO LINEAR PARAMÉTRICA

Programação linear paramétrica é uma extensão da análise pós-otimização apresentada na Seção 4.5. Ela investiga o efeito de variações contínuas *predeterminadas* nos coeficientes da função objetivo e no lado direito das restrições na solução ótima.

Seja $\mathbf{X} = (x_1, x_2, \ldots, x_n)$, e defina-se o problema de PL como

$$\text{Maximizar } z = \left\{\mathbf{CX} \middle| \sum_{j=1}^{n} \mathbf{P}_j x_j = \mathbf{b}, \mathbf{X} \geq \mathbf{0}\right\}$$

Em análise paramétrica, os vetores da função objetivo e do lado direito, **C** e **b**, são substituídos pelas funções parametrizadas $\mathbf{C}(t)$ e $\mathbf{b}(t)$, onde t é o parâmetro de variação. Matematicamente, t pode assumir qualquer valor positivo ou negativo. Na prática, entretanto, t costuma representar tempo e, em decorrência, é não negativo. Nesta apresentação, consideraremos $t \geq 0$.

A idéia geral da análise paramétrica é começar com a solução ótima em $t = 0$. Então, usando as condições de otimalidade e viabilidade do método simplex, determinamos a faixa $0 \leq t \leq t_1$ para a qual a solução em $t = 0$ permanece ótima e viável. Nesse caso, t_1 é denominado **valor crítico**. O processo continua com a determinação de valores críticos sucessivos e suas soluções ótimas viáveis correspondentes, e terminará em $t = t_r$ quando houver indicação de que a última solução permanece inalterada para $t > t_r$ ou que não existe nenhuma solução viável para além daquele valor crítico.

7.5.1 Variações paramétricas em C

Sejam $\mathbf{X}_{Bi}$, $\mathbf{B}_i$, $\mathbf{C}_{Bi}(t)$ os elementos que definem a solução ótima associada com t_i crítico (os cálculos começam em $t_0 = 0$ com $\mathbf{B}_0$ como sua base ótima). Em seguida são determinados o valor crítico t_{i+1} e sua base ótima, se esta existir. Como variações em **C** só podem afetar a otimalidade do problema, a solução atual $\mathbf{X}_{Bi} = \mathbf{B}_i^{-1}\mathbf{b}$ permanecerá ótima para algum $t \geq t_i$ contanto que o custo reduzido, $z_j(t) - c_j(t)$, satisfaça a seguinte condição de otimalidade:

$$z_j(t) - c_j(t) = \mathbf{C}_{B_i}(t)\mathbf{B}_i^{-1}\mathbf{P}_j - c_j(t) \geq 0, \text{ para todo } j$$

O valor de t_{i+1} é igual ao maior $t > t_i$ que satisfaça todas as condições de otimalidade.

Observe que *nada* nas desigualdades requer que $\mathbf{C}(t)$ seja linear em t. Qualquer função $\mathbf{C}(t)$, linear ou não linear, é aceitável. Contudo, quando não há linearidade, a manipulação numérica das desigualdades resultantes pode ser incômoda. (Veja o **Problema 5, Conjunto 7.5a**, se quiser uma ilustração do caso não linear.)

Exemplo 7.5-1

$$\text{Maximizar } z = (3 - 6t)x_1 + (2 - 2t)x_2 + (5 + 5t)x_3$$

sujeito a

$$\begin{aligned} x_1 + 2x_2 + x_3 &\leq 40 \\ 3x_1 \quad\quad + 2x_3 &\leq 60 \\ x_1 + 4x_2 \quad\quad &\leq 30 \\ x_1, x_2, x_3 &\geq 0 \end{aligned}$$

Temos

$$\mathbf{C}(t) = (3 - 6t, 2 - 2t, 5 + 5t), t \geq 0$$

As variáveis x_4, x_5 e x_6 serão usadas como as variáveis de folga associadas com as três restrições.

Solução ótima em $t = t_0 = 0$

Base	x_1	x_2	x_3	x_4	x_5	x_6	Solução
z	4	0	0	1	2	0	160
x_2	$-\frac{1}{4}$	1	0	$\frac{1}{2}$	$-\frac{1}{4}$	0	5
x_3	$\frac{3}{2}$	0	1	0	$\frac{1}{2}$	0	30
x_6	2	0	0	-2	1	1	10

$$\mathbf{X}_{B_0} = (x_2, x_3, x_6)^T = (5, 30, 10)^T$$
$$\mathbf{C}_{B_0}(t) = (2 - 2t, 5 + 5t, 0)$$
$$\mathbf{B}_0^{-1} = \begin{pmatrix} \frac{1}{2} & -\frac{1}{4} & 0 \\ 0 & \frac{1}{2} & 0 \\ -2 & 1 & 1 \end{pmatrix}$$

As condições de otimalidade para os vetores não básicos atuais, $\mathbf{P}_1$, $\mathbf{P}_4$ e $\mathbf{P}_5$, são

$$\{\mathbf{C}_{B_0}(t)\mathbf{B}_0^{-1}\mathbf{P}_j - c_j(t)\}_{j=1,4,5} = (4 + 14t, 1 - t, 2 + 3t) \geq \mathbf{0}$$

Portanto, $\mathbf{X}_{B_0}$ permanece ótima desde que as seguintes condições sejam satisfeitas:

$$\begin{aligned} 4 + 14t &\geq 0 \\ 1 - t &\geq 0 \\ 2 + 3t &\geq 0 \end{aligned}$$

Como $t \geq 0$, a segunda desigualdade dá $t \leq 1$, e as duas desigualdades restantes são satisfeitas para todo $t \geq 0$. Assim, temos $t_1 = 1$, o que significa que $\mathbf{X}_{B_0}$ permanece ótima (e viável) para $0 \leq t \leq 1$.

O custo reduzido $z_4(t) - c_4(t) = 1 - t$ é igual a zero em $t = 1$ e se torna negativo para $t > 1$. Assim, $\mathbf{P}_4$ deve entrar na base para $t > 1$. Nesse caso, $\mathbf{P}_2$ deve sair da base (veja a tabela simplex ótima em $t = 0$). A nova solução básica $\mathbf{X}_{B_1}$ é a solução alternativa obtida em $t = 1$ pela permissão de $\mathbf{P}_4$ entrar na base, isto é, $\mathbf{X}_{B_1} = (x_4, x_3, x_6)^T$ e $\mathbf{B}_1 = (\mathbf{P}_4, \mathbf{P}_3, \mathbf{P}_6)$.

Base ótima alternativa em $t = t_1 = 1$

$$\mathbf{B}_1 = \begin{pmatrix} 1 & 1 & 0 \\ 0 & 2 & 0 \\ 0 & 0 & 1 \end{pmatrix}, \quad \mathbf{B}_1^{-1} = \begin{pmatrix} 1 & -\frac{1}{2} & 0 \\ 0 & \frac{1}{2} & 0 \\ 0 & 0 & 1 \end{pmatrix}$$

Portanto,

$$\mathbf{X}_{B_1} = (x_4, x_3, x_6)^T = \mathbf{B}_1^{-1}\mathbf{b} = (10, 30, 30)^T$$
$$\mathbf{C}_{B_1}(t) = (0, 5 + 5t, 0)$$

Os vetores não básicos associados são $\mathbf{P}_1$, $\mathbf{P}_2$ e $\mathbf{P}_5$, e temos

$$\{\mathbf{C}_{B_1}(t)\mathbf{B}_1^{-1}\mathbf{P}_j - c_j(t)\}_{j=1,2,5} = \left(\tfrac{9+27t}{2}, -2 + 2t, \tfrac{5+5t}{2}\right) \geq 0$$

De acordo com essas condições, a solução básica $\mathbf{X}_{B_1}$ permanece ótima para todo $t \geq 1$. Observe que a condição de otimalidade, $-2 + 2t \geq 0$, 'lembra' automaticamente que $\mathbf{X}_{B_1}$ é ótima para uma faixa de t que começa no último valor crítico $t_1 = 1$. Isso sempre acontecerá em cálculos de programação paramétrica.

A solução ótima para a faixa inteira de t é resumida abaixo. O valor de z é calculado por substituição direta.

t	x_1	x_2	x_3	z
$0 \leq t \leq 1$	0	5	30	$160 + 140t$
$t \geq 1$	0	0	30	$150 + 150t$

CONJUNTO DE PROBLEMAS 7.5A

*1. No exemplo 7.5-1, suponha que t seja irrestrita em sinal. Determine a faixa de t para a qual $\mathbf{X}_{B_0}$ permanece ótima.

2. Resolva o Exemplo 7.5-1 considerando que a função objetivo é dada como
   *(a) Maximizar $z = (3 + 3t)x_1 + 2x_2 + (5 - 6t)x_3$
   (b) Maximizar $z = (3 - 2t)x_1 + (2 + t)x_2 + (5 + 2t)x_3$
   (c) Maximizar $z = (3 + t)x_1 + (2 + 2t)x_2 + (5 - t)x_3$

3. Estude a variação na solução ótima do seguinte problema de PL parametrizado, dado $t \geq 0$.

$$\text{Minimizar } z = (4 - t)x_1 + (1 - 3t)x_2 + (2 - 2t)x_3$$

sujeito a

$$\begin{aligned} 3x_1 + x_2 + 2x_3 &= 3 \\ 4x_1 + 3x_2 + 2x_3 &\geq 6 \\ x_1 + 2x_2 + 5x_3 &\leq 4 \\ x_1, x_2, x_3 &\geq 0 \end{aligned}$$

4. A análise nesta seção considera que a solução ótima do problema de PL em $t = 0$ é obtida pelo método simplex (primal). Em alguns problemas pode ser mais conveniente obter a solução ótima pelo método simplex dual (**Seção 4.4.1**). Mostre como a análise paramétrica pode ser executada nesse caso, depois analise o problema de PL do **Exemplo 4.4-1**, considerando que a função objetivo é dada por

$$\text{Minimizar } z = (3 + t)x_1 + (2 + 4t)x_2 + x_3, t \geq 0$$

*5. No Exemplo 7.5-1, suponha que a função objetivo seja não linear em $t (t \geq 0)$ e é definida por

Maximizar $z = (3 + 2t^2)x_1 + (2 - 2t^2)x_2 + (5 - t)x_3$

Determine o primeiro valor crítico t_1.

7.5.2 Variações paramétricas em b

O lado direito $\mathbf{b}(t)$ parametrizado só pode afetar a viabilidade do problema. Assim, os valores críticos de t são determinados pela seguinte condição:

$$\mathbf{X}_B(t) = \mathbf{B}^{-1}\mathbf{b}(t) \geq \mathbf{0}$$

Exemplo 7.5-2

$$\text{Maximizar } z = 3x_1 + 2x_2 + 5x_3$$

sujeito a

$$\begin{aligned} x_1 + 2x_2 + x_3 &\leq 40 - t \\ 3x_1 \quad + 2x_3 &\leq 60 + 2t \\ x_1 + 4x_2 \quad &\leq 30 - 7t \\ x_1, x_2, x_3 &\geq 0 \end{aligned}$$

Considere que $t \geq 0$.

Em $t = t_0 = 0$, o problema é idêntico ao do Exemplo 7.5-1. Assim, temos

$$\mathbf{X}_{B_0} = (x_2, x_3, x_6)^T = (5, 30, 10)^T$$

$$\mathbf{B}_0^{-1} = \begin{pmatrix} \frac{1}{2} & -\frac{1}{4} & 0 \\ 0 & \frac{1}{2} & 0 \\ -2 & 1 & 1 \end{pmatrix}$$

Para determinar o primeiro valor crítico, t_1, aplicamos as condições de viabilidade $\mathbf{X}_{B_0}(t) = \mathbf{B}_0^{-1}\mathbf{b}(t) \geq 0$, o que resulta em

$$\begin{pmatrix} x_2 \\ x_3 \\ x_6 \end{pmatrix} = \begin{pmatrix} 5 - t \\ 30 + t \\ 10 - 3t \end{pmatrix} \geq \begin{pmatrix} 0 \\ 0 \\ 0 \end{pmatrix}$$

Essas desigualdades são satisfeitas para $t \leq \frac{10}{3}$, o que significa que $t_1 = \frac{10}{3}$ e que a base $\mathbf{B}_0$ permanece viável para a faixa $0 \leq t \leq \frac{10}{3}$. Contudo, os valores das variáveis básicas x_2, x_3 e x_6 variarão com t, como dado antes.

O valor da variável básica x_6 (= $10 - 3t$) será igual a zero em $t = t_1 = \frac{10}{3}$, e se tornará negativo para $t > \frac{10}{3}$. Assim, em $t = \frac{10}{3}$ podemos determinar a base alternativa $\mathbf{B}_1$ aplicando o método dual simplex revisado (se quiser detalhes, veja o Problema 5, Conjunto 7.2b). A variável que sai da base é x_6.

Base alternativa em $t = t_1 = \frac{10}{3}$

Dado que x_6 é a variável que sai da base, determinamos a variável que entra na base da seguinte maneira:

$$\mathbf{X}_{B_0} = (x_2, x_3, x_6)^T, \mathbf{C}_{B_0} = (2, 5, 0)$$

Portanto,

$$\{z_j - c_j\}_{j=1,4,5} = \{\mathbf{C}_{B_0}\mathbf{B}_0^{-1}\mathbf{P}_j - c_j\}_{j=1,4,5} = (4, 1, 2)$$

Em seguida, para x_j, $j = 1, 4, 5$ não básica, calculamos

(Linha de $\mathbf{B}_0^{-1}$ associada com x_6)($\mathbf{P}_1$, $\mathbf{P}_4$, $\mathbf{P}_5$)
= (Terceira linha de $\mathbf{B}_0^{-1}$)($\mathbf{P}_1$, $\mathbf{P}_4$, $\mathbf{P}_5$)
= $(-2, 1, 1)(\mathbf{P}_1, \mathbf{P}_4, \mathbf{P}_5)$
= $(2, -2, 1)$

Assim, a variável que entra é associada com

$$\theta = \min\left\{-, \left|\frac{1}{-2}\right|, -\right\} = \frac{1}{2}$$

Desse modo, $\mathbf{P}_4$ é o vetor que entra na base. A solução básica alternativa e sua $\mathbf{B}_1$ e $\mathbf{B}_1^{-1}$ são

$$\mathbf{X}_{B_1} = (x_2, x_3, x_4)^T$$

$$\mathbf{B}_1 = (\mathbf{P}_2, \mathbf{P}_3, \mathbf{P}_4) = \begin{pmatrix} 2 & 1 & 1 \\ 0 & 2 & 0 \\ 4 & 0 & 0 \end{pmatrix}, \mathbf{B}_1^{-1} = \begin{pmatrix} 0 & 0 & \frac{1}{2} \\ 0 & \frac{1}{2} & 0 \\ 1 & -\frac{1}{2} & -\frac{1}{2} \end{pmatrix}$$

O próximo valor crítico t_2 é determinado pelas condições de viabilidade, $\mathbf{X}_{B_1}(t) = \mathbf{B}_1^{-1}\mathbf{b}(t) \geq \mathbf{0}$, o que dá como resultado

$$\begin{pmatrix} x_2 \\ x_3 \\ x_4 \end{pmatrix} = \begin{pmatrix} \frac{30-7t}{4} \\ 30 + t \\ \frac{-10+3t}{2} \end{pmatrix} \begin{pmatrix} 0 \\ 0 \\ 0 \end{pmatrix}$$

Essas condições mostram que $\mathbf{B}_1$ permanece viável para $\frac{10}{3} \leq t \leq \frac{30}{7}$.

Em $t = t_2 = \frac{30}{7}$, uma base alternativa pode ser obtida pelo método dual simplex revisado. A variável que sai da base é x_2 porque ela corresponde à condição que dá o valor crítico t_2.

Base alternativa em $t = t_2 = \frac{30}{7}$

Dado que x_2 é a variável que sai da base, determinamos a variável que entra na base da seguinte maneira:

$$\mathbf{X}_{B_1} = (x_2, x_3, x_4)^T, \mathbf{C}_{B_1} = (2, 5, 0)$$

Portanto,

$$\{z_j - c_j\}_{j=1,5,6} = \{\mathbf{C}_{B_1}\mathbf{B}_1^{-1}\mathbf{P}_j - c_j\}_{j=1,5,6} = (5, \tfrac{5}{2}, \tfrac{1}{2})$$

Em seguida, para x_j, $j = 1, 5, 6$, não básica, calculamos

(Linha de $\mathbf{B}_1^{-1}$ associada com x_2)($\mathbf{P}_1$, $\mathbf{P}_5$, $\mathbf{P}_6$)
= (Primeira linha de $\mathbf{B}_1^{-1}$)($\mathbf{P}_1$, $\mathbf{P}_5$, $\mathbf{P}_6$)
= $(0, 0, \frac{1}{4})(\mathbf{P}_1, \mathbf{P}_5, \mathbf{P}_6)$
= $(\frac{1}{4}, 0, \frac{1}{4})$

Como todos os elementos do denominador $(\frac{1}{4}, 0, \frac{1}{4})$ são ≥ 0, o problema não tem nenhuma solução viável para $t > \frac{30}{7}$, e a análise paramétrica termina em $t = t_2 = \frac{30}{7}$.

A solução ótima é resumida como demonstrado a seguir.

t	x_1	x_2	x_3	z
$0 \leq t \leq \frac{10}{3}$	0	$5 - t$	$30 + t$	$160 + 3t$
$\frac{10}{3} \leq t \leq \frac{30}{7}$	0	$\frac{30 - 7t}{4}$	$30 + t$	$165 + \frac{3}{2}t$
$t > \frac{30}{7}$	(Não existe nenhuma solução viável)			

CONJUNTO DE PROBLEMAS 7.5B

*1. No Exemplo 7.5-2, ache o primeiro valor crítico, t_1, e defina os vetores de $\mathbf{B}_1$ em cada um dos seguintes casos:

*(a) $\mathbf{b}(t) = (40 + 2t, 60 - 3t, 30 + 6t)^T$

(b) $\mathbf{b}(t) = (40 - t, 60 + 2t, 30 - 5t)^T$

*2. Estude a variação na solução ótima do seguinte problema de PL parametrizado, dado $t \geq 0$.

$$\text{Minimizar } z = 4x_1 + x_2 + 2x_3$$

sujeito a

$$\begin{aligned} 3x_1 + x_2 + 2x_3 &= 3 + 3t \\ 4x_1 + 3x_2 + 2x_3 &\geq 6 + 2t \\ x_1 + 2x_2 + 5x_3 &\leq 4 - t \\ x_1, x_2, x_3 &\geq 0 \end{aligned}$$

3. A análise nesta seção considera que a solução ótima do problema de PL em $t = 0$ é obtido pelo método simplex (primal). Em alguns problemas pode ser mais conveniente obter a solução ótima pelo método dual simplex (Seção 4.4.1). Mostre como a análise paramétrica pode ser executada nesse caso e depois analise o problema de PL do Exemplo 4.4-1 considerando que $t \geq 0$ e que o vetor do lado direito é

$$\mathbf{b}(t) = (3 + 2t, 6 - t, 3 - 4t)^T$$

4. Resolva o Problema 2 considerando que o lado direito foi mudado para

$$\mathbf{b}(t) = (3 + 3t^2, 6 + 2t^2, 4 - t^2)^T$$

Considere ainda que t pode ser positivo, zero, ou negativo.

REFERÊNCIAS BIBLIOGRÁFICAS

Bazaraa, M.; Jarvis, J. e Sherali, H. *Linear programming and network flows*. 2. ed. Nova York: Wiley, 1990.
Chvàtal, V. *Linear programming*. San Francisco: Freeman, 1983.
Nering, E. e Tucker, A. *Linear programming and related problems*. Boston: Academic, 1992.
Saigal, R. *Linear programming: a modern integrated analysis*. Boston: Kluwer Academic, 1995.
Vanderbei, R. *Linear programming: foundation and extensions*. 2. ed. Boston: Kluwer Academic, 2001.

Capítulo 8

Programação de metas

Guia do capítulo. Os modelos de PL apresentados nos capítulos precedentes são baseados na otimização de uma *única* função objetivo. Há situações em que múltiplos objetivos (conflitantes) podem ser mais adequados. Por exemplo, políticos prometem reduzir a dívida nacional e, ao mesmo tempo, oferecem redução da carga tributária. Em tais situações é impossível achar uma solução única que otimize essas duas metas conflitantes. O que a programação de metas faz é buscar uma solução de *compromisso* baseada na importância relativa de cada objetivo.

O pré-requisito principal para este capítulo é um entendimento básico do método simplex. Há dois métodos para resolver programação de metas: o *método de pesos*, que forma uma única função objetivo que consista na soma ponderada das metas, e o *método hierárquico*, que otimiza as metas uma por vez começando com a meta de prioridade mais alta e terminando com a de prioridade mais baixa sem nunca degradar a qualidade da meta de prioridade mais alta. A solução dada pelo *método de pesos* nada mais é do que uma programação linear comum. O *método hierárquico* acarreta em considerações 'adicionais' em relação ao algoritmo que se enquadra muito bem no domínio do método simplex do Capítulo 3. O capítulo inclui um modelo em AMPL que aplica o método hierárquico interativamente a qualquer programação de metas pela simples alteração dos dados de entrada. Aconselhamos que você estude esse modelo porque ele o ajudará a entender os detalhes do método hierárquico.

Este capítulo inclui um resumo de uma aplicação real, 4 exemplos resolvidos, 1 modelo em AMPL, 25 problemas de final de seção e 2 casos. Os casos estão no Apêndice E, disponível em inglês no site do livro. Os programas AMPL/Excel Solver/TORA estão na pasta ch8Files.

Aplicação real – Alocação de tempo da sala de cirurgia do Hospital Mount Sinai

A situação ocorre no Canadá, onde o seguro-saúde é obrigatório e universal. O financiamento, que é baseado em uma combinação do prêmio do seguro e impostos, é controlado pelas próprias províncias. Sob esse sistema, os hospitais recebem uma verba anual fixa adiantada e cada província paga os médicos após as intervenções, usando um mecanismo de financiamento denominado honorários por serviço. Esse tipo de financiamento limita a disponibilidade de instalações hospitalares (por exemplo, a da sala de cirurgia), o que, por sua vez, inibe a tendência dos médicos de reforçar seus ganhos prestando serviços desnecessários a seus pacientes. O objetivo do estudo é determinar uma programação diária exeqüível para a utilização das salas de cirurgia disponíveis. O problema é modelado usando uma combinação de programação de metas e programação inteira. O caso 6 do Capítulo 24, disponível em inglês no site do livro, dá os detalhes do estudo.

8.1 FORMULAÇÃO DE UMA PROGRAMAÇÃO DE METAS

A idéia da programação de metas é ilustrada com um exemplo.

Exemplo 8.1-1 (Planejamento tributário)[1]

Fairville é uma pequena cidade com uma população de aproximadamente 20.000 habitantes. A Câmara de Vereadores da cidade está em processo de desenvolvimento de uma tabela eqüitativa de alíquotas para impostos municipais. A base tributária anual para bens imóveis é \$ 550 milhões. As bases tributárias anuais para alimentos e medicamentos bem como para vendas em geral são \$ 35 milhões e \$ 55 milhões, respectivamente. O consumo anual local de gasolina é estimado em 7,5 milhões de galões. A Câmara de Vereadores quer desenvolver alíquotas de impostos baseadas em quatro metas principais.

1. A receita tributária total deve ser de no mínimo \$ 16 milhões para cumprir os compromissos financeiros do município.
2. Os impostos sobre alimentos e medicamentos não podem ultrapassar 10% de todos os impostos arrecadados.
3. Os impostos sobre vendas em geral não podem ultrapassar 20% de todos os impostos arrecadados.
4. O imposto sobre a gasolina não pode ultrapassar dois centavos por galão.

Sejam x_p, x_f e x_s as variáveis que representam as alíquotas de impostos (expressas como percentuais em relação às bases tributárias) para bens imóveis, alimentos e medicamentos bem como vendas em geral, e defina-se a variável x_g como o imposto sobre a gasolina em centavos por galão. Então, as metas da Câmara de Vereadores são expressas como

$$550x_p + 35x_f + 55x_s + 0{,}075x_g \geq 16$$
(Receita tributária)

$$35x_f \leq 0{,}1(550x_p + 35x_f + 55x_s + 0{,}075x_g)$$
(Imposto sobre alimentos/medicamentos)

$$55x_s \leq 0{,}2(550x_p + 35x_f + 55x_s + 0{,}075x_g)$$
(Imposto geral)

$$x_g \leq 2$$
(Imposto sobre a gasolina)

$$x_p, x_f, x_s, x_g \geq 0$$

Portanto, essas restrições são simplificadas como

$$\begin{aligned} 550x_p + 35x_f + 55x_s + 0{,}075x_g &\geq 16 \\ 55x_p - 31{,}5x_f + 5{,}5x_s + 0{,}0075x_g &\geq 0 \\ 110x_p + 7x_f - 44x_s + 0{,}015x_g &\geq 0 \\ x_g &\leq 2 \\ x_p, x_f, x_s, x_g &\geq 0 \end{aligned}$$

Cada uma das desigualdades do modelo representa uma meta que a Câmara de Vereadores pretende cumprir. Entretanto, o mais provável é que o melhor que pode ser feito é achar uma solução de compromisso entre as metas conflitantes.

A maneira pela qual a programação por metas acha uma solução de compromisso é converter cada desigualdade em uma meta flexível cuja restrição correspondente possa ser violada, se necessário. Em termos do modelo de Fairville, as metas flexíveis são expressas da seguinte maneira:

$$\begin{aligned} 550x_p + 35x_f + 55x_s + 0{,}075x_g + s_1^- - s_1^+ &= 16 \\ 55x_p - 31{,}5x_f + 5{,}5x_s + 0{,}0075x_g + s_2^- - s_2^+ &= 0 \\ 110x_p + 7x_f - 44x_s + 0{,}015x_g + s_3^- - s_3^+ &= 0 \\ x_g + s_4^- - s_4^+ &= 2 \\ x_p, x_f, x_s, x_g &\geq 0 \\ s_i^-, s_i^+ \geq 0;\ i &= 1, 2, 3, 4 \end{aligned}$$

[1] Este exemplo é baseado em Chissman et al., 1989.

As variáveis não negativas s_i^- e s_i^+, i = 1, 2, 3, 4, são chamadas de **variáveis de desvio** porque representam os desvios *para baixo* e *para cima* do lado direito da restrição *i*.

As variáveis de desvio s_i^- e s_i^+ são dependentes por definição e, em decorrência, não podem ser variáveis básicas simultaneamente. Isso significa que, em qualquer iteração simplex, no máximo *uma* das duas variáveis de desvio pode assumir um valor positivo. Se a *i*-ésima desigualdade original for do tipo ≤, e sua $s_i^- > 0$, então a *i*-ésima meta é cumprida; caso contrário, se $s_i^+ > 0$, a meta *i* não é cumprida. Em essência, a definição de s_i^- e s_i^+ permite cumprir ou violar a *i*-ésima meta à vontade. Esse é o tipo de flexibilidade que caracteriza a programação de metas quando ela busca uma solução de compromisso. Naturalmente, uma boa solução de compromisso visa minimizar, o máximo possível, o quanto cada meta é violada.

No modelo de Fairville, dado que as três primeiras restrições são do tipo ≥ e a quarta restrição é do tipo ≤, as variáveis de desvio s_1^-, s_2^-, s_3^- e s_4^+ (mostradas no modelo em negrito) representam o quanto cada meta respectiva é violada. Assim, a solução de compromisso tenta satisfazer o máximo possível os quatro objetivo seguintes:

$$\text{Minimizar } G_1 = s_1^-$$
$$\text{Minimizar } G_2 = s_2^-$$
$$\text{Minimizar } G_3 = s_3^-$$
$$\text{Minimizar } G_4 = s_4^+$$

Essas funções são minimizadas respeitando as equações de restrição do modelo.

Como podemos otimizar um modelo multiobjetivos com metas possivelmente conflitantes? Dois métodos foram desenvolvidos para essa finalidade: 1) o método de pesos e 2) o método hierárquico. Ambos os métodos, que são baseados na conversão de múltiplos objetivos em uma única função, são detalhados na Seção 8.2.

CONJUNTO DE PROBLEMAS 8.1A

*1. Formule o problema tributário de Fairville considerando que a Câmara de Vereadores está especificando uma meta adicional, G_5, que requer que o imposto sobre a gasolina seja no mínimo 10% da conta tributária total.

2. O NW Shopping Mall realiza eventos especiais para atrair clientes potenciais. Entre os eventos realizados para atrair adolescentes, grupos de jovens e de pessoas de meia-idade bem como grupos de terceira idade, os dois mais populares são concertos de bandas e espetáculos artísticos. Os custos por apresentação são \$ 1.500 e \$ 3.000, respectivamente. A verba anual (estrita) total alocada aos dois tipos de eventos é \$ 15.000. O gerente do shopping estima que o público que comparece aos eventos fica distribuído como demonstrado na Tabela A.

Tabela A

	Público por apresentação		
Evento	*Adolescentes*	*Jovens/meia-idade*	*Terceira idade*
Concerto de bandas	200	100	0
Espetáculos artísticos	0	400	250

O gerente estabeleceu metas mínimas de 1.000, 1.200 e 800 para os públicos adolescentes, jovens/meia-idade e terceira idade, respectivamente. Formule a questão como um problema de programação de metas.

*3. O departamento de matrículas da Ozark University está processando pedidos de matrícula de calouros para o próximo ano acadêmico. Os pedidos se situam em três categorias: alunos do próprio Estado, de fora do Estado e estrangeiros. As razões entre solicitantes masculinos/femininos do Estado e de fora do Estado são 1:1 e 3:2, respectivamente. Para estudantes estrangeiros, a razão correspondente é 8:1. A classificação no American College Test (ACT) é um fator importante para a aceitação de novos estudantes. As estatísticas reunidas pela universidade indicam que as notas médias no ACT para estudantes do Estado, de fora do Estado e estrangeiros são 27, 26 e 23, respectivamente. O comitê de matrículas estabeleceu as seguintes metas desejáveis para a nova turma de calouros:

(a) A próxima turma terá no mínimo 1.200 calouros.
(b) A média de classificação no ACT para todos os estudantes é no mínimo 25.
(c) Estudantes estrangeiros constituem no mínimo 10% da próxima turma.
(d) A razão masculino/feminino é no mínimo 3:4.
(e) Estudantes de fora do Estado constituem no mínimo 20% da próxima turma.

Formule a questão como um problema de programação de metas.

4. As granjas Circle K consomem 3 t de ração especial por dia. A ração – uma mistura de cálcio, milho e preparado de soja – deve satisfazer os seguintes requisitos nutricionais:

Cálcio. No mínimo 0,8%, porém não mais do que 1,2%.

Proteína. No mínimo 22%.

Fibra. No máximo 5%.

A Tabela B apresenta o teor nutricional dos ingredientes da ração.

Tabela B

	lb por lb de ingrediente		
Ingrediente	*Cálcio*	*Proteína*	*Fibra*
Cálcio	0,380	0,00	0,00
Milho	0,001	0,09	0,02
Preparado de soja	0,002	0,50	0,08

Formule a questão como um problema de programação de metas e diga qual é sua opinião em relação à aplicabilidade da programação de metas a essa situação.

*5. A Mantel produz uma carruagem de brinquedo cuja montagem final deve incluir quatro rodas e dois assentos. A fábrica que produz essas peças funciona em três turnos por dia. A Tabela C fornece as quantidades produzidas de cada peça nos três turnos.

Tabela C

	Unidades produzidas por rodada	
Turno	*Rodas*	*Assentos*
1	500	300
2	600	280
3	640	360

O ideal é que o número de rodas produzido seja exatamente o dobro do número de assentos. Contudo, como as taxas de produção variam de turno para turno, talvez não seja possível conseguir um equilíbrio exato na produção. A Mantel está interessada em determinar o número de rodadas de produção em cada turno que minimiza o desequilíbrio na produção das peças. As limitações de capacidade restringem o número de rodadas entre 4 e 5 para o turno 1; 10 e 20 para o turno 2; e 3 e 5 para o turno 3. Formule a questão como um problema de programação de metas.

6. A Camyo Manufacturing produz quatro peças que requerem a utilização de um torno e de uma furadeira de coluna. As duas máquinas funcionam 10 horas por dia. A Tabela D fornece os tempos em minutos requeridos por cada peça:

Tabela D

	Tempo de produção em minutos	
Peça	*Torno*	*Furadeira de coluna*
1	5	3
2	6	2
3	4	6
4	7	4

Deseja-se equilibrar as duas máquinas limitando a diferença entre seus tempos totais de operação a no máximo 30 minutos. A demanda de mercado para cada peça é no mínimo 10 unidades. Além disso, o número de unidades da Peça 1 não pode ultrapassar o da Peça 2. Formule a questão como um problema de programação de metas.

7. Dois produtos são fabricados em duas máquinas seqüenciais. A Tabela E dá os tempos de usinagem, em minutos por unidade, para os dois produtos.

Tabela E

	Tempo de usinagem em minutos	
Máquina	*Produto 1*	*Produto 2*
1	5	3
2	6	2

As quotas diárias de produção para os dois produtos são 80 e 60 unidades, respectivamente. Cada máquina funciona oito horas por dia. Embora não seja desejável, se for necessário podem-se usar horas extras para cumprir a quota de produção. Formule a questão como um problema de programação de metas.

8. O hospital de Vista City planeja a designação de leitos excedentes (os que ainda não estão ocupados) a internações de curta duração com quatro dias de antecedência. Durante o período de planejamento de quatro dias, aproximadamente 30, 25 e 20 pacientes precisarão de internações de 1, 2 ou 3 dias, respectivamente. As quantidades de leitos excedentes no mesmo período são estimadas em 20, 30, 30 e 30. Use a programação de metas para resolver o problema de excesso e escassez de internações no hospital.

9. A família Von Trapp está em processo de mudança para uma nova cidade onde ambos, o sr. e a sra. Von Trapp, aceitaram novos empregos. Na tentativa de achar uma localização ideal para seu novo lar, os Von Trapp organizaram uma lista com as seguintes metas:

(a) Deve ser o mais próximo possível do local de trabalho da sra. Von Trapp (dentro de um raio de um quarto de milha).

(b) Deve ser o mais longe possível do ruído do aeroporto (no mínimo dez milhas).

(c) Deve ser razoavelmente próximo de um shopping (dentro de um raio de uma milha).

O sr. e a sra. Von Trapp escolheram um marco da cidade como ponto de referência e localizaram as coordenadas (x, y) em relação ao local de trabalho, ao aeroporto e ao shopping em $(1, 1)$, $(20, 15)$ e $(4, 7)$, respectivamente (todas as distâncias em milhas). Formule a questão como um problema de programação de metas. (*Observação*: as restrições resultantes não são lineares.)

10. *Análise de regressão.* Em uma experiência de laboratório, suponha que y_i seja o i-ésimo resultado (independente) observado associado com as medições das características (dependentes) observadas x_{ij}, $i = 1, 2, \ldots, m$; $j = 1, 2, \ldots, n$. Deseja-se determinar o ajuste desses pontos de dados por regressão linear. Sejam b_j, $j = 0, 1, \ldots, n$ os coeficientes de regressão. Deseja-se determinar todos os b_j tais que a soma dos desvios absolutos entre os resultados observados e os resultados estimados seja minimizada. Formule a questão como um problema de programação de metas.

11. *Problema de Chebyshev.* Uma meta alternativa para o modelo de regressão do Problema 10 é minimizar o máximo dos desvios absolutos em relação a b_j. Formule a questão como um problema de programação de metas.

8.2 ALGORITMOS DE PROGRAMAÇÃO DE METAS

Esta seção apresenta dois algoritmos para resolver programação de metas. Ambos são baseados na representação de múltiplas metas por uma única função objetivo. No **método de pesos**, uma única função objetivo é formada como a soma ponderada das funções que representam as metas do problema. O **método hierárquico** começa priorizando as metas em ordem de importância. Então o modelo é otimizado usando uma meta por vez, de modo tal que o valor ótimo de uma meta de prioridade mais alta nunca seja degradado por uma meta de prioridade mais baixa.

Os dois métodos propostos são diferentes porque, de modo geral, não produzem a mesma solução. Entretanto, nenhum dos dois é superior ao outro porque cada técnica é projetada para satisfazer certas preferências de quem toma a decisão.

8.2.1 O método de pesos

Suponha que o modelo de programação de metas tenha n metas e que a i-ésima meta seja dada como

$$\text{Minimizar } G_i, i = 1, 2, \ldots, n$$

Portanto, a função objetivo combinada usada no método de pesos é definida como

$$\text{Minimizar } z = w_1G_1 + w_2G_2 + \ldots + w_nG_n$$

Os parâmetros w_i, $i = 1, 2, \ldots, n$ são pesos positivos que refletem as preferências de quem toma as decisões no que diz respeito à importância relativa de cada meta. Por exemplo, $w_i = 1$ para todo i significa que todas as metas têm pesos iguais. A determinação dos valores específicos desses pesos é subjetiva. Na verdade, os procedimentos de análise aparentemente sofisticados desenvolvidos na literatura (veja, por exemplo, Cohon, 1978) ainda estão enraizados em avaliações subjetivas.

Exemplo 8.2-1

A TopAd, uma nova agência de propaganda com dez empregados, assinou um contrato para promover um novo produto. A agência pode anunciar pelo rádio e pela televisão. A Tabela 8.1 apresenta o número de pessoas atingidas por cada tipo de propaganda e os requisitos de custo e mão-de-obra.

Tabela 8.1 Pessoas atingidas pela propaganda

	Dados/minuto de propaganda	
	Rádio	*Televisão*
Exposição (em milhões de pessoas)	4	8
Custo (em mil dólares)	8	24
Empregados designados	1	2

O contrato proíbe a TopAd de usar mais do que seis minutos de propaganda pelo rádio. Além disso, as peças publicitárias para rádio e televisão precisam alcançar no mínimo 45 milhões de pessoas. A meta de verba destinada ao projeto é de \$ 100.000. Quantos minutos de propaganda por rádio e televisão a agência deve usar?

Sejam x_1 e x_2 os minutos alocados aos anúncios por rádio e televisão. A formulação da programação de metas para o problema é dada como

$$\text{Minimizar } G_1 = s_1^- \text{ (Cumprir meta de exposição)}$$

$$\text{Minimizar } G_2 = s_2^+ \text{ (Cumprir meta de verba)}$$

sujeito a

$$\begin{aligned} 4x_1 + 8x_2 + s_1^- - s_1^+ \quad &= 45 \text{ (Meta de exposição)} \\ 8x_1 + 24x_2 \quad + s_2^- - s_2^+ &= 100 \text{ (Meta de verba)} \\ x_1 + 2x_2 \quad &\leq 10 \text{ (Limite de pessoal)} \\ x_1 \quad &\leq 6 \text{ (Limite de rádio)} \\ x_1, x_2, s_1^-, s_1^+, s_2^-, s_2^+ &\geq 0 \end{aligned}$$

A gerência da TopAd adota como premissa que a meta de exposição é duas vezes mais importante do que a meta de verba. Assim, a função objetivo combinada se torna

$$\text{Minimizar } z = 2G_1 + G_2 = 2s_1^- + s_2^+$$

A solução ótima é $z = 10$; $x_1 = 5$ minutos; $x_2 = 2{,}5$ minutos; $s_1^- = 5$ milhões de pessoas. Todas as variáveis restantes são zero.

O fato de o valor ótimo de z não ser zero indica que no mínimo uma das metas não é cumprida. Especificamente, $s_1^- = 5$ significa que ficam faltando 5 milhões de indivíduos para que a meta de exposição (de no mínimo 45 milhões de pessoas) seja cumprida. Ao contrário, a meta de verba (não ultrapassar $ 100.000) não é violada, porque $s_2^+ = 0$.

A programação de metas dá apenas uma solução *eficiente*, mas não ótima, para o problema. Por exemplo, a solução $x_1 = 6$ e $x_2 = 2$ dá a mesma exposição ($4 \times 6 + 8 \times 2 = 40$ milhões de pessoas), mas custa menos ($8 \times 6 + 24 \times 2 = \$ 96.000$). Em essência, o que a programação de metas faz é achar uma solução que simplesmente *cumpra* as metas do modelo sem levar em conta a otimização. Tal 'deficiência' em achar uma solução ótima pode levantar dúvidas sobre a viabilidade da programação de metas como uma técnica de otimização (se quiser uma discussão mais ampla, veja o Exemplo 8.2-3).

CONJUNTO DE PROBLEMAS 8.2A

*1. Considere o Problema 1, Conjunto 8.1a, que trata da situação tributária da cidade de Fairville. Resolva o problema considerando que as cinco metas têm o mesmo peso. A solução cumpre todas as metas?

2. No Problema 2, Conjunto 8.1a, suponha que a meta de atrair o público jovem/meia-idade é duas vezes mais importante do que a de atrair qualquer uma das outras duas categorias (adolescentes e terceira idade). Ache a solução associada e verifique se todas as metas foram cumpridas.

3. Na situação das matrículas na Ozark University descrita no Problema 3, Conjunto 8.1a, suponha que o limite para o tamanho da próxima turma de calouros deva ser cumprido, mas que os requisitos restantes possam ser tratados como metas flexíveis. Além disso, considere que a meta de pontuação no ACT é duas vezes mais importante do que qualquer uma das metas restantes.
   (a) Resolva o problema e especifique se todas as metas foram cumpridas ou não.
   (b) Se, adicionalmente, o tamanho da próxima turma puder ser tratado como uma meta flexível, que é duas vezes mais importante do que a meta do ACT, como essa alteração afetaria a solução?

*4. No modelo da Circle K do Problema 4, Conjunto 8.1a, é possível cumprir todos os requisitos nutricionais?

5. No Problema 5, Conjunto 8.1a, determine a solução e especifique se a produção diária de rodas e assentos pode ser equilibrada.

6. No Problema 6, Conjunto 8.1a, suponha que a meta de demanda de mercado seja duas vezes mais importante do que a de equilibrar as duas máquinas e que não sejam permitidas horas extras. Resolva o problema e determine se as metas foram cumpridas.

*7. No Problema 7, Conjunto 8.1a, suponha que a produção se empenhe para cumprir a quota para os dois produtos usando horas extras se necessário. Ache uma solução para o problema e especifique a quantidade de horas extras (se houver) necessárias para cumprir a quota de produção.

8. No Hospital de Vista City do Problema 8, Conjunto 8.1a, suponha que somente os limites de leitos representem metas flexíveis e que todas as metas tenham pesos iguais. Todas as metas podem ser cumpridas?

9. A Malco Company compilou uma tabela (Tabela F) tendo como base os arquivos de cinco de seus empregados para estudar o impacto sobre a renda produzido por três fatores: idade, nível de educação (expresso em números de anos concluídos na universidade) e experiência (expresso em número de anos em atividade profissional).

Tabela F

Idade (anos)	Educação (anos)	Experiência (anos)	Renda anual ($)
30	4	5	40.000
39	5	10	48.000
44	2	14	38.000
48	0	18	36.000
37	3	9	41.000

Use a formulação da programação de metas do Problema 10, Conjunto 8.1a, para ajustar os dados à equação linear $y = b_0 + b_1x_1 + b_2x_2 + b_3x_3$.

10. Resolva o Problema 9 usando o método de Chebyshev proposto no Problema 11, Conjunto 8.1a.

8.2.2 O método hierárquico

No método hierárquico, o tomador de decisões deve classificar as metas do problema em ordem de importância. Dada uma situação de n metas, os objetivos do problema são expressos como

$$\begin{aligned} &\text{Minimizar } G_1 = \rho_1 \text{ (Prioridade mais alta)} \\ &\vdots \\ &\text{Minimizar } G_n = \rho_n \text{ (Prioridade mais baixa)} \end{aligned}$$

A variável ρ_i é a componente das variáveis de desvio, s_i^- ou s_i^+, que representa a meta i. Por exemplo, no modelo da TopAd (Exemplo 8.2-1), $\rho_1 = s_1^-$ e $\rho_2 = s_2^+$.

O procedimento de solução considera uma meta por vez, começando com a de prioridade mais alta, G_1, e terminando com a de prioridade mais baixa, G_n. *O processo é executado de modo tal que a solução obtida de uma meta de prioridade mais baixa nunca degrade qualquer uma das soluções de prioridade mais alta.*

A literatura sobre programação de metas apresenta um método simplex 'especial' que garante a não-degradação de soluções de prioridade mais alta. O método usa a **regra do descarte de coluna** que recomenda a eliminação de uma variável x_j *não básica* com custo reduzido diferente de zero ($z_j - c_j \neq 0$) da tabela simplex ótima da meta G_k antes de resolver o problema da meta G_{k+1}. A regra reconhece que tais variáveis não básicas, se elevadas acima do nível zero na otimização de metas sucessivas, podem degradar (mas nunca melhorar) a qualidade de uma meta de prioridade mais alta. O procedimento requer modificar a tabela simplex para incluir as funções objetivo de todas as metas do modelo.

A modificação do *descarte de coluna* proposta complica desnecessariamente a programação de metas. Nesta apresentação, mostramos que os mesmos resultados podem ser conseguidos de maneira mais direta usando as seguinte etapas:

Etapa 0. Identifique as metas do modelo e classifique-as em ordem de prioridade:

$$G_1 = \rho_1 \succ G_2 = \rho_2 \succ \cdots \succ G_n = \rho_n$$

Determine $i = 1$.

Etapa 1. Resolva o problema de PL_i que minimize G_i e deixe que $\rho_i = \rho_i^*$ defina o valor ótimo correspondente da variável de desvio ρ_i. Se $i = n$, pare; PL_n resolve o programa de n metas. Caso contrário, adicione a restrição $\rho_i = \rho_i^*$ às restrições do problema de G_i para garantir que o valor de ρ_i não seja degradado em problemas futuros. Determine $i = i + 1$, e repita a etapa i.

A adição sucessiva das restrições especiais $\rho_i = \rho_i^*$ pode não ser teoricamente tão 'elegante' quanto a *regra do descarte de coluna*. Entretanto, consegue exatamente o mesmo resultado e, mais importante, é mais fácil de entender.

Há quem argumente que a *regra do descarte de coluna* oferece vantagens no cálculo. Em essência, a regra torna o problema menor eliminando variáveis sucessivamente, ao passo que nosso procedimento torna o problema maior adicionando novas restrições. Contudo, considerando a natureza das restrições adicionais ($\rho_i = \rho_i^*$), deveríamos ser capazes de modificar o algoritmo simplex para implementar a restrição adicional implicitamente por meio de substituição direta da variável ρ_i. Essa substituição afeta apenas a restrição na qual ρ_i aparece e, na verdade, reduz o número de variáveis à medida que avançamos de uma meta para a seguinte. Como alternativa, podemos usar o método simplex para variáveis canalizadas da Seção 7.4.2 substituindo $\rho_i = \rho_i^*$ por $\rho_i \leq \rho_i^*$, caso em que as restrições adicionais são levadas em conta implicitamente. A esse respeito, a *regra do descarte de coluna*, à parte seu apelo teórico, não parece oferecer uma vantagem particular para o cálculo. Por questões didáticas, entretanto, demonstraremos como funciona a *regra do descarte de coluna* no Exemplo 8.2-3.

Exemplo 8.2-2

O problema do Exemplo 8.2-1 é resolvido pelo método hierárquico. Considere que a meta de exposição tenha uma prioridade mais alta.

Etapa 0. $G_1 \succ G_2$

G_1: Minimizar s_1^- (Cumpre a meta de exposição)
G_2: Minimizar s_2^+ (Cumpre a meta de verba)

Etapa 1. Resolver PL_1.

$$\text{Minimizar } G_1 = s_1^-$$

sujeito a

$$\begin{aligned} 4x_1 + 8x_2 + s_1^- - s_1^+ &= 45 \text{ (Meta de exposição)} \\ 8x_1 + 24x_2 + s_2^- - s_2^+ &= 100 \text{ (Meta de verba)} \\ x_1 + 2x_2 &\leq 10 \text{ (Limite de pessoal)} \\ x_1 &\leq 6 \text{ (Limite pelo rádio)} \\ x_1, x_2, s_1^-, s_1^+, s_2^-, s_2^+ &\geq 0 \end{aligned}$$

A solução ótima (determinada com utilização do TORA) é x_1 = 5 minutos, x_2 = 2,5 minutos, s_1^- = 5 milhões de pessoas, sendo que as variáveis restantes são iguais a zero. A solução mostra que ficam faltando 5 milhões de pessoas para cumprir a meta de exposição, G_1.

Em PL_1, temos $\rho_1 = s_1^-$. Assim, a restrição adicional que usamos com o problema de G_2^- é $s_1^- = 5$ (ou, equivalentemente, $s_1^- \leq 5$).

Etapa 2. Precisamos resolver PL_2, cuja função objetivo é

$$\text{Minimizar } G_2 = s_2^+$$

sujeito ao mesmo conjunto de restrições da etapa 1 *mais* à restrição adicional $s_1^- = 5$. (Podemos substituir a nova restrição convenientemente na opção Modify do TORA designando 5 para os limites inferior e superior de s_1^-.)

A otimização da PL_2 não é necessária porque a solução ótima para o problema de G_1 já dá $s_2^+ = 0$. Em conseqüência, a solução da PL_1 é automaticamente ótima também para PL_2. A solução $s_2^+ = 0$ mostra que G_2 foi cumprida.

A restrição adicional $s_1^- = 5$ também pode ser levada em conta substituindo s_1^- na primeira restrição. O resultado é que o lado direito da restrição da meta de exposição será alterado de 45 para 40, o que reduz a PL_2 a

$$\text{Minimizar } G_2 = s_2^+$$

sujeito a

$$\begin{aligned} 4x_1 + 8x_2 - s_1^+ &= 40 \text{ (Meta de exposição)} \\ 8x_1 + 24x_2 + s_2^- - s_2^+ &= 100 \text{ (Meta de verba)} \\ x_1 + 2x_2 &\leq 10 \text{ (Limite de pessoal)} \\ x_1 &\leq 6 \text{ (Limite pelo rádio)} \\ x_1, x_2, s_1^+, s_2^-, s_2^+ &\geq 0 \end{aligned}$$

A nova formulação tem uma variável a menos do que a formulação da PL_1, o que é a idéia geral proposta pela *regra do descarte de coluna*.

Exemplo 8.2-3 (Regra do descarte de coluna)

Neste exemplo, mostramos que se pode obter uma solução melhor para o problema dos exemplos 8.2-1 e 8.2-2 se for utilizado o método hierárquico para *otimizar* os objetivos em vez de *cumprir* metas. O exemplo também serve para demonstrar a *regra do descarte de coluna* para resolver programação de metas.

As metas do Exemplo 8.2-1 podem ser expressas de um outro modo, como:

Prioridade 1: Maximizar exposição (P_1)
Prioridade 2: Minimizar custo (P_2)

Matematicamente, os dois objetivos são dados por

$$\text{Maximizar } P_1 = 4x_1 + 8x_2 \quad \text{(Exposição)}$$
$$\text{Minimizar } P_2 = 8x_1 + 24x_2 \quad \text{(Custo)}$$

Os limites específicos das metas de exposição e custo (= 45 e 100) nos exemplos 8.2-1 e 8.2-2 são eliminados porque permitiremos que o método simplex determine esses limites de forma ótima.

Portanto, o novo problema pode ser expresso por

$$\text{Maximizar } P_1 = 4x_1 + 8x_2$$
$$\text{Minimizar } P_2 = 8x_1 + 24x_2$$

sujeito a

$$\begin{aligned} x_1 + 2x_2 &\leq 10 \\ x_1 &\leq 6 \\ x_1, x_2 &\geq 0 \end{aligned}$$

Em primeiro lugar, resolvemos o problema usando o procedimento apresentado no Exemplo 8.2-2.

Etapa 1. Resolver PL_1.

$$\text{Maximizar } P_1 = 4x_1 + 8x_2$$

sujeito a

$$\begin{aligned} x_1 + 2x_2 &\leq 10 \\ x_1 &\leq 6 \\ x_1, x_2 &\geq 0 \end{aligned}$$

A solução ótima (obtida com utilização do TORA) é $x_1 = 0, x_2 =$ 5 com $P_1 = 40$, o que mostra que a máxima exposição que podemos obter é 40 milhões de pessoas.

Etapa 2. Adicionar a restrição $4x_1 + 8x_2 \geq 40$ para garantir que a meta G_1 não seja degradada. Assim, resolvemos PL_2 como

$$\text{Minimizar } P_2 = 8x_1 + 24x_2$$

sujeito a

$$\begin{aligned} x_1 + 2x_2 &\leq 10 \\ x_1 &\leq 6 \\ 4x_1 + 8x_2 &\geq 40 \text{ (Restrição adicional)} \\ x_1, x_2 &\geq 0 \end{aligned}$$

A solução ótima da PL_2 é P_2 = \$ 96.000, x_1 = 6 minutos e x_2 = 2 minutos. Ela dá a mesma exposição (P_1 = 40 milhões de pessoas), mas a um custo menor do que o do **Exemplo 8.2-2**, no qual o principal objetivo é cumprir, e não otimizar, as metas.

O mesmo problema é resolvido agora usando a *regra do descarte de coluna*. A regra recomenda transportar as linhas com os coeficientes da função objetivo associadas com todas as metas na tabela simplex, como mostraremos a seguir.

PL_1 (Maximização da exposição). A tabela simplex da PL_1 contém ambas as linhas com os coeficientes da função objetivo, P_1 e P_2. A condição de otimalidade se aplica somente à linha P_1. A linha

P_2 desempenha um papel passivo na PL_1, mas deve ser atualizada com o restante da tabela simplex em preparação para a otimização da PL_2.

A PL_1 é resolvida em duas iterações, como demonstrado a seguir:

Iteração	Base	x_1	x_2	s_1	s_2	Solução
1	P_1	-4	-8	0	0	0
	P_2	-8	-24	0	0	0
	s_1	1	2	1	0	10
	s_2	1	0	0	1	6
2	P_1	0	0	4	0	40
	P_2	4	0	12	0	120
	x_2	$\frac{1}{2}$	1	$\frac{1}{2}$	0	5
	s_2	1	0	0	1	6

A última tabela simplex dá a solução ótima $x_1 = 0$, $x_2 = 5$ e $P_1 = 40$.

A *regra do descarte de coluna* recomenda a eliminação de qualquer variável x_j *não básica* com $z_j - c_j \neq 0$ da tabela ótima da PL_1 antes de otimizar a PL_2. A razão para fazer isso é que essas variáveis, se não controladas, podem se tornar positivas em problemas de otimização de prioridade mais baixa, o que degradaria a qualidade das soluções de prioridade mais alta.

PL_2 (Minimização de custo). A regra do descarte de coluna elimina s_1 (com $z_j - c_j = 4$). Podemos ver pela linha P_2 que, se s_1 não for eliminada, ela será a variável que entra no início das iterações de P_2 e dará a solução ótima $x_1 = x_2 = 0$, o que degradará o valor da função objetivo da solução ótima do problema de $P_1 = 40$ para $P_1 = 0$. (Experimente!)

O problema P_2 é do tipo minimização. Em seguida à eliminação de s_1, a variável x_1 com $z_j - c_j = 4$ (> 0) pode melhorar o valor de P_2. A tabela a seguir mostra as iterações de PL_2. A linha da P_1 foi eliminada porque deixa de ter uma finalidade na otimização da PL_2.

Iteração	Base	x_1	x_2	s_1	s_2	Solução
1	P_1					40
	P_2	4	0		0	120
	x_2	$\frac{1}{2}$	1		0	5
	s_2	1	0		1	6
2	P_1					40
	P_2	0	0		-4	96
	x_2	0	1		$-\frac{1}{2}$	2
	x_1	1	0		1	6

A solução ótima ($x_1 = 6, x_2 = 2$) com uma exposição total de $P_1 = 40$ e um custo total de $P_2 = 96$ é a mesma obtida anteriormente.

Momento AMPL

O AMPL se presta prontamente à aplicação da idéia apresentada no Exemplo 8.2-2, no qual são adicionadas restrições simples para garantir que as soluções de prioridade mais alta não sejam degradadas. A Figura 8.1 fornece um código, em AMPL, genérico que permite a aplicação interativa do método hierárquico (arquivo amplEx8.1-1.txt).

O projeto do modelo é padrão, exceto pelas provisões que permitem a aplicação interativa do método hierárquico. Especificamente, o modelo considera que as r primeiras restrições são restrições de meta e as $m - r - 1$ restantes são restrições estritas. O modelo tem r funções objetivo distintas de metas, que podem ser incluídas no mesmo modelo usando a seguinte declaração indexada em AMPL (só é permitido um nome *indexado* para funções objetivo múltiplas):

```
minimize z{i in 1..r}:p*sminus[i]+q*splus[i];
```

A definição dada da função objetivo leva em conta minimizar $z_i = s_i^-$ e $z_i = s_i^+$ fazendo ($p = 1, q = 0$) e ($p = 0, q = 1$), respectivamente.

Em vez de adicionar uma nova restrição cada vez que passamos de um nível de prioridade para o seguinte, usamos um truque de programação que permite modificar os limites superiores das variáveis de desvio. Os parâmetros `um[i]` e `up[i]` representam os limites superiores impostos a `sminus[i]` (s_i^-) e `splus[i]` (s_i^+), respectivamente. Esses parâmetros são modificados para impor restrições implícitas do tipo `sminus[i]<=um[i]` e `splus[i]<=up[i]`, respectivamente. Os valores de `um` e `up` na meta de prioridade `i` são determinados de acordo com as soluções dos problemas de metas de prioridade 1, 2 e $i - 1$. O valor inicial (default) para `um` e `up` é infinito.

Figura 8.1
Modelo em AMPL para aplicação interativa do método hierárquico (arquivo amplEx8.1-1.txt)

```
param n;
param m;
param r;
param p;
param q;
param a{1..m,1..n};
param b{1..m};
param um{1..m} default 100000;
param up{1..m} default 100000;
var x{1..n} >=0;
var sminus{i in 1..r}>=0,<=um[i];
var splus{i in 1..r}>=0,<=up[i];

minimize z{i in 1..r}: p*sminus[i]+q*splus[i];
subject to
c1{i in 1..r}:sum{j in 1..n}a[i,j]*x[j]
  +sminus[i]-splus[i]=b[i];
c2{i in r+1..m}: sum{j in 1..n} a[i,j]*x[j]<=b[i];
data;
param m:=4;
param n:=4;
param r:=4;
param a: 1    2     3    4:=
       1 550  35    55   .075
       2 55   -31.5 5.5  .0075
       3 110  7     -44  .015
       4 0    0     0    1;
param b:=1 16 2 0  3 0  4 2;
```

Logo mostraremos como o AMPL ativa qualquer uma das r funções objetivo, especifica os valores de p e q e estabelece os limites superiores para s_i^- e s_i^+, tudo interativamente, o que torna o AMPL ideal para executar cálculos de programação de metas.

Usando os dados do Exemplo 8.1-1, as metas do modelo são

$$\text{Minimizar } G_1 = s_1^-$$
$$\text{Minimizar } G_2 = s_2^-$$
$$\text{Minimizar } G_3 = s_3^-$$
$$\text{Minimizar } G_4 = s_4^+$$

Suponha que as metas sejam priorizadas como

$$G_2 \succ G_1 \succ G_3 \succ G_4$$

Assim, a implementação do modelo em AMPL prossegue da seguinte maneira: para G_2, faça $p = 1$ e $q = 0$ porque estamos minimizando `z[2]=sminus[2]`. Os seguintes comandos são usados para executar os cálculos:

```
ampl: model amplEx8.1-1.txt;
ampl: let p:=1;let q:=0;
ampl: objective z[2];
ampl: solve; display z[2], x, sminus, splus;
```

Esses comandos produzem os seguintes resultados:

```
z[2] = 0
:       x          sminus splus   :=
1   2.62361e-28     16     0
2   0                0     0
3   8.2564e-28       0     0
4   0                2     0
```

A solução ($x_1 = 0, x_2 = 0, x_3 = 0$ e $x_4 = 0$) mostra que a meta G_2 é cumprida porque `z[2] = 0` (isto é, $s_2^- = 0$). Contudo, a meta de prioridade seguinte, G_1, não é cumprida porque $s_1^- = 16$. Em conseqüência, precisamos otimizar a meta G_1 sem degradar a solução de G_2, o que requer alterar os limites superiores impostos a s_2^- para o valor especificado pela solução de G_2, ou seja, zero. Para a meta G_1, os atuais $p = 1$ e $q = 0$ de G_2 permanecem inalterados porque estamos minimizando s_1^-. Os seguintes comandos interativos de AMPL geram este resultado:

```
ampl: let um[2]:=0;
ampl: objective z[1]; solve; display z[1],x,
      sminus, splus;
```

O resultado é

```
z[1] = 0
:       x        sminus splus   :=
1   0.0203636     0      0
2   0.0457143     0      0
3   0.0581818     0      0
4   0             2      0
```

A solução mostra que todas as metas restantes são cumpridas. Assim, não é preciso fazer outras otimizações. A solução da programação por metas é $x_p = 0{,}0203636, x_f = 0{,}0457143, x_s = 0{,}0581818$ e $x_g = 0$.

Comentários

1. Podemos substituir `let um[2]:=0;` por `fix sminus[2]:=0;` ou por `let sminus[2]:=0;` com igual resultado final.

2. A sessão interativa pode ser totalmente automatizada usando um arquivo `commands` que seleciona automaticamente a meta atual para ser otimizada e impõe as restrições adequadas antes de resolver a meta de prioridade seguinte. A utilização desse arquivo (que denominamos amplCmds.txt) requer que se façam algumas modificações no modelo original, como mostra o arquivo amplEx8.1-1A.txt. Para conseguir completa versatilidade, os dados do modelo são armazenados em um arquivo específico denominado amplData.txt. Nesse caso, a execução do modelo requer a inclusão de três linhas de comando:

```
ampl: model amplEx8.1-1A.txt;
ampl: data amplData.txt;
ampl: commands amplCmds.txt;
```

Veja a Seção A.7 se quiser mais informações sobre a utilização de `commands`.

CONJUNTO DE PROBLEMAS 8.2B[2]

1. No Exemplo 8.2-2, suponha que a meta de verba seja aumentada para $ 110.000. A meta de exposição permanece inalterada em 45 milhões de pessoas. Mostre como o método hierárquico obterá uma solução.
2. Resolva o Problema 1, Conjunto 8.1a, usando a seguinte ordenação de prioridades para as metas:

$$G_1 \succ G_2 \succ G_3 \succ G_4 \succ G_5$$

3. Considere o Problema 2, Conjunto 8.1a, que trata da apresentação de concertos de bandas e espetáculos artísticos no NW Mall. Suponha que as metas estabelecidas para adolescentes, jovens/meia-idade e terceira idade sejam denominadas G_1, G_2 e G_3, respectivamente. Resolva o problema para cada uma das ordenações de prioridades:
   (a) $G_1 \succ G_2 \succ G_3$
   (b) $G_3 \succ G_2 \succ G_1$
   Mostre que o cumprimento (ou o não-cumprimento) das metas pode ser uma função da ordem das prioridades.
4. Resolva o problema da Ozark University (Problema 3, Conjunto 8.1a) com a utilização do método hierárquico considerando que as metas são priorizadas na mesma ordem dada no problema.

REFERÊNCIAS BIBLIOGRÁFICAS

Chissman, J.; Fey, T.; Reeves, G.; Lewis, H. e Weinstein, R. "A multiobjective linear programming methodology for public sector tax planning". *Interfaces*, v. 19, n. 5, p. 13–22, 1989.

Cohon, T. L. *Multiobjective programming and planning*. Nova York: Academic, 1978.

Ignizio, J. P. e Cavalier, T. M. *Linear programming*. Upper Saddle River: Prentice Hall, 1994.

Steuer, R. E. *Multiple criteria optimization: theory, computations, and application*. Nova York: Wiley, 1986.

[2] Em termos de cálculo, pode ser conveniente usar o AMPL para resolver os problemas deste conjunto.

Capítulo 9

Programação linear inteira

Guia do capítulo. Programação linear inteira (PLI) são programações lineares nas quais algumas ou todas as variáveis estão restritas a valores inteiros (ou discretos). Quando estudamos PLI, precisamos nos concentrar em três áreas: aplicação, teoria e cálculo. O capítulo começa com algumas aplicações que demonstram a riqueza da utilização de PLI na prática. Em seguida apresenta dois algoritmos proeminentes de PLI: *branch-and-bound* (B&B) e planos de corte. Dos dois algoritmos, o B&B é, decididamente, o mais eficiente em termos de cálculo. Na verdade, praticamente todos os códigos comerciais têm suas raízes no B&B. O capítulo termina com uma apresentação do problema do caixeiro-viajante (TSP – *traveling salesperson problem*), que tem importantes aplicações práticas.

Uma desvantagem dos algoritmos de PLI é sua falta de consistência na resolução de problemas com inteiros. Embora seja comprovado teoricamente que esses algoritmos convergem em um número finito de iterações, sua implantação em computador (com seu inerente erro de arredondamento) é uma experiência diferente. Não se esqueça disso quando estudar os algoritmos PLI.

O capítulo mostra como o AMPL e o Solver são usados em PLI. Você verá que a opção do TORA guiada pelo usuário é útil para o detalhamento dos cálculos do B&B.

Este capítulo inclui um resumo de uma aplicação real, 12 exemplos resolvidos, 5 modelos em AMPL, uma planilha em Excel, 65 problemas de final de seção e 10 casos. Os casos estão no Apêndice E, disponível em inglês no site do livro. Os programas em AMPL/Excel Solver/TORA estão na pasta ch9Files.

Aplicação real — Otimização de cargas úteis de reboques na PFG Building Glass

A PFG usa caminhões-reboques especialmente equipados (quinta roda) para entregar fardos de lâminas de vidro plano aos clientes. Os fardos variam em tamanho e peso, e uma única carga de reboque pode incluir fardos diferentes, dependendo dos pedidos recebidos. Regulamentações governamentais determinam limites máximos para os pesos nos eixos, e o posicionamento propriamente dito dos fardos no caminhão é crucial para determinar esses pesos. O problema trata de determinar o carregamento ótimo dos fardos na carroceria do caminhão de modo a satisfazer os limites de peso por eixo. O problema é resolvido como um programa inteiro. O Caso 7 do Capítulo 24, disponível em inglês no site do livro, fornece os detalhes do estudo.

9.1 APLICAÇÕES ILUSTRATIVAS

Esta seção apresenta várias aplicações de PLI. De modo geral, as aplicações caem em duas categorias: *direta* e *transformada*. Na categoria *direta*, as variáveis são naturalmente inteiras e podem assumir valores binários (0 ou 1) ou discretos gerais. Por exemplo, o problema pode envolver a determinação de se um projeto será ou não selecionado para execução (binário) ou achar o número ótimo de máquinas necessárias para executar uma tarefa (valor discreto geral). Na categoria *transformada*, o problema original, que pode ou não envolver quaisquer variáveis inteiras, é intratável analiticamente. Variáveis auxiliares inteiras (em geral binárias) são usadas para transformá-lo em tratável. Por exemplo, na determinação da seqüência de tarefas, A e B, em uma única máquina, a tarefa A pode preceder a tarefa B, *ou* a tarefa B pode preceder a tarefa A. A natureza 'ou' das restrições é que torna o problema analiticamente intratável porque todos os algoritmos matemáticos de programação matemática tratam apenas de restrições 'e'. A situação é remediada usando variáveis binárias auxiliares para transformar as restrições 'ou' em restrições 'e' equivalentes.

Por conveniência, um problema inteiro **puro** é definido como aquele que tem *todas* as variáveis inteiras. Caso contrário é um problema de programação inteira **mista**, se tratar de variáveis contínuas, bem como inteiras.

9.1.1 Orçamento de capital

Esta seção trata de decisões referentes a investir ou não em projetos individuais. A decisão é tomada sob considerações de orçamento limitado, bem como de prioridades na execução dos projetos.

Exemplo 9.1-1 (Seleção de projeto)

Cinco projetos estão sob avaliação dentro de uma projeção de planejamento de três anos. A Tabela 9.1 dá os retornos esperados para cada projeto e os desembolsos anuais associados.

Tabela 9.1 Retornos esperados

Projeto	Desembolsos (milhões \$)/ano *1*	*2*	*3*	Retornos (milhões \$)
1	5	1	8	20
2	4	7	10	40
3	3	9	2	20
4	7	4	1	15
5	8	6	10	30
Fundos disponíveis (milhões \$)	25	25	25	

Quais projetos devem ser selecionados na projeção de três anos?

O problema se reduz a uma decisão 'sim-não' para cada projeto. Defina-se a variável binária x_j como

$$x_j = \begin{cases} 1, \text{ se o projeto } j \text{ for selecionado} \\ 0, \text{ se o projeto } j \text{ não for selecionado} \end{cases}$$

O problema de PLI é:

$$\text{Maximizar } z = 20x_1 + 40x_2 + 20x_3 + 15x_4 + 30x_5$$

sujeito a

$$\begin{aligned} 5x_1 + 4x_2 + 3x_3 + 7x_4 + 8x_5 &\leq 25 \\ x_1 + 7x_2 + 9x_3 + 4x_4 + 6x_5 &\leq 25 \\ 8x_1 + 10x_2 + 2x_3 + x_4 + 10x_5 &\leq 25 \\ x_1, x_2, x_3, x_4, x_5 &= (0, 1) \end{aligned}$$

A solução inteira ótima (obtida por AMPL, Solver ou TORA)[1] é $x_1 = x_2 = x_3 = x_4 = 1, x_5 = 0$, com $z = 95$ (milhões \$). A solução mostra que todos os projetos, com exceção do 5, devem ser selecionados.

[1] Para usar o TORA, selecione Integer programming em Main menu. Após entrar com os dados do problema, vá à tela de saída e selecione Automated B&B para obter a solução ótima. A utilização do Solver é igual à da PL, exceto que as variáveis visadas devem ser declaradas como inteiras. A opção inteira (*int* ou *bin*) está disponível na caixa de diálogo **Parâmetros do Solver** quando você adiciona uma nova restrição. A implementação em AMPL para programação inteira é igual à da programação linear, exceto que algumas ou todas as variáveis são declaradas como inteiras (ou binárias) pela adição da palavra-chave `integer` (ou `binary`) na declaração de definição das variáveis-alvo. Por exemplo, a declaração `var x{J}>=0, integer;` declara x_j como inteira não negativa para todo $j \in J$. Se x_j for binária, a declaração muda para `var x{J} binary;`. Para execução, a declaração `option solver cplex;` deve preceder `solve;`.

Comentários. É interessante comparar a solução contínua de PL com a solução de PLI. A PL ótima, obtida pela substituição de $x_j = (0,1)$ por $0 \leq x_j \leq 1$ para todo j, dá como resultado $x_1 = 0{,}5789, x_2 = x_3 = x_4 = 1, x_5 = 0{,}7368$ e $z = 108{,}68$ (milhões \$). A solução não tem sentido porque duas das variáveis assumem valores fracionários. Podemos *arredondar* a solução para o inteiro mais próximo, o que dá $x_1 = x_5 = 1$. Contudo, a solução resultante é inviável porque as restrições são violadas. Mais importante, o conceito de *arredondamento* não tem sentido aqui, porque x_j representa uma decisão 'sim-não'.

CONJUNTO DE PROBLEMAS 9.1A[2]

1. Modifique e resolva o problema de orçamento de capital do Exemplo 9.1-1 para levar em conta as seguintes restrições adicionais:

(a) O projeto 5 deve ser selecionado se o projeto 1 ou o projeto 3 forem selecionados.

(b) Os projetos 2 e 3 são mutuamente exclusivos.

2. Cinco itens devem ser carregados em um recipiente. O peso w_i, volume v_i e valor r_i para o item i são apresentados na Tabela A.

Tabela A

Item i	Peso unitário, w_i (toneladas)	Volume unitário, v_i (yd³)	Valor unitário equivalente, r_i (100 \$)
1	5	1	4
2	8	8	7
3	3	6	6
4	2	5	5
5	7	4	4

O peso e o volume máximos de carga permitidos são 112 t e 109 yd³ respectivamente. Formule o problema de PLI e ache a carga mais valiosa.

***3.** Suponha que você tenha sete garrafas de vinho cheias, sete cheias até a metade e sete vazias, e gostaria de dividir as 21 garrafas entre três indivíduos de modo que cada um receba exatamente sete. Além disso, cada indivíduo deve receber a mesma quantidade de vinho. Expresse o problema como restrições de PLI e ache a solução. (*Sugestão*: use uma função objetivo fictícia na qual todos os coeficientes da função objetivo sejam zero.)

4. Um xeque excêntrico deixou um testamento no qual um rebanho de camelos deve ser distribuído entre seus três filhos: Tarek deverá receber no mínimo metade do rebanho, Sharif deverá receber no mínimo 1/3 e Maísa ficará com no mínimo 1/9. O restante deve ser doado como caridade. O testamento não especifica o tamanho do rebanho, mas cita que o número de camelos é ímpar e que a instituição de caridade escolhida receberá exatamente um camelo. Use PLI para determinar quantos camelos o xeque deixou como herança e quantos cada filho recebeu.

5. Um casal de fazendeiros está enviando seus três filhos ao mercado para vender 90 maçãs com o objetivo de educá-los nas finanças e nos números. Karen, a mais velha, carrega 50 maçãs; Bill, o do meio, carrega 30, e John, o mais novo, carrega somente 10. Os pais estipularam cinco regras: 1) o preço de venda é \$ 1 por 7 maçãs ou \$ 3 por 1 maçã, ou uma combinação dos dois preços; 2) cada filho pode optar por uma ou por ambas as alternativas de preço de venda; 3) cada um dos três filhos deve voltar com exatamente a mesma quantia de dinheiro; 4) a renda de cada filho deve ser em dólares redondos (não são permitidos centavos); 5) a quantia recebida por cada filho deve ser a maior possível sob as condições estipuladas.

Dado que os três filhos conseguem vender tudo que têm, use PLI para mostrar como eles podem cumprir as condições impostas pelos pais.

***6.** Era uma vez um capitão de um navio mercante que queria recompensar três membros de sua tripulação pela coragem que haviam tido em salvar a carga do navio durante uma tempestade inesperada em alto-mar. O capitão reservou certa soma de dinheiro na tesouraria e instruiu o imediato a distribuí-la igualmente entre os três marinheiros após a chegada do navio ao litoral. Uma noite, sem que os outros soubessem, um dos marinheiros foi à tesouraria e decidiu pedir um adiantamento de um terço (eqüitativo) do valor que lhe cabia. Após o imediato ter dividido o dinheiro em três partes iguais, sobrou uma moeda, que o marinheiro resolveu conservar com ele (além do um terço do dinheiro que lhe cabia).

Na noite seguinte, o segundo marinheiro teve a mesma idéia e, repetindo a mesma divisão em três partes do dinheiro que restou, também ficou com uma moeda extra.

Na terceira noite, o terceiro marinheiro também pegou um terço do que sobrou e mais uma moeda extra que não podia ser dividida. Quando o navio chegou ao litoral, o imediato dividiu o restante do dinheiro igualmente entre os três marinheiros e novamente sobrou uma moeda.

Para simplificar as coisas, o imediato deixou a moeda extra de lado e deu aos marinheiros suas quotas iguais designadas. No início, quanto dinheiro havia no cofre? Formule a questão como um problema de PLI e ache a solução. (*Sugestão*: o problema tem um número infinito contável de solução inteiras. Por conveniência, considere que estamos interessados em determinar a menor soma de dinheiro que satisfaça as condições do problema. Então, incrementando a soma resultante com a adição de 1, adicione-o como um limite inferior e obtenha a menor soma seguinte. Continuando dessa maneira, será desenvolvido um padrão geral de solução.)

7. (Weber, 1990) Você tem as seguintes palavras de três letras: AFT, FAR, TVA, ADV, JOE, FIN, OSF e KEN. Suponha que designemos valores numéricos ao alfabeto começando com $A = 1$ e terminando com $Z = 26$. O valor de cada palavra equivale à soma dos códigos numéricos de suas três letras. Por exemplo, o valor de AFT é $1 + 6 + 20 = 27$. Você deve selecionar cinco das oito palavras dadas que resultam na máxima contagem total. Simultaneamente, as cinco palavras selecionadas devem cumprir as seguintes condições:

$$\begin{pmatrix}\text{Soma de contagens}\\ \text{da 1ª letra}\end{pmatrix} < \begin{pmatrix}\text{Soma de contagens}\\ \text{da 2ª letra}\end{pmatrix} < \begin{pmatrix}\text{Soma de contagens}\\ \text{da 3ª letra}\end{pmatrix}$$

Formule a questão como um problema de PLI e ache a solução ótima.

8. Resolva o Problema 7 dado que, além da soma total ser a maior, a soma da coluna 1 e a soma da coluna 2 também serão as maiores. Ache a solução ótima.

9. (Weber, 1990) Considere os dois grupos de palavras mostrados na Tabela B.

Tabela B

Grupo 1	Grupo 2
AREA	ERST
FORT	FOOT
HOPE	HEAT
SPAR	PAST
THAT	PROF
TREE	STOP

Todas as palavras dos grupos 1 e 2 podem ser formadas com as seguintes nove letras: A, E, F, H, O, P, R, S e T. Desenvolva um modelo para designar um valor numérico único de 1 a 9 a essas letras de modo tal que a diferença entre as contagens totais dos dois grupos seja tão pequena quanto possível. (*Observação*: a contagem para uma palavra é a soma dos valores designados a suas letras individuais.)

***10.** A Record-a-Song Company contratou uma estrela em ascensão para gravar oito canções. As durações das diferentes canções são 8, 3, 5, 5, 9, 6, 7 e 12 minutos, respectivamente. A Record-a-Song usa os dois lados de uma fita cassete para fazer a gravação. Cada lado tem capacidade de 30 minutos. A empresa gostaria

[2] Os problemas 3 a 6 foram adaptados de Malba Tahan, *El hombre que calculaba*. México: Limusa, 1994, p. 39–182.

de distribuir as canções nos dois lados de modo tal que os comprimentos das canções em cada lado fossem aproximadamente os mesmos. Formule a questão como um problema de PLI e ache a solução ótima.

11. No Problema 10, suponha que a natureza das melodias imponha que as canções 3 e 4 não possam ser gravadas no mesmo lado. Formule a questão como um problema de PLI. Seria possível usar uma fita de 25 minutos (cada lado) para gravar as oito canções? Se não for possível, use PLI para determinar a capacidade mínima da fita necessária para fazer a gravação.

***12.** (Graves et al., 1993) A Ulern University usa um modelo matemático que otimiza as preferências dos estudantes levando em consideração a limitação das salas de aula e dos recursos da faculdade. Para demonstrar a aplicação do modelo, considere o caso simplificado de dez estudantes que devem selecionar dois cursos eletivos entre os seis oferecidos. A Tabela C apresenta contagens que representam a preferência de cada estudante para cursos individuais, sendo que a contagem 100 é a mais alta. Para simplificar, considera-se que a contagem de preferência para uma seleção de dois cursos é a soma das contagens individuais. A capacidade do curso é o número máximo de estudantes que poderão assistir às aulas.

Tabela C

	Contagem de preferências por curso					
Estudante	*1*	*2*	*3*	*4*	*5*	*6*
1	20	40	50	30	90	100
2	90	100	80	70	10	40
3	25	40	30	80	95	90
4	80	50	60	80	30	40
5	75	60	90	100	50	40
6	60	40	90	10	80	80
7	45	40	70	60	55	60
8	30	100	40	70	90	55
9	80	60	100	70	65	80
10	40	60	80	100	90	10
Capacidade do curso	6	8	5	5	6	5

Formule a questão como um problema de PLI e ache a solução ótima.

9.1.2 Problema de cobertura

Nessa classe de problemas, várias instalações oferecem serviços sobrepostos a várias localidades. O objetivo é determinar o número mínimo de instalações que *cobrirão* (isto é, satisfarão as necessidades) cada localidade. Por exemplo, estações de tratamento de água podem ser construídas em vários locais, sendo que cada uma atenderia a um conjunto diferente de cidades. A sobreposição surge quando uma dada cidade pode receber serviços de mais de uma estação.

Exemplo 9.1-2 (Instalação de telefones de segurança)

Para promover a segurança no *campus*, o Departamento de Segurança de uma universidade iniciou um processo de instalação de telefones de emergência em locais selecionados. O departamento quer instalar o número mínimo de telefones, contanto que cada uma das ruas principais do *campus* seja atendida por no mínimo um telefone. A Figura 9.1 mapeia as ruas principais (*A* a *K*) do *campus*.

É lógico colocar os telefones em cruzamentos de ruas, de modo que cada telefone atenda no mínimo duas ruas. A Figura 9.1 mostra que o layout das ruas requer um máximo de oito localizações de telefones.

Defina-se

$$x_j \begin{cases} 1, & \text{se um telefone for instalado no local } j \\ 0, & \text{caso contrário} \end{cases}$$

As restrições do problema requerem a instalação de no mínimo um telefone em cada uma das 11 ruas (*A* a *K*). Assim, o modelo se torna

$$\text{Minimizar } z = x_1 + x_2 + x_3 + x_4 + x_5 + x_6 + x_7 + x_8$$

sujeito a

$$\begin{array}{lll}
x_1 + x_2 & \geq 1 & \text{(Rua } A) \\
x_2 + x_3 & \geq 1 & \text{(Rua } B) \\
x_4 + x_5 & \geq 1 & \text{(Rua } C) \\
x_7 + x_8 & \geq 1 & \text{(Rua } D) \\
x_6 + x_7 & \geq 1 & \text{(Rua } E) \\
x_2 + x_6 & \geq 1 & \text{(Rua } F) \\
x_1 + x_6 & \geq 1 & \text{(Rua } G) \\
x_4 + x_7 & \geq 1 & \text{(Rua } H) \\
x_2 + x_4 & \geq 1 & \text{(Rua } I) \\
x_5 + x_8 & \geq 1 & \text{(Rua } J) \\
x_3 + x_5 & \geq 1 & \text{(Rua } K)
\end{array}$$

$$x_j = (0, 1), j = 1, 2, \ldots, 8$$

Figura 9.1
Mapa de ruas do *campus* da universidade

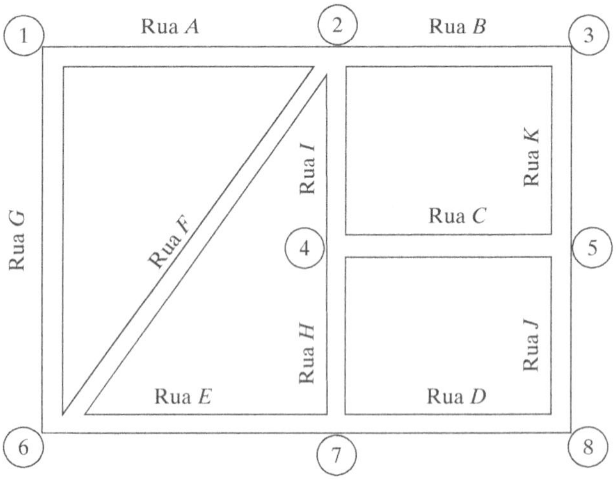

A solução ótima do problema requer instalar quatro telefones nos cruzamentos 1, 2, 5 e 7.

Comentários. Em sentido estrito, problemas de cobertura são caracterizados por: 1) as variáveis $x_j, j = 1, 2, \ldots, n$ são binárias; 2) os coeficientes do lado esquerdo das restrições são 0 ou 1; 3) o lado direito de cada restrição é da forma (≥ 1); e 4) a função objetivo minimiza $c_1x_1 + c_2x_2 + \ldots + c_nx_n$, em que $c_j > 0$ para todo $j = 1, 2, \ldots, n$. Neste exemplo, $c_j = 1$ para todo j. Se c_j representar o custo de instalação no local j, então esses coeficientes podem assumir valores que não sejam 1. Variações do problema de cobertura incluem condições adicionais de lado, como mostram algumas das situações do Conjunto de Problemas 9.1B.

Momento AMPL

A Figura 9.2 apresenta um modelo geral em AMPL para qualquer problema de cobertura (arquivo amplEx9.1-2.txt). A formulação é direta, logo que a utilização de *conjunto indexado* seja entendida (veja Seção A.4). O modelo define `street` como um conjunto (comum) cujos elementos são *A* a *K*. Em seguida, o conjunto *indexado* `corner{street}` define as esquinas como uma função de rua. Com esses dois conjuntos, as restrições do modelo podem ser formuladas diretamente. Os dados do modelo dão os elementos dos conjuntos indexados que são específicos para a situação do Exemplo 9.1-2. Qualquer outra situação é tratada com a alteração dos dados do modelo.

Figura 9.2
Modelo geral em AMPL para o problema de cobertura (arquivo ampl Ex 9.1-2.txt)

```
#-------------Example 9.1-2-------------------
param n;   #maximum number of corners
set street;
set corner{street};
var x{1..n}binary;
minimize z: sum {j in 1..n} x[j];
subject to limit {i in street}:
        sum {j in corner[i]} x[j]>=1;
data;
param n:=8;
set street:=A B C D E F G H I J K;
set corner[A]:=1 2;
set corner[B]:=2 3;
set corner[C]:=4 5;
set corner[D]:=7 8;
set corner[E]:=6 7;
set corner[F]:=2 6;
set corner[G]:=1 6;
set corner[H]:=4 7;
set corner[I]:=2 4;
set corner[J]:=5 8;
set corner[K]:=3 5;

option solver cplex;
solve;
display z,x;
```

CONJUNTO DE PROBLEMAS 9.1B

*1. A ABC é uma empresa de caminhões de transporte que entrega diariamente cargas menores do que a capacidade total dos caminhões a cinco clientes. A Tabela D apresenta os clientes associados com cada rota.

Tabela D

Rota	Clientes atendidos na rota
1	1, 2, 3, 4
2	4, 3, 5
3	1, 2, 5
4	2, 3, 5
5	1, 4, 2
6	1, 3, 5

Os segmentos de cada rota são ditados pela capacidade do caminhão que está fazendo as entregas. Por exemplo, na rota 1, a capacidade do caminhão é suficiente para entregar cargas apenas aos clientes 1, 2, 3 e 4. A Tabela E apresenta uma lista de distâncias (em milhas) entre o terminal de caminhões (ABC) e os clientes.

Tabela E

	Milhas de *i* a *j*					
i \ *j*	ABC	*1*	*2*	*3*	*4*	*5*
ABC	0	10	12	16	9	8
1	10	0	32	8	17	10
2	12	32	0	14	21	20
3	16	8	14	0	15	18
4	9	17	21	15	0	11
5	8	10	20	18	11	0

O objetivo é determinar a menor distância necessária para fazer as entregas diárias aos cinco clientes. Embora a solução possa resultar no atendimento de um cliente por mais de uma rota, a fase de implementação usará somente uma dessas rotas. Formule a questão como um problema de PLI e ache a solução ótima.

*2. Uma universidade pretende formar um comitê para tratar das reclamações dos estudantes. A administração quer que o comitê seja composto por ao menos uma mulher, um homem, um estudante, um administrador e um membro da faculdade. Dez indivíduos (identificados, para simplificar, pelas letras *A* a *J* foram indicados. O mix desses indivíduos nas diferentes categorias é apresentado na Tabela F.

Tabela F

Categoria	Indivíduos
Mulheres	*a, b, c, d, e*
Homens	*f, g, h, i, j*
Estudantes	*a, b, c, j*
Administradores	*e, f*
Membros da faculdade	*d, g, h, i*

A universidade em questão quer formar o menor comitê que tenha representação de cada uma das cinco categorias. Formule a questão como um problema de PLI e ache a solução ótima.

3. A zona metropolitana de Washington inclui seis cidades que precisam de serviço de ambulância. Devido à proximidade de algumas das cidades, uma única estação pode atender a mais de uma comunidade. A estipulação é que a estação deve estar a menos de 15 minutos de carro das cidades que atende. A Tabela G dá os tempos de carro, em minutos, entre as seis cidades.

Tabela G

	Tempo em minutos de *i* a *j*					
i \ *j*	*1*	*2*	*3*	*4*	*5*	*6*
1	0	23	14	18	10	32
2	23	0	24	13	22	11
3	14	24	0	60	19	20
4	18	13	60	0	55	17
5	10	22	19	55	0	12
6	32	11	20	17	12	0

Formule a questão como um problema de PLI cuja solução produzirá o menor número de estações bem como as respectivas localizações. Ache a solução ótima.

Figura 9.3
Layout do museu para o Problema 4, Conjunto 9.1C

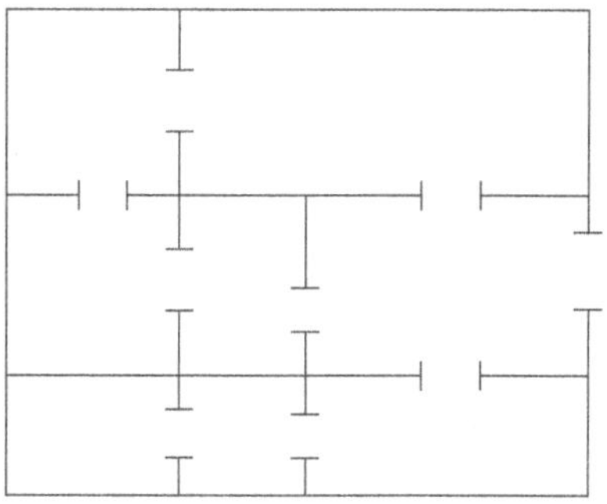

4. Os tesouros do rei Tut estão em exposição em um museu em Nova Orleans. O layout do museu é mostrado na Figura 9.3, com as diferentes salas ligadas por portas abertas. Um guarda postado em uma porta pode vigiar duas salas adjacentes. O museu quer garantir a presença de guardas em todas as salas

usando o menor número possível de pessoas. Formule a questão como um problema de PLI e ache a solução ótima.

5. Bill concluiu recentemente seus exames referentes ao ano acadêmico e quer celebrar assistindo a todos os filmes que estão sendo apresentados em salas de cinema, na cidade onde mora e em seis outras cidades vizinhas. Se ele viajar para outra cidade, ficará ali até ter assistido a todos os filmes que quer. A Tabela H dá informações sobre a oferta de filmes e a distância da viagem de ida e volta até a cidade vizinha.

Tabela H

Localização do cinema	Ofertas de filmes	Distância da viagem de ida e volta	Custo por sessão ($)
Na cidade	1, 3	0	7,95
Cidade A	1, 6, 8	25	5,50
Cidade B	2, 5, 7	30	5,00
Cidade C	1, 8, 9	28	7,00
Cidade D	2, 4, 7	40	4,95
Cidade E	1, 3, 5, 10	35	5,25
Cidade F	4, 5, 6, 9	32	6,75

O custo da viagem de carro é de 75 centavos por milha. Bill deseja determinar as cidades que precisa visitar para ver todos os filmes e, ao mesmo tempo, minimizar o custo total.

6. A Walmark Stores está em processo de expansão no oeste dos Estados Unidos. Durante o próximo ano, a empresa está planejando construir novas lojas que atenderão a dez comunidades geograficamente dispersas. A experiência anterior indica que uma comunidade deve estar a menos de 25 milhas de uma loja para atrair clientes. Além disso, a população de uma cidade desempenha um importante papel na localização de uma loja, no sentido de que comunidades maiores geram mais clientes participantes. A Tabela I fornece as populações bem como as distâncias (em milhas) entre as comunidades.

Tabela I

	Milhas da comunidade *i* à comunidade *j*										
i \ *j*	*1*	*2*	*3*	*4*	*5*	*6*	*7*	*8*	*9*	*10*	*População*
1		20	40	35	17	24	50	58	33	12	10.000
2	20		23	68	40	30	20	19	70	40	15.000
3	40	23		36	70	22	45	30	21	80	28.000
4	35	68	36		70	80	24	20	40	10	30.000
5	17	40	70	70		23	70	40	13	40	40.000
6	24	30	22	80	23		12	14	50	50	30.000
7	50	20	45	24	70	12		26	40	30	20.000
8	58	19	30	20	40	14	26		20	50	15.000
9	33	70	21	40	13	50	40	20		22	60.000
10	12	40	80	10	40	50	30	50	22		12.000

A idéia é construir o número mínimo de lojas, levando em conta as restrições de distância e a concentração da população. Especifique as comunidades onde as lojas devem ser localizadas.

*7. (Guéret et al., 2002, Seção 12.6) A MobileCo está destinando um orçamento de 15 milhões de dólares para a construção de até sete estações transmissoras para cobrir a máxima população possível em 15 comunidades geográficas contíguas. As comunidades cobertas por cada transmissora e os custos de construção previstos em orçamento são dados na Tabela J.

Tabela J

Transmissora	Comunidades cobertas	Custo (milhões $)
1	1, 2	3,60
2	2, 3, 5	2,30
3	1, 7, 9, 10	4,10
4	4, 6, 8, 9	3,15
5	6, 7, 9, 11	2,80
6	5, 7, 10, 12, 14	2,65
7	12, 13, 14, 15	3,10

A Tabela K dá as populações das diferentes comunidades.

Tabela K

Comunidade	1	2	3	4	5	6	7	8	9	10	11	12	13	14	15
População (mil)	4	3	10	14	6	7	9	10	13	11	6	12	7	5	16

Quais das transmissoras propostas devem ser construídas?

8. (Gavernini et al., 2004) Em redes elétricas modernas, relógios automatizados substituem o sistema de leitura manual de consumo de energia elétrica, que é caro e demanda grande quantidade de mão-de-obra. No sistema automatizado, os relógios de diversos clientes estão ligados sem fio a um único receptor. O relógio envia sinais mensais a um receptor designado para informar o consumo de energia elétrica do cliente. Em seguida, o receptor envia os dados a um computador central, que gera as contas de energia elétrica. O problema se reduz a determinar o número mínimo de receptores necessários para atender a certa quantidade de clientes. Na vida real, o problema abrange milhares de relógios e receptores. Contudo, para a finalidade deste problema, considere o caso de 10 relógios e 8 receptores, usando a configuração da Tabela L.

Tabela L

Receptor	1	2	3	4	5	6	7	8
Relógios	1, 2, 3	2, 3, 9	5, 6, 7	7, 9, 10	3, 6, 8	1, 4, 7, 9	4, 5, 9	1, 4, 8

Determine o número mínimo de receptores.

9. Resolva o Problema 8 se, além de tudo, cada receptor puder manipular no máximo três relógios.

9.1.3 Problema de carga fixa

O problema de carga fixa trata de situações para as quais a atividade econômica incorre em dois tipos de custos: uma taxa inicial 'fixa', que deve ser incorrida no início da atividade; e um custo variável, que é diretamente proporcional ao nível da atividade. Por exemplo, a preparação e o ajuste inicial das ferramentas de uma máquina antes de iniciar a produção incorrem em um custo fixo de preparação independentemente da quantidade de unidades fabricadas. Uma vez concluída, o custo da mão-de-obra e material é proporcional à quantidade produzida. Dado que F é a carga fixa, c é o custo unitário variável, e x é o nível de produção, a função custo é expressa como

$$C(x) = \begin{cases} F + cx, \text{ se } x > 0 \\ 0, \text{ caso contrário} \end{cases}$$

A função $C(x)$ é intratável analiticamente porque envolve uma descontinuidade em $x = 0$. O exemplo seguinte mostra como variáveis binárias são usadas para eliminar essa intratabilidade.

Exemplo 9.1-3 (Escolha de uma empresa de telefonia)

Três empresas de telefonia me consultaram para que eu assinasse seus serviços de longa distância. A MaBell cobrará uma taxa fixa de $ 16 por mês, mais $ 0,25 por minuto. A PaBell cobrará $ 25 por mês, mas reduzirá o custo por minuto para $ 0,21. Quanto à BabyBell, a taxa fixa mensal é $ 18 e o custo por minuto é $ 0,22. De modo geral, gasto uma média mensal de 200 minutos em chamadas de longa distância. Considerando que eu não pague a taxa fixa mensal, a menos que eu faça chamadas e as distribua entre todas as três empresas à vontade, como eu poderia usar as três empresas para minimizar minha conta telefônica mensal?

Esse problema pode ser resolvido prontamente sem PLI. Entretanto, é instrutivo formulá-lo com um problema de programação inteira.

Definam-se

x_1 = minutos de chamadas de longa distância por mês pela MaBell

x_2 = minutos de chamadas de longa distância por mês pela PaBell

x_3 = minutos de chamadas de longa distância por mês pela BabyBell

$y_1 = 1$ se $x_1 > 0$ e 0 se $x_1 = 0$

$y_2 = 1$ se $x_2 > 0$ e 0 se $x_2 = 0$

$y_3 = 1$ se $x_3 > 0$ e 0 se $x_3 = 0$

Podemos garantir que y_1 será igual a 1 se x_j for positiva usando a restrição

$$x_j \leq My_j; j = 1, 2, 3$$

O valor selecionado de M deve ser suficientemente grande, de modo a não restringir a variável x_j artificialmente. Como faço aproximadamente 200 minutos de chamadas por mês, então $x_j \leq 200$ para todo j, e é seguro selecionar $M = 200$.

O modelo completo é

$$\text{Minimizar } z = 0{,}25x_1 + 0{,}21x_2 + 0{,}22x_3 + 16y_1 + 25y_2 + 18y_3$$

sujeito a

$$\begin{aligned} x_1 + x_2 + x_3 &= 200 \\ x_1 &\leq 200y_1 \\ x_2 &\leq 200y_2 \\ x_3 &\leq 200y_3 \\ x_1, x_2, x_3 &\geq 0 \\ y_1, y_2, y_3 &= (0, 1) \end{aligned}$$

A formulação mostra que a j-ésima taxa fixa mensal será parte da função objetivo z somente se $y_j = 1$, o que só pode acontecer se $x_j > 0$ (conforme as últimas três restrições do modelo). Se $x_j = 0$ na solução ótima, então a minimização de z, aliada ao fato de que o coeficiente na função objetivo de y_j ser estritamente positivo, obrigará y_j a ter valor zero, como desejado.

A solução ótima é $x_3 = 200$, $y_3 = 1$, e todas as variáveis restantes iguais a zero, o que mostra que a BabyBell deve ser selecionada como minha provedora de longa distância. Lembre-se de que a informação transmitida por $y_3 = 1$ é redundante porque o mesmo resultado é obtido por $x_3 > 0$ (= 200). Na verdade, a principal razão para usar y_1, y_2 e y_3 é levar em conta a taxa fixa mensal. De fato, as três variáveis binárias convertem um modelo (não linear) malcomportado em uma formulação tratável analiticamente. Essa conversão resultou na introdução das variáveis inteiras (binárias) em um problema que, em caso contrário, seria contínuo.

CONJUNTO DE PROBLEMAS 9.1C

1. A Leatherco foi contratada para fabricar lotes de calças, coletes e jaquetas. Cada produto requer uma preparação especial das máquinas, necessária para os processos de fabricação. A Tabela M apresenta os dados pertinentes referentes à utilização de matéria-prima (couro) e mão-de-obra, junto com estimativas de custo e receita. O fornecimento atual de couro é estimado em 3.000 pés^2 e a mão-de-obra disponível está limitada a 2.500 horas.

Tabela M

	Calças	Coletes	Jaquetas
Couro por unidade (pés^2)	5	3	8
Tempo de mão-de-obra por unidade (horas)	4	3	5
Custo de produção por unidade ($)	30	20	80
Custo de preparação do equipamento por lote ($)	100	80	150
Preço por unidade ($)	60	40	120
Número mínimo de unidades necessárias	100	150	200

Determine o número ótimo de unidades que a Leatherco deve fabricar de cada produto.

***2.** A Jobco está planejando produzir no mínimo 2.000 componentes em três máquinas. O tamanho mínimo do lote em qualquer máquina é de 500 componentes. A Tabela N a seguir apresenta os dados pertinentes da situação.

Tabela N

Máquina	Custo	Custo de produção/unidade	Capacidade (unidades)
1	300	2	600
2	100	10	800
3	200	5	1.200

Formule a questão como um problema de PLI e ache a solução ótima.

***3.** A Oilco está considerando dois locais potenciais de perfuração para atingir quatro alvos (possíveis poços de petróleo). A Tabela O apresenta os custos de preparação para cada um dos locais e o custo de perfuração do local i para o alvo j ($i = 1, 2; j = 1, 2, 3, 4$).

Tabela O

	Custo de perfuração (milhões $) para o alvo				
Local	*1*	*2*	*3*	*4*	Custo de preparação (milhões $)
1	2	1	8	5	5
2	4	6	3	1	6

Formule a questão como um problema de PLI e ache a solução ótima.

4. Três áreas industriais estão sendo consideradas como locais para instalação de fábricas cujas produções serão enviadas a três clientes. As quantidades fornecidas pelas fábricas, a demanda dos clientes e o custo unitário de transporte das fábricas até os clientes são dados na Tabela P.

Tabela P

	Custo unitário de transporte ($)			
Cliente \ *Fornecimento*	*1*	*2*	*3*	*Fábrica*
1	10	15	12	1.800
2	17	14	20	1.400
3	15	10	11	1.300
Demanda	1.200	1.700	1.600	

Além dos custos de transporte, são incorridos custos fixos a taxas de $ 12.000, $ 11.000 e $ 12.000 para as fábricas 1, 2 e 3, respectivamente. Formule a questão como um problema de PLI e ache a solução ótima.

5. Repita o Problema 4 considerando que as demandas dos clientes 2 e 3 sejam alteradas para 800.

6. (Liberatore e Miller, 1985) Uma instalação industrial utilizará duas linhas de produção para fabricar três produtos nos próximos seis meses. Demandas pendentes não são permitidas, mas pode haver excesso de estoque de um produto para atender à demanda em meses posteriores. A Tabela Q apresenta os dados associados com a demanda, produção e armazenagem dos três produtos.

Tabela Q

	Demanda no período						Custo mensal de estocagem por	Estoque
Produto	*1*	*2*	*3*	*4*	*5*	*6*	unidade ($)/mês	inicial
1	50	30	40	60	20	45	0,50	55
2	40	60	50	30	30	55	0,35	75
3	30	40	20	70	40	30	0,45	60

Há um custo fixo para trocar a linha de um produto para outro. As tabelas R e S dão os custos de troca, as taxas de produção e o custo unitário de produção para cada linha.

Tabela R

	Custo de troca de linha ($)		
	Produto 1	*Produto 2*	*Produto 3*
Linha 1	200	180	300
Linha 2	250	200	174

Tabela S

	Taxa de produção (unidades/mês)			Custo unitário de produção ($)		
	Produto 1	*Produto 2*	*Produto 3*	*Produto 1*	*Produto 2*	*Produto 3*
Linha 1	40	60	80	10	8	15
Linha 2	90	70	60	12	6	10

Desenvolva um modelo para determinar a programação ótima de produção.

7. (Jarvis et al., 1978) Sete cidades estão sendo consideradas como localizações potenciais para a construção de no máximo quatro estações de tratamento de esgoto. A Tabela T apresenta os dados para a situação. As ligações que estão faltando representam uma tubulação que não pode ser construída.

Tabela T

	Custo ($) da construção de tubulação para 1.000 galões/hora de capacidade entre cidades						
De \ *Para*	*1*	*2*	*3*	*4*	*5*	*6*	*7*
1		100		200		50	
2				120		150	
3	400				120		90
4			120		120		
5		200				100	200
6			110	180			70
7	200			150			
Custo (milhões $) da construção da estação	1,00	1,20	2,00	1,60	1,80	0,90	1,40
População (mil)	50	100	45	90	75	60	30

A capacidade de uma tubulação (em galões por hora) é uma função direta da quantidade de esgoto gerado, que é uma função das populações atendidas. Aproximadamente 500 galões por 1.000 residentes são descarregados no sistema de esgoto por hora. A capacidade máxima da estação é 100.000 galões/hora. Determine a localização e a capacidade ótimas das estações.

8. (Brown et al., 1987) Uma empresa usa quatro caminhões-tanques especiais para entregar quatro produtos de gasolina a clientes. Cada tanque tem cinco compartimentos com diferentes capacidades: 500, 750, 1.200, 1.500 e 1.750 galões. As demandas diárias dos quatro produtos são estimadas em 10, 15, 12 e 8 mil galões. Quaisquer quantidades que não possam ser entregues pelos quatro caminhões da empresa devem ser subcontratadas a custos adicionais de 5, 12, 8 e 10 centavos por galão para os produtos 1, 2, 3 e 4, respectivamente. Desenvolva a programação diária ótima de carregamento para os quatro caminhões que minimizará o custo adicional de subcontratação.

9. Um domicílio usa no mínimo 3.000 minutos de chamadas telefônicas de longa distância por mês e pode optar por utilizar os serviços de qualquer uma entre três empresas: A, B e C. A empresa A cobra uma taxa fixa mensal de $ 10 e 5 centavos por minuto para os primeiros 1.000 minutos, e 4 centavos por minuto para todos os minutos adicionais. A taxa mensal da empresa B é $ 20 com 4 centavos fixos por minuto. A empresa C cobra uma taxa de $ 25 por mês, 5 centavos por minuto para os primeiros 1.000 minutos e 3,5 centavos por minuto que ultrapassar esse limite. Qual empresa deve ser selecionada para minimizar a cobrança mensal?

*10. (Barnett, 1987) O Professor Yataha precisa programar seis viagens de ida e volta entre Boston e Washington, D.C. A rota é atendida por três companhias aéreas: Eastern, US Air e Continental, e não há nenhum prejuízo na compra de bilhetes de uma só via. Cada companhia aérea oferece milhas de bônus para viajantes assíduos. A Eastern dá 1.000 milhas por bilhete (de uma via) mais 5.000 milhas extras se o número de bilhetes em um mês chegar a 2, e mais 5.000 milhas se o número de bilhetes ultrapassar 5. A US Air dá 1.500 milhas por viagem, mais 10.000 extras para cada 6 bilhetes. A Continental dá 1.800 milhas mais 7.000 extras para cada 5 bilhetes. O Professor Yataha deseja distribuir as 12 passagens aéreas de uma só via entre as três linhas aéreas para maximizar o número total de milhas de bônus recebidas.

9.1.4 Restrições ou-ou e se-então

No problema de carga fixa (Seção 9.1.3), usamos variáveis binárias para lidar com a descontinuidade na função objetivo custo. Nesta seção, lidaremos com modelos nos quais as restrições não são satisfeitas simultaneamente (ou-ou) ou são dependentes (se-então), novamente usando variáveis binárias. A transformação não muda a natureza de 'ou' ou de 'dependência' das restrições. Ela simplesmente usa um truque matemático para apresentá-las no formato desejado de restrições 'e'.

Exemplo 9.1-4 (Modelo de determinação de seqüência de tarefas)

A Jobco usa uma única máquina para processar três tarefas. Os tempos de processamento, bem como os prazos de execução (em dias) para cada tarefa, são dados na Tabela 9.2. Os prazos de execução de cada tarefa são medidos a partir do zero, o tempo de início presumido da primeira tarefa.

Tabela 9.2 Tempos de processamento e prazos de execução

Tarefa	Tempo de processamento (dias)	Prazo de execução (dias)	Multa por atraso $/dia
1	5	25	19
2	20	22	12
3	15	35	34

O objetivo do problema é determinar a seqüência que resulte na multa mínima por atraso para o processamento das três tarefas.

Defina-se

x_j = data de início em dias para a tarefa j (medida a partir do zero)

O problema tem dois tipos de restrições: as restrições de não-interferência (que garantem que duas tarefas não sejam processadas concorrentemente) e as restrições de prazo de execução. Em primeiro lugar, considere as restrições de não-interferência.

Duas tarefas, i e j, com tempos de processamento p_i e p_j, não serão processadas concorrentemente se $x_i \geq x_j + p_j$ ou $x_j \geq x_i + p_i$, dependendo de a tarefa j preceder a tarefa i, ou vice-versa. Como todos os problemas de programação matemática tratam somente de restrições *simultâneas*, transformamos as restrições ou-ou introduzindo a seguinte variável binária auxiliar:

$$y_{ij} \begin{cases} 1, \text{se } i \text{ proceder } j \\ 0, \text{se } j \text{ proceder } i \end{cases}$$

Para M suficientemente grande, a **restrição ou-ou** é convertida nas duas restrições *simultâneas* seguintes:

$$My_{ij} + (x_i - x_j) \geq p_j \text{ e } M(1 - y_{ij}) + (x_j - x_i) \geq p_i$$

A conversão garante que só uma das duas restrições pode ser ativa a qualquer tempo. Se $y_{ij} = 0$, a primeira restrição é ativa e a segunda é redundante (porque seu lado esquerdo incluirá M, que é muito maior do que p_i). Se $y_{ij} = 1$, a primeira restrição é redundante e a segunda é ativa.

Em seguida, consideramos o prazo de execução. Dado que d_j é o prazo de execução para a tarefa j, seja s_j uma variável irrestrita. Então, a restrição associada é

$$x_j + p_j + s_j = d_j$$

Se $s_j \geq 0$, o prazo de execução é cumprido, e se $s_j < 0$, é aplicada uma multa por atraso. Usando a substituição

$$s_j = s_j^- - s_j^+, s_j^-, s_j^+ \geq 0$$

a restrição se torna

$$x_j + s_j^- - s_j^+ = d_j - p_j$$

O custo da multa por atraso é proporcional a s_j^+.

O modelo para o problema é

$$\text{Minimizar } z = 19s_1^+ + 12s_2^+ + 34s_3^+$$

sujeito a

$$\begin{array}{lllll}
x_1 - x_2 & + My_{12} & & & \geq 20 \\
-x_1 + x_2 & - My_{12} & & & \geq 5 - M \\
x_1 \quad - x_3 & & + My_{13} & & \geq 15 \\
-x_1 \quad + x_3 & & - My_{13} & & \geq 5 - M \\
x_2 - x_3 & & & + My_{23} & \geq 15 \\
-x_2 + x_3 & & & - My_{23} & \geq 20 - M \\
x_1 & & & + s_1^- - s_1^+ & = 25 - 5 \\
x_2 & & & + s_2^- - s_2^+ & = 22 - 20 \\
x_3 & & & + s_3^- - s_3^+ & = 35 - 15
\end{array}$$

$$x_1, x_2, x_3, s_1^-, s_1^+, s_2^-, s_2^+, s_3^-, s_3^+ \geq 0$$
$$y_{12}, y_{13}, y_{23} = (0, 1)$$

As variáveis inteiras, y_{12}, y_{13} e y_{23}, são introduzidas para converter as restrições ou-ou em restrições simultâneas. O modelo resultante é de PLI *mista.*

Para resolver o modelo, escolhemos $M = 100$, um valor que é maior do que a soma dos tempos de processamento para as três atividades.

A solução ótima é $x_1 = 20$, $x_2 = 0$ e $x_3 = 25$. Isso significa que a tarefa 2 começa no tempo 0, a tarefa 1 começa no tempo 20 e a Tarefa 3 começa no tempo 25, o que dá a seqüência ótima de processamento $2 \rightarrow 1 \rightarrow 3$. A solução recomenda concluir a tarefa 2 no tempo 0 + 20 = 20, a tarefa 1 no tempo 20 + 5 = 25, e a tarefa 3 em 25 + 15 = 40 dias. A tarefa 3 sofre um atraso de 40 – 35 = 5 dias em relação ao prazo de execução a um custo de 5 × \$ 34 = \$ 170.

Momento AMPL

O arquivo amplEx9.1-4.txt fornece o modelo em AMPL para o problema do Exemplo 9.1-4. O modelo é auto-explicativo porque é uma tradução direta do modelo matemático geral que acabamos de dar. Ele pode manipular qualquer número de tarefas mudando os dados de entrada. Observe que o modelo é uma função direta dos dados brutos: tempo de processamento `p`, prazo de execução `d` e multa por atraso `perDayPenalty`.

Exemplo 9.1-5 (Modelo de determinação de seqüência de tarefas revisitado)

No Exemplo 9.1-4, suponha que tenhamos a seguinte condição adicional: se a tarefa i precede a tarefa j, então a tarefa k deve preceder a tarefa m. Matematicamente, essa **condição se-então** é traduzida como

$$\text{se } x_i + p_i \leq x_j, \text{ então } x_k + p_k \leq x_m$$

Dados $\varepsilon > 0$ e infinitesimalmente pequeno, e M suficientemente grande, essa condição é equivalente às duas restrições simultâneas seguintes:

$$x_j - (x_i + p_i) \leq M(1 - w) - \varepsilon$$
$$(x_k + p_k) - x_m \leq M_w$$
$$w = (0, 1)$$

Se $x_i + p_i \leq x_j$, então $x_j - (x_i + p_i) \geq 0$, o que requer $w = 0$, e a segunda restrição se torna $x_k + p_k \leq x_m$, como desejado. Caso contrário, w pode assumir o valor 0 ou 1, caso em que a segunda restrição pode ser cumprida ou não, dependendo de outras condições do modelo.

Figura 9.4
Modelo em AMPL do problema da determinação da seqüência de tarefas (arquivo amplEx9.1-4.txt)

```
#-----------------Example 9.1-4----------------
param n;
set I={1..n};
set J={1..n};  #I is the same as J
param p{I};
param d{I};
param perDayPenalty{I};
param M=1000;
var x{J}>=0;             #continuous
var y{I,J} binary;       #0-1
var sMinus{J}>=0;        # s=sMinus-sPlus
var sPlus{J}>=0;
minimize penalty: sum {j in J}
        perDayPenalty[j]*sPlus[j];
subject to
eitherOr1{i in I,j in J:i<>j}:
        M*y[i,j]+x[i]-x[j]>=p[j];
eitherOr2{i in I,j in J:i<>j}:
        M*(1-y[i,j])+x[j]-x[i]>=p[i];
dueDate{j in J}:x[j]+sMinus[j]-sPlus[j]=d[j]-p[j];
data;
param n:=3;
param p:= 1 5  2 20  3 15;
param d:= 1 25  2 22  3 35;
param perDayPenalty := 1 19  2 12 3 34;
option solver cplex; solve;
display penalty,x;
```

CONJUNTO DE PROBLEMAS 9.1D

*1. Um tabuleiro de jogo consiste em nove quadrados iguais. Você deve encher cada quadrado com um número entre 1 e 9 de tal modo que a soma dos números em cada linha, cada coluna e cada diagonal seja igual a 15. Além disso, os números em todos os quadrados devem ser distintos. Use PLI para determinar a designação dos números aos quadrados.

2. Uma máquina é usada para produzir produtos intercambiáveis. A máquina é capaz de fazer no máximo 20 unidades do produto 1 e 10 unidades do produto 2. Alternativamente, a máquina pode ser ajustada para produzir no máximo 12 unidades do produto 1 e 25 unidades do produto 2 por dia. A análise de mercado mostra que a máxima demanda diária dos dois produtos combinados é 35 unidades. Dado que os lucros unitários para os dois produtos respectivos são \$ 10 e \$ 12, qual dos dois ajustes da máquina deve ser selecionado? Formule a questão como um problema de PLI e ache a solução ótima. (*Observação*: este problema bidimensional pode ser resolvido pela inspeção do gráfico da região de soluções, o que não acontece com um problema n-dimensional.)

*3. A Gapco fabrica três produtos cujos requisitos diários de mão-de-obra e matéria-prima são dados na Tabela U.

Tabela U

Produto	Mão-de-obra diária requerida (hora/unidade)	Matéria-prima diária requerida (lb/unidade)
1	3	4
2	4	3
3	5	6

Os lucros por unidade dos três produtos são \$ 25, \$ 30 e \$ 22, respectivamente. A Gapco tem duas opções para localizar sua fábrica. A diferença primordial entre as duas localizações é a disponibilidade de mão-de-obra e matéria-prima, como mostra a Tabela V.

Tabela V

Localização	Mão-de-obra disponível por dia (horas)	Matéria-prima disponível por dia (lb)
1	100	100
2	90	120

Formule a questão como um problema de PLI e determine a localização ótima da fábrica.

4. A Jobco Shop tem dez tarefas pendentes para processar em uma única máquina. A Tabela W dá os tempos de processamento e os prazos de execução. Todos os tempos são em dias, e o prazo de execução é medido a partir do tempo 0.

Tabela W

Tarefa	Tempo de processamento	Prazo de execução
1	10	20
2	3	98
3	13	100
4	15	34
5	9	50
6	22	44
7	17	32
8	30	60
9	12	80
10	16	150

Se a tarefa 4 preceder a tarefa 3, então a tarefa 9 deve preceder a tarefa 7. O objetivo é processar as dez tarefas no menor tempo possível. Formule a questão como um problema de PLI e determine a solução ótima modificando o arquivo do AMPL amplEx9.1-4.txt.

5. No Problema 4, suponha que a tarefa 4 não possa ser processada até que a tarefa 3 tenha sido concluída. Além disso, os ajustes da máquina para as tarefas 7 e 8 determinam que essas tarefas têm de ser processadas uma após a outra (isto é, a tarefa 7 sucede imediatamente ou precede imediatamente a tarefa 8). O objetivo da Jobco é processar as dez tarefas com o menor número possível de atrasos nos prazos de execução. Formule o modelo matematicamente e determine a solução ótima.

6. A Jaco é proprietária de uma fábrica na qual são produzidos três produtos. Os requisitos de mão-de-obra e matéria-prima para os três produtos são dados na Tabela X.

Tabela X

Produto	Mão-de-obra requerida por dia (hora/unidade)	Matéria-prima requerida por dia (lb/unidade)
1	3	4
2	4	3
3	5	6
Disponibilidade diária	100	100

Os lucros por unidade para os três produtos são \$ 25, \$ 30 e \$ 45, respectivamente. Se a fábrica quiser mesmo fabricar o produto 3, seu nível de produção deve ser no mínimo de cinco unidades diárias. Formule a questão como um problema de PLI mista e ache o mix ótimo.

Figura 9.5
Região de soluções para o Problema 9, Conjunto 9.1D

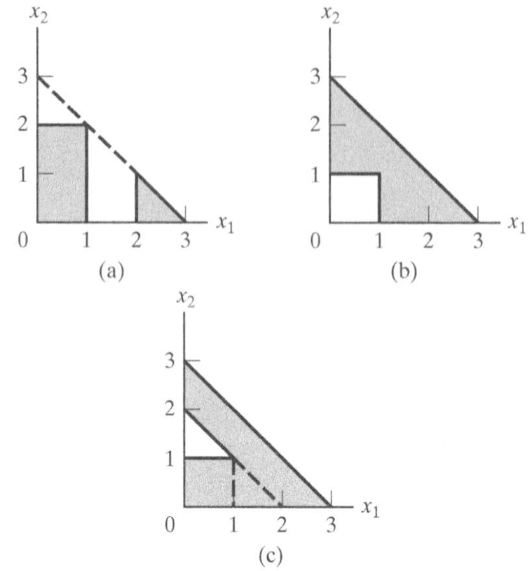

7. A UPak é uma subsidiária de uma empresa de transporte que compõe as cargas totais ou parciais de seus veículos com cargas de variados clientes. Os clientes levam suas cargas até o terminal da Upak, onde elas são carregadas nos reboques, e podem alugar espaços de até 36 pés. O cliente paga pelo exato espaço linear (em incrementos inteiros em pés) que sua carga ocupa. Não são permitidas cargas parciais, no sentido de que toda a carga de um cliente deve ser despachada no mesmo reboque. Uma barreira móvel, denominada 'dique', é instalada para separar diferentes carregamentos. A taxa por pés cobrada pela UPak depende do destino da carga: quanto mais longa a viagem, mais alta a taxa. A Tabela Y dá os pedidos pendentes que a UPak precisa processar.

Tabela Y

Pedido	1	2	3	4	5	6	7	8	9	10
Tamanho (pés)	5	11	22	15	7	9	18	14	10	12
Taxa (\$)	120	93	70	85	125	104	98	130	140	65

No momento, o terminal tem dois reboques prontos para carregar. Determine a prioridade dos pedidos que maximizará a renda total dos dois reboques. (*Sugestão*: uma formulação usando x_{ij} binário para representar a carga i no reboque j é simples. Entretanto, o seu desafio é definir x_{ij} em pés com relação à carga i no reboque j. A restrição se-então é necessária para evitar o despacho de cargas parciais.)

8. Mostre como as regiões de soluções não convexas sombreadas da Figura 9.5 podem ser representadas por um conjunto de restrições simultâneas. Ache a solução ótima que maximizará $z = 2x_1 + 3x_2$ sujeito à região de soluções dada em (a).

9. Suponha que seja necessário que *quaisquer* das k seguintes restrições m devam ser ativas:

$$g_i(x_1, x_2, \ldots, x_n) \leq b_i, i = 1, 2, \ldots, m$$

Mostre como essa condição pode ser representada.

10. Na seguinte restrição, o lado direito pode assumir um dos valores, $b_1, b_2, \ldots,$ e b_m.

$$g(x_1, x_2, \ldots, x_n) \leq (b_1, b_2, \ldots, \text{ou } b_m).$$

Mostre como essa condição é representada.

9.2 ALGORITMOS DE PROGRAMAÇÃO INTEIRA

Os algoritmos de PLI são baseados na exploração do indiscutível sucesso computacional da PL. A estratégia desses algoritmos envolve três etapas.

Etapa 1. Relaxe a região de soluções da PLI eliminando a restrição inteira imposta a todas as variáveis inteiras e substituindo qualquer variável binária y pela faixa contínua $0 \leq y \leq 1$. O resultado da relaxação é uma PL normal.
Etapa 2. Resolva a PL e identifique a solução ótima contínua.
Etapa 3. Começando do ponto ótimo contínuo, adicione restrições especiais que modifiquem iterativamente a região de soluções da PL de maneira que, a certa altura, resultará em um ponto extremo ótimo que satisfaz os requisitos inteiros.

Dois métodos gerais foram desenvolvidos para gerar as restrições especiais na etapa 3.

1. O método *branch-and-bound* (B&B).
2. O método de planos de corte.

Embora nenhum dos dois métodos seja consistentemente efetivo em termos computacionais, a experiência mostra que o método B&B é muito mais bem-sucedido do que o método de plano de corte. Essa questão será discutida mais adiante neste capítulo.

9.2.1 Algoritmo *branch-and-bound* (B&D)[3]

O primeiro algoritmo B&B foi desenvolvido em 1960 por A. Land e G. Doig para os problemas misto e geral de PLI. Mais tarde, em 1965, E. Balas desenvolveu o **algoritmo aditivo** a fim de resolver problemas de PLI com variáveis binárias puras (0 ou 1).[4] Os cálculos do algoritmo aditivo eram tão simples (principalmente adição e subtração) que ele foi considerado uma possível revolução na solução de PLI geral. Infelizmente, ele não conseguiu produzir as vantagens computacionais desejadas. Além do mais, foi demonstrado que o algoritmo, que de início parecia não estar relacionado com a técnica B&B, nada mais era do que um caso especial do algoritmo geral de Land e Doig.

Esta seção apresentará apenas o algoritmo B&B geral de Land-Doig. Um exemplo numérico é utilizado para explicar os detalhes.

Exemplo 9.2-1

$$\text{Maximizar } z = 5x_1 + 4x_2$$

sujeito a

$$x_1 + x_2 \leq 5$$
$$10x_1 + 6x_2 \leq 45$$
$$x_1, x_2 \text{ inteiras, não negativas}$$

Os pontos de grade da Figura 9.6 definem a região de soluções da PLI. O problema de PL1 contínuo associado no nó 1 (área sombreada) é definido com base na PLI pela eliminação das restrições inteiras. A solução ótima da PL1 é $x_1 = 3{,}75$; $x_2 = 1{,}25$ e $z = 23{,}75$.

Como a solução ótima da PL1 não satisfaz os requisitos inteiros, o algoritmo B&B modifica a região de soluções de maneira que, a certa altura, identifica a solução ótima da PLI. Em primeiro lugar, selecionamos uma das variáveis inteiras cujo valor ótimo na PL1 seja não inteiro. Selecionando x_1 (= 3,75) arbitrariamente, a região $3 < x_1 < 4$ da região de soluções da PL1 não contém nenhum valor inteiro de x_1 e, por isso, pode ser eliminada como não promissora. Isso equivale a substituir a PL1 original por duas novas PLs:

$$\text{Região da PL2} = \text{Região da PL1} + (x_1 \leq 3)$$
$$\text{Região da PL3} = \text{Região da PL1} + (x_1 \geq 4)$$

Figura 9.6
Região de soluções da PLI (pontos de grade) e da PL1 (área sombreada) do Exemplo 9.2-1

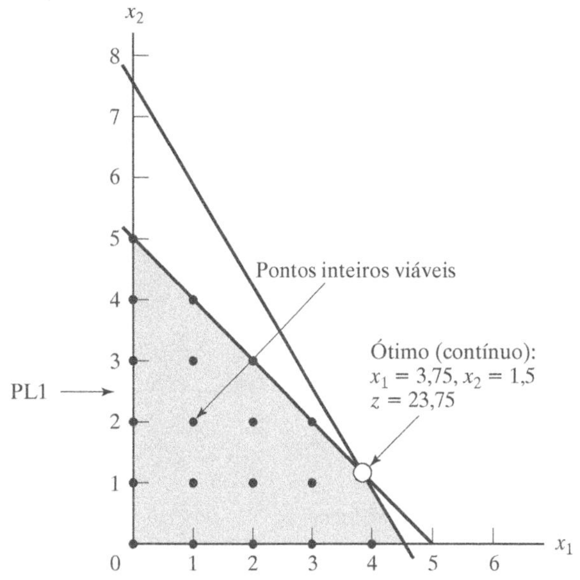

A Figura 9.7 representa as regiões da PL2 e da PL3. Os dois espaços combinados contêm os mesmos pontos inteiros viáveis que a PLI original, o que significa que, do ponto de vista da solução inteira, lidar com PL2 e PL3 é o mesmo que lidar com a PL1 original; nenhuma informação é perdida.

Se usarmos a *inteligência* para continuar a eliminar as regiões que não incluem soluções inteiras (por exemplo, $3 < x_1 < 4$ na PL1) impondo as restrições adequadas, a certa altura produziremos PLs cujos pontos extremos ótimos satisfaçam as restrições inteiras. Na verdade, estaremos resolvendo a PLI lidando com uma seqüência de PLs (contínuas).

As novas restrições, $x_1 \leq 3$ e $x_1 \geq 4$, são mutuamente exclusivas, de modo que a PL2 e a PL3 nos nós 2 e 3 devem ser tratadas como PLs separadas, como mostra a Figura 9.8. Essa dicotomização dá origem ao conceito de **ramificação** no algoritmo B&B. Nesse caso, x_1 é denominada **variável de ramificação.**

A PLI ótima se encontra em PL2 *ou* em PL3. Em conseqüência, os dois subproblemas devem ser examinados. Em primeiro lugar, examinaremos arbitrariamente PL2 (associada com $x_1 \leq 3$):

$$\text{Maximizar } z = 5x_1 + 4x_2$$

sujeito a

$$x_1 + x_2 \leq 5$$
$$10x_1 + 6x_2 \leq 45$$
$$x_1 \leq 3$$
$$x_1, x_2 \geq 0$$

A solução da PL2 (que pode ser resolvida eficientemente pelo algoritmo para variáveis canalizadas no limite superior da Seção 7.3) dá a solução

$$x_1 = 3; x_2 = 2; z = 23$$

[3] O módulo de programação inteira do TORA é equipado com um recurso para gerar a árvore B&B interativamente. Para usar esse recurso, selecione User-guided B&B, na tela de saída do módulo de programação inteira. A tela resultante dá todas as informações necessárias para criar a árvore B&B.
[4] Um problema de PLI geral pode ser expresso em termos de variáveis binárias (0–1) da seguinte maneira: dada uma variável x inteira com um limite superior finito u (isto é, $0 \leq x \leq u$), então

$$x = 2^0 y_0 + 2^1 y_1 + 2^2 y_2 + \ldots + 2^k y_k$$

As variáveis $y_0, y_1, \ldots$, e y_k são binárias, e o índice k é o menor inteiro que satisfaz $2^{k+1} - 1 \geq u$.

Figura 9.7
Região de soluções da PL2 e da PL3 para o Exemplo 9.2-1

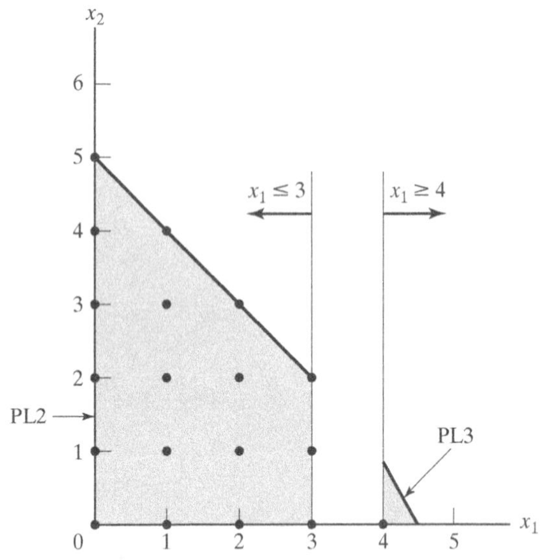

Figura 9.8
Utilização da variável de ramificação x_1 para criar a PL2 e a PL3 para o Exemplo 9.2-1

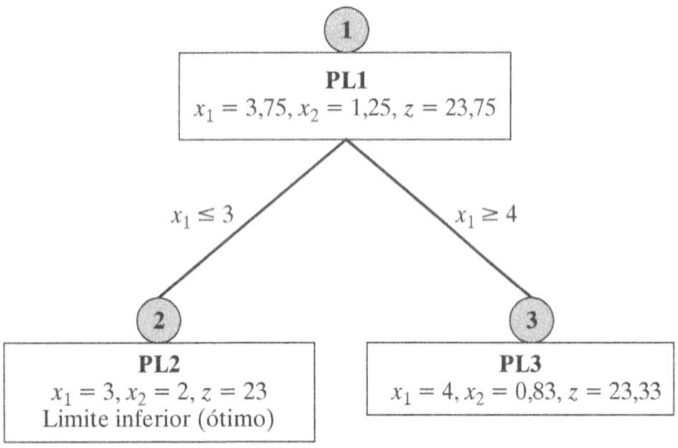

A solução da PL2 satisfaz os requisitos inteiros para x_1 e x_2. Portanto, diz-se que a PL2 é **incumbente**, o que significa que não precisa mais ser investigada porque não pode dar nenhuma solução *melhor* para a PLI.

Nesse ponto, não podemos afirmar que a solução inteira obtida na PL2 é ótima para o problema original, porque a PL3 pode dar uma solução inteira melhor com um valor mais alto de z. Só podemos afirmar que $z = 23$ é o **limite inferior** do valor ótimo para a função objetivo (máximo) da PLI original, o que significa que qualquer subproblema não examinado que não possa dar um valor melhor do que esse limite inferior deve ser descartado como não promissor. Se um subproblema não examinado produzir uma solução inteira melhor, então o limite inferior é atualizado.

Dado o limite inferior $z = 23$, examinamos PL3 (o único subproblema não examinado restante neste ponto). Como z ótimo = 23,75 na PL1, *e por acaso todos os coeficientes da função objetivo são inteiros,* é impossível que a PL3 (que é mais restritiva do que a PL1) produza uma solução inteira melhor com $z > 23$. O resultado é que descartamos a PL3.

O algoritmo B&B agora está completo porque ambas, PL2 e PL3, foram examinadas e descartadas (a primeira por produzir uma solução inteira, e a segunda por não conseguir produzir uma solução inteira *melhor*). Assim, concluímos que a solução ótima da PLI é a associada com o limite inferior, ou seja, $x_1 = 3$, $x_2 = 2$ e $z = 23$.

Restam duas perguntas não respondidas em relação ao procedimento.

1. Na PL1, poderíamos ter selecionado x_2 como a *variável de ramificação* em vez de x_1?
2. Ao selecionar o próximo subproblema a ser examinado, poderíamos ter resolvido a PL3 em primeiro lugar, em vez da PL2?

A resposta a ambas as perguntas é 'sim', mas os cálculos resultantes podem ser drasticamente diferentes. A Figura 9.9 demonstra esse ponto. Suponha que examinemos a PL3 em primeiro lugar (em vez da PL2, como fizemos na Figura 9.8). A solução é $x_1 = 4$, $x_2 = 0{,}83$ e $z = 23{,}33$ (verifique!). Como x_2 (= 0,83) é não inteira, a PL3 continua a ser examinada por meio da criação dos subproblemas PL4 e PL5 usando os ramos $x_2 \leq 0$ e $x_2 \geq 1$, respectivamente. Isso significa que

$$\begin{aligned}\text{Região da PL4} &= \text{Região da PL3} + (x_2 \leq 0)\\ &= \text{Região da PL1} + (x_1 \geq 4) + (x_2 \leq 0)\\ \text{Região da PL5} &= \text{Região da PL3} + (x_2 \geq 1)\\ &= \text{Região da PL1} + (x_1 \geq 4) + (x_2 \geq 1)\end{aligned}$$

Agora, temos três subproblemas 'pendentes' a examinar: PL2, PL4 e PL5. Suponha que optemos por examinar a PL5 em primeiro lugar. A PL5 não tem nenhuma solução e, em decorrência, está descartada. Em seguida, vamos examinar a PL4. A solução ótima é $x_1 = 4{,}5$; $x_2 = 0$ e $z = 22{,}5$. O valor não inteiro de x_1 leva aos dois ramos $x_1 \leq 4$ e $x_1 \geq 5$, e à criação dos subproblemas PL6 e PL7 com base em PL4.

$$\begin{aligned}\text{Região da PL6} &= \text{Região da PL1} + (x_1 \geq 4) + (x_2 \leq 0) + (x_1 \leq 4)\\ \text{Região da PL7} &= \text{Região da PL1} + (x_1 \geq 4) + (x_2 \leq 0) + (x_1 \geq 5)\end{aligned}$$

Figura 9.9
Árvore B&B alternativa para o Exemplo 9.2-1

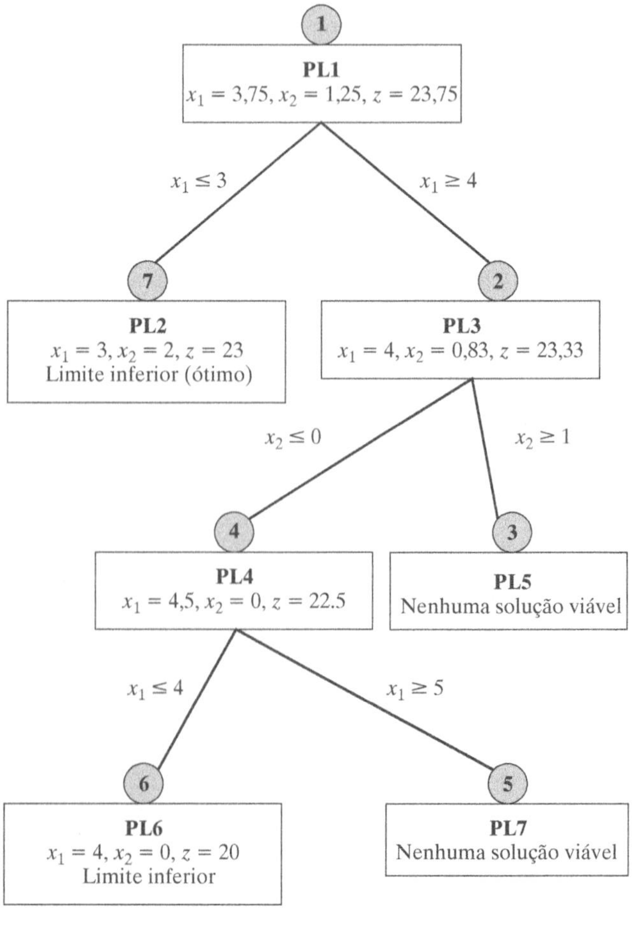

Agora, os subproblemas PL2, PL6 e PL7 restam não examinados. Selecionando a PL7 para exame, o problema não tem nenhuma solução viável e, portanto, está descartado. Em seguida, selecionamos PL6. O problema dá a primeira solução inteira ($x_1 = 4, x_2 = 0, z = 20$) e, assim, fornece o primeiro limite inferior ($= 20$) para o valor ótimo da função objetivo da PLI. Agora ficamos com o subproblema PL2, que dá uma solução inteira melhor ($x_1 = 3, x_2 = 2, z = 23$). Assim, o limite inferior é atualizado de $z = 20$ para $z = 23$. Nesse ponto, *todos* os subproblemas foram interpretados (examinados), e a solução ótima é a associada com o limite inferior mais atualizado, ou seja, $x_1 = 3, x_2 = 2$ e $z = 23$.

A seqüência de solução na Figura 9.9 (PL1 → PL3 → PL5 → PL4 → PL7 → PL6 → PL2) é a pior hipótese que, entretanto, pode perfeitamente ocorrer na prática. Na Figura 9.8 tivemos a sorte de 'topar' com um bom limite inferior no primeiro subproblema que examinamos (PL2), o que nos permitiu tomar a PL3 sem investigá-la. Em essência, concluímos o procedimento resolvendo um total de duas PLs. Na Figura 9.9 a história é diferente: tivemos de resolver sete PLs antes de podermos concluir o algoritmo B&B.

Comentários. O exemplo indica uma fraqueza principal no algoritmo B&B: dadas múltiplas opções, como selecionamos o próximo subproblema e sua variável de ramificação? Embora existam heurísticas para aprimorar a capacidade do B&B de 'prever' qual ramo pode levar a uma solução melhorada da PLI (veja Taha, 1975, p. 154–171), não existe uma teoria sólida com resultados consistentes, e é aqui que está a dificuldade que assola os cálculos em PLI. De fato, o Problema 7, Conjunto 9.2A, demonstra o comportamento bizarro do algoritmo B&B que investiga mais de 25.000 PLs antes de verificar a otimalidade, mesmo que o problema seja bastante pequeno (16 variáveis binárias e 1 restrição). Infelizmente, até agora, e após quatro décadas de pesquisas aliadas a incríveis avanços na capacidade de computação, os códigos de PLI disponíveis (comerciais, bem como acadêmicos) não são totalmente confiáveis no sentido de que podem não encontrar a solução ótima da PLI independentemente do tempo em que são executados no computador. Ainda mais frustrante é que esse comportamento pode se aplicar exatamente do mesmo modo a alguns problemas relativamente pequenos.

Momento AMPL

O AMPL pode ser usado interativamente para gerar a árvore de busca B&B. A Tabela 9.3 mostra a seqüência de comandos necessários para gerar a árvore do Exemplo 9.2-1 (Figura 9.9), começando com a PL0 contínua. O modelo em AMPL (arquivo amplEx9.2-1.txt) tem duas variáveis, `x1` e `x2`, e duas restrições, `c0` e `c1`. Você verá que é útil sincronizar os comandos no AMPL com os ramos da Figura 9.9.

Tabela 9.3 Seqüência de comandos para gerar árvore

Comando AMPL	Resultado
ampl: `model amplEx9.2-1.txt;` `solve;display x1,x2;`	PL1 ($x_1 = 3{,}75, x_2 = 1{,}25$)
ampl: `c2:x1>=4;solve;` `display x1,x2;`	PL3 ($x_1 = 4, x_2 = 0{,}83$)
ampl: `c3:x2>=1;solve;` `display x1,x2;`	PL5 (nenhuma solução)
ampl: `drop c3;c4:x2<=0;` `solve;display x1,x2;`	PL4 ($x_1 = 4{,}5, x_2 = 0$)
ampl: `c5:x1>=5;solve;` `display x1,x2;`	PL7 (nenhuma solução)
ampl: `drop c5;c6:x1<=4;` `solve;display x1,x2;`	PL6 ($x_1 = 4, x_2 = 0$)
ampl: `drop c2;drop c4;drop c6;c7:x1<=3;` `solve;display x1,x2;`	PL2 ($x_1 = 3, x_2 = 2$)

Momento Solver

O Solver pode ser usado para obter a solução dos diferentes subproblemas usando as opções adicionar/modificar/excluir na caixa de diálogo **Parâmetros do Solver.**

Resumo do algoritmo B&B. Agora, resumiremos o algoritmo B&B. Considerando um problema de maximização, estabeleça um limite inferior inicial $z = -\infty$ para o valor dos coeficientes da função objetivo ótima da PLI. Determine $i = 0$.

Etapa 1. Selecione uma PL*i*, o próximo subproblema a ser examinado. Resolva a PL*i* e tente interpretá-la usando uma de três condições:

(a) O valor ótimo de z da PL*i* não pode dar um valor objetivo melhor do que o limite inferior atual.

(b) A PL*i* dá uma solução inteira viável melhor do que o limite inferior atual.

(c) A PL*i* não tem nenhuma solução viável.

Surgirão dois casos.

(a) Se a PL*i* for interpretada e uma solução melhor for encontrada, atualize o limite inferior. Se todos os subproblemas tiverem sido descartados, pare; a PLI ótima está associada com o limite inferior finito atual. Se não existir nenhum limite inferior finito, o problema não tem nenhuma solução viável. Senão, determine $i = i + 1$, e repita a etapa 1.

(b) Se a PL*i* não for interpretada, vá para a etapa 2 para ramificar.

Etapa 2. (*Ramificação*) Selecione uma das variáveis inteiras x_j, cujo valor ótimo x_j^* na solução da PL*i* não seja inteiro. Elimine a região

$$[x_j^*] < x_j < [x_j^*] + 1$$

(na qual $[v]$ define o maior inteiro $\leq v$), criando dois subproblemas de PL que correspondem a

$$x_j \leq [x_j^*] \text{ e } x_j \geq [x_j^*] + 1$$

Determine $i = i + 1$, e vá para a etapa 1.

As etapas dadas se aplicam a problemas de maximização. Para minimização, substituímos o limite inferior por um limite superior (cujo valor inicial é $z = +\infty$).

O algoritmo B&B pode ser estendido diretamente a problemas mistos (nos quais apenas algumas das variáveis são inteiras). Se uma variável for contínua, nós simplesmente nunca a selecionamos como uma variável de ramificação. Um subproblema viável fornece um novo limite para o valor dos coeficientes da função objetivo se os valores das variáveis discretas forem inteiros e se o valor da função objetivo for melhorado em relação ao limite atual.

CONJUNTO DE PROBLEMAS 9.2A[5]

1. Resolva a PLI do Exemplo 9.2-1 pelo algoritmo B&B começando com x_2 como a variável de ramificação. Inicie o procedimento resolvendo o subproblema associado com $x_2 \leq [x_2^*]$.

2. Desenvolva a árvore B&B para cada um dos seguintes problemas. Por conveniência, sempre selecione x_1 como a variável de ramificação no nó 0.

   *(a) Maximizar $z = 3x_1 + 2x_2$

   sujeito a

$$2x_1 + 5x_2 \leq 9$$
$$4x_1 + 2x_2 \leq 9$$
$$x_1, x_2 \geq 0 \text{ e inteiras}$$

[5] Nesse conjunto, você pode resolver os subproblemas interativamente com o AMPL ou Solver, ou usando a opção Modify do TORA para os limites superior e inferior.

(b) Maximizar $z = 2x_1 + 3x_2$
sujeito a

$$5x_1 + 7x_2 \leq 35$$
$$4x_1 + 9x_2 \leq 36$$
$$x_1, x_2 \geq 0 \text{ e inteiras}$$

(c) Maximizar $z = x_1 + x_2$
sujeito a

$$2x_1 + 5x_2 \leq 16$$
$$6x_1 + 5x_2 \leq 27$$
$$x_1, x_2 \geq 0 \text{ e inteiras}$$

***(d)** Minimizar $z = 5x_1 + 4x_2$
sujeito a

$$3x_1 + 2x_2 \geq 5$$
$$2x_1 + 3x_2 \geq 7$$
$$x_1, x_2 \geq 0 \text{ e inteiras}$$

(e) Maximizar $z = 5x_1 + 7x_2$
sujeito a

$$2x_1 + x_2 \leq 13$$
$$5x_1 + 9x_2 \leq 41$$
$$x_1, x_2 \geq 0 \text{ e inteiras}$$

***3.** Repita o Problema 2, considerando que x_1 é contínua.

4. Mostre graficamente que a seguinte PLI não tem nenhuma solução viável e então verifique o resultado usando B&B.

$$\text{Maximizar } z = 2x_1 + x_2$$

sujeito a

$$10x_1 + 10x_2 \leq 9$$
$$10x_1 + 5x_2 \geq 1$$
$$x_1, x_2 \geq 0 \text{ e inteiras}$$

5. Resolva os seguintes problemas por B&B.

$$\text{Maximizar } z = 18x_1 + 14x_2 + 8x_3 + 4x_4$$

sujeito a

$$15x_1 + 12x_2 + 7x_3 + 4x_4 + x_5 \leq 37$$
$$x_1, x_2, x_3, x_4, x_5 = (0, 1)$$

6. Converta o seguinte problema de PLI mista e ache a solução ótima.

$$\text{Maximizar } z = x_1 + 2x_2 + 5x_3$$

sujeito a

$$|-x_1 + 10x_2 - 3x_3| \geq 15$$
$$2x_1 + x_2 + x_3 \leq 10$$
$$x_1, x_2, x_3 \geq 0$$

7. *Experimento com o TORA/Solver/AMPL.* O seguinte problema foi projetado para demonstrar o comportamento bizarro do algoritmo B&B até mesmo para problemas pequenos. Em particular, observe como muitos subproblemas são examinados antes de achar o ótimo e quantos são necessários para verificar a otimalidade.

$$\text{Minimizar } y$$

sujeito a

$$2(x_1 + x_2 + \ldots + x_{15}) + y = 15$$
$$\text{Todas as variáveis são } (0, 1)$$

(a) Use a opção automática do TORA para mostrar que, embora a solução ótima seja encontrada somente após nove subproblemas, mais de 25.000 subproblemas são examinados antes de confirmar a otimalidade.

(b) Mostre que o Solver exibe uma experiência semelhante à do TORA. (*Observação*: no Solver, você pode observar a mudança no número de ramos gerados (subproblemas) na parte inferior da planilha.)

(c) Resolva o problema com o AMPL e mostre que a solução é obtida instantaneamente com 0 iterações simplex MIP e 0 nós B&B. A razão para esse desempenho superior só pode ser atribuída às etapas preparatórias executadas pelo AMPL e/ou pelo resolvedor CPLEX antes de resolver o problema.

8. *Experimento com o TORA.* Considere a seguinte PLI:

$$\text{Maximizar } z = 18x_1 + 14x_2 + 8x_3$$

sujeito a

$$15x_1 + 12x_2 + 7x_3 \leq 43$$
$$x_1, x_2, x_3 \text{ inteiras não negativas}$$

Use a opção B&B guiada pelo usuário do TORA para gerar a árvore de busca com e sem ativar o limite do valor dos coeficientes da função objetivo. Qual é o impacto da ativação do limite do valor dos coeficientes da função objetivo sobre o número de subproblemas gerados? Por consistência, sempre selecione a variável de ramificação como aquela que tem o índice mais baixo e investigue todos os subproblemas por linha da esquerda para a direita antes de passar para a linha seguinte.

***9.** *Experimento com o TORA.* Reconsidere o Problema 8. Converta-o em um problema de PLI 0-1 equivalente e então resolva-o com a opção automática do TORA. Compare o tamanho das árvores de busca nos dois problemas.

10. *Experimento com o AMPL.* Na seguinte PLI 0-1 use o AMPL interativo para gerar a árvore de busca associada. Em cada caso, mostre como o limite z é usado para interpretar os subproblemas.

$$\text{Maximizar } z = 3x_1 + 2x_2 - 5x_3 - 2x_4 + 3x_5$$

sujeito a

$$x_1 + x_2 + x_3 + 2x_4 + x_5 \leq 4$$
$$7x_1 + 3x_3 - 4x_4 + 3x_5 \leq 8$$
$$11x_1 - 6x_2 + 3x_4 - 3x_5 \geq 3$$
$$x_1, x_2, x_3, x_4, x_5 = (0, 1)$$

9.2.2 Algoritmo de plano de corte

Como no algoritmo B&B, o algoritmo de planos de corte também começa na solução contínua ótima da PL. Restrições especiais (denominadas **cortes**) são adicionadas na região de soluções de uma maneira que resulta um ponto extremo ótimo inteiro. No Exemplo 9.2-2, primeiro demonstramos graficamente como os cortes são usados para produzir uma solução inteira e então implementamos a idéia algebricamente.

Exemplo 9.2-2

Considere o seguinte problema de PLI.

$$\text{Maximizar } z = 7x_1 + 10x_2$$

sujeito a

$$-x_1 + 3x_2 \leq 6$$
$$7x_1 + x_2 \leq 35$$
$$x_1, x_2 \geq 0 \text{ e inteiras}$$

O algoritmo de planos de corte modifica a região de soluções adicionando *cortes* que produzem um ponto extremo inteiro ótimo. A Figura 9.10 dá um exemplo de dois desses cortes.

Inicialmente, começamos com a PL ótima contínua $z = 66\frac{1}{2}$, $x_1 = 4\frac{1}{2}$, $x_2 = 3\frac{1}{2}$. Em seguida, adicionamos o corte I, que produz a solução ótima (contínua) da PL $z = 62$, $x_1 = 4\frac{4}{7}$, $x_2 = 3$. Então, adicionamos o corte II, que, junto com o corte I e as restrições originais, produz a solução ótima da PL $z = 58$, $x_1 = 4$, $x_2 = 3$. A última solução é toda inteira, como desejado.

Os cortes adicionados não eliminam nenhum dos pontos inteiros viáveis originais, mas devem passar no mínimo por um ponto inteiro viável ou inviável. Esses são requisitos básicos de qualquer corte.

Figura 9.10
Ilustração da utilização de cortes em PLI

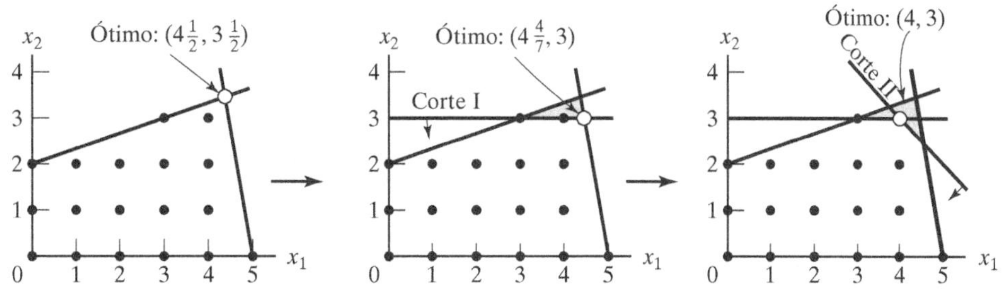

O fato de um problema de duas variáveis usar exatamente dois cortes para alcançar a solução ótima inteira é puramente acidental. Em geral, o número de cortes, embora finito, é independente do tamanho do problema, no sentido de que um problema com um número pequeno de variáveis e restrições pode requerer mais cortes do que um problema maior.

A seguir, usamos o mesmo exemplo para mostrar como os cortes são construídos e implementados algebricamente.

Dadas as folgas x_3 e x_4 para as restrições 1 e 2, a tabela ótima da PL é dada como

Base	x_1	x_2	x_3	x_4	Solução
z	0	0	$\frac{63}{22}$	$\frac{31}{22}$	$66\frac{1}{2}$
x_2	0	1	$\frac{7}{22}$	$\frac{1}{22}$	$3\frac{1}{2}$
x_1	1	0	$-\frac{1}{22}$	$\frac{3}{22}$	$4\frac{1}{2}$

A solução ótima contínua é $z = 66½, x_1 = 4½, x_2 = 3½, x_3 = 0, x_4 = 0$. O corte é desenvolvido sob a premissa de que *todas* as variáveis (incluindo as de folga x_3 e x_4) são inteiras. Observe também que, como todos os coeficientes objetivos originais são inteiros neste exemplo, o valor de z também é inteiro.

A informação da tabela ótima pode ser escrita explicitamente como

$$z + \frac{63}{22}x_3 + \frac{31}{22}x_4 = 66\frac{1}{2} \quad \text{(equação } z\text{)}$$

$$x_2 + \frac{7}{22}x_3 + \frac{1}{22}x_4 = 3\frac{1}{2} \quad \text{(equação } x_2\text{)}$$

$$x_1 - \frac{1}{22}x_3 + \frac{3}{22}x_4 = 4\frac{1}{2} \quad \text{(equação } x_1\text{)}$$

Uma equação de restrição pode ser usada como uma **linha-fonte** para gerar um corte, contanto que seu lado direito seja fracionário. Observamos também que a linha z pode ser usada como uma linha-fonte porque, por acaso, z é inteira nesse exemplo. Demonstraremos como um corte é gerado de cada uma dessas linhas-fonte, começando com a linha z.

Em primeiro lugar, fatoramos todos os coeficientes não inteiros da equação de modo a obter um valor inteiro e um componente fracionário, *contanto que o componente fracionário seja estritamente positivo.* Por exemplo,

$$\frac{5}{2} = \left(2 + \frac{1}{2}\right)$$

$$-\frac{7}{3} = \left(-3 + \frac{2}{3}\right)$$

A fatoração da equação z dá

$$z + \left(2 + \frac{19}{22}\right)x_3 + \left(1 + \frac{9}{22}\right)x_4 = \left(66 + \frac{1}{2}\right)$$

Passando todos os componentes inteiros para o lado esquerdo e todos os componentes fracionários para o lado direito, obtemos

$$z + 2x_3 + 1x_4 - 66 = -\frac{19}{22}x_3 - \frac{9}{22}x_4 + \frac{1}{2} \qquad (1)$$

Como x_3 e x_4 são negativas, e todas as frações são originalmente estritamente positivas, o lado direito deve satisfazer a seguinte desigualdade:

$$-\frac{19}{22}x_3 - \frac{9}{22}x_4 + \frac{1}{2} \leq \frac{1}{2} \qquad (2)$$

Em seguida, como o lado esquerdo da Equação (1), $z + 2x_3 + 1x_4 - 66$, é um valor inteiro por construção, o lado direito, $-\frac{19}{22}x_3 - \frac{19}{22}x_4 + \frac{1}{2}$, também deve ser inteiro. Portanto decorre que (2) pode ser substituída pela desigualdade:

$$-\frac{19}{22}x_3 - \frac{9}{22}x_4 + \frac{1}{2} \leq 0$$

Esse resultado é justificado porque um valor inteiro $\leq \frac{1}{2}$ deve ser necessariamente ≤ 0.

A última desigualdade é o corte desejado e representa uma condição *necessária* (mas não suficiente) para obter uma solução inteira. Ele também é denominado **corte fracionário** porque todos os seus coeficientes são frações.

Como $x_3 = x_4 = 0$ na tabela da PL ótima contínua dada anteriormente, a solução contínua atual viola o corte (porque dá $\frac{1}{2} \leq 0$). Assim, se adicionarmos este corte à tabela simplex ótima, o ponto extremo ótimo resultante leva a solução na direção de satisfazer os requisitos inteiros.

Antes de mostrar como um corte é implementado na tabela simplex ótima, demonstraremos como cortes também podem ser construídos com base em equações de restrição. Considere a linha x_1

$$x_1 - \frac{1}{22}x_3 + \frac{3}{22}x_4 = 4\frac{1}{2}$$

Fatorando a equação, obtemos

$$x_1 + \left(-1 + \frac{21}{22}\right)x_3 + \left(0 + \frac{3}{22}\right)x_4 = \left(4 + \frac{1}{2}\right)$$

O corte associado é

$$-\frac{21}{22}x_2 - \frac{3}{22}x_4 + \frac{1}{2} \leq 0$$

De maneira semelhante, a equação x_2

$$x_2 + \frac{7}{22}x_3 + \frac{1}{22}x_4 = 3\frac{1}{2}$$

é fatorada como

$$x_2 + \left(0 + \frac{7}{22}\right)x_3 + \left(0 + \frac{1}{22}\right)x_4 = 3 + \frac{1}{2}$$

Em conseqüência, o corte associado é dado como

$$-\frac{7}{22}x_3 - \frac{1}{22}x_4 + \frac{1}{2} \leq 0$$

Qualquer um dos três cortes dados pode ser utilizado na primeira iteração do algoritmo de plano de corte. Não é necessário gerar os três cortes antes de selecionar um.

A seleção arbitrária do corte gerado da linha x_2 nos permite escrevê-lo em forma de equação como

$$-\frac{7}{22}x_3 - \frac{1}{22}x_4 + s_1 = -\frac{1}{2}, \; s_1 \geq 0 \qquad \text{(Corte I)}$$

Essa restrição é adicionada à tabela ótima da PL da seguinte maneira:

Base	x_1	x_2	x_3	x_4	s_1	Solução
z	0	0	$\frac{63}{22}$	$\frac{31}{22}$	0	$66\frac{1}{2}$
x_2	0	1	$\frac{7}{22}$	$\frac{1}{22}$	0	$3\frac{1}{2}$
x_1	1	0	$-\frac{1}{22}$	$\frac{3}{22}$	0	$4\frac{1}{2}$
s_1	0	0	$-\frac{7}{22}$	$-\frac{1}{22}$	1	$-\frac{1}{2}$

A tabela é ótima, porém inviável. Aplicamos o método dual (Seção 4.4.1) para recuperar a viabilidade, o que resulta em

Base	x_1	x_2	x_3	x_4	s_1	Solução
z	0	0	0	1	9	62
x_2	0	1	0	0	1	3
x_1	1	0	0	$\frac{1}{7}$	$-\frac{1}{7}$	$4\frac{4}{7}$
x_3	0	0	1	$\frac{1}{7}$	$-\frac{22}{7}$	$1\frac{4}{7}$

A última solução ainda é não inteira em x_1 e x_3. Vamos selecionar arbitrariamente x_1 como a próxima linha fonte, isto é,

$$x_1+\left(0+\frac{1}{7}\right)x_4+\left(-1+\frac{6}{7}\right)s_1=4+\frac{4}{7}$$

O corte associado é

$$-\frac{1}{7}x_4-\frac{6}{7}s_1+s_2=-\frac{4}{7},\ s_2\geq 0 \qquad \text{(Corte II)}$$

Base	x_1	x_2	x_3	x_4	s_1	s_2	Solução
z	0	0	0	1	9	0	62
x_2	0	1	0	0	1	0	3
x_1	1	0	0	$\frac{1}{7}$	$-\frac{1}{7}$	0	$4\frac{4}{7}$
x_3	0	0	1	$\frac{1}{7}$	$-\frac{22}{7}$	0	$1\frac{4}{7}$
s_2	0	0	0	$-\frac{1}{7}$	$-\frac{6}{7}$	1	$-\frac{4}{7}$

O método dual simplex dá a seguinte tabela:

Base	x_1	x_2	x_3	x_4	s_1	s_2	Solução
z	0	0	0	0	3	7	58
x_2	0	1	0	0	1	0	3
x_1	1	0	0	0	-1	1	4
x_3	0	0	1	0	-4	1	1
x_4	0	0	0	1	6	-7	4

A solução ótima ($x_1 = 4, x_2 = 3, z = 58$) é toda inteira. Não é por acidente que todos os coeficientes da última tabela são inteiros, uma propriedade da implementação do corte fracionário.

Comentários. É importante destacar que o corte fracionário considera que *todas* as variáveis, *incluindo as de folga e de sobra,* são inteiras. Isso significa que o corte lida apenas com problemas inteiros puros. A importância dessa premissa é ilustrada por um exemplo.

Considere a restrição

$$x_1+\frac{1}{3}x_2\leq\frac{13}{2}$$
$$x_1, x_2 \geq 0 \text{ e inteiras}$$

Do ponto de vista da resolução da PLI associada, a restrição é tratada como uma equação por meio da utilização da folga não negativa s_1, isto é,

$$x_1+\frac{1}{3}x_2+s_1\leq\frac{13}{2}$$

A aplicação do corte fracionário considera que a restrição tem uma solução inteira viável em x_1, x_2 e s_1. Contudo, a equação anterior terá uma solução inteira viável em x_1 e x_2 *somente se* s_1 *for não inteira.* Isso significa que o algoritmo de plano de corte mostrará que o problema não tem nenhuma solução inteira viável, ainda que as variáveis de interesse, x_1 e x_2, possam assumir valores inteiros.

Há dois modos de remediar essa situação.

1. Multiplicar toda a restrição por uma constante adequada para eliminar todas as frações. Por exemplo, multiplicando a restrição anterior por 6, obtemos

$$6x_1 + 2x_2 \leq 39$$

Qualquer solução inteira de x_1 e x_2 dá automaticamente folga inteira. Contudo, esse tipo de conversão é adequado apenas para restrições simples, porque as grandezas dos coeficientes inteiros podem ser tornar excessivamente grandes em alguns casos.

2. Usar um corte especial, denominado **corte misto**, que permite a apenas um subconjunto de variáveis assumir valores inteiros, sendo que todas as outras variáveis (entre elas a de folga e a de sobra) permanecem contínuas. Os detalhes desse corte não serão apresentados neste capítulo (veja Taha, 1975, p. 198–202).

CONJUNTO DE PROBLEMAS 9.2B

1. No Exemplo 9.2-2, mostre graficamente se cada uma das seguintes restrições pode ou não formar um corte legítimo:
   *(a) $x_1 + 2x_2 \leq 10$
   (b) $2x_1 + x_2 \leq 10$
   (c) $3x_2 \leq 10$
   (d) $3x_1 + x_2 \leq 15$
2. No Exemplo 9.2-2, mostre graficamente como os dois cortes (legítimos) seguintes podem levar à solução inteira ótima:
   $$x_1 + 2x_2 \leq 10 \text{ (Corte I)}$$
   $$3x_1 + x_2 \leq 15 \text{ (Corte II)}$$
3. Expresse os cortes I e II do Exemplo 9.2-2 em termos de x_1 e x_2, e mostre como eles são os mesmos utilizados graficamente na Figura 9.10.
4. No Exemplo 9.2-2, derive o Corte II da linha x_3. Use o novo corte para completar a solução do exemplo.
5. Mostre que, mesmo que o problema a seguir tenha uma solução inteira viável em x_1 e x_2, o corte fracionário não daria uma solução viável a menos que todas as frações na restrição fossem eliminadas.
   $$\text{Maximizar } z = x_1 + 2x_2$$
   sujeito a
   $$x_1+\frac{1}{2}x_2\leq\frac{13}{4}$$
   $$x_1, x_2 \geq 0 \text{ e inteiras}$$
6. Resolva os seguintes problemas pelo corte fracionário e compare a verdadeira solução ótima inteira com a solução obtida pelo arredondamento da solução ótima contínua.
   *(a) Maximizar $z = 4x_1 + 6x_2 + 2x_3$
   sujeito a
   $$4x_1 - 4x_2 \leq 5$$
   $$-x_1 + 6x_2 \leq 5$$
   $$-x_1 + x_2 + x_3 \leq 5$$
   $$x_1, x_2, x_3 \geq 0 \text{ e inteiras}$$

(b) Maximizar $z = 3x_1 + x_2 + 3x_3$
sujeito a

$$-x_1 + 2x_2 + x_3 \leq 4$$
$$4x_2 - 3x_3 \leq 2$$
$$x_1 - 3x_2 + 2x_3 \leq 3$$
$$x_1, x_2, x_3 \geq 0 \text{ e inteiras}$$

9.2.3 Considerações de cálculo em PLI

Até agora, e apesar de mais de 40 anos de pesquisa, não existe um código de computador que possa resolver problemas de PLI consistentemente. Entretanto, dos dois algoritmos de solução apresentados neste capítulo, o B&B é o mais confiável. Na verdade, praticamente todos os códigos comerciais de resolução de problemas de PLI são baseados em B&B. De modo geral, o método de planos de corte é difícil e incerto, e o erro de arredondamento apresenta um sério problema. Isso porque a 'precisão' do corte depende da precisão de uma representação verdadeira de suas frações no computador. Por exemplo, no Exemplo 9.2-2, a fração $\frac{1}{7}$ não pode ser representada exatamente como um número de ponto flutuante independentemente do nível de precisão que possa ser usado. Embora tenham sido feitas tentativas de melhorar a eficácia dos cálculos dos planos de corte, os resultados finais não são encorajadores. Na maioria dos casos, o método de plano de corte é usado em uma capacidade secundária para melhorar o desempenho do B&B em cada subproblema pela eliminação de uma parte da região de soluções associada a um subproblema.

O fator mais importante que afeta os cálculos em programação inteira é o número de variáveis inteiras e a faixa viável nas quais elas se aplicam. Como os algoritmos disponíveis não são consistentes na produção de uma solução numérica para a PLI, pode ser vantajoso, em termos de cálculo, reduzir o número de variáveis inteiras no problema de PLI, tanto quanto for possível. As seguintes sugestões podem se mostrar úteis:

1. Aproxime variáveis inteiras por variáveis contínuas sempre que possível.
2. No caso de variáveis inteiras, restrinja suas faixas de viabilidade tanto quanto for possível.
3. Evite a utilização de não-linearidade no modelo.

A importância do problema inteiro na prática ainda não é proporcional ao desenvolvimento de algoritmos confiáveis de solução. A natureza da matemática discreta e o fato de o espaço de solução inteira ser um conjunto não convexo tornam improváveis quaisquer novos avanços teóricos revolucionários na área da programação inteira. Em vez disso, novos avanços tecnológicos em computação (software e hardware) continuam sendo a melhor esperança para melhorar a eficiência de códigos de PLI.

9.3 PROBLEMA DO CAIXEIRO-VIAJANTE (TSP)

Historicamente, o problema do caixeiro-viajante trata de achar o circuito (fechado) mais curto em uma situação de n cidades, na qual cada cidade é visitada exatamente uma vez. Em essência, o problema é um modelo de designação que exclui subcircuitos. Especificamente, em uma situação de n cidades, defina-se

$$x_{ij} = \begin{cases} 1, \text{ se a cidade } j \text{ é alcançada a partir da cidade } i \\ 0, \text{ caso contrário} \end{cases}$$

Dado que d_{ij} é a distância da cidade i à cidade j, o problema do TSP é dado por

$$\text{Minimizar } z = \sum_{i=1}^{n}\sum_{j=1}^{n} d_{ij}x_{ij}, \ d_{ij} = \infty \text{ para todo } i = j$$

sujeito a

$$\sum_{j=1}^{n} x_{ij} = 1, i = 1, 2, \ldots, n \quad (1)$$

$$\sum_{i=1}^{n} x_{ij} = 1, j = 1, 2, \ldots, n \quad (2)$$

$$x_{ij} = (0, 1) \quad (3)$$

A solução forma um circuito de n cidades (4)

As restrições (1), (2) e (3) definem um modelo de designação normal (Seção 5.4). A Figura 9.11 demonstra um problema com cinco cidades. Os arcos representam rotas de duas vias. A figura também ilustra uma solução de circuito e de subcircuitos do modelo de designação associado. Se a solução ótima do modelo de designação (isto é, excluindo a restrição 4) produzir um circuito, então ela também é ótima para o TSP. Caso contrário, a restrição (4) deve ser levada em conta para garantir uma solução de circuito.

Entre as soluções exatas do TSP estão os algoritmos *branch-and-bound* e de planos de corte. Ambos têm suas raízes nas idéias dos algoritmos gerais B&B e de planos de corte apresentados na Seção 9.2. Contudo, o problema costuma ser difícil em termos de cálculo, no sentido de que o tamanho ou o tempo de computação exigido para obter uma solução pode se tornar desordenadamente grande. Por essa razão, às vezes são utilizadas heurísticas para dar uma solução 'boa' para o problema.

Antes de apresentar os algoritmos heurístico e de solução exata, fornecemos um exemplo que demonstra a versatilidade do problema de TSP para representar outras situações práticas (veja também Conjunto de Problemas 9.3A).

Figura 9.11
Exemplo de TSP com cinco cidades com uma solução de circuito e uma de subcircuitos do modelo de designação associado

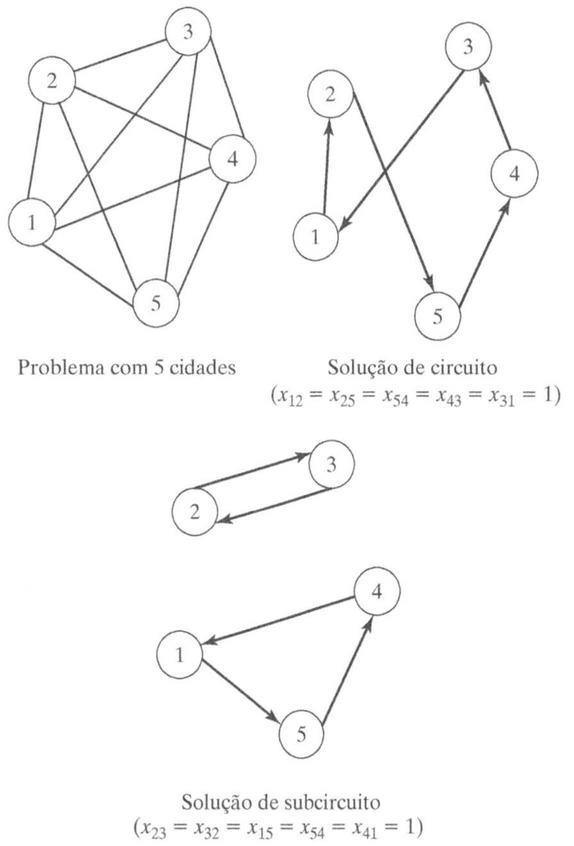

Exemplo 9.3-1

A programação diária de produção da Rainbow Company inclui lotes de tintas branca (W), amarela (Y), vermelha (R) e preta (B). Como a Rainbow usa as mesmas instalações fabris para os quatro tipos de tinta, é necessária uma limpeza adequada entre lotes. A Tabela 9.4 resume o tempo de limpeza em minutos. Como cada cor é produzida em um único lote, as entradas nas diagonais da tabela recebem um tempo de preparação infinito. O objetivo é determinar a seqüência ótima para a produção diária das quatro cores que minimizará o tempo total de limpeza.

Tabela 9.4 Tempo de limpeza

	Minutos de limpeza, dado que a próxima tinta é			
Tinta atual	*Branca*	*Amarela*	*Preta*	*Vermelha*
Branca	∞	10	17	15
Amarela	20	∞	19	18
Preta	50	44	∞	25
Vermelha	45	40	20	∞

Cada tinta é considerada como uma 'cidade', e as 'distâncias' são representadas pelo tempo de limpeza necessário para trocar de um lote de tinta para o seguinte. A situação se reduz a determinar o circuito *mais curto* que comece com um lote de tinta e passe por cada um dos três lotes de tinta restantes exatamente uma vez antes de voltar a ser a tinta inicial.

Podemos resolver esse problema enumerando exaustivamente os seis $[(4-1)! = 3! = 6]$ circuitos possíveis da rede. A Tabela 9.5 mostra que $W \rightarrow Y \rightarrow R \rightarrow B \rightarrow W$ é o circuito ótimo.

Tabela 9.5 Circuito ótimo

Seqüência de produção	Tempo total de limpeza
$W \rightarrow Y \rightarrow B \rightarrow R \rightarrow W$	$10 + 19 + 25 + 45 = 99$
$W \rightarrow Y \rightarrow R \rightarrow B \rightarrow W$	$10 + 18 + 20 + 50 = 98$
$W \rightarrow B \rightarrow Y \rightarrow R \rightarrow W$	$17 + 44 + 18 + 45 = 124$
$W \rightarrow B \rightarrow R \rightarrow Y \rightarrow W$	$17 + 25 + 40 + 20 = 102$
$W \rightarrow R \rightarrow B \rightarrow Y \rightarrow W$	$15 + 20 + 44 + 20 = 99$
$W \rightarrow R \rightarrow Y \rightarrow B \rightarrow W$	$15 + 40 + 19 + 50 = 124$

De modo geral, a enumeração exaustiva dos circuitos não é prática. Mesmo um problema de tamanho modesto de 11 cidades exigirá enumerar 10! = 3.628.800 circuitos, uma tarefa realmente assustadora. Por essa razão, o problema deve ser formulado e resolvido de maneira diferente, como mostraremos mais adiante nesta seção.

Para desenvolver a formulação baseada em designação para o problema da tinta, defina-se

$x_{ij} = 1$ se a tinta j vier após a tinta i, e zero, caso contrário

Tomando M como um valor positivo suficientemente grande, podemos formular o problema da Rainbow como

$$\text{Minimizar } z = Mx_{WW} + 10x_{WY} + 17x_{WB} + 15x_{WR} + 20x_{YW} + Mx_{YY} + 19x_{YB} + 18x_{YR} + 50x_{BW} + 44x_{BY} + Mx_{BB} + 25x_{BR} + 45x_{RW} + 40x_{RY} + 20x_{RB} + Mx_{RR}$$

sujeito a

$$\begin{aligned}
x_{WW} + x_{WY} + x_{WB} + x_{WR} &= 1\\
x_{YW} + x_{YY} + x_{YB} + x_{YR} &= 1\\
x_{BW} + x_{BY} + x_{BB} + x_{BR} &= 1\\
x_{RW} + x_{RY} + x_{RB} + x_{RR} &= 1\\
x_{WW} + x_{YW} + x_{BW} + x_{RW} &= 1\\
x_{WY} + x_{YY} + x_{BY} + x_{RY} &= 1\\
x_{WB} + x_{YB} + x_{BB} + x_{RB} &= 1\\
x_{WR} + x_{YR} + x_{BR} + x_{RR} &= 1
\end{aligned}$$

$x_{ij} = (0, 1)$ para todo i e j
A solução é um circuito

A utilização de M na função objetivo garante que a tarefa referente a uma tinta não pode vir após ela mesma. O mesmo resultado pode ser conseguido com a eliminação de x_{WW}, x_{YY}, x_{BB} e x_{RR} em todo o modelo.

CONJUNTO DE PROBLEMAS 9.3A

*1. Um gerente tem um total de dez empregados que trabalham em seis projetos. Há superposições entre as designações, como mostra a Tabela Z.

Tabela Z

	Projeto 1	2	3	4	5	6
Empregado 1		x		x	x	
2	x		x		x	
3		x	x	x		x
4			x	x	x	
5	x	x	x			
6	x	x	x	x		x
7	x	x			x	x
8	x		x	x		
9					x	x
10	x	x		x	x	x

O gerente faz uma reunião individual com cada empregado uma vez por semana para um relatório de evolução do projeto. Cada reunião dura cerca de 20 minutos, o que dá um total de 3 horas e 20 minutos para os dez empregados. Para reduzir o tempo total, o gerente quer fazer reuniões em grupo dependendo dos projetos compartilhados. O objetivo é programar as reuniões de modo a reduzir o tráfego (número de empregados) de entrada e saída da sala de reunião. Formule a questão como um problema matemático.

2. Um vendedor de livros que mora em Basin deve visitar uma vez por mês quatro clientes localizados em Wald, Bon, Mena e Kiln. A Tabela A1 dá as distâncias em milhas entre as diferentes cidades.

Tabela A1

	Milhas entre as cidades				
	Basin	*Wald*	*Bon*	*Mena*	*Kiln*
Basin	0	120	220	150	210
Wald	120	0	80	110	130
Bon	220	80	0	160	185
Mena	150	110	160	0	190
Kiln	210	130	185	190	0

O objetivo é minimizar a distância total percorrida pelo vendedor. Formule a questão como um problema de PLI baseada em designação.

3. Placas de circuitos (como as usadas em PCs) são equipadas com orifícios para a montagem de diferentes componentes eletrônicos. Os orifícios são perfurados por uma furadeira móvel. A

matriz a seguir dá as distâncias (em centímetros) entre pares de seis orifícios de uma placa de circuitos específica.

$$\|d_{ij}\| = \begin{pmatrix} - & 1{,}2 & 0{,}5 & 2{,}6 & 4{,}1 & 3{,}2 \\ 1{,}2 & - & 3{,}4 & 4{,}6 & 2{,}9 & 5{,}2 \\ 0{,}5 & 3{,}4 & - & 3{,}5 & 4{,}6 & 6{,}2 \\ 2{,}6 & 4{,}6 & 3{,}5 & - & 3{,}8 & 0{,}9 \\ 4{,}1 & 2{,}9 & 4{,}6 & 3{,}8 & - & 1{,}9 \\ 3{,}2 & 5{,}2 & 6{,}2 & 0{,}9 & 1{,}9 & - \end{pmatrix}$$

Formule a parte do problema de atribuição como uma PLI.

9.3.1 Algoritmos heurísticos

Esta seção apresenta dois algoritmos heurísticos: o do *vizinho mais próximo* e o do *subcircuito inverso*. O primeiro é fácil de implementar e o segundo requer mais cálculos. A vantagem é que, de modo geral, o segundo algoritmo produz melhores resultados. Por fim, as duas heurísticas são combinadas em uma só, na qual a saída do algoritmo do vizinho mais próximo é usada como entrada para o algoritmo inverso.

Heurística do vizinho mais próximo. Como o nome da heurística sugere, uma solução 'boa' do problema de TSP pode ser encontrada começando com qualquer cidade (nó) e depois conectando-a com a mais próxima. Então, a cidade que acabou de ser adicionada é conectada com a cidade que estiver mais perto dela (os empates são resolvidos arbitrariamente). O processo continua até ser formado um circuito.

Exemplo 9.3-2

A matriz apresentada a seguir resume as distâncias em milhas em um problema de TSP de cinco cidades.

$$\|d_{ij}\| = \begin{pmatrix} \infty & 120 & 220 & 150 & 210 \\ 120 & \infty & 100 & 110 & 130 \\ 220 & 80 & \infty & 160 & 185 \\ 150 & \infty & 160 & \infty & 190 \\ 210 & 130 & 185 & \infty & \infty \end{pmatrix}$$

A heurística pode começar em qualquer uma das cinco cidades. Cada cidade inicial pode levar a um circuito diferente. A Tabela 9.6 apresenta as etapas da heurística começando na cidade 3.

Tabela 9.6 Etapas da heurística

Etapa	Ação	Circuito (parcial)
1	Comece pela cidade 3	3
2	Ligue à cidade 2 porque ela é a mais próxima da cidade 3 (d_{32} = min{220, **80**, ∞, 160, 185})	3-2
3	Ligue ao nó 4 porque ele é o mais próximo do nó 2 (d_{24} = min{120, ∞, —, **110**, 130})	3-2-4
4	Ligue ao nó 1 porque ele é o mais próximo do nó 4 (d_{41} = min{**150**, ∞, —, —, 190})	3-2-4-1
5	Ligue ao nó 5 por default e conecte-o de volta ao nó 3 para concluir o circuito	3-2-4-1-5-3

Observe a progressão das etapas. Por comparação, são excluídas distâncias até nós que fazem parte de um circuito parcial construído. Elas são indicadas por (—) na coluna *Ação* da Tabela 9.6.

O circuito resultante 3-2-4-1-5-3 tem um comprimento total de 80 + 110 + 150 + 210 + 185 = 735 milhas. Observe que a qualidade da solução heurística é dependente do nó inicial. Por exemplo, começando no nó 1, o circuito construído é 1-2-3-4-5-1 com um comprimento total de 780 milhas (Experimente!).

Heurística do subcircuito inverso. Em uma situação de n cidades, a heurística do subcircuito inverso começa com um circuito viável e então tenta melhorá-lo invertendo subcircuitos de duas cidades; em seguida, subcircuitos de três cidades, e continua até chegar a subcircuitos de tamanho $n - 1$.

Exemplo 9.3-3

Considere o problema do Exemplo 9.3-2. As etapas de inversão são executadas na Tabela 9.7 usando o circuito viável 1-4-3-5-2-1 de 745 milhas de comprimento.

Tabela 9.7 Execução das etapas de inversão

Tipo	Inverso	Circuito	Comprimento
Início	—	(1-4-3-5-2-1)	**745**
Inversão dois por vez	4-3	1-3-4-5-2-1	820
	3-5	(1-4-5-3-2-1)	**725**
	5-2	1-4-3-2-5-1	730
Inversão três por vez	4-5-3	1-3-5-4-2-1	∞
	5-3-2	1-4-2-3-5-1	∞
Inversão quatro por vez	4-5-3-2	1-2-3-5-4-1	∞

As inversões dois por vez do circuito inicial 1-4-3-5-2-1 são 4-3, 3-5 e 5-2, o que leva aos circuitos dados com seus comprimentos associados de 820, 725 e 730. Visto que 1-4-5-3-2-1 dá um comprimento menor (= 725), ele é usado como o circuito inicial para fazer as inversões três por vez. Como mostra a Tabela 9.7, essas inversões não produzem nenhum resultado melhor. O mesmo resultado se aplica à inversão quatro por vez. Assim, 1-4-5-3-2-1 (com comprimento de 725 milhas) dá a melhor solução da heurística.

Observe que as inversões três por vez não produzem um circuito melhor e, por essa razão, continuamos a usar o melhor circuito dois por vez para a inversão quatro por vez. Observe também que as inversões não incluem as cidades iniciais do circuito (= 1 neste exemplo) porque o processo não dá um circuito. Por exemplo, a inversão 1-4 leva a 4-1-3-5-2-1, que não é um circuito.

A solução determinada pela heurística da inversão é uma função do circuito inicial viável usado para iniciar o algoritmo. Por exemplo, se começarmos com 2-3-4-1-5-2 com comprimento de 750 milhas, a heurística produz o circuito 2-1-4-3-5-2 com comprimento de 745 milhas (Verifique!), que é inferior à solução que temos na Tabela 9.7. Por essa razão, pode ser vantagem utilizar em primeiro lugar a heurística do vizinho mais próximo para determinar *todos* os circuitos que resultam da utilização de cada cidade como um nó inicial e após selecionar o melhor como o circuito inicial para a heurística do circuito inverso. De modo geral, essa heurística combinada deve levar a soluções superiores do que se qualquer uma das heurísticas fosse aplicada em separado. A Tabela 9.8 mostra a aplicação da heurística composta ao presente exemplo.

Tabela 9.8 Aplicação da heurística

Heurística	Cidade inicial	Circuito	Comprimento
Vizinho mais próximo	1	1-2-3-4-5-1	780
	2	2-3-4-1-5-2	750
	3	**(3-2-4-1-5-3)**	**735**
	4	4-1-2-3-5-4	∞
	5	5-2-3-4-1-5	750
Inversões	2-4	3-4-2-1-5-3	∞
	4-1	(3-2-1-4-5-3)	**725**
	1-5	3-2-4-5-1-3	810
	2-1-4	3-4-1-2-5-3	745
	1-4-5	3-2-5-4-1-3	∞
	2-1-4-5	3-5-4-1-2-3	∞

Momento Excel

A Figura 9.12 dá um gabarito geral em Excel (arquivo excelTSP.xls) para as heurísticas. Ele usa três opções de execução dependendo do dado de entrada na célula H3:

1. Se o dado de entrada for o número de uma cidade, a heurística do vizinho mais próximo é usada para achar um circuito que comece com a cidade designada.
2. Se o dado de entrada for a palavra '*tour*' (sem as aspetas), você deve fornecer simultaneamente um circuito inicial viável no espaço designado. Nesse caso, só a heurística do circuito inverso é aplicada ao circuito que você forneceu.
3. Se o dado de entrada for a palavra '*all*', a heurística do vizinho mais próximo é usada em primeiro lugar e seu melhor circuito é então usado para executar a heurística do circuito inverso.

O arquivo excelTSP.v2.xls automatiza as operações da etapa 3.

CONJUNTO DE PROBLEMAS 9.3B

1. Aplique a heurística aos seguintes problemas:
   - **(a)** Determinação da seqüência de tarefas do problema da tinta do Exemplo 9.3-1.
   - **(b)** Problema 1 do Conjunto 9.3A.
   - **(c)** Problema 2 do Conjunto 9.3A.
   - **(d)** Problema 3 do Conjunto 9.3A.

9.3.2 Algoritmo de solução B&B

A idéia do algoritmo B&B é começar com a solução ótima do problema de designação associado. Se a solução for um circuito, o processo termina. Se não, são impostas restrições para eliminar os subcircuitos. Pode-se conseguir isso por meio da criação de tantos ramos quanto for o número de variáveis x_{ij} associadas com um dos subcircuitos. Cada ramo corresponderá a igualar uma das variáveis do subcircuito a zero (lembre-se de que todas as variáveis associadas com um subcircuito são iguais a 1). A solução do problema de designação resultante pode produzir um circuito ou não. Se o fizer, usamos seu valor para a função objetivo como um limite superior para o verdadeiro comprimento mínimo de circuito. Se não, são necessárias mais ramificações, criando, mais uma vez, tantos ramos quanto for o número de variáveis em um dos subcircuitos. O processo continua até que todos os subproblemas não explorados tenham sido eliminados, seja por produzirem um *limite superior* melhor (menor), seja porque há evidência de que o subproblema não pode produzir uma solução melhor. O circuito ótimo é o associado com o melhor limite superior.

O seguinte exemplo dá os detalhes do algoritmo B&B TSP.

Exemplo 9.3-4

Considere o seguinte TSP de cinco cidades:

$$\|d_{ij}\| = \begin{pmatrix} \infty & 10 & 3 & 6 & 9 \\ 5 & \infty & 5 & 4 & 2 \\ 4 & 9 & \infty & 7 & 8 \\ 7 & 1 & 3 & \infty & 4 \\ 3 & 2 & 6 & 5 & \infty \end{pmatrix}$$

Começamos resolvendo o problema de designação associado, o que dá a seguinte solução:

$$z = 15, (x_{13} = x_{31} = 1), (x_{25} = x_{54} = x_{42} = 1), \text{todas as outras} = 0$$

Essa solução dá dois subcircuitos: (1-3-1) e (2-5-4-2), como mostrado no nó 1 da Figura 9.13. A distância total associada é $z = 15$, o que dá um limite inferior para o comprimento ótimo do circuito de cinco cidades.

Um modo direto de determinar um limite superior é selecionar qualquer circuito e utilizar seu comprimento como uma estimativa do limite superior. Por exemplo, o circuito 1-2-3-4-5-1 (selecionado com total arbitrariedade) tem um comprimento total de 10 + 5 + 7 + 4 + 3 = 29. Como alternativa, um limite superior melhor pode ser encontrado com a aplicação da heurística da Seção 9.3.1. Por enquanto, usaremos o limite superior de comprimento 29 para aplicar o algoritmo B&B. Mais adiante usaremos o limite superior 'melhorado' obtido pela heurística para demonstrar seu impacto sobre a árvore de busca.

Os limites inferior e superior calculados indicam que o comprimento do circuito ótimo se encontra na faixa (15,29). Uma solução que der um circuito de comprimento maior do que (ou igual a) 29 é descartada como não promissora.

Para eliminar os subcircuitos no nó 1, precisamos 'romper' os subcircuitos, obrigando as variáveis de seus membros, x_{ij}, a resultar zero. O subcircuito 1-3-1 é rompido se impusermos a restrição $x_{13} = 0$ ou $x_{31} = 0$ (isto é, uma por vez) ao problema de designação no nó 1. De maneira semelhante, o subcircuito 2-5-4-2 é eliminado pela imposição de uma das restrições $x_{25} = 0$, $x_{54} = 0$ ou $x_{42} = 0$. Em termos da árvore B&B, cada uma dessas restrições dá origem a um ramo e, em decorrência, a um novo subproblema. É importante observar que *não* é necessário ramificar *ambos* os subcircuitos no nó 1. Ao contrário, apenas *um* subcircuito precisa ser rompido em qualquer nó individual. A idéia é que o rompimento de um subcircuito altere automaticamente as variáveis dos membros do outro subcircuito e, por conseguinte, produza condições favoráveis para criar um circuito. Considerando esse argumento, é mais eficiente selecionar o subcircuito que tenha o menor número de cidades porque ele cria o menor número de ramos.

Figura 9.12
Execução da heurística para o TSP usando planilha do Excel (arquivo excelTSP.xls)

	A	B	C	D	E	F	G	H	I	J	K	L	M	N	O
1	Traveling Salesperson Nearest-Neighbor + Subtour Reversal Heuristics														
2	*Input steps:* (See commnet cell A4)				*Output steps:* (See comment cell H3)				*Distance matrix:* (infinity = blank cell)						
3	*Step 1:*	Number of cities =		5	*Step 3:*	Start heuristic with:		all		1	2	3	4	5	
4	*Step 2:*	Click to enter input data			*Step 4:*	Click to execute heuristic			1		120	220	150	210	
5									2	120		100	110	130	
6	*Solution sumamry:*								3	220	80		160	185	
7	Start city	Tour						Length	4	150		160		190	
8	1	1-2-3-4-5-1						780	5	210	130	185			
9	2	2-3-4-1-5-2						750		Initial tour:					
10	3	3-2-4-1-5-3						735		1	2	3	4	5	1
11	4	4-1-2-3-5-4						infinity							
12	5	5-2-3-4-1-5						760							
13	Reversals														
14	2-4	3-4-2-1-5-3						infinity							
15	4-1	3-2-1-4-5-3						725							
16	1-5	3-2-4-5-1-3						810							
17															
18	2-1-4	3-4-1-2-5-3						745							
19	1-4-5	3-2-5-4-1-3						infinity							
20															
21	2-1-4-5	3-5-4-1-2-3						infinity							

Figura 9.13
Solução B&B do problema de TSP do Exemplo 9.3-4

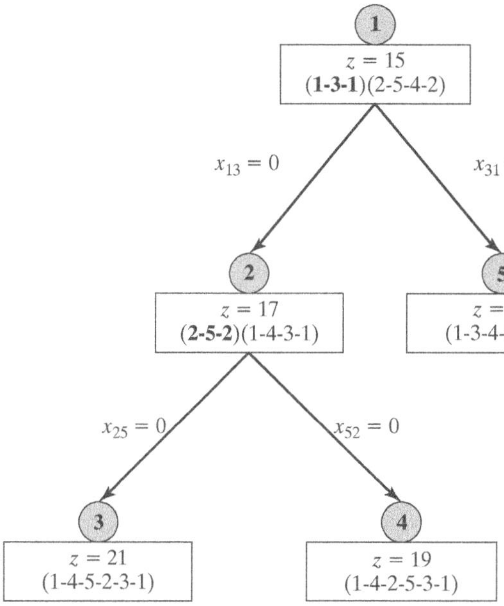

Escolhendo como alvo o subcircuito (1-3-1), são criados dois ramos no nó 1, $x_{13} = 0$ e $x_{31} = 0$. Os problemas de designação associados são construídos eliminando a linha e a coluna associadas com a variável zero, o que torna o problema de designação menor. Outro modo de conseguir o mesmo resultado é deixar inalterado o tamanho do problema de designação e simplesmente designar uma distância infinita à variável de ramificação. Por exemplo, o problema de designação associado com $x_{13} = 0$ requer substituir $d_{13} = \infty$ no modelo de designação no nó 1. De maneira semelhante, para $x_{31} = 0$, substituímos $d_{31} = \infty$.

Na Figura 9.13, começamos arbitrariamente resolvendo o subproblema associado com $x_{13} = 0$ fazendo $d_{13} = \infty$. O nó 2 dá a solução $z = 17$, mas continua a produzir subcircuitos (2-5-2) e (1-4-3-1). A repetição do procedimento que aplicamos no nó 1 dá origem a dois ramos: $x_{25} = 0$ e $x_{52} = 0$.

Agora temos três subproblemas não explorados, um do nó 1 e dois do nó 2, e estamos livres para investigar qualquer um deles nesse ponto. Explorando arbitrariamente o subproblema associado a $x_{25} = 0$ partindo do nó 2, fazemos $d_{13} = \infty$ e $d_{25} = \infty$ no problema de designação *original,* o qual dá a solução $z = 21$ e a solução de circuito 1-4-5-2-3-1 no nó 3. A solução de circuito no nó 3 reduz o limite superior de $z = 29$ para $z = 21$, o que significa que qualquer problema não explorado que demonstre dar um comprimento de circuito maior do que 21 é descartado como não promissor.

Agora temos dois subproblemas não explorados. Selecionando o subproblema 4 para exploração, fazemos $d_{13} = \infty$ e $d_{52} = \infty$ na designação *original,* o que dá a solução de circuito 1-4-2-5-3-1 com $z = 19$. A nova solução dá um circuito melhor do que o associado com o limite superior atual de 21. Assim, o novo limite superior é atualizado para $z = 19$, e seu circuito associado, 1-4-2-5-3-1, é o melhor disponível até aqui.

Somente o subproblema 5 permanece não explorado. Substituindo $d_{31} = \infty$ no problema de designação *original* no nó 1, obtemos a solução de circuito 1-3-4-2-5-1 com $z = 16$ no nó 5. Mais uma vez, essa é uma solução melhor do que a associada com o nó 4 e, portanto, requer atualização do limite superior para $z = 16$.

Não há mais nenhum nó remanescente não explorado, o que conclui a árvore de busca. O circuito ótimo é o associado com o limite superior atual: 1-3-4-2-5-1 com comprimento de 16 milhas.

Comentários. A solução do exemplo revela dois pontos:

1. Embora a seqüência de busca 1 → 2 → 3 → 4 → 5 tenha sido selecionada deliberadamente para demonstrar a mecânica do algoritmo B&B e a atualização de seu limite superior, de modo geral não temos nenhum modo de predizer qual seqüência deve ser adotada para melhorar a eficiência da busca. Algumas regras práticas podem ajudar. Por exemplo, em um dado nó, podemos começar com o ramo associado com a *maior* d_{ij} entre todos os ramos criados. Cancelando o trecho do circuito com a maior d_{ij}, a esperança é a de que encontraremos um circuito 'bom' com um comprimento total menor. No presente exemplo, essa regra recomenda explorar o ramo $x_{31} = 0$ no nó 5 antes do ramo x_{13} no nó 2 porque ($d_{31} = 4$) > ($d_{13} = 3$), e isso teria produzido o limite superior $z = 16$ que, automaticamente, elimina o nó 2 e, em conseqüência, elimina a necessidade de criar os nós 3 e 4.

   Outra regra recomenda explorar seqüencialmente os nós em uma fileira horizontal (em vez de vertical). A idéia é que é *mais provável* que os nós mais próximos do nó inicial produzirão um limite superior mais rigoroso porque o número de restrições adicionais (do tipo $x_{ij} = 0$) é menor. Essa regra também teria descoberto a solução no nó 5 mais cedo.
2. O B&B deve ser aplicado em conjunto com a heurística na Seção 9.3.1. A heurística produz um limite superior 'bom' que pode ser usado para eliminar nós na árvore de busca. No exemplo presente, a heurística dá o circuito 1-3-4-2-5-1 com um comprimento de 16 unidades de distância.

Momento AMPL

Comandos AMPL interativos são ideais para a implementação do algoritmo B&B TSP usando o modelo geral de designação (arquivo amplAssignment.txt). A Tabela 9.9 resume os comandos no AMPL necessários para criar a árvore B&B da Figura 9.13 (Exemplo 9.3-4):

Tabela 9.9 Comandos necessários para criação da árvore

Comando no AMPL	Resultado
ampl: `model amplAssignment.txt;display x;`	Solução do nó 1
ampl: `fix x[1,3]:=0;solve;display x;`	Solução do nó 2
ampl: `fix x[2,5]:=0; solve;display x;`	Solução do nó 3
ampl: `unfix x[2,5];fix x[5,2]:=0;solve;display x;`	Solução do nó 4
ampl: `unfix x[5,2];unfix x[1,3];fix x[3,1]:=0;solve;display x;`	Solução do nó 5

CONJUNTO DE PROBLEMAS 9.3C

1. Resolva o Exemplo 9.3-3 usando o subcircuito 2-5-4-2 para iniciar o processo de ramificação no nó 1 utilizando as seguintes seqüências para explorar os nós.
   (a) Explore todos os subproblemas na horizontal, da esquerda para a direita, em cada fileira, antes de passar para a fileira seguinte.
   (b) Siga cada caminho na vertical partindo do nó 1 até que ele termine com um nó eliminado.

*2. Resolva o Problema 1, Conjunto 9.3A, usando o B&B.

3. Resolva o Problema 2, Conjunto 9.3A, usando o B&B.

4. Resolva o Problema 3, Conjunto 9.3A, usando o B&B.

9.3.3 Algoritmo de planos de corte

A idéia do algoritmo de planos de corte é adicionar um conjunto de restrições ao problema de designação que impeça a formação de um subcircuito. As restrições adicionais são definidas da seguinte maneira: em uma situação de n cidades, associe uma variável contínua u_j (≥ 0) às cidades 2, 3,..., e n. Em seguida, defina o conjunto requerido de restrições adicionais como

$$u_i - u_j + nx_{ij} \leq n - 1, i = 2, 3, \ldots, n; j = 2, 3, \ldots, n; i \neq j$$

Essas restrições, quando adicionadas ao modelo de designação, eliminarão automaticamente todas as soluções de subcircuito.

Exemplo 9.3-5

Considere a seguinte matriz de distâncias de um TSP com quatro cidades.

$$\|d_{ij}\| = \begin{pmatrix} - & 13 & 21 & 26 \\ 10 & - & 29 & 20 \\ 30 & 20 & - & 5 \\ 12 & 30 & 7 & - \end{pmatrix}$$

A PL associada consiste nas restrições do modelo de designação mais as restrições adicionais da Tabela 9.10. Todas as $x_{ij} = (0, 1)$ e todas as $u_j \geq 0$.

A solução ótima é

$$u_2 = 0, u_3 = 2, u_4 = 3, x_{12} = x_{23} = x_{34} = x_{41} = 1, \text{comprimento do circuito} = 59.$$

Isso corresponde à solução do circuito 1-2-3-4-1. A solução satisfaz todas as restrições adicionais em u_j (Verifique!).

Para demonstrar que soluções de subcircuito não satisfazem as restrições adicionais, considere (1-2-1, 3-4-3), que corresponde a $x_{12} = x_{21} = 1, x_{34} = x_{43} = 1$. Agora, considere a restrição 6 da Tabela 9.10:

$$4x_{43} + u_4 - u_3 \leq 3$$

Substituindo $x_{43} = 1, u_3 = 2, u_4 = 3$, temos como resultado $5 \leq 3$, o que é impossível e, portanto, desautoriza $x_{43} = 1$ e o subcircuito 3-4-3.

A desvantagem do modelo de planos de corte é que o número de variáveis cresce exponencialmente com o número de cidades, o que dificulta obter uma solução numérica para situações práticas. Por essa razão, o algoritmo B&B (aliado à heurística) pode ser uma alternativa mais viável para resolver o problema.

Momento AMPL

A Figura 9.14 dá um modelo em AMPL para o algoritmo de planos de corte (arquivo amplEx9.3-5.txt). Os dados do TSP de quatro cidades do Exemplo 9.3-5 são usados para orientar o modelo. A formulação é direta: os dois primeiros conjuntos de restrições definem o modelo de designação associado com o problema, e o terceiro conjunto representa os cortes necessários para eliminar soluções de subcircuito. Observe que as variáveis do modelo de designação devem ser binárias e que `option solver cplex;` deve preceder `solve;` para garantir que a solução obtida seja inteira.

As declarações `for` e `if-then` na parte inferior do modelo são usadas para apresentar o resultado no seguinte formato fácil de ler:

```
Optimal tour length = 59.00
Optimal tour: 1- 2- 3- 4- 1
```

CONJUNTO DE PROBLEMAS 9.3D

1. Um veículo de direção automática (AGV – *automatic guided vehicle*) é usado para entregar correspondência a cinco departamentos localizados no piso de uma fábrica. A jornada começa na sala de distribuição de correspondência e faz a ronda de entrega por diferentes departamentos antes de retornar à sala de distribuição. Usando esta sala como a origem (0, 0), as localizações (x, y) dos pontos de entrega são (10, 30), (10, 50), (30, 10), (40, 40) e (50, 60) para os departamentos 1 a 5, respectivamente. Todas as distâncias são em metros. O AGV só pode se movimentar ao longo de corredores horizontais e verticais. O objetivo é minimizar o comprimento da ronda.

Formule a questão como um problema de TSP, incluindo os cortes.

2. Escreva os cortes associados ao seguinte TSP:

$$\|d_{ij}\| = \begin{pmatrix} \infty & 43 & 21 & 20 & 10 \\ 12 & \infty & 9 & 22 & 30 \\ 20 & 10 & \infty & 5 & 13 \\ 14 & 30 & 42 & \infty & 20 \\ 44 & 7 & 9 & 10 & \infty \end{pmatrix}$$

3. *Experimento com o AMPL.* Use o AMPL para resolver o seguinte TSP pelo algoritmo de planos de corte.

(a) Problema 2, Conjunto 9.3A.

(b) Problema 3, Conjunto 9.3A.

Figura 9.14
Modelo em AMPL de planos de corte do TSP (arquivo amplEx9.3-5.txt)

```
param k;
param n;
param c{1..n,1..n} default 10000;
var x{i in 1..n,j in 1..n} binary;
var u{i in 1..n:i>1}>=0;

minimize tourLength:sum{i in 1..n,j in 1..n}c[i,j]*x[i,j];
subject to
 fromCity {i in 1..n}:sum {j in 1..n} x[i,j] = 1;
 toCity {j in 1..n}:sum {i in 1..n} x[i,j] = 1;
 cut{i in 1..n,j in 1..n:i>1 and j>1 and i<>j}:
                          u[i]-u[j]+n*x[i,j] <= n-1;
data;
param n:=4;
param c:
        1    2    3    4:=
  1     .    13   21   26
  2     10   .    29   20
  3     30   20   .    5
  4     12   30   7    .;

option solver cplex; solve;
display u;
#--------------------------------print formatted output
printf "\n\nOptimal tour length = %7.2f\n",tourLength;
printf "Optimal tour:";
let k:=1;                    #tour starts at city k=1
for {i in 1..n}
    {
    printf "%3i", k;
    for {j in 1..n} #search for next city following k
       {
       if x[k,j]=1 then
          {
          let k:=j;  #next city found, set k=j
          break;
          }
       }
    printf "-";              #insert last hyphen
    }
printf "  1\n\n";
```

Tabela 9.10 Restrições adicionais

Nº	x_{11}	x_{12}	x_{13}	x_{14}	x_{21}	x_{22}	x_{23}	x_{24}	x_{31}	x_{32}	x_{33}	x_{34}	x_{41}	x_{42}	x_{43}	x_{44}	u_2	u_3	u_4	
1							4										1	-1		≤ 3
2								4									1		-1	≤ 3
3										4							-1	1		≤ 3
4												4						1	-1	≤ 3
5														4			-1		1	≤ 3
6															4			-1	1	≤ 3

REFERÊNCIAS BIBLIOGRÁFICAS

Barnett, A. "Misapplication review: high road to glory". *Interfaces*, v. 17, n. 5 / p. 51–54. 1987.
Graves, R.; Schrage, L. e Sankaran, J. "An auction method for course registration". *Interfaces*, v. 23, n. 5 / p. 81–97. 1993.
Guéret, C.; Prins, C. e Sevaux, M. *Applications of optimization with Xpress-MP.* Londres: Dash Optimization, 2002.
Jarvis, J.; Rardin, R.; Unger, V.; Moore, R. e Schimpeler, C. "Optimal design of regional wastewater system: a fixed charge network flow model". *Operations Research*, v. 26, n. 4 / p. 538–550. 1978.
Lee, J. *A first course in combinatorial optimization.* Cambridge: Cambridge University, 2004.
Liberatore, M. e Miller, T. "A hierarchial production planning system". *Interfaces*, v. 15, n. 4 / p. 1–11. 1985.
Nemhauser, G. e Wolsey, L. *Integer and combinatorial optimization.* Nova York: Wiley, 1988.
Salkin, H. e Mathur, K. *Foundations of integer programming.* Nova York: North-Holland, 1989.
Schrijver, A. *Theory of linear and integer programming.* Nova York: Wiley, 1998.
Taha, H. *Integer programming: theory, applications, and computations.* Orlando: Academic, 1975.
Weber, G. "Puzzle contests in MS/OR education". *Interfaces*, v. 20, n. 2 / p. 72–76. 1990.
Wolsey, L. *Integer programming.* Nova York: Wiley, 1998.

Capítulo 10

Programação dinâmica determinística

Guia do capítulo. A programação dinâmica (PD) determina a solução ótima de um problema de multivariáveis decompondo-o em *estágios*, sendo que cada estágio compreende um subproblema com uma única variável. A vantagem da decomposição é que o processo de otimização em cada estágio envolve apenas uma variável, uma tarefa mais simples em termos de cálculo do que lidar com todas as variáveis simultaneamente. Um modelo de PD é basicamente uma equação recursiva que liga os diferentes estágios do problema de maneira que garante que a solução ótima viável de cada estágio também é ótima e viável para o problema inteiro.

A notação e a estrutura conceitual da equação recursiva são diferentes de quaisquer outras que você tenha estudado até aqui. A experiência mostrou que a estrutura da equação recursiva pode não parecer 'lógica' para um principiante. Se você já passou por experiência semelhante, sabe que o melhor procedimento é tentar implementar o que lhe pareça lógico e então executar os cálculos de acordo com isso. Você não tardará a descobrir que as definições apresentadas no livro são as corretas e, durante o processo, aprenderá como a PD funciona. Também incluímos duas planilhas Excel parcialmente automáticas para alguns dos exemplos nos quais o usuário deve fornecer informações fundamentais para orientar os cálculos de PD. O exercício deve ajudá-lo a entender algumas das sutilezas da PD.

Embora a equação recursiva seja uma estrutura comum para a formulação de modelos de PD, os detalhes da solução são diferentes. Somente pela exposição a diferentes formulações é que você conseguirá ganhar experiência em modelagem de PD e solução de PD. Neste capítulo damos várias aplicações *determinísticas* de PD. O Capítulo 22, disponível em inglês no site do livro, apresenta aplicações *probabilísticas* de PD. Outras aplicações na importante área da modelagem de estoque serão apresentadas nos capítulos 11 e 14.

Este capítulo inclui um resumo de uma aplicação real, 7 exemplos resolvidos, 2 modelos em planilhas Excel, 32 problemas de final de seção e 1 caso. O caso está no Apêndice E, disponível em inglês no site do livro. Os programas em AMPL/Excel Solver/TORA estão na pasta ch10Files.

Aplicação real — Otimização de corte transversal e alocação de toras na Weyerhaeuser

Árvores antigas são cortadas e serradas em toras para fabricar diferentes produtos finais (como madeira para construção civil, compensado, placas ou papel). As especificações das toras (por exemplo, comprimento e diâmetros finais) são diferentes dependendo da serraria onde as toras serão usadas. Com árvores cortadas de até 35 metros de comprimento, o número de combinações de cortes transversais que atende aos requisitos da serraria pode ser grande, e a maneira como a árvore é desmembrada em toras pode afetar a receita. O objetivo é determinar as combinações de cortes transversais que maximizem a receita total. O estudo usa a programação dinâmica para otimizar o processo. O sistema proposto foi implementado pela primeira vez em 1978, resultando em um aumento anual do lucro de no mínimo $ 7 milhões. O Caso 8 do Capítulo 24, disponível em inglês no site do livro, dá os detalhes do estudo.

10.1 NATUREZA RECURSIVA DOS CÁLCULOS EM PD

Os cálculos em PD são feitos recursivamente, de modo que a solução ótima de um subproblema é usada como dado de entrada para o subproblema seguinte. Quando o último subproblema é resolvido, a solução ótima para o problema inteiro está à mão. O modo como os cálculos recursivos são executados depende de como decompomos o problema original. Em particular, os subproblemas normalmente estão ligados por restrições em comum. À medida que passamos de um subproblema para o seguinte, a viabilidade dessas restrições em comum deve ser mantida.

Exemplo 10.1-1 (Problema do caminho mais curto)

Suponha que você queira selecionar a rota mais curta entre duas cidades. A rede da Figura 10.1 apresenta as possíveis rotas entre a cidade inicial no nó 1 e a cidade de destino no nó 7. As rotas passam por cidades intermediárias designadas pelos nós 2 a 6.

Podemos resolver esse problema enumerando exaustivamente todas as rotas entre os nós 1 e 7 (há cinco delas). Contudo, em uma rede grande, a enumeração exaustiva pode não ser praticável em termos de cálculo.

Para resolver o problema por PD, primeiro o decompomos em **estágios**, como mostram as linhas verticais tracejadas na Figura 10.2. Em seguida, executamos os cálculos para cada estágio separadamente.

Figura 10.1
Rede de rotas para o Exemplo 10.1-1

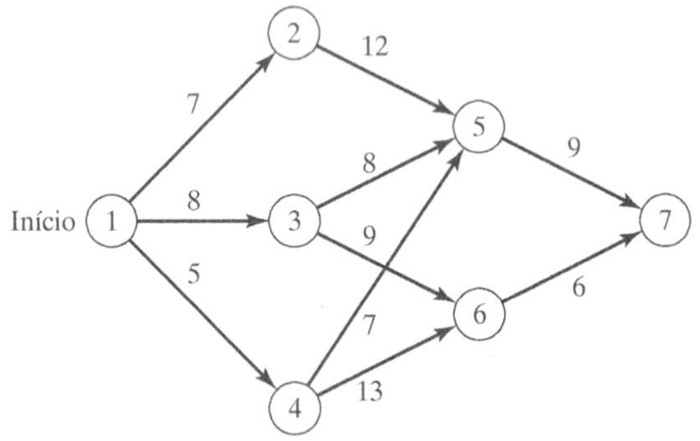

Figura 10.2
Decomposição do problema do caminho mais curto em estágios

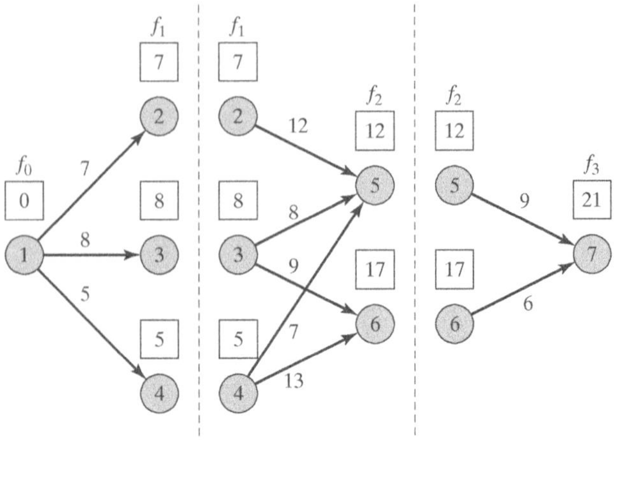

A idéia geral para determinar a rota mais curta é calcular as distâncias mais curtas (cumulativas) até todos os nós terminais de um estágio e depois usar essas distâncias como dados de entrada para o estágio imediatamente subseqüente. Começando no nó 1, o estágio 1 inclui três nós finais (2, 3 e 4), e seus cálculos são simples.

Estágio 1 – Resumo

Distância mais curta do nó 1 ao nó 2 = 7 milhas (*a partir do nó* 1)

Distância mais curta do nó 1 ao nó 3 = 8 milhas (*a partir do nó* 1)

Distância mais curta do nó 1 ao nó 4 = 5 milhas (*a partir do nó* 1)

Em seguida, o estágio 2 tem dois nós finais, 5 e 6. Considerando o nó 5 em primeiro lugar, vemos pela Figura 10.2 que o nó 5 pode ser alcançado com base em três nós, 2, 3 e 4, por três rotas diferentes: (2, 5), (3, 5) e (4, 5). Essa informação, junto com as distâncias mais curtas até os nós 2, 3 e 4, determina a distância mais curta (cumulativa) até o nó 5 por

$$\begin{pmatrix}\text{Distância mais curta}\\ \text{até o nó 5}\end{pmatrix} = \min_{i=2,3,4}\left\{\begin{pmatrix}\text{Distância mais curta}\\ \text{até o nó } i\end{pmatrix} + \begin{pmatrix}\text{Distância do}\\ \text{nó } i \text{ ao nó 5}\end{pmatrix}\right\}$$

$$= \min\begin{Bmatrix}7+12=19\\ 8+\ 8=16\\ 5+\ 7=12\end{Bmatrix} = 12 \ (a\ partir\ do\ nó\ 4)$$

O nó 6 só pode ser alcançado a partir dos nós 3 e 4. Assim

$$\begin{pmatrix}\text{Distância mais curta}\\ \text{até o nó 6}\end{pmatrix} = \min_{i=3,4}\left\{\begin{pmatrix}\text{Distância mais curta}\\ \text{até o nó } i\end{pmatrix} + \begin{pmatrix}\text{Distância do}\\ \text{nó } i \text{ ao nó 6}\end{pmatrix}\right\}$$

$$= \min\begin{Bmatrix}8+\ 9=17\\ 5+13=18\end{Bmatrix} = 17 \ (a\ partir\ do\ nó\ 3)$$

Estágio 2 – Resumo

Distância mais curta do nó 1 ao nó 5 = 12 milhas (*a partir do nó* 4)

Distância mais curta do nó 1 ao nó 6 = 17 milhas (*a partir do nó* 3)

A última etapa é considerar o estágio 3. O nó de destino 7 pode ser alcançado partindo dos nós 5 ou 6. Usando os resultados do resumo do estágio 2 e as distâncias dos nós 5 e 6 ao nó 7, obtemos

$$\begin{pmatrix}\text{Distância mais curta}\\ \text{até o nó 7}\end{pmatrix} = \min_{i=2,3,4}\left\{\begin{pmatrix}\text{Distância mais curta}\\ \text{até o nó } i\end{pmatrix} + \begin{pmatrix}\text{Distância do}\\ \text{nó } i \text{ ao nó 7}\end{pmatrix}\right\}$$

$$= \min\begin{Bmatrix}12+9=21\\ 17+6=23\end{Bmatrix} = 21 \ (a\ partir\ do\ nó\ 5)$$

Estágio 3 – Resumo

Distância mais curta do nó 1 ao nó 7 = 21 milhas (*a partir do nó* 5)

O resumo do estágio 3 mostra que a distância mais curta entre os nós 1 e 7 é 21 milhas. Para determinar a rota ótima, o resumo do estágio 3 liga o nó 7 ao nó 5; o resumo do estágio 2 liga o nó 4 ao nó 5, e o resumo do estágio 1 liga o nó 4 ao nó 1. Assim, a rota mais curta é $1 \rightarrow 4 \rightarrow 5 \rightarrow 7$.

O exemplo revela as propriedades básicas dos cálculos em PD:

1. Os cálculos em cada estágio são uma função das rotas viáveis desse estágio, e somente dele.
2. O estágio atual está ligado somente ao estágio *imediatamente precedente*, sem levar em consideração estágios anteriores. A ligação está na forma do resumo de distância mais curta que representa o resultado do estágio imediatamente precedente.

Equação recursiva. Agora mostramos como os cálculos recursivos do Exemplo 10.1-1 podem ser expressos matematicamente. Seja $f_i(x_i)$ a distância mais curta até o nó x_i no estágio i, e defina-se $d(x_{i-1}, x_i)$ como a distância do nó x_{i-1} ao nó x_i; então, f_i é calculada por f_{i-1} usando a seguinte equação recursiva:

$$f_i(x_i) = \min_{\substack{\text{todas as rotas}\\ (x_{i-1},x_i)\text{ viávies}}} \{d(x_{i-1}, x_i) + f_{i-1}(x_{i-1})\}, i = 1,2,3$$

Começando em $i = 1$, a recursão faz $f_0(x_0) = 0$. A equação mostra que as distâncias $f_i(x_i)$ mais curtas no estágio i devem ser expressas em termos do próximo nó, x_i. Na terminologia de PD, x_i é denominado **estado** do sistema no estágio i. Na verdade, o *estado* do sistema no estágio i é a informação que liga os estágios de modo que possam ser tomadas decisões ótimas para os estágios restantes sem que se reexamine como foram tomadas as decisões nos estágios anteriores. A definição adequada do *estado* nos permite considerar cada estágio separadamente e garante que a solução é viável para todos os estágios.

A definição do *estado* leva à próxima estrutura unificada para a PD.

Princípio da otimalidade

Decisões futuras para os estágios restantes constituirão uma política ótima independentemente da política adotada em estágios anteriores.

A implementação do princípio é evidente nos cálculos do Exemplo 10.1-1. Por exemplo, no estágio 3, usamos somente as distâncias mais curtas até os nós 5 e 6, e não nos preocupamos a respeito de como esses nós são alcançados partindo do nó 1. Embora o princípio da otimalidade seja 'vago' quanto aos detalhes da maneira como cada estágio é otimizado, sua aplicação facilita bastante a solução de muitos problemas complexos.

CONJUNTO DE PROBLEMAS 10.1A

*1. Resolva o Exemplo 10.1-1 considerando que são usadas as seguintes rotas:

$d(1, 2) = 5, d(1, 3) = 9, d(1, 4) = 8$

$d(2, 5) = 10, d(2, 6) = 17$

$d(3, 5) = 4, d(3, 6) = 10$

$d(4, 5) = 9, d(4, 6) = 9$

$d(5, 7) = 8$

$d(6, 7) = 9$

2. Sou um grande praticante de caminhadas. No último verão, eu e meu amigo G. Don participamos de uma excursão de cinco dias de caminhada e acampamento nas lindas Montanhas White em New Hampshire. Decidimos limitar nossa caminhada a uma área que compreendia três picos bem conhecidos: montes Washington, Jefferson e Adams. A trilha do monte Washington tem 6 milhas da base ao pico. As trilhas da base ao pico correspondentes para os montes Jefferson e Adams têm 4 e 5 milhas, respectivamente. As trilhas que ligam as bases das três montanhas têm 3 milhas entre os montes Washington e Jefferson, 2 milhas entre os montes Jefferson e Adams e 5 milhas entre os montes Adams e Washington. Começamos no primeiro dia na base do monte Washington e voltamos ao mesmo local no final de cinco dias. Nossa meta era caminhar a maior quantidade de milhas que pudéssemos. Também decidimos escalar exatamente uma montanha a cada dia, e acampar na base da montanha que iríamos escalar no dia seguinte. Além disso, decidimos que a mesma montanha não podia ser visitada em dois dias consecutivos. Como programamos nossa caminhada?

10.2 RECURSÕES PROGRESSIVA E REGRESSIVA

O Exemplo 10.1-1 usa **recursão progressiva**, na qual os cálculos prosseguem do estágio 1 ao estágio 3. O mesmo exemplo pode ser resolvido por **recursão regressiva**, começando no estágio 3 e terminando no estágio 1.

Ambas as recursões, progressiva e regressiva, dão a mesma solução. Embora o procedimento progressivo pareça mais lógico, a literatura de PD invariavelmente usa recursão regressiva. A razão para essa preferência é que, em geral, a recursão regressiva pode ser mais eficiente em termos de cálculo. Demonstraremos a utilização da recursão regressiva aplicando-a ao Exemplo 10.1-1. A demonstração também dará a oportunidade de apresentar os cálculos de PD em uma forma tabular compacta.

Exemplo 10.2-1

A equação regressiva recursiva para o Exemplo 10.2-1 é

$$f_i(x_i) = \min_{\substack{\text{todas as rotas} \\ (x_i, x_{i+1}) \text{ viávies}}} \{d(x_i, x_{i+1}) + f_{i+1}(x_{i+1})\}, i = 1, 2, 3$$

na qual $f_4(x_4) = 0$ para $x_4 = 7$. A ordem de cálculos associada é $f_3 \rightarrow f_2 \rightarrow f_1$.

Estágio 3. Como o nó 7 ($x_4 = 7$) está conectado aos nós 5 e 6 (x_3 = 5 e 6) com exatamente uma rota cada, não há nenhuma alternativa a escolher, e os resultados do estágio 3 podem ser resumidos como demonstrado na Tabela 10.1.

Tabela 10.1 Decisão no estágio 3

	$d(x_3, x_4)$	Solução ótima	
x_3	$x_4 = 7$	$f_3(x_3)$	x_4^*
5	9	9	7
6	6	6	7

Estágio 2. A rota (2, 6) está bloqueada porque não existe. Dado $f_3(x_3)$ do estágio 3, podemos comparar as alternativas viáveis como mostrado na Tabela 10.2.

Tabela 10.2 Decisão no estágio 2

	$d(x_2,x_3) + f_3(x_3)$		Solução ótima	
x_2	$x_3 = 5$	$x_3 = 6$	$f_2(x_2)$	x_3^*
2	12 + 9 = 21	—	21	5
3	8 + 9 = 17	9 + 6 = 15	15	6
4	7 + 9 = 16	13 + 6 = 19	16	5

A solução ótima do estágio 2 é lida da seguinte maneira: se você estiver nas cidades 2 ou 4, a rota mais curta passa pela cidade 5, e se você estiver na cidade 3, a rota mais curta passa pela cidade 6.

Estágio 1. A partir do nó 1, temos três rotas alternativas: (1, 2), (1, 3) e (1, 4). Usando $f_2(x_2)$ do estágio 2, podemos calcular a Tabela 10.3.

Tabela 10.3 Decisão no estágio 1

	$d(x_1,x_2) + f_2(x_2)$			Solução ótima	
x_1	$x_2 = 2$	$x_2 = 3$	$x_2 = 4$	$f_1(x_1)$	x_2^*
1	7 + 21 = 28	8 + 15 = 23	5 + 16 = 21	21	4

A solução ótima no estágio 1 mostra que a cidade 1 está ligada à cidade 4. Em seguida, a solução ótima no estágio 2 liga a cidade 4 à cidade 5. Por fim, a solução ótima no estágio 3 conecta a cidade 5 à cidade 7. Assim, a rota completa é dada por 1 → 4 → 5 → 7, e a distância associada é 21 milhas.

CONJUNTO DE PROBLEMAS 10.2A

1. Desenvolva a equação recursiva regressiva para o Problema 1, Conjunto 10.1A, e use-a para achar a solução ótima.

2. Desenvolva a equação recursiva regressiva para o Problema 2, Conjunto 10.1A, e use-a para achar a solução ótima.

*3. Deseja-se determinar a rota mais curta entre as cidades 1 e 7 para a rede da Figura 10.3. Defina os estágios e os estados usando recursão regressiva e depois resolva o problema.

Figura 10.3
Rede para o Problema 3, Conjunto 10.2A

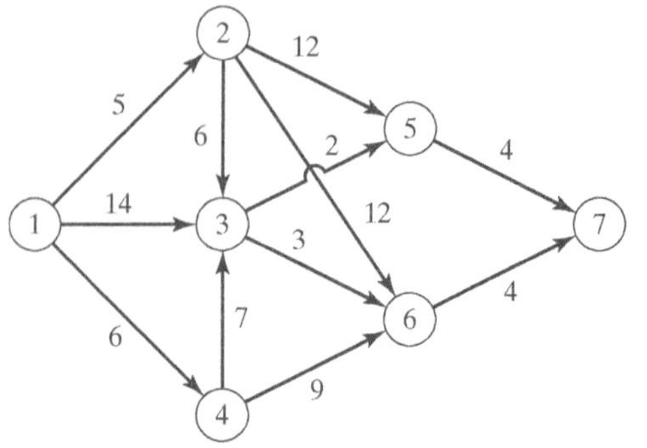

10.3 APLICAÇÕES SELECIONADAS DE PD

Esta seção apresenta quatro aplicações, cada uma com uma nova idéia na implementação de programação dinâmica. Ao estudar cada aplicação, preste especial atenção nos três elementos básicos do modelo de PD:

1. Definição dos *estágios*.
2. Definição das *alternativas* em cada estágio.
3. Definição dos *estados* para cada estágio.

Dos três elementos, a definição do *estado* costuma ser a mais sutil. As aplicações apresentadas aqui mostram que a definição do estado varia dependendo da situação que está sendo modelada. Entretanto, à medida que você investigar cada aplicação, verá que é útil considerar as seguintes perguntas:

1. Quais são as relações que vinculam os estágios?
2. Quais são as informações necessárias para tomar decisões viáveis no estágio atual sem reexaminar as decisões tomadas em estágios anteriores?

Minha experiência como professor indica que o entendimento do conceito de *estado* pode ser aprimorado pelo questionamento da validade do modo como ele é definido no livro. Experimente uma definição diferente que possa lhe parecer 'mais lógica' e use-a nos cálculos recursivos. A certa altura você descobrirá que as definições apresentadas aqui fornecem o modo correto de resolver o problema. Ao mesmo tempo, o processo mental proposto deve aprimorar seu entendimento do conceito de estado.

10.3.1 Problema da mochila/kit de vôo/carga

O problema da mochila lida com a dúvida clássica da situação na qual um soldado (ou um praticante de caminhadas) deve decidir quais são os itens mais valiosos para carregar em uma mochila. Essa questão é uma metáfora para um problema geral de alocação de recurso no qual um único recurso limitado é designado a várias alternativas (por exemplo, fundos limitados designados a projetos) com o objetivo de maximizar o retorno total.

Antes de apresentar o modelo de PD, salientamos que o problema *da mochila* também é conhecido na literatura como o problema do *kit de vôo*, no qual um piloto de jato deve determinar os itens mais valiosos (de emergência) para levar a bordo de um jato, e como o problema *da carga*, no qual um navio de volume ou capacidade de peso limitado é carregado com os itens de carga mais valiosos. Parece que os três nomes foram cunhados para garantir igual representação das três Forças Armadas: Força Aérea, Exército e Marinha!

A equação recursiva (regressiva) é desenvolvida para o problema geral de uma mochila com capacidade de W libras e n itens. Seja m_i o número de unidades do item i na mochila e defina-se r_i e w_i como a receita e o peso por unidade do item i. O problema geral é representado pela seguinte PLI:

$$\text{Maximizar } z = r_1m_1 + r_2m_2 + \ldots + r_nm_n$$

sujeito a

$$w_1m_1 + w_2m_2 + \ldots + w_nm_n \le W$$
$$m_1, m_2, \ldots, m_n \ge 0 \text{ e inteiros}$$

Os três elementos do modelo são:

1. O *estágio i* é representado pelo item i, $i = 1, 2, \ldots, n$.
2. As *alternativas* no estágio i são representadas por m_i, o número de unidades do item i incluídas na mochila. O retorno associado é r_im_i. Defina-se $\left[\frac{W}{w_i}\right]$ como o maior inteiro menor ou igual a $\frac{W}{w_i}$, decorre que $m_i = 0, 1, \ldots, \left[\frac{W}{w_i}\right]$.
3. O *estado* no estágio i é representado por x_i, o peso total designado para os estágios (itens) $i, i+1, \ldots$, e n. Essa definição reflete o fato de que a restrição de peso é a única que liga todos os n estágios.

Defina-se

$f_i(x_i)$ = máximo retorno para os estágios $i, i+1$ e n, dado o estado x_i

O modo mais simples de determinar uma equação recursiva é um procedimento de duas etapas:

Etapa 1. Expresse $f_i(x_i)$ como uma função de $f_i(x_{i+1})$ da seguinte maneira:

$$f_i(x_i) = \min_{\substack{m_i=0,1,\ldots,\left[\frac{W}{w_i}\right] \\ x_i \le W}} \left\{r_im_i + f_{i+1}(x_{i+1})\right\},\ 1 = 1, 2, \ldots, n$$

$$f_{n+1}(x_{n+1}) \equiv 0$$

Etapa 2. Expresse $x_i + 1$ como uma função de x_i para assegurar que o lado esquerdo, $f_i(x_i)$, é uma função somente de x_i. Por definição, $x_i - x_{i+1} = w_im_i$ e representa o peso usado no estágio i. Assim, $x_{i+1} = x_i - w_im_i$, e a equação recursiva adequada é dada por

$$f_i(x_i) = \max_{\substack{m_i=0,1,\ldots,\left[\frac{W}{w_i}\right] \\ x_i \le W}} \left\{r_im_i + f_{i+1}(x_i - w_im_i)\right\},\ i = 1, 2, \ldots, n$$

Exemplo 10.3-1

Um navio de 4 t pode ser carregado com um ou mais de três itens. A Tabela 10.4 dá o peso unitário, w_i, em toneladas, e a receita unitária, r_i, em milhares de dólares, para o item i. Como o navio deve ser carregado para maximizar o retorno total?

Tabela 10.4
Dados para o Exemplo 10.3-1

Item i	w_i	r_i
1	2	31
2	3	47
3	1	14

Como os pesos unitários w_i e o peso máximo W são inteiros, o estado x_i considera somente valores inteiros.

Estágio 3. O peso exato a ser alocado ao estágio 3 (item 3) não é conhecido antecipadamente, mas pode assumir um dos valores 0, 1,..., e 4 (porque $W = 4$ toneladas). Os estados $x_3 = 0$ e $x_3 = 4$, respectivamente, representam os casos extremos de não embarcar o item 3 e de alocar todo o navio para ele. Os valores restantes de x_3 (= 1, 2 e 3) implicam uma alocação parcial da capacidade do navio ao item 3. Na verdade, a faixa de valores dada para x_3 cobre todas as alocações possíveis da capacidade do navio ao item 3.

Dado $w_3 = 1$ t por unidade, o número máximo de unidades do item 3 que pode ser carregado é $\frac{4}{1} = 4$, o que significa que os valores possíveis de m_3 são 0, 1, 2, 3 e 4. Um m_3 alternativo é viável somente se $w_3m_3 \le x_3$. Assim, todas as alternativas inviáveis (aquelas para as quais $w_3m_3 > x_3$) são excluídas. A seguinte equação é a base para comparar as alternativas do estágio 3.

$$f_3(x_3) = \max_{m_3=0,1,\ldots,4}\left\{14m_3\right\}$$

A Tabela 10.5 compara as alternativas viáveis para cada valor de x_3.

Tabela 10.5 Alternativas viáveis para cada valor de x_3

	$14m_3$					Solução ótima	
x_3	$m_3 = 0$	$m_3 = 1$	$m_3 = 2$	$m_3 = 3$	$m_3 = 4$	$f_3(x_3)$	m_3^*
0	0	—	—	—	—	0	0
1	0	14	—	—	—	14	1
2	0	14	28	—	—	28	2
3	0	14	28	42	—	42	3
4	0	14	28	42	56	56	4

Estágio 2. $\max\{m_2\} = \left[\frac{4}{3}\right] = 1$, ou $m_3 = 0, 1$

$$f_2(x_2) = \max_{m_2=0,1}\left\{47m_2 + f_3(x_2 - 3m_2)\right\}$$

Tabela 10.6 Decisão no estágio 2

	$47m_2 + f_3(x_2 - 3m_2)$		Solução ótima	
x_2	$m_2 = 0$	$m_2 = 1$	$f_2(x_2)$	m_2^*
0	0 + 0 = 0	—	0	0
1	0 + 14 = 14	—	14	0
2	0 + 28 = 28	—	28	0
3	0 + 42 = 42	47 + 0 = 47	47	1
4	0 + 56 = 56	47 + 14 = 61	61	1

Estágio 1. $\max\{m_1\} = \left[\frac{4}{2}\right] = 2$ ou $m_1 = 0, 1, 2$

$$f_1(x_1) = \max_{m_1=0,1,2}\left\{31m_1 + f_2(x_1 - 2m_1)\right\}, \max\left\{m_1\right\} = \left[\frac{4}{2}\right] = 2$$

Tabela 10.7 Decisão no estágio 1

	$31m_1 + f_2(x_1 - 2m_1)$			Solução ótima	
x_1	$m_1 = 0$	$m_1 = 1$	$m_1 = 2$	$f_1(x_1)$	m_1^*
0	0 + 0 = 0	—	—	0	0
1	0 + 14 = 14	—	—	14	0
2	0 + 28 = 28	31 + 0 = 31	—	31	1
3	0 + 47 = 47	31 + 14 = 45	—	47	0
4	0 + 61 = 61	31 + 28 = 59	62 + 0 = 62	62	2

A solução ótima é determinada da seguinte maneira: dado W = 4 t, do estágio 1, $x_1 = 4$ dá a alternativa ótima $m_1^* = 2$, o que significa que duas unidades do item 1 serão carregadas no navio. Essa alocação deixa $x_2 = x_1 - 2m_1^* = 4 - 2 \times 2 = 0$. Pelo estágio 2, $x_2 = 0$ dá $m_2^* = 0$, o que, por sua vez, dá $x_3 = x_2 - 3m_2 = 0 - 3 \times 0 = 0$. Em seguida, do estágio 3, $x_3 = 0$ dá $m_3^* = 0$. Assim, a solução ótima completa é $m_1^* = 2$, $m_2^* = 0$ e $m_3^* = 0$. O retorno associado é $f_1(4)$ = \$ 62.000.

Na Tabela 10.7, na verdade precisamos obter a solução ótima para $x_1 = 4$ só porque esse é o último estágio a ser considerado. Contudo, os cálculos para $x_1 = 0, 1, 2$ e 3 são incluídos a fim de permitir a execução da *análise de sensibilidade*. Por exemplo, o que acontece se a capacidade do navio for 3 t em vez de 4 t? A nova solução ótima pode ser determinada como

$$(x_1 = 3) \to (m_1^* = 0) \to (x_2 = 3) \to (m_2^* = 1) \to (x_3 = 0) \to (m_3^* = 0)$$

Portanto, a solução ótima é $(m_1^*, m_2^*, m_3^*) = (0, 1, 0)$, e a receita ótima é $f_1(3)$ = \$ 47.000.

Comentários. O exemplo da carga representa um modelo típico de *alocação de recursos* no qual um recurso limitado é repartido entre um número finito de atividades (econômicas). O objetivo maximiza uma função retorno associada. Nesses modelos, a definição do estado em cada estágio será semelhante à definição dada para o modelo de carga, ou seja, o estado no estágio i é a quantidade total de recurso alocada aos estágios $i, i+1, \ldots$, e n.

Figura 10.4
Tela inicial no Excel do problema de PD (regressiva) da mochila (arquivo excelKnapsack.xls)

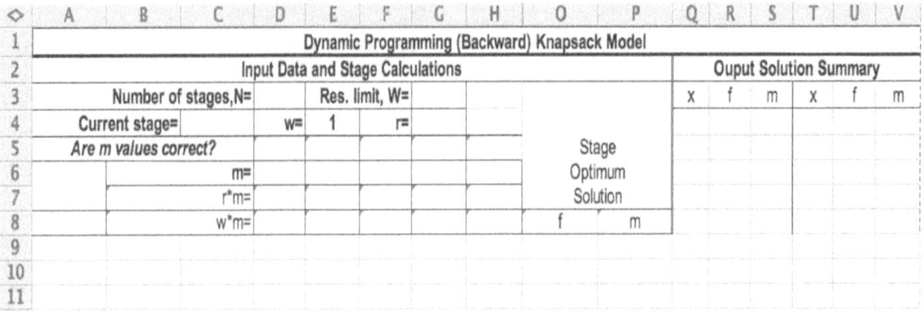

Momento Excel

A natureza dos cálculos em programação dinâmica impossibilita o desenvolvimento de um código geral de computador que possa lidar com todos os problemas de PD. Isso talvez explique a insistente ausência de softwares comerciais para PD.

Nesta seção, apresentaremos um algoritmo baseado em Excel para tratar uma subclasse de problemas de PD: o problema da mochila com uma única restrição (arquivo Knapsack.xls). O algoritmo não é específico em relação a dados e pode tratar problemas que se enquadrem nessa categoria e tenham dez alternativas, ou menos.

A Figura 10.4 mostra a tela inicial do modelo de PD (regressiva) da mochila. A tela é dividida em duas seções: a seção da direita (colunas Q:V) é usada para resumir a solução obtida. Na seção da esquerda (colunas A:P), as linhas 3, 4 e 6 fornecem os dados de entrada para o estágio atual, e da linha 7 em diante são reservadas para os cálculos do estágio. Os símbolos dos dados de entrada correspondem à notação matemática do modelo de PD e são auto-explicativos. Para ajustar a planilha convenientemente em uma única tela, o valor máximo viável para a alternativa m_i no estágio i é 10 (células D6:N6).

A Figura 10.5 mostra os cálculos do estágio gerados pelo algoritmo para o Exemplo 10.3-1. Os cálculos são executados um estágio por vez e o usuário fornece os dados básicos que orientam cada estágio. Incentivá-lo dessa maneira aprimorará seu entendimento dos detalhes de cálculo em PD.

Começando com o estágio 3 e usando a notação e os dados do Exemplo 10.3-1, as células de entrada são atualizadas como mostra a Tabela 10.8.

Tabela 10.8
Atualização das células de entrada

Célula(s)	Entrada
D3	Número de estágios, $N = 3$
G3	Limite de recurso, $W = 4$
C4	Estágio atual = 3
E4	$w_3 = 1$
G4	$r_3 = 14$
D6:H6	$m_3 = (0, 1, 2, 3, 4)$

Observe que os valores viáveis de m_3 são $0, 1, \ldots,$ e $\left[\frac{W}{w_3}\right] = \left[\frac{4}{1}\right] = 4$, como no Exemplo 10.3-1. A planilha informa automaticamente quantos valores m_3 são necessários e verifica a validade dos valores que você digita emitindo mensagens auto-explicativas na linha 5: '*yes*', '*no*' e 'delete'.

À medida que os dados do estágio 3 são digitados e verificados, a planilha 'ganhará vida' e gerará todos os cálculos necessários do estágio (colunas B a P) automaticamente. O valor –1111111 é usado para indicar que o dado de entrada correspondente não é viável. A solução ótima (f_3, m_3) para o estágio é dada nas colunas O e P. A coluna A fornece os valores de f_4. Como os cálculos iniciam no estágio 3, $f_4 = 0$ para todos os valores de x_3. Você pode deixar A9:A13 em branco ou entrar com valores zero em todas.

Figura 10.5
Modelo em Excel de PD para o problema da mochila do Exemplo 10.3-1 (arquivo excelKnapsack.xls)

Estágio 3

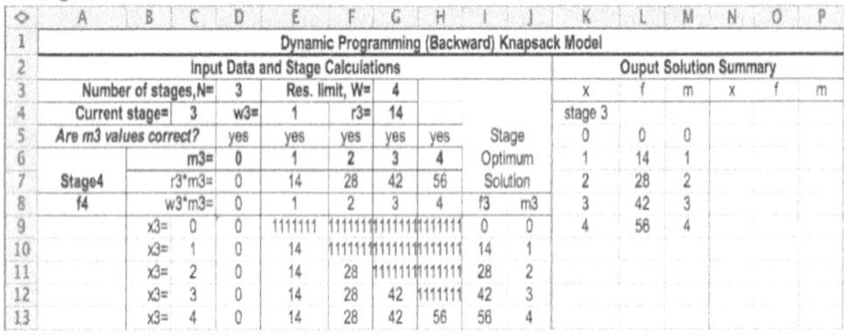

Estágio 2

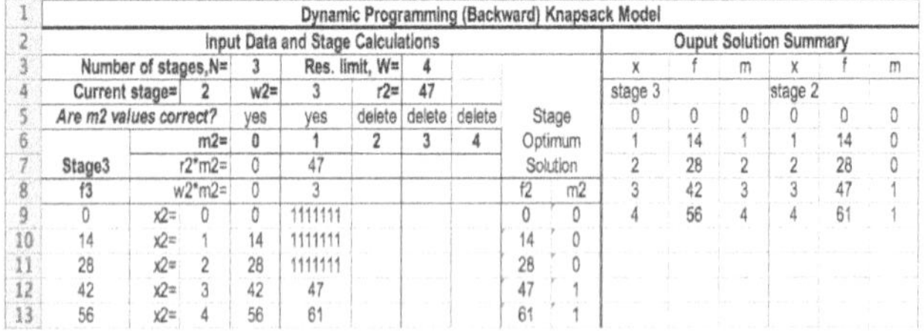

Estágio 1

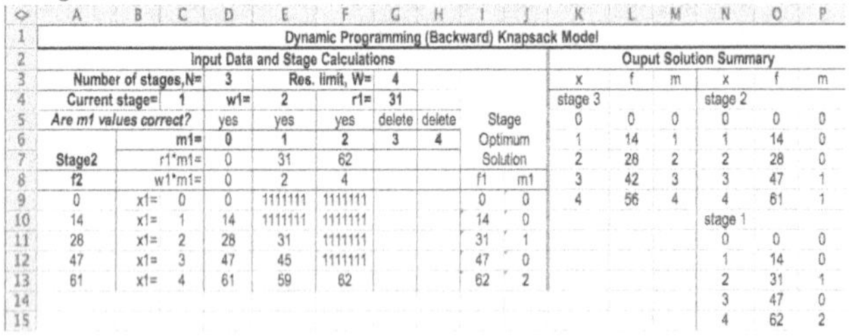

Agora que os cálculos do estágio 3 estão à mão, execute as seguintes etapas para criar um arquivo *permanente* da solução ótima do estágio atual e para preparar a planilha para os cálculos do próximo estágio:

Etapa 1. Copie os valores x_3, C9:C13, e cole-os em Q5:Q9 na seção de resumo da solução ótima. Em seguida, copie os valores (f_3, m_3), O9:P13, e cole-os em R5:S9. Lembre-se de que você precisa colar somente valores, o que requer selecionar *Colar especial* no menu Editar e *Valores* na caixa de diálogo.
Etapa 2. Copie os valores f_3 em R5:R9 e cole-os em A9:A13 (nessa etapa você *não* precisa de *Colar especial*).
Etapa 3. Mude a célula C4 para 2 e entre com os novos valores de w_2, r_2 e m_2 para registrar os dados do estágio 2.

A etapa 2 coloca $f_{i+1}(x_i - w_i m_i)$ na coluna A em preparação para o cálculo de $f_i(x_i)$ no estágio i (veja a fórmula recursiva para o problema da mochila no Exemplo 10.3-1). Isso explica a razão para entrar com valores zero, representando f_4, na coluna A da tabela do estágio 3.

Tão logo os cálculos do estágio 2 estejam disponíveis, você pode preparar a tela para o estágio 1 de maneira semelhante. Quando o estágio 1 estiver concluído, o resumo da solução ótima pode ser usado para ler a solução, como foi explicado no Exemplo 10.3-1. Observe que o formato da organização da área de resumo da solução (seção direita da tela, colunas Q:V) é livre de formatação e você pode organizar seu conteúdo da maneira que achar mais conveniente.

CONJUNTO DE PROBLEMAS 10.3A[1]

1. No Exemplo 10.3-1, determine a solução ótima considerando que a capacidade máxima em peso do navio é de 2 t e, então, de 5 t.
2. Resolva o problema da carga do Exemplo 10.3-1 para cada um dos seguintes conjuntos de dados:
   *(a) $w_1 = 4, r_1 = 70, w_2 = 1, r_2 = 20, w_3 = 2, r_3 = 40, W = 6$
   (b) $w_1 = 1, r_1 = 30, w_2 = 2, r_2 = 60, w_3 = 3, r_3 = 80, W = 4$
3. No modelo de carga do Exemplo 10.3-1, suponha que a receita por item inclua uma quantidade constante que é realizada somente se o item for escolhido, como mostra a Tabela A.

Tabela A

Item	Receita
1	$\begin{cases} -5+31m_1, & \text{se } m_1 > 0 \\ 0, & \text{caso contrário} \end{cases}$
2	$\begin{cases} -15+47m_2, & \text{se } m_2 > 0 \\ 0, & \text{caso contrário} \end{cases}$
3	$\begin{cases} -4+14m_3, & \text{se } m_3 > 0 \\ 0, & \text{caso contrário} \end{cases}$

Ache a solução ótima usando PD. (*Sugestão*: você pode usar o arquivo excelSetupKnapsack.xls do Excel para verificar seus cálculos.)

4. Um praticante de caminhadas deve acomodar três itens em sua mochila: alimento, materiais de pronto-socorro e roupas. A mochila tem uma capacidade de 3 pés³. Cada unidade de alimento ocupa 1 pés³. Um kit de pronto-socorro ocupa ¼pés³ e cada peça de roupa ocupa cerca de ½pés³. O esportista designa os pesos de prioridade 3, 4 e 5 para alimentos, pronto-socorro e roupas, o que significa que 'roupas' é o item mais valioso dos três. Por experiência, o esportista sabe que deve levar no mínimo uma unidade de cada item, e não mais do que dois kits de pronto-socorro. Quantas unidades de cada item ele deve levar?

*5. Um estudante deve selecionar dez matérias eletivas de quatro departamentos diferentes, sendo no mínimo um curso de cada departamento. Os dez cursos são alocados aos quatro departamentos de maneira a maximizar o 'conhecimento'. O estudante mede o conhecimento em uma escala de 100 pontos e obtém a Tabela B.

Tabela B

	Nº de cursos						
Departamento	*1*	*2*	*3*	*4*	*5*	*6*	≥*7*
I	25	50	60	80	100	100	100
II	20	70	90	100	100	100	100
III	40	60	80	100	100	100	100
IV	10	20	30	40	50	60	70

Como o estudante deve selecionar os cursos?

6. Eu tenho uma pequena horta em meu quintal, que mede 10 × 20 pés. Nessa primavera, pretendo plantar três tipos de vegetais: tomates, vagem e milho. A horta é organizada em linhas de 10 pés. As linhas de milho e tomate têm 2 pés de largura, e a largura das linhas de vagem é 3 pés. Gosto mais de tomates e menos de vagens, e, em uma escala de 1 a 10, eu daria 10 aos tomates, 7 ao milho e 3 às vagens. Independentemente de minhas preferências, minha esposa insiste em que eu plante no mínimo uma linha de vagens, e não mais do que duas linhas de tomates. Quantas linhas de cada vegetal devo plantar?

*7. Habitat for Humanity é uma instituição de caridade espetacular que constrói casas para famílias carentes usando mão-de-obra voluntária. Uma família candidata pode escolher entre três tamanhos de casa: 1.000, 1.100 e 1.200 pés². Cada tamanho de casa requer certo número de voluntários. O distrito de Fayetteville recebeu cinco solicitações para os próximos seis meses. O comitê encarregado designa uma pontuação a cada solicitação com base em vários fatores. Uma pontuação mais alta significa mais necessidade. Para os próximos seis meses, o distrito de Fayetteville pode contar com um máximo de 23 voluntários. Os dados da Tabela C resumem as pontuações para as solicitações e o número requerido de voluntários. Quais solicitações o comitê deve aprovar?

Tabela C

Solicitação	Tamanho da casa (pés²)	Pontuação	Número requerido de voluntários
1	1.200	78	7
2	1.000	64	4
3	1.100	68	6
4	1.000	62	5
5	1.200	85	8

8. O deputado Bassam concorre à reeleição na jurisdição de Washington. Os fundos disponíveis para a campanha são aproximadamente $ 10.000. Embora o comitê de reeleição desejasse lançar a campanha em todas as cinco zonas eleitorais da jurisdição, os fundos limitados impõem outra coisa. A Tabela D apresenta uma lista da população de eleitores e a quantidade de fundos necessária para lançar uma campanha efetiva em cada zona. A opção para cada zona é receber todos os fundos alocados ou nenhum. Como os fundos devem ser alocados?

Tabela D

Zona	População	Fundos requeridos ($)
1	3.100	3.500
2	2.600	2.500
3	3.500	4.000
4	2.800	3.000
5	2.400	2.000

9. Um equipamento eletrônico consiste em três componentes. Os componentes estão em série, de modo que a falha de um deles causa a falha do equipamento. A confiabilidade (probabilidade de não ocorrer nenhuma falha) do equipamento pode ser melhorada com a instalação de uma ou duas unidades sobressalentes em cada componente. A Tabela E apresenta a confiabilidade, r, e o custo, c. O capital total disponível para a construção do equipamento é $ 10.000. Como ele deve ser construído? (*Sugestão*: o objetivo é maximizar a confiabilidade, $r_1r_2r_3$, do equipamento, o que quer dizer que a decomposição da função objetivo é multiplicativa em vez de aditiva.)

Tabela E

Nº de unidades paralelas	Componente 1		Componente 2		Componente 3	
	r_1	c_1($)	r_2	c_2($)	r_3	c_3 ($)
1	0,6	1.000	0,7	3.000	0,5	2.000
2	0,8	2.000	0,8	5.000	0,7	4.000
3	0,9	3.000	0,9	6.000	0,9	5.000

[1] Nesse Conjunto de Problemas, aconselhamos o leitor, no que for possível, a fazer os cálculos à mão e depois verificar os resultados usando o gabarito excelKnapsack.xls.

10. Resolva o seguinte problema por PD:

$$\text{Maximizar } z = \prod_{i=1}^{n} y_i$$

sujeito a

$$y_1 + y_2 + \ldots + y_n = c$$
$$y_j \geq 0, j = 1, 2, \ldots, n$$

(*Sugestão*: esse problema é semelhante ao Problema 9, exceto que as variáveis, y_j, são contínuas.)

11. Resolva o seguinte problema por PD:

$$\text{Minimizar } z = y_1^2 + y_2^2 + \ldots + y_n^2$$

sujeito a

$$\prod_{i=1}^{n} y_i = c$$
$$y_i > 0, i = 1, 2, \ldots, n$$

12. Resolva o seguinte problema por PD:

$$\text{Maximizar } z = (y_1 + 2)^2 + y_2 y_3 + (y_4 - 5)^2$$

sujeito a

$$y_1 + y_2 + y_3 + y_4 \leq 5$$
$$y_i \geq 0 \text{ e inteira}, i = 1, 2, 3, 4$$

13. Resolva o seguinte problema por PD:

$$\text{Minimizar } z = \max\{f(y_1), f(y_2), \ldots, f(y_n)\}$$

sujeito a

$$y_1 + y_2 + \ldots + y_n = c$$
$$y_i \geq 0, i = 1, 2, \ldots, n$$

Forneça a solução para o caso especial de $n = 3$, $c = 10$ e $f(y_1) = y_1 + 5$, $f(y_2) = 5y_2 + 3$ e $f(y_3) = y_3 - 2$.

10.3.2 Modelo de tamanho da força de trabalho

Em alguns projetos de construção, pratica-se contratar e demitir mão-de-obra para manter adequadas as necessidades do projeto. Dado que tanto as atividades de contratação quanto de demissão incorrem em custos adicionais, como a mão-de-obra deve ser mantida durante o transcorrer do projeto?

Vamos considerar que o projeto será executado durante um período de n semanas e que a mão-de-obra mínima requerida na semana i seja b_i operários. Teoricamente, podemos contratar e demitir para manter a força de trabalho na semana i exatamente como expresso em b_i. Como alternativa, pode ser mais econômico manter a quantidade de mão-de-obra maior do que os requisitos mínimos por meio de novas contratações. É esse caso que consideraremos aqui.

Dado que x_i é o número real de operários empregados na semana i, dois custos podem ser incorridos na semana i: $C_1(x_i - b_i)$, o custo de manter um excesso de mão-de-obra $x_i - b_i$, e $C_2(x_i - x_{i-1})$, o custo de contratar operários adicionais, $x_i - x_{i-1}$. Considera-se que nenhum custo adicional é incorrido ao se deixar de contratar operários.

Os elementos do modelo de PD são definidos da seguinte maneira:

1. *O Estágio i* é representado pela semana i, $i = 1, 2, \ldots, n$.
2. As *alternativas* no estágio i são x_i, o número de operários na semana i.
3. O *estado* no estágio i é representado pelo número de operários disponíveis no estágio (semana) $i - 1$, x_{i-1}.

A equação recursiva da PD é dada por

$$f_i(x_{i-1}) = \min_{x_i \geq b_i}\{C_1(x_i - b_i) + C_2(x_i - x_{i-1}) + f_{i+1}(x_i)\},\ i = 1, 2, \ldots, n$$
$$f_{n+1}(x_n) \equiv 0$$

Os cálculos começam no estágio n com $x_n = b_n$ e terminam no estágio 1.

Exemplo 10.3-2

Um empreiteiro de construção civil estima que o tamanho da força de trabalho necessária para as próximas cinco semanas são 5, 7, 8, 4 e 6 operários, respectivamente. O excesso de mão-de-obra mantido custará \$ 300 por operário por semana, e uma nova contratação em qualquer semana incorrerá em um custo fixo de \$ 400 mais \$ 200 por operário por semana.

Os dados do problema são resumidos como

$$b_1 = 5, b_2 = 7, b_3 = 8, b_4 = 4, b_5 = 6$$
$$C_1(x_i - b_i) = 3(x_i - b_i), x_i > b_i, i = 1, 2, \ldots, 5$$
$$C_2(x_i - x_{i-1}) = 4 + 2(x_i - x_{i-1}), x_i > x_{i-1}, i = 1, 2, \ldots, 5$$

As funções custo C_1 e C_2 estão em centenas de dólares.

Estágio 5 ($b_5 = 6$)

Tabela 10.9 Decisão no estágio 5

	$C_1(x_5 - 6) + C_2(x_5 - x_4)$	Solução ótima	
x_4	$x_5 = 6$	$f_5(x_4)$	x_5^*
4	3(0) + 4 + 2(2) = 8	8	6
5	3(0) + 4 + 2(1) = 6	6	6
6	3(0) + 0 = 0	0	6

Estágio 4 ($b_4 = 4$)

Tabela 10.10 Decisão no estágio 4

	$C_1(x_4 - 4) + C_2(x_4 - x_3) + f_5(x_4)$			Solução ótima	
x_3	$x_4 = 4$	$x_4 = 5$	$x_4 = 6$	$f_4(x_3)$	x_4^*
8	3(0) + 0 + 8 = 8	3(1) + 0 + 6 = 9	3(2) + 0 + 0 = 6	6	6

Estágio 3 ($b_3 = 8$)

Tabela 10.11 Decisão no estágio 3

	$C_1(x_3 - 8) + C_2(x_3 - x_2) + f_4(x_3)$	Solução ótima	
x_2	$x_3 = 8$	$f_3(x_2)$	x_3^*
7	3(0) + 4 + 2(1) + 6 = 12	12	8
8	3(0) + 0 + + 6 = 6	6	8

Estágio 2 ($b_2 = 7$)

Tabela 10.12 Decisão no estágio 2

	$C_1(x_2 - 7) + C_2(x_3 - x_2) + f_3(x_2)$		Solução ótima	
x_1	$x_2 = 7$	$x_2 = 8$	$f_2(x_1)$	x_2^*
5	3(0) + 4 + 2(2) + 12 = 20	3(1) + 4 + 2(3) + 6 = 19	19	8
6	3(0) + 4 + 2(1) + 12 = 18	3(1) + 4 + 2(2) + 6 = 17	17	8
7	3(0) + 0 + 12 = 12	3(1) + 4 + 2(1) + 6 = 15	12	7
8	3(0) + 0 + 12 = 12	3(1) + 0 + 6 = 9	9	8

Estágio 1 ($b_1 = 5$)

Tabela 10.13 Decisão no estágio 1

	$C_1(x_1 - 5) + C_2(x_1 - x_0) + f_2(x_1)$				Solução ótima	
x_0	$x_1 = 5$	$x_1 = 6$	$x_1 = 7$	$x_1 = 8$	$f_1(x_0)$	x_1^*
0	3(0) + 4 + 2(5) + 19 = 33	3(1) + 4 + 2(6) + 17 = 36	3(2) + 4 + 2(7) + 12 = 36	3(2) + 4 + 2(8) + 9 = 35	33	5

A solução ótima é determinada por

$$x_0 = 0 \rightarrow x_1^* = 5 \rightarrow x_2^* = 8 \rightarrow x_3^* = 8 \rightarrow x_4^* = 6 \rightarrow x_5^* = 6$$

A solução pode ser traduzida para o plano mostrado na Tabela 10.14.

Tabela 10.14 Solução do exemplo 10.3-2

Semana i	Mão-de-obra mínima (b_i)	Mão-de-obra real (x_i)	Decisão	Custo
1	5	5	Contratar 5 operários	$4 + 2 \times 5 = 14$
2	7	8	Contratar 3 operários	$4 + 2 \times 3 + 1 \times 3 = 13$
3	8	8	Nenhuma alteração	0
4	4	6	Demitir 2 operários	$3 \times 2 = 6$
5	6	6	Nenhuma alteração	0

O custo total é $f_1(0) = \$ 3.300$.

CONJUNTO DE PROBLEMAS 10.3B

1. Resolva o Exemplo 10.3.2 para cada um dos seguintes requisitos mínimos de mão-de-obra:
   *(a) $b_1 = 6, b_2 = 5, b_3 = 3, b_4 = 6, b_5 = 8$
   (b) $b_1 = 8, b_2 = 4, b_3 = 7, b_4 = 8, b_5 = 2$
2. No Exemplo 10.3-2, se for paga uma indenização por demissão de \$ 100 para cada operário demitido, determine a solução ótima.

*3. A Luxor Travel organiza excursões de uma semana ao sul do Egito e foi contratada para fornecer a grupos de turistas 7, 4, 7 e 8 carros alugados, respectivamente, nas próximas quatro semanas. Para suprir suas necessidades de carros, a Luxor Travel subcontrata uma agência local de aluguel de automóveis que cobra uma taxa de locação de \$ 220 por carro por semana, mais uma taxa fixa de \$ 500 para qualquer transação de locação. Entretanto, a Luxor tem a opção de não devolver os carros de aluguel no final da semana, caso em que será responsável apenas pelo aluguel semanal (\$ 220). Qual é o melhor modo de a Luxor Travel tratar a situação da locação de carros?

4. A Geco foi contratada pelos quatro anos seguintes para fornecer motores de aviões a uma taxa de quatro motores por ano. A capacidade de produção disponível e os custos de produção variam de ano para ano. A Geco pode produzir cinco motores no Ano 1, 6 no Ano 2, 3 no Ano 3 e 5 no Ano 4. Os custos de produção correspondentes por motor para os próximos quatro anos são \$ 300.000, \$ 330.000, \$ 350.000 e \$ 420.000, respectivamente. A Geco pode optar por produzir mais do que precisa em um certo ano, caso em que os motores deverão ser armazenados adequadamente até a data de expedição. O custo de armazenagem por motor varia de ano para ano e é estimado em \$ 20.000 para o Ano 1, \$ 30.000 para o Ano 2, \$ 40.000 para o Ano 3 e \$ 50.000 para o Ano 4. No momento, no início do Ano 1, a Geco tem um motor pronto para expedição. Desenvolva um plano de produção ótimo para a Geco.

10.3.3 Problema de reposição de equipamento

Quanto mais tempo uma máquina fica em serviço, maior é seu custo de manutenção e menor sua produtividade. Quando uma máquina atinge certa idade, pode ser mais econômico substituí-la. Portanto, a questão se reduz a determinar qual é a idade mais econômica de uma máquina.

Suponha que estejamos estudando o problema de reposição de máquinas ao longo de um período de n anos. No *início* de cada ano, decidimos se mantemos ou não a máquina em serviço por mais um ano ou se a substituímos por uma nova. Vamos representar por $r(t)$, $c(t)$ e $s(t)$ a receita anual, o custo operacional e o valor de sucata de uma máquina de t anos de idade. O custo de aquisição de uma nova máquina em qualquer ano é I.

Os elementos do modelo de PD são

1. *O estágio i* é representado pelo ano i, $i = 1, 2,..., n$.
2. As *alternativas* no estágio (ano) i recomendam *manter* ou *substituir* a máquina no início do ano i.
3. O *estado* no estágio i é a idade da máquina no início do ano i.

Dado que a máquina tem t anos no *início* do ano i, defina-se

$f_i(t)$ = máxima receita líquida para os anos $i, i + 1,..., e\ n$

A equação recursiva é derivada como

$$f_i(t) = \max\begin{cases} r(t) - c(t) + f_{i+1}(t+1), & \text{se MANTIVER} \\ r(0) + s(t) - I - c(0) + f_{i+1}(1), & \text{se SUBSTITUIR} \end{cases}$$

$$f_{n+1}(.) \equiv 0$$

Exemplo 10.3-3

Uma empresa precisa determinar a política ótima de reposição para os próximos quatro anos ($n = 4$), para uma máquina que atualmente tem três anos de idade. A empresa exige que uma máquina de seis anos seja substituída. O custo de uma nova máquina é \$ 100.000. A Tabela 10.15 apresenta os dados do problema.

Tabela 10.15 Dados para o problema do Exemplo 10.3-3

Idade, t (anos)	Receita, $r(t)$ (\$)	Custo operacional, $c(t)$ (\$)	Valor de sucata, $s(t)$ (\$)
0	20.000	200	—
1	19.000	600	80.000
2	18.500	1.200	60.000
3	17.200	1.500	50.000
4	15.500	1.700	30.000
5	14.000	1.800	10.000
6	12.200	2.200	5.000

A determinação dos valores viáveis para a idade da máquina em cada estágio é um pouco complicada. A Figura 10.6 resume a rede que representa o problema. No *início* do ano 1, temos uma máquina de três anos de idade. Podemos substituí-la (R) ou mantê-la (K) por mais um ano. No início do ano 2, caso a reposição ocorra, a nova má-

Figura 10.6
Representação da idade da máquina como função do ano de decisão no Exemplo 10.3-3

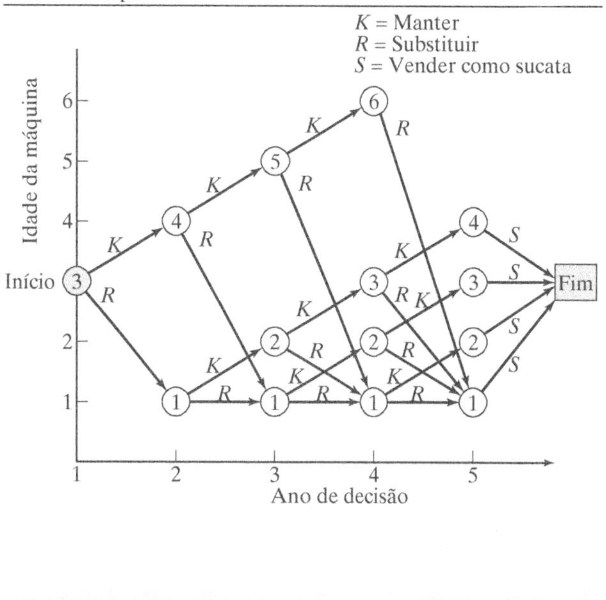

quina terá um ano de idade; caso não ocorra, a máquina velha terá quatro anos de idade. A mesma lógica se aplica ao início dos anos 2 a 4. Se uma máquina de um ano de idade for substituída no início do ano 2, 3 ou 4, sua reposição terá um ano de idade no início do ano seguinte. Além disso, no início do ano 4, uma máquina velha de seis anos de idade deve ser substituída e, ao final do ano 4 (fim da projeção de planejamento), as máquinas serão substituídas e terão valor de sucata (S).

A rede mostra que, no início do ano 2, as idades possíveis da máquina são 1 e 4 anos. Para o início do ano 3, as idades possíveis são 1, 2 e 5 anos; e, para o início do ano 4, as idades possíveis são 1, 2, 3 e 6 anos.

A solução da rede na Figura 10.6 equivale a achar a rota mais longa (isto é, a receita máxima) do início do ano 1 até o final do ano 4. Usaremos a forma tabular para resolver o problema. Todos os valores estão em milhares de dólares. Observe que, se uma máquina for substituída no ano 4 (isto é, no final da projeção de planejamento), sua receita líquida incluirá o valor de sucata, $s(t)$, da máquina *substituída* e o valor de sucata, $s(1)$, da máquina que a *substituiu*.

Figura 10.7
Solução do Exemplo 10.3-3

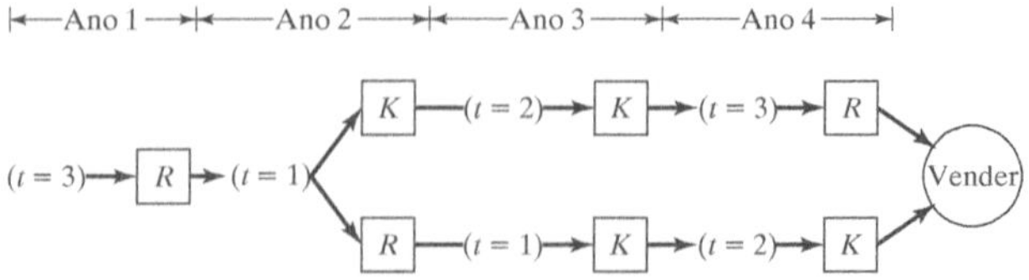

A Figura 10.7 resume a solução ótima. No início do ano 1, dado $t = 3$, a decisão ótima é substituir a máquina. Assim, a nova máquina terá um ano de idade no início do ano 2, e $t = 1$ no início do ano 2 recomenda manter ou substituir a máquina. Se ela for substituída, a nova máquina terá um ano de idade no início do ano 3; se não for substituída, a máquina mantida terá dois anos de idade. O processo continua dessa maneira até alcançar o ano 4.

As políticas ótimas alternativas que começam no ano 1 são (R, K, K, R) e (R, R, K, K). O custo total é $ 55.300.

Estágio 4

Tabela 10.16 Decisão no estágio 4

	K	*R*	Solução ótima	
t	$r(t) + s(t+1) - c(t)$	$r(0) + s(t) + s(1) - c(0) - I$	$f_4(t)$	*Decisão*
1	19,0 + 60 - 0,6 = 78,4	20 + 80 + 80 - 0,2 - 100 = 79,8	79,8	*R*
2	18,5 + 50 - 1,2 = 67,3	20 + 60 + 80 - 0,2 - 100 = 59,8	67,3	*K*
3	17,2 + 30 - 1,5 = 45,7	20 + 50 + 80 - 0,2 - 100 = 49,8	49,8	*R*
6	(Deve-se substituir)	20 + 5 + 80 - 0,2 - 100 = 4,8	4,8	*R*

Estágio 3

Tabela 10.17 Decisão no estágio 3

	K	*R*	Solução ótima	
t	$r(t) - c(t) + f_4(t+1)$	$r(0) + s(t) - c(0) - I + f_4(1)$	$f_3(t)$	*Decisão*
1	19,0 - 0,6 + 67,3 = 85,7	20 + 80 - 0,2 - 100 + 79,8 = 79,6	85,7	*K*
2	18,5 - 1,2 + 49,8 = 67,1	20 + 60 - 0,2 - 100 + 79,8 = 59,6	67,1	*K*
5	14,0 - 1,8 + 4,8 = 1,0	20 + 10 - 0,2 - 100 + 79,8 = 19,6	19,6	*R*

Estágio 2

Tabela 10.18 Decisão no estágio 2

	K	*R*	Solução ótima	
t	$r(t) - c(t) + f_3(t+1)$	$r(0) + s(t) - c(0) - I + f_3(1)$	$f_2(t)$	*Decisão*
1	19,0 - 0,6 + 67,1 = 85,5	20 + 80 - 0,2 - 100 + 85,7 = 85,5	85,5	*K* ou *R*
4	15,5 - 1,7 + 19,6 = 33,4	20 + 30 - 0,2 - 100 + 85,7 = 35,5	35,5	*R*

Estágio 1

Tabela 10.19 Decisão no estágio 1

	K	*R*	Solução ótima	
t	$r(t) - c(t) + f_2(t+1)$	$r(0) + s(t) - c(0) - I + f_2(1)$	$f_1(t)$	*Decisão*
3	17,2 - 1,5 + 35,5 = 51,2	20 + 50 - 0,2 - 100 + 85,5 = 55,3	55,3	*R*

CONJUNTO DE PROBLEMAS 10.3C

1. Em cada um dos casos seguintes, desenvolva a rede e ache a solução ótima para o modelo do Exemplo 10.3-3:
   (a) A máquina tem dois anos de idade no início do ano 1.
   (b) A máquina tem um ano de idade no início do ano 1.
   (c) A máquina é comprada nova no início do ano 1.

*2. Meu filho, de 13 anos de idade, presta serviços de corte de grama a dez clientes. Para cada um deles, ele corta a grama três vezes por ano, o que lhe rende $ 50 por cada corte. Ele acabou de pagar $ 200 por um novo cortador de grama. O custo de manutenção e operação do cortador é $ 120 para o primeiro ano de serviço e aumenta 20% ao ano daí em diante. Um cortador de 1 ano de idade tem um valor de revenda de $ 150, que diminui 10% ao ano daí em diante. Meu filho, que planeja manter seu negócio até os 16 anos de idade, acha que é mais econômico comprar um novo cortador a cada dois anos. Ele baseia sua decisão no fato de que o preço de um novo cortador aumentará somente 10% ao ano. Sua decisão é justificável?

3. A Circle Farms quer desenvolver uma política de reposição para seu trator de dois anos de idade para os próximos cinco anos. Um trator deve ser mantido em serviço por no mínimo três anos, mas deve ser substituído após cinco anos. O preço de compra atual de um trator é $ 40.000 e aumenta 10% ao ano. O valor de sucata de um trator com um ano de idade é $ 30.000 e diminui 10% ao ano. O custo operacional anual atual do trator é $ 1.300, mas espera-se que aumente 10% ao ano.
   (a) Formule a questão como um problema de caminho mais curto.
   (b) Desenvolva a equação recursiva associada.
   (c) Determine a política ótima de reposição do trator para os próximos cinco anos.

4. Considere o problema de reposição de equipamento por um período de n anos. Um equipamento novo custa c dólares e seu valor de revenda após t anos em operação é $s(t) = n - t$ para $n > t$; caso contrário, é zero. A receita anual é uma função da idade t e é dada por $r(t) = n^2 - t^2$ para $n > t$; caso contrário, é zero.
   (a) Formule a questão como um problema de PD.
   (b) Ache a política ótima de reposição dado que c = $ 10.000, $n = 5$ e o equipamento tenha dois anos de idade.

5. Resolva o Problema 4 considerando que o equipamento tenha um ano de idade e que $n = 4$, c = $ 6.000, $r(t) = \frac{n}{1+t}$.

10.3.4 Problema do investimento

Suponha que você queira investir as quantias $P_1, P_2, \ldots, P_n$ no início de cada um dos próximos n anos. Você tem duas oportunidades de investimento em dois bancos: o First Bank paga uma taxa de juros r_1 e o Second Bank paga r_2, ambas as taxas anuais compostas. Para incentivar depósitos, os dois bancos pagam bônus sobre novos investimentos na forma de uma porcentagem da quantia investida. As respectivas porcentagens de bônus para o First Bank e Second Bank são q_{i1} e q_{i2} para o ano i. Os bônus são pagos no final do ano no qual os investimentos foram feitos e podem ser reinvestidos em qualquer um dos bancos no ano imediatamente subseqüente. Isso significa que só bônus e dinheiro novo podem ser investidos em qualquer um dos bancos. Contudo, uma vez depositado o investimento, ele deve ali permanecer até o final da projeção de n anos. Elabore um esquema de investimento para os próximos n anos.

Os elementos do modelo de PD são

1. O *estágio* i é representado pelo ano i, $i = 1, 2, \ldots, n$.
2. As *alternativas* no estágio i são I_i e $\bar{I}_i$, as quantias investidas no First Bank e no Second Bank, respectivamente.
3. O *estado*, x_i, no estágio i é a quantidade de capital disponível para investimento no início do ano i.

Observamos que $\bar{I}_i = x_i - I_i$ por definição. Assim,

$$x_1 = P_1$$
$$x_i = P_i + q_{i-1,1}I_{i-1} + q_{i-1,2}(x_{i-1} - I_{i-1})$$
$$= P_i + (q_{i-1,1} - q_{i-1,2})I_{i-1} + q_{i-1,2}x_{i-1},\ i = 2, 3, \ldots, n$$

A quantia reinvestida inclui somente dinheiro novo mais quaisquer bônus de investimentos feitos no ano $i - 1$.

Defina-se

$f_i(x_i)$ = valor ótimo dos investimentos para os anos $i, i + 1, \ldots$, e n, dado x_i

Em seguida, defina-se s_i como a soma acumulada no final do ano n, dado que I_i e $(x_i - I_i)$ são os investimentos feitos no ano i no First Bank e no Second Bank, respectivamente. Determinando $\alpha_k = (1 + r_k)$, $k = 1, 2$, o problema pode ser enunciado como

$$\text{Maximizar } z = s_1 + s_2 + \ldots + s_n$$

em que

$$s_i = I_i\alpha_1^{n+1-i} + (x_i - I_i)\alpha_2^{n+1-i}$$
$$= (\alpha_1^{n+1-i} - \alpha_2^{n+1-i})I_i + \alpha_2^{n+1-i}x_i,\ i = 1, 2, \ldots, n-1$$
$$s_n = (\alpha 1 + q_{n1} - \alpha_2 - q_{n2})I_n + (\alpha_2 + q_{n2})x_n$$

Os termos q_{n1} e q_{n2} em s_n são adicionados porque os bônus para o ano n são parte da soma final de dinheiro acumulada pelo investimento.

Portanto, a equação recursiva regressiva de PD é dada por

$$f_i(x_i) = \max_{0 \le I_i \le x_i}\{s_i + f_{i+1}(x_{i+1})\}, i = 1, 2, \ldots, n-1$$
$$f_{n+1}(x_{n+1}) \equiv 0$$

Como dado anteriormente, x_{i+1} é definida em termos de x_i.

Exemplo 10.3-4

Suponha que você queira investir $ 4.000 agora e $ 2.000 no início dos anos 2 a 4. A taxa de juros oferecida pelo First Bank é de 8%, composta anualmente, e os bônus para os próximos quatro anos são 1,8%, 1,7%, 2,1% e 2,5%, respectivamente. A taxa anual de juros oferecida pelo Second Bank é 0,2% mais baixa do que a oferecida pelo First Bank, mas seus bônus são 0,5% mais altos. O objetivo é maximizar o capital acumulado no final de quatro anos.

Usando a notação apresentada antes, temos:

$$P_1 = \$\,4.000, P_2 = P_3 = P_4 = \$\,2.000$$
$$\alpha_1 = (1 + 0{,}08) = 1{,}08$$
$$\alpha_2 = (1 + 0{,}078) = 1{,}078$$
$$q_{11} = 0{,}018, q_{21} = 0{,}017, q_{31} = 0{,}021, q_{41} = 0{,}025$$
$$q_{12} = 0{,}023, q_{22} = 0{,}022, q_{32} = 0{,}026, q_{42} = 0{,}030$$

Estágio 4

$$f_4(x_4) = \max_{0 \le I_4 \le x_4}\{s_4\}$$

em que

$$s_4 = (\alpha_1 + q_{41} - \alpha_2 - q_{42})I_4 + (\alpha_2 + q_{42})x_4 = -0{,}003I_4 + 1{,}108x_4$$

A função s_4 é linear em I_4 na faixa $0 \le I_4 \le x_4$ e seu máximo ocorre em $I_4 = 0$ devido ao coeficiente negativo de I_4. Assim, a solução ótima para o estágio 5 pode ser resumida como demonstrado na Tabela 10.20.

Tabela 10.20 Decisão no estágio 5

	Solução ótima	
Estado	$f_4(x_4)$	I_4^*
x_4	$1{,}108x_4$	0

Estágio 3

$$f_3(x_3) = \max_{0 \le I_3 \le x_3}\{s_3 + f_4(x_4)\}$$

em que

$$s_3 = (1{,}08^2 - 1{,}078^2)I_3 + 1{,}078^2x_3 = 0{,}00432I_3 + 1{,}1621x_3$$
$$x_4 = 2.000 - 0{,}005I_3 + 0{,}026x_3$$

Assim,

$$f_3(x_3) = \max_{0 \le I_3 \le x_3}\{0{,}00432I_3 + 1{,}1621x_3 + 1{,}108(2000 - 0{,}005I_3 + 0{,}026x_3\}$$
$$= \max_{0 \le I_3 \le x_3}\{2216 - 0{,}00122I_3 + 1{,}1909x_3\}$$

Tabela 10.21 Decisão no estágio 3

	Solução ótima	
Estado	$f_3(x_3)$	I_3^*
x_3	$2.216 + 1{,}1909x_3$	0

Estágio 2

$$f_2x_2 = \max_{0 \le I_2 \le x_2} \{s_2 + f_3(x_3)\}$$

em que

$s_2 = (1{,}08^3 - 1{,}078^3)I_2 + 1{,}078^3x_2 = 0{,}006985I_2 + 1{,}25273x_2$
$x_3 = 2000 - 0{,}005I_2 + 0{,}022x_2$

Portanto,

$$f_2(x_2) = \max_{0 \le I_2 \le x_2} \{0{,}006985I_2 + 1{,}25273x_2 + 2216 + 1{,}1909(2000 - 0{,}005I_2 + 0{,}022x_2\}$$
$$= \max_{0 \le I_2 \le x_2} \{4597{,}8 + 0{,}0020305I_2 + 1{,}27893x_2\}$$

Tabela 10.22 Decisão no estágio 2

	Solução ótima	
Estado	$f_2(x_2)$	I_2^*
x_2	$4.597{,}8 + 1{,}27996x_2$	x_2

Estágio 1

$$f_1(x_1) = \max_{0 \le I_1 \le x_1} \{s_1 + f_2(x_2)\}$$

em que

$s_1 = (1{,}08^4 - 1{,}078^4)I_1 + 1{,}078^4x_1 = 0{,}01005I_2 + 1{,}3504x_1$
$x_2 = 2000 - 0{,}005I_1 + 0{,}023x_1$

Portanto,

$$f_1(x_1) = \max_{0 \le I_1 \le x_1} \{0{,}01005I_1 + 1{,}3504x_1 + 4597{,}8 + 1{,}27996(2000 - 0{,}005I_1 + 0{,}023x_1\}$$
$$= \max_{0 \le I_1 \le x_1} \{7157{,}7 + 0{,}00365I_1 + 1{,}37984x_1\}$$

Tabela 10.23 Decisão no estágio 1

	Solução ótima	
Estado	$f_1(x_1)$	I_1^*
$x_1 = \$ 4.000$	$7.157{,}7 + 1{,}38349x_1$	\$ 4.000

Trabalhando regressivamente e observando que $I_1^* = 4.000$, $I_2^* = x_2, I_3^* = I_4^* = 0$, obtemos

$x_1 = 4.000$
$x_2 = 2.000 - 0{,}005 \times 4.000 + 0{,}023 \times 4.000 = \$ 2.072$
$x_3 = 2.000 - 0{,}005 \times 2.072 + 0{,}022 \times 2.072 = \$ 2.035{,}22$
$x_4 = 2.000 - 0{,}005 \times 0 + 0{,}026 \times \$ 2.035{,}22 = \$ 2.052{,}92$

Portanto, a solução ótima é resumida como pode ser visto na Tabela 10.24

Tabela 10.24 Solução ótima resumida

Ano	Solução ótima	Decisão	Acumulação
1	$I_1^* = x_1$	Investir x_1 = \$ 4.000 no First Bank	s_1 = \$ 5.441,80
2	$I_2^* = x_2$	Investir x_2 = \$ 2.072 no First Bank	s_2 = \$ 2.610,13
3	$I_3^* = x_3$	Investir x_3 = \$ 2.035,22 no Second Bank	s_3 = \$ 2.365,13
4	$I_4^* = 0$	Investir x_4 = \$ 2.052,92 no Second Bank	s_2 = \$ 2.274,64

Acumulação total = $f_1(x_1) = 7.157{,}7 + 1{,}38349(4.000)$ = \$ 12.691,66 $(= s_1 + s_2 + s_3 + s_4)$

CONJUNTO DE PROBLEMAS 10.3D

1. Resolva o Exemplo 10.3-4 considerando que $r_1 = 0{,}085$ e $r_2 = 0{,}08$. Além disso, considere que P_1 = \$ 5.000, P_2 = \$ 4.000, P_3 = \$ 3.000 e P_4 = \$ 2.000.
2. Um investidor com um capital inicial de \$ 10.000 deve decidir ao final de cada ano quanto gastar e quanto investir em uma conta de poupança. Cada dólar investido retorna α = \$ 1,09 no final do ano. A satisfação derivada de gastar \$ y em qualquer ano é quantificada pela equivalência de possuir \$ $\sqrt{y}$. Resolva o problema por PD para um período de cinco anos.
3. Um fazendeiro tem k ovelhas. No final de cada ano, ele decide quantas vende e com quantas fica. O lucro da venda de uma ovelha no ano i é P_i. Uma ovelha mantida no ano i dobrará de número no ano $i + 1$. O fazendeiro pretende vender todo o rebanho ao final de n anos.
   *(a) Derive a equação recursiva geral para o problema.
   (b) Resolva o problema para $n = 3$ anos, $k = 2$ ovelhas, p_1 = \$ 100, p_2 = \$ 130 e p_3 = \$ 120.

10.3.5 Modelos de estoque

A PD tem importantes aplicações na área de controle de estoques. Os capítulos 11 e 14 apresentam algumas dessas aplicações. Os modelos do Capítulo 11 são determinísticos e os do Capítulo 14 são probabilísticos.

10.4 PROBLEMA DE DIMENSIONALIDADE

Em todos os modelos de PD que apresentamos, o *estado* em qualquer estágio é representado por um único elemento. Por exemplo, no modelo da mochila (Seção 10.3.1), a única restrição é o peso do item. De uma perspectiva mais realista, o volume da mochila também pode ser outra restrição viável. Nesse caso, diz-se que o *estado* em qualquer estágio é bidimensional, porque consiste em dois elementos: peso e volume.

O aumento no número de variáveis de estado aumenta os cálculos em cada estágio, e isso fica claro, em particular, em cálculos tabulares de PD, porque o número de linhas em cada tabela corresponde a todas as possíveis combinações de variáveis de estado. Essa dificuldade de cálculo as vezes é denominada na literatura de **maldição da dimensionalidade**.

O exemplo a seguir foi escolhido para demonstrar o *problema de dimensionalidade* e também serve para mostrar a relação entre programação linear e programação dinâmica.

Exemplo 10.4-1

A Acme Manufacturing fabrica dois produtos. A capacidade diária do processo de fabricação é 430 minutos. O Produto 1 requer dois minutos por unidade e o Produto 2 requer um minuto por unidade. Não há limite para a quantidade fabricada do Produto 1, mas a demanda máxima diária para o Produto 2 é 230 unidades. O lucro unitário do Produto 1 é \$ 2 e o do Produto 2 é \$ 5. Ache a solução ótima por PD.

O problema é representado pela seguinte programação linear:

$$\text{Maximizar } zx = 2x_1 + 5x_2$$

sujeito a

$$2x_1 + x_2 \le 430$$
$$x_2 \le 230$$
$$x_1, x_2 \ge 0$$

Os elementos do modelo de PD são:

1. O *estágio* i corresponde ao produto i, $i = 1, 2$.
2. A *alternativa* x_i é a quantidade de produto i, $i = 1, 2$.
3. O *estado* (v_2, w_2) representa as quantidades de recursos 1 e 2 (tempo de produção e limites de demanda) usadas no estágio 2.
4. O *estado* (v_1, w_1) representa as quantidades de recursos 1 e 2 (tempo de produção e limites de demanda) usadas nos estágios 1 *e* 2.

Estágio 2. Defina-se $f_2(v_2, w_2)$ como o lucro máximo para o estágio 2 (produto 2), dado o estado (v_2, w_2). Então

$$f_2(v_2, w_2) = \max_{\substack{0 \le x_2 \le v_2 \\ 0 \le x_2 \le w_2}} \{5x_2\}$$

Assim, $\max\{5x_2\}$ ocorre em $x_2 = \min\{v_2, w_2\}$, e a solução para o estágio 2 fica como demonstrado na Tabela 10.25.

Tabela 10.25 Decisão no estágio 2

	Solução ótima	
Estado	$f_2(v_2, w_2)$	x_2
(v_2,w_2)	$5\min\{v_2,w_2\}$	$\min\{v_2,w_2\}$

Estágio 1

$$f_1(v_1, w_1) = \max_{0 \le 2x_1 \le v_1} \{2x_1 + f_2(v_1 - 2x_1, w_1)\}$$
$$= \max_{0 \le 2x_1 \le v_1} \{2x_1 + 5\min(v_1 - 2x_1, w_1)\}$$

A otimização do estágio 1 requer a solução de um problema minimax (geralmente difícil). Para o presente problema, fazemos $v_1 = 430$ e $w_1 = 230$, o que dá $0 \le 2x_1 \le 430$. Como $\min(430 - 2x_1, 230)$ é o envelope mais baixo das duas linhas de intersecção (Verifique!), decorre que

$$\min(430 - 2x_1, 230) = \begin{cases} 230, & 0 \le x_1 \le 100 \\ 430 - 2x_1, & 100 \le x_1 \le 215 \end{cases}$$

e

$$f_1(430, 230) = \max_{0 \le x_1 \le 215} \{2x_1 + 5\min(430 - 2x_1, 230)\}$$
$$= \max_{x_1} \begin{cases} 2x_1 + 1150, & 0 \le x_1 \le 100 \\ -8x_1 + 2150, & 100 \le x_1 \le 215 \end{cases}$$

Você pode verificar graficamente que o valor ótimo de $f_1(430, 230)$ ocorre em $x_1 = 100$. Assim, obtemos a solução ótima, conforme mostrado na Tabela 10.26.

Tabela 10.26 Solução ótima

	Solução ótima	
Estado	$f_1(v_1, w_1)$	x_1
(430, 230)	1.350	100

Para determinar o valor ótimo de x_2, observamos que

$$v_2 = v_1 - 2x_1 = 430 - 200 = 230$$
$$w_2 = w_1 - 0 = 230$$

Conseqüentemente,

$$x_2 = \min(v_2, w_2) = 230$$

Portanto, a solução ótima completa é resumida como

$$x_1 = 100 \text{ unidades}, x_2 = 230 \text{ unidades}, z = \$\ 1.350$$

CONJUNTO DE PROBLEMAS 10.4A

1. Resolva os seguintes problemas por PD.

(a) Maximizar $z = 4x_1 + 14x_2$
sujeito a

$$2x_1 + 7x_2 \le 21$$
$$7x_1 + 2x_2 \le 21$$
$$x_1, x_2 \ge 0$$

(b) Maximizar $z = 8x_1 + 7x_2$
sujeito a

$$2x_1 + x_2 \le 8$$
$$5x_1 + 2x_2 \le 15$$
$$x_1, x_2 \ge 0 \text{ e inteiras}$$

(c) Maximizar $z = 7x_1^2 + 6x_1 + 5x_2^2$
sujeito a

$$x_1 + 2x_2 \le 10$$
$$x_1 - 3x_2 \le 9$$
$$x_1, x_2 \ge 0$$

2. No problema da mochila de n itens, do Exemplo 10.3-1, suponha que as limitações de peso e volume sejam W e V, respectivamente. Dado que w_i, v_i e r_i são o peso, o valor e a receita por unidade do item i, escreva a equação recursiva regressiva de PD para o problema.

REFERÊNCIAS BIBLIOGRÁFICAS

Bertsekas, D. *Dynamic programming: deterministic and stochastic models.* Upper Saddle River: Prentice Hall, 1987.
Denardo, E. *Dynamic programming theory and applications.* Upper Saddle River: Prentice Hall, 1982.
Dreyfus, S. e Law, A. *The art e theory of dynamic programming.* Nova York: Academic, 1977.
Sntedovich, M. *Dynamic programming.* Nova York: Marcel Dekker, 1991.

Capítulo 11

Modelos determinísticos de estoque

Guia do capítulo. Modelagem de estoque trata da determinação do nível de certa mercadoria que uma empresa deve manter para garantir uma operação tranqüila. A base para a decisão é um modelo que equilibra o custo de capital resultante da permanência de excedente de estoque com o custo de multas resultantes da falta de estoque. O principal fator que afeta a solução é a natureza da demanda: determinística ou probabilística. Na vida real, a demanda usualmente é probabilística, mas em alguns casos a aproximação determinística, mais simples, pode ser aceitável. Este capítulo trata dos modelos determinísticos. Os modelos probabilísticos serão abordados no Capítulo 14.

A complexidade do problema de estoque não permite o desenvolvimento de um modelo geral que abranja todas as situações possíveis. Este capítulo inclui modelos representativos de diferentes situações. Ao estudar os diferentes modelos, você perceberá que a solução utiliza algoritmos diferentes, entre eles os de cálculo, lineares, não lineares e programação dinâmica. Qualquer que seja a ferramenta usada para resolver o modelo, você deve ter sempre em mente que qualquer modelo de estoque busca dois resultados básicos: *quanto* pedir e *quando* fazer o pedido.

Os cálculos associados com alguns dos modelos podem ser tediosos. Para amenizar essa dificuldade, incluímos no capítulo várias planilhas de Excel, modelos resolvidos com utilização do Solver e modelos em AMPL. Eles podem ser usados para experimentação (por exemplo, executar análise de sensibilidade por meio da alteração nos parâmetros do modelo) ou para verificar seus cálculos quando você tentar resolver os problemas.

Este capítulo inclui 8 exemplos resolvidos, 1 modelo resolvido com utilização do Solver, 1 modelo em AMPL, 4 planilhas Excel, 33 problemas de final de seção e 3 casos. Os casos estão no Apêndice E, disponível em inglês no site do livro. Os programas AMPL/Excel Solver/TORA estão na pasta ch11Files.

11.1 MODELO GERAL DE ESTOQUE

O problema de estoque envolve fazer e receber pedidos de determinados tamanhos periodicamente. Desse ponto de vista, uma **política de estoque** responde a duas perguntas:

1. *Quanto* pedir?
2. *Quando* pedir?

A base para responder a essas perguntas é a minimização da seguinte função custo de estoque:

$$\begin{pmatrix}\text{Custo}\\ \text{total de}\\ \text{estoque}\end{pmatrix} = \begin{pmatrix}\text{Custo de}\\ \text{compra}\end{pmatrix} + \begin{pmatrix}\text{Custo de}\\ \text{preparação}\end{pmatrix} + \begin{pmatrix}\text{Custo de}\\ \text{estocagem}\end{pmatrix} + \begin{pmatrix}\text{Custo de}\\ \text{falta}\end{pmatrix}$$

1. *Custo de compra* é o preço por unidade de um item de estoque. Às vezes o item é oferecido com desconto se o tamanho do pedido exceder uma certa quantidade, o que é um fator na decisão de *quanto pedir*.
2. *Custo de preparação* representa os encargos fixos incorridos quando um pedido de compra é emitido, independentemente de seu tamanho. Aumentar a quantidade do pedido reduz o custo de preparação associado com dada demanda, mas aumentará o nível médio de estoque e, em conseqüência, o custo de capital vinculado. Por outro lado, reduzir o tamanho do pedido aumenta a freqüência de emissão de pedidos e o custo de preparação associado. Um modelo de custo de estoque equilibra os dois custos.
3. *Custo de estocagem* representa o custo de manter a mercadoria em estoque. Inclui os juros sobre o capital e o custo de armazenagem, manutenção e manuseio.
4. *Custo de falta* é a multa incorrida quando ficamos sem estoque. Inclui a potencial perda de receita e o custo mais subjetivo de perda da confiança do cliente.

Um sistema de estoque pode ser baseado em **revisão periódica** (por exemplo, emitir pedidos toda semana ou todo mês), na qual novos pedidos são emitidos no início de cada período. Como alternativa, o sistema pode ser baseado em **revisão contínua**, na qual um novo pedido é emitido quando o nível de estoque cai a certo nível, denominado **ponto de reabastecimento**. Um exemplo de revisão periódica pode ocorrer em um posto de gasolina no qual novas entregas chegam no início de cada semana. A revisão contínua ocorre em lojas de varejo nas quais os itens (como cosméticos) são repostos somente quando suas quantidades nas prateleiras atingem certo nível.

11.2 PAPEL DA DEMANDA NO DESENVOLVIMENTO DOS MODELOS DE ESTOQUE

Em geral, a complexidade analítica dos modelos de estoque depende de a demanda para um item ser determinística ou probabilística. Dentro de qualquer uma das categorias, a demanda pode variar ou não ao longo do tempo. Por exemplo, o consumo de gás natural usado no aquecimento de residências é uma função da época do ano e alcança seu máximo no meio do inverno, diminuindo durante os meses de primavera e verão. Embora esse padrão sazonal se repita anualmente, o consumo em um mesmo mês pode variar de ano para ano, dependendo, por exemplo, do rigor do clima.

Em situações práticas, o padrão de demanda em um modelo de estoque pode assumir um de quatro tipos:

1. Determinístico e constante (estático) ao longo do tempo.
2. Determinístico e variável (dinâmico) ao longo do tempo.
3. Probabilístico e estacionário ao longo do tempo.
4. Probabilístico e não estacionário ao longo do tempo.

Essa categorização considera a disponibilidade de dados da demanda futura que sejam representativos.

Em termos do desenvolvimento dos modelos de estoque, a primeira categoria é a mais simples em termos analíticos, e a quarta é a mais complexa. Por outro lado, a primeira categoria é a menos provável de ocorrer na prática, e a quarta é a mais predominante. Na prática, buscamos um equilíbrio entre a simplicidade do modelo e sua precisão, no sentido de que não queremos usar um modelo supersimplificado que não reflita a realidade, ou um modelo tão complexo que seja impossível de tratar analiticamente.

Como podemos determinar se certa aproximação da demanda é aceitável? Podemos começar calculando a média e o desvio-padrão do consumo para um período específico, por exemplo, mensal. Então, o coeficiente de variação $V = \frac{\text{Desvio-padrão}}{\text{Média}} \times 100$ pode ser usado para determinar a natureza da demanda usando a seguinte diretriz:[1]

[1] O coeficiente de variação, V, mede a variação relativa ou dispersão dos dados ao redor da média. Em geral, valores mais altos de V indicam maior incerteza na utilização da média como uma aproximação do consumo mensal. Para a demanda determinística, $V = 0$ porque o desvio-padrão associado é zero.

1. Se a demanda mensal *média* for 'aproximadamente' constante para todos os meses e V for razoavelmente pequeno (< 20%), a demanda pode ser considerada determinística e constante, sendo seu valor igual à média de todas as demandas mensais.
2. Se a demanda mensal *média* apresentar uma variação considerável entre os diferentes meses, mas V permanecer razoavelmente pequeno, a demanda é considerada determinística, mas variável.
3. Se, no Caso 1, V for alto (> 20%), mas aproximadamente constante, a demanda é probabilística e estacionária.
4. O único caso restante é o da demanda probabilística não estacionária que ocorre quando as médias e os coeficientes de variação sofrem uma variação considerável ao longo do tempo.

Nos casos 3 e 4, em geral são necessários dados adicionais para determinar as distribuições de probabilidade associadas.

Exemplo 11.2-1

Os dados da Tabela 11.1 fornecem o consumo mensal (janeiro a dezembro) de gás natural em uma residência na zona rural durante um período de dez anos (1990–1999). Sempre que solicitado pelo proprietário de uma residência, o fornecedor de gás natural envia um caminhão ao local para encher o tanque. O proprietário decide o período e o tamanho da entrega.

Do ponto de vista da modelagem de estoque, é razoável considerar que cada mês representa um período de decisão no qual o proprietário faz um pedido. Entretanto, nesse caso, nossa principal preocupação é analisar a natureza da demanda.

Um exame da média e do coeficiente de variação, V, na Tabela 11.1 revela dois resultados:

1. O consumo médio é dinâmico (não constante) porque mostra alto consumo médio durante os meses de inverno em relação aos meses de verão.
2. O coeficiente de variação, V, é razoavelmente pequeno (< 15%), de modo que a demanda mensal pode ser considerada aproximadamente determinística.

Portanto, esses dois resultados levam ao desenvolvimento de um modelo de estoque no qual a demanda mensal é (aproximadamente) determinística, embora variável.

11.3 MODELOS ESTÁTICOS DE LOTE ECONÔMICO (EOQ)

Esta seção apresenta três variações do modelo de lote econômico (EOQ — *economic-order-quantity*) com demanda estática (constante). Uma característica desses modelos é sua simplicidade do ponto de vista analítico.

11.3.1 Modelo EOQ clássico

O mais simples dos modelos de estoque envolve demanda constante com reabastecimento instantâneo e nenhuma falta. Definam-se

y = Quantidade do pedido (número de unidades)

D = Taxa de demanda (unidades por unidade de tempo)

t_0 = Comprimento do ciclo do pedido (unidades de tempo)

O nível de estoque segue o padrão representado na Figura 11.1. Um pedido de tamanho y unidades é emitido e recebido instantaneamente quando o estoque chega ao nível zero. Então, o estoque se esgota uniformemente à taxa de demanda constante D. O ciclo de emissão de pedido para esse padrão é

$$t_0 = \frac{y}{D} \text{ unidades de tempo}$$

O modelo de custo requer dois parâmetros de custo:

K = custo de preparação associado com a emissão de um pedido (dólares por pedido)

h = custo de estocagem (dólares por unidade de estoque por unidade de tempo)

Dado que o nível médio de estoque é $\frac{y}{2}$, o custo total *por unidade de tempo* (TCU — *total cost per unit time*) é calculado como

$$\begin{aligned}\text{TCU}(y) &= \text{Custo de preparação por unidade de tempo} + \text{Custo de estocagem por unidade de tempo}\\ &= \frac{\text{Custo de preparação} + \text{Custo de estocagem por ciclo } t_0}{t_0}\\ &= \frac{K + h\left(\frac{y}{2}\right)t_0}{t_0}\\ &= \frac{K}{\left(\frac{y}{D}\right)} + h\left(\frac{y}{2}\right)\end{aligned}$$

Figura 11.1
Padrão de estoque no modelo EOQ clássico

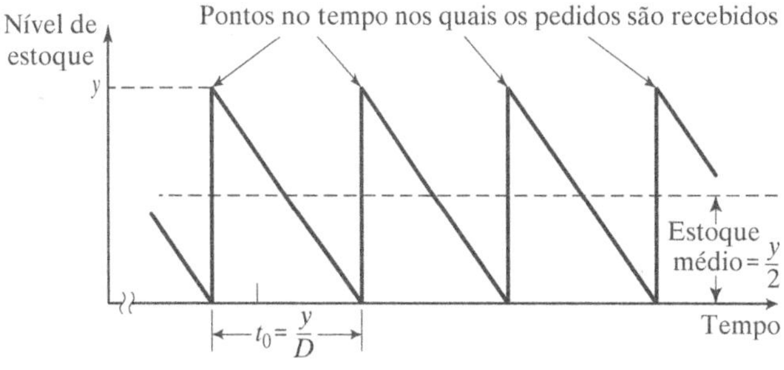

Tabela 11.1 Consumo de gás natural em pés³

Ano	*Jan*	*Fev*	*Mar*	*Abr*	*Mai*	*Jun*	*Jul*	*Ago*	*Set*	*Out*	*Nov*	*Dez*
1990	100	110	90	70	65	50	40	42	56	68	88	95
1991	110	125	98	80	60	53	44	45	63	77	92	99
1992	90	100	88	79	56	57	38	39	60	70	82	90
1993	121	130	95	90	70	58	41	44	70	80	95	100
1994	109	119	99	75	68	55	43	41	65	79	88	94
1995	130	122	100	85	73	58	42	43	64	75	80	101
1996	115	100	103	90	76	55	45	40	67	78	98	97
1997	130	115	100	95	80	60	49	48	64	85	96	105
1998	125	100	94	86	79	59	46	39	69	90	100	110
1999	87	80	78	75	69	48	39	41	50	70	88	93
Média	111,7	110	95	82,5	69,6	55,3	42,7	42,2	62,8	77,2	90,7	98
Desvio-Pad	15,54	15,2	7,5	7,99	7,82	3,95	3,4	2,86	6,09	6,91	6,67	6
V(%)	13,91	13,8	7,9	9,68	11,24	7,13	7,96	6,78	9,69	8,95	7,35	6,1

O valor ótimo da quantidade de pedido, y, é determinado pela minimização de TCU(y) em relação a y. Considerando que y é contínua, uma condição necessária para achar o valor ótimo de y é

$$\frac{d\text{TCU}(y)}{dy} = -\frac{KD}{y^2} + \frac{h}{2} = 0$$

A condição também é suficiente porque TCU(y) é convexo. A solução da equação dá o EOQ y^* como

$$y^* = \sqrt{\frac{2KD}{h}}$$

Figura 11.2
Ponto de reabastecimento no modelo EOQ clássico

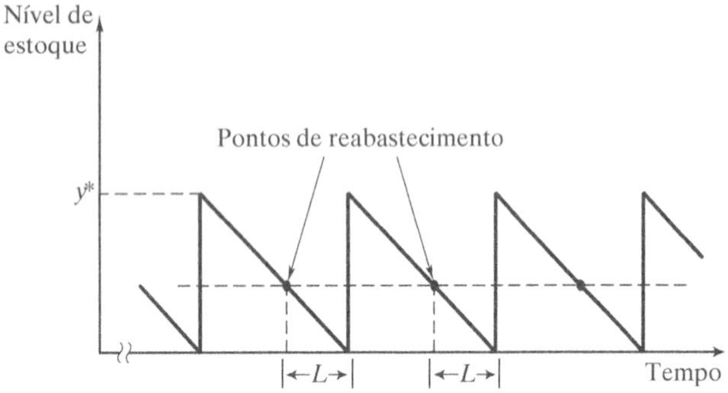

Assim, a política ótima de estoque para o modelo proposto é

Pedido $y^* = \sqrt{\frac{2KD}{h}}$ unidades a cada $t_0^* = \frac{y^*}{D}$ unidades de tempo

Na verdade, um novo pedido não precisa ser recebido no instante em que é emitido. Em vez disso, pode ocorrer um **tempo de espera** positivo, L, entre a emissão e o recebimento de um pedido, como demonstra a Figura 11.2. Nesse caso, o **ponto de reabastecimento** ocorre quando o nível de estoque cai a LD unidades.

Pela Figura 11.2 considera-se que o tempo de espera L é menor do que o comprimento do ciclo t_0^*, o que pode não ser o caso geral. Para levar em conta essa situação, definimos o **tempo de espera efetivo** como

$$L_e = L - nt_0^*$$

onde n é o maior inteiro que não ultrapassa $\frac{L^*}{t_0}$. Esse resultado é justificado porque após n ciclos de t_0^* cada, a situação de estoque age como se o intervalo entre emitir um pedido e receber outro fosse L_e. Assim, o ponto de reabastecimento ocorre em L_eD unidades, e a política de estoque pode ser enunciada novamente como

Pedir a quantidade y^* sempre que o nível de estoque cair a L_eD unidades

Exemplo 11.3-1

As lâmpadas de néon do *campus* de uma universidade são substituídas à taxa de 100 unidades por dia. O departamento de manutenção emite pedidos periódicos para essas lâmpadas, e o custo para iniciar um pedido de compra é \$ 100. Estima-se que o custo de armazenagem de uma lâmpada de néon é de aproximadamente \$ 0,02 por dia. O tempo de espera entre emitir o pedido e receber o material é 12 dias. Determine a política ótima de estoque para os pedidos de compra de lâmpadas de néon.

Pelos dados do problema, temos

$$D = 100 \text{ unidades por dia}$$

$$K = \$\ 100 \text{ por pedido}$$

$$h = \$\ 0{,}02 \text{ por unidade por dia}$$

$$L = 12 \text{ dias}$$

Portanto,

$$y^* = \sqrt{\frac{2KD}{h}} = \sqrt{\frac{2 \times \$\ 100 \times 100}{0{,}02}} = 1.000 \text{ lâmpadas de néon}$$

O comprimento do ciclo associado é

$$t_0^* = \frac{y^*}{D} = \frac{1.000}{100} = 10 \text{ dias}$$

Como o tempo de espera L = 12 dias ultrapassa o comprimento do ciclo t_0^* (= 10 dias), devemos calcular L_e. O número de ciclos inteiros incluídos em L é

$$n = (\text{Maior inteiro} \leq \frac{L^*}{t_0})$$

$$= (\text{Maior inteiro} \leq \frac{12}{10})$$

$$= 1$$

Assim,

$$L_e = L - nt_0^* = 12 - 1 \times 10 = 2 \text{ dias}$$

Portanto, o ponto de reabastecimento ocorre quando o nível de estoque cai para

$$L_eD = 2 \times 100 = 200 \text{ lâmpadas de néon}$$

A política de estoque para emitir pedidos de lâmpadas de néon é

Pedir 1.000 unidades sempre que o nível de estoque cair a 200 unidades.

O custo diário de estoque associado com a política de estoque proposta é

$$\text{TCU}(y) = \frac{K}{\left(\frac{y}{D}\right)} + h\left(\frac{y}{2}\right)$$

$$= \frac{\$\ 100}{\left(\frac{1.000}{100}\right)} + \$\ 0{,}02\left(\frac{1.000}{2}\right) = \$\ 20 \text{ por dia}$$

Momento Excel

O gabarito excelEOQ.xls é projetado para executar os cálculos do EOQ. O modelo resolve o EOQ geral descrito no Problema 10, Conjunto 11.3A, com falta e operação de produção-consumo simultâneas, do qual o presente modelo é um caso especial. Também resolve as situações de preços com desconto apresentadas na Seção 11.3.2. Para usar o gabarito com o Exemplo 11.3-1, digite –1 nas células C3:C5, C8 e C10 para indicar que os dados correspondentes não são aplicáveis, como mostra a Figura 11.3.

CONJUNTO DE PROBLEMAS 11.3A

1. Em cada um dos seguintes casos não é permitida a falta, e o tempo de espera entre emitir o pedido e receber o material é 30 dias. Determine a política ótima de estoque e o custo associado por dia.
(a) K = \$ 100; h = \$ 0,05; D = 30 unidades por dia
(b) K = \$ 50; h = \$ 0,05; D = 30 unidades por dia
(c) K = \$ 100; h = \$ 0,01; D = 40 unidades por dia
(d) K = \$ 100; h = \$ 0,04; D = 20 unidades por dia

*__2.__ O McBurger pede carne moída no início de cada semana para atender à demanda semanal de 300 lb. O custo fixo por pedido é \$ 20. Refrigerar e armazenar a carne custa cerca de \$ 0,03 por lb por dia.

(a) Determine o custo de estoque por semana da atual política de emissão de pedidos.

(b) Determine a política ótima de estoque que o McBurger deve usar, considerando o tempo de espera zero entre a emissão e o recebimento de um pedido.

Figura 11.3
Solução em Excel do Exemplo 11.3-1 (arquivo excelEOQ.xls)

	B	C	D
1	General Economic Order Quantity (EOQ)		
2	Input data: Enter -1 in column C if data element does not apply		
3	Item cost, c1 =	-1	
4	Qty discount limit, q =	-1	
5	Item cost, c2 =	-1	
6	Setup cost, K =	100	
7	Demand rate, D =	100	
8	Production rate, a =	-1	
9	Unit holding cost, h =	0.02	
10	Unit penalty cost, p =	-1	
11	Lead time, L =	12	
12	Model output results:		
13	Order qty, y* =	1000.00	
14	Shortage qty, w* =	0.00	
15	Reorder point, R =	200.00	
16	TCU(y*) =	20.00	
17	Purchase/prod. Cost =	0.00	
18	Setup cost/unit time =	10.00	
19	Holding cost /unit time =	10.00	
20	shortage cost/unit time =	0.00	
21	Optimal inventory policy: Order 1000.00 units when level drops to 200.00 units		
22	Model intermediate calculations:		
23	ym =	1000.00	
24	TCU1(ym)=	Not applicable	
25	Q-equation:	Not applicable	
26	Q =	Not applicable	
27	cycle length, t0 =	10.00	
28	Optimization zone =	Not applicable	
29	Effectice lead time, Le =	2.00	

3. Uma empresa estoca um item que é consumido à taxa de 50 unidades por dia. Custa à empresa \$ 20 cada vez que um pedido é emitido. Uma unidade mantida em estoque durante uma semana custará \$ 0,35.

(a) Determine a política ótima de estoque considerando um tempo de espera de uma semana.

(b) Determine o número ótimo de pedidos por ano (com base em 365 dias por ano).

***4.** Duas políticas de estoque foram sugeridas pelo departamento de compra de uma empresa:

Política 1. Pedido de 150 unidades. O ponto de reabastecimento é 50 unidades, e o tempo entre emitir e receber um pedido é dez dias.

Política 2. Pedido de 200 unidades. O ponto de reabastecimento é 75 unidades, e o tempo entre emitir e receber um pedido é 15 dias.

O custo de preparação por pedido é \$ 20, e o custo de estocagem por unidade por dia é \$ 0,02.

(a) Qual das duas políticas a empresa deve adotar?

(b) Se você estivesse encarregado de elaborar uma política de estoque para a empresa, o que recomendaria, considerando que o fornecedor requer um tempo de espera de 22 dias?

5. A Walmark Store comprime e paletiza as caixas de papelão de mercadorias para reciclagem. A loja gera cinco paletes por dia. O custo de armazenar um palete no depósito da loja é \$ 0,10 por dia. A empresa que transporta os paletes para a central de reciclagem cobra uma taxa fixa de \$ 100 pelo aluguel de seu equipamento de carga, mais um custo variável de transporte de \$ 3 por palete. Represente em um gráfico a variação do número de paletes ao longo do tempo e elabore uma política ótima para transportar os paletes até a central de reciclagem.

6. Um hotel usa um serviço externo de lavanderia para lhe fornecer toalhas limpas. O hotel gera 600 toalhas sujas por dia. O serviço de lavanderia busca as toalhas sujas e as repõe com toalhas limpas em intervalos regulares. Há uma taxa fixa de \$ 81 pelo serviço de buscar e entregar as toalhas, além do custo variável de \$ 0,60 por peça. Custa ao hotel \$ 0,02 por dia para armazenar uma toalha suja e \$ 0,01 por dia para armazenar uma limpa. Com que freqüência o hotel deve usar o serviço de busca e entrega? (*Sugestão*: há dois tipos de itens de estoque nessa situação. À medida que aumenta o nível de toalhas sujas, o de toalhas limpas diminui à mesma taxa.)

7. (Lewis, 1996) Um empregado de uma empresa multinacional americana está emprestado à subsidiária da empresa na Europa. Durante aquele ano, os compromissos financeiros do empregado nos Estados Unidos (por exemplo, pagamento de hipoteca e prêmios de seguro) somam \$ 12.000, distribuídos uniformemente pelos meses do ano. Ele pode quitar esses compromissos depositando a quantia inteira em um banco nos Estados Unidos antes de partir para a Europa. Contudo, no momento em questão, a taxa de juros nos Estados Unidos é bastante baixa (cerca de 1,5% ao ano) em comparação com a taxa de juros da Europa (6,5% ao ano). O custo para enviar fundos da Europa para os Estados Unidos é \$ 50 por transação. Determine uma política ótima para transferir fundos da Europa para os Estados Unidos e discuta a implementação prática da solução. Liste todas as premissas.

8. Considere a situação de estoque na qual o estoque é reposto uniformemente (em vez de instantaneamente) à taxa a. O consumo ocorre à taxa constante D. Como o consumo também ocorre durante o período de reposição, é necessário que $a > D$. O custo de preparação é K por pedido, e o custo de estocagem é h por unidade, por unidade de tempo. Se y é o tamanho do pedido e se não for permitida a falta, mostre que

(a) O nível máximo de estoque é $y\left(1-\frac{D}{a}\right)$.

(b) O custo total por unidade de tempo dado, y, é

$$\text{TCU}(y)=\frac{KD}{y}+\frac{h}{2}\left(1-\frac{D}{a}\right)y$$

(c) A quantidade econômica de pedido é

$$y^*=\sqrt{\frac{2KD}{h\left(1-\frac{D}{2}\right)}},D<a$$

(d) Mostre que o EOQ sob reposição instantânea pode ser derivado da fórmula do item (c).

9. Uma empresa pode produzir um item ou comprá-lo de um fornecedor. Se for produzido, custará \$ 20 cada vez que as máquinas forem preparadas. A taxa de produção é 100 unidades por dia. Se for comprado de um fornecedor, custará \$ 15 cada vez que um pedido for emitido. O custo de manter o item em estoque, seja comprado ou produzido, é \$ 0,02 por unidade por dia. A utilização desse item pela empresa é estimada em 26.000 unidades por ano. Considerando que não é permitida a falta, a empresa deve comprar ou produzir?

10. No Problema 8, suponha que a falta seja permitida a um custo de multa de p por unidade, por unidade de tempo.

(a) Se w for a máxima falta durante o ciclo de estoque, mostre que

$$\text{TCU}(y,w)=\frac{KD}{y}+\frac{h\left\{y\left(1-\frac{D}{a}\right)-w\right\}^2+pw^2}{2\left(1-\frac{D}{a}\right)y}$$

$$y^*=\sqrt{\frac{2KD(p+h)}{ph\left(1-\frac{D}{a}\right)}}$$

$$w^*=\sqrt{\frac{2KDh\left(1-\frac{D}{a}\right)}{p(p+h)}}$$

(b) Mostre que os resultados do EOQ na Seção 11.3.1 podem ser obtidos com base nas fórmulas gerais do item (a).

11.3.2 Preço do EOQ com desconto por quantidade

Esse modelo é o mesmo que o da Seção 11.3.1, exceto que o item de estoque pode ser comprado com desconto se o tamanho do pedido, y, exceder um dado-limite, q. Matematicamente, o preço unitário de compra, c, é dado por

$$c=\begin{Bmatrix}c_1, \text{ se } y\le q\\ c_2, \text{ se } y>q\end{Bmatrix}, c_1>c_2$$

Em decorrência,

$$\text{Custo de compra por unidade de tempo} = \begin{cases} \dfrac{c_1 y}{t_0} = \dfrac{c_1 y}{\left(\frac{y}{D}\right)} = Dc_1, y \le q \\ \dfrac{c_2 y}{t_0} = \dfrac{c_2 y}{\left(\frac{y}{D}\right)} = Dc_2, y > q \end{cases}$$

Usando a notação da Seção 11.3.1, o custo total por unidade de tempo é

$$\text{TCU}(y) = \begin{cases} \text{TCU}_1(y) = Dc_1 = \dfrac{KD}{y} + \dfrac{h}{2}y, y \le q \\ \text{TCU}_2(y) = Dc_2 = \dfrac{KD}{y} + \dfrac{h}{2}y, y > q \end{cases}$$

Figura 11.4
Função custo de estoque com desconto no preço por quantidade

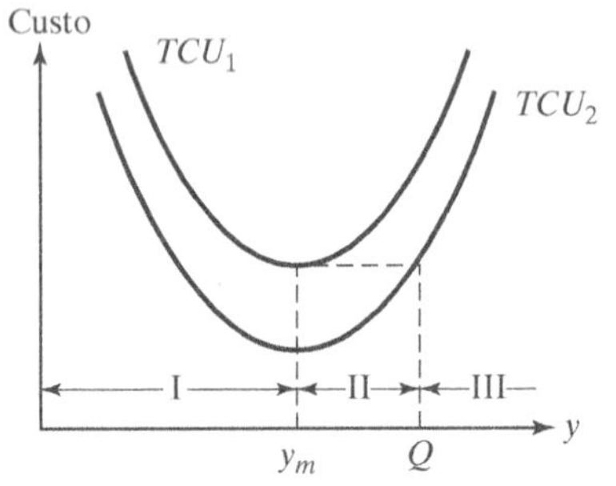

As funções TCU_1 e TCU_2 estão representadas no gráfico da Figura 11.4. Como a única diferença entre as duas funções é uma quantidade constante, seus mínimos devem coincidir em

$$y_m = \sqrt{\frac{2KD}{h}}$$

A função custo TCU(y) começa na esquerda com $\text{TCU}_1(y)$ e cai para $\text{TCU}_2(y)$ no ponto de equilíbrio do preço, q. A determinação da quantidade ótima do pedido, y^*, depende do ponto em que se encontra o ponto de equilíbrio do preço, q, em relação às zonas I, II e III delineadas na Figura 11.4 por $(0, y_m)$, (y_m, Q) e (Q, ∞), respectivamente. O valor de Q ($> y_m$) é determinado pela equação

$$\text{TCU}_2(Q) = \text{TCU}_1(y_m)$$

ou

$$c_2 D + \frac{KD}{Q} + \frac{hQ}{2} = \text{TCU}_1(y_m)$$

que é simplificada para

$$Q^2 + \left(\frac{2(c_2 D - \text{TCU}_1(y_m))}{h}\right)Q + \frac{2KD}{h} = 0$$

A Figura 11.5 mostra que a quantidade ótima desejada y^* é

$$y^* = \begin{cases} y_m, \text{ se } q \text{ estiver nas zonas I ou III} \\ q, \text{ se estiver na zona II} \end{cases}$$

As etapas para determinar y^* são

Etapa 1. Determine $y_m = \sqrt{\frac{2KD}{h}}$. Se q estiver na zona I, então $y^* = y_m$. Caso contrário, vá para a etapa 2.

Etapa 2. Determine Q ($> y_m$) pela equação Q

$$Q^2 + \left(\frac{2(c_2 D - \text{TCU}_1(y_m))}{h}\right)Q + \frac{2KD}{h} = 0$$

Defina as zonas II e III. Se q estiver na zona II, $y^* = q$. Caso contrário, q está na zona III e $y^* = y_m$.

Figura 11.5
Solução ótima para os problemas de estoque com desconto de preço por quantidade

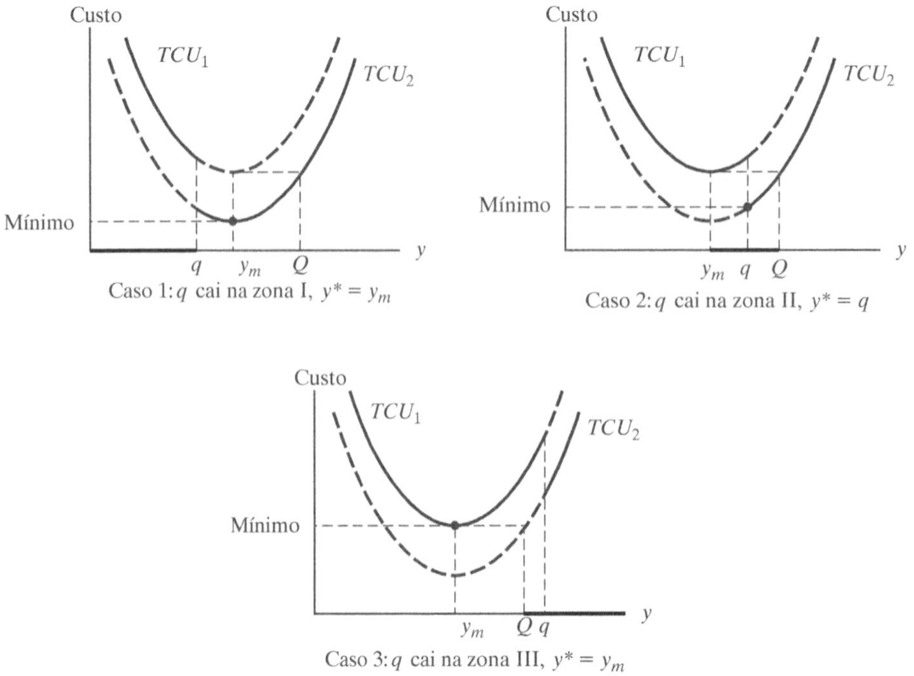

Exemplo 11.3-2

A LubeCar é especializada em troca rápida de óleo automotivo. A oficina compra óleo automotivo a granel por \$ 3 por galão. O revendedor oferece um preço com desconto de \$ 2,50 por galão se a LubeCar comprar mais do que 1.000 galões. A oficina atende aproximadamente 150 carros por dia e cada troca de óleo leva 1,25 galão. A LubeCar armazena óleo a granel ao custo de \$ 0,02 por galão por dia. Além disso, o custo para emitir um pedido para óleo a granel é \$ 20. Há um tempo de espera de dois dias para a entrega. Determine a política ótima de estoque.

O consumo de óleo por dia é

$$D = 150 \text{ carros por dia} \times 1{,}25 \text{ galão por carro} = 187{,}5 \text{ galões por dia}$$

Temos também

$$h = \$\ 0{,}02 \text{ por galão por dia}$$
$$K = \$\ 20 \text{ por pedido}$$
$$L = 2 \text{ dias}$$
$$c_1 = \$\ 3 \text{ por galão}$$
$$c_2 = \$\ 2{,}50 \text{ por galão}$$
$$q = 1.000 \text{ galões}$$

Etapa 1. Calcule

$$y_m = \sqrt{\frac{2KD}{h}} = \sqrt{\frac{2\times 20\times 187{,}5}{0{,}02}} = 612{,}37 \text{ galões}$$

Como $q = 1.000$ é maior do que $y_m = 612{,}37$, passamos para a etapa 2.

Etapa 2. Determine Q.

$$\begin{aligned}\text{TCU}_1(y_m) &= c_1 D + \frac{KD}{y_m} + \frac{hy_m}{2}\\ &= 3\times 187{,}5 + \frac{20\times 187{,}5}{612{,}37} + \frac{0{,}02\times 612{,}37}{2}\\ &= 574{,}75\end{aligned}$$

Por conseguinte, a equação Q é calculada por

$$Q^2 + \left(\frac{2\times(2{,}5\times 187{,}5 - 574{,}75)}{0{,}02}\right)Q + \frac{2\times 20\times 187{,}5}{0{,}02} = 0$$

ou

$$Q^2 - 10.599{,}74Q + 375.000 = 0$$

que dá como resultado $Q = 10.564{,}25$ ($> y_m$). Assim,

$$\text{Zona II} = (612{,}37;\ 10.564{,}25)$$
$$\text{Zona III} = (10.564{,}25;\ \infty)$$

Como q (= 1.000) cai na zona II, a quantidade ótima de pedido é $y^* = q = 1.000$ galões.

Dado um tempo de espera de dois dias, o ponto de renovação de pedido é $2D = 2 \times 187{,}5 = 375$ galões. Portanto, a política ótima de estoque é

Pedir 1.000 galões quando o nível de estoque cair para 375 galões.

Momento Excel

O gabarito excelEOQ.xls resolve a situação de preço com desconto dada anteriormente. A utilização do modelo é direta. Entre com os dados do modelo na seção de entrada de dados da planilha (C3:C11). Mensagens de erro adequadas serão apresentadas para resolver conflitos na entrada de dados. A saída do modelo dá a política ótima de estoque, bem como todos os cálculos intermediários do problema.

CONJUNTO DE PROBLEMAS 11.3B

1. Considere a situação do serviço de lavanderia do hotel no Problema 6, Conjunto 11.3A. O preço normal para lavar uma toalha suja é \$ 0,60, mas o serviço de lavanderia cobrará apenas \$ 0,50 se o hotel lhe fornecer as toalhas em lotes de no mínimo 2.500. O hotel deve aproveitar o desconto?

*2. Um item é consumido à taxa de 30 itens por dia. O custo de estocagem por unidade por dia é \$ 0,05, e o custo de preparação é \$ 100. Suponha que não seja permitida a falta e que o custo de compra por unidade seja \$ 10 para qualquer quantidade que não ultrapasse 500 unidades; caso contrário é \$ 8. O tempo de espera é 21 dias. Determine a política ótima de estoque.

3. Um item é vendido por \$ 25 a unidade, mas é oferecido um desconto de 10% para lotes de 150 unidades ou mais. Uma empresa usa esse item à taxa de 20 unidades por dia. O custo de preparação para o pedido de um lote é \$ 50, e o custo de estocagem por unidade por dia é \$ 0,30. O tempo de espera é 12 dias. A empresa deve aproveitar o desconto?

*4. No Problema 3, determine a faixa sobre a porcentagem de desconto de preço que, quando oferecida para lotes de 150 unidades ou mais, não resultará em nenhuma vantagem financeira para a empresa.

5. No modelo de estoque discutido nesta seção, suponha que o custo de estocagem por unidade, por unidade de tempo, seja h_1 para quantidades abaixo de q; caso contrário, é h_2, sendo $h_1 > h_2$. Mostre como o lote econômico é determinado.

11.3.3 Vários itens de EOQ com limitação de armazenagem

Esse modelo lida com n (> 1) itens, cujas flutuações individuais de estoque seguem o mesmo padrão da Figura 11.1 (não é permitida a falta). A diferença é que os itens competem por um espaço limitado de armazenagem.

Definam-se para o item i, $i = 1, 2, \ldots, n$,

D_i = taxa de demanda

K_i = custo de preparação

h_i = custo de estocagem por unidade, por unidade de tempo

y_i = quantidade de pedido

a_i = requisito de área de armazenagem por unidade de estoque

A = máxima área de armazenagem disponível para todos os n itens

Sob a premissa de não haver falta, o modelo matemático que representa a situação de estoque é dado por

$$\text{Minimizar TCU}(y_1, y_2, \ldots, y_n) = \sum_{i=1}^{n}\left(\frac{K_i D_i}{y_i} + \frac{h_i y_i}{2}\right)$$

sujeito a

$$\sum_{i=1}^{n} a_i y_i \le A$$
$$y_i > 0;\ i = 1, 2, \ldots, n$$

Para resolver o problema, tentamos primeiro uma solução desconsiderando as restrições:

$$y_i^* = \sqrt{\frac{2K_i D_i}{h_i}}, i = 1, 2, \ldots, n$$

Se essa solução satisfizer a restrição, o problema estará resolvido. Caso contrário, a restrição deve ser ativada.

Nas edições anteriores deste livro, usamos o algoritmo lagrangiano (bastante complicado) e cálculos de tentativa-e-erro para achar a solução ótima restrita. Com a disponibilidade de pacotes potentes, (como o AMPL e o Solver), o problema pode ser resolvido diretamente como um programa não linear, como demonstraremos no exemplo a seguir.

Exemplo 11.3-3

Os dados da Tabela 11.2 descrevem três itens de estoque.

Tabela 11.2 Itens de estoque

Item i	K_i (\$)	D_i (unidades por dia)	h_i (\$)	a_i (pés²)
1	10	2	0,30	1
2	5	4	0,10	1
3	15	4	0,20	1
Área total de armazenagem disponível = 25 pés²				

Os valores ótimos desconsiderando as restrições, $y_i^* = \sqrt{\frac{2K_iD_i}{h_i}}$, $i = 1, 2, 3$, são 11,55; 20,00 e 24,49 unidades, respectivamente. Esses valores violam a restrição de armazenagem

$$y_1 + y_2 + y_3 \leq 25$$

Por isso, a questão é resolvida como um problema de programação não linear usando o Solver ou o AMPL, como explicamos a seguir. O modelo em Solver deve ser ajustado para se adaptar ao tamanho do problema. O modelo em AMPL pode ser aplicado a qualquer número de itens por meio de simples alterações nos dados de entrada.

A solução ótima é $y_1^* = 6{,}34$ unidades; $y_2^* = 7{,}09$ unidades; $y_3^* = 11{,}57$ unidades; custo = \$ 13,62/dia.

Figura 11.6
Gabarito em Solver para o Exemplo 11.3-3 (arquivo solverConstrEOQ.xls)

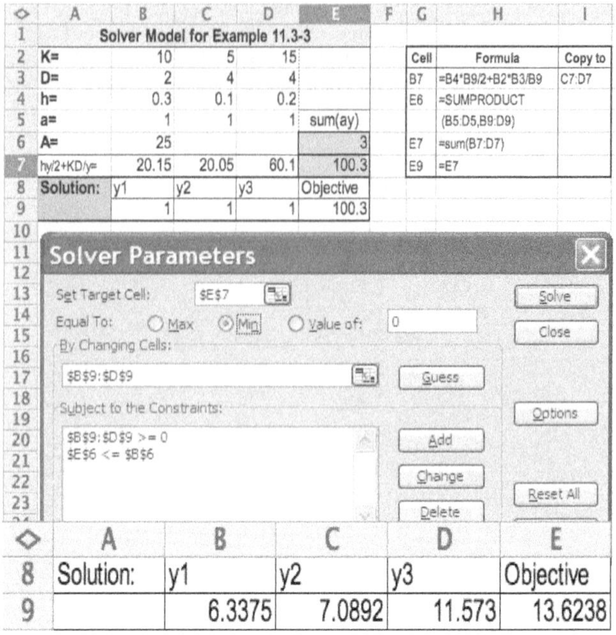

Momento Solver

A Figura 11.6 mostra como o Solver pode ser usado para resolver o Exemplo 11.3-3 como um problema de programação não linear (arquivo solverConstrEOQ.xls). Detalhes das fórmulas usadas no gabarito e dos parâmetros do Solver são mostrados na figura. Como acontece com a maioria dos problemas de programação não linear, os valores da solução inicial devem ser dados (nesse gabarito, $y_1 = y_2 = y_3 = 1$ na linha 9). Um valor inicial *não zero* é obrigatório porque a função objetivo inclui a divisão por y_i. Na verdade, pode ser uma boa idéia substituir K_iD_i/y_i por $K_iD_i/(y_i + \Delta)$, em que $\Delta > 0$ e é muito pequeno, de modo a evitar divisão por zero durante as iterações. Em geral, podem ser necessários valores iniciais diferentes antes de achar uma solução (ótima local). A solução ótima na parte inferior da figura é global porque a função objetivo e as restrições são bem comportadas (função objetivo convexa e espaço de solução convexo).

Momento AMPL

O modelo não linear para os vários itens de EOQ geral com limitação de armazenagem é dado na Figura 11.7 (arquivo amplConstrEOQ.txt). O modelo segue as mesmas regras usadas na resolução de problemas de programação linear. Contudo, assim como ocorre com o Solver, modelos em AMPL não lineares exibem peculiaridades que podem nos impedir de chegar a uma solução. Em particular, devem ser especificados valores iniciais 'prudentes' para as variáveis. Na Figura 11.7, a declaração de definição

```
var y{1..n}>=0, :=10; #initial trial value = 10;
```

inclui o código `:=10` que designa o valor inicial 10 a todas as variáveis. Se você usar um valor inicial de 1 no presente exemplo, resultará divisão por zero durante as iterações.

Por isso, como no Solver, talvez você precise substituir K_iD_i/y_i por $K_iD_i/(y_i + \Delta)$, em que $\Delta > 0$ e é muito pequeno, de modo a evitar a divisão por zero durante o processo iterativo. De fato, os problemas 1 e 4, Conjunto 11.3C, não poderiam ser resolvidos com o AMPL sem utilizar esse truque.

Figura 11.7
Modelo em AMPL para o Exemplo 11.3-3 (arquivo amplConstrEOQ.txt)

```
param n;
param K{1..n};
param D{1..n};
param h{1..n};
param a{1..n};
param A;

var y{1..n}>=0, :=10; #initial trial value = 10

minimize z: sum{j in 1..n}(K[j]*D[j]/y[j]+h[j]*y[j]/2);
subject to storage:sum{j in 1..n}a[j]*y[j]<=A;
data;
param n:=3;
param K:= 1 10  2 5  3 15;
param D:=1 2  2 4  3 4;
param h:=1 .3  2 .1  3 .2;
param a:=1 1  2 1  3 1;
param A:=25;

solve;display z,y;

printf"SOLUTION:\n">a.out;
printf" Total cost = %4.2f\n",z>a.out;
for {i in 1..n}
        printf" y%1i = %4.2f\n",i,y[i]>a.out;
```

CONJUNTO DE PROBLEMAS 11.3C[2]

*1. Os dados da Tabela A descrevem cinco itens de estoque.

Tabela A

Item i	K_i ($)	D_i (unidades por dia)	h_i ($)	a_i (pés²)
1	20	22	0,35	1,0
2	25	34	0,15	0,8
3	30	14	0,28	1,1
4	28	21	0,30	0,5
5	35	26	0,42	1,2
Área total de armazenagem disponível = 25 pés²				

Determine as quantidades ótimas de pedido.

2. Resolva o modelo do Exemplo 11.3-3 considerando que exigimos que a soma dos estoques médios para todos os itens seja menor do que 25 unidades.
3. No Problema 2, considere que a única restrição seja um limite de $ 1.000 sobre a quantidade de capital que pode ser investida em estoque. Os custos de compra por unidade dos itens 1, 2 e 3 são $ 100, $ 55 e $ 100, respectivamente. Determine a solução ótima.

*4. Os dados da Tabela B descrevem quatro itens de estoque.

Tabela B

Item i	K_i ($)	D_i (unidades por dia)	h_i ($)
1	100	10	0,1
2	50	20	0,2
3	90	5	0,2
4	20	10	0,1

A empresa deseja determinar o lote econômico para cada um dos quatro itens de modo tal que o número total de lotes por ano (365 dias) seja no máximo 150. Formule a questão como um problema de programação não linear e ache a solução ótima.

11.4 MODELOS EOQ DINÂMICOS

Os modelos apresentados aqui são diferentes dos da Seção 11.3 em dois aspectos: 1) o nível de estoque é revisto periodicamente em um número finito de períodos iguais; e 2) a demanda por período, embora determinística, é dinâmica, no sentido de que varia de um período para o seguinte.

Uma situação na qual ocorre demanda determinística dinâmica é no **planejamento da necessidade de materiais** (MRP — *materials requirement planning*). A noção de MRP é ilustrada com um exemplo. Suponha que as demandas trimestrais para o próximo ano para dois modelos finais, $M1$ e $M2$, de um dado produto sejam 100 e 150 unidades, respectivamente. As entregas dos lotes trimestrais são realizadas no final de cada trimestre. O tempo de ciclo de produção é de dois meses para $M1$ e de um mês para $M2$. Cada unidade de $M1$ e $M2$ usa duas unidades de uma subunidade S. O tempo de ciclo para a produção de S é um mês.

A Figura 11.8 demonstra as programações de produção para $M1$ e $M2$. As programações começam com a demanda trimestral para os dois modelos (mostradas por setas cheias) que ocorrem no final dos meses 3, 6, 9 e 12. Dados os tempos de ciclo de dois meses e um mês para $M1$ e $M2$, as setas tracejadas mostram os inícios planejados de cada lote de produção.

Para iniciar a produção dos dois modelos a tempo, a entrega da subunidade S deve coincidir com a ocorrência das setas tracejadas $M1$ e $M2$. Essa informação é mostrada pelas setas cheias no grafo de S, no qual a demanda resultante de S é duas unidades por unidade de $M1$ ou $M2$. Usando um tempo de ciclo de um mês, as setas tracejadas no grafo de S dão as programações de produção para S. Então, por essas duas programações, a demanda combinada para S correspondente a $M1$ e a $M2$ pode ser determinada como mostra a parte inferior da Figura 11.8. A demanda *variável* (porém conhecida) resultante para S é típica de situações em que ocorre EOQ dinâmico. Em essência, dada a demanda variável indicada para S, quanto deve ser produzido no início de cada mês para reduzir o custo total de produção-estoque?

Dois modelos são apresentados nesta seção. O primeiro modelo não prevê um custo de preparação (pedido), mas o segundo, sim. Esse detalhe aparentemente 'pequeno' faz diferença na complexidade do modelo.

CONJUNTO DE PROBLEMAS 11.4A

1. Na Figura 11.8, determine os requisitos combinados para a subunidade S em cada um dos seguintes casos:
   *(a) Tempo de ciclo para $M1$ é de somente um período.
   (b) Tempo de ciclo para $M1$ é de três períodos.

Figura 11.8
Exemplo de demanda dinâmica gerada pelo MRP

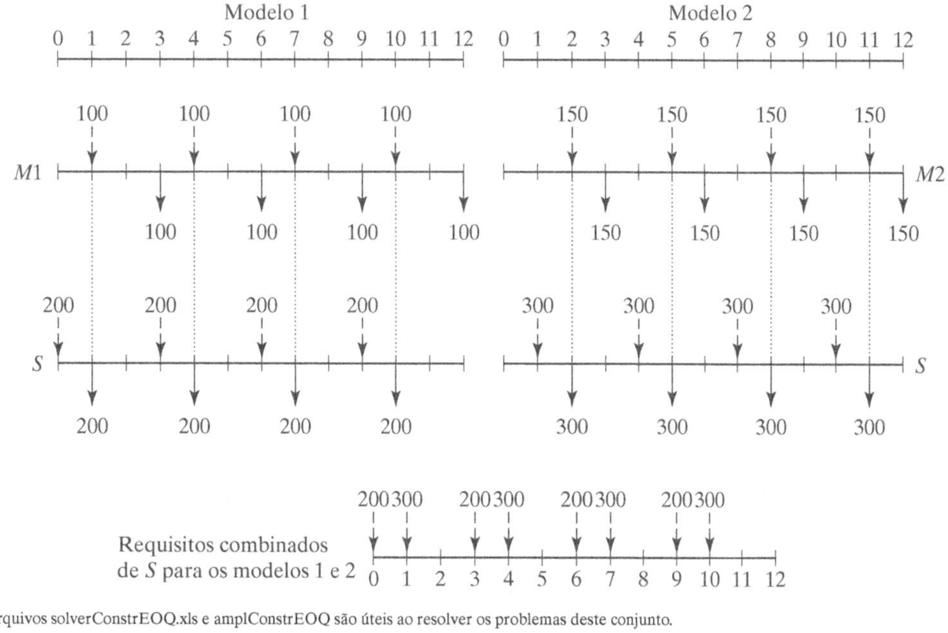

[2] Você vai descobrir que os arquivos solverConstrEOQ.xls e amplConstrEOQ são úteis ao resolver os problemas deste conjunto.

11.4.1 Modelo sem tempo de preparação

Esse modelo envolve um horizonte de planejamento com n períodos iguais. Cada período tem uma capacidade de produção limitada que pode incluir diversos níveis de produção (por exemplo, horário de trabalho normal e horas extras representam dois níveis de produção). Em um período corrente pode-se produzir mais do que a demanda imediata para satisfazer a demanda em períodos posteriores, caso em que deve ser cobrado um custo de estocagem.

As premissas gerais do modelo são

1. Nenhum custo de preparação é incorrido em qualquer período.
2. Nenhuma falta é permitida.
3. A função custo unitário de produção em qualquer período é constante ou tem custos marginais crescentes (convexa).
4. O custo unitário de estocagem em qualquer período é constante.

A ausência de falta significa que a produção em períodos futuros não pode completar a demanda em um período corrente. Essa premissa requer que a capacidade de produção acumulada para os períodos $1, 2, \ldots$, e i seja no mínimo igual à demanda acumulada para os mesmos períodos.

A Figura 11.9 ilustra a função custo unitário de produção com margens crescentes. Por exemplo, as produções em horário normal de trabalho e em horas extras correspondem a dois níveis nos quais o custo unitário de produção é mais alto durante as horas extras do que durante o horário normal de trabalho.

Figura 11.9
Função convexa custo unitário de produção

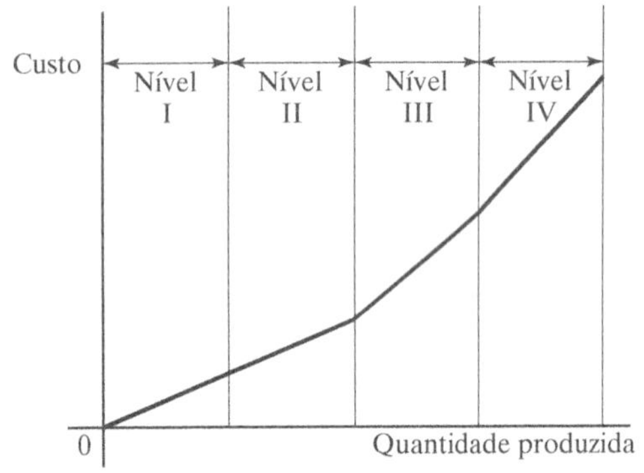

A questão de n períodos pode ser formulada como um problema de transporte (veja o Capítulo 5) com kn origens e n destinos, em que k é o número de níveis de produção por período (por exemplo, se cada período usar horário normal e horas extras, então $k = 2$). As capacidades de produção de cada uma das kn (nível de produção) origens dão as quantidades de fornecimento. As quantidades demandadas são especificadas pela demanda de cada período. O custo unitário 'de transporte' de uma origem a um destino é a soma dos custos unitários de produção e de estocagem aplicáveis. A solução da questão como um problema de transporte determina as quantidades de produção de custo mínimo em cada nível de produção.

O problema de transporte resultante pode ser resolvido sem usar a conhecida técnica de transporte apresentada no Capítulo 5. A validade do novo algoritmo de solução se apóia nas premissas especiais de nenhuma falta e uma função convexa custo de produção.

Exemplo 11.4-1

A Metalco produz defletores de tiragem para utilização em lareiras residenciais durante os meses de dezembro a março. A demanda começa baixa, atinge o pico na metade da estação e diminui à medida que se aproxima o final da estação. Devido à popularidade do produto, a Metalco pode usar horas extras para atender à demanda.

A Tabela 11.3 a seguir apresenta as capacidades de produção e as demandas para os quatro meses de inverno.

Tabela 11.3 Produção de defletores de tiragem

Mês	Capacidade: *Horário normal (unidades)*	Capacidade: *Horas extras (unidades)*	Demanda (unidades)
1	90	50	100
2	100	60	190
3	120	80	210
4	110	70	160

O custo unitário de produção em qualquer período é \$ 6 durante o horário normal e \$ 9 quando utilizar horas extras. O custo unitário de estocagem por mês é \$ 0,10.

Para garantir que o modelo tenha uma solução viável quando não for permitida a falta, o suprimento acumulado (capacidade de produção) até qualquer mês deve ser igual, no mínimo, à demanda acumulada associada, como mostra a Tabela 11.4.

Tabela 11.4 Solução viável para o modelo

Mês	Suprimento acumulado	Demanda acumulada
1	90 + 50 = 140	100
2	140 + 100 + 60 = 300	100 + 190 = 290
3	300 + 120 + 80 = 500	290 + 210 = 500
4	500 + 110 + 70 = 680	500 + 160 = 660

A Tabela 11.5 resume o modelo e sua solução. Os símbolos R_i e O_i representam níveis de produção em horário normal e em horas extras no período i, $i = 1, 2, 3, 4$. Como o suprimento acumulado no período 4 é maior do que a demanda acumulada, é adicionado um destino fictício para o excedente, de modo a equilibrar o modelo, como mostra a Tabela 11.1. Todas as rotas de 'transporte' de um período anterior para um período atual estão bloqueadas porque não é permitida a falta.

Tabela 11.5 Resumo do modelo e sua solução

	1	2	3	4	Excedente	
R_1	6 (90)	6,1	6,2	6,3	0	90
O_1	9 (10)	9,1 (30)	9,2 (10)	9,3	0	50 → 40 → 10
R_2	—	6 (100)	6,1	6,2	0	100
O_2	—	9 (60)	9,1	9,2	0	60
R_3	—	—	6 (120)	6,1	0	120
O_3	—	—	9 (80)	9,1	0	80
R_4	—	—	—	6 (110)	0	110
O_4	—	—	—	9 (50)	0 (20)	70 → 20
	100 ↓ 10	190 ↓ 90 ↓ 30	210 ↓ 90 ↓ 10	160 ↓ 50	20	

Os custos unitários de 'transporte' são a soma dos custos de produção e estocagem aplicáveis. Por exemplo, o custo unitário de R_1 para o período 1 é igual somente ao custo unitário de produção (= \$ 6). O custo unitário de O_1 para o período 4 é igual ao custo unitário de produção mais o custo unitário de estocagem dos períodos 1 a 4, isto é, \$ 9 + (\$ 0,1 + \$ 0,1 + \$ 0,1) = \$ 9,30. Por fim, os custos unitários para o destino *excedente* são zero.

A solução ótima é obtida em uma passagem que começa na coluna 1 e percorre, uma coluna por vez, o caminho até a coluna *excedente*. Para cada coluna, a demanda é satisfeita com a utilização das rotas mais baratas naquela coluna.[3]

Começando com a coluna 1, a rota (R_1, 1) tem o custo unitário mais barato, por isso lhe designamos o máximo que pudermos, ou seja, min{90, 100} = 90 unidades, o que deixa dez unidades não cumpridas na coluna 1. A próxima rota mais barata na coluna 1 é (O_1, 1), à qual designamos min{50, 10} = 10. Agora, a demanda para o período 1 está satisfeita.

Em seguida, passamos para a coluna 2. As designações nessa coluna ocorrem na seguinte ordem: 100 unidades para (R_2, 2), 60 unidades para (O_2, 2) e 30 unidades para (O_1, 2). Os custos unitários de 'transporte' respectivos para essas designações são \$ 6, \$ 9 e \$ 9,10. Não usamos a rota (R_1, 2), cujo custo unitário é \$ 6,10, porque todo o suprimento foi designado ao período 1.

Continuando dessa mesma maneira, satisfazemos as demandas da coluna 3 e depois, da coluna 4. A solução ótima, mostrada em negrito na Tabela 11.5, é resumida como demonstrado na Tabela 11.6.

Tabela 11.6 Solução ótima da Tabela 11.1

Período	Programação da produção
Normal 1	Produzir 90 unidades para o período 1.
Horas extras 1	Produzir 50 unidades: 10 unidades para o período 1; 30 para o 2; e 10 para o 3.
Normal 2	Produzir 100 unidades para o período 2.
Horas extras 2	Produzir 60 unidades para o período 2.
Normal 3	Produzir 120 unidades para o período 3.
Horas extras 3	Produzir 80 unidades para o período 3.
Normal 4	Produzir 110 unidades para o período 4.
Horas extras 4	Produzir 50 unidades para o período 4; com 20 unidades de capacidade ociosa.

O custo total associado é 90 × \$ 6 + 10 × \$ 9 + 30 × \$ 9,10 + 100 × \$ 6 + 60 × \$ 9 + 10 × \$ 9,20 + 120 × \$ 6 + 80 × \$ 9 + 110 × \$ 6 + 50 × \$ 9 = \$ 4.685.

CONJUNTO DE PROBLEMAS 11.4B

1. Resolva o Exemplo 11.4-1 considerando que os custos unitários de produção e de estocagem são dados na Tabela C.

Tabela C

Período i	Custo unitário do horário normal (\$)	Custo unitário da hora extra (\$)	Custo unitário de estocagem até o período i + 1 (\$)
1	5,00	7,50	0,10
2	3,00	4,50	0,15
3	4,00	6,00	0,12
4	1,00	1,50	0,20

2. Um item é fabricado para satisfazer a demanda conhecida para quatro períodos de acordo com os dados da Tabela D.

Tabela D

	Custo unitário de produção para o período (\$)			
Faixa de produção (unidades)	*1*	*2*	*3*	*4*
1–3	1	2	2	3
4–11	1	4	5	4
12–15	2	4	7	5
16–25	5	6	10	7
Custo unitário de estocagem até o próximo período (\$)	0,30	0,35	0,20	0,25
Demanda total (unidades)	11	4	17	29

(a) Ache a solução ótima indicando o número de unidades a ser produzidas em cada período.

(b) Suponha que sejam necessárias dez unidades adicionais no período 4. Quando elas devem ser produzidas?

***3.** A demanda por um produto para os próximos cinco períodos pode ser atendida por produção em horário normal, produção em horas extras ou subcontratação. A subcontratação só pode ser usada se já tiver sido esgotada a capacidade de horas extras. A Tabela E dá os dados de fornecimento, demanda e custo da situação.

Tabela E

	Capacidade de produção (unidades)			
Período	*Horário normal*	*Horas extras*	*Subcontratação*	Demanda
1	100	50	30	153
2	40	60	80	200
3	90	80	70	150
4	60	50	20	200
5	70	50	100	203

Os custos unitários de produção para os três níveis em cada período são \$ 4, \$ 6 e \$ 7, respectivamente. O custo unitário de estocagem por período é \$ 0,50. Determine a solução ótima.

11.4.2 Modelo com tempo de preparação

Nessa situação, nenhuma falta é permitida, e é incorrido um custo de preparação cada vez que é iniciado um novo lote de produção. Dois métodos de solução serão apresentados: um algoritmo de programação dinâmica exata e um heurístico.

A Figura 11.10 apresenta o resumo esquemático da situação de estoque. Os símbolos mostrados na figura são definidos para o período i, $i = 1, 2,..., n$, como

z_i = quantidade pedida

D_i = demanda no período i

x_i = estoque no início do período i

Os elementos de custo associados são definidos como

K_i = custo de preparação no período i

h_i = custo unitário de estocagem do período i a i + 1

Figura 11.10
Elementos do modelo dinâmico de estoque com custo de preparação

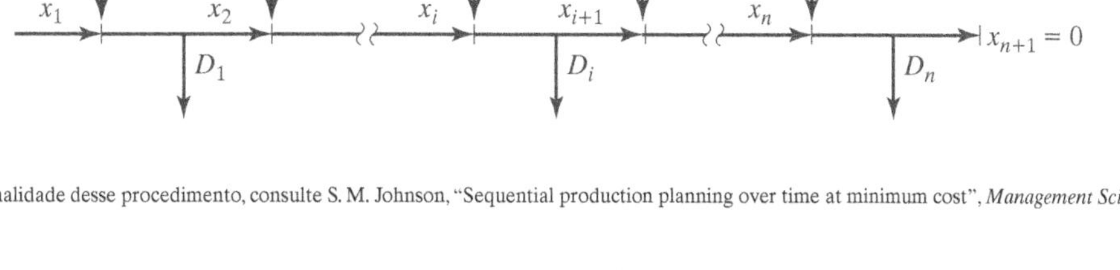

[3] Se quiser uma prova da otimalidade desse procedimento, consulte S. M. Johnson, "Sequential production planning over time at minimum cost", *Management Science*, v. 3, 1957, p. 435-437.

A função custo de produção associada para o período i é

$$C_i(z_i)=\begin{cases}0, & z_i=0\\ K_i+c_i(z_i), & z_i>0\end{cases}$$

A função $c_i(z_i)$ é a do custo marginal, dado z_i.

Algoritmo geral de programação dinâmica. Se não houver falta, o modelo de estoque é baseado na minimização da soma dos custos de produção e estocagem para todos os n períodos. Para simplificar, consideraremos que o custo de estocagem para o período i é baseado no estoque no final do período, definido como

$$x_{i+1}=x_i+z_i-D_i$$

Para a equação recursiva progressiva, o *estado* no *estágio* (período) i é definido como x_i+1, o nível de estoque ao final do período, no qual, como a Figura 11.10 mostra,

$$0\le x_{i+1}\le D_{i+1}+\ldots+D_n$$

Essa desigualdade reconhece que, no caso extremo, o estoque remanescente, x_{i+1}, pode satisfazer a demanda para todos os períodos restantes.

Seja $f_i(x_{i+1})$ o custo de estoque mínimo para os períodos 1,2,..., e i dado o estoque no final do período x_{i+1}. Assim, a equação recursiva progressiva é dada por

$$f_1(x_2)=\min_{z_1=D_1+x_2-x_1}\{C_1(z_1)+h_1x_2\}$$

$$f_i(x_{i+1})=\min_{0\le z_i\le D_i+x_{i+1}}\{C_i(z_i)+h_ix_{i+1}+f_{i-1}(x_{i+1}+D_i-z_i)\},\ i=2,3,\ldots,n$$

Observe que, para o período 1, z_1 deve ser exatamente igual a $D_1+x_2-x_1$. Para $i>1$, z_i pode chegar a zero porque D_i pode ser satisfeita com a produção dos períodos precedentes, 1, 2,..., e $i-1$.

Exemplo 11.4-2

A Tabela 11.7 apresenta os dados para uma situação de estoque de três períodos.

Tabela 11.7 Dados para situação de estoque

Período i	Demanda D_i (unidades)	Custo de preparação K_i($)	Custo de estocagem h_i ($)
1	3	3	1
2	2	7	3
3	4	6	2

A demanda ocorre em unidades discretas, e o estoque inicial é $x_1=1$ unidade. O custo unitário de produção é $ 10 para as primeiras três unidades e $ 20 para cada unidade adicional, o que é traduzido matematicamente como

$$c_i(z_i)=\begin{cases}10z_i, & 0\le z_i\le 3\\ 30+20(z_i-3), & z_i\ge 4\end{cases}$$

Determine a política ótima de estoque.

Período 1: $D_1=3;\ 0\le x_2\le 2+4=6;\ z_1=x_2+D_1-x_1=x_2+2$

Tabela 11.8 Solução ótima (período 1)

		$C_1(z_1)+h_1x_2$							Solução ótima	
		$z_1=2$	3	4	5	6	7	8		
x_2	h_1x_2	$C_1(z_1)=23$	33	53	73	93	113	133	$f_1(x_2)$	z_1^*
0	0	23							23	2
1	1		34						34	3
2	2			55					55	4
3	3				76				76	5
4	4					97			97	6
5	5						118		118	7
6	6							139	139	8

Observe que, como $x_1=1$, o menor valor de z_1 é $D_1-x_1=3-1=2$.

Período 2: $D_2=2;\ 0\le x_3\le 4;\ 0\le z_2\le D_2+x_3=x_3+2$

Tabela 11.9 Solução ótima (período 2)

		$C_2(z_2)+h_2x_3+f_1(x_3+D_2-z_2)$							Solução ótima	
		$z_2=0$	1	2	3	4	5	6		
x_3	h_2x_3	$C_2(z_2)=0$	17	27	37	57	77	97	$f_2(x_3)$	z_2^*
0	0	0 + 55 = 55	17 + 34 = 51	27 + 23 = 50					50	2
1	3	3 + 76 = 79	20 + 55 = 75	30 + 34 = 64	40 + 23 = 63				63	3
2	6	6 + 97 = 103	23 + 76 = 99	33 + 55 = 88	43 + 34 = 77	63 + 23 = 86			77	3
3	9	9 + 118 = 127	26 + 97 = 123	36 + 76 = 112	46 + 55 = 101	66 + 34 = 100	86 + 23 = 109		100	4
4	12	12 + 139 = 151	29 + 118 = 147	39 + 97 = 136	49 + 76 = 125	69 + 55 = 124	89 + 34 = 123	109 + 23 = 132	123	5

Período 3: $D_3 = 4; x_4 = 0; 0 \leq z_3 \leq D_3 + x_4 = 4$

Tabela 11.10 Solução ótima (período 3)

		$C_3(z_3) + h_3x_4 + f_2(x_4 + D_3 - z_3)$					Solução ótima	
		$z_3 = 0$	1	2	3	4		
x_4	h_3x_4	$C_3(z_3) = 0$	16	26	36	56	$f_3(x_4)$	z_3^*
0	0	0 + 123 = 123	16 + 100 = 116	26 + 77 = 103	36 + 63 = 99	56 + 50 = 106	99	3

A solução ótima é lida da seguinte maneira:

$$(x_4 = 0) \rightarrow \boxed{z_3 = 3} \rightarrow (x_3 = 0 + 4 - 3 = 1) \rightarrow \boxed{z_2 = 3}$$

$$\rightarrow (x_2 = 1 + 2 - 3 = 0) \rightarrow \boxed{z_1 = 2}.$$

Portanto, a solução é resumida como $z_1^* = 2$; $z_2^* = 3$; e $z_3^* = 3$ – com um custo total de \$ 99.

Momento Excel

O gabarito excelDPInv.xls é projetado para resolver o problema de PD geral de estoque com até dez períodos. O desenho da planilha é semelhante ao do excelKnapsack.xls dado na Seção 10.3.1, no qual o modelo executa os cálculos um estágio por vez e são necessários dados de entrada fornecidos pelo usuário para ligar os estágios sucessivos.

A Figura 11.11 mostra a aplicação da excelDPInv.xls ao Exemplo 11.4-2. Os dados de entrada são digitados para cada estágio. Os cálculos começam com o período 1. Observe como a função custo $c_i(z_i)$ entra na linha 3: (G3 = 10, H3 = 20, I3 = 3) significa que o custo unitário é \$ 10 para os primeiros três itens e \$ 20 para os itens adicionais. Observe também que a quantidade digitada para D_1 deve ser a líquida após deduzida a quantidade ($= 3 - x_1 = 3 - 1 = 2$) do estoque inicial. Além disso, você precisa criar os valores viáveis da variável z_1. A planilha verifica automaticamente se os valores que você digitou são corretos e emite mensagens auto-explicativas na linha 6: 'yes', 'no', ou 'delete'.

Logo que todos os dados tenham entrado, valores ótimos de f_i e z_i para o estágio são dados nas colunas S e T. Em seguida, é criado um registro permanente para a solução para o período 1, (x_1, f_1, z_1), na seção de resumo da solução ótima da planilha, como mostra a Figura 11.11. Isso requer copiar e colar D9:D15 e S9:T15 usando *Colar especial + Valores* (talvez você precise revisar o procedimento adequado para criar o registro permanente dado em conjunto com a planilha excelKnapsack.xls na Seção 10.3.1).

Em seguida, para a preparação do estágio 2, copie f_1 do registro permanente e cole-a na coluna B, como mostra a Figura 11.11. Agora, basta atualizar os dados de entrada para o período 2. O processo se repete para o período 3.

CONJUNTO DE PROBLEMAS 11.4C

*1. Considere o Exemplo 11.4-2.
   (a) Faz sentido ter $x_4 > 0$?
   (b) Para cada um dos dois casos seguintes, determine as faixas viáveis para z_1, z_2, z_3, x_1, x_2 e x_3. (Você verá que é útil representar cada situação como na Figura 11.10.)
      (i) $x_1 = 4$ e todos os dados restantes são os mesmos.
      (ii) $x_1 = 0$; $D_1 = 5$; $D_2 = 3$; e $D_3 = 4$.

2. *(a) Ache a solução ótima para o modelo de estoque de quatro períodos dado na Tabela F.

Tabela F

Período i	Demanda D_i (unidades)	Custo de preparação K_i (\$)	Custo de estocagem h_i (\$)
1	5	5	1
2	2	7	1
3	3	9	1
4	3	7	1

O custo unitário de produção é \$ 1 cada para as primeiras seis unidades e \$ 2 cada para unidades adicionais.
   (b) Verifique os cálculos usando a planilha excelDPInv.xls.

3. Suponha que o custo de estocagem seja baseado no estoque *médio* durante o período. Desenvolva a equação recursiva progressiva correspondente.

4. Desenvolva a equação recursiva regressiva para o modelo e depois use-a para resolver o Exemplo 11.4-2.

5. Desenvolva a equação recursiva regressiva para o modelo considerando que o custo de estocagem é baseado no estoque *médio* no período.

Algoritmo de programação dinâmica com custos marginais constantes ou decrescentes. A PD geral que acabamos de dar pode ser usada com qualquer função custo. Contudo, a natureza do algoritmo impõe que o estado *xi* e as alternativas z_i no estágio i assumam valores em incrementos de 1. Isso significa que, para grandes quantidades de demanda, a tabela em cada estágio pode ser muito grande e, em conseqüência, impraticável em termos de cálculo.

Um caso especial do modelo geral de PD é promissor para reduzir o volume de cálculos. Nessa situação especial, o custo unitário de produção, bem como o custo unitário de estocagem, são funções *não crescentes* (côncavas) da quantidade de produção e do nível de estoque, respectivamente. Essa situação ocorre tipicamente quando a função de custo unitário é constante ou quando é permitido um desconto por quantidade.

Sob as condições dadas, pode-se provar que[4]

1. Dado o estoque inicial zero ($x_1 = 0$), é ótimo satisfazer a demanda em qualquer período i com nova produção ou com estoque que entra, mas nunca com ambos, isto é, $z_ix_i = 0$. (Para o caso em que o estoque inicial é positivo, $x_1 > 0$, a quantidade pode ser deduzida das demandas dos períodos sucessivos até ser esgotada.)
2. A quantidade ótima de produção, z_i, para o período i deve ser zero ou satisfazer a demanda exata para um ou mais períodos contíguos subseqüentes.

[4] Veja H. Wagner e T. Whitin, "Dynamic version of the economic lot size model", *Management Science*, v. 5, 1958, p. 89–96. A prova de otimalidade impõe a premissa restritiva de que as funções custo são constantes e idênticas para todos os períodos. Mais tarde, a premissa foi relaxada por A. Veinott Jr., a fim de incluir funções custo côncavas distintas.

Figura 11.11
Solução de PD em Excel para o Exemplo 11.4-2 (arquivo excelDPInv.xls)

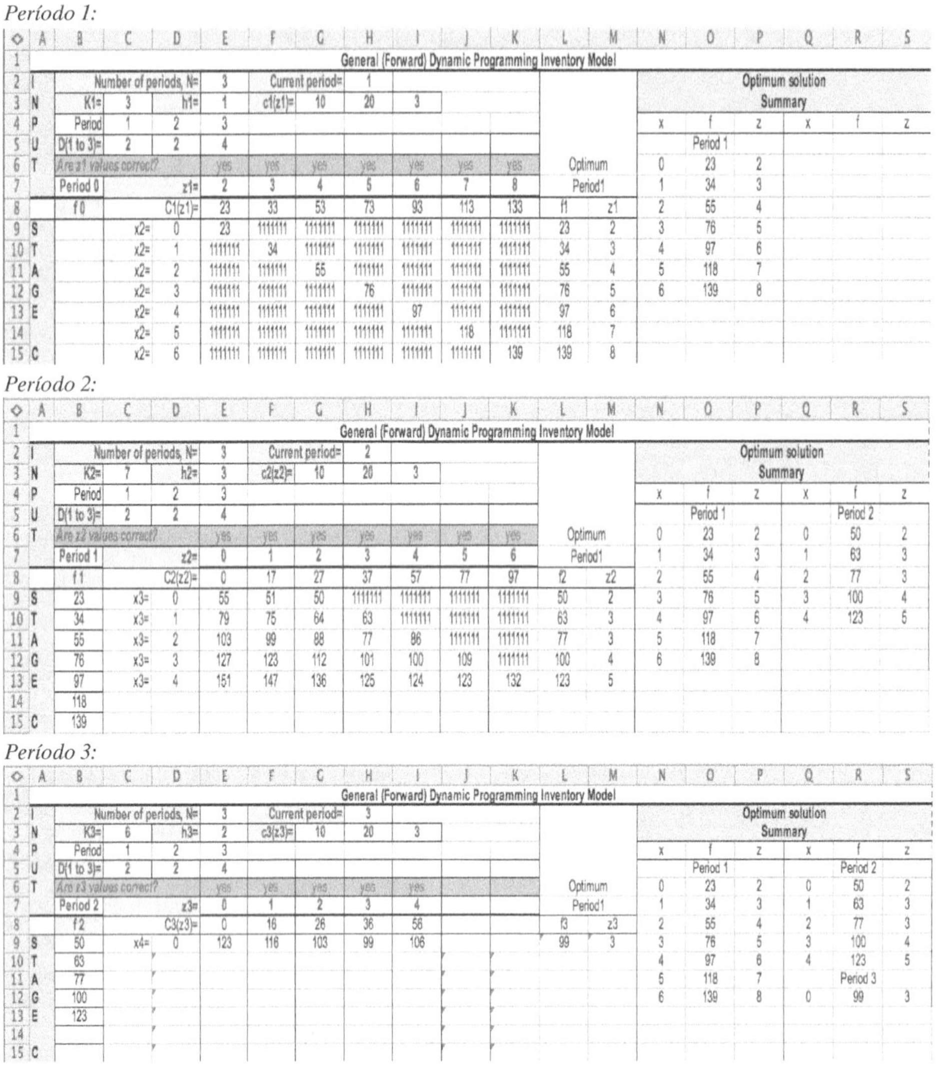

Exemplo 11.4-3

Um modelo de estoque de quatro períodos funciona com os dados mostrados na Tabela 11.11.

O estoque inicial é $x_1 = 15$ unidades. O custo unitário de produção é \$ 2, e o custo unitário de estocagem por período é \$ 1 para todos os períodos. (Para simplificar, considera-se que o custo unitário de produção e o custo unitário de estocagem permanecem inalterados para todos os períodos.)

A solução é determinada pelo algoritmo progressivo dado anteriormente, exceto que os valores de x_{i+1} e z_i assumem somas 'totais' em vez de incrementos de 1. Como $x_1 = 15$, a demanda para o primeiro período é ajustada para 76 – 15 = 61 unidades.

Tabela 11.11 Dados para o modelo de estoque de quatro períodos

Período i	Demanda D_i (unidades)	Custo de preparação K_i (\$)
1	76	98
2	26	114
3	90	185
4	67	70

Período 1: $D_1 = 61$

Tabela 11.12 Solução ótima (período 1)

		$C_1(z_1) + h_1x_2$				Solução ótima	
		$z_1 = 61$	87	177	244		
x_2	h_1x_2	$C_1(z_1) = 220$	272	452	586	$f_1(x_2)$	z_1^*
0	0	220				220	61
26	26		298			298	87
116	116			568		568	177
183	183				769	769	244
Pedido em 1 para		1	1, 2	1, 2, 3	1, 2, 3, 4		

Período 2: $D_2 = 26$

Tabela 11.13 Solução ótima (período 2)

		$C_2(z_2) + h_2x_3 + f_1(x_3 + D_2 - z_2)$				Solução ótima	
		$z_2 = 0$	26	116	183		
x_3	h_2x_3	$C_2(z_2) = 0$	166	346	480	$f_2(x_3)$	z_2^*
0	0	0 + 298 = 298	166 + 220 = 386			298	0
90	90	90 + 568 = 658		436 + 220 = 656		656	116
157	157	157 + 769 = 926			637 + 220 = 857	857	183
Pedido em 2 para		—	2	2, 3	2, 3, 4		

Período 3: $D_3 = 90$

Tabela 11.14 Solução ótima (período 3)

		$C_3(z_3) + h_3x_4 + f_2(x_4 + D_3 - z_3)$			Solução ótima	
		$z_3 = 0$	90	157		
x_4	h_3x_4	$C_3(z_3) = 0$	365	499	$f_3(x_4)$	z_3^*
0	0	0 + 656 = 656	365 + 298 = 663		656	0
67	67	67 + 857 = 924		566 + 298 = 864	864	157
Pedido em 3 para		—	3	3, 4		

Período 4: $D_4 = 67$

Tabela 11.15 Solução ótima (período 4)

		$C_4(z_4) + h_4x_5 + f_3(x_5 + D_4 - z_4)$		Solução ótima	
		$z_4 = 0$	67		
x_5	h_4x_5	$C_4(z_4) = 0$	204	$f_4(x_5)$	z_4^*
0	0	0 + 864 = 864	204 + 656 = 860	860	67
Pedido em 4 para		—	4		

A política ótima é determinada pelas tabelas da seguinte maneira:

$$(x_5 = 0) \rightarrow \boxed{z_4 = 67} \rightarrow (x_4 = 0) \rightarrow \boxed{z_3 = 0}$$

$$\rightarrow (x_3 = 90) \rightarrow \boxed{z_2 = 116} \rightarrow (x_2 = 0) \rightarrow \boxed{z_1 = 61}$$

Isso dá $z_1^* = 61$; $z_2^* = 116$; $z_3^* = 0$; e $z_4^* = 67$, a um custo total de \$ 860.

Momento Excel

O gabarito WagnerWhitin.xls é semelhante ao do modelo geral excelDPInv.xls. A única diferença é que são usadas somas totais para o estado x e a alternativa z. Além disso, para simplificar, a nova planilha não permite desconto por quantidade. A Figura 11.12 produz cálculos do período 1 para o Exemplo 11.4-3. O gabarito está limitado a um máximo de dez períodos. Lembre-se de usar *Colar especial* + *Valores* ao criar o resumo do resultado da solução (colunas Q:V).

CONJUNTO DE PROBLEMAS 11.4D

***1.** Resolva o Exemplo 11.4-3 considerando que o estoque inicial é 80 unidades. Você pode usar a planilha excelWagnerWhitin.xls para verificar seus cálculos.

2. Resolva o problema de estoque determinístico de dez períodos dado na Tabela G. Considere um estoque inicial de 50 unidades.

Figura 11.12
Modelo de Wagner-Whitin de PD em Excel aplicado ao período 1 do Exemplo 11.4-3 (arquivo excelWagnerWhitin.xls)

Período 1:

◇	A	B	C	D	E	F	G	H	I	O	P	Q	R	S
1		Wagner-Whitin (Forward) Dynamic Programming Inventory Model												
2		Number of periods, N=			4		Current period=		1					
3	I	Period	1	2	3	4						Optimum Solution Summary		
4	N	c(1 to 4) =	2	2	2	2								
5	P	K(1 to 4) =	98	114	185	70								
6	U	h(1 to 4) =	1	1	1	3						x	f	z
7	T	D(1 to 4) =	61	26	90	67				Current			period 1	
8		Are z1 values correct?			yes	yes	yes	yes		optimum		0	220	61
9		Period 0		z1=	61	87	177	244		Period 1		26	298	87
10		f 0		C1(z1)=	220	272	452	586		f1	z1	116	568	177
11	S		x2=	0	220	1111111	1111111	1111111		220	61	183	769	244
12	T		x2=	26	1111111	298	1111111	1111111		298	87			
13	A		x2=	116	1111111	1111111	568	1111111		568	177			
14	G		x2=	183	1111111	1111111	1111111	769		769	244			

Tabela G

Período i	Demanda D_i (unidades)	Custo unitário de produção ($)	Custo unitário de estocagem ($)	Custo de preparação ($)
1	150	6	1	100
2	100	6	1	100
3	20	4	2	100
4	40	4	1	200
5	70	6	2	200
6	90	8	3	200
7	130	4	1	300
8	180	4	4	300
9	140	2	2	300
10	50	6	1	300

3. Ache a política ótima de estoque para o modelo de cinco períodos dado na Tabela H. O custo unitário de produção é $ 10 para todos os períodos. O custo unitário de estocagem é $ 1 por período.

Tabela H

Período i	Demanda D_i (unidades)	Custo de preparação K_i ($)
1	50	80
2	70	70
3	100	60
4	30	80
5	60	60

4. Ache a política ótima de estoque para a situação de estoque de seis períodos mostrada na Tabela I. O custo unitário de produção é $ 2 para todos os períodos.

Tabela I

Período I	D_i (unidades)	K_i ($)	h_i ($)
1	10	20	1
2	15	17	1
3	7	10	1
4	20	18	3
5	13	5	1
6	25	50	1

Heurística Silver-Meal. Essa heurística é válida apenas para as situações de estoque nas quais o custo unitário de produção é constante e idêntico para todos os períodos. Por essa razão, ele equilibra apenas os custos de preparação e estocagem.

A heurística identifica os períodos sucessivos futuros cuja demanda pode ser atendida pela demanda do período corrente. O objetivo é minimizar os custos de preparação e de estocagem associados por período.

Suponha que produzamos no período i para os períodos i, i + 1,..., e t, $i \leq t$, e defina-se TC(i, t) como os custos de preparação e estocagem associados para os mesmos períodos. Matematicamente, usando a mesma notação dos modelos de PD, temos

$$\text{TC}(i,t) = \begin{cases} K_i, & t = i \\ K_i + h_i D_{i+1} + (h_i + h_{i+1}) D_{i+2} + \cdots + \left(\sum_{k=1}^{n} h_k \right) D_t, & t > 1 \end{cases}$$

Em seguida, defina-se TCU(i, t) como o custo associado por período, isto é,

$$\text{TCU}(i,t) = \frac{\text{TC}(i,t)}{t - i + 1}$$

Portanto, dado um período corrente i, a heurística determina t^*, que minimiza TCU(i, t).

A função TC(i, t) pode ser calculada recursivamente da seguinte maneira:

$$\text{TC}(i,i) = K_i$$

$$\text{TC}(i,t) = \text{TC}(i,t-1) + \left(\sum_{k=1}^{n} h_k \right) D_t,\ t = i+1,\ i+2, \ldots, n$$

Etapa 0. Determine i = 1.

Etapa 1. Determine o t^* mínimo local que satisfaça as duas condições seguintes:

$$\text{TCU}(i, t^* - 1) \geq \text{TCU}(i, t^*)$$

$$\text{TCU}(i, t^* + 1) \geq \text{TCU}(i, t^*)$$

Se as condições forem satisfeitas, então a heurística recomenda pedir a quantia ($D_i + D_{i+1} + \ldots + D_{t^*}$) no período i para os períodos i, i + 1,..., e t^*.

Etapa 3. Determine $i = t^* + 1$. Se $i > n$, pare; todo o horizonte de planejamento foi abrangido. Caso contrário, vá para a etapa 1.

Exemplo 11.4-4

Ache a política ótima de estoque para a situação de estoque de seis períodos descrita na Tabela 11.16.

Tabela 11.16 Situação de estoque de seis períodos

Período i	D_i (unidades)	K_i($)	h_i($)
1	10	20	1
2	15	17	1
3	7	10	1
4	20	18	3
5	13	5	1
6	25	50	1

O custo unitário de produção é $ 2 para todos os períodos.

Iteração 1 (i = 1, K_1 = $ 20). A função TC(1, t) é calculada recursivamente em t. Por exemplo, dado TC(1, 1) = $ 20; TC(1, 2) = TC(1, 1) + h_1D_2 = 20 + 1 × 15 = $ 35.

Tabela 11.17 Cálculo da função TC(1, t)

Período t	D_i	TC(1, t)	TCU(1, t)
1	10	$ 20	$\frac{20}{1}$ = $ 20,00
2	15	20 + 1 × 15 = $ 35	$\frac{35}{2}$ = $ 17,50
3	7	35 + (1 + 1) × 7 = 94	$\frac{49}{3}$ = $\boxed{\$\ 16{,}33}$
4	20	49 + (1 + 1 + 1) × 20 = $ 109	$\frac{109}{4}$ = $ 27,25

O mínimo local ocorre em t^* = 3, que recomenda pedir 10 + 15 + 7 = 32 unidades no período 1 para os períodos de 1 a 3. Determine $i = t^* + 1 = 3 + 1 = 4$.

Iteração 2 (i = 4, K_4 = $ 18).

Tabela 11.18 Continuação do cálculo (iteração 2)

Período t	D_i	TC(4, t)	TCU(4, t)
4	20	$ 18	$\frac{18}{1}$ = $\boxed{\$\ 18{,}00}$
5	13	18 + 3 × 13 = $ 57	$\frac{57}{2}$ = $ 28,50

Os cálculos mostram que t^* = 4, que recomenda pedir 20 unidades no período 4 para o período 4. Determine i = 4 + 1 = 5.

Iteração 3 (i = 5, K_5 = $ 5).

Tabela 11.19 Continuação do cálculo (iteração 3)

Período t	D_i	TC(5, t)	TCU(5, t)
5	13	$ 5	$\frac{5}{1}$ = $\boxed{\$5}$
6	25	5 + 1 × 25 = $ 30	$\frac{30}{2}$ = $ 15

O mínimo ocorre em t^* = 5, que recomenda pedir 13 unidades no período 5 para o período 5. Em seguida, determinamos i = 5 + 1 = 6. Contudo, como i = 6 é o último período da projeção de planejamento, devemos pedir 25 unidades no período 6 para o período 6.

Comentários. A Tabela 11.20 compara a solução heurística e a solução exata por PD. Eliminamos o custo unitário de produção no modelo de programação dinâmica porque ele não é incluído nos cálculos da heurística.

Tabela 11.20 Solução heurística e solução exata por PD

	Heurística		Programação dinâmica	
Período	*Unidades produzidas*	*Custo ($)*	*Unidades produzidas*	*Custo ($)*
1	32	49	10	20
2	0	0	22	24
3	0	0	0	0
4	20	18	20	18
5	13	5	38	30
6	25	50	0	0
Total	90	122	90	92

A programação de produção dada pela solução heurística custa cerca de 32% mais do que a solução dada por PD ($ 122 *versus* $ 92). O desempenho 'inadequado' da heurística pode ser o resultado dos dados usados no problema. Especificamente, o problema pode estar nas variações extremas do custo de preparação para os períodos 5 e 6. Não obstante, o exemplo mostra que a heurística não tem a capacidade de considerar antecipadamente melhores oportunidades de programação. Por exemplo, pedir no período 5 para os períodos 5 e 6 (em vez de fazer um pedido separado para cada período) pode economizar $ 25, o que reduzirá o custo total pela heurística para $ 97.

Figura 11.13
Solução em Excel do Exemplo 11.4-4 usando a heurística Silver-Meal (arquivo ExcelSilverMeal.xls)

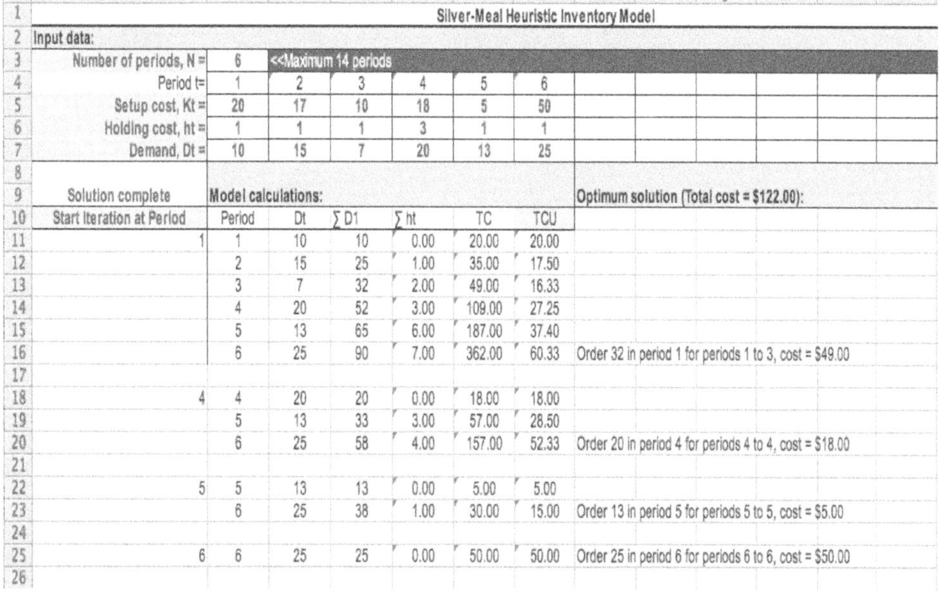

◇	A	B	C	D	E	F	G	H
1	Silver-Meal Heuristic Inventory Model							
2	Input data:							
3	Number of periods, N =	6	<<Maximum 14 periods					
4	Period t=	1	2	3	4	5	6	
5	Setup cost, Kt =	20	17	10	18	5	50	
6	Holding cost, ht =	1	1	1	3	1	1	
7	Demand, Dt =	10	15	7	20	13	25	
8								
9	Solution complete	Model calculations:						Optimum solution (Total cost = $122.00):
10	Start Iteration at Period	Period	Dt	∑ D1	∑ ht	TC	TCU	
11	1	1	10	10	0.00	20.00	20.00	
12		2	15	25	1.00	35.00	17.50	
13		3	7	32	2.00	49.00	16.33	
14		4	20	52	3.00	109.00	27.25	
15		5	13	65	6.00	187.00	37.40	
16		6	25	90	7.00	362.00	60.33	Order 32 in period 1 for periods 1 to 3, cost = $49.00
17								
18	4	4	20	20	0.00	18.00	18.00	
19		5	13	33	3.00	57.00	28.50	
20		6	25	58	4.00	157.00	52.33	Order 20 in period 4 for periods 4 to 4, cost = $18.00
21								
22	5	5	13	13	0.00	5.00	5.00	
23		6	25	38	1.00	30.00	15.00	Order 13 in period 5 for periods 5 to 5, cost = $5.00
24								
25	6	6	25	25	0.00	50.00	50.00	Order 25 in period 6 for periods 6 to 6, cost = $50.00
26								

Momento Excel

O gabarito excelSilverMeal.xls é projetado para executar todos os cálculos iterativos, bem como fornecer a solução final. O procedimento começa com a entrada dos dados necessários para orientar os cálculos, incluindo *N, K, h* e *D* para todos os períodos (essas entradas são destacadas em cor turquesa na planilha). Então, o usuário deve dar início a cada iteração manualmente até abranger todos os períodos.

A Figura 11.13 mostra a aplicação da heurística do Exemplo 11.4-4 em Excel. A primeira iteração é iniciada com a entrada do valor 1 na célula J11, indicando que a iteração 1 começa no período 1. Depois, a planilha gerará tantas linhas quanto for o número de períodos, N (= 6 neste exemplo). O número de períodos aparecerá como uma lista em ordem ascendente nas células K11:K16. Agora, examine o TCU na coluna P (destacada em cor turquesa) e localize o período que corresponde ao mínimo local em $t = 3$ com TCU = \$ 16,33. Isso significa que a próxima iteração iniciará no período 4. Agora, pule uma linha em branco e digite o valor 4 em J18. Essa ação produzirá os cálculos para a iteração 2, mostrará que seu mínimo local estará no período 4 (TCU = \$ 18,00) e sinalizará o início da iteração 3 no período 5. Mais uma vez, digitando 5 em J22, o mínimo local para a iteração 3 ocorrerá no nó 5. Em seguida, digitar o valor 6 em J25 produzirá a iteração final do problema. À medida que você passar por cada iteração, a planilha mostrará automaticamente a política ótima associada e seu custo total, como mostra a Figura 11.13.

CONJUNTO DE PROBLEMAS 11.4E

*1. A demanda para varas de pescar atinge seu mínimo durante o mês de dezembro e alcança seu máximo no mês de abril. A Fishing Hole, Inc. estima que a demanda para o mês de dezembro é de 50 varas e aumentará dez unidades por mês até chegar a 90 em abril. Desse mês em diante, a demanda decresce cinco unidades por mês. O custo de preparação para um lote de produção é \$ 250, exceto durante os meses de pico de demanda, de fevereiro a abril, quando aumenta para \$ 300. O custo de produção por vara, \$ 15, é aproximadamente constante durante o ano inteiro, e o custo de estocagem por vara por mês é \$ 1. A Fishing Hole está desenvolvendo o plano de produção para o próximo ano (janeiro a dezembro). Como deve programar seus recursos de produção?

2. Uma pequena editora imprimirá uma nova tiragem de um romance para satisfazer a demanda nos próximos 12 meses. As estimativas de demanda para os meses sucessivos são 100, 120, 50, 70, 90, 105, 115, 95, 80, 85, 100 e 110. O custo de preparação para a impressão da nova tiragem é \$ 200, e o custo de estocagem por livro por mês é \$ 1,20. Determine o esquema ótimo de impressão da nova tiragem.

REFERÊNCIAS BIBLIOGRÁFICAS

Bishop, J. "Experience with a successful system for forecasting and inventory control". *Operations Research*, v. 22, n. 6, 1974, p. 1224–1231.
Edwards, J.; Wagner, H. e Wood, W. "Blue bell trims its inventory". *Interfaces*, v. 15, n. 1, 1985, p. 34–52.
Lewis, T. "Personal operations research: practicing OR on ourselves". *Interfaces*, v. 26, n. 5, 1996, p. 34–41.
Nahmias, S. *Production and operations analysis.* 5. ed. Homewood: Irwin, 2005.
Silver, E.; Pyke, D. e Peterson, R. *Decision systems for inventory management and production control.* 3. ed. Nova York: Wiley, 1998.
Tersine, R. *Principles of inventory and materials management.* 3. ed. Nova York: North Holland, 1988.
Waters, C. *Inventory control and management.* Nova York: Wiley, 1992.

Capítulo 12

Revisão de probabilidade básica

Guia do capítulo. Este capítulo apresenta uma revisão de leis da probabilidade, variáveis aleatórias e distribuições de probabilidade. Se você já fez um curso de probabilidade básica e estatística, pode ignorar este capítulo. Entretanto, o capítulo oferece um resumo útil de cinco distribuições comuns que são usadas com freqüência no livro: binomial, de Poisson, uniforme, exponencial e normal. Também desenvolvemos uma tabela estatística em planilha (arquivo StatTables.xls) que automatiza os cálculos da média, o desvio-padrão, as probabilidades e os percentis de 16 diferentes distribuições. Fornecemos ainda uma outra planilha para construir histogramas de dados empíricos (arquivo excelMeanVar.xls).

Este capítulo inclui 12 exemplos resolvidos, 2 planilhas e 44 problemas de final de seção. Os programas em AMPL/Excel Solver/TORA estão na pasta ch12Files.

12.1 LEIS DA PROBABILIDADE

A probabilidade trata de resultados aleatórios de um **experimento**. A conjunção de todos os resultados possíveis é denominada **espaço amostral**, e um subconjunto do espaço amostral é conhecido como **evento**. Como ilustração, os resultados do lançamento de um dado (de seis faces) são 1, 2, 3, 4, 5 e 6. O conjunto {1, 2, 3, 4, 5, 6} define o espaço amostral associado. Um exemplo de um evento é um lançamento do dado dar um valor par (2, 4 ou 6).

Um experimento também pode lidar com um espaço amostral contínuo. Por exemplo, o tempo entre falhas de um componente eletrônico pode assumir qualquer valor não negativo.

Se um evento E ocorrer m vezes em um experimento de n tentativas, então a probabilidade $P\{E\}$ da ocorrência do evento é definida por

$$P\{E\} = \lim_{n\to\infty} \frac{m}{n}$$

A definição implica que, se o experimento for repetido *indefinidamente* ($n \to \infty$), a probabilidade desejada será representada por $\frac{m}{n}$. Você pode verificar essa definição jogando uma moeda e observando o resultado: cara (H) ou coroa (T). Quanto mais vezes você repetir o experimento, mais próxima a estimativa de $P\{H\}$ (ou de $P\{T\}$) estará do valor 0,5.

Por definição,

$$0 \le P\{E\} \le 1$$

Um evento E é impossível se $P\{E\} = 0$, e certo se $P\{E\} = 1$. Por exemplo, em um experimento com um dado de seis faces, conseguir um 7 é impossível, ao passo que obter um valor inteiro de 1 a 6, inclusive, é certo.

CONJUNTO DE PROBLEMAS 12.1A

*1. Em um levantamento realizado nas escolas secundárias do Estado de Arkansas para estudar a correlação entre as notas obtidas em matemática no último ano e a entrada de alunos em faculdades de engenharia, 400 entre 1.000 dos alunos pesquisados tinham estudado matemática. As matrículas nas escolas de engenharia mostram que, de 1.000 alunos do último ano da escola secundária, 150 estudaram matemática, e 29 não. Determine as probabilidades dos seguintes eventos:

(a) Um aluno que estudou matemática entrar em engenharia. Não entrar em engenharia.

(b) Um estudante não ter estudado matemática nem ter entrado em engenharia.

(c) Um aluno não estar estudando engenharia.

*2. Considere uma reunião aleatória de n pessoas. Determine o menor n tal que seja mais provável que não mais de duas pessoas tenham a mesma data de nascimento. (*Sugestão*: considere que não há anos bissextos e que todos os dias do ano têm a mesma probabilidade de ser a data de nascimento de uma pessoa.)

*3. Responda o Problema 2 considerando que duas ou mais pessoas tenham a mesma data de nascimento.

12.1.1 Lei da adição de probabilidades

Para dois eventos, E e F, $E + F$ (ou $E \cup F$) representa a **união** de E e F, e EF (ou $E \cap F$) representa sua **interseção**. Os eventos E e F são **mutuamente exclusivos** se não houver interseção entre eles, isto é, se a ocorrência de um evento impedir a ocorrência do outro. Com base nessas definições, a lei da adição de probabilidades pode ser enunciada como

$$P\{E+F\} = \begin{cases} P\{E\} + P\{F\}, & \text{se } E \text{ e } F \textbf{ forem} \text{ mutuamente exclusivos} \\ P\{E\} + P\{F\} - P\{EF\}, & \text{caso contrário} \end{cases}$$

$P\{EF\}$ é a probabilidade de os eventos E e F ocorrerem simultaneamente.

Exemplo 12.1-1

Considere o experimento de lançar um dado. O espaço amostral do experimento é {1, 2, 3, 4, 5, 6}. Para um dado não viciado, temos

$$P\{1\} = P\{2\} = P\{3\} = P\{4\} = P\{5\} = P\{6\} = \frac{1}{6}$$

Definam-se

$$E = \{1, 2, 3 \text{ ou } 4\}$$
$$F = \{3, 4 \text{ ou } 5\}$$

Os resultados 3 e 4 são comuns a E e F; portanto, $EF = \{3 \text{ ou } 4\}$. Assim,

$$P\{E\} = P\{1\} + P\{2\} + P\{3\} + P\{4\} = \frac{1}{6} + \frac{1}{6} + \frac{1}{6} + \frac{1}{6} = \frac{2}{3}$$
$$P\{F\} = P\{3\} + P\{4\} + P\{5\} = \frac{1}{2}$$
$$P\{EF\} = P\{3\} + P\{4\} = \frac{1}{3}$$

Então, decorre que

$$P\{E + F\} = P\{E\} + P\{F\} - P\{EF\} = \frac{2}{3} + \frac{1}{2} - \frac{1}{3} = \frac{5}{6}$$

Por dedução, o resultado faz sentido porque $(E + F) = \{1, 2, 3, 4, 5\}$, cuja probabilidade de ocorrência é $\frac{5}{6}$.

CONJUNTO DE PROBLEMAS 12.1B

1. Um dado de seis faces, não viciado, é lançado duas vezes. Se E e F representarem os resultados dos dois lançamentos, calcule as seguintes probabilidades:

(a) A soma de E e F ser 11.
(b) A soma de E e F ser par.
(c) A soma de E e F ser ímpar e maior do que 3.
(d) E ser par menor do que 6 e F ser ímpar maior do que 1.
(e) E ser maior do que 2 e F ser menor do que 4.
(f) E ser 4 e a soma de E e F ser ímpar.

2. Suponha que você lance dois dados independentemente e registre o número que sai para cada dado. Determine o seguinte:
(a) A probabilidade de ambos os números serem pares.
(b) A probabilidade de a soma dos dois números ser 10.
(c) A probabilidade de a diferença entre os dois números ser no mínimo 3.

*3. Você pode lançar uma moeda não viciada até sete vezes e ganhará \$ 100 se aparecerem três coroas antes de um cara. Quais são suas chances de ganhar?

*4. Ann, Jim, John e Liz vão disputar um torneio de tênis. Ann tem duas vezes mais probabilidade de vencer Jim, e Jim está no mesmo nível de John. O histórico de Liz mostra que ela ganha de John na proporção de 1 a cada 3 jogos. Determine o seguinte:
(a) A probabilidade de Jim vencer o torneio.
(b) A probabilidade de uma mulher vencer o torneio.
(c) A probabilidade de nenhuma mulher vencer.

12.1.2 Lei da probabilidade condicional

Dados os dois eventos, E e F, com $P\{F\} > 0$, a probabilidade condicional de E dado F, $P\{E|F\}$, é definida como

$$P\{E|F\} = \frac{P\{EF\}}{P\{F\}},\ P\{F\} > 0$$

Se E for um subconjunto de F (isto é, se estiver contido em F), então $P\{EF\} = P\{E\}$.

Os dois eventos, E e F, são *independentes* se, e somente se,

$$P\{E|F\} = P\{E\}$$

Nesse caso, a lei da probabilidade condicional se reduz a

$$P\{EF\} = P\{E\}P\{F\}$$

Exemplo 12.1-2

Você está participando de um jogo no qual outra pessoa está lançando um dado. Você não pode ver o dado, mas recebe informações sobre os resultados. Sua tarefa é prever o resultado de cada lançamento. Determine a probabilidade de o resultado ser 6, visto que lhe informaram que o dado deu um número par.

Seja $E = \{6\}$, e defina-se $F = \{2, 4 \text{ ou } 6\}$. Assim,

$$P\{E|F\} = \frac{P\{EF\}}{P\{F\}} = \frac{P\{E\}}{P\{F\}} = \left(\frac{1/6}{1/2}\right) = \frac{1}{3}$$

Observe que $P\{EF\} = P\{E\}$ porque E é um subconjunto de F.

CONJUNTO DE PROBLEMAS 12.1C

1. No Exemplo 12.1-2, suponha que lhe informaram que o resultado é menor do que 6.
(a) Determine a probabilidade de obter um número par.
(b) Determine a probabilidade de obter um número ímpar maior do que 1.

2. As ações da WalMark Stores, Inc., são negociadas na Bolsa de Nova York sob o símbolo WMS. Historicamente, o preço da WMS sobe com a elevação do índice Dow médio 60% das vezes e cai acompanhando o Dow 25% das vezes. Também há 5% de chance de a WMS subir quando o Dow cai, e 10% de chance de cair quando o Dow sobe.
(a) Determine a probabilidade de WMS subir independentemente do Dow.
(b) Ache a probabilidade de WMS subir dado que o Dow está subindo.
(c) Qual é a probabilidade de WMS baixar dado que o Dow está caindo?

*3. Alunos que terminam a escola secundária com uma nota de no mínimo 26 no ACT podem se candidatar à matrícula em duas universidades, A e B. A probabilidade de ser aceito em A é 0,4, e em B, 0,25. A chance de ser aceito nas duas universidades é de apenas 15%.
(a) Determine a probabilidade de o estudante ser aceito em B, dado que A também o aceitou.
(b) Qual é a probabilidade de conseguir a matrícula em A, dado que o aluno foi aceito em B?

4. Prove que, se a probabilidade $P\{A|B\} = P\{A\}$, então A e B são independentes.

5. *Teorema de Bayes.*[1] Dados dois eventos, A e B, mostre que

$$P\{A|B\} = \frac{P\{B|A\}P\{A\}}{P\{B\}},\ P\{B\} > 0$$

6. Um varejista recebe 75% de suas baterias da Fábrica A e 25% da Fábrica B. Sabe-se que as porcentagens de baterias defeituosas produzidas por A e B são 1% e 2%, respectivamente. Um cliente acabou de comprar uma bateria aleatoriamente do varejista.
(a) Qual é a probabilidade de a bateria ser defeituosa?
(b) Se a bateria que você comprou estiver defeituosa, qual é a probabilidade de ela ter vindo da Fábrica A? (*Sugestão*: use o teorema de Bayes do Problema 5.)

*7. A estatística mostra que 70% de todos os homens têm alguma forma de câncer de próstata. O teste PSA dará positivo 90% das vezes para homens afetados e 10% das vezes para homens sãos. Qual é a probabilidade de um homem cujo teste deu positivo ter câncer de próstata?

12.2 VARIÁVEIS ALEATÓRIAS E DISTRIBUIÇÕES DE PROBABILIDADE

Os resultados de um experimento ou são naturalmente numéricos ou podem ser codificados numericamente. Por exemplo, os resultados do lançamento de um dado são naturalmente numéricos, ou seja, 1, 2, 3, 4, 5 ou 6. Ao contrário, o teste de um item produz dois resultados: ruim e bom. Nesse caso, podemos usar o código numérico (0, 1) para representar (ruim, bom). A representação numérica dos resultados produz o que é conhecido como **variável aleatória**.

Uma variável aleatória, x, pode ser **discreta** ou **contínua**. Por exemplo, a variável aleatória associada com o experimento do lançamento de um dado é discreta, com $x = 1, 2, 3, 4, 5$ ou 6, ao passo que o tempo entre chegadas em uma prestadora de serviços é contínuo com $x \geq 0$.

Cada variável aleatória x, contínua ou discreta, é quantificada por uma **função densidade de probabilidade** (pdf – *probability density function*), $f(x)$ ou $p(x)$. Essas funções devem satisfazer as condições da Tabela 12.1.

Tabela 12.1 Condições para as funções $f(x)$ ou $p(x)$

	Variável aleatória, x	
Característica	*Discreta*	*Contínua*
Faixa de aplicabilidade	$x = a, a+1, \ldots, b$	$a \leq x \leq b$
Condições para a pdf	$p(x) \geq 0,\ \sum_{x=a}^{b} p(x) = 1$	$f(x) \geq 0,\ \int_a^b f(x)dx = 1$

[1] A Seção 13.2.2 dá uma apresentação mais detalhada do teorema de Bayes.

Uma pdf, $p(x)$ ou $f(x)$, deve ser não negativa (caso contrário, a probabilidade de algum evento poderia ser negativa!). Além disso, a probabilidade do espaço amostral deve ser igual a 1.

Uma importante medida da probabilidade é a **função distribuição acumulada** (CDF — *cumulative distribution function*), definida como

$$P\{x \le X\} = \begin{cases} P(X) = \sum_{x=a}^{X} p(x), & x \text{ discreta} \\ F(X) = \int_{a}^{X} f(x)dx, & x \text{ contínua} \end{cases}$$

Exemplo 12.2-1

Considere o caso do lançamento de um dado não viciado. A variável aleatória $x = \{1, 2, 3, 4, 5, 6\}$ representa a face do dado que fica para cima. A pdf e a CDF associadas são

$$p(x) = \tfrac{1}{6},\, x = 1, 2, \ldots, 6$$
$$P(X) = \tfrac{X}{6},\, X = 1, 2, \ldots, 6$$

A Figura 12.1 mostra o gráfico das duas funções. A pdf $p(x)$ é uma **função discreta uniforme** porque todos os valores das variáveis aleatórias ocorrem com probabilidades iguais.

A contraparte contínua da $p(x)$ uniforme é ilustrada pelo seguinte experimento. Uma agulha de comprimento l é girada no centro de um círculo cujo diâmetro é igual a l. Após marcar um ponto de referência arbitrário na circunferência, giramos a agulha em sentido horário e medimos na circunferência a distância x de onde o ponteiro parar até o ponto marcado. Assim, a variável aleatória x é contínua na faixa $0 \le x \le \pi l$. Não há nenhuma razão para acreditar que a agulha tenderá a parar com mais freqüência em uma região específica da circunferência. Em decorrência, todos os valores de x na faixa especificada têm a mesma probabilidade de ocorrer, e a distribuição de x deve ser uniforme.

A pdf de x, $f(x)$, é definida por

$$f(x) = \frac{1}{\pi l},\, 0 \le x \le \pi l$$

A CDF associada, $F(X)$, é calculada como

$$F(X) = P\{x \le X\} = \int_{0}^{X} f(x)dx = \int_{0}^{X} \frac{1}{\pi l} dx = \frac{X}{\pi l},\, 0 \le X \le \pi l$$

A Figura 12.2 apresenta o gráfico das duas funções.

CONJUNTO DE PROBLEMAS 12.2A

1. O número de unidades necessárias de um item, x, é discreto de 1 a 5. A probabilidade, $p(x)$, é diretamente proporcional ao número de unidades necessárias. A constante de proporcionalidade é K.
   (a) Determine a pdf e a CDF de x e apresente as funções resultantes em gráfico.
   (b) Ache a probabilidade de x ser um valor par.

2. Considere a seguinte função:

$$f(x) = \frac{k}{x^2},\, 10 \le x \le 20$$

   *(a) Ache o valor da constante k que fará de $f(x)$ uma pdf.
   (b) Determine a CDF e ache a probabilidade de $x(i)$ ser maior do que 12, e (ii) estar entre 13 e 15.

*3. A demanda diária de gasolina sem adição de chumbo é uniformemente distribuída entre 750 e 1.250 galões. O tanque de gasolina, com capacidade de 1.100 galões, é reabastecido diariamente à meia-noite. Qual é a probabilidade de o tanque ficar vazio um pouco antes de ser reabastecido?

Figura 12.1
CDF e pdf para o lançamento de um dado não viciado

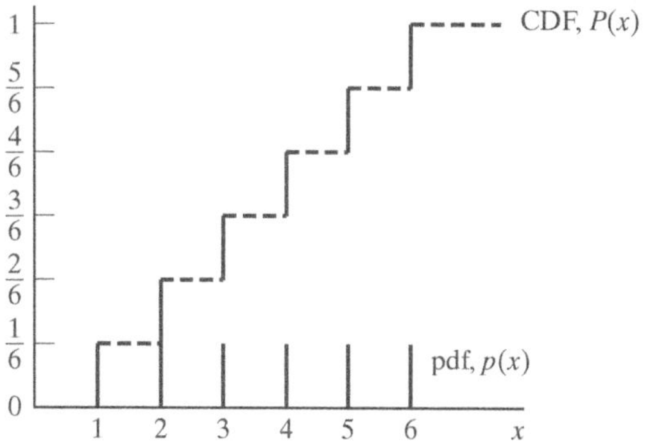

Figura 12.2
CDF e pdf para a rotação de uma agulha

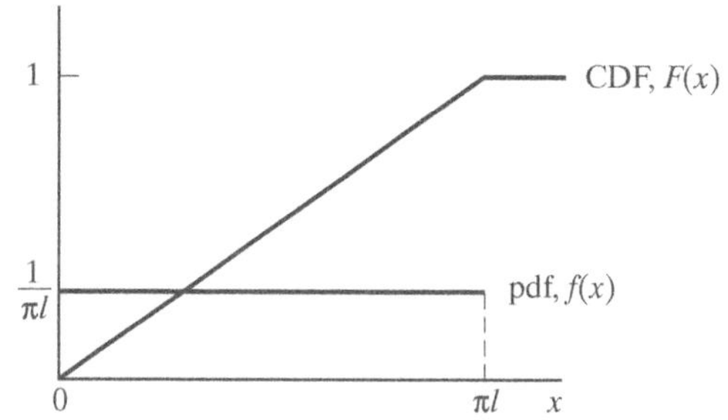

12.3 VALOR ESPERADO DE UMA VARIÁVEL ALEATÓRIA

Dado que $h(x)$ é uma função real de uma variável aleatória x, definimos o **valor esperado** de $h(x)$, $E\{h(x)\}$, como a média ponderada (de longo prazo) de x em relação à pdf. Matematicamente, dado que $p(x)$ e $f(x)$ são, respectivamente, as pdfs discreta e contínua de x, $E\{h(x)\}$ é calculado por

$$E\{h(x)\} = \begin{cases} \sum_{x=a}^{b} h(x)p(x), & x \text{ discreta} \\ \int_{a}^{b} h(x)f(x)\, dx, & x \text{ contínua} \end{cases}$$

Exemplo 12.3-1

Durante a primeira semana de cada mês, eu (assim como muitas outras pessoas) pago todas as minhas contas e respondo a algumas cartas. Em geral, compro 20 selos postais de primeira classe por mês para essa finalidade. O número de selos que em geral utilizo varia aleatoriamente entre 10 e 24, com probabilidades iguais. Qual é o número médio de selos que sobram?

A pdf do número de selos usados é

$$p(x) = \left(\tfrac{1}{15}, x = 10, 11, \ldots, 24\right).$$

O número de selos que sobram é dado por

$$h(x) = \begin{cases} 20 - x, x = 10, 11, \ldots, 19 \\ 0, \text{ caso contrário} \end{cases}$$

Portanto,

$$E\{h(x)\} = \left(\tfrac{1}{15}[(20-10)+(20-11)+(20-12)+\ldots+(20-19)]\right) + \left(\tfrac{5}{15}(0)\right)$$
$$= 3\tfrac{2}{3}$$

O produto $\left(\frac{5}{15}\right)(0)$ é necessário para completar o valor esperado de $h(x)$. Especificamente, a probabilidade de acabar com *zero* selos é igual à probabilidade de precisar de 20 selos ou mais, isto é,

$$P\{x \geq 20\} = p(20) + p(21) + p(22) + p(23) + p(24) = 5\left(\frac{1}{15}\right) = \left(\frac{5}{15}\right.$$

CONJUNTO DE PROBLEMAS 12.3A

1. No Exemplo 12.3-1, calcule o número médio de selos a mais necessário para satisfazer sua máxima demanda possível.

2. Os resultados do Exemplo 12.3-1 e do Problema 1 mostram médias *positivas* para o excesso de selo, *bem como* para a falta. Esses resultados são inconsistentes? Explique.

***3.** O proprietário de uma banca de jornais recebe 50 exemplares do jornal *Al Ahram* toda manhã. O número de exemplares vendidos diariamente, x, varia aleatoriamente de acordo com a seguinte distribuição de probabilidade:

$$p(x) = \begin{cases} \frac{1}{45}, x = 35, 36, ..., 49 \\ \frac{1}{30}, x = 50, 51, ..., 59 \\ \frac{1}{33}, x = 60, 61, ..., 70 \end{cases}$$

(a) Determine a probabilidade de o proprietário vender todos os exemplares.

(b) Determine o número esperado de exemplares não vendidos por dia.

(c) Se o proprietário pagar 50 centavos por exemplar e vendê-lo por \$ 1, determine o ganho líquido esperado por dia.

12.3.1 Média e variância (desvio-padrão) de uma variável aleatória

A **média** de x, $E\{x\}$, é uma medida numérica da tendência central (ou soma ponderada) da variável aleatória. A **variância**, $\text{var}\{x\}$, é uma medida da dispersão ou desvio de x em relação à média $E\{x\}$. Sua raiz quadrada é conhecida como o **desvio-padrão** de x, *desvpad*$\{x\}$. Um desvio-padrão maior significa um grau mais alto de incerteza em relação à variável aleatória. Especificamente, quando o valor de uma variável é conhecido com certeza, seu desvio-padrão é zero.

As fórmulas para a média e a variância podem ser derivadas da definição geral de $E\{h(x)\}$ da seguinte maneira: para $E\{x\}$, use $h(x) = x$, e para $\text{var}\{x\}$, use $h(x) = (x - E\{x\})^2$. Assim,

$$E\{x\} = \begin{cases} \sum_{x=a}^{b} xp(x), & x \text{ discreta} \\ \int_a^b xf(x)\,dx, & x \text{ contínua} \end{cases}$$

$$\text{var}\{x\} = \begin{cases} \sum_{x=a}^{b} (x - E\{x\})^2 p(x), & x \text{ discreta} \\ \int_a^b (x - E\{x\})^2 f(x)\,dx, & x \text{ contínua} \end{cases}$$

$$\text{desvpad}\{x\} = \sqrt{\text{var}\{x\}}$$

Podemos perceber com mais facilidade a base para o desenvolvimento das fórmulas examinando o caso discreto. Nesse caso, $E\{x\}$ é a *soma ponderada* dos valores discretos de x. Além disso, $\text{var}\{x\}$ é a *soma ponderada* do quadrado do desvio em relação a $E\{x\}$. O caso contínuo pode ser interpretado de maneira semelhante, com integração em vez de somatório.

Exemplo 12.3-2

Calculamos a média e a variância para cada um dos dois experimentos do Exemplo 12.2-1.

Caso 1 (Lançamento do dado). A pdf é $p(x) = \frac{1}{6}, x = 1, 2, \ldots, 6$. Assim,

$$E\{x\} = 1\left(\frac{1}{6}\right) + 2\left(\frac{1}{6}\right) + 3\left(\frac{1}{6}\right) + 4\left(\frac{1}{6}\right) + 5\left(\frac{1}{6}\right) + 6\left(\frac{1}{6}\right) = 3{,}5$$

$$\text{var}\{x\} = \left(\frac{1}{6}\right)\{(1-3{,}5)^2 + (2-3{,}5)^2 + (3-3{,}5)^2 + (4-3{,}5)^2 + (5-3{,}5)^2 + (6-3{,}5)^2\} = 2{,}917$$

$$\text{desvpad}(x) = \sqrt{2{,}917} = 1{,}708$$

Caso 2 (Rotação da agulha). Suponha que o comprimento da agulha seja 1 polegada. Então,

$$f(x) = \frac{1}{3{,}14}, \quad 0 \leq x \leq 3{,}14$$

A média e a variância são calculadas por

$$E(x) = \int_0^{3,14} x\left(\frac{1}{3{,}14}\right)dx = 1{,}57 \text{ polegadas}$$

$$\text{var}(x) = \int_0^{3,14} (x - 1{,}57)^2\left(\frac{1}{3{,}14}\right)dx = 0{,}822 \text{ polegadas}^2$$

$$\text{desvpad}(x) = \sqrt{0{,}822} = 0{,}906 \text{ polegadas}$$

Momento Excel

O gabarito excelStatTables.xls foi projetado para calcular a média, o desvio-padrão, as probabilidades e os percentis para 16 pdfs comuns, incluindo as distribuições uniformes discreta e contínua do Exemplo 12.3-2. A utilização do gabarito é auto-explicativa.

CONJUNTO DE PROBLEMAS 12.3B

***1.** Calcule a média e a variância da variável aleatória definida no Problema 1, Conjunto 12.2A.

2. Calcule a média e a variância da variável aleatória do Problema 2, Conjunto 12.2A.

3. Mostre que a média e a variância de uma variável aleatória x, $a \leq x \leq b$, são

$$E\{x\} = \frac{b+a}{2}$$

$$\text{var}\{x\} = \frac{(b-a)^2}{12}$$

4. Dada a pdf $f(x)$, $a \leq x \leq b$, prove que

$$\text{var}\{x\} = E\{x^2\} - (E\{x\})^2$$

5. Dada a pdf $f(x)$, $a \leq x \leq b$, e $y = cx + d$, na qual c e d são constantes. Prove que

$$E\{y\} = cE\{x\} + d$$

$$\text{var}\{y\} = c^2\text{var}\{x\}$$

12.3.2 Média e variância de variáveis aleatórias conjuntas

Considere as duas variáveis aleatórias contínuas: $x_1, a_1 \leq x_1 \leq b_1$, e $x_2, a_2 \leq x_2 \leq b_2$. Defina-se $f(x_1, x_2)$ como a **pdf conjunta** de x_1 e x_2, e $f_1(x_1)$ e $f_2(x_2)$ como as **pdfs marginais** de x_1 e x_2, respectivamente. Então,

$$f(x_1, x_2) \geq 0, a_1 \leq x_1 \leq b_1, a_2 \leq x_2 \leq b_2$$

$$\int_{a_1}^{b_1} dx_1 \int_{a_2}^{b_2} dx_2 f(x_1, x_2) = 1$$

$$f_1(x_1) = \int_{a_2}^{b_2} f(x_1, x_2)dx_2$$

$$f_2(x_2) = \int_{a_1}^{b_1} f(x_1, x_2)dx_1$$

$$f(x_1, x_2) = f_1(x_1)f_2(x_2), \text{ se } x_1 \text{ e } x_2 \text{ forem independentes}$$

As mesmas fórmulas se aplicam a pdfs discretas, substituindo integração por somatório.

Para o caso especial $y = c_1x_1 + c_2x_2$, na qual as variáveis aleatórias x_1 e x_2 são distribuídas conjuntamente de acordo com a pdf $f(x_1,x_2)$, podemos provar que

$$E\{c_1x_1 + c_2x_2\} = c_1E\{x_1\} + c_2E\{x_2\}$$

$$\text{Var}\{c_1x_1 + c_2x_2\} = c_1^2\text{var}\{x_1\} + c_2^2\text{var}\{x_2\} + 2c_1c_2\text{cov}\{x_1,x_2\}$$

em que

$$\begin{aligned}\text{cov}\{x_1,x_2\} &= E\{(x_1 - E\{x_1\})(x_2 - E\{x_2\}) \\ &= E(x_1x_2 - x_1E\{x_2\} - x_2E\{x_1\} + E\{x_1\}E\{x_2\}) \\ &= E\{x_1x_2\} - E\{x_1\}E\{x_2\}\end{aligned}$$

Se x_1 e x_2 forem *independentes*, então $E\{x_1x_2\} = E\{x_1\}E\{x_2\}$ e $\text{cov}\{x_1,x_2\} = 0$. O inverso não é válido, no sentido de que duas variáveis *dependentes* podem ter covariância zero.

Exemplo 12.3-3

Um lote inclui quatro itens defeituosos (D) e seis bons (G). Você seleciona um item aleatoriamente e o testa. Então, sem repor, você testa um segundo item. Vamos representar os resultados para o primeiro e o segundo item pelas variáveis aleatórias x_1 e x_2, respectivamente.

a. Determine as pdfs conjunta e marginal de x_1 e x_2.

b. Suponha que você ganhe $ 5 por cada item bom que selecionar, mas deve pagar $ 6 se o item for defeituoso. Determine a média e a variância de sua renda após a seleção de dois itens.

Seja $p(x_1,x_2)$ a pdf conjunta de x_1 e x_2, e definam-se $p_1(x_1)$ e $p_2(x_2)$ como as respectivas pdfs marginais. Em primeiro lugar, determinamos $p_1(x_1)$ como

$$p_1(G) = \frac{6}{10} = 0{,}6, p_1(D) = \frac{4}{10} = 0{,}4$$

Em seguida, sabemos que x_2, o segundo resultado, depende de x_1. Portanto, para determinar $p_2(x_2)$, primeiro determinamos a pdf conjunta $p(x_1,x_2)$, pela qual podemos determinar a distribuição marginal $p_2(x_2)$.

$$P\{x_2 = G|x_1 = G\} = \frac{5}{9}$$

$$P\{x_2 = G|x_1 = B\} = \frac{6}{9}$$

$$P\{x_2 = B|x_1 = G\} = \frac{4}{9}$$

$$P\{x_2 = B|x_1 = B\} = \frac{3}{9}$$

Para determinar $p(x_1, x_2)$, usamos a fórmula $P\{AB\} = P\{A|B\}$ $P\{B\}$ (veja a Seção 12.1.2).

$$p\{x_2 = G, x_1 = G\} = \frac{5}{9}\times\frac{6}{10} = \frac{5}{15}$$

$$p\{x_2 = G, x_1 = B\} = \frac{6}{9}\times\frac{4}{10} = \frac{4}{15}$$

$$p\{x_2 = B, x_1 = G\} = \frac{4}{9}\times\frac{6}{10} = \frac{4}{15}$$

$$p\{x_2 = B, x_1 = B\} = \frac{3}{9}\times\frac{4}{10} = \frac{2}{15}$$

As distribuições marginais, $p_1(x_1)$ e $p_2(x_2)$, podem ser determinadas primeiro resumindo a distribuição conjunta, $p(x_1, x_2)$, em formato de tabela, e depois adicionando as respectivas linhas e colunas, como mostra a Tabela 12.2.

Tabela 12.2 Determinação das distribuições marginais

	$x_2 = G$	$x_2 = B$	$p_1(x_1)$
$x_1 = G$	$\frac{5}{15}$	$\frac{4}{15}$	$\frac{9}{15} = 0{,}6$
$x_1 = B$	$\frac{4}{15}$	$\frac{2}{15}$	$\frac{6}{15} = 0{,}4$
$p_2(x_2)$	$\frac{9}{15} = 0{,}6$	$\frac{6}{15} = 0{,}4$	

O interessante é que, ao contrário da dedução, $p_1(x_1) = p_2(x_2)$.

A receita esperada pode ser determinada pela distribuição conjunta reconhecendo que G produz $ 5 e B dá $ –6. Assim,

$$\text{Receita esperada} = (5+5)\Big(\frac{5}{15} + (5-6)\frac{4}{15} + (-6+5)\frac{4}{15} + (-6-6)\frac{2}{15} = \$\ 1{,}20$$

O mesmo resultado pode ser determinado reconhecendo que a receita esperada para ambas as seleções é igual à soma da receita esperada para cada seleção individual (ainda que as duas variáveis *não* sejam independentes). Isso significa que:

Receita esperada
= Receita esperada da seleção 1 + Receita esperada da seleção 2
= $(5 \times 0{,}6 - 6 \times 0{,}4) + (5 \times 0{,}6 - 6 \times 0{,}4) = \$\ 1{,}20$

Para calcular a variância da receita total, observamos que

$$\text{var}\{\text{receita}\} = \text{var}\{\text{receita 1}\} + \text{var}\{\text{receita 2}\} + 2\ \text{cov}\{\text{receita 1, receita 2}\}$$

Como $p_1(x_1) = p_2(x_2)$, então var{receita 1} = var{receita 2}. Para calcular a variância, usamos a fórmula

$$\text{var}[x] = E\{x^2\} - (E\{x\})^2$$

(Veja o Problema 4, Conjunto 12.3B.) Assim,

$$\text{var}\{\text{receita 1}\} = [5^2 \times 0{,}6 + (-6)^2 \times 0{,}4] - 0{,}6^2 = 29{,}04$$

Em seguida, para calcular a covariância, usamos a fórmula

$$\text{cov}\{x_1, x_2\} = E\{x_1x_2\} - E\{x_1\}E\{x_2\}$$

Portanto, o termo $E\{x_1x_2\}$ pode ser calculado pela pdf conjunta de x_1 e x_2. Sendo assim, temos

$$\text{Covariância} = [(5 \times 5)\left(\frac{5}{15}\right) + (5 \times -6)\left(\frac{5}{15}\right) + (-6 \times 5)\left(\frac{5}{15}\right) + (-6 \times -6)\left(\frac{5}{15}\right)] - 0{,}6 \times 0{,}6 = -3{,}23$$

Desse modo,

$$\text{Variância} = 29{,}04 + 29{,}04 + 2(-3{,}23) = 51{,}62$$

CONJUNTO DE PROBLEMAS 12.3C

1. A pdf conjunta de x_1 e x_2, $p(x_1, x_2)$ pode ser vista na Tabela A.

Tabela A

	$x_2 = 3$	$x_2 = 5$	$x_2 = 7$
$x_1 = 1$	0,2	0	0,2
$x_1 = 2$	0	0,2	0
$x_1 = 3$	0,2	0	0,2

*(a) Ache as pdfs marginais $p_1(x_1)$ e $p_2(x_2)$.
*(b) x_1 e x_2 são independentes?
(c) Calcule $E\{x_1 + x_2\}$.
(d) Calcule $\text{cov}\{x_1, x_2\}$.
(e) Calcule $\text{var}\{5x_1 - 6x_2\}$.

12.4 QUATRO DISTRIBUIÇÕES DE PROBABILIDADE COMUNS

Nas seções 12.2 e 12.3 discutimos a distribuição uniforme (discreta e contínua). Esta seção apresenta quatro pdfs adicionais que são encontradas com freqüência em estudos de pesquisa operacional: as discretas, binomial e de Poisson, e as contínuas, exponencial e normal.

12.4.1 Distribuição binomial

Suponha que um fabricante produza certo produto em lotes de n itens cada. A fração de itens defeituosos em cada lote, p, é estimada de acordo com dados históricos. Estamos interessados em determinar a pdf do número de itens defeituosos em um lote.

Há $C_x^n = \frac{n!}{x!(n-x)!}$ combinações distintas de x itens defeituosos em um lote de n itens, e a probabilidade de obter cada combinação é $p^x(1-p)^{n-x}$. Então, decorre (pela lei da adição de probabilidades) que uma probabilidade de k defeituosos em um lote de n itens seja

$$P\{x = k\} = C_k^n p^k (1-p)^{n-k}, k = 0, 1, 2, \ldots, n$$

Essa é a distribuição binomial com parâmetros n e p. Sua média e variância são dadas por

$$E\{x\} = np$$
$$\text{var}\{x\} = np(1-p)$$

Exemplo 12.4-1

As tarefas diárias de João requerem que ele faça dez viagens de ida e volta de carro entre duas cidades. Uma vez encerradas todas as dez viagens, João fica com o resto do dia livre, uma motivação boa o suficiente para dirigir acima do limite de velocidade. A experiência mostra que há 40% de chance de João levar uma multa por excesso de velocidade em qualquer uma das viagens.

(a) Qual é a probabilidade de o dia acabar sem nenhuma multa?
(b) Se cada multa de excesso de velocidade custa \$ 80, qual é a média de multa diária?

A probabilidade de levar uma multa em qualquer uma das viagens é $p = 0{,}4$. Assim, a probabilidade de não levar multa em qualquer dia é

$$P\{x = 0\} = C_0^{10}(0{,}4)^0(0{,}6)^{10} = 0{,}006$$

Isso significa que há menos de 1% de chance de terminar o dia sem uma multa. Na verdade, a média de multa por dia pode ser calculada como

$$\text{Média de multa} = \$\ 80E\{x\} = \$\ 80(np) = 80 \times 10 \times 0{,}4 = \$\ 320$$

Comentário. $P\{x = 0\}$ pode ser calculada usando a planilha excelStatTables.xls. Digite 10 em F7; 0,4 em G7; e 0 em J7. A resposta, $P\{x = 0\} = 0{,}006047$, é dada em M7.

CONJUNTO DE PROBLEMAS 12.4A

*1. Um dado não viciado é lançado dez vezes. Qual é a probabilidade de esse dado não dar um número par?

2. Suponha que cinco moedas perfeitas sejam lançadas independentemente. Qual é a probabilidade de exatamente uma das moedas ser diferente das quatro restantes?

*3. Um guru afirma que prevê se uma pessoa conseguirá ou não acumular fortuna financeira durante a vida examinando sua caligrafia. Para verificar essa afirmação, dez milionários e dez professores universitários forneceram amostras de suas caligrafias. Então, foram formados pares de amostras com as caligrafias de um milionário e de um professor, e apresentados ao guru. Dizemos que a afirmação é verdadeira se o guru fizer ao menos oito previsões corretas. Qual é a probabilidade de a afirmação ser dada como verdadeira por 'acidente'?

4. Em um certo jogo de apostas de um cassino, você tem de escolher um número de 1 a 6 antes de o crupiê lançar três dados não viciados simultaneamente. O cassino lhe paga tantos dólares quantos forem os números dos dados que você acertar. Se não houver acerto, você paga ao cassino apenas \$ 1. Qual é o retorno esperado desse jogo?

5. Suponha que você participe do seguinte jogo: você lança dois dados; se as faces dos dados não forem iguais, você paga 10 centavos. Se forem iguais, você ganha 50 centavos. Qual é o retorno esperado desse jogo?

6. Prove as fórmulas para a média e a variância da distribuição binomial.

12.4.2 Distribuição de Poisson

Clientes chegam a um banco ou a um armazém de um modo 'totalmente aleatório', o que significa que não podemos prever quando alguém chegará. A pdf que descreve o *número* dessas chegadas durante um período especificado é a distribuição de Poisson.

Seja x o número de eventos (por exemplo, chegadas) que ocorrem durante uma unidade de tempo especificada (por exemplo, um minuto ou uma hora). Dado que λ é uma constante conhecida, a pdf da distribuição de Poisson é definida por

$$P\{x = k\} = \frac{\lambda^k e^{-\lambda}}{k!}, k = 0, 1, 2, \ldots$$

A média e a variância da distribuição de Poisson são

$$E\{x\} = \lambda$$
$$\text{var}\{x\} = \lambda$$

A fórmula para a média revela que λ deve representar a taxa à qual os eventos ocorrem.

A distribuição de Poisson aparece com destaque no estudo das filas (veja Capítulo 15).

Exemplo 12.4-2

Pequenos motores chegam para conserto em uma oficina mecânica de modo totalmente aleatório a uma taxa de 10 por dia.

(a) Qual é o número médio de motores para conserto recebido diariamente na oficina?
(b) Qual é a probabilidade de não chegar nenhum motor para conserto em 1 hora, considerando que a oficina está aberta 8 horas por dia?

O número médio de motores recebido por dia é igual a $\lambda = 10$ serviços por dia. Para calcular a probabilidade de nenhum motor chegar por *hora*, precisamos calcular a taxa de chegada por hora, ou seja, $\lambda_{hora} = \frac{10}{8} = 1{,}25$ serviços por hora. Assim,

$$P\{\text{nenhuma chegada por hora}\} = \frac{(\lambda_{\text{hora}})^0 e^{-\lambda_{\text{hora}}}}{0!} = \frac{1{,}25^0 e^{-1{,}25}}{0!} = 0{,}2865$$

Comentário. Essa probabilidade pode ser calculada com a planilha excelStatTables.xls. Digite 1,25 em F16 e 0 em J16. A resposta, 0,286505, aparece em M16.

CONJUNTO DE PROBLEMAS 12.4B

*1. Clientes chegam a uma prestadora de serviços conforme uma distribuição de Poisson à taxa de 4 por minuto. Qual é a probabilidade de no mínimo 1 cliente chegar em qualquer intervalo de 30 segundos?

2. A distribuição de Poisson com parâmetro λ se aproxima da distribuição binomial com parâmetros (n, p) quando $n \to \infty$, $p \to 0$ e $np \to \lambda$. Demonstre esse resultado para a situação em que se sabe que um lote fabricado contém 1% de itens defeituosos. Se uma amostra de dez itens for retirada do lote, calcule a probabilidade de haver no máximo um item

defeituoso em uma amostra, primeiro usando a distribuição binomial (exata) e depois usando a distribuição de Poisson (aproximada). Mostre que a aproximação não será aceitável se o valor de p for aumentado para, digamos, 0,5.

*3. Clientes chegam aleatoriamente a uma caixa registradora à taxa de 20 por hora.

(a) Determine a probabilidade de a caixa estar desocupada.

(b) Qual é a probabilidade de haver no mínimo duas pessoas na fila esperando atendimento?

4. Prove as fórmulas para a média e a variância da distribuição de Poisson.

12.4.3 Distribuição exponencial negativa

Se o *número* de chegadas em uma prestadora de serviços durante um período especificado seguir a distribuição de Poisson (Seção 12.4.2), então, automaticamente, a distribuição do *intervalo de tempo* entre chegadas sucessivas deve seguir a distribuição exponencial negativa (ou, simplesmente, exponencial). Especificamente, se λ é a taxa à qual ocorrem eventos de Poisson, a distribuição de tempo entre chegadas sucessivas, x, é

$$f(x) = \lambda e^{-\lambda x}, x > 0$$

A Figura 12.3 mostra o gráfico de $f(x)$.

A média e a variância da distribuição exponencial são

$$E\{x\} = \frac{1}{\lambda}$$

$$\text{var}\{x\} = \frac{1}{\lambda}$$

A média $E\{x\}$ é consistente com a definição de λ. Se λ for a *taxa* à qual eventos ocorrem, então $\frac{1}{\lambda}$ é o intervalo de tempo médio entre eventos sucessivos.

Figura 12.3
Função densidade de probabilidade da distribuição exponencial

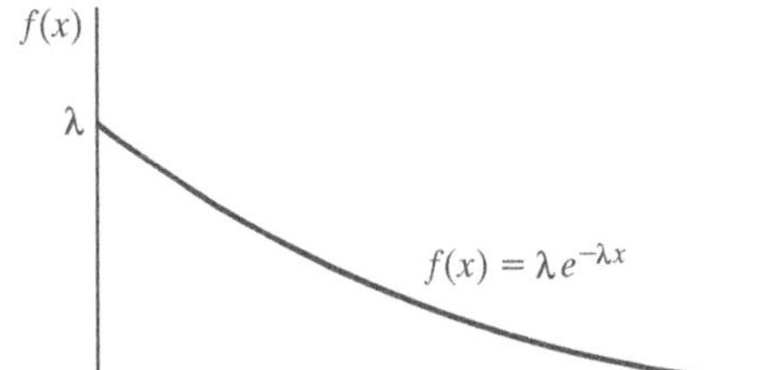

Exemplo 12.4-3

Carros chegam a um posto de gasolina aleatoriamente a cada dois minutos, em média. Determine a probabilidade de o tempo entre chegadas de carros não exceder um minuto.

A probabilidade desejada é da forma $P\{x \leq A\}$, na qual A = 1 minuto no presente exemplo. A determinação dessa probabilidade é a mesma que calcular a CDF de x, ou seja,

$$P\{x \leq A\} = \int_0^A \lambda e^{-\lambda x} dx$$
$$= -e^{-\lambda x}\Big|_0^A$$
$$= 1 - e^{-\lambda A}$$

A taxa de chegada para o exemplo é calculada como

$$\lambda = \frac{1}{2} \text{ chegada por minuto}$$

Portanto,

$$P\{x \leq 1\} = 1 - e^{-\left(\frac{1}{2}\right)(1)} = 0{,}3934$$

Comentário. Você pode usar a planilha excelStatTables.xls para calcular a probabilidade anterior. Digite 0,5 em F9, e 1 em J9. A resposta, 0,393468, aparecerá em O9.

CONJUNTO DE PROBLEMAS 12.4C

*1. A clientela da Walmark Store vem da cidade e das áreas rurais ao redor. Clientes da cidade chegam à taxa de 5 por minuto, e clientes da área rural chegam à taxa de 7 por minuto. As chegadas são totalmente aleatórias. Determine a probabilidade de o tempo entre chegadas para todos os clientes ser menor do que 5 segundos.

2. Prove as fórmulas para a média e a variância da distribuição exponencial.

12.4.4 Distribuição normal

A distribuição normal descreve muitos fenômenos aleatórios que ocorrem no dia-a-dia, entre eles pontuações de testes, pesos, alturas e muitos outros. A pdf da distribuição normal é definida por

$$f(x) = \frac{1}{\sqrt{2\pi\sigma^2}} e^{-\frac{1}{2}\left(\frac{x-\mu}{\sigma}\right)^2}, -\infty < x < \infty$$

Figura 12.4
Função densidade de probabilidade da variável aleatória normal

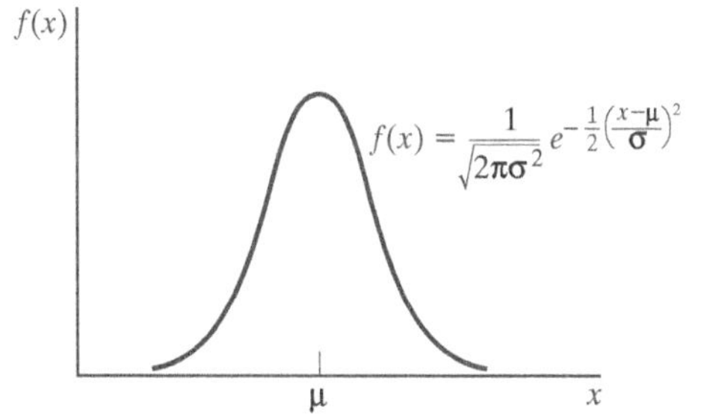

A média e a variância são

$$E\{x\} = \mu$$

$$\text{Var}\{x\} = \sigma^2$$

A notação $N(\mu, \sigma)$ costuma ser usada para representar uma distribuição normal com média μ e variância σ.

A Figura 12.4 apresenta o gráfico da pdf normal, $f(x)$. A função é sempre simétrica em relação à média μ.

Uma propriedade importante da variável aleatória normal é que ela se aproxima da média de uma amostra tomada de *qualquer* distribuição. Esse resultado notável é baseado no teorema a seguir.

Teorema do limite central. *Sejam $x_1, x_2, \ldots,$ e x_n variáveis aleatórias independentes e identicamente distribuídas, cada uma com média μ e desvio-padrão σ, e defina-se*

$$s_n = x_1 + x_2 + \ldots + x_n$$

À medida que n fica grande ($n \to \infty$), a distribuição de s_n se torna assintoticamente normal, com média $n\mu$ e à variância $n\sigma^2$, independentemente da distribuição original de $x_1, x_2, \ldots,$ e x_n.

O teorema do limite central nos diz, em particular, que a distribuição da *média* de uma amostra de tamanho n retirada de qualquer distribuição é assintoticamente normal com média μ e variância $\frac{\sigma^2}{n}$. Esse resultado tem importantes aplicações em controle estatístico de qualidade.

A CDF da variável aleatória normal não pode ser determinada de maneira fechada. O resultado é que tabelas normais (Tabela 1 no Apêndice B ou excelStatTables.xls) foram preparadas para essa finalidade. Essas tabelas se aplicam à **normal padronizada** com média zero e desvio-padrão 1, isto é, $N(0, 1)$. Qualquer variável aleatória normal, x (com média μ e desvio-padrão σ), pode ser convertida em uma normal padronizada, z, usando a transformação

$$z = \frac{x - \mu}{\sigma}$$

Mais de 99% da área sob qualquer distribuição normal está contida na faixa $\mu - 3\sigma \leq x \leq \mu + 3\sigma$, conhecida como **limites de 6 sigmas**.

Exemplo 12.4-4

A especificação do diâmetro interno de um cilindro é 1 ± 0,03 polegadas. O resultado do processo de usinagem segue uma distribuição normal com média de 1 cm e desvio-padrão de 0,1 cm. Determine a porcentagem de produção que cumprirá as especificações.

Representando o resultado do processo por x, a probabilidade de um cilindro estar de acordo com a especificação é

$$P\{1 - 0{,}03 \leq x \leq 1 + 0{,}03\} = P\{0{,}97 \leq x \leq 1{,}03\}$$

Dado $\mu = 1$ e $\sigma = 0{,}1$, a probabilidade normal padronizada equivalente é obtida por

$$\begin{aligned} P\{0{,}97 \leq x \leq 1{,}03\} &= P\left\{\frac{0{,}97 - 1}{0{,}1} \leq z \leq \frac{1{,}03 - 1}{0{,}1}\right\} \\ &= P\{-0{,}3 \leq z \leq 0{,}3\} \\ &= P\{z \leq 0{,}3\} - P\{z \leq -0{,}3\} \\ &= P\{z \leq 0{,}3\} - P\{z \geq 0{,}3\} \\ &= P\{z \leq 0{,}3\} - [1 - P\{z \leq 0{,}3\}] \\ &= 2P\{z \leq 0{,}3\} - 1 \\ &= 2 \times 0{,}6179 - 1 \\ &= 0{,}2358 \end{aligned}$$

As transformações executadas para se chegar à probabilidade podem ser justificadas pela área sombreada representada na Figura 12.5. Observe que $P\{z \leq -0{,}3\} = 1 - P\{z \leq 0{,}3\}$, por causa da simetria da pdf. O valor 0,6179 (= $P\{z \leq 0{,}3\}$ é obtido pela tabela normal padronizada (Tabela 1 do Apêndice B).

Comentário. $P\{a \leq x \leq b\}$ pode ser calculada diretamente com a utilização da planilha excelStatTables.xls. Digite 1 em F15; 0,1 em G15; 0,97 em J15; e 1,03 em K15. A resposta, 0,235823, aparecerá em Q15.

CONJUNTO DE PROBLEMAS 12.4D

1. A faculdade de engenharia de uma universidade requer pontuação mínima de 26 no ACT. A pontuação obtida nesse teste pelos alunos do último ano das escolas secundárias de determinado distrito escolar é normalmente distribuída com média 22 e desvio-padrão 2.
   (a) Determine a porcentagem de alunos do último ano da escola secundária que são potenciais estudantes de engenharia.
   (b) Se a universidade não aceitar nenhum aluno com pontuação no ACT menor do que 17, determine a porcentagem de estudantes que serão candidatos à matrícula na universidade em questão.

Figura 12.5
Cálculo de $P\{-0{,}3 \leq z \leq 0{,}3\}$ em uma distribuição normal padronizada

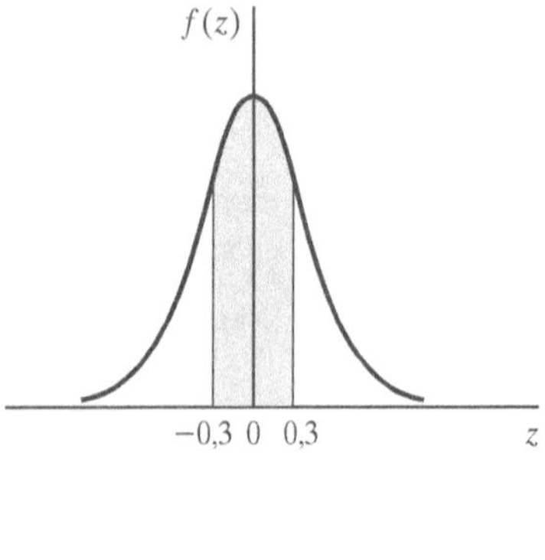

*2. A média dos pesos de indivíduos que querem dar uma volta de helicóptero em um parque de diversões é 180 lb, e o desvio-padrão é 15 lb. O helicóptero pode levar cinco pessoas, mas sua capacidade máxima de peso é 1.000 lb. Qual é a probabilidade de um helicóptero não decolar com cinco pessoas a bordo? (*Sugestão*: aplique o teorema do limite central.)

3. O diâmetro interno de um cilindro é normalmente distribuído com uma média de 1 cm e um desvio-padrão de 0,01 cm. Um eixo sólido é montado dentro de cada cilindro. O diâmetro do eixo também é normalmente distribuído com uma média de 0,99 cm e um desvio-padrão de 0,01 cm. Determine a porcentagem de pares eixo-cilindro que não se ajustarão em uma montagem. (*Sugestão*: a diferença entre as duas variáveis aleatórias normais também é normal.)

12.5 DISTRIBUIÇÕES EMPÍRICAS

Nas seções anteriores, apresentamos as propriedades das pdfs e CDFs de variáveis aleatórias e demos exemplos de cinco distribuições comuns (uniforme, binomial, de Poisson, exponencial e normal). Como determinamos tais distribuições na prática?

A determinação, ou melhor, a estimação de qualquer pdf tem sua raiz nos dados brutos que coletamos sobre a situação em estudo. Por exemplo, para estimar a pdf do intervalo entre chegadas de clientes em um armazém, primeiro registramos os horários de chegada dos clientes. Os dados desejados sobre os intervalos entre chegadas são as diferenças entre os horários sucessivos de chegadas.

Esta seção mostra como dados de amostras podem ser convertidos em uma pdf.

Etapa 1. Resuma os dados brutos na forma de um histograma de freqüência adequado e determine a pdf empírica associada.
Etapa 2. Use o *teste de qualidade da aderência* para verificar se a pdf amostrada provém de uma pdf teórica conhecida.

Histograma de freqüência. Um histograma de freqüência é construído de acordo com dados brutos ao se dividir a faixa de dados (valor mínimo até valor máximo) em trechos (ou segmentos) não sobrepostos. Dados os limites (I_{i-1}, I_i) para o trecho i, a freqüência correspondente é determinada pela contagem (ou marcação) de todos os dados brutos, x, que satisfazem $I_{i-1} < x \leq I_i$.

Exemplo 12.5-1

Os dados da Tabela 12.3 representam o tempo de atendimento (em minutos) em uma prestadora de serviços para uma amostra de 60 clientes.

Tabela 12.3 Tempo de atendimento para 60 clientes

0,7	0,4	3,4	4,8	2,0	1,0	5,5	6,2	1,2	4,4
1,5	2,4	3,4	6,4	3,7	4,8	2,5	5,5	0,3	8,7
2,7	0,4	2,2	2,4	0,5	1,7	9,3	8,0	4,7	5,9
0,7	1,6	5,2	0,6	0,9	3,9	3,3	0,2	0,2	4,9
9,6	1,9	9,1	1,3	10,6	3,0	0,3	2,9	2,9	4,8
8,7	2,4	7,2	1,5	7,9	11,7	6,3	3,8	6,9	5,3

Os valores mínimo e máximo dos dados são 0,2 e 11,7, respectivamente, o que significa que todos os dados podem ser abrangidos pela faixa (0, 12). Dividimos a faixa (0, 12) arbitrariamente em 12 trechos, cada um com a largura de um minuto. A seleção adequada da largura do trecho é crucial para captar a forma da distribuição empírica. Embora não haja regras rígidas para determinar a largura ótima do trecho, uma regra prática geral é usar de 10 a 20 trechos. Na prática, talvez seja necessário experimentar diferentes larguras de trechos antes de encontrar um histograma aceitável.

A Tabela 12.4 resume a informação do histograma para os dados brutos em questão. A coluna de freqüência relativa, f_i, é calculada com a divisão das entradas da coluna de freqüência observada,

o_i, pelo número total de observações ($n = 60$). Por exemplo, $f_1 = \frac{11}{60} = 0{,}1833$. A coluna de freqüência acumulada, F_i, é gerada pela soma recursiva dos valores de f_i. Assim, $F_1 = f_1 = 0{,}1833$ e $F_2 = F_1 + f_2 = 0{,}1833 + 0{,}1333 = 0{,}3166$.

Tabela 12.4 Resumo da informação do histograma

i	Intervalo do trecho	Contagem de observações	Freqüência observada, o_i	Freqüência relativa, f_i	Freqüência relativa acumulada, F_i
1	(0, 1)	卌 卌 I	11	0,1833	0,1833
2	(1, 2)	卌 III	8	0,1333	0,3166
3	(2, 3)	卌 IIII	9	0,1500	0,4666
4	(3, 4)	卌 II	7	0,1167	0,5833
5	(4, 5)	卌 I	6	0,1000	0,6833
6	(5, 6)	卌	5	0,0833	0,7666
7	(6, 7)	IIII	4	0,0667	0,8333
8	(7, 8)	II	2	0,0333	0,8666
9	(8, 9)	III	3	0,0500	0,9166
10	(9, 10)	III	3	0,0500	0,9666
11	(10, 11)	I	1	0,0167	0,9833
12	(11, 12)	I	1	0,0167	1,0000
Total			60	1,0000	

Os valores de f_i e F_i fornecem as equivalências da pdf e da CDF para o tempo de atendimento, t. Como o histograma de freqüência fornece uma versão 'discretizada' do tempo de atendimento contínuo, podemos converter a CDF resultante em uma função linear por partes contínuas que liga os pontos resultantes por segmentos lineares. A Figura 12.6 mostra a pdf e a CDF empíricas para o exemplo. A CDF, como dada pelo histograma, é definida nos pontos médios dos trechos.

Figura 12.6
CDF linear por partes de uma distribuição empírica

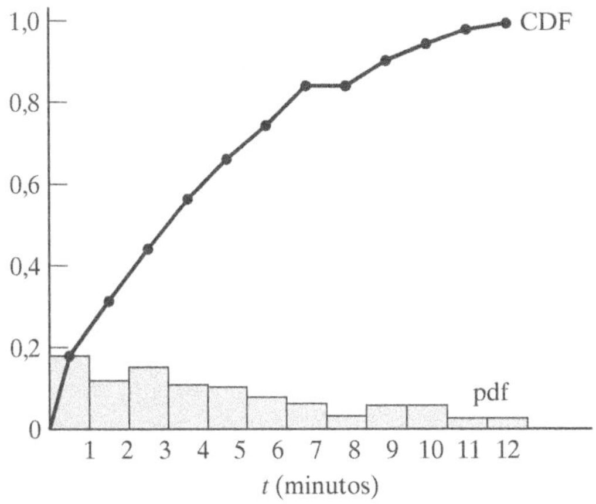

Agora podemos estimar a média, $\bar{t}$, e a variância, s_t^2, da distribuição empírica da seguinte maneira. Seja N o número de trechos no histograma e defina-se $\bar{t}_i$ como o ponto médio do trecho i; então

$$\bar{t} = \sum_{i=1}^{N} f_i \bar{t}_i$$

$$s_t^2 = \sum_{i=1}^{N} f_i (\bar{t}_i - \bar{t})^2$$

Aplicando essas fórmulas ao presente exemplo, obtemos

$$\bar{t} = 0{,}1833 \times 0{,}5 + 0{,}133 \times 1{,}5 + \ldots + 11{,}5 \times 0{,}0167 = 3{,}934 \text{ minutos}$$

$$s_t^2 = 0{,}1883 \times (0{,}5 - 3{,}934)^2 + 0{,}1333 \times (1{,}5 - 3{,}934)^2 + \ldots + 0{,}0167 \times (11{,}5 - 3{,}934)^2 = 8{,}646 \text{ minutos}^2$$

Momento Excel

Podemos construir histogramas de um modo conveniente usando uma planilha Excel. Na barra de menu, selecione Ferramentas ⇒ Análise de dados ⇒ Histograma. Depois digite os dados pertinentes na caixa de diálogo. Porém, a ferramenta *Histograma* do Excel não produz a média e o desvio-padrão do histograma de freqüência diretamente como parte do resultado.[2] Por essa razão, o gabarito excelMeanVar.xls foi projetado para calcular a média, a variância, o máximo e o mínimo da amostra, bem como permitir a utilização da ferramenta *Histograma* do Excel.

A Figura 12.7 armazena os dados de entrada para o Exemplo 12.5-1 nas células A8:E19. O gabarito atualiza automaticamente os dados estatísticos da amostra (média, desvio-padrão, mínimo e máximo) à medida que os dados são digitados na planilha.

Para construir o histograma, em primeiro lugar crie os limites superiores dos trechos e digite-os na coluna F, começando na linha 8. No presente exemplo são usadas as células F8:F19 para especificar os limites dos trechos. Em seguida, a localização dos dados da amostra e os limites dos trechos devem ser digitados na caixa de diálogo Histograma (como mostrado na seção inferior da Figura 12.7):

Intervalo de entrada: A8:E19
Intervalo do bloco: F8:F19
Opções de saída: selecionar *Porcentagem cumulativa* e *Resultado do gráfico.*

Agora, clique em 'OK'. O resultado é o mostrado na Figura 12.8.

Figura 12.7
Dados de entrada e caixa de diálogo do histograma no Excel para o Exemplo 12.5-1

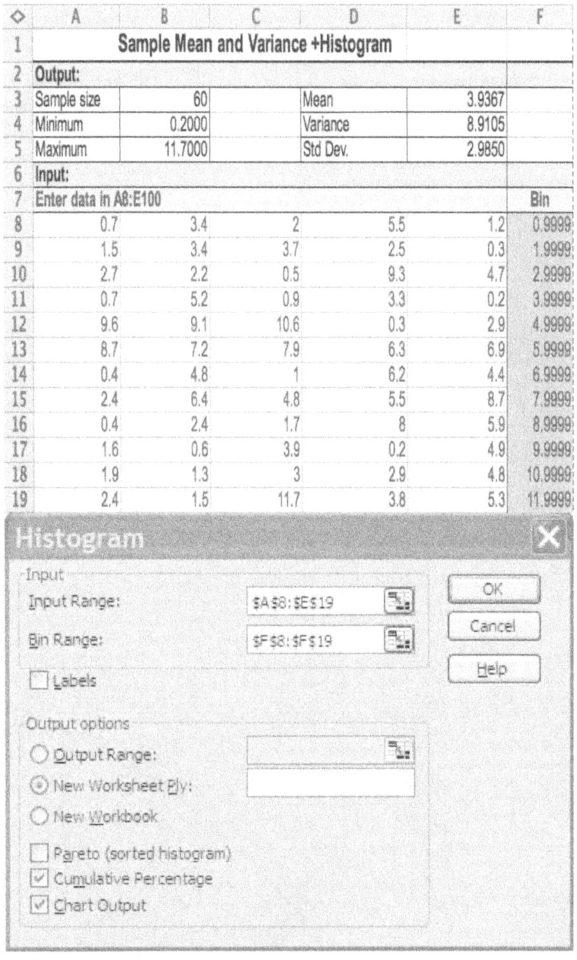

[2] A *Análise de dados* em Excel fornece uma ferramenta específica, *Estatística descritiva,* que pode ser usada para calcular a média e a variância (Bem como inúmeras outras estatísticas que você talvez nunca vá usar!).

Figura 12.8
Resultado do histograma em Excel do Exemplo 12.5-1

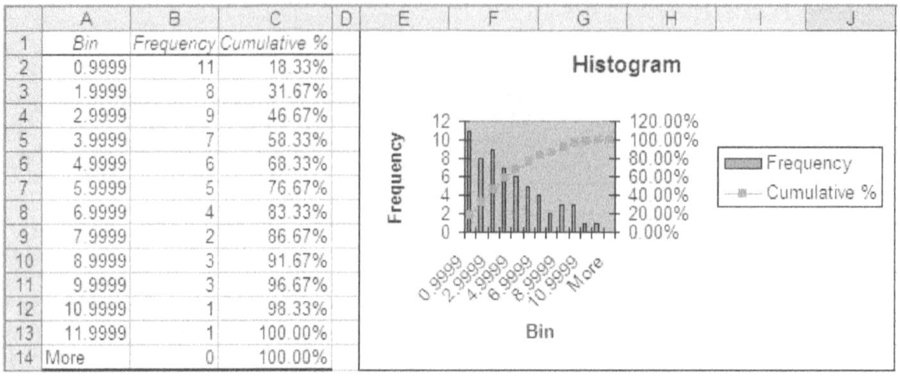

	A	B	C
1	Bin	Frequency	Cumulative %
2	0.9999	11	18.33%
3	1.9999	8	31.67%
4	2.9999	9	46.67%
5	3.9999	7	58.33%
6	4.9999	6	68.33%
7	5.9999	5	76.67%
8	6.9999	4	83.33%
9	7.9999	2	86.67%
10	8.9999	3	91.67%
11	9.9999	3	96.67%
12	10.9999	1	98.33%
13	11.9999	1	100.00%
14	More	0	100.00%

Teste de qualidade da aderência. O teste de qualidade da aderência avalia se a amostra usada para determinar a distribuição empírica é retirada de uma distribuição teórica específica. Uma avaliação inicial dos dados pode ser feita comparando a CDF empírica com a CDF da distribuição teórica suposta. Se o desvio entre as duas CDFs não for excessivo, é provável que a amostra tenha sido retirada da distribuição teórica proposta. Esse 'palpite' inicial pode ganhar mais apoio aplicando-se o teste de qualidade da aderência. O exemplo a seguir fornece os detalhes do procedimento proposto.

Exemplo 12.5-2

Teste os dados do Exemplo 12.5-1 para uma distribuição exponencial hipotética.

Nossa primeira tarefa é especificar a função que define a distribuição teórica. Pelo Exemplo 12.5-1, $\bar{t}$ = 3,934 minutos. Em conseqüência, $\lambda = \frac{1}{3{,}934} = 0{,}2542$ atendimento por minuto para a distribuição exponencial hipotética (veja a Seção 12.4.3), e a pdf e a CDF associadas são dadas por

$$f(t) = 0{,}2542e^{-0{,}2542t}, t > 0$$

$$F(T) = \int_0^T f(t)dt = 1 - e^{-0{,}2542T}, T > 0$$

Podemos usar a CDF, $F(T)$, para calcular a CDF teórica para T = 0,5, 1,5,..., e 11,5, e depois comparar os resultados graficamente com o valor empírico F_i, i = 1, 2,..., 12, como calculado no Exemplo 12.5-1. Por exemplo,

$$F(0{,}5) = 1 - e^{-(0{,}2542 \times 0{,}5)} \approx 0{,}12$$

A Figura 12.9 fornece a comparação resultante. Um exame superficial dos dois gráficos sugere que a distribuição exponencial pode realmente fornecer um ajuste razoável para os dados observados.

A etapa seguinte é implementar um teste de qualidade da aderência. Há dois desses testes: 1) o teste **Kolmogrov-Smirnov**; e 2) o teste do **qui-quadrado**. Vamos limitar nossa apresentação ao teste do qui-quadrado.

O teste do qui-quadrado é baseado na medição do desvio entre as freqüências empírica e teórica correspondentes aos diferentes trechos do histograma desenvolvido.

Especificamente, a freqüência teórica, n_i, correspondente à freqüência observada, o_i, do trecho i, é calculada por

$$\begin{aligned} n_i &= n\int_{I_{i-1}}^{I_i} f(t)dt \\ &= n(F(I_i) - F(I_{i-1})) \\ &= 60(e^{-0{,}2542I_{i-1}} - e^{-0{,}2542I_i}) \end{aligned}$$

Dados o_i e n_i para o trecho i do histograma, uma medida do desvio entre as freqüências empírica e observada é calculada por

$$\chi^2 = \sum_{i=1}^{N} \frac{(o_i - n_i)^2}{n_i}$$

À medida que $N \to \infty$, χ^2 é assintoticamente uma pdf qui-quadrado com $N - k - 1$ graus de liberdade, na qual k é o número de parâmetros estimados com base nos dados brutos (ou do histograma) e usados para definir a distribuição teórica.

A hipótese nula que declara que a amostra observada é retirada da distribuição teórica $f(t)$ é aceita se

Figura 12.9
Comparação entre a CDF empírica e a CDF exponencial teórica

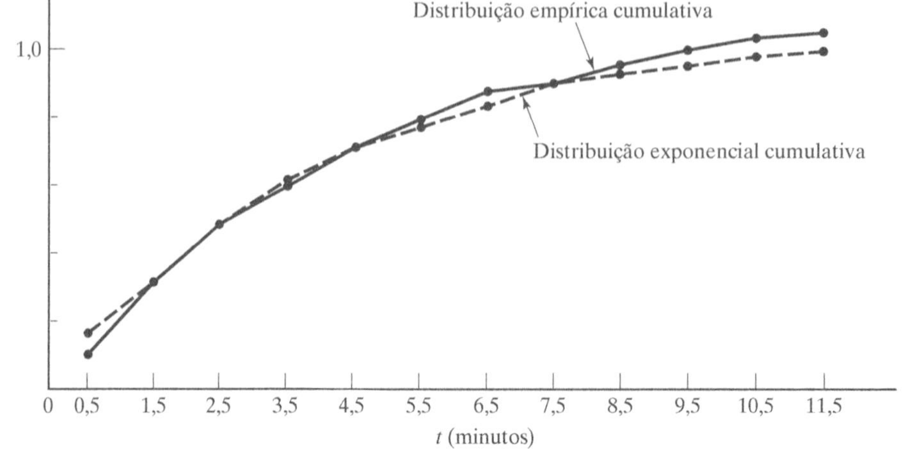

$$\chi^2 < \chi^2_{N-k-1,1-\alpha}$$

em que $\chi^2_{N-k-1,1-\alpha}$ é o valor qui-quadrado para $N - k - 1$ graus de liberdade e nível de significância α.

Os cálculos do teste são mostrados na Tabela 12.5.

Tabela 12.5 Cálculos do teste

i	Trecho	Freqüência observada, o_i		Freqüência teórica, n_i		$\frac{(o_i - n_i)^2}{n_i}$
1	(0, 1)	11		13,448		0,453
2	(1, 2)	8		10,435		0,570
3	(2, 3)	9		8,095		0,100
4	(3, 4)	7		6,281		0,083
5	(4, 5)	6	11	4,873	8,654	0,636
6	(5, 6)	5		3,781		
7	(6, 7)	4		2,933		
8	(7, 8)	2	9	2,276	6,975	0,588
9	(8, 9)	3		1,766		
10	(9, 10)	3		1,370		
11	(10, 11)	1	5	1,063	6,111	0,202
12	(10, ∞)	1		3,678		
Total		n = 60		n = 60		χ^2–valor = 2,623

Como regra prática, a contagem da freqüência teórica esperada em qualquer trecho deve ser no mínimo 5. Esse requisito costuma ser resolvido combinando trechos sucessivos até que a regra seja satisfeita, como mostra a Tabela 12.5. O número resultante de trechos se torna $N = 7$. Como estamos estimando um único parâmetro com base nos dados observados (ou seja, λ), o número de graus de liberdade para a qui-quadrado deve ser igual a $7 - 1 - 1 = 5$. Se considerarmos um nível de significância $\alpha = 0{,}05$, obtemos o valor crítico $\chi^2_{5;0,05} = 11{,}07$ (use a Tabela 3 do Apêndice B ou, em excelStatTables.xls, digite 5 em F8 e 0,05 em L8, e receba a resposta em R8). Como o valor χ^2 é menor do que o valor crítico, aceitamos a hipótese de que a amostra foi retirada da pdf exponencial hipotética.

CONJUNTO DE PROBLEMAS 12.5A

1. Os dados da Tabela B representam os tempos (em minutos) entre chegadas a uma prestadora de serviços.

(a) Use o Excel para desenvolver três histogramas para os dados com base em trechos de larguras 0,5; 1 e 1,5 minutos, respectivamente.

(b) Compare graficamente a distribuição acumulada da CDF empírica e a de uma distribuição exponencial correspondente.

Tabela B

4,3	3,4	0,9	0,7	5,8	3,4	2,7	7,8
4,4	0,8	4,4	1,9	3,4	3,1	5,1	1,4
0,1	4,1	4,9	4,8	15,9	6,7	2,1	2,3
2,5	3,3	3,8	6,1	2,8	5,9	2,1	2,8
3,4	3,1	0,4	2,7	0,9	2,9	4,5	3,8
6,1	3,4	1,1	4,2	2,9	4,6	7,2	5,1
2,6	0,9	4,9	2,4	4,1	5,1	11,5	2,6
0,1	10,3	4,3	5,1	4,3	1,1	4,1	6,7
2,2	2,9	5,2	8,2	1,1	3,3	2,1	7,3
3,5	3,1	7,9	0,9	5,1	6,2	5,8	1,4
0,5	4,5	6,4	1,2	2,1	10,7	3,2	2,3
3,3	3,3	7,1	6,9	3,1	1,6	2,1	1,9

(c) Teste a hipótese de a amostra dada ter sido retirada de uma distribuição exponencial. Use um nível de confiança de 95%.

(d) Qual dos três histogramas é 'melhor' para a finalidade de testar a hipótese nula?

2. Os dados da Tabela C representam o período (em segundos) necessário para transmitir uma mensagem.

Tabela C

25,8	67,3	35,2	36,4	58,7
47,9	94,8	61,3	59,3	93,4
17,8	34,7	56,4	22,1	48,1
48,2	35,8	65,3	30,1	72,5
5,8	70,9	88,9	76,4	17,3
77,4	66,1	23,9	23,8	36,8
5,6	36,4	93,5	36,4	76,7
89,3	39,2	78,7	51,9	63,6
89,5	58,6	12,8	28,6	82,7
38,7	71,3	21,1	35,9	29,2

Use o Excel para construir um histograma adequado. Teste a hipótese de que esses dados foram retirados de uma distribuição uniforme a um nível de confiança de 95%, dadas as seguintes informações adicionais sobre a distribuição uniforme hipotética:

(a) A faixa da distribuição está entre 0 e 100.

(b) A faixa da distribuição é estimada de acordo com os dados da amostra.

(c) O limite máximo para a faixa da distribuição é 100, mas o limite mínimo deve ser estimado de acordo com os dados da amostra.

3. Um equipamento automático é usado para contar o volume de tráfego em um cruzamento movimentado. O equipamento registra a hora em que um carro chega ao cruzamento em uma escala de tempo contínua, começando do zero. A Tabela D a seguir dá os tempos de chegada (acumulados, em minutos) para os primeiros 60 carros. Use o Excel para construir um histograma adequado e depois teste a hipótese de o tempo entre chegadas ter sido retirado de uma distribuição exponencial. Use um nível de confiança de 95%.

Tabela D

Chegada	Tempo de chegada (min)	Chegada	Tempo de chegada (min)	Chegada	Tempo de chegada (min)	Chegada	Tempo de chegada (min)
1	5,2	16	67,6	31	132,7	46	227,8
2	6,7	17	69,3	32	142,3	47	233,5
3	9,1	18	78,6	33	145,2	48	239,8
4	12,5	19	86,6	34	154,3	49	243,6
5	18,9	20	91,3	35	155,6	50	250,5
6	22,6	21	97,2	36	166,2	51	255,8
7	27,4	22	97,9	37	169,2	52	256,5
8	29,9	23	111,5	38	169,5	53	256,9
9	35,4	24	116,7	39	172,4	54	270,3
10	35,7	25	117,2	40	175,3	55	275,1
11	44,4	26	118,2	41	180,1	56	277,1
12	47,1	27	124,1	42	188,8	57	278,1
13	47,5	28	127,4	43	201,2	58	283,6
14	49,7	29	127,6	44	218,4	59	299,8
15	67,1	30	127,8	45	219,9	60	300,0

REFERÊNCIAS BIBLIOGRÁFICAS

Feller, W. *An introduction to probability theory and its applications.* 2. ed. Nova York: Wiley, 1967. v. 1 e 2.
Papoulis, A. *Probability and statistics.* Upper Saddle River: Prentice Hall, 1990.
Parzen, E. *Modern probability theory and its applications.* Nova York: Wiley, 1960.
Paulos, J. A. *Innumeracy: mathematical illiteracy and its consequences.* Nova York: Hill e Wang, 1988.
Ross, S. *Introduction to probability models.* 5. ed. Nova York: Academic, 1993.

Capítulo 13

Análise de decisão e jogos

Guia do capítulo. Problemas de decisão que envolvam um número finito de alternativas surgem com freqüência na prática. As ferramentas usadas para resolver esses problemas dependem em grande parte do tipo de dado disponível (determinístico, probabilístico ou incerto). O processo analítico hierárquico de análise (AHP — analytic hierarchy processes) é uma ferramenta de destaque para lidar com decisões sob certeza, nas quais o julgamento subjetivo é quantificado de maneira lógica e depois usado como base para chegar a uma decisão. No caso de dados probabilísticos, árvores de decisão que comparam o custo (ou lucro) esperado para as diferentes alternativas são a base para se chegar a uma decisão.

Decisões sob incerteza usam critérios que refletem a atitude do tomador de decisões em relação ao risco, que vai do otimismo ao pessimismo. Outra ferramenta de decisão sob incerteza é a teoria dos jogos, na qual dois oponentes com metas conflitantes visam obter o melhor entre as piores condições disponíveis para cada um.

Para demonstrar a importância dessas ferramentas na prática, quatro análises de caso no Capítulo 24, disponível em inglês no site do livro, tratam da: utilização de AHP para determinar o layout de um laboratório de uma fábrica integrada de computador (CIM – computer integrated manufacturing); utilização de análise de árvore de decisão para determinar os limites de registros de reservas em hotéis; aplicação de probabilidades de Bayes para avaliar os resultados de um teste clínico; e utilização da teoria dos jogos para classificar profissionais de golfe nos jogos da Ryder Cup. Para ajudá-lo a entender os detalhes das diferentes ferramentas, o capítulo fornece quatro planilhas. Você verá também que o TORA é útil para executar as soluções gráfica e algébrica de jogos. Para este capítulo, é necessário um conhecimento básico de probabilidade e estatística.

Este capítulo inclui resumos de quatro aplicações reais, dez exemplos resolvidos, quatro planilhas, 63 problemas de final de seção e cinco casos. Os casos estão no Apêndice E, disponível em inglês no site do livro. Os programas em AMPL/Excel Solver/TORA estão na pasta ch13Files.

Aplicação real — Planejamento do layout de uma fábrica integrada por computador

A faculdade de engenharia de uma instituição acadêmica quer montar um laboratório CIM em um edifício vazio. O novo laboratório servirá como uma instalação de ensino e pesquisa e como um centro de excelência técnica para a indústria. A instituição solicitou aos membros da faculdade que fizessem recomendações sobre um plano de layout para o novo laboratório que servirá de base para a compilação das áreas mínimas ideais e absolutas para cada unidade. O estudo usa AHP, bem como programação por metas, para chegar a uma solução de compromisso satisfatória que atenda às necessidades de ensino, pesquisa e atendimento à indústria. Os detalhes do estudo são dados no Caso 9, Capítulo 24, disponível em inglês no site do livro.

13.1 TOMADA DE DECISÕES SOB CERTEZA — PROCESSO ANALÍTICO HIERÁRQUICO

Os modelos de PL apresentados nos capítulos 2 a 9 são exemplos de tomadas de decisão sob certeza, nas quais todas as funções eram bem-definidas. O AHP é projetado para situações nas quais idéias, sentimentos e emoções que afetam o processo de decisão são quantificados para fornecer uma escala numérica a fim de determinar prioridades de alternativas.

Exemplo 13.1-1 (Idéia geral do AHP)

Martin Hans, brilhante aluno de uma escola de ensino médio, recebeu bolsas de estudo totais de três instituições, Universidade A, Universidade B e Universidade C. Para escolher uma universidade, Martin prioriza dois critérios: localização e reputação acadêmica. Como excelente estudante que é, ele acha que a reputação acadêmica é cinco vezes mais importante do que a localização, o que resulta em um peso de aproximadamente 17% para localização e 83% para reputação. Então ele usa uma análise sistemática (que será detalhada mais adiante) para classificar as três universidades do ponto de vista de localização e reputação. A Tabela 13.1 classifica os dois critérios para as três universidades.

Tabela 13.1 Critérios para escolha da universidade

	Estimativas de peso em porcentagem para		
Critério	Universidade A	Universidade B	Universidade C
Localização	12,9	27,7	59,4
Reputação	54,5	27,3	18,2

A estrutura do problema de decisão é resumida na Figura 13.1. O problema envolve uma única hierarquia (nível) com dois critérios (localização e reputação) e três alternativas de decisão (Universidade A, Universidade B e Universidade C).

A classificação de cada universidade é baseada no cálculo dos seguintes pesos *compostos*:

$$\text{Universidade A} = 0{,}17 \times 0{,}129 + 0{,}83 \times 0{,}545 = \mathbf{0{,}4743}$$

$$\text{Universidade B} = 0{,}17 \times 0{,}277 + 0{,}83 \times 0{,}273 = 0{,}2737$$

$$\text{Universidade C} = 0{,}17 \times 0{,}594 + 0{,}83 \times 0{,}182 = 0{,}2520$$

Com bases nesses cálculos, a Universidade A tem o peso composto mais alto e, em decorrência, representa a melhor opção para Martin.

Comentários. A estrutura geral do AHP pode incluir várias hierarquias de critérios. Suponha que, no Exemplo 13.1-1, a irmã gêmea de Martin, Jane, também tenha sido aceita pelas três universidades com bolsa de estudo total. Seus pais estipularam que ambos devem freqüentar a mesma universidade para que possam compartilhar um único carro. A Figura 13.2 resume o problema de decisão, que agora envolve duas hierarquias. Os valores p e q (que presumimos iguais) na primeira hierarquia representam os pesos relativos dados às opiniões de Martin e Jane sobre o processo de seleção. A segunda hierarquia usa os pesos (p_1, p_2) e (q_1, q_2) para refletir as preferências de Martin e Jane em relação à localização e à reputação de cada universidade. O restante do gráfico de tomada de decisões pode ser interpretado de maneira semelhante. Observe que $p + q = 1, p_1 + p_2 = 1, q_1 + q_2 = 1, p_{11} + p_{12} + p_{13} = 1, p_{21} + p_{22} + p_{23} = 1, q_{11} + q_{12} + q_{13} = 1, q_{21} + q_{22} + q_{23} = 1$. A determinação do peso composto da Universidade A, mostrada na Figura 13.2, demonstra a maneira pela qual os cálculos são executados.

Figura 13.1
Resumo dos cálculos do AHP para o Exemplo 13.1-1

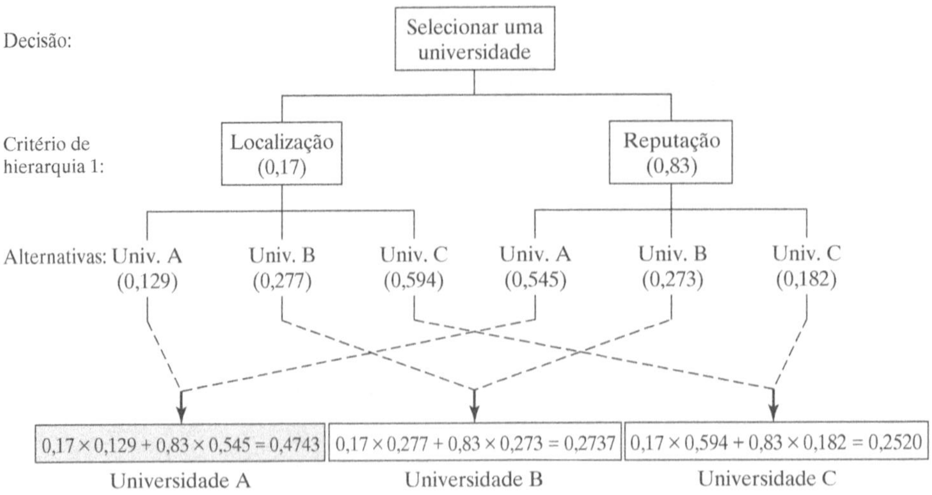

Figura 13.2
Aperfeiçoamento do problema de decisão do Exemplo 13.1-1

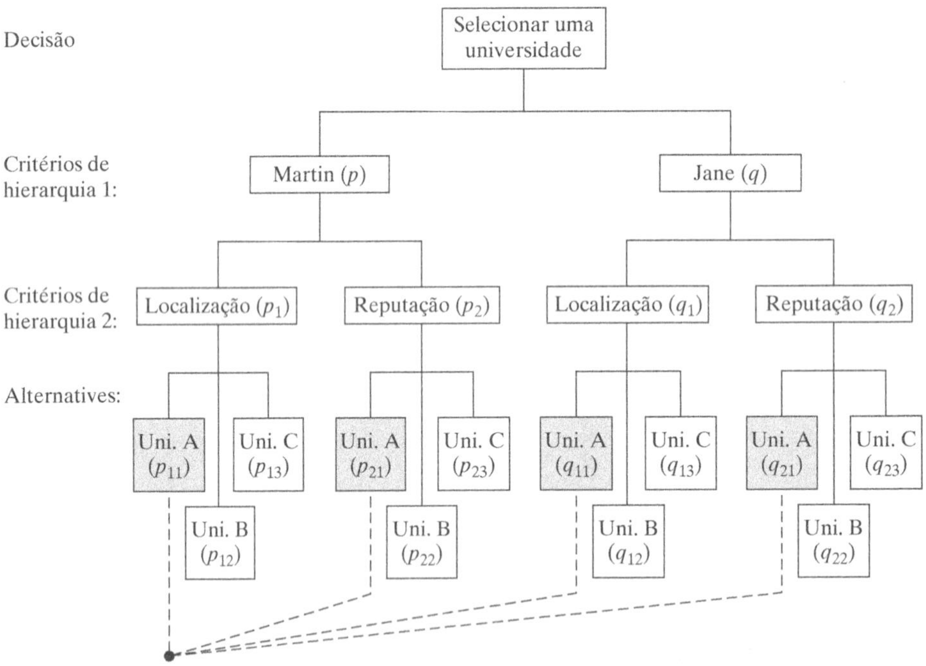

Universidade A $= p(p_1 \times p_{11} + p_2 \times p_{21}) + q(q_1 \times q_{11} + q_2 \times q_{21})$

CONJUNTO DE PROBLEMAS 13.1A

*1. Suponha que sejam especificados os seguintes pesos para a situação de Martin e Jane:

$$p = 0{,}5; q = 0{,}5$$
$$p_1 = 0{,}17; p_2 = 0{,}83$$
$$p_{11} = 0{,}129; p_{12} = 0{,}277; p_{13} = 0{,}594$$
$$p_{21} = 0{,}545; p_{22} = 0{,}273; p_{23} = 0{,}182$$
$$q_1 = 0{,}3; q_2 = 0{,}7$$
$$q_{11} = 0{,}2; q_{12} = 0{,}3; q_{13} = 0{,}5$$
$$q_{21} = 0{,}5; q_{22} = 0{,}2; q_{23} = 0{,}3$$

Com base nessas informações, classifique as três universidades.

Determinação dos pesos. O ponto crucial do AHP é a determinação dos pesos relativos (como os usados no Exemplo 13.1-1) para classificar as alternativas de decisão. Considerando que estamos lidando com n critérios em uma dada hierarquia, o procedimento estabelece uma **matriz de comparação**, **A**, $n \times n$, *par a par*, que quantifica o julgamento do tomador de decisões no que se refere à importância relativa dos diferentes critérios. A comparação par a par é feita de tal maneira que o critério na linha i ($i = 1, 2, \ldots, n$) é classificado em relação a todos os outros critérios. Definindo o elemento (i, j) de **A** como a_{ij}, o AHP usa uma escala discreta de 1 a 9 na qual $a_{ij} = 1$ significa que i e j têm *igual importância*, $a_{ij} = 5$ indica que i é *muito mais importante* do que j e $a_{ij} = 9$ indica que i é *muitíssimo mais importante* do que j. Outros valores intermediários entre 1 e 9 são interpretados de maneira correspondente. A consistência no julgamento requer que $a_{ij} = k$ implique automaticamente que

$a_{ji} = \frac{1}{k}$. Além disso, todos os elementos a_{ii} da diagonal de **A** devem ser iguais a 1 porque classificam um critério em relação a ele mesmo.

Exemplo 13.1-2

Para mostrar como é determinada a matriz de comparação **A** para o problema de decisão de Martin do Exemplo 13.1-1, começamos com a hierarquia principal, que trata dos critérios de reputação e localização de uma universidade. Pelo julgamento de Martin, a reputação é *muito mais importante* do que a localização; por isso, $a_{12} = 5$. Essa atribuição implica automaticamente que $a_{21} = \frac{1}{5}$. Usando os símbolos *R* e *L* para representar reputação e localização, respectivamente, a matriz de comparação associada é dada por

$$A = \begin{matrix} & L & R \\ L & 1 & \frac{1}{5} \\ R & 5 & 1 \end{matrix}$$

Os pesos relativos de *R* e *L* podem ser determinados com base em **A** pela normalização em uma nova matriz, **N**. O processo requer dividir os elementos de cada coluna pela soma dos elementos da mesma coluna. Assim, para calcular **N**, dividimos os elementos da coluna 1 por (5 + 1 = 6) e os da coluna 2 por (1 + 1/5 = 1,2). Portanto, os pesos relativos desejados, w_R e w_L, são calculados como a média da linha:

$$A = \begin{matrix} & L & R \\ L & 0{,}17 & 0{,}17 \\ R & 0{,}83 & 0{,}83 \end{matrix} \qquad \text{Média da linha} \quad w_L = \frac{0{,}17 + 0{,}17}{2} = 0{,}17 \quad w_R = \frac{0{,}83 + 0{,}83}{2} = 0{,}83$$

Os cálculos deram como resultado $w_L = 0{,}17$ e $w_R = 0{,}83$, o peso usado na Figura 13.1. As colunas de **N** são idênticas, uma característica que só ocorre quando o tomador de decisões exibe perfeita *consistência* ao especificar as entradas da matriz de comparação **A**. Esse ponto é discutido mais a fundo adiante nesta seção.

Os pesos relativos das alternativas Universidade A, Universidade B e Universidade C são determinados dentro de cada um dos critérios *L* e *R* usando as duas matrizes de comparação a seguir, cujos elementos são baseados no julgamento de Martin no que se refere à importância relativa das três universidades.

$$\mathbf{A}_L = \begin{matrix} & A & B & C \\ A & 1 & \frac{1}{2} & \frac{1}{5} \\ B & 2 & 1 & \frac{1}{2} \\ C & 5 & 2 & 1 \end{matrix}, \quad \mathbf{A}_R = \begin{matrix} & A & B & C \\ A & 1 & 2 & 3 \\ B & \frac{1}{2} & 1 & \frac{3}{2} \\ C & \frac{1}{3} & \frac{2}{3} & 1 \end{matrix}$$

Somando as colunas, obtemos

$$\text{Soma da coluna } \mathbf{A}_L = (8; 3{,}5; 1{,}7)$$
$$\text{Soma da coluna } \mathbf{A}_R = (1{,}83; 3{,}67; 5{,}5)$$

As seguintes matrizes normalizadas são determinadas com a divisão de todas as entradas pelas somas das respectivas colunas:

$$\mathbf{N}_L = \begin{matrix} & A & B & C \\ A & 0{,}125 & 0{,}143 & 0{,}118 \\ B & 0{,}250 & 0{,}286 & 0{,}294 \\ C & 0{,}625 & 0{,}571 & 0{,}588 \end{matrix} \qquad \begin{matrix} \text{Média das linhas} \\ w_{LA} = \frac{0{,}125 + 0{,}143 + 0{,}118}{3} = 0{,}129 \\ w_{LB} = \frac{0{,}250 + 0{,}286 + 0{,}294}{3} = 0{,}277 \\ w_{LC} = \frac{0{,}625 + 0{,}571 + 0{,}588}{3} = 0{,}594 \end{matrix}$$

$$\mathbf{N}_R = \begin{matrix} & A & B & C \\ A & 0{,}545 & 0{,}545 & 0{,}545 \\ B & 0{,}273 & 0{,}273 & 0{,}273 \\ C & 0{,}182 & 0{,}182 & 0{,}182 \end{matrix} \qquad \begin{matrix} \text{Média das linhas} \\ w_{RA} = \frac{0{,}545 + 0{,}545 + 0{,}545}{3} = 0{,}545 \\ w_{RB} = \frac{0{,}273 + 0{,}273 + 0{,}273}{3} = 0{,}273 \\ w_{RC} = \frac{0{,}182 + 0{,}182 + 0{,}182}{3} = 0{,}182 \end{matrix}$$

Os valores $(w_{LA}, w_{LB}, w_{LC}) = (0{,}129; 0{,}277; 0{,}594)$ dão os pesos respectivos da localização para Universidade A, Universidade B e Universidade C. De maneira semelhante, $(w_{RA}, w_{RB}, w_{RC}) = (0{,}545; 0{,}273; 0{,}182)$ dão os pesos relativos referentes à reputação acadêmica.

Consistência da matriz de comparação. No Exemplo 13.1-2, todas as colunas das matrizes normalizadas **N** e $\mathbf{N}_R$ são idênticas, e as de $\mathbf{N}_L$ não são. Sendo assim, diz-se que as matrizes de comparação originais **A** e $\mathbf{A}_R$ são *consistentes*, ao passo que $\mathbf{A}_L$ não é.

Consistência implica julgamento coerente da parte do tomador de decisões em relação às comparações par a par. Matematicamente, dizemos que uma matriz de comparação **A** é consistente se

$$a_{ij}a_{jk} = a_{ik}, \text{ para todo } i, j \text{ e } k$$

Por exemplo, na matriz $\mathbf{A}_R$ do Exemplo 13.1-2, $a_{13} = 3$ e $a_{12}a_{23} = 2 \times \frac{3}{2} = 3$. Essa propriedade requer que todas as colunas (e linhas) de **A** sejam linearmente dependentes. Em particular, as colunas de qualquer matriz de comparação 2 × 2 são, por definição, dependentes e, em conseqüência, uma matriz 2 × 2 é sempre consistente.

É incomum que todas as matrizes de comparação sejam consistentes. De fato, dado que a base para a construção dessas matrizes é o julgamento humano, certo grau 'razoável' de inconsistência é esperado e tolerado.

Para determinar se um nível de consistência é 'razoável', precisamos desenvolver uma medida quantificável para a matriz de comparação **A**. Vimos no Exemplo 13.1-2 que uma matriz **A** perfeitamente consistente produz uma matriz normalizada **N** na qual todas as colunas são idênticas, isto é,

$$\mathbf{N} = \begin{pmatrix} w_1 & w_1 & \cdots & w_1 \\ w_2 & w_2 & \cdots & w_2 \\ \vdots & \vdots & \vdots & \vdots \\ w_n & w_n & \cdots & w_n \end{pmatrix}$$

Então, decorre que a matriz de comparação original **A** pode ser determinada com base em **N** dividindo os elementos da coluna *i* por w_i (que é o inverso do processo de determinação de **N** com base em **A**). Desse modo, temos

$$\mathbf{A} = \begin{pmatrix} 1 & \frac{w_1}{w_2} & \cdots & \frac{w_1}{w_n} \\ \frac{w_2}{w_1} & 1 & \cdots & \frac{w_2}{w_n} \\ \vdots & \vdots & \vdots & \vdots \\ \frac{w_n}{w_1} & \frac{w_n}{w_2} & \cdots & 1 \end{pmatrix}$$

Pela definição de **A** dada, temos:

$$\begin{pmatrix} 1 & \frac{w_1}{w_2} & \cdots & \frac{w_1}{w_n} \\ \frac{w_2}{w_1} & 1 & \cdots & \frac{w_2}{w_n} \\ \vdots & \vdots & \vdots & \vdots \\ \frac{w_n}{w_1} & \frac{w_n}{w_2} & \cdots & 1 \end{pmatrix} \begin{pmatrix} w_1 \\ w_2 \\ \vdots \\ w_n \end{pmatrix} = \begin{pmatrix} nw_1 \\ nw_2 \\ \vdots \\ nw_n \end{pmatrix} = n \begin{pmatrix} w_1 \\ w_2 \\ \vdots \\ w_n \end{pmatrix}$$

De modo mais compacto, dado que **w** é o vetor coluna dos pesos relativos w_i, $i = 1, 2, \ldots, n$, **A** é consistente se

$$\mathbf{Aw} = n\mathbf{w}$$

Para o caso em que **A** não é consistente, o peso relativo, w_i, é aproximado pela média dos *n* elementos da linha *i* na matriz normalizada **N** (veja Exemplo 13.1-2). Representando o vetor média calculado por $\bar{\mathbf{w}}$, pode-se mostrar que

$$\mathbf{A}\bar{\mathbf{w}} = n_{\max}\bar{\mathbf{w}}, \ n_{\max} \geq n$$

Nesse caso, quanto mais próximo $n_{\max}$ estiver de *n*, mais consistente é a matriz de comparação **A**. Com base nessa observação, AHP calcula a **razão de consistência** como

$$CR = \frac{CI}{RI}$$

em que

$$CI = \text{Índice de consistência de } \mathbf{A} = \frac{n_{\max} - n}{n - 1}$$

$$RI = \text{Consistência aleatória de } \mathbf{A} = \frac{1{,}98(n-2)}{n}$$

O índice de consistência aleatória, RI, foi determinado empiricamente como o CI médio de uma grande amostra de matrizes de comparação **A**, geradas aleatoriamente.

Se $CR \leq 0{,}1$, o nível de inconsistência é aceitável. Caso contrário, a inconsistência é alta e o tomador de decisões talvez precise fazer uma nova estimativa dos elementos a_{ij} de **A** para obter melhor consistência.

Calculamos o valor de n_{max} de acordo com $\mathbf{A}\bar{\mathbf{w}} = n_{max}\bar{\mathbf{w}}$, observando que a i-ésima equação é

$$\sum_{j=1}^{n} a_{ij}\bar{w}_j = n_{max}\bar{w}_j,\ i = 1, 2,..., n$$

Dado que $\sum_{j=1}^{n} a_{ij}\bar{w}_j = 1$, obtemos

$$\sum_{j=1}^{n}\left(\sum_{j=1}^{n} a_{ij}\bar{w}_j\right) = n_{max}\sum_{j=1}^{n}\bar{w}_i = n_{max}$$

Isso significa que o valor de n_{max} pode ser determinado primeiro com o cálculo do vetor coluna $\mathbf{A}\bar{\mathbf{w}}$ e, em seguida, com a soma de seus elementos.

Exemplo 13.1-3

No Exemplo 13.1-2, a matriz $\mathbf{A}_L$ é inconsistente porque as colunas de sua $\mathbf{N}_L$ não são idênticas. Teste o grau de consistência de $\mathbf{N}_L$.

Começamos calculando n_{max}. Pelo Exemplo 13.1-2, temos

$$\bar{w}_1 = 0{,}129;\ \bar{w}_2 = 0{,}277;\ \bar{w}_3 = 0{,}594$$

Assim,

$$\mathbf{A}_L\bar{\mathbf{w}} = \begin{pmatrix} 1 & \frac{1}{2} & \frac{1}{5} \\ 2 & 1 & \frac{1}{2} \\ 5 & 2 & 1 \end{pmatrix}\begin{pmatrix} 0{,}129 \\ 0{,}277 \\ 0{,}594 \end{pmatrix} = \begin{pmatrix} 0{,}3863 \\ 0{,}8320 \\ 1{,}7930 \end{pmatrix}$$

o que dá como resultado

$$n_{max} = 0{,}3863 + 0{,}8320 + 1{,}7930 = 3{,}0113$$

Em decorrência, para $n = 3$,

$$CI = \frac{n_{max} - n}{n-1} = \frac{3{,}0113 - 3}{3-1} = 0{,}00565$$

$$RI = \frac{1{,}98(n-2)}{n} = \frac{1{,}98 \times 1}{3} = 0{,}66$$

$$CR = \frac{CI}{RI} = \frac{0{,}00565}{0{,}66} = 0{,}00856$$

Como $CR < 0{,}1$, o nível de inconsistência de $\mathbf{A}_L$ é aceitável.

Momento Excel

O gabarito excelAHP.xls é projetado para lidar com matrizes de comparação com tamanhos de até 8 × 8. Como nos modelos em Excel dos capítulos 10 e 11, as entradas do usuário orientam o modelo. A Figura 13.3 demonstra a aplicação do modelo ao Exemplo 13.1-2.[1] As matrizes de comparação do problema são digitadas *uma por vez* na seção de entrada (parte superior) da planilha. A ordem na qual as matrizes de comparação são digitadas não é importante, embora faça mais sentido considerá-las em sua ordem hierárquica natural. Após a entrada dos dados para uma matriz de comparação, a seção de saída da planilha (parte inferior) dará a matriz normalizada associada junto com sua razão de consistência, CR. O usuário deve copiar os pesos, w, da coluna J e colá-los na área de resumo da solução (a seção da direita da planilha). Lembre-se de usar Colar especial ⇒ Valores ao realizar essa etapa para garantir um registro permanente. O processo é repetido até que todas as matrizes de comparação tenham sido armazenadas nas colunas K:R.

Na Figura 13.3, a classificação final é dada nas células (K20:K22). A fórmula na célula K20 é

= $L$4*$L7+ $L$5*$N7

Essa fórmula dá a avaliação final da alternativa Universidade A (UA) e é copiada nas células K21 e K22 para avaliar as alternativas Universidade B (UB) e Universidade C (UC). Observe como a fórmula em K20 é construída: a referência da célula para a alternativa UA deve ter coluna fixa (ou seja, $L7 e $N7), ao passo que *todas* as outras referências devem ter coluna e linha fixas (ou seja, $L$4 e $L$5). A validade das fórmulas copiadas requer que os pesos das *alternativas* (coluna fixa) de cada matriz apareçam na mesma coluna sem células vazias entre eles. Por exemplo, na Figura 13.3, os pesos de AR na coluna L não podem ser repartidos entre duas colunas. O mesmo se aplica aos pesos de AL na coluna N. Não há nenhuma restrição à colocação dos pesos de A porque as linhas e as colunas em que eles aparecem são fixas na fórmula.

Você pode aperfeiçoar a fórmula para captar os nomes das alternativas diretamente. Eis como deve ser digitada a fórmula para a alternativa UA:

=$K7&"="&TEXT1$L$4*$L7+ $L$5*$N7,"####0.00000"2

O procedimento para avaliar alternativas pode ser estendido imediatamente para qualquer número de níveis de hierarquia. Uma vez que você desenvolva a fórmula corretamente para a primeira alternativa, a mesma fórmula se aplica às alternativas restantes simplesmente ao se copiá-las para linhas sucessivas (na mesma coluna). Lembre-se de que *todas* as referências de célula na fórmula devem ter linha fixa e coluna fixa, exceto as referências às alternativas, que devem ter apenas colunas fixas. O Problema 1, Conjunto 13.1B, pede que você desenvolva a fórmula para um problema de três níveis.

CONJUNTO DE PROBLEMAS 13.1B[2]

1. Considere os dados do Problema 1, Conjunto 13.1A. Copie os pesos em uma ordem lógica para a seção de resumo de solução da planilha excelAHP.xls. Em seguida desenvolva a fórmula para avaliar a primeira alternativa, Universidade A, e a copie para avaliar as duas alternativas restantes.

***2.** O departamento de pessoal da C&H reduziu a procura de um empregado potencial a três candidatos: Steve (S), Jane (J) e Maísa (M). A seleção final é baseada em três critérios: entrevista pessoal (I), experiência (E) e referências (R). O departamento usa a matriz **A** (dada a seguir) para estabelecer as preferências entre os três critérios. Após entrevistar os três candidatos e compilar os dados relativos às respectivas experiências e referências, as matrizes $\mathbf{A}_I$, $\mathbf{A}_E$ e $\mathbf{A}_R$ são construídas. Qual dos três candidatos deve ser contratado? Avalie a consistência dos dados.

$$\mathbf{A} = \begin{matrix} I \\ E \\ R \end{matrix}\overset{\begin{matrix} I & E & R \end{matrix}}{\begin{pmatrix} 1 & 2 & \frac{1}{4} \\ \frac{1}{2} & 1 & \frac{1}{5} \\ 4 & 5 & 1 \end{pmatrix}} \quad \mathbf{A}_I = \begin{matrix} S \\ J \\ M \end{matrix}\overset{\begin{matrix} S & J & M \end{matrix}}{\begin{pmatrix} 1 & 3 & 4 \\ \frac{1}{3} & 1 & \frac{1}{5} \\ \frac{1}{4} & 5 & 1 \end{pmatrix}}$$

$$\mathbf{A}_E = \begin{matrix} S \\ J \\ M \end{matrix}\overset{\begin{matrix} S & J & M \end{matrix}}{\begin{pmatrix} 1 & \frac{1}{3} & 2 \\ 3 & 1 & \frac{1}{2} \\ \frac{1}{2} & 2 & 1 \end{pmatrix}} \quad \mathbf{A}_R = \begin{matrix} S \\ J \\ M \end{matrix}\overset{\begin{matrix} S & J & M \end{matrix}}{\begin{pmatrix} 1 & \frac{1}{2} & 2 \\ 2 & 1 & \frac{1}{2} \\ 1 & 2 & 1 \end{pmatrix}}$$

3. Kevin e June Park (K e J) estão pensando em comprar uma nova casa. Há três casas disponíveis, A, B e C. Os Park combinaram dois critérios para a seleção da casa: quilometragem até o trabalho (Y) e tempo gasto de chegada

[1] Os resultados mais exatos da planilha são diferentes dos dados nos exemplos 13.1-2 e 13.1-3 devido à aproximação do arredondamento manual. As colunas F:I e as linhas 11:13 são suprimidas para conservar espaço.

[2] A planilha excelAHP.xls o ajudará a verificar seus cálculos.

Figura 13.3
Solução em Excel do Exemplo 13.1-2 (arquivo excelAHP.xls)

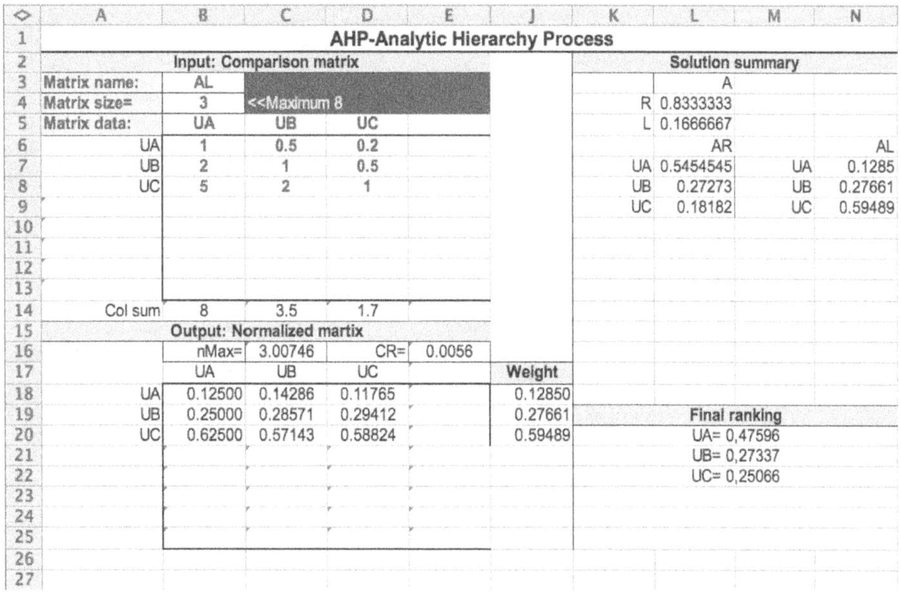

ao trabalho (W), e desenvolveram as seguintes matrizes de comparação. Classifique as três casas em ordem de prioridade e calcule a razão de consistência para cada matriz.

$$\mathbf{A} = \begin{matrix} & K & J \\ K & 1 & 2 \\ J & \frac{1}{2} & 1 \end{matrix}$$

$$\mathbf{A}_K = \begin{matrix} & Y & W \\ Y & 1 & \frac{1}{2} \\ W & 3 & 1 \end{matrix} \qquad \mathbf{A}_J = \begin{matrix} & Y & W \\ Y & 1 & 4 \\ W & \frac{1}{4} & 1 \end{matrix}$$

$$\mathbf{A}_{KY} = \begin{matrix} & A & B & C \\ A & 1 & 2 & 3 \\ B & \frac{1}{2} & 1 & 2 \\ C & \frac{1}{3} & \frac{1}{2} & 1 \end{matrix} \qquad \mathbf{A}_{KW} = \begin{matrix} & A & B & C \\ A & 1 & 2 & \frac{1}{2} \\ B & \frac{1}{2} & 1 & \frac{1}{3} \\ C & 2 & 3 & 1 \end{matrix}$$

$$\mathbf{A}_{JY} = \begin{matrix} & A & B & C \\ A & 1 & 4 & 2 \\ B & \frac{1}{4} & 1 & 3 \\ C & \frac{1}{2} & \frac{1}{3} & 1 \end{matrix} \qquad \mathbf{A}_{JW} = \begin{matrix} & A & B & C \\ A & 1 & \frac{1}{2} & 4 \\ B & \frac{1}{2} & 1 & 3 \\ C & \frac{1}{4} & \frac{1}{3} & 1 \end{matrix}$$

*4. Um novo autor estabelece três critérios para selecionar um editor para um livro didático de PO: porcentagem de *royalties* (R), marketing (M) e valor do adiantamento (A). Duas editoras, H e P, mostraram interesse no livro. Usando as seguintes matrizes de comparação, classifique as duas editoras e avalie a consistência da decisão.

$$\mathbf{A} = \begin{matrix} & R & M & A \\ R & 1 & 1 & \frac{1}{4} \\ M & 1 & 1 & \frac{1}{5} \\ A & 4 & 5 & 1 \end{matrix}$$

$$\mathbf{A}_R = \begin{matrix} & H & P \\ H & 1 & 2 \\ P & \frac{1}{2} & 1 \end{matrix} \qquad \mathbf{A}_M = \begin{matrix} & H & P \\ H & 1 & \frac{1}{2} \\ P & 2 & 1 \end{matrix} \qquad \mathbf{A}_A = \begin{matrix} & H & P \\ H & 1 & 1 \\ P & 1 & 1 \end{matrix}$$

5. Um professor de ciência política quer prever o resultado da eleição de um conselho escolar. Três candidatos, Ivy (I), Bahrn (B) e Smith (S), estão concorrendo para essa mesma posição. O professor classifica os eleitores em três categorias: esquerda (L), centro (C) e direita (R). Os candidatos são julgados com base em três fatores: experiência acadêmica (E), posição em relação às questões (S) e caráter pessoal (P). A seguir, apresentamos as matrizes de comparação para a primeira hierarquia, ou seja, esquerda, centro e direita.

$$\mathbf{A} = \begin{matrix} & L & C & R \\ L & 1 & 2 & \frac{1}{2} \\ C & \frac{1}{2} & 1 & \frac{1}{5} \\ R & 2 & 5 & 1 \end{matrix} \qquad \mathbf{A}_L = \begin{matrix} & E & S & P \\ E & 1 & 3 & \frac{1}{2} \\ S & \frac{1}{3} & 1 & \frac{1}{3} \\ P & 2 & 3 & 1 \end{matrix}$$

$$A_C = \begin{matrix} & E & S & P \\ E & 1 & 2 & 2 \\ S & \frac{1}{2} & 1 & 1 \\ P & \frac{1}{2} & 1 & 1 \end{matrix} \qquad AR = \begin{matrix} & E & S & P \\ E & 1 & 1 & 9 \\ S & 1 & 1 & 8 \\ P & \frac{1}{9} & \frac{1}{8} & 1 \end{matrix}$$

O professor conseguiu gerar mais nove matrizes de comparação para dar conta dos três candidatos na segunda hierarquia, que representa experiência, opinião sobre certas questões e caráter pessoal. Em seguida, foi usado o AHP para reduzir essas matrizes aos pesos relativos constantes na Tabela A.

Tabela A

	Esquerda			Centro			Direita		
Candidato	E	S	P	E	S	P	E	S	P
Ivy	0,1	0,2	0,3	0,3	0,5	0,2	0,7	0,1	0,3
Bahrn	0,5	0,4	0,2	0,4	0,2	0,4	0,1	0,4	0,2
Smith	0,4	0,4	0,5	0,3	0,3	0,4	0,2	0,5	0,5

Determine o candidato vencedor e avalie a consistência da decisão.

6. Um distrito escolar está precisando desesperadamente reduzir despesas para atender às novas restrições orçamentárias em suas escolas de primeiro grau. Há duas opções disponíveis: 1) eliminar o programa de educação física (E) ou 2) eliminar o programa de música (M). O superintendente do distrito formou um comitê com igual representação de voto composto pelo Conselho Diretor da Escola (S) e pela Associação de Pais e Mestres (P) para estudar a situação e obter uma recomendação. O comitê decidiu estudar a questão do ponto de vista da restrição orçamentária (B) e das necessidades dos alunos (N). A análise produziu as seguintes matrizes de comparação:

$$\mathbf{A}_S = \begin{matrix} & B & N \\ B & 1 & 1 \\ N & 1 & 1 \end{matrix} \quad \mathbf{A}_P = \begin{matrix} & B & N \\ B & 1 & \frac{1}{2} \\ N & 2 & 1 \end{matrix}$$

$$\mathbf{A}_{SB} = \begin{matrix} & E & M \\ E & 1 & \frac{1}{2} \\ M & 2 & 1 \end{matrix} \quad \mathbf{A}_{SN} = \begin{matrix} & E & M \\ E & 1 & \frac{1}{3} \\ M & 3 & 1 \end{matrix}$$

$$\mathbf{A}_{PB} = \begin{matrix} & E & M \\ E & 1 & \frac{1}{3} \\ M & 3 & 1 \end{matrix} \quad \mathbf{A}_{PN} = \begin{matrix} & E & M \\ E & 1 & 2 \\ M & \frac{1}{2} & 1 \end{matrix}$$

Analise o problema de decisão e faça uma recomendação.

7. Um indivíduo está pensando em comprar um carro e reduziu suas opções a três modelos, $M1$, $M2$ e $M3$. Entre os fatores de decisão figuram preço de compra (PP), custo de manutenção (MC), custo de dirigir em área urbana (CD) e custo de dirigir em área rural (RD). A Tabela B apresenta dados relevantes para três anos de operação.

Tabela B

Modelo do carro	PP (\$)	MC (\$)	CD (\$)	RD (\$)
$M1$	6.000	1.800	4.500	1.500
$M2$	8.000	1.200	2.250	750
$M3$	10.000	600	1.125	600

Use os dados de custo para desenvolver as matrizes de comparação. Avalie a consistência das matrizes e determine a escolha do modelo.

13.2 TOMADA DE DECISÃO SOB RISCO

Sob condições de risco, os retornos associados com cada alternativa de decisão são descritos por distribuições de probabilidade. Por essa razão, a tomada de decisão sob risco pode ser baseada no *critério do valor esperado*, no qual alternativas de decisão são comparadas com base na maximização do lucro esperado ou na minimização do custo esperado. Entretanto, como a abordagem não tem limitações, o critério do valor esperado pode ser modificado para abranger outras situações.

Aplicação real — Limites de registro em reserva de hotéis

O Hotel La Posada tem um total de 300 quartos de hóspedes. Sua clientela é formada por executivos e turistas. Os quartos podem ser reservados com antecedência (em geral por turistas) com desconto. Executivos que, de modo geral, fazem suas reservas em cima da hora, pagam a tarifa total. Por isso, o La Posada deve estabelecer um *limite de reservas* para o número de quartos destinados a turistas de modo a aproveitar a tarifa total paga por executivos. O Caso 10, Capítulo 24, disponível em inglês no site do livro, apresenta uma análise por árvore de decisão para determinar o limite de reservas.

13.2.1 Critério do valor esperado baseado em árvore de decisão

O critério do valor esperado busca a maximização do lucro (médio) esperado ou a minimização do custo esperado. Os dados do problema consideram que o retorno (ou custo) associado com cada alternativa de decisão é probabilístico.

Análise por árvore de decisão. O exemplo a seguir considera situações de decisão simples com um número finito de alternativas de decisão e matrizes de retorno explícitas.

Exemplo 13.2-1

Suponha que você queira investir \$ 10.000 no mercado de ações comprando ações de uma das duas empresas: A e B. As ações da Empresa A, embora arriscadas, poderiam render 50% sobre o investimento durante o próximo ano. Se as condições do mercado de ações não forem favoráveis (isto é, se o mercado estiver em baixa), a ação pode perder 20% de seu valor. A Empresa B oferece investimentos seguros com 15% de retorno em um mercado em alta e somente 5% em um mercado em baixa. Todas as publicações que você consultou (E sempre há um milhão delas no final do ano!) estão prevendo 60% de chance para um mercado em alta e 40% para um mercado em baixa. Em qual empresa você deveria investir seu dinheiro?

O problema de decisão pode ser resumido como demonstrado na Tabela 13.2.

Tabela 13.2 Resumo do problema de decisão

Alternativa de decisão	Retorno sobre um investimento de \$ 10.000 em um ano	
	Mercado em alta (\$)	*Mercado em baixa (\$)*
Ação da Empresa A	5.000	–2.000
Ação da Empresa B	1.500	500
Probabilidade de ocorrência	0,6	0,4

O problema também pode ser representado como uma **árvore de decisão**, como mostra a Figura 13.4. Dois tipos de nós são usados na árvore: o quadrado (□) representa um *ponto de decisão* e o círculo (○) representa um *evento*. Assim, saem dois ramos do ponto de decisão 1, que representam as duas alternativas de investimento nas ações de A ou de B. Em seguida, os dois ramos que saem dos eventos 2 e 3 representam os mercados em alta e em baixa, com suas respectivas probabilidades e retornos.

Pela Figura 13.4, os retornos esperados em um ano para as duas alternativas são

$$\text{Para a ação } A = \$\ 5.000 \times 0{,}6 + (-2.000) \times 0{,}4 = \$\ 2.200$$

$$\text{Para a ação } B = \$\ 1.500 \times 0{,}6 + \$\ 500 \times 0{,}4 = \$\ 1.100$$

Com base nesses cálculos, sua decisão é investir na ação A.

Comentários. Na terminologia da teoria da decisão, os mercados em alta e em baixa do exemplo anterior são denominados **estados da natureza**, cujas chances de ocorrência são probabilísticas (0,6 contra 0,4). Em geral, um problema de decisão pode incluir n estados da natureza e m alternativas. Se p_j (> 0) é a probabilidade de ocorrência para o estado da natureza j, e a_{ij} é o retorno da alternativa i, dado o estado da natureza $j (i = 1, 2, \ldots, m; j = 1, 2, \ldots, n)$, então o retorno esperado para a alternativa i é calculado por

$$EV_i = a_{i1}p_1 + a_{i2}p_2 + \ldots + a_{in}p_n;\ i = 1, 2, \ldots, n$$

Por definição, $p_1 + p_2 + \ldots + p_n = 1$.

Figura 13.4
Representação do problema do mercado de ações por árvore de decisão

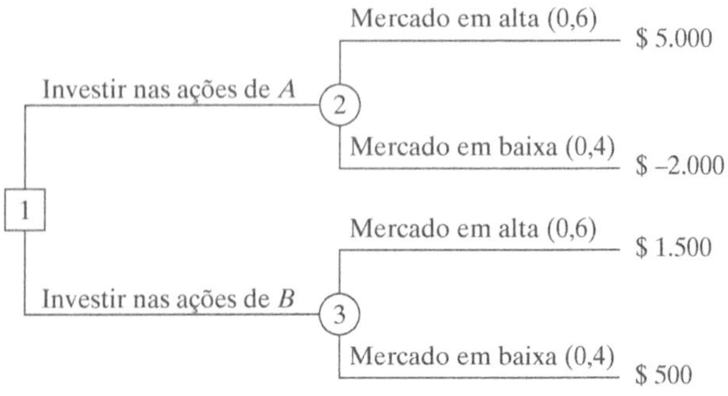

A melhor alternativa é a associada com $EV^* = \max_i\{EV_i\}$ ou $EV^* = \min_i\{EV_i\}$, dependendo, respectivamente, de se o retorno do problema vai representar lucro (receita) ou prejuízo (despesa).

CONJUNTO DE PROBLEMAS 13.2A

1. Você foi convidado para participar do jogo da Roda da Fortuna na televisão. O funcionamento da roda é eletrônico, com dois botões que produzem um giro forte (H) ou fraco (S) da roda. A roda em si está dividida em regiões semicirculares branca (W) e vermelha (R). Você foi informado de que, por projeto, a probabilidade de a roda parar na região branca é 0,3 e na região vermelha é 0,7. O retorno que você obtém do jogo é mostrado na Tabela C.

Tabela C

	W	R
H	\$ 800	\$ 200
S	\$ -2.500	\$ 1.000

Desenhe a árvore de decisão associada e especifique um curso de ação.

***2.** O fazendeiro McCoy pode plantar milho ou soja. As probabilidades de os preços da próxima safra desses grãos subirem, permanecerem os mesmos e baixarem são 0,25, 0,30 e 0,45, respectivamente. Se os preços subirem, a safra de milho gerará \$ 30.000 líquidos, e a de soja, \$ 10.000. Se os preços permanecerem os mesmos, McCoy (mal) conseguirá equilibrar receita e despesa. Mas, se os preços baixarem, as safras de milho e soja darão prejuízos de \$ 35.000 e \$ 5.000, respectivamente.
(a) Represente o problema de McCoy como uma árvore de decisão.
(b) Qual dos grãos McCoy deve plantar?

3. Você tem a oportunidade de investir em três fundos mútuos: utilidade, crescimento agressivo e global. O valor de seu investimento mudará dependendo das condições de mercado. Há uma chance de 10% de o mercado baixar, 50% de manter-se moderado e 40% de sair-se bem. A Tabela D apresenta as variações percentuais no valor do investimento sob as três condições.

Tabela D

	Retorno sobre o investimento em porcentagem		
Alternativa	*Mercado em baixa (%)*	*Mercado moderado (%)*	*Mercado em alta (%)*
Utilidade	+5	+7	+8
Crescimento agressivo	−10	+5	+30
Global	+2	+7	+20

(a) Represente o problema como uma árvore de decisão.
(b) Qual dos fundos mútuos você deve escolher?

4. Você tem a oportunidade de investir seu dinheiro em um título que rende 7,5% e é vendido pelo valor de face, ou em uma ação de crescimento agressivo que paga somente 1% de dividendos. Se houver ameaça de inflação, a taxa de juros subirá até 8%, caso em que o valor principal do título cairá 10% e o valor da ação cairá 20%. Caso uma recessão venha a ocorrer, a taxa de juros cairá para 6%. Sob essa condição, espera-se que o valor principal do título suba 5% e o valor da ação subirá 20%. Se a economia permanecer inalterada, o valor da ação subirá 8% e o valor principal do título permanecerá o mesmo. Economistas estimam uma chance de 20% de elevação da inflação e uma chance de 15% de recessão. Considere que você está baseando sua decisão de investimento nas condições econômicas do próximo ano.
(a) Represente o problema como uma árvore de decisão.
(b) Você investiria em ações ou em títulos?

5. A AFC está prestes a realizar o lançamento nacional de sua linha de fast-food Wings 'N Things. O departamento de pesquisa está convencido de que a Wings 'N Things será um grande sucesso e quer lançá-la imediatamente em todos os pontos-de-venda da AFC, sem propaganda. O departamento de marketing vê a situação de modo diferente e quer desencadear uma campanha publicitária agressiva que custará \$ 100.000 e, se tiver êxito, produzirá \$ 950.000 de receita. Se a campanha não tiver sucesso (há uma chance de 30% de não ter), a receita estimada será de apenas \$ 200.000. Se não for utilizada nenhuma propaganda, a receita estimada é \$ 400.000, com 0,8 de probabilidade se os clientes forem receptivos, e \$ 200.000, com probabilidade de 0,2 se não forem.
(a) Desenhe a respectiva árvore de decisão.
(b) Qual dos cursos de ação a AFC deve seguir no lançamento do novo produto?

***6.** Uma moeda perfeita é lançada três vezes sucessivas. Você recebe \$ 1 para cada cara (H) que sair, mais \$ 0,25 para cada duas caras sucessivas (lembre-se de que HHH inclui dois conjuntos de HH). Contudo, você devolve \$ 1,10 para cada coroa que sair. Você tem a opção de jogar ou não jogar.
(a) Desenhe a árvore de decisão para o jogo.
(b) Você participaria desse jogo?

7. Você tem a oportunidade de participar do seguinte jogo em um cassino. Um dado não viciado é lançado duas vezes, o que pode dar quatro resultados: 1) ambas as jogadas dão resultados pares; 2) ambas as jogadas dão resultados ímpares; 3) os resultados são par-ímpar ou ímpar-par; e 4) todos os outros resultados. É permitido apostar quantias iguais em exatamente dois resultados. Por exemplo, você pode apostar quantias iguais em dois resultados pares (Resultado 1) e em dois resultados ímpares (Resultado 2). O retorno para cada dólar que você apostar é \$ 2 para o primeiro resultado, \$ 1,95 para o segundo e terceiro resultados, e \$ 1,50 para o quarto resultado.
(a) Desenhe a árvore de decisão para o jogo.
(b) Quais seriam suas duas opções?
(c) Você acha que poderia sair com vantagem nesse jogo?

8. A Acme Manufacturing produz lotes de pequenos componentes com 0,8%, 1%, 1,2% e 1,4% de itens defeituosos com as probabilidades respectivas 0,4; 0,3; 0,25; e 0,05. Três clientes, A, B e C, firmam contratos para receber lotes que não tenham mais do que 0,8%; 1,2%; e 1,4% de itens defeituosos, respectivamente. Se o número de defeituosos for mais alto do que o contratado, a Acme será multada em \$ 100 para cada 0,1% de aumento. Ao contrário, o fornecimento de lotes de qualidade mais alta do que a contratada custa à Acme \$ 50 para cada 0,1%. Considere que os lotes não são inspecionados antes da expedição.
(a) Desenhe a árvore de decisão associada.
(b) Qual dos três clientes deve ter a prioridade mais alta de receber seu pedido?

9. A TriStar planeja abrir uma nova fábrica em Arkansas. A empresa pode abrir uma fábrica grande agora ou uma fábrica pequena que pode ser expandida dois anos mais tarde caso as condições de alta demanda se mantenham. A projeção de tempo para o problema de decisão é de dez anos. A TriStar estima que as probabilidades para demandas altas e baixas nos próximos dez anos sejam 0,75 e 0,25, respectivamente. O custo da construção imediata de uma fábrica grande é de \$ 5 milhões, e uma fábrica pequena custa \$ 1 milhão. A expansão de uma fábrica pequena daqui a dois anos custa \$ 4,2 milhões. A receita da operação para os dez anos seguintes é dada na Tabela E.

Tabela E

	Receita anual estimada (em \$ 1.000)	
Alternativa	*Alta demanda*	*Baixa demanda*
Fábrica grande agora	1.000	300
Fábrica pequena agora	250	200
Expansão da fábrica daqui a dois anos	900	200

(a) Desenvolva a árvore de decisão associada dado que, após dois anos, a TriStar tem as opções de expandir ou não a fábrica pequena.

(b) Desenvolva uma estratégia de construção para a TriStar para os próximos dez anos. (Para simplificar, ignore o valor do dinheiro no tempo.)

10. Resolva novamente o Problema 9 considerando que a taxa de juros anual é de 10% e que as decisões são tomadas considerando o valor do dinheiro no tempo. (*Observação*: você precisa de tabelas de juros compostos para resolver este problema. Você pode usar a função VPL(i, R) do Excel para calcular o valor presente de fluxos de caixa armazenados na faixa R para uma taxa de juros i. O VPL considera que cada fluxo de caixa ocorre no final do ano.)

11. Resolva novamente o Problema 9 considerando que a demanda pode ser alta, média e baixa com probabilidades 0,7; 0,2; e 0,1, respectivamente. A expansão de uma fábrica pequena só ocorrerá se a demanda nos dois primeiros anos for alta. A Tabela F dá a receita anual. Ignore o valor do dinheiro no tempo.

Tabela F

	Receita anual estimada (em $ 1.000)		
Alternativa	*Alta demanda*	*Baixa demanda*	*Média demanda*
Fábrica grande agora	1.000	500	300
Fábrica pequena agora	400	280	150
Expansão da fábrica daqui a dois anos	900	600	200

***12.** A Sunray Electric Coop usa uma frota de 20 caminhões para a manutenção de sua rede elétrica. A empresa quer desenvolver uma programação de manutenção preventiva periódica para a frota. A probabilidade de uma avaria no ano 1 é zero. Para o ano 2, a probabilidade de avaria é 0,03 e aumenta 0,01 por ano entre os anos 3 e 10. Após o ano 10, a probabilidade de avaria é constante em 0,13. Uma avaria aleatória custa $ 200 por caminhão, e a manutenção programada custa apenas $ 75 por caminhão. A Sunray quer determinar o período ótimo (em meses) entre manutenções preventivas programadas.

(a) Desenvolva a árvore de decisão associada.

(b) Determine a duração ótima do ciclo de manutenção.

13. As demandas diárias de pães em um armazém são especificadas pela distribuição de probabilidade mostrada na Tabela G.

Tabela G

n	100	150	200	250	300
p_n	0,20	0,25	0,30	0,15	0,10

O armazém compra um pão por 55 centavos e o vende por $ 1,20 cada. Qualquer quantidade de pães que reste ao final do dia é vendida por 25 centavos cada. Considere que o nível de estoque está restrito a um dos níveis de demanda especificados para p_n.

(a) Desenvolva a respectiva árvore de decisão.

(b) Quantos pães devem ser estocados por dia?

14. No Problema 13, suponha que o armazém deseje estender o problema de decisão para uma projeção de dois dias. As alternativas para o segundo dia dependem da demanda no primeiro dia. Se a demanda no dia 1 for igual à quantidade estocada, o armazém continuará a pedir a mesma quantidade para o dia 2; se for maior do que a quantidade estocada, o armazém pode pedir qualquer um dos estoques de nível mais alto; se for menor do que a quantidade estocada, só pode pedir qualquer um dos estoques de níveis mais baixos. Desenvolva a respectiva árvore de decisão e determine a estratégia ótima de pedidos.

***15.** Uma máquina automática produz α (milhares de unidades) de um produto por dia. À medida que α aumenta, a proporção de produtos defeituosos, p, aumenta de acordo com a seguinte função densidade de probabilidade:

$$f(p) = \begin{cases} \alpha p^{\alpha-1}, & 0 \le p \le 1 \\ 0, & \text{caso contrário} \end{cases}$$

Cada item defeituoso incorre em um prejuízo de $ 50. Um item bom dá um lucro de $ 5.

(a) Desenvolva uma árvore de decisão para esse problema.

(b) Determine o valor de α que maximiza o lucro esperado.

16. O diâmetro externo, d, de um cilindro é processado em uma máquina automática cujos limites de tolerância superior e inferior são $d + t_U$ e $d - t_L$. O processo de produção segue uma distribuição normal com média μ e desvio-padrão σ. Um cilindro cujas dimensões estão maiores do que as especificadas é retrabalhado ao custo de c_1 dólares. Um cilindro cujas dimensões estiverem menores do que as especificadas deve ser recondicionado ao custo de c_2 dólares. Desenvolva a árvore de decisão e determine o ajuste d ótimo para a máquina.

17. (Cohan et al., 1984) O manejo moderno de florestas usa queimadas para reduzir riscos de incêndio e estimular o crescimento de florestas novas. Esse tipo de manejo oferece as opções de adiar ou planejar uma queimada. Se uma queimada for adiada em determinada extensão de floresta, incorre-se em um custo administrativo geral de $ 300. Se for planejada, há 50% de chance de tempo bom e de a queimada ser executada a um custo de $ 3.200. Os resultados da queimada podem ser bons, com probabilidade 0,6, ou marginais, com probabilidade 0,4. Uma execução bem-sucedida resultará em um benefício estimado de $ 6.000, e uma execução marginal dará apenas $ 3.000 em benefícios. Se o tempo estiver ruim, a queimada será cancelada e o custo de planejamento associado será $ 1.200 sem nenhum benefício.

(a) Desenvolva uma árvore de decisão para determinar se a queimada deve ser planejada ou adiada.

(b) Estude a suscetibilidade da solução a variações na probabilidade de tempo bom.

18. (Rappaport, 1967) Um fabricante usou programação linear para determinar o mix de produção ótimo para os vários modelos de aparelhos de TV que produz. Informações recentes recebidas pelo fabricante indicam que há 40% de chance de o fornecedor de um componente usado em um dos modelos elevar o preço em $ 35. Assim, o fabricante pode optar entre duas ações: continuar a usar o mix de produção (ótimo) original (A1), ou usar um novo mix (ótimo) com base no preço mais alto do componente (A2). A ação A1 é ideal se o preço não for aumentado, e a ação A2 também será ideal se o preço for aumentado. A Tabela H apresenta o lucro total resultante por mês como uma função da ação decidida e do resultado aleatório em relação ao preço do componente.

Tabela H

	Com aumento de preço (O1)	Sem aumento de preço (O2)
Mix original (A1)	$ 400.000	$ 295.500
Novo mix (A2)	$ 372.000	$ 350.000

(a) Desenvolva a respectiva árvore de decisão e determine qual ação deve ser adotada.

(b) O fabricante pode investir $ 1.000 para obter informações adicionais sobre o eventual aumento de preço. Essa informação diz que há uma chance de 58% de a probabilidade do aumento de preço ser 0,9 e uma chance de 42% de a probabilidade do aumento de preço ser 0,3. Você recomendaria o investimento adicional?

***19.** *Critério do nível de aspiração.* A Acme Manufacturing usa um produto químico industrial em um de seus processos. A vida útil do produto é um mês, após o qual qualquer quantidade que sobrar será destruída. A utilização do produto pela Acme (em galões) ocorre aleatoriamente de acordo com a seguinte distribuição:

$$f(x) = \begin{cases} \dfrac{200}{x^2}, & 100 \le x \le 200 \\ 0, & \text{caso contrário} \end{cases}$$

O consumo atual do produto químico ocorre instantaneamente no início do mês. A Acme quer determinar o nível do produto químico que satisfaça dois critérios (ou níveis de aspiração) conflitantes: a quantidade em excesso média para o mês não pode ultrapassar 20 galões, e a quantidade média em falta para o mês não pode ultrapassar 40 galões.

13.2.2 Variações do critério do valor esperado

Esta seção aborda três questões referentes ao critério do valor esperado. A primeira questão trata da determinação de *probabilidades posteriores* com base em experimentação, e a segunda trata da *utilidade* contra o valor real do dinheiro.

Probabilidades posteriores (de Bayes). As probabilidades usadas no critério do valor esperado costumam ser determinadas de acordo com dados históricos (veja a Seção 12.5). Em alguns casos, essas probabilidades podem ser ajustadas usando informações adicionais baseadas em amostragem ou experimentação. As probabilidades resultantes são denominadas **probabilidades posteriores (ou de Bayes)**, ao contrário das **probabilidades *a priori*** determinadas com base em dados brutos.

Aplicação real — Problema de Casey: interpretar e avaliar um novo teste

O teste neonatal de um bebê recém-nascido, de nome Casey, indicou uma deficiência da enzima C14:1. A enzima é necessária para digerir uma forma particular de gorduras de cadeia longa e sua ausência pode provocar sérias enfermidades ou morte misteriosa — categorizada de modo geral como síndrome da morte súbita de recém-nascidos — (SIDS — Sudden infant death syndrome). O teste tinha sido administrado antes a aproximadamente 13.000 recém-nascidos, e o teste de Casey fora o primeiro a dar positivo. Embora o teste neonatal em si não constitua um diagnóstico definitivo, a extrema raridade da condição levou os médicos a concluir que havia uma chance de 80%–90% de ela estar sofrendo dessa deficiência. Dado que o resultado do teste de Casey foi positivo, a probabilidade posterior (de Bayes) é usada para avaliar se a criança tem ou não deficiência de C14:1. A análise dessa situação está detalhada no Caso 11, Capítulo 24, disponível em inglês no site do livro.

Exemplo 13.2-2

Este exemplo demonstra como o critério do valor esperado é modificado para aproveitar a vantagem das probabilidades posteriores. No Exemplo 13.2-1, as probabilidades (*a priori*) de 0,6 e 0,4 de mercado em alta e mercado em baixa são determinadas por publicações financeiras disponíveis. Suponha que em vez de confiar exclusivamente nessas publicações, você decida realizar uma investigação mais 'pessoal' consultando um amigo que se deu bem no mercado de ações. O amigo oferece a opinião geral 'pró' ou 'contra' o investimento quantificada da seguinte maneira: se o mercado estiver em alta, há 90% de chance de o voto ser a favor. Se o mercado estiver em baixa, a chance de um voto a favor diminui para 50%. Como usamos essas informações adicionais?

A declaração feita pelo amigo dá probabilidades condicionais de 'a favor/contra', dado que os estados da natureza são mercado em alta e mercado em baixa. Para simplificar a apresentação, use os seguintes símbolos:

$$v_1 = \text{voto a favor}$$
$$v_2 = \text{voto contra}$$
$$m_1 = \text{mercado em alta}$$
$$m_2 = \text{mercado em baixa}$$

O conselho do amigo pode ser escrito na forma de declarações de probabilidade como

$$P\{v_1|m_1\} = 0{,}9;\ P\{v_2|m_1\} = 0{,}1$$
$$P\{v_1|m_2\} = 0{,}5;\ P\{v_2|m_2\} = 0{,}5$$

Com essa informação adicional, o problema de decisão pode ser resumido da seguinte maneira:

1. Se a recomendação do amigo for a favor, você investiria nas ações de A ou nas ações de B?
2. Se a recomendação do amigo for contra, você investiria nas ações de A ou nas ações de B?

O problema pode ser resumido na forma de uma árvore de decisão, como mostra a Figura 13.5. O nó 1 é um evento que representa as possibilidades de a favor e contra. Os nós 2 e 3 são pontos de decisão para escolher entre as ações de A ou de B conforme o voto do amigo seja a favor e contra, respectivamente. Por fim, os nós 4 a 7 são eventos que representam os mercados em alta e em baixa.

Para avaliar as diferentes alternativas da Figura 13.5, é necessário calcular as probabilidades *posteriores* $P\{m_i|v_j\}$ mostradas nos ramos m_1 e m_2 dos nós 4, 5, 6 e 7. Essas probabilidades posteriores levam em conta a informação adicional fornecida pela recomendação 'a favor/contra' do amigo e são calculadas de acordo com as seguintes etapas gerais:

Etapa 1. As probabilidades condicionais $P\{v_j|m_i\}$ do problema podem ser resumidas como mostrado na Tabela 13.3.

Tabela 13.3 Probabilidades condicionais

	v_1	v_2
m_1	0,9	0,1
m_2	0,5	0,5

Figura 13.5
Árvore de decisão para o problema do mercado de ações com probabilidades posteriores

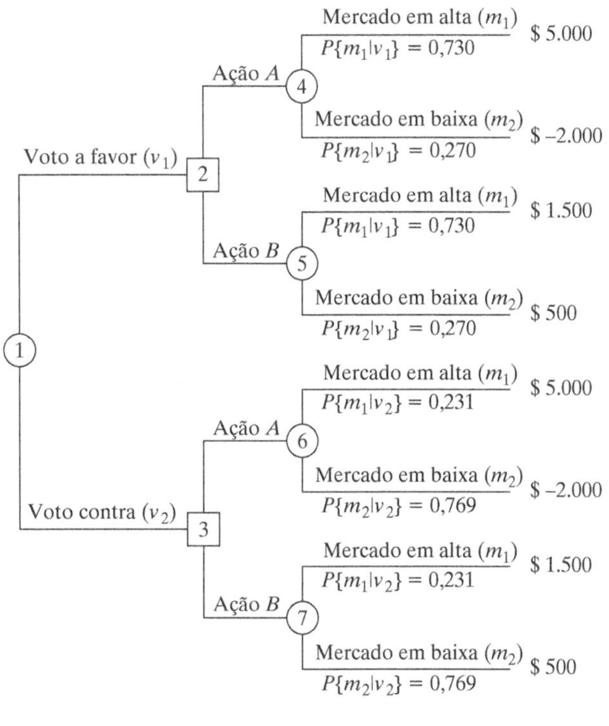

Etapa 2. Calcule as probabilidades conjuntas por

$$P\{m_i, v_j\} = P\{v_j|m_i\}P\{m_i\} \text{ para todo } i \text{ e } j$$

Dadas as probabilidades *a priori* $P\{m_1\} = 0{,}6$ e $P\{m_2\} = 0{,}4$, as probabilidades conjuntas são determinadas multiplicando a primeira e a segunda linhas da Tabela 13.3 na etapa 1 por 0,6 e 0,4, respectivamente. Assim, obtemos os dados mostrados na Tabela 13.4.

Tabela 13.4 Probabilidades conjuntas

	v_1	v_2
m_1	0,54	0,06
m_2	0,20	0,20

A soma de todas as entradas da Tabela 13.4 é igual a 1.

Etapa 3. Calcule as probabilidades absolutas por

$$P\{v_j\} = \sum_{\text{todo } i} P\{m_i, v_j\}, \text{ para todo } j$$

Essas probabilidades são calculadas pela Tabela 13.4 na etapa 2 somando as linhas de cada coluna, o que dá o resultado mostrado na Tabela 13.5.

Tabela 13.5 Probabilidades absolutas

$P\{v_1\}$	$P\{v_2\}$
0,74	0,26

Etapa 4. Determine as probabilidades posteriores desejadas por

$$P\{m_i | v_j\} = \frac{P\{m_i, v_j\}}{P\{v_j\}}$$

Essas probabilidades são calculadas com a divisão das linhas de cada coluna da Tabela 13.4 da etapa 2 pelo elemento da coluna correspondente na Tabela 13.5 da etapa 3, o que dá (com arredondamento de três dígitos) o resultado mostrado na Tabela 13.6.

Tabela 13.6 Probabilidades posteriores desejadas

	v_1	v_2
m_1	0,730	0,231
m_2	0,270	0,769

Essas são as probabilidades mostradas na Figura 13.5. Elas são diferentes das probabilidades *a priori* originais $P\{m_1\} = 0{,}6$ e $P\{m_2\} = 0{,}4$.

Agora estamos prontos para avaliar as alternativas com base nos retornos esperados para os nós 4, 5, 6 e 7, isto é,

Voto a favor

Ações de A no nó 4 = 5.000 × 0,730 + (– 2.000) × 0,270 = $ **3.110**

Ações de B no nó 5 = 1.500 × 0,730 + 500 × 0,270 = 1.230

Decisão. Investir nas ações de A.

Voto contra

Ações de A no nó 6 = 5.000 × 0,231 + (-2.000) × 0,769 = $ – 383

Ações de B no nó 7 = 1.500 × 0,231 + 500 × 0,769 = $ **731**

Decisão. Investir nas ações de B.

As decisões precedentes equivalem a dizer que os retornos esperados nos nós de decisão 2 e 3 são $ 3.110 e $ 731, respectivamente (veja Figura 13.5). Assim, dadas as probabilidades $P\{v_1\} = 0{,}74$ e $P\{v_2\} = 0{,}26$ como calculadas na etapa 3, podemos calcular o retorno esperado para toda a árvore de decisão. (Veja Problema 3, Conjunto 13.2B.)

Momento Excel

O arquivo excelBayes.xls é projetado para determinar as probabilidades posteriores (de Bayes) para matrizes de probabilidades *a priori* de tamanhos até 10 × 10 (linhas 7:14 e colunas F:K e O:V estão ocultas para poupar espaço). Os dados de entrada incluem $P\{m\}$ e $P\{v|m\}$. A planilha verifica erros nos dados de entrada e exibe uma mensagem de erro adequada. A Figura 13.6 demonstra a aplicação do modelo ao problema do Exemplo 13.2-2.

Figura 13.6
Cálculo de probabilidades posteriores (de Bayes) em Excel para o Exemplo 13.2-2 (arquivo excelBayes.xls)

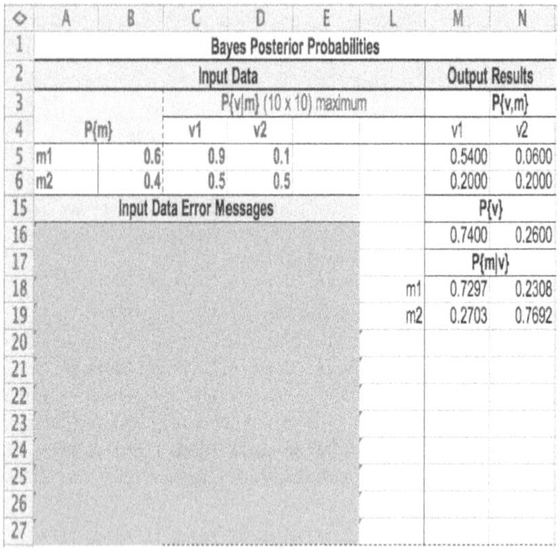

CONJUNTO DE PROBLEMAS 13.2B

1. Dados de uma faculdade local mostram que 75% dos novos alunos que estudaram cálculo na escola secundária vão bem em comparação com os 50% que não estudaram cálculo. As matrículas para o ano acadêmico corrente mostram que apenas 30% dos novos estudantes concluíram um curso de cálculo. Qual é a probabilidade de um novo estudante ir bem na faculdade?

***2.** A Elektra recebe 75% de seus componentes eletrônicos do fabricante A e os 25% restantes do fabricante B. A porcentagem de defeituosos dos fabricantes A e B são 1% e 2%, respectivamente. Quando foi realizada a inspeção de uma amostra aleatória de tamanho 5 retirada de um lote recebido, somente um item defeituoso foi encontrado. Determine a probabilidade de o lote ter sido recebido do fabricante A. Repita o mesmo para o fabricante B. (*Sugestão*: a probabilidade de um item defeituoso em uma amostra é binomial.)

3. No Exemplo 13.2-2, suponha que você tem a opção adicional de investir a quantia original de $ 10.000 em um certificado de depósito seguro que rende 8% de juros. O conselho de seu amigo se aplica apenas ao mercado de ações.

(a) Desenvolva a respectiva árvore de decisão.

(b) Qual é a decisão ótima nesse caso? (*Sugestão*: use $P\{v_1\}$ e $P\{v_2\}$ dadas na etapa 3 do Exemplo 13.2-2 para determinar o valor esperado do investimento no mercado de ações.)

***4.** Você é o autor de um romance que promete ser um sucesso e tem a opção de publicá-lo por conta própria ou por meio de uma editora. A editora está lhe oferecendo $ 20.000 para assinar o contrato. Se o romance tiver êxito, venderá 200.000 cópias. Se não tiver, venderá apenas 10.000 cópias. A editora paga $ 1 de *royalties* por cópia. Um levantamento de mercado realizado pela editora indica que há 70% de chance de o romance ser um sucesso. Se você publicá-lo por conta própria, incorrerá em um custo inicial de $ 90.000 para impressão e marketing, mas cada cópia vendida lhe renderá $ 2.

(a) Com base nas informações dadas, você aceitaria a oferta da editora ou publicaria o livro por conta própria?

(b) Suponha que você contrate um agente literário para realizar um levantamento referente ao sucesso potencial do romance. Por experiência própria, o agente lhe diz que, quando um romance se torna um sucesso, o levantamento preverá o resultado errado 20% das vezes. Quando um romance não se torna um sucesso, o levantamento dará a previsão correta 85% das vezes. Como essa informação afetaria sua decisão?

5. Considere a situação de decisão do fazendeiro McCoy no Problema 2, Conjunto 13.2A. Ele tem a opção adicional de usar a terra como pasto, caso em que terá um retorno garantido de $ 7.500. O fazendeiro também obteve informações adicionais de um corretor referente ao grau de estabilidade do preço futuro das commodities. A avaliação do corretor, em termos de 'favorável' e 'desfavorável' é ainda quantificada pelas probabilidades condicionais mostradas na Tabela I.

Tabela I

$P\{a_j \mid s_i\} =$	a_1	a_2
s_1	0,85	0,15
s_2	0,50	0,50
s_3	0,15	0,85

Os símbolos a_1 e a_2 representam avaliação 'favorável' e 'desfavorável' pelo corretor, e s_1, s_2 e s_3 representam, respectivamente, a variação do preço futuro para cima, o mesmo preço futuro e a variação do preço futuro para baixo.

(a) Desenhe a respectiva árvore de decisão associada.

(b) Especifique a decisão ótima para o problema.

6. No Problema 5, Conjunto 13.2A, suponha que a gerência da AFC decidiu fazer um teste de mercado para seu produto Wings 'N Things em localizações selecionadas. O resultado do teste é 'bom' (a_1) ou 'ruim' (a_2). As tabelas J e K mostram as probabilidades condicionais com e sem a campanha publicitária dadas pelo teste.

Tabela J $P\{a_j|v_i\}$ Com campanha

	a_1	a_2
v_1	0,95	0,05
v_2	0,3	0,7

Tabela K $P\{a_j|w_i\}$ Sem campanha

	a_1	a_2
w_1	0,8	0,2
w_2	0,4	0,6

Os símbolos v_1 e v_2 representam 'com sucesso' e 'sem sucesso', e w_1 e w_2 representam 'receptivo' e 'não receptivo'.

(a) Desenvolva a respectiva árvore de decisão.

(b) Determine o melhor curso de ação para a AFC.

7. Dados históricos da Acme Manufacturing estimam 5% de chance de um lote de pequenos elementos fabricados ser inaceitável (ruim). Um lote ruim tem 15% de itens defeituosos, e um lote bom contém somente 4% de itens defeituosos. Representando um lote bom (ou ruim) por $a = \theta_1$ ($= \theta_2$), as probabilidades *a priori* associadas são dadas por

$$P\{a = \theta_1\} = 0{,}95 \text{ e } P\{a = \theta_2\} = 0{,}05$$

Em vez de expedir lotes com base exclusivamente em probabilidades *a priori*, é utilizada uma amostra de teste composta por dois itens, o que dá origem a três resultados possíveis: 1) os dois itens são bons (z_1); 2) um item é bom (z_2); e 3) os dois itens são defeituosos (z_3).

(a) Determine as probabilidades posteriores $P\{\theta_i|z_j\}, i = 1, 2; j = 1, 2, 3.$

***(b)** Suponha que o fabricante despache lotes a dois clientes, *A* e *B*. Os contratos especificam que as quantidades de itens defeituosos para *A* e *B* não devem passar de 5% e 8%, respectivamente. O fabricante incorre em uma multa de $ 100 por ponto percentual acima do limite máximo. O fornecimento de lotes com qualidade melhor do que a especificada por contrato custa ao fabricante $ 50 por ponto percentual. Desenvolva a respectiva árvore de decisão e determine a estratégia de prioridade para o envio dos lotes.

Funções de utilidade. Na apresentação anterior, o critério do valor esperado foi aplicado a situações nas quais o retorno é em unidades *monetárias*. Há casos em que a *utilidade*, em vez de valores monetários, deve ser usada na análise. Para ilustrar esse ponto, suponha que as chances de um investimento de $ 20.000 render um lucro de $ 40.000, ou ser completamente perdido, sejam 50%-50%. O lucro esperado associado é 40.000 × 0,5 – 20.000 × 0,5 = $ 10.000. Embora haja um lucro líquido esperado, indivíduos diferentes podem interpretar o resultado de maneiras diversas. Um investidor que está disposto a aceitar risco pode realizar o investimento em virtude dos 50% de chance de obter um lucro de $ 40.000. Ao contrário, um investidor conservador pode não estar disposto a correr o risco de perder $ 20.000. Desse ponto de vista, dizemos que indivíduos diferentes exibem atitudes diferentes em relação ao risco, o que significa que indivíduos exibem *utilidades* diferentes em relação ao risco.

A determinação da utilidade é subjetiva. Depende de nossa atitude em relação a aceitar o risco. Nesta seção, apresentamos um procedimento para quantificar o grau de tolerância do tomador de decisões em relação ao risco. O resultado final é uma função utilidade que toma o lugar do valor monetário.

No exemplo anterior do investimento, o melhor retorno é $ 40.000, e o pior é $ – 20.000. Assim, estabelecemos uma escala de utilidade, *U*, arbitrária, porém lógica, de 0 a 100, na qual *U* ($ –20.000) = 0 e *U* ($ 40.000) = 100. As utilidades para os valores entre $ –20.000 e $ 40.000 são determinadas da seguinte maneira: se a atitude do tomador de decisões for indiferente em relação ao risco, a função utilidade resultante será uma linha reta que ligará (0, $ –20.000) e (100, $ 40.000). Nesse caso, ambos, o valor monetário e sua utilidade, produzirão as mesmas decisões. De modo mais realista, a função utilidade toma outras formas que refletem a atitude do tomador de decisões em relação ao risco. A Figura 13.7 ilustra os casos dos indivíduos *X*, *Y* e *Z*. O indivíduo *X* é **avesso ao risco** (ou é cauteloso) porque exibe uma sensibilidade mais alta ao prejuízo do que ao lucro. O indivíduo *Z* é o oposto e, em conseqüência, **propenso ao risco**. A figura demonstra que, para o indivíduo avesso ao risco, *X*, a queda da utilidade *bc* correspondente a um prejuízo de $ 10.000 é maior do que o aumento *ab* associado com o ganho de $ 10.000. Para as mesmas variações de $ ± 10.000, o indivíduo favorável ao risco, *Z*, exibe um comportamento oposto porque *de* > *ef*. E mais, o indivíduo *Y* é **neutro em relação ao risco** porque as variações sugeridas resultam em variações iguais na utilidade. Em geral, um indivíduo pode ser ambos, avesso e propenso ao risco, caso em que a respectiva curva de utilidade seguirá uma forma de *S* alongado.

Curvas de utilidade semelhantes às demonstradas na Figura 13.7 são determinadas por meio da 'quantificação' da atitude do tomador de decisões em relação ao risco para diferentes níveis de valor monetário. Em nosso exemplo, a faixa desejada é ($ –20.000 a $ 40.000), e a faixa de utilidade correspondente é (0 a 100). O que gostaríamos de fazer é especificar a utilidade associada com valores monetários intermediários, como $ –10.000, $ 0, $ 10.000, $ 20.000 e $ 30.000. O procedimento começa com o estabelecimento de uma loteria para uma quantidade de dinheiro *x* cuja utilidade esperada é dada por:

$$\begin{aligned} U(x) &= pU(-20.000) + (1-p)U(\$\ 40.000), 0 \le p \le 1 \\ &= 0p + 100(1-p) \\ &= 100 - 100p \end{aligned}$$

Figura 13.7
Funções de utilidade para tomadores de decisões avessos (X), indiferentes (Y) e propensos (Z) ao risco

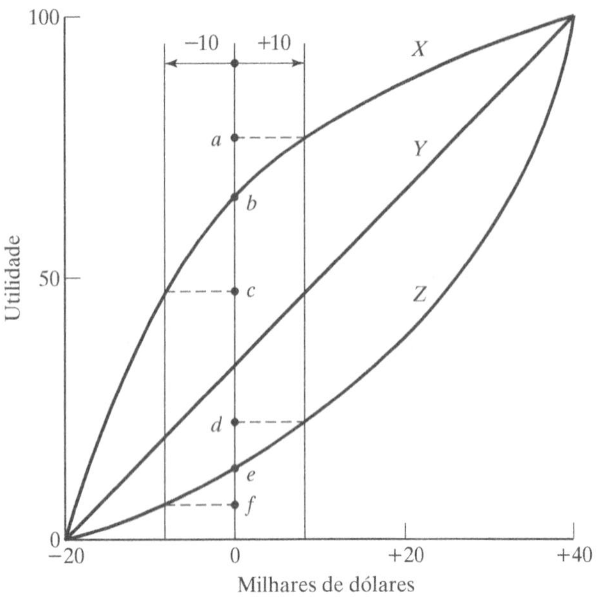

Para determinar $U(x)$, pedimos ao tomador de decisões que declare uma preferência entre uma quantia em dinheiro *garantida*, x, e a chance de apostar em uma loteria na qual um prejuízo de \$ –20.000 ocorra com probabilidade p e um lucro de \$ 40.000 seja realizado com probabilidade $1 - p$. O tomador de decisões traduz a preferência especificando o valor de p que o tornará indiferente entre as duas opções. Por exemplo, se x = \$ 20.000, ele pode dizer que os \$ 20.000 garantidos e a loteria são igualmente atraentes se $p = 0{,}8$. Nesse caso, podemos calcular a utilidade de x = \$ 20.000 como

$$U(\$\ 20.000) = 100 - 100 \times 0{,}8 = 20$$

Continuamos dessa maneira até gerarmos pontos suficientes [x contra $U(x)$] para identificar a forma da função utilidade. Assim podemos determinar a função utilidade desejada usando análise de regressão ou, simplesmente, uma função linear por partes.

Embora estejamos usando um procedimento quantitativo para determinar a função utilidade, a abordagem está longe de ser científica. O fato de o procedimento ser totalmente orientado pela opinião dada pelo tomador de decisões lança uma dúvida sobre a confiabilidade do processo. Em particular, o procedimento considera implicitamente que o tomador de decisões é racional, um requisito que nem sempre pode ser conciliado com as amplas variações de comportamento e humor típicas dos seres humanos. Quanto a isso, o tomador de decisões deve considerar o conceito de utilidade no sentido amplo de que valores monetários não devem ser os únicos fatores no processo decisório.

CONJUNTO DE PROBLEMAS 13.2C

*1. Você é um estudante da Universidade do Arkansas e está desesperado para assistir ao próximo jogo de basquete dos Razorbacks. O problema é que a entrada custa \$ 10 e você tem apenas \$ 5. Você pode apostar seus \$ 5 em um jogo de pôquer com 50% de chance de dobrar seu dinheiro e 50% de chance de perder tudo.
   - **(a)** Com base no valor real do dinheiro, você estaria tentado a participar do jogo de pôquer?
   - **(b)** Com base em seu ardente desejo de ver o jogo, traduza o valor propriamente dito do dinheiro para uma função utilidade.
   - **(c)** Com base na função utilidade que desenvolveu em (b), você estaria tentado a participar do jogo de pôquer?

*2. A família Golden acabou de se mudar para um lugar onde costumam ocorrer terremotos e tem de decidir se constrói sua casa de acordo com a norma de alto padrão de terremotos. O custo da construção por essa norma é \$ 850.000; caso contrário, uma casa semelhante pode ser construída por apenas \$ 350.000. Se ocorrer um terremoto (e há uma probabilidade de 0,001 de ocorrer), o conserto de uma casa abaixo do padrão custará \$ 900.000. Desenvolva uma loteria associada com essa situação, considerando uma escala de utilidade de 0 a 100.

3. Um investimento de \$ 10.000 em um empreendimento de alto risco tem 50% de chance de aumentar para \$ 14.000 no próximo ano e 50% de chance de baixar para \$ 8.000. Assim, o retorno líquido pode ser ou \$ 4.000 ou \$ –2.000.
   - **(a)** Considerando um investidor neutro em relação ao risco e uma escala de utilidade de 0 a 100, determine a utilidade de \$ 0 de retorno *líquido* sobre o investimento e a probabilidade de indiferença associada.
   - **(b)** Suponha que dois investidores, A e B, exibiram as probabilidades de indiferença mostradas na Tabela L.

Tabela L

Retorno líquido (\$)	Probabilidade de indiferença	
	Investidor A	*Investidor B*
–2.000	1,00	1,00
–1.000	0,30	0,90
0	0,20	0,80
1.000	0,15	0,70
2.000	0,10	0,50
3.000	0,05	0,40
4.000	0,00	0,00

   Represente em gráfico as funções de utilidade para os investidores A e B e categorize cada investidor como uma pessoa avessa ao risco ou propensa ao risco.
   - **(c)** Suponha que o investidor A tenha a oportunidade de investir em um de dois empreendimentos de risco, I ou II. O empreendimento I pode produzir um retorno líquido de \$ 3.000 com probabilidade 0,4 ou um prejuízo líquido de \$ 1.000 com probabilidade 0,6. O empreendimento II pode produzir um retorno líquido de \$ 2.000 com probabilidade 0,6 ou nenhum retorno com probabilidade 0,4. Com base na função de utilidade em (b), use o critério de utilidade esperada para determinar o empreendimento que o investidor A deve selecionar. Qual é o valor monetário esperado associado ao empreendimento selecionado? (*Sugestão*: use interpolação linear da função utilidade.)
   - **(d)** Repita a parte (c) para o investidor B.

13.3 DECISÃO SOB INCERTEZA

Tomar decisões sob incerteza, assim como sob risco, envolve ações alternativas cujos retornos dependem dos *estados* (aleatórios) *da natureza*. Especificamente, a matriz de retorno de um problema de decisão com m ações alternativas e n estados da natureza pode ser representada como

	s_1	s_2	$\cdots$	s_n
a_1	$v(a_1, s_1)$	$v(a_1, s_2)$	$\cdots$	$v(a_1, s_n)$
a_2	$v(a_2, s_1)$	$v(a_2, s_2)$	$\cdots$	$v(a_2, s_n)$
$\vdots$	$\vdots$	$\vdots$	$\vdots$	$\vdots$
a_m	$v(a_m, s_1)$	$v(a_m, s_2)$	$\cdots$	$v(a_m, s_n)$

O elemento a_i representa a ação i, e o elemento s_j representa o estado da natureza j. O retorno ou resultado associado com a ação a_i e o estado s_j é $v(a_i, s_j)$.

A diferença entre tomar uma decisão sob risco e sob incerteza é que, no caso de incerteza, a distribuição de probabilidade associada com os estados s_j, $j = 1, 2,\ldots, n$ é desconhecida ou não pode ser determinada. Essa falta de informação levou ao desenvolvimento dos seguintes critérios para analisar o problema de decisão:

1. Laplace
2. Minimax
3. Savage
4. Hurwicz

A diferença entre esses critérios está no grau de conservadorismo do tomador de decisões em face da incerteza.

O critério de **Laplace** é baseado no **princípio da razão insuficiente**. Como as distribuições de probabilidade não são conhecidas, não há nenhuma razão para acreditar que as probabilidades associadas com os estados da natureza sejam diferentes. Assim, as alternativas são avaliadas utilizando a premissa *otimista* de que todos os estados têm a mesma probabilidade de ocorrer, isto é, $P\{s_1] = P\{s_2\} = \ldots = P\{s_n\} = \frac{1}{n}$. Dado que o retorno $v(a_i, s_j)$ representa o ganho, a melhor alternativa é a que dá

$$\max_{a_i}\left\{\frac{1}{n}\sum_{j=1}^{n} v(a_i, s_j)\right\}$$

Se $v(a_i, s_j)$ representar prejuízo, então a minimização substitui a maximização.

O critério **maximin (minimax)** é baseado na atitude conservadora de obter o melhor das piores condições possíveis. Se $v(a_i, s_j)$ for prejuízo, então escolhemos a ação que corresponde ao critério *minimax*.

$$\min_{a_i}\left\{\max_{s_j} v(a_i, s_j)\right\}$$

Se $v(a_i, s_j)$ for ganho, usamos o critério *maximin* dado por

$$\max_{a_i}\left\{\min_{s_j} v(a_i, s_j)\right\}$$

O critério de **arrependimento de Savage** aplica-se ao conservadorismo moderado no critério *minimax* (*maximin*) pela substituição da matriz de retorno (ganho ou perda) $v(a_i, s_j)$ por uma matriz de *perda* (ou arrependimento) $r(a_i, s_j)$, usando a seguinte transformação:

$$r(a_i,s_j)=\begin{cases} v(a_i,s_j)-\min\limits_{a_k}\{v(a_k,s_j)\}, & \text{se } v \text{ for perda} \\ \max\limits_{a_k}\{v(a_k,s_j)\}-v(a_i,s_j), & \text{se } v \text{ for ganho}\end{cases}$$

Para mostrar por que o critério de Savage 'modera' o critério minimax (maximin), considere a matriz de *prejuízo* $v(a_i, s_j)$:

	s_1	s_2	Max da linha
a_1	\$ 11.000	\$ 90	\$ 11.000
a_2	\$ 10.000	\$ 10.000	**\$ 10.000** ← Minimax

A aplicação do critério minimax mostra que a_2, com um prejuízo definido de \$ 10.000, é preferível. Contudo, podemos escolher a_1 porque há uma chance de limitar o prejuízo a \$ 90 se s_2 for realizada.

Vamos ver o que acontece se, em vez disso, usarmos a matriz de arrependimento $r(a_i, v_j)$:

	s_1	s_2	Max da linha
a_1	\$ 1.000	\$ 90	**\$ 1.000** ← Minimax
a_2	\$ 0	\$ 9.910	\$ 9.910

O critério minimax, quando aplicado à matriz de arrependimento, selecionará a_1, como desejado.

O último teste a ser considerado é o critério de **Hurwicz**, elaborado para refletir atitudes da tomada de decisão que vão da mais otimista à mais pessimista (ou conservadora). Defina-se $0 \le \alpha \le 1$ e se considere que $v(a_i, s_j)$ representa ganho. Então, a ação selecionada deve ser associada com

$$\max_{a_i}\left\{\alpha \max_{s_j} v(a_i, s_j)+(1-\alpha)\min_{s_j} v(a_i, s_j)\right\}$$

O parâmetro α é denominado **índice de otimismo**. Se $\alpha = 0$, o critério é conservador porque se aplica ao critério minimax normal. Se $\alpha = 1$, o critério produz resultados otimistas porque procura *o melhor das melhores* condições. Podemos ajustar o grau de otimismo (ou pessimismo) por meio de uma seleção adequada do valor de α na faixa especificada (0, 1). Na ausência de um forte sentimento em relação a otimismo e pessimismo, $\alpha = 0,5$ pode ser uma escolha adequada.

Se $v(a_i, s_j)$ representar prejuízo, o critério é mudado para

$$\min_{a_i}\left\{\alpha \min_{s_j} v(a_i,s_j)+(1-\alpha)\max_{s_j} v(a_i,s_j)\right\}$$

Exemplo 13.3-1

A National Outdoors School (NOS) está preparando um acampamento de verão nos confins do Alasca para treinar indivíduos na sobrevivência em ambientes selvagens. A NOS estima que o comparecimento pode cair em uma de quatro categorias: 200, 250, 300 e 350 pessoas. O custo do acampamento será o menor quando seu tamanho for exatamente igual à demanda. Desvios para cima e para baixo do nível ideal de demanda provocam custos adicionais resultantes da construção de capacidade excedente (não utilizada) ou da perda de oportunidades de renda quando a demanda não for satisfeita. Representando os tamanhos dos acampamentos (200, 250, 300 e 350 pessoas) por a_1 a a_4 e o nível de comparecimento por s_1 a s_4, a matriz seguinte resume o custo (em milhares de unidades monetárias) para a situação.

	s_1	s_2	s_3	s_4
a_1	5	10	18	25
a_2	8	7	12	23
a_3	21	18	12	21
a_4	30	22	19	15

O problema é analisado usando os quatro critérios.

Laplace. Dada $P\{s_j\} = \frac{1}{4}$, $j = 1$ a 4, os valores esperados para as diferentes ações são calculados como

$E\{a_1\} = \frac{1}{4}(5 + 10 + 18 + 25) =$ \$ 14.500

$E\{a_2\} = \frac{1}{4}(8 + 7 + 12 + 23) =$ \$ **12.500** ← Ótimo

$E\{a_3\} = \frac{1}{4}(21 + 18 + 12 + 21) =$ \$ 18.000

$E\{a_4\} = \frac{1}{4}(30 + 22 + 19 + 15) =$ \$ 21.500

Minimax. O critério minimax produz a matriz seguinte:

	s_1	s_2	s_3	s_4	Max da linha
a_1	5	10	18	25	25
a_2	8	7	12	23	23
a_3	21	18	12	21	**21** ← Minimax
a_4	30	22	19	15	30

Savage. A matriz de arrependimento é determinada subtraindo 5, 7, 12 e 15 das colunas 1 a 4, respectivamente. Assim,

	s_1	s_2	s_3	s_4	Max de linha
a_1	0	3	6	10	10
a_2	3	0	0	8	**8** ← Minimax
a_3	16	11	0	6	16
a_4	25	15	7	0	25

Hurwicz. A Tabela 13.7 resume os cálculos.

Tabela 13.7 Resumo de cálculos

Alternativa	Min da linha	Max da linha	α(Min da linha) + (1 – α)(Max da linha)
a_1	5	25	25 – 20α
a_2	7	23	23 – 16α
a_3	12	21	21 – 9α
a_4	15	30	30 – 15α

Usando um α adequado, podemos determinar a alternativa ótima. Por exemplo, em α = 0,5, a_1 ou a_2 darão o ótimo e, em α = 0,25, a_3 é o ótimo.

Momento Excel

O gabarito excelUncertainty.xls pode ser usado para automatizar os cálculos dos critérios de Laplace, maximin, Savage e Hurwicz. A planilha considera que a matriz é de *custo*. Para usar uma matriz de ganho, todas as entradas devem ser multiplicadas por –1. A Figura 13.8 demonstra a aplicação do gabarito ao Exemplo 13.3-1. O tamanho máximo da matriz é (10 × 10) (as colunas F:K são ocultas para poupar espaço).

CONJUNTO DE PROBLEMAS 13.3A

*1. Hank é um aluno inteligente e normalmente tira boas notas, contanto que possa revisar o material do curso na noite anterior ao teste. Para o teste de amanhã, Hank enfrenta um pequeno problema. Seus companheiros de república vão dar uma festa durante a noite, da qual ele gostaria de participar. Ele tem três opções:

a_1 = divertir-se a noite inteira

a_2 = dividir a noite em partes iguais entre estudar e participar da festa

a_3 = estudar a noite inteira

O teste de amanhã pode ser fácil (s_1), moderado (s_2) ou difícil (s_3), dependendo do humor imprevisível do professor. Hank antecipa as seguintes:

	s_1	s_2	s_3
a_1	85	60	40
a_2	92	85	81
a_3	100	88	82

(a) Recomende um curso de ação para Hank (com base em cada um dos quatro critérios de decisão sob incerteza).

(b) Suponha que Hank esteja mais interessado na nota alfabética que conseguirá (A, B, C ou D). A a D são 90, 80, 70 e 60, respectivamente. Essa atitude em relação às notas exige uma mudança no curso de ação de Hank?

2. Para a próxima estação de plantio, o fazendeiro McCoy pode plantar milho (a_1), trigo (a_2) ou soja (a_3), ou utilizar a terra para pasto (a_4). Os retornos associados com as diferentes ações são influenciados pela quantidade de chuva: grande precipitação pluvial (s_1), precipitação pluvial moderada (s_2), leve precipitação pluvial (s_3) ou estação seca (s_4).

A matriz de retorno (em milhares de dólares) é estimada como demonstrado na matriz seguinte.

Figura 13.8
Solução do Exemplo 13.3-1 em Excel (arquivo excelUncertainty.xls)

	A	B	C	D	E	F	G	H	I
1				Decision Under Uncertainty					
2	Enter x to select method:						Output Results		
3		Laplace	x						
4		Minimax	x						
5		Savage	x						
6		Hurwicz	x	Alpha=	0.5		Optimum strategies		
7	Input (cost) Matrix: Maximum size = (10x10)					a2	a3	a2	a2
8		s1	s2	s3	s4	Laplace	Minimax	Savage	Hurwicz
9	a1	5	10	18	25	14.5	25	10	15
10	a2	8	7	12	23	12.5	23	8	15
11	a3	21	18	12	21	18	21	16	16.5
12	a4	30	22	19	15	21.5	30	25	22.5
13									
14									
15									
16									
17									
18									
19									

	s_1	s_2	s_3	s_4
a_1	-20	60	30	-5
a_2	40	50	35	0
a_3	-50	100	45	-10
a_4	12	15	15	10

Desenvolva um curso de ação para o fazendeiro McCoy.

3. Uma de N máquinas deve ser selecionada para fabricar Q unidades de um produto específico. As demandas mínima e máxima para o produto são Q^* e Q^{**}, respectivamente. O custo total de produção de Q itens na máquina i envolve um custo fixo K_i e um custo variável por unidade c_i, e é dado por

$$TC_i = K_i + c_i Q$$

(a) Elabore uma solução para o problema sob cada um dos quatro critérios de decisão sob incerteza.

(b) Para $1.000 \leq Q \leq 4.000$, resolva o problema para o conjunto de dados mostrado na Tabela M.

Tabela M

Máquina i	K_i (\$)	C_i (\$)
1	100	5
2	40	12
3	150	3
4	90	8

13.4 TEORIA DOS JOGOS

A teoria dos jogos trata de situações de decisão nas quais dois oponentes *inteligentes*, cujos objetivos são conflitantes, estão tentando superar um ao outro. Como exemplos típicos citamos o lançamento de campanhas publicitárias para produtos concorrentes e planejamento de estratégias para exércitos em guerra.

Em um jogo de conflito, cada um de dois oponentes, denominados **jogadores**, terá um número (finito ou infinito) de alternativas ou **estratégias**. Associado a cada par de estratégias está um **retorno**, que um dos jogadores recebe do outro. Esses jogos são conhecidos como **jogos de soma zero com duas pessoas** porque o ganho de um jogador significa uma perda igual para o outro. Então, basta resumir o jogo em termos do retorno para um jogador. Designando os dois jogadores como A e B com m e n estratégias, respectivamente, o jogo costuma ser representado pela matriz de retorno para o jogador A como demonstrado como

	B_1	B_2	$\cdots$	B_n
A_1	a_{11}	a_{12}	$\cdots$	a_{1m}
A_2	a_{21}	a_{22}	$\cdots$	a_{2m}
$\vdots$	$\vdots$	$\vdots$	$\vdots$	$\vdots$
A_m	a_{m1}	a_{m2}	$\cdots$	a_{mn}

A representação indica que, se A usar a estratégia i e B usar a estratégia j, o retorno para A é a_{ij}, o que significa que o retorno para B é $-a_{ij}$.

Aplicação real — Classificação de jogadores de golfe ao final do dia nos jogos da Ryder Cup

Ao final de um dia de um torneio de golfe, duas equipes competem pelo campeonato. O capitão de cada equipe deve apresentar uma lista ordenada de jogadores (uma *tabela*) que determina automaticamente os jogos. É plausível considerar que, se dois jogadores competitivos ocuparem a mesma posição em suas respectivas tabelas, há uma chance de 50%-50% de qualquer um deles vencer o jogo. Essa probabilidade aumentará quando um jogador de classificação mais alta fizer par com um de classificação mais baixa. A meta é desenvolver um procedimento analítico que apoiará ou refutará a idéia de usar tabelas. O Caso 12, Capítulo 24, disponível em inglês no site do livro, dá detalhes sobre o estudo.

13.4.1 Solução ótima de jogos de soma zero com duas pessoas

Como a raiz dos jogos é o conflito de interesses, a solução ótima seleciona uma ou mais estratégias para cada jogador de modo que qualquer alteração nas estratégias escolhidas não beneficie o retorno para qualquer um dos jogadores. Essas soluções podem estar na forma de uma única estratégia pura ou de várias estratégias mistas, de acordo com probabilidades específicas. Os dois exemplos a seguir demonstram os dois casos.

Exemplo 13.4-1

Duas empresas, A e B, vendem duas marcas de medicamento para gripe. A empresa A anuncia em rádio (A_1), televisão (A_2) e jornais (A_3). A empresa B, além de usar rádio (B_1), televisão (B_2) e jornais (B_3), também envia folhetos (B_4) por mala direta. Dependendo da efetividade de cada campanha publicitária, uma empresa pode capturar uma parte do mercado da outra. A matriz a seguir resume a porcentagem de mercado capturada ou perdida pela empresa A.

	B_1	B_2	B_3	B_4	Min da linha
A_1	8	-2	9	-3	-3
A_2	6	**5**	6	8	**5** ← Maximin
A_3	-2	4	-9	5	-9
Max da coluna	8	**5** ↑ Minimax	9	8	

A solução do jogo é baseada no princípio de garantir o *melhor do pior* para cada jogador. Se a empresa A selecionar a estratégia A_1, então, independentemente do que B fizer, o pior que pode acontecer é A perder 3% da participação de mercado para B. Isso é representado pelo valor mínimo das entradas na linha 1. De maneira semelhante, o pior resultado da estratégia A_2 é A capturar 5% do mercado de B, e o pior resultado da estratégia A_3 é A perder 9% para B. Esses resultados são apresentados na coluna 'min da linha'. Para conseguir o *melhor do pior*, a empresa A escolhe a estratégia A_2 porque ela corresponde ao valor máximo, ou ao maior elemento na coluna 'min da linha'.

Em seguida, considere a estratégia da empresa B. Como a matriz de retorno dada é para A, o critério *melhor do pior* de B requer determinar o valor minimax. O resultado é que a empresa B deve selecionar a estratégia B_2.

A solução ótima do jogo recomenda selecionar as estratégias A_2 e B_2, o que significa que ambas as empresas devem usar propaganda pela televisão. O retorno favorecerá a empresa A, porque sua participação de mercado aumentará em 5%. Nesse caso, dizemos que o **valor do jogo** é 5% e que *A* e *B* estão usando uma solução de **ponto de sela**.

A solução de ponto de sela exclui a seleção de uma melhor estratégia por qualquer uma das empresas. Se *B* partir para outra estratégia (B_1, B_3 ou B_4), a empresa *A* pode ficar com a estratégia A_2, que garante que *B* perderá pior participação de mercado (6% ou 8%). Pelo mesmo critério, *A* não quer usar uma estratégia diferente porque, se *A* partir para a estratégia A_3, *B* pode passar para B_3 e realizar um aumento de 9% em participação de mercado. Chega-se a uma conclusão semelhante se *A* partir para A_1, porque *B* pode passar para B_4 e realizar um aumento de 3% em participação de mercado.

A solução ótima de ponto de sela de um jogo não precisa ser uma estratégia pura. Em vez disso, pode requerer a mistura de duas ou mais estratégias aleatoriamente, como ilustra o seguinte exemplo.

Exemplo 13.4-2

Dois jogadores, *A* e *B*, jogam cara ou coroa com uma moeda. Cada jogador, sem o conhecimento do outro, escolhe cara (*H*) ou coroa (*T*). Ambos revelarão suas escolhas simultaneamente. Se escolherem a mesma coisa (*HH* ou *TT*), o jogador *A* recebe $ 1 de *B*. Caso contrário, *A* paga $ 1 a *B*.

A seguinte matriz de retorno para o jogador *A* dá os valores min da linha e max da coluna correspondentes às estratégias de *A* e *B*, respectivamente.

	B_H	B_T	Min da linha
A_H	1	–1	–1
A_T	–1	1	–1
Max da coluna	1	1	

Os valores maximin e minimax dos jogos são $ –1 e $ 1, respectivamente. Como os dois valores não são iguais, o jogo não tem uma estratégia de solução pura. Em particular, se A_H for usada pelo jogador *A*, o jogador *B* selecionará B_T para receber $ 1 de *A*. Se isso acontecer, *A* pode passar para a estratégia A_T para reverter o resultado do jogo recebendo $ 1 de *B*. A constante tentação de passar para outra estratégia mostra que uma estratégia de solução pura não é aceitável. Em vez disso, ambos os jogadores podem misturar aleatoriamente suas respectivas estratégias puras. Nesse caso, o valor ótimo do jogo ocorrerá em algum lugar entre os valores maximin e minimax do jogo, isto é,

Valor maximin (mais baixo) ≤ Valor do jogo ≤ Valor minimax (mais alto)

(Veja o Problema 5, Conjunto 13.4A.) Assim, no exemplo de cara ou coroa, o valor do jogo deve se encontrar entre $ –1 e $ +1.

CONJUNTO DE PROBLEMAS 13.4A

1. Determine a solução de ponto de sela, as estratégias puras associadas e o valor do jogo para cada um dos seguintes jogos. Os retornos são para o jogador *A*.

*(a)

	B_1	B_2	B_3	B_4
A_1	8	6	2	8
A_2	8	9	4	5
A_3	7	5	3	5

(b)

	B_1	B_2	B_3	B_4
A_1	4	–4	–5	6
A_2	–3	–4	–9	–2
A_3	6	7	–8	–9
A_4	7	3	–9	5

2. Os jogos a seguir dão o retorno de *A*. Determine os valores de *p* e *q* que farão da entrada (2, 2) de cada jogo um ponto de sela.

(a)

	B_1	B_2	B_3
A_1	1	*q*	6
A_2	p	5	10
A_3	6	2	3

(b)

	B_1	B_2	B_3
A_1	2	4	5
A_2	10	7	q
A_3	4	*p*	6

3. Especifique a faixa para o valor do jogo em cada um dos casos seguintes, considerando que o retorno é para o jogador *A*.

*(a)

	B_1	B_2	B_3	B_4
A_1	1	9	6	0
A_2	2	3	8	4
A_3	–5	–2	10	–3
A_4	7	4	–2	–5

(b)

	B_1	B_2	B_3	B_4
A_1	–1	9	6	8
A_2	–2	10	4	6
A_3	5	3	0	7
A_4	7	–2	8	4

(c)

	B_1	B_2	B_3
A_1	3	6	1
A_2	5	2	3
A_3	4	2	–5

(d)

	B_1	B_2	B_3	B_4
A_1	3	7	1	3
A_2	4	8	0	–6
A_3	6	–9	–2	4

4. Duas empresas promovem dois produtos concorrentes. Cada produto controla 50% do mercado. Por causa de recentes melhorias nos dois produtos, cada empresa está se preparando para lançar uma campanha publicitária. Se nenhuma delas anunciar, as participações de mercado continuarão iguais. Se qualquer uma das empresas lançar uma campanha mais agressiva, é certo que a outra perderá uma porcentagem proporcional de seus clientes. Um levantamento do mercado mostra que 50% dos clientes potenciais podem ser alcançados por televisão, 30% por jornais e 20% por rádio.
   (a) Formule o problema como um jogo de soma zero com duas pessoas e selecione o meio de propaganda adequado para cada empresa.
   (b) Determine uma faixa para o valor do jogo. Cada empresa pode funcionar com uma única estratégia pura?
5. Seja a_{ij} o (i, j)-ésimo elemento de uma matriz de retorno com m estratégias para o jogador A e n estratégias para o jogador B. O retorno é para o jogador A. Prove que

$$\max_i \min_j a_{ij} \leq \min_j \max_i a_{ij}$$

13.4.2 Solução de jogos de estratégia mista

Jogos com estratégias mistas podem ser resolvidos por meios gráficos ou por programação linear. A solução gráfica é adequada para jogos nos quais no mínimo um jogador tenha exatamente duas estratégias puras. O método é interessante porque explica a idéia de um ponto de sela por meios gráficos. Pode-se usar programação linear para resolver qualquer jogo de soma zero com duas pessoas.

Solução gráfica de jogos. Começamos com o caso de $(2 \times n)$ jogos nos quais o jogador A tem duas estratégias.

		y_1	y_2	$\cdots$	y_n
		B_1	B_2	$\cdots$	B_n
x_1:	A_1	a_{11}	a_{12}	$\cdots$	a_{1m}
$1 - x_1$:	A_2	a_{21}	a_{22}	$\cdots$	a_{2m}

O jogo considera que o jogador A mistura as estratégias A_1 e A_2 com as respectivas probabilidades x_1 e $1 - x_1$, $0 \leq x_1 \leq 1$. O jogador B mistura as estratégias B_1 a B_n com as probabilidades $y_1, y_2, \ldots,$ e y_n, em que $y_j \geq 0$ para $j = 1, 2, \ldots, n$ e $y_1 + y_2 + \ldots + y_n = 1$. Nesse caso, o retorno esperado de A correspondente à j-ésima estratégia pura de B é calculado por

$$(a_{1j} - a_{2j})x_1 + a_{2j}, \quad j = 1, 2, \ldots, n$$

Portanto, o jogador A procura determinar o valor de x_1 que maximiza os retornos mínimos esperados, isto é,

$$\max_{x_1} \min_j \left\{ (a_{1j} - a_{2j})x_1 + a_{2j} \right\}$$

Exemplo 13.4-3

Considere o seguinte jogo 2×4. O retorno é para o jogador A.

	B_1	B_2	B_3	B_4
A_1	2	2	3	-1
A_2	4	3	2	6

O jogo não tem nenhuma estratégia pura de solução. Os retornos esperados de A correspondentes às estratégias puras de B são dados conforme demonstrado na Tabela 13.8.

Tabela 13.8 Retornos esperados de A

Estratégia pura de B	Retorno esperado de A
1	$-2x_1 + 4$
2	$-x_1 + 3$
3	$x_1 + 2$
4	$-7x_1 + 6$

A Figura 13.9 dá o gráfico em TORA das quatro linhas retas associadas com as estratégias puras de B (arquivo toraEx13.4-3.txt).[3]

Figura 13.9
Solução gráfica em TORA do jogo de soma zero com duas pessoas do Exemplo 13.4-3 (arquivo toraEx13.4-3.txt)

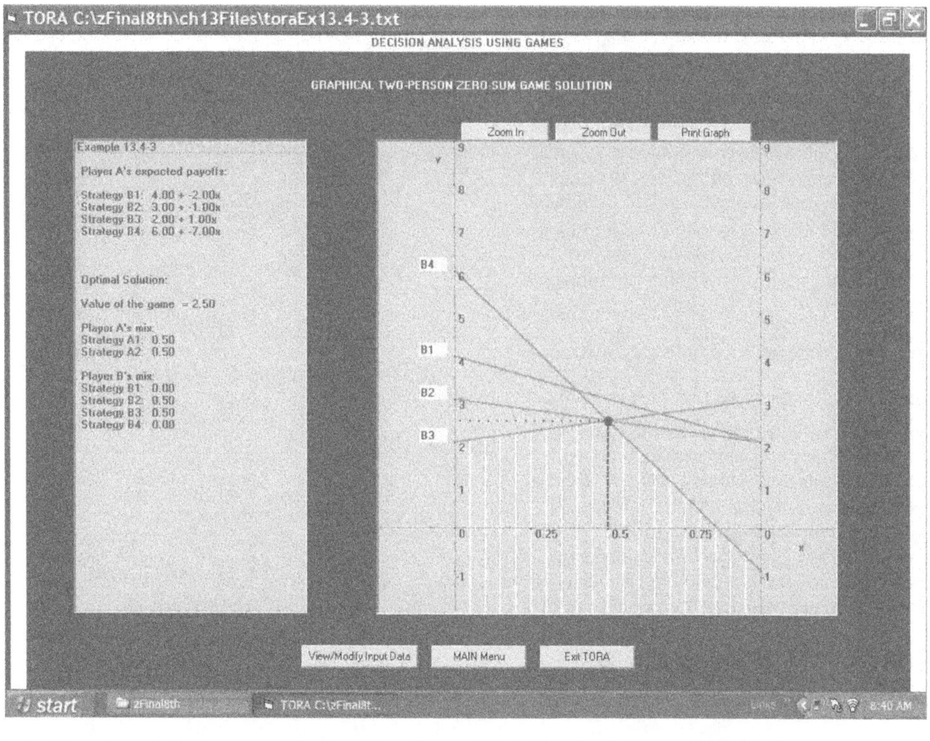

[3] Em Main menu selecione Zero-sum games e entre com os dados do problema. Em seguida, selecione Graphical no menu Solve/Modify.

Para determinar *o melhor do pior*, o envelope formado pelas quatro linhas retas na parte inferior do gráfico (delineado por riscas verticais) representa o mínimo (pior) retorno esperado para A, independentemente do que B faz. O máximo (melhor) do envelope inferior corresponde ao ponto da solução maximin em $x_1^* = 0{,}5$. Esse ponto é a interseção das linhas associadas com as estratégias B_3 e B_4. Portanto, a solução ótima do jogador A recomenda misturar A_1 e A_2 com probabilidades 0,5 e 0,5.

O valor correspondente do jogo, v, é determinado pela substituição de $x_1 = 0{,}5$ em qualquer uma das funções para as linhas 3 e 4, o que dá

$$v = \begin{cases} \frac{1}{2} + 2 = \frac{5}{2}, & \text{a partir da linha 3} \\ -7\left(\frac{1}{2}\right) + 6 = \frac{5}{2}, & \text{a partir da linha 4} \end{cases}$$

A mistura ótima do jogador B é determinada pelas duas estratégias que definem o envelope da parte inferior do gráfico, o que significa que B pode misturar as estratégias B_3 e B_4, caso em que $y_1 = y_2 = 0$ e $y_4 = 1 - y_3$. O resultado é que os retornos esperados de B correspondentes às estratégias puras de A são dados como mostrado na Tabela 13.9.

Tabela 13.9 Retornos esperados de B

Estratégia pura de A	Retorno esperado de B
1	$4y_3 - 1$
2	$-4y_3 + 6$

A solução *melhor do pior* para B é o ponto mínimo no envelope *superior* das duas linhas dadas (você verá que é instrutivo colocar no gráfico as duas linhas e identificar o envelope superior). Esse processo equivale a resolver a equação

$$4y_3 - 1 = -4y_3 + 6$$

A solução dá $y_3 = \frac{7}{8}$, o que define o valor do jogo como $v = 4 \times (\frac{7}{8}) - 1 = \frac{5}{2}$.

A solução do jogo recomenda que o jogador A misture A_1 e A_2 com probabilidades iguais e que o jogador B misture B_3 e B_4 com probabilidades $\frac{7}{8}$ e $\frac{1}{8}$. (Na verdade, o jogo tem duas soluções alternativas para B, porque o ponto máximo na Figura 13.9 é determinado por mais de duas linhas. Qualquer combinação não negativa dessas soluções alternativas também é uma solução legítima.)

Comentários. Jogos nos quais o jogador A tem m estratégias e o jogador B só tem duas podem ser tratados de modo semelhante. A principal diferença é que representaremos em gráfico o retorno esperado de B correspondente às estratégias puras de A. O resultado é que estaremos procurando o ponto minimax em vez do ponto maximin do *envelope superior* das linhas apresentadas no gráfico. Contudo, para resolver o problema com o TORA, é necessário expressar o retorno em termos do jogador que tem duas estratégias multiplicando a matriz de retorno por –1, se necessário.

CONJUNTO DE PROBLEMAS 13.4B[4]

*1. Resolva o jogo de cara ou coroa do Exemplo 13.4-2 graficamente.

*2. Robin, que viaja com freqüência entre duas cidades, tem duas opções de rota: a rota A é uma rodovia expressa de quatro pistas, e a rota B é uma estrada longa e cheia de curvas. A Polícia Rodoviária tem um contingente limitado. Se toda a força policial for aplicada a qualquer uma das rotas, é certo que Robin, com seu ardente desejo de dirigir 'super-rápido', receberá uma multa de \$ 100 por excesso de velocidade. Se a força policial for dividida 50%-50% entre as duas rotas, há 50% de chance de ela receber uma multa de \$ 100 na rota A e somente 30% de chance de receber a mesma multa na rota B. Desenvolva uma estratégia para Robin e também para a polícia.

3. Resolva os seguintes jogos graficamente. O retorno é para o jogador A.

(a)

	B_1	B_2	B_3
A_1	1	-3	7
A_2	2	4	-6

(b)

	B_1	B_2
A_1	5	8
A_2	6	5
A_3	5	7

4. Considere o seguinte jogo de soma zero com duas pessoas:

	B_1	B_2	B_3
A_1	5	50	50
A_2	1	1	0,1
A_3	10	1	10

(a) Verifique que as estratégias $(\frac{1}{6}, 0, \frac{5}{6})$ para A e $(\frac{49}{54}, \frac{5}{54}, 0)$ para B são ótimas e determine o valor do jogo.

(b) Mostre que o valor ótimo do jogo é igual a

$$\sum_{i=1}^{3}\sum_{j=1}^{3} a_{ij} x_i y_j$$

Solução de jogos por programação linear. A teoria dos jogos apresenta uma forte relação com a programação linear, no sentido de que um jogo de soma zero com duas pessoas pode ser expresso como um problema de programação linear e vice-versa. De fato, G. Dantzig (1963, p. 24) afirma que J. von Neumann, o pai da teoria dos jogos, quando foi apresentado pela primeira vez ao método simplex, em 1947, reconheceu imediatamente essa relação e mais tarde apontou com precisão e reforçou o conceito de *dualidade* em programação linear. Esta seção ilustra a solução de jogos por programação linear.

As probabilidades ótimas do jogador A, $x_1, x_2, \ldots$, e x_m, podem ser determinadas com a resolução do seguinte problema maximin:

$$\max_{x_i}\left\{\min\left(\sum_{i=1}^{m} a_{i1}x_i, \sum_{i=1}^{m} a_{i2}x_i, \ldots, \sum_{i=1}^{m} a_{in}x_i\right)\right\}$$

$$x_1 + x_2 + \cdots + x_m = 1$$

$$x_i \geq 0,\ i = 1, 2, \ldots, m$$

Agora, seja

$$v = \min\left\{\sum_{i=1}^{m} a_{i1}x_i, \sum_{i=l}^{m} a_{i2}x_i, \ldots, \sum_{i=l}^{m} a_{in}x_i\right\}$$

A equação implica que

$$\sum_{i=1}^{m} a_{ij}x_i \geq v,\ j = 1, 2, \ldots, n$$

Portanto, o problema do jogador A pode ser expresso como

$$\text{Maximizar } z = v$$

sujeito a

$$v - \sum_{i=1}^{m} a_{ij}x_i \leq 0,\ j = 1, 2, \ldots, n$$

$$x_1 + x_2 + \ldots + x_m = 1$$

$$x_i \geq 0, i = 1, 2, \ldots, \boldsymbol{m}$$

$$v \text{ irrestrita}$$

Observe que o valor do jogo, v, é irrestrito em sinal.

As estratégias ótimas do jogador B, $y_1, y_2, \ldots, y_n$, são determinadas com a resolução do problema

[4] O módulo Zero-sum games do TORA pode ser usado para verificar sua resposta.

$$\min_{y_j}\left\{\max\left(\sum_{i=l}^{n} a_{1j}y_j, \sum_{i=l}^{n} a_{2j}y_j, \ldots, \sum_{i=l}^{n} a_{mj}y_j\right)\right\}$$
$$y_1 + y_2 + \cdots + y_n = 1$$
$$y_j \geq 0,\ i = 1, 2, \ldots, n$$

Usando um procedimento semelhante ao do jogador *A*, o problema de *B* se reduz a

$$\text{Minimizar } w = v$$

sujeito a

$$v - \sum_{i=1}^{m} a_{ij}y_j \leq 0,\ i = 1, 2, \ldots, m$$
$$y_1 + y_2 + \ldots + y_n = 1$$
$$y_j \geq 0, j = 1, 2, \ldots, n$$
$$v \text{ irrestrita}$$

Os dois problemas otimizam a mesma variável (irrestrita) *v*, o valor do jogo. A razão é que o problema de *B* é o dual do problema de *A* (verifique essa afirmação usando a definição de dualidade do Capítulo 4). Isso significa que a solução ótima de um problema dá automaticamente a solução ótima do outro.

Exemplo 13.4-4

Resolva o seguinte jogo por programação linear.

	B_1	B_2	B_3	Min da linha
A_1	3	-1	-3	-3
A_2	-2	4	-1	**-2**
A_3	-5	-6	2	-6
Max da coluna	3	4	**2**	

O valor do jogo, *v*, se encontra entre –2 e 2.

Problema de programação linear do jogador A

$$\text{Maximizar } z = v$$

sujeito a

$$v - 3x_1 + 2x_2 + 5x_3 \leq 0$$
$$v + x_1 - 4x_2 + 6x_3 \leq 0$$
$$v + 3x_1 + x_2 - 2x_2 \leq 0$$
$$x_1 + x_2 + x_3 = 1$$
$$x_1, x_2, x_3 \geq 0$$
$$v \text{ irrestrito}$$

A solução ótima[5] é $x_1 = 0{,}39$; $x_2 = 0{,}31$; $x_3 = 0{,}29$; e $v = -0{,}91$.

Problema de programação linear do jogador B

$$\text{Minimizar } z = v$$

sujeito a

$$v - 3y_1 + y_2 + 3y_3 \geq 0$$
$$v + 2y_1 - 4y_2 + y_3 \geq 0$$
$$v + 5y_1 + 6y_2 - 2y_3 \geq 0$$
$$y_1 + y_2 + y_3 = 1$$
$$v \text{ irrestrito}$$

A solução dá $y_1 = 0{,}32$; $y_2 = 0{,}08$; $y_3 = 0{,}60$; e $v = -0{,}91$.

CONJUNTO DE PROBLEMAS 13.4C

1. Durante um piquenique, duas equipes de duas pessoas estão brincando de esconde-esconde. Há quatro esconderijos (A, B, C e D) e os dois membros da equipe podem se esconder separadamente em quaisquer dois dos quatro esconderijos. Portanto, a outra equipe terá a chance de procurar em quaisquer dois esconderijos. A equipe que procura ganha um ponto de bônus se achar ambos os membros da equipe que se escondeu. Se não achar nenhum dos dois membros, perde um ponto. Caso contrário, o resultado é um empate.

*__(a)__ Monte o problema como um jogo de soma zero com duas pessoas.

(b) Determine a estratégia ótima e o valor do jogo.

2. UA e DU estão estabelecendo suas estratégias para o campeonato nacional de basquete universitário de 1994. Avaliando as forças de seus respectivos bancos de reserva, cada um dos treinadores estabelece quatro estratégias para a rotação de jogadores durante o jogo. A capacidade de cada equipe converter lances de 2 pontos, 3 pontos e lances livres é um fator fundamental para determinar o placar final do jogo. A matriz seguinte resume o número líquido de pontos que a equipe UA marcará por posse de bola como uma função das diferentes estratégias disponíveis para cada equipe.

	DU_1	DU_2	DU_3	DU_4
UA_1	3	-2	1	2
UA_2	2	3	-3	0
UA_3	-1	2	-2	2
UA_4	-1	-2	4	1

(a) Resolva o jogo por programação linear e determine uma estratégia para o campeonato.

(b) Com base nas informações dadas, qual dos dois times você prevê que vença o campeonato?

(c) Suponha que o jogo inteiro tenha um total de 60 posses de bola (30 para cada time). Faça uma previsão do número de pontos esperados necessários para vencer o campeonato.

3. O exército do coronel Blotto está lutando pelo controle de duas localizações estratégicas. Blotto tem dois regimentos e o inimigo tem três. Uma localização cairá em mãos do exército que atacar com mais regimentos. Caso contrário, o resultado da batalha será um empate.

*__(a)__ Formule o problema como um jogo de soma zero com duas pessoas e resolva-o por programação linear.

(b) Qual dos exércitos vencerá a batalha?

4. No jogo de Morra, que se joga com dois jogadores e dois dedos, cada jogador mostra um ou dois dedos e, ao mesmo tempo, adivinha o número de dedos que o oponente mostrará. O jogador que adivinhar o número correto ganha uma quantia igual ao número de dedos mostrados. Caso contrário, o jogo está empatado. Estabeleça o problema como um jogo de soma zero com duas pessoas e resolva-o por programação linear.

[5] Zero-sum games ⇒ Solve ⇒ LP-based do TORA pode ser usado para resolver qualquer jogo de soma zero com duas pessoas.

REFERÊNCIAS BIBLIOGRÁFICAS

Chen, S. e Hwang, C. *Fuzzy multiple attribute decision making.* Berlim: Springer-Verlag, 1992.

Clemen, R. J. e Reilly, T. *Making hard decisions: an introduction to decision analysis.* 2. ed. Pacific Grove: Duxbury, 1996.

Cohan, D.; Haas, S.; Radloff, D. e Yancik, R. "Using fire in forest management: decision making under uncertainty". *Interfaces*, v. 14, n. 5, 1984. p. 8-19.

Dantzig, G. B. *Linear programming and extensions.* Princeton: Princeton University, 1963.

Meyerson, R. *Game theory: analysis of conflict.* Cambridge: Harvard University, 1991.

Rappaport, A. "Sensitivity analysis in decision making". *The Accounting Review*, v. 42, n. 3, 1967. p. 441-456.

Saaty, T. L. *Fundamentals of decision making.* Pittsburgh: RWS, 1994.

Zahedi, F. "The analytic hierarchy process–A survey of the method and its applications". *Intefaces*, v. 16, n. 4, 1986. p. 96-108.

Zeleny, M. *Multiple criteria decision making.* Nova York: McGraw-Hill, 1982.

Capítulo 14

Modelos probabilísticos de estoque

Guia do capítulo. Este capítulo é uma continuação do material do Capítulo 11 sobre modelos determinísticos de estoque. Trata de situações de estoque nas quais a demanda é probabilística. Os modelos desenvolvidos são categorizados, de maneira ampla, como situações de revisão *contínua* e de revisão *periódica*. Os modelos de revisão periódica incluem os casos de período único e os casos multiperíodos. As soluções propostas variam da utilização de uma versão probabilística do método EOQ determinístico até situações mais complexas resolvidas por programação dinâmica. É possível que os modelos probabilísticos apresentados aqui pareçam 'muito teóricos' para serem práticos. Porém, na realidade, uma análise de caso do Capítulo 24, disponível em inglês no site do livro, usa um desses modelos para ajudar a Dell, Inc. a gerenciar sua situação de estoque e realizar consideráveis economias.

Este capítulo inclui o resumo de uma aplicação real, 4 exemplos resolvidos, 1 gabarito em Excel, 22 problemas de final de seção e 2 casos. Os casos estão no Apêndice E, disponível em inglês no site do livro. Os programas em AMPL/Excel Solver/TORA estão na pasta ch14Files.

Aplicação real — Decisões de estoque na cadeia de suprimentos da Dell

A Dell, Inc. utiliza um modelo de negócio de venda direta, no qual computadores pessoais são vendidos diretamente aos clientes nos Estados Unidos. Quando chega um pedido de um cliente, as especificações são enviadas à fábrica em Austin, no Texas, onde o computador é montado, testado e embalado em cerca de oito horas. A Dell mantém pouco estoque. Por outro lado, seus fornecedores, normalmente localizados no sudeste da Ásia, devem manter à mão um estoque denominado 'rotativo' em galpões (também denominados *rotativos*) próximos às fábricas. Esses galpões pertencem à Dell e são arrendados aos fornecedores. Então, a Dell 'retira' peças dos rotativos quando necessário e cabe aos fornecedores a responsabilidade de repor o estoque para atender à demanda prevista da Dell.

Embora o estoque mantido nos rotativos não pertença à Dell, seu custo é passado indiretamente aos clientes por meio da precificação por componente. Assim, qualquer redução no estoque beneficia diretamente os clientes da Dell porque reduz os preços dos produtos. A solução proposta resultou em $ 2,7 milhões (estimados) de economia por ano. O Caso 13 do Capítulo 24, disponível em inglês no site do livro, dá os detalhes do estudo.

14.1 MODELOS DE REVISÃO CONTÍNUA

Esta seção apresenta dois modelos: 1) uma versão 'probabilizada' do EOQ determinístico (Seção 11.2.1) que usa um estoque de segurança para levar em conta a demanda probabilística; e 2) um modelo EOQ probabilístico mais exato que inclui a demanda probabilística diretamente na formulação.

14.1.1 Modelo EOQ 'probabilizado'

Alguns profissionais procuraram adaptar o modelo EOQ determinístico (Seção 11.2.1) para refletir a natureza probabilística da demanda usando uma aproximação que sobrepõe um estoque de segurança constante ao nível de estoque durante toda a projeção de planejamento. O tamanho do estoque de segurança é determinado de modo tal que a probabilidade de ficar com falta de estoque *durante o tempo de espera* (o período entre a emissão do pedido e o recebimento do material) não ultrapasse um valor especificado com antecedência.

Seja

L = tempo de espera entre a emissão do pedido e a entrega do material
x_L = variável aleatória que representa a demanda durante o tempo de espera
μ_L = demanda média durante o tempo de espera
σ_L = desvio-padrão da demanda durante o tempo de espera
B = tamanho do estoque de segurança
α = máxima probabilidade admissível de ficar com falta de estoque durante o tempo de espera

A principal premissa do modelo é que a demanda, x_L, durante o tempo de espera, L, é normalmente distribuída com média μ_L e desvio-padrão σ_L, isto é, $N(\mu_L, \sigma^2_L)$.

Figura 14.1
Estoque de segurança sobreposto ao modelo EOQ clássico

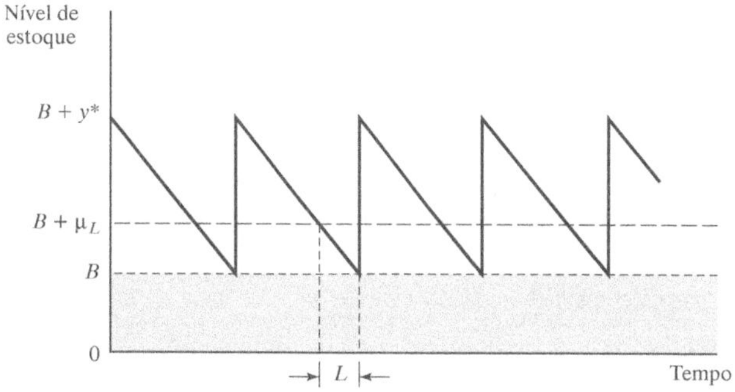

A Figura 14.1 demonstra a relação entre o estoque de segurança, B, e os parâmetros do modelo EOQ determinístico, entre eles o tempo de espera, L; a demanda média durante o tempo de espera, μ_L; e a EOQ, y^*. Observe que L deve ser igual ao tempo de espera *efetivo*, como definido na Seção 11.2.1.

A declaração de probabilidade usada para determinar B pode ser escrita como

$$P\{x_L \geq B + \mu_L\} \leq \alpha$$

Podemos converter x_L em uma variável aleatória padrão $N(0, 1)$ usando a seguinte substituição (veja a Seção 12.5.4):

$$z = \frac{x_L - \mu_L}{\sigma_L}$$

Assim, temos que

$$P\left\{z \geq \frac{B}{\sigma_L}\right\} \leq \alpha$$

A Figura 14.2 define K_α (que é determinado pelas tabelas normais padronizadas apresentadas no Apêndice B ou usando o arquivo excelStatTables.xls) de modo tal que

$$P\{z \geq K_\alpha\} = \alpha$$

Em decorrência, o tamanho do estoque de segurança deve satisfazer

$$B \geq \sigma_L K_\alpha$$

A demanda durante o tempo de espera L costuma ser descrita por uma função densidade de probabilidade *por unidade de tempo* (por exemplo, por dia ou semana), pela qual a distribuição da demanda durante L pode ser determinada. Dado que a demanda por unidade de tempo é normal com média D e desvio-padrão σ, a média e o desvio-padrão, μ_L e σ_L, da demanda durante o tempo de espera, L, é calculada como

$$\mu_L = DL$$

$$\sigma_L = \sqrt{\sigma^2 L}$$

A fórmula para σ_L requer que L seja (arredondado para) um valor inteiro.

Figura 14.2
Probabilidade de ficar com falta de estoque, $P\{z \geq K_\alpha\} = \alpha$

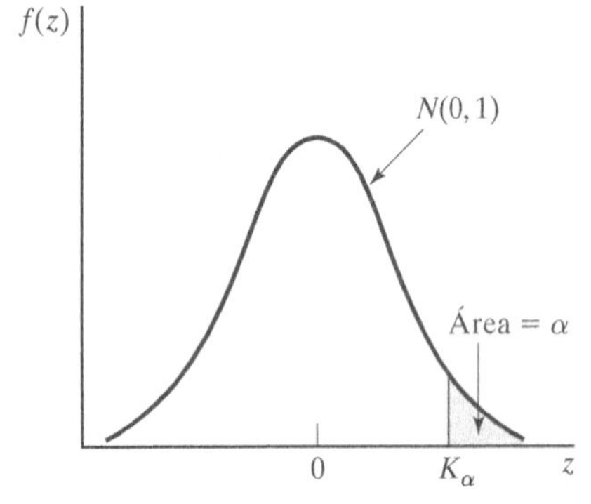

Exemplo 14.1-1

No Exemplo 11.2-1, que trata da determinação da política de estoque para lâmpadas de néon, EOQ = 1.000 *unidades*. Se a demanda *diária* for normal com média D = 100 lâmpadas e desvio-padrão σ = 10 lâmpadas, isto é, $N(100, 10^2)$, determine o tamanho do estoque de segurança de modo que a probabilidade de ficar em falta de estoque esteja abaixo de $\alpha = 0{,}05$.

Pelo Exemplo 11.2-1, o tempo de espera efetivo é $L = 2$ dias. Assim,

$$\mu_L = DL = 100 \times 2 = 200 \text{ unidades}$$

$$\sigma_L = \sqrt{\sigma^2 L} = \sqrt{10^2 \times 2} = 14{,}14 \text{ unidades}$$

Dado $K_{0,05} = 1{,}645$, o tamanho do estoque de segurança é calculado por

$$B \geq 14{,}14 \times 1{,}645 \approx 23 \text{ lâmpadas de néon}$$

Desse modo, a política ótima de estoque com estoque de segurança B recomenda pedidos de 1.000 unidades sempre que o nível de estoque cair para 223 (= $B + \mu_L = 23 + 2 \times 100$) unidades.

CONJUNTO DE PROBLEMAS 14.1A

1. No Exemplo 14.1-1, determine a política ótima de estoque para cada um dos seguintes casos:
   *(a) Tempo de espera = 15 dias.
   (b) Tempo de espera = 23 dias.
   (c) Tempo de espera = 8 dias.
   (d) Tempo de espera = 10 dias.
2. Uma loja de música vende um CD campeão de vendas. A distribuição da demanda diária (em número de unidades) para o CD é aproximadamente normal com média de 200 discos e desvio-padrão de 20 discos. O custo de manter os CDs na loja é $ 0,04 por disco por dia. A emissão de um novo pedido custa $ 100. Há um tempo de espera de sete dias para entrega. Considerando que a loja queira limitar a probabilidade de ficar com falta de discos durante o tempo de espera a não mais do que 0,02, determine a política ótima de estoque da loja.
3. A demanda diária de filmes para máquinas fotográficas em uma loja de presentes situada em um *resort* é normalmente distribuída com média de 300 rolos e desvio-padrão de 5 rolos. O custo de permanência de um rolo na loja é $ 0,02. Toda vez que um novo pedido de filmes é emitido, a loja incorre em um custo fixo de $ 30. A política de estoque da loja recomenda pedir 150 rolos sempre que o nível de estoque cair para 80 unidades e, ao mesmo tempo, manter um estoque de segurança constante de 20 rolos o tempo todo.
   (a) Levando em conta a política de estoque apresentada, determine a probabilidade de a loja ficar com falta de estoque durante o tempo de espera.
   (b) Levando em conta os dados apresentados da situação, recomende uma política de estoque para a loja considerando que a probabilidade de ficar em falta de filmes durante o tempo de espera não ultrapasse 0,10.

14.1.2 Modelo EOQ probabilístico

Não há nenhuma razão para acreditar que o modelo EOQ 'probabilizado' dado na Seção 14.1.1 produzirá uma política ótima de estoque. O fato de as informações pertinentes sobre a natureza probabilística da demanda serem inicialmente ignoradas, só para mais tarde serem 'ressuscitadas' de maneira totalmente independente em um estágio posterior dos cálculos, é suficiente para refutar a otimalidade.

Figura 14.3
Modelo probabilístico de estoque com falta

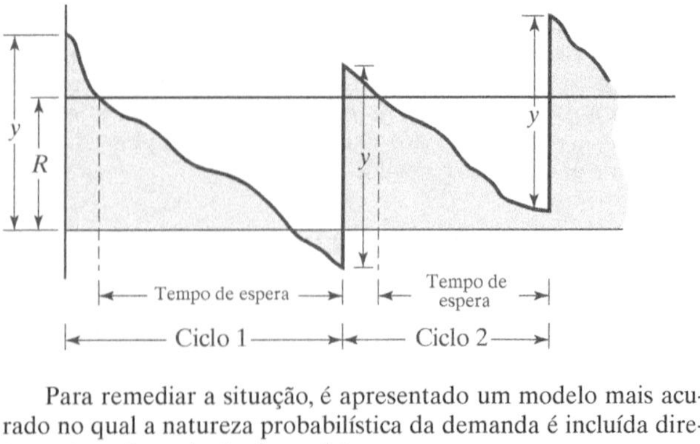

Para remediar a situação, é apresentado um modelo mais acurado no qual a natureza probabilística da demanda é incluída diretamente na formulação do modelo.

Diferente do caso na Seção 14.1.1, o novo modelo permite falta de demanda, como demonstra a Figura 14.3. A política recomenda fazer um pedido para a quantidade y sempre que o estoque cair até o nível R. Como no caso determinístico, o nível de renovação de pedido R é uma função do tempo de espera entre a emissão do pedido e a entrega do material. Os valores ótimos de y e R são determinados com a minimização do custo esperado por unidade de tempo, que inclui a soma dos custos de preparação, permanência e falta.

O modelo tem três premissas.

1. Demanda não satisfeita durante o tempo de espera é adiada para período futuro.
2. Não é permitido mais de um pedido pendente.
3. A distribuição da demanda durante o tempo de espera permanece estacionária (inalterada) ao longo do tempo.

Para desenvolver a função custo total por unidade de tempo, seja

$f(x)$ = pdf da demanda, x, durante o tempo de espera
D = demanda esperada por unidade de tempo
h = custo de estocagem por unidade de estoque, por unidade de tempo
p = custo de falta por unidade de estoque
K = custo de preparação por pedido

Com base nessas definições, os elementos da função custo são agora determinados.

1. *Custo de preparação.* O número aproximado de pedidos por unidade de tempo é $\frac{D}{y}$, de modo que o custo de preparação por unidade de tempo é aproximadamente $\frac{KD}{y}$.
2. *Custo de estocagem esperado.* O estoque médio é

$$I = \frac{\left(y + E\{R-x\}\right) + E\{R-x\}}{2} = \frac{y}{2} + R - E\{x\}$$

A fórmula é baseada na média dos estoques inicial e final esperados de um ciclo, $y + E\{R - x\}$ e $E\{R - x\}$, respectivamente. Como uma aproximação, a expressão ignora o caso em que $R - E\{x\}$ pode ser negativo. Portanto, o custo de estocagem esperado por unidade de tempo é igual a hI.

3. *Custo de falta esperado.* Ocorre falta quando $x > R$. Assim, a quantidade esperada de falta por ciclo é

$$S = \int_R^\infty (x-R) f(x)dx$$

Como se considera que p é proporcional apenas à quantidade que falta, o custo de falta esperado por ciclo é pS e, com base em $\frac{D}{y}$ ciclos por unidade de tempo, o custo de falta por unidade de tempo é $\frac{pDS}{y}$.

A função custo total por unidade de tempo resultante é

$$\text{TCU}(y, R) = \frac{DK}{y} + h\left(\frac{y}{2} + R - E\{x\}\right) + \frac{pD}{y}\int_R^\infty (x-R) f(x)dx$$

As soluções para y^* e R^* ótimos são determinadas por

$$\frac{\partial \text{TCU}}{\partial y} = \left(\frac{DK}{y^2}\right) + \frac{h}{2} - \frac{pDS}{y^2} = 0$$

$$\frac{\partial \text{TCU}}{\partial R} = h - \left(\frac{pD}{y}\right)\int_R^\infty f(x)dx = 0$$

Assim, obtemos

$$y^* = \sqrt{\frac{2D(K + pS)}{h}} \quad (1)$$

$$\int_{R^*}^\infty f(x)\,dx = \frac{hy^*}{pD} \quad (2)$$

Como y^* e R^* não podem ser determinados em formas fechadas com base em (1) e (2), é usado um algoritmo numérico desenvolvido por Hadley e Whitin (1963, p. 169-174) para achar as soluções. O algoritmo converge em um número finito de iterações, contanto que exista uma solução viável.

Para $R = 0$, (1) e (2) dão

$$\hat{y} = \sqrt{\frac{2D\left(K + pE\{x\}\right)}{h}}$$

$$\tilde{y} = \frac{PD}{h}$$

Se $\tilde{y} \geq \hat{y}$, existem valores ótimos únicos de y e R. O procedimento de solução reconhece que o menor valor de y^* é $\sqrt{\frac{2KD}{h}}$, que é alcançado quando $S = 0$.

As etapas do algoritmo são

Etapa 0. Use a solução inicial $y_1 = y^* = \sqrt{\frac{2KD}{h}}$ e determine $R_0 = 0$. Determine $i = 1$ e vá para a etapa i.

Etapa i. Use y_i para determinar R_i de acordo com a Equação (2). Se $R_i \approx R_{i-1}$, pare; a solução ótima é $y^* = y_i$ e $R^* = R_i$. Caso contrário, use R_i na Equação (1) para calcular y_i. Determine $i = i + 1$ e repita a etapa i.

Exemplo 14.1-2

A Electro usa resina em seu processo de fabricação à taxa de 1.000 galões por mês. A emissão de um pedido para um novo carregamento custa à Electro \$ 100. O custo de estocagem por galão por mês é \$ 2, e o custo de falta por galão é \$ 10. Dados históricos mostram que a demanda durante o tempo de espera é uniforme na faixa (0, 100) galões. Determine a política ótima de pedidos para a Electro.

Usando os símbolos do modelo, temos

D = 1.000 galões por mês
K = \$ 100 por pedido
h = \$ 2 por galão por mês
p = \$ 10 por galão
$f\{x\} = \frac{1}{100}, 0 \leq x \leq 100$
$E\{x\}$ = 50 galões

Em primeiro lugar, precisamos verificar se o problema tem uma solução viável. Usando as equações para $\tilde{y}$ e $\hat{y}$, obtemos

$$\hat{y} = \sqrt{\frac{2 \times 1.000(100 + 10 \times 50)}{2}} = 774{,}6 \text{ galões}$$

$$\tilde{y} = \frac{10 \times 100}{2} = 5.000 \text{ galões}$$

Como $\tilde{y} \geq \hat{y}$, existe uma solução única para y^* e R^*.

A expressão para S é calculada por

$$S = \int_R^{100} (x-R)\frac{1}{100}dx = \frac{R^2}{200} - R + 50$$

Usando S nas equações (1) e (2), obtemos

$$y_i = \sqrt{\frac{2 \times 1.000(100 + 10S)}{2}} = \sqrt{100.000 + 10.000S} \text{ galões} \quad (3)$$

$$\int_R^{100} \frac{1}{100}dx = \frac{2y_i}{10 \times 1.000}$$

A última equação dá

$$R_i = 100 - \frac{y_i}{50} \quad (4)$$

Agora usamos as equações (3) e (4) para determinar a solução.

Iteração 1

$$y_1 = \sqrt{\frac{2KD}{h}} = \sqrt{\frac{2 \times 1.000 \times 100}{2}} = 316,23 \text{ galões}$$

$$R_1 = 100 - \frac{316,23}{50} = 93,68 \text{ galões}$$

Iteração 2

$$S = \frac{R_1^2}{200} - R_1 + 50 = 0,19971 \text{ galões}$$

$$y_2 = \sqrt{100.000 + 10.000 \times 0,19971} = 319,37 \text{ galões}$$

Portanto,

$$R_2 = 100 - \frac{319,39}{50} = 93,612$$

Iteração 3

$$S = \frac{R_2^2}{200} - R_2 + 50 = 0,20399 \text{ galões}$$

$$y_3 = \sqrt{100.000 + 10.000 \times 0,20399} = 319,44 \text{ galões}$$

Assim,

$$R_3 = 100 - \frac{319,44}{50} = 93,611 \text{ galões}$$

Como $y_3 \approx y_2$ e $R_3 \approx R_2$, a solução ótima é $R^* \approx 93,611$ galões, $y^* \approx 319,44$ galões. O arquivo excelContRev.xls pode ser usado para determinar a solução para qualquer grau de precisão desejado. A política ótima de estoque recomenda pedir aproximadamente 320 galões sempre que o nível de estoque cair para 94 galões.

CONJUNTO DE PROBLEMAS 14.1B

1. Para os dados do Exemplo 14.1-2, determine o seguinte:
(a) O número aproximado de pedidos por mês.
(b) O custo de preparação esperado por mês.
(c) O custo de estocagem esperado por mês.
(d) O custo de falta esperado por mês.
(e) A probabilidade de ficar com falta de estoque durante o tempo de espera.

***2.** Resolva o Exemplo 14.1-2 considerando que a demanda durante o tempo de espera é uniforme entre 0 e 50 galões.

***3.** No Exemplo 14.1-2, suponha que a demanda durante o tempo de espera seja uniforme entre 40 e 60 galões. Compare a solução com a obtida no Exemplo 14.1-2 e interprete os resultados. (*Sugestão*: em ambos os problemas, $E\{x\}$ é o mesmo, mas a variância no presente problema é menor.)

4. Ache a solução ótima para o Exemplo 14.1-2 considerando que a demanda durante o tempo de espera é $N(100,2^2)$. Considere que D = 10.000 galões por mês, h = \$ 2 por galão por mês, p = \$ 4 por galão e K = \$ 20.

14.2 MODELOS DE PERÍODO ÚNICO

Modelos de estoque de um único período ocorrem quando um item é pedido somente uma vez para satisfazer a demanda para o período. Por exemplo, itens de moda tornam-se obsoletos no final da estação. Esta seção apresenta dois modelos que representam os casos sem preparação e com preparação.

Entre os símbolos usados no desenvolvimento dos modelos estão:

K = custo de preparação por pedido
h = custo de estocagem por unidade durante o período
p = custo de multa por falta por unidade durante o período
D = variável aleatória que representa a demanda durante o período
$F(D)$ = Pdf da demanda durante o período
y = quantidade do pedido
x = estoque à mão antes da emissão de um pedido

O modelo determina o valor ótimo de y que minimiza a soma dos custos esperados de estocagem e falta. Dado y (= y^*) ótimo, a política de estoque recomenda pedir $y^* - x$ se $x < y$; caso contrário, nenhum pedido é emitido.

14.2.1 Modelo sem preparação (modelo da banca de jornais)

Esse modelo ficou conhecido na literatura como o modelo da *banca de jornais* (o nome clássico original era modelo do *jornaleiro*) porque trata de itens de vida curta, como jornais.

As premissas desse modelo são:

1. A demanda ocorre instantaneamente no início do período imediatamente posterior à entrega do material pedido.
2. Não é incorrido nenhum custo de preparação.

A Figura 14.4 demonstra a posição de estoque após a demanda, D, ser satisfeita. Se $D < y$, a quantidade $y - D$ é mantida durante o período. Caso contrário, se $D > y$, o resultado será uma quantidade $D - y$ de falta.

O custo esperado para o período, $E\{C(y)\}$, é expresso por

$$E\{C(y)\} = h\int_0^y (y - D)f(D)\,dD + p\int_y^\infty (D - y)f(D)\,dD$$

Figura 14.4
Estoques e falta em um modelo de período único

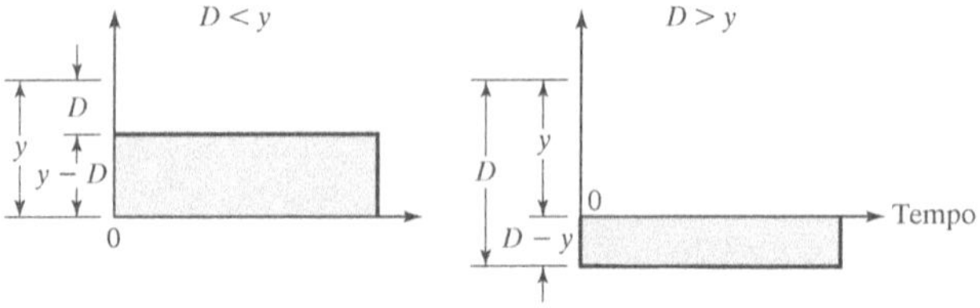

Pode-se mostrar que a função $E\{C(y)\}$ tem um mínimo único porque ela é convexa em y. Tomando a primeira derivada de $E\{C(y)\}$ com relação a y e igualando-a a zero, obtemos

$$h\int_0^y f(D)\,dD - p\int_y^\infty f(D)\,dD = 0$$

ou

$$hP\{D \le y\} - p(1 - P\{D \le y\}) = 0$$

ou

$$P\{D \le y^*\} = \frac{p}{p+h}$$

Esse desenvolvimento considera que a demanda D é contínua. Se D for discreta, então $f(D)$ é definida somente em pontos discretos e a função custo associada é

$$E\{C(y)\} = h\sum_{D=0}^{y}(y - D)f(D) + p\sum_{D=y+1}^{\infty}(D - y)f(D)$$

As condições necessárias para otimalidade são

$$E\{C(y - 1)\} \ge E\{C(y)\} \text{ e } E\{C(y + 1)\} \ge E\{C(y)\}$$

Essas condições são suficientes porque $E\{C(y)\}$ é uma função convexa. Após algumas manipulações algébricas, a aplicação dessas condições dá as seguintes desigualdades para determinar y^*:

$$P\{D \le y^* - 1\} \le \frac{p}{p+h} \le P\{D \le y^*\}$$

Exemplo 14.2-1

O proprietário de uma banca de jornais quer determinar o número de jornais *USA Now* que ele deve ter em estoque no início de cada dia. O proprietário paga 30 centavos por um exemplar e o vende por 75 centavos. O horário típico da venda de jornais ocorre entre 7 e 8 horas da manhã. Os jornais que sobram no final do dia são reciclados e resultam em uma receita de 5 centavos por exemplar. Quantos exemplares o proprietário da banca deve ter em estoque toda manhã considerando que a demanda para o dia pode ser descrita como

(a) Uma distribuição normal com média de 300 exemplares e desvio-padrão de 20 exemplares.

(b) Uma pdf discreta, $f(D)$, definida conforme demonstrado na Tabela 14.1.

Tabela 14.1 Pdf discreta

D	200	220	300	320	340
$f(D)$	0,1	0,2	0,4	0,2	0,1

Os custos de estocagem e multa não são definidos diretamente nessa situação. Os dados do problema indicam que cada exemplar não vendido custará ao proprietário da banca 30 – 5 = 25 centavos e que a multa por ficar com falta de estoque é 75 – 30 = 45 centavos por exemplar. Portanto, em termos dos parâmetros do problema de estoque, temos $h = 25$ centavos por exemplar por dia e $p = 45$ centavos por exemplar por dia.

Em primeiro lugar, determinamos a razão crítica como

$$\frac{p}{p+h}=\frac{45}{45+25}=0{,}643$$

Caso (a). A demanda D é $N(300, 20^2)$. Podemos usar a planilha excelStatTables.xls para determinar a quantidade ótima de pedido digitando 300 em F15, 20 em G15 e 0,643 em L15, o que dá a resposta desejada de 307,33 jornais em R15. Como alternativa, podemos usar a tabela da normal padronizada dada no Apêndice B. Defina-se

$$z=\frac{D-300}{20}$$

Portanto, pelas tabelas

$$P\{z \le 0{,}366\} \approx 0{,}643$$

ou

$$\frac{y^*-300}{20}=0{,}366$$

Assim, $y^* = 307{,}3$. O pedido ótimo é aproximadamente 308 exemplares.

Caso (b). A demanda D segue uma pdf discreta, $f(D)$. Em primeiro lugar, determinamos a CDF $P\{D \le y\}$ como mostrado na Tabela 14.2.

Tabela 14.2 Determinação da CDF $P\{D \le y\}$

y	200	220	300	320	340
$P\{D \le y\}$	0,1	0,3	0,7	0,9	1,0

Para a razão crítica calculada de 0,643, temos

$$P(D \le 220) \le 0{,}643 \le P(D \le 300)$$

Então, decorre simplesmente que $y^* = 300$ exemplares.

CONJUNTO DE PROBLEMAS 14.2A

1. No caso do modelo de período único, mostre que, para a demanda discreta, a quantidade ótima de pedido é determinada por

$$P\{D \le y^* - 1\} \le \frac{p}{p+h} \le P\{D \le y^*\}$$

2. A demanda por um item durante um período único ocorre instantaneamente no início do período. A pdf associada é uniforme entre 10 e 15 unidades. Devido à dificuldade de estimar os parâmetros de custo, a quantidade de pedido é determinada de modo tal que a probabilidade de haver excesso ou falta não ultrapasse 0,1. É possível satisfazer as duas condições simultaneamente?

*3. O custo unitário de estocagem em uma situação de estoque de período único é $ 1. Se a quantidade do pedido for quatro unidades, ache a faixa permissível do custo unitário de multa subentendido pelas condições ótimas. Considere que a demanda ocorre instantaneamente no início do período e que a pdf da demanda associada é dada na Tabela A.

Tabela A

D	0	1	2	3	4	5	6	7	8
$f(D)$	0,05	0,1	0,1	0,2	0,25	0,25	0,05	0,05	0,05

4. A livraria da Universidade A oferece um programa de cópia de anotações de aulas para professores participantes. O professor Yataha leciona para uma classe de calouros cujo número de alunos esperado é uniformemente distribuído entre 200 e 250. A produção de cada cópia custa à livraria $ 10 e cada unidade é vendida aos estudantes por $ 25. Eles compram seus livros no início do semestre. Todas as cópias não vendidas das anotações do professor Yataha são picotadas para reciclagem. Porém, quando o estoque de cópias da livraria se esgota, nenhuma cópia adicional é produzida e cabe aos estudantes a responsabilidade de conseguir suas cópias de outras fontes. Se a livraria quiser maximizar sua receita, quantas cópias deve imprimir?

5. A QuickStop oferece a seus clientes café e rosquinhas às 6 horas da manhã todo dia. A loja de conveniência compra as rosquinhas por 7 centavos a unidade e as vende por 25 centavos cada, até as 8 horas. Depois das 8 horas, as rosquinhas são vendidas por 5 centavos cada. O número de clientes que compram rosquinhas entre 6 e 8 horas é distribuído uniformemente entre 30 e 50, e cada um deles costuma pedir três rosquinhas com o café. Aproximadamente quantas dúzias de rosquinhas a QuickStop deve ter em estoque toda manhã para maximizar a receita?

*6. A Colony Shop está fazendo estoque de casacos pesados para o próximo inverno. A loja paga $ 50 por um casaco e o vende por $ 110. No final do inverno, a Colony oferece os casacos a $ 55 cada. A demanda para casacos durante o inverno é maior do que 20, porém menor ou igual a 30, todas com probabilidades iguais. Como o inverno é curto, o custo unitário de estocagem é desprezível. Além disso, o gerente da Colony não acredita que a loja sofrerá qualquer dano financeiro se houver falta de casacos. Determine a quantidade ótima de pedido que maximizirá a receita para a Colony Shop. Você pode usar aproximação contínua.

7. No caso do modelo de período único, suponha que o item seja consumido uniformemente durante o período (em vez de instantaneamente no início do período). Desenvolva o modelo de custo associado e ache a quantidade ótima de pedido.

8. Resolva o Exemplo 14.2-1 considerando que a demanda é contínua e uniforme durante o período e que a pdf da demanda é uniforme entre 0 e 100. (*Sugestão*: use os resultados do Problema 7.)

14.2.2 Modelo com preparação (política s-S)

O presente modelo é diferente do modelo da Seção 14.2.1 no sentido de que é incorrido um custo de preparação K. Usando a mesma notação, o custo total esperado por período é

$$E\{\bar{C}(y)\} = K + E\{C(y)\}$$

$$= K + h\int_0^y (y-D)f(D)\,dD + p\int_y^\infty (D-y)f(D)\,dD$$

Como mostrado na Seção 14.2.1, o valor ótimo y^* deve satisfazer

$$P\{y \leq y^*\} = \frac{p}{p+h}$$

Como K é constante, o valor mínimo de $E\{\bar{C}(y)\}$ também deve ocorrer em y^*.

Na Figura 14.5, $S = y^*$ e o valor de s ($< S$) é determinado com base na equação

$$E\{C(s)\} = E\{\bar{C}(S)\} = K + E\{C(S)\}, s < S$$

A equação dá um outro valor s_1 ($> S$), que é descartado.

Dado que a quantidade à mão antes da emissão de um pedido é x unidades, quanto deve ser pedido? Essa questão é investigada sob três condições:

1. $x < s$
2. $s \leq x \leq S$
3. $x > S$

Caso 1 ($x < s$). Como x já está à mão, seu custo equivalente é dado por $E\{C(x)\}$. Se qualquer quantidade adicional $y - x$ ($y > x$) for pedida, o custo correspondente dado y é $E\{\bar{C}(y)\}$, que inclui o custo de preparação K. Pela Figura 14.5, temos

$$\min_{y>x} E\{\bar{C}(S)\} = E(\bar{C}(S)) < E\{C(x)\}$$

Assim, a política ótima de estoque nesse caso é pedir $S - x$ unidades.

Figura 14.5
Política *s-S* ótima de pedido em um modelo de período único com custo de preparação

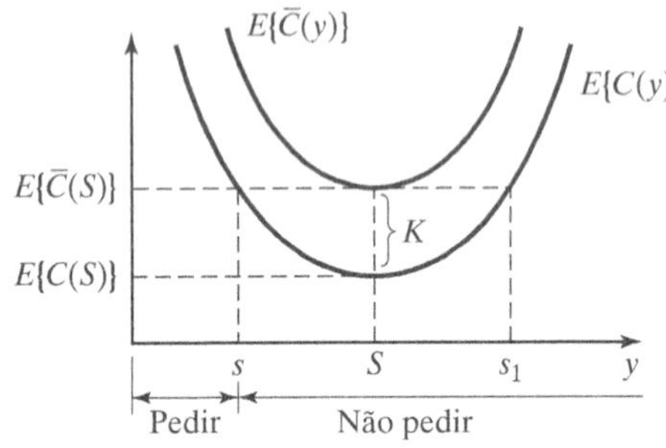

Caso 2 ($s \leq x \leq S$). Pela Figura 14.5, temos

$$E\{C(x)\} \leq \min_{y>x} E\{\bar{C}(y)\} = E(\bar{C}(S))$$

Portanto, nesse caso *não* é vantajoso emitir um pedido. Em conseqüência, $y^* = x$.

Caso 3 ($x > S$). Pela Figura 14.5, temos, para $y > x$,

$$E\{C(x)\} < E\{(\bar{C}(y)\}$$

Essa condição indica que, nesse caso, não é vantagem emitir um pedido, isto é, $y^* = x$.

A política ótima de estoque, freqüentemente denominada *política s-S*, é resumida como

Se $x < s$, pedir $S - x$
Se $x \geq s$, não pedir

A otimalidade da política *s-S* é garantida porque a função custo associada é convexa.

Exemplo 14.2-2

A demanda diária para um item durante um período único ocorre instantaneamente no início do período. A pdf da demanda é uniforme entre 0 e 10 unidades. O custo unitário de permanência do item durante o período é \$ 0,50 e o custo unitário de multa por ficar com falta de estoque é \$ 4,50. Toda vez que um pedido é emitido, o custo incorrido é \$ 25. Determine a política ótima de estoque para o item.

Para determinar y^* considere

$$\frac{p}{p+h} = \frac{4,5}{4,5+0,5} = 0,9$$

Também,

$$P\{D \leq y^*\} = \int_0^{y^*} \frac{1}{10} dD = \frac{y^*}{10}$$

Portanto, $S = y^* = 9$.

A função custo esperado é dada por

$$E\{C(y)\} = 0,5\int_0^y \frac{1}{10}(y-D)dD + 4,5\int_y^{10} \frac{1}{10}(D-y)dD$$

$$= 0,25y^2 - 4,5y + 22,5$$

O valor de s é determinado resolvendo

$$E\{C(s)\} = K + E\{C(S)\}$$

Isso resulta em

$$0,25s^2 - 4,5s + 22,5 = 25 + 0,25S^2 - 4,5S + 22,5$$

Figura 14.6
Política *s-S* aplicada ao Exemplo 14.2-2

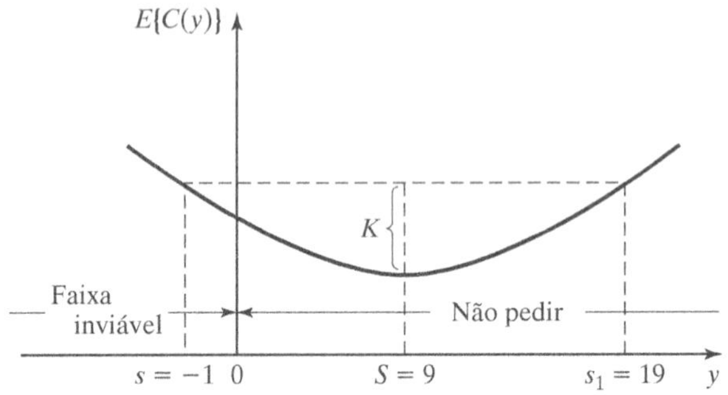

Dado $S = 9$, a equação precedente se reduz a

$$s^2 - 18s - 19 = 0$$

A solução dessa equação é $s = -1$ ou $s = 19$. O valor de $s > S$ é descartado. Como o valor remanescente é negativo ($= -1$), s não tem nenhum valor viável (Figura 14.6). Essa conclusão costuma acontecer quando a função custo é 'plana' ou quando o custo de preparação é alto em relação aos outros custos do modelo.

CONJUNTO DE PROBLEMAS 14.2B

*1. Determine a política ótima de estoque para a situação do Exemplo 14.2-2 considerando que o custo de preparação é \$ 5.

2. No modelo de período único da Seção 14.2.1, suponha que o modelo maximize o lucro e que o custo de preparação incorrido seja K. Dado que r é o custo unitário de venda e usando a informação da Seção 14.2.1, desenvolva uma expressão para o lucro esperado e determine a quantidade ótima de pedido. Resolva o problema numericamente para $r = \$ 3$, $c = \$ 2$, $p = \$ 4$, $h = \$ 1$ e $K = \$ 10$. A pdf da demanda é uniforme entre 0 e 10.

3. Volte ao Problema 5, Conjunto 14.2A, e resolva-o considerando que há um custo fixo de \$ 10 associado com a entrega de rosquinhas.

14.3 MODELO MULTIPERÍODOS

Esta seção apresenta um modelo multiperíodos com a premissa de não haver nenhum custo de preparação. Ademais, o modelo permite fornecimento posterior de demanda não satisfeita e intervalo de tempo zero entre a emissão do pedido e a entrega do material. Considera também que a demanda D em qualquer período é descrita por uma pdf estacionária, $f(D)$.

O modelo multiperíodos considera o valor descontado do dinheiro. Se α (< 1) é o fator de desconto para o período, então uma quantia \$ A disponível n períodos a partir de agora tem um valor presente de \$$\alpha^n A$.

Suponha que a situação de estoque abranja n períodos e que a demanda não satisfeita possa ser adiada por exatamente um período. Defina-se

$F_i(x_i)$ = máximo lucro esperado para os períodos $i, i + 1, \ldots$, e n, dado que x_i é a quantia à mão antes da emissão de um pedido no período i

Usando a notação da Seção 14.2 e considerando que c e r são o custo e a receita por unidade, respectivamente, a situação de estoque pode ser formulada usando o seguinte modelo de programação dinâmica (veja Capítulo 22, disponível em inglês no site do livro):

$$F_i(x_i) = \max_{y_i \geq x_i}\left\{-c(y_i - x_i) + \int_0^{y_i}\left[rD - h(y_i - D)\right]f(D)\,dD\right.$$

$$+\int_{y_i}^{\infty}\left[r\,y_i + \alpha r(D - y_i) - p(D - y_i)\right]f(D)\,dD$$

$$\left.+\alpha\int_0^{\infty}F_{i+1}(y_i - D)f(D)dD\right\},\ i = 1, 2, \ldots, n$$

no qual $F_{n+1}(y_n - D) = 0$. O valor de x_i pode ser negativo porque a demanda não satisfeita é adiada para fornecimento futuro. A quantidade $\alpha r(D - y_i)$ na segunda integral é incluída porque $(D - y_i)$ é a demanda não satisfeita no período i que deve ser cumprida no período $i + 1$.

O problema pode ser resolvido recursivamente. Para o caso em que o número de períodos é infinito, a equação recursiva se reduz a

$$F(x) = \max_{y \geq x}\left\{-c(y - x) + \int_0^{y}\left[rD - h(y - D)\right]f(D)\,dD\right.$$

$$+\int_{y}^{\infty}\left[r\,y + \alpha r(D - y) - p(D - y)\right]f(D)\,dD$$

$$\left.+\alpha\int_0^{\infty}F(y - D)f(D)dD\right\}$$

na qual x e y são os níveis de estoque para cada período antes e depois do recebimento de um pedido, respectivamente.

O valor ótimo de y pode ser determinado pelas seguintes condições necessárias que, por acaso, também são suficientes porque a função receita esperada $F(x)$ é côncava.

$$\frac{\partial(.)}{\partial y} = -c - h\int_0^{y} f(D)\,dD + \int_y^{\infty}\left[(1-\alpha)r + p\right]f(D)\,dD$$

$$+\alpha\int_0^{\infty}\frac{\partial F(y-D)}{\partial y}f(D)dD = 0$$

O valor de $\frac{\partial F(y-D)}{\partial y}$ é determinado da seguinte maneira. Se houver β (> 0) unidades a mais à mão no início do período seguinte, o lucro para o próximo período aumentará em β, porque o próximo pedido não precisará conter essa quantidade. Isso significa que

$$\frac{\partial F(y-D)}{\partial y} = c$$

Portanto, a condição necessária se torna

$$-c - h\int_0^{y} f(D)\,dD + \left[(1-\alpha)r + p\right]\left(1 - \int_0^{y} f(D)dD\right) + \alpha c\int_0^{\infty} f(D)dD = 0$$

Sendo assim, o nível ótimo de estoque y^* é determinado por

$$\int_0^{y^*} f(D)dD = \frac{p + (1-\alpha)(r-c)}{p + h + (1-\alpha)r}$$

Assim, a política ótima de estoque para cada período, dado seu nível de estoque de entrada x, é dada por

Se $x < y^*$, pedir $y^* - x$
Se $x \geq y^*$, não pedir

CONJUNTO DE PROBLEMAS 14.3A

1. Considere um modelo probabilístico de estoque de dois períodos no qual a demanda é adiada para fornecimento futuro e o intervalo entre o pedido e a entrega é zero. A pdf de demanda por período é uniforme entre 0 e 10, e os parâmetros de custo são dados como

Preço unitário de venda = \$ 2
Preço unitário de compra = \$ 1
Custo unitário de estocagem por mês = \$ 0,10
Custo unitário de multa por mês = \$ 3
Fator de desconto = 0,8

Ache a política ótima de estoque para os dois períodos considerando que o estoque inicial para o período 1 é zero.

***2.** A pdf da demanda por período em um modelo de estoque de projeção infinita é dada por

$$f(D) = 0{,}08D,\ 0 \leq D \leq 5$$

Os parâmetros unitários de custo são

Preço unitário de venda = \$ 10
Preço unitário de compra = \$ 8
Custo unitário de estocagem por mês = \$ 0,1
Custo unitário de multa por mês = \$ 10
Fator de desconto = 0,9

Determine a política ótima de estoque considerando intervalo zero entre pedido e entrega e que a demanda não cumprida é adiada para fornecimento futuro.

3. Considere uma situação de estoque de horizonte infinito com intervalo zero entre pedido e entrega, e possibilidade de demanda adiada para fornecimento futuro. Desenvolva a política ótima de estoque com base na minimização do custo dado que

Custo de permanência para z unidades = hz^2
Custo de multa para z unidades = px^2

Mostre que, para o caso especial em que $h = p$, a solução ótima é independente da pdf da demanda.

REFERÊNCIAS BIBLIOGRÁFICAS

Cohen, R. e Dunford, F. "Forecasting for inventory control: an example of when 'simple' means 'better'". *Interfaces*, v. 16, n. 6, 1986, p. 95-99.
Hadley, G. e Whitin, T. *Analysis of inventory systems.* Upper Saddle River: Prentice Hall, 1963.
Nahmias, S. *Production and operations analysis.* 5. ed. Homewood: Irwin, 2005.
Silver, E.; Pyke, D. e Peterson, R. *Decision systems for inventory management and production control.* 3. ed. Nova York: Wiley, 1998.
Tersine, R. *Principles of inventory and materials management.* Nova York: North Holland, 1982.
Zipken, P. *Foundations of inventory management.* Boston: McGraw-Hill, 2000.

Capítulo 15

Sistemas de filas

Guia do capítulo. O objetivo da análise de filas é oferecer um serviço razoavelmente satisfatório a clientes à espera. Diferente das outras ferramentas de PO apresentadas nos capítulos anteriores, a teoria de filas não é uma técnica de otimização. Mais exatamente, determina as medidas de desempenho de filas de espera, como o tempo médio de espera em fila e a produtividade da instalação de serviço, que então podem ser usadas para projetar a instalação do serviço.

Este capítulo enfatiza a implementação de resultados de filas na prática. Contudo, para apreciar o lado prático das filas em sua totalidade, você precisará de um razoável entendimento da teoria subjacente. Por essa razão, o capítulo começa com a apresentação da propriedade de 'aleatoriedade total' de duas importantes distribuições: a de Poisson e a exponencial. Esse ponto é importante porque ajuda a identificar as situações nas quais os resultados de filas se aplicam na prática.

Resultados de filas envolvem difíceis fórmulas de cálculo e recomendamos que você use a planilha excelPoissonQ.xls ou o TORA para executá-las. Você verá que o TORA é útil para comparar vários cenários. O TORA é usado em todo este capítulo para executar os cálculos. O grosso da discussão se concentra nas interpretações práticas dos resultados. Recomendamos que você siga o mesmo procedimento quando tentar resolver os problemas deste capítulo. Dessa maneira, você não ficará 'atolado' nos tediosos detalhes do cálculo e poderá testar imediatamente diferentes cenários de modo conveniente.

Este capítulo inclui um resumo de 2 aplicações reais, 17 exemplos resolvidos, 2 gabaritos em Excel, 137 problemas de final de seção e 5 casos. Os casos estão no Apêndice E, disponível em inglês no site do livro. Os programas em AMPL/Excel Solver/TORA estão na pasta ch15Files.

Aplicação real — Análise de um sistema de transporte interno de uma fábrica

Uma fábrica utiliza três caminhões para transportar materiais. Os caminhões esperam em um estacionamento central até serem requisitados. Para atender a uma requisição um caminhão se dirigirá à localidade do cliente, levará uma carga até seu destino e então retornará ao estacionamento central. O principal usuário do serviço é a produção, seguida da oficina e da manutenção; porém, ocasionalmente, outros departamentos também requisitam a utilização dos caminhões. Reclamações sobre o longo tempo de espera por um caminhão livre levaram os usuários, em especial os da produção, a requisitar a adição de um quarto caminhão à frota. Essa é uma aplicação incomum, porque a teoria de filas é usada para mostrar que a origem das longas esperas se deve, em grande parte, à logística e que, com uma simples alteração no procedimento operacional do conjunto de caminhões, não será preciso um quarto caminhão. O Caso 14 do Capítulo 24, disponível em inglês no site do livro, dá os detalhes do estudo.

15.1 POR QUE ESTUDAR FILAS?

Esperar por um serviço faz parte de nossa vida diária. Esperamos para comer em restaurantes, 'fazemos fila' nos caixas dos supermercados e também nas agências do correio. E o fenômeno da espera não é uma experiência limitada somente aos seres humanos: tarefas aguardam para serem processados em uma máquina, aviões sobrevoam uma área antes de terem permissão de aterrissar em um aeroporto e carros param em semáforos. A espera não pode ser completamente eliminada sem incorrer em despesas desproporcionais, e a meta é reduzir o impacto adverso a níveis 'toleráveis'.

O estudo de filas trata da quantificação do fenômeno da espera em filas usando medidas representativas de desempenho como o comprimento médio de uma fila, o tempo médio de espera em fila e a média de utilização da instalação. O exemplo a seguir demonstra como essas medições podem ser usadas para projetar uma instalação de serviço.

Exemplo 15.1-1

O McBurger é um restaurante de fast-food com três caixas registradoras. O gerente contratou um estudo para investigar reclamações sobre a lentidão do serviço. O estudo revelou a relação entre o número de caixas registradoras e o tempo de espera pelo serviço como demonstrado na Tabela 15.1.

Tabela 15.1 Relação entre número de caixas registradoras e tempo de espera

Nº de caixas	1	2	3	4	5	6	7
Tempo médio de espera (min)	16,2	10,3	6,9	4,8	2,9	1,9	1,3

Um exame desses dados mostra um tempo médio de espera de 7 minutos para a presente situação com três caixas. São necessárias cinco caixas para reduzir o tempo de espera para cerca de 3 minutos.

Comentários. Os resultados da análise de filas podem ser usados no contexto de um modelo de otimização de custo pelo qual procuramos a minimização da soma de dois custos: o custo de oferecer o serviço e o custo da espera. A Figura 15.1 apresenta um típico modelo de custo (em dólares por unidade de tempo) no qual o custo do serviço aumenta com o aumento do nível de serviço (por exemplo, o número de caixas registradoras). Ao mesmo tempo, o custo de espera diminui com o aumento do nível de serviço. O principal obstáculo à implementação de modelos de custo é a dificuldade de obter estimativas confiáveis do custo de espera, em particular quando o comportamento humano é uma parte integral da operação. Essa questão será discutida na Seção 15.9.

Figura 15.1
Modelo de decisão de filas baseado em custo

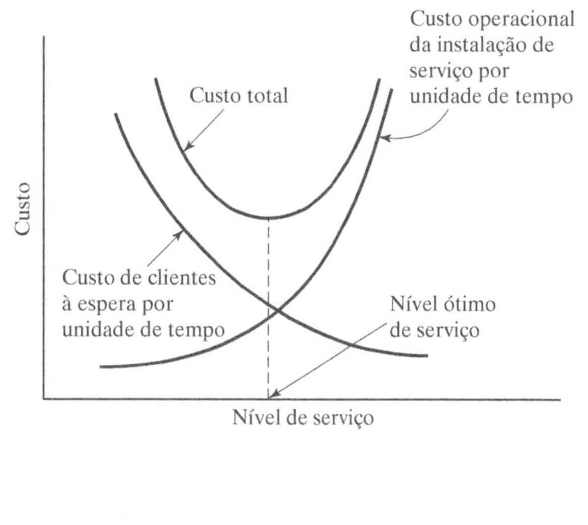

CONJUNTO DE PROBLEMAS 15.1A

*1. Suponha que uma análise mais aprofundada do restaurante McBurger revele os resultados adicionais mostrados na Tabela A.

Tabela A

Nº de caixas	1	2	3	4	5	6	7
Ociosidade (%)	0	8	12	18	29	36	42

(a) Qual é a produtividade da operação (expressa como a porcentagem de tempo em que os empregados estão ocupados) quando o número de caixas for cinco?

(b) O gerente quer manter o tempo médio de espera em cerca de 3 minutos e, ao mesmo tempo, manter a eficiência da instalação em aproximadamente 90%. As duas metas podem ser alcançadas? Explique.

2. A Acme Metal Jobshop está em processo de comprar uma furadeira multiuso. Há dois modelos disponíveis, *A* e *B*, cujos custos operacionais por hora são $ 18 e $ 25, respectivamente. O modelo *A* é mais lento do que o modelo *B*. A análise de filas de máquinas semelhantes mostra que, quando *A* é usada, o número médio de serviços na fila é 4, o que é 30% maior do que o tamanho da fila em *B*. Um serviço atrasado representa perda de receita estimada pela Acme em $ 10 por serviço à espera por hora. Qual dos modelos a Acme deve comprar?

15.2 ELEMENTOS DE UM MODELO DE FILAS

Os principais protagonistas de uma situação de fila são o **cliente** e o **servidor**. Clientes são gerados por uma **fonte**. Ao chegarem a uma **instalação** de serviço, podem iniciar o serviço imediatamente ou esperar em uma **fila** se uma instalação de serviço estiver ocupada. Quando uma instalação conclui um serviço, 'chama' automaticamente um cliente que está à espera na fila, se houver algum. Se a fila estiver vazia, a instalação ficará ociosa até chegar um novo cliente.

Do ponto de vista da análise de filas, a chegada de clientes é representada pelo **intervalo de tempo** entre clientes sucessivos, e o serviço é descrito pelo **tempo de serviço (ou de atendimento)** por cliente. De modo geral, os intervalos de tempo entre chegadas e os tempos de serviço podem ser probabilísticos, como no funcionamento de uma agência de correio, ou determinísticos, como na chegada de candidatos a entrevistas de emprego.

O **tamanho da fila** desempenha um papel na análise de filas e pode ser finito, como na área de segurança entre duas máquinas sucessivas, ou pode ser infinito, como em serviços de mala direta.

A **disciplina da fila**, que representa a ordem na qual os clientes são selecionados em uma fila, é um importante fator na análise de modelos de filas. A mais comum é **primeiro a chegar, primeiro a ser servido** (FCFS – first come, first served). Entre outras disciplinas, citamos **último a chegar, primeiro a ser servido** (LCFS – last come, first served) e **serviço em ordem aleatória** (Siro – service in random order). Clientes também podem ser selecionados da fila com base em alguma ordem de **prioridade**. Por exemplo, serviços urgentes em uma oficina são processados antes dos serviços comuns.

O comportamento dos clientes em filas desempenha um papel na análise da fila de espera. Clientes 'humanos' podem **trocar** de uma fila para outra na esperança de reduzir o tempo de espera. Também podem **desistir** de se juntar a uma fila por causa de uma longa espera prevista ou podem **abandonar** uma fila porque estão esperando há muito tempo.

O projeto da instalação ou do dispositivo de serviço pode incluir servidores paralelos (por exemplo, agências de correio ou operações bancárias). Os servidores também podem ser organizados em séries (por exemplo, tarefas processadas em máquinas sucessivas) ou podem ser organizados em rede (por exemplo, roteadores em uma rede de computadores).

A fonte da qual clientes são gerados pode ser finita ou infinita. Uma **fonte finita** limita a chegada de clientes para serviço (por exemplo, máquinas que precisam de serviços de manutenção). Uma **fonte infinita** é sempre abundante (por exemplo, telefonemas que chegam a uma central de telefonia).

Variações nos elementos de uma situação de fila dão origem a uma variedade de modelos de fila. Este capítulo dá exemplos desses modelos.

CONJUNTO DE PROBLEMAS 15.2A

1. Em cada uma das seguintes situações, identifique o cliente e o servidor:

*(a) Aviões que chegam a um aeroporto.

*(b) Táxis parados que atendem a passageiros à espera.

(c) Ferramentas retiradas da ferramentaria em uma oficina de usinagem.

(d) Cartas processadas em uma agência de correio.

(e) Matrícula para aulas em uma universidade.

(f) Casos judiciais.

(g) Operação de caixas registradoras em um supermercado.

*(h) Funcionamento de um estacionamento.

2. Para cada uma das situações do Problema 1, identifique o seguinte: a) natureza da fonte de usuários (finita ou infinita); b) a natureza dos clientes que chegam (individualmente ou em lote); c) o tipo de intervalo de tempo entre chegadas (probabilístico ou determinístico); d) definição e tipo de tempo de serviço; e) capacidade da fila (finita ou infinita) e f) disciplina da fila.

3. Estude o sistema descrito a seguir e identifique as situações de fila associadas. Para cada situação, defina os clientes, o(s) servidor(es), a disciplina da fila, o tempo de serviço, o comprimento máximo da fila e a fonte de usuários.

Ordens de serviço são recebidas em uma oficina para processamento. Ao recebê-las, o supervisor decide se o serviço é comum ou urgente. Algumas ordens de serviço requerem a utilização de uma única máquina entre várias idênticas. As ordens de serviço restantes são processadas em uma das duas linhas de produção de dois estágios existentes. Em cada grupo, uma instalação é designada para tratar dos serviços urgentes.

Serviços que chegam a qualquer uma das instalações são processados em ordem de chegada. As ordens de serviço concluídas são enviadas a um setor de expedição com capacidade limitada, de onde são despachadas imediatamente ao chegarem.

Uma ferramentaria central fornece ferramentas afiadas para as diferentes máquinas. Quando uma máquina quebra, um mecânico de manutenção é chamado na central de manutenção para consertá-la. Máquinas que trabalham em ordens de serviço urgentes são sempre tratadas com prioridade, tanto na aquisição de novas ferramentas quanto no serviço de manutenção.

4. Falso ou verdadeiro?

(a) Um cliente impaciente à espera pode preferir abandonar a fila.

(b) Se um cliente, ao chegar, previr um longo tempo de espera, pode preferir desistir da fila.

(c) Trocar de uma fila para outra visa reduzir o tempo de espera.

5. Em cada uma das situações do Problema 1, discuta a possibilidade de um cliente trocar, desistir ou abandonar a fila.

15.3 PAPEL DA DISTRIBUIÇÃO EXPONENCIAL

Em grande parte das situações de fila, a chegada de clientes ocorre de modo *totalmente aleatório*. Aqui, a aleatoriedade significa que a ocorrência de um evento (por exemplo, a chegada de um cliente ou a conclusão de um serviço) não é influenciada pelo tempo transcorrido desde a ocorrência do último evento.

Intervalos de tempo entre chegadas aleatórias e tempos de serviço também aleatórios são descritos quantitativamente em modelos de fila pela **distribuição exponencial**, que é definida como

$$f(t) = \lambda e^{-\lambda t}, t > 0$$

A Seção 12.4.3 mostra que, para a distribuição exponencial

$$E\{t\} = \frac{1}{\lambda}$$
$$P\{t \leq T\} = \int_0^T \lambda e^{-\lambda t} dt$$
$$= 1 - e^{-\lambda t}$$

A definição de $E\{t\}$ mostra que λ é a taxa por unidade de tempo à qual são gerados eventos (chegadas ou partidas). O fato de a distribuição exponencial ser **completamente aleatória** é ilustrado pelo seguinte exemplo: se agora for 8h20 da manhã e a última chegada ocorreu às 8h02, a probabilidade de a próxima chegada ocorrer às 8h29 é uma função apenas do intervalo entre 8h20 e 8h29, e é totalmente independente do tempo que transcorreu desde a ocorrência do último evento (de 8h02 a 8h20). Esse resultado é denominado **ausência** ou **falta de memória** da distribuição exponencial.

Seja a distribuição exponencial, $f(t)$, representante do tempo, t, entre eventos sucessivos. Se S for o intervalo de tempo desde a ocorrência do último evento, então a *propriedade da falta de memória* implica que

$$P\{t > T + S | t > S\} = P\{t > T\}$$

Para provar esse resultado, observamos que, para a distribuição exponencial cuja média é $1/\lambda$,

$$P\{t > Y\} = 1 - P\{t < Y\} = e^{-\lambda Y}$$

Assim,

$$P\{t > T + S | t > S\} = \frac{P\{t > T + S, t > S\}}{P\{t > S\}} = \frac{P\{t > T + S\}}{P\{t > S\}}$$
$$= \frac{e^{-\lambda(T+S)}}{e^{-\lambda S}} = e^{-\lambda T}$$
$$= P\{t > T\}$$

Exemplo 15.3-1

Uma máquina em serviço sempre tem uma unidade sobressalente para imediata substituição em caso de falha. O tempo até a falha da máquina (ou sua unidade sobressalente) é exponencial e ocorre a cada 5 horas, em média. O operador da máquina reclama que a máquina 'tem mania' de quebrar toda noite perto de 20h30. Analise a reclamação do operador.

A taxa média de falha da máquina é $\lambda = 1/5 = 0{,}2$ falha por hora. Assim, a distribuição exponencial do tempo até a falha é

$$f(t) = 0{,}2e^{-0{,}2t}, t > 0$$

Em relação à reclamação do operador, para começo de conversa sabemos que ela não pode ser correta porque conflita com o fato de o tempo entre quebras ser exponencial e, em conseqüência, totalmente aleatório. A probabilidade de uma falha ocorrer às 20h30 não pode ser usada nem para confirmar nem para refutar a reclamação do operador porque o valor de tal probabilidade depende da hora do dia (em relação às 20h30) em que ela é calculada. Por exemplo, se agora forem 20h20, a probabilidade de a reclamação do operador ser correta esta noite é

$$p\left\{t < \frac{10}{60}\right\} = 1 - e^{-0{,}2\left(\frac{10}{60}\right)} = 0{,}3278$$

que é baixa. Se agora for 1 da madrugada, a probabilidade de uma falha ocorrer até as 20h30 aumenta para aproximadamente 0,777 (verifique!). Esses dois valores extremos mostram que a reclamação do operador não pode ser apoiada.

CONJUNTO DE PROBLEMAS 15.3A

1. **(a)** Explique o que você entende da relação entre a taxa de chegada λ e o intervalo de tempo médio entre chegadas. Quais são as unidades que descrevem cada variável?

(b) Em cada um dos seguintes casos, determine a taxa média de chegada por hora, λ, e o intervalo médio entre chegadas em horas.

*(i) Ocorre uma chegada a cada 10 minutos.

(ii) Ocorrem duas chegadas a cada 6 minutos.

(iii) O número de chegadas em um período de 30 minutos é 10.

(iv) O intervalo médio entre chegadas sucessivas é 0,5 hora.

(c) Em cada um dos seguintes casos, determine a taxa média de atendimento por hora, μ, e o tempo médio de atendimento em horas.

*(i) Um atendimento é concluído a cada 12 minutos.

(ii) Ocorrem duas partidas a cada 15 minutos.

(iii) O número de clientes atendidos em um período de 30 minutos é 5.

(iv) O tempo médio de atendimento é 0,3 hora.

2. No Exemplo 15.3-1, determine o seguinte:

(a) O número médio de falhas em 1 semana, considerando que o serviço é oferecido 24 horas por dia, 7 dias por semana.

(b) A probabilidade de no mínimo uma falha em um período de 2 horas.

(c) A probabilidade de a próxima falha *não* ocorrer durante as próximas 3 horas.

(d) Se nenhuma falha ocorreu 3 horas após a última falha, qual é a probabilidade de o intervalo de tempo entre falhas ser no mínimo 4 horas?

3. O tempo entre chegadas na Agência da Receita Federal se distribui conforme uma exponencial com valor médio 0,05 hora. A agência abre às 8 da manhã.

*(a) Expresse a distribuição exponencial que descreve o intervalo de tempo entre chegadas.

*(b) Ache a probabilidade de nenhum cliente chegar à agência até as 8h15.

(c) Agora são 8h35. O último cliente entrou na agência às 8h26. Qual é a probabilidade de o próximo cliente chegar antes das 8h38? E de não chegar até as 8h40?

(d) Qual é o número médio de clientes que chegam entre 8h10 e 8h45?

4. Suponha que o tempo entre quebras para uma máquina se distribua conforme uma exponencial com média de 6 horas. Se a máquina trabalhou sem falhas durante as últimas 3 horas, qual é a probabilidade de ela continuar sem falha durante a próxima hora? E de quebrar durante a próxima 0,5 hora?

5. O tempo entre chegadas à sala de jogos do grêmio estudantil se distribui conforme uma exponencial com média de 10 minutos.

(a) Qual é a taxa de chegada por hora?

(b) Qual é a probabilidade de nenhum estudante chegar à sala de jogos durante os próximos 15 minutos?

(c) Qual é a probabilidade de no mínimo um estudante chegar à sala de jogos durante os próximos 20 minutos?

6. O gerente de um novo restaurante de fast-food quer quantificar o processo de chegada de clientes estimando a fração do intervalo de tempo entre chegadas que será a) menos do que 2 minutos; b) entre 2 e 3 minutos; e c) mais do que 3 minutos. A taxa de chegadas em restaurantes semelhantes é de 35 clientes por hora. O intervalo de tempo entre chegadas é distribuído conforme uma exponencial.

***7.** Ann e Jim, dois empregados de um restaurante de fast-food, jogam o seguinte jogo enquanto esperam pela chegada de clientes: Jim paga 2 centavos a Ann se o próximo cliente não chegar dentro de 1 minuto; caso contrário, Ann paga 2 centavos a Jim. Determine o retorno médio de Jim em um período de 8 horas. O intervalo de tempo entre chegadas se distribui conforme uma exponencial com média de 1,5 minuto.

8. Suponha que no Problema 7 as regras do jogo sejam tais que Jim pague 2 centavos a Ann se o próximo cliente chegar após 1,5 minuto, e Ann paga igual quantia a Jim se a próxima chegada ocorrer dentro de 1 minuto. Para chegadas dentro da faixa de 1 a 1,5 minuto, o jogo fica empatado. Determine o retorno esperado de Jim em um período de 8 horas.

9. No Problema 7, suponha que Ann pague 2 centavos a Jim se a próxima chegada ocorrer dentro de 1 minuto, e 3 centavos se o intervalo de tempo entre chegadas estiver entre 1 e 1,5 minuto. Ann recebe 5 centavos de Jim se o intervalo de tempo entre chegadas estiver entre 1,5 e 2 minutos, e 6 centavos se for maior do que 2 minutos. Determine o retorno esperado de Ann em um período de 8 horas.

*10. Um cliente que chegar ao restaurante de fast-food McBurger dentro de 4 minutos da partida do cliente imediatamente precedente receberá um desconto de 10%. Se o intervalo de tempo entre chegadas estiver entre 4 e 5 minutos, o desconto é de 6%. Se o intervalo de tempo entre chegadas for maior do que 5 minutos, o cliente ganha 2% de desconto. O intervalo de tempo entre chegadas segue uma distribuição exponencial com média de 6 minutos.
(a) Determine a probabilidade de um cliente que chegar receber um desconto de 10%.
(b) Determine o desconto médio por cliente que chegar.

11. Sabe-se que o tempo entre falhas de um refrigerador Kencore se distribui conforme uma exponencial com valor médio de 9.000 horas (com aproximadamente 1 ano de operação), e a empresa emite uma garantia de 1 ano para o refrigerador. Quais são as chances de um conserto ser coberto pela garantia?

12. A Universidade de A opera duas linhas de ônibus no *campus*: vermelha e amarela. A linha vermelha atende ao *campus* norte e a linha verde, ao *campus* sul, e há uma estação de transferência que liga as duas linhas. Os ônibus verdes chegam aleatoriamente (o intervalo de tempo entre chegadas segue uma distribuição exponencial) à estação de transferência a cada 10 minutos. Os ônibus vermelhos chegam aleatoriamente a cada 7 minutos.
(a) Qual é a distribuição de probabilidade do tempo de espera de um estudante que chega pela linha vermelha e quer pegar a linha verde?
(b) Qual é a distribuição de probabilidade do tempo de espera de um estudante que chega pela linha verde e quer pegar a linha vermelha?

13. Prove que a média e o desvio-padrão da distribuição exponencial são iguais.

15.4 MODELOS DE NASCIMENTO E MORTE PUROS (RELAÇÃO ENTRE AS DISTRIBUIÇÕES EXPONENCIAL E DE POISSON)

Esta seção apresenta duas situações de filas: o modelo de **nascimento puro**, no qual somente chegadas são permitidas, e o modelo de **morte puro**, no qual só podem ocorrer partidas. Um exemplo do modelo de nascimento puro é a emissão de certidões de nascimento para bebês recém-nascidos. O modelo de morte puro pode ser demonstrado pela retirada aleatória de um item de estoque em uma loja.

A distribuição exponencial é usada para descrever o intervalo de tempo entre chegadas no modelo de nascimento puro e o intervalo de tempo entre partidas no modelo de morte puro. Um produto secundário do desenvolvimento dos dois modelos é mostrar a íntima relação entre as distribuições exponencial e de Poisson, no sentido de que uma distribuição define automaticamente a outra.

15.4.1 Modelo de nascimento puro

Defina-se

$p_0(t)$ = probabilidade de nenhuma chegada durante um período de tempo t

Dado que o intervalo de tempo entre chegadas segue uma distribuição exponencial e que a taxa de chegada é λ clientes por unidade de tempo, então

$$\begin{aligned} p_0(t) &= P\{\text{intervalo de tempo entre chegadas} \geq t\} \\ &= 1 - P\{\text{intervalo de tempo entre chegadas} \leq t\} \\ &= 1 - (1 - e^{-\lambda t}) \\ &= e^{-\lambda t} \end{aligned}$$

Para um intervalo de tempo suficientemente pequeno $h > 0$, temos

$$p_0(h) = e^{-\lambda h} = 1 - \lambda h + \frac{(\lambda h)^2}{2!} - \ldots = 1 - \lambda h + 0(h^2)$$

A distribuição exponencial é baseada na premissa de que, durante $h > 0$, no máximo um evento (chegada) pode ocorrer. Assim, quando $h \to 0$,

$$p_1(h) = 1 - p_0(h) \approx \lambda h$$

Esse resultado mostra que a probabilidade de uma chegada durante h é diretamente proporcional a h, sendo a taxa de chegada, λ, a constante de proporcionalidade.

Para derivar a distribuição do *número* de chegadas durante um período t quando o intervalo de tempo entre chegadas seguir uma distribuição exponencial com média $1/\lambda$, defina-se

$p_n(t)$ = probabilidade de n chegadas durante t

Para $h > 0$ suficientemente pequeno,

$$p_n(t+h) \approx p_n(t)(1-\lambda h) + p_{n-1}(t)\lambda h, \quad n > 0$$
$$p_0(t+h) \approx p_0(t)(1-\lambda h), \quad n = 0$$

Na primeira equação, n chegadas serão realizadas durante $t + h$ se houver n chegadas durante t e nenhuma chegada durante h, ou $n - 1$ chegadas durante t e uma chegada durante h. Todas as outras combinações não são permitidas porque, de acordo com a distribuição exponencial, no máximo uma chegada pode ocorrer durante um período h muito pequeno. A lei do produto de probabilidade é aplicável ao lado direito da equação porque as chegadas são independentes. Para a segunda equação, só é possível ocorrer zero chegadas durante $t + h$ se nenhuma chegada ocorrer durante t e h.

Rearranjando os termos e tomando os limites quando $h \to 0$, obtemos

$$p'_n(t) = \lim_{h \to 0} \frac{p_n(t+h) - p_n(t)}{h} = -\lambda p_n(t) + \lambda p_{n-1}(t), \quad n > 0$$
$$p'_n(t) = \lim_{h \to 0} \frac{p_0(t-h) - p_0(t)}{h} = -\lambda p_0(t), \quad n = 0$$

onde $p'_n(t)$ é a primeira derivada de $p_n(t)$ em relação a t.

A solução das equações diferenciais precedentes dá

$$p_n(t) = \frac{(\lambda t)^n e^{-\lambda t}}{n!}, \quad n = 0, 1, 2\ldots$$

Essa é uma **distribuição de Poisson** com média de chegadas $E\{n|t\} = \lambda t$ durante t.

O resultado precedente mostra que, se o tempo entre chegadas segue uma distribuição exponencial com média $1/\lambda$, então o número de chegadas durante um período específico t segue uma distribuição de Poisson com média λt. O inverso também é válido.

A Tabela 15.2 resume as fortes relações entre a distribuição exponencial e a de Poisson dada uma taxa de λ chegadas por unidade de tempo.

Exemplo 15.4-1

A taxa de nascimento de bebês em um estado esparsamente povoado é de um nascimento a cada 12 minutos. O tempo entre nascimentos segue uma distribuição exponencial. Ache o seguinte:
(a) O número médio de nascimentos por ano.
(b) A probabilidade de não ocorrer nenhum nascimento em qualquer dia determinado.
(c) A probabilidade de se emitir 50 certidões de nascimento em 3 horas dado que 40 certidões foram emitidas durante as 2 primeiras horas do período de 3 horas.

A taxa de nascimentos por dia é calculada por

$$\lambda = \frac{24 \times 60}{12} = 120 \text{ nascimentos/dia}$$

Tabela 15.2 Resumo de relações entre a distribuição exponencial e a de Poisson

	Exponencial	Poisson
Variável aleatória	*Tempo* entre chegadas sucessivas, t	*Número* de chegadas, n, durante um período especificado T
Faixa	$t \geq 0$	$n = 0, 1, 2, \ldots$
Função densidade	$f(t) = \lambda e^{-\lambda t}, t \geq 0$	$p_n(T) = \frac{(\lambda T)^n e^{-\lambda T}}{n!}, n = 0, 1, 2, \ldots$
Valor médio	$\frac{1}{\lambda}$ unidades de tempo	λT chegadas durante T
Probabilidade acumulada	$P\{t \leq A\} = 1 - e^{-\lambda A}$	$p_{n \leq N}(T) = p_0(T) + p_1(T) + \ldots + p_N(T)$
P{nenhuma chegada durante o período A}	$P\{t > A\} = e^{-\lambda A}$	$p_0(A) = e^{-\lambda A}$

O número de nascimentos por ano no estado é

$$\lambda t = 120 \times 365 = 43.800 \text{ nascimentos/ano}$$

A probabilidade de não haver nenhum nascimento em qualquer dia determinado é calculada com base na distribuição de Poisson por

$$p_0(1) = \frac{(120 \times 1)^0 e^{-120 \times 1}}{0!} = e^{-120} = 0$$

Outro modo de calcular a mesma probabilidade é observar que nenhum nascimento em qualquer dia determinado equivale a dizer que o *tempo entre nascimentos sucessivos é maior do que um* dia. Assim, podemos usar a distribuição exponencial para calcular a probabilidade desejada por

$$P\{t > 1\} = e^{-120} = 0$$

Calcular a probabilidade de emitir 50 certidões ao final de 3 horas dado que 40 certidões foram emitidas durante as 2 primeiras horas equivale a ter 10 (= 50 – 40) nascimentos em uma (= 3 – 2) hora porque a distribuição do número de nascimentos segue uma Poisson.

Dado $\lambda = 60/12 = 5$ nascimentos por hora, obtemos

$$p_{10}(1) = \frac{(5 \times 1)^{10} e^{-5 \times 1}}{10!} = 0{,}01813$$

Momento Excel

Os cálculos associados à distribuição de Poisson e, na verdade, a todas as fórmulas de filas são tediosos e exigem habilidades especiais de programação para garantir uma precisão razoável nos cálculos. Você pode usar as funções do Excel POISSON, POISSONDIST e EXPONDIST para calcular as probabilidades das distribuições de Poisson e exponencial individuais e acumuladas. Essas funções também são automatizadas em excelStatTables.xls. Por exemplo, para uma taxa de nascimento de 5 bebês por hora, a probabilidade de *exatamente* 10 nascimentos em 0,5 hora é calculada digitando 2,5 em F16 e 10 em J16 para obter a resposta 0,000216 em M16. A probabilidade acumulada de *no máximo* 10 nascimentos é dada em O16 (= 0,999938). Para determinar a probabilidade de o tempo entre nascimentos ser menor ou igual a 18 minutos, use a distribuição exponencial digitando 2,5 em F9 e 0,3 em J9. A resposta, 0,527633, é encontrada em O9.

Momento TORA/Excel

Você também pode usar o TORA (arquivo toraEx15.4-1.txt) ou o gabarito excelPoissonQ.xls para determinar automaticamente todas as probabilidades de Poisson significativas (> 10^{-5} em TORA e 10^{-7} em Excel). Em ambos os casos, os dados de entrada são os mesmos. Para o modelo de nascimento puro do Exemplo 15.4-1, os dados são digitados da maneira mostrada na Tabela 15.3.

Tabela 15.3 Dados do modelo de nascimento puro do Exemplo 15.4-1

Lambda	Mu	c	Limite do sistema	Limite da fonte
5	0	(não aplicável)	infinito	infinito

Observe que a entrada sob Lambda é $\lambda t = 5 \times 1 = 5$ nascimentos por dia.

CONJUNTO DE PROBLEMAS 15.4A

*1. No Exemplo 15.4-1, suponha que a pessoa encarregada de digitar as informações das certidões de nascimento no computador normalmente espere até acumular no mínimo 5 certidões. Ache a probabilidade de o encarregado ter de digitar um novo lote a cada hora.

2. Um colecionador de arte vai a leilões uma vez por mês em média. É certeza que cada viagem produz uma compra. O tempo entre as viagens segue uma distribuição exponencial. Determine o seguinte:
   (a) A probabilidade de não realizar nenhuma compra em um período de 3 meses.
   (b) A probabilidade de não realizar mais de 8 compras por ano.
   (c) A probabilidade de o tempo entre viagens sucessivas passar de um mês.

3. Em uma operação bancária, a taxa de chegada é de 2 clientes por minuto. Determine o seguinte:
   (a) O número médio de chegadas durante 5 minutos.
   (b) A probabilidade de não ocorrer nenhuma chegada no próximo 0,5 minuto.
   (c) A probabilidade de ocorrer no mínimo uma chegada durante o próximo 0,5 minuto.
   (d) A probabilidade de o tempo entre duas chegadas sucessivas ser no mínimo 3 minutos.

4. O tempo entre chegadas no restaurante L&J se distribui conforme uma exponencial com média de 5 minutos. O restaurante abre às 11 da manhã. Determine o seguinte:
   ***(a)** A probabilidade de ocorrerem 10 chegadas no restaurante até as 11h12, dado que 8 clientes chegaram até as 11h05.
   (b) A probabilidade de um novo cliente chegar entre 11h28 e 11h33, dado que o último cliente chegou às 11h25.

5. A Biblioteca Pública de Springdale recebe novos livros de acordo com uma distribuição de Poisson com média de 25 livros por dia. Cada prateleira suporta até 100 livros. Determine o seguinte:
   (a) O número médio de prateleiras que serão ocupadas pelos novos livros a cada mês (30 dias).
   (b) A probabilidade de que mais do que 10 estantes de livros sejam necessárias a cada mês, dado que uma estante tem 5 prateleiras.

6. A Universidade A opera duas linhas de ônibus no *campus*: a vermelha e a verde. A linha vermelha atende ao *campus* norte e a linha verde atende ao *campus* sul com uma estação de transferência que liga as duas linhas. Os ônibus verdes chegam aleatoriamente (de acordo com uma distribuição de Poisson) à estação de transferência a cada 10 minutos. Ônibus vermelhos também chegam aleatoriamente a cada 7 minutos.
   - ***(a)** Qual é a probabilidade de dois ônibus pararem na estação durante um intervalo de 5 minutos?
   - **(b)** Um estudante cujo alojamento está localizado próximo da estação tem uma aula dentro de 10 minutos. Qualquer um dos ônibus o levará até o edifício onde estão localizadas as salas de aula. A viagem dura 5 minutos, e depois ele terá de caminhar por aproximadamente 3 minutos para chegar à sala de aula. Qual é a probabilidade de o estudante chegar à aula a tempo?
7. Prove que a média e a variância da distribuição de Poisson durante um intervalo de tempo t é igual a λt, onde λ é a taxa de chegada.
8. Derive a distribuição de Poisson pelas equações diferenciais de diferenças do modelo de nascimento puro. *Sugestão*: a solução da equação diferencial geral

$$y' + a(t)y = b(t)$$

é

$$y = e^{-\int a(t)dt}\left\{\int b(t)e^{\int a(t)}dt + \text{constante}\right.$$

15.4.2 Modelo de morte puro

No modelo de morte puro, o sistema começa com N clientes no tempo 0 e nenhuma nova chegada é permitida. As partidas ocorrem à taxa de μ clientes por unidade de tempo. Para desenvolver as equações diferenciais de diferenças para a probabilidade $p_n(t)$ de n clientes *permanecerem* após t unidades de tempo, seguimos os argumentos que usamos para o modelo de nascimento puro (Seção 15.4.1). Assim,

$$p_N(t+h) = p_N(t)(1-\mu h)$$
$$p_n(t+h) = p_n(t)(1-\mu h) + p_{n+1}(t)\mu h, 0 < n < N$$
$$p_0(t+h) = p_0(t)(1) + p_1(t)\mu h$$

Quando $h \to 0$, obtemos

$$P'_N(t) = -\mu p_N(t)$$
$$P'_n(t) = -\mu p_n(t) + \mu p_{n+1}(t), 0 < n < N$$
$$P'_0(t) = \mu p_1(t)$$

A resolução dessas equações dá a seguinte **distribuição de Poisson truncada**:

$$p_n(t) = \frac{(\mu t)^{N-n}e^{-\mu t}}{(N-n)!}, n = 1, 2,..., N$$
$$p_n(t) = 1 - \sum_{n-1}^{N} p_n(t)$$

Exemplo 15.4-2

A seção de flores de uma loja tem um estoque de 18 dúzias de rosas no início de cada semana. Na média, a seção vende três dúzias por dia (uma dúzia por vez), mas a demanda propriamente dita segue uma distribuição de Poisson. Sempre que o nível do estoque chega a cinco dúzias é emitido um novo pedido de 18 dúzias para entrega no início da semana seguinte. Devido à natureza do item, todas as rosas que sobram no final da semana são descartadas. Determine o seguinte:

(a) A probabilidade de emitir um pedido em qualquer dia da semana.

(b) O número médio de dúzias de rosas que serão descartadas no final da semana.

Como as compras ocorrem à taxa de $\mu = 3$ dúzias por dia, a probabilidade de emitir um pedido no final do dia t é dada por

$$p_{n\le5}(t) = p_0(t) + p_1(t) + \ldots + p_5(t)$$
$$= p_0(t) + \sum_{n=1}^{5}\frac{(3t)^{18-n}e^{-3t}}{(18-n)!}, t = 1, 2,..., 7$$

É melhor fazer os cálculos de $p_{n\le5}(t)$ usando a planilha excelPoissonQ.xls ou o TORA. Os múltiplos cenários do TORA podem ser mais convenientes nesse caso. Os dados de entrada associados ao modelo de morte puro correspondentes a $t = 1, 2,...,$ e 7 são

Lambda = 0, Mu = $3t$, c = 1, Limite do sistema = 18 e Limite da fonte = 18

Observe que t deve ser substituído numericamente como mostra o arquivo toraEx15.4-2.txt.

O resultado é resumido da maneira mostrada na Tabela 15.4.

Tabela 15.4 Resultado da substituição numérica de t

t (dias)	1	2	3	4	5	6	7
μt	3	6	9	12	15	18	21
$p_{n\le5}(t)$	0,0000	0,0088	0,1242	0,4240	0,7324	0,9083	0,9755

O número médio de dúzias de rosas descartadas no final da semana ($t = 7$) é $E\{n|t = 7\}$. Para calcular esse valor precisamos de $p_n(7), n = 0, 1, 2,..., 18$, que pode ser determinada usando software fornecido (TORA ou Excel), o que dá

$$E\{n|t=7\} = \sum_{n=0}^{18} np_n(7) = 0,664 \approx 1 \text{ dúzia}$$

CONJUNTO DE PROBLEMAS 15.4B

1. No Exemplo 15.4-2, use a planilha excelPoissonQ.xls ou o TORA para calcular $p_n(7), n = 1, 2,..., 18$, e então verifique manualmente se essas probabilidades dão como resultado $E\{n|t = 7\} = 0,664$ dúzia.
2. Considere o Exemplo 15.4-2. Em cada um dos seguintes casos, em primeiro lugar escreva a resposta em termos algébricos e depois use a planilha excelPoissonQ.xls ou o TORA para obter as respostas numéricas.
   - ***(a)** A probabilidade de o estoque se esgotar após 3 dias.
   - **(b)** O número médio de dúzias de rosas que sobram no final do segundo dia.
   - ***(c)** A probabilidade de no mínimo uma dúzia ser comprada até o final do quarto dia dado que a última dúzia foi comprada até o final do terceiro dia.
   - **(d)** A probabilidade de o tempo restante até a próxima compra ser no máximo meio dia dado que a última compra ocorreu um dia antes.
   - **(e)** A probabilidade de não ocorrer nenhuma compra durante o primeiro dia.
   - **(f)** A probabilidade de não se emitir nenhum pedido até o final da semana.
3. A Banda da Escola Secundária de Springdale está apresentando um concerto de jazz beneficente em seu novo auditório de 400 lugares. Empresas locais compram entradas em blocos de 10 e as doam a organizações de jovens. As entradas são postas à venda para as empresas durante apenas 4 horas no dia anterior ao concerto. O processo de emissão de pedidos de entradas é uma Poisson com uma média de 10 telefonemas por hora. Quaisquer blocos de entradas que sobrarem após o fechamento da bilheteria são vendidos com desconto como 'entradas de última hora' 1 hora antes do início do concerto. Determine:
   - **(a)** A probabilidade de ser possível comprar entradas de última hora.
   - **(b)** O número médio de entradas de última hora disponíveis.
4. Toda manhã, o refrigerador de uma pequena oficina de usinagem é abastecido com duas caixas (24 latinhas por caixa) de

refrigerantes para serem consumidos pelos dez empregados da oficina. Eles podem matar a sede a qualquer instante durante o dia de trabalho de 8 horas (das 8 às 16 horas) e sabe-se que cada empregado consome aproximadamente quatro latas por dia, mas o processo é totalmente aleatório (distribuição de Poisson). Qual é a probabilidade de um empregado não encontrar um refrigerante ao meio-dia (início do horário de almoço)? E um pouco antes do horário de fechamento da oficina?

***5.** Um calouro recebe de seus pais um depósito bancário de $ 100 por mês para cobrir despesas extraordinárias. Retiradas de $ 20 cada ocorrem aleatoriamente durante o mês e o intervalo de tempo entre elas segue uma distribuição exponencial com um valor médio de uma semana. Determine a probabilidade de o estudante ficar sem dinheiro para despesas extraordinárias antes do final da quarta semana.

6. A retirada de itens de um estoque de 80 unidades ocorre segundo uma distribuição de Poisson à taxa de 5 itens por dia. Determine o seguinte:
- **(a)** A probabilidade de serem retirados dez itens durante os dois primeiros dias.
- **(b)** A probabilidade de não sobrar nenhum item no final de 4 dias.
- **(c)** O número médio de itens retirados ao longo de um período de quatro dias.

7. O estoque de peças de reposição de uma oficina de usinagem acabou de ser abastecido com dez unidades para o conserto de uma máquina. O reabastecimento para restaurar o nível de estoque de dez peças ocorre a cada sete dias. O tempo entre quebras da máquina segue uma distribuição exponencial com média de um dia. Determine a probabilidade de a máquina permanecer quebrada por dois dias porque não há peças de reposição disponíveis.

8. A demanda por um item ocorre de acordo com uma distribuição de Poisson com média de três por dia. O nível máximo de estoque é de 25 itens, o que ocorre a cada segunda-feira imediatamente após o recebimento de um novo pedido. O tamanho do pedido depende do número de unidades que restam no final da semana, no sábado (a empresa fecha aos domingos). Determine o seguinte:
- ***(a)** O tamanho médio do pedido semanal.
- ***(b)** A probabilidade de ocorrer falta de estoque quando a empresa abrir na manhã de sexta-feira.
- **(c)** A probabilidade de o pedido semanal ultrapassar 10 unidades.

9. Prove que a distribuição do tempo entre partidas correspondente à Poisson truncada no modelo de morte puro é uma distribuição exponencial com média de $1/\mu$ unidades de tempo.

10. Derive a distribuição de Poisson truncada com base nas equações diferenciais de diferenças do modelo de morte puro usando indução. (*Observação*: veja a sugestão do Problema 8, Conjunto 15.4a.)

15.5 MODELO GENERALIZADO DE FILA DE POISSON

Esta seção desenvolve um modelo geral de fila que combina chegadas e partidas com base nas premissas de Poisson, isto é, os intervalos de tempo entre chegadas e os tempos de serviço seguem a distribuição exponencial. O modelo é a base para a derivação dos modelos de Poisson especializados da Seção 15.6.

O desenvolvimento do modelo generalizado é baseado no comportamento de longo prazo ou de **estado de equilíbrio** da situação de fila, que é atingido após o sistema ter estado em operação por um tempo suficientemente longo. Esse tipo de análise contrasta com o comportamento **transiente** (ou de aquecimento) que predomina durante as operações anteriores do sistema. Uma razão para não discutir o comportamento transiente neste capítulo é sua complexidade analítica. Outra razão é que o estudo de grande parte das situações de fila ocorre sob condições de estado de equilíbrio.

O modelo generalizado considera que as taxas de chegada e de partida são **dependentes do estado**, o que significa que dependem do número de clientes presentes na instalação de serviço. Por exemplo, em um posto de pedágio de rodovia, os atendentes tendem a acelerar a cobrança do pedágio durante os horários de pico. Outro exemplo ocorre em uma oficina com um dado número de máquinas cuja taxa de quebra diminui à medida que aumenta o número de máquinas quebradas (porque só as máquinas que não estão quebradas podem gerar novas quebras).

Definam-se

n = número de clientes no sistema (na fila mais em atendimento)

λ_n = taxa de chegada dado n clientes no sistema

μ_n = taxa de partida dado n clientes no sistema

p_n = probabilidade de estado de equilíbrio de n clientes no sistema

Figura 15.2 Diagrama de transição de filas de Poisson.

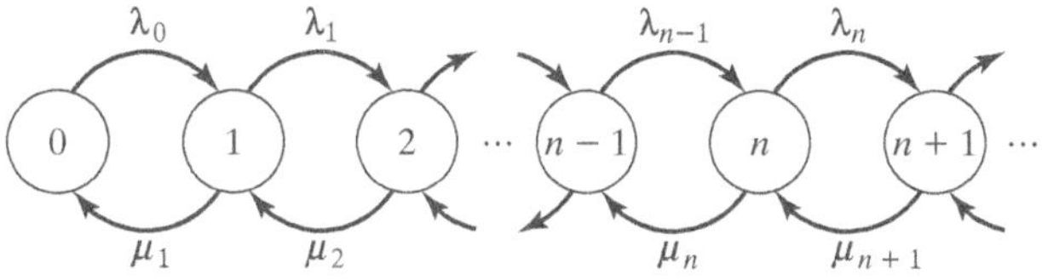

O modelo generalizado deriva p_n como uma função de λ_n e μ_n. Portanto essas probabilidades são usadas para determinar as medidas de desempenho do sistema, como o comprimento médio da fila, o tempo médio de espera e a utilização média da instalação.

As probabilidades p_n são determinadas com a utilização do **diagrama de transição** da Figura 15.2. O sistema de fila está no estado n quando o número de clientes no sistema for n. Como explicado na Seção 15.3, a probabilidade de mais de um evento ocorrer durante um pequeno intervalo de tempo h tende a zero quando $h \to 0$. Isso significa que, para $n > 0$, o estado n só pode mudar para dois estados possíveis: $n - 1$ quando ocorre uma partida à taxa μ_n e $n + 1$ quando ocorre uma chegada à taxa λ_n. O estado 0 só pode mudar para o estado 1 quando ocorre uma chegada à taxa λ_0. Observe que μ_0 é indefinida porque nenhuma partida pode ocorrer se o sistema estiver vazio.

Sob condições de estado de equilíbrio, para $n > 0$, as taxas de fluxo *esperadas* de entrada no estado n e de saída do estado n devem ser iguais. Com base no fato de que o estado n só pode ser mudado para os estados $n - 1$ e $n + 1$, obtemos

$$\begin{pmatrix}\text{Taxa de fluxo esperada} \\ \text{de entrada no estado } n\end{pmatrix} = \lambda_{n-1}p_{n-1} + \mu_{n+1}p_{n+1}$$

De maneira semelhante,

$$\begin{pmatrix}\text{Taxa de fluxo esperada} \\ \text{de saída do estado } n\end{pmatrix} = (\lambda_n + \mu_n)p_n$$

Igualando as duas taxas, obtemos a seguinte **equação de equilíbrio**:

$$\lambda_{n-1}p_{n-1} + \mu_{n+1}p_{n+1} = (\lambda_n + \mu_n)p_n, n = 1, 2, \ldots$$

Pela Figura 15.2, a equação de equilíbrio associada com $n = 0$ é

$$\lambda_0 p_0 = \mu_1 p_1$$

As equações de equilíbrio são resolvidas recursivamente em termos de p_0 da seguinte maneira: para $n = 0$, temos

$$p_1 = \left(\frac{\lambda_0}{\mu_1}\right)p_0$$

Em seguida, para $n = 1$, temos

$$\lambda_0 p_0 + \mu_2 p_2 = (\lambda_1 + \mu_1)p_1$$

Substituindo $p_1 = (\lambda_0/\mu_1)p_0$ e simplificando, obtemos (verifique!)

$$p_2 = \left(\frac{\lambda_1\lambda_0}{\mu_2\mu_1}\right)p_0$$

Em geral, podemos mostrar por indução que

$$p_n = \left(\frac{\lambda_{n-1}\lambda_{n-2}\ldots\lambda_0}{\mu_n\mu_{n-1}\ldots\mu_1}\right)p_0, n = 1, 2, \ldots$$

O valor de p_0 é determinado com base na equação $\sum_{n=0}^{\infty} p_n = 1$

Exemplo 15.5-1

A B&K Groceries funciona com três caixas registradoras. O gerente usa os esquemas demonstrados na Tabela 15.5 para determinar o número de caixas em funcionamento dependendo do número de clientes na loja.

Tabela 15.5 Esquemas usados na B&K

Nº de clientes na loja	Nº de caixas em funcionamento
1 a 3	1
4 a 6	2
Mais de 6	3

Clientes chegam à área dos caixas de acordo com uma distribuição de Poisson com uma taxa média de 10 clientes por hora. O tempo médio de atendimento por cliente segue uma distribuição exponencial com média de 12 minutos. Determine a probabilidade p_n de estado de equilíbrio de n clientes na área dos caixas.

Pelas informações do problema, temos

$$\lambda_n = \lambda = 10 \text{ clientes por hora}, \quad n = 0, 1, \ldots$$

$$\mu_n = \begin{cases} \frac{60}{12} = 5 \text{ clientes por hora}, & n = 0, 1, 2, 3 \\ 2\times5 = 10 \text{ clientes por hora} & n = 4, 5, 6 \\ 3\times5 = 15 \text{ clientes por hora} & n = 7, 8, \ldots \end{cases}$$

Assim,

$$p_1 = \left(\frac{10}{5}\right)p_0 = 2p_0$$

$$p_2 = \left(\frac{10}{5}\right)^2 p_0 = 4p_0$$

$$p_3 = \left(\frac{10}{5}\right)^3 p_0 = 8p_0$$

$$p_4 = \left(\frac{10}{5}\right)^3\left(\frac{10}{10}\right)p_0 = 8p_0$$

$$p_5 = \left(\frac{10}{5}\right)^3\left(\frac{10}{10}\right)^2 p_0 = 8p_0$$

$$p_6 = \left(\frac{10}{5}\right)^3\left(\frac{10}{10}\right)^3 p_0 = 8p_0$$

$$p_{n\geq7} = \left(\frac{10}{5}\right)^3\left(\frac{10}{10}\right)^3\left(\frac{10}{15}\right)^{n-6} p_0 = 8\left(\frac{2}{3}\right)^{n-6} p_0$$

O valor de p_0 é determinado com base na equação

$$p_0 + p_0\{2+4+8+8+8+8+8\left(\frac{2}{3}\right)+8\left(\frac{2}{3}\right)^2+8\left(\frac{2}{3}\right)^3+\ldots\} = 1$$

ou, equivalentemente

$$p_0\left\{31+8(1+\left(\frac{2}{3}\right)+\left(\frac{2}{3}\right)^2+\ldots)\right\} = 1$$

Usando a soma de série geométrica

$$\sum_{i=0}^{\infty} x^i = \frac{1}{1-x}, |x| < 1$$

obtemos

$$p_0\left\{31+8\left(\frac{1}{1-\frac{2}{3}}\right)\right\} = 1$$

Assim, $p_0 = \frac{1}{55}$.

Dada p_0, agora podemos determinar p_n para $n > 0$. Por exemplo, a probabilidade de só um caixa estar aberto é calculada como a probabilidade de haver no máximo três clientes no sistema:

$$p_1 + p_2 + p_3 = (2+4+8)\left(\frac{1}{55}\right) \approx 0{,}255$$

Podemos usar p_n para determinar medidas de desempenho para a situação da B&K. Por exemplo,

$$\begin{pmatrix}\text{Número esperado}\\ \text{de caixas ociosos}\end{pmatrix} = 3p_0 + 2(p_1+p_2+p_3) + 1(p_4+p_5+p_6)$$
$$+ 0(p_7+p_8+\ldots)$$
$$= 1 \text{ caixa}$$

CONJUNTO DE PROBLEMAS 15.5A

1. No Exemplo 15.5-1, determine o seguinte:
(a) A distribuição de probabilidade do número de caixas abertos.
(b) O número médio de caixas ocupados.

2. No modelo da B&K do Exemplo 15.5-1, suponha que o intervalo de tempo entre chegadas à área dos caixas registradores se distribua conforme uma exponencial com média de 5 minutos e que o tempo de atendimento por cliente também se distribua conforme uma exponencial com média de 10 minutos. Suponha ainda que a B&K adicionará um quarto caixa e que os caixas abrirão com base em incrementos de dois clientes. Determine o seguinte:
(a) As probabilidades do estado estável de equilíbrio, p_n, para todo n.
(b) A probabilidade de ser necessário um quarto caixa.
(c) O número médio de caixas ociosos.

***3.** No modelo da B&K do Exemplo 15.5-1, suponha que os três caixas estejam sempre abertos e que o sistema de funcionamento seja tal que o cliente se dirigirá ao primeiro caixa vazio. Determine o seguinte:
(a) A probabilidade de os três caixas estarem em uso.
(b) A probabilidade de um cliente que chega à área dos caixas não ter de esperar.

4. O First Bank of Springdale tem um sistema de caixa eletrônico do tipo drive-in com uma pista. Os carros chegam de acordo com uma distribuição de Poisson à taxa de 12 carros por hora. O tempo que um carro necessita para concluir a transação no caixa eletrônico se distribui conforme uma exponencial com média de 6 minutos. A capacidade total da pista é dez carros. Quando a pista estiver cheia, outro carro que chegar à procura do serviço vai para outra agência. Determine o seguinte:
(a) A probabilidade de um carro que chegar não poder usar o caixa eletrônico porque a pista está cheia.
(b) A probabilidade de um carro não poder usar o caixa eletrônico imediatamente ao chegar.
(c) O número médio de carros na pista.

5. Você já ouviu alguém dizer a contraditória frase: "O lugar está tão apinhado que ninguém mais vai lá?" O significado dessa afirmativa pode ser interpretado como "a oportunidade de desistir aumenta com o aumento do número de clientes que procura o serviço". Uma possível plataforma para modelar essa situação é dizer que a taxa de chegada ao sistema decresce à medida que o número de clientes no sistema aumenta.

Mais especificamente, considere o caso do M&M Pool Club, no qual os clientes costumam chegar aos pares para jogar sinuca. A taxa normal de chegada é seis pares (de pessoas) por hora. Contudo, tão logo o número de pares na sala de sinuca passa de oito, a taxa de chegada cai para cinco pares por hora. Considera-se que o processo de chegada segue a distribuição de Poisson. Cada par joga sinuca por um tempo com distribuição exponencial cuja média é de 30 minutos. A sala de sinuca tem um total de cinco mesas e pode acomodar não mais do que 12 pares por vez a qualquer instante dado. Determine o seguinte:
(a) A probabilidade de os clientes desistirem.
(b) A probabilidade de todas as mesas estarem em uso.
(c) O número médio de mesas em uso.
(d) O número médio de pares que esperam por uma mesa de sinuca disponível.

***6.** Uma barbearia atende um cliente por vez e tem três cadeiras para acomodar os clientes à espera. Se o local estiver cheio, os clientes procuram outra barbearia. As chegadas ocorrem de acordo como uma distribuição de Poisson com média de 4 por hora. O tempo para cortar o cabelo segue uma distribuição exponencial com média de 15 minutos. Determine o seguinte:

(a) As probabilidades de estado em equilíbrio.
(b) O número esperado de clientes na barbearia.
(c) A probabilidade de clientes procurarem outra barbearia porque essa está cheia.

7. Considere uma situação de fila de um servidor único no qual as taxas de chegada e serviço são dadas por

$$\lambda_n = 10 - n, n = 0,1,2,3$$
$$\mu_n = \frac{n}{2} + 5, n = 1,2,3,4$$

Essa situação equivale a reduzir a taxa de chegada e aumentar a taxa de serviço à medida que o número no sistema, n, aumenta.

(a) Estabeleça o diagrama de transição e determine a equação de equilíbrio para o sistema.
(b) Determine as probabilidades de estado em equilíbrio.

8. Considere o modelo de fila única no qual somente um cliente é permitido no sistema. Clientes que chegam e encontram a instalação ocupada não voltam mais. Considere que as chegadas seguem uma distribuição de Poisson com média λ por unidade de tempo e que o tempo de serviço segue uma distribuição exponencial com média $1/\mu$ unidades de tempo.

(a) Estabeleça o diagrama de transição e determine as equações de equilíbrio.
(b) Determine as probabilidades de estado em equilíbrio.
(c) Determine o número médio no sistema.

9. A prova de indução para derivar a solução geral do modelo generalizado é aplicada da seguinte maneira. Considere

$$p_k = \prod_{i=0}^{k-1} \left(\frac{\lambda_i}{\mu_{i+1}} \right) p_0, k = 0,1,2,\ldots$$

Substituímos p_{n-1} e p_{n-2} na equação geral de diferenças que envolve p_n, p_{n-1} e p_{n-2} para derivar a expressão desejada para p_n. Verifique esse procedimento.

15.6 FILAS DE POISSON ESPECIALIZADAS

A Figura 15.3 representa a situação de fila de Poisson especializada com c servidores paralelos. Um cliente à espera é selecionado da fila para iniciar o atendimento com o primeiro servidor disponível. A taxa de chegada no sistema é λ clientes por unidade de tempo. Todos os servidores paralelos são idênticos, o que significa que a taxa de serviço para qualquer servidor é μ clientes por unidade de tempo. O número de clientes no *sistema* é definido para incluir os que estão *em atendimento e* os que estão esperando *em fila*.

Uma notação conveniente para resumir as características da situação de fila da Figura 15.3 é dada pelo seguinte formato:

$$(a/b/c):(d/e/f)$$

onde

a = distribuição de chegadas
b = distribuição de partidas (tempo de atendimento)
c = número de servidores paralelos (= 1, 2,..., ∞)
d = disciplina da fila
e = número máximo (finito ou infinito) permitido no sistema (na fila e em atendimento)
f = tamanho da fonte de usuários finito ou infinito

A notação-padrão para representar as distribuições de chegadas e partidas (símbolos a e b) é

M = distribuição markoviana (ou de Poisson) de chegadas ou partidas (ou a distribuição exponencial equivalente do intervalo de tempo entre chegadas ou da distribuição do tempo de serviço)
D = tempo constante (determinístico)
E_k = distribuição de Erlang ou gamma do tempo (ou a equivalente soma de distribuições exponenciais independentes)
GI = distribuição geral (genérica) do intervalo de tempo entre chegadas
G = distribuição geral (genérica) de tempo de serviço

A notação da disciplina da fila (símbolo d) inclui

FCFS = primeiro a chegar, primeiro a ser atendido
LCFS = último a chegar, primeiro a ser atendido
Siro = serviço em ordem aleatória
GD = disciplina geral (isto é, qualquer tipo de disciplina)

Para ilustrar o uso da notação, o modelo $(M/D/10):(GD/20/\infty)$ utiliza chegadas de Poisson (ou intervalo de tempo exponencial entre chegadas), tempo de serviço constante e 10 servidores paralelos. A disciplina da fila é GD e há um limite de 20 clientes no sistema inteiro. O tamanho da fonte da qual os clientes chegam é infinita.

Como informação histórica, os três primeiros elementos da notação $(a/b/c)$ foram inventados por D. G. Kendall em 1953 e são conhecidos na literatura como **notação de Kendall**. Em 1966, A. M. Lee adicionou os símbolos d e e à notação. Esse autor também adicionou o último elemento, símbolo f, em 1968.

Figura 15.3
Representação esquemática de um sistema de fila com c servidores paralelos

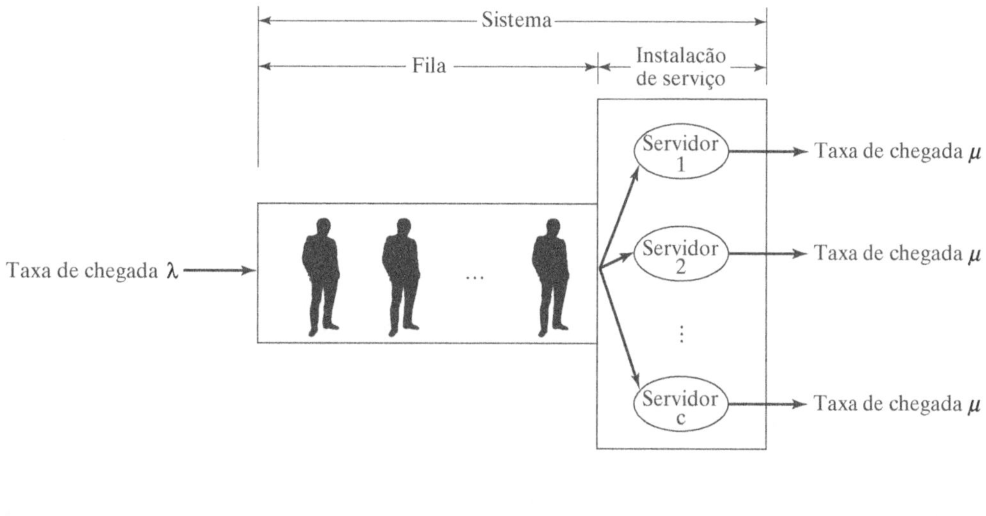

Antes de apresentarmos os detalhes das filas de Poisson especializadas, mostramos como as medidas de desempenho de estado de equilíbrio da situação generalizada de fila podem ser derivadas das probabilidades de estado de equilíbrio p_n dadas na Seção 15.5.

15.6.1 Medidas de desempenho de estado de equilíbrio

As medidas de desempenho mais comumente usadas em uma situação de fila são

L_s = número esperado de clientes no *sistema*

L_q = número esperado de clientes na *fila*

W_s = tempo de espera estimado no *sistema*

W_q = tempo de espera estimado *na fila*

$\bar{c}$ = número esperado de servidores ocupados

Lembre-se de que o *sistema* inclui ambas, a *fila* e a *instalação de serviço*.

Agora mostraremos como essas medidas são derivadas (direta ou indiretamente) da probabilidade de estado estável de n no sistema, p_n, por

$$L_s = \sum_{n=1}^{\infty} np_n$$

$$L_q = \sum_{n=c+1}^{\infty} (n-c)p_n$$

A relação entre L_s e W_s (e também entre L_q e W_q) é conhecida como **fórmula de Little** e dada por

$$L_s = \lambda_{\text{eff}} W_s$$

$$L_q = \lambda_{\text{eff}} W_q$$

Essas relações são válidas sob condições bastante gerais. O parâmetro λ_{eff} é a taxa *efetiva* de chegada no sistema. Ela é igual à taxa de chegada (nominal) λ quando todos os clientes que chegam podem se juntar ao sistema. Caso contrário, se alguns clientes não puderem se juntar ao sistema porque ele está cheio (por exemplo, um estacionamento), então $\lambda_{\text{eff}} < \lambda$. Mais adiante mostraremos como λ_{eff} é determinada.

Existe também uma relação direta entre W_s e W_q. Por definição,

$$\begin{pmatrix}\text{Tempo de espera}\\ \text{estimado no sistema}\end{pmatrix} = \begin{pmatrix}\text{Tempo de espera}\\ \text{estimado em fila}\end{pmatrix} + \begin{pmatrix}\text{Tempo de}\\ \text{serviço esperado}\end{pmatrix}$$

Isso é traduzido para

$$W_s + W_q + \frac{1}{\mu}$$

Em seguida, podemos relacionar L_s com L_q multiplicando ambos os lados da última fórmula por λ_{eff}, o que, junto com a fórmula de Little, dá

$$L_s + L_q + \frac{\lambda_{\text{eff}}}{\mu}$$

Por definição, a diferença entre o número médio no sistema, L_s, e o número médio na fila, L_q, deve ser igual ao número médio de servidores *ocupados*, $\bar{c}$. Então, temos

$$\bar{c} = L_s - L_q + \frac{\lambda_{\text{eff}}}{\mu}$$

Daí decorre que

$$\begin{pmatrix}\text{Utilização da}\\ \text{instalação}\end{pmatrix} = \frac{\bar{c}}{c}$$

Exemplo 15.6-1

O estacionamento de visitantes do Ozark College está limitado a apenas cinco vagas. Os carros que utilizam essas vagas chegam de acordo com uma distribuição de Poisson à taxa de seis carros por hora. O tempo de estacionamento é exponencialmente distribuído com média de 30 minutos. Os visitantes que não conseguem encontrar uma vaga podem esperar temporariamente dentro do estacionamento até que um carro estacionado saia. Essas vagas temporárias podem abrigar apenas três carros. Outros carros que não podem estacionar nem encontrar uma vaga temporária têm de ir para outro lugar. Determine o seguinte:

(a) A probabilidade, p_n, de n carros no sistema.
(b) A taxa efetiva de chegada para carros que conseguem utilizar o estacionamento.
(c) O número médio de carros no estacionamento.
(d) O tempo médio que um carro espera por uma vaga dentro do estacionamento.
(e) O número médio de vagas *ocupadas*.
(f) A utilização média do estacionamento.

Em primeiro lugar, observamos que uma vaga no estacionamento age como um servidor, de modo que o sistema tem um total de $c = 5$ servidores paralelos. Além disso, a capacidade máxima do sistema é $5 + 3 = 8$ carros.

A probabilidade p_n pode ser determinada como um caso especial do modelo generalizado da Seção 15.5 usando

$$\lambda_n = 6 \text{ carros/hora}, n = 0, 1, 2, \ldots, 8$$

$$\mu_n = \begin{cases} n\left(\frac{60}{30}\right) = 2n \text{ carros/hora}, & n = 1, 2, 3, 4, 5 \\ 5\left(\frac{60}{30}\right) = 10 \text{ carros/hora}, & n = 6, 7, 8 \end{cases}$$

Da Seção 15.5, obtemos

$$p_n = \begin{cases} \frac{3^n}{n!} p_0, & n = 1, 2, 3, 4, 5 \\ \frac{3^n}{5!\,5^{n-5}} p_0, & n = 6, 7, 8 \end{cases}$$

O valor de p_0 é calculado substituindo p_n, $n = 1, 2, \ldots, 8$ na seguinte equação

$$p_0 + p_1 + \ldots + p_8 = 1$$

ou

$$p_0 + p_0\left(\frac{3}{1!} + \frac{3^2}{2!} + \frac{3^3}{3!} + \frac{3^4}{4!} + \frac{3^5}{5!} + \frac{3^6}{5!\,5} + \frac{3^7}{5!\,5^2} + \frac{3^8}{5!\,5^3}\right) = 1$$

Isso dá $p_0 = 0{,}04812$ (verifique!). Por p_0, agora podemos calcular p_1 a p_8 como mostrado na Tabela 15.6.

Tabela 15.6 Cálculo de p_1 a p_8

n	1	2	3	4	5	6	7	8
p_n	0,14436	0,21654	0,21654	0,16240	0,09744	0,05847	0,03508	0,02105

A taxa efetiva de chegada λ_{eff} pode ser calculada observando o diagrama esquemático da Figura 15.4, no qual clientes chegam da fonte à taxa λ de carros por hora. Um carro que chega pode entrar no estacionamento ou ir para outro lugar com taxas λ_{eff} ou λ_{lost}, o que significa que $\lambda = \lambda_{\text{eff}} + \lambda_{\text{lost}}$. Um carro não conseguirá entrar no estacionamento se já houver 8 carros lá dentro, o que significa que a proporção de carros que *não* conseguirão entrar no estacionamento é p_8. Assim,

$$\lambda_{\text{lost}} = \lambda p_8 = 6 \times 0{,}02105 = 0{,}1263 \text{ carros por hora}$$

$$\lambda_{\text{eff}} = \lambda - \lambda_{\text{lost}} = 6 - 0{,}1263 = 5{,}8737 \text{ carros por hora}$$

O número médio de carros no estacionamento (os que estão esperando ou ocupando uma vaga) é igual a L_s, o número médio no sistema. Podemos calcular L_s com base em p_n por

$$L_s = 0p_0 + 1p_1 + \ldots + 8p_8 = 3{,}1286 \text{ carros}$$

Figura 15.4
Relação entre λ, λ_{eff} e λ_{lost}

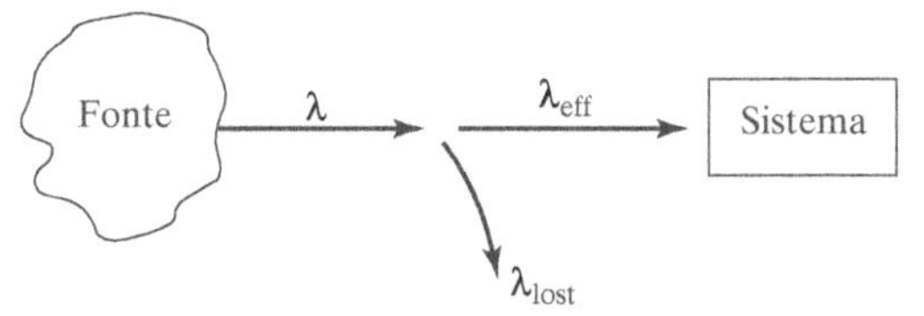

Um carro que está esperando em uma vaga temporária é, na verdade, um carro que está na fila. Assim, seu tempo de espera até encontrar uma vaga é W_q. Para determinar W_q usamos

$$W_q = W_s - \frac{1}{\mu}$$

Assim,

$$W_s = \frac{L_s}{\lambda_{eff}} = \frac{3{,}1286}{5{,}8737} = 0{,}53265 \text{ hora}$$

$$W_q = 0{,}53265 - \frac{1}{2} = 0{,}3265 \text{ hora}$$

O número médio de vagas ocupadas é igual ao número médio de servidores ocupados,

$$\bar{c} = L_s - L_q = \frac{\lambda_{eff}}{\mu} = \frac{5{,}8737}{2} = 2{,}9368$$

De acordo com $\bar{c}$, obtemos

$$\text{Utilização do estacionamento} = \frac{\bar{c}}{c} = \frac{2{,}9368}{5} = 0{,}58736$$

CONJUNTO DE PROBLEMAS 15.6A

1. No Exemplo 15.6-1, faça o seguinte:
   *(a) Calcule L_q diretamente usando a fórmula $\sum_{n=c+1}^{\infty}(n-c)p_n$.
   (b) Calcule W_s com base em L_q.
   *(c) Calcule o número médio de carros que não conseguirão entrar no estacionamento durante um período de 8 horas.
   *(d) Mostre que $c - (L_s - L_q)$, o número médio de vagas vazias, é igual a $\sum_{n=0}^{c-1}(c-n)p_n$.
2. Resolva o Exemplo 15.6-1 usando os seguintes dados: número de vagas = 6, número de vagas temporárias = 4, λ = 10 carros por hora e tempo médio de estacionamento = 45 minutos.

15.6.2 Modelos com um servidor único

Esta seção apresenta dois modelos para o caso do servidor único ($c = 1$). O primeiro modelo não estabelece limite para o número máximo no sistema e o segundo modelo considera um limite finito para o sistema. Os dois modelos consideram uma fonte de capacidade infinita. As chegadas ocorrem à taxa de λ clientes por unidade de tempo e a taxa de serviço é μ clientes por unidade de tempo.

Os resultados dos dois modelos (e, na verdade, de todos os modelos restantes da Seção 15.6) são derivados como casos especiais do modelo generalizado da Seção 15.5.

A notação de Kendall será utilizada para resumir as características de cada situação. Como as derivações de p_n da Seção 15.5 e de todas as medidas de desempenho da Seção 15.6.1 são totalmente independentes de uma disciplina específica da fila, o símbolo GD (disciplina geral – General Discipline) será usado com a notação.

(*M*/*M*/1):(*GD*/∞/∞). Usando a notação do modelo generalizado, temos

$$\left.\begin{aligned}\lambda_n &= \lambda \\ \mu_n &= \mu\end{aligned}\right\}, n = 0, 1, 2, \ldots$$

Além disso, $\lambda_{eff} = \lambda$ e $\lambda_{lost} = 0$, porque todos os clientes que chegam podem se juntar ao sistema.

Fazendo $\rho \frac{\lambda}{\mu}$, a expressão para p_n no modelo generalizado se reduz a

$$p_n = \rho^n p_0, n = 0, 1, 2, \ldots$$

Para determinar o valor de p_0, usamos a identidade

$$p_0(1 + \rho + \rho^2 + \ldots) = 1$$

Considerando que $\rho < 1$, a série geométrica terá a soma finita $\left(\frac{1}{1-\rho}\right)$, portanto

$$p_0 = 1 - \rho, \text{ contanto que } \rho < 1.$$

Assim, a fórmula geral para p_n é dada pela seguinte distribuição geométrica

$$p_n = (1-\rho)\rho^n, n = 1, 2, \ldots \ (\rho < 1)$$

A derivação matemática de p_n impõe a condição $\rho < 1$ ou $\lambda < \mu$. Se $\lambda \geq \mu$, a série geométrica não convergirá e as probabilidades p_n do estado de equilíbrio não existirão. Por dedução, esse resultado faz sentido porque, a menos que a taxa de atendimento seja maior do que a taxa de chegada, o comprimento da fila aumentará continuamente e nenhum estado de equilíbrio poderá ser alcançado.

A medida de desempenho L_q pode ser derivada da seguinte maneira:

$$\begin{aligned}L_s &= \sum_{n=0}^{\infty} np_n = \sum_{n=0}^{\infty} n(1-\rho)\rho^n \\ &= (1-\rho)\rho\frac{d}{d\rho}\sum_{n=0}^{\infty}\rho^n \\ &= (1-\rho)\rho\frac{d}{d\rho}\left(\frac{1}{1-\rho}\right) = \frac{\rho}{1-\rho}\end{aligned}$$

Como $\lambda_{eff} = \lambda$ para a presente situação, as medidas de desempenho restantes são calculadas usando as relações da Seção 15.6.1. Assim,

$$W_s = \frac{L_s}{\lambda} = \frac{1}{\mu(1-\rho)} = \frac{1}{\mu - \lambda}$$

$$W_q = W_s - \frac{1}{\mu} = \frac{\rho}{\mu(1-\rho)}$$

$$L_q = \lambda W_q = \frac{\rho^2}{1-\rho}$$

$$\bar{c} = L_s - L_q = \rho$$

Exemplo 15.6-2

O lava-rápido Automata funciona com somente uma baia. Os carros chegam conforme uma distribuição de Poisson com uma média de 4 carros por hora e podem esperar no estacionamento oferecido se a baia estiver ocupada. O tempo para lavar e limpar um carro segue uma distribuição exponencial, com uma média de 10 minutos. Carros que não conseguem vaga no estacionamento podem esperar na rua onde está situado o lava-rápido. Isso significa que, para todas as finalidades práticas, não há limite para o tamanho do sistema. O gerente do lava-rápido quer determinar o tamanho do estacionamento.

Para essa situação, temos λ = 4 carros por hora e $\mu = \frac{60}{10} = 6$ carros por hora. Como $\rho = \frac{\lambda}{\mu} < 1$, o sistema pode funcionar sob as condições do estado de equilíbrio.

Os dados de entrada para o TORA ou da planilha excelPoissonQ.xls para esse modelo são como descritos na Tabela 15.7.

Tabela 15.7 Dados do TORA ou da planilha para o modelo

Lambda	Mu	c	Limite do sistema	Limite da fonte
4	6	1	infinito	infinito

Figura 15.5
Resultado do TORA para o Exemplo 15.6-2 (arquivo toraEx15.6-2.txt)

```
Cenário1: (M/M/1):(GD/infinito/infinito)

Lambda =        4.00000                  Mu =          6.00000
Lambda eff = 4.00000                     Rho/c =      0.66667

Ls =            2.00000                  Lq =          1.33333
Ws =          0.50000                    Wq =         0.33333
```

n	Probabilidade pn	Pn acumulada	n	Probabilidade pn	Pn acumulada
0	0.33333	0.33333	13	0.00171	0.99657
1	0.22222	0.55556	14	0.00114	0.99772
2	0.14815	0.70370	15	0.00076	0.99848
3	0.09877	0.80247	16	0.00051	0.99899
4	0.06584	0.86831	17	0.00034	0.99932
5	0.04390	0.91221	18	0.00023	0.99955
6	0.02926	0.94147	19	0.00015	0.99970
7	0.01951	0.96098	20	0.00010	0.99980
8	0.01301	0.97399	21	0.00007	0.99987
9	0.00867	0.98266	22	0.00004	0.99991
10	0.00578	0.98844	23	0.00003	0.99994
11	0.00385	0.99229	24	0.00002	0.99996
12	0.00257	0.99486	25	0.00001	0.99997

O resultado do modelo é mostrado na Figura 15.5. O número médio de carros à espera na fila, L_q, é 1,33 carro.

De modo geral, usar L_q como a única base para a determinação do número de vagas não é aconselhável porque, de certo modo, o projeto deveria levar em conta o máximo comprimento possível da fila. Por exemplo, talvez seja mais plausível projetar o estacionamento de modo tal que um carro que chegar encontre uma vaga no mínimo 90% das vezes. Para fazer isso, vamos representar o número de vagas por S. Ter S vagas equivale a ter $S + 1$ vagas no *sistema* (fila mais baia de lavagem). Um carro que chegar encontrará uma vaga 90% das vezes se houver *no máximo* S carros no sistema. Essa condição é equivalente à seguinte declaração de probabilidade:

$$p_0 + p_1 + \dots + p_s \geq 0{,}9$$

Pela Figura 15.5, p_n *acumulada* para $n = 5$ é 0,91221. Isso significa que a condição é satisfeita para $S \geq 5$ vagas.

O número de vagas, S, também pode ser determinado usando a definição matemática de p_n, isto é

$$(1 - \rho)(1 + \rho + \rho^2 + \dots + \rho^S) \geq 0{,}9$$

A soma da série geométrica truncada é igual a $\frac{1-\rho^{S+1}}{1-\rho}$. Assim, a condição se reduz a

$$(1 - \rho^{S+1}) \geq 0{,}9$$

A simplificação da desigualdade resulta em

$$\rho^{S+1} \leq 0{,}1$$

Tomando os logaritmos de ambos os lados (e observando que $\log(x) < 0$ para $0 < x < 1$, o que inverte a direção da desigualdade), obtemos

$$S \geq \frac{\ln(0{,}1)}{\ln\left(\frac{4}{6}\right)} - 1 = 4{,}679 \approx 5$$

CONJUNTO DE PROBLEMAS 15.6B

1. No Exemplo 15.6-2, faça o seguinte.
(a) Determine a porcentagem de utilização da baia de lavagem.
(b) Determine a probabilidade de um carro que chega ter de esperar no estacionamento antes de entrar na baia de lavagem.
(c) Se houver sete vagas, determine a probabilidade de um carro que chega achar uma vaga vazia.
(d) Quantas vagas devem ser oferecidas para que um carro que chega possa achar uma vaga 99% das vezes?

***2.** John Macko é aluno da Universidade Ozark e presta alguns serviços para complementar sua renda. Ele recebe solicitações de serviço a cada cinco dias em média, mas o tempo entre solicitações segue uma distribuição exponencial. O tempo para concluir um trabalho também segue uma distribuição exponencial com média de 4 dias.
(a) Qual é a probabilidade de John ficar sem serviço?
(b) Se John ganhar cerca de \$ 50 por um serviço, qual será sua renda mensal média?
(c) Se ao final do semestre John decidir subcontratar os serviços pendentes a \$ 40 cada, quanto, em média, ele deve esperar que vai pagar?

3. Ao longo dos anos, o detetive Columbo, do Departamento de Polícia de Fayetteville, obteve um sucesso fenomenal na resolução de cada um de seus casos criminais. Resolver qualquer caso para ele é apenas uma questão de tempo. Columbo considera que o tempo por caso é 'totalmente aleatório', porém, na média, cada investigação leva aproximadamente uma semana e meia. Crimes na pacífica Fayetteville não são muito comuns e ocorrem aleatoriamente à taxa de um crime por mês (a cada quatro semanas). O detetive Columbo está solicitando um assistente para compartilhar a pesada carga de trabalho. Analise a solicitação de Columbo, em particular dos seguintes pontos de vista:
(a) O número médio de casos que esperam investigação.
(b) A porcentagem de tempo que o detetive permanece ocupado.
(c) A média de tempo necessário para resolver um caso.

4. Carros chegam ao posto de pedágio do Lincoln Tunnel de acordo com uma distribuição de Poisson, com uma média de 90 carros por hora. O tempo para passar pelo posto de pedágio se distribui conforme uma exponencial com média de 38 segundos. Os motoristas reclamam do longo tempo de espera e as autoridades estão dispostas a reduzir o tempo médio de passagem para 30 segundos com a instalação de dispositivos automáticos de cobrança do pedágio, contanto que duas condições sejam satisfeitas: 1) o número médio de carros à espera no presente sistema passar de 5, e 2) a porcentagem de tempo ocioso no posto de pedágio com a instalação do novo dispositivo não passar de 10%. O novo dispositivo pode ser justificado?

*5. Um restaurante de fast-food tem um único guichê de drive-in. Carros chegam de acordo com uma distribuição de Poisson à taxa de dois carros a cada 5 minutos. O espaço à frente do guichê pode acomodar no máximo 10 carros, incluindo o que está sendo atendido. Outros carros podem esperar fora desse espaço, se necessário. O tempo de atendimento por cliente segue uma exponencial, com uma média de 1,5 minuto. Determine o seguinte:
 (a) A probabilidade de a instalação estar ociosa.
 (b) O número esperado de clientes à espera para serem atendidos.
 (c) O tempo esperado de espera até um cliente chegar ao guichê e fazer um pedido.
 (d) A probabilidade de a fila de espera ultrapassar a capacidade de dez vagas.

6. Clientes chegam a um único guichê de drive-in de um banco de acordo com uma distribuição de Poisson, com uma média de 10 por hora. O tempo de serviço por cliente segue uma exponencial, com uma média de 5 minutos. Há três vagas à frente do guichê, incluindo o carro que está sendo atendido. Outros carros que chegam ficam na fila do lado de fora dessas vagas para três carros.
 (a) Qual é a probabilidade de um carro que chega poder entrar nas vagas destinadas a três carros?
 (b) Qual é a probabilidade de um carro que chega esperar do lado de fora das vagas designadas para os três carros?
 (c) Quanto tempo se supõe que um cliente que chega tenha de esperar antes de ser atendido?
 ***(d)** Quantas vagas para carros devem ser providenciadas à frente do guichê (incluindo o carro que está sendo atendido) de modo que um carro que chega possa encontrar uma vaga no mínimo 90% das vezes?

7. No $(M/M/1):(GD/\infty/\infty)$, apresente um argumento plausível para o fato de, em geral, L_s não ser igual a $L_q + 1$. Sob qual condição essa igualdade será válida?

8. Para o $(M/M/1):(GD/\infty/\infty)$, derive a expressão para L_q usando a definição básica $\sum_{n=2}^{\infty}(n-1)p_n$.

9. Para o $(M/M/1):(GD/\infty/\infty)$, mostre que:
 (a) O número esperado na fila dado que a fila não esteja vazia $= \frac{1}{(1-\rho)}$.
 (b) O tempo de espera estimado na fila para os que têm de esperar $= \left(\frac{1}{\mu-\lambda}\right)$.

Distribuição do tempo de espera para $(M/M/1):(FCFS/\infty/\infty)$.[1] A derivação de p_n no modelo generalizado da Seção 15.5 é *totalmente* independente da disciplina da fila. Isso significa que as médias das medidas de desempenho (W_s, W_q, L_s e L_q) se aplicam a todas as disciplinas de fila.

Embora o tempo *médio* de espera seja independente da disciplina da fila, sua função densidade de probabilidade não é. Ilustramos esse ponto derivando a distribuição do tempo de espera para o modelo $(M/M/1)$ tendo como base a disciplina FCFS.

Seja τ a quantidade de tempo que uma pessoa que *acabou de chegar* deve ficar no sistema (isto é, até a conclusão do serviço). Com base na disciplina FCFS, se houver n clientes no sistema à frente de um cliente que chega, então

$$\tau = t'_1 + t_2 + \dots + t_{n+1}$$

onde t'_1 é o tempo necessário para que o cliente que está sendo atendido no momento conclua o serviço, e $t_2, t_3, \dots, t_n$ são os tempos de atendimento para os $n-1$ clientes na fila. O tempo t_{n+1} representa o tempo de atendimento para o cliente que chega.

Defina-se $w(\tau|n+1)$ como a função densidade condicional de τ dados n clientes no sistema à frente do cliente que chega. Como a distribuição do tempo de atendimento segue uma exponencial, a propriedade da ausência de memória (Seção 15.3) nos diz que t'_1 também segue uma exponencial com a mesma distribuição. Assim, τ é a soma de $n+1$ variáveis aleatórias exponenciais independentes e identicamente distribuídas. Pela teoria da probabilidade, $w(\tau|n+1)$ segue uma distribuição gamma com parâmetros μ e $n+1$. Assim, temos

$$\begin{aligned} w(\tau) &= \sum_{n=0}^{\infty} w(\tau|n+1)p_n \\ &= \sum_{n=0}^{\infty} \frac{\mu(\mu\tau)^n e^{-\mu\tau}}{n!}(1-\rho)\rho^n \\ &= (1-\rho)\mu e^{-\mu\tau}\sum_{n=0}^{\infty}\frac{(\lambda\tau)^n}{n!} \\ &= (1-\rho)\mu e^{-\mu\tau}e^{\lambda\tau} \\ &= (\mu-\lambda)e^{-(\mu-\lambda)\tau}, \tau > 0 \end{aligned}$$

Assim, $w(\tau)$ é uma distribuição exponencial com média $W_s = \frac{1}{(\mu-\lambda)}$.

Exemplo 15.6-3

No modelo do lava-rápido do Exemplo 15.6-2, é razoável considerar que esse serviço é realizado com base na disciplina FCFS. Avalie a confiabilidade de usar W_s como uma estimativa do tempo de espera no sistema.

Um modo de responder a essa pergunta é estimar a proporção de clientes cujo tempo de espera ultrapasse W_s. Observando que $W_s = \frac{1}{(\mu-\lambda)}$, obtemos

$$\begin{aligned} P\{\tau > W_s\} &= 1 - \int_0^{W_s} w(\tau)d\tau \\ &= e^{-(\mu-\lambda)W_s} = e^{-1} = 0{,}368 \end{aligned}$$

Dessa maneira, sob a disciplina FCFS, aproximadamente 37% dos clientes esperarão mais do que W_s, o que parece excessivo, em particular porque o W_s atual para o lava-rápido já é alto (= 0,5 hora). Observamos que a probabilidade calculada ($= e^{-1} \approx 0{,}368$) é independente das taxas λ e μ para qualquer $(M/M/1):(FCFS/\infty/\infty)$, o que significa que seu valor não pode ser reduzido. Assim, se projetarmos o sistema com base no W_s médio, nossa expectativa será que 36,8% dos clientes esperarão mais do que o tempo médio de espera.

A situação pode ser melhorada de dois modos: 1) podemos aumentar a taxa de serviço μ para reduzir o valor de W_s a um nível aceitável ou 2) podemos selecionar uma taxa de serviço tal que a probabilidade de o tempo de espera exceder um valor preestabelecido (por exemplo, 10 minutos) fique restrito a uma porcentagem razoavelmente pequena (digamos, 10%). O primeiro método equivale a achar μ tal que $W_s < \bar{T}$, e o segundo método acha μ resolvendo a desigualdade $P\{\tau > \bar{T}\} < \alpha$, onde $\bar{T}$ e α são especificados pelo analista.

CONJUNTO DE PROBLEMAS 15.6C

***1.** No Problema 3, Conjunto 15.6b, determine a probabilidade de o detetive Columbo levar mais de 1 semana para resolver um caso criminal.

2. No Exemplo 15.6-3, calcule o seguinte:
 (a) O desvio-padrão do tempo de espera τ no sistema.
 (b) A probabilidade de o tempo de espera no sistema variar por meio desvio-padrão em relação à média.

3. No Exemplo 15.6-3, determine a taxa de serviço μ que satisfaz a condição $W_s < 10$ minutos.

4. No Exemplo 15.6-3, determine a taxa de serviço μ que satisfará a condição $P\{\tau > 10 \text{ minutos}\} < 0{,}1$.

***5.** Considere o Problema 5, Conjunto 15.6b. Para atrair mais freguesia, o proprietário do restaurante oferecerá refrigerantes grátis a qualquer cliente que espere mais do que 5 minutos. Dado que um refrigerante custa 50 centavos, quanto será o custo diário de oferecer os refrigerantes grátis? Considere que o restaurante funciona 12 horas por dia.

[1] Esse material pode ser omitido sem perda de continuidade. [quer dizer: "Esta parte pode ser ignorada sem que se tenha prejuízo de entendimento na continuidade do conteúdo"?] orig. 577

6. Mostre que, para $(M/M/1)$:$(FCFS/\infty/\infty)$, a distribuição do tempo de espera na fila é

$$w_q(t) = \begin{cases} 1-\rho, & t=0 \\ \mu\rho(1-\rho)e^{-(\mu-\lambda)t}, & t>0 \end{cases}$$

Depois, ache W_q com base em $w_q(t)$.

$(M/M/1)$:$(GD/N/\infty)$. Esse modelo é diferente de $(M/M/1)$:$(GD/\infty/\infty)$ porque há um limite N para o número no sistema (comprimento máximo da fila $= N-1$). Entre os exemplos estão situações de fabricação nas quais uma máquina pode ter uma área de segurança limitada e um restaurante de fast-food, ter um único guichê de drive-in.

Quando o número de clientes no sistema alcança N, não é permitida mais nenhuma chegada. Assim, temos

$$\lambda_n = \begin{cases} \lambda, & n=0,1,\ldots,N-1 \\ 0, & n=N, N+1 \end{cases}$$

$$\mu_n = \mu, \quad n=0,1,\ldots$$

Usando $\rho = \frac{\lambda}{\mu}$, o modelo generalizado da Seção 15.5 dá

$$\rho = \begin{cases} \rho^n p_0, & n \le N \\ 0, & n > N \end{cases}$$

O valor de p_0 é determinado com base na equação, $\sum_{n=0}^{\infty} p_n = 1$ que dá

$$p_0(1+\rho+\rho^2+\ldots+\rho^N) = 1$$

ou

$$p_0 = \begin{cases} \dfrac{(1-\rho)}{1-\rho^{N+1}}, & \rho \ne 1 \\ \dfrac{1}{N+1}, & \rho = 1 \end{cases}$$

Assim,

$$p_n = \begin{cases} \dfrac{(1-\rho)\rho^n}{1-\rho^{N+1}}, & \rho \ne 1 \\ \dfrac{1}{N+1}, & \rho = 1 \end{cases}, \quad n=0,1,\ldots,N$$

O valor de $\rho = \frac{\lambda}{\mu}$ *não* precisa ser menos do que 1 nesse modelo porque as chegadas no sistema são controladas pelo limite do sistema, N. Isso significa que, nesse caso, a taxa que importa é λ_{eff}, e não λ. Como haverá perda de clientes quando houver N no sistema, então, como mostra a Figura 15.4,

$$\lambda_{\text{lost}} = \lambda p_N$$

$$\lambda_{\text{eff}} = \lambda - \lambda_{\text{lost}} = \lambda(1-p_N)$$

Nesse caso, $\lambda_{\text{eff}} < \mu$.

O número esperado de clientes no sistema é calculado por

$$\begin{aligned} L_s &= \sum_{n=1}^{N} n p_n \\ &= \frac{1-\rho}{1-\rho^{N+1}} \sum_{n=0}^{N} n\rho^n \\ &= \left(\frac{(1-\rho)}{1-\rho^{N+1}}\right)\rho \frac{d}{\rho} \sum_{n=0}^{N} \rho^n \\ &= \frac{(1-\rho)\rho}{1-\rho^{N+1}} \frac{d}{d\rho}\left(\frac{1-\rho^{N+1}}{1-\rho}\right) \\ &= \frac{\rho\left[1-(N+1)\rho^N + N\rho^{N+1}\right]}{(1-\rho)\left(1-\rho^{N+1}\right)}, \quad \rho \ne 1 \end{aligned}$$

Quando $\rho = 1$, $L_s = \frac{N}{2}$ (verifique!). Podemos derivar W_s, W_q e L_q com base em L_s usando λ_{eff}, como foi mostrado na Seção 15.6.1.

A utilização de uma máquina de calcular de bolso para calcular as fórmulas de fila é, no mínimo, incômoda (as fórmulas ficarão mais complexas em outros modelos!). Recomendamos a utilização do TORA ou do gabarito excelPoissonQ.xls para dar conta desses cálculos.

Exemplo 15.6-4

Considere o lava-rápido do Exemplo 15.6-2. Suponha que a instalação tenha um total de quatro vagas para estacionamento. Se o estacionamento estiver cheio, os carros que acabam de chegar desistem e procuram outro lava-rápido. O proprietário quer determinar o impacto das vagas limitadas sobre a perda de clientes para a concorrência.

Em termos da notação do modelo, o limite do sistema é $N = 4 + 1 = 5$. Os dados de entrada da Tabela 15.8 geram o resultado da Figura 15.6.

Tabela 15.8 Dados de entrada que geram resultado da Figura 15.6

Lambda	Mu	c	Limite do sistema	Limite da fonte
4	6	1	5	infinito

Como o limite do sistema é $N = 5$, a proporção de clientes perdidos é $p_5 = 0{,}04812$, que, tomando como base um dia de 24 horas, equivale a perder $(\lambda p_5) \times 24 = 4 \times 0{,}04812 \times 24 = 4{,}62$ carros por dia. A decisão de aumentar o tamanho do estacionamento deve ser tomada com base no valor dos negócios perdidos.

Considerando o problema de um ângulo diferente, o tempo de espera total esperado no sistema, W_s, é 0,3736 hora, ou aproximadamente 22 minutos, em comparação com os 30 minutos do Exemplo 15.6-3, quando todos os carros que chegam podem entrar no estacionamento do lava-rápido. Essa redução de aproximadamente 25% é garantida à custa de perder cerca de 4,8% de todos os clientes potenciais por causa da limitação de vagas no estacionamento.

CONJUNTO DE PROBLEMAS 15.6D

*1. No Exemplo 15.6-4, determine o seguinte:

(a) Probabilidade de um carro que chega passar imediatamente à baia de lavagem.

Figura 15.6
Resultado do TORA para o Exemplo 15.6-4 (arquivo toraEx15.6-4.txt)

```
Cenário 1:(M/M/1):(GD/5/infinito)

Lambda =      4.00000                    Mu =      6.00000
Lambda eff =  3.80752                Rho/c =      0.66667

Ls =          1.42256                    Lq =      0.78797
Ws =          0.37362                    Wq =      0.20695
```

n	Probabilidade pn	Pn acumulada	n	Probabilidade pn	Pn acumulada
0	0.36541	0.36541	3	0.10827	0.87970
1	0.24361	0.60902	4	0.07218	0.95188
2	0.16241	0.77143	5	0.04812	1.00000

(b) Tempo de espera estimado até o início do serviço.
(c) Número esperado de vagas vazias.
(d) Probabilidade de todas as vagas estarem ocupadas.
(e) Porcentagem de redução no tempo médio de serviço que limitará o tempo médio no sistema a aproximadamente 10 minutos. (*Sugestão*: use tentativa-e-erro com a planilha excelPoissonQ.xls ou o TORA.)

2. Considere o lava-rápido do Exemplo 15.6-4. Determine o número de vagas no estacionamento tal que a porcentagem de carros que não puderem conseguir vaga não passe de 1%.

3. O tempo que o barbeiro Joe leva para fazer um corte de cabelo segue uma exponencial com uma média de 12 minutos. Devido à popularidade do barbeiro, os clientes costumam chegar (de acordo com uma distribuição de Poisson) a uma taxa muito mais alta do que Joe pode atender: 6 clientes por hora. Na verdade, seria melhor para Joe se a taxa de chegada fosse efetivamente reduzida para aproximadamente 4 clientes por hora. Para atingir essa meta, ele teve a idéia de providenciar um número limitado de cadeiras na sala de espera, de modo que os clientes que chegarem procurarão outra barbearia quando perceberem que todas as cadeiras estão ocupadas. Quantas cadeiras Joe deve providenciar para cumprir sua meta?

*4. A montagem final de geradores elétricos na Electro é realizada à taxa de Poisson de 10 unidades por hora. Em seguida, os geradores são transportados por uma esteira rolante até o departamento de inspeção para um teste final. A esteira pode suportar um máximo de 7 geradores. Um sensor eletrônico pára automaticamente a esteira quando ela estiver cheia, o que impede que o departamento de montagem final monte mais unidades até haver espaço disponível. O tempo para inspecionar os geradores segue uma exponencial, com uma média de 15 minutos.
(a) Qual é a probabilidade de o departamento de montagem final parar a produção?
(b) Qual é o número médio de geradores na esteira transportadora?
(c) O engenheiro de produção afirma que as interrupções no departamento de montagem podem ser reduzidas, aumentando a capacidade da esteira. Na verdade, ele afirma que a capacidade pode ser aumentada até o ponto em que o departamento de montagem poderá trabalhar 95% do tempo sem interrupção. Essa afirmativa é justificável?

5. Uma lanchonete pode acomodar um máximo de 50 pessoas sentadas. Clientes chegam de acordo com uma distribuição de Poisson à taxa de 10 por hora e são atendidos (um por vez) à taxa de 12 por hora.
(a) Qual é a probabilidade de um cliente que chega não comer na lanchonete porque ela está cheia?
(b) Suponha que 3 clientes (com tempos de chegada aleatórios) gostariam de se sentar juntos. Qual é a probabilidade de seu desejo ser satisfeito? (Considere que os arranjos para sentá-los juntos podem ser feitos assim que três lugares estiverem disponíveis).

6. Pacientes chegam ao consultório de um médico segundo uma distribuição de Poisson à taxa de 20 pacientes por hora. A sala de espera não acomoda mais do que 14 pacientes. O tempo de exame por paciente segue uma exponencial, com uma média de 8 minutos.
(a) Qual é a probabilidade de um paciente que chega não ter de esperar?
(b) Qual é a probabilidade de um paciente que chega encontrar um lugar para sentar na sala?
(c) Qual é o tempo total esperado que um paciente passa no consultório?

7. As probabilidades p_n de n clientes no sistema para um modelo $(M/M/1):(GD/5/\infty)$ são dadas na Tabela B.

Tabela B

n	0	1	2	3	4	5
p_n	0,399	0,249	0,156	0,097	0,061	0,038

A taxa de chegada λ é de 5 clientes por hora. A taxa de serviço μ é de 8 clientes por hora. Calcule o seguinte:
*(a) A probabilidade de um cliente que chega conseguir entrar no sistema.
*(b) A taxa na qual os clientes que chegam não conseguem entrar no sistema.
(c) Número esperado no sistema.
(d) Tempo médio de espera na fila.

8. Mostre que, quando $\rho = 1$ para $(M/M/1):(GD/N/\infty)$, o número esperado no sistema, L_s, é $\frac{N}{2}$. (*Sugestão*: $1 + 2 + \ldots + i = \frac{i(i+1)}{2}$.)

9. Mostre que λ_{eff} para $(M/M/1):(GD/N/\infty)$ pode ser calculada pela fórmula

$$\lambda_{eff} = \mu(L_s - L_q)$$

15.6.3 Modelos de múltiplos servidores

Esta seção considera três modelos de fila com múltiplos servidores paralelos. Os dois primeiros modelos são as versões multisservidores dos dois modelos da Seção 15.6.2. O terceiro modelo trata do caso do auto-serviço, que equivale a ter um número infinito de servidores paralelos.

Aplicação real — Planejamento do pessoal de vendas por telefone da Qantas Airways

Para reduzir custos operacionais, a Qantas Airways procura suprir com eficiência o pessoal de sua matriz de serviço de reservas por telefone e ao mesmo tempo prestar um serviço conveniente a seus clientes. Por tradição, as necessidades de pessoal são estimadas pela previsão do número de telefonemas futuros com base no histórico do aumento do negócio. Então, o aumento do número de profissionais é calculado tomando como base o aumento médio projetado do número de telefonemas dividido pelo número médio de telefonemas que um operador pode atender. Como os cálculos são baseados em médias, o número adicional de profissionais contratados não leva em conta as flutuações da demanda durante o dia.

Em particular, os longos tempos de espera para ser atendido durante os horários de pico resultaram em reclamações e até perda de clientes. O problema trata da determinação de um plano que estabeleça um equilíbrio entre o número de operadores contratados e as necessidades dos clientes. A solução usa análise de filas $(M/M/c)$ embutida em um modelo de programação inteira. As economias resultantes do modelo considerando apenas o escritório de Sydney foram de aproximadamente \$ 173.000 no ano fiscal de 1975–1976. Os detalhes do estudo são dados no Caso 15, Capítulo 24, disponível em inglês no site do livro.

$(M/M/c)$:$(GD/\infty/\infty)$. Nesse modelo há c servidores paralelos. A taxa de chegada é λ e a taxa de serviço por servidor é μ. Como não há nenhum limite de número no sistema, $\lambda_{eff} = \lambda$.

O efeito da utilização de c servidores paralelos é um aumento proporcional na taxa de serviço da instalação. Portanto, em termos do modelo generalizado (Seção 15.5), λ_n e μ_n são definidas como

$$\lambda_n = \lambda, n \geq 0$$
$$\mu_n = \begin{cases} n\mu, & n < c \\ c\mu, & n \geq c \end{cases}$$

Assim,

$$p_n = \begin{cases} \dfrac{\lambda^n}{\mu(2\mu)(3\mu)\cdots(n\mu)} p_0 = \dfrac{\lambda^n}{n!\mu^n} p_0 = \dfrac{\rho^n}{n!} p_0, & n < c \\[2ex] \dfrac{\lambda^n}{\left(\prod_{i=1}^{c} i\mu\right)(c\mu)^{n-c}} p_0 = \dfrac{\lambda^n}{c!c^{n-c}\mu^n} p_0 = \dfrac{\rho^n}{c!c^{n-c}} p_0, & n \geq c \end{cases}$$

Determinando $\rho = \frac{\lambda}{\mu}$ e considerando $\frac{\rho}{c} < 1$, o valor de p_0 é determinado por $\sum_{n=0}^{\infty} p_n = 1$, o que resulta em

$$p_0 = \left\{\sum_{n=0}^{c-1}\frac{\rho^n}{n!} + \frac{\rho^c}{c!}\sum_{n=c}^{\infty}\left(\frac{\rho}{c}\right)^{n-c}\right\}^{-1}$$

$$= \left\{\sum_{n=0}^{c-1}\frac{\rho^n}{n!} + \frac{\rho^c}{c!}\left(\frac{1}{1-\frac{\rho}{c}}\right)\right\}^{-1}, \frac{\rho}{c}<1$$

A expressão para L_q pode ser determinada da seguinte maneira:

$$L_q = \sum_{n=c}^{\infty}(n-c)p_n$$

$$= \sum_{k=0}^{\infty} k\, p_{k+c}$$

$$= \sum_{k=0}^{\infty} k\frac{\rho^{k+c}}{c^k c!}p_0$$

$$= \frac{\rho^{c+1}}{c!\,c}p_0\sum_{k=0}^{\infty}k\left(\frac{\rho}{c}\right)^{k-1}$$

$$= \frac{\rho^{c+1}}{c!\,c}p_0\frac{d}{d\left(\frac{\rho}{c}\right)}\sum_{k=0}^{\infty}\left(\frac{\rho}{c}\right)^k$$

$$= \frac{\rho^{c+1}}{(c-1)!(c-\rho)^2}p_0$$

Como $\lambda_{eff} = \lambda$, $L_s = L_q + \rho$. Os valores de W_s e W_q podem ser determinados dividindo L_s e L_q por λ.

Exemplo 15.6-5

Uma comunidade é atendida por duas empresas de táxi. Cada uma tem dois táxis e ambas têm a mesma participação de mercado, como fica evidente pelo fato de os telefonemas chegarem à central de atendimento de cada empresa à taxa de oito por hora. O tempo médio por viagem é 12 minutos. Os telefonemas seguem uma distribuição de Poisson e o tempo de viagem segue uma exponencial. Recentemente as duas empresas foram compradas por um investidor que está interessado em consolidá-las em uma única central de atendimento para oferecer melhor serviço aos clientes. Analise a proposta do novo proprietário.

Do ponto de vista de fila, os táxis são os servidores e a viagem é o serviço. Cada empresa pode ser representada pelo modelo $(M/M/2):(GD/\infty/\infty)$ com $\lambda = 8$ telefonemas por hora e $\mu = 60/10 = 5$ viagens *por táxi* por hora. A consolidação resultará no modelo $(M/M/4):(GD/\infty/\infty)$ com $\lambda = 2 \times 8 = 16$ telefonemas por hora e $\mu = 5$ viagens *por táxi* por hora.

Uma medida adequada para comparar os dois modelos é o tempo médio que um cliente espera por uma viagem, W_q. Os dados de entrada para a análise comparativa pelo TORA são mostrados na Tabela 15.9.

Tabela 15.9 Dados de entrada para análise comparativa

Cenário	Lambda	Mu	c	Limite do sistema	Limite da fonte
1	8	5	2	infinito	infinito
2	16	5	4	infinito	infinito

A Figura 15.7 fornece o resultado para os dois cenários. Os resultados mostram que o tempo de espera por uma viagem é 0,356 hora (≈ 21 minutos) para a situação de dois táxis e 0,149 (≈ 9 minutos) para a situação consolidada, uma notável redução de mais de 50% e uma clara evidência de que a consolidação das duas empresas é justificada.

Comentário. A conclusão da análise precedente é que um **pool de serviços** é *sempre* um modo mais eficiente de operação. Esse resultado é válido mesmo quando, por acaso, ambas as instalações separadas estejam 'muito' ocupadas (veja problemas 2 e 10, Conjunto 15.6e).

CONJUNTO DE PROBLEMAS 15.6E

1. Considere o Exemplo 15.6-5.
   (a) Mostre que a notável redução de mais de 50% no tempo de espera para o caso consolidado está aliada a um aumento na porcentagem do tempo em que os servidores ficam ocupados.
   (b) Determine o número de táxis que a empresa consolidada deve ter para limitar o tempo médio de espera por uma viagem a 5 minutos ou menos.

*2. No exemplo da empresa de táxis, suponha que o tempo médio por viagem seja, na verdade, 14,5 minutos, de modo que a utilização $\left(= \frac{\lambda}{\mu c}\right)$ para as operações com 2 e 4 táxis aumenta para mais de 96%. Ainda vale a pena consolidar as duas empresas em uma? Use o tempo médio de espera por uma viagem como medida de comparação.

3. Determine o número mínimo de servidores paralelos necessários em cada uma das seguintes situações (chegada/partida segundo Poisson) para garantir que a operação da situação de fila será estável (isto é, o comprimento da fila não crescerá indefinidamente):
   (a) Clientes chegam a cada 5 minutos e são atendidos à taxa de 10 clientes por hora.
   (b) O intervalo de tempo médio entre chegadas é 2 minutos e o tempo médio de serviço é 6 minutos.
   (c) A taxa de chegada é 30 clientes por hora e a taxa de atendimento é 40 clientes por hora.

4. Clientes chegam ao Thrift Bank de acordo com uma distribuição de Poisson, com uma média de 45 clientes por hora. As transações por cliente demoram cerca de 5 minutos e seguem uma distribuição exponencial. O banco quer usar uma operação de fila única e múltiplos caixas semelhante à usada em aeroportos e agências de correio. O gerente está ciente do fato de que os clientes podem mudar para outros bancos se perceberem que seu tempo de espera em fila é 'excessivo'. Por essa razão, ele quer limitar o tempo médio de espera na fila a não mais do que 30 segundos. Quantos caixas o banco deve ter?

*5. O restaurante de fast-food McBurger tem 3 caixas. Os clientes chegam de acordo com uma distribuição de Poisson a cada 3 minutos e formam uma fila que será atendida pelo primeiro caixa disponível. O tempo para atender a um pedido segue uma distribuição exponencial com uma média de 5 minutos. A sala de espera dentro do restaurante é limitada. Contudo, a comida é boa e os clientes estão dispostos a formar uma fila do lado de fora do restaurante, se necessário. Determine o tamanho da sala de espera dentro do restaurante (excluindo a fila dos caixas) de modo tal que a probabilidade de um cliente que chega não ter de esperar fora do restaurante seja de no mínimo 0,999.

6. Uma pequena agência de correio tem dois guichês abertos. Os clientes chegam de acordo com uma distribuição de Poisson à

Figura 15.7
Resultado do TORA para o Exemplo 15.6-5 (arquivo toraEx15.6-5.txt)

Análise comparativa

c	Lambda	Mu	L'da eff	p0	Ls	Ws	Lq	Wq
2	8.000	5.000	8.00	0.110	4.444	0.556	2.844	0.356
4	16.000	5.000	16.00	0.027	5.586	0.349	2.386	0.149

taxa de 1 a cada 3 minutos. Contudo, somente 80% deles se dirigem aos guichês. O tempo de atendimento por cliente segue uma exponencial, com uma média de 5 minutos. Todos os clientes que chegam formam uma única fila e se dirigem aos guichês disponíveis de acordo com um critério FCFS.

(a) Qual é a probabilidade de um cliente que chega ter de esperar na fila?
(b) Qual é a probabilidade de ambos os guichês estarem ociosos?
(c) Qual é o comprimento médio da fila de espera?
(d) Seria possível oferecer atendimento razoável com apenas um guichê? Explique.

7. A central de computadores da Universidade A é equipada com quatro computadores centrais de grande porte (mainframes). O número de usuários a qualquer instante é 25. Cada usuário pode apresentar um trabalho de um terminal a cada 15 minutos, em média, mas o tempo real entre apresentações é exponencial. Trabalhos que chegam são dirigidos automaticamente ao primeiro computador disponível. O tempo de execução por apresentação segue uma exponencial com média de 2 minutos. Calcule o seguinte:

*(a) A probabilidade de um trabalho não ser executado imediatamente após a apresentação.
(b) O tempo médio até o resultado de um trabalho ser devolvido ao usuário.
(c) O número médio de trabalhos que esperam execução.
(d) A porcentagem de tempo em que a central de computadores inteira está ociosa.
*(e) O número médio de computadores ociosos.

8. O Drake Airport atende a passageiros das áreas rural e suburbana e em trânsito. A distribuição da chegada para cada um dos três grupos se distribui como uma Poisson com taxas médias de 15, 10 e 20 passageiros por hora, respectivamente. O tempo para fazer o check-in de um passageiro segue uma exponencial com média de 6 minutos. Determine o número de balcões de check-in que devem estar disponíveis no Drake sob cada uma das seguintes condições:

(a) O tempo médio total para fazer o check-in de um cliente é menos do que 15 minutos.
(b) A porcentagem de ociosidade nos balcões não passe de 10%.
(c) A probabilidade de todas os balcões estarem ociosos não ultrapasse 0,01.

9. Nos Estados Unidos, a utilização de fila única com múltiplos servidores é comum em agências de correio e em balcões de check-in em aeroportos. Contudo, armazéns de secos e molhados e bancos (em especial em comunidades menores) tendem a preferir configurações de fila única com um único servidor, apesar de a configuração de fila única com múltiplos servidores oferecer uma operação mais eficiente. Comente essa observação.

10. Para o modelo $(M/M/c)$:$(GD/\infty/\infty)$, Morse (1958, p. 103) mostra que, à medida que $\frac{\rho}{c} \to 1$,

$$L_q = \frac{\rho}{c-\rho}$$

Observando que $\frac{\rho}{c} \to 1$ significa que os servidores estão extremamente ocupados, use essa informação para mostrar que a razão entre o tempo médio de espera em fila no modelo $(M/M/c)$:$(GD/\infty/\infty)$ e o tempo médio de espera em fila no modelo (M/M/1):(GD/∞/∞) tende a $\frac{1}{c}$ à medida que $\frac{\rho}{c} \to$. Assim, para $c = 2$, o tempo médio de espera pode ser reduzido em 50%. A conclusão desse exercício é que é sempre aconselhável organizar um *pool* de serviços independentemente de qual seja a 'sobrecarga' dos servidores.

11. Na derivação de p_n para o modelo $(M/M/c)$:$(GD/\infty/\infty)$, indique qual parte da derivação requer a condição $\frac{\rho}{c} \to$. Explique com palavras o significado dessa condição. O que acontecerá se essa condição não for satisfeita?

12. Prove que $L_s = L_q + \bar{c}$ começando com a definição $L_q = \sum_{n=c+1}^{\infty}(n-c)p_n$, onde $\bar{c}$ é o número médio de servidores ocupados. Daí, mostre que $\bar{c} = \frac{\lambda_{\text{eff}}}{\mu}$.

13. Mostre que p_n para o modelo $(M/M/1)$:$(GD/\infty/\infty)$ pode ser obtida do modelo $(M/M/c)$:$(GD/\infty/\infty)$ determinando $c = 1$.

14. Mostre que, para $(M/M/c)$:$(GD/\infty/\infty)$,

$$L_q = \frac{c\rho}{(c-\rho)^2} p_c$$

15. Para o modelo $(M/M/c)$:$(GD/\infty/\infty)$, mostre que

(a) A probabilidade de um cliente estar à espera é $\frac{\rho}{(c-\rho)} p_c$.
(b) O número médio na fila, dado que ela não esteja vazia, é $\frac{c}{(c-\rho)}$.
(c) O tempo de espera estimado na fila para clientes que têm de esperar é $\frac{1}{\mu(c-\rho)}$.

16. Prove que a função densidade de probabilidade do tempo de espera na fila para o modelo $(M/M/c)$:$(GD/\infty/\infty)$ é dada por

$$w_q(T) = \begin{cases} 1 - \dfrac{\rho^c}{(c-1)!(c-\rho)} p_0, & T = 0 \\ \dfrac{\mu\rho^c e^{-\mu(c-\rho)T}}{(c-1)!} p_0, & T > 0 \end{cases}$$

(*Sugestão*: Converta o caso de c canais ao *equivalente* com um único canal para o qual

$$P\{t > T\} = P\left\{\min_{1 \le i \le c} t_i > T\right\} = (e^{-\mu T})^c e^{-\mu c T}$$

onde t é o tempo de atendimento no caso equivalente com um único canal.)

17. Prove que, para $w_q(T)$ no Problema 16

$$P\{T > y\} = P\{T > 0\} e^{-(c\mu - \lambda)y}$$

onde $P\{T > 0\}$ é a probabilidade de um cliente que chega ter de esperar.

18. Prove que o tempo de espera no sistema para o modelo $(M/M/c)$:$(FCFS/\infty/\infty)$ tem a seguinte função densidade de probabilidade:

$$w(\tau) = \mu e^{-\mu\tau} + \frac{\rho^c \mu e^{-\mu\tau}}{(c-1)!\,(c-\rho-1)} \left\{ \frac{1}{c-\rho} - e^{-\mu(c-\rho-1)\tau} \right\} p_0, \ \tau \ge 0$$

(*Sugestão*: τ é a convolução do tempo de espera em fila, T (veja o Problema 16), e a distribuição do tempo de atendimento.)

$(M/M/c)$:$(GD/N/\infty)$, $c \le N$. Esse modelo é diferente do modelo $(M/M/c)$:$(GD/\infty/\infty)$ no sentido de que o limite do sistema é finito e igual a N. Isso significa que o tamanho máximo da fila é $N - c$. As taxas de chegada e serviço são λ e μ. A taxa efetiva de chegada λ_{eff} é menor do que λ por causa do limite do sistema, N.

Em termos do modelo generalizado (Seção 15.5), λ_n e μ_n para o modelo corrente são definidos como

$$\lambda_n = \begin{cases} \lambda, & 0 \le n \le N \\ 0, & n > N \end{cases}$$

$$\mu_n = \begin{cases} n\mu, & 0 \le n \le c \\ c\mu, & c \le n \le N \end{cases}$$

Substituindo λ_n e μ_n na expressão geral da Seção 15.5 e observando que $\rho = \frac{\lambda}{\mu}$, obtemos

$$p_n = \begin{cases} \dfrac{\rho^n}{n!} p_0, & 0 \le n < c \\ \dfrac{\rho^n}{c!\,c^{n-c}} p_0, & c \le n \le N \end{cases}$$

onde

$$p_0 = \begin{cases} \left(\displaystyle\sum_{n=0}^{c-1} \frac{\rho^n}{n!} + \frac{\rho^c \left(1 - \left(\frac{\rho}{c}\right)^{N-c+1}\right)}{c!\left(1 - \frac{\rho}{c}\right)} \right)^{-1}, & \dfrac{\rho}{c} \ne 1 \\ \left(\displaystyle\sum_{n=0}^{c-1} \frac{\rho^n}{n!} + \frac{\rho^c}{c!}(N - c + 1) \right)^{-1}, & \dfrac{\rho}{c} = 1 \end{cases}$$

Em seguida, calculamos L_q para o caso em que $\frac{\rho}{c} \neq 1$ como

$$\begin{aligned} L_q &= \sum_{n=c}^{N}(n-c)p_n \\ &= \sum_{j=0}^{N-c} j\,p_{j+c} \\ &= \frac{\rho^c \rho}{c!\,c} p_0 \sum_{j=0}^{N-c} j\left(\frac{\rho}{c}\right)^{j-1} \\ &= \frac{\rho^{c+1}}{c\,c!} p_0 \frac{d}{d\left(\frac{\rho}{c}\right)} \sum_{j=0}^{N-c}\left(\frac{\rho}{c}\right)^j \\ &= \frac{\rho^{c+1}}{(c-1)!(c-\rho)^2}\left\{1-\left(\frac{\rho}{c}\right)^{N-c+1} - (N-c+1)\left(1-\frac{\rho}{c}\right)\left(\frac{\rho}{c}\right)^{N-c}\right\} p_o \end{aligned}$$

Pode-se mostrar que, para $\frac{\rho}{c} = 1$, L_q se reduz a

$$L_q = \frac{\rho^c (N-c)(N-c+1)}{2c!} p_0,\ \frac{\rho}{c} = 1$$

Para determinar W_q, e então W_s e L_s, calculamos o valor de λ_{eff} por

$$\lambda_{lost} = \lambda p_N$$

$$\lambda_{\text{eff}} = \lambda - \lambda_{\text{lost}} = (1 - p_N)\lambda$$

Exemplo 15.6-6

No problema consolidado da empresa de táxis do Exemplo 15.6-5, suponha que não seja possível conseguir novos financiamentos para comprar mais táxis. O proprietário foi aconselhado por um consultor de que o único modo de reduzir o tempo de espera é a central informar a novos clientes o potencial atraso excessivo quando a lista de espera tiver seis clientes. Com certeza essa atitude fará com que os novos clientes procurem outra empresa, mas reduzirá o tempo de espera para os que estão na lista de espera. Avalie o conselho do consultor.

Limitar a lista de espera a seis clientes equivale a estabelecer $N = 6 + 4 = 10$ clientes. Assim, estamos investigando o modelo $(M/M/4):(GD/10/\infty)$, onde $\lambda = 16$ clientes por hora e $\mu = 5$ viagens por hora. Os dados de entrada da Tabela 15.10 fornecem os resultados da Figura 15.8.

Tabela 15.10 Dados de entrada para resultados da Figura 15.8

Lambda	Mu	c	Limite do sistema	Limite da fonte
16	5	4	10	infinito

O tempo médio de espera, W_q, antes do estabelecimento de um limite para a capacidade do sistema, é 0,149 hora (≈ 9 minutos) (veja a Figura 15.7), que é aproximadamente duas vezes a nova média de 0,075 hora (≈ 4,5 minutos). Essa notável redução é conseguida à custa da perda de aproximadamente 3,6% de clientes potenciais (p_{10} = 0,03574). Entretanto, esse resultado não reflete o efeito da possível perda de confiança do cliente na operação da empresa.

CONJUNTO DE PROBLEMAS 15.6F

1. No Exemplo 15.6-6, determine o seguinte:
- **(a)** O número esperado de táxis ociosos.
- **(b)** A probabilidade de um cliente que está telefonando ser o último da lista.
- **(c)** O limite da lista de espera se quisermos manter o tempo de espera na fila abaixo de 3 minutos.

2. A loja de conveniência Eat & Gas opera um posto de gasolina com duas bombas. A faixa de tráfego interno que leva às bombas pode conter no máximo 3 carros, excluindo os que estão sendo atendidos. Carros que chegam procuram outro posto se a faixa estiver cheia. A distribuição dos carros que chegam é uma Poisson com média de 20 por hora. O tempo para encher o tanque e pagar pelo combustível segue uma exponencial com média de 6 minutos.

Determine o seguinte:
- **(a)** Porcentagem de carros que procurarão outro posto de gasolina.
- **(b)** Porcentagem de tempo em que uma bomba está em uso.
- ***(c)** Percentual de utilização das duas bombas.
- ***(d)** Probabilidade de um carro que chegar não ser atendido imediatamente, mas encontrar uma vaga na faixa.
- **(e)** Capacidade da faixa que garantirá que, na média, não mais do que 10% dos carros que chegam tenham de ir embora.
- **(f)** Capacidade da faixa que garantirá que a probabilidade de ambas as bombas estarem ociosas é 0,05 ou menos.

3. Uma pequena oficina de conserto de motores funciona com três mecânicos. No início de março de cada ano, as pessoas trazem seus arados e cortadores de grama para revisão e manutenção. A oficina se dispõe a aceitar todos os arados e cortadores que os clientes trouxerem. Contudo, quando novos cliente vêem o piso da oficina cheio de equipamentos à espera de conserto, vão procurar serviço mais imediato. O piso da oficina pode abrigar no máximo 15 cortadores ou arados, excluindo os que estão sendo consertados.
Os clientes chegam à oficina a cada 10 minutos em média e um mecânico demora uma média de 30 minutos para concluir cada serviço. O intervalo de tempo entre chegadas e o tempo de serviço são ambos exponenciais. Determine o seguinte:
- **(a)** Número médio de mecânicos ociosos.
- **(b)** Quantidade de negócios perdidos para a concorrência por dia de 10 horas por causa da capacidade limitada da oficina.
- **(c)** Probabilidade de o próximo cliente que chegar ser atendido pela oficina.
- **(d)** Probabilidade de no mínimo um dos mecânicos ficar ocioso.
- **(e)** Número médio de arados ou cortadores que esperam serviço.
- **(f)** Uma medida da produtividade global da oficina.

Figura 15.8
Resultado pelo TORA para o Exemplo 15.6-6 (arquivo toraEx15.6-6.txt)

```
Cenário1: (M/M/4):(GD/10/infinito)

Lambda =        16.00000             Mu =        5.00000
Lambda eff =    15.42815             Rho/c =     0.80000

Ls =            4.23984              Lq =        1.15421
Ws =            0.27481              Wq =        0.07481
```

n	Probabilidade pn	Pn acumulada	n	Probabilidade pn	Pn acumulada
0	0.03121	0.03121	6	0.08726	0.79393
1	0.09986	0.13106	7	0.06981	0.86374
2	0.15977	0.29084	8	0.05584	0.91958
3	0.17043	0.46126	9	0.04468	0.96426
4	0.13634	0.59760	10	0.03574	1.00000

4. Na Universidade A, calouros são famosos porque querem ir às aulas de carro (ainda que a maioria deles tenha de morar no *campus* e possa usar o conveniente sistema de transporte interno grátis oferecido pela universidade). Durante as duas primeiras semanas do semestre o caos impera no *campus* porque os calouros tentam desesperadamente encontrar vagas para estacionar. Com dedicação fora do comum, eles esperam pacientemente nos corredores do estacionamento que alguém saia para que possam estacionar seus carros.
Vamos considerar um cenário específico: o estacionamento tem 30 vagas mas também pode acomodar 10 carros a mais nos corredores. Esses 10 carros a mais não podem estacionar nos corredores permanentemente e devem esperar pela disponibilidade de uma das 30 vagas. Os calouros chegam ao estacionamento de acordo com uma distribuição de Poisson, com uma média de 20 carros por hora. A média de tempo de estacionamento por carro é aproximadamente 60 minutos, mas, na verdade, segue uma distribuição exponencial.
   *(a) Qual é a porcentagem de calouros que têm de ir embora porque não podem entrar no estacionamento?
   *(b) Qual é a probabilidade de um carro que chega esperar nos corredores?
   (c) Qual é a probabilidade de um carro que chega ocupar a única vaga restante no estacionamento?
   *(d) Determine o número médio de vagas ocupadas.
   (e) Determine o número médio de vagas ocupadas nos corredores.
   *(f) Determine o número de calouros que não chegarão a tempo nas aulas durante um período de 8 horas porque o estacionamento está completamente lotado.
5. Verifique a expressão para p_0 para $(M/M/c)$:$(GD/N/\infty)$ dado que $\frac{\rho}{c} \neq 1$.
6. Prove a seguinte igualdade para $(M/M/c)$:$(GD/N/\infty)$

$$\lambda_{\text{eff}} = \mu\bar{c}$$

onde $\bar{c}$ é o número de servidores ocupados.

7. Verifique a expressão para p_0 e L_q para $(M/M/c)$:$(GD/N/\infty)$ quando $\frac{\rho}{c} = 1$.
8. Para o modelo $(M/M/c)$:$(GD/N/\infty)$ no qual $N = c$, definam-se λ_n e μ_n em termos do modelo generalizado (Seção 15.5) e então mostre que a expressão para p_n é dada por

$$p_n = \frac{\rho^n}{n!}p_0, n = 1, 2, \ldots, c$$

onde

$$p_0 = \left(1 + \sum_{n=1}^{c}\frac{\rho^n}{n!}\right)^{-1}$$

$(M/M/\infty)$:$(GD/\infty/\infty)$ — Modelo de auto-serviço. Nesse modelo, o número de servidores é ilimitado porque o cliente é também o servidor. Um exemplo típico é fazer o exame escrito para obter a carteira de motorista. Postos de gasolina de auto-serviço e caixas eletrônicos 24 horas não são abrangidos pela descrição desse modelo porque, na verdade, nesses casos os servidores são as bombas de gasolina e os caixas eletrônicos. O modelo supõe chegada constante e taxas de serviço também constantes, λ e μ, respectivamente.

Em termos do modelo generalizado da Seção 15.5, temos

$$\lambda_n = \lambda, n = 0, 1, 2, \ldots$$
$$\mu_n = n\mu, n = 0, 1, 2, \ldots$$

Assim,

$$p_n = \frac{\lambda^n}{n!\mu^n}p_0 = \frac{\rho^n}{n!}p_0, n = 0, 1, 2, \ldots$$

Como $\sum_{n=0}^{\infty} p_n = 1$, decorre que

$$p_0 = \frac{1}{1 + \rho + \frac{\rho^2}{2!} + \cdots} = \frac{1}{e^\rho} = e^{-\rho}$$

Como resultado,

$$p_n = \frac{e^{-\rho}\rho^n}{n!}, n = 0, 1, 2, \ldots$$

que é a distribuição de Poisson com média $L_s = \rho$. Como seria de esperar, L_q e W_q são zero porque é um modelo de auto-serviço.

Exemplo 15.6-7

Um investidor investe \$ 1.000 por mês em média em um tipo de título negociado em bolsa de valores. Como ele tem de esperar uma boa oportunidade de 'compra', o tempo de compra propriamente dito é totalmente aleatório. O investidor costuma manter os títulos por aproximadamente três anos em média, mas os venderá em tempos aleatórios quando surgir uma boa oportunidade de 'venda'. Embora de modo geral ele seja reconhecido como um esperto jogador na Bolsa, a experiência anterior indica que o valor de aproximadamente 25% dos títulos decresce a aproximadamente 20% por ano. Os restantes 75% sobem à taxa de aproximadamente 12% ao ano. Estime o patrimônio líquido médio (de longo prazo) do investidor no mercado de ações.

Esta situação pode ser tratada como um modelo $(M/M/\infty)$: $(GD/\infty/\infty)$ porque, para todas as finalidades práticas, o investidor não tem de esperar em uma fila para comprar ou vender títulos. O tempo médio entre ordens de compra é 1 mês, o que dá $\lambda = 12$ títulos por ano. A taxa de venda de títulos é $\mu = \frac{1}{3}$ por ano. Você pode obter o resultado do modelo usando os dados de entrada da Tabela 15.11.

Tabela 15.11 Dados de entrada

Lambda	Mu	c	Limite do sistema	Limite da fonte
12	0,3333333	infinito	infinito	infinito

Dados os valores de λ e μ, obtemos

$$L_s = \rho = \frac{\lambda}{\mu} = 36$$

A estimativa do valor líquido médio *anual* (de longo prazo) do investidor é

$$(0{,}25L_s \times \$\,1.000)(1 - 0{,}20) + (0{,}75L_s \times \$\,1.000)(1 + 0{,}12) = \$\,63.990$$

CONJUNTO DE PROBLEMAS 15.6G

1. No Exemplo 15.6-7, calcule o seguinte:
   (a) A probabilidade de o investidor vender todos os seus ativos.
   (b) A probabilidade de o investidor ter no mínimo 10 títulos.
   (c) A probabilidade de o investidor ter entre 30 e 40 títulos, inclusive.
   (d) O patrimônio líquido anual do investidor se apenas 10% dos títulos sofrerem depreciação de 30% ao ano e os restantes 90% aumentarem 15% ao ano.
2. Novos motoristas têm de passar em testes escritos antes de fazerem o exame de rua. De modo geral, esses exames são aplicados pelo departamento municipal de polícia. Registros da cidade de Springdale mostram que o número médio de testes escritos é 100 por um dia de 8 horas. O tempo médio necessário para concluir o teste é de aproximadamente 30 minutos. Contudo, a chegada dos que vão fazer o teste e o tempo que cada um demora para respondê-lo são totalmente aleatórios. Determine o seguinte:
   *(a) O número médio de cadeiras que o departamento de polícia deve providenciar na sala de exame.
   *(b) A probabilidade de o número de pessoas que vão fazer o teste ultrapassar o número médio de cadeiras fornecidas na sala de teste.
   (c) A probabilidade de nenhum teste ser aplicado em qualquer dia.
3. Mostre (usando a planilha excelPoissonQ.xls ou o TORA) que, para um pequeno $\rho = 0{,}1$, os valores de L_s, L_q, W_s, W_q e p_n para

o modelo $(M/M/c):(GD/\infty/\infty)$ podem ser estimados com confiabilidade usando as fórmulas menos incômodas do modelo $(M/M/\infty):(GD/\infty/\infty)$ para c pequeno, igual a 4 servidores.

4. Repita o Problema 3 para $\rho = 9$ (grande) e mostre que a mesma conclusão é válida, exceto que o valor de c é mais alto (no mínimo 14). Pelos resultados dos problemas 3 e 4, qual é a conclusão geral a que podemos chegar em relação à utilização do modelo $(M/M/\infty):(GD/\infty/\infty)$ para estimar os resultados do modelo $(M/M/c):(GD/\infty/\infty)$?

15.6.4 Modelo de manutenção de máquinas — *(M/M/R):(GD/K/K)*, *R < K*

O cenário para esse modelo é uma oficina com K máquinas. Quando uma máquina quebra, um dos R mecânicos de manutenção disponíveis é chamado para fazer o conserto. A taxa de quebra *por máquina* é λ quebras por unidade de tempo, e um mecânico de manutenção consertará máquinas quebradas à taxa de μ máquinas por unidade de tempo. Considera-se que todas as quebras e serviços seguem a distribuição de Poisson.

Esse modelo é diferente de todos os precedentes porque tem uma fonte de solicitações finita. Isso fica evidente ao percebermos que, quando todas as máquinas da oficina estiverem quebradas, não serão gerados mais pedidos de serviço. Em essência, somente máquinas aptas a funcionar podem quebrar e, portanto, gerar ordens de serviço.

Dada a taxa de quebra por máquina, λ, a taxa de quebra para a *oficina inteira* é proporcional ao número de máquinas que estão em condições de funcionamento. Em termos do modelo de fila, ter n máquinas *no sistema* significa que n máquinas estão quebradas. Assim, a taxa de quebra para a oficina inteira é

$$\lambda_n = (K-n)\,\lambda, 0 \le n \le K$$

Em termos do modelo generalizado da Seção 15.5, temos

$$\lambda_n = \begin{cases} (K-n)\lambda, & 0 \le n \le K \\ 0, & n \ge K \end{cases}$$

$$\mu_n = \begin{cases} n\mu, & 0 \le n \le R \\ R\mu, & R \le n \le K \end{cases}$$

Com base no modelo generalizado, podemos obter (verifique!)

$$p_n = \begin{cases} C_n^K \rho^n p_0, & 0 \le n \le R \\ C_n^K \dfrac{n!\rho^n}{R!R^{n-R}} p_0, & R \le n \le K \end{cases}$$

$$p_0 = \left(\sum_{n=0}^{R} C_n^K \rho^n + \sum_{n=R+1}^{K} C_n^K \frac{n!\rho^n}{R!R^{n-R}} \right)^{-1}$$

Não existe nenhuma expressão de forma fechada para L_s e, em conseqüência, ela deve ser calculada usando a seguinte definição básica:

$$L_s = \sum_{n=0}^{K} n p_n$$

O valor de λ_{eff} é calculado por

$$\lambda_{eff} = E\{\lambda(K-n)\} = \lambda(K - L_s)$$

Usando as fórmulas da Seção 15.6.1, podemos calcular as medidas de desempenho restantes, W_s, W_q e L_q.

Exemplo 15.6-8

A Toolco opera uma oficina de usinagem com um total de 22 máquinas. Sabe-se que cada máquina quebra uma vez a cada 2 horas, em média. O conserto demora 12 minutos, em média. Ambos, o tempo entre quebras e o tempo de conserto, seguem a distribuição exponencial. A Toolco está interessada em determinar o número de mecânicos de manutenção necessário para manter a oficina em funcionamento confortavelmente.

A situação pode ser analisada com a investigação da produtividade das máquinas como uma função do número de mecânicos de manutenção. Tal medida de produtividade pode ser definida como

$$\begin{pmatrix}\text{Produtividade} \\ \text{das máquinas}\end{pmatrix} = \frac{\text{Máquinas disponíveis} - \text{Máquinas quebradas}}{\text{Máquinas disponíveis}} \times 100$$

$$= \frac{22 - L_s}{22} \times 100$$

Os resultados para essa situação podem ser obtidos usando os seguintes dados de entrada: lambda = 0,5; mu = 5; R = 1, 2, 3 ou 4; limite do sistema = 22 e limite da fonte = 22. A Figura 15.9 dá o resultado. A produtividade associada é calculada da maneira mostrada na Tabela 15.12.

Tabela 15.12 Produtividade associada

Mecânicos de manutenção, R	1	2	3	4
Produtividade das máquinas (100%)	45,44	80,15	88,79	90,45
Aumento marginal (100%)	—	34,71	8,64	1,66

Os resultados mostram que, com um único mecânico de manutenção, a produtividade é baixa (= 45,44%). Aumentando o número de mecânicos de manutenção para dois, a produtividade tem um salto de 34,71%, passando para 80,15%. Quando empregamos três mecânicos de manutenção, o aumento da produtividade é de apenas 8,64%, passando para 88,79%, ao passo que, com quatro mecânicos de manutenção, a produtividade aumentará míseros 1,66%, passando para 90,45%.

A julgar por esses resultados, a utilização de dois mecânicos de manutenção é justificável. A defesa do caso de três mecânicos de manutenção não é tão boa porque o aumento de produtividade é de apenas 8,64%. Talvez seja interessante utilizar uma comparação monetária entre o custo da contratação de um terceiro mecânico de manutenção e a receita atribuída ao aumento de 8,64% na produtividade para bater o martelo (a Seção 15.10 apresenta uma discussão de modelos de custo). Quanto à contratação de um quarto mecânico de manutenção, o mísero aumento de 1,66% na produtividade não a justifica.

CONJUNTO DE PROBLEMAS 15.6H

1. No Exemplo 15.6-8, faça o seguinte:

(a) Verifique os valores de λ_{eff} dados na Figura 15.9.

*__(b)__ Calcule o número esperado de mecânicos de manutenção ociosos, dado $R = 4$.

(c) Calcule a probabilidade de todos os mecânicos de manutenção ficarem ociosos, dado $R = 3$.

*__(d)__ Calcule a probabilidade de a maioria (mais da metade) dos mecânicos de manutenção ficar ociosa, dado $R = 3$.

Figura 15.9
Resultado da análise comparativa do TORA para o Exemplo 15.6-8 (arquivo toraEx15.6-8.txt)

Análise comparativa

c	Lambda	Mu	L'da eff	p0	Ls	Lq	Ws	Wq
1	0.500	5.00	4.9980	0.0004	12.0040	11.0044	2.4018	2.2018
2	0.500	5.00	8.8161	0.0564	4.3677	2.6045	0.4954	0.2954
3	0.500	5.00	9.7670	0.1078	2.4660	0.5128	0.2525	0.0525
4	0.500	5.00	9.9500	0.1199	2.1001	0.1102	0.2111	0.0111

2. No Exemplo 15.6-8, defina e calcule a produtividade dos mecânicos de manutenção para $R = 1, 2, 3$ e 4. Use essa informação em conjunto com a medida de produtividade da máquina para decidir o número de mecânicos de manutenção que a Toolco deve contratar.
3. Nos cálculos da Figura 15.9, talvez pareça confuso que a taxa média de quebras de máquinas na oficina, λ_{eff}, aumente com o aumento de R. Explique por que esse aumento em λ_{eff} deve ser esperado.
*4. Um operador cuida de 5 máquinas automáticas. Após cada máquina concluir um lote de produção, o operador deve reajustá-la antes de iniciar um novo lote. O tempo para concluir um lote de produção se distribui conforme uma exponencial com média de 45 minutos. O tempo de preparação também segue uma exponencial com média de 8 minutos.
   (a) Determine o número médio de máquinas que estão esperando ajuste ou estão sendo ajustadas.
   (b) Calcule a probabilidade de todas as máquinas estarem funcionando.
   (c) Determine o tempo médio de paralisação de uma máquina.
5. A Kleen All é uma empresa que presta diversos serviços, como jardinagem, poda de árvores e pintura de casas. Os quatro empregados da empresa saem do escritório com o primeiro compromisso do dia. Após concluir um serviço, o empregado telefona para o escritório e pede instruções sobre o próximo trabalho a realizar. O tempo de conclusão de um serviço se distribui conforme uma exponencial com uma média de 45 minutos. O tempo de trânsito entre serviços também segue uma exponencial, com uma média de 20 minutos.
   (a) Determine o número médio de empregados em trânsito entre serviços.
   (b) Calcule a probabilidade de nenhum empregado estar em trânsito entre serviços.
*6. Após uma longa espera, os Newborns foram recompensados com quíntuplos, dois meninos e três meninas, graças às maravilhas dos novos avanços da medicina. Durante os 5 primeiros meses, a vida dos bebês consistiu em dois estados: acordado (e a maior parte do tempo chorando) e dormindo. De acordo com os Newborns, as atividades 'acordado/dormindo' nunca coincidem. Mais exatamente, tudo é totalmente aleatório. Na verdade, a senhora Newborn, uma profissional da estatística, acredita que a quantidade de tempo que cada bebê chora segue uma distribuição exponencial com uma média de 30 minutos. Por acaso, a quantidade de tempo que cada bebê dorme também segue uma distribuição exponencial, com uma média de 2 horas. Determine o seguinte:
   (a) O número médio de bebês que estão acordados a qualquer instante.
   (b) A probabilidade de todos os bebês estarem dormindo.
   (c) A probabilidade de os Newborns não ficarem muito felizes porque há mais bebês acordados (e chorando) do que dormindo.
7. Verifique a expressão para p_n para o modelo $(M/M/R)$:$(GD/K/K)$.
8. Mostre que a taxa de quebra em uma oficina pode ser calculada pela fórmula

$$\lambda_{eff} = \mu\bar{R}$$

onde $\bar{R}$ é o número médio de mecânicos de manutenção ocupados.

9. Verifique os seguintes resultados para o caso especial de um único mecânico de manutenção ($R = 1$):

$$p_n = \frac{K!\rho^n}{(K-n)!}p_0$$

$$p_0 = \left(1 + \sum_{n=1}^{R} \frac{K!\rho^n}{(K-n)}\right)^{-1}$$

$$L_s = K - \frac{(1-p_0)}{\rho}$$

15.7 $(M/G/1)$:$(GD/\infty/\infty)$ — FÓRMULA DE POLLACZEK-KHINTCHINE (P-K)

Modelos de fila nos quais as chegadas e partidas não seguem a distribuição de Poisson são complexos. Em geral, é aconselhável usar simulação como uma ferramenta alternativa para analisar essas situações (veja o Capítulo 16).

Esta seção apresenta uma das poucas filas não Poisson para a qual há resultados analíticos disponíveis. Ela trata do caso em que o tempo de atendimento, t, é representado por qualquer distribuição de probabilidade com média $E\{t\}$ e variância var$\{t\}$. Os resultados do modelo incluem as medidas básicas de desempenho L_s, L_q, W_s e W_q. O modelo não fornece uma expressão de forma fechada para p_n por causa da intratabilidade analítica.

Seja λ a taxa de chegada na instalação com um único servidor. Dadas $E\{t\}$ e var$\{t\}$ da distribuição do tempo de atendimento, e dado que $\lambda E\{t\} < 1$, pode-se mostrar, usando sofisticada análise de probabilidade/cadeias de Markov, que

$$L_s = \lambda E\{t\} + \frac{\lambda^2\left(E^2\{t\} + \text{var}\{t\}\right)}{2\left(1 - \lambda E\{t\}\right)}, \quad \lambda E\{t\} < 1$$

A probabilidade de a instalação estar vazia (ociosa) é calculada por

$$p_0 = 1 - \lambda E\{t\} = 1 - \rho$$

Como $\lambda_{eff} = \lambda$, as medidas de desempenho restantes (L_q, W_s e W_q) podem ser derivadas com base em L_s, como explicado na Seção 15.6.1.

O gabarito excelPKFormula.xls automatiza os cálculos do modelo.

Exemplo 15.7-1

No lava-rápido Automata do Exemplo 15.6-2, suponha que um novo sistema seja instalado de modo que o tempo de atendimento para todos os carros seja constante e igual a 10 minutos. Como o novo sistema afeta a operação da instalação?

Pelo Exemplo 15.6-2, $\lambda_{eff} = \lambda = 4$ carros por hora. O tempo de atendimento é constante, de modo que $E\{t\} = \frac{10}{60} = \frac{1}{6}$ hora e var$\{t\} = 0$. Assim,

$$L_s = 4\left(\tfrac{1}{6}\right) + \frac{4^2\left(\left(\tfrac{1}{6}\right)^2 + 0\right)}{2\left(1 - \tfrac{4}{6}\right)} = 1{,}33 \text{ carro}$$

$$L_q = 1{,}333 - \left(\tfrac{4}{6}\right) = 0{,}667 \text{ carro}$$

$$W_s = \frac{1{,}333}{4} = 0{,}333 \text{ hora}$$

$$W_q = \frac{0{,}667}{4} = 0{,}167 \text{ hora}$$

É interessante que, ainda que as taxas de chegada e de partida sejam iguais às do caso Poisson do Exemplo 15.6-2 ($\lambda = 4$ carros por hora e $\mu = \frac{1}{E\{t\}} = 6$ carros por hora), o tempo de espera estimado é mais baixo do que no modelo corrente porque o tempo de atendimento é constante, como mostra a Tabela 15.13.

Tabela 15.13 Tempo de atendimento constante

	$(M/M/1)$:$(GD/\infty/\infty)$	$(M/D/1)$:$(GD/\infty/\infty)$
W_s(h)	0,500	0,333
W_q(h)	0,333	0,167

Os resultados fazem sentido porque um tempo de atendimento constante indica *mais certeza* na operação da instalação.

CONJUNTO DE PROBLEMAS 15.7A

1. No Exemplo 15.7-1, calcule a porcentagem de tempo que a instalação fica ociosa.
2. Resolva o Exemplo 15.7-1 considerando que a distribuição do tempo de atendimento é dada como segue:

*(a) Uniforme entre 8 e 20 minutos.
(b) Normal com $\mu = 12$ minutos e $\sigma = 3$ minutos.
(c) Discreta com valores iguais a 4, 8 e 15 minutos com probabilidades 0,2, 0,6 e 0,2, respectivamente.

3. A Layson Roofing Inc. instala telhados em residências novas e antigas no Arkansas. Clientes potenciais requisitam o serviço aleatoriamente à taxa de 9 serviços por mês de 30 dias e são colocados em uma lista de espera para serem atendidos de acordo com um critério FCFS. O tamanho das residências varia, mas é bastante razoável considerar que as áreas de telhados são uniformemente distribuídas entre 150 e 300 molduras. De modo geral, a equipe de trabalho pode concluir 75 molduras por dia. Determine o seguinte:
(a) O número médio de serviços pendentes da Layson.
(b) O tempo médio que um cliente espera até o telhado ser concluído.
(c) Se a equipe de trabalho aumentar a ponto de poder concluir 150 molduras por dia, como isso afetará o tempo médio até a conclusão de um trabalho?

*4. A Óptica Ltda. prescreve receitas de óculos de acordo com os pedidos recebidos de clientes. Cada profissional é especializado em certos tipos de óculos. A empresa tem apresentado atrasos incomuns no processamento de óculos com lentes bifocais e trifocais. O profissional encarregado recebe 30 pedidos por dia de 8 horas. O tempo para concluir uma receita é normalmente distribuído, com uma média de 12 minutos e um desvio-padrão de 3 minutos. Após gastar entre 2 e 4 minutos, uniformemente distribuídos, e inspecionar os óculos, o profissional pode passar para uma nova receita. Determine o seguinte:
(a) A porcentagem de tempo que o profissional fica ocioso.
(b) A quantidade total de receitas pendentes para óculos bifocais e trifocais na Óptica.
(c) O tempo médio de conclusão de uma receita.

5. Um produto chega de acordo com uma distribuição de Poisson à taxa de 1 a cada 45 minutos. O produto requer duas operações subseqüentes executadas por um só trabalhador. A primeira operação usa uma máquina semi-automática que conclui seu ciclo em exatamente 28 minutos. A segunda operação faz ajustes e pequenas alterações, e seu tempo depende da condição em que o produto sai da operação 1. Especificamente, o tempo de operação 2 segue uma distribuição uniforme entre 3 e 6 minutos. Como cada operação requer a total atenção do trabalhador, não é possível carregar um novo item na máquina semi-automática antes da conclusão da operação 2 no item corrente.
(a) Determine o número de itens que estão esperando processamento na máquina semi-automática.
(b) Qual é a porcentagem de tempo que o trabalhador ficará ocioso?
(c) Quanto tempo é necessário, na média, para que um item que chegou saia da operação 2?

6. $(M/D/1):(GD/\infty/\infty)$. Mostre que, para o caso em que o tempo de atendimento for constante, a fórmula P-K se reduz a

$$L_s = \rho + \frac{\rho^2}{2(1-\rho)}$$

onde $\mu = \frac{1}{E\{t\}}$ e $\rho = \frac{\lambda}{\mu} = \lambda E\{t\}$.

7. $(M/E_m/1):(GD/\infty/\infty)$. Dado que o tempo de atendimento se distribui conforme uma Erlang com parâmetros m e μ (isto é, $E\{t\} = \frac{m}{\mu}$ e $\text{var}\{t\} = \frac{m}{\mu^2}$), mostre que a fórmula P-K se reduz a

$$L_s = m\rho + \frac{m(1+m)\rho^2}{2(1-m\rho)}$$

8. Mostre que a fórmula P-K se reduz à de L_s de $(M/M/1):(GD/\infty/\infty)$ quando o tempo de atendimento se distribui conforme uma exponencial com uma média de $\frac{1}{\mu}$ unidades de tempo.

9. Suponha que clientes cheguem a uma instalação de serviço com c servidores paralelos de acordo com uma distribuição de Poisson com uma taxa média de λ. Servidores (ocupados ou livres) são designados a clientes segundo um método estritamente rotativo.
(a) Determine a distribuição de probabilidade do intervalo de tempo entre chegadas.
(b) Suponha que na parte (a) os clientes que chegam são designados aleatoriamente aos c servidores com probabilidades α_i, $\alpha_i \geq 0, i = 1,2,\ldots,c$ e $\alpha_1 + \alpha_2 + \ldots + \alpha_c = 1$. Determine a distribuição de probabilidade do intervalo de tempo entre chegadas.

15.8 OUTROS MODELOS DE FILA

As seções precedentes se concentraram nos modelos de fila de Poisson, mas a literatura de filas é abundante em outros tipos de modelos. Em particular, filas com prioridade de atendimento, filas em redes e filas não Poisson formam um conjunto importante da literatura da teoria de filas. Esses modelos podem ser encontrados em livros mais especializados sobre teoria de filas.

15.9 MODELOS DE DECISÃO DE FILA

O *nível de serviço* de uma instalação de fila é uma função da taxa de serviço, μ, e do número de servidores paralelos, c. Esta seção apresenta dois modelos de decisão para determinar níveis 'adequados' de serviço para sistemas de filas: 1) um modelo de custo e 2) um modelo de nível de aspiração. Ambos reconhecem que níveis de serviço mais altos reduzem o tempo de espera no sistema. Ambos os modelos visam encontrar um equilíbrio entre os fatores conflitantes de nível de serviço e espera.

15.9.1 Modelos de custo

Modelos de custo tentam equilibrar dois custos conflitantes:

1. Custo de oferecer o serviço.
2. Custo da demora na oferta do serviço (tempo de espera do cliente).

Os dois tipos de custo estão em conflito porque o aumento de um provoca automaticamente a redução do outro, como já demonstramos na Figura 15.1.

Representando o *nível de serviço* por x ($= \mu$ ou c), o modelo de custo pode ser expresso por

$$ETC(x) = EOC(x) + EWC(x)$$

onde

ETC = custo total esperado *por unidade de tempo*

EOC = custo esperado de operação da instalação *por unidade de tempo*

EWC = custo esperado de espera *por unidade de tempo*

As formas mais simples para EOC e EWC são as seguintes funções lineares:

$$EOC(x) = C_1 x$$
$$EWC(x) = C_2 L_s$$

onde

C_1 = custo *marginal* por unidade de x, por unidade de tempo

C_2 = custo de espera por unidade de tempo, por cliente (esperando)

Os dois exemplos seguintes ilustram a utilização do modelo de custo. O primeiro exemplo considera que x é igual à taxa de serviço, μ, e o segundo considera que x é igual ao número de servidores paralelos, c.

Exemplo 15.9-1

A KeenCo Publishing está em processo de comprar uma copiadora comercial de alta velocidade. Fabricantes propuseram quatro modelos cujas especificações estão resumidas na Tabela 15.14.

Tabela 15.14 Especificações das copiadoras

Modelo da copiadora	Custo operacional ($/h)	Velocidade (folhas/min)
1	15	30
2	20	36
3	24	50
4	27	66

Os serviços chegam à KeenCo de acordo com uma distribuição de Poisson com uma média de quatro serviços por dia de 24 horas. O tamanho do serviço é aleatório, mas a média é aproximadamente 10.000 folhas por serviço. Contratos com clientes especificam um custo de multa para atraso de entrega de $ 80 por serviço por dia. Qual copiadora a KeenCo deve comprar?

Representando o modelo i da copiadora pelo índice i ($i = 1, 2, 3, 4$), o custo total esperado *por dia* associado com a copiadora i é

$$\begin{aligned} ETC_i &= EOC_i + EWC_i \\ &= C_{1i} \times 24 + C_{2i}L_{si} \\ &= 24C_{1i} + 80L_{si}, i = 1, 2, 3, 4 \end{aligned}$$

Os valores de C_{1i} são determinados pelos dados do problema. Determinamos L_{si} reconhecendo que, para todas as finalidades práticas, cada copiadora pode ser tratada como um modelo $(M/M/1):(GD/\infty/\infty)$. A taxa de chegada de serviços é $\lambda = 4$ serviços/dia. A taxa de serviço μ_i associada ao modelo i é calculada como mostra a Tabela 15.15.

Tabela 15.15 Taxa de serviço μ_i associada ao modelo i

Modelo i	Taxa de serviço μ_i (serviços/dia)
1	4,32
2	5,18
3	7,20
4	9,50

O cálculo da taxa de serviço é demonstrado para o modelo 1.

$$\text{Tempo médio por serviço} = \frac{10.000}{30} \times \frac{1}{60} = 5,56 \text{ horas}$$

Assim,

$$\mu_1 = \frac{24}{5,56} = 4,32 \text{ serviços/dia}$$

Os valores de L_{si} calculados utilizando o TORA ou a planilha excelPoissonQ.xls são dados na Tabela 15.16.

Tabela 15.16 Valores de L_{si}

Modelo i	λi (Serviços/dia)	μi (Serviços/dia)	L_{si} (Serviços)
1	4	4,32	12,50
2	4	5,18	3,39
3	4	7,20	1,25
4	4	9,50	0,73

Os custos para os quatro modelos são calculados da seguinte maneira mostrada na Tabela 15.17.

Tabela 15.17 Custos para os quatro modelos

Modelo i	EOC_i ($)	EWC_i ($)	ETC_i ($)
1	360,00	1.000,00	1.360,00
2	480,00	271,20	751,20
3	**576,00**	**100,00**	**676,00**
4	648,00	58,40	706,40

O modelo 3 produz o custo mais baixo.

CONJUNTO DE PROBLEMAS 15.9A

1. No Exemplo 15.9-1, faça o seguinte:
   (a) Verifique os valores de μ_2, μ_3 e μ_4 dados no exemplo.
   (b) Suponha que a multa de $ 80 por serviço por dia seja cobrada somente sobre serviços que *não* estiverem 'em andamento' no final do dia. Qual copiadora dá o custo total mais baixo por dia?

*2. A Metalco está em processo de contratar um mecânico de manutenção para uma oficina com dez máquinas. Dois candidatos estão sendo considerados. O primeiro pode executar consertos à taxa de cinco máquinas por hora e ganha $ 15 por hora. O segundo, mais habilidoso, recebe $ 20 por hora e pode consertar oito máquinas por hora. A Metalco estima que cada máquina quebrada incorrerá em um custo de $ 50 por hora devido à perda de produção. Considerando que as máquinas quebram de acordo com uma distribuição de Poisson com uma média de três por hora, e que o tempo de conserto segue uma distribuição exponencial, qual mecânico de manutenção deve ser contratado?

3. A B&K Groceries está inaugurando uma nova loja munida de caixas registradoras de leitura ótica de última geração. O senhor Bih, um dos proprietários da B&K, limitou as opções a duas leitoras óticas: a leitora *A* pode processar dez itens por minuto e a leitora *B*, de melhor qualidade, pode ler 15 itens por minuto. O custo diário (10 horas) de operação e manutenção das leitoras é $ 25 e $ 35 para os modelos *A* e *B*, respectivamente. Clientes que terminam suas compras chegam aos caixas de acordo com uma distribuição de Poisson à taxa de 10 clientes por hora. Cada carrinho de cliente contém entre 25 e 35 itens distribuídos uniformemente. O senhor Bih estima que o custo médio por cliente à espera por minuto seja de aproximadamente 20 centavos. Qual leitora a B&K deve adquirir? (*Sugestão*: o tempo de atendimento por cliente não segue uma distribuição exponencial. É uniformemente distribuído.)

4. A H&I Industry produz uma máquina especial com diferentes taxas de produção (peças por hora) para atender às especificações dos clientes. Um proprietário de oficina está pensando em comprar uma dessas máquinas e quer decidir qual é a velocidade mais econômica (em peças por hora) a ser pedida. Por experiência anterior, o proprietário estima que os pedidos dos clientes chegam à oficina de acordo com uma distribuição de Poisson à taxa de três pedidos por hora. A média de cada pedido é de aproximadamente 500 peças. Os contratos entre o proprietário e os clientes especificam uma multa de $ 100 por pedido atrasado por hora.
   (a) Considerando que o tempo real de produção por pedido segue uma distribuição exponencial, desenvolva um modelo geral de custo como uma função da taxa de produção, μ.
   ***(b)** Pelo modelo de custo em (a), determine uma expressão para a taxa ótima de produção.
   ***(c)** Usando os dados apresentados no problema, determine a taxa ótima de produção que o proprietário deve pedir à H&I.

5. Serviços chegam a uma oficina de usinagem de acordo com uma distribuição de Poisson à taxa de 80 serviços por semana. Uma máquina automática representa o gargalo da oficina. Estima-se que o aumento de uma unidade na taxa de produção da máquina custará $ 250 por semana. Serviços atrasados normalmente resultam em perda de clientes, o que é estimado em $ 500 por serviço por semana. Determine a taxa ótima de produção para a máquina automática.

6. A Pizza Unlimited vende dois modelos de franquias para restaurantes. O modelo *A* tem uma capacidade de 20 grupos de clientes, e o modelo *B* pode receber 30 grupos. O custo mensal de operação do modelo *A* é $ 12.000 e o do modelo *B* é $ 16.000. Um investidor quer montar uma pizzaria em estilo rodízio e estima que grupos de clientes, cada um ocupando uma mesa, cheguem de acordo com uma distribuição de Poisson a uma taxa de 25 grupos por hora. Se todas as mesas estiverem ocupadas, os clientes procurarão outro restaurante. O modelo *A* atenderá a 26 grupos por hora e o modelo *B* atenderá a 29 grupos por hora. Devido à variação no tamanho dos grupos e nos tipos de pedidos, o tempo de atendimento segue uma distribuição exponencial.

O investidor estima que o custo médio da perda de negócios por grupo de clientes por hora é \$ 15. O custo médio da demora no atendimento de clientes à espera, por grupo de clientes, por hora, é estimado em \$ 10.

(a) Desenvolva um modelo de custo adequado.

(b) Considerando que o restaurante ficará aberto 10 horas por dia, qual modelo você recomendaria ao investidor?

7. No Problema 6, suponha que o investidor possa optar por qualquer capacidade de restaurante que quiser, tendo como base um custo marginal específico para cada unidade de capacidade adicional requisitada. Derive o modelo geral de custo associado e defina todos os seus componentes e termos.

8. A Second Time Around vende itens populares usados por consignação. Sua operação pode ser considerada um problema de estoque no qual o estoque é reabastecido e esgotado aleatoriamente de acordo com distribuições de Poisson com taxas λ e μ itens por dia. Toda vez que uma unidade de item fica em falta de estoque, a Second Time perde \$ C_1 devido à oportunidade perdida, e toda vez que um item é mantido em estoque, incorre em um custo de permanência de \$ C_2.

(a) Desenvolva uma expressão para o custo total esperado por unidade de tempo.

(b) Determine o valor ótimo de $\rho = \frac{\lambda}{\mu}$. Qual é a condição que deve ser imposta aos valores relativos de C_1 e C_2 para que a solução seja consistente com as premissas do modelo $(M/M/1):(GD/\infty/\infty)$?

Exemplo 15.9-2

Em uma ferramentaria com vários empregados, os pedidos de troca de ferramentas ocorrem de acordo com uma distribuição de Poisson à taxa de 17,5 requisições por hora. Cada empregado pode atender a uma média de 10 requisições por hora. O custo de contratar um novo empregado é \$ 12 por hora. O custo da perda de produção por máquina à espera, por hora, é aproximadamente \$ 50. Determine o número ótimo de empregados para a ferramentaria.

A situação corresponde a um modelo $(M/M/c)$ no qual se quer determinar o valor ótimo de c. Assim, no modelo geral de custo apresentado no início desta seção, fazemos $x = c$, o que resulta no seguinte modelo de custo:

$$\begin{aligned} ETC(c) &= C_1 c + C_2 L_s(c) \\ &= 12c + 50L_s(c) \end{aligned}$$

Observe que $L_s(c)$ é uma função do número de empregados (paralelos) na ferramentaria.

Usamos o modelo $(M/M/c):(GD/\infty/\infty)$ com $\lambda = 17{,}5$ requisições por hora e $\mu = 10$ requisições por hora. Quanto a isso, o modelo alcançará o estado de equilíbrio somente se $c > \frac{\lambda}{\mu}$, isto é, no presente exemplo, para $c \geq 2$. A Tabela 15.18 apresenta o cálculo necessário para determinar c ótimo. Os valores de $L_s(c)$ (determinados com base na planilha excelPoissonQ.xls ou no TORA) dados a seguir mostram que o número ótimo de empregados é 4.

Tabela 15.18 Cálculo para determinar c ótimo

c	$L_s(c)$ (requisições)	$ETC(c)$ (\$)
2	7,467	397,35
3	2,217	146,85
4	**1,842**	**140,10**
5	1,769	148,45
6	1,754	159,70

CONJUNTO DE PROBLEMAS 15.9B

1. Resolva o Exemplo 15.9-2 considerando que C_1 = \$ 20 e C_2 = \$ 45.

***2.** A Tasco Oil é proprietária de uma unidade de impulsores auxiliares para tubulação que funciona continuamente. O tempo entre quebras para cada impulsor segue uma distribuição exponencial com uma média de 20 horas. O tempo de conserto segue uma distribuição exponencial com média de 3 horas. Em uma determinada estação, dois mecânicos de manutenção cuidam de 10 impulsores. A remuneração por hora para cada mecânico de manutenção é \$ 18. As perdas da tubulação são estimadas em \$ 30 por impulsor quebrado por hora. A Tasco está estudando a possibilidade de contratar mais um mecânico de manutenção.

(a) Haverá alguma economia de custo com a contratação de um terceiro mecânico de manutenção?

(b) Qual é a perda programada por quebra (em dólares) quando o número de mecânicos de manutenção em serviço for dois? E quando for três?

3. Uma empresa aluga uma linha telefônica para serviços de telecomunicação de longa distância (Wide-Area Telecommunications Service — Wats) por \$ 2.000 por mês. O escritório está em funcionamento 200 horas por mês. Em todas as outras horas a linha do serviço Wats é usada para outras finalidades e não está disponível para negócios da empresa. O acesso à linha Wats durante o horário comercial é permitido a 100 vendedores. Cada um deles pode precisar da linha a qualquer hora, mas a média é 8 horas por dia com tempo exponencial entre telefonemas. Um vendedor sempre esperará pela linha Wats caso ela esteja ocupada — uma inconveniência cujo custo estimado é 1 centavo por minuto de espera.

Considera-se que não surgirá nenhuma necessidade adicional de telefonemas enquanto o vendedor espera por determinado telefonema. O custo normal de telefonemas (que não usam a linha Wats) é, em média, aproximadamente 50 centavos por minuto, e a duração de cada telefonema se distribui conforme uma exponencial, com uma média de 6 minutos. A empresa está considerando alugar (ao mesmo preço) uma segunda linha Wats para melhorar o serviço.

(a) A única linha Wats está poupando dinheiro para a empresa em comparação com um sistema sem linha Wats? Quanto a empresa está ganhando ou perdendo por mês em comparação com um sistema sem linha Wats?

(b) A empresa deve alugar uma segunda linha Wats? Quanto ela ganharia ou perderia por mês em comparação com o sistema com uma única linha Wats se arrendasse uma linha adicional?

***4.** Uma oficina de usinagem tem 20 máquinas e três mecânicos de manutenção. Uma máquina em serviço quebra aleatoriamente de acordo com uma distribuição de Poisson. O tempo de conserto por máquina segue uma distribuição exponencial com uma média de 6 minutos. Uma análise de fila da situação mostra uma média de 57,8 pedidos de conserto por dia de 8 horas para toda a oficina. Suponha que a taxa de produção por máquina seja 25 unidades por hora e que cada unidade produzida gere \$ 2 de receita. Além disso, considere que um mecânico de manutenção receba uma remuneração de \$ 20 por hora. Compare o custo de contratar os mecânicos de manutenção com o custo da perda de receita quando as máquinas estão quebradas.

5. As condições necessárias para $ETC(c)$ (definidas antes) para considerar um valor mínimo em $c = c^*$ são

$$ETC(c^* - 1) \geq ETC(c^*) \text{ e } ETC(c^* + 1) \geq ETC(c^*)$$

Mostre que essas condições se reduzem a

$$L_s(c^*) - L_s(c^* + 1) \leq \frac{C_1}{C_2} \leq L_s(c^* - 1) - L_s(c^*)$$

Aplique o resultado ao Exemplo 15.9-2 e mostre que ele resulta em $c^* = 4$.

15.9.2 Modelo de nível de aspiração

A viabilidade do modelo de custo depende da qualidade da estimativa dos parâmetros de custo. De modo geral, esses parâmetros são difíceis de estimar, em particular o associado ao tempo de espera de clientes. O modelo de nível de aspiração procura amenizar essa dificuldade trabalhando diretamente com medidas de desempenho da situação de fila. A idéia é determinar uma faixa aceitável para o nível de serviço (μ ou c) especificando limites razoáveis para medidas de desempenho *conflitantes*. Tais limites são os *níveis de aspiração* que o tomador de decisões quer alcançar.

Ilustramos o procedimento aplicando-o ao modelo de múltiplos servidores, no qual se deseja determinar um número 'aceitável' de servidores, c^*. Fazemos isso considerando as duas medidas de desempenho (conflitantes) a seguir:

1. O tempo médio no sistema, W_s.
2. A porcentagem de ociosidade dos servidores, X.

A porcentagem de ociosidade pode ser calculada da seguinte maneira:

$$X = \frac{c-\bar{c}}{c}\times 100 = \frac{c-(L_s - L_q)}{c}\times 100 = \left(1-\frac{\lambda_{\text{eff}}}{c\mu}\right)\times 100$$

(Veja a prova no Problema 12, Conjunto 15.6.)

O problema se reduz a determinar o número de servidores c^* tal que

$$W_s \le \alpha \text{ e } X \le \beta$$

onde α e β são níveis de aspiração especificados pelo tomador de decisões. Por exemplo, podemos estipular que α = 3 minutos e β = 10%.

A solução do problema pode ser determinada representando W_s e X em gráfico como uma função de c, como mostra a Figura 15.10. Localizando α e β no gráfico, podemos determinar imediatamente uma faixa aceitável para c^*. Se as duas condições não puderem ser satisfeitas simultaneamente, uma ou ambas devem ser relaxadas para podermos determinar uma faixa viável.

Figura 15.10
Aplicação de níveis de aspiração em tomada de decisões com fila

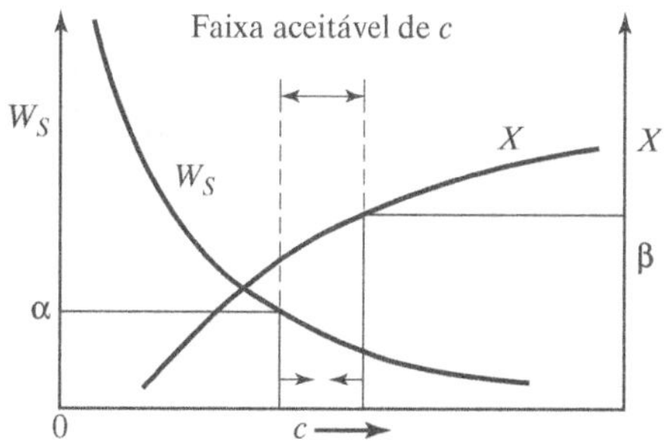

Exemplo 15.9-3

No Exemplo 15.9-2, suponha que queiramos determinar o número de empregados tal que o tempo de espera estimado até o recebimento de uma ferramenta fique abaixo de 5 minutos. Ao mesmo tempo, também queremos manter a porcentagem de ociosidade abaixo de 20%.

Para começo de conversa, e antes de qualquer cálculo, aspirar a um limite de 5 minutos para o tempo de espera até o recebimento de uma ferramenta (isto é, $W_s \le 5$ minutos) é definitivamente inviável porque, de acordo com os dados do problema, só o tempo médio de serviço já é 6 minutos. A Tabela 15.19 resume W_s e X como uma função de c:

Tabela 15.19 Resumo de W_s e X como uma função de c

c	2	3	4	5	6	7	8
W_s (min)	25,4	7,6	6,3	6,1	6,0	6,0	6,0
X(%)	12,5	41,7	56,3	65,0	70,8	75,0	78,0

Com base nesses resultados, devemos reduzir o tempo de atendimento ou reconhecer que a fonte do problema é que a taxa de requisição de ferramentas é absurdamente alta (λ = 17,5 requisições por hora). Muito provavelmente, essa é a área que deveria ser abordada. Por exemplo, talvez fosse útil investigar a razão dessa demanda tão alta de substituição de ferramentas. Será que o projeto da ferramenta em si não é defeituoso? Ou será que os operadores das máquinas estão sabotando propositalmente a produção para expressar seu descontentamento?

CONJUNTO DE PROBLEMAS 15.9C

*1. Uma oficina usa 10 máquinas idênticas. Cada máquina quebra uma vez a cada 7 horas, em média. O conserto de uma máquina quebrada demora meia hora, em média. O processo de quebra bem como o processo de conserto seguem a distribuição de Poisson. Determine o seguinte:

(a) O número de mecânicos de manutenção necessários tal que o número médio de máquinas quebradas seja menor do que 1.

(b) O número de mecânicos de manutenção necessários tal que o tempo de espera estimado até o início do conserto seja menor do que 10 minutos.

2. No modelo de custo da Seção 15.9.1, de modo geral é difícil estimar o parâmetro de custo C_2 (custo de espera). O resultado é que talvez seja útil calcular o custo C_2 implicado pelos níveis de aspiração. Usando o modelo de nível de aspiração para determinar c^*, podemos estimar o custo C_2 implicado usando a seguinte desigualdade:

$$L_s(c^*) - L_s(c^*+1) \le \frac{C_1}{C_2} \le L_s(c^*-1) - L_s(c^*)$$

(Veja o Problema 5, Conjunto 15.9b, para a derivação.) Aplique o procedimento ao problema do Exemplo 15.9-2, considerando c^* = 3 e C_1 = \$ 12,00.

REFERÊNCIAS BIBLIOGRÁFICAS

Bose, S. *An introduction to queuing systems.* Boston: Kluwer Academic, 2001.
Hall, R. *Queuing methods for service and manufacturing.* Upper Saddle River: Prentice Hall, 1991.
Lee, A. *Applied queuing theory.* Nova York: St. Martin's Press, 1966.
Lipsky, L. *Queuing theory, a linear algebraic approach.* Nova York: Macmillan, 1992.
Morse, P. *Queues, inventories, and maintenance.* Nova York: Wiley, 1958.
Parzen, E. *Stochastic processes.* San Francisco: Holden-Day, 1962.
Saaty, T. *Elements of queuing theory with applications.* Nova York: Dover, 1983.
Tanner, M. *Practical queuing analysis.* Nova York: McGraw-Hill, 1995.
Tijms, H. C. *Stochastic models — an algorithmic approach.* Nova York: Wiley, 1994.

Capítulo 16

Modelagem por simulação

Guia do capítulo. Simulação é o segundo melhor procedimento depois da observação de um sistema real. Trata de uma imitação computadorizada do comportamento aleatório de um sistema com a finalidade de estimar suas medidas de desempenho. Basicamente, a simulação vê uma situação operacional como uma fila de espera em uma instalação de serviço. Acompanhando passo a passo os movimentos de clientes na instalação, podem-se coletar dados estatísticos pertinentes (por exemplo, tempo de espera em fila e comprimento da fila). A tarefa de utilizar simulação começa com o desenvolvimento da lógica do modelo computacional de um modo que permitirá coletar os dados necessários. Há várias linguagens computacionais disponíveis para facilitar esses cálculos tediosos.

Uma utilização comum equivocada da simulação é executar o modelo durante um período arbitrário e então considerar os resultados como se fossem as "tábuas da lei". Na verdade, o resultado da simulação muda (às vezes drasticamente) ao longo do comprimento da rodada. Por essa razão, a modelagem por simulação lida com um experimento estatístico cujo resultado deve ser interpretado por testes estatísticos adequados. Ao estudar o material deste capítulo, preste especial atenção às peculiaridades do experimento de simulação, entre elas: 1) o papel importante dos números aleatórios (0,1) na retirada de amostras de distribuições de probabilidade; e 2) os métodos especiais utilizados para coletar observações de modo a satisfazer a premissa subjacente de um verdadeiro experimento estatístico.

O pré-requisito para este capítulo é um conhecimento básico de probabilidade e estatística. Conhecer os fundamentos da teoria de filas também ajuda.

Este capítulo inclui 10 exemplos resolvidos, 2 gabaritos Excel e 44 problemas de final de seção. Os programas AMPL/Excel Solver/TORA estão na pasta ch16Files.

16.1 SIMULAÇÃO DE MONTE CARLO

Uma precursora da simulação existente hoje é a técnica de Monte Carlo, um esquema de modelagem que estima parâmetros estocásticos ou determinísticos com base em amostragem aleatória. Entre os exemplos de aplicações da simulação de Monte Carlo, citamos a avaliação de integrais múltiplas, a estimativa da constante π ($\cong$ 3,14159) e a inversão de matrizes.

Esta seção usa um exemplo para demonstrar a técnica de Monte Carlo. O objetivo do exemplo é enfatizar a natureza estatística do experimento de simulação.

Exemplo 16.1-1

Usaremos amostragem por simulação de Monte Carlo para estimar a área de um círculo definida como

$$(x-1)^2 + (y-2)^2 = 25$$

O raio do círculo é $r = 5$ cm, e seu centro é $(x, y) = (1, 2)$.

O procedimento para estimar a área requer envolver completamente o círculo em um quadrado cujo lado seja igual ao diâmetro do círculo, como mostra a Figura 16.1. Os vértices são determinados pela geometria do quadrado.

A estimativa da área do círculo se baseia na premissa de que todos os pontos no quadrado têm igual probabilidade de ocorrer. Tomando uma amostra aleatória de n pontos no quadrado, se m desses pontos caírem dentro do círculo, então

$$\begin{pmatrix}\text{Estimativa da} \\ \text{área do círculo}\end{pmatrix} \neq \frac{m}{n}\begin{pmatrix}\text{Área do} \\ \text{quadrado}\end{pmatrix} = \frac{m}{n}(10 \times 10)$$

Para assegurar que todos os pontos no quadrado ocorram com probabilidades iguais, representamos as coordenadas x e y de um ponto no quadrado pelas seguintes distribuições *uniformes:*

$$f_1(x) = \frac{1}{10}, -4 \leq x \leq 6$$

$$f_2(y) = \frac{1}{10}, -3 \leq y \leq 7$$

Um ponto amostrado (x, y) baseado na distribuição $f_1(x)$ e $f_2(y)$ garante que todos os pontos no quadrado têm a mesma probabilidade de serem selecionados.

A determinação de uma amostra (x, y) é baseada na utilização de números aleatórios independentes e uniformemente distribuídos na faixa (0, 1). A Tabela 16.1 apresenta uma pequena lista de tais números que utilizaremos nos cálculos dos exemplos. Para a finalidade de simulação geral são utilizadas operações aritméticas especiais para gerar os números aleatórios 0-1, como será mostrado na Seção 16.4.

Para um par de números aleatórios 0-1, R_1 e R_2, um ponto aleatório (x, y) no quadrado é determinado mapeando-os sobre os eixos x e y da Figura 16.1 com a utilização das seguintes fórmulas:

$$x = -4 + [6 - (-4)]R1 = -4 + 10R1$$

$$y = -3 + [7 - (-3)]R2 = -3 + 10R2$$

Figura 16.1
Estimativa por simulação de Monte Carlo da área de um círculo

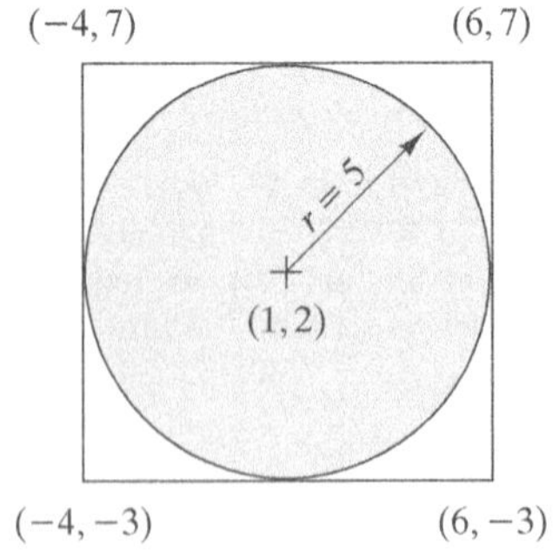

Tabela 16.1 Lista resumida de números aleatórios 0-1

0,0589	0,3529	0,5869	0,3455	0,7900	0,6307
0,6733	0,3646	0,1281	0,4871	0,7698	0,2346
0,4799	0,7676	0,2867	0,8111	0,2871	0,4220
0,9486	0,8931	0,8216	0,8912	0,9534	0,6991
0,6139	0,3919	0,8261	0,4291	0,1394	0,9745
0,5933	0,7876	0,3866	0,2302	0,9025	0,3428
0,9341	0,5199	0,7125	0,5954	0,1605	0,6037
0,1782	0,6358	0,2108	0,5423	0,3567	0,2569
0,3473	0,7472	0,3575	0,4208	0,3070	0,0546
0,5644	0,8954	0,2926	0,6975	0,5513	0,0305

Para demonstrar a aplicação do procedimento, considere $R_1 = 0{,}0589$ e $R_2 = 0{,}6733$. Então,

$$x = -4 + 10R_1 = -4 + 10 \times 0{,}0589 = -3{,}411$$

$$y = -3 + 10R_2 = -3 + 10 \times 0{,}6733 = 3{,}733$$

Este ponto cai dentro do círculo porque

$$(-3{,}411 - 1)^2 + (3{,}733 - 2)^2 = 22{,}46 < 25$$

O procedimento é repetido n vezes, registrando o número m de pontos que caem dentro do círculo. Então, a estimativa da área é calculada por $100(\frac{m}{n})$.

Comentários. Para aumentar a confiabilidade da estimativa da área do círculo, usamos os mesmos procedimentos empregados em experimentos estatísticos comuns:

1. Aumentar o tamanho da amostra.
2. Usar repetições.

A discussão no Exemplo 16.1-1 propõe duas perguntas em relação ao experimento de simulação:

1. Qual deve ser o tamanho, n, da amostra?
2. Quantas repetições, N, são necessárias?

Há algumas fórmulas na teoria estatística para determinar n e N, e elas dependem da natureza do experimento de simulação, bem como do nível de confiança desejado. Entretanto, como em qualquer experimento estatístico, a regra de ouro é que valores mais altos de n e N significam resultados de simulação mais confiáveis. No fim, o tamanho da amostra dependerá do custo associado à realização do experimento de simulação. Contudo, de modo geral, um tamanho da amostra selecionado é considerado 'adequado' se produzir um desvio-padrão relativamente 'pequeno'.

Devido à variação aleatória do resultado do experimento, é necessário expressar os resultados como um intervalo de confiança. Representando a média e a variância de N repetições por $\bar{A}$ e s, respectivamente, então, para um nível de confiança α, o intervalo de confiança para a área verdadeira A é

$$\bar{A} - \frac{s}{\sqrt{N}} t_{\frac{\alpha}{2}, N-1} \le A \le \bar{A} + \frac{s}{\sqrt{N}} t_{\frac{\alpha}{2}, N-1}$$

O parâmetro $t_{\frac{\alpha}{2}, N-1}$ é determinado com base nas tabelas de distribuição t dado um nível de confiança α e $N - 1$ graus de liberdade (veja a Tabela t no Apêndice B ou use a planilha excelStatTables.xls). Observe que N é igual ao número de repetições, que é distinto de n, o tamanho da amostra.

Momento Excel

Como os cálculos associados a cada amostra do Exemplo 16.1-1 são volumosos, o gabarito excelCircle.xls (com macros VBA) é usado para testar o efeito do tamanho da amostra e do número de repetições sobre a exatidão da estimativa da área. Os dados de entrada incluem o raio do círculo, r, e seu centro, (cx, cy); o tamanho da amostra, n; e o número de repetições, N. A entrada *Steps* na célula D4 permite executar vários tamanhos de amostras na mesma rodada. Por exemplo, se n = 30.000 e Steps = 3, o gabarito produzirá automaticamente os resultados para n = 30.000, 60.000, 90.000. Toda vez que for pressionada a tecla de comando Press to execute Monte Carlo, novas estimativas são executadas porque o Excel aciona novamente o gerador de números aleatórios para uma seqüência diferente.

A Figura 16.2 resume os resultados para cinco repetições e tamanhos de amostras de 30.000, 60.000 e 90.000. A área exata é 78,54 cm², e os resultados pela simulação de Monte Carlo mostram que a área média estimada para os três tamanhos de amostras varia de $\bar{A}$ = 78,533 a $\bar{A}$ = 78,490 cm². Observamos também que o desvio-padrão decresce de s = 0,308 para n = 30.000 a s = 0,191 para

Figura 16.2
Resultado em Excel da estimativa por simulação de Monte Carlo da área de um círculo (arquivo excelCircle.xls)

	B	C	D	E
1	Monte Carlo Estimation of the Area of a Circle			
2	Input data			
3	Nbr. Replications, N =	5		
4	Sample size, n =	30,000	Steps =	3
5	Radius, r =	5		
6	Center, cx =	1		
7	Center, cy =	2		
8	Output results			
9	Exact area =	78.540		
10	Press to Execute Monte Carlo			
11	Monte Carlo Calculations:			
12		n=30000	n=60000	n=90000
13	Replication 1	78.207	78.555	78.483
14	Replication 2	78.673	78.752	78.581
15	Replication 3	78.300	78.288	78.281
16	Replication 4	78.503	78.347	78.343
17	Replication 5	78.983	78.775	78.760
18				
19	Mean =	78.533	78.543	78.490
20	Std. Deviation =	0.308	0.225	0.191
21				
22	95% lower conf. limit =	78.151	78.263	78.253
23	95% upper conf. limit =	78.915	78.823	78.727

n = 90.000, uma indicação de que a precisão aumenta com o aumento do tamanho da amostra.

Em termos do presente experimento, estamos interessados em estabelecer o intervalo de confiança com base no maior tamanho de amostra (isto é, n = 90.000). Dados N = 5, $\bar{A}$ = 78,490 cm² e s = 0,191 cm², $t_{0{,}025,4} = 2{,}776$, e o intervalo de confiança de 95% resultante é $78{,}25 \le A \le 78{,}73$. Em geral, o valor de N deve ser no mínimo 5 para obter razoável precisão na estimativa do intervalo de confiança.

CONJUNTO DE PROBLEMAS 16.1A

1. No Exemplo 16.2-1, estime a área do círculo usando as duas primeiras colunas de números aleatórios (0, 1) da Tabela 16.1. (Por conveniência, percorra cada coluna de cima para baixo, selecionando primeiro R_1 e, depois, R_2). Compare essa estimativa com as dadas na Figura 16.2.
2. Suponha que a equação de um círculo seja
$$(x - 3)^2 + (y + 2)^2 = 16$$
   (a) Defina as distribuições $f(x)$ e $f(y)$ correspondentes e então mostre como um ponto amostral (x, y) é determinado usando o par $(R1, R2)$ aleatório (0,1).
   (b) Use a planilha excelCircle.xls para estimar a área e o intervalo de confiança de 95% associado ao dados n = 100.000 e N = 10.
3. Use amostragem por simulação de Monte Carlo para estimar a área do lago mostrado na Figura 16.3. Baseie a estimativa nas duas primeiras colunas de números aleatórios (0,1) da Tabela 16.1.
4. Considere o jogo em que dois jogadores, Jan e Jim, lançam, um a cada vez, uma moeda perfeita. Se sair cara, Jim ganha $ 10 de Jan. Caso contrário, Jan ganha $ 10 de Jim.
   *__(a)__ Como o jogo é simulado como um experimento de Monte Carlo?
   (b) Realize o experimento para cinco repetições de dez lançamentos cada. Use as cinco primeiras colunas dos números aleatórios (0, 1) da Tabela 16.1, sendo que cada coluna corresponde a uma repetição.
   (c) Estabeleça um intervalo de confiança de 95% para os ganhos de Jan.
   (d) Compare o intervalo de confiança em (c) com os ganhos teóricos esperados para Jan.

Figura 16.3
Mapa do lago para o Problema 3, Conjunto 16.1A

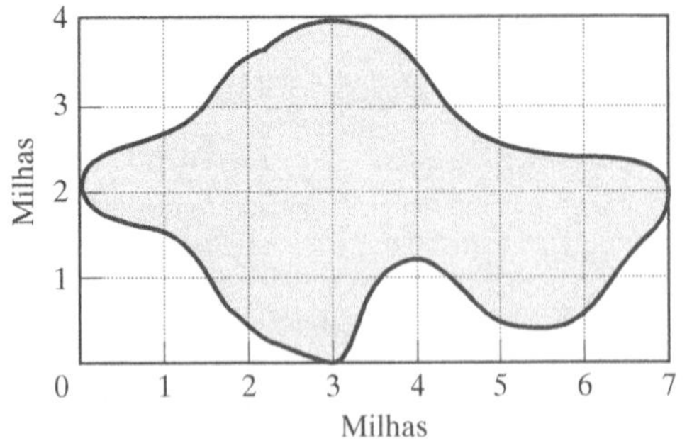

5. Considere a seguinte integral definida:

$$\int_0^1 x^2 dx$$

(a) Desenvolva o experimento de Monte Carlo para estimar a integral.

(b) Use as quatro primeiras colunas da Tabela 16.1 para avaliar a integral com base em quatro repetições, cada uma de tamanho 5. Calcule um intervalo de confiança de 95% e compare-o com o valor exato da integral.

6. Simule cinco ganhos ou perdas do seguinte jogo de dados: o jogador lança dois dados não viciados. Se o resultado somar 7 ou 11, o jogador ganha \$ 10. Caso contrário, ele registra a soma resultante (denominada *ponto*) e continua jogando os dados até que a soma dos resultados seja igual ao *ponto* registrado, caso em que ganhará \$ 10. Se obtiver um 7 antes de igualar o *ponto* registrado, o jogador perde \$ 10.

***7.** O tempo de espera para receber um pedido pode ser 1 ou 2 dias, com probabilidades iguais. A demanda *por dia* assume os valores 0, 1 e 2 com as respectivas probabilidades de 0,2, 0,7 e 0,1. Use os números aleatórios da Tabela 16.1 (começando pela coluna 1) para estimar a distribuição conjunta da demanda e do tempo de espera. Pela distribuição conjunta, estime a pdf da demanda durante o tempo de espera. (*Sugestão*: a demanda durante o tempo de espera assume valores discretos de 0 a 4.)

8. Considere o experimento da agulha de Buffon. Sobre um plano horizontal são riscadas retas paralelas a D cm de distância uma da outra. Uma agulha de comprimento d cm ($d < D$) é jogada aleatoriamente sobre o plano. O objetivo do experimento é determinar a probabilidade de qualquer uma das extremidades da agulha tocar ou cruzar uma das linhas. Definam-se

h = distância perpendicular do centro da agulha a uma linha (paralela)

θ = ângulo de inclinação entre a agulha e uma linha

(a) Mostre que a agulha tocará ou cruzará uma linha só se

$$h \leq \frac{d}{2}\operatorname{sen}\theta, 0 \leq h \leq \frac{D}{2}, 0 \leq \theta \leq \pi$$

(b) Elabore o experimento de Monte Carlo e dê uma estimativa da probabilidade desejada.

(c) Use o Excel para obter quatro repetições, cada uma de tamanho 10, da probabilidade desejada. Determine um intervalo de confiança de 95% para a estimativa. Considere D = 20 cm e d = 10 cm.

(d) Prove que a probabilidade teórica é dada pela fórmula

$$p = \frac{2d}{\pi D}$$

(e) Use o resultado em (c) junto com a fórmula em (d) para estimar π.

16.2 TIPOS DE SIMULAÇÃO

Hoje, a execução de simulações é geralmente baseada na idéia de amostragem usada com o método de Monte Carlo. A diferença é que ela se preocupa com o estudo do comportamento de sistemas reais *como uma função do tempo*. Existem dois tipos distintos de modelos de simulação.

1. Modelos contínuos tratam de sistemas cujo comportamento muda *continuamente* ao longo do tempo. Esses modelos costumam usar equações diferenciais para descrever as interações entre os diferentes elementos do sistema. Um exemplo típico trata do estudo da dinâmica da população mundial.

2. Modelos discretos tratam primordialmente do estudo de filas de espera, com o objetivo de determinar medidas como o tempo médio de espera e o comprimento da fila. Essas medidas mudam somente quando um cliente entra ou sai do sistema. Os momentos em que as mudanças acontecem ocorrem em pontos discretos do tempo (eventos de chegadas e partidas), o que dá origem ao nome **simulação de eventos discretos**.

Este capítulo apresenta os fundamentos básicos da simulação de eventos discretos, incluindo uma descrição dos componentes de um modelo de simulação, coleta de estatísticas de simulação e o aspecto estatístico do experimento de simulação. O capítulo também enfatiza o papel das linguagens computacionais e de simulação na execução de modelos de simulação.

CONJUNTO DE PROBLEMAS 16.2A

1. Categorize as seguintes situações como discretas ou contínuas (ou uma combinação de ambas). Em cada caso, especifique o objetivo do desenvolvimento do modelo de simulação.

***(a)** Pedidos para um item chegam aleatoriamente a um depósito. Um pedido que não pode ser atendido imediatamente porque não há estoque disponível tem de esperar a chegada de novos carregamentos.

(b) A população mundial é afetada pela disponibilidade de recursos naturais, produção de alimentos, condições ambientais, nível de educação, serviços de saúde e investimentos de capital.

(c) Mercadorias chegam em paletes a uma plataforma de recebimento de um depósito automatizado. Os paletes são carregados em uma esteira transportadora inferior e transferidos por elevador a um esteira transportadora superior, que leva os paletes até os corredores. Os corredores são atendidos por guindastes, que retiram os paletes da esteira e os colocam em baias de armazenagem.

2. Explique por que você concorda com a seguinte afirmação ou discorda dela: "A maioria dos modelos de simulação de eventos discretos pode ser considerada, de certo modo, como sistemas de fila que consistem em *fontes* das quais são gerados clientes, *filas* nas quais os clientes devem esperar e *instalações* onde os clientes são atendidos".

16.3 ELEMENTOS DA SIMULAÇÃO DE EVENTOS DISCRETOS

Esta seção apresenta o conceito de eventos em simulação e mostra como são coletados os dados estatísticos do sistema simulado.

16.3.1 Definição genérica de eventos

Toda simulação de eventos discretos descreve, de modo direto ou indireto, situações de fila nas quais clientes chegam, esperam em uma fila se necessário e então são atendidos antes de saírem do sistema. Em geral, qualquer modelo de eventos discretos é composto por uma rede de filas inter-relacionadas.

Dado que um modelo de eventos discretos é, na realidade, um composto de filas, a coleta de dados estatísticos de simulação (por exemplo, comprimento da fila e status da instalação de serviço) só ocorre quando um cliente chega ou sai da instalação. Isso significa que dois eventos principais controlam o modelo de simulação: chegadas e partidas. Esses são os dois únicos instantes em que precisamos examinar o sistema. Em todos os outros instantes não corre nenhuma alteração que afete a estatística do sistema.

Exemplo 16.3-1

A Metalco Jobshop recebe dois tipos de serviços: normais e urgentes. Todos os serviços são processados em duas máquinas consecutivas com amplas áreas de segurança. Serviços urgentes sempre supõem precedência na prioridade em relação aos serviços normais. Identifique os eventos da situação.

A situação consiste em duas filas consecutivas correspondentes às duas máquinas. Na primeira, nossa tendência seria identificar os eventos da situação da seguinte maneira:

$A11$: Um serviço normal chega à máquina 1.

$A21$: Um serviço urgente chega à máquina 1.

$D11$: Um serviço normal sai da máquina 1.

$D21$: Um serviço urgente sai da máquina 1.

$A12$: Um serviço normal chega à máquina 2.

$A22$: Um serviço urgente chega à máquina 2.

$D12$: Um serviço normal sai da máquina 2.

$D22$: Um serviço urgente sai da máquina 2.

Na verdade, temos apenas dois eventos: uma chegada de um (novo) serviço na oficina e a saída de um serviço (concluído) de uma máquina. Em primeiro lugar, observe que, na verdade, os eventos $D11$ e $A12$ são um só, o que também se aplica a $D21$ e $A22$. Em seguida, na simulação discreta podemos usar um único evento (chegada ou partida) para ambos os tipos de serviços e simplesmente 'rotular' o evento com um **atributo** que identifica o tipo de serviço como normal ou urgente. (Nesse caso podemos considerar um atributo como um *número de identificação pessoal,* o que de fato ele é.) Dado esse raciocínio, os eventos do modelo se reduzem a: 1) uma chegada A (à oficina); e 2) uma saída D (da máquina). As ações associadas ao evento de partida dependerão da máquina em que os eventos ocorrem.

Agora que já definimos os eventos básicos de um modelo de simulação, mostraremos como o modelo é executado. A Figura 16.4 dá uma representação esquemática de ocorrências de eventos típicas na escala cronológica da simulação. Após a execução de todas as ações associadas a um evento em questão, a simulação prossegue 'saltando' para o próximo evento cronológico. Em essência, a execução da simulação ocorre nos instantes em que os eventos ocorrem.

Como a simulação determina o tempo de ocorrência dos eventos? Os eventos de chegada são separados pelo período entre chegadas (o intervalo entre chegadas sucessivas), e os eventos de partida são uma função do tempo de serviço na instalação. Os tempos podem ser determinísticos (por exemplo, um trem chega a uma estação a cada cinco minutos) ou probabilísticos (por exemplo, a chegada aleatória de clientes a um banco). Se o tempo entre eventos for determinístico, a determinação de seus tempos de ocorrência é direta. Se for probabilístico, usamos um procedimento especial para coletar amostras da distribuição de probabilidade correspondente. Esse aspecto será discutido na próxima seção.

CONJUNTO DE PROBLEMAS 16.3A

1. Identifique os eventos discretos necessários para simular a seguinte situação: dois tipos de serviços chegam de duas fontes diferentes. Ambos são processados em uma única máquina, com prioridade para os serviços da primeira fonte.
2. Serviços chegam a uma taxa constante em um sistema de transporte do tipo carrossel. Há três estações de serviço distribuídas a espaços iguais ao redor do carrossel. Se o servidor estiver ocioso quando um serviço chegar à estação, ele é retirado do transportador para processamento. Caso contrário, continua a girar no carrossel até que um servidor esteja disponível. Um serviço processado é armazenado em uma área de expedição adjacente. Identifique os eventos discretos necessários para simular essa situação.
3. O drive-in de um banco tem duas pistas, e cada pista pode acomodar no máximo quatro carros. Se as duas pistas estiverem cheias, os carros que chegam procuram atendimento em outro lugar. Se a qualquer instante uma pista tiver no mínimo dois carros a mais do que a outra, o último carro que está na fila mais longa passará para a última posição da fila mais curta. O drive-in está aberto das 8 da manhã às 3 da madrugada, todos os dias úteis. Defina os eventos discretos para a situação.

*4. A lanchonete da escola de educação infantil Elmdale oferece, a todos os seus alunos, almoço de cardápio fixo em uma única bandeja. As crianças chegam ao balcão da lanchonete a cada 30 segundos. Demora 18 segundos para receberem a bandeja de almoço. Mapeie os eventos de chegada-partida em escala cronológica para os primeiros cinco alunos.

16.3.2 Amostragem de distribuições de probabilidade

A aleatoriedade em simulação surge quando o intervalo, t, entre eventos sucessivos, for probabilístico. Esta seção apresenta três métodos para gerar amostras aleatórias sucessivas ($t = t_1, t_2, \ldots$) de uma distribuição de probabilidade $f(t)$:

1. Método inverso.
2. Método de convolução.
3. Método de aceitação-rejeição.

O método inverso é particularmente adequado para funções densidade de probabilidade que se prestam à análise, como a exponencial e a uniforme. Os outros dois métodos tratam de casos mais complexos, como a normal e a de Poisson. Os três métodos têm suas raízes na utilização de números aleatórios com distribuição uniforme (0, 1) independentes e identicamente distribuídos.

Método inverso. Suponha que queiramos obter uma amostra aleatória x da função densidade de probabilidade $f(x)$ (contínua ou discreta). O método inverso determina em primeiro lugar uma expressão de forma fechada da função densidade acumulada $F(x) = P\{y \leq x\}$, onde $0 \leq F(x) \leq 1$ para todos os valores definidos de y. Dado que R é um valor aleatório obtido de uma distribuição uniforme (0, 1), e considerando que F^{-1} é a inversa de F, as etapas do método são as seguintes:

Etapa 1. Gerar o número aleatório (0, 1), R.

Etapa 2. Calcular a amostra desejada, $x = F^{-1}(R)$.

Figura 16.4
Exemplo da ocorrência de eventos de simulação na escala cronológica

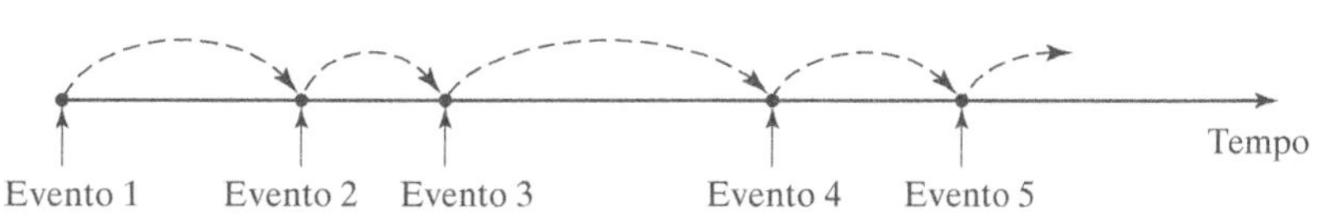

Figura 16.5
Amostragem de uma distribuição de probabilidade pelo método inverso

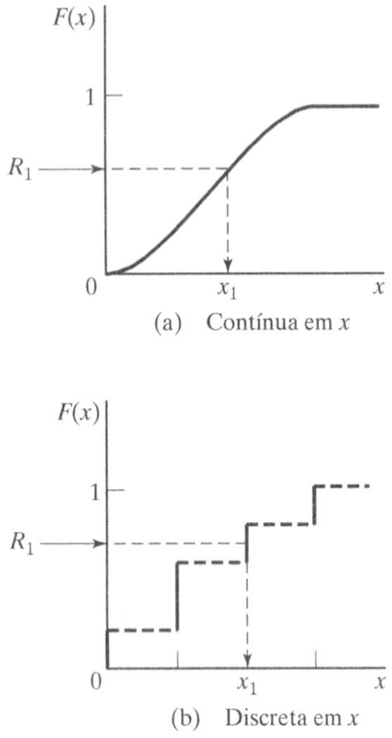

A Figura 16.5 ilustra os procedimentos para uma distribuição contínua e também para uma distribuição discreta. O valor aleatório uniforme (0, 1), R_1, é projetado com base na escala vertical de $F(x)$ para dar o valor da amostra desejada x_1 na escala horizontal.

A validade do procedimento proposto depende de mostrar que a variável aleatória $z = F(x)$ é uniformemente distribuída no intervalo $0 \le z \le 1$, como prova o seguinte teorema.

Teorema 16.3-1. *Dada a função densidade acumulada $F(x)$ da variável aleatória x, $-\infty < x < \infty$, a variável aleatória $z = F(x)$, $0 \le z \le 1$, tem a seguinte função densidade uniforme 0-1:*

$$f(z) = 1, 0 \le z \le 1$$

Prova. A variável aleatória é uniformemente distribuída se, e somente se,

$$P\{z \le Z\} = Z, 0 \le Z \le 1$$

Esse resultado se aplica a $F(x)$ porque

$$P\{z \le Z\} = P\{F(x) \le Z\} = P\{x \le F^{-1}(Z)\} = F[F^{-1}(Z)] = Z$$

Adicionalmente, $0 \le Z \le 1$ porque $0 \le P\{z \le Z\} \le 1$.

Exemplo 16.3-2 (Distribuição exponencial)

A função distribuição de probabilidade exponencial

$$f(t) = \lambda e^{-\lambda t}, t > 0$$

representa o intervalo de tempo t entre chegadas de clientes a uma instalação com um valor médio de $\frac{1}{\lambda}$. Determine uma amostra aleatória t de $f(t)$.

A função densidade acumulada é determinada por

$$f(t) = \int_0^t \lambda e^{-\lambda x} dx = 1 - e^{-\lambda x}, t > 0$$

Determinando $R = F(t)$, podemos resolver para t, o que dá como resultado

$$t = -\left(\frac{1}{\lambda}\right)\ln(1 - R)$$

Como $1 - R$ é o complemento de R, $\ln(1 - R)$ pode ser substituído por $\ln(R)$.

Em termos de simulação, o resultado significa que o intervalo entre chegadas é t unidades de tempo. Por exemplo, para $\lambda = 4$ clientes por hora e $R = 0{,}9$, o período até ocorrer a próxima chegada é calculado por

$$t_1 = -\left(\frac{1}{4}\right)\ln(1 - 0{,}9) = 0{,}577 \text{ hora} = 34{,}5 \text{ minutos}$$

Os valores de R usados para obter amostras sucessivas devem ser selecionados *aleatoriamente* de uma distribuição uniforme (0, 1). Mais adiante, na Seção 16.4, mostraremos como esses valores aleatórios (0, 1) são gerados no decorrer da simulação.

CONJUNTO DE PROBLEMAS 16.3B

***1.** No Exemplo 16.3-2, suponha que o primeiro cliente chegue no tempo 0. Use os três primeiros números aleatórios da coluna 1 da Tabela 16.1 para gerar os tempos de chegada dos três próximos clientes e represente os eventos resultantes em um gráfico em escala cronológica.

***2.** *Distribuição uniforme.* Suponha que o tempo necessário para fabricar uma peça em uma máquina seja descrito pela seguinte distribuição uniforme:

$$f(t) = \frac{1}{b-a}, a \le t \le b$$

Determine uma expressão para a amostra t dado o número aleatório R.

3. Uma oficina que dispõe de uma única máquina recebe serviços aleatoriamente. O tempo entre chegadas segue uma distribuição exponencial com média de duas horas. O tempo necessário para executar um serviço se distribui uniformemente entre 1,1 e 2 horas. Considerando que o primeiro serviço chega no tempo 0, determine o tempo de chegada e partida para os cinco primeiros serviços usando os números aleatórios (0, 1) da coluna 1 da Tabela 16.1.

4. A demanda para uma peça avulsa cara de um jato de passageiros é 0, 1, 2 ou 3 unidades por mês, com probabilidades 0,2; 0,3; 0,4 e 0,1, respectivamente. A oficina de manutenção da linha aérea começa a funcionar com um estoque de cinco unidades, e este estoque será imediatamente reposto assim que o nível cair abaixo de duas unidades.
   ***(a)** Elabore o procedimento para amostrar a demanda.
   (b) Quantos meses passarão até ocorrer a primeira reposição de estoque? Use valores sucessivos de R da primeira coluna da Tabela 16.1.

5. Em uma situação de simulação, aparelhos de TV são inspecionados à procura de possíveis defeitos. Há uma chance de 80% de uma unidade passar pela inspeção, caso em que é enviada para embalagem. Caso contrário, a unidade volta para ser consertada. Há dois modos de representar a situação simbolicamente:

Ir para CONSERTO/0,2, EMBALAGEM/0,8
Ir para EMBALAGEM/0,8, CONSERTO/0,2

Essas duas representações parecem equivalentes. Porém, quando uma dada seqüência de números aleatórios (0, 1) é aplicada às duas representações, podem resultar decisões diferentes (CONSERTO ou EMBALAGEM). Explique por quê.

6. Um jogador lança uma moeda perfeita repetidas vezes até sair uma cara. O retorno associado é 2^n, no qual n é o número de lançamentos até sair uma cara.
   (a) Elabore um procedimento de amostragem para o jogo.
   (b) Use os números aleatórios da coluna 1 da Tabela 16.1 para determinar o retorno acumulado após saírem duas caras.

7. *Distribuição triangular.* Em simulação, a falta de dados pode impossibilitar a determinação da distribuição de probabilidade associada a uma atividade de simulação. Na maioria dessas situações pode ser fácil descrever a variável desejada estimando seu menor valor, seu valor mais provável e seu maior valor. Esses três valores são suficientes para definir uma distribuição triangular que depois pode ser usada como uma estimativa 'grosseira' da distribuição real.
   (a) Desenvolva a fórmula para amostrar a seguinte distribuição triangular, cujos parâmetros são a, b e c:

$$f(x) = \begin{cases} \dfrac{2(x-1)}{(b-a)(c-a)}, & a \le x \le b \\ \dfrac{2(c-x)}{(c-b)(c-a)}, & b \le x \le c \end{cases}$$

   (b) Gere três amostras de uma distribuição triangular com parâmetros (1, 3, 7) usando os três primeiros números aleatórios da coluna 1 da Tabela 16.1.

8. Considere uma distribuição de probabilidade que consiste em um retângulo flanqueado nos lados direito e esquerdo por dois triângulos retângulos simétricos. As respectivas faixas para o triângulo da esquerda, o retângulo e o triângulo da direita são $[a, b]$, $[b, c]$ e $[c, d]$, $a < b < c < d$. Os dois triângulos têm a mesma altura do retângulo.
   (a) Desenvolva um procedimento de amostragem.
   (b) Determine cinco amostras com $(a, b, c, d) = (1, 2, 4, 6)$ usando os cinco primeiros números aleatórios da coluna 1 da Tabela 16.1.

*9. *Distribuição geométrica.* Mostre como uma amostra aleatória pode ser obtida da seguinte distribuição geométrica:

$$f(x) = p(1-p)^x, x = 0, 1, 2, \ldots$$

O parâmetro x é o número de falhas (Bernoulli) até ocorrer um sucesso, e p é a probabilidade de sucesso, $0 < p < 1$. Gere cinco amostras para $p = 0{,}6$ usando os cinco primeiros números aleatórios da coluna 1 da Tabela 16.1.

10. *Distribuição de Weibull.* Mostre como uma amostra aleatória pode ser obtida da distribuição de Weibull com a seguinte função densidade de probabilidade:

$$f(x) = \alpha\beta^{-\alpha}x^{\alpha-1}e^{-(x/\beta)^{\alpha}}, x > 0$$

onde $\alpha > 0$ é o parâmetro de forma e $\beta > 0$ é o parâmetro de escala.

Método de convolução. A idéia básica do método de convolução é expressar a amostra desejada como a soma estatística de outras variáveis aleatórias fáceis de amostrar. Exemplos típicos dessas distribuições são a de Erlang e a de Poisson, cujas amostras podem ser obtidas com base em amostras da distribuição exponencial.

Exemplo 16.3-3 (Distribuição de Erlang)

A variável aleatória m de Erlang é definida como a soma estatística (convoluções) de m variáveis aleatórias exponenciais independentes e identicamente distribuídas. Representando a variável aleatória m de Erlang por y, então

$$y = y_1 + y_2 + \ldots + y_m$$

onde y_i, $i = 1, 2, \ldots, m$ são variáveis aleatórias exponenciais independentes e identicamente distribuídas cuja função densidade de probabilidade é definida por

$$f(y_i) = \lambda e^{-\lambda y_i}, y_i > 0, i = 1, 2, \ldots, m$$

Pelo Exemplo 16.3-2, uma amostra da i-ésima distribuição exponencial é calculada por

$$y_i = -\left(\frac{1}{\lambda}\right)\ln(R_i), i = 1, 2, \ldots, m$$

Assim, a amostra m de Erlang é calculada como

$$y = -\left(\frac{1}{\lambda}\right)\{\ln(R_1) + \ln(R_2) + \cdots + \ln(R_m)\}$$
$$= -\left(\frac{1}{\lambda}\right)\ln\left(\prod_{i=1}^{m} R_i\right)$$

Para ilustrar a utilização da fórmula, suponha que $m = 3$, e $\lambda = 4$ eventos por hora. Os três primeiros números aleatórios da coluna 1 da Tabela 16.1 dão $R_1R_2R_3 = (0{,}0589)(0{,}6733)(0{,}4799) = 0{,}0190$, que dá como resultado

$$y = -\left(\tfrac{1}{4}\right)\ln(0{,}019) = 0{,}991 \text{ hora}$$

Exemplo 16.3-4 (Distribuição de Poisson)

A Seção 15.3.1 mostra que, se a distribuição do tempo entre a ocorrência de eventos sucessivos é exponencial, a distribuição do número de eventos por unidade de tempo deve ser de Poisson, e vice-versa. Usamos essa relação para amostrar a distribuição de Poisson.

Considere que a distribuição de Poisson tem um valor médio de λ eventos por unidade de tempo. Portanto, o tempo entre eventos segue uma distribuição exponencial com média $\frac{1}{\lambda}$ unidades de tempo, o que significa que uma amostra de Poisson, n, ocorrerá durante t unidades de tempo se, e somente se,

Período até o evento n ocorrer $\le t <$ Período até o evento $n + 1$ ocorrer

Essa condição é traduzida para

$$t_1 + t_2 + \ldots + t_n \le t < t_1 + t_2 + \ldots + t_{n+1}, n > 0$$
$$0 \le t < t_1, n = 0$$

onde t_i, $i = 1, 2, \ldots, n + 1$ é uma amostra da distribuição exponencial com média $\frac{1}{\lambda}$. Do resultado do Exemplo 16.3-3, temos que

$$-\left(\frac{1}{\lambda}\right)\ln\left(\prod_{i=1}^{n} R_i\right) \le t < -\left(\frac{1}{\lambda}\right)\ln\left(\prod_{i=1}^{n+1} R_i\right), n > 0$$
$$0 \le t < -\left(\frac{1}{\lambda}\right)\ln(R_1), n = 0$$

que se reduz a

$$\prod_{i=1}^{n} R_i \ge e^{-\lambda t} > \prod_{i=1}^{n+1} R_i, n > 0$$
$$1 \ge e^{-\lambda t} > R_1, n = 0$$

Para ilustrar a implementação do processo de amostragem, suponha que $\lambda = 4$ eventos por hora e que queiramos obter uma amostra para um período $t = 0{,}5$ hora. Isso dá $e^{-\lambda t} = 0{,}1353$. Usando os números aleatórios da coluna 1 da Tabela 16.1, observamos que $R_1 = 0{,}0589$ é menor do que $e^{-\lambda t} = 0{,}1353$. Em conseqüência, a amostra correspondente é $n = 0$.

Exemplo 16.3-5 (Distribuição normal)

O teorema do limite central (veja a Seção 12.4.4) afirma que a soma (convolução) de n variáveis aleatórias independentes e identicamente distribuídas torna-se assintoticamente normal à medida que n se torna suficientemente grande. Usamos esse resultado para gerar amostras da distribuição normal com média μ e desvio-padrão σ.

Defina-se

$$x = R_1 + R_2 + \ldots + R_n$$

A variável aleatória é assintoticamente normal pelo teorema do limite central. Dado que o número aleatório uniforme (0, 1), R, tem uma média de $\frac{1}{2}$ e uma variância de $\frac{1}{12}$, decorre que x tem uma média de $\frac{n}{2}$ e uma variância de $\frac{n}{12}$. Assim, uma amostra aleatória, y, de uma distribuição normal com média μ e desvio-padrão σ, $N(\mu,\sigma^2)$, pode ser calculada com base em x por

$$y = \mu + \sigma\left(\frac{x - \frac{n}{2}}{\sqrt{\frac{n}{12}}}\right)$$

Na prática, tomamos $n = 12$ por conveniência, o que reduz a fórmula a

$$y = \mu + \sigma(x - 6)$$

Para ilustrar a utilização desse método, suponha que queiramos gerar uma amostra com base em $N(10, 2^2)$ (média $\mu = 10$ e desvio-padrão $\sigma = 2$). Tomando a soma dos 12 primeiros números aleatórios nas colunas 1 e 2 da Tabela 16.1, obtemos $x = 6{,}1094$. Portanto, $y = 10 + 2(6{,}1094 - 6) = 10{,}2188$.

A desvantagem desse procedimento é que ele requer a geração de 12 números aleatórios para cada amostra da distribuição normal, o que é ineficiente em termos de cálculo. Um procedimento mais eficiente recomenda a utilização da transformação

$$x = \cos(2\pi R_2)\sqrt{-2\ln(R_1)}$$

Box e Muller (1958) provaram que x é uma $N(0, 1)$ padrão. Assim, $y = \mu + \sigma x$ produzirá uma amostra de $N(m,\sigma^2)$. O novo procedimento é mais eficiente porque requer apenas dois números aleatórios (0, 1). Na verdade, esse método é ainda mais eficiente do que afirmamos, porque Box e Muller provaram que a fórmula precedente produzirá uma outra amostra $N(0,1)$ se substituirmos $\cos(2\pi R_2)$ por $\sin(2\pi R_2)$.

Para ilustrar a implementação do procedimento de Box-Muller à distribuição normal $N(10, 2^2)$, os dois primeiros números aleatórios da coluna 1 da Tabela 16.1 dão as seguintes amostras $N(0,1)$:

$$x_1 = \cos(2\pi \times 0{,}6733)\sqrt{-2\ln(0{,}0589)} \approx -1{,}103$$
$$x_2 = sen(2\pi \times 0{,}6733)\sqrt{-2\ln(0{,}0589)} \approx -2{,}109$$

Portanto, as amostras $N(10, 2^2)$ correspondentes são

$$y_1 = 10 + 2(-1{,}103) = 7{,}794$$
$$y_2 = 10 + 2(-2{,}109) = 5{,}782$$

CONJUNTO DE PROBLEMAS 16.3C[1]

*1. No Exemplo 16.3-3, calcule uma amostra pela distribuição de Erlang, dado $m = 4$ e $\lambda = 5$ eventos por hora.

2. No Exemplo 16.3-4, gere três amostras pela distribuição de Poisson por duas horas, dado que a média de Poisson é de cinco eventos por hora.

3. No Exemplo 16.4-5, gere duas amostras com base em uma distribuição $N(8, 1)$ usando o método da convolução e também o método de Box-Muller.

4. Serviços chegam à oficina da Metalco de acordo com uma distribuição de Poisson, cuja média é de seis serviços por dia. Os serviços recebidos são designados às cinco centrais de usinagem da oficina segundo uma disciplina estritamente rotativa. Determine uma amostra do intervalo entre a chegada de serviços à primeira central de usinagem.

5. As notas obtidas nos testes ACT pela turma do último ano da escola secundária Springdale em 1994 são normais, com média de 27 pontos e desvio-padrão de 3 pontos. Suponha que retiremos uma amostra aleatória de seis alunos dessa turma. Use o método de Box-Muller para determinar a média e o desvio-padrão da amostra.

*6. O professor de psicologia Yataha está realizando um experimento de aprendizado no qual camundongos são treinados para achar o caminho em um labirinto de base quadrada. Um camundongo entra no labirinto por um dos quatro vértices e tem de achar seu caminho lá dentro para sair no mesmo ponto onde entrou. O desenho do labirinto é tal que o camundongo deve passar por cada um dos três vértices restantes exatamente uma vez antes de sair. Os múltiplos caminhos do labirinto conectam os quatro vértices em um sentido estritamente horário. O professor Yataha estima que o tempo que o camundongo leva para alcançar um vértice partindo de um outro é uniformemente distribuído entre 10 e 20 segundos, dependendo do caminho que ele pegar. Desenvolva um procedimento de amostragem para o tempo que um camundongo gasta no labirinto.

7. No Problema 6, suponha que, logo que um camundongo consegue sair do labirinto, um outro entra imediatamente. Desenvolva um procedimento de amostragem para o número de camundongos que saem do labirinto em cinco minutos.

8. *Binomial negativa.* Mostre como uma amostra aleatória pode ser determinada com base na binomial negativa cuja distribuição é dada por

$$f(x) = C_x^{r+x-1} p^r (1-p)^x, x = 0, 1, 2, K$$

onde x é o número de falhas até ocorrer o r-ésimo sucesso em uma seqüência de tentativas de Bernoulli independentes e p é a probabilidade de sucesso, $0 < p < 1$. (*Sugestão*: a binomial negativa é a convolução de r amostras geométricas independentes. Veja o Problema 9, Conjunto 16.3B.)

Método de aceitação-rejeição. O método de aceitação-rejeição é elaborado para funções densidade de probabilidade (pdf) complexas que não podem ser tratadas pelos métodos precedentes. A idéia geral do método é substituir a pdf $f(x)$ complexa por uma pdf $h(x)$ 'substituta' que seja de melhor tratamento analítico. Então, amostras de $h(x)$ podem ser usadas para amostrar a pdf $f(x)$ original.

Defina-se uma **função majoradora** $g(x)$ tal que ela domine $f(x)$ em toda a sua faixa, isto é,

$$g(x) \geq f(x), -\infty < x < \infty$$

Em seguida, defina-se a substituta, $h(x)$, normalizando $g(x)$ por

$$h(x) = \frac{g(x)}{\int_{-\infty}^{\infty} g(y)d(y)}, -\infty < x < \infty$$

Assim, as etapas do método de aceitação-rejeição são dadas como:

Etapa 1. Obter uma amostra $x = x_1$ de $h(x)$ usando o método inverso ou o de convolução.
Etapa 2. Obter um número aleatório (0, 1), R.
Etapa 3. Se $R \leq \frac{f(x_1)}{g(x_1)}$, aceitar x_1 como uma amostra de $f(x_1)$. Caso contrário, descartar x_1 e voltar à etapa 1.

A validade do método é baseada na seguinte igualdade:

$$P\{x \leq a | x = x_1 \text{ é aceita}, -\infty < x_1 < \infty\} = \int_{-\infty}^{a} g(y)dy, -\infty < a < \infty$$

Essa declaração de probabilidade afirma que a amostra $x = x_1$ que satisfaz a condição da etapa 3 é, na realidade, uma amostra da pdf $f(x)$ original, como desejado.

A eficiência do método proposto é aperfeiçoada pelo decréscimo na probabilidade de rejeição da etapa 3. Essa probabilidade depende da escolha específica da função majoradora $g(x)$ e deve decrescer com a seleção de uma $g(x)$ que 'majora' $f(x)$ com maior 'perfeição'.

Exemplo 16.3-6 (Distribuição beta)

Aplique o método de aceitação-rejeição à seguinte distribuição beta:

$$f(x) = 6x(1 - x), 0 \leq x \leq 1$$

[1] Para todos os problemas deste conjunto, use os números aleatórios da Tabela 16.1 começando na coluna 1.

Figura 16.6
Função majoradora, $g(x)$, para a distribuição beta, $f(x)$

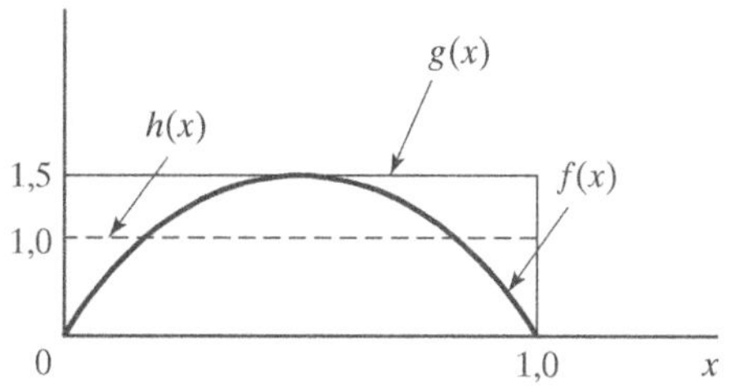

A Figura 16.6 representa $f(x)$ e uma função majoradora $g(x)$.

A altura da função majoradora $g(x)$ é igual ao máximo de $f(x)$, que ocorre em $x = 0,5$. Assim, a altura do retângulo é $f(0,5) = 1,5$, o que significa que

$$g(x) = 1,5, 0 \le x \le 1$$

A pdf $h(x)$ substituta, também mostrada na Figura 16.6, é calculada por

$$h(x) = \frac{g(x)}{\text{Área sob } g(x)} = \frac{1,5}{1 \times 1,5} = 1, 0 \le x \le 1$$

As etapas a seguir demonstram o procedimento usando a seqüência aleatória (0, 1) da Tabela 16.1.

Etapa 1. $R = 0,0589$ dá a amostra $x = 0,0589$ de $h(x)$.
Etapa 2. $R = 0,6733$.
Etapa 3. Como $\frac{f(0,0589)}{g(0,0589)} = \frac{0,3326}{1,5} = 0,2217$ é menor do que $R = 0,6733$, aceitamos a amostra $x_1 = 0,0589$.

Para obter uma segunda amostra, continuamos da seguinte maneira:

Etapa 1. Usando $R = 0,4799$, obtemos $x = 0,4799$ de $h(x)$.
Etapa 2. $R = 0,9486$.
Etapa 3. Como $\frac{f(0,4799)}{g(0,4799)} = 0,9984$ é maior do que $R = 0,9486$, rejeitamos $x = 0,4799$ como uma amostra válida de beta. Isso significa que as etapas devem ser repetidas mais uma vez com novos números aleatórios até que a condição da etapa 3 seja satisfeita.

Comentários. A eficiência do método de aceitação-rejeição é aperfeiçoada pela seleção de uma função majoradora $g(x)$ que 'envolva' $f(x)$ o mais justamente possível e, ao mesmo tempo, dê uma substituta $h(x)$ que se preste a tratamento analítico. Por exemplo, o método será mais eficiente se a função majoradora retangular $g(x)$ da Figura 16.6 for substituída por uma função escalonada em pirâmide (como ilustração, veja o Problema 2, Conjunto 16.3D). Quanto maior for o número de etapas, melhor será a majoração de $f(x)$ por $g(x)$ e, em conseqüência, mais alta será a probabilidade de aceitação de uma amostra. Contudo, uma função majoradora 'bem ajustada' em geral acarreta cálculos adicionais que, se excessivos, podem anular a economia resultante do aumento da probabilidade de aceitação.

CONJUNTO DE PROBLEMAS 16.3D

1. No Exemplo 16.3-5, continue as etapas do procedimento até obter uma amostra válida. Use os números aleatórios (0, 1) da Tabela 16.1 na mesma ordem em que são usados no exemplo.
2. Considere a pdf beta do Exemplo 16.3-6. Determine uma função majoradora escalonada de duas etapas, $g(x)$, com dois saltos iguais, cada um de altura $\frac{1,5}{2} = 0,75$. Obtenha uma amostra beta com base na nova função majoradora usando a mesma seqüência aleatória (0, 1) da Tabela 16.1 empregada no Exemplo 16.3-6. Em geral, a conclusão é que uma função majoradora mais ajustada aumentará a probabilidade de aceitação. Entretanto, observe que a quantidade de cálculos associada à nova função é maior.
3. Determine as funções $g(x)$ e $h(x)$ para aplicar o método de aceitação-rejeição à seguinte função:

$$f(x) = \frac{\text{sen}(x) + \cos(x)}{2}, 0 \le x \le \frac{\pi}{2}$$

Use os números aleatórios (0, 1) da coluna 1 da Tabela 16.1 para gerar duas amostras de $f(x)$. (*Sugestão*: por conveniência, use uma $g(x)$ retangular sobre a faixa definida de $f(x)$.)

4. O intervalo de tempo entre chegadas de clientes na HairKare é descrito pela seguinte distribuição:

$$f_1(t) = \frac{k_1}{t}, 12 \le t \le 20$$

O tempo para um corte de cabelo é representado pela seguinte distribuição:

$$f_2(t) = \frac{k_2}{t^2}, 18 \le t \le 22$$

As constantes k_1 e k_2 são determinadas de modo tal que $f_1(t)$ e $f_2(t)$ sejam funções de densidade de probabilidade. Use o método de aceitação-rejeição (e os números aleatórios da Tabela 16.1) para determinar quando o primeiro cliente sairá da Hair Kare e quando o próximo cliente chegará. Considere que o primeiro cliente chega em $T = 0$.

16.4 GERAÇÃO DE NÚMEROS ALEATÓRIOS

Números aleatórios uniformes (0, 1) desempenham um papel fundamental na amostragem de distribuições. Números aleatórios (0, 1) verdadeiros só podem ser gerados por dispositivos eletrônicos. Contudo, como os modelos de simulação são executados no computador, a utilização de dispositivos eletrônicos para gerar números aleatórios é demasiadamente lenta para essa finalidade. Adicionalmente, dispositivos eletrônicos são ativados pelas leis da chance e, em decorrência, será impossível repetir a mesma seqüência de números aleatórios quando quisermos. Esse ponto é importante porque muitas vezes a depuração, verificação e validação do modelo de simulação requer repetir a mesma seqüência de números aleatórios.

O único modo plausível de gerar números aleatórios (0, 1) para utilização em simulação é baseado em operações aritméticas. Tais números não são verdadeiramente aleatórios porque podem ser gerados repetidas vezes. Portanto, é mais apropriado nos referirmos a eles como **números pseudo-aleatórios**.

A operação aritmética mais comum para gerar números aleatórios (0, 1) é o **método congruente multiplicativo**. Dados os parâmetros u_0, b, c e m, um número pseudo-aleatório R_n pode ser gerado de acordo com as fórmulas:

$$u_n = (bu_{n-1} + c) \text{ mod}(m), n = 1, 2, \ldots$$

$$R_n = \frac{u_n}{m}, n = 1, 2, \ldots$$

O valor inicial u_0 é usualmente denominado **semente** do gerador.

Variações do método congruente multiplicativo que melhoram a qualidade do gerador podem ser encontradas em Law e Kelton (1991).

Exemplo 16.4-1

Gere três números aleatórios com base no método congruente multiplicativo usando $b = 9$, $c = 5$ e $m = 12$. A semente é uÖ $= 11$.

$$u_1 = (9 \times 11 + 5) \text{ mod } 12 = 8, R_1 = \frac{8}{12} = 0,6667$$

$$u_2 = (9 \times 8 + 5) \text{ mod } 12 = 5, R_2 = \frac{5}{12} = 0,4167$$

$$u_3 = (9 \times 5 + 5) \text{ mod } 12 = 2, R_3 = \frac{2}{12} = 0,1667$$

Momento Excel

O gabarito excelRN.xls é projetado para executar os cálculos do método congruente multiplicativo. A Figura 16.7 gera a seqüência associada aos parâmetros do Exemplo 16.4-1. Observe cuidadosamente que o comprimento do ciclo é exatamente 4, após o qual a seqüência se repete. Aqui, a conclusão é que a escolha de u_0, b, c e m é crítica na determinação da qualidade (estatística) do gerador e do comprimento de seu ciclo. Assim, a implementação 'casual' da fórmula congruente não é aconselhável. Em vez disso, devemos usar um gerador confiável e comprovado. Praticamente todos os programas computacionais comerciais são equipados com geradores de números aleatórios confiáveis.

CONJUNTO DE PROBLEMAS 16.4A

*1. Use a planilha excelRN.xls com os seguintes conjuntos de parâmetros e compare os resultados com os do Exemplo 16.4-1:

$$b = 17, c = 111, m = 103, \text{semente} = 7$$

2. Ache um gerador de números aleatórios em seu computador e use-o para gerar 500 números aleatórios (0, 1). Monte um histograma com os valores resultantes (usando a ferramenta de histogramas da Microsoft, veja a Seção 12.5) e se convença visualmente de que os números obtidos seguem razoavelmente a distribuição uniforme (0, 1). Na verdade, para testar a seqüência adequadamente, você precisaria aplicar os seguintes testes: teste da qualidade da aderência de qui-quadrado (veja a Seção 12.6), teste da independência de rodadas e teste de correlação (veja Law e Kelton (1991) para detalhes).

Figura 16.7
Resultado em Excel dos números aleatórios para os dados do Exemplo 16.4-1 (arquivo excelRN.xls)

	A	B
1	Multiplicative Congruential Method	
2	Input data(B7<=1000)	
3	b =	9
4	c =	5
5	u0 =	11
6	m =	12
7	How many numbers?	10
8	Output results	
9	Press to Generate Sequence	
10	Generated random numbers:	
11	1	0.66667
12	2	0.41667
13	3	0.16667
14	4	0.91667
15	5	0.66667
16	6	0.41667
17	7	0.16667
18	8	0.91667
19	9	0.66667
20	10	0.41667

16.5 MECÂNICA DA SIMULAÇÃO DISCRETA

Esta seção detalha como são coletados os dados estatísticos típicos em um modelo de simulação. O veículo da explanação é um modelo de uma única fila. A Seção 16.5.1 usa um exemplo numérico para detalhar as ações e os cálculos que ocorrem em um modelo de simulação de fila com um único servidor. Devido aos cálculos tediosos, típicos da execução de um modelo de simulação, a Seção 16.5.2 mostra como o modelo de servidor único é modelado e executado usando uma planilha em Excel.

16.5.1 Simulação manual de um modelo de servidor único

O intervalo de tempo entre chegadas de clientes na HairKare Barbearia segue uma distribuição exponencial com média de 15 minutos. A barbearia, tem só um barbeiro, e um corte de cabelo demora entre 10 e 15 minutos, uniformemente distribuídos. Clientes são atendidos segundo o critério 'primeiro a chegar, primeiro a sair' (Fifo – first-in, first-out). O objetivo da simulação é calcular as seguintes medidas de desempenho:

1. A utilização média da barbearia.
2. O número médio de clientes à espera.
3. O tempo médio que um cliente espera na fila.

A lógica do modelo de simulação pode ser descrita em termos das ações associadas aos eventos de chegada e partida do modelo.

Evento de chegada

1. Gere e armazene em ordem cronológica o tempo de ocorrência do próximo evento de chegada (= tempo de simulação atual + intervalo de tempo entre chegadas).
2. Se a instalação (barbearia) estiver ociosa:
   (a) Inicie o serviço e declare que a instalação está ocupada. Atualize a estatística de utilização da instalação.
   (b) Gere e armazene em ordem cronológica o tempo do evento de partida para o cliente (= Tempo de simulação atual + Tempo de serviço).
3. Se a instalação estiver ocupada, coloque o cliente na fila e atualize a estatística da fila.

Evento de partida

1. Se a fila estiver vazia, declare que a instalação está ociosa. Atualize a estatística de utilização da instalação.
2. Se a fila não estiver vazia:
   (a) Selecione um cliente da fila e coloque-o na instalação. Atualize a estatística da fila e da utilização da instalação.
   (b) Gere e armazene em ordem cronológica o tempo de ocorrência do evento de partida para o cliente (= Tempo de simulação atual + Tempo de serviço).

Pelos dados do problema, o intervalo de tempo entre chegadas segue uma distribuição exponencial com média de 15 minutos, e o tempo de serviço é uniforme entre 10 e 15 minutos. Representando amostras aleatórias de intervalos de tempo entre chegadas e tempos de serviços por p e q, respectivamente, então, como explicado na Seção 16.3.2, obtemos

$$p = -15 \ln(R) \text{ minutos}, \qquad 0 \le R \le 1$$
$$q = 10 + 5R \text{ minutos}, \qquad 0 \le R \le 1$$

Para a finalidade deste exemplo, usamos R da Tabela 16.1, começando com a coluna 1. Também usamos o símbolo T para representar o horário de relógio da simulação. Consideramos ainda que o primeiro cliente chega em $T = 0$ e que a instalação começa vazia.

Como os cálculos da simulação costumam ser volumosos, a simulação é limitada apenas às cinco primeiras chegadas. O exemplo é elaborado para abranger todas as situações possíveis que poderiam surgir no decurso da simulação. Mais adiante, nesta seção, apresentaremos o gabarito excelSingleServer.xls, que permite fazer experimentos com o modelo sem a necessidade de executar os cálculos manualmente.

Chegada do cliente 1 em $T = 0$. Gere a chegada do cliente 2 em

$$T = 0 + p_1 = 0 + [-15 \ln(0{,}0589)] = 42{,}48 \text{ minutos}$$

Como a instalação está ociosa em $T = 0$, o atendimento do cliente 1 começa imediatamente. Portanto, o tempo da partida é calculado como

$$T = 0 + q_1 = 0 + (10 + 5 \times 0{,}6733) = 13{,}37 \text{ minutos}$$

Assim, a lista *cronológica* de eventos futuros é dada como na Tabela 16.2.

Tabela 16.2 Lista cronológica de eventos futuros

Tempo, T	Evento
13,37	Partida do cliente 1
42,48	Chegada do cliente 2

Partida do cliente 1 em T = 13,37. Como a fila está vazia, a instalação é declarada ociosa. Ao mesmo tempo, registramos que a instalação estava ocupada entre $T = 0$ e $T = 13{,}37$ minutos. A lista atualizada de eventos futuros se torna como demonstrado na Tabela 16.3.

Tabela 16.3 Lista cronológica de eventos futuros (partida do cliente 1)

Tempo, T	Evento
42,48	Chegada do cliente 2

Chegada do cliente 2 em T = 42,48. O cliente 3 chegará em

$$T = 42{,}48 + [-15\ \ln(0{,}4799)] = 53{,}49 \text{ minutos}$$

Como a instalação está ociosa, o atendimento do cliente 2 começa e a instalação é declarada ocupada. O tempo de partida é

$$T = 42{,}48 + (10 + 5 \times 0{,}9486) = 57{,}22 \text{ minutos}$$

A lista de eventos futuros é atualizada, como mostrado na Tabela 16.4.

Tabela 16.4 Lista cronológica de eventos futuros (chegada do cliente 2)

Tempo, T	Evento
53,49	Chegada do cliente 3
57,22	Partida do cliente 2

Chegada do cliente 3 em T = 53,49. O cliente 4 chegará em

$$T = 53{,}49 + [-15\ \ln(0{,}6139)] = 60{,}81 \text{ minutos}$$

Como a instalação está ocupada no momento em questão (até $T = 57{,}22$), o cliente 3 é colocado na fila em $T = 53{,}49$. A lista atualizada de eventos futuros fica como demonstrado na Tabela 16.5.

Tabela 16.5 Lista cronológica de eventos futuros (chegada do cliente 3)

Tempo, T	Evento
57,22	Partida do cliente 2
60,81	Chegada do cliente 4

Partida do cliente 2 em T = 57,22. O cliente 3 é retirado da fila para início de atendimento. O tempo de espera é

$$W_3 = 57{,}22 - 53{,}49 = 3{,}73 \text{ minutos}$$

O tempo de partida é

$$T = 57{,}22 + (10 + 5 \times 0{,}5933) = 70{,}19 \text{ minutos}$$

A lista atualizada de eventos futuros fica como demonstrado na Tabela 16.6.

Tabela 16.6 Lista cronológica de eventos futuros (partida do cliente 2)

Tempo, T	Evento
60,81	Chegada do cliente 4
70,19	Partida do cliente 3

Chegada do cliente 4 em T = 60,81. Cliente 5 chegará em

$$T = 60{,}81 + [-15\ \ln(0{,}9341)] = 61{,}83 \text{ minutos}$$

Como a instalação está ocupada até $T = 70{,}19$, o cliente 4 é colocado na fila. A lista atualizada de eventos futuros fica como demonstrado na Tabela 16.7.

Tabela 16.7 Lista cronológica de eventos futuros (chegada do cliente 4)

Tempo, T	Evento
61,83	Chegada do cliente 5
70,19	Partida do cliente 3

Chegada do cliente 5 em T = 61,83. A simulação é limitada a apenas cinco chegadas. Portanto, a chegada do cliente 6 não é gerada. A instalação ainda está ocupada. Por isso, o cliente é colocado na fila em $T = 61{,}83$. A lista atualizada de eventos fica como demonstrado na Tabela 16.8.

Tabela 16.8 Lista cronológica de eventos futuros (chegada do cliente 5)

Tempo, T	Evento
70,19	Partida do cliente 3

Partida do cliente 3 em T = 70,19. O cliente 4 é retirado da fila para início de atendimento. O tempo de espera é

$$W_4 = 70{,}19 - 60{,}81 = 9{,}38 \text{ minutos}$$

O tempo de partida é

$$T = 70{,}19 + [10 + 5 \times (0{,}1782)] = 81{,}08 \text{ minutos}$$

A lista atualizada de eventos futuros fica como demonstrado na Tabela 16.9.

Tabela 16.9 Lista cronológica de eventos futuros (partida do cliente 3)

Tempo, T	Evento
81,08	Partida do cliente 4

Partida do cliente 4 em T = 81,08. O cliente 5 é retirado da fila para início de atendimento. O tempo de espera é

$$W_5 = 81{,}08 - 61{,}83 = 19{,}25 \text{ minutos}$$

O tempo de partida é

$$T = 81{,}08 + (10 + 5 \times 0{,}3473) = 92{,}82 \text{ minutos}$$

A lista atualizada de eventos futuros fica como demonstrado na Tabela 16.10.

Tabela 16.10 Lista cronológica de eventos futuros (partida do cliente 4)

Tempo, T	Evento
92,82	Partida do cliente 5

Partida do cliente 5 em T = 92,82. Não há mais clientes no sistema (fila e instalação) e a simulação termina.

A Figura 16.8 resume as mudanças no comprimento da fila e na utilização da instalação como uma função do tempo de simulação.

O comprimento da fila e a utilização da instalação são conhecidos como variáveis **baseadas em tempo** porque sua variação é uma função do tempo. O resultado é que seus valores médios são calculados por

$$\begin{pmatrix} \text{Valor médio de uma} \\ \text{variável baseada em tempo} \end{pmatrix} = \frac{\text{Área sob a curva}}{\text{Período simulado}}$$

Implementando essa fórmula para os dados da Figura 16.8, obtemos:

Figura 16.8
Mudanças no comprimento da fila e na utilização da instalação como uma função do tempo de simulação, T

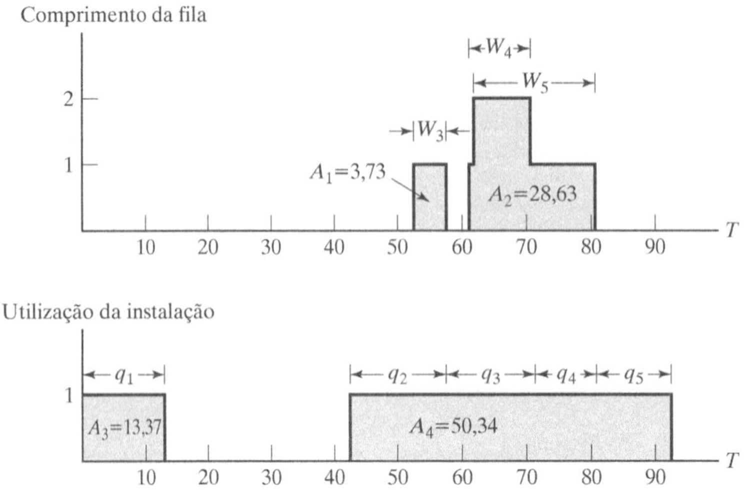

$$\begin{pmatrix}\text{Comprimento}\\ \text{médio da fila}\end{pmatrix} = \frac{A_1 + A_2}{92,82} = \frac{32,36}{92,82} = 0,349 \text{ cliente}$$

$$\begin{pmatrix}\text{Utilização média}\\ \text{da instalação}\end{pmatrix} = \frac{A_3 + A_4}{92,82} = \frac{63,71}{92,82} = 0,686 \text{ barbeiro}$$

O tempo médio de espera na fila é uma variável **baseada em observação** cujo valor é calculado por

$$\begin{pmatrix}\text{Valor médio de uma variável}\\ \text{baseada em observação}\end{pmatrix} = \frac{\text{Soma de observações}}{\text{Número de observações}}$$

Um exame da Figura 16.8 revela que a área sob a curva do comprimento da fila é, na verdade, igual à soma do tempo de espera para os três clientes que se juntaram à fila, ou seja:

$$W_1 + W_2 + W_3 + W_4 + W_5 = 0 + 0 + 3,73 + 9,38 + 19,25 = 32,36 \text{ minutos}$$

Assim, o tempo médio de espera na fila para todos os clientes é calculado por

$$\overline{W}_q = 32,36/5 = 6,47 \text{ minutos}$$

CONJUNTO DE PROBLEMAS 16.5A

1. Suponha que a barbearia da Seção 16.5.1 funcione com dois barbeiros e os clientes sejam atendidos segundo um critério FCFS. Suponha ainda mais que o tempo de um corte de cabelo seja distribuído uniformemente entre 15 e 30 minutos. O intervalo de tempo entre chegadas de clientes segue uma distribuição exponencial, com uma média de 10 minutos. Simule o sistema manualmente para 75 unidades de tempo. Pelos resultados da simulação, determine o tempo médio que um cliente espera na fila, o número médio de clientes à espera e a utilização média dos barbeiros. Use os números aleatórios da Tabela 16.1.

2. Classifique as seguintes variáveis como *baseadas em observação* ou *baseadas em tempo*:
- *(a) Tempo até a falha de um componente eletrônico.
- *(b) Nível de estoque de um item.
- (c) Quantidade pedida de um item de estoque.
- (d) Número de itens defeituosos em um lote.
- (e) Tempo necessário para dar notas a exames.
- (f) Número de carros no estacionamento de uma locadora de automóveis.

***3.** A Tabela A representa a variação no número de clientes à espera em uma fila como uma função do tempo de simulação.

Tabela A

Tempo de simulação, T (h)	Nº de clientes à espera
$0 \leq T \leq 3$	0
$3 < T \leq 4$	1
$4 < T \leq 6$	2
$6 < T \leq 7$	1
$7 < T \leq 10$	0
$10 < T \leq 12$	2
$12 < T \leq 18$	3
$18 < T \leq 20$	2
$20 < T \leq 25$	1

Calcule as seguintes medidas de desempenho:
- (a) O comprimento médio da fila.
- (b) O tempo médio de espera na fila para os que têm de esperar.

4. Suponha que a barbearia do Exemplo 16.5-1 funcione com três barbeiros. Considere ainda que a utilização dos servidores (barbeiros) é resumida como mostrado na Tabela B.

Tabela B

Tempo de simulação, T (h)	Nº de servidores ocupados
$0 < T \leq 10$	0
$10 < T \leq 20$	1
$20 < T \leq 30$	2
$30 < T \leq 40$	0
$40 < T \leq 60$	1
$60 < T \leq 70$	2
$70 < T \leq 80$	3
$80 < T \leq 90$	1
$90 < T \leq 100$	0

Determine as seguintes medidas de desempenho:
- (a) A utilização média da instalação.
- (b) O tempo médio em que a instalação está ocupada.
- (c) O tempo médio em que a instalação está ociosa.

16.5.2 Simulação do modelo de servidor único em planilha

A apresentação dada na Seção 16.5.1 mostra que os cálculos de simulação costumam ser tediosos e volumosos. Por isso, a utilização do computador para executar modelos de simulação é imperativa. Esta seção desenvolve em planilha o modelo de servidor único.

O objetivo do desenvolvimento é reforçar as idéias apresentadas na Seção 16.5.1. Claro que um modelo de servidor único é uma situação simples e, por essa razão, pode ser modelado prontamente em um ambiente de planilha. Outras situações exigem um esforço de modelagem mais complicado, o que é facilitado pelos pacotes de simulação disponíveis (veja a Seção 16.7).

A apresentação na Seção 16.5.1 mostra que o modelo de simulação da instalação com um servidor único requer dois elementos básicos:

1. A lista cronológica dos eventos do modelo.
2. Um gráfico que acompanhe as mudanças na utilização da instalação e no comprimento da fila.

Esses dois elementos permanecem essenciais no desenvolvimento do modelo de simulação em planilha (na verdade, de qualquer um baseado em computador). A diferença é que a implementação é realizada de maneira compatível com a utilização do computador. Como na Seção 16.5.1, clientes são atendidos em ordem de chegada (Fifo).

A Figura 16.9 apresenta o resultado do gabarito excelSingleServer.xls. Há quatro modos de representar os dados de entrada referentes ao intervalo de tempo entre chegadas e ao tempo de serviço: constante, exponencial, uniforme e triangular. A distribuição triangular é útil porque pode ser usada como uma estimativa inicial grosseira de qualquer distribuição pela simples apresentação de três estimativas, *a*, *b* e *c*, que representam o menor valor, o valor mais provável e o maior valor do intervalo de tempo entre chegadas ou do tempo de serviço. A única outra informação necessária para dirigir a simulação é o comprimento da rodada de simulação que, nesse modelo, é especificada pelo número de chegadas que podem ser geradas no modelo.

Os cálculos da planilha reservam uma linha para cada chegada. O intervalo de tempo entre chegadas e o tempo de serviço para cada chegada são gerados com base em dados de entrada. Considera-se que a primeira chegada ocorra em $T = 0$. Como a instalação começa ociosa, o atendimento do cliente começa imediatamente. Assim,

$$\left(\begin{array}{c}\text{Tempo de partida}\\ \text{do cliente 1}\end{array}\right)=\left(\begin{array}{c}\text{Tempo de chegada}\\ \text{do cliente 1}\end{array}\right)+\left(\begin{array}{c}\text{Tempo de serviço}\\ \text{do cliente 1}\end{array}\right)$$

$$= 0 + 12{,}83 = 12{,}83$$

$$\left(\begin{array}{c}\text{Tempo de chegada}\\ \text{do cliente 2}\end{array}\right)=\left(\begin{array}{c}\text{Tempo de chegada}\\ \text{do cliente 1}\end{array}\right)+\left(\begin{array}{c}\text{Intervalo de tempo até}\\ \text{a chegada do cliente 1}\end{array}\right)$$

$$= 0 + 3{,}37 = 3{,}37$$

Para determinar o tempo de partida de qualquer cliente *i*, usamos a seguinte fórmula:

$$\left(\begin{array}{c}\text{Tempo de partida}\\ \text{do cliente } i\end{array}\right) = \max\left\{\left(\begin{array}{c}\text{Tempo de}\\ \text{chegada}\\ \text{do cliente } i\end{array}\right),\left(\begin{array}{c}\text{Tempo de}\\ \text{partida do}\\ \text{cliente } i-1\end{array}\right)\right\}+\left(\begin{array}{c}\text{Tempo de}\\ \text{serviço do}\\ \text{cliente } i\end{array}\right)$$

A fórmula diz que o atendimento de um cliente não pode começar até que a instalação torne-se disponível. Para ilustrar a utilização dessa fórmula, na Figura 16.9, temos

$$\text{Tempo de partida do cliente } 3 = \max\{9{,}09; 27{,}55\} + 12{,}21 = 39{,}76$$

Agora, voltemos nossa atenção à coleta dos dados estatísticos do modelo. Em primeiro lugar, observe que, para o cliente *i*, o tempo de espera na fila, $W_q(i)$, e no sistema inteiro, $W_s(i)$, são calculados por

$$W_q(i) = \left(\begin{array}{c}\text{Tempo de}\\ \text{partida}\\ \text{do cliente } i\end{array}\right)-\left(\begin{array}{c}\text{Tempo de}\\ \text{chegada}\\ \text{do cliente } i\end{array}\right)-\left(\begin{array}{c}\text{Tempo de}\\ \text{serviço}\\ \text{do cliente } i\end{array}\right)$$

$$W_s(i) = \left(\begin{array}{c}\text{Tempo de}\\ \text{partida}\\ \text{do cliente } i\end{array}\right)-\left(\begin{array}{c}\text{Tempo de}\\ \text{chegada}\\ \text{do cliente } i\end{array}\right)$$

Em seguida, pode parecer que para calcular as estatísticas restantes do modelo seja preciso acompanhar as mudanças na utilização da instalação e no comprimento da fila (como fizemos na Seção 16.5.1). Felizmente, os cálculos são simplificados por duas observações que fizemos na Seção 16.5.1 e explicamos na Figura 16.8:

1. Área sob a curva da utilização da instalação = Soma dos tempos de serviço de todas as chegadas
2. Área sob a curva do comprimento da fila = Soma dos tempos de espera de todas as partidas

Para explicar esse ponto, o resultado em Excel da Figura 16.9 calcula essas duas somas, ou seja,

$$\text{Soma de tempos de serviço} = 264{,}65$$

$$\text{Soma de } W_q = 424{,}8$$

$$\text{Soma de } W_s = \text{Soma de } W_q + \text{Soma dos tempos de serviço}$$

$$= 689{,}44\ (= 264{,}65 + 424{,}8)$$

Figura 16.9
Resultado em Excel de um modelo de simulação com servidor único (arquivo excelSingleServer.xls)

◇	A	B	C	D	E	F	G	H
1	Simulation of a Single-Server Queueing Model							
2	Nbr of arrivals =		20	<<Maximum 500				
3	Enter x in column A to select interarrival pdf:							
4		Constant =						
5	x	Exponential:	λ =	0.067				
6		Uniform:	a =		b =			
7		Triangular:	a =		b =		c =	
8	Enter x in column A to select service time pdf:							
9		Constant =						
10		Exponential:	μ =					
11	x	Uniform:	a =	10	b =	15		
12		Triangular:	a =		b =		c =	
13	Output Summary							
14	Av. facility utilization =				0.98			
15	Percent idleness (%) =				1.95			
16								
17	Av. queue length, Lq =				1.57		Press F9 to	
18	Av. nbr in system, Ls =				2.55		trigger a	
19	Av. queue time, Wq =				21.24		new simulation run.	
20	Av. system time, Ws =				34.47			
21	Sum(ServiceTime) =				264.65			
22	Sum(Wq) =				424.80			
23	Sum(Ws) =				689.44			

◇	K	L	M	N	O	P	Q
3	Nbr	InterArvlTime	ServiceTime	ArrvlTime	DepartTime	Wq	Ws
4	1	3.73	12.83	0.00	12.83	0.00	12.83
5	2	5.37	14.71	3.73	27.55	9.10	23.82
6	3	3.86	12.21	9.09	39.75	18.45	30.66
7	4	14.10	11.18	12.95	50.94	26.80	37.98
8	5	7.35	14.92	27.05	65.85	23.88	38.80
9	6	35.70	14.22	34.41	80.07	31.45	45.67
10	7	0.60	14.50	70.11	94.58	9.97	24.47
11	8	4.25	13.35	70.71	107.93	23.87	37.22
12	9	4.85	12.45	74.96	120.38	32.97	45.41
13	10	7.43	11.57	79.81	131.94	40.56	52.13
14	11	8.99	14.65	87.24	146.59	44.70	59.34
15	12	49.78	12.85	96.23	159.43	50.36	63.20
16	13	0.42	14.12	146.01	173.55	13.43	27.54
17	14	8.77	13.69	146.43	187.24	27.13	40.82
18	15	11.19	10.50	155.20	197.75	32.05	42.55
19	16	42.82	13.78	166.38	211.53	31.36	45.14
20	17	19.87	12.29	209.20	223.82	2.33	14.62
21	18	9.25	12.95	229.07	242.03	0.00	12.95
22	19	13.98	12.99	238.33	255.02	3.70	16.69
23	20	58.46	14.88	252.31	269.90	2.71	17.59

Dado que a última chegada (cliente 20) parte em T = 269,90, decorre que

$$\begin{pmatrix}\text{Utilização média}\\ \text{da instalação}\end{pmatrix} = \frac{264,65}{269,90} = 0,9805$$

$$\begin{pmatrix}\text{Comprimento}\\ \text{médio da fila}\end{pmatrix} = \frac{424,80}{269,90} = 1,57$$

O percentual de ociosidade da instalação é calculado por (1 – 0,98) × 100 = 1,945%.

O restante dos dados estatísticos é calculado de modo direto, ou seja,

$$\begin{pmatrix}\text{Tempo médio}\\ \text{de espera em fila}\end{pmatrix} = \frac{\text{Soma de } W_q}{\text{Número de chegadas}} = \frac{424,80}{20} = 21,24$$

$$\begin{pmatrix}\text{Tempo médio}\\ \text{no sistema}\end{pmatrix} = \frac{\text{Soma de } W_s}{\text{Número de chegadas}} = \frac{689,44}{20} = 34,47$$

Outra planilha foi desenvolvida para simular modelos multisservidores (excelMultiServer.xls). O projeto do gabarito é baseado nas mesmas idéias usadas no caso do servidor único. Contudo, a determinação do tempo de partida não é tão direta e, em conseqüência, requer a utilização de macros em VBA.

CONJUNTO DE PROBLEMAS 16.5B

1. Usando os dados de entrada da Seção 16.5.1, execute o simulador em Excel para dez chegadas e desenhe um gráfico representando as variações na utilização da instalação e no comprimento da fila como uma função do tempo de simulação. Verifique que as áreas sob as curvas são iguais à soma dos tempos de serviço e dos tempos de espera, respectivamente.

2. Simule o modelo *M/M/*1 para 500 chegadas dada a taxa de chegada λ = 4 clientes por hora e a taxa de serviço μ = 6 partidas por hora. Execute cinco repetições (renovando a planilha — pressionando a tecla F9) e determine um intervalo de confiança de 95% para todas as medidas de desempenho do modelo. Compare os resultados com os valores teóricos do estado de equilíbrio do modelo *M/M/*1.

3. Unidades de aparelhos de televisão chegam a uma esteira transportadora a cada 15 minutos para inspeção em uma estação com um único operador. Não há dados detalhados disponíveis para a estação de inspeção. Contudo, o operador estima que leva 10 minutos 'em média' para inspecionar uma unidade. Na pior das hipóteses, o tempo de inspeção não passa de 13 minutos e, para certas unidades, o tempo de inspeção pode chegar a 9 minutos.

(a) Use o simulador em Excel para simular a inspeção de 200 unidades de aparelhos de TV.

(b) Com base em cinco repetições, estime o número médio de unidades que esperam inspeção e a utilização média da estação de inspeção.

16.6 MÉTODOS PARA COLETAR OBSERVAÇÕES ESTATÍSTICAS

Simulação é um experimento estatístico e seus resultados devem ser interpretados usando as ferramentas adequadas de inferência estatística (por exemplo, intervalos de confiança e testes de hipótese). Para executar essa tarefa, as observações do experimento de simulação devem satisfazer três condições:

1. Observações são retiradas de distribuições estacionárias (idênticas).
2. Observações são amostradas de uma população com distribuição normal.
3. Observações são independentes.

Porém, ocorre que, em sentido estrito, o experimento de simulação não satisfaz nenhuma dessas condições. Não obstante, podemos garantir que essas condições permaneçam estatisticamente viáveis restringindo a maneira como são coletadas as observações de simulação.

Em primeiro lugar, considere a questão da estacionariedade. O resultado da simulação é uma função do comprimento do período simulado. O período inicial produz comportamento errático e é usualmente denominado **período transiente** ou **de aquecimento**. Quando o resultado se estabiliza, o sistema funciona em **estado de equilíbrio**. Infelizmente, não há maneira de prever com antecedência o ponto inicial do estado de equilíbrio. Em geral, uma partida de simulação mais longa tem melhor chance de alcançar o estado de equilíbrio. Esse ponto é demonstrado no Exemplo 16.1-1, no qual a precisão da estimativa da área de um círculo por simulação de Monte Carlo aumenta com o tamanho da amostra. Assim, a não-estacionariedade pode ser levada em conta usando um tamanho da amostra suficientemente grande.

Em seguida, consideramos o requisito de que observações de simulação devem ser retiradas de uma população com distribuição normal. Esse requisito é cumprido usando o *teorema do limite central* (veja a Seção 12.4.4), que afirma que a distribuição da média de uma amostra é assintoticamente normal independentemente da população da qual a amostra é retirada. Por isso, o teorema do limite central é a principal ferramenta que usamos para satisfazer a premissa da distribuição normal.

Figura 16.10
Coleta de dados de simulação usando o método do subintervalo

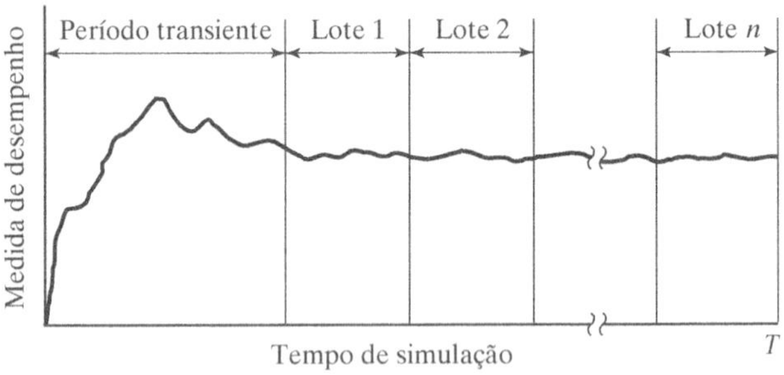

A terceira condição trata da independência das observações. A natureza do experimento de simulação não garante independência entre observações de simulações sucessivas. Contudo, usando a média das amostras para representar uma observação de simulação, podemos amenizar o problema da falta de independência. Isso é válido em particular quando aumentamos a base de tempo utilizada para calcular a média das amostras.

Agora que já discutimos as peculiaridades do experimento de simulação e modos de contorná-las, apresentamos os três métodos mais comuns para coletar observações em simulação:

1. Método do subintervalo.
2. Método da replicação.
3. Método regenerativo (ou em ciclos).

16.6.1 Método do subintervalo

A Figura 16.10 ilustra a idéia do método do subintervalo. Suponha que a simulação seja executada para T unidades de tempo (isto é, comprimento da rodada = T) e que queiramos coletar n observações. Em primeiro lugar, o método do subintervalo trunca um período transiente inicial e então subdivide o restante da rodada de simulação em n subintervalos (ou lotes) iguais. Depois, a média da medida de desempenho desejada (por exemplo, comprimento da fila ou tempo de espera em fila) dentro de cada subintervalo é usada para representar uma única observação. Truncar o período transiente inicial implica que não sejam coletados dados estatísticos durante o período.

A vantagem do método do subintervalo é que o efeito das condições transientes (não estacionárias) é amenizado, em particular

Figura 16.11
Variação no comprimento da fila com o tempo de simulação no Exemplo 16.6-1

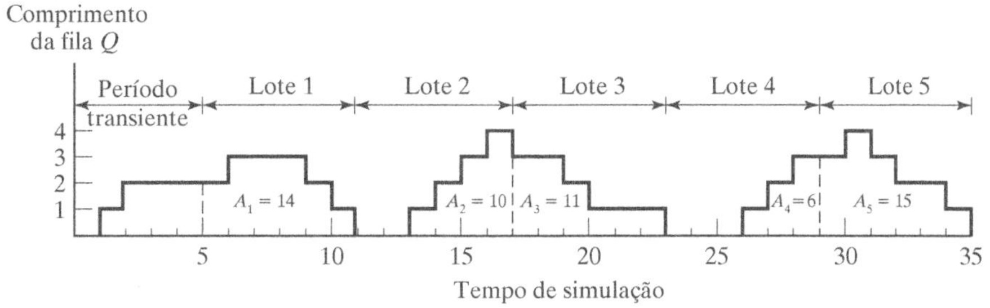

para as observações que são coletadas perto do final da rodada de simulação. A desvantagem do método é que os lotes sucessivos, cujas condições de fronteira são comuns, estão necessariamente correlacionados. O efeito da correlação pode ser amenizado aumentando a base de tempo para cada lote.

Exemplo 16.6-1

A Figura 16.11 mostra a variação no comprimento da fila em um modelo de fila única como uma função do tempo de simulação. O comprimento da rodada de simulação é $T = 35$ horas e o comprimento do período transiente é estimado em 5 horas. Queremos coletar cinco observações, isto é, $n = 5$. Assim, a base de tempo correspondente para cada lote é igual a $\frac{(35-5)}{5} = 6$ horas.

Seja $\bar{Q}_i$ o comprimento médio da fila no lote i. Como o comprimento da fila é uma variável baseada em tempo, temos

$$\bar{Q}_i = \frac{A_i}{t}, \ i = 1, 2, K, 5$$

onde A_i é a área sob a curva do comprimento da fila associada ao lote (observação) i, e t é a base de tempo por lote. No presente exemplo, $t = 6$ horas.

Os dados da Figura 16.11 produzem as observações constantes da Tabela 16.11.

Tabela 16.11 Observações referentes aos dados da Figura 16.11

Observação i	1	2	3	4	5
A_i	14	10	11	6	15
$\bar{Q}_i$	2,33	1,67	1,83	1,00	2,5
Média da amostra = 1,87		Desvio-padrão da amostra = 0,59			

A média e a variância da amostra podem ser usadas para calcular um intervalo de confiança, se desejado. O cálculo da variância da amostra no Exemplo 16.6-1 é baseado na seguinte fórmula, bem conhecida:

$$s = \sqrt{\frac{\sum_{i=1}^{n} x_i^2 - n\bar{x}^2}{n-1}}$$

Essa fórmula é apenas uma aproximação da verdadeira variância porque ignora o efeito da autocorrelação entre os lotes sucessivos. A fórmula exata pode ser encontrada em Law e Kelton (2000, p. 249–253).

16.6.2 Método da replicação

No método da replicação, cada observação é representada por uma rodada de simulação independente na qual o período transiente é truncado, como ilustrado na Figura 16.12. O cálculo das médias das observações para cada lote é o mesmo do método do subintervalo.

A única diferença é que a fórmula-padrão da variância é aplicável porque os lotes não são correlacionados.

A vantagem do método da replicação é que cada rodada de simulação é dirigida por uma corrente distinta de números aleatórios (0, 1), o que resulta em observações que são verdadeiramente independentes em termos estatísticos. A desvantagem é que cada observação pode ser influenciada pelo viés do efeito inicial das condições transientes. Esse problema pode ser amenizado com a escolha de um comprimento de rodada suficientemente grande.

16.6.3 Método regenerativo (ou em ciclos)

O método regenerativo pode ser considerado como uma extensão do método do subintervalo. O motivo que fundamenta o novo método é que ele tenta reduzir o efeito da autocorrelação que caracteriza o método do subintervalo, exigindo condições iniciais semelhantes para cada lote. Por exemplo, se a variável em questão for o comprimento da fila, cada lote começaria em um instante em que o comprimento da fila fosse zero. Diferentemente do método do subintervalo, a natureza do método regenerativo pode resultar em bases de tempo desiguais para lotes diferentes.

Embora possa reduzir a autocorrelação, o método regenerativo tem a desvantagem de resultar em um número menor de lotes para um dado comprimento de rodada. Isso decorre porque não podemos prever quando um novo lote começará ou qual será o comprimento de sua base de tempo. Entretanto, sob condições de estado estável, é de esperar que os espaços entre os pontos iniciais para os lotes sucessivos sejam mais ou menos regulares.

Figura 16.12
Coleta de dados de simulação usando o método da replicação

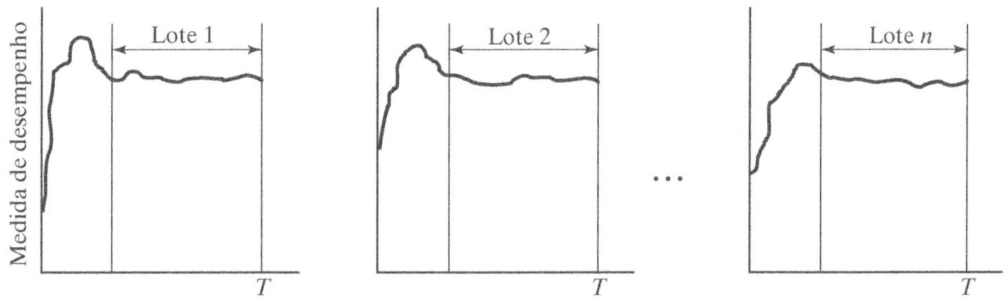

De modo geral, o cálculo da média para o lote i no método regenerativo é definido como a razão entre duas variáveis aleatórias a_i e b_i, isto é, $x_i = \frac{a_i}{b_i}$. As definições de a_i e b_i dependem da variável que está sendo calculada. Especificamente, se a variável for *baseada em tempo,* então a_i representaria a área sob a curva, e b_i seria igual à base de tempo associada. Se a variável for *baseada em observação,* então a_i seria a soma total das observações dentro do lote i, e b_i seria o número de observações associado.

Como x_i é a razão entre duas variáveis aleatórias, pode-se demonstrar que uma estimativa sem viés da média da amostra é

$$\bar{y} = \frac{\sum_{i=1}^{n} y_i}{n}$$

onde

$$y_i = \frac{n\bar{a}}{\bar{b}} - \frac{(n-1)(n\bar{a}-a_i)}{n\bar{b}-b_i}, i = 1, 2, K, n$$

$$\bar{a} = \frac{\sum_{i=1}^{n} a_i}{n}$$

$$\bar{b} = \frac{\sum_{i=1}^{n} b_i}{n}$$

Nesse caso, um intervalo de confiança é baseado na média e no desvio-padrão de y_i.

Exemplo 16.6-2

A Figura 16.13 representa o número de servidores ocupados em uma instalação única com três servidores paralelos. O comprimento da rodada de simulação é 35 unidades de tempo, e o comprimento do período transiente é 4 unidades de tempo. Deseja-se estimar a utilização média da instalação com base no método regenerativo.

Após truncar o período transiente, a Figura 16.13 dá quatro lotes cuja característica comum é que começam com os três servidores ociosos. Os valores associados de a_i e b_i são dados na Tabela 16.12.

Tabela 16.12 Valores associados de a_i e b_i

Lote i	a_i	b_i
1	12	9
2	6	5
3	10	10
4	6	7
Médias	$\bar{a} = 8{,}50$	$\bar{b} = 7{,}75$

Com base nesses dados, temos

$$y_i = \frac{4\times 8{,}5}{7{,}75} - \frac{(4-1)\times(4\times 8{,}5 - a_i)}{4\times 7{,}75 - b_i} = 4{,}39 - \frac{102-3a_i}{31-b_i}$$

Esses cálculos podem ser prontamente automatizados utilizando o gabarito excelRegenerative.xls.

CONJUNTO DE PROBLEMAS 16.6A

1. No Exemplo 16.6-1, use o método do subintervalo para calcular o tempo médio de espera na fila para os que têm de esperar.

***2.** Em um modelo de simulação, o método do subintervalo é usado para calcular médias de lotes. O período transiente é estimado em 100 e cada lote tem uma base de tempo de 100 unidades de tempo também. Usando os dados apresentados na Tabela C, que dão os tempos de espera para clientes como uma função do tempo de simulação, estime o intervalo de confiança de 95% para o tempo médio de espera.

Tabela C

Intervalo de tempo	Tempos de espera
0–100	10, 20, 13, 14, 8, 15, 6, 8
100–200	12, 30, 10, 14, 16
200–300	15, 17, 20, 22
300–400	10, 20, 30, 15, 25, 31
400–500	15, 17, 20, 14, 13
500–600	25, 30, 15

3. No Exemplo 16.6-2, suponha que o ponto inicial para cada observação seja o ponto no tempo em que todos os servidores acabaram de ficar ociosos. Assim, na Figura 16.13, esses pontos correspondem a t = 10, 17, 24 e 33. Calcule o intervalo de confiança de 95% para a utilização dos servidores com base na nova definição dos pontos regenerativos.

4. Em uma situação de fila de servidor único, o sistema é simulado para 100 horas. Os resultados da simulação mostram que o servidor estava ocupado somente durante os seguintes intervalos de tempo: (0, 10); (15, 20); (25, 30); (35, 60); (70, 80) e (90, 95). O comprimento do período transiente é estimado em 10 horas.

(a) Defina o ponto inicial da observação necessário para implementar o método regenerativo.

(b) Calcule o intervalo de confiança de 95% para a utilização média do servidor com base no método regenerativo.

(c) Aplique o método do subintervalo ao mesmo problema usando um tamanho de amostra n = 5. Calcule o intervalo de confiança de 95% correspondente e compare-o com o obtido pelo método regenerativo.

16.7 LINGUAGENS DE SIMULAÇÃO

A execução de modelos de simulação acarreta dois tipos de cálculos distintos: 1) manipulações de arquivo que lidam com a armazenagem e o processamento cronológicos dos eventos do modelo; e 2) cálculos aritméticos e de contabilização associados à geração de amostras aleatórias e coleta das estatísticas do modelo. O primeiro tipo de cálculo envolve o desenvolvimento lógico extensivo no processamento de listas, e o segundo tipo acarreta em cálculos tediosos e demorados. A natureza desses cálculos transforma o computador em uma ferramenta essencial para executar modelos de simulação e, por sua vez, instiga o desenvolvimento de linguagens computacionais especiais de simulação para executar esses cálculos de modo conveniente e eficiente.

Figura 16.13
Variações no número de servidores ocupados como uma função do tempo no Exemplo 16.6-2

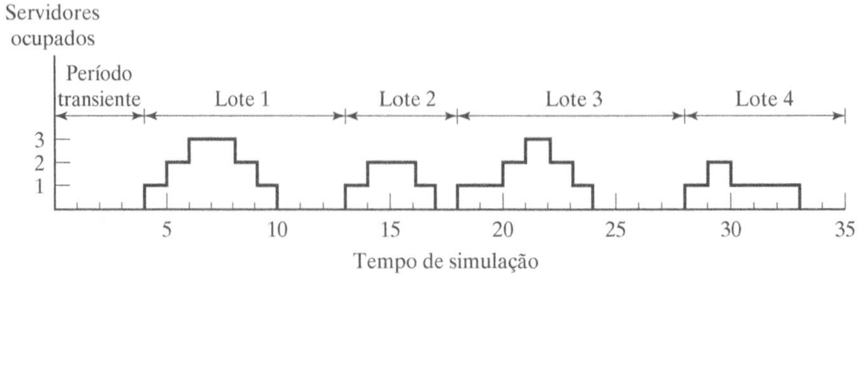

As linguagens de simulação discreta disponíveis são enquadradas em duas categorias amplas:

1. Programação de eventos.
2. Orientadas para processo.

Nas linguagens de programação de eventos, o usuário detalha as ações associadas à ocorrência de cada evento, de modo muito parecido como o apresentado no Exemplo 16.5-1. O papel principal da linguagem nesse caso é: 1) automação da amostragem com base nas distribuições; 2) armazenagem e recuperação de eventos em ordem cronológica; e 3) coleta das estatísticas do modelo.

Linguagens orientadas para processo usam blocos ou nós que podem ser ligados uns aos outros para formar uma rede que descreve os movimentos de **transações** ou **entidades** (isto é, clientes) no sistema. Por exemplo, os três blocos/nós mais em destaque em qualquer linguagem de simulação de processo são uma *fonte* na qual são criadas as transações, uma *fila* em que elas podem esperar se necessário e uma *instalação* na qual o serviço é realizado. Cada um desses blocos/nós é definido com todas as informações necessárias para ativar a simulação automaticamente. Por exemplo, uma vez especificado o intervalo de tempo entre chegadas para a fonte, uma linguagem orientada para processo 'sabe' automaticamente quando os eventos de chegada ocorrerão. Na verdade, cada bloco/nó do modelo tem instruções permanentes que definem *como* e *quando* as transações são movimentadas na rede de simulação.

Linguagens orientadas para processo são ativadas internamente pelas mesmas ações utilizadas em linguagens de programação de eventos. A diferença é que essas ações são automatizadas para livrar o usuário dos tediosos detalhes lógicos e de cálculos. De certo modo, podemos considerar linguagens orientadas para processo como baseadas no conceito de dados de entrada e resultados da abordagem da 'caixa-preta', o que, em essência, significa que essas linguagens trocam flexibilidade de modelagem por simplicidade e facilidade de utilização.

Entre as principais linguagens de programação de eventos, citamos Simscript, Slam e Siman. Essas linguagens evoluíram ao longo dos anos e passaram a incluir capacidades orientadas para processo. As três linguagens permitem que o usuário escreva o (uma parte do) modelo em linguagens de nível mais alto, como Fortran ou C. Essa capacidade é necessária para permitir que o usuário modele alguma lógica complexa que, do contrário, não poderia conseguir diretamente com os recursos comuns daquelas linguagens. Uma importante razão para essa limitação é a maneira restritiva e talvez complicada como tais linguagens movimentam transações (ou entidades) entre as filas e instalações do modelo.

Hoje, há vários pacotes comerciais modernos que dominam o mercado da simulação, entre os quais mencionamos apenas alguns: Arena, AweSim e GPSS/H. Esses pacotes utilizam extensivas interfaces ao usuário para simplificar o processo de criação de um modelo de simulação. Também fornecem recursos de animação que permitem a observação visual das mudanças no sistema. Contudo, há usuários experientes que acham que essas interfaces reduzem o desenvolvimento de um modelo de simulação a um passo de 'câmera lenta'. Não é surpresa que alguns deles prefiram escrever modelos de simulação em linguagens de programação gerais como C, Basic e Fortran.

CONJUNTO DE PROBLEMAS 16.7A[2]

1. Clientes chegam aleatoriamente a uma agência de correio com três atendentes. O intervalo de tempo entre chegadas segue uma distribuição exponencial com média de 5 minutos. O tempo que um atendente gasta com um cliente segue uma distribuição exponencial com uma média de 10 minutos. Todos os clientes que chegam formam uma única fila e esperam pelo primeiro atendente livre. Execute um modelo de simulação de sistema para 480 minutos, a fim de determinar o seguinte:
   (a) O número médio de clientes à espera na fila.
   (b) A utilização média dos atendentes.
   (c) Compare os resultados da simulação com os do modelo de fila *M*/*M*/*c* (Capítulo 15) e com os da planilha MultiServerSimulator.xls.
2. Unidades de aparelhos de televisão chegam para inspeção em uma esteira transportadora à taxa constante de 5 unidades por hora. O tempo de inspeção demora entre 10 e 15 minutos, distribuídos uniformemente. A experiência anterior mostra que 20% das unidades inspecionadas devem ser ajustadas e em seguida devolvidas para passar por nova inspeção. O tempo de ajuste também é uniformemente distribuído entre 6 e 8 minutos. Execute um modelo de simulação para 480 minutos para calcular o seguinte:
   (a) O tempo médio que uma unidade leva até passar pela inspeção.
   (b) O número médio de vezes que uma unidade tem de ser reinspecionada antes de sair do sistema.
3. Um camundongo está preso em um labirinto e desesperado para sair. Após tentar entre 1 e 3 minutos, distribuídos uniformemente, há 30% de chance de encontrar o caminho correto. Caso contrário, ele seguirá desorientado entre 2 e 3 minutos, distribuídos uniformemente, e eventualmente voltará até onde começou para tentar mais uma vez. O camundongo pode tentar livrar-se do labirinto quantas vezes quiser, mas para tudo há um limite. Com tanta energia gasta nas repetidas tentativas é certo que ele morrerá se não conseguir sair dentro de um período que é normalmente distribuído com uma média de 10 minutos e um desvio-padrão de 2 minutos. Escreva um modelo de simulação para estimar a probabilidade de o camundongo escapar. Para o propósito de estimar a probabilidade, considere que 100 camundongos serão processados pelo modelo.
4. No estágio final da fabricação de um automóvel, uma unidade está situada sobre um transportador entre duas estações de trabalho paralelas que permitem a execução do serviço dos lados esquerdo e direito do carro simultaneamente. Os tempos de operação para os lados esquerdo e direito são uniformemente distribuídos entre 15 e 20 minutos e 18 e 22 minutos, respectivamente. O transportador chega à área das estações de trabalho a cada 20 minutos. Simule o processo para 480 minutos para determinar a utilização das estações da esquerda e da direita.
5. Carros chegam a um lava-rápido de uma única baia no qual o intervalo de tempo entre chegadas segue uma distribuição exponencial com uma média de 10 minutos. Os carros que chegam se alinham em uma única faixa de acesso que pode acomodar no máximo 5 carros à espera. Se a faixa estiver cheia, novos carros que chegarem terão de procurar outro lava-rápido. Lavar um carro demora entre 10 e 15 minutos, distribuídos uniformemente. Simule o sistema para 960 minutos e estime o tempo que um carro leva para passar na instalação.

REFERÊNCIAS BIBLIOGRÁFICAS

Box, G. e Muller, M. "A note on the generation of random normal deviates". *Annals of Mathematical Statitics*, v. 29, 1958, p. 610–611.
Law, A. e Kelton, W. *Simulation modeling & analysis.* 3. ed. Nova York: McGraw-Hill, 2000.
Ross, S. *A course in simulation.* Nova York: Macmillan, 1990.
Rubenstein, R.; Melamed, B. e Shapiro, A. *Modern simulation and modeling.* Nova York: Wiley, 1998.
Taha, H. *Simulation modeling and SIMNET.* Upper Saddle River: Prentice Hall, 1988.

[2] Resolva esses problemas usando uma linguagem de simulação de sua preferência, ou usando Basic, Fortran ou C.

Capítulo 17

Cadeias de Markov

Guia do capítulo. Este capítulo dá a fundamentação básica sobre cadeias de Markov e sua utilização na prática, incluindo modelos baseados em custo. A notação de cadeia de Markov é 'incômoda' e seus cálculos são tediosos. Para amenizar esse problema, onde possível foi usada a notação matricial, mais fácil de ler. Com relação aos cálculos, são fornecidos dois gabaritos em Excel para executar os cálculos básicos para uma cadeia de Markov de qualquer tamanho, incluindo probabilidades de transição em n etapas e absolutas, probabilidades de estado no equilíbrio e tempos de primeira passagem em cadeias ergódicas e absorventes. Ambas as planilhas devem ser úteis para resolver os problemas de final de seção.

Este capítulo inclui 17 exemplos resolvidos, 42 problemas de final de seção e 2 gabaritos em Excel. Os programas em AMPL/Excel Solver/TORA estão na pasta ch17Files.

17.1 DEFINIÇÃO DE UMA CADEIA DE MARKOV

Seja X_t uma variável aleatória que caracteriza o estado do sistema em pontos discretos do tempo $t = 1, 2, \ldots$. A família de variáveis aleatórias $\{X_t\}$ forma um **processo estocástico**. O número de estados em um processo estocástico pode ser finito ou infinito, como demonstram os dois exemplos apresentados a seguir.

Exemplo 17.1-1 (Manutenção de máquinas)

A condição de uma máquina na ocasião da manutenção preventiva mensal é caracterizada como razoável, boa ou excelente. Para o mês t, o processo estocástico para essa situação pode ser representado como:

$$X_t = \begin{cases} 0, \text{ se a condição for ruim} \\ 1, \text{ se a condição for razoável} \\ 2, \text{ se a condição for boa} \end{cases}, \quad t = 1, 2, \ldots$$

A variável aleatória X_t é *finita* porque representa três estados: ruim (0), razoável (1) e bom (2).

Exemplo 17.1-2 (Oficina mecânica)

Serviços chegam a uma oficina mecânica à taxa de 5 por hora. O processo de chegada segue uma distribuição de Poisson que, teoricamente, permite que qualquer número de serviços entre zero e infinito cheguem à oficina durante o intervalo de tempo $(0, t)$. O processo de estado no limite que descreve o número de serviços que chegam é

$$X_t = 0, 1, 2, \ldots, t > 0$$

Um processo estocástico é um **processo de Markov** se a ocorrência de um estado futuro depender somente do estado imediatamente precedente. Isso significa que, dados os tempos cronológicos $t_0, t_1, \ldots, t_n$, diz-se que a família de variáveis aleatórias $\{X_{t_n}\} = \{x_1, x_2, \ldots, x_n\}$ é um processo de Markov se possuir a seguinte propriedade:

$$P\{X_{t_n} = x_n | X_{t_{n-1}} = x_{n-1}, \ldots, X_{t_0} = x_0\} = P\{X_{t_n} = x_n | X_{t_{n-1}} = x_{n-1}\}$$

Em um processo markoviano com n estados (resultados) exaustivos e mutuamente exclusivos, as probabilidades em um ponto específico do tempo $t = 0, 1, 2, \ldots$ são habitualmente expressas por:

$$p_{ij} = P\{X_t = j | X_{t-1} = i\}, (i,j) = 1, 2, \ldots, n, t = 0, 1, 2, \ldots, T$$

Isso é conhecido como **probabilidade de transição em uma etapa** de passar do estado i em $t-1$ ao estado j em t. Por definição,

$$\sum_j p_{ij} = 1, \; i = 1, 2, \ldots, n$$
$$p_{ij} \geq 0, \; (i, j) = 1, 2, \ldots, n$$

Um modo conveniente de resumir as probabilidades de transição em uma etapa é usar a seguinte notação matricial:

$$\mathbf{P} = \begin{pmatrix} p_{11} & p_{12} & p_{13} & \cdots & p_{1n} \\ p_{21} & p_{22} & p_{23} & \cdots & p_{2n} \\ \vdots & \vdots & \vdots & \vdots & \vdots \\ p_{n1} & p_{n2} & p_{n3} & \cdots & p_{nn} \end{pmatrix}$$

A matriz **P** define a denominada **cadeia de Markov**. Uma propriedade dessa matriz é que todas as suas probabilidades de transição p_{ij} são fixas (estacionárias) e independentes ao longo do tempo. Embora uma cadeia de Markov possa incluir um número infinito de estados, a apresentação neste capítulo será limitada apenas a cadeias finitas, porque esse é o único tipo que precisaremos no texto.

Exemplo 17.1-3 (O problema do jardineiro)

Todo ano, no início da estação de plantio de mudas (março a setembro), um jardineiro usa um teste químico para verificar a condição do solo. Dependendo do resultado do teste, a produtividade para a nova estação cai em um de três estados: 1) bom; 2) razoável e 3) ruim. Ao longo dos anos, o jardineiro observou que a condição do solo no ano anterior causava um impacto sobre a produtividade no ano corrente e que a situação podia ser descrita pela seguinte cadeia de Markov:

$$\mathbf{P} = \text{Estado do sistema neste ano} \begin{matrix} 1 \\ 2 \\ 3 \end{matrix} \overset{\text{estado do sistema no ano seguinte}}{\overset{\begin{matrix} 1 & 2 & 3 \end{matrix}}{\begin{pmatrix} 0{,}2 & 0{,}5 & 0{,}3 \\ 0 & 0{,}5 & 0{,}5 \\ 0 & 0 & 1 \end{pmatrix}}}$$

As probabilidades de transição mostram que a condição do solo pode se deteriorar ou se manter, mas nunca melhorar. Se a condição do solo neste ano for boa (estado 1), há 20% de chance de não mudar no ano seguinte, 50% de chance de se tornar razoável (estado 2) e 30% de chance de deteriorar até uma condição ruim (estado 3). Se a condição do solo neste ano for razoável (estado 2), a produtividade no ano seguinte pode permanecer razoável com probabilidade 0,5 ou tornar-se ruim (estado 3), também com probabilidade 0,5. Por fim, uma condição ruim neste ano (estado 3) só pode resultar em igual condição no próximo ano (com probabilidade 1).

O jardineiro pode alterar as probabilidades de transição **P** usando fertilizante para melhorar a condição do solo. Nesse caso, a matriz de transição se torna:

$$\mathbf{P}_1 = \begin{matrix} 1 \\ 2 \\ 3 \end{matrix} \overset{\begin{matrix} 1 & 2 & 3 \end{matrix}}{\begin{pmatrix} 0{,}30 & 0{,}60 & 0{,}10 \\ 0{,}10 & 0{,}60 & 0{,}30 \\ 0{,}05 & 0{,}40 & 0{,}55 \end{pmatrix}}$$

Agora, a utilização do fertilizante permite melhorias na condição de deterioração. Há 10% de chance de a condição do solo mudar de razoável para boa (estado 2 para estado 1), 5% de chance de mudar de ruim para boa (estado 3 para estado 1) e 40% de chance de um condição ruim tornar-se razoável (estado 3 para estado 2).

CONJUNTO DE PROBLEMAS 17.1A

1. Um professor de engenharia compra um novo computador a cada dois anos e tem preferência por três modelos: *M*1, *M*2 e *M*3. Se o modelo atual for *M*1, o próximo computador pode ser *M*2 com probabilidade 0,2 ou *M*3 com probabilidade 0,15. Se o modelo atual for *M*2, as probabilidades de trocar para *M*1 e *M*3 são 0,6 e 0,25, respectivamente, e, se o modelo atual for *M*3, então as probabilidades de trocar para *M*1 e *M*2 são 0,5 e 0,1, respectivamente. Represente a situação como uma cadeia de Markov.

***2.** Um carro de polícia está patrulhando uma região conhecida pelas atividades de gangues. Durante uma patrulha, há 60% de chance de a localidade que precisar de ajuda ser atendida a tempo, senão o carro continuará sua patrulha normal. Ao receber uma chamada, há 10% de chance de cancelamento (quando o carro volta a sua patrulha normal) e 30% de chance de o carro já estar atendendo a uma chamada anterior.

Quando o carro de polícia chega à cena, há 10% de chance de os arruaceiros terem fugido (então o carro volta à patrulha) e 40% de chance de uma prisão imediata. Caso contrário, os policiais farão uma busca na área. Se ocorrer uma prisão, há 60% de chance de transportar os suspeitos até o distrito policial; caso contrário, serão liberados e o carro volta à patrulha. Expresse as atividades probabilísticas da patrulha policial sob a forma de uma matriz de transição.

3. (Cyert et al., 1963) O Banco 1 oferece empréstimos que são pagos nas datas de vencimento ou ocorrem com atraso. Se o pagamento de um empréstimo atrasar mais do que quatro trimestres (1 ano), o Banco 1 considera o empréstimo como um crédito em liquidação e o elimina da contabilidade. A Tabela A dá uma amostra da experiência passada do Banco 1 com empréstimos.

Tabela A

Quantia emprestada	Trimestres de atraso	Histórico de pagamento
\$ 10.000	0	\$ 2.000 pagos, \$ 3.000 atrasados mais que um trimestre, \$ 3.000 atrasados mais que 2 trimestres e o restante atrasado mais que 3 trimestres.
\$ 25.000	1	\$ 4.000 pagos, \$ 12.000 atrasados mais que um trimestre, \$ 6.000 atrasados mais que 2 trimestres e o restante atrasado mais que 3 trimestres.
\$ 50.000	2	\$ 7.500 pagos, \$ 15.000 atrasados mais que 1 trimestre e o restante atrasado mais que 2 trimestres.
\$ 50.000	3	\$ 42.000 pagos e o restante atrasado mais que 1 trimestre.
\$ 100.000	4	\$ 50.000 pagos.

Expresse a situação de empréstimo do Banco 1 como uma cadeia de Markov.

4. (Pliskin e Tell, 1981) Pacientes que sofrem de falência renal podem fazer um transplante ou diálise periódica. Durante qualquer ano, 30% conseguem transplantes de pessoas que morreram e 10% recebem rins de um doador vivo. No ano seguinte a um transplante, 30% dos transplantados com rins de pessoas mortas e 15% dos que receberam rins de doadores vivos voltam à diálise. As porcentagens de óbitos entre os dois grupos são 20% e 10%, respectivamente. Entre os que continuam com a diálise, 10% morrem, e, entre os que sobrevivem mais de um ano após o transplante, 5% morrem e 5% voltam à diálise. Represente a situação como uma cadeia de Markov.

17.2 PROBABILIDADES DE TRANSIÇÃO EM N-ETAPAS E ABSOLUTAS

Dadas as probabilidades iniciais $\mathbf{a}^{(0)} = \{a_j^{(0)}\}$ de iniciar no estado j e a matriz de transição $\mathbf{P}$ de uma cadeia de Markov, as probabilidades absolutas $\mathbf{a}^{(n)} = \{a_j^{(n)}\}$ de estar no estado j após n transições ($n > 0$) são calculadas da seguinte maneira:

$$\mathbf{a}^{(1)} = \mathbf{a}^{(0)}\mathbf{P}$$
$$\mathbf{a}^{(2)} = \mathbf{a}^{(1)}\mathbf{P} = \mathbf{a}^{(0)}\mathbf{P}\mathbf{P} = \mathbf{a}^{(0)}\mathbf{P}^2$$
$$\mathbf{a}^{(3)} = \mathbf{a}^{(2)}\mathbf{P} = \mathbf{a}^{(0)}\mathbf{P}^2\mathbf{P} = \mathbf{a}^{(0)}\mathbf{P}^3$$

Continuando da mesma maneira, obtemos

$$\mathbf{a}^{(n)} = \mathbf{a}^{(0)}\mathbf{P}^n, n = 1, 2, \ldots$$

A matriz $\mathbf{P}^n$ é conhecida como **matriz de transição em *n* etapas**. Por esses cálculos, podemos ver que

$$\mathbf{P}^n = \mathbf{P}^{n-1}\mathbf{P}$$

ou

$$\mathbf{P}^n = \mathbf{P}^{n-m}\mathbf{P}^m, 0 < m < n$$

Essas equações são conhecidas como equações de **Chapman-Kolomogorov**.

Exemplo 17.2-1

A seguinte matriz de transição se aplica ao problema do jardineiro, com fertilizante (Exemplo 17.1-3):

$$\mathbf{P}_1 = \begin{matrix} & 1 & 2 & 3 \\ 1 & 0{,}30 & 0{,}60 & 0{,}10 \\ 2 & 0{,}10 & 0{,}60 & 0{,}30 \\ 3 & 0{,}05 & 0{,}40 & 0{,}55 \end{matrix}$$

A condição inicial do solo é boa, isto é, $\mathbf{a}^{(0)} = (1, 0, 0)$. Determine as probabilidades absolutas dos três estados do sistema após 1, 8 e 16 estações de plantio de mudas.

$$\mathbf{P}^2 = \begin{pmatrix} 0{,}30 & 0{,}60 & 0{,}10 \\ 0{,}10 & 0{,}60 & 0{,}30 \\ 0{,}05 & 0{,}40 & 0{,}55 \end{pmatrix}\begin{pmatrix} 0{,}30 & 0{,}60 & 0{,}10 \\ 0{,}10 & 0{,}60 & 0{,}30 \\ 0{,}05 & 0{,}40 & 0{,}55 \end{pmatrix}$$
$$= \begin{pmatrix} 0{,}1550 & 0{,}5800 & 0{,}2650 \\ 0{,}1050 & 0{,}5400 & 0{,}3550 \\ 0{,}0825 & 0{,}4900 & 0{,}4275 \end{pmatrix}$$

$$\mathbf{P}^4 = \begin{pmatrix} 0{,}1550 & 0{,}5800 & 0{,}2650 \\ 0{,}1050 & 0{,}5400 & 0{,}3550 \\ 0{,}0825 & 0{,}4900 & 0{,}4275 \end{pmatrix}\begin{pmatrix} 0{,}1550 & 0{,}5800 & 0{,}2650 \\ 0{,}1050 & 0{,}5400 & 0{,}3550 \\ 0{,}0825 & 0{,}4900 & 0{,}4275 \end{pmatrix}$$
$$= \begin{pmatrix} 0{,}10679 & 0{,}53295 & 0{,}36026 \\ 0{,}10226 & 0{,}52645 & 0{,}37129 \\ 0{,}09950 & 0{,}52193 & 0{,}37857 \end{pmatrix}$$

$$\mathbf{P}^8 = \begin{pmatrix} 0{,}10679 & 0{,}53295 & 0{,}36026 \\ 0{,}10226 & 0{,}52645 & 0{,}37129 \\ 0{,}09950 & 0{,}52193 & 0{,}37857 \end{pmatrix}\begin{pmatrix} 0{,}10679 & 0{,}53295 & 0{,}36026 \\ 0{,}10226 & 0{,}52645 & 0{,}37129 \\ 0{,}09950 & 0{,}52193 & 0{,}37857 \end{pmatrix}$$
$$= \begin{pmatrix} 0{,}101753 & 0{,}525514 & 0{,}372733 \\ 0{,}101702 & 0{,}525435 & 0{,}372863 \\ 0{,}101669 & 0{,}525384 & 0{,}372863 \end{pmatrix}$$

$$\mathbf{P}^{16} = \begin{pmatrix} 0{,}101753 & 0{,}525514 & 0{,}372733 \\ 0{,}101702 & 0{,}525435 & 0{,}372863 \\ 0{,}101669 & 0{,}525384 & 0{,}372863 \end{pmatrix}\begin{pmatrix} 0{,}101753 & 0{,}525514 & 0{,}372733 \\ 0{,}101702 & 0{,}525435 & 0{,}372863 \\ 0{,}101669 & 0{,}525384 & 0{,}372863 \end{pmatrix}$$
$$= \begin{pmatrix} 0{,}101659 & 0{,}52454 & 0{,}372881 \\ 0{,}101659 & 0{,}52454 & 0{,}372881 \\ 0{,}101659 & 0{,}52454 & 0{,}372881 \end{pmatrix}$$

Assim,

$$\mathbf{a}^{(1)} = (1\ \ 0\ \ 0)\begin{pmatrix} 0,30 & 0,60 & 0,10 \\ 0,10 & 0,60 & 0,30 \\ 0,05 & 0,40 & 0,55 \end{pmatrix}$$
$$= (0,30\ \ 0,60\ \ 0,1)$$

$$\mathbf{a}^{(8)} = (1\ \ 0\ \ 0)\begin{pmatrix} 0,101753 & 0,525514 & 0,372733 \\ 0,101702 & 0,525435 & 0,372863 \\ 0,101669 & 0,525384 & 0,372863 \end{pmatrix}$$
$$= (0,101753\ \ 0,525514\ \ 0,372733)$$

$$\mathbf{a}^{(16)} = (1\ \ 0\ \ 0)\begin{pmatrix} 0,101659 & 0,52454 & 0,372881 \\ 0,101659 & 0,52454 & 0,372881 \\ 0,101659 & 0,52454 & 0,372881 \end{pmatrix}$$
$$= (0,101659\ \ 0,52454\ \ 0,372881)$$

As linhas de $\mathbf{P}^8$ e o vetor de probabilidades absolutas $\mathbf{a}^{(8)}$ são quase idênticos. O resultado é mais pronunciado para $\mathbf{P}^{16}$. Ele demonstra que, à medida que aumenta o número de transições, as probabilidades absolutas são independentes da inicial $\mathbf{a}^{(0)}$. Nesse caso, as probabilidades resultantes são conhecidas como **probabilidades de estado no equilíbrio**.

Comentários. Os cálculos associados às cadeias de Markov são bastante tediosos. O gabarito excelMarkovChains.xls fornece uma planilha geral fácil de usar para executar esses cálculos (veja a seção 'Momento Excel' após o Exemplo 17.4-1).

CONJUNTO DE PROBLEMAS 17.2A

1. Considere o Problema 1, Conjunto 17.1a. Determine a probabilidade de o professor comprar o modelo corrente dentro de quatro anos.

***2.** Considere o Problema 2, Conjunto 17.1a. Se no momento em questão o carro de polícia estiver em uma cena para onde foi chamado, determine a probabilidade de ocorrer uma prisão em duas patrulhas.

3. Considere o Problema 3, Conjunto 17.1a. Suponha que o Banco 1 tem hoje \$ 500.000 de empréstimos pendentes. Desses, \$ 100.000 são novos, \$ 50.000 estão com um trimestre de atraso, \$ 150.000 estão com dois trimestres de atraso, \$ 100.000 estão com um três trimestres de atraso e o restante está com mais de quatro trimestres de atraso. Qual seria o quadro desses empréstimos após dois ciclos de empréstimos?

4. Considere o Problema 4, Conjunto 17.1a.

(a) Para um paciente que está atualmente em diálise, qual é a probabilidade de receber um transplante em dois anos?

(b) Para um paciente que atualmente sobrevive há mais de um ano, qual é a probabilidade de sobreviver mais quatro anos?

17.3 CLASSIFICAÇÃO DOS ESTADOS EM UMA CADEIA DE MARKOV

Os estados de uma cadeia de Markov podem ser classificados com base na probabilidade de transição p_{ij} de $\mathbf{P}$.

1. Um estado j é **absorvente** se retornar para ele mesmo, com certeza, em uma transição, isto é, $p_{jj} = 1$.
2. Um estado j é **transiente** se puder alcançar outro estado mas não puder voltar ao mesmo estado em que estava com base em outro estado. Matematicamente, isso acontecerá se $\lim_{n\to\infty} p_{ij}^{(n)} = 0$ para todo i.
3. Um estado j é **recorrente** se a probabilidade de voltar ao estado em que estava com base em outros estados for 1. Isso pode acontecer se, e somente se, o estado não for transiente.
4. Um estado j é **periódico** com período $t > 1$ se um retorno só for possível em $t, 2t, 3t, \ldots$ etapas. Isso significa que $p_{jj}^{(n)} = 0$ sempre que n não for divisível por t.

Com base nas definições dadas, uma cadeia de Markov *finita* não pode consistir em estados que sejam todos transientes porque, por definição, a propriedade transiente requer entrar em outros estados 'capturadores' e, portanto, nunca poder voltar ao estado transiente. O estado 'capturador' não precisa ser um único estado absorvente. Por exemplo, na cadeia

$$\mathbf{P} = \begin{pmatrix} 0 & 1 & 0 & 0 \\ 0 & 0 & 1 & 0 \\ 0 & 0 & 0,3 & 0,7 \\ 0 & 0 & 0,4 & 0,6 \end{pmatrix}$$

os estados 1 e 2 são transientes porque não podem ser entrados novamente uma vez que o sistema esteja 'capturado' nos estados 3 e 4. Os estados 3 e 4 que, de certo modo, desempenham o papel de um estado absorvente, constituem um **conjunto fechado**. Por definição, todos os estados de um *conjunto fechado* devem se **comunicar**, o que significa que é possível ir de qualquer estado a qualquer outro estado do conjunto em uma ou mais transições, ou seja, $p_{ij}^{(n)} > 0$ para todo $i \neq j$ e $n \geq 1$. Observe que os dois estados, 3 e 4, podem ser estados absorventes se $p_{33} = p_{44} = 1$. Nesse caso, cada estado forma um conjunto fechado.

Diz-se que uma cadeia de Markov *fechada* é **ergódica** se todos os seus estados forem *recorrentes* e *aperiódicos* (não periódicos). Nesse caso, as probabilidades absolutas após n transições, $\mathbf{a}^{(n)} = \mathbf{a}^{(0)}\mathbf{P}^n$, sempre convergem exclusivamente para uma distribuição-limite (estado no equilíbrio) à medida que $n \to \infty$, que é independente das probabilidades iniciais $\mathbf{a}^{(0)}$, como será demonstrado na Seção 17.4.

Exemplo 17.3-1 (Estados absorvente e transiente)

Considere a cadeia de Markov do jardineiro, sem fertilizante.

$$\mathbf{P} = \begin{pmatrix} 0,2 & 0,5 & 0,3 \\ 0 & 0,5 & 0,5 \\ 0 & 0 & 1 \end{pmatrix}$$

Os estados 1 e 2 são transientes porque alcançam o estado 3 mas nunca podem voltar ao estado anterior. O estado 3 é absorvente porque $p_{33} = 1$. Essas classificações também podem ser vistas quando $\lim_{n\to\infty} p_{ij}^{(n)} = 0$ é calculado. Por exemplo,

$$\mathbf{P}^{(100)} = \begin{pmatrix} 0 & 0 & 1 \\ 0 & 0 & 1 \\ 0 & 0 & 1 \end{pmatrix}$$

o que mostra que, no longo prazo, a probabilidade de alguma vez voltar ao estado transiente 1 ou 2 é zero, ao passo que a probabilidade de ser 'capturado' no estado absorvente 3 é certa.

Exemplo 17.3-2 (Estados periódicos)

Podemos testar a periodicidade de um estado calculando $\mathbf{P}^n$ e observando os valores de $p_{ii}^{(n)}$ para $n = 2, 3, 4, \ldots$. Esses valores serão positivos somente no período correspondente do estado. Por exemplo, na cadeia

$$\mathbf{P} = \begin{pmatrix} 0 & 0,6 & 0,4 \\ 0 & 1 & 0 \\ 0,6 & 0,4 & 0 \end{pmatrix}$$

temos

$$\mathbf{P}^2 = \begin{pmatrix} 0,24 & 0,76 & 0 \\ 0 & 1 & 0 \\ 0 & 0,76 & 0,24 \end{pmatrix},\ \mathbf{P}^3 = \begin{pmatrix} 0 & 0,904 & 0,0960 \\ 0 & 1 & 0 \\ 0,144 & 0,856 & 0 \end{pmatrix},$$

$$\mathbf{P}^4 = \begin{pmatrix} 0,0576 & 0,9424 & 0 \\ 0 & 1 & 0 \\ 0 & 0,9424 & 0,0576 \end{pmatrix},\ \mathbf{P}^5 = \begin{pmatrix} 0 & 0,97696 & 0,2304 \\ 0 & 1 & 0 \\ 0,03456 & 0,96544 & 0 \end{pmatrix}$$

Continuando com $n = 6, 7, \ldots$, $\mathbf{P}^n$ mostra que p_{11} e p_{33} são positivas com valores pares de n, e valor zero, caso contrário. Isso significa que o período para os estados 1 e 3 é 2.

CONJUNTO DE PROBLEMAS 17.3A

1. Classifique os estados das seguintes cadeias de Markov. Se um estado for periódico, determine seu período:

*(a) $\begin{pmatrix} 0 & 1 & 0 \\ 0 & 0 & 1 \\ 1 & 0 & 0 \end{pmatrix}$

*(b) $\begin{pmatrix} \frac{1}{2} & \frac{1}{4} & \frac{1}{4} & 0 \\ 0 & 0 & 1 & 0 \\ \frac{1}{3} & 0 & \frac{1}{3} & \frac{1}{3} \\ 0 & 0 & 0 & 1 \end{pmatrix}$

(c) $\begin{pmatrix} 0 & 1 & 0 & 0 & 0 & 0 \\ 0 & 0{,}5 & 0{,}5 & 0 & 0 & 0 \\ 0 & 0{,}7 & 0{,}3 & 0 & 0 & 0 \\ 0 & 0 & 0 & 1 & 0 & 0 \\ 0 & 0 & 0 & 0 & 0{,}4 & 0{,}6 \\ 0 & 0 & 0 & 0 & 0{,}2 & 0{,}8 \end{pmatrix}$

(d) $\begin{pmatrix} 0{,}1 & 0 & 0{,}9 \\ 0{,}7 & 0{,}3 & 0 \\ 0{,}2 & 0{,}7 & 0{,}1 \end{pmatrix}$

17.4 PROBABILIDADES DE ESTADO NO EQUILÍBRIO E TEMPOS MÉDIOS DE RETORNO DE CADEIAS ERGÓDICAS

Em uma cadeia de Markov ergódica, as probabilidades de estado no equilíbrio são definidas por

$$\pi_j = \lim_{n\to\infty} a_j^{(n)}, \quad j = 0, 1, 2,...$$

Essas probabilidades, que são independentes de $\{a_j^{(0)}\}$, podem ser determinadas com base nas equações

$$\boldsymbol{\pi} = \boldsymbol{\pi}\mathbf{P}$$

$$\sum_j \pi_j = 1$$

(Uma das equações em $\pi = \pi\mathbf{P}$ é redundante.) O que $\pi = \pi\mathbf{P}$ diz é que as probabilidades π permanecem inalteradas após uma transição e, por essa razão, representam a distribuição do estado no equilíbrio.

Um subproduto direto das probabilidades de estado no equilíbrio é a determinação do número esperado de transições antes de os sistemas retornarem a um estado j pela primeira vez. Isso é conhecido como **tempo médio do primeiro retorno** ou **tempo médio de recorrência**, e é calculado em uma cadeia de Markov de n estados por

$$\mu_{jj} = \frac{1}{\pi_j}, j = 1, 2,..., n$$

Exemplo 17.4-1

Para determinar a distribuição de probabilidade de estado no equilíbrio do problema do jardineiro, com fertilizante (Exemplo 17.1-3), temos

$$(\pi_1\ \pi_2\ \pi_3) = (\pi_1\ \pi_2\ \pi_3)\begin{pmatrix} 0{,}3 & 0{,}6 & 0{,}1 \\ 0{,}1 & 0{,}6 & 0{,}3 \\ 0{,}05 & 0{,}4 & 0{,}55 \end{pmatrix}$$

que dá como resultado o seguinte conjunto de equações:

$$\pi_1 = 0{,}3\pi_1 + 0{,}1\pi_2 + 0{,}05\pi_3$$
$$\pi_2 = 0{,}6\pi_1 + 0{,}6\pi_2 + 0{,}4\pi_3$$
$$\pi_3 = 0{,}1\pi_1 + 0{,}3\pi_2 + 0{,}55\pi_3$$
$$\pi_1 + \pi_2 + \pi_3 = 1$$

Lembrando que uma (qualquer uma) das três primeiras equações é redundante, a solução é $\pi_1 = 0{,}1017$, $\pi_2 = 0{,}5254$ e $\pi_3 = 0{,}3729$. O que essas probabilidades dizem é que, no longo prazo, a condição do solo será boa aproximadamente 10% das vezes, razoável 52% das vezes e ruim 37% das vezes.

Os tempos médios do primeiro retorno são calculados por

$$\mu_{11} = \frac{1}{0{,}1017} = 9{,}83,\ \mu_{22} = \frac{1}{0{,}5254} = 1{,}9,\ \mu_{33} = \frac{1}{0{,}3729} = 2{,}68$$

Isso significa que, dependendo do estado atual do solo, levará aproximadamente 10 estações de plantio de mudas para o solo voltar a um estado *bom*, 2 estações para voltar a um estado *razoável* e 3 estações para voltar a um estado *ruim*. Esses resultados indicam uma perspectiva mais 'sombria' do que 'promissora' para a condição do solo sob o programa de fertilizante proposto. Um programa mais agressivo deve melhorar o quadro. Por exemplo, considere a seguinte matriz de transição na qual as probabilidades de passar para um estado *bom* sejam mais altas do que na matriz anterior:

$$\mathbf{P} = \begin{pmatrix} 0{,}35 & 0{,}6 & 0{,}05 \\ 0{,}3 & 0{,}6 & 0{,}1 \\ 0{,}25 & 0{,}4 & 0{,}35 \end{pmatrix}$$

Nesse caso, $\pi_1 = 0{,}31$; $\pi_2 = 0{,}58$ e $\pi_3 = 0{,}11$, o que resulta em $\mu_{11} = 3{,}2$; $\mu_{22} = 1{,}7$ e $\mu_{33} = 8{,}9$, uma inversão da perspectiva 'sombria' dada anteriormente.

Figura 17.1
Planilha em Excel para cálculos de cadeia de Markov

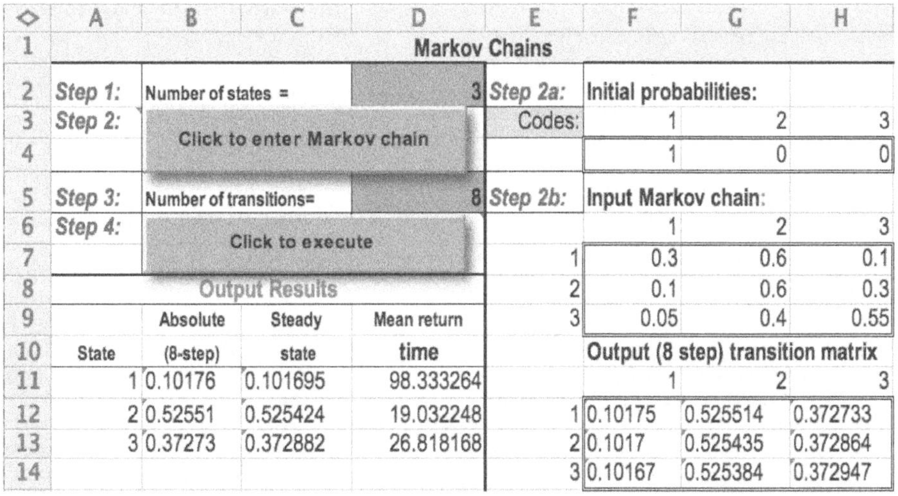

Momento Excel

A Figura 17.1 mostra o resultado do exemplo do jardineiro com a utilização do gabarito geral excelMarkovChains.xls para calcular probabilidades em n etapas, absolutas e de estado no equilíbrio bem como o tempo médio de retorno para uma cadeia de Markov de qualquer tamanho. As etapas são auto-explicativas. Na etapa 2a você pode desprezar os códigos de estado padronizados do programa (1, 2, 3,...) e utilizar um código de sua preferência. Esses códigos serão atualizados automaticamente em todos os lugares da planilha quando você executar a etapa 4.

Exemplo 17.4-2 (Modelo de custo)

Considere o problema do jardineiro, com fertilizante (Exemplo 17.1-3). Suponha que o custo do fertilizante seja \$ 50 por saco e que o jardim precise de dois sacos se o solo estiver bom. A quantidade de fertilizante é 25% maior se o solo estiver razoável e 60% maior se o solo estiver ruim. O jardineiro estima que o rendimento anual será de \$ 250 se não for utilizado fertilizante e \$ 420 se ele for aplicado. Vale a pena utilizar o fertilizante?

Usando as probabilidades de estado no equilíbrio do Exemplo 17.4-1, obtemos

Custo anual esperado do fertilizante

$$= 2 \times \$\,50 \times \pi_1 + (1{,}25 \times 2) \times \$\,50 \times \pi_2 + (1{,}60 \times 2) \times \$\,50 \times \pi_3$$

$$= 100 \times 0{,}1017 + 125 \times 0{,}5254 + 160 \times 0{,}3729$$

$$= \$\,135{,}51$$

Aumento no valor anual do rendimento = \$ 420 – \$ 250 = \$ 170

Os resultados mostram que, na média, a utilização de fertilizante dá um rendimento líquido de 170 – 135,51 = \$ 34,49. Portanto, a utilização de fertilizante é recomendada.

CONJUNTO DE PROBLEMAS 17.4A

*1. Em um domingo ensolarado de primavera, o MiniGolf pode obter \$ 2.000 de receita bruta. Se o dia estiver nublado, a receita cai 20%. Um dia chuvoso reduz a receita em 80%. Se o dia de hoje estiver ensolarado, há 80% de chance que amanhã o tempo também vai estar ensolarado, sem nenhuma chance de chuva. Se o dia estiver nublado, há 20% de chance de chover amanhã e 30% de chance de fazer sol. A chuva continuará no dia seguinte com uma probabilidade de 0,8, mas há 10% de chance de fazer sol.
   (a) Determine a receita diária esperada para o MiniGolf.
   (b) Determine o número médio de dias em que o tempo não estará ensolarado.

2. Joe adora jantar em restaurantes de comida típica. Seus pratos favoritos são os mexicanos, italianos, chineses e tailandeses. Na média, ele paga \$ 10,00 por uma refeição mexicana, \$ 15,00 por uma refeição italiana, \$ 9,00 por uma refeição chinesa e \$ 11,00 por uma refeição tailandesa. Os hábitos alimentares de Joe são previsíveis: há 70% de chance de a refeição de hoje ser uma repetição da de ontem e probabilidades iguais de trocar para uma das três restantes.
   (a) Quanto Joe pagará em média por seu jantar diário?
   (b) Com que freqüência Joe come um prato mexicano?

3. Alguns ex-detentos passam o resto de suas vidas em um de quatro estados: em liberdade, em julgamento, na prisão ou em liberdade condicional. As estatísticas mostram que, no início de cada ano, há 50% de chance de um ex-detento em liberdade cometer um novo crime e ir a julgamento. O juiz pode mandá-lo para a prisão com probabilidade 0,6 ou lhe conceder liberdade condicional com probabilidade 0,4.

   Uma vez na prisão, 10% dos ex-detentos serão postos em liberdade por bom comportamento. Dos que estão em liberdade condicional, 10% cometem novos crimes e são levados a novos julgamentos, 50% voltarão para a prisão para cumprir o resto de suas sentenças por violação das condições da liberdade condicional e 10% serão postos em liberdade por falta de provas. Os contribuintes de imposto de renda financiam os custos associados à punição de ex-condenados. Estima-se que um julgamento custará aproximadamente \$ 5.000, uma sentença de prisão média custará \$ 20.000 e um período de liberdade condicional médio custará \$ 2.000.
   (a) Determine o custo esperado por ex-detento.
   (b) Quantas vezes um ex-detento volta para a prisão? Quantas vezes vai a julgamento? Quantas vezes é posto em liberdade?

4. Uma loja vende um item especial cuja demanda diária pode ser descrita pela pdf da Tabela B.

Tabela B

Demanda diária, D	0	1	2	3
$P\{D\}$	0,1	0,3	0,4	0,2

   A loja está comparando duas políticas de emissão de pedidos: 1) pedir até 3 unidades a cada 3 dias se o nível de estoque for menor do que 2; caso contrário, não emitir pedido; e 2) pedir 3 unidades a cada 3 dias se o nível de estoque for zero; caso contrário, não emitir pedido. O custo fixo de emissão de um pedido por embarque é \$ 300, e o custo de estocagem de unidades excedentes por unidade por dia é \$ 3. Espera-se entrega imediata.
   (a) Qual das políticas a loja deve adotar para minimizar o custo total diário esperado de emissão de pedido e de permanência em estoque?
   (b) Compare as duas políticas em termos do número médio de dias entre esgotamentos sucessivos do estoque.

*5. Há três categorias de contribuintes do Imposto de Renda nos Estados Unidos: os que nunca sonegam impostos, os que sonegam às vezes e os que sempre sonegam. Um exame de auditorias de declarações de Imposto de Renda de um ano para o ano seguinte mostra que 95% dos que não sonegaram impostos no ano anterior continuam na mesma categoria no ano corrente, 4% passam para a categoria 'às vezes' e o restante passa para a categoria 'sempre'. No caso dos que sonegam às vezes, 6% passam para 'nunca', 90% continuam na mesma categoria e 4% passam para 'sempre'. Quanto aos que 'sempre' sonegam, as porcentagens respectivas são 0%, 10% e 90%.
   (a) Expresse o problema como uma cadeia de Markov.
   (b) No longo prazo, quais seriam as porcentagens de sonegadores nas categorias 'nunca', 'às vezes' e 'sempre'?
   (c) Estatísticas mostram que o contribuinte da categoria 'às vezes' sonega impostos de aproximadamente \$ 5.000 por declaração, e os da categoria 'sempre', de aproximadamente \$ 12.000. Considerando uma taxa de imposto sobre a renda de 12% e uma população de contribuintes de 70 milhões, determine a redução anual no recolhimento de impostos devida à sonegação.

6. A Warehouzer é proprietária de uma fazenda de reflorestamento de pinheiros. As árvores são classificadas em uma de quatro categorias dependendo de sua idade: brotos (0 a 5 anos), jovens (5 a 10 anos), maduras (11 a 15 anos) e velhas (mais de 15 anos). Dez por cento dos brotos e árvores jovens morrem antes de chegar ao próximo grupo de idade. No caso das árvores maduras e velhas, 50% são cortadas e somente 5% morrem. Devido à natureza renovável da operação, todas as árvores cortadas e mortas são substituídas por novos brotos ao final do próximo ciclo de 5 anos.
   (a) Expresse a dinâmica da floresta como uma cadeia de Markov.
   (b) Se a capacidade total da fazenda de reflorestamento for 500.000 árvores, determine a composição da floresta no longo prazo.
   (c) Se o custo de plantio de uma árvore nova for \$ 1 por árvore e o valor de mercado de uma árvore cortada for \$ 20, determine a renda média anual da operação florestal.

7. A dinâmica das populações sofre o impacto da contínua movimentação de pessoas que procuram melhor qualidade de vida ou melhor emprego. A cidade de Mobile tem uma população urbana, uma população suburbana e uma população rural nos arredores. O censo realizado em intervalos de 10 anos mostra que 10% da população rural se muda para os subúrbios e 5%, para a área urbana. No caso da população suburbana, 30% se muda para áreas rurais e 15%, para a área urbana. A população urbana não se muda para os subúrbios, mas 20% se muda para a pacata vida rural.
   (a) Expresse a dinâmica da população como uma cadeia de Markov.
   (b) Se a área da grande Mobile incluir atualmente 20.000 residentes rurais, 100.000 habitantes suburbanos e 30.000 urbanos, qual será a distribuição da população em 10 anos? E em 20 anos?
   (c) Determine o quadro populacional de longo prazo da cidade de Mobile.

8. Uma locadora de automóveis tem filiais em Phoenix, Denver, Chicago e Atlanta. A locadora permite aluguel de carros com devolução na mesma cidade ou em outra cidade, de modo que um carro alugado em uma localidade pode acabar em outra. As estatísticas mostram que, ao final de cada semana, 70% de todos os carros são alugados e devolvidos na mesma cidade. No caso de aluguel com devolução em outras cidades o quadro é: de Phoenix, 20% são devolvidos em Denver, 60% em Chicago e o restante em Atlanta; de Denver, 40% são devolvidos em Atlanta e 60% em Chicago; de Chicago, 50% são devolvidos em Atlanta e o restante em Denver; e, de Atlanta, 80% são devolvidos em Chicago, 10% em Denver e 10% em Phoenix.
   (a) Expresse a situação como uma cadeia de Markov.
   (b) Se a locadora começar a semana com 100 carros em cada localidade, como será a distribuição em duas semanas?
   (c) Se cada localidade estiver prevista para manusear um máximo de 110 carros, no longo prazo haveria algum problema de espaço em qualquer uma das localidades?
   (d) Determine o número médio de semanas transcorridas antes de um carro ser devolvido a sua localidade de origem.

9. Uma livraria acompanha diariamente o nível de estoque de um livro popular para repor o estoque de 100 exemplares no início de cada dia. Os dados para os últimos 30 dias fornecem a seguinte posição de estoque ao final do dia: 1, 2, 0, 3, 2, 1, 0, 0, 3, 0, 1, 1, 3, 2, 3, 3, 2, 1, 0, 2, 0, 1, 3, 0, 0, 3, 2, 1, 2, 2.
   (a) Represente o estoque diário como uma cadeia de Markov.
   (b) Determine a probabilidade de estado no equilíbrio de a livraria ficar com falta de estoque de livros em qualquer dia.
   (c) Determine o estoque diário esperado.
   (d) Determine o número máximo de dias entre níveis de estoque zero sucessivos.

10. No Problema 9, suponha que a demanda diária possa ultrapassar a oferta, o que dá origem à escassez (estoque negativo). O nível de estoque ao final do dia nos últimos 30 dias é dado como: 1, 2, 0, –2, 2, 2, –1, –1, 3, 0, 0, 1, –1, –2, 3, 3, –2, –1, 0, 2, 0, –1, 3, 0, 0, 3, –1, 1, 2, –2.
   (a) Expresse a situação como uma cadeia de Markov.
   (b) Determine a probabilidade de longo prazo de excesso de estoque em qualquer dia.
   (c) Determine a probabilidade de longo prazo de falta de estoque em qualquer dia.
   (d) Determine a probabilidade de longo prazo de a oferta diária suprir exatamente a demanda diária.
   (e) Se o custo de estocagem por livro excedente (ao final do dia) for \$ 0,15 por dia e o custo da multa por falta do livro for \$ 4,00 por dia, determine o custo de estoque esperado por dia.

11. Uma loja inicia uma semana com no mínimo 3 PCs. A demanda por semana é estimada em 0 com probabilidade 0,15; 1 com probabilidade 0,2; 2 com probabilidade 0,35; 3 com probabilidade 0,25 e 4 com probabilidade 0,05. Demandas não atendidas ficam pendentes. A política da loja é emitir um pedido para entrega no início da semana seguinte sempre que o nível de estoque cair abaixo de 3 PCs. A nova reposição sempre restaura o estoque a 5 PCs.
   (a) Expresse a situação como uma cadeia de Markov.
   (b) Suponha que a semana comece com 4 PCs. Determine a probabilidade da emissão de um pedido no final de duas semanas.
   (c) Determine a probabilidade de longo prazo de nenhum pedido ser emitido em qualquer semana.
   (d) Se o custo fixo da emissão de um pedido for \$ 200, o custo de permanência de um PC por semana for \$ 5, e o custo de multa por falta de PC por semana for \$ 20, determine o custo esperado de estoque por semana.

12. Resolva o Problema 11 considerando que o tamanho do pedido, quando emitido, é exatamente 5 peças.

13. No Problema 12, suponha que a demanda para os PCs seja 0, 1, 2, 3, 4 ou 5 com probabilidades iguais. Considere também que a demanda não cumprida não é adiada, mas ainda assim incorre em um custo de multa.
   (a) Expresse a situação como uma cadeia de Markov.
   (b) Determine a probabilidade de longo prazo de ocorrer falta.
   (c) Se o custo fixo da emissão de um pedido for \$ 200, o custo de permanência por PC por semana for \$ 5, e a multa por falta por PC por semana for \$ 20, determine o custo esperado de emissão de pedido e de manutenção de estoque por semana.

*14. O governo federal tenta auxiliar as atividades de pequenas empresas concedendo financiamentos anuais para projetos. Todas as propostas são competitivas, mas a chance de receber financiamento é mais alta se o proprietário não recebeu nenhum nos últimos três anos, e mais baixa se recebeu financiamentos em cada um dos últimos três anos. Especificamente, a probabilidade de obter um financiamento se não conseguiu nenhum nos últimos três anos é 0,9; 0,8 se obteve um financiamento; 0,7 se obteve dois financiamentos; e apenas 0,5 se recebeu 3.
   (a) Expresse a situação como uma cadeia de Markov.
   (b) Determine o número esperado de financiamentos por proprietário por ano.

15. Jim Bob tem um vasto histórico de multas de trânsito. Infelizmente para ele, a moderna tecnologia permite o acesso às suas multas anteriores. Logo que ele acumular 4 multas, sua carteira de motorista será cassada até ele concluir um curso educativo para novos motoristas, quando recomeçará com uma ficha limpa. Jim Bob fica mais afoito imediatamente após concluir o curso para novos motoristas e é invariavelmente detido pela polícia com 50% de chance de ser multado. Após cada nova multa, ele tenta ser mais cuidadoso, o que reduz em 0,1 a probabilidade de uma multa.
   (a) Expresse o problema de Jim Bob como uma cadeia de Markov.
   (b) Qual é o número médio de vezes que Jim Bob será detido pela polícia antes de sua carteira de motorista ser cassada mais uma vez?
   (c) Qual é a probabilidade de Jim Bob perder definitivamente sua carteira de motorista?
   (d) Se cada multa custa \$ 100, quanto Jim Bob paga em média entre sucessivas suspensões de sua carteira?

17.5 TEMPO DA PRIMEIRA PASSAGEM

Na Seção 17.4, usamos as probabilidades de estado no equilíbrio para calcular μ_{jj}, o *tempo médio do primeiro retorno* para o estado j. Nesta seção, nos preocuparemos com a determinação do **tempo médio da primeira passagem**, μ_{ij} – número esperado de transições necessárias para chegar ao estado j pela primeira vez, partindo do estado i. A raiz desses cálculos está na determinação da probabilidade f_{ij} de *no mínimo* uma passagem do estado i para o estado j por $f_{ij} = \sum_{n=1}^{\infty} f_{ij}^{(n)}$, onde $f_{ij}^{(n)}$ é a probabilidade de uma primeira passagem do estado i para o estado j em n transições. Uma expressão para $f_{ij}^{(n)}$ pode ser determinada recursivamente por

$$p_{ij}^{(n)} = f_{ij}^{(n)} + \sum_{k=1}^{n-1} f_{ij}^{(k)} p_{jj}^{(n-k)},\ n = 1, 2, \ldots$$

Considera-se que a matriz de transição $\mathbf{P} = \|p_{ij}\|$ tem m estados.

1. Se $f_{ij} < 1$, não é certeza que o sistema alguma vez passará do estado i para o estado j, e $\mu_{ij} = \infty$.
2. Se $f_{ij} = 1$, a cadeia de Markov é ergódica e o *tempo médio da primeira passagem* do estado i para o estado j é calculado por

$$\mu_{ij} = \sum_{n=1}^{\infty} n f_{ij}^{(n)}$$

Um modo mais simples de determinar o tempo médio da primeira passagem para todos os estados em uma matriz de m transições, $\mathbf{P}$, é usar a seguinte fórmula baseada em matriz:

$$\|\mu_{ij}\| = (\mathbf{I} - \mathbf{N}_j)^{-1}\mathbf{1}, j \neq i$$

onde

$\mathbf{I}$ = matriz identidade $(m - 1)$
$\mathbf{N}_j$ = matriz de transição $\mathbf{P}$ menos sua j-ésima linha e sua j-ésima coluna do estado visado j
$\mathbf{1}$ = vetor coluna $(m - 1)$ com todos os elementos iguais a 1

Em essência, a operação matricial $(\mathbf{I} - \mathbf{N}_j)^{-1}\mathbf{1}$ soma as colunas de $(\mathbf{I} - \mathbf{N}_j)^{-1}$.

Exemplo 17.5-1

Considere mais uma vez a cadeia de Markov do jardineiro, com fertilizante.

$$\mathbf{P} = \begin{pmatrix} 0{,}30 & 0{,}60 & 0{,}10 \\ 0{,}10 & 0{,}60 & 0{,}30 \\ 0{,}05 & 0{,}40 & 0{,}55 \end{pmatrix}$$

Para demonstrar o cálculo do tempo da primeira passagem para um estado específico partindo de todos os outros, considere a passagem dos estados 2 e 3 (razoável e ruim) para o estado 1 (bom). Assim, $j = 1$ e

$$\mathbf{N}_1 = \begin{pmatrix} 0{,}60 & 0{,}30 \\ 0{,}40 & 0{,}55 \end{pmatrix}, \ (\mathbf{I} - \mathbf{N}_1)^{-1} = \begin{pmatrix} 0{,}4 & -0{,}3 \\ -0{,}4 & 0{,}45 \end{pmatrix}^{-1} = \begin{pmatrix} 7{,}50 & 5{,}00 \\ 6{,}67 & 6{,}67 \end{pmatrix}$$

Portanto,

$$\begin{pmatrix} \mu_{21} \\ \mu_{31} \end{pmatrix} = \begin{pmatrix} 7{,}50 & 5{,}00 \\ 6{,}67 & 6{,}67 \end{pmatrix}\begin{pmatrix} 1 \\ 1 \end{pmatrix} = \begin{pmatrix} 12{,}50 \\ 13{,}34 \end{pmatrix}$$

Isso significa que, na média, levará 12,5 estações para o solo passar de razoável para bom e 13,34 estações para o solo passar de ruim para bom.

Cálculos semelhantes podem ser executados para obter μ_{12} e μ_{32} de $(\mathbf{I} - \mathbf{N}_2)$ e μ_{13} e μ_{23} de $(\mathbf{I} - \mathbf{N}_3)$, como mostraremos a seguir.

Momento Excel

Os cálculos dos tempos médios da primeira passagem podem ser executados com conveniência pelo gabarito excelFirstPassTime.xls. A Figura 17.2 mostra os cálculos associados ao Exemplo 17.5-1. A etapa 2 da planilha inicializa automaticamente a matriz de transição $\mathbf{P}$ com valores zero para o tamanho dado na etapa 1. Na etapa 2a você pode desprezar os códigos de estado padronizados do programa que aparecem na linha 6 e substituí-los por um código de sua preferência. O código será transferido automaticamente para toda a planilha. Após você digitar as probabilidades de transição, a etapa 3 cria a matriz $\mathbf{I} - \mathbf{P}$. A etapa 4 é executada inteiramente com a utilização de $\mathbf{I} - \mathbf{P}$ como a fonte para criar $\mathbf{I} - \mathbf{N}_j$ (j = 1, 2 e 3). Você também pode fazer isso copiando $\mathbf{I} - \mathbf{P}$ inteira e seus códigos de estado, e colando-os no local visado e depois usando as operações Cortar e

Figura 17.2
Cálculos do tempo de primeira passagem do Exemplo 17.5-1 na planilha em Excel (arquivo excelFirstPassTime.xls)

	A	B	C	D	E	F	G	H
1	First Passage Times in Ergodic and Absorbing Markov Chains							
2	Step 1:	Number of states =		3	Step 2a:	You may override codes in ROW 6		
4	Step 2:	Click to enter Markov chain, P			Step 3:	Click to compute I- P		
5		Matrix P:(Blank cell may result in "Type mismatch" compiler error)						
6	Codes	1	2	3				
7	1	0.3	0.6	0.1				
8	2	0.1	0.6	0.3				
9	3	0.05	0.4	0.55				
10		Matrix I-P:						
11		1	2	3				
12	1	0.7	-0.6	-0.1				
13	2	-0.1	0.4	-0.3				
14	3	-0.05	-0.4	0.45				
15	Step 4: Perform first passage time calculations below:							
16		I-N			inv(I-N)			Mu
17	i=1	2	3		2	3		1
18	2	0.4	-0.3	2	7.5	5	2	12.5
19	3	-0.4	0.45	3	6.666667	6.6666667	3	13.33333
20								
21	i=2	1	3		1	3		2
22	1	0.7	-0.1	1	1.451613	0.3225806		1.774194
23	3	-0.05	0.45	3	0.16129	2.2580645		2.419355
24								
25	i=3	1	2		1	2		3
26	1	0.7	-0.6	1	1.818182	2.7272727		4.545455
27	2	-0.1	0.4	2	0.454545	3.1818182		3.636364

Colar adequadas do Excel para livrar **I** – **P** da linha *j* e da coluna *j*. Por exemplo, para criar **I** – $\mathbf{N}_2$, em primeiro lugar copie **I** – **P** e seus códigos de estado para o local visado. Em seguida, selecione a coluna 3 da matriz copiada, corte-a e cole-a na coluna 2, o que elimina a coluna 2. De maneira semelhante, destaque a linha 3 da matriz resultante, corte-a e cole-a na linha 2, o que elimina a linha 2. A **I** – $\mathbf{N}_2$ criada tem automaticamente seus códigos de estado corretos.

Uma vez criada **I** – $\mathbf{N}_j$, a inversa, $(\mathbf{I} - \mathbf{N}_j)^{-1}$, é calculada no local visado. As operações associadas são demonstradas invertendo ($\mathbf{I} - \mathbf{N}_1$) na Figura 17.2:

1. Digite a fórmula =MATRIZ.INVERSO(B18:C19) em E18.
2. Selecione E18:F19, a área onde a inversa ficará.
3. Pressione F2.
4. Pressione CTRL + SHIFT + ENTER.

Os valores dos tempos da primeira passagem dos estados 2 e 3 para o estado 1 são então calculados com a soma das linhas da inversa, isto é, ao se digitar =SOMA(E18:F18) em H18 e depois copiar H18 para H19. Após criar **I** – **N** para $i = 2$ e $i = 3$, os cálculos restantes são automatizados copiando E18:F19 em E22:F23 e em E26:F27, e copiando H18:H19 em H22:H23 e em H26:H27.

CONJUNTO DE PROBLEMAS 17.5A

1. Um labirinto para camundongos consiste nos caminhos mostrados na Figura 17.3. A interseção 1 é a entrada do labirinto e a interseção 5 é a saída. Em qualquer interseção, o camundongo tem probabilidades iguais de selecionar qualquer um dos caminhos disponíveis. Quando chegar na interseção 5, o camundongo poderá voltar a circular no labirinto.
   (a) Expresse o labirinto como uma cadeia de Markov.
   (b) Determine a probabilidade de o camundongo chegar à saída após três tentativas se começar na interseção 1.
   (c) Determine a probabilidade de longo prazo de o camundongo localizar a interseção de saída.
   (d) Determine o número médio de tentativas necessárias para chegar ao ponto de saída partindo da interseção 1.

Figura 17.3
Labirinto para camundongos para o Problema 1, Conjunto 17.5a

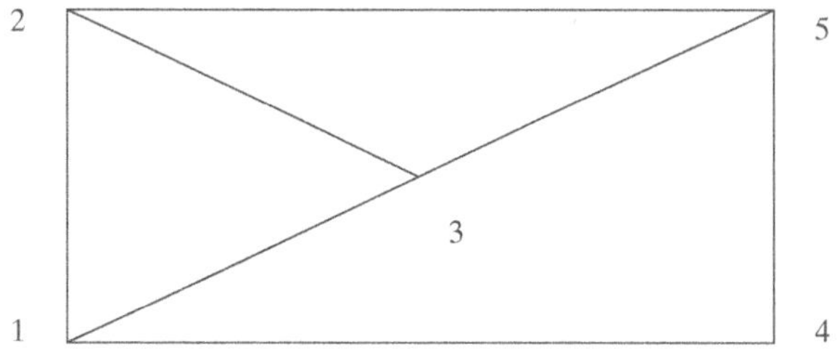

2. Por dedução, se forem adicionadas mais opções (rotas) ao labirinto do Problema 1, o número médio de tentativas necessárias para alcançar o ponto de saída aumenta ou diminui? Demonstre a resposta adicionando uma rota entre as interseções 3 e 4.
3. Jim e Joe iniciam um jogo com cinco fichas: três para Jim e duas para Joe. Uma moeda é lançada e, se o resultado for cara, Jim dá uma ficha a Joe; caso contrário, Jim ganha uma ficha de Joe. O jogo termina quando Jim ou Joe tiverem todas as fichas. Nesse ponto, há 30% de chance de Jim e Joe continuarem a jogar mais uma vez, começando com três fichas para Jim e duas para Joe.
   (a) Represente o jogo como uma cadeia de Markov.
   (b) Determine a probabilidade de Joe ganhar com três lançamentos da moeda. E de Jim ganhar com três lançamentos da moeda.
   (c) Determine a probabilidade de o jogo terminar a favor de Jim. E de terminar a favor de Joe.
   (d) Determine o número médio de lançamentos de moeda necessários antes de Jim vencer. E antes de Joe vencer.
4. Um jardineiro amador que entende de botânica está fazendo experimentos científicos de polinização cruzada de íris rosadas com íris vermelhas, alaranjadas e brancas. Seus experimentos anuais mostram que as rosadas podem produzir 60% rosadas e 40% brancas; as vermelhas podem produzir 40% vermelhas, 50% rosadas e 10% alaranjadas; as alaranjadas podem produzir 25% alaranjadas, 50% rosadas e 25% brancas; e as brancas podem produzir 50% rosadas e 50% brancas.
   (a) Expresse a situação do jardineiro como uma cadeia de Markov.
   (b) Se o jardineiro tivesse iniciado a polinização cruzada com números iguais de cada tipo de íris, qual seria a distribuição após 5 anos? E no longo prazo?
   (c) Quantos anos em média uma íris vermelha levaria para produzir uma floração branca?

*5. Clientes tendem a demonstrar fidelidade a marcas de produtos, mas podem ser persuadidos a trocar de marcas por meio de marketing e propaganda inteligentes. Considere o caso de três marcas: *A*, *B* e *C*. A fidelidade 'inabalável' do cliente a uma dada marca é estimada em 75%, o que dá aos concorrentes uma margem de apenas 25% para conseguir uma troca. Os concorrentes lançam suas campanhas publicitárias uma vez por ano. Para os clientes da marca *A*, as probabilidades de trocar para as marcas *B* e *C* são 0,1 e 0,15; respectivamente. Clientes da marca *B* têm probabilidades 0,2 e 0,05, respectivamente, de trocar para *A* e *C*. Clientes da marca *C* podem trocar para as marcas *A* e *B* com probabilidades iguais.
   (a) Expresse a situação como uma cadeia de Markov.
   (b) Qual será a participação de mercado de cada marca no longo prazo?
   (c) Quanto tempo levará em média para um cliente da marca *A* trocar para a marca *B*? E para a marca *C*?

17.6 ANÁLISE DE ESTADOS ABSORVENTES

No problema do jardineiro, sem fertilizante, a matriz de transição é dada por

$$\mathbf{P} = \begin{pmatrix} 0,2 & 0,5 & 0,3 \\ 0 & 0,5 & 0,5 \\ 0 & 0 & 1 \end{pmatrix}$$

Os estados 1 e 2 (condições do solo boa e razoável) são *transientes* e o estado 3 (condição do solo ruim) é *absorvente* porque, uma vez nesse estado, o sistema ali permanecerá indefinidamente. Uma cadeia de Markov pode ter mais de um estado absorvente. Por exemplo, um profissional pode continuar empregado na mesma empresa até se aposentar ou pode sair alguns anos antes (dois estados absorventes). Nesses tipos de cadeias, estamos interessados em determinar a probabilidade de chegar à absorção e o número esperado de transições até a absorção dado que o sistema começa em um estado transiente específico. Por exemplo, na cadeia de Markov do jardineiro que acabamos de considerar, se a condição atual do solo for boa, estaremos interessados em determinar o número médio de estações de plantio de mudas até o solo tornar-se ruim, e também a probabilidade associada a essa transição.

A análise de cadeias de Markov com estados absorventes pode ser executada convenientemente usando matrizes. Em primeiro lugar, a cadeia de Markov é repartida da seguinte maneira:

$$\mathbf{P} = \left(\begin{array}{c|c} \mathbf{N} & \mathbf{A} \\ \hline \mathbf{0} & \mathbf{I} \end{array}\right)$$

O arranjo requer que todos os estados absorventes ocupem o canto sudeste da nova matriz. Por exemplo, considere a seguinte matriz de transição:

$$\mathbf{P} = \begin{matrix} & \begin{matrix} 1 & 2 & 3 & 4 \end{matrix} \\ \begin{matrix} 1 \\ 2 \\ 3 \\ 4 \end{matrix} & \begin{pmatrix} 0,2 & 0,3 & 0,4 & 0,1 \\ 0 & 1 & 0 & 0 \\ 0,5 & 0,3 & 0 & 0,2 \\ 0 & 0 & 0 & 1 \end{pmatrix} \end{matrix}$$

A matriz **P** pode ser rearranjada e repartida como

$$\mathbf{P}^* = \begin{array}{c} \\ 1 \\ 2 \\ 3 \\ 4 \end{array} \begin{array}{c} \begin{array}{cccc} 1 & 2 & 3 & 4 \end{array} \\ \begin{pmatrix} 0,2 & 0,4 & 0,3 & 0,1 \\ 0,5 & 0 & 0,3 & 0,2 \\ 0 & 0 & 1 & 0 \\ 0 & 0 & 0 & 1 \end{pmatrix} \end{array}$$

Nesse caso, temos

$$\mathbf{N} = \begin{pmatrix} 0,2 & 0,4 \\ 0,5 & 0 \end{pmatrix}, \quad \mathbf{A} = \begin{pmatrix} 0,3 & 0,1 \\ 0,3 & 0,2 \end{pmatrix}, \quad \mathbf{I} = \begin{pmatrix} 1 & 0 \\ 0 & 1 \end{pmatrix}$$

Dada a definição de **A** e **N**, e o vetor coluna unitário **1** de todos os elementos 1, pode-se mostrar que:

Tempo esperado no estado j começando no estado i
$= \text{Elemento } (i, j) \text{ de } (\mathbf{I} - \mathbf{N})^{-1}$

$$\text{Tempo esperado para absorção} = (\mathbf{I} - \mathbf{N})^{-1}\mathbf{1}$$

$$\text{Probabilidade de absorção} = (\mathbf{I} - \mathbf{N})^{-1}\mathbf{A}$$

Exemplo 17.6-1[1]

Um produto é processado em duas máquinas seqüenciais, I e II. A inspeção ocorre após uma unidade de produto ser concluída em uma máquina. Há 5% de chance de a unidade ser descartada antes da inspeção. Após a inspeção, há 3% de chance de a unidade ser descartada e 7% de chance de ser devolvida à mesma máquina para retificação. Caso contrário, uma unidade que passa pela inspeção nas duas máquinas é boa.

(a) Determine o número médio de passagens em cada estação para uma peça que começa na máquina I.
(b) Se um lote de 1.000 unidades for iniciado na máquina I, quantas unidades boas serão produzidas?

Para a cadeia de Markov, o processo de produção tem 6 estados: início em I ($s1$), inspeção após I ($i1$), início em II ($s2$), inspeção após II ($i2$), descarte após inspeção I ou II (J) e boa após II (G). Unidades que entram em J e G são terminais e, em conseqüência, J e G são estados absorventes. A matriz de transição é dada por

$$\mathbf{P} = \begin{array}{c} \\ s1 \\ i1 \\ s2 \\ i2 \\ J \\ G \end{array} \begin{array}{c} \begin{array}{cccccc} s1 & i1 & s2 & i2 & J & G \end{array} \\ \left(\begin{array}{cccc|cc} 0 & 0,95 & 0 & 0 & 0,05 & 0 \\ 0,07 & 0 & 0,9 & 0 & 0,03 & 0 \\ 0 & 0 & 0 & 0,95 & 0,05 & 0 \\ 0 & 0 & 0,07 & 0 & 0,03 & 0,9 \\ \hline 0 & 0 & 0 & 0 & 1 & 0 \\ 0 & 0 & 0 & 0 & 0 & 1 \end{array}\right) \end{array}$$

Assim,

$$\mathbf{N} = \begin{array}{c} \\ s1 \\ i1 \\ s2 \\ i2 \end{array} \begin{array}{c} \begin{array}{cccc} s1 & i1 & s2 & i2 \end{array} \\ \begin{pmatrix} 0 & 0,95 & 0 & 0 \\ 0,07 & 0 & 0,9 & 0 \\ 0 & 0 & 0 & 0,95 \\ 0 & 0 & 0,07 & 0 \end{pmatrix} \end{array}, \quad \mathbf{A} = \begin{array}{c} \begin{array}{cc} J & G \end{array} \\ \begin{pmatrix} 0,05 & 0 \\ 0,03 & 0 \\ 0,05 & 0 \\ 0,03 & 0,9 \end{pmatrix} \end{array}$$

Usando os cálculos convenientes da planilha excelEx17.6-1.xls (veja a seção 'Momento Excel' após o Exemplo 17.5-1), obtemos

$$(\mathbf{I} - \mathbf{N})^{-1} = \begin{pmatrix} 1 & -0,95 & 0 & 0 \\ -0,7 & 1 & -0,9 & 0 \\ 0 & 0 & 0 & -0,95 \\ 0 & 0 & -0,07 & 1 \end{pmatrix}^{-1} = \begin{pmatrix} 1,07 & 1,02 & 0,98 & 0,93 \\ 0,07 & 1,07 & 1,03 & 0,98 \\ 0 & 0 & 1,07 & 1,02 \\ 0 & 0 & 0,07 & 1,07 \end{pmatrix}$$

$$(\mathbf{I} - \mathbf{N})^{-1}\mathbf{A} = \begin{pmatrix} 1,07 & 1,02 & 0,98 & 0,93 \\ 0,07 & 1,07 & 1,03 & 0,98 \\ 0 & 0 & 1,07 & 1,02 \\ 0 & 0 & 0,07 & 1,07 \end{pmatrix} \begin{pmatrix} 0,05 & 0 \\ 0,03 & 0 \\ 0,05 & 0 \\ 0,03 & 0,9 \end{pmatrix} = \begin{pmatrix} 0,16 & 0,84 \\ 0,12 & 0,88 \\ 0,08 & 0,92 \\ 0,04 & 0,96 \end{pmatrix}$$

A linha superior de $(\mathbf{I} - \mathbf{N})^{-1}$ dá o número médio de passagens em cada estação para uma peça que começa na máquina I. Especificamente, uma peça passa pela máquina I 1,07 vez; pela inspeção I, 1,02 vez; pela máquina II, 0,98 vez; e, pela inspeção II, 0,93 vez. A razão por que o número de passagens na máquina I e na inspeção I é maior do que 1 se deve à retificação e à nova inspeção.

Por outro lado, os valores correspondentes para a máquina II são menores do que 1 porque algumas peças são descartadas antes de chegar à máquina II. De fato, sob perfeitas condições (nenhuma peça descartada e nenhuma retificação), a matriz $(\mathbf{I} - \mathbf{N})^{-1}$ mostrará que o número de vezes que uma peça passa em cada estação é exatamente 1 (experimente designando uma probabilidade de transição 1 para todas as estações). Claro que a duração da estadia em cada estação pode ser diferente. Por exemplo, se os tempos de processamento nas máquinas I e II são 20 e 30 minutos, e se os tempos de inspeção em I e II são 5 e 7 minutos, então uma peça que começa na máquina 1 será processada (isto é, descartada ou concluída) em $1,07 \times 20 + 1,02 \times 5 + 0,98 \times 30 + 0,93 \times 7 = 62,41$ minutos.

Para determinar o número de peças concluídas em um lote inicial de 1.000 peças, a linha superior de $(\mathbf{I} - \mathbf{N})^{-1}$ nos mostra que

$$\text{Probabilidade de uma peça ser descartada} = 0,16$$

$$\text{Probabilidade de uma peça ser concluída} = 0,84$$

Isso significa que $1.000 \times 0,84 = 840$ peças serão concluídas em um lote inicial de 1.000.

CONJUNTO DE PROBLEMAS 17.6A

1. No Exemplo 17.6-1, suponha que o custo da mão-de-obra para as máquinas I e II seja \$ 20 por hora e que o custo da inspeção seja apenas \$ 18 por hora. Considere ainda que o processamento de uma peça nas máquinas I e II demora 30 minutos e 20 minutos, respectivamente. O tempo de inspeção em cada uma das estações é 10 minutos. Determine o custo da mão-de-obra associado a uma peça (boa) concluída.

***2.** Quando eu tomo emprestado um livro da Biblioteca Municipal, em geral tento devolvê-lo após uma semana. Dependendo do tamanho do livro e de meu tempo livre, há 30% de chance de eu conservá-lo por mais uma semana. Se eu ficar com o livro por duas semanas, há 10% de chance de eu conservá-lo por mais uma semana. Sob nenhuma condição eu fico com o livro por mais do que três semanas.
(a) Expresse a situação como uma cadeia de Markov.
(b) Determine o número médio de semanas que eu fico com um livro antes de devolvê-lo à Biblioteca.

3. No Cassino del Rio, um jogador pode apostar apenas dólares inteiros. Cada aposta ganhará \$ 1 com probabilidade 0,4 ou perderá \$ 1 com probabilidade 0,6. Começando com 3 dólares, o jogador desistirá se perder todo o seu dinheiro ou se dobrar a quantia acumulada.
(a) Expresse o problema como uma cadeia de Markov.
(b) Determine o número médio de apostas até o jogo terminar.
(c) Determine a probabilidade de o jogador chegar ao final do jogo com \$ 6. E de perder os 3 dólares iniciais.

4. Jim tem de estudar o equivalente a 5 anos para concluir seu doutorado na Universidade ABC. Contudo, ele adora a vida de estudante e não tem nenhuma pressa de terminar seus estudos de doutorado. Em qualquer ano acadêmico há 50% de chance de ele folgar o ano inteiro e 50% de chance de ele estudar o tempo todo para o doutorado. Após concluir três anos acadêmicos, há 30% de chance de Jim desistir do doutorado e simplesmente optar pelo mestrado, 20% de chance de folgar no ano seguinte, mas prosseguir com o programa de doutorado e 50% de chance de freqüentar a escola em tempo integral, tendo em vista o doutorado.

[1] Adaptado de J. Shamblin e G. Stevens, *Operations research: a fundamental approach*. Nova York: McGraw-Hill, Capítulo 4, 1974.

(a) Expresse a situação de Jim como uma cadeia de Markov.
(b) Determine o número esperado de anos acadêmicos antes de a vida de estudante de Jim chegar ao fim.
(c) Determine a probabilidade de Jim concluir sua jornada acadêmica apenas com o mestrado.
(d) Se a bolsa de estudos de Jim pagar um valor anual de \$ 15.000 (mas só se ele freqüentar as aulas), quanto ele receberá antes de obter o mestrado ou o doutorado?

5. Um profissional que tem agora 55 anos de idade planeja se aposentar com 62 anos, mas não descarta a possibilidade de parar mais cedo. Ao final de cada ano, ele pondera suas opções (e estado de espírito em relação ao trabalho). A probabilidade de desistir após um ano é de apenas 0,1, mas parece aumentar aproximadamente 0,01 a cada ano adicional.
(a) Expresse o problema como uma cadeia de Markov.
(b) Qual é a probabilidade de o profissional ficar na empresa até a aposentaria planejada, aos 62 anos?
(c) Qual é a probabilidade de o profissional parar aos 57 anos?
(d) Aos 58 anos de idade, qual é o número esperado de anos antes de o profissional sair da folha de pagamento?

6. No Problema 3, Conjunto 17.1a:
(a) Determine o número esperado de trimestres até um empréstimo ser pago ou considerado um crédito em liquidação.
(b) Determine a probabilidade de um novo empréstimo ser escriturado como crédito em liquidação. E de ser totalmente pago.
(c) Se um empréstimo foi concedido há seis meses, determine o número de trimestres até ser liquidado.

7. Em um torneio masculino de tênis, André e John estão decidindo o campeonato. O jogo será ganho quando qualquer um dos dois jogadores vencer três de cinco sets. As estatísticas mostram que há 60% de chance de André vencer qualquer set.
(a) Expresse o jogo como uma cadeia de Markov.
(b) Qual será a duração média do jogo e qual é a probabilidade média de André ganhar o campeonato?
(c) Se o placar for 1 set a 2 a favor de John, qual é a probabilidade de André vencer?
(d) Na Parte (c), determine o número médio de sets até o jogo terminar e interprete o resultado.

***8.** Estudantes da Universidade A exprimiram insatisfação com a rapidez com que o departamento de matemática deu o curso de um semestre de Cálculo I. Para enfrentar esse problema, agora o departamento de matemática está oferecendo Cálculo I em 4 módulos. Os estudantes estabelecerão seu ritmo individual para cada módulo e, quando estiverem prontos, farão um teste que os levará para o próximo módulo. Os testes são aplicados uma vez a cada 4 semanas, de modo que um estudante aplicado pode concluir os 4 módulos em um semestre. Após dois anos de aplicação desse programa autocontrolado observou-se que 20% dos estudantes não concluem o primeiro módulo a tempo. As porcentagens para os módulos 2 a 4 são 22%, 25% e 30%, respectivamente.
(a) Expresse o problema como uma cadeia de Markov.
(b) Na média, um estudante que começa com o módulo 1 no início do semestre corrente poderia fazer Cálculo II no semestre seguinte (Cálculo I é um pré-requisito para Cálculo II)?
(c) Um estudante que concluísse somente um módulo no semestre anterior conseguiria terminar Cálculo I ao final do semestre corrente?
(d) Você recomendaria que a utilização da idéia do módulo fosse estendida a outras matérias básicas de matemática? Explique.

9. Na Universidade A, a promoção de professor assistente a professor associado requer o equivalente a 5 anos de serviço. Avaliações de desempenho são realizadas uma vez por ano e o candidato recebe uma classificação: média, boa ou excelente. Uma classificação média é o mesmo que uma aprovação condicional, e o candidato não ganha pontos em termos de tempo de serviço para promoção. Uma classificação boa equivale a ganhar um ano em termos de promoção e uma classificação excelente adiciona dois anos. As estatísticas mostram que, em qualquer ano, 10% dos candidatos são classificados como médios, 70% como bons e o restante como excelentes.
(a) Expresse o problema como uma cadeia de Markov.
(b) Determine o número médio de anos até um novo professor assistente ser promovido.

***10.** (Pfeifer e Carraway, 2000) Uma empresa atrai seus clientes por meio de propaganda por mala direta. Durante o primeiro ano, a probabilidade de um cliente fazer uma compra é 0,5, que se reduz a 0,4 no ano 2, 0,3 no ano 3 e 0,2 no ano 4. Se nenhuma compra for realizada em quatro anos consecutivos, o cliente é eliminado da lista de mala direta. A realização de uma compra retorna à contagem a zero.
(a) Expresse a situação como uma cadeia de Markov.
(b) Determine o número esperado de anos que um novo cliente permanecerá na lista de mala direta.
(c) Se um cliente não fez uma compra em dois anos, determine o número esperado de anos na lista de mala direta.

11. Uma máquina NC é projetada para funcionar adequadamente com tensão entre 108 e 112 volts. Se a tensão sair dessa faixa, a máquina pára. O regulador de tensão da máquina pode detectar variações em incrementos de um volt. A experiência mostra que variações de tensão ocorrem uma vez a cada 15 minutos e que, dentro da faixa admissível (118 a 112 volts), a tensão pode subir um volt, permanecer inalterada ou baixar um volt, todas com probabilidades iguais.
(a) Expresse a situação como uma cadeia de Markov.
(b) Determine a probabilidade de uma máquina parar porque a tensão está baixa. Idem, se a tensão estiver alta.
(c) Qual seria o ajuste ideal de tensão que resultaria no maior tempo de vida útil para a máquina?

12. Considere o Problema 4, Conjunto 17.1a, que trata de pacientes que sofrem de falência renal. Determine as seguintes medidas:
(a) O número esperado de anos que um paciente ficará em diálise.
(b) A longevidade de um paciente que começa a diálise.
(c) A expectativa de vida de um paciente que sobrevive um ano ou mais após um transplante.
(d) O número esperado de anos antes de um paciente que sobrevive a um transplante há no mínimo um ano voltar à diálise ou morrer.
(e) A qualidade de vida para os que sobrevivem a um transplante há um ano ou mais (presume-se que passar alguns anos em diálise signifique melhor qualidade de vida).

REFERÊNCIAS BIBLIOGRÁFICAS

Cyert, R.; Davidson, H. e Thompson, G. "Estimation of the allowance for doubtful accounts by Markov chains". *Management Science,* v. 8, n. 4, p. 287–303, 1963.
Derman, C. *Finite state markovian decision processes.* Nova York: Academic, 1970.
Grimmet, G. e Stirzaker, D. *Probability and random processes.* 2. ed. England: Oxford University, 1992.
Kallenberg, O. *Foundations of modern probability.* Nova York: Springer-Verlag, 1997.
Pfeifer, P. e Carraway, R. "Modeling customer relations with Markov chains". *Journal of Interactive Marketing,* v. 14, n. 2, p. 43–55, 2000.
Pliskin, J. e Tell, E. "Using dialysis need-projection model for health planning in Massachusetts". *Interfaces,* v. 11, n. 6, p. 84–99, 1981.
Stewart, W. *Introduction to the numerical solution of Markov chains.* Princeton: Princeton University, 1995.

Capítulo 18

Teoria clássica da otimização

Guia do capítulo. A teoria clássica da otimização usa cálculo diferencial para determinar pontos de máximos e mínimos (extremos) para funções irrestritas e restritas. Os métodos podem não ser adequados para cálculos numéricos eficientes, mas a teoria subjacente fornece a base para a maioria dos algoritmos de programação não linear (veja Capítulo 19). Este capítulo desenvolve as condições necessárias e suficientes para determinar extremos irrestritos, os métodos *jacobiano* e *lagrangeano* para problemas com restrições de igualdade e as condições de *Karush-Kuhn-Tucker* (KKT) para problemas com restrições de desigualdade. As condições de KKT fornecem a teoria mais unificadora para todos os problemas de programação não linear.

Este capítulo inclui 10 exemplos resolvidos, 1 planilha Excel e 23 problemas de final de capítulo. Os programas AMPL/Excel Solver/TORA estão na pasta ch18Files.

18.1 PROBLEMAS IRRESTRITOS

Um ponto extremo de uma função $f(\mathbf{X})$ define um máximo ou um mínimo da função. Matematicamente, um ponto $\mathbf{X}_0 = (x_1^0, \ldots, x_j^0, \ldots, x_n^0)$ é um máximo se

$$f(\mathbf{X}_0 + \mathbf{h}) \leq f(\mathbf{X}_0)$$

para todo $\mathbf{h} = (h_1, \ldots, h_j, \ldots, h_n)$ em que $|h_j|$ é suficientemente pequeno para todo j. Em outras palavras, $\mathbf{X}_0$ é um máximo se o valor de f em todo ponto na vizinhança de $\mathbf{X}_0$ não exceder $f(\mathbf{X}_0)$. De maneira semelhante, $\mathbf{X}_0$ é um mínimo se

$$f(\mathbf{X}_0 + \mathbf{h}) \geq f(\mathbf{X}_0)$$

A Figura 18.1 ilustra os máximos e mínimos de uma função $f(x)$ de uma única variável no intervalo $[a, b]$. Os pontos x_1, x_2, x_3, x_4 e x_6 são todos extremos de $f(x)$, sendo x_1, x_3 e x_6 máximos e x_2 e x_4 mínimos. Como

$$f(x_6) = \max\{f(x_1), f(x_3), f(x_6)\}$$

$f(x_6)$ é um máximo **global** ou **absoluto** e $f(x_1)$ e $f(x_3)$ são máximos **locais** ou **relativos**. De modo semelhante, $f(x_4)$ é um mínimo local e $f(x_2)$ é um mínimo global.

Embora x_1 (na Figura 18.1) seja um ponto máximo, ele é diferente dos máximos locais restantes no sentido de que o valor de f correspondente a no mínimo um ponto na vizinhança de x_1 é igual a $f(x_1)$. Quanto a isso, x_1 é um **máximo fraco**, ao passo que x_3 e x_6 são **máximos fortes**. Em geral, para $\mathbf{h}$ como definido antes, $\mathbf{X}_0$ é um máximo fraco se $f(\mathbf{X}_0 + \mathbf{h}) \leq f(\mathbf{X}_0)$ e um máximo forte se $f(\mathbf{X}_0 + \mathbf{h}) < f(\mathbf{X}_0)$.

Na Figura 18.1, a primeira derivada (inclinação) de f é igual a zero em todos os extremos. Contudo, essa propriedade também é satisfeita em pontos de **inflexão** e de **sela**, como x_5. Se um ponto com inclinação (gradiente) zero não for um extremo (máximo ou mínimo), então deve ser um ponto de inflexão ou um ponto de sela.

18.1.1 Condições necessárias e suficientes

Esta seção desenvolve as condições necessárias e suficientes para que uma função $f(\mathbf{X})$ de n variáveis tenha extremos. Considera-se que as derivadas parciais primeira e segunda de $f(\mathbf{X})$ sejam contínuas para todo $\mathbf{X}$.

Teorema 18.1-1. *Uma condição necessária para $\mathbf{X}_0$ ser um ponto extremo de $f(X)$ é que*

$$\nabla f(\mathbf{X}_0) = 0$$

Figura 18.1

Exemplos de pontos extremos para uma função de uma única variável

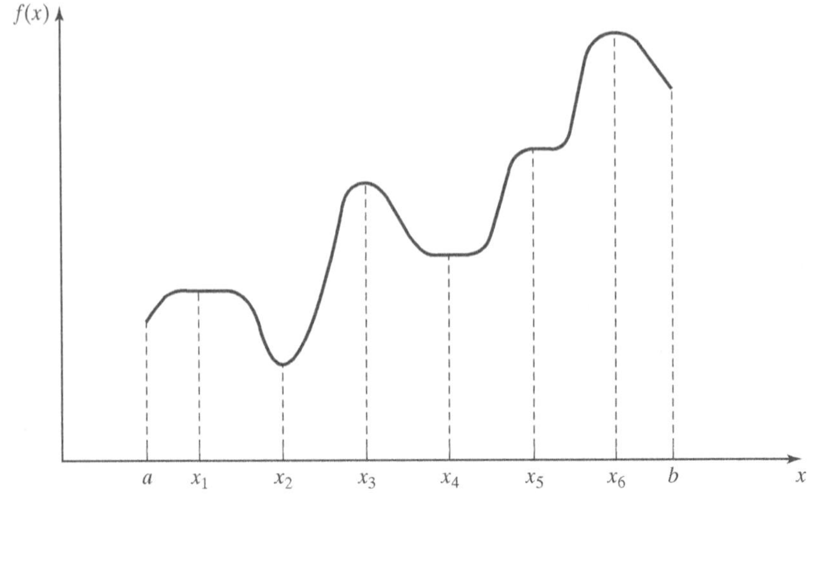

Prova. Pelo teorema de Taylor, para $0 < \theta < 1$,

$$f(\mathbf{X}_0 + \mathbf{h}) - f(\mathbf{X}_0) = \nabla f(\mathbf{X}_0)\mathbf{h} + \tfrac{1}{2}\mathbf{h}^T \mathbf{H}\mathbf{h}|_{\mathbf{X}_0+\theta\mathbf{h}}$$

Para um $|h_j|$ suficientemente pequeno, o termo restante $\frac{1}{2}\mathbf{h}^T\mathbf{H}\mathbf{h}$ é da ordem h_j^2, então

$$f(\mathbf{X}_0 + \mathbf{h}) - f(\mathbf{X}_0) = \nabla f(\mathbf{X}_0)\mathbf{h} + 0(h_j^2) \approx \nabla f(\mathbf{X}_0)\mathbf{h}$$

Mostramos, em contradição, que $\nabla f(\mathbf{X}_0)$ deve desaparecer em um ponto mínimo $\mathbf{X}_0$. Porque, supondo que não desapareça, então, para um j específico, a seguinte condição será válida.

$$\frac{\partial f(\mathbf{X}_0)}{\partial x_j} < 0 \text{ ou } \frac{\partial f(\mathbf{X}_0)}{\partial x_j} > 0$$

Selecionando h_j com sinal adequado, é sempre possível ter

$$h_j \frac{\partial f(\mathbf{X}_0)}{\partial x_j} < 0$$

Igualando todos os outros h_j a zero, a expansão de Taylor resulta em

$$f(\mathbf{X}_0 + \mathbf{h}) < f(\mathbf{X}_0)$$

Esse resultado contradiz a premissa de que $\mathbf{X}_0$ é um ponto mínimo. Assim, $\nabla f(\mathbf{X}_0)$ deve ser igual a zero. Uma prova semelhante pode ser estabelecida para o caso da maximização.

Como a condição necessária também é satisfeita para pontos de inflexão e pontos de sela, é mais adequado nos referirmos aos pontos obtidos da solução de $\nabla f(\mathbf{X}_0) = \mathbf{0}$ como pontos **estacionários**. O próximo teorema estabelece as condições de suficiência para $\mathbf{X}_0$ ser um ponto extremo.

Teorema 18.1-2. *A condição suficiente para um ponto estacionário* $\mathbf{X}_0$ ser um *extremo é que a matriz hessiana* **H** *avaliada em* $\mathbf{X}_0$ satisfaça as seguintes condições:

(i) **H** *é positiva definida se* $\mathbf{X}_0$ *for um ponto mínimo.*
(ii) **H** *é negativa definida se* $\mathbf{X}_0$ *for um ponto máximo.*

Prova. Pelo teorema de Taylor, para $0 < \theta < 1$,

$$f(\mathbf{X}_0 + \mathbf{h}) - f(\mathbf{X}_0) = \nabla f(\mathbf{X}_0)\mathbf{h} + \tfrac{1}{2}\mathbf{h}^T\mathbf{H}\mathbf{h}|_{\mathbf{X}_0+\theta\mathbf{h}}$$

Dado que $\mathbf{X}_0$ é um ponto estacionário, então $\nabla f(\mathbf{X}_0) = 0$ (teorema 18.1-1). Assim,

$$f(\mathbf{X}_0 + \mathbf{h}) - f(\mathbf{X}_0) = \tfrac{1}{2}\mathbf{h}^T\mathbf{H}\mathbf{h}|_{\mathbf{X}_0+\theta\mathbf{h}}$$

Se $\mathbf{X}_0$ é um ponto mínimo, então

$$f(\mathbf{X}_0 + \mathbf{h}) > f(\mathbf{X}_0), \mathbf{h} \neq \mathbf{0}$$

Portanto, para $\mathbf{X}_0$ ser um ponto mínimo, deve ser verdade que

$$\tfrac{1}{2}\mathbf{h}^T\mathbf{H}\mathbf{h}|_{\mathbf{X}_0+\theta\mathbf{h}} > 0$$

Dado que a segunda derivada parcial é contínua, a expressão $\frac{1}{2}\mathbf{h}^T\mathbf{H}\mathbf{h}$ deve ter o mesmo sinal tanto em $\mathbf{X}_0$ quanto em $\mathbf{X}_0 + \theta\mathbf{h}$. Como $\mathbf{h}^T\mathbf{H}\mathbf{h}|_{\mathbf{X}_0}$ define uma forma quadrática (veja Seção D.3, disponível em inglês no site do livro), essa expressão (e, em conseqüência, $\mathbf{h}^T\mathbf{X}\mathbf{h}|_{\mathbf{X}_0+\theta\mathbf{h}}$) é positiva se, e somente se, $\mathbf{H}|_{\mathbf{X}_0}$ for positiva definida. Isso significa que uma condição suficiente para o ponto estacionário $\mathbf{X}_0$ ser um mínimo é que a matriz hessiana, **H**, avaliada no mesmo ponto seja positiva definida. Uma prova semelhante para o caso de maximização mostra que a matriz hessiana correspondente deve ser negativa definida.

Exemplo 18.1-1

Considere a função

$$f(x_1, x_2, x_3) = x_1 + 2x_3 + x_2x_3 - x_1^2 - x_2^2 - x_3^2$$

A condição necessária $\nabla f(\mathbf{X}_0) = 0$ dá

$$\frac{\partial f}{\partial x_1} = 1 - 2x_1 = 0$$

$$\frac{\partial f}{\partial x_2} = x_3 - 2x_2 = 0$$

$$\frac{\partial f}{\partial x_3} = 2 + x_2 - 2x_3 = 0$$

A solução dessas equações simultâneas é

$$\mathbf{X}_0 = \left(\tfrac{1}{2}, \tfrac{2}{3}, \tfrac{4}{3}\right)$$

Para determinar o tipo de ponto estacionário, considere

$$\mathbf{H}|_{\mathbf{X}_0} = \begin{pmatrix} \frac{\partial^2 f}{\partial x_1^2} & \frac{\partial^2 f}{\partial x_1 \partial x_2} & \frac{\partial^2 f}{\partial x_1 \partial x_3} \\ \frac{\partial^2 f}{\partial x_2 \partial x_1} & \frac{\partial^2 f}{\partial x_2^2} & \frac{\partial^2 f}{\partial x_2 \partial x_3} \\ \frac{\partial^2 f}{\partial x_3 \partial x_1} & \frac{\partial^2 f}{\partial x_3 \partial x_2} & \frac{\partial^2 f}{\partial x_3^2} \end{pmatrix}_{\mathbf{X}_0} = \begin{pmatrix} -2 & 0 & 0 \\ 0 & -2 & 1 \\ 0 & 1 & -2 \end{pmatrix}$$

Os valores dos determinantes menores principais de $\mathbf{H}|_{\mathbf{X}_0}$ são –2, 4 e –6, respectivamente. Assim, como mostrado na Seção D.3, $\mathbf{H}|_{\mathbf{X}_0}$ é negativa definida e $\mathbf{X}_0 = \left(\frac{1}{2}, \frac{2}{3}, \frac{4}{3}\right)$ representa um ponto máximo.

Em geral, se $\mathbf{H}|_{\mathbf{X}_0}$ for indefinida, $\mathbf{X}_0$ deve ser um ponto de sela. Para casos não conclusivos, $\mathbf{X}_0$ pode ser ou não um extremo, e a condição de suficiência torna-se bastante complicada porque devem ser considerados termos de ordem mais alta na expansão de Taylor.

A condição de suficiência estabelecida pelo teorema 18.1-2 aplica-se a funções de uma única variável da seguinte maneira. Dado que y_0 é um ponto estacionário, então

(i) y_0 *é um máximo se* $f''(y_0) < 0$.
(ii) y_0 *é um mínimo se* $f''(y_0) > 0$.

Se $f''(y_0) = 0$, é preciso investigar derivadas de ordem mais alta, como requer o teorema a seguir.

Figura 18.2
Pontos extremos de $f(y) = y^4$ e $g(y) = y^3$

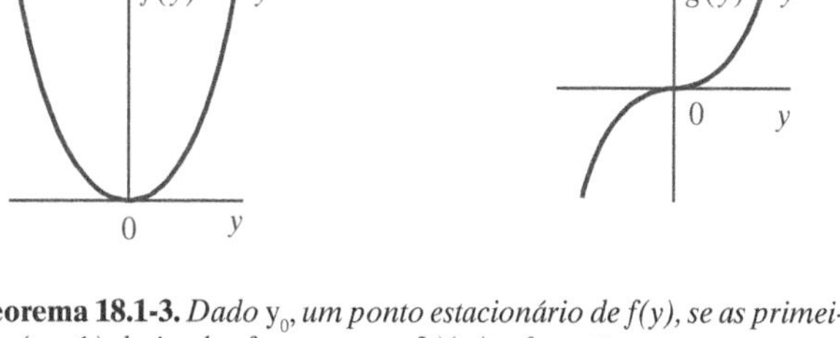

Teorema 18.1-3. *Dado* y_0, *um ponto estacionário de* $f(y)$, *se as primeiras* $(n - 1)$ *derivadas forem zero e* $f^{(n)}(y_0) \neq 0$, *então*

(i) *Se n for ímpar,* y_0 *é um ponto de inflexão.*
(ii) *Se n for par, então* y_0 *é um mínimo se* $f^{(n)}(y_0) > 0$ *e um máximo se* $f^{(n)}(y_0) < 0$.

Exemplo 18.1-2

O gráfico da Figura 18.2 representa as duas funções seguintes:

$$f(y) = y^4$$
$$g(y) = y^3$$

Para $f(y) = y^4, f'(y) = 4y^3 = 0$, o que resulta no ponto estacionário $y_0 = 0$. Agora

$$f'(0) = f''(0) = f^{(3)}(0) = 0, f^{(4)}(0) = 24 > 0$$

Em decorrência, $y_0 = 0$ é um ponto mínimo (veja a Figura 18.2).

Para $g(y) = y^3, g'(y) = 3y^2 = 0$, o que dá como resultado $y_0 = 0$ como um ponto estacionário. Além disso,

$$g'(0) = g''(0), g^{(3)}(0) = 6 \neq 0$$

Portanto, $y_0 = 0$ é um ponto de inflexão.

CONJUNTO DE PROBLEMAS 18.1A

1. *(a) $f(x) = x^3 + x$
*(b) $f(x) = x^4 + x^2$
(c) $f(x) = 4x^4 - x^2 + 5$
(d) $f(x) = (3x - 2)^2(2x - 3)^2$
*(e) $f(x) = 6x^5 - 4x^3 + 10$

2. Determine os pontos extremos das seguintes funções.
(a) $f(\mathbf{X}) = x_1^3 + x_2^3 - 3x_1x_2$
(b) $f(\mathbf{X}) = 2x_1^2 + x_2^2 + x_3^2 + 6(x_1 + x_2 + x_3) + 2x_1x_2x_3$

3. Verifique se a função

$$f(x_1, x_2, x_3) = 2x_1x_2x_3 - 4x_1x_3 - 2x_2x_3 + x_1^2 + x_2^2 + x_3^2 - 2x_1 - 4x_2 + 4x_3$$

tem os pontos estacionários (0, 3, 1), (0, 1, –1), (1, 2, 0), (2, 1, 1) e (2, 3, –1). Use a condição de suficiência para identificar os pontos extremos.

***4.** Resolva as seguintes equações simultâneas convertendo o sistema a uma função objetivo não linear sem nenhuma restrição.

$$x_2 - x_1^2 = 0$$
$$x_2 - x_1 = 2$$

(*Sugestão*: min $f^2(x_1, x_2)$ ocorre em $f(x_1, x_2) = 0$.)

5. Prove o teorema 18.1-3.

18.1.2 Método de Newton-Raphson

Em geral, as equações de condição necessárias, $\nabla f(\mathbf{X}) = \mathbf{0}$, podem ser difíceis de resolver por métodos numéricos. O método de Newton-Raphson é um procedimento iterativo para resolver equações não lineares simultâneas.

Considere as equações simultâneas

$$f_i(\mathbf{X}) = 0, \quad i = 1, 2, \ldots, m$$

Seja $\mathbf{X}^k$ um ponto dado. Então, pela expansão de Taylor,

$$f_i(\mathbf{X}) \approx f_i(\mathbf{X}_k) + \nabla f_i(\mathbf{X}_k)(\mathbf{X} - \mathbf{X}_k), i = 1, 2, \ldots, m$$

Portanto, as equações originais $f_i(\mathbf{X}) = 0, i = 1, 2, \ldots, m$ podem ser aproximadas como

$$f_i(\mathbf{X}_k) + \nabla f_i(\mathbf{X}_k)(\mathbf{X} - \mathbf{X}_k) = 0, i = 1, 2, \ldots, m$$

Essas equações podem ser expressas em notação matricial como

$$\mathbf{A}_k + \mathbf{B}_k(\mathbf{X} - \mathbf{X}_k) = \mathbf{0}$$

Se $\mathbf{B}_k$ for não singular, então

$$\mathbf{X} = \mathbf{X}_k - \mathbf{B}_k^{-1}\mathbf{A}_k$$

A idéia do método é começar de um ponto inicial $\mathbf{X}_0$ e então usar a equação anterior para determinar um novo ponto. O processo continua até que dois pontos sucessivos, $\mathbf{X}_k$ e $\mathbf{X}_{k+1}$, sejam aproximadamente iguais.

Figura 18.3
Ilustração do processo iterativo no método de Newton-Raphson

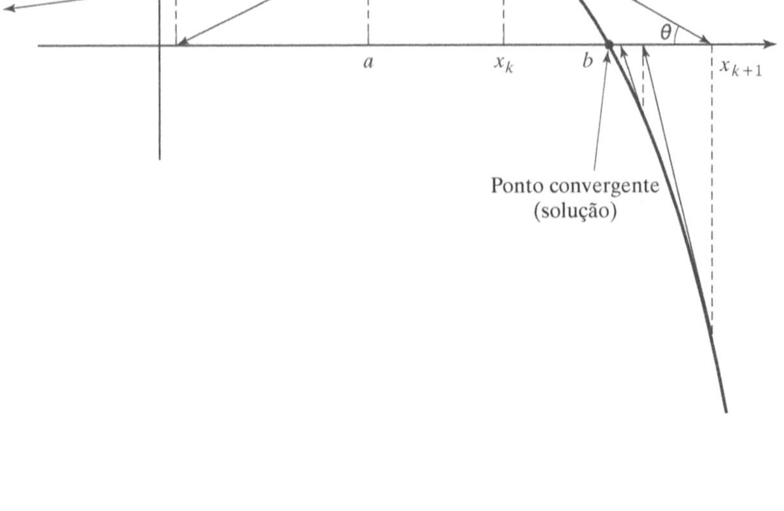

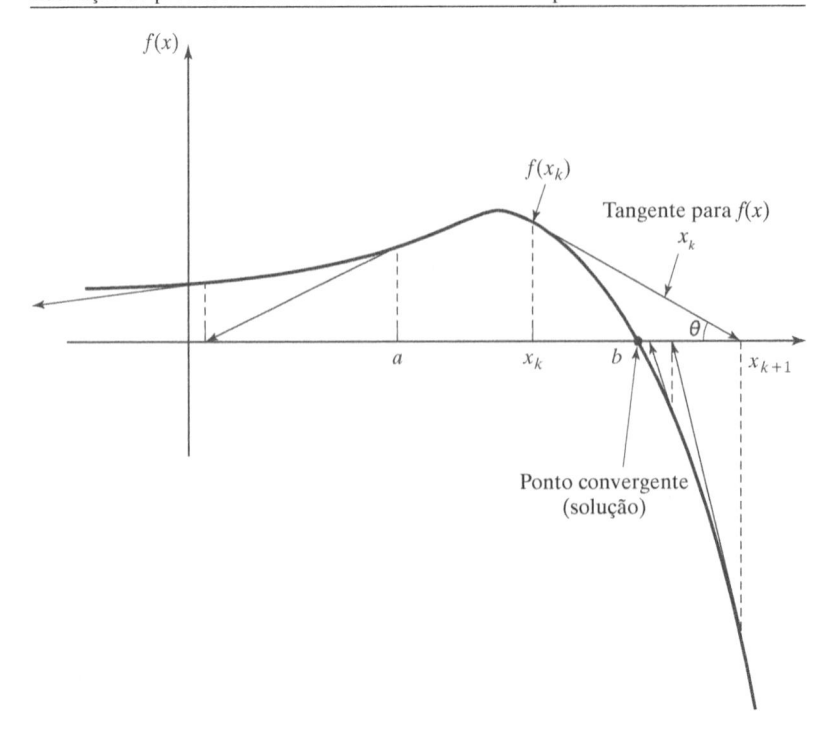

Uma interpretação geométrica do método é ilustrada por uma função de uma única variável na Figura 18.3. A relação entre x_k e x_{k+1} para uma função $f(x)$ de uma única variável se reduz a

$$x_{k+1}=x_k-\frac{f(x_k)}{f'(x_k)}$$

ou

$$f'(x_k)=\frac{f(x_k)}{x_k-x_{k+1}}$$

A figura mostra que x_{k+1} é determinado com base na inclinação de $f(x)$ em x_k, em que tg $\theta = f'(x_k)$.

Uma dificuldade do método é que a convergência nem sempre é garantida a menos que a função f seja bem comportada. Na Figura 18.3, se o ponto inicial for a, o método divergirá. Em geral usa-se tentativa-e-erro para localizar um ponto inicial 'bom'.

Exemplo 18.1-3

Para demonstrar a utilização do método de Newton-Raphson, considere a determinação dos pontos estacionários da função

$$g(x) = (3x-2)^2(2x-3)^2$$

Para determinar os pontos estacionários, precisamos resolver

$$f(x) \equiv g'(x) = 72x^3 - 234x^2 + 241x - 78 = 0$$

Assim, para o método de Newton-Raphson, temos

$$f'(x) = 216x^2 - 468x + 241$$

$$x_{k+1}=x_k-\frac{72x^3-234x^2+241x-78}{216x^2-468x+241}$$

Começando com $x_0 = 10$, a Tabela 18.1 fornece as iterações sucessivas.

Tabela 18.1 Iterações sucessivas

k	x_k	$\frac{f(x_k)}{f'(x_k)}$	x_{k+1}
0	10,000000	2,978923	7,032108
1	7,032108	1,976429	5,055679
2	5,055679	1,314367	3,741312
3	3,741312	0,871358	2,869995
4	2,869995	0,573547	2,296405
5	2,296405	0,371252	1,925154
6	1,925154	0,230702	1,694452
7	1,694452	0,128999	1,565453
8	1,565453	0,054156	1,511296
9	1,511296	0,0108641	1,500432
10	1,500432	0,00043131	1,500001

O método converge para $x = 1{,}5$. Na verdade, $f(x)$ tem três pontos estacionários em $x = \frac{2}{3}$, $x = \frac{13}{12}$ e $x = \frac{3}{2}$. Os dois pontos restantes podem ser encontrados com a seleção de diferentes valores para x_0 inicial. Na realidade, $x_0 = 0{,}5$ e $x_0 = 1$ devem resultar nos pontos estacionários que faltam.

Momento Excel

O gabarito NewtonRaphson.xls pode ser usado para resolver qualquer equação de uma única variável. Ele requer digitar $f(x)/f'(x)$ na célula C3. Por exemplo, em 18.1-3 digitamos

=(72*A3^3-234*A3^2+241*A3-78)/(216*A3^2-468*A3+241)

A variável x é substituída por A3. O gabarito permite estabelecer um limite de tolerância Δ, que especifica a diferença permissível entre x_k e x_{k+1} que sinaliza o término das iterações. Recomendamos que você use x_0 iniciais diferentes para ter uma boa idéia de como o método funciona.

Em geral, o método de Newton-Raphson requer várias tentativas antes que 'todas' as soluções sejam encontradas. No Exemplo 18.1-3, sabemos de antemão que a equação tem três raízes. Entretanto, isso não acontecerá no caso de funções complexas ou de múltiplas variáveis.

CONJUNTO DE PROBLEMAS 18.1B

1. Use a planilha NewtonRaphson.xls para resolver o Problema 1(c), Conjunto 18.1A.
2. Resolva o Problema 2(b), Conjunto 18.1A, pelo método de Newton-Raphson.

18.2 PROBLEMAS RESTRITOS

Esta seção trata da otimização de funções contínuas restritas. A Seção 18.2.1 apresenta o caso de restrições de igualdade, e a Seção 18.2.2 trata de restrições de desigualdade. Grande parte da apresentação da Seção 18.2.1 é discutida em Beightler et al. (1979, p. 45–55).

18.2.1 Restrições de igualdade

Esta seção apresenta dois métodos: o **jacobiano** e o **lagrangeano**. O método **lagrangeano** pode ser desenvolvido logicamente com base no jacobiano. Essa relação resulta em uma interessante interpretação econômica do método lagrangeano.

Método das derivadas restritas (jacobiano). Considere o problema

$$\text{Minimizar } z = f(\mathbf{X})$$

sujeito a

$$\mathbf{g}(\mathbf{X}) = \mathbf{0}$$

em que

$$\mathbf{X} = (x_1, x_2, \ldots, x_n)$$
$$\mathbf{g} = (g_1, g_2, \ldots, g_m)^T$$

As funções $f(\mathbf{X})$ e $g(\mathbf{X})$, $i = 1, 2, \ldots, m$ são duas vezes diferenciáveis continuamente.

A idéia de usar derivadas restritas é desenvolver uma expressão de forma fechada para as primeiras derivadas parciais de $f(\mathbf{X})$ em todos os pontos que satisfazem as restrições $\mathbf{g}(\mathbf{X}) = \mathbf{0}$. Os pontos estacionários correspondentes são identificados como os pontos nos quais essas derivadas parciais desaparecem. Então, as condições de suficiência apresentadas na Seção 18.1 podem ser utilizadas para verificar a identidade de pontos estacionários.

Para esclarecer o conceito proposto, considere $f(x_1, x_2)$ ilustrada na Figura 18.4. Essa função deve ser minimizada sujeito à restrição

$$g_1(x_1, x_2) = x_2 - b = 0$$

na qual b é uma constante. Pela Figura 18.4, a curva desenhada pelos três pontos, A, B e C, representa os valores de $f(x_1, x_2)$ para os quais a restrição dada é sempre satisfeita. O método das derivadas restritas define o gradiente de $f(x_1, x_2)$ em qualquer ponto sobre a curva ABC. O ponto B no qual a derivada restrita desaparece é um ponto estacionário para o problema restrito.

Agora, o método é desenvolvido matematicamente. Pelo teorema de Taylor, para $\mathbf{X} + \Delta\mathbf{X}$ na vizinhança viável de $\mathbf{X}$, temos

$$f(\mathbf{X} + \Delta\mathbf{X}) - f(\mathbf{X}) = \nabla f(\mathbf{X})\,\Delta\mathbf{X} + O(\Delta x_j^2)$$

e

$$\mathbf{g}(\mathbf{X} + \Delta\mathbf{X}) - \mathbf{g}(\mathbf{X} = \nabla\mathbf{g}(\mathbf{X})\Delta\mathbf{X} + O(\Delta x_j^2)$$

À medida que $\Delta x_j \to 0$, as equações se reduzem a

$$\partial f(\mathbf{X}) = \nabla f(\mathbf{X})\partial \mathbf{X}$$

e

$$\partial \mathbf{g}(\mathbf{X}) = \nabla \mathbf{g}(\mathbf{X})\partial \mathbf{X}$$

Figura 18.4
Demonstração da idéia do método jacobiano

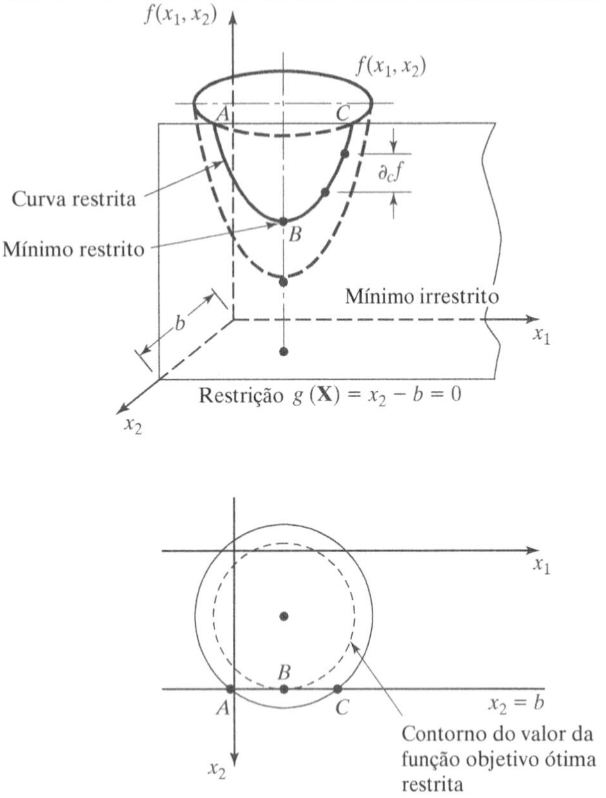

Para viabilidade, devemos ter $\mathbf{g}(\mathbf{X}) = \mathbf{0}$, $\partial\mathbf{g}(\mathbf{X}) = \mathbf{0}$, e decorre que

$$\partial f(\mathbf{X}) - \nabla f(\mathbf{X})\,\partial \mathbf{X} = 0$$
$$\nabla \mathbf{g}(\mathbf{X})\,\partial \mathbf{X} = \mathbf{0}$$

Isso dá $(m + 1)$ equações em $(n + 1)$ incógnitas, $\partial f(\mathbf{X})$ e $\partial \mathbf{X}$. Observe que $\partial f(\mathbf{X})$ é uma variável dependente e, em conseqüência, é determinada tão logo $\partial\mathbf{X}$ seja conhecida. Isso significa que, na verdade, temos m equações em n incógnitas.

Se $m > n$, no mínimo $(m - n)$ equações são redundantes. Eliminando a redundância, o sistema se reduz a $m \leq n$. Se $m = n$, a solução é $\partial\mathbf{X} = \mathbf{0}$, e $\mathbf{X}$ não tem nenhuma vizinhança viável, o que significa que o espaço de solução consiste em apenas um ponto. O caso restante, no qual $m < n$, requer mais elaboração.

Defina-se

$$\mathbf{X} = (\mathbf{Y}, \mathbf{Z})$$

tal que

$$\mathbf{Y} = (y_1, y_2, \ldots, y_m),\ \mathbf{Z} = (z_1, z_2, \ldots, z_{n-m})$$

Os vetores $\mathbf{Y}$ e $\mathbf{Z}$ são denominados variáveis *dependentes* e *independentes*, respectivamente. Expressando os vetores de gradientes de f e g em termos de $\mathbf{Y}$ e $\mathbf{Z}$, obtemos

$$\nabla f(\mathbf{Y}, \mathbf{Z}) = (\nabla_{\mathbf{Y}} f, \nabla_{\mathbf{Z}} f)$$
$$\nabla \mathrm{g}(\mathbf{Y}, \mathbf{Z}) = (\nabla_{\mathbf{Y}} \mathbf{g}, \nabla_{\mathbf{Z}} \mathbf{g})$$

Definam-se

$$\mathbf{J} = \nabla_{\mathbf{Y}}\mathbf{g} = \begin{pmatrix} \nabla_{\mathbf{Y}} g_1 \\ \vdots \\ \nabla_{\mathbf{Y}} g_m \end{pmatrix}$$
$$\mathbf{C} = \nabla_{\mathbf{Z}}\mathbf{g} = \begin{pmatrix} \nabla_{\mathbf{Z}} g_1 \\ \vdots \\ \nabla_{\mathbf{Z}} g_m \end{pmatrix}$$

$\mathbf{J}_{m\mathrm{x}m}$ é denominada **matriz jacobiana**, e $\mathbf{C}_{m\mathrm{x}n-m}$, **matriz de controle**. Considera-se que o $\mathbf{J}$ jacobiano é não singular. Isso é sempre possível porque as m equações dadas são independentes por definição. Assim, os componentes do vetor $\mathbf{Y}$ devem ser selecionados entre os de $\mathbf{X}$ tal que $\mathbf{J}$ seja não singular.

O conjunto original de equações em $\partial f(\mathbf{X})$ e $\partial\mathbf{X}$ pode ser expresso como

$$\partial f(\mathbf{Y}, \mathbf{Z}) = \nabla_{\mathbf{Y}} f \partial \mathbf{Y} + \nabla_{\mathbf{Z}} f \partial \mathbf{Z}$$

e

$$\mathbf{J}\partial\mathbf{Y} = -\mathbf{C}\partial\mathbf{Z}$$

Como $\mathbf{J}$ é não singular, sua inversa $\mathbf{J}^{-1}$ existe. Em conseqüência,

$$\partial\mathbf{Y} = -\mathbf{J}^{-1}\mathbf{C}\partial\mathbf{Z}$$

A substituição de $\partial\mathbf{Y}$ na equação para $\partial f(\mathbf{X})$ dá ∂f como uma função de $\partial\mathbf{Z}$, isto é,

$$\partial \mathrm{f}(\mathbf{Y}, \mathbf{Z}) = (\nabla_{\mathbf{Z}} f - \nabla_{\mathbf{Y}} f \mathbf{J}^{-1}\mathbf{C})\partial\mathbf{Z}$$

Por essa equação, a derivada restrita em relação ao vetor independente $\mathbf{Z}$ é dada por

$$\nabla_c f = \frac{\partial_c f(\mathbf{Y},\mathbf{Z})}{\partial_c \mathbf{Z}} = \nabla_{\mathbf{Z}} f - \nabla_{\mathbf{Y}} f \mathbf{J}^{-1}\mathbf{C}$$

na qual $\nabla_c f$ é o vetor de **gradiente restrito** de f em relação a $\mathbf{Z}$. Assim, $\nabla_c f(\mathbf{Y}, {}_c\mathbf{Z})$ deve ser nulo nos pontos estacionários.

As condições de suficiência são semelhantes às desenvolvidas na Seção 18.1. A matriz hessiana corresponderá ao vetor independente $\mathbf{Z}$, e os elementos da matriz hessiana devem ser as derivadas segundas *restritas*. Para mostrar como isso é obtido, seja

$$\nabla_c \mathrm{f} = \nabla_z \mathrm{f} - \mathbf{WC}$$

Daí decorre que a i-ésima linha da matriz hessiana (restrita) é $\frac{\partial \nabla_c f}{\partial z_i}$. Observe que $\mathbf{W}$ é uma função de $\mathbf{Y}$, e $\mathbf{Y}$ é uma função de $\mathbf{Z}$. Assim, a derivada parcial de $\nabla_c f$ em relação a z_i é baseada na seguinte regra da cadeia:

$$\frac{\partial w_j}{\partial z_i} = \frac{\partial w_j}{\partial y_j}\frac{\partial y_j}{\partial z_i}$$

Exemplo 18.2-1

Considere o seguinte problema:

$$f(\mathbf{X}) = x_1^2 + 3x_2^2 + 5x_1x_3^2$$
$$g_1(\mathbf{X}) = x_1x_3 + 2x_2 + x_2^2 - 11 = 0$$
$$g_2(\mathbf{X}) = x_1^2 + 2x_1x_2 + x_3^2 - 14 = 0$$

Dado o ponto viável $\mathbf{X}^0 = (1, 2, 3)$, queremos estudar a variação em $f(= \partial_c f)$ na vizinhança viável de $\mathbf{X}^0$.

Seja

$$\mathbf{Y} = (x_1, x_3) \text{ e } \mathbf{Z} = x_2$$

Assim,

$$\nabla_Y f = \left(\frac{\partial f}{\partial x_1}, \frac{\partial f}{\partial x_3}\right) = (2x_1 + 5x_3^2, 10x_1x_3)$$

$$\nabla_Z f = \frac{\partial f}{\partial x_2} = 6x_2$$

$$\mathbf{J} = \begin{pmatrix} \frac{\partial g_1}{\partial x_1} & \frac{\partial g_1}{\partial x_3} \\ \frac{\partial g_2}{\partial x_1} & \frac{\partial g_2}{\partial x_3} \end{pmatrix} = \begin{pmatrix} x_3 & x_1 \\ 2x_1 + 2x_2 & 2x_3 \end{pmatrix}$$

$$\mathbf{C} = \begin{pmatrix} \frac{\partial g_1}{\partial x_2} \\ \frac{\partial g_2}{\partial x_2} \end{pmatrix} = \begin{pmatrix} 2x_2 + 2 \\ 2x_1 \end{pmatrix}$$

Suponha que precisemos estimar $\partial_c f$ na vizinhança viável do ponto viável $\mathbf{X}_0 = (1, 2, 3)$ dada uma pequena variação $\partial x_2 = 0{,}01$ na variável independente x_2. Temos

$$\mathbf{J}^{-1}\mathbf{C} = \begin{pmatrix} 3 & 1 \\ 6 & 6 \end{pmatrix}^{-1} \begin{pmatrix} 6 \\ 2 \end{pmatrix} = \begin{pmatrix} \frac{6}{12} & -\frac{1}{12} \\ -\frac{6}{12} & \frac{3}{12} \end{pmatrix} \begin{pmatrix} 6 \\ 2 \end{pmatrix} \approx \begin{pmatrix} 2{,}83 \\ -2{,}50 \end{pmatrix}$$

Conseqüentemente, o valor incremental da f restrita é dado por

$$\partial_c f = (\nabla_Z f - \nabla_Y f\,\mathbf{J}^{-1}\mathbf{C})\partial\mathbf{Z} = \left(6(2) - (47{,}30)\begin{pmatrix} 2{,}83 \\ -2{,}50 \end{pmatrix}\right)\partial x_2 = -46{,}01\partial x_2$$

Especificando o valor de ∂x_2 para a variável *independente* x_2, valores viáveis de ∂x_1 e ∂x_2 são determinados para as variáveis dependentes x_1 e x_3 usando a fórmula

$$\partial\mathbf{Y} = -\mathbf{J}^{-1}\mathbf{C}\partial\mathbf{Z}$$

Portanto, para $\partial x_2 = 0{,}01$,

$$\begin{pmatrix} \partial x_1 \\ \partial x_3 \end{pmatrix} = -\mathbf{J}^{-1}\mathbf{C}\partial x_2 = \begin{pmatrix} -0{,}0283 \\ 0{,}0250 \end{pmatrix}$$

Agora, comparamos o valor de $\partial_c f$ como calculado antes com a diferença $f(\mathbf{X}_0 + \partial\mathbf{X}) - f(\mathbf{X}_0)$, dado $\partial x_2 = 0{,}01$.

$$\mathbf{X}_0 + \partial\mathbf{X} = (1 - 0{,}0283; 2 + 0{,}01; 3 + 0{,}025) = (0{,}9717; 2{,}01; 3{,}025)$$

Essa expressão resulta em

$$f(\mathbf{X}_0) = 58, f(\mathbf{X}_0 + \partial\mathbf{X}) = 57.523$$

ou

$$f(\mathbf{X}_0 + \partial\mathbf{X}) - f(\mathbf{X}_0) = -0{,}477$$

A comparação entre as quantidades $-0{,}477$ e $\partial_c f = -46{,}01\partial x_2 = -0{,}4601$ é favorável à primeira. A diferença entre os dois valores é o resultado da aproximação linear no cálculo de $\partial_c f$ em $\mathbf{X}_0$.

CONJUNTO DE PROBLEMAS 18.2A

1. Considere o Exemplo 18.2-1.
   (a) Calcule $\partial_c f$ pelos dois métodos apresentados no exemplo, usando $\partial x_2 = 0{,}001$ em vez de $\partial x_2 = 0{,}01$. O efeito dessa aproximação linear torna-se mais desprezível com o crescimento do valor de ∂x_2?
   *(b) Especifique uma relação entre os elementos de $\partial\mathbf{X} = (\partial x_1, \partial x_2, \partial x_3)$ no ponto viável $\mathbf{X}_0 = (1, 2, 3,)$ que manterá o ponto $\mathbf{X}_0 + \partial\mathbf{X}$ viável.
   (c) Se $\mathbf{Y} = (x_2, x_3)$ e $\mathbf{Z} = x_1$, qual é o valor de ∂x_1 que produzirá o mesmo valor de $\partial_c f$ dado no exemplo?

Exemplo 18.2-2

Esse exemplo ilustra a utilização de derivadas restritas. Considere o problema

$$\text{Minimizar } f(\mathbf{X}) = x_1^2 + x_2^2 + x_3^2$$

sujeito a

$$g_1(\mathbf{X}) = x_1 + x_2 + 3x_3 - 2 = 0$$
$$g_2(\mathbf{X}) = 5x_1 + 2x_2 + x_3 - 5 = 0$$

Determinamos os pontos extremos restritos da seguinte maneira. Seja

$$\mathbf{Y} = (x_1, x_2) \text{ e } \mathbf{Z} = x_3$$

Assim,

$$\nabla_Y f = \left(\frac{\partial f}{\partial x_1}, \frac{\partial f}{\partial x_2}\right) = (2x_1, 2x_2), \nabla_Z f = \frac{\partial f}{\partial x_3} = 2x_3$$

$$\mathbf{J} = \begin{pmatrix} 1 & 1 \\ 5 & 2 \end{pmatrix}, \mathbf{J}^{-1} = \begin{pmatrix} -\frac{2}{3} & \frac{1}{3} \\ \frac{5}{3} & -\frac{1}{3} \end{pmatrix}, \mathbf{C} = \begin{pmatrix} 3 \\ 1 \end{pmatrix}$$

Em conseqüência,

$$\nabla_c f = \frac{\partial_c f}{\partial_c x_3} = 2x_3 - (2x_1, 2x_2)\begin{pmatrix} -\frac{2}{3} & \frac{1}{3} \\ \frac{5}{3} & -\frac{1}{3} \end{pmatrix}\begin{pmatrix} 3 \\ 1 \end{pmatrix}$$
$$= \tfrac{10}{3}x_1 - \tfrac{28}{3}x_2 + 2x_3$$

Portanto, as equações para determinar os pontos estacionários são dadas por

$$\nabla_c f = 0$$
$$g_1(\mathbf{X}) = 0$$
$$g_2(\mathbf{X}) = 0$$

ou

$$\begin{pmatrix} 10 & -28 & 6 \\ 1 & 1 & 3 \\ 5 & 2 & 1 \end{pmatrix}\begin{pmatrix} x_1 \\ x_2 \\ x_3 \end{pmatrix} = \begin{pmatrix} 0 \\ 2 \\ 5 \end{pmatrix}$$

A solução é

$$\mathbf{X}_0 \approx (0{,}81; 0{,}35; 0{,}28)$$

A identidade desse ponto estacionário é verificada usando a condição de suficiência. Dado que x_3 é a variável independente, decorre com base em $\nabla_c f$ que

$$\frac{\partial_c^2 f}{\partial_c x_3^2} = \tfrac{10}{3}\left(\frac{dx_1}{dx_3}\right) - \tfrac{28}{3}\left(\frac{dx_2}{dx_3}\right) + 2 = \left(\tfrac{10}{3}, -\tfrac{28}{3}\right)\begin{pmatrix} \frac{dx_1}{dx_3} \\ \frac{dx_2}{dx_3} \end{pmatrix} + 2$$

Pelo método jacobiano,

$$\begin{pmatrix} \frac{dx_1}{dx_3} \\ \frac{dx_2}{dx_3} \end{pmatrix} = -\mathbf{J}^{-1}\mathbf{C} = \begin{pmatrix} \frac{5}{3} \\ -\frac{14}{3} \end{pmatrix}$$

Substituindo, temos $\frac{\partial_c^2 f}{\partial_c x_3^2} = \frac{460}{9} > 0$. Por isso, $\mathbf{X}_0$ é o ponto mínimo.

Análise de sensibilidade no método jacobiano. O método jacobiano pode ser usado para estudar o efeito de pequenas variações no lado direito das restrições sobre o valor ótimo de f. Especificamente, qual é o efeito da variação de $g_i(\mathbf{X}) = 0$ para $g_i(\mathbf{X}) = \partial g_i$ sobre o valor ótimo de f? Esse tipo de investigação é denominado **análise de sensibilidade**, e é semelhante ao executado em programação linear (veja capítulos 3 e 4). Entretanto, a análise de sensibilidade em programação não linear é válida somente na pequena vizinhança do ponto extremo. O desenvolvimento será útil no estudo do método lagrangeano.

Já mostramos que

$$\partial f(\mathbf{Y}, \mathbf{Z}) = \nabla_{\mathbf{Y}} f \partial \mathbf{Y} + \nabla_{\mathbf{Z}} f \partial \mathbf{Z}$$

$$\partial \mathbf{g} = \mathbf{J}\partial \mathbf{Y} + \mathbf{C}\partial \mathbf{Z}$$

Dado que $\partial \mathbf{g} \neq 0$, então

$$\partial \mathbf{Y} = \mathbf{J}^{-1}\partial \mathbf{g} - \mathbf{J}^{-1}\mathbf{C}\partial \mathbf{Z}$$

A substituição na equação para $\partial f(\mathbf{Y},\mathbf{Z})$ dá

$$\partial f(\mathbf{Y}, \mathbf{Z}) = \nabla_{\mathbf{Y}} f \mathbf{J}^{-1}\partial \mathbf{g} + \nabla_c f \partial \mathbf{Z}$$

em que

$$\nabla_c f = \nabla_{\mathbf{Z}} f - \nabla_{\mathbf{Y}} f \mathbf{J}^{-1}\mathbf{C}$$

como definido anteriormente. A expressão para $\partial f(\mathbf{Y}, \mathbf{Z})$ pode ser usada para estudar a variação em f na vizinhança viável de um ponto viável $\mathbf{X}_0$ resultante de pequenas alterações $\partial \mathbf{g}$ e $\partial \mathbf{Z}$.

No ponto extremo (na verdade, em qualquer ponto estacionário) $\mathbf{X}_0 = (\mathbf{Y}_0, \mathbf{Z}_0)$, o gradiente restrito $\nabla_c f$ deve desaparecer. Assim,

$$\partial f(\mathbf{Y}_0, \mathbf{Z}_0) = \nabla_{\mathbf{Y}_0} f \mathbf{J}^{-1}\partial \mathbf{g}(\mathbf{Y}_0,\mathbf{Z}_0)$$

ou

$$\frac{\partial f}{\partial \mathbf{g}} = \nabla_{\mathbf{Y}_0} f \, \mathbf{J}^{-1}$$

O efeito da pequena alteração $\partial \mathbf{g}$ sobre o valor *ótimo* de f pode ser estudado avaliando a taxa de variação de f em relação a $\mathbf{g}$. Essas taxas costumam ser denominadas **coeficientes de sensibilidade**.

Exemplo 18.2-3

Considere o mesmo problema do Exemplo 18.2-2. O ponto ótimo é dado por $\mathbf{X}_0 = (x_{01}, x_{02}, x_{03}) = (0{,}81; 0{,}35; 0{,}28)$. Dado $\mathbf{Y}_0 = (x_{01}, x_{02})$, então

$$\nabla_{\mathbf{Y}_0} f = \left(\frac{\partial f}{\partial x_1}, \frac{\partial f}{\partial x_2}\right) = (2x_{01}, 2x_{02}) = (1{,}62; 0{,}70)$$

Conseqüentemente,

$$\left(\frac{\partial f}{\partial g_1}, \frac{\partial f}{\partial g_2}\right) = \nabla_{\mathbf{Y}_0} f \, \mathbf{J}^{-1} = (1{,}62; 0{,}70)\begin{pmatrix} -\frac{2}{3} & \frac{1}{3} \\ \frac{5}{3} & -\frac{1}{3} \end{pmatrix} = (0{,}876; 0{,}3067)$$

Isso significa que, para $\partial g_1 = 1$, f aumentará em *aproximadamente* 0,0867. De modo semelhante, para $\partial g_2 = 1$, f aumentará em *aproximadamente* 0,3067.

Aplicação do método jacobiano a um problema de PL. Considere o problema de programação linear

$$\text{Maximizar } z = 2x_1 + 3x_2$$

sujeito a

$$x_1 + x_2 + x_3 = 5$$
$$x_1 - x_2 + x_4 = 3$$
$$x_1, x_2, x_3, x_4 \geq 0$$

Para levar em conta as restrições de não-negatividade $x_j \geq 0$, substitua $x_j = w_j^2$. Com essa substituição, as condições de não-negatividade tornam-se implícitas e o problema original torna-se

$$\text{Maximizar } z = 2w_1^2 + 3w_2^2$$

sujeito a

$$w_1^2 + w_2^2 + w_3^2 = 5$$
$$w_1^2 - w_2^2 + w_4^2 = 3$$

Para aplicar o método jacobiano, seja

$$\mathbf{Y} = (w_1, w_2) \text{ e } \mathbf{Z} = (w_3, w_4)$$

(Na terminologia de programação linear, $\mathbf{Y}$ e $\mathbf{Z}$ correspondem às variáveis básica e não básica, respectivamente.) Assim

$$\mathbf{J} = \begin{pmatrix} 2w_1 & 2w_2 \\ 2w_1 & -2w_2 \end{pmatrix}, \mathbf{J}^{-1} = \begin{pmatrix} \frac{1}{4w_1} & \frac{1}{4w_1} \\ \frac{1}{4w_2} & \frac{-1}{4w_2} \end{pmatrix}, w_1 \text{ e } w_2 \neq 0$$

$$\mathbf{C} = \begin{pmatrix} 2w_3 & 0 \\ 0 & 2w_4 \end{pmatrix}, \nabla_{\mathbf{Y}} f = (4w_1, 6w_2), \nabla_{\mathbf{Z}} f = (0, 0)$$

de modo que

$$\nabla_c f = (0, 0) - (4w_1, 6w_2)\begin{pmatrix} \frac{1}{4w_1} & \frac{1}{4w_1} \\ \frac{1}{4w_2} & \frac{-1}{4w_2} \end{pmatrix}\begin{pmatrix} 2w_3 & 0 \\ 0 & 2w_4 \end{pmatrix} = (-5w_3, w_4)$$

A solução das equações abrangidas por $\nabla_c f = \mathbf{0}$ e pelas restrições do problema dá como resultado o ponto estacionário ($w_1 = 2$, $w_2 = 1$, $w_3 = 0$, $w_4 = 0$). A hessiana é dado por

$$H_c = \begin{pmatrix} \frac{\partial_c^2 f}{\partial_c w_3^2} & \frac{\partial_c^2 f}{\partial_c w_3 \partial_c w_4} \\ \frac{\partial_c^2 f}{\partial_c w_3 \partial_c w_4} & \frac{\partial_c^2 f}{\partial_c w_4^2} \end{pmatrix} = \begin{pmatrix} -5 & 0 \\ 0 & 1 \end{pmatrix}$$

Como **H***c* é indefinido, o ponto estacionário não resulta em um máximo.

A razão por que a solução anterior não resulta na solução ótima é que as escolhas específicas de $\mathbf{Y}$ e $\mathbf{Z}$ não são ótimas. Na verdade, para achar a solução ótima, precisamos continuar alterando nossas escolhas de $\mathbf{Y}$ e $\mathbf{Z}$ até que a condição de suficiência seja satisfeita. Isso será equivalente a localizar o ponto extremo ótimo do espaço de soluções da programação linear. Por exemplo, considere $\mathbf{Y} = (w_2, w_4)$ e $\mathbf{Z} = (w_1, w_3)$. O vetor gradiente restrito correspondente torna-se

$$\nabla_c f = (4w_1, 0) - (6w_2, 0)\begin{pmatrix} \frac{1}{2w_2} & 0 \\ \frac{1}{2w_4} & \frac{1}{2w_4} \end{pmatrix}\begin{pmatrix} 2w_1 & 2w_3 \\ 2w_1 & 0 \end{pmatrix} = (-2w_1, 6w_3)$$

O ponto estacionário correspondente é dado por $w_1 = 0$, $w_2 = \sqrt{5}$, $w_3 = 0$, $w_4 = \sqrt{8}$. Uma vez que

$$\mathbf{H}_c = \begin{pmatrix} -2 & 0 \\ 0 & -6 \end{pmatrix}$$

é negativa definida, a solução é um ponto máximo.

O resultado é verificado graficamente na Figura 18.5. A primeira solução ($x_1 = 4, x_2 = 1$) não é ótima, e a segunda ($x_1 = 0, x_2 = 5$) é. Você pode verificar que os dois pontos extremos (viáveis) restantes do espaço de soluções não são ótimos. Na verdade, pode-se mostrar pela condição de suficiência que o ponto extremo ($x_1 = 0, x_2 = 0$) resulta em um ponto mínimo.

Os coeficientes de sensibilidade $\nabla_{Y_0} f J^{-1}$, quando aplicados à programação linear, resultam nos valores duais. Para ilustrar esse ponto para o exemplo numérico dado, sejam u_1 e u_2 as variáveis duais correspondentes. No ponto ótimo ($w_1 = 0$, $w_2 = \sqrt{5}$, $w_3 = 0$, $w_4 = \sqrt{8}$), essas variáveis duais são dadas por

$$(u_1, u_2) = \nabla_{Y_0} \mathbf{J}^{-1} = (6w_2, 0)\begin{pmatrix} \frac{1}{2w_2} & 0 \\ \frac{1}{2w_4} & \frac{1}{2w_4} \end{pmatrix} = (3, 0)$$

O valor da função objetivo do problema dual correspondente é $5u_1 + 3u_2 = 15$, que é igual ao valor da função objetivo primal ótima. A solução dada também satisfaz as restrições duais e, em conseqüência, é ótima e viável. Isso mostra que os coeficientes de sensibilidade são os mesmos que as variáveis duais. De fato, ambos têm a mesma interpretação.

Figura 18.5
Pontos extremos do espaço de soluções do problema de programação linear

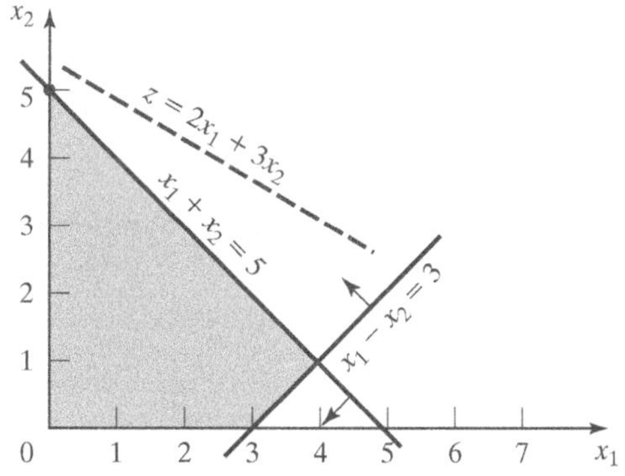

Podemos tirar algumas conclusões gerais da aplicação do método jacobiano ao problema de programação linear. Pelo exemplo numérico, as condições necessárias requerem que as variáveis independentes sejam iguais a zero. Além disso, as condições de suficiência indicam que a hessiana é uma matriz diagonal. Portanto, todos os seus elementos diagonais devem ser positivos para um mínimo e negativos para um máximo. As observações demonstram que a condição necessária é equivalente a especificar que, para localizar a solução ótima, são necessárias apenas soluções básicas (viáveis). Nesse caso, as variáveis independentes são equivalentes às variáveis não básicas no problema de programação linear. Além disso, a condição de suficiência demonstra a forte relação entre os elementos diagonais da matriz hessiana e o indicador de otimalidade $z_j - c_j$ (veja a Seção 7.2) do método simplex.[1]

CONJUNTO DE PROBLEMAS 18.2B

1. Suponha que o Exemplo 18.2-2 seja resolvido da seguinte maneira: em primeiro lugar, use as restrições para expressar x_1 e x_2 em termos de x_3; então, use as equações resultantes para expressar a função objetivo em termos de x_3 apenas. Tomando a derivada da nova função objetivo com relação x_3, podemos determinar os pontos de máximos e mínimos.
   (a) A derivada da nova função objetivo (expressa em termos de x_3) seria diferente da obtida pelo método jacobiano?
   (b) Qual é a diferença entre o procedimento sugerido e o método jacobiano?
2. Aplique o método jacobiano ao Exemplo 18.2-1 selecionando $\mathbf{Y} = (x_2, x_3)$ e $\mathbf{Z} = (x_1)$.

*3. Resolva pelo método jacobiano:

$$\text{Minimizar } f(\mathbf{X}) = \sum_{i=1}^{n} x_i^2$$

sujeito a

$$\prod_{i=1}^{n} x_i = C$$

em que C é uma constante positiva. Suponha que o lado direito da restrição seja alterado para $C + \delta$, no qual δ é uma quantidade positiva pequena. Ache a variação correspondente no valor ótimo de f.

4. Resolva pelo método jacobiano:

$$\text{Minimizar } f(\mathbf{X}) = 5x_1^2 + x_2^2 + 2x_1x_2$$

sujeito a

$$g(\mathbf{X}) = x_1x_2 - 10 = 0$$

   (a) Ache a variação no valor ótimo de $f(\mathbf{X})$ se a restrição for substituída por $x_1x_2 - 9{,}99 = 0$.
   (b) Ache a variação no valor de $f(\mathbf{X})$ na vizinhança do ponto viável (2, 5) dado que $x_1x_2 = 9{,}99$ e $\partial x_1 = 0{,}01$.

5. Considere o problema:

$$\text{Maximizar } f(\mathbf{X}) = x_1^2 + 2x_2^2 + 10x_3^2 + 5x_1x_2$$

sujeito a

$$g_1(\mathbf{X}) = x_1 + x_2^2 + 3x_2x_3 - 5 = 0$$

$$g_2(\mathbf{X}) = x_1^2 + 5x_1x_2 + x_3^2 - 7 = 0$$

Aplique o método jacobiano para achar $\partial f(\mathbf{X})$ na vizinhança do ponto viável (1, 1, 1). Considere que essa vizinhança é especificada por $\partial g_1 = -0{,}01$; $\partial g_2 = 0{,}02$ e $\partial x_1 = 0{,}01$.

6. Considere o problema

$$\text{Minimizar } f(\mathbf{X}) = x_1^2 + x_2^2 + x_3^2 + x_4^2$$

sujeito a

$$g_1(\mathbf{X}) = x_1 + 2x_2 + 3x_3 + 5x_4 - 10 = 0$$

$$g_2(\mathbf{X}) = x_1 + 2x_2 + 5x_3 + 6x_4 - 15 = 0$$

   (a) Mostre que, selecionando x_3 e x_4 como variáveis independentes, o método jacobiano não fornece uma solução e explique a razão.
   ***(b)** Resolva o problema usando x_1 e x_3 como variáveis independentes e aplique a condição de suficiência para determinar o tipo do ponto estacionário resultante.
   (c) Determine os coeficientes de sensibilidade dada a solução em (b).

7. Considere o problema de programação linear

$$\text{Maximizar } f(\mathbf{X}) = \sum_{j=1}^{n} c_j x_j$$

sujeito a

$$g_i(\mathbf{X}) = \sum_{j=1}^{n} a_{ij}x_j - b_i = 0 \quad i = 1, 2, ..., \text{m}$$

$$x_j \geq 0, \quad j = 1, 2, ..., n$$

Desprezando a restrição de não-negatividade, mostre que as derivadas restritas $\nabla_c f(\mathbf{X})$ para esse problema dão como resultado a mesma expressão para $\{z_j - c_j\}$ definida pela condição de otimalidade do problema de programação linear (Seção 7.2), isto é,

$$\{z_j - c_j\} = \{\mathbf{C}_B\mathbf{B}^{-1}\mathbf{P}_j - c_j\} \text{ para todo } j$$

O método da derivada restrita pode ser aplicado diretamente ao problema de programação linear? Explique sua resposta.

[1] Se quiser uma prova formal da validade desses resultados para o problema geral de programação linear, consulte H. Taha e G. Curry. "Classical derivation of the necessary and sufficient conditions for optimal linear programs". *Operations Research*, v. 19, p. 1045–1049, 1971. O artigo mostra que as idéias fundamentais do método simplex podem ser derivadas pelo método jacobiano.

Método lagrangeano. No método jacobiano, faça o vetor $\boldsymbol{\lambda}$ representar os coeficientes de sensibilidade, isto é,

$$\boldsymbol{\lambda} = \nabla_{\mathbf{Y}_0} \mathbf{J}^{-1} = \frac{\partial f}{\partial \mathbf{g}}$$

Assim,

$$\partial f - \lambda\, \partial \mathbf{g} = 0$$

Essa equação satisfaz as condições necessárias para pontos estacionários porque $\frac{\partial f}{\partial \mathbf{g}}$ é calculada de modo tal que $\nabla_c f = \mathbf{0}$. Uma forma mais conveniente de apresentar essas equações é tomar suas derivadas parciais em relação a todo x_j. Isso resulta em

$$\frac{\partial}{\partial x_j}(f - \boldsymbol{\lambda}\mathrm{g}) = 0\ , j = 1, 2, \ldots n$$

As equações resultantes junto com as equações de restrição $\mathbf{g}(\mathbf{X}) = \mathbf{0}$ dão os valores viáveis de $\mathbf{X}$ e $\boldsymbol{\lambda}$ que satisfazem as condições *necessárias* para pontos estacionários.

O procedimento dado define o *método lagrangeano* para identificar os pontos estacionários de problemas de otimização com restrições de *igualdade*. Seja

$$L(\mathbf{X}, \lambda) = f(\mathbf{X}) - \lambda \mathbf{g}(\mathbf{X})$$

A função L é denominada **função lagrangeana** e os parâmetros são denominados **multiplicadores de Lagrange**. Por definição, esses multiplicadores têm a mesma interpretação que os coeficientes de sensibilidade do método jacobiano.

As equações

$$\frac{\partial L}{\partial \boldsymbol{\lambda}} = 0,\ \frac{\partial L}{\partial \mathbf{X}} = 0$$

dão as condições necessárias para determinar pontos estacionários de $f(\mathbf{X})$ sujeitos a $\mathbf{g}(\mathbf{X}) = \mathbf{0}$. Existem condições de suficiência para o método lagrangeano mas, de modo geral, elas são intratáveis do ponto de vista computacional.

Exemplo 18.2-4

Considere o problema do Exemplo 18.2-2. A função lagrangeana é

$$L(\mathbf{X}, \boldsymbol{\lambda}) = x_1^2 + x_2^2 + x_3^2 - \lambda_1(x_1 + x_2 + 3x_3 - 2) - \lambda_2(5x_1 + 2x_2 + x_3 - 5)$$

Essa expressão dá as seguintes condições necessárias:

$$\frac{\partial L}{\partial x_1} = 2x_1 - \lambda_1 - 5\lambda_2 = 0$$
$$\frac{\partial L}{\partial x_2} = 2x_2 - \lambda_1 - 2\lambda_2 = 0$$
$$\frac{\partial L}{\partial x_3} = 2x_3 - 3\lambda_1 - \lambda_2 = 0$$
$$\frac{\partial L}{\partial \lambda_1} = -(x_1 + x_2 + 3x_3 - 2) = 0$$
$$\frac{\partial L}{\partial \lambda_2} = -(5x_1 + 2x_2 + x_3 - 5) = 0$$

A solução para essas equações simultâneas resulta em

$$\mathbf{X}_0 = (x_1, x_2, x_3) = (0{,}8043; 0{,}3478; 0{,}2826)$$
$$\lambda = (\lambda_1, \lambda_2) = (0{,}0870; 0{,}3043)$$

Esta solução combina com os resultados dos exemplos 18.2-2 e 18.2-3. Os valores dos multiplicadores de Lagrange, $\boldsymbol{\lambda}$, são iguais aos coeficientes de sensibilidade obtidos no Exemplo 18.2-3. O resultado mostra que esses coeficientes são independentes da escolha específica do vetor dependente $\mathbf{Y}$ no método jacobiano.

CONJUNTO DE PROBLEMAS 18.2C

1. Resolva o seguinte problema de programação linear pelos métodos jacobiano e lagrangeano:

$$\text{Maximizar } f(\mathbf{X}) = 5x_1 + 3x_2$$

sujeito a

$$g_1(\mathbf{X}) = x_1 + 2x_2 + x_3 - 6 = 0$$
$$g_2(\mathbf{X}) = 3x_1 + x_2 + x_4 - 9 = 0$$
$$x_1, x_2, x_3, x_4 \geq 0$$

***2.** Ache a solução ótima para o problema

$$\text{Minimizar } f(\mathbf{X}) = x_1^2 + 2x_2^2 + 10x_3^2$$

sujeito a

$$g_1(\mathbf{X}) = x_1 + x_2^2 + x_3 - 5 = 0$$
$$g_2(\mathbf{X}) = x_1 + 5x_2 + x_3 - 7 = 0$$

Suponha que $g_1(\mathbf{X}) = 0{,}01$ e $g_2(\mathbf{X}) = 0{,}02$. Ache a variação correspondente no valor ótimo de $f(\mathbf{X})$.

3. Resolva o Problema 6, Conjunto 18.2B, pelo método lagrangeano e verifique se os valores dos multiplicadores de Lagrange são iguais aos coeficientes de sensibilidade obtidos no Problema 6, Conjunto 18.2B.

18.2.2 Restrições de desigualdade — Condições de Karush-Kuhn-Tucker (KKT)[2]

Esta seção estende o método lagrangeano a problemas com restrições de desigualdade. A principal contribuição da seção é o desenvolvimento das condições *necessárias* gerais de Karush-Kuhn-Tucker (KKT) para determinar os pontos estacionários. Essas condições também são suficientes sob certas regras que serão enunciadas mais adiante.

Considere o problema

$$\text{Maximizar } z = f(\mathbf{X})$$

sujeito a

$$\mathbf{g}(\mathbf{X}) \leq \mathbf{0}$$

As restrições de desigualdade podem ser convertidas em equações com a utilização de variáveis de folga *não negativas*. Seja S_i^2 (≥ 0) a quantidade de folga adicionada à i-ésima restrição $g_i(\mathbf{X}) \leq 0$, e defina-se

$$\mathbf{S} = (S_1, S_2, \ldots, S_m)^T, \mathbf{S}^2 = (S_1^2, S_2^2, \ldots, S_m^2)^T$$

em que m é o numero total de restrições de desigualdade. Assim, a função lagrangeana é dada por

$$L(\mathbf{X}, \mathbf{S}, \boldsymbol{\lambda}) = f(\mathbf{X}) - \boldsymbol{\lambda}[\mathbf{g}(\mathbf{X}) + \mathbf{S}^2]$$

Dadas as restrições

$$\mathbf{g}(\mathbf{X}) \leq \mathbf{0}$$

uma condição necessária para a otimalidade é que $\boldsymbol{\lambda}$ seja não negativa (não positiva) para problemas de maximização (minimização). Esse resultado é justificado observando que o vetor $\boldsymbol{\lambda}$ mede a taxa de variação de f em relação a $\mathbf{g}$, isto é

$$\boldsymbol{\lambda} = \frac{\partial f}{\partial \mathbf{g}}$$

[2] Historicamente, W. Karush foi o primeiro a desenvolver as condições de KKT, em 1939, como parte de sua tese de mestrado na Universidade de Chicago. As mesmas condições foram desenvolvidas independentemente, em 1951, por W. Kuhn e A. Tucker.

No caso da maximização, como o lado direito da restrição $\mathbf{g}(\mathbf{X}) \leq \mathbf{0}$ aumenta com base em $\mathbf{0}$ até o vetor $\partial\mathbf{g}$, o espaço de soluções torna-se menos restrito e, por isso, f não pode diminuir, o que significa que $\boldsymbol{\lambda} \geq \mathbf{0}$. De modo semelhante para a minimização, à medida que o lado direito das restrições aumenta, f não pode crescer, o que implica que $\boldsymbol{\lambda} \leq \mathbf{0}$. Se as restrições forem de igualdade, isto é, $\mathbf{g}(\mathbf{X}) = \mathbf{0}$, então $\boldsymbol{\lambda}$ torna-se irrestrita em sinal (veja o Problema 2, Conjunto 18.2D).

As restrições impostas a λ são válidas como parte das condições necessárias de KKT. Agora, desenvolveremos as condições restantes.

Tomando as derivadas parciais de L com relação a $\mathbf{X}$, $\mathbf{S}$ e λ, obtemos

$$\frac{\partial L}{\partial \mathbf{X}} = \nabla f(\mathbf{X}) - \boldsymbol{\lambda}\nabla \mathbf{g}(\mathbf{X}) = \mathbf{0}$$

$$\frac{\partial L}{\partial S_i} = -2\lambda_i S_i = 0, \quad i = 1, 2, \ldots, m$$

$$\frac{\partial L}{\partial \boldsymbol{\lambda}} = -(\mathbf{g}(\mathbf{X}) + \mathbf{S}^2) = \mathbf{0}$$

O segundo conjunto de equações revela os seguintes resultados:

1. Se $\lambda_i \neq 0$, então $S_i^2 = 0$, o que significa que a fonte de recurso correspondente está em falta e, portanto, é totalmente consumida (restrição de igualdade).
2. Se $S_i^2 > 0$, então $\lambda_i = 0$, o que significa que o recurso i não está em falta e, em decorrência, não afeta o valor de f (isto é, $\lambda_i = \frac{\partial f}{\partial g_i} = 0$).

Do segundo e terceiro conjuntos de equações, obtemos

$$\lambda_i g_i(\mathbf{X}) = 0, i = 1, 2, \ldots, m$$

Em essência, essa nova condição repete o argumento precedente porque, se $\lambda_i > 0$, $g_i(\mathbf{X}) = 0$ ou $S_i^2 = 0$; e, se $g_i(\mathbf{X}) < 0$, $S_i^2 > 0$ e $\lambda_i = 0$.

As condições necessárias de KKT para o problema de maximização são resumidas como:

$$\boldsymbol{\lambda} \geq \mathbf{0}$$

$$\nabla f(\mathbf{X}) - \boldsymbol{\lambda}\nabla \mathbf{g}(\mathbf{X}) = \mathbf{0}$$

$$\lambda_i g_i(\mathbf{X}) = 0, \quad i = 1, 2, \ldots, m$$

$$\mathbf{g}(\mathbf{X}) \leq \mathbf{0}$$

Essas condições também se aplicam ao caso da minimização, exceto que $\boldsymbol{\lambda}$ deve ser não positivo (Verifique!). Tanto na maximização quanto na minimização, os multiplicadores de Lagrange correspondentes às restrições de igualdade são irrestritos em sinal.

Suficiência das condições de KKT. As condições necessárias de Kuhn-Tucker também são suficientes se a função objetivo e o espaço de soluções satisfizerem condições específicas. Essas condições são resumidas na Tabela 18.2.

É mais simples verificar se uma função é convexa ou côncava do que provar que um espaço de soluções é um conjunto convexo. Por essa razão, fornecemos uma lista de condições que são mais fáceis de aplicar na prática no sentido de que a convexidade do espaço de soluções pode ser determinada com a verificação da convexidade ou concavidade das funções de restrição. Para dar essas condições, definimos os problemas não lineares generalizados como

$$\text{Maximizar ou minimizar } z = f(\mathbf{X})$$

sujeito a

$$g_i(\mathbf{X}) \leq 0, i = 1, 2, \ldots, r$$

$$g_i(\mathbf{X}) \geq 0, i = r + 1, \ldots, p$$

$$g_i(\mathbf{X}) = 0, i = p + 1, \ldots, m$$

$$L(\mathbf{X}, \mathbf{S}, \boldsymbol{\lambda}) = f(\mathbf{X}) - \sum_{i=1}^{r} \lambda_i\left[g_i(\mathbf{X}) + S_i^2\right] - \sum_{i=r+1}^{p} \lambda_i\left[g_i(\mathbf{X}) - S_i^2\right] - \sum_{i=p+1}^{m} \lambda_i g_i(\mathbf{X})$$

em que λ_i é o multiplicador de Lagrange associado à restrição i. As condições para estabelecer a suficiência das condições de KKT estão resumidas na Tabela 18.3.

As condições da Tabela 18.3 representam apenas um subconjunto das condições da Tabela 18.2 porque um espaço de soluções pode ser convexo sem satisfazer as condições da Tabela 18.3.

Tabela 18.2 Condições necessárias de KKT

Sentido de otimização	Condições requeridas: *Função objetivo*	*Espaço de soluções*
Maximização	Côncava	Conjunto convexo
Minimização	Convexa	Conjunto convexo

Tabela 18.3 Estabelecimento de suficiência das condições de KKT

Sentido de otimização	Condições requeridas: $f(\mathbf{X})$	$g_i(\mathbf{X})$	λ_i	
Maximização	Côncava	Convexa	≥ 0	$(1 \leq i \leq r)$
		Côncava	≤ 0	$(r + 1 \leq i \leq p)$
		Linear	Irrestrito	$(p + 1 \leq i \leq m)$
Minimização	Convexa	Convexa	≤ 0	$(1 \leq i \leq r)$
		Côncava	≥ 0	$(r + 1 \leq i \leq p)$
		Linear	Irrestrito	$(p + 1 \leq i \leq m)$

A Tabela 18.3 é válida porque as condições dadas resultam em uma função lagrangeana côncava $L(\mathbf{X}, \mathbf{S}, \boldsymbol{\lambda})$ no caso de maximização e em uma convexa $L(\mathbf{X}, \mathbf{S}, \boldsymbol{\lambda})$ no caso de minimização. Esse resultado é verificado observando que, se $g_i(x)$ é convexa, então $\lambda_i g_i(x)$ é convexa se $\lambda_i \geq 0$ e côncava se $\lambda_i \leq 0$. Interpretações semelhantes podem ser estabelecidas para todas as condições restantes. Observe que uma função linear é côncava, bem como convexa. Além disso, se uma função f é côncava, então $(-f)$ é convexa, e vice-versa.

Exemplo 18.2-5

Considere o seguinte problema de minimização:

$$\text{Minimizar } f(\mathbf{X}) = x_1^2 + x_2^2 + x_3^2$$

sujeito a

$$g_1(\mathbf{X}) = 2x_1 + x_2 - 5 \leq 0$$

$$g_2(\mathbf{X}) = x_1 + x_3 - 2 \leq 0$$

$$g_3(\mathbf{X}) = 1 - x_1 \leq 0$$

$$g_4(\mathbf{X}) = 2 - x_2 \leq 0$$

$$g_5(\mathbf{X}) = -x_3 \leq 0$$

Esse é um problema de minimização, portanto $\boldsymbol{\lambda} \leq \mathbf{0}$. Assim, as condições de KKT são dadas por

$$(\lambda_1, \lambda_2, \lambda_3, \lambda_4, \lambda_5) \leq \mathbf{0}$$

$$(2x_1, 2x_2, 2x_3) - (\lambda_1, \lambda_2, \lambda_3, \lambda_4, \lambda_5)\begin{pmatrix} 2 & 1 & 0 \\ 1 & 0 & 1 \\ -1 & 0 & 0 \\ 0 & -1 & 0 \\ 0 & 0 & -1 \end{pmatrix} = \mathbf{0}$$

$$\lambda_1 g_1 = \lambda_2 g_2 = \ldots = \lambda_5 g_5 = 0$$

$$\mathbf{g}(\mathbf{X}) \leq \mathbf{0}$$

Essas condições se reduzem a

$$\lambda_1, \lambda_2, \lambda_3, \lambda_4, \lambda_5 \leq 0$$
$$2x_1 - 2\lambda_1 - \lambda_2 + \lambda_3 = 0$$
$$2x_2 - \lambda_1 + \lambda_4 = 0$$
$$2x_3 - \lambda_2 + \lambda_5 = 0$$
$$\lambda_1(2x_1 + x_2 - 5) = 0$$
$$\lambda_2(x_1 + x_3 - 2) = 0$$
$$\lambda_3(1 - x_1) = 0$$
$$\lambda_4(2 - x_2) = 0$$
$$\lambda_5 x_3 = 0$$
$$2x_1 + x_2 \leq 5$$
$$x_1 + x_3 \leq 2$$
$$x_1 \geq 1, x_2 \geq 2, x_3 \geq 0$$

A solução é $x_1 = 1, x_2 = 2, x_3 = 0, \lambda_1 = \lambda_2 = \lambda_5 = 0, \lambda_3 = -2, \lambda_4 = -4$. Como ambos, $f(\mathbf{X})$ e o espaço de soluções $\mathbf{g}(\mathbf{X}) \leq \mathbf{0}$, são convexos, $L(\mathbf{X}, \mathbf{S}, \boldsymbol{\lambda})$ deve ser convexa, e o ponto estacionário resultante dá um mínimo global restrito. As condições de KKT são fundamentais para o desenvolvimento de algoritmos de programação não linear do Capítulo 19.

CONJUNTO DE PROBLEMAS 18.2D

1. Considere o problema:

$$\text{Maximizar } f(\mathbf{X})$$

sujeito a

$$\mathbf{g}(\mathbf{X}) \geq \mathbf{0}$$

Mostre que as condições de KKT são as mesmas da Seção 18.2.2, exceto que os multiplicadores de Lagrange $\boldsymbol{\lambda}$ são não positivos.

2. Considere o seguinte problema:

$$\text{Maximizar } f(\mathbf{X})$$

sujeito a

$$\mathbf{g}(\mathbf{X}) = 0$$

Mostre que as condições de KKT são

$$\nabla f(\mathbf{X}) - \boldsymbol{\lambda}\nabla \mathbf{g}(\mathbf{X}) = \mathbf{0}$$
$$\mathbf{g}(\mathbf{X}) = \mathbf{0}$$

$\boldsymbol{\lambda}$ irrestrito em sinal

3. Escreva as condições necessárias de KKT para os seguintes problemas.

(a) Maximizar $f(\mathbf{X}) = x_1^3 - x_2^2 + x_1 x_3^2$
sujeito a

$$x_1 + x_2^2 + x_3 = 5$$
$$5x_1^2 - x_2^2 - x_3 \geq 2$$
$$x_1, x_2, x_3 \geq 0$$

(b) Minimizar $f(\mathbf{X}) = x_1^4 + x_2^2 + 5x_1x_2x_3$
sujeito a

$$x_1^2 - x_2^2 + x_3^3 \leq 10$$
$$x_1^3 + x_2^2 + 4x_3^2 \geq 20$$

4. Considere o problema

$$\text{Maximizar } f(\mathbf{X})$$

sujeito a

$$\mathbf{g}(\mathbf{X}) = \mathbf{0}$$

Dado que $f(\mathbf{X})$ é côncava e $g_i(\mathbf{X})(i = 1, 2, \ldots, m)$ é uma função *linear*, mostre que as condições necessárias de KKT são também suficientes. Esse resultado é válido se $g_i(\mathbf{X})$ for uma função convexa *não* linear para todo i? Por quê?

5. Considere o problema

$$\text{Maximizar } f(\mathbf{X})$$

sujeito a

$$g_1(\mathbf{X}) \geq 0, g_2(\mathbf{X}) = 0, g_3(\mathbf{X}) \leq 0$$

Desenvolva as condições de KKT e estipule sob quais condições elas são suficientes.

REFERÊNCIAS BIBLIOGRÁFICAS

Bazarra, M.; Shrali, H. e Shetty, C. *Nonlinear programming theory and algorithms.* 2. ed. Nova York: Wiley, 1993.
Beightler, C.; Phillips, D. e Wilde, D. *Foundations of optimization.* 2. ed. Upper Saddle River: Prentice Hall, 1979.
Rardin, R. *Optimization in operations research.* Upper Saddle River: Prentice Hall, 1998.

Capítulo 19

Algoritmos de programação não linear

Guia do capítulo. Os métodos de solução de programação não linear podem ser classificados em algoritmos *diretos* ou *indiretos*. Exemplos dos métodos diretos são os algoritmos de gradiente, nos quais o máximo (mínimo) de um problema é encontrado seguindo a taxa de crescimento (decréscimo) mais rápida da função objetivo. Nos métodos indiretos, o problema original é substituído por um auxiliar com base no qual a solução ótima é determinada. Entre os exemplos dessas situações citamos programação quadrática, programação separável e programação estocástica.

Este capítulo inclui nove exemplos resolvidos, um modelo em AMPL, dois em Solver e 24 problemas de final de seção. Os programas em AMPL/Excel Solver/TORA estão na pasta ch19Files.

19.1 ALGORITMOS IRRESTRITOS

Esta seção apresenta dois algoritmos para o problema irrestrito: o *algoritmo de busca direta* e o *algoritmo de gradiente*.

19.1.1 Método de busca direta

O método de busca direta se aplica primordialmente a funções de uma única variável estritamente unimodais. Embora possa parecer trivial, a Seção 19.1.2 mostra que o caso da otimização de funções de uma única variável é fundamental no desenvolvimento dos algoritmos multivariáveis mais gerais.

A idéia dos métodos de busca direta é identificar o **intervalo de incerteza** no qual se sabe estar incluído o ponto de solução ótima. O procedimento localiza a solução ótima reduzindo iterativamente o intervalo de incerteza a qualquer nível de precisão desejado. Dois algoritmos que guardam estreita relação entre si são apresentados nesta seção: os métodos de busca **dicotômico** e da **seção de ouro**. Ambos os algoritmos buscam a maximização de uma função unimodal $f(x)$ no intervalo $a \le x \le b$, no qual se sabe que o ponto ótimo x^* está incluído. Os dois métodos começam com $I_0 = (a, b)$ representando o intervalo de incerteza inicial.

Etapa geral i. Seja $I_{i-1} = (x_L, x_R)$ o intervalo de incerteza atual (na iteração 0, $x_L = a$ e $x_R = b$). Em seguida, identifique x_1 e x_2 como demonstrado na Tabela 19.1.

Tabela 19.1 Identificação de x_1 e x_2

Método dicotômico	Método da seção de ouro
$x_1 = \frac{1}{2}(x_R + x_L - \Delta)$	$x_1 = x_R - \left(\frac{\sqrt{5}-1}{2}\right)(x_R - x_L)$
$x_2 = \frac{1}{2}(x_R + x_L + \Delta)$	$x_2 = x_L + \left(\frac{\sqrt{5}-1}{2}\right)(x_R - x_L)$

A seleção de x_1 e x_2 garante que

$$x_L < x_1 < x_2 < x_R$$

O próximo intervalo de incerteza, I_i, é determinado da seguinte maneira:

1. Se $f(x_1) > f(x_2)$, então $x_L < x^* < x_2$. Seja $x_R = x_2$ e determine $I_i = (x_L, x_2)$ (veja a Figura 19.1(a)).
2. Se $f(x_1) < f(x_2)$, então $x_1 < x^* < x_R$. Seja $x_L = x_1$ e determine $I_i = (x_1, x_R)$ (veja a Figura 19.1(b)).
3. Se $f(x_1) = f(x_2)$, então $x_1 < x^* < x_2$. Seja $x_L = x_1$ e $x_R = x_2$; determine $I_i = (x_1, x_2)$.

A maneira pela qual x_1 e x_2 são determinados garante que $I_{i+1} < I_i$, como veremos em breve. O algoritmo termina na iteração k se $I_k \le \Delta$, onde Δ é um nível de precisão especificado pelo usuário.

No método dicotômico, os valores x_1 e x_2 encontram-se simetricamente ao redor do ponto médio do intervalo de incerteza atual. Isso significa que

$$I_{i+1} = 0{,}5(I_i + \Delta)$$

A aplicação repetida do algoritmo garante que o comprimento do intervalo de incerteza se aproximará da precisão desejada, Δ.

No método da seção de ouro, a idéia é mais complexa. Observamos que cada iteração do método dicotômico requer calcular os dois valores, $f(x_1)$ e $f(x_2)$, mas acaba descartando um deles. A seção de ouro propõe economizar cálculos reutilizando o valor descartado na iteração imediatamente sucessiva.

Defina-se para $0 < \alpha < 1$,

$$x_1 = x_R - \alpha(x_R - x_L)$$
$$x_2 = x_L + \alpha(x_R - x_L)$$

Então, o intervalo de incerteza I_i na iteração i é igual a (x_L, x_2) ou (x_1, x_R). Considere o caso $I_i = (x_L, x_2)$, que significa que x_1 está incluído em I_i. Na iteração $i + 1$, selecionamos x_2 igual a x_1 na iteração i, o que resulta na seguinte equação:

$$x_2(\text{iteração } i + 1) = x_1(\text{iteração } i)$$

Substituindo, temos

$$x_L + \alpha[x_2(\text{iteração } i) - x_L] = x_R - \alpha(x_R - x_L)$$

ou

$$x_L + \alpha[x_L + \alpha(x_R - x_L) - x_L] = x_R - \alpha(x_R - x_L)$$

o que, por fim, é simplificado para

$$\alpha^2 + \alpha - 1 = 0$$

Essa equação dá $\alpha = \frac{-1 \pm \sqrt{5}}{2}$. Como $0 \le \alpha \le 1$, selecionamos a raiz positiva $\alpha = \frac{-1+\sqrt{5}}{2} \approx 0{,}681$.

A estrutura dos cálculos da seção de ouro garante uma redução α em intervalos de incerteza sucessivos, isto é

$$I_{i+1} = \alpha I_i$$

O método da seção de ouro converge mais rapidamente do que o método dicotômico porque, no método dicotômico, a velocidade da redução do intervalo de incerteza diminui apreciavelmente à medida que $I \to \Delta$. Além disso, cada iteração no método da seção de ouro requer metade dos cálculos porque o método sempre recicla um conjunto de cálculos da iteração imediatamente precedente.

Exemplo 19.1-1

$$\text{Maximizar } f(x) = \begin{cases} 3x, & 0 \le x \le 2 \\ \frac{1}{3}(-x+20), & 2 \le x \le 3 \end{cases}$$

Figura 19.1
Ilustração da etapa geral dos métodos dicotômico/da seção de ouro

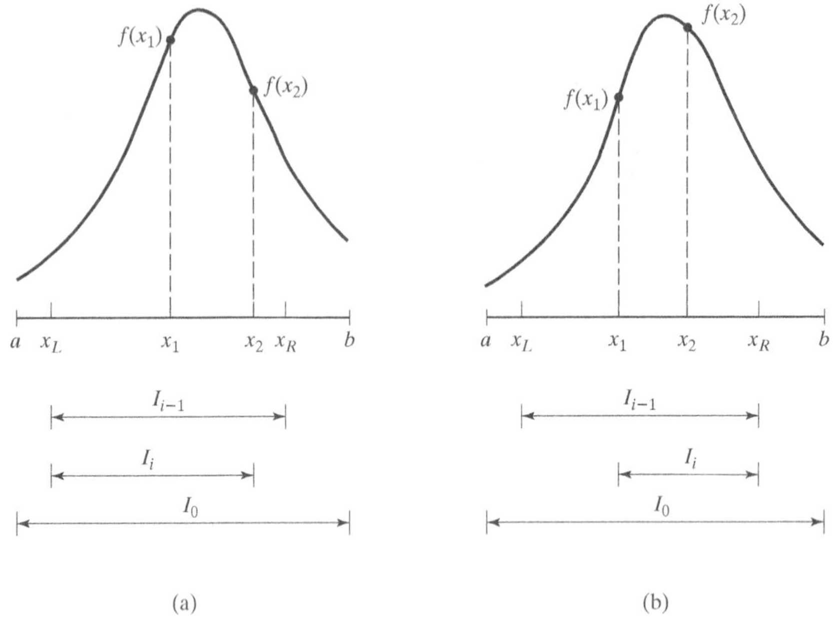

O valor máximo de $f(x)$ ocorre em $x = 2$. A Tabela 19.2 demonstra os cálculos para iterações 1 e 2 usando os métodos dicotômico e da seção de ouro. Consideraremos que $\Delta = 0,1$.

Tabela 19.2 Cálculos para iterações 1 e 2

Método dicotômico	Método da seção de ouro
Iteração 1	*Iteração 1*
$I_0 = (0, 3) \equiv (x_L, x_R)$	$I_0 = (0, 3) \equiv (x_L, x_R)$
$x_1 = 0 + 0,5(3 - 0 - 0,1) = 1,45$, $f(x_1) = 4,35$	$x_1 = 3 - 0,618(3 - 0) = 1,146$, $f(x_1) = 3,438$
$x_2 = 0 + 0,5(3 - 0 + 0,1) = 1,55$, $f(x_2) = 4,65$	$x_2 = 0 + 0,618(3 - 0) = 1,854$, $f(x_2) = 5,562$
$f(x_2) > f(x_1) \Rightarrow x_L = 1,45, I_1 = (1,45, 3)$	$f(x_2) > f(x_1) \Rightarrow x_L = 1,146, I_1 = (1,146, 3)$
Iteração 2	*Iteração 2*
$I_1 = (1,45, 3) \equiv (x_L, x_R)$	$I_1 = (1,146, 3) \equiv (x_L, x_R)$
$x_1 = 1,45 + 0,5(3 - 1,45 - 0,1) = 2,175$, $f(x_1) = 5,942$	$x_1 = x_2$ na Iteração 0 = 1,854, $f(x_1) = 5,562$
$x_2 = \frac{3+1,45+0,1}{2} = 2,275$, $f(x_2) = 5,908$	$x_2 = 1,146 + 0,618(3 - 1,146) = 2,292$, $f(x_2) = 5,903$
$f(x_1) > f(x_2) \Rightarrow x_R = 2,275$, $I_2 = (1,45, 2,275)$	$f(x_2) > f(x_1) \Rightarrow x_L = 1,854$, $I_1 = (1,854, 3)$

Continuando da mesma maneira, por fim o intervalo de incerteza será reduzido à tolerância desejada Δ.

Momento Excel

O gabarito excelDiGold.xls lida com qualquer um dos dois métodos. Os dados de entrada incluem $f(x)$, a, b e Δ. A função $f(x)$ é digitada na célula E3 como

```
=SE(C3<=2,3*C3,(-C3+20)/3)
```

A célula C3 desempenha o papel de x em $f(x)$. Os limites a e b são digitados nas células B4 e D4 para representar a faixa de busca admissível para $f(x)$. Além disso, o limite de tolerância, Δ, é digitado na célula B3. O método de busca é selecionado digitando a letra x em D5 (dicotômico) ou F5 (seção de ouro).

A Figura 19.2 compara os dois métodos. O método da seção de ouro requer menos do que a metade de iterações que o método dicotômico. Adicionalmente, cada iteração requer metade dos cálculos, como já explicamos.

CONJUNTO DE PROBLEMAS 19.1A

1. Use o gabarito em Excel excelDiGold.xls para resolver o Exemplo 19.1-1 assumindo que $\Delta = 0,01$. Compare a quantidade de cálculos e a precisão dos resultados com os da Figura 19.2.
2. Ache o máximo de cada uma das seguintes funções pelo método de busca dicotômica. Considere que $\Delta = 0,05$.
   (a) $f(x) = \frac{1}{|(x-3)^3|}, 2 \le x \le 4$
   (b) $f(x) = x \cos x, 0 \le x \le \pi$
   ***(c)** $f(x) = x \operatorname{sen} \pi x, 1,5 \le x \le 2,5$
   (d) $f(x) = -(x - 3)^2, 2 \le x \le 4$
   ***(e)** $f(x) = \begin{cases} 4x, & 0 \le x \le 2 \\ 4 - x, & 2 \le x \le 4 \end{cases}$

19.1.2 Método do gradiente

Esta seção desenvolve um método para otimizar funções que são duas vezes diferenciáveis continuamente. A idéia é gerar pontos sucessivos na direção do gradiente da função.

O método de Newton-Raphson apresentado na Seção 18.1.2 é um método de gradiente para resolver equações simultâneas. Esta seção apresenta outra técnica, denominada método do **crescimento mais acentuado**.

O término do método de gradiente ocorre no ponto em que o vetor gradiente torna-se nulo. Essa é apenas uma condição necessária para a otimalidade. A otimalidade não pode ser verificada a menos que se saiba com antecedência se $f(\mathbf{X})$ é côncava ou convexa.

Suponha que $f(\mathbf{X})$ seja maximizada. Seja $\mathbf{X}_0$ o ponto inicial onde o procedimento começa e defina-se $\nabla f(\mathbf{X}_k)$ como o gradiente de f no ponto $\mathbf{X}_k$. A idéia é determinar um caminho particular p ao longo do qual $\partial f/\partial p$ é maximizada em um ponto dado. Esse resultado é conseguido se forem selecionados pontos sucessivos $\mathbf{X}_k$ e $\mathbf{X}_{k+1}$ tais que

$$\mathbf{X}_{k+1} = \mathbf{X}_k + r_k \nabla f(\mathbf{X}_k)$$

onde r_k é o **tamanho ótimo do degrau** em $\mathbf{X}_k$.

Figura 19.2
Resultado em Excel dos métodos de busca dicotômico e da seção de ouro aplicados ao Exemplo 19.1-1 (arquivo excelDiGold.xls)

◇	A	B	C	D	E	F
1	Dichotomous/Golden Section Search					
2	**Input data:** Type f(C3) in E3, where C3 represents x in f(x)					
3	Δ =	0.1	C3		#VALUE!	Clear Calculations
4	Minimum x =	0	Maximum x =	3		
5	**Solution:**	Enter x to select>	Dichotomous:	x	GoldenSection:	
6	x* =	2.04001	f(x*) =	5.97002		
7	**Calculations:**				Perform calculation	
8	xL	xR	x1	x2	f(x1)	f(x2)
9	0.000000	3.000000	1.450000	1.550000	4.350000	4.650000
10	1.450000	3.000000	2.175000	2.275000	5.941667	5.908333
11	1.450000	2.275000	1.812500	1.912500	5.437500	5.737500
12	1.812500	2.275000	1.993750	2.093750	5.981250	5.968750
13	1.812500	2.093750	1.903125	2.003125	5.709375	5.998958
14	1.903125	2.093750	1.948438	2.048438	5.845313	5.983854
15	1.948438	2.093750	1.971094	2.071094	5.913281	5.976302
16	1.971094	2.093750	1.982422	2.082422	5.947266	5.972526
17	1.982422	2.093750	1.988086	2.088086	5.964258	5.970638
18	1.988086	2.093750	1.990918	2.090918	5.972754	5.969694
19	1.988086	2.090918	1.989502	2.089502	5.968506	5.970166
20	1.989502	2.090918	1.990210	2.090210	5.970630	5.969930
21	1.989502	2.090210	1.989856	2.089856	5.969568	5.970048
22	1.989856	2.090210	1.990033	2.090033	5.970099	5.969989
23	1.989856	2.090033	1.989944	2.089944	5.969833	5.970019
24	1.989944	2.090033	1.989989	2.089989	5.969966	5.970004
25	1.989989	2.090033	1.990011	2.090011	5.970033	5.969996
26	1.989989	2.090011	1.990000	2.090000	5.969999	5.970000
27	1.990000	2.090011	1.990005	2.090005	5.970016	5.969998
28	1.990000	2.090005	1.990003	2.090003	5.970008	5.969999

◇	A	B	C	D	E	F
1	Dichotomous/Golden Section Search					
2	**Input data:** Type f(C3) in E3, where C3 represents x in f(x)					
3	Δ =	0.1	C3		#VALUE!	Clear Calculations
4	Minimum x =	0	Maximum x =	3		
5	**Solution:**	Enter x to select>	Dichotomous:		GoldenSection:	
6	x* =	2.00909	f(x*) =	5.99290		
7	**Calculations:**				Perform calculation	
8	xL	xR	x1	x2	f(x1)	f(x2)
9	0.000000	3.000000	1.145898	1.854102	3.437694	5.562306
10	1.145898	3.000000	1.854102	2.291796	5.562306	5.902735
11	1.854102	3.000000	2.291796	2.562306	5.902735	5.812565
12	1.854102	2.562306	2.124612	2.291796	5.958463	5.902735
13	1.854102	2.291796	2.021286	2.124612	5.992905	5.958463
14	1.854102	2.124612	1.957428	2.021286	5.872283	5.992905
15	1.957428	2.124612	2.021286	2.060753	5.992905	5.979749
16	1.957428	2.060753	1.996894	2.021286	5.990683	5.992905
17	1.996894	2.060753	2.021286	2.036361	5.992905	5.987880

O tamanho do degrau r_k é determinado de modo tal que o próximo ponto, $\mathbf{X}_{k+1}$, resulta na maior melhoria em f. Isso equivale a determinar $r = r_k$, que maximiza a função

$$h(r) = f[\mathbf{X}_k + r\nabla f(\mathbf{X}k)]$$

Como $h(r)$ é uma função de uma única variável, o método de busca da Seção 19.1.1 pode ser usado para achar a solução ótima, contanto que $h(r)$ seja estritamente unimodal.

O procedimento proposto termina quando dois pontos sucessivos de tentativa, $\mathbf{X}_k$ e $\mathbf{X}_{k+1}$, são aproximadamente iguais. Isso equivale a ter

$$r_k \nabla f(\mathbf{X}_k) \approx \mathbf{0}$$

Como $r_k \neq 0$, a condição necessária $\nabla f(\mathbf{X}_k) = \mathbf{0}$ é satisfeita em $\mathbf{X}_k$.

Exemplo 19.1-2

Considere o seguinte problema:

$$\text{Maximizar } f(x_1, x_2) = 4x_1 + 6x_2 - 2x_1^2 - 2x_1x_2 - 2x_2^2$$

A solução ótima exata ocorre em $(x_1^*, x_2^*) = \left(\frac{1}{3}, \frac{4}{3}\right)$.

Mostramos como o problema é resolvido pelo método do crescimento mais acentuado. O gradiente de f é dado por

$$\nabla f(\mathbf{X}) = (4 - 4x_1 - 2x_2, 6 - 2x_1 - 4x_2)$$

A natureza quadrática da função impõe que os gradientes em quaisquer dois pontos sucessivos sejam ortogonais (perpendiculares um ao outro).

Suponha que comecemos no ponto inicial $\mathbf{X}_0 = (1, 1)$. A Figura 19.3 mostra os pontos de solução sucessivos.

Iteração 1

$$\nabla f(\mathbf{X}_0) = (-2, 0)$$

O próximo ponto $\mathbf{X}_1$ é obtido considerando

$$\mathbf{X} = (1, 1) + r(-2, 0) = (1 - 2r, 1)$$

Assim,

$$h(r) = f(1 - 2r, 1) = -2(1 - 2r)^2 + 2(1 - 2r) + 4$$

O tamanho ótimo do degrau é obtido com utilização das condições necessárias clássicas do Capítulo 18 (você também pode usar os algoritmos de busca da Seção 19.1.1 para determinar a solução ótima). O valor máximo de $h(r)$ é $r_1 = \frac{1}{4}$, que dá como resultado $\mathbf{X}_1 = (\frac{1}{2}, 1)$ como o próximo ponto de solução.

Iteração 2

$$\nabla f(\mathbf{X}_1) = (0, 1)$$
$$\mathbf{X} = \left(\tfrac{1}{2}, 1\right) + r(0, 1) = \left(\tfrac{1}{2}, 1 + r\right)$$
$$h(r) = -2(1 + r)^2 + 5(1 + r) + \tfrac{3}{2}$$

Isso dá $r_2 = \frac{1}{4}$ e $\mathbf{X}_2 = \left(\frac{1}{2}, \frac{5}{4}\right)$.

Iteração 3

$$\nabla f(\mathbf{X}_2) = \left(-\tfrac{1}{2}, 0\right)$$
$$\mathbf{X} = \left(\tfrac{1}{2}, \tfrac{5}{4}\right) + r\left(-\tfrac{1}{2}, 0\right) = \left(\tfrac{1-r}{2}, \tfrac{5}{4}\right)$$
$$h(r) = -\tfrac{1}{2}(1 - r)^2 + \tfrac{3}{4}(1 - r) + \tfrac{35}{8}$$

Em conseqüência, $r_3 = \frac{1}{4}$ e $\mathbf{X}_3 = \left(\frac{3}{8}, \frac{5}{4}\right)$.

Figura 19.3
Maximização de $f(x_1, x_2) = 4x_1 + 6x_2 - 2x_1^2 - 2x_1x_2 - 2x_2^2$ pelo método do crescimento mais acentuado

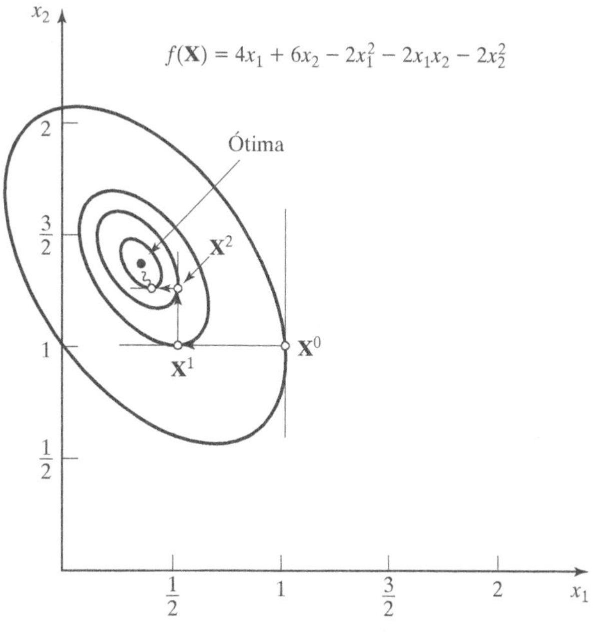

Iteração 4

$$\nabla f(\mathbf{X}_3) = \left(0, \frac{1}{4}\right)$$
$$\mathbf{X} = \left(\frac{3}{8}, \frac{5}{4}\right) + r\left(0, \frac{1}{4}\right) = \left(\frac{3}{8}, \frac{5+r}{4}\right)$$
$$h(r) = -\frac{1}{8}(5+r)^2 + \frac{21}{16}(5+r) + \frac{39}{32}$$

Assim, $r_4 = \frac{1}{4}$ e $\mathbf{X}_4 = \left(\frac{3}{8}, \frac{21}{16}\right)$.

Iteração 5

$$\nabla f(\mathbf{X}_4) = \left(-\frac{1}{8}, 0\right)$$
$$\mathbf{X} = \left(\frac{3}{8}, \frac{21}{16}\right) + r\left(-\frac{1}{8}, 0\right) = \left(\frac{3-r}{8}, \frac{21}{16}\right)$$
$$h(r) = -\frac{1}{32}(3-r)^2 + \frac{11}{64}(3-r) + \frac{567}{128}$$

Isso dá $r_5 = \frac{1}{4}$ e $\mathbf{X}_5 = \left(\frac{11}{32}, \frac{21}{16}\right)$.

Iteração 6

$$\nabla f(\mathbf{X}_5) = \left(0, \frac{1}{16}\right)$$

Como $\nabla f(\mathbf{X}_5) \approx \mathbf{0}$, o processo pode terminar neste ponto. O ponto máximo *aproximado* é dado por $\mathbf{X}_5 = (0{,}3438; 1{,}3125)$. A solução ótima exata é $\mathbf{X}^* = (0{,}3333; 1{,}3333)$.

CONJUNTO DE PROBLEMAS 19.1B

*1. Mostre que, em geral, o método de Newton-Raphson (Seção 18.1.2), quando aplicado a uma função quadrática estritamente côncava, convergirá em exatamente uma etapa. Aplique o método à maximização de

$$f(\mathbf{X}) = 4x_1 + 6x_2 - 2x_1^2 - 2x_1x_2 - 2x_2^2$$

2. Execute no máximo cinco iterações para cada um dos seguintes problemas usando o método do crescimento mais acentuado. Considere que $\mathbf{X}^0 = 0$ em cada caso.
   (a) $\min f(\mathbf{X}) = \min f(\mathbf{X}) = (x_2 - x_1^2)^2 + (1 - x_1)$
   (b) $\max f(\mathbf{X}) = \mathbf{cX} + \mathbf{X}^T\mathbf{AX}$
   onde

$$\mathbf{c} = (1, 3, 5)$$
$$\mathbf{A} = \begin{pmatrix} -5 & -3 & -\frac{1}{2} \\ -3 & -2 & 0 \\ -\frac{1}{2} & 0 & -\frac{1}{2} \end{pmatrix}$$

   (c) $\min f(\mathbf{X}) = x_1 - x_2 + x_1^2 - x_1x_2$

19.2 ALGORITMOS RESTRITOS

O problema geral de programação não linear restrita é definido como

$$\text{Maximizar (ou minimizar) } z = f(\mathbf{X})$$

sujeito a

$$\mathbf{g}(\mathbf{X}) \leq \mathbf{0}$$

As condições de não-negatividade $\mathbf{X} \geq \mathbf{0}$ são parte das restrições. Além disso, ao menos uma das funções $f(\mathbf{X})$ e $\mathbf{g}(\mathbf{X})$ é não linear e todas as funções são diferenciáveis continuamente.

Não existe um algoritmo único para tratar dos modelos não lineares gerais devido ao comportamento errático das funções não lineares. Talvez o resultado geral mais aplicável ao problema sejam as condições de KKT (Seção 18.2.2). A Tabela 18.3 mostra que, a menos que $f(\mathbf{X})$ e $\mathbf{g}(\mathbf{X})$ sejam bem-comportadas (com base nas condições de convexidade e concavidade), as condições de KKT são somente necessárias para garantir a otimalidade.

Esta seção apresenta vários algoritmos que podem ser classificados de modo geral como métodos *indiretos e diretos*. Os métodos indiretos resolvem o problema não linear lidando com um ou mais problemas de programação *linear* derivados do problema de programação original. Métodos diretos lidam com o problema original.

Entre os algoritmos indiretos apresentados nesta seção figuram os de programação separável, quadrática e restrita pela chance. Entre os algoritmos diretos estão o método de combinações lineares e uma breve discussão da SUMT, técnica de maximização irrestrita seqüencial. Outras técnicas não lineares importantes podem ser encontradas na lista de referências bibliográficas no final do capítulo.

19.2.1 Programação separável

Uma função $f(x_1, x_2,..., x_n)$ é **separável** se puder ser expressa como a soma de n funções de uma única variável $f_1(x_1), f_2(x_2),..., f_n(x_n)$, isto é,

$$f(x_1, x_2,..., x_n) = f_1(x_1) + f_2(x_2) + ... + f_n(x_n)$$

Por exemplo, a função linear

$$h(x_1, x_2,..., x_n) = a_1x_1 + a_2x_2 + ... + a_nx_n$$

é separável (os parâmetros a_i, $i = 1,2,..., n$ são constantes). De forma contrária, a função

$$h(x_1, x_2, x_3) = x_1^2 + x_1 \text{ sen}(x_2 + x_3) + x_2 e^{x_3}$$

não é separável.

Algumas funções não lineares não são diretamente separáveis, mas podem ser transformadas em separáveis por meio de substituições adequadas. Considere, por exemplo, o caso de maximizar $z = x_1x_2$. Determinando $y = x_1x_2$, $\ln y = \ln x_1 + \ln x_2$, e o problema torna-se

$$\text{Maximizar } z = y$$

sujeito a

$$\ln y = \ln x_1 + \ln x_2$$

que é separável. A substituição pressupõe que x_1 e x_2 sejam variáveis *positivas* porque a função logarítmica é indefinida para valores não positivos.

O caso em que x_1 e x_2 assumem valor zero (isto é, $x_1, x_2 \geq 0$) pode ser tratado da seguinte maneira. Sejam δ_1 e δ_2 constantes positivas e definam-se

$$w_1 = x_1 + \delta_1$$
$$w_2 = x_2 + \delta_2$$

Na substituição

$$x_1x_2 = w_1w_2 - \delta_2w_1 - \delta_1w_2 + \delta_1\delta_2$$

as novas variáveis, w_1 e w_2, são estritamente positivas. Determinando $y = w_1w_2$, o problema é expresso como

$$\text{Maximizar } z = y - \delta_2w_1 - \delta_1w_2 + \delta_1\delta_2$$

sujeito a

$$\ln y = \ln w_1 + \ln w_2$$
$$w_1 \geq \delta_1, w_2 \geq \delta_2$$

que é separável.

Esta seção mostra como se pode obter uma solução aproximada para *qualquer* problema separável por aproximação linear e o método simplex de programação linear. A função $f(x)$ de uma única variável pode ser aproximada por uma função linear segmentada com a utilização de programação inteira mista (Capítulo 9). Suponha que $f(x)$ deva ser aproximada em um intervalo $[a, b]$. Defina-se a_k, $k = 1, 2,..., K$ como o k-ésimo ponto de quebra do eixo x tal que $a_1 < a_2 < ... < a_K$. Os pontos a_1 e a_K coincidem com os pontos terminais a e b do intervalo designado. Assim, $f(x)$ é aproximada da seguinte maneira:

$$f(x) \approx \sum_{k=1}^{K} f(a_k) w_k$$

$$x = \sum_{k=1}^{K} a_k w_k$$

onde w_k é um peso não-negativo associado ao k-ésimo ponto de quebra tal que

$$\sum_{k=1}^{K} w_k = 1, \ w_k \geq 0, \ k = 1, 2, \ldots, K$$

A programação inteira mista assegura a validade da aproximação impondo duas condições:

1. No máximo dois w_k são positivos.
2. Se w_k for positivo, então só um w_{k+1} ou w_{k-1} adjacente pode assumir um valor positivo.

Para mostrar como essas condições são satisfeitas, considere o problema separável

$$\text{Maximizar (ou minimizar) } z = \sum_{j=1}^{n} f_j(x_j)$$

sujeito a

$$\sum_{j=1}^{n} g_{ij}(x_j) \leq b_i, \ i = 1, 2, \ldots, m$$

Esse problema pode ser aproximado para um problema de programação inteira mista da seguinte maneira. Seja[1]

$$\left.\begin{array}{l} a_{jk} = \text{ponto de quebra } k \text{ para a variável } x_j \\ w_{jk} = \text{peso com ponto de quebra } k \text{ da variável } x_j \end{array}\right\} \begin{array}{l} k = 1, 2, \ldots, K_j, \\ j = 1, 2, \ldots, n \end{array}$$

Portanto, o problema misto equivalente é

$$\text{Maximizar (ou minimizar) } z = \sum_{j=1}^{n} \sum_{k=1}^{K_j} f_j(a_{jk}) w_{jk}$$

sujeito a

$$\begin{array}{ll}
\sum_{j=1}^{n} \sum_{k=1}^{K_j} g_{jk}(a_{jk}) w_{jk} \leq b_i, & i = 1, 2, \ldots, m \\
0 \leq w_{j1} \leq y_{j1}, & j = 1, 2, \ldots, n \\
0 \leq w_{jk} \leq y_{j,k-1} + y_{jk}, & k = 2, 3, \ldots, K_j - 1, \ j = 1, 2, \ldots, n \\
0 \leq w_{jK_j} \leq y_{j,K_j-1}, & j = 1, 2, \ldots, n \\
\sum_{k=1}^{K_j-1} y_{jk} = 1, & j = 1, 2, \ldots, n \\
\sum_{k=1}^{K_j} w_{jk} = 1, & j = 1, 2, \ldots, n \\
y_{jk} = (0, 1), \ k = 1, 2, \ldots, K_j, \ j = 1, 2, \ldots, n &
\end{array}$$

As variáveis para o problema de aproximação são w_{jk} e y_{jk}.

Essa formulação mostra como qualquer problema separável pode ser resolvido, ao menos em princípio, por programação inteira mista. A dificuldade é que o número de restrições aumenta muito rapidamente com o número de pontos de quebra. Em particular, a viabilidade computacional do procedimento é questionável porque não há programas de computador consistentemente confiáveis para resolver grandes problemas de programação inteira mista.

Outro método para resolver o modelo aproximado é o método simplex normal (Capítulo 3) usando **bases restritas**. Nesse caso, as restrições adicionais que envolvem y_{jk} são descartadas. O método de base restrita modifica a condição de otimalidade do método simplex selecionando a variável que entra na base, w_j, que tenha o *melhor* $(z_{jk} - c_{jk})$, tal que duas variáveis w só possam ser positivas se forem adjacentes. O processo é repetido até que a condição de otimalidade seja satisfeita ou até que seja impossível introduzir um novo w_{jk} sem violar a condição de base restrita. A última tabela simplex dá a solução ótima *aproximada* para o problema.

O método da programação inteira mista dá como resultado uma solução ótima global para o problema aproximado, mas o método da base restrita só pode garantir uma solução ótima local. Ademais, nos dois métodos a solução aproximada pode não ser viável para o problema original. De fato, o modelo aproximado pode dar origem a pontos adicionais que não são parte do espaço de soluções do problema original.

Exemplo 19.2-1

Considere o problema

$$\text{Maximizar } z = x_1 + x_2^4$$

sujeito a

$$3x_1 + 2x_2^2 \leq 9$$
$$x_1, x_2 \geq 0$$

A solução ótima exata para esse problema, obtida com a utilização do AMPL ou do Solver, é $x_1 = 0, x_2 = 2{,}12132$ e $z^* = 20{,}25$. Para mostrar como o método de aproximação é usado, considere as funções separáveis

$$f_1(x_1) = x_1$$
$$f_2(x_2) = x_2^4$$
$$g_1(x_1) = 3x_1$$
$$g_2(x_2) = 2x_2^2$$

As funções $f_1(x_1)$ e $g_1(x_1)$ permanecem as mesmas porque já são lineares. Nesse caso, x_1 é tratada como uma das variáveis. Considerando $f_2(x_2)$ e $g_2(x_2)$, pressupomos quatro pontos de quebra: $a_{2k} = 0, 1, 2$ e 3 para $k = 1, 2, 3$ e 4, respectivamente. Como o valor de x_2 não pode passar de 3, decorre o que é mostrado na Tabela 19.3.

Tabela 19.3 Funções

k	a_{2k}	$f_2(a_{2k}) = a_{2k}^4$	$g_2(a_{2k}) = 2a_{2k}^2$
1	0	0	0
2	1	1	2
3	2	16	8
4	3	81	18

Isso dá como resultado

$$f_2(x_2) \approx w_{21}f_2(a_{21}) + w_{22}f_2(a_{22}) + w_{23}f_2(a_{23}) + w_{24}f_2(a_{24})$$
$$\approx 0w_{21} + 1w_{22} + 16w_{23} + 81w_{24} = w_{22} + 16w_{23} + 81w_{24}$$

De modo similar,

$$g_2(x_2) \approx 2w_{22} + 8w_{23} + 18w_{24}$$

Portanto, o problema de aproximação se torna

$$\text{Maximizar } z = x_1 + w_{22} + 16w_{23} + 81w_{24}$$

sujeito a

$$3x_1 + 2w_{22} + 8w_{23} + 18w_{24} \leq 9$$
$$w_{21} + w_{22} + w_{23} + w_{24} = 1$$
$$x_1 \geq 0, w_{2k} \geq 0, k = 1, 2, 3, 4$$

Os valores de w_{2k}, $k = 1, 2, 3, 4$, devem satisfazer as condições de base restrita.

[1] Seria mais exato substituir o índice k por k_j para corresponder exclusivamente à variável j. Contudo, não faremos isso para simplificar a notação.

A tabela simplex inicial (com colunas rearranjadas para dar uma solução inicial) é dada por

Base	x_1	w_{22}	w_{23}	w_{24}	s_1	w_{21}	Solução
z	-1	-1	-16	-81	0	0	0
s_1	3	2	8	18	1	0	9
w_{21}	0	1	1	1	0	1	1

A variável s_1 (≥ 0) é uma folga. (Por mero acaso, esse problema tinha uma solução inicial óbvia. Em geral, pode ser que tenhamos de usar variáveis artificiais (Seção 3.4).)

Pelos coeficientes da linha z, w_{24} é a variável que entra na base. Como atualmente w_{21} é básica e positiva, a condição de base restrita impõe que ela deve sair antes de w_{24} poder entrar na solução. Pela condição de viabilidade, s_1 deve ser a variável que sai da base, o que significa que w_{24} não pode entrar na solução. A próxima melhor variável que entra na base, w_{23}, requer que w_{21} saia da solução básica, uma condição que, por coincidência, é satisfeita pela condição de viabilidade. Então, a nova tabela simplex torna-se

Base	x_1	w_{22}	w_{23}	w_{24}	s_1	w_{21}	Solução
z	-1	15	0	-65	0	16	16
s_1	3	-6	0	10	1	-8	1
w_{23}	0	1	1	1	0	1	1

Em seguida, w_{24} é a variável que entra na base, o que é admissível porque w_{23} é positiva. O método simplex mostra que s_1 sairá da base. Assim,

Base	x_1	w_{22}	w_{23}	w_{24}	s_1	w_{21}	Solução
z	$\frac{37}{2}$	-24	0	0	$\frac{13}{2}$	-36	$22\frac{1}{2}$
w_{24}	$\frac{3}{10}$	$-\frac{6}{10}$	0	1	$\frac{1}{10}$	$-\frac{8}{10}$	$\frac{1}{10}$
w_{23}	$-\frac{3}{10}$	$\frac{16}{10}$	1	0	$-\frac{1}{10}$	$\frac{18}{10}$	$\frac{9}{10}$

A tabela simplex mostra que w_{21} e w_{22} são candidatas à variável que entra na base. Como w_{21} não é adjacente à variável básica w_{23} ou w_{24}, não pode entrar na base. De maneira semelhante, w_{22} não pode entrar na base porque w_{24} não pode sair da base. Assim, a última tabela simplex é a melhor solução de base restrita para o problema de aproximação.

A solução ótima para o problema original é

$$x_1 = 0$$

$$x_2 \approx 2w_{23} + 3w_{24} = 2\left(\frac{9}{10}\right) + 3\left(\frac{1}{10}\right) = 2{,}1$$

$$z = 0 + 2{,}1^4 = 19{,}45$$

O valor $x_2 = 2{,}1$ é aproximadamente igual ao valor ótimo verdadeiro (= 2,12132).

Programação separável convexa. Um caso especial de programação separável ocorre quando $g_{ij}(x_j)$ é convexa para todo i e j, o que assegura um espaço de solução convexo. Adicionalmente, se $f_j(x_j)$ for convexa (minimização) ou côncava (maximização) para todo j, então o problema tem uma solução ótima global (veja a Tabela 18.3, Seção 18.2.2). Sob tais condições, pode-se usar a seguinte aproximação simplificada.

Figura 19.4

Aproximação linear por partes de uma função convexa

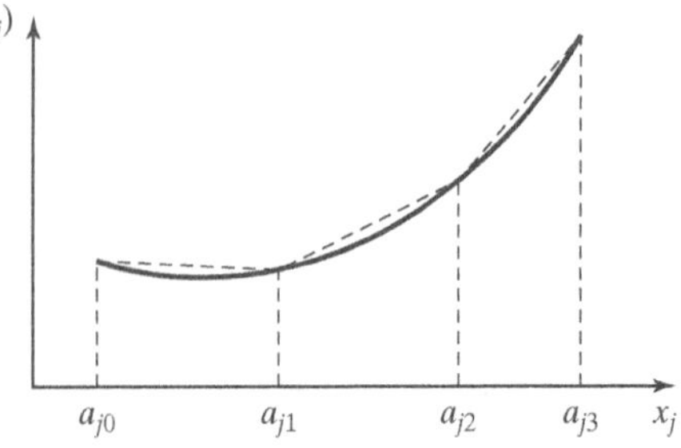

Considere um problema de minimização e seja $f_j(x_j)$ como mostra a Figura 19.4. Os pontos de quebra da função $f_j(x_j)$ são $x_j = a_{jk}$, $k = 0, 1, \ldots, K_j$. Se x_{jk} definir o incremento da variável x_j na faixa $(a_{j,k-1}, a_{jk})$, $k = 1, 2, \ldots, K_j$ e r_{jk} for a taxa de variação correspondente (inclinação do segmento de reta) na mesma faixa, então

$$f_j(x_j) \approx \sum_{k=1}^{K_j} r_{jk} x_{jk} + f_j(a_{j0})$$

$$x_j = \sum_{k=1}^{K_j} x_{jk}$$

$$0 \leq x_{jk} \leq a_{jk} - a_{j,k-1},\quad k = 1, 2, \ldots, K_j$$

O fato de $f_j(x_j)$ ser convexa assegura que $r_{j1} < r_{j2} < \ldots < r_{jKj}$. Isso significa que, no problema de minimização, para $p < q$, a variável x_{jp} é mais atraente do que x_{jq}. Em conseqüência, x_{jp} sempre alcançará seu limite máximo antes de x_{jq} poder assumir um valor positivo.

As funções restrição convexas $g_{ij}(x_j)$ são aproximadas, em essência, do mesmo modo. Seja r_{ijk} a inclinação do k-ésimo segmento de reta correspondente a $g_{ij}(x_j)$. Decorre que

$$g_{ij}(x_j) \approx \sum_{k=1}^{K_j} r_{ijk} x_{jk} + g_{ij}(a_{j0})$$

Assim, o problema completo é dado por

$$\text{Minimizar } z = \sum_{j=1}^{n}\left(\sum_{k=1}^{K_j} r_{jk} x_{jk} + f_j(a_{j0})\right)$$

sujeito a

$$\sum_{j=1}^{n}\left(\sum_{k=1}^{K_j} r_{ijk} x_{jk} + g_{ij}(a_{j0})\right) \leq b_i,\quad i = 1, 2, \ldots, m$$

$$0 \leq x_{jk} \leq a_{jk} - a_{j,k-1}, k = 1, 2, \ldots, K_j, j = 1, 2, \ldots, n$$

onde

$$r_{jk} = \frac{f_j(a_{jk}) - f_j(a_{j,k-1})}{a_{jk} - a_{j,k-1}}$$

$$r_{ijk} = \frac{g_{ij}(a_{jk}) - g_{ij}(a_{j,k-1})}{a_{jk} - a_{j,k-1}}$$

O problema de maximização é tratado, em essência, do mesmo modo. Nesse caso, $r_{j1} > r_{j2} > \ldots > r_{jKj}$, o que significa que, para $p < q$, a variável x_{jp} sempre alcançará seu valor máximo antes de x_{jq} conseguir assumir um valor positivo (veja o Problema 7, Conjunto 19.2a, para prova).

O novo problema pode ser resolvido pelo método simplex com variáveis com limite superior (Seção 7.3). O conceito de base restrita não é necessário porque a convexidade (concavidade) das funções garante a correta seleção de variáveis básicas.

Exemplo 19.2-2

Considere o problema

$$\text{Maximizar } z = x_1 - x_2$$

sujeito a

$$3x_1^4 + x_2 \leq 243$$
$$x_1 + 2x_2^2 \leq 32$$
$$x_1 \geq 2{,}1$$
$$x_2 \geq 3{,}5$$

As funções separáveis desse problema são:

$$f_1(x_1) = x_1, f_2(x_2) = -x_2$$
$$g_{11}(x_1) = 3x_1^4, g_{12}(x_2) = x_2$$
$$g_{21}(x_1) = x_1, g_{22}(x_2) = 2x_2^2$$

Essas funções satisfazem a condição de convexidade requerida para os problemas de minimização. As funções $f_1(x_1), f_2(x_2), g_{12}(x_2)$ e $g_{21}(x_1)$ já são lineares e não precisam ser 'aproximadas'.

As faixas das variáveis x_1 e x_2 (estimadas pelas restrições) são $0 \leq x_1 \leq 3$ e $0 \leq x_2 \leq 4$. Sejam $K_1 = 3$ e $K_2 = 4$. As inclinações correspondentes às funções separáveis são determinadas da seguinte maneira:

Para j = 1, como demonstrado na Tabela 19.4.

Tabela 19.4 Inclinações correspondentes para funções separáveis

k	a_{1k}	$g_{11}(a_{1k}) = 3a_{1k}^4$	r_{11k}	x_{1k}
0	0	0	—	—
1	1	3	3	x_{11}
2	2	48	45	x_{12}
3	3	243	195	x_{13}

Para j = 2, como demonstrado na Tabela 19.5.

Tabela 19.5 Inclinações correspondentes para funções separáveis

k	a_{2k}	$g_{22}(a_{2k}) = 2a_{2k}^2$	r_{22k}	x_{2k}
0	0	0	—	—
1	1	2	2	x_{21}
2	2	8	6	x_{22}
3	3	18	10	x_{23}
4	4	32	14	x_{24}

Portanto, o problema completo se torna

$$\text{Maximizar } z = x_1 - x_2$$

sujeito a

$$3x_{11} + 45x_{12} + 195x_{13} + x_2 \leq 243 \quad (19.1)$$
$$x_1 + 2x_{21} + 6x_{22} + 10x_{23} + 14x_{24} \leq 32 \quad (19.2)$$
$$x_1 \geq 2{,}1 \quad (19.3)$$
$$x_2 \geq 3{,}5 \quad (19.4)$$
$$x_{11} + x_{12} + x_{13} - x_1 = 0 \quad (19.5)$$
$$x_{21} + x_{22} + x_{23} + x_{24} - x_2 = 0 \quad (19.6)$$
$$0 \leq x_{1k} \leq 1, k = 1, 2, 3 \quad (19.7)$$
$$0 \leq x_{2k} \leq 1, k = 1, 2, 3, 4 \quad (19.8)$$
$$x_1, x_2 \geq 0$$

As restrições 5 e 6 são necessárias para manter a relação entre variáveis originais e novas. A solução ótima é

$$z = -0{,}52; x_1 = 2{,}98; x_2 = 3{,}5; x_{11} = x_{12} = 1; x_{13} = 0{,}98; x_{21} = x_{22} = x_{23} = 1; x_{24} = 0{,}5$$

Momento AMPL

A modelagem de problemas não lineares em AMPL é muito parecida com a de problemas lineares. Entretanto, obter a solução é uma questão completamente diferente, devido ao comportamento 'imprevisível' das funções não lineares. A Figura 19.5 dá o modelo em AMPL do problema original do Exemplo 19.2-2 (arquivo amplEx19.2-2.txt). O único desvio em relação à PL (exceto a não-linearidade, é claro) é que talvez você tenha de especificar valores iniciais 'adequados' para as variáveis a fim de conseguir que a iteração da solução convirja. Na Figura 19.5, os valores iniciais arbitrários $x_1 = 10$ e $x_2 = 10$ são especificados anexando `:=10` à definição das duas variáveis. Se você não especificar nenhum valor inicial, o AMPL não chegará à solução ótima e imprimirá a mensagem 'too many major iterations'. Embora uma solução seja dada neste caso, em geral ela não é correta. Em essência, o modo mais lógico de lidar com um problema não linear é especificar valores iniciais diferentes para as variáveis e então decidir se é possível chegar a um consenso em relação à solução ótima.

Comentário. O AMPL fornece uma sintaxe especial para lidar com programas separáveis convexos. Essa representação parece funcionar com mais confiabilidade se a não-linearidade ocorrer apenas na função objetivo. Caso contrário, o comportamento é bastante sujeito a erros e, na verdade, o AMPL pode declarar que as restrições são inviáveis quando de fato não são.

CONJUNTO DE PROBLEMAS 19.2A

1. Aproxime o seguinte problema a um de programação inteira mista.

$$\text{Maximizar } z = e^{-x_1} + x_1 + (x_2 + 1)^2$$

sujeito a

$$x_1^2 + x_2 \leq 3$$
$$x_1, x_2 \geq 0$$

***2.** Repita o Problema 1 usando o método de base restrita. Em seguida, ache a solução ótima.

3. Considere o problema

$$\text{Maximizar } z = x_1 x_2 x_3$$

sujeito a

$$x_1^2 + x_2 + x_3 \leq 4$$
$$x_1, x_2, x_3 \geq 0$$

Aproxime o problema a um de programação linear para utilizá-lo com o método de base restrita.

***4.** Mostre como o seguinte problema pode ser transformado em separável.

$$\text{Maximizar } z = x_1 x_2 + x_3 + x_1 x_3$$

sujeito a

$$x_1 x_2 + x_2 + x_1 x_3 \leq 10$$
$$x_1, x_2 x_3 \geq 0$$

Figura 19.5
Modelo em AMPL para o Exemplo 19.2-2

```
var x1>=0  :=10;  #inital value = 10
var x2>=0  :=10;  #initial value = 10

maximize z: x1-x2;
subject to c1: 3*x1^4+x2<=243;
subject to c2: x1+2*x2^2<=32;
subject to c3: x1>=2.1;
subject to c4: x2>=3.5;

solve;
display z,x1,x2;
```

5. Mostre como o seguinte problema pode ser transformado em separável.

$$\text{Minimizar } z = e^{2x_1+x_2^2} + (x^3 - 2)^2$$

sujeito a

$$x_1 + x_2 + x_3 \le 6$$
$$x_1, x_2, x_3 \ge 0$$

6. Mostre como o seguinte problema pode ser transformado em separável.

$$\text{Maximizar } z = e^{x_1 x_2} + x_2^2 x_3 + x_4$$

sujeito a

$$x_1 + x_2 x_3 + x_3 \le 10$$
$$x_1, x_2, x_3 \ge 0$$
$$x_4 \text{ irrestrita em sinal}$$

7. Mostre que, em programação separável convexa, nunca é ótimo ter $x_{ki} > 0$ quando $x_{k-1,i}$ não for um limite superior.

8. Resolva como um problema de programação separável convexa:

$$\text{Minimizar } z = x_1^4 + x_2 + x_3^2$$

sujeito a

$$x_1^2 + x_2 + x_3^2 \le 4$$
$$|x_1 + x_2| \le 0$$
$$x_1, x_3 \ge 0$$
$$x_2 \text{ irrestrita em sinal}$$

9. Resolva como um problema de programação separável convexa:

$$\text{Minimizar } z = (x_1 - 2)^2 + 4(x_2 - 6)^2$$

sujeito a

$$6x_1 + 3(x_2 + 1)^2 \le 12$$
$$x_1, x_2 \ge 0$$

19.2.2 Programação quadrática

Um problema de programação quadrática é definido como

$$\text{Maximizar } z = \mathbf{CX} + \mathbf{X}^T\mathbf{DX}$$

sujeito a

$$\mathbf{AX} \le \mathbf{b}, \mathbf{X} \ge \mathbf{0}$$

onde

$$\mathbf{X} = (x_1, x_2, \ldots, x_n)^T$$
$$\mathbf{C} = (c_1, c_2, \ldots, c_n)$$
$$\mathbf{b} = (b_1, b_2, \ldots, b_m)^T$$
$$\mathbf{A} = \begin{pmatrix} a_{11} & \cdots & a_{1n} \\ \vdots & \vdots & \vdots \\ a_{m1} & \cdots & a_{mn} \end{pmatrix}$$
$$\mathbf{D} = \begin{pmatrix} d_{11} & \cdots & d_{1n} \\ \vdots & \vdots & \vdots \\ d_{n1} & \cdots & d_{nn} \end{pmatrix}$$

A função $\mathbf{X}^T\mathbf{DX}$ define uma forma quadrática (Seção D.3, disponível em inglês no site do livro). Considera-se que a matriz **D** é simétrica e negativa definida. Isso significa que z é estritamente côncava. As restrições são lineares, o que garante um espaço de solução convexo.

A solução para esse problema é baseada nas condições necessárias de KKT. Como z é estritamente côncava e o espaço de solução é um conjunto convexo, essas condições (como mostra a Tabela 18.3, Seção 18.2.2) são também suficientes para uma solução ótima global.

O problema de programação quadrática será tratado para o caso de maximização. A conversão para minimização é direta. O problema pode ser expresso como

$$\text{Maximizar } z = \mathbf{CX} + \mathbf{X}^T\mathbf{DX}$$

sujeito a

$$\mathbf{G(X)} = \begin{pmatrix} \mathbf{A} \\ -\mathbf{I} \end{pmatrix}\mathbf{X} - \begin{pmatrix} \mathbf{b} \\ \mathbf{0} \end{pmatrix} \le \mathbf{0}$$

Sejam

$$\boldsymbol{\lambda} = (\lambda_1, \lambda_2, \ldots, \lambda_m)^T$$
$$\mathbf{U} = (\mu_1, \mu_2, \ldots, \mu_n)^T$$

os multiplicadores de Lagrange correspondentes às restrições $\mathbf{AX} - \mathbf{b} \le \mathbf{0}$ e $-\mathbf{X} \le \mathbf{0}$, respectivamente. A aplicação das condições de KKT resulta em

$$\boldsymbol{\lambda} \ge \mathbf{0}, \mathbf{U} \ge \mathbf{0}$$
$$\nabla z - (\boldsymbol{\lambda}^T, \mathbf{U}^T)\, \nabla\mathbf{G(X)} = \mathbf{0}$$
$$\lambda_i\left(b_i - \sum_{j=1}^{n} a_{ij}x_j\right) = 0\ ,\ i = 1, 2, \ldots, m$$
$$\mu_j x_j = 0, j = 1, 2, \ldots, n$$
$$\mathbf{AX} \le \mathbf{b}$$
$$-\mathbf{X} \le \mathbf{0}$$

Agora

$$\nabla z = \mathbf{C} + 2\mathbf{X}^T\mathbf{D}$$
$$\nabla\mathbf{G(X)} = \begin{pmatrix} \mathbf{A} \\ -\mathbf{I} \end{pmatrix}$$

Sejam $\mathbf{S} = \mathbf{b} - \mathbf{AX} \ge \mathbf{0}$ as variáveis de folga das restrições. As condições se reduzem a

$$-2\mathbf{X}^T\mathbf{D} + \boldsymbol{\lambda}^T\mathbf{A} - \mathbf{U}^T = \mathbf{C}$$
$$\mathbf{AX} + \mathbf{S} = \mathbf{b}$$
$$\mu_j x_j = 0 = \lambda_i S_i \text{ para todo } i \text{ e } j$$
$$\boldsymbol{\lambda}, \mathbf{U}, \mathbf{X}, \mathbf{S} \ge \mathbf{0}$$

Como $\mathbf{D}^T = \mathbf{D}$, a transposição do primeiro conjunto de equações pode ser expressa como

$$-2\mathbf{D}X + \mathbf{A}^T\boldsymbol{\lambda} - \mathbf{U} = \mathbf{C}^T$$

Por isso, as condições necessárias podem ser combinadas como

$$\begin{pmatrix} -2\mathbf{D} & \mathbf{A}^T & -\mathbf{I} & \mathbf{0} \\ \mathbf{A} & \mathbf{0} & \mathbf{0} & \mathbf{I} \end{pmatrix}\begin{pmatrix} \mathbf{X} \\ \boldsymbol{\lambda} \\ \mathbf{U} \\ \mathbf{S} \end{pmatrix} = \begin{pmatrix} \mathbf{C}^T \\ \mathbf{b} \end{pmatrix}$$
$$\mu_j x_j = 0 = \lambda_i S_i \text{ para todo } i \text{ e } j$$
$$\boldsymbol{\lambda}, \mathbf{U}, \mathbf{X}, \mathbf{S} \ge \mathbf{0}$$

Exceto as condições $\mu_j x_j = 0 = \lambda_i S_i$, as equações restantes são funções lineares em **X**, **λ**, **U** e **S**. Assim, o problema é equivalente a resolver um conjunto de equações lineares com as condições adicionais $\mu_j x_j = 0 = \lambda_i S_i$. Como z é estritamente côncava e o espaço de soluções é convexo, a solução *viável* que satisfaz todas essas condições deve resultar em uma solução ótima única.

A solução do sistema é obtida usando a Fase I do método das duas fases (Seção 3.4.2). A única restrição é satisfazer as condições $\lambda_i S_i = 0 = \mu_j x_j$. Isso significa que λ_i e s_i não podem ser simultaneamente positivas, tampouco μ_j e x_j. Essa é a mesma idéia da **base restrita** utilizada na Seção 19.2.1.

A Fase I dará todas as variáveis artificiais iguais a zero contanto que o problema tenha um espaço viável.

Exemplo 19.2-3

Considere o problema

$$\text{Maximizar } z = 4x_1 + 6x_2 - 2x_1^2 - 2x_1x_2 - 2x_2^2$$

sujeito a

$$x_1 + 2x_2 \le 2$$
$$x_1, x_2 \ge 0$$

Esse problema pode ser posto em forma de matriz da seguinte maneira:

$$\text{Maximizar } z=(4,\,6)\begin{pmatrix}x_1\\x_2\end{pmatrix}+(x_1,\,x_2)\begin{pmatrix}-2 & -1\\-1 & -2\end{pmatrix}\begin{pmatrix}x_1\\x_2\end{pmatrix}$$

sujeito a

$$(1,\,2)\begin{pmatrix}x_1\\x_2\end{pmatrix}\le 2$$
$$x_1, x_2 \ge 0$$

As condições de KKT são dadas como

$$\begin{pmatrix}4 & 2 & 1 & -1 & 0 & 0\\2 & 4 & 2 & 0 & -1 & 0\\1 & 2 & 0 & 0 & 0 & 1\end{pmatrix}\begin{pmatrix}x_1\\x_2\\\lambda_1\\\mu_1\\\mu_2\\s_1\end{pmatrix}=\begin{pmatrix}4\\6\\2\end{pmatrix},\ \mu_1x_1=\mu_2x_2=\lambda_1s_1=0$$

A tabela simplex inicial para a Fase 1 é obtida com a introdução das variáveis artificiais R_1 e R_2 e a atualização da linha da função objetivo. Assim,

Base	x_1	x_2	λ_1	μ_1	μ_2	R_1	R_2	s_1	Solução
r	6	6	3	-1	-1	0	0	0	10
R_1	4	2	1	-1	0	1	0	0	4
R_2	2	4	2	0	-1	0	1	0	6
s_1	1	2	0	0	0	0	0	1	2

Iteração 1 Como $\mu_1 = 0$, a variável mais promissora, x_1, pode ser transformada em básica sendo R_1 a variável que sai da base. Isso resulta na seguinte tabela:

Base	x_1	x_2	λ_1	μ_1	μ_2	R_1	R_2	s_1	Solução
R	0	3	$\frac{3}{2}$	$\frac{1}{2}$	-1	$-\frac{3}{2}$	0	0	4
x_1	1	$\frac{1}{2}$	$\frac{1}{4}$	$-\frac{1}{4}$	0	$\frac{1}{4}$	0	0	1
R_2	0	3	$\frac{3}{2}$	$\frac{1}{2}$	-1	$-\frac{1}{2}$	1	0	4
s_1	0	$\frac{3}{2}$	$-\frac{1}{4}$	$\frac{1}{4}$	0	$-\frac{1}{4}$	0	1	1

Iteração 2 A variável mais promissora, x_2, pode ser transformada em básica porque $\mu_2 = 0$. Isso dá

Base	x_1	x_2	λ_1	μ_1	μ_2	R_1	R_2	s_1	Solução
r	0	0	2	0	-1	-1	0	-2	2
x_1	1	0	$\frac{1}{3}$	$-\frac{1}{3}$	0	$\frac{1}{3}$	0	$-\frac{1}{3}$	$\frac{2}{3}$
R_1	0	0	2	0	-1	0	1	-2	2
x_1	0	1	$-\frac{1}{6}$	$\frac{1}{6}$	0	$-\frac{1}{6}$	0	$\frac{2}{3}$	$\frac{2}{3}$

Iteração 3 Como $s_1 = 0$, λ_1 pode ser introduzido na solução. Isso resulta em

Base	x_1	x_2	λ_1	μ_1	μ_2	R_1	R_2	s_1	Solução
r	0	0	0	0	0	-1	-1	0	0
x_1	1	0	0	$-\frac{1}{3}$	$\frac{1}{6}$	$\frac{1}{3}$	$-\frac{1}{6}$	0	$\frac{1}{3}$
λ_1	0	0	1	0	$-\frac{1}{2}$	0	$\frac{1}{2}$	-1	1
x_2	0	1	0	$\frac{1}{6}$	$-\frac{1}{12}$	$-\frac{1}{6}$	$\frac{1}{12}$	$\frac{1}{2}$	$\frac{5}{6}$

A última tabela dá a solução ótima para a Fase I. Como $r = 0$, a solução $x_1^* = \frac{1}{3}$, $x_2^* = \frac{5}{6}$ é viável. O valor ótimo de z, calculado com base no problema original, é 4,16.

Momento Solver

A Figura 19.6 fornece a solução para o Exemplo 19.2-3 usando o Solver (arquivo excelQP.xls). Os dados são digitados de modo semelhante ao utilizado em programação linear (veja a Seção 2.4.2). A principal diferença ocorre no modo como as funções não lineares são digitadas. Especificamente, no Exemplo 19.2-3, a função objetivo não linear

$$z = 4x_1 + 6x_2 - 2x_1^2 - 2x_1x_2 - 2x_2^2$$

é digitada na célula-alvo D5 como

```
=4*B10+6*c10-2*B10^2-2*B10*C10-2*C10^2
```

Nesse caso, as células variáveis são B10:C10 [$\equiv (x_1, x_2)$]. Observe que as células B5:C5 não são usadas no modelo. Para facilidade de leitura, digitamos o símbolo NL para indicar que a restrição associada é não linear. Além disso, você pode especificar a não-negatividade das variáveis na caixa de diálogo Opções (Options) ou adicionando restrições explícitas de não-negatividade.

Figura 19.6
Solução em Solver do problema de programação quadrático do Exemplo 19.2-3 (arquivo excelQP.xls)

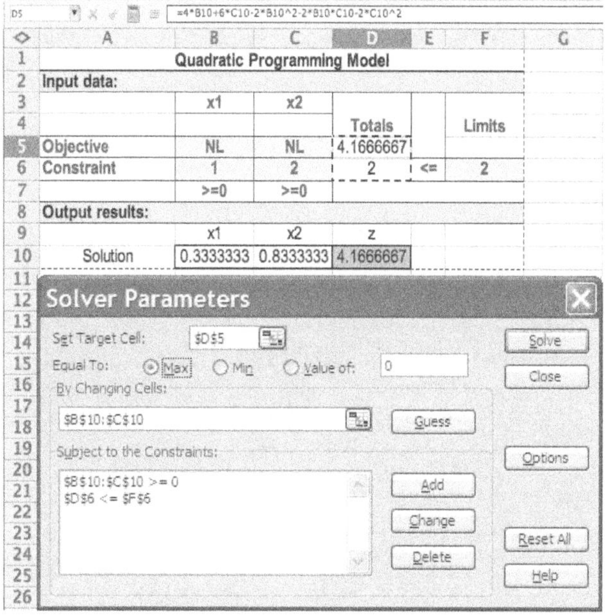

CONJUNTO DE PROBLEMAS 19.2B

1. Considere o problema

$$\text{Maximizar } z = 6x_1 + 3x_2 - 4x_1x_2 - 2x_1^2 - 3x_2^2$$

sujeito a

$$x_1 + x_2 \le 1$$
$$2x_1 + 3x_2 \le 4$$
$$x_1, x_2 \ge 0$$

Mostre que z é estritamente côncava e então resolva o problema usando o algoritmo de programação quadrática.

*2. Considere o problema:

Minimizar $z = 2x_1^2 + 2x_2^2 + 3x_3^2 + 2x_1x_2 + 2x_2x_3 + x_1 - 3x_2 - 5x_3$

sujeito a

$$x_1 + x_2 + x_3 \geq 1$$
$$3x_1 + 2x_2 + x_3 \leq 6$$
$$x_1, x_2, x_3 \geq 0$$

Mostre que z é estritamente convexa e então resolva o problema usando o algoritmo de programação quadrática.

19.2.3 Programação restrita por chance

Programação restrita por chance (Chance-Constrained Programming) trata de situações nas quais os parâmetros das restrições são variáveis aleatórias e as restrições são realizadas com uma probabilidade mínima. Em linguagem matemática, o problema é definido como

$$\text{Maximizar } z = \sum_{j=1}^{n} c_j x_j$$

sujeito a

$$P\left\{\sum_{j=1}^{n} a_{ij}x_j \leq b_i\right\} \geq 1 - \alpha_i,\ i = 1, 2, \ldots, m,\ x_j \geq 0, \text{ para todo } j$$

Os parâmetros a_{ij} e b_i são variáveis aleatórias, e a restrição i é realizada com uma probabilidade mínima de $1 - \alpha_i$, $0 < \alpha_i < 1$.

Três casos são considerados:

1. Somente a_{ij} é aleatória para todo i e j.
2. Somente b_i é aleatória para todo i.
3. Ambas, a_{ij} e b_i, são aleatórias para todo i e j.

Nos três casos, considera-se que os parâmetros são normalmente distribuídos com médias e variâncias conhecidas.

Caso 1. Cada a_{ij} é normalmente distribuída com média $E\{a_{ij}\}$, variância $\text{var}\{a_{ij}\}$ e $\text{cov}\{a_{ij}, a_{i'j'}\}$ de a_{ij} e $a_{i'j'}$.

Considere

$$P\left\{\sum_{j=1}^{n} a_{ij}x_j \leq b_i\right\} \geq 1 - \alpha_i$$

e defina-se

$$h_i = \sum_{j=1}^{n} a_{ij}x_j$$

Então, h_i é normalmente distribuída com

$$E\{h_i\} = \sum_{j=1}^{n} E\{a_{ij}\}x_j$$
$$\text{var}\{h_i\} = \mathbf{X}^T\mathbf{D}_i\mathbf{X}$$

onde

$$\mathbf{X} = (x_1, \ldots, x_n)^T$$
$$\mathbf{D}_i = i\text{-ésima matriz de covariância}$$
$$= \begin{pmatrix} \text{var}\{a_{i1}\} & \cdots & \text{cov}\{a_{i1}, a_{in}\} \\ \vdots & \vdots & \vdots \\ \text{cov}\{a_{in}, a_{i1}\} & \cdots & \text{var}\{a_{in}\} \end{pmatrix}$$

Agora

$$P\{h_i \leq b_i\} = P\left\{\frac{h_i - E\{h_i\}}{\sqrt{\text{var}\{h_i\}}} \leq \frac{b_i - E\{h_i\}}{\sqrt{\text{var}\{h_i\}}}\right\} \geq 1 - \alpha_i$$

onde $\frac{h_i - E\{h_i\}}{\sqrt{\text{var}\{h_i\}}}$ se distribui conforme uma normal padronizada, com média zero e variância um. Isso significa que

$$P\{h_i \leq b_i\} = F\left(\frac{b_i - E\{h_i\}}{\sqrt{\text{var}\{h_i\}}}\right)$$

onde F representa a CDF da distribuição normal padronizada.

Seja $K_{\alpha i}$ o valor da normal padronizada tal que

$$F(K_{\alpha i}) = 1 - \alpha_i$$

Portanto, a declaração $P\{h_i \leq b_i\} \geq 1 - \alpha_i$ é realizada se, e somente se,

$$\frac{b_i - E\{h_i\}}{\sqrt{\text{var}\{h_i\}}} \geq K_{\alpha_i}$$

Isso resulta na seguinte restrição determinística não linear:

$$\sum_{j=1}^{n} E\{a_{ij}\}x_j + K_{\alpha_i}\sqrt{\mathbf{X}^T\mathbf{D}_i\mathbf{X}} \leq b_i$$

Para o caso especial em que os parâmetros a_{ij} são independentes,

$$\text{cov}\{a_{ij}, a_{i'j'}\} = 0$$

e a última restrição se reduz a

$$\sum_{j=1}^{n} E\{a_{ij}\}x_j + K_{\alpha_i}\sqrt{\sum_{j=1}^{n} \text{var}\{a_{ij}\}x_j^2} \leq b_i$$

Essa restrição pode ser posta na forma da programação separável (Seção 19.2.1) usando a substituição

$$y_i = \sqrt{\sum_{j=1}^{n} \text{var}\{a_{ij}\}x_j^2}, \text{ para todo } i$$

Assim, a restrição original é equivalente a

$$\sum_{j=1}^{n} E\{a_{ij}\}x_j + K_{\alpha_i}y_i \leq b_i$$

e

$$\sum_{j=1}^{n} \text{var}\{a_{ij}\}x_j^2 - y_i^2 = 0$$

Caso 2. Somente b_i se distribui conforme uma normal com média $E\{b_i\}$ e variância $\text{var}\{b_i\}$. A análise é semelhante à do caso 1. Considere a restrição estocástica

$$P\left\{b_i \geq \sum_{j=1}^{n} a_{ij}x_j\right\} \geq \alpha_i$$

Como no caso 1,

$$P\left\{\frac{b_i - E\{b_i\}}{\sqrt{\text{var}\{b_i\}}} \geq \frac{\sum_{j=1}^{n} a_{ij}x_j - E\{b_i\}}{\sqrt{\text{var}\{b_i\}}}\right\} \geq \alpha_i$$

Essa expressão só pode ser válida se

$$\frac{\sum_{j=1}^{n} a_{ij}x_j - E\{b_i\}}{\sqrt{\text{var}\{b_i\}}} \leq K_{\alpha_i}$$

Portanto, a restrição estocástica é equivalente à restrição linear determinística

$$\sum_{j=1}^{n} a_{ij}x_j \leq E\{b_i\} + K_{\alpha_i}\sqrt{\text{var}\{b_i\}}$$

Caso 3. Nesse caso, todos a_{ij} e b_i são variáveis aleatórias normais. Considere a restrição

$$\sum_{j=1}^{n} a_{ij}x_j \leq b_i$$

Essa expressão pode ser escrita como

$$\sum_{j=1}^{n} a_{ij}x_j - b_i \leq 0$$

Como todos a_{ij} e b_i têm distribuição normal, também tem distribuição normal. Isso mostra que a restrição de chance se reduz à situação do caso 1, e é tratada de maneira semelhante.

Exemplo 19.2-4

Considere o problema restrito por chance

$$\text{Maximizar } z = 5x_1 + 6x_2 + 3x_3$$

sujeito a

$$P\{a_{11}x_1 + a_{12}x_2 + a_{13}x_3 \le 8\} \ge 0{,}95$$
$$P\{5x_1 + x_2 + 6x_3 \le b_2\} \ge 0{,}10$$
$$x_1, x_2, x_3 \ge 0$$

Considere que os parâmetros $a_{1j}, j = 1, 2, 3$ são variáveis aleatórias independentes e normalmente distribuídas com as seguintes médias e variâncias:

$$E\{a_{11}\} = 1, E\{a_{12}\} = 3, E\{a_{13}\} = 9$$
$$\text{var}\{a_{11}\} = 25, \text{var}\{a_{12}\} = 16, \text{var}\{a_{13}\} = 4$$

O parâmetro b_2 é normalmente distribuído com média 7 e variância 9.

Pelas tabelas da distribuição normal padronizada do Apêndice B (ou excelStatTabelas.xls),

$$K_{\alpha 1} = K_{0{,}05} \approx 1{,}645, K_{\alpha 2} = K_{0{,}10} \approx 1{,}285$$

Para a primeira restrição, a restrição determinística equivalente é

$$x_1 + 3x_2 + 9x_3 + 1{,}645\sqrt{25x_1^2 + 16x_2^2 + 4x_3^2} \le 8$$

e, para a segunda restrição,

$$5x_1 + x_2 + 6x_3 \le 7 + 1{,}285(3) = 10{,}855$$

O problema resultante pode ser resolvido como um problema de programação não linear usando o AMPL ou o Solver, ou pode ser convertido em um problema de programação separável da seguinte maneira:

$$y^2 = 25x_1^2 + 16x_2^2 + 4x_3^2$$

O problema torna-se

$$\text{Maximizar } z = 5x_1 + 6x_2 + 3x_3$$

sujeito a

$$x_1 + 3x_2 + 9x_3 + 1{,}645y \le 8$$
$$25x_1^2 + 16x_2^2 + 4x_3^2 - y_2 = 0$$
$$5x_1 + x_2 + 6x_3 \le 10{,}855$$
$$x_1, x_2, x_3, y \ge 0$$

que pode ser resolvido por programação separável.

Momento Solver

A solução ótima em Excel do problema não linear do Exemplo 19.2-4 é dada na Figura 19.7 (arquivo excelCCP.xls). Só o lado esquerdo da restrição 2 é não linear, e é digitado na célula F7 como

```
=25*B12^2+16*c12^2+4*D12^2-E12^2
```

CONJUNTO DE PROBLEMAS 19.2C

*1. Converta o seguinte problema estocástico em um modelo determinístico equivalente.

$$\text{Maximizar } z = x_1 + 2x_2 + 5x_3$$

Figura 19.7
Solução em Solver do programa restrito por chance do Exemplo 19.2-4 (arquivo excelCCP.xls)

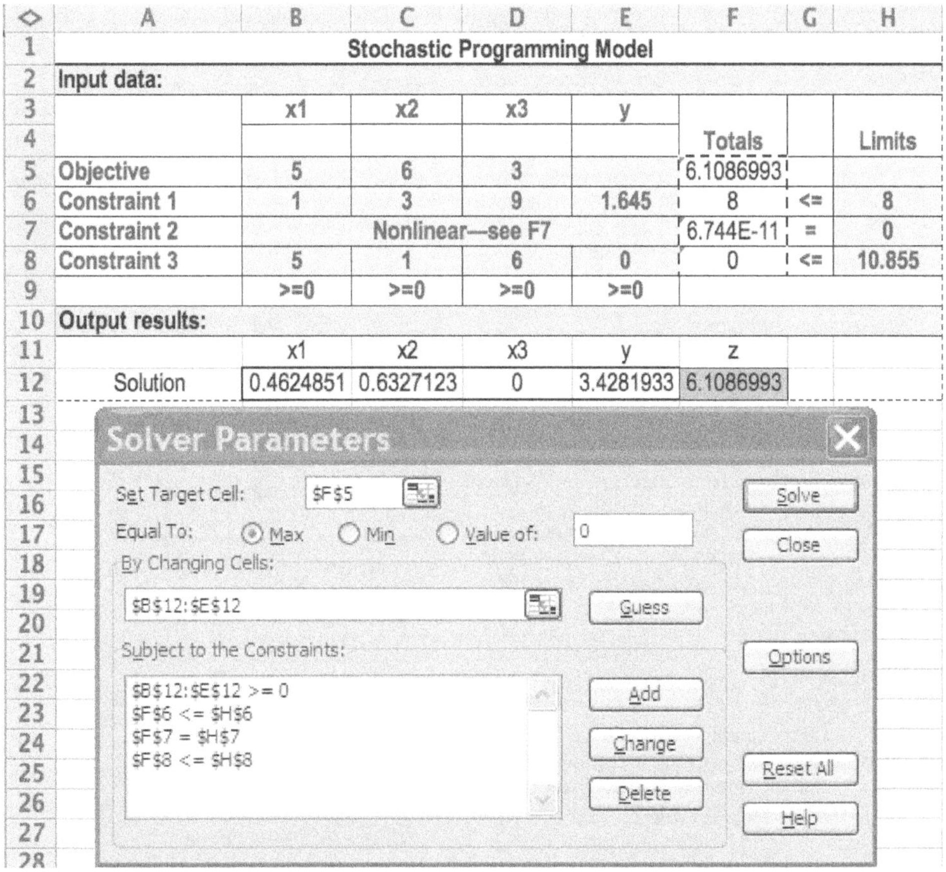

sujeito a

$$P\{a_1x_1 + 3x_2 + a_3x_3 \le 10\} \ge 0{,}9$$
$$P\{7x_1 + 5x_2 + x_3 \le b_2\} \ge 0{,}1$$
$$x_1, x_2, x_3 \ge 0$$

Considere que a_1 e a_3 são variáveis aleatórias independentes e normalmente distribuídas com médias $E\{a_1\} = 2$ e $E\{a_3\} = 5$ e variâncias $\text{var}\{a_1\} = 9$ e $\text{var}\{a_3\} = 16$, e que b_2 é normalmente distribuída com média 15 e variância 25.

2. Considere o seguinte modelo de programação estocástica:

$$\text{Maximizar } z = x_1 + x_2^2 + x_3$$

sujeito a

$$P\{x_1^2 + a_2x_2^3 + a_3\sqrt{x_3} \le 10\} \ge 0{,}9$$
$$x_1, x_2, x_3 \ge 0$$

Os parâmetros a_2 e a_3 são variáveis aleatórias independentes e normalmente distribuídas com médias 5 e 2, e variância 16 e 25, respectivamente. Converta o problema em uma forma de programação separável (determinística).

19.2.4 Método de combinações lineares

Este método trata do seguinte problema no qual todas as restrições são lineares:

$$\text{Maximizar } z = f(\mathbf{X})$$

sujeito a

$$\mathbf{AX} \le \mathbf{b}, \mathbf{X} \ge \mathbf{0}$$

O procedimento é baseado no método do crescimento mais acentuado (gradiente) (Seção 19.1.2). Contudo, a direção especificada pelo vetor gradiente pode não resultar em uma solução viável para o problema restrito. Além disso, o vetor gradiente não será necessariamente nulo no ponto ótimo (restrito). Assim, o método do crescimento mais acentuado pode ser modificado para tratar do caso restrito.

Seja $\mathbf{X}_k$ o ponto *viável* de tentativa na iteração k. A função objetivo $f(\mathbf{X})$ pode ser expandida na vizinhança de $\mathbf{X}_k$ usando a série de Taylor, o que dá

$$f(\mathbf{X}) \approx f(\mathbf{X}_k) + \nabla f(\mathbf{X}_k)(\mathbf{X} - \mathbf{X}_k) = (f(\mathbf{X}_k) - \nabla f(\mathbf{X}_k)\mathbf{X}_k) + \nabla f(\mathbf{X}_k)\mathbf{X}$$

O procedimento recomenda determinar um ponto viável $\mathbf{X} = \mathbf{X}^*$ tal que $f(\mathbf{X})$ seja maximizada respeitando as restrições (lineares) do problema. Como $f(\mathbf{X}_k) - \nabla f(\mathbf{X}_k)\mathbf{X}_k$ é uma constante, o problema para determinar $\mathbf{X}^*$ se reduz a resolver o seguinte problema de programação linear:

$$\text{Maximizar } w_k(\mathbf{X}) = \nabla f(\mathbf{X}_k)\mathbf{X}$$

sujeito a

$$\mathbf{AX} \le \mathbf{b}, \mathbf{X} \ge \mathbf{0}$$

Dado que w_k é construído com base no gradiente de $f(\mathbf{X})$ em $\mathbf{X}_k$, só é possível garantir um ponto de solução melhorado se, e somente se, $w_k(\mathbf{X}^*) > w_k(\mathbf{X}_k)$. Pela expansão de Taylor, a condição não garante que $f(\mathbf{X}^*) > f(\mathbf{X}_k)$ a menos que $\mathbf{X}^*$ esteja na vizinhança de $\mathbf{X}_k$. Contudo, dado que $w_k(\mathbf{X}^*) > w_k(\mathbf{X}_k)$, deve existir um ponto $\mathbf{X}_{k+1}$ sobre o segmento de reta $(\mathbf{X}_k, \mathbf{X}^*)$ tal que $f(\mathbf{X}_{k+1}) > f(\mathbf{X}_k)$. O objetivo é determinar $\mathbf{X}_{k+1}$. Defina-se

$$\mathbf{X}_{k+1} = (1 - r)\mathbf{X}_k + r\mathbf{X}^* = \mathbf{X}^k + r(\mathbf{X}^* - \mathbf{X}_k), 0 < r \le 1$$

Isso significa que $\mathbf{X}_{k+1}$ é uma **combinação linear** de $\mathbf{X}_k$ e $\mathbf{X}^*$. Como $\mathbf{X}_k$ e $\mathbf{X}^*$ são dois pontos viáveis em um espaço de solução *convexo*, $\mathbf{X}_{k+1}$ também é viável. Em termos do método do crescimento mais acentuado (Seção 19.1.2), o parâmetro r representa o tamanho do degrau.

O ponto $\mathbf{X}_{k+1}$ é determinado de modo tal que $f(\mathbf{X})$ seja maximizada. Como $\mathbf{X}_{k+1}$ é uma função somente de r, $\mathbf{X}_{k+1}$ é determinado maximizando

$$h(r) = f(\mathbf{X}_k + r(\mathbf{X}^* - \mathbf{X}_k))$$

O procedimento é repetido até que, na k-ésima iteração, $w_k(\mathbf{X}^*) \le w_k(\mathbf{X}_k)$. Neste ponto, nenhuma outra melhoria é possível e o processo termina com $\mathbf{X}_k$ como o melhor ponto de solução.

A diferença entre os problemas de programação linear gerados nas sucessivas iterações são apenas os coeficientes da função objetivo. Assim, os procedimentos de análise pós-otimização apresentados na Seção 4.5 podem ser usados para executar cálculos com eficiência.

Exemplo 19.2-5

Considere a programação quadrática do Exemplo 19.2-3.

$$\text{Maximizar } f(\mathbf{X}) = 4x_1 + 6x_2 - 2x_1^2 - 2x_1x_2 - 2x_2^2$$

sujeito a

$$x_1 + 2x_2 \le 2$$
$$x_1, x_2 \ge 0$$

Seja $\mathbf{X}_0 = \left(\frac{1}{2}, \frac{1}{2}\right)$ o ponto inicial da tentativa, que é viável. Agora

$$\nabla f(\mathbf{X}) = (4 - 4x_1 - 2x_2, 6 - 2x_1 - 4x_2)$$

Iteração 1

$$\nabla f(\mathbf{X}_0) = (1, 3)$$

O problema de programação linear associado maximiza $w_1 = x_1 + 3x_2$ sujeito às restrições do problema original, o que dá a solução ótima $\mathbf{X}^* = (0, 1)$. Os valores de w_1 em $\mathbf{X}_0$ e $\mathbf{X}^*$ são iguais a 2 e 3, respectivamente. Daí, um novo ponto de tentativa é determinado como

$$\mathbf{X}_1 = \left(\frac{1}{2}, \frac{1}{2}\right) + r\left[(0, 1) - \left(\frac{1}{2}, \frac{1}{2}\right)\right] = \left(\frac{1-r}{2}, \frac{1+r}{2}\right)$$

A maximização de

$$h(r) = f\left(\frac{1-r}{2}, \frac{1+r}{2}\right)$$

resulta em $r_1 = 1$. Assim, $\mathbf{X}_1 = (0, 1)$ com $f(\mathbf{X}_1) = 4$.

Iteração 2

$$\nabla f(\mathbf{X}_1) = (2, 2)$$

A função objetivo do novo problema de programação linear é $w_2 = 2x_1 + 2x_2$. A solução ótima para esse problema resulta em $\mathbf{X}^* = (2, 0)$. Como os valores de w_2 em $\mathbf{X}_1$ e $\mathbf{X}^*$ são 2 e 4, deve-se determinar um novo ponto de tentativa. Assim,

$$\mathbf{X}_2 = (0, 1) + r[(2, 0) - (0, 1)] = (2r, 1 - r)$$

A maximização de

$$h(r) = f(2r, 1 - r)$$

resulta em $r_2 = \frac{1}{6}$. Assim, $\mathbf{X}_2 = \left(\frac{1}{3}, \frac{5}{6}\right)$ com $f(\mathbf{X}_2) \approx 4{,}16$.

Iteração 3

$$\nabla f(\mathbf{X}_2) = (1, 2)$$

A função objetivo correspondente é $w_3 = x_1 + 2x_2$. A solução ótima deste problema dá as soluções alternativas $\mathbf{X}^* = (0, 1)$ e $\mathbf{X}^* = (2, 0)$. O valor de w_3 para ambos os pontos é igual a seu valor em $\mathbf{X}_2$. Conseqüentemente, nenhuma outra melhoria é possível. A solução ótima *aproximada* é $\mathbf{X}_2 = \left(\frac{1}{3}, \frac{5}{6}\right)$ com $f(\mathbf{X}_2) \approx 4{,}16$. Por acaso, essa é exatamente a solução ótima.

CONJUNTO DE PROBLEMAS 19.2D

1. Resolva o seguinte problema pelo método de combinações lineares.

$$\text{Minimizar } f(\mathbf{X}) = x_1^3 + x_2^3 - 3x_1x_2$$

sujeito a

$$3x_1 + x_2 \le 3$$
$$5x_1 - 3x_2 \le 5$$
$$x_1, x_2 \ge 0$$

19.2.5 Algoritmo SUMT

Nesta seção, apresentamos um método de gradiente mais geral. Considera-se que a função objetivo $f(\mathbf{X})$ é côncava e que cada função restrição $g_i(\mathbf{X})$ é convexa. Além do mais, o espaço de solução deve ter um interior, o que exclui a utilização explícita ou implícita de *restrições de igualdade*.

O algoritmo SUMT (Sequential Unconstrained Maximization Technique — técnica de maximização irrestrita seqüencial) é baseado na transformação do problema restrito em um problema *irrestrito* equivalente. O procedimento é mais ou menos semelhante ao do método dos multiplicadores de Lagrange. Então, o problema transformado pode ser resolvido com a utilização do método do crescimento mais acentuado (Seção 19.1.2).

Para esclarecer o conceito, considere a nova função

$$p(\mathbf{X}, t) = f(\mathbf{X}) + t\left(\sum_{i=1}^{m} \frac{1}{g_i(\mathbf{X})} - \sum_{j=1}^{n} \frac{1}{x_j}\right)$$

onde t é um parâmetro não negativo. O segundo sinal de somatório leva em conta as restrições de não-negatividade, que devem ser postas na forma $-x_j \le 0$ para ser consistente com as restrições originais.

Como $g_i(\mathbf{X})$ é convexa, $\frac{1}{g_i(\mathbf{X})}$ é côncava, o que significa que $p(\mathbf{X},t)$ é côncava em $\mathbf{X}$. Em conseqüência, $p(\mathbf{X},t)$ possui um máximo único. A otimização do problema original restrito é equivalente à otimização de $p(\mathbf{X},t)$.

O algoritmo é iniciado pela seleção arbitrária de um valor inicial *não negativo* para t. Um ponto inicial $\mathbf{X}_0$ é selecionado como a primeira solução tentativa. Esse ponto deve ser um ponto interior, isto é, não deve se encontrar sobre as fronteiras do espaço de soluções. Dado o valor de t, o método do crescimento mais acentuado é usado para determinar a solução ótima (máximo) correspondente de $p(\mathbf{X},t)$.

O novo ponto de solução será sempre um ponto interior porque, se o ponto de solução estiver perto das fronteiras, pelo menos uma das funções $\frac{1}{g_i(\mathbf{X})}$ ou $-\frac{1}{x_i}$ adquirirá um valor negativo muito grande. Como o objetivo é maximizar $p(\mathbf{X},t)$, tais pontos de solução são automaticamente excluídos. O resultado principal é que os pontos de solução sucessivos sempre serão pontos interiores. Conseqüentemente, o problema sempre pode ser tratado como um caso irrestrito.

Uma vez obtida a solução ótima correspondente a um dado valor de t, um novo valor de t é gerado e o processo de otimização (usando o método do crescimento mais acentuado) é repetido. Se t' for o valor atual de t, o próximo valor, t'', deverá ser selecionado de modo tal que $0 < t'' < t'$.

O algoritmo SUMT termina quando, para dois valores sucessivos de t, os valores *ótimos* correspondentes de $\mathbf{X}$ obtidos pela maximização de $p(\mathbf{X},t)$ forem aproximadamente os mesmos. Nesse ponto, quaisquer tentativas adicionais produzirão pouca melhoria.

Na verdade, a implementação do SUMT envolve mais detalhes do que os apresentados aqui. Especificamente, a seleção de um valor inicial de t é um fator importante que pode afetar a velocidade de convergência. Além disso, a determinação de um ponto interior inicial pode exigir técnicas especiais. Esses detalhes podem ser encontrados em Fiacco e McCormick (1968).

REFERÊNCIAS BIBLIOGRÁFICAS

Bazaraa, M.; Sherall, H. e Shetty, C. *Nonlinear programming, theory and algorithms.* 2. ed. Nova York: Wiley, 1993.
Beightler, C.; Phillips, D. e Wilde, D. *Foundations of optimization.* 2. ed. Upper Saddle River: Prentice Hall, 1979.
Fiacco, A. e McCormick, G. *Nonlinear programming: sequential unconstrained minimization techniques.* Nova York: Wiley, 1968.
Luenberger, D. *Linear and nonlinear programming.* Boston: Kluwer Academic, 2003.
Rardin, D. *Optimization in operations research.* Upper Saddle River: Prentice Hall, 1998.

Apêndice A

Linguagem de modelagem AMPL[1]

Este apêndice apresenta as principais regras sintáticas do AMPL necessárias para o desenvolvimento e solução de complexos modelos de programação matemática. Para detalhes adicionais, consulte a referência de linguagem básica dada ao final deste apêndice (Fourer et al., 2003). Você também pode consultar o website www.ampl.com caso queira recursos adicionais, bem como as últimas notícias e atualizações.

A.1 MODELO RUDIMENTAR EM AMPL

O AMPL fornece um recurso para modelar problemas de programação matemática (lineares, inteiros e não lineares) em um formato 'por extenso'. A Figura A.1 mostra um código de PL (auto-explicativo) para o modelo da Reddy Mikks (arquivo RM1.txt). Todas as palavras reservadas, exceto os operadores especiais (+ – *, ; : >< =), estão em negrito. Os símbolos restantes são gerados pelo usuário.

O AMPL usa linhas de comando e funciona em ambiente DOS. Uma recente versão beta de uma interface Windows pode ser encontrada em www.OptiRisk-Systems.com.

Você pode executar um modelo clicando em **ampl.exe** na pasta AMPL e, ao aparecer o aviso **ampl**, digitar o seguinte comando seguido de Return:

Figura A.1
Modelo rudimentar em AMPL (arquivo RM1.txt)

```
ampl: model RM1.txt;
var x1 >=0;
var x2 >=0;
maximize z: 5*x1+4*x2;
sujeito a
    c1: 6*x1+4*x2<=24;
    c2: x1+2*x2<=6;
    c3: -x1+x2<=1;
    c4: x2<=2;
solve;
display z,x1,x2;
```

O resultado será apresentado na tela como[2]

```
MINOS 5.5: Optimal solution found.
2 iterations
z = 21
x1 = 3
x2 = 1.5
```

O formato rudimentar de escrita por extenso dado aqui não é recomendado para resolver problemas práticos porque é específico do problema. O restante deste apêndice fornece os detalhes do modo de utilização do AMPL na prática.

A.2 COMPONENTES DO MODELO EM AMPL

A Figura A.2 especifica a estrutura geral de um modelo em APML. O modelo é composto por dois segmentos básicos: o segmento superior (elementos 1 a 4) é a representação algébrica do modelo, e o segmento inferior (elementos 5 a 7) fornece os dados que orientam o modelo algébrico. Desse modo, em PL, a representação algébrica em AMPL é um exato paralelo do seguinte modelo matemático:

$$\text{Maximizar } z = \sum_{j=1}^{n} c_j x_j$$

sujeito a

$$\sum_{j=1}^{n} a_{ij} x_j \le b_i, \; i = 1, 2, \ldots, m$$

Figura A.2
Estrutura básica de um modelo em AMPL

Representação algébrica	1. Definições dos conjuntos. 2. Definições dos parâmetros. 3. Definições dos variáveis. 4. Representação do modelo (função objetivo e restrições).
Implementação do modelo	5. Dados de entrada. 6. Solução do modelo. 7. Apresentação dos resultados.

A vantagem desse arranjo é que o mesmo modelo algébrico pode ser usado para resolver um problema de PL de qualquer tamanho pela simples mudança dos dados de entrada: m, n, c_j, a_{ij} e b_i.

Várias regras de sintaxe aplicam-se ao desenvolvimento de um modelo em APML:

1. Arquivos AMPL devem ser em texto comum (o editor Windows Notepad cria texto comum).
2. Texto comentado pode aparecer em qualquer lugar do modelo precedido por #.
3. Cada declaração no AMPL, com exceção de comentários, deve terminar com um ponto-e-vírgula (;).
4. Uma declaração no AMPL pode ocupar mais do que uma linha. Pontos de interrupção ocorrem em um separador adequado, como um espaço em branco, dois-pontos, vírgula, parênteses, colchete, chave ou operador matemático. Uma exceção à regra ocorre em cadeias (entre aspas ' ' ou " ") nas quais é previsto um ponto de interrupção pela adição de uma barra inclinada invertida (\).
5. Todas as palavras-chave (com poucas exceções) são escritas em letras minúsculas.
6. Nomes gerados pelo usuário podem levar letras minúsculas e maiúsculas. Um nome deve ser alfanumérico, entremeado por sublinhas, se desejado. Nenhum outro caractere especial é permitido.

Usaremos o problema da Reddy Mikks da Seção 2.1 para mostrar como o AMPL funciona. A Figura A.3 dá o modelo correspon-

[1] A pasta AppenAFiles, disponível em inglês no site do livro, tem todos os arquivos para este apêndice.
[2] Toda versão do AMPL tem um *solver* (resolvedor) default que executa os cálculos necessários para otimizar o modelo AMPL. Na versão para estudantes, Minos é o resolvedor default e pode resolver problemas lineares e não lineares. No Companion Website há outros resolvedores: CPLEX, KNITRO, LPSOLVE e LOQO. CPLEX resolve problemas lineares, inteiros e quadráticos. LPSOLVE resolve problemas lineares e inteiros. KNITRO e LOQO resolvem problemas lineares e não lineares.

dente (arquivo RM2.txt). Por conveniência, palavras-chave (ou reservadas) são reforçadas em negrito.

O modelo algébrico começa com os *conjuntos* que definem os índices do modelo geral de PL. Os nomes `resource` e `paint` gerados pelo usuário, cada um precedido pela palavra-chave `set`, correspondem aos conjuntos {*i*} e {*j*} no modelo geral de PL. Os elementos específicos dos conjuntos `resource` e `paint`, que definem o modelo da Reddy Mikks, são dados na seção de dados de entrada do modelo.

Os *parâmetros* são nomes gerados pelo usuário precedidos pela palavra-chave `param`, que definem os coeficientes da função objetivo e as restrições como uma função dos conjuntos de variáveis e restrições. Os parâmetros `uniprofit{paint}`, `aij{resource, paint}` e `rhs{resource}` correspondem, respectivamente, aos símbolos matemáticos c_j, a_{ij} e b_i no modelo geral de PL. Os índices *i* e *j* são representados pelos conjuntos `resource` e `paint`, respectivamente. Os dados de entrada fornecem valores específicos dos parâmetros.

As *variáveis* do modelo, x_j, recebem o nome `product` precedido da palavra-chave `var`. Mais uma vez, `product` é uma função do conjunto `paint`. Podemos acrescentar a condição de não-negatividade (> = 0) na mesma declaração. Caso contrário, por default considera-se que as variáveis são irrestritas em sinal.

Agora que já definimos os conjuntos, parâmetros e variáveis do modelo, a próxima etapa é expressar o problema de otimização em termos desses elementos. A declaração da função objetivo especifica o sentido da otimização usando a palavra-chave `maximize` ou `minimize`. O valor na função objetivo *z* recebe o nome de usuário `profit` seguido de dois-pontos (:), e sua declaração em AMPL é uma tradução direta da expressão matemática $\sum_j c_j x_j$:

```
sum{j in paint} unitprofit[j]*product[j];
```

O índice `j` é especificado pelo usuário. Observe a utilização de chaves em `{j in paint}` para indicar que `j` é um membro do conjunto `paint`, e a utilização de colchetes em `[j]` para representar um índice.

Figura A.3
Modelo em AMPL para o problema da Reddy Mikks (arquivo RM2.txt)

```
#*******************ALGEBRAIC MODEL*******************
#--------------------------------------------------sets
set paint;
set resource;
#--------------------------------------------parameters
param  unitprofit{paint};
param  rhs {resource};
param  aij {resource,paint};
#---------------------------------------------variables
var product{paint} >= 0;
#-------------------------------------------------model
maximize profit: sum{j in paint} unitprofit[j]*product[j];
subject to limit{i in resource}:
        sum{j in paint} aij[i,j]*product[j] <= rhs[i];
#***********************DATA*************************
data;
set paint := exterior interior;
set resource := m1 m2 demand market;
param unitprofit :=
               exterior 5
               interior 4;
param rhs:=
               m1      24
               m2      6
               demand  1
               market  2;

param aij:  exterior  interior :=
        m1       6         4
        m2       1         2
        demand  -1         1
        market   0         1;

#*********************SOLUTION************************
solve;
#-----------------------------------------output results
display profit, product, limit.dual, product.rc;
```

Um modelo pode incluir uma ou mais declarações de restrição, e cada uma dessas declarações pode ser precedida pelas palavras-chave `subject to` ou simplesmente `s.t.` Na verdade, `s.t.` e `subject to` são opcionais, e o AMPL subentende que qualquer declaração que não comece com uma palavra-chave é uma restrição. O modelo da Reddy Mikks tem apenas um conjunto de restrições denominado `limit` e indexado no conjunto `resource`:

```
limit{i in resource}:
  sum{j in paint} aij[i,j]*product[j] <= rhs[i];
```

A declaração é uma tradução direta da restrição *i*, $\sum_j a_{ij}x_{ij} \le b_i$.

A idéia de declarar variáveis como não negativas pode ser generalizada para permitir o estabelecimento de limites superiores e inferiores para as variáveis, eliminando, assim, a necessidade de declarar esses limites como restrições explícitas. Em primeiro lugar, os dois limites são declarados com os nomes `lowerbound` e `upperbound` gerados pelo usuário como

```
param lowerbound{paint};
param upperbound{paint};
```

Em seguida, as variáveis são definidas como

```
var product{j in paint}>=lowerbound[j],
    <=upperbound[j];
```

Observe que a sintaxe não permite comparar 'vetores'. Por isso, um erro é gerado se usarmos

```
var product{paint}>=lowerbound{paint},
    <=upperbound{paint};
```

Podemos usar a mesma sintaxe para estabelecer condições para os *parâmetros* também. Por exemplo, a declaração

```
param upperbound{j in paint}>=lowerbound[j];
```

garantirá que `upperbound` nunca é menor do que `lowerbound`. Caso contrário, o AMPL emitirá um erro. A principal finalidade de utilizar limites em parâmetros é impedir a entrada inadvertida de dados conflitantes. Outra instância em que tais verificações podem ser usadas é quando um parâmetro deve assumir somente valores não negativos.

O modelo algébrico da Figura A.3 é geral no sentido de que se aplica a qualquer número de variáveis e restrições. Ele pode ser ajustado para a situação da Reddy Mikks pela especificação dos dados do problema. Após a declaração `data`; em primeiro lugar definimos os membros dos conjuntos e depois usamos essas definições para designar valores numéricos aos diferentes parâmetros.

O conjunto `paint` inclui os nomes de duas variáveis que denominamos, sugestivamente, `exterior` e `interior`. Membros do conjunto `resource` recebem os nomes `m1, m2, demand` e `market`. Assim, as declarações associadas na seção `data` são dadas como

```
set paint := exterior interior;
set * := m1 m2 demand market;
```

Membros de cada conjunto aparecem à direita do operador reservado := separados por um espaço em branco (ou uma vírgula). Índices de cadeias devem aparecer entre aspas duplas quando usados *fora* do segmento de dados, isto é, `paint["exterior"]`, `paint["interior"]`, `limit["m1"]`, `limit["m2"]`, `limit["demand"]` e `limit["market"]`. Caso contrário, o índice de cadeia será interpretado incorretamente como um parâmetro (numérico).

Poderíamos ter *definido* os conjuntos no início do modelo algébrico (em vez de no segmento de dados) como

```
set resource ={"m1","m2","demand","market"};
set paint = {"exterior","interior"};
```

(Observe a utilização obrigatória de aspas duplas " ", as vírgulas de separação e as chaves.) Esta convenção não é aconselhável de modo geral porque é específica do problema, o que pode limitar o ajuste do modelo para diferentes cenários de dados de entrada. Quando essa convenção é usada, a AMPL não permitirá a modificação dos membros do conjunto no segmento `data`.

A utilização de nomes alfanuméricos para os membros dos conjuntos `resource` e `paint` pode ser incômoda em problemas grandes. Por essa razão, o AMPL permite a utilização de conjuntos puramente numéricos, isto é, podemos usar

```
set paint:= 1 2;
set resource:= 1..4;
```

A faixa `1..4` substitui a representação explícita `1234` e é útil para conjuntos com um grande número de membros. Por exemplo, `1..1000` é um conjunto com 1.000 membros que começa com 1 e termina com 1.000 em incrementos de 1.

Podemos tornar a representação por faixa mais geral, definindo, em primeiro lugar, `m` e `n` como parâmetros

```
param m;
param n;
```

Nesse caso, os conjuntos `1..m` e `1..n` podem ser usados diretamente no modelo inteiro, como mostra a Figura A.4 (arquivo RM2a.txt), eliminando completamente a necessidade de usar os nomes de conjuntos `resource` e `paint`.

Figura A.4
Modelo em APML para o problema da Reddy Mikks (arquivo RM2a.txt)

```
param m;
param n;
param  unitprofit{1..n};
param  rhs{1..m};
param  aij{1..m,1..n};
#--------------------------------------------variables
var product{1..n}>= 0;
#-----------------------------------------------model
maximize profit:sum{j in 1..n}unitprofit[j]*product[j];
subject to limit{i in 1..m}:
     sum{j in 1..n}aij[i,j]*product[j]<=rhs[i];
data;
param m:=4;
param n:=2;
param unitprofit := 1 5  2 4;
param rhs:= 1 24  2 6  3 1  4 2;
param aij: 1    2:=
     1    6    4
     2    1    2
     3    -1   1
     4    0    1;
solve;
display profit, product, limit.dual, product.rc;
```

Na verdade, a sintaxe `1..m` (ou `1..n`) tem o formato geral

```
start..end by step
```

no qual `start`, `end` e `step` são parâmetros AMPL definidos cujos valores são especificados sob `data`. Se `start` < `end` e `step` > `0`, os membros do conjunto começam com `start` e crescem pela quantidade `step` até o valor mais alto ou igual a `end`. Ocorre o oposto se `start` > `end` e `step` < `0`. Por exemplo, `3..10 by 2` produz os membros 3, 5, 7 e 9, e `10..3 by -2` produz os membros 10, 8, 6 e 4. O default para `step` é 1, o que significa que `start..end by 1` é o mesmo que `start..end`.

Na realidade, os parâmetros `start`, `end` e `step` podem ser qualquer expressão matemática AMPL legítima calculada durante a execução. Por exemplo, dados os parâmetros `m` e `n`, o conjunto `j in 2*n..m+n^2 by n/2` é perfeitamente legítimo. Observe, entretanto, que uma step fracionária é usada diretamente para criar os membros do conjunto. Por exemplo, para `m`= 5, `n`= 13, os membros do conjunto `m..n step m/2` são 5; 7,5; 10; e 12,5.

O modelo da Reddy Mikks inclui parâmetros unidimensionais e bidimensionais. Os parâmetros `uniprofit` e `rhs` caem na primeira categoria, e o parâmetro `aij`, na segunda. Na primeira categoria, os dados são especificados por uma listagem de cada membro do conjunto seguido de um valor numérico, como mostram as seguintes declarações:

```
param unitprofit :=
   exterior 5
   interior 4;
param rhs:=
   m1 24
   m2 6
   demand 1
   market 2;
```

Os elementos da lista podem ser 'encadeados' em uma única linha, se desejado. O único requisito é uma separação ou, no mínimo, um espaço em branco. O formato dado aqui promove maior facilidade de leitura.

Dados de entrada para o parâmetro bidimensional `aij` são preparados de modo semelhante aos do caso unidimensional, exceto que a ordem das colunas deve ser especificada após `aij:` para eliminar ambigüidade, como mostra a seguinte declaração:

```
param aij:        exterior    interior  :=
          m1          6          4
          m2          1          2
          demand     -1          1
          market      0          1;
```

Mais uma vez, a formatação da lista é totalmente livre, contanto que seja preservada a ordem seqüencial lógica, e os elementos sejam separados por espaços em branco.

O AMPL permite designar valores default a todos os elementos de um parâmetro.

Por exemplo, suponha que, para um parâmetro c, $c_1 = 11$ e $c_8 = 22$, com $c_i = 0$ para $i = 2, 3,..., 7$. Podemos usar as seguintes declarações para especificar os dados para c:

```
param c{1..8};
.
.
.
data;
param c:=1 11 2 0 3 0 4 0 5 0 6 0 7 0 8 22;
```

Um modo mais compacto de obter o mesmo resultado é usar as seguintes declarações:

```
param c{1..8} default 0;
.
.
.
data;
param c:=1 11 8 22;
```

Inicialmente, `c[1]` a `c[8]` assumem o valor default 0, com `c[1]` e `c[8]` mudados para 11 e 22 no segmento `data`. Em geral, `default` pode ser seguido de qualquer expressão matemática. Essa expressão é avaliada somente uma vez no início da execução.

O segmento final do modelo em APML trata da obtenção da solução e da apresentação do resultado. Tudo que precisamos para resolver o modelo é o `solve`. Uma vez concluído, podemos requisitar resultados específicos. O comando `display` seguido de uma lista de resultados é apenas uma das maneiras de ver os resultados. No modelo da Reddy Mikks, a declaração

```
display profit, product, limit.dual, product.rc;
```

requisita os valores ótimos da função objetivo e das variáveis, `profit` e `product`; os valores duais das restrições, `limit.dual`; e os custos reduzidos das variáveis, `product.rc`. As palavras-chave `dual` e `rc` são anexadas como sufixos aos nomes das restrições `limit` e das variáveis `product` separadas por um ponto. Elas não podem ser usadas como palavras-chave autônomas. O resultado é apresentado na tela como default, mas pode ser direcionado para um arquivo externo inserindo >*filename* imediatamente antes do ponto-e-vírgula. A Seção A.5 fornece mais detalhes sobre como o resultado é direcionado a arquivos e planilhas.

O comando de execução em DOS é

```
ampl: model RM2.txt;
```

O resultado associado é apresentado na tela, como mostra o detalhe na Figura A.5.

O layout do resultado na Figura A.5 é um pouco 'atravancado' porque mistura os índices das restrições e das variáveis. Podemos melhorar a apresentação do resultado colocando seus elementos em grupos da mesma dimensão utilizando as duas declarações `display` a seguir:

```
display profit, product, product.rc;
display limit.dual;
```

Em um modelo em APML típico como o da Figura A.3, o segmento associado à lógica do modelo deve, de preferência, permanecer estático. Os segmentos de dados e resultados são alterados conforme necessário para se adaptar a cenários específicos de PL. Para essa finalidade, o modelo AMPL é representado por dois arquivos específicos: RM2b.txt, que dá a lógica do modelo, e RM2b.dat, responsável pelos dados de entrada e resultados obtidos.[3] Nesse caso, os comandos de linha DOS entram seqüencialmente como:

```
ampl: model RM2b.txt;
ampl: data RM2b.dat;
```

Na Seção A.7 veremos como comandos como `solve` e `display` podem ser emitidos interativamente em vez de ser codificados rigidamente no modelo.

O modelo da Reddy Mikks dá apenas uma pequena idéia da capacidade do AMPL. Mais adiante mostraremos como dados de entrada podem ser lidos de arquivos externos e tabelas em planilhas. Mostraremos também como resultados ajustados (formatados) podem ser enviados para esses meios. Além disso, comandos AMPL interativos são importantes ferramentas de depuração e execução, como será explicado na Seção A.7.

CONJUNTO DE PROBLEMAS A.2A

1. Modifique o modelo em APML da Reddy Mikks da Figura A.3 (arquivo RM2.txt) para levar em conta o terceiro tipo de tinta denominado 'naval'. Os requisitos por tonelada de matérias-primas `m1` e `m2` são 0,5 e 0,75 t, respectivamente. A demanda diária da nova tinta encontra-se entre 0,5 t e 1,5 t. A receita por tonelada é $ 3,5 (mil). Nenhuma outra restrição é aplicada a esse produto.

2. No modelo da Reddy Mikks da Figura A.3 (arquivo RM2.txt), reescreva o código AMPL usando as seguintes definições de conjunto:
(a) `paint` e `{1..m}`.
(b) `{1..n}` e `resource`.
(c) `{1..m}` e `{1..n}`.

3. Modifique a definição das variáveis no modelo da Reddy Mikks da Figura A.3 (arquivo RM2.txt) para incluir uma demanda mínima de 1 t de tinta para exteriores e demandas máximas de 2 e 2,5 t de tintas para exteriores e interiores, respectivamente.

4. No modelo da Reddy Mikks da Figura A.3, o comando

```
display profit;
```

fornece o valor da função objetivo. Podemos usar o mesmo comando para apresentar a contribuição de cada variável ao lucro total da seguinte maneira:

```
display profit, {j in paint} unitprofit[j]*product[j];
```

Outro modo conveniente de obter o mesmo resultado é usar declarações de **variáveis definidas** como:

```
var extProfit=unitprofit["exterior"]*product["exterior"]
var intProfit=unitprofit["interior"]*product["interior"]
```

Nesse caso, as declarações da função objetivo e de apresentação podem ser escritas em uma forma menos complicada como

```
maximize profit: extProfit + intProfit;
display profit, extProfit, intProfit;
```

Na verdade, variáveis definidas podem estar em forma indexada como

```
var varProfit{j in paint} = unitprofit[j]*product[j];
```

Então, as declarações resultantes da função objetivo e apresentação serão lidas como

```
maximize profit: sum {j in paint} varProfit[j];
display profit, varProfit;
```

Use *variáveis definidas* com o modelo da Reddy Mikks de modo a permitir a apresentação da contribuição de cada variável ao lucro e ao consumo dos recursos de matérias-primas `m1` e `m2`.

5. Desenvolva e resolva um modelo em APML para o problema da dieta do Exemplo 2.2-2 e ache a solução ótima. Determine e interprete os valores duais e os custos reduzidos associados.

Figura A.5
Resultado AMPL que utiliza `display profit,product, limit.dual.product rc`; no modelo da Reddy Mikks

```
MINOS 5.5: optimal solution found.
2 iterations, objective 21

profit = 21

:          product  limit.dual    product.rc       :=
demand        .         0              .
exterior     3          .          6.66134e-16
interior     1.5        .              0
m1            .         0.75           .
m2            .         0.5            .
market        .         0              .
;
```

A.3 EXPRESSÕES MATEMÁTICAS E PARÂMETROS CALCULADOS

Vimos que o AMPL permite determinar limites superiores e inferiores para os parâmetros. Na verdade, a linguagem permite mais flexibilidade na definição de parâmetros como expressões matemáticas complexas, se desejarmos.

Para ilustrar a utilização de parâmetros calculados, considere o caso de um banco que oferece n tipos de empréstimos e cobra uma taxa de juros r_i para o empréstimo i, $0 < r_i < 1$, $i = 1, 2, ..., n$. O principal e os juros de crédito irrecuperável em liquidação para o empréstimo i são iguais a v_i do montante do empréstimo i. O objetivo é determinar a quantia x_i que o banco aloca ao empréstimo i para maximizar o retorno total sujeito a um conjunto de restrições.

Para demonstrar a utilização de parâmetros calculados, nos concentraremos na função objetivo. Em linguagem algébrica, a função objetivo é expressa como

$$\text{Maximizar } z = \sum_{i=1}^{n} r_i(1-v_i)x_i - \sum_{i=1}^{n} v_i x_i = \sum_{i=1}^{n} [r_i - v_i(r_i + 1)]x_i$$

[3] Na verdade, o comando de apresentação de resultados (*output*) pode ser processado em separado em vez de ser incluído no arquivo .dat, como será explicado na Seção A.7.

Uma tradução direta de z para AMPL é a seguinte:

```
param r{1..n}>0, <1;
param v{1..n}>0, <1;
var x{1..n}>=0;

maximize z: sum{i in 1..n}(r[i]-v[i]*(r[i]+1))*x[i];

(constraints)
```

Uma outra maneira de tratar a situação do banco é usar um parâmetro calculado para representar os coeficientes da função objetivo da seguinte maneira:

```
param r{1..n}>0, <1;
param v{1..n}>0, <1;
param c{i in 1..n}=(r[i]-v[i]*(r[i]+1));
var x{1..n}>=0;

maximize z: sum{i in 1..n}c[i]*x[i];

(constraints)
```

O AMPL calculará o parâmetro `c[i]` e usará seu valor na declaração de objetivo `z`. A nova formulação resulta em maior facilidade de leitura. Porém, em alguns casos, a utilização de parâmetros calculados pode ser essencial.

Em geral, a expressão que define o valor de um parâmetro calculado pode ser de qualquer complexidade e pode incluir qualquer uma das funções aritméticas embutidas comuns em qualquer linguagem de programação (por exemplo, `sin, max, log, sqrt, exp`). Um requisito importante é que a expressão resulte em um valor numérico.[4]

Parâmetros calculados também podem ser avaliados condicionalmente usando o constructo

parameter = `if` *condition* `then` *expression*`1` `else` *expression*`2`;

A *condição* compara quantidades e cadeias aritméticas usando operadores conhecidos =, <, >, <=, >= e <> (junto com `and/or`) e poderá não ser uma função das variáveis do modelo. Como em outras linguagens de programação, o constructo pode ser usado sem `else` *expression2*. Também é permitido `if` aninhado após `then` e `else`.

O constructo `if-then-else` dá aos parâmetros calculados o valor numérico de *expression*1 ou *expression*2. Essa é a razão por que o `if-then-else` apresentado aqui é uma *expressão*, e não uma *declaração*. (A Seção A.7 apresenta a *declaração* `if-then-else` junto com as declarações de laço `for{}`, `repeat while{}` e `repeat until{}`. Essas declarações são utilizadas principalmente para automatizar cenários de solução e formatar resultados.)

Usaremos um caso simples para demonstrar a utilização da expressão `if`. Em uma situação de fabricação multiperíodos, unidades de certo item são produzidas para satisfazer a demanda variável. O custo unitário de produção é estimado em p dólares para os primeiros m períodos e aumenta 10% para os próximos m períodos e 20% para os m períodos seguintes.

As restrições desse modelo tratam de restrições de capacidade para cada período e de equações de equilíbrio que relacionam estoque, produção e demanda. Para demonstrar a utilização da expressão `if`, nos concentraremos na função objetivo. Seja

x_j = unidades produzidas no período $j, j = 1, 2,..., 3m$

A função objetivo é dada por
Minimizar

$$z = p(x_1 + x_2 + ... + x_m) + 1{,}1p(x_{m+1} + x_{m+2} + ... + x_{2m})$$
$$+ 1{,}2p(x_{2m+1} + x_{2m+2} + ... + x_{3m})$$

Podemos modelar essa função em AMPL como

```
param p;
var x{1..3*m}>=0;
minimize cost: p*(sum{j in 1..m}x[j]+1.1*sum{j in
        m+1..2*m}x[j]+
1.2*sum{j in 2*m+1..3*m}x[j]);
(constraints)
```

Um modo mais compacto que também facilita a leitura é usar `if-then-else` para representar o parâmetro `c[j]` da função objetivo:

```
param m;
param n=3*m;
param p;
param c{j in 1..n}= if j<=m then p else
        (if j>m and j<=2*m then 1.1*p else 1.2*p);
var x{j in 1..n};
minimize z: sum{j in 1..n}c[j]*x[j];
(constraints)
```

Observe o aninhamento das condições. Os parênteses () que encerram o segundo `if` não são necessários e são utilizados para facilitar a leitura. Observe que `then` e `else` são sempre seguidas por aquilo que deve resultar em valores numéricos. Observe também que `c` pode ser definida como

```
param c{j in 1..n}=p*( if j<=m then 1 else
        (if j>m e j<=2*m then 1.1 else 1.2));
```

Uma implementação particularmente útil de `if-then-else` ocorre na situação em que parâmetros ou variáveis são definidos *recursivamente.* Um exemplo típico de tal parâmetro ocorre na determinação do nível de estoque I_t no período $t, t = 1, 2,..., n$ com estoque inicial zero. A quantidade de produção e a demanda no período t são p_t e d_t, respectivamente. Assim, o nível de estoque é

$$I_0 = 0$$
$$I_t = I_{t-1} + p_t - d_t, t = 1, 2,..., n$$

A quantidade I pode ser calculada recursivamente em AMPL da seguinte maneira:

```
param p{1..n};
param d{1..n};
var I{t in 1..n}= if i=1 then 0 else I[t-1])+p[t]-d[t];
```

Observe que seria um tanto incômodo calcular I_t caso não fosse utilizar a expressão `if-then-else` (veja também Conjunto A.3A).

CONJUNTO DE PROBLEMAS A.3A

***1.** Considere o seguinte conjunto de restrições:

$$x_i + x_{i+1} \geq c_i, i = 1, 2,..., n - 1$$
$$x_1 + x_n \geq c_n$$

Use `if-then-else` para desenvolver um único conjunto de restrições que represente todas as `n` desigualdades.

2. Em um problema de produção-estoque multiperíodos, sejam x_t, z_t e d_t, respectivamente, a quantidade de estoque que entra, a quantidade de produção e a demanda para o período t, $t = 1, 2,..., T$. A equação de equilíbrio associada ao período t é $x_t + z_t - d_t - x_{t+1} = 0$. Em uma situação específica, $x_1 = c(>0)$ e $x_{T+1} = 0$. Escreva as restrições em AMPL correspondentes às equações de equilíbrio usando if-then-else para levar em conta $x_1 = c$ e $x_{T+1} = 0$.

[4] O manual do AMPL fornece uma 'exceção' quando um parâmetro é declarado `binary`, caso em que também pode ser tratado como *lógico*. Essa distinção é artificial porque, ainda que tal parâmetro seja tratado como numérico, produz o mesmo resultado.

A.4 SUBCONJUNTOS E CONJUNTOS INDEXADOS

Subconjuntos. Suponha que tenhamos a seguinte restrição:

$$x_1 + x_2 + x_5 + x_6 + x_7 \leq 15$$

Há sete variáveis no modelo, e essa restrição particular não inclui as variáveis x_3 e x_4.

Podemos modelar essa restrição usando subconjuntos de várias maneiras (todas as *novas* palavras-chave estão em negrito):

```
#-------------------- method 1 --------------------
var x{1..7}>=0;
subject to lim: sum{j in 1..7: j<=2 or j>=5}x[j]<=15;
#-------------------- method 2 --------------------
var x{1..7}>=0;
subject to lim: sum{j in 1..2 union 5..7}x[j]<=15;
#-------------------- method 3 --------------------
var x{1..7}>=0;
subject to lim: sum{j in 1..7 diff 3..4}x[j]]<=15;
#-------------------- method 4 --------------------
var x{1..7}>=0;
subject to lim: sum{j in 1..7 diff (1..4 inter 3..7)}x[j]]<=15;
#--------------------------------------------------
```

No método 1, o conjunto `{j in 1..7}` elimina os elementos 3 e 4 impondo restrições a `j`. Dois-pontos separam o conjunto modificado da(s) condição(ões). As palavras-chave `union`, `diff` e `inter` desempenham os papéis de $A \cup B$, $A - B$ e $A \cap B$, respectivamente. O método 4 é uma representação de conjunto convoluto. Não obstante, ele serve para representar a utilização do operador `inter`.

Conjuntos indexados. Uma poderosa característica do AMPL permite indexar conjuntos na faixa dos elementos de um conjunto comum. Suponha que dois componentes, *A* e *B*, sejam utilizados para realizar os produtos 1, 2, 3, 4 e 5. O componente *A* é usado nos produtos 1, 3 e 5, e o componente *B* é usado nos produtos 1, 2, 4 e 5. Cada produto requer uma unidade dos componentes especificados. As disponibilidades máximas dos componentes *A* e *B* são 200 e 300 unidades, respectivamente. O problema trata de determinar o número de unidades de montagem de cada produto. Outros dados pertinentes serão necessários para concluir a descrição do problema, mas nós nos concentraremos somente nas restrições que tratam da disponibilidade dos componentes.

Seja x_i a quantidade de produção do produto i, $i = 1, 2, ..., 5$. Portanto, as restrições para os componentes *A* e *B* podem ser expressas matematicamente como

$$\text{Componente } A\text{: } x_1 + x_3 + x_5 \leq 200$$

$$\text{Componente } B\text{: } x_1 + x_2 + x_4 + x_5 \leq 300$$

A representação em AMPL das restrições pode ser obtida usando conjuntos indexados da seguinte maneira:

```
set comp;
set prod{comp};
param d{comp};
var x{1..5}>=0;
#------objective function here
subject to
C{i in comp}:sum{j in prod[i]}x[j]]<=d[i];
#------other constraints here
data;
set comp:= A B;
set prod[A]:=1 3 5;
set prod[B]:=1 2 4 5;
param d:= A 200 B 300;
```

Os índices do conjunto `prod` são os elementos `A` e `B` do conjunto `comp`, o que define os dois conjuntos indexados `prod[A]` e `prod[B]`. Em seguida, os dados do problema definem os elementos de `prod[A]` e `prod[B]`. Com esses dados, as restrições dos componentes (independentemente de quantas forem) são definidas pela declaração única:

```
C{i in comp}:sum{j in prod[i]}x[j]]<=d[i];
```

As aplicações de conjuntos indexados são adequadamente demonstradas nas seções 'Momentos AMPL' após os exemplos 6.5-4 e 9.1-2.

CONJUNTO DE PROBLEMAS A.4A

1. Use subconjuntos para expressar o lado esquerdo por meio de uma única função `sum{}`:

(a) $\sum_{j=1}^{m} x_j + \sum_{j=m+k}^{n} x_j + \sum_{j=n+p}^{q} x_j \geq c$

(b) $\sum_{i=m}^{n} x_j + \sum_{i=n+k}^{2n+k} x_i \leq c,\ k > 1$

***2.** Suponha que cinco componentes (uma unidade por unidade de produto) sejam usados na realização de dez produtos de acordo com a programação estabelecida na Tabela A.

Tabela A

Componente	Produtos que usam o componente	Disponibilidade mínima
1	1, 2, 5, 10	500
2	3, 6, 7, 8, 9	400
3	1, 2, 3, 5, 6, 7, 9	900
4	2, 4, 6, 8, 10	700
5	1, 3 4, 5, 6, 7, 9, 10	100

O custo unitário de montagem de cada produto é uma função do componente usado: $ 9, $ 4, $ 6, $ 5 e $ 8 para os componentes 1 a 5, respectivamente. A demanda máxima para qualquer um dos produtos é 300 unidades. Use *conjuntos indexados* em AMPL para determinar o mix ótimo de produto que minimiza o custo de instalação. (*Sugestão*: use x_{ij} como número de unidades de produto *i* que usam o componente *j*.)

3. Repita o Problema 2 considerando que o custo unitário de instalação dos componentes é uma função do produto montado: $ 1, $ 3, $ 2, $ 6, $ 4, $ 9, $ 2, $ 5, $ 10 e $ 7 para os produtos 1 a 10, respectivamente.

A.5 ACESSO A ARQUIVOS EXTERNOS

Até aqui, usamos dados 'codificados rigidamente' para orientar os modelos em APML. Na verdade, dados em AMPL podem ser acessados de arquivos, planilhas e/ou bancos de dados externos. O mesmo vale para recuperar resultados. Esta seção trata da leitura de dados ou de escrever dados para:

1. Arquivos externos, incluindo tela e teclado.
2. Planilhas.

Mais detalhes podem ser encontrados em Fourer et al., 2003, Capítulo 10.

A.5.1 Simples leitura de arquivos

A declaração para ler dados de um arquivo externo não formatado é

`read` *item-list <filename*;

A *item-list* é uma lista de parâmetros indexados ou não indexados, separada por vírgula. No caso dos indexados, a sintaxe é *{indexing}paramName[index]*. A lista só pode incluir parâmetros, o que significa que quaisquer membros de conjunto devem estar referenciados sob data *antes de* invocar a declaração `read`. (Nas seções A.5.3 e A.5.4, veremos como membros do conjunto são lidos de arquivos e planilhas formatados.)

Para ilustrar a utilização de `read`, considere o modelo da Reddy Mikks no qual todos os dados para os parâmetros `unitprofit`, `rhs` e `aij` são lidos de um arquivo denominado RM3.dat pelo modelo do arquivo RM3.txt. A declaração `read` associada é:

```
read {j in paint}unitprofit[j],
     {i in resource}rhs[i],
     {i in resource, j in paint}aij[i,j]<RM3.dat;
```

O arquivo RM3.dat apresenta uma lista de dados na exata ordem em que os itens aparecem na lista `read`, isto é,

```
5   4
24  6  1  2
6   4
1   2
-1  1
0   1
```

A organização dos dados em várias linhas facilita a leitura no sentido de que podemos ter todos os elementos em uma única linha (separados por espaços em branco).[5] Observe que, por acaso, esse arquivo é todo numérico. Por conveniência, dados não numéricos (como nomes de parâmetros) podem aparecer no arquivo de dados, contanto que sejam declarados `symbolic` (para detalhes, veja as seções 7.8 e 9.5 em Fourer et al., 2003).

A declaração `read` permite acessar dados por teclado. Nesse caso, *filename* é substituído por um sinal de menos, isto é, <–. Nesse caso, a execução de `read` produzirá um aviso DOS `ampl?`, que será repetido até que todos os dados requisitados por `read` tenham sido lidos.

CONJUNTO DE PROBLEMAS A.5A

1. Prepare o arquivo de entrada RM3x.dat para o modelo da Reddy Mikks (arquivo RM3.txt) considerando que a declaração `read` é dada como

```
read    {j in paint}
        {i in resource}
        (
        rhs[i],
        {j in paint}aij[i,j]
        )<RM3x.dat;
```

***2.** Explique por que a seguinte declaração `read` é incômoda para o modelo da Reddy Mikks:

```
read    {i in resource}
        (
        rhs[i],
        {j in paint}(unitprofit[j],aij[i,j])
        )<RM3xx.dat;
```

A.5.2 Utilização de print ou printf para armazenar resultados

Um modo simples de armazenar dados de resultado em AMPL é usar `print` pré-formatada ou `printf` formatada. Como ilustração, no modelo da Reddy Mikks podemos usar as seguintes declarações para enviar dados de resultado para um arquivo que denominamos `file.out` (se não for determinado um arquivo, o resultado será apresentado na tela como default):

```
printf "Objective value is %6.2f\n",profit >file.out;
printf {j in paint}:
"%8s%8.2f%8.3f\n",j,product[j],product[j].rc >file.out;
```

O formato do resultado sempre precede a lista de resultados e deve estar entre aspas duplas. A mesma declaração pode ser usada com `print` pela simples remoção do código de formato.

Na primeira declaração `printf`, o formato inclui o texto descritivo opcional `Objective value is` e as especificações obrigatórias do modo de impressão da lista de resultados. O código `%6.2f` diz que o valor de `profit` é impresso em um campo de comprimento 6 com dois pontos decimais. O código `\n` passa a impressão para a próxima linha do arquivo. Esses códigos de formato são os mesmos da programação C.

Na segunda declaração `print`, a lista de resultado inclui `j`, `product[j]`, `product[j].rc`, em que `j` é um dos membros (`exterior, interior`) do conjunto do AMPL `paint`. O código `%8s` reserva os oito primeiros campos para imprimir o nome `exterior` ou `interior`. Se `j` fosse numérico (por exemplo, `{j in 1..2}`), então a especificação de formato teria de ser inteira; por exemplo, `%3i`.

As especificações de formato desta seção se limitam a `%s`, `%i`, `%f` e `\n`. O AMPL fornece outras especificações (veja a Tabela A-10 em Fourer et al., 2003).

CONJUNTO DE PROBLEMAS A.5B

1. Use declarações `printf` para apresentar a solução ótima do modelo da Reddy Mikks (arquivo RM2.txt) no seguinte formato, no qual os sufixos `.slack` e `.dual` são usados para armazenar quantidade de falta e o preço dual:

```
Objective value =
_________________________________
Product     Quantity    Profit($)
_________________________________
   .           .            .
   .           .            .
   .           .            .
Constraint  Slack amount Dual price
_________________________________
   .           .            .
   .           .            .
   .           .            .
_________________________________
```

A.5.3 Entrada com arquivos na forma de tabela

A declaração `read` na Seção A.5.1 não permite que se leia membros de conjuntos. Esta situação é resolvida usando a declaração `table`.

Em arquivos `table`, os dados são apresentados como tabelas com linhas e colunas adequadamente rotuladas usando os membros dos conjuntos definidores. O acesso a arquivos `table` requer também a declaração `read`. A declaração `table` formata os dados e a declaração `read` torna os dados disponíveis para o modelo.

A sintaxe das declarações de `table` e `read` é:

`table` *tableName* **`IN`** **"***fileName***"**: *SetName*<-[*SetColHdng*],
parameters~*ParamColHdng*;
`read table` *tableName*;

Esta sintaxe permite ler os membros de conjuntos AMPL e os parâmetros de *tableName* em *fileName*.

O default para *fileName* no qual o texto da tabela é armazenado é *tableName* `.tab`. Ele pode ser substituído especificando explicitamente *fileName* (entre aspas duplas) com a extensão obrigatória `.tab` após a palavra-chave `IN`. `IN` (maiúsculas) significa '*INput*' (em contraste com `OUT`, que, como mostraremos mais adiante, é usada para saída de dados para um arquivo `table`). *SetColHdng* pode ser um nome arbitrário de título na tabela que é referenciado aos elementos de *SetName* usando <–. De maneira semelhante, parâmetros do AMPL são referenciados por nomes *ParamColHdng* usando ~.

[5] Códigos ocultos em arquivos `.dat` (e em arquivos `.tab`, que serão apresentados mais adiante nesta seção) podem provocar erros no AMPL, tais como 'poucos elementos na linha xx' ou 'final inesperado de arquivo' (xx representa um valor numérico), mesmo que o texto do arquivo possa parecer perfeitamente legítimo. Para se livrar desses códigos ocultos, clique imediatamente à direita do último elemento de dados do arquivo e então pressione as seguintes teclas em sucessão: Return, Backspace e Return.

Se por acaso *SetColHdng* for igual a *SetName*, a sintaxe *SetName<–*[*SetColHdng*] pode ser substituída por [*SetName*] IN. No caso de parâmetros, ~*ParamColHdng* é eliminada da declaração.

Para ilustrar a utilização de tabelas, a Figura A.6 dá o conteúdo dos arquivos denominados RM4profit.tab, RM4rhs.tab e RM4aij.tab para a entrada dos parâmetros `unitprofit`, `rhs` e `aij` do modelo da Reddy Mikks. A primeira linha de cada arquivo deve sempre seguir o formato

ampl.tab *nbr_indexing_sets nbr_read_parameters*

O primeiro elemento, `ampl.tab`, identifica a tabela como um arquivo `.tab`, sendo que os dois elementos sucessivos dão o número de conjuntos indexadores dos parâmetros que serão lidos da tabela. Em `RMprofit.tab` e `RMrhs.tab`, somente *um* conjunto é necessário para definir os parâmetros `unitprofit` e `rhs` e, por essa razão, `ampl.tab 1 1` é usado como a linha de cabeçalho desses dois arquivos. Para o parâmetro `aij`, *dois* conjuntos são necessários, o que requer a utilização da linha de cabeçalho `ampl.tab 2 1`.

A linha de cabeçalho é seguida por uma lista dos nomes *exatos* ou *substitutos* dos conjuntos e dos parâmetros. As linhas sucessivas no arquivo respectivo apresentam a lista de valores do parâmetro de entrada como uma função explícita de seu(s) conjunto(s) indexador(es) usando espaço(s) em branco como separadores. Para `unitprofit` e `rhs`, a listagem é direta. Para o parâmetro duplamente indexado `aij`, cada lista de parâmetros é identificada por dois índices *explícitos*, ainda que à custa de redundância.

Para o modelo da Reddy Mikks, as tabelas associadas são definidas da seguinte maneira:

```
table RM4profit IN: paint <- [COL1], unitprofit~COL2;
table RM4rhs IN: [resource] IN, rhs;
table RM4aij IN: [resource,paint], aij;
```

Após ter executado as declarações `table`, podemos usar as seguintes declarações para entrar com os dados:

```
read table RMprofit;
read table RMrhs;
read table RMaij;
```

Figura A.6
Conteúdo dos arquivos de tabela para a entrada dos parâmetros `unitprofit`, `rhs` e `aij` do modelo da Reddy Mikks

```
File RM4profit.tab:
ampl.tab 1 1
COL1        COL2
exterior    5
interior    4

File RM4rhs.tab:
ampl.tab 1 1
resource rhs
m1       24
m2       6
demand   1
market   2

File RM4aij.tab:
ampl.tab 2 1
resource paint       aij
m1       exterior    6
m1       interior    4
m2       exterior    1
m2       interior    2
demand   exterior    -1
demand   interior    1
market   exterior    0
market   interior    1
```

Para facilitar a leitura, recomenda-se que as declarações `table` venham depois do segmento de restrições. Então, as declarações `read` são colocadas imediatamente abaixo das declarações table (veja arquivo RM4.txt).

As declarações table anteriores ilustram quatro regras sintáticas:

1. Em todas as três tabelas, o default do nome de arquivo é o nome da tabela com extensão `.tab` (caso contrário, o nome do arquivo entre " " deve ser dado imediatamente antes dos dois-pontos).
2. Na declaração `profit`, a sintaxe `paint<-[COL1]` diz ao AMPL que as entradas na coluna `COL1` do arquivo `RM4profit.tab` definem os membros do conjunto `paint`.
3. Na declaração `profit`, a sintaxe `unitprofit~COL2` referência as entradas em `COL2` com o parâmetro `unitprofit`.
4. Na declaração `rhs`, `[resource]IN` define automaticamente os membros do conjunto `resource` porque o nome `resource` é usado como um título de coluna na tabela.
5. Na declaração `aij`, estes têm (no mínimo) duas dimensões; em conseqüência, a declaração *não pode* ser usada para ler os membros dos conjuntos associados. Em vez disso, esses conjuntos devem ser lidos das tabelas unidimensionais `RM4profit` e `RM4rhs`. Assim, `[resource,paint]` na declaração `aij` são usados apenas para definir os índices do parâmetro `aij`. Em geral, se um modelo não tem nenhum parâmetro indexado, pode-se declarar uma tabela com a única finalidade de ler os membros de um conjunto com base em um arquivo. Nesse caso, a linha de cabeçalho do arquivo `.tab` deve ser `ampl.tab 1 0`, indicando que o arquivo inclui uma coluna para os membros do conjunto e nenhum parâmetro. Por exemplo, a seguinte declaração indica a tabela para ler os elementos do conjunto `paint` com base no arquivo `paintSet.tab`:

```
table paintSet IN: [paint] IN;
```

Nesse caso, o conteúdo de `paintSet.tab` será

```
ampl.tab 1 0
paint
exterior
interior
```

Em alguns casos pode ser conveniente ler os dados de um parâmetro bidimensional como um arranjo em lugar de dois elementos únicos indexados, como dado anteriormente para `aij`. O AMPL permite isso trocando a definição da tabela para:

```
table RM4arrayAij IN:[i~resource],
        {j in paint}<aij[i,j]~(j)>;
```

(A nova definição de tabela é um tanto 'supercodificada' no sentido de que `~(j)` parece redundante. Não obstante, ela faz o que tem de ser feito.) Nesse caso, o arquivo RM4arrayAij.tab deve aparecer como

```
ampl.tab 1 2
resource   exterior    interior
      m1          6           4
      m2          1           2
demand           -1           1
market            0           1
```

Observe que o cabeçalho de `ampl.tab 1 2` indica que a tabela `RM4arrayAij` tem um índice-chave (ou seja, `[i~resource]`) e duas colunas de dados com os títulos `exterior` e `interior`. A nova tabela, `RM4arrayAij`, não permite ler os membros dos conjuntos `resource` e `paint`, a mesma restrição que a tabela `RM4aij` tem. (Veja o arquivo RM4.txt.)

A.5.4 Resultados na forma de arquivos de tabela

Arquivos de tabela também podem receber resultados de AMPL *após* o comando `solve` ter sido executado. A sintaxe é semelhante à da entrada de arquivos, exceto que, na declaração *table*, `IN` é substituído por `OUT`. Por exemplo, no modelo da Reddy Mikks, suponha que estejamos interessados em armazenar as seguintes informações:

1. Valores das variáveis e seus custos reduzidos.
2. Valores de folga e duais associados às restrições.

Essas informações requerem a utilização de *duas* tabelas porque os dois itens são funções de conjunto distintos: `paint` e `resource`:

```
table varData OUT:[paint],product,product.rc;
table conData OUT:
[resource],limit.slack~slack,limit.dual~Dual;
```

As declarações de tabela OUT devem ser colocadas após o segmento de restrições para assegurar que os nomes de variáveis e restrições usados nessas declarações já foram definidos (veja arquivo RM4.txt). As sintaxes `limit.slack~slack` e `limit.dual~Dual` designam os nomes de cabeçalhos descritivos `slack` e `Dual` às colunas em que os dados correspondentes são escritos no arquivo. Caso contrário, os nomes de cabeçalhos defaults serão `limit.slack` e `limit.dual`.

Para armazenar o resultado, precisamos emitir o comando `solve` e, logo após, as seguintes declarações `write`:

```
write table varData;
write table conData;
```

O resultado será enviado aos arquivos `varData.tab` e `conData.tab`, respectivamente. Como no caso da entrada de dados, podemos desprezar o default do nome de arquivo entrando com um nome específico (entre aspas duplas e com extensão `.tab`) logo após a palavra-chave `OUT` e imediatamente antes dos dois-pontos.

Tabelas de resultados também podem ser usadas para enviar arranjos bidimensionais a um arquivo. Por exemplo, qualquer uma das duas definições seguintes pode ser usada para enviar `aij` para um arquivo `.tab`:

```
table AijMatrix OUT: [resource,paint], aij;
table Aijout OUT:{i in resource}->[RESOURCES],
      {j in paint}<aij[i,j]~(j)>;
```

Na primeira definição, o arquivo `AijMatrix.tab` apresenta uma lista de cada elemento de `aij` com seus dois índices na mesma linha. Na segunda, o arquivo `Aijout.tab` apresenta uma lista de `aij` em um formato de vetor, com o nome `RESOURCES` especificado pelo usuário como título da primeira coluna (principal).

CONJUNTO DE PROBLEMAS A.5C

*1. Em RM4.txt, suponha que as declarações

```
read table RM4profit;
read table RM4rhs;
read table RM4aij;
```

sejam substituídas por

```
read table RM4aij;
data;
param unitprofit:= exterior 5 interior 4;
param rhs:=m1 24 m2 6 demand 1 market 2;
```

Explique por que o AMPL não executará adequadamente com a alteração proposta. (*Sugestão*: o melhor modo de achar a resposta é experimentar o modelo.)

2. Suponha que o conteúdo do arquivo RM4rhs.tab seja:

```
ampl.tab 1 1
constrName Availability
m1         24
m2         6
demand     1
market     2
```

Faça as necessárias alterações em RM4.txt e execute o modelo.

A.5.5 Tabelas de entrada/saída em planilhas

Para acessar dados de uma planilha e lhe enviar dados usa-se uma sintaxe semelhante à dos arquivos de tabela apresentados na Seção A.5.4. As seguintes declarações mostram como os dados de entrada do modelo da Reddy Mikks podem ser acessados de um arquivo em planilha Excel denominado RM5.xls:

```
table profitVector IN "ODBC" "RM5.xls":
      paint<- [COL1], unitprofit~COL2;
table rhsVector IN "ODBC" "RM5.xls":
      [resource] IN,rhs;
table aijMatrix IN "ODBC" "RM5.xls":
      [resource,paint], aij;
```

Os nomes `profitVector`, `rhsVector` e `aijMatrix` gerados pelo usuário são os das tabelas que se encontram na planilha RM5.xls. Esses nomes definem as faixas da planilha que correspondem às respectivas tabelas de dados.[6] `"ODBC"` é a interface-padrão de manuseio de dados para planilhas. Então, uma `read table` entra com os dados no modelo (veja arquivo RM5.txt). Observe a utilização de COL1 e COL2 na tabela `profitVector`, que corresponde aos nomes (arbitrários) de colunas da planilha. A sintaxe é a mesma das tabelas de entrada (Seção A.5.3). Cada tabela de dados do modelo deve ser armazenada em uma folha separada da planilha, se desejado.

Como na Seção A.5.3, dados bidimensionais podem ser lidos no formato de vetor usando a seguinte definição de tabela:

```
table aijArray IN "ODBC" "RM5.xls":[i~resource],
      {j in paint}<aij[i,j]~(j)>;
```

Nesse caso, o arranjo `aij` aparece na faixa `aijArray` de RM5.xls e deve incluir os títulos adequados de linhas e colunas. *Também é importante lembrar que, quando são usados títulos numéricos para as colunas da tabela, eles devem ser convertidos para cadeias usando a função Excel* `TEXT`, *senão o AMPL emitirá algumas mensagens indecifráveis de erro.*

A mesma declaração de tabela pode ser usada para exportar dados de resultados para uma planilha. A única diferença é substituir `IN` por `OUT`, exatamente como no caso de arquivos de tabela. Nesse caso, um comando `write table` (após o comando `solve`) enviará o resultado para a planilha. Os seguintes exemplos demonstram a utilização das tabelas `OUT`:

```
table variables OUT "ODBC" "RM5a.xls":
  [paint],product~solution,product.rc~reducedCost;
table constraints OUT "ODBC" "RM5a.xls":
  [resource],limit.slack~slack,limit.dual~dual;
```

As tabelas de resultados `variables` e `constraints` vão para o arquivo Excel `RM5a.xls` após a execução do comando `write table`, e cada uma aparecerá automaticamente no canto noroeste de uma folha separada.

A.6 COMANDOS INTERATIVOS

O AMPL permite que o usuário resolva o modelo interativamente e verifique/modifique dados, além de recuperar resultados para uma tela ou um arquivo. A seguir, apresentamos uma lista parcial de alguns comandos úteis:

`delete` *comma-separated names of objective function and constraints;*

`drop` *comma-separated names of objective function and constraints;*

`restore` *comma-separated names of objective function and constraints;*

`display` *comma-separated item_list;*

`print/printf` *unformatted/formatted item_list;*

`expand` *comma-separated names of objective function and constraints;*

[6] Para dar nome a uma faixa, destaque-a e digite seu nome na 'caixa de nome' à esquerda da barra de fórmulas do Excel. Depois clique em 'Enter' ou use Insert/Names/Define do Excel.

```
let parameter or variable (indexed or nonindexed) :=value;
fix variable (indexed or nonindexed) :=value;
unfix variable (indexed or noindexed);
reset;
reset data;
solve;
```

Esses comandos entram interativamente no aviso `ampl:`. Alguns, como `display` e `print`, podem ser codificados rigidamente no modelo, se desejado.

O comando `delete` elimina completamente da lista a função objetivo e/ou as restrições, ao passo que o comando `drop` as retira temporariamente do modelo. O comando `drop` pode ser anulado pelo comando `restore`. Uma nova função objetivo ou restrição pode ser acrescentada ao modelo por meio do teclado, exatamente como fazemos com um modelo de código rígido. (Veja o Exemplo 9.2-1 para uma aplicação do algoritmo B&B.)

Usamos `display` com o modelo da Reddy Mikks. O resultado pode ser direcionado para um arquivo externo usando >*filename* imediatamente antes do ponto-e-vírgula terminal. Caso contrário, o resultado será enviado para a tela, como default.

O comando `print/printf` já foi discutido na Seção A.5.2. O default para a apresentação de resultados é na tela, mas ela pode ser direcionada para um arquivo de saída como em `display`.

O comando `expand` fornece uma apresentação por extenso da função objetivo e das restrições. Por exemplo, no modelo da Reddy Mikks, o comando

```
expand profit;
```

imprime a função objetivo como

```
maximize profit:5*product["exterior"]+4*product
        ["interior"];
```

Dessa maneira, o usuário pode ver se o modelo recuperou os dados de entrada corretamente. De maneira semelhante, o comando

```
expand limit;
```

apresentará todas as restrições do modelo. Se você estiver interessado em uma restrição específica, então `limit` deve ser adequadamente indexado. Por exemplo,

```
expand limit["m1"];
```

apresentará a primeira restrição do modelo.

O comando `let` permite entrar com novos valores de parâmetros e variáveis (usando: = como operador de designação). O lado direito pode ser um simples valor numérico ou uma expressão matemática. Ele é usado para testar diferentes cenários de solução, como veremos na Seção A.7.

O comando fix é usado para designar um valor específico a uma variável antes de resolver o modelo. Por exemplo, suponha que as seguintes declarações sejam emitidas interativamente antes de resolver o modelo da Reddy Mikks

```
ampl: fix product["exterior"]:=1.5;
ampl: solve;
```

Com esses comandos, o AMPL resolve o problema com a restrição adicional `product["exterior"]=1.5`. A mudança causada por fix pode ser revertida emitindo o comando unfix como

```
ampl: unfix product["exterior"];
```

Os comandos fix/unfix podem ser úteis para experimentar com o modelo quando algumas das variáveis são eliminadas (= 0) ou mantidas constantes. (Veja Momento AMPL após o Exemplo 9.3-4 para uma aplicação ao modelo do caixeiro-viajante.)

O comando `reset` remove todas as referências ao modelo corrente do AMPL. Assim, será necessário um novo comando `model` para reiniciar o modelo. Além disso, o comando `reset data;` eliminará todos os dados, enquanto `reset data a b c;` eliminará os valores dos parâmetros `a, b` e `c`. Ademais, o AMPL requer a utilização de `reset;` entre sucessivos comandos model. Caso contrário, resultarão erros indecifráveis.

Há uma grande quantidade de comandos interativos úteis em AMPL, mas sua apresentação detalhada está fora do escopo desta apresentação abreviada.

A.7 EXECUÇÃO ITERATIVA E CONDICIONAL DE COMANDOS NO AMPL

Suponha que, no modelo da Reddy Mikks, estejamos interessados em estudar a sensibilidade da solução ótima a variações em parâmetros específicos. Por exemplo, no arquivo RM2.txt, como a solução ótima é afetada quando a disponibilidade de matéria-prima m1 (`=rhs["m1"]`) é alterada de seu valor atual de 24 t para novos valores de 27 e 30 t? Após executar RM2.txt e obter a solução para `["m1"]=24`, podemos entrar com as seguintes declarações interativamente:

```
ampl: let rhs["m1"]:= 27;
ampl: solve;
ampl: display profit, product;
```

O resultado será apresentado na tela (também pode ser enviado para um arquivo, se desejado, como explicamos antes). Para obter os resultados para `rhs["m1"]=30`, as mesmas declarações são repetidas, sendo que a declaração `let` especifica o novo valor. Entretanto, esse não é o modo mais eficiente de executar a tarefa.

O AMPL permite montar arquivos `commands` convenientes que eliminarão a tarefa desnecessária de digitar novamente comandos. Especificamente para o presente exemplo, um arquivo de comandos (que denominamos arbitrariamente cmd.txt) pode ter as seguintes declarações:

```
for (i in 1..2}
     {
     let rhs["m1"]:=rhs["m1"]+3;
     solve;
     display profit, product;
     }
```

Após a execução do modelo (com `rhs["m1"]=24`), podemos executar os dois casos restantes entrando com

```
ampl: commands cmd.txt;
```

Claro que podemos modificar o arquivo cmd.txt para incluir `rhs["m1"]=24` também. Veja o Problema 1, Conjunto A.7A.

Podemos usar a declaração `repeat while` *`condition`*`{...};` ou `repeat until` *`condition`*`{...};` para substituir `for{...}` da seguinte maneira:

```
repeat while rhs["m1"]<=30
{
let rhs["m1"]:=rhs["m1"] +3;
solve;
display profit, product;
};
```

Alternativamente, podemos usar

```
repeat until rhs["m1"]<30
{
let rhs["m1"]:=rhs["m1"]+3;
solve;
display profit,rhs["m1"], product;
};
```

Observe que `repeat while` entrará em loop enquanto a condição for verdadeira, ao passo que `repeat until` entrará em laço enquanto a condição for falsa.

Outra declaração útil em arquivos commands de é `if-then-else`. Nesse caso, `if` pode ser seguida por qualquer condição legítima, ao passo que `then` e `else` só podem ser seguidas por declarações de comando. Com a declaração `if`, os comandos AMPL `continue` e `break` podem ser usados no constructo do loop para saltar para o próximo índice do loop ou para sair totalmente dele.

O Exemplo 9.3-5 (Figura 9.14) dá uma boa ilustração da utilização das declarações de loop e condicionais para imprimir uma saída formatada.

CONJUNTO DE PROBLEMAS A.7A

1. Modifique o arquivo RM2.txt de modo que `rhs["m1"]` assumirá os valores de 20 a 35 t em incrementos de 5 t. Todos os comandos `solve` devem ser executados de dentro do arquivo de comandos cmd.txt da seguinte maneira:

```
ampl: model RM2.txt;
ampl: commands cmd.txt;
```

O arquivo de comandos cmd.txt é desenvolvido usando as três versões diferentes para construir o loop:

(a) `for{}`.
(b) `repeat while{};`.
(c) `repeat until{};`.

A.8 ANÁLISE DE SENSIBILIDADE COM UTILIZAÇÃO DO AMPL

Já vimos como os valores duais e os custos reduzidos podem ser determinados em um modelo de PL no AMPL usando *ConstraintName*.`dual` e *VariableName*.`rc` no comando `display`. Para completar o relatório-padrão de análise de sensibilidade de PL, o AMPL oferece recursos adicionais para a determinação das faixas de otimalidade para os coeficientes da função objetivo e as faixas de viabilidade para os lados direitos (constantes) das restrições. Usaremos o arquivo RM2.txt (veja a Figura A.3) para demonstrar como o AMPL gera o relatório de análise de sensibilidade.

No modelo da Figura A.3, substitua as declarações `solve` e `display` por

```
option solver cplex;
option cplex_options 'sensitivity';
solve;
display limit.down,limit.current,
     limit.up,limit.dual;
display product.down,product.current,
     product.up,product.rc;
```

O resultado pode ser direcionado para um arquivo, se desejado (veja o arquivo RM6.txt). As duas declarações `option` devem vir antes do comando `solve`. O primeiro comando `display` fornece as faixas de viabilidade para todas as restrições (denominadas `limit` no modelo). Os sufixos `.down`, `.current` e `.up` dão os valores mais baixo, atual e mais alto para o lado direito de cada restrição. De maneira semelhante, o segundo comando `display` fornece as faixas de otimalidade para os coeficientes da função objetivo. Os seguintes resultados são auto-explicativos.

```
profit = 21
          product.down  product.current  product.up  product.rc
exterior    2                5               6          0
interior    3.33333          4              10          0

          limit.down  limit    limit.up
demand       -1.5       0        1e+20
m1           20         0.75     36
m2            4         0.5       6.66667
market        0         0         0
```

REFERÊNCIA BIBLIOGRÁFICA

Fourer, R.; Gay, D. e Kernighan, B. *AMPL, a modeling language for mathematical programming.* 2. ed. Pacific Grove: Brooks/Cole-Thomson, 2003.

Apêndice B

Tabelas estatísticas[1]

Tabela B.1 Função distribuição normal

$$F(z) = \frac{1}{\sqrt{2\pi}} \int_{-\infty}^{z} e^{-\left(\frac{1}{2}\right)t^2} dt$$

z	0,00	0,01	0,02	0,03	0,04	0,05	0,06	0,07	0,08	0,09
0,0	0,5000	0,5040	0,5080	0,5120	0,5160	0,5199	0,5239	0,5279	0,5319	0,5359
0,1	0,5398	0,5438	0,5478	0,5517	0,5557	0,5596	0,5636	0,5675	0,5714	0,5753
0,2	0,5793	0,5832	0,5871	0,5910	0,5948	0,5987	0,6026	0,6064	0,6103	0,6141
0,3	0,6179	0,6217	0,6255	0,6293	0,6331	0,6368	0,6406	0,6443	0,6480	0,6517
0,4	0,6554	0,6591	0,6628	0,6664	0,6700	0,6736	0,6772	0,6808	0,6844	0,6879
0,5	0,6915	0,6950	0,6985	0,7019	0,7054	0,7088	0,7123	0,7157	0,7190	0,7224
0,6	0,7257	0,7291	0,7324	0,7357	0,7389	0,7422	0,7454	0,7486	0,7517	0,7549
0,7	0,7580	0,7611	0,7642	0,7673	0,7704	0,7734	0,7764	0,7794	0,7823	0,7852
0,8	0,7881	0,7910	0,7939	0,7967	0,7995	0,8023	0,8051	0,8078	0,8106	0,8133
0,9	0,8159	0,8186	0,8212	0,8238	0,8264	0,8289	0,8315	0,8340	0,8365	0,8389
1,0	0,8413	0,8438	0,8461	0,8485	0,8508	0,8531	0,8554	0,8577	0,8599	0,8621
1,1	0,8643	0,8665	0,8686	0,8708	0,8729	0,8749	0,8770	0,8790	0,8810	0,8830
1,2	0,8849	0,8869	0,8888	0,8907	0,8925	0,8944	0,8962	0,8980	0,8997	0,9015
1,3	0,9032	0,9049	0,9066	0,9082	0,9099	0,9115	0,9131	0,9147	0,9162	0,9177
1,4	0,9192	0,9207	0,9222	0,9236	0,9251	0,9265	0,9279	0,9292	0,9306	0,9319
1,5	0,9332	0,9345	0,9357	0,9370	0,9382	0,9394	0,9406	0,9418	0,9429	0,9441
1,6	0,9452	0,9463	0,9474	0,9484	0,9495	0,9505	0,9515	0,9525	0,9535	0,9545
1,7	0,9554	0,9564	0,9573	0,9582	0,9591	0,9599	0,9608	0,9616	0,9625	0,9633
1,8	0,9641	0,9649	0,9656	0,9664	0,9671	0,9678	0,9686	0,9693	0,9699	0,9706
1,9	0,9713	0,9719	0,9726	0,9732	0,9738	0,9744	0,9750	0,9756	0,9761	0,9767
2,0	0,9772	0,9778	0,9783	0,9788	0,9793	0,9798	0,9803	0,9808	0,9812	0,9817
2,1	0,9821	0,9826	0,9830	0,9834	0,9838	0,9842	0,9846	0,9850	0,9854	0,9857
2,2	0,9861	0,9864	0,9868	0,9871	0,9875	0,9878	0,9881	0,9884	0,9887	0,9890
2,3	0,9893	0,9896	0,9898	0,9901	0,9904	0,9906	0,9909	0,9911	0,9913	0,9916
2,4	0,9918	0,9920	0,9922	0,9925	0,9927	0,9929	0,9931	0,9932	0,9934	0,9936
2,5	0,9938	0,9940	0,9941	0,9943	0,9945	0,9946	0,9948	0,9949	0,9951	0,9952
2,6	0,9953	0,9955	0,9956	0,9957	0,9959	0,9960	0,9961	0,9962	0,9963	0,9964
2,7	0,9965	0,9966	0,9967	0,9968	0,9969	0,9970	0,9971	0,9972	0,9973	0,9974
2,8	0,9974	0,9975	0,9976	0,9977	0,9977	0,9978	0,9979	0,9979	0,9980	0,9981
2,9	0,9981	0,9982	0,9982	0,9983	0,9984	0,9984	0,9985	0,9985	0,9986	0,9986
3,0	0,9987	0,9987	0,9987	0,9988	0,9988	0,9989	0,9989	0,9989	0,9990	0,9990
3,1	0,9990	0,9991	0,9991	0,9991	0,9992	0,9992	0,9992	0,9992	0,9993	0,9993
3,2	0,9993	0,9993	0,9994	0,9994	0,9994	0,9994	0,9994	0,9995	0,9995	0,9995
3,3	0,9995	0,9995	0,9995	0,9996	0,9996	0,9996	0,9996	0,9996	0,9996	0,9997
3,4	0,9997	0,9997	0,9997	0,9997	0,9997	0,9997	0,9997	0,9997	0,9997	0,9998
3,5	0,9998									
4,0	0,99997									
5,0	0,9999997									
6,0	0,999999999									

Fonte: Miller, I. e Freund, J. *Probability and statistics for engineers*. Upper Saddle River: Prentice Hall, 1985.

[1] A planilha excelStatTable.xls substitui as cópias em papel de tabelas estatísticas de 12 distribuições comuns, incluindo as apresentadas neste apêndice.

Tabela B.2 Valores $t_{\alpha,v}$ (t de Student)*

v	a = 0,10	a = 0,05	a = 0,025	a = 0,01	a = 0,005	v
1	3,078	6,314	12,706	31,821	63,657	1
2	1,886	2,920	4,303	6,965	9,925	2
3	1,638	2,353	3,182	4,541	5,841	3
4	1,533	2,132	2,776	3,747	4,604	4
5	1,476	2,015	2,571	3,365	4,032	5
6	1,440	1,943	2,447	3,143	3,707	6
7	1,415	1,895	2,365	2,998	3,499	7
8	1,397	1,860	2,306	2,896	3,355	8
9	1,383	1,833	2,262	2,821	3,250	9
10	1,372	1,812	2,228	2,764	3,169	10
11	1,363	1,796	2,201	2,718	3,106	11
12	1,356	1,782	2,179	2,681	3,055	12
13	1,350	1,771	2,160	2,650	3,012	13
14	1,345	1,761	2,145	2,624	2,977	14
15	1,341	1,753	2,131	2,602	2,947	15
16	1,337	1,746	2,120	2,583	2,921	16
17	1,333	1,740	2,110	2,567	2,898	17
18	1,330	1,734	2,101	2,552	2,878	18
19	1,328	1,729	2,093	2,539	2,861	19
20	1,325	1,725	2,086	2,528	2,845	20
21	1,323	1,721	2,080	2,518	2,831	21
22	1,321	1,717	2,074	2,508	2,819	22
23	1,319	1,714	2,069	2,500	2,807	23
24	1,318	1,711	2,064	2,492	2,797	24
25	1,316	1,708	2,060	2,485	2,787	25
26	1,315	1,706	2,056	2,479	2,779	26
27	1,314	1,703	2,052	2,473	2,771	27
28	1,313	1,701	2,048	2,467	2,763	28
29	1,311	1,699	2,045	2,462	2,756	29
Inf.	1,282	1,645	1,960	2,326	2,576	inf.

* Adaptada com permissão de Macmillan Publishing Co., Inc., de Fisher, R. A. *Statistical methods for research workers*. 14. ed. Copyright © 1970 University of Adelaide.

Tabela B.3 Fórmula Valores (qui-quadrado)*

v	a = 0,995	a = 0,99	a = 0,975	a = 0,95	a = 0,05	a = 0,025	a = 0,01	a = 0,005	v
1	0,0000393	0,000157	0,000982	0,00393	3,841	5,024	6,635	7,879	1
2	0,0100	0,0201	0,0506	0,103	5,991	7,378	9,210	10,597	2
3	0,0717	0,115	0,216	0,352	7,815	9,348	11,345	12,838	3
4	0,207	0,297	0,484	0,711	9,488	11,143	13,277	14,860	4
5	0,412	0,554	0,831	1,145	11,070	12,832	15,056	16,750	5
6	0,676	0,872	1,237	1,635	12,592	14,449	16,812	18,548	6
7	0,989	1,239	1,690	2,167	14,067	16,013	18,475	20,278	7
8	1,344	1,646	2,180	2,733	15,507	17,535	20,090	21,955	8
9	1,735	2,088	2,700	3,325	16,919	19,023	21,666	23,589	9
10	2,156	2,558	3,247	3,940	18,307	20,483	23,209	25,188	10
11	2,603	3,053	3,816	4,575	19,675	21,920	24,725	26,757	11
12	3,074	3,571	4,404	5,226	21,026	23,337	26,217	28,300	12
13	3,565	4,107	5,009	5,892	22,362	24,736	27,688	29,819	13
14	4,075	4,660	5,629	6,571	23,685	26,119	29,141	31,319	14
15	4,601	5,229	6,262	7,261	24,996	27,488	30,578	32,801	15
16	5,142	5,812	6,908	7,962	26,296	28,845	32,000	34,267	16
17	5,697	6,408	7,564	8,672	27,587	30,191	33,409	35,718	17
18	6,265	7,015	8,231	9,390	28,869	31,526	34,805	37,156	18
19	6,844	7,633	8,907	10,117	30,144	32,852	36,191	38,582	19
20	7,434	8,260	9,591	10,851	31,410	34,170	37,566	39,997	20
21	8,034	8,897	10,283	11,591	32,671	35,479	38,932	41,401	21
22	8,643	9,542	10,982	12,338	33,924	36,781	40,289	42,796	22
23	9,260	10,196	11,689	13,091	35,172	38,076	41,638	44,181	23
24	9,886	10,856	12,401	13,484	36,415	39,364	42,980	45,558	24
25	10,520	11,524	13,120	14,611	37,652	40,646	44,314	46,928	25
26	11,160	12,198	13,844	15,379	38,885	41,923	45,642	48,290	26
27	11,808	12,879	14,573	16,151	40,113	43,194	46,963	49,645	27
28	12,461	13,565	15,308	16,928	41,337	44,461	48,278	50,993	28
29	13,121	14,256	16,047	17,708	42,557	45,772	49,588	52,336	29
30	13,787	14,953	16,791	18,493	43,773	46,979	50,892	53,672	30

* Esta tabela é baseada na Tabela 8 de *Biometrika tables for statisticians*, v. 1, com permissão dos provedores da Biometrika.

Apêndice C

Respostas parciais para problemas selecionados[1]

CAPÍTULO 1
Conjunto 1.1a

4. 17 minutos

5. (a) Alternativas de Jim: lançar uma bola curva ou uma bola rápida.
Alternativas de Joe: preparar-se para uma bola curva ou uma bola rápida.
(b) Joe quer aumentar sua média de rebates.
Jim quer reduzir a média de rebates de Joe.

CAPÍTULO 2
Conjunto 2.1a

1. (a) $-x_1 + x_2 \geq 1$
(c) $x_1 - x_2 \leq 0$
(e) $0{,}5x_1 - 0{,}5x_2 \geq 0$

3. $M1$ não utilizadas = 4 t/dia.

Conjunto 2.2a

1. (a e e) Veja a Figura C.1.

2. (a e d) Veja a Figura C.2.

Figura C.1

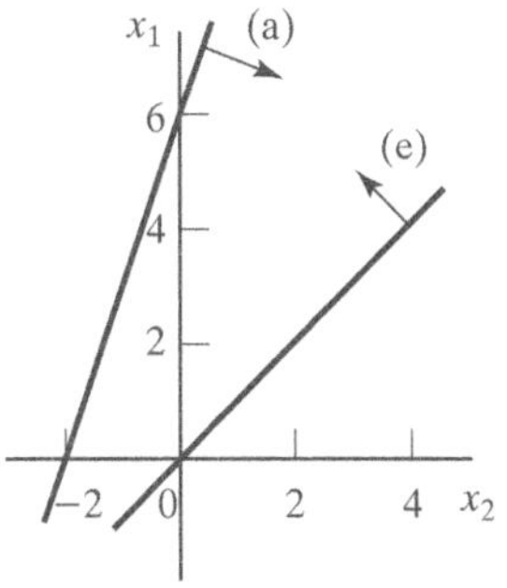

Figura C.2

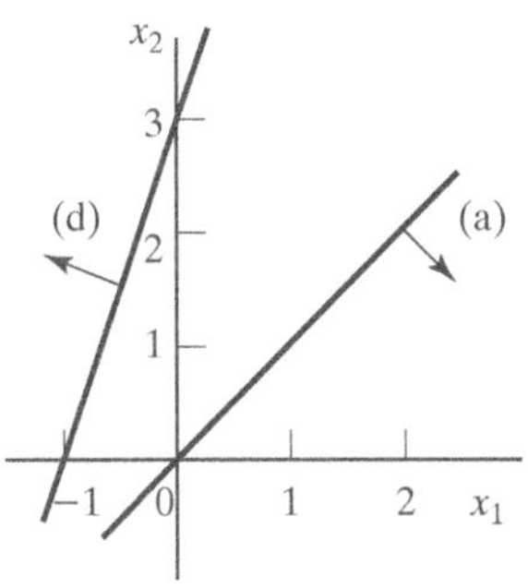

5. Seja

x_1 = número de unidades de A

x_2 = número de unidades de B

Maximizar $z = 20x_1 + 50x_2$ sujeito a

$$-0{,}2x_1 + 0{,}8x_2 \leq 0{,}2x_1 + 4x_2 \leq 240$$

$$x_1 \leq 100, x_1, x_2 \geq 0$$

Solução ótima: $(x_1, x_2) = (80, 20)$, $z = \$ \; 2.600$

7. Seja

x_1 = dólares investidos em A

x_2 = dólares investidos em B

Maximizar $z = 0{,}05x_1 + 0{,}08x_2$ sujeito a

$$0{,}75x_1 - 0{,}25x_2 \geq 0; 0{,}5x_1 - 0{,}5x_2 \geq 0;$$

$$x_1 - 0{,}5x_2 \geq 0; x_1 + x_2 \leq 5.000; x_1, x_2 \geq 0$$

Solução ótima: $(x_1, x_2) = (2.500, 2.500)$, $z = \$ \; 325$

11. Seja

x_1 = horas de diversão por dia

x_2 = horas de trabalho por dia

Maximizar $z = 2x_1 + x_2$ sujeito a

$$x_1 + x_2 \leq 10, x_1 - x_2 \leq 0$$

$$x_1 \leq 4; x_1, x_2 \geq 0$$

Solução ótima: $(x_1, x_2) = (4, 6)$, $z = 14$

14. Seja

x_1 = toneladas de $C1$ por hora

x_2 = toneladas de $C2$ por hora

Maximizar $z = 12.000x_1 + 9.000x_2$ sujeito a

$$-200x_1 + 100x_2 \leq 0; 2{,}1x_1 + 0{,}9x_2 \leq 20; x_1, x_2 \geq 0$$

Ótima: $(x_1, x_2) = (5{,}13; 10{,}26)$, $z = 153.846$ lb

(a) Razão ótima: $C1{:}C2 = 0{,}5$.

(b) Razão ótima é a mesma, mas a geração de vapor aumentará em 7.692 lb/h.

18. Seja

x_1 = número de unidades de HiFi-1

x_2 = número de unidades de HiFi-2

Minimizar $z = 1.267{,}2 - (15x_1 + 15x_2)$ sujeito a

$$6x_1 + 4x_2 \leq 432; 5x_1 + 5x_2 \leq 412{,}8$$

$$4x_1 + 6x_2 \leq 422{,}4; x_1, x_2 \geq 0$$

Solução ótima: $(x_1, x_2) = (50{,}88; 31; 68)$, $z = 28{,}8$ minutos ociosos

Conjunto 2.2b

1. (a) Veja a Figura C.3.

Figura C.3

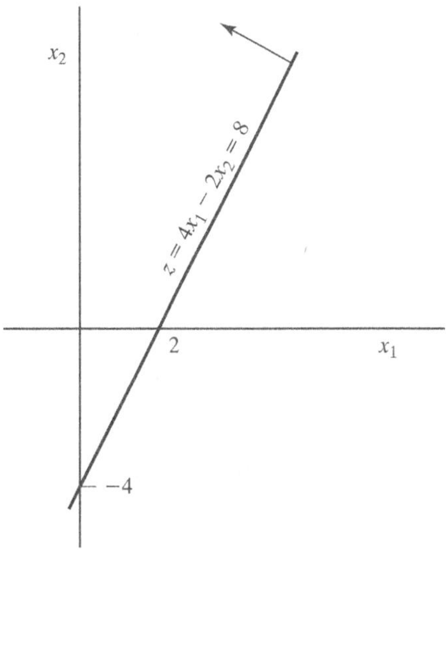

[1] Os problemas resolvidos neste apêndice são designados por '*' no texto.

5. Seja

x_1 = milhares de barris/dia do Irã

x_2 = milhares de barris/dia de Dubai

Minimizar $z = x_1 + x_2$ sujeito a

$$-0{,}6x_1 + 0{,}4x_2 \le 0; 0{,}2x_1 + 0{,}1x_2 \ge 14$$
$$0{,}25x_1 + 0{,}6x_2 \ge 30; 0{,}1x_1 + 0{,}15x_2 \ge 10$$
$$0{,}15x_1 + 0{,}1x_2 \ge 8; x_1, x_2 \ge 0$$

Solução ótima: $x_1 = 55; x_2 = 30; z = 85$

7. Seja

x_1 = razão de liga da sucata A

x_2 = razão de liga da sucata B

Minimizar $z = 100x_1 + 80x_2$ sujeito a

$$0{,}03 \le 0{,}06x_1 + 0{,}03x_2 \le 0{,}06, 0{,}03 \le 0{,}03x_1 + 0{,}06x_2 \le 0{,}05$$
$$0{,}03 \le 0{,}04x_1 + 0{,}03x_2 \le 0{,}07; x_1 + x_2 = 1; x_1, x_2 \ge 0$$

Solução ótima: $x_1 = 0{,}33; x_2 = 0{,}67; z = \$ 86.667$

Conjunto 2.3a

3. Seja

x_{ij} = parte do projeto i concluído no ano j

Maximizar $z = 0{,}05(4x_{11} + 3x_{12} + 2x_{13}) + 0{,}07(3x_{22} + 2x_{23} + x_{24})$
$+ 0{,}15(4x_{31} + 3x_{32} + 2x_{33} + x_{34}) + 0{,}02(2x_{43} + x_{44})$

sujeito a

$$x_{11} + x_{12} + x_{13} = 1; x_{43} + x_{44} = 1$$
$$0{,}25 \le x_{22} + x_{23} + x_{24} + x_{25} \le 1$$
$$0{,}25 \le x_{31} + x_{32} + x_{33} + x_{34} + x_{35} \le 1$$
$$5x_{11} + 15x_{31} \le 3; 5x_{12} + 8x_{22} + 15x_{32} \le 6$$
$$5x_{13} + 8x_{23} + 15x_{33} + 1{,}2x_{43} \le 7$$
$$8x_{24} + 15x_{34} + 1{,}2x_{44} \le 7; 8x_{25} + 15x_{35} \le 7$$
$$\text{todo } x_{ij} \ge 0$$

Solução ótima: $x_{11} = 0{,}6; x_{12} = 0{,}4; x_{24} = 0{,}255; x_{25} = 0{,}025$
$x_{32} = 0{,}267; x_{33} = 0{,}387; x_{34} = 0{,}346; x_{43} = 1; z = \$ 523.750$

Conjunto 2.3b

2. O modelo pode ser generalizado para levar em conta qualquer moeda de entrada p e qualquer moeda de saída q. Defina x_{ij} como no Exemplo 2.3-2 e r_{ij} como a taxa de câmbio da moeda i para a moeda j. O modelo associado é

Maximizar $z = y$ sujeito a

capacidade: $x_{ij} \le c_i$, para todo $i \ne j$

Moeda de entrada p: $I + \sum_{j \ne p} r_{jp} x_{jp} = \sum_{j \ne p} x_{pj}$

Moeda de saída q: $y + \sum_{j \ne q} x_{qj} = \sum_{j \ne q} r_{jq} x_{jq}$

Moeda $i \ne p$ ou q: $\sum_{j \ne i} r_{ji} x_{ji} = \sum_{j \ne i} x_{ij}$

todo $x_{ij} \ge 0$

Taxa de retorno: 1,8064% para \$ → \$; 1,7966% para \$ → €; 1,8287% para \$ → £; 2,8515% para \$ → ¥ e 1,0471% para \$ → KD. Grandes discrepâncias nas moedas ¥ e KD podem ser atribuídas ao fato de que as taxas de câmbio dadas podem não ser totalmente consistentes com as outras taxas. Não obstante, o problema demonstra a vantagem de visar à acumulação em diferentes moedas. (*Observação*: AMPL interativa (arquivo ampl2.3b-2.txt) ou Solver (arquivo solver2.3b-2.xls) são ideais para resolver este problema. Veja Seção a 2.4.)

Conjunto 2.3c

2. Seja

x_i = dólares investidos no projeto $i, i = 1, 2, 3, 4$

y_j = dólares investidos no banco no ano $j, j = 1, 2, 3, 4$

Maximizar $z = y_5$ sujeito a

$$x_1 + x_2 + x_4 + y_1 \le 10.000$$
$$0{,}5x_1 + 0{,}6x_2 - x_3 + 0{,}4x_4 + 1{,}065y_1 - y_2 = 0$$
$$0{,}3x_1 + 0{,}2x_2 + 0{,}8x_3 + 0{,}6x_4 + 1{,}065y_2 - y_3 = 0$$
$$1{,}8x_1 + 1{,}5x_2 + 1{,}9x_3 + 1{,}8x_4 + 1{,}065y_3 - y_4 = 0$$
$$1{,}2x_1 + 1{,}3x_2 + 0{,}8x_3 + 0{,}95x_4 + 1{,}065y_4 - y_5 = 0$$
$$x_1, x_2, x_3, x_4, y_1, y_2, y_3, y_4, y_5 \ge 0$$

Solução ótima:

$$x_1 = 0; x_2 = \$ 10.000; x_3 = \$ 6.000; x_4 = 0$$
$$y_1 = 0; y_2 = 0, y_3 = \$ 6.800; y_4 = \$ 33.642$$
$$z = \$ 53.628{,}73 \text{ no início do ano } 5$$

5. Seja x_{iA} = quantia investida no ano i usando o plano $A, i = 1,2,3$
x_{iB} = quantia investida no ano i usando o plano $B, i = 1,2,3$

Maximizar $z = 3x_{2B} + 1{,}7x_{3A}$ sujeito a

$x_{1A} + x_{1B} \le 100$ (início do ano 1)

$-1{,}7x_{1A} + x_{2A} + x_{2B} = 0$ (início do ano 2)

$-3x_{1B} - 1{,}7x_{2A} + x_{3A} = 0$ (início do ano 3)

$x_{iA}, x_{iB} \ge 0, i = 1, 2, 3$

Solução ótima: investir \$ 100.000 no plano A no ano 1 e \$ 170.000 no plano B no ano 2. Problema tem ótima alternativa.

Conjunto 2.3d

3. Seja x_j = número de unidades do produto $j, j = 1, 2, 3$

Maximizar $z = 30x_1 + 20x_2 + 50x_3$ sujeito a

$$2x_1 + 3x_2 + 5x_3 \le 4.000$$
$$4x_1 + 2x_2 + 7x_3 \le 6.000$$
$$x_1 + 0{,}5x_2 + 0{,}33x_3 \le 1.500$$
$$2x_1 - 3x_2 = 0$$
$$5x_2 - 2x_3 = 0$$
$$x_1 \ge 200; x_2 \ge 200; x_3 \ge 150$$
$$x_1, x_2, x_3 \ge 0$$

Solução ótima: $x_1 = 324{,}32; x_2 = 216{,}22; x_3 = 540{,}54; z = \$ 41.081{,}08$

7. Seja x_{ij} = quantidade produzida pela operação i no mês $j; i = 1, 2; j = 1, 2, 3$

I_{ij} = entrada em estoque da operação i no mês $j; i = 1,2; j = 1,2,3$

Minimizar $z = \sum_{j=1}^{3} (c_{1j}x_{1j} + c_{2j}x_{2j} + 0{,}2I_{1j} + 0{,}4I_{2j})$ sujeito a

$$0{,}6x_{11} \le 800; 0{,}6x_{12} \le 700; 0{,}6x_{13} \le 550$$
$$0{,}8x_{21} \le 1.000; 0{,}8x_{22} \le 850; 0{,}8x_{23} \le 700$$
$$x_{1j} + I_{1,j-1} = x_{2j} + I_{1j}, x_{2j} + I_{2,j-1} = d_j + I_{2j}, j = 1, 2, 3$$
$$I_{1,0} = I_{2,0} = 0, \text{ todas as variáveis} \ge 0$$
$$d_j = 500, 450, 600 \text{ para } j = 1, 2, 3$$
$$c_{1j} = 10, 12, 11 \text{ para } j = 1, 2, 3$$
$$c_{2j} = 15, 18, 16 \text{ para } j = 1, 2, 3$$

Solução ótima: $x_{11} = 1.333{,}33$ unidades; $x_{13} = 216{,}67$; $x_{21} = 1.250$ unidades; $x_{23} = 300$ unidades; $z = \$ 39.720$.

Conjunto 2.3e

2. Seja x_s = lb de parafusos/pacote, x_b = lb de parafusos de porca/pacote, x_n = lb de porcas/pacote, x_w = lb de arruelas/pacote.

Minimizar $z = 1{,}1x_s + 1{,}5x_b + \left(\frac{70}{80}\right)x_n + \left(\frac{20}{30}\right)x_w$ sujeito a

$$y = x_s + x_b + x_n + x_w$$

$$y \geq 1; x_s \geq 0{,}1y; x_b \geq 0{,}25y; x_n \leq 0{,}15y; x_w \leq 0{,}1y$$

$$\left(\frac{1}{10}\right)x_b \leq x_n, \left(\frac{1}{50}\right)x_b \leq x_w$$

Todas as variáveis são não negativas.

Solução: z = \$ 1,12; $y = 1$; $x_s = 0{,}5$; $x_b = 0{,}25$; $x_n = 0{,}15$; $x_w = 0{,}1$

5. Seja x_A = barris de cru A/dia; x_B = barris de cru B/dia; x_r = barris de comum/dia; x_p = barris de premium/dia; x_j = barris de combustível para jato/dia.

Maximizar $z = 50(x_r - s_r^+) + 70(x_p - s_p^+) + 120(x_j - s_j^+)$

$- (10s_r^- + 15s_p^- + 20s_j^- + 2s_r^+ + 3s_p^+ + 4s_j^+)$

$- (30x_A + 40x_B)$ sujeito a

$x_A \leq 2.500$; $x_B \leq 3.000$; $x_r = 0{,}2x_A + 0{,}25x_B$;
$x_p = 0{,}1x_A + 0{,}3x_B$; $x_j = 0{,}25x_A + 0{,}1x_B$

$x_r + s_r^- - s_r^+ = 500$, $x_p + s_p^- - s_p^+ = 700$; $x_j + s_j^- - s_j^+ = 400$,
todas as variáveis ≥ 0

Solução:
z = \$ 21.852,94; x_A = 1.176,47 barris/dia;
x_B = 1.058,82; x_r = 500 barris/dia
x_p = 435,29 barris/dia; x_j = 400 barris/dia; s_p^- = 264,71

Conjunto 2.3f

1. Seja $x_i(y_i)$ = número de ônibus que circulam em turnos de 8 horas (12 horas) que começam no período i

Minimizar $z = 2\sum_{i=1}^{6} x_i + 3{,}5\sum_{i=1}^{6} y_i$ sujeito a

$$x_1 + x_6 + y_1 + y_5 + y_6 \geq 4; x_1 + x_2 + y_1 + y_2 + y_6 \geq 8,$$
$$x_2 + x_3 + y_1 + y_2 + y_3 \geq 10; x_3 + x_4 + y_2 + y_3 + y_4 \geq 7,$$
$$x_4 + x_5 + y_3 + y_4 + y_5 \geq 12; x_5 + x_6 + y_4 + y_5 + y_6 \geq 4$$

Todas as variáveis são não negativas.

Solução: $x_1 = 4, x_2 = 4, x_4 = 2, x_5 = 4, y_3 = 6$;
todas as outras = 0, $z = 49$.

Número total de ônibus = 20. Para o caso do turno de 8 horas, número de ônibus = 26 e comparável a $z = 2 \times 26 = 52$. Assim, o turno (8 horas + 12 horas) é melhor.

5. Seja x_i = número de estudantes que iniciam no período i(i = 1 para 8h01 da manhã; i = 9 para 4h01 da tarde).

Minimizar $z = x_1 + x_2 + x_3 + x_4 + x_6 + x_7 + x_8 + x_9$ sujeito a

$$x_1 \geq 2, x_1 + x_2 \geq 2, x_1 + x_2 + x_3 \geq 3,$$
$$x_2 + x_3 + x_4 \geq 4, x_3 + x_4 \geq 4, x_4 + x_6 \geq 3,$$
$$x_6 + x_7 \geq 3, x_6 + x_7 + x_8 \geq 3, x_7 + x_8 + x_9 \geq 3$$

$x_5 = 0$; todas as outras variáveis são não negativas

Solução: contratar 2 às 8h01 da manhã; 1 às 10h01 da manhã; 3 às 11h01 da manhã; e 3 às 2h01 da tarde. Total = 9 estudantes.

Conjunto 2.3g

1. (a) 1.150L pés^2
(b) (3,0,0), (1,1,0), (1,0,1) e (0,2,0) com 0, 3, 1 respectivos e 1 perda por corte por pé.
(c) Número de rolos padronizados de 20' diminuiu em 30.
(d) Número de rolos padronizados de 20' aumentou em 50.

6.

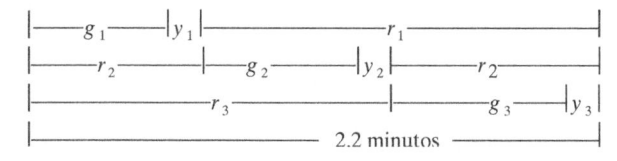

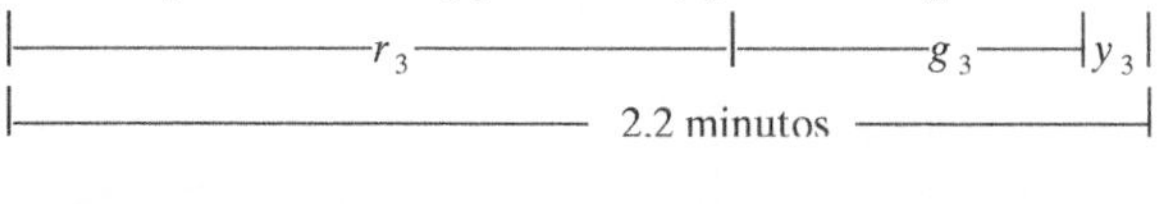

Sejam g_i, y_i e r_i as durações dos sinais verde, amarelo e vermelho para carros que saem da rodovia i. Todas as unidades de tempo estão em segundos. Nenhum carro se move no amarelo.
Maximizar $z = 3(500/3.600)g_1 + 4(600/3.600)g_2 + 5(400/3.600)$ g_3 sujeito a

$(500/3.600)g_1 + (600/3.600)g_2 + (400/3.600)g_3 \leq (510/3.600)$ $(2{,}2 \times 60 - 3 \times 10)$

$g_1 + g_2 + g_3 + 3 \times 10 \leq 2{,}2 \times 60, g_1 \geq 25, g_2 \geq 25, g_3 \geq 25$

Solução: g_1 = 25 s, g_2 = 43,6 s, g_3 = 33,4 s.
Receita do posto de pedágio = \$ 58,04/hora.

Conjunto 2.4a

2. (d) Veja arquivo solver2.4a-2(d).xls na pasta AppenCFiles.

Conjunto 2.4b

2. (c) Veja arquivo ampl2.4b-2(c).txt na pasta AppenCFiles.
(f) Veja arquivo ampl2.4b-2(f).txt na pasta AppenCFiles.

CAPÍTULO 3

Conjunto 3.1a

1. 2 t/dia e 1 t/dia para matérias-primas $M1$ e $M2$, respectivamente.

4. Seja x_{ij} = unidades de produto i produzidas na máquina j.

Maximizar $z = 10(x_{11} + x_{12}) + 15(x_{21} + x_{22})$

sujeito a

$$x_{11} + x_{21} - x_{12} - x_{22} + s_1 = 5$$
$$-x_{11} - x_{21} + x_{12} + x_{22} + s_2 = 5$$
$$x_{11} + x_{21} + s_3 = 200$$
$$x_{12} + x_{22} + s_4 = 250$$
$$s_i, x_{ij} \geq 0 \text{ para todo } i \text{ e } j$$

Conjunto 3.1b

3. Seja x_j = unidades de produto j; j = 1, 2, 3.

Maximizar $z = 2x_1 + 5x_2 + 3x_3 - 15x_4^+ - 10x_5^+$

sujeito a

$$2x_1 + x_2 + 2x_3 + x_4^- - x_4^+ = 80$$
$$x_1 + x_2 + 2x_3 + x_5^- - x_5^+ = 65$$
$$x_1, x_2, x_3, x_4^-, x_4^+, x_5^-, x_5^+ \geq 0$$

Solução ótima: x_2 = 65 unidades, x_4^- = 15 unidades; todas as outras = 0, z = \$ 325.

Conjunto 3.2a

1. (c) $x_1 = 6/7, x_2 = 12/7, z = 48/7$.
(e) Pontos extremos ($x_1 = 0, x_2 = 3$) e ($x_1 = 6, x_2 = 0$) são inviáveis.

3. Soluções básicas inviáveis são:

$$(x_1, x_2) = \left(\frac{26}{3}, -\frac{4}{3}\right), (x_1, x_3) = (8, -2)$$
$$(x_1, x_4) = (6, -4), (x_2, x_3) = (16, -26)$$
$$(x_2, x_4) = (3, -13), (x_3, x_4) = (6, -16)$$

Conjunto 3.3a

3. (a) Somente (A, B) representa iterações simplex sucessivas porque os pontos extremos A e B são adjacentes. Em todos os pares restantes, os pontos extremos associados não são adjacentes.
(b) (i) Sim. (ii) Não, C e I não são adjacentes. (iii) Não, o caminho retorna a um ponto extremo anterior, A.

5. (a) x_3 entra com valor 1, z = 3 no ponto extremo D.

Conjunto 3.3b

3.

Nova variável básica	x_1	x_2	x_3	x_4
Valor	1,5	1	0	0,8
Variável que sai	x_7	x_7	x_8	x_5

6. (b) x_2, x_5 e x_6 podem aumentar o valor de z. Se x_2 entrar, x_8 sai e $\Delta z = 5 \times 4 = 20$. Se x_5 entrar, x_1 sai e $\Delta z = 0$ porque x_5 é igual a 0 na nova solução. Se x_6 entrar, nenhuma variável sai porque todos os coeficientes de restrição de x_6 são menores ou iguais a zero. $\Delta z = \infty$ porque x_6 pode ser aumentada até infinito sem causar inviabilidade.

9. Segundo melhor valor de $z = 20$ ocorre quando s_2 é transformada em básica.

Conjunto 3.4a

3. (a) Minimizar $z = (8M - 4)x_1 + (6M - 1)x_2 - Ms_2 - Ms_3 = 10M$
(b) Minimizar $z = (3M - 4)x_1 + (M - 1)x_2 = 3M$

6. A tabela inicial é

Base	x_1	x_2	x_3	x_4	Solução
z	–1	–12	0	0	–8
x_3	1	1	1	0	4
x_4	1	4	0	1	8

Conjunto 3.4b

1. Sempre minimize a soma de variáveis artificiais porque a soma representa a quantidade de inviabilidade do problema.

7. Qualquer variável não básica que tenha coeficientes objetivos não-zero no final da Fase I não pode tornar-se positiva na Fase II porque significará que o valor ótimo da função objetivo na Fase I será positivo, isto é, solução da Fase I inviável.

Conjunto 3.5a

1. (a) $A \rightarrow B \rightarrow C \rightarrow D$.
(b) 1 em A, 1 em B, $C_2^4 = 6$ em C e 1 em D.

Conjunto 3.5b

1. Ótima alternativa básica: $(0, 0, \frac{10}{3})$, $(0, 5, 0)$, $(1, 4, \frac{\Delta}{3})$. Ótima alternativa não básica:

$$(\alpha_3, 5\alpha_2 + 4\alpha_3, \tfrac{10}{3}\alpha_1 + \tfrac{\Delta}{3}\alpha_3), \alpha_1 + \alpha_2 + \alpha_3 = 1, 0 \leq \alpha_i \leq 1, i = 1, 2, 3.$$

Conjunto 3.5c

2. (a) Espaço de soluções é ilimitado na direção de x_2.
(b) Valor objetivo é ilimitado porque cada aumento unitário em x_2 aumenta z em 10.

Conjunto 3.5d

1. O máximo que pode ser produzido são 275 unidades.

Conjunto 3.6a

2. Seja

x_1 = número de chapéus do tipo 1 por dia

x_2 = número de chapéus do tipo 2 por dia

Maximizar $z = 8x_1 + 5x_2$ sujeito a

$$2x_1 + x_2 \leq 400$$
$$x_1 \leq 150, x_2 \leq 200$$
$$x_1, x_2 \geq 0$$

(a) Veja a Figura C.4: $x_1 = 100, x_2 = 200, z = \$\ 1.800$ no ponto B.
(b) \$ 4 por chapéu do tipo 2 na faixa (200, 500).
(c) Nenhuma variação porque o preço dual é \$ 0 por unidade na faixa $(100, \infty)$.
(d) Valor equivalente a \$ 1 por unidade na faixa (100, 400). Aumento máximo = 200 para o tipo 2.

Conjunto 3.6b

3. (a) $0 \leq \frac{c_1}{c_2} \leq 2$.
(b) Nova $\frac{C_1}{C_2} = 1$. A solução permanece inalterada.

Figura C.4

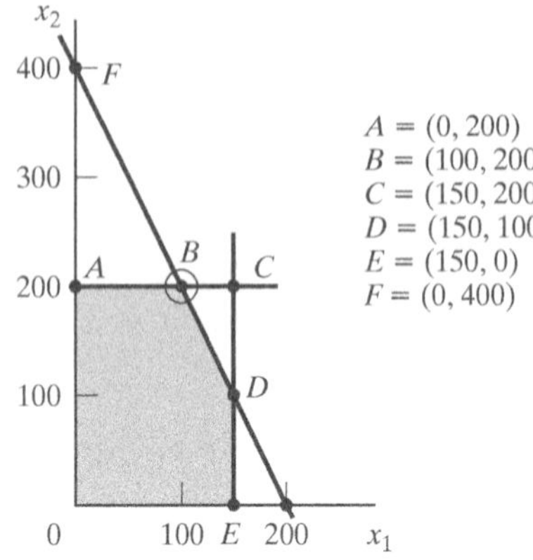

Conjunto 3.6c

2. (a) Sim, porque a receita adicional por min = \$ 1 (para até 10 min de horas extras) é maior do que o custo adicional de \$ 0,83/min.
(b) Receita adicional é \$ 2/min (para até 400 min de horas extras) = \$ 240 para 2 h. Custo adicional para 2 h = \$ 110. Receita líquida = \$ 130.
(c) Não, seu preço dual é zero porque o recurso já é abundante.
(d) $D_1 = 10$ min. Preço dual = \$ 1/min para $D_1 \leq 10$. $x_1 = 0$, $x_2 = 105$, $x_3 = 230$, receita líquida = (\$ 1.350 + \$ 1 × 10 min) – (\$ 40/60 × 10 min) = \$ 1.353,33.
(e) $D_2 = -15$. Preço dual = \$ 2/min para $D_2 \geq -20$. Decréscimo na receita = \$ 30. Decréscimo no custo = \$ 7.50. Não recomendada.

6. Seja

x_1 = minutos de rádio, x_2 = minutos de TV, x_3 = anúncios em jornais.

Maximizar $z = x_1 + 50x_2 + 10x_3$ sujeito a

$$15x_1 + 300x_2 + 50x_3 + s_1 = 10.000, x_3 - S_2 = 5,$$
$$x_1 + s_3 = 400, -x_1 + 2x_2 + s_4 = 0, x_1, x_2, x_3 \geq 0,$$
$$s_1, s_2, s_3, s_4 \geq 0$$

(a) $x_1 = 59{,}09$ min, $x_2 = 29{,}55$ min, $x_3 = 5$ anúncios, $z = 1.561{,}36$
(b) Pelo TORA, $z + 0{,}158s_1 + 2{,}879S_2 + 0s_3 + 1{,}364s_4 = 156{,}364$. Preços duais para as respectivas restrições são 0,158; –2,879; 0 e 1,36. O limite inferior imposto aos anúncios em jornais pode ser reduzido porque seu preço dual é negativo (= –2,879). Não há nenhuma vantagem em elevar o limite superior de minutos de rádio porque seu preço dual é zero (o limite atual já é abundante).
(c) Pelo TORA, $x_1 = 59{,}9091 + 0{,}00606D_1 \geq 0$, $x_3 = 5$, $s_3 = 340{,}90909 + 0{,}00606D_1 \geq 0$, $x_2 = 29{,}54545 + 0{,}00303D_1 \geq 0$. Assim, o preço dual = 0,158 para a faixa $-9.750 \leq D_1 \leq 56.250$. Um aumento de 50% na verba mensal (D_1 = \$ 5.000) é recomendada porque o preço dual é positivo.

11. (a) Recurso escasso: resistor e capacitor; recurso abundante: chip.
(b) Valores equivalentes por unidade de resistor, capacitor e chips são \$ 1,25; \$ 0,25 e \$ 0.

(e) A alteração $D_3 = 350 - 800 = -450$ cai fora da faixa de viabilidade $D_3 \geq -400$. Daí, o problema deve ser resolvido mais uma vez.

13. (b) A solução $x_1 = x_2 = 2 + \frac{\Delta}{3}$ é viável para todo $\Delta > 0$. Para $0 < \Delta \leq 3$, $r_1 + r_2 = \frac{\Delta}{3} \leq 1 \Rightarrow$ viabilidade confirmada. Para $3 \leq \Delta < 6$, $r_1 + r_2 = \frac{\Delta}{3} > 1 \Rightarrow$ viabilidade não confirmada. Para $\Delta > 6$, a alteração cai fora das faixas para D_1 e D_2.

Conjunto 3.6d

2. (a) x_1 = latas de A1, x_2 = latas de A_2, x_3 = latas de BK.

Maximizar $z = 80x_1 + 70x_2 + 60x_3$ sujeito a

$$x_1 + x_2 + x_3 \leq 500, x_1 \geq 100, 4x_1 - 2x_2 - 2x_3 \leq 0$$

Solução ótima: $x_1 = 166{,}67$; $x_2 = 333{,}33$; $x_3 = 0$; $z = 36666{,}67$.

(b) Pelo TORA, o custo reduzido por lata de BK = 10. O preço deve ser aumentado em mais de 10 centavos.

(c) $d_1 = d_2 = d_3 = -5$ centavos. Pelo TORA, os custos reduzidos para as variáveis não básicas são

$$x_3: 10 + d_2 - d_3 \geq 0, \text{satisfeita}$$

$$s_1: 73{,}33 + 0{,}67d_2 + 0{,}33d_1 \geq 0, \text{satisfeita}$$

$$s_3: 1{,}67 - 0{,}17d_2 + 0{,}17d_1 \geq 0, \text{satisfeita}$$

A solução permanece a mesma.

5. (a) x_i = número de unidades de motor i, $i = 1, 2, 3, 4$.

Maximizar $z = 60x_1 + 40x_2 + 25x_3 + 30x_4$ sujeito a

$$8x_1 + 5x_2 + 4x_3 + 6x_4 \leq 8.000; x_1 \leq 500, x_2 \leq 500,$$

$$x_3 \leq 800, x_4 \leq 750, x_1, x_2, x_3, x_4 \geq 0$$

Solução ótima: $x_1 = 500$, $x_2 = 500$, $x_3 = 375$, $x_4 = 0$, $z = \$\ 59.375$

(b) Pelo TORA, $8{,}75 + d_2 \geq 0$. O preço do motor do tipo 2 pode ser reduzido em até \$ 8,75.

(c) $d_1 = -\$\ 15$, $d_2 = -\$\ 10$, $d_3 = -\$\ 6{,}25$, $d_4 = -\$\ 7{,}50$. Pelo TORA,

$$x_4: 7{,}5 + 1{,}5d_3 - d_4 \geq 0, \text{satisfeita}$$

$$s_1: 6{,}25 + 0{,}25d_3 \geq 0, \text{satisfeita}$$

$$s_2: 10 - 2d_3 + d_1 \geq 0, \text{satisfeita}$$

$$s_3: 8{,}75 - 1{,}25d_3 + d_2 \geq 0, \text{satisfeita}$$

A solução permanece a mesma, mas z será reduzida em 25%.

(d) Custo reduzido de $x_4 = 7{,}5$. Aumentar preço por mais do que \$ 7,50.

Conjunto 3.6e

5. O preço dual para a restrição de investimento $x_{1A} + x_{1B} \leq 100$ é \$ 5,10 por dólar investido em *qualquer* quantia de investimento.

9. (a) Preço dual para a matéria-prima *A* é \$ 10,27. O custo de \$ 12,00 por lb excede a receita esperada. Em conseqüência, a compra de matéria-prima adicional *A* não é recomendada.

(b) Preço dual para matéria-prima *B* é \$ 0. O recurso já é abundante e não se justifica nenhuma compra adicional.

CAPÍTULO 4

Conjunto 4.1a

2. Sejam y_1, y_2 e y_3 as variáveis duais.

Maximizar $w = 3y_1 + 5y_2 + 4y_3$ sujeito a

$$y_1 + 2y_2 + 3y_3 \leq 15; 2y_1 - 4y_2 + y_3 \leq 12$$

$$y_1 \geq 0; y_2 \leq 0; y_3 \text{ irrestrita}$$

4. (c) Sejam y_1 e y_2 as variáveis duais.

Minimizar $z = 5y_1 + 6y_2$ sujeito a

$$2y_1 + 3y_2 = 1; y_1 - y_2 = 1$$

$$y_1, y_2 \text{ irrestritas}$$

5. A restrição dual associada às variáveis artificiais é $y_2 \geq -M$. Matematicamente, $M \rightarrow \infty \Rightarrow y \geq -\infty$, que é o mesmo que y_2 ser irrestrita.

Conjunto 4.2a

1. (a) $\mathbf{AV}_1$ é indefinida.

(e) $\mathbf{V}_2\mathbf{A} = (-14\ -32)$

Conjunto 4.2b

1. (a) Inversa = $\begin{pmatrix} \frac{1}{4} & -\frac{1}{2} & 0 & 0 \\ -\frac{1}{8} & \frac{3}{4} & 0 & 0 \\ \frac{3}{8} & -\frac{5}{4} & 1 & 0 \\ \frac{1}{8} & -\frac{3}{4} & 0 & 1 \end{pmatrix}$

Conjunto 4.2c

3. Sejam y_1 e y_2 as variáveis duais.

Minimizar $w = 30y_1 + 40y_2$ sujeito a

$$y_1 + y_2 \geq 5; 5y_1 - 5y_2 \geq 2; 2y_1 - 6y_2 \geq 3$$

$$y_1 \geq -M (\Rightarrow y_1 \text{ irrestrita}); y_2 \geq 0$$

Solução: $y_1 = 5$; $y_2 = 0$; $w = 150$.

6. Sejam y_1 e y_2 as variáveis duais.

Minimizar $w = 3y_1 + 4y_2$ sujeito a

$$y_1 + 2y_2 \geq 1; 2y_1 - y_2 \geq 5; y_1 \geq 3$$

$$y_2 \text{ irrestrita}$$

Solução: $y_1 = 3$; $y_2 = -1$; $w = 5$

8. (a) $(x_1, x_2) = (3, 0)$, $z = 15$, $(y_1, y_2) = (3, 1)$, $w = 14$. Faixa = (14, 15)

9. (a) Solução dual é inviável; em conseqüência, não pode ser ótima, ainda que $z = w = 17$.

Conjunto 4.2d

2. (a) Viabilidade: $(x_2, x_4) = (3, 15) \Rightarrow$ viável.

Otimalidade: custos reduzidos de $(x_1, x_3) = (0, 2) \Rightarrow$ ótima.

4.

Base	x_1	x_2	x_3	x_4	x_5	Solução
z	0	0	$-\frac{2}{5}$	$-\frac{1}{5}$	0	$\frac{12}{5}$
x_1	1	0	$-\frac{3}{5}$	$\frac{1}{5}$	0	$\frac{3}{5}$
x_2	0	1	$\frac{4}{5}$	$-\frac{3}{5}$	0	$\frac{6}{5}$
x_5	0	0	-1	1	1	0

A solução é ótima e viável.

7. Valor objetivo: pela primal, $z = c_1x_1 + c_2x_2$, e, pela dual, $w = b_1y_1 + b_2y_2 + b_3y_3$. $b_1 = 4$, $b_2 = 6$, $b_3 = 8$, $c_1 = 2$, $c_2 = 5 \Rightarrow z = w = 34$.

Conjunto 4.3a

2. (a) Sejam (x_1, x_2, x_3, x_4) = unidades diárias de SC320, SC325, SC340 e SC370.

Maximizar $z = 9{,}4x_1 + 10{,}8x_2 + 8{,}75x_3 + 7{,}8x_4$ sujeito a

$$10{,}5x_1 + 9{,}3x_2 + 11{,}6x_3 + 8{,}2x_4 \leq 4.800$$

$$20{,}4x_1 + 24{,}6x_2 + 17{,}7x_3 + 26{,}5x_4 \leq 9.600$$

$$3{,}2x_1 + 2{,}5x_2 + 3{,}6x_3 + 5{,}5x_4 \leq 4.700$$

$$5x_1 + 5x_2 + 5x_3 + 5x_4 \leq 4.500$$

$$x_1 \geq 100, x_2 \geq 100, x_3 \geq 100, x_4 \geq 100$$

(b) Somente a capacidade de soldagem pode ser aumentada porque tem um preço dual positivo (= 0,4944).

(c) Preços duais para limites inferiores são ≤ 0 (–0,6847, –1,361 0 e –5,3003), o que significa que os limites causam um efeito adverso sobre a lucratividade.

(d) O preço dual para soldagem é $ 0,4944/min, válido na faixa (8.920, 10.201,72), o que corresponde a um aumento máximo de capacidade de apenas 6,26%.

Conjunto 4.3b

2. Novo carro de bombeiros de brinquedo é lucrativo porque seu custo reduzido = –2.
3. Peças PP3 e PP4 não são parte da solução ótima. Os custos reduzidos atuais são 0,1429 e 1,1429. Assim, a taxa de deterioração na receita por unidade é $ 0,1429 para PP3 e $ 1,1429 para PP4.

Conjunto 4.4a

1. (b) Não, porque o ponto E é viável e o dual simplex deve permanecer inviável até a ótima ser alcançada.
4. (c) Adicione a restrição artificial $x_1 \le M$. O problema não tem nenhuma solução viável.

Conjunto 4.5a

4. Seja Q a ração semanal em lb (= 5.200, 9.600, 15.000, 20.000, 26.000, 32.000, 38.000, 42.000, para as semanas 1, 2,..., e 8). Solução ótima: calcário = 0,028 Q, milho = 0,649 Q e preparado de soja = 0,323 Q. Custo = 0,81221 Q.

Conjunto 4.5b

1. (a) A restrição adicional é redundante.

Conjunto 4.5c

2. (a) Novos valores duais = (1/2, 0, 0, 0). A solução atual permanece ótima.
   (c) Novos valores duais = (–1/8, 11/4, 0, 0). $z - 0{,}125s_1 + 2{,}75s_2 = 13{,}5$. Nova solução: $x_1 = 2, x_2 = 2, x_3 = 4, z = 14$.

Conjunto 4.5d

1. $\frac{p}{100}(y_1 + 3y_2 + y_3) - 3 \ge 0$. Para $y_1 = 1, y_2 = 2$ e $y_3 = 0, p \ge 42{,}86\%$.
3. (a) Custo reduzido para carros de bombeiro = $3y_1 + 2y_2 + 4y_3 - 5 = 2 > 0$. Carros de bombeiros não são lucrativos.

CAPÍTULO 5

Conjunto 5.1a

4. Designe um custo muito alto, M, à rota entre Detroit e um destino fictício.
6. (a e b) Use M = 10.000. A solução é mostrada em negrito. Custo total = $ 49.710.

	1	2	3	Fornecimento
Usina 1	600	700	400 **25**	**25**
Usina 2	320 **23**	300 **17**	350	**40**
Usina 3	500	480 **25**	450 **5**	**30**
Excesso Usina 4	1.000 **13**	1.000	M	**13**
Demanda	**36**	**42**	**30**	

(c) Excesso de custo para a Cidade 1 = $ 13.000.

9. A solução (em milhões de galões) é mostrada em negrito. A área 2 terá escassez de 2 milhões de galões. Custo total = $ 304.000.

	A1	A2	A3	Fornecimento
Refinaria 1	12 **4**	18 **2**	M	**6**
Refinaria 2	30	10 **4**	8 **1**	**5**
Refinaria 3	20	25	12 **6**	**6**
Fictício	M	50 **2**	50	**2**
Demanda	**4**	**8**	**7**	

Conjunto 5.2a

2. Custo total = $ 804. O problema tem ótima alternativa.

		Serviço de afiação			
Dia	*Nova*	*Noturno*	*2 dias*	*3 dias*	Descarte
Segunda-feira	24	0	6	18	0
Terça-feira	12	12	0	0	0
Quarta-feira	2	14	0	0	0
Quinta-feira	0	0	20	0	0
Sexta-feira	0	14	0	0	4
Sábado	0	2	0	0	12
Domingo	0	0	0	0	22

5. Custo total = $ 190.040. O problema tem ótima alternativa.

Período	Capacidade	Quantidade produzida	Entrega
1	500	500	400 para (período) 1 e 100 para 2
2	600	600	200 para 2, 220 para 3 e 180 para 4
3	200	200	200 para 3
4	300	200	200 para 4

Conjunto 5.3a

1. (a) Noroeste: custo = $ 42. Menor custo: = $ 37. Vogel: = $ 37.

Conjunto 5.3b

5. (a) Custo = $ 1.475.
   (b) $c_{12} \ge 3, c_{13} \ge 8, c_{23} \ge 13, c_{31} \ge 7$.

Conjunto 5.4a

5. Use o código (cidade, data) para definir as linhas e colunas do problema de designação. Exemplo: a designação (D, 3)-(A, 7) significa sair de Dallas em 3 de junho e voltar de Atlanta em 7 de junho ao custo de $ 400. A solução é mostrada em negrito. Custo = $ 1.180. O problema tem ótima alternativa.

	(A, 7)	(A, 12)	(A, 21)	(A, 28)
(D, 3)	400	300	300	**280**
(D, 10)	**300**	400	300	300
(D, 17)	300	**300**	400	300
(D, 25)	300	300	**300**	400

6. Designação ótima: I-*d*, II-*c*, III-*a*, IV-*b*.

Conjunto 5.5a

4. Custo total = $ 1.550. A solução ótima é resumida a seguir. O problema tem ótima alternativa.

	Loja 1	Loja 2	Loja 3
Fábrica 1	50	0	0
Fábrica 2	50	200	50

CAPÍTULO 6

Conjunto 6.1a

1. Para a rede (i): (a) 1-3-4-2. (b) 1-5-4-3-1. (c e d) Veja a Figura C.5.

Figura C.5

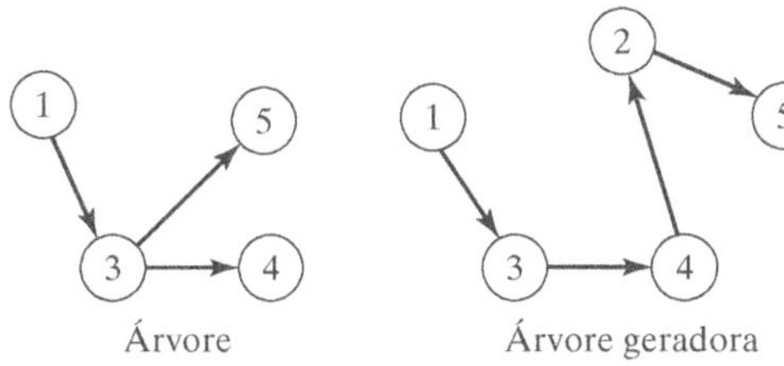

4. Cada quadrado é um nó. Quadrados adjacentes são conectados por arcos. Cada um dos nós, 1 e 8, tem o maior número de arcos que se originam deles e, portanto, devem aparecer no centro. O problema tem mais de uma solução. Veja a Figura C.6.

Figura C.6

	3	5	
7	1	8	2
	4	6	

Conjunto 6.2a

2. (a) 1-2, 2-5, 5-6, 6-4, 4-3. Comprimento total = 14 milhas.
5. Alta pressão: 1-2-3-4-6. Baixa pressão: 1-5-7 e 5-9-8.

Conjunto 6.3a

1. Comprar carro novo nos anos 1 e 4. Custo total = $ 8.900. Veja a Figura C.7.
4. Para o arco (i, v_i)-$(i+1, v_{i+1})$, defina-se $p(q)$ = valor (número de item i). Solução: selecione uma unidade de cada um dos itens, 1 e 2. Valor total = $ 80. Veja a Figura C.8.

Conjunto 6.3b

1. (c) Elimine todos os nós exceto 4, 5, 6, 7 e 8. Distância mais curta = 8, associada às rotas 4-5-6-8 e 4-6-8.

Conjunto 6.3c

1. (a) 5-4-2-1, distância = 12.
4. A Figura C.9 resume a solução. Cada arco tem comprimento unitário. As setas mostram rotas de uma única via. Exemplo de solução: de Bob a Joe: Bob-Kay-Rae-Kim-Joe. Maior número de contatos = 4.

Figura C.7

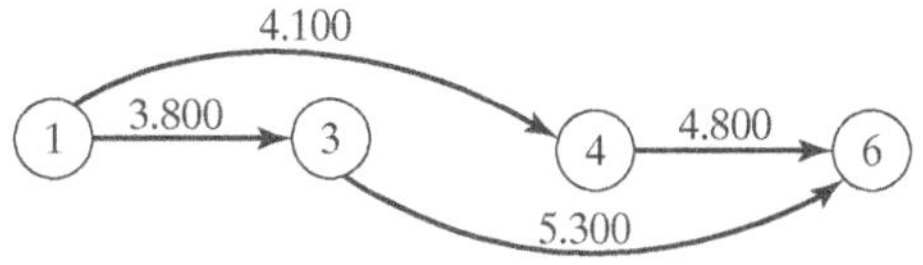

Figura C.8

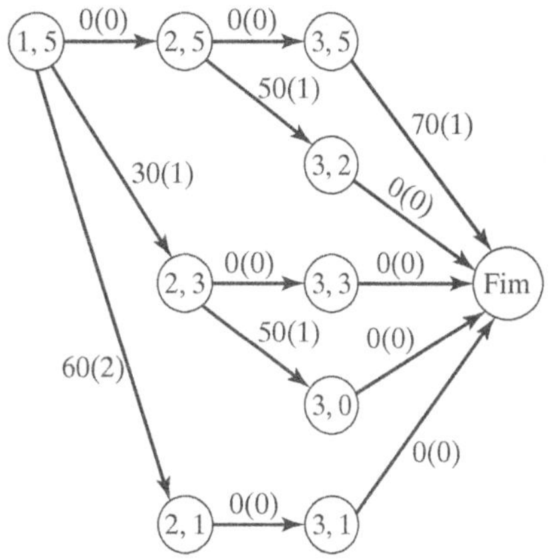

Figura C.9

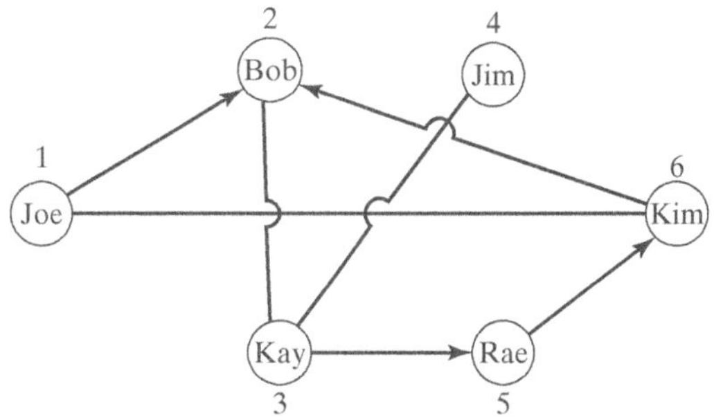

Conjunto 6.3d

1. (a) Lado direito das equações para os nós 1 e 5 são 1 e -1, respectivamente; todas as outras = 0. Solução ótima: 1-3-5 ou 1-3-4-5; distância = 90.

Conjunto 6.4a

1. Corte 1:1-2, 1-4, 3-4, 3-5, capacidade = 60.

Conjunto 6.4b

1. (a) Excesso de capacidade: arco (2-3) = 40, arco (2-5) = 10, arco (4-3) = 5.
(b) Nó 2: 20 unidades; nó 3: 30 unidades; nó 4: 20 unidades.
(c) Não, porque não há excesso de capacidade partindo do nó 1.
7. Número máximo de tarefas é 4. Rif-3, Mai-1, Ben-2, Kim-5. Ken não tem nenhuma tarefa.

Conjunto 6.5a

3. Veja a Figura C.10.

Conjunto 6.5b

1. Caminho crítico: 1-3-4-5-6-7. Duração = 19.

Conjunto 6.5c

3. (a) 10. (b) 5. (c) 0.

Figura C.10

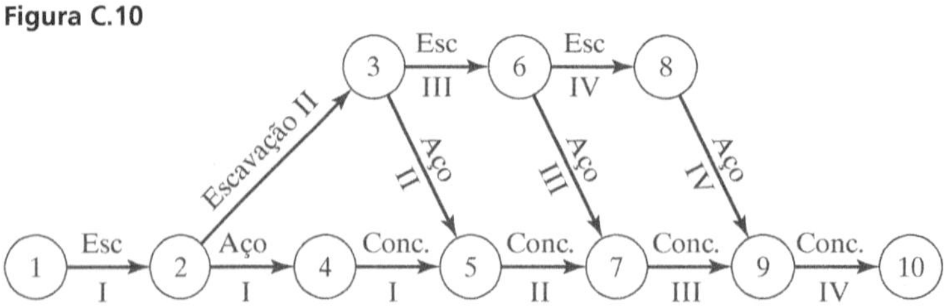

5. (a) Caminho crítico: 1-3-6; duração = 45 dias.
   (b) A, D e E.
   (c) As atividades C, D e G terão, cada uma, um atraso de 5 dias. E não será afetada.
   (d) Equipamento mínimo = 2 unidades.

CAPÍTULO 7

Conjunto 7.1a

2. (1, 0) e (0, 2) estão em Q, mas $\lambda(1, 0) + (1 - \lambda)(0, 2) = (\lambda, 2 - 2\lambda)$ não se encontra em Q para $0 < \lambda < 1$.

Conjunto 7.1b

2. (b) Solução única com $x_1 > 1$ e $0 < x_2 < 1$. Veja a Figura C.11.
   (d) Um número infinito de soluções.
   (f) Nenhuma solução.
3. (a) Base porque det $\mathbf{B} = -4$.
   (d) Não é uma base porque uma base deve incluir exatamente 3 vetores independentes.

Figura C.11

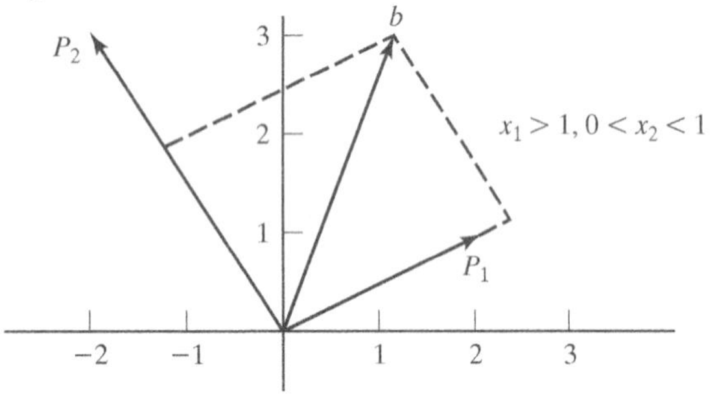

Conjunto 7.1c

1.

$$\mathbf{B}^{-1} = \begin{pmatrix} 0{,}3 & -0{,}2 \\ 0{,}1 & 0{,}1 \end{pmatrix}$$

Base	x_1	x_2	x_3	x_4	Solução
z	1,5	−0,5	0	0	21,5
x_3	0	0,5	1	0	2
x_4	0,5	0	0	1	1,5

A solução é viável, mas não ótima.

4. Solução ótima $z = 34$.
   Maximizar $z = 2x_1 + 5x_2$ sujeito a $x_1 \le 4, x_2 \le 6, x_1 + x_2 \le 8, x_1, x_2 \ge 0$

Conjunto 7.2a

1. (a) $\mathbf{P}_1$ tem de sair.
   (b) $\mathbf{B} = (\mathbf{P}_2, \mathbf{P}_4)$ é uma base viável.
2. Para o vetor básico $\mathbf{X}_B$, temos

$$\{z_j - c_j\} = \mathbf{c}_B\mathbf{B}^{-1}\mathbf{B} - \mathbf{c}_B = \mathbf{c}_B\mathbf{I} - \mathbf{c}_B = \mathbf{c}_B - \mathbf{c}_B = \mathbf{0}$$

7. O número de pontos extremos adjacentes é $n - m$, considerando a não-degeneração.
10. Em caso de degeneração, o número de pontos extremos é menor do que o de soluções básicas; caso contrário, são iguais.
11. (a) nova $x_j = 1/\alpha$ velha x_j.
    (b) nova $x_j = \beta/\alpha$ velha x_j.

Conjunto 7.2b

2. (b) $(x_1, x_2, x_3) = (1{,}5; 2; 0)$, $z = 5$.

Conjunto 7.3a

2. (b) $(x_1, x_2, x_3, x_4, x_5, x_6) = (0; 1; 0{,}75; 1; 0; 1)$, $z = 22$.

Conjunto 7.4a

2. Maximizar $w = \mathbf{Yb}$ sujeito a $\mathbf{YA} \le \mathbf{c}, \mathbf{Y} \ge \mathbf{0}$.

Conjunto 7.4b

5. Método 1: $(b_1, b_2, b_3) = (4, 6, 8) \Rightarrow$ valor objetivo dual = 34.
   Método 2: $(c_1, c_2) = (2, 5) \Rightarrow$ valor objetivo primal = 34.
7. Minimizar $w = \mathbf{Yb}$ sujeito a $\mathbf{YA} = \mathbf{c}$, $\mathbf{Y}$ irrestrita.

Conjunto 7.5a

1. $-\frac{2}{7} \le t \le 1$
2. (a)

Solução básica	Faixa aplicável de t
$(x_2, x_3, x_6) = (5, 30, 10)$	$0 \le t \le \frac{1}{3}$
$(x_2, x_3, x_1) = (\frac{25}{4}, \frac{90}{4}, 5)$	$\frac{1}{3} \le t \le \frac{5}{2}$
$(x_2, x_4, x_1) = (\frac{5}{2}, 15, 20)$	$\frac{5}{2} \le t \le \infty$

5. $\{z_j - c_j\}_{j=1,4,5} = \left(4 - \frac{3t}{2} - \frac{3t^2}{2}, 1 - t^2, 2 - \frac{t}{2} - \frac{t^2}{2}\right)$.
   A base permanece ótima para $0 \le t \le 1$.

Conjunto 7.5b

1. (a) $t_1 = 10$, $\mathbf{B}_1 = (\mathbf{P}_2, \mathbf{P}_3, \mathbf{P}_4)$
2. Em $t = 0$, $(x_1, x_2, x_4) = (0{,}4; 1{,}8; 1)$. Permanece básica para $0 \le t \le 1{,}5$. Nenhuma solução viável para $t > 1{,}5$.

CAPÍTULO 8

Conjunto 8.1a

1. G_5: minimizar s_5^+, $55x_p + 3{,}5x_f + 5{,}5x_s - 0{,}0675x_g + s_5^- - s_5^+ = 0$.
3. Seja x_1 = número de calouros do próprio estado; x_2 = número de calouros de fora do estado; x_3 = número de calouros internacionais.

Gi: minimizar s_i^-, $i = 1, 2, \ldots, 5$, sujeito a $x_1 + x_2 + x_3 + s_1^- - s_1^+ = 1.200$,

$2x_1 + x_2 - 2x_3 + s_2^- - s_2^+ = 0$, $-0{,}1x_1 - 0{,}1x_2 + 0{,}9x_3 + s_3^- - s_3^+ = 0$,

$0{,}125x_1 - 0{,}05x_2 - 0{,}556x_3 + s_4^- - s_4^+ = 0$, $-0{,}2x_1 + 0{,}8x_2 - 0{,}2x_3 + s_5^- - s_5^+ = 0$

Todas as variáveis são não negativas.

5. Seja x_j = número de rodadas de produção no turno $j, j = 1, 2, 3$.
Minimizar $z = s_1^- + s_1^+$, sujeito a $-100x_1 + 40x_2 - 80x_3 + s_1^- - s_1^+ = 0$,

$$4 \le x_1 \le 5; 10 \le x_2 \le 20; 3 \le x_3 \le 20$$

Conjunto 8.2a

1. Função objetivo: minimizar $z = s_1^- + s_2^- + s_3^- + s_4^+ + s_5^+$
Solução: $x_p = 0{,}0201$; $x_f = 0{,}0457$; $x_s = 0{,}0582$; $x_g = 2$ centavos; $s_5^+ = 1{,}45$
Imposto sobre a gasolina está $ 1,45 milhão abaixo da meta.

4. x_1 = lb de calcário/dia; x_2 = lb de milho/dia; x_3 = lb de preparado de soja/dia.
Função objetivo: minimizar $z = s_1^- + s_2^+ + s_3^- + s_4^- + s_5^+$
Solução: $x_1 = 166{,}08$ lb, $x_2 = 2.778{,}56$ lb, $x_3 = 3.055{,}36$ lb, $z = 0$.
O problema tem ótima alternativa. Todas as metas são cumpridas, mas as metas 3 e 4 são ultrapassadas.

7. x_j = número de unidades de produto $j, j = 1, 2$.
Designe um peso relativamente alto às restrições de quota.
Função objetivo: minimizar $z = 100s_1^- + 100s_2^- + s_3^+ + s_4^+$
Solução: $x_1 = 80$, $x_2 = 60$, $s_3^+ = 100$ minutos, $s_4^+ = 120$ minutos.
A quota de produção pode ser cumprida com 100 minutos de hora extra para a máquina 1 e 120 minutos de hora extra para a máquina 2.

Conjunto 8.2b

2. Solução G_1: $x_p = 0{,}01745$, $x_f = 0{,}0457$, $x_s = 0{,}0582$, $x_g = 21{,}33$, $s_4^+ = 19{,}33$; todas as outras = 0. Metas G_1, G_2 e G_3 são cumpridas. G_4 não é cumprida.
Problema G_4: mesmas restrições de G_1, mais $s_1^- = 0, s_2^- = 0, s_3^- = 0$.
Solução G_4: $x_p = 0{,}0201$, $x_f = 0{,}0457$, $x_s = 0{,}0582$, $x_g = 2$, $s_5^+ = 1{,}45$.
Todas as outras variáveis = 0. A meta G_5 não é cumprida.
Problema G_5: o mesmo que G_4 mais $s_4^+ = 0$.
Solução G_5: a mesma que G_4, o que significa que a meta 5 não pode ser satisfeita ($s_5^+ = 1{,}45$).

CAPÍTULO 9

Conjunto 9.1a

3. x_{ij} = número de garrafas do tipo i designadas ao indivíduo j, onde i = 1 (cheia), 2 (cheia até a metade), 3 (vazia).
Restrições:

$$x_{11} + x_{12} + x_{13} = 7, x_{21} + x_{22} + x_{23} = 7, x_{31} + x_{32} + x_{33} = 7$$

$$x_{11} + 0{,}5x_{21} = 3{,}5, x_{12} + 0{,}5x_{22} = 3{,}5, x_{13} + 0{,}5x_{23} = 3{,}5$$

$$x_{11} + x_{21} + x_{31} = 7, x_{12} + x_{22} + x_{32} = 7, x_{13} + x_{23} + x_{33} = 7$$

Todos x_{ij} são inteiros não negativos.
Solução: use uma função objetivo fictícia.

	N. de garrafas designadas ao indivíduo		
Status	*1*	*2*	*3*
Cheia	1	3	3
Cheia pela metade	5	1	1
Vazia	1	3	3

6. y = soma original de dinheiro. x_j = quantia tomada na noite $j, j = 1, 2, 3$. x_4 = quantia dada a cada marinheiro pelo primeiro oficial.
Minimizar $z = y$ sujeito a $3x_1 - y = 2$, $x_1 + 3x_2 - y = 2$, $x_1 + x_2 + 3x_3 - y = 2$, $y - x_1 - x_2 - x_3 - 3x_4 = 1$. Todas as variáveis são inteiras não negativas.
Solução: $y = 79 + 81n, n = 0, 1, 2, \ldots$

10. Lado 1: 5, 6 e 8 (27 minutos). Lado 2: 1, 2, 3, 4 e 7 (28 minutos). O problema tem ótima alternativa.

12. $x_{ij} = 1$ se estudante i selecionar curso j; caso contrário é zero; c_{ij} = contagem de preferência associada; C_j = capacidade do curso j. Maximizar $z = \sum_{i=1}^{10}\sum_{j=1}^{6} c_{ij}x_{ij}$ sujeito a

$$\sum_{j=1}^{6} x_{ij} = 2, i = 1, 2, \ldots, 10, \sum_{j=1}^{10} x_{ij} \le C_j, j = 1, 2, \ldots, 6$$

Solução: curso 1: estudantes (2, 4, 9); 2: (2, 8); 3: (5, 6, 7, 9); 4: (4, 5, 7, 10), 5: (1, 3, 8, 10); 6: (1,3). Contagem total = 1.775.

Conjunto 9.1b

1. Seja $x_j = 1$ se a rota j for selecionada; caso contrário, é 0. Distância total da rota (ABC, 1, 2, 3, 4, ABC) = 10 + 32 + 4 + 15 + 9 = 80 milhas.
Minimizar $z = 80x_1 + 50x_2 + 70x_3 + 52x_4 + 60x_5 + 44x_6$ sujeito a

$$x_1 + x_3 + x_5 + x_6 \ge 1, x_1 + x_3 + x_4 + x_5 \ge 1, x_1 + x_2 + x_4 + x_6 \ge 1,$$

$$x_1 + x_2 + x_5 \ge 1, x_2 + x_3 + x_4 + x_6 \ge 1, x_j = (0, 1) \text{ para todo } j.$$

Solução: selecione as rotas (1, 4, 2) e (1, 3, 5), $z = 104$. O cliente 1 deve ser omitido em uma das duas rotas.

2. Solução: o comitê é formado pelos indivíduos a, d e f. O problema tem ótima alternativa.

7. $x_t = 1$ se o transmissor t for selecionado; caso contrário é 0. $x_c = 1$ se a comunidade c for abrangida; caso contrário é 0. c_t = custo do transmissor t. S_c = conjunto de transmissores que abrange a comunidade c. P_j = população da comunidade j.
Maximizar $z = \sum_{c=1}^{15} P_c x_c$ sujeito a

$$\sum_{t \in S_c} x_t \ge x_c, c = 1, 2, \ldots, 15, \sum_{t=1}^{7} c_t x_t \le 15$$

Solução: construir transmissores 2, 4, 5, 6 e 7. Todas as comunidades são abrangidas, exceto a comunidade 1.

Conjunto 9.1c

2. Seja x_j = número de componentes minúsculos produzidos na máquina $j, j = 1, 2, 3$. $y_j = 1$ se a máquina j for usada; caso contrário, é 0. Minimizar $z = 2x_1 + 10x_2 + 5x_3 + 300y_1 + 100y_2 + 200y_3$ sujeito a $x_1 + x_2 + x_3 \ge 2.000$, $x_1 - 600y_1 \le 0$, $x_2 - 800y_2 \le 0$, $x_3 - 1.200y_3 \le 0$, $x_1, x_2, x_3 \ge 500$ e inteiras, $y_1, y_2, y_3 = (0, 1)$.
Solução: $x_1 = 600$, $x_2 = 500$, $x_3 = 900$, z = $ 11.300.

3. Solução: o local 1 é designado aos alvos 1 e 2 e o local 2 é designado aos alvos 3 e 4. $z = 18$.

10. x_e = número de bilhetes (uma via) da Eastern, x_u = número de bilhetes da US Air, x_c = número de bilhetes da Continental. e_1 e e_2 são variáveis binárias. u e c são inteiros não negativos.
Maximizar $z = 1.000(x_e + 1{,}5x_u + 1{,}8x_c + 5e_1 + 5e_2 + 10u + 7c)$ sujeito a $e_1 \le x_e/2$, $e_2 \le x_e/6$, $u \le x_u/6$ e $c \le x_c/5$, $x_e + x_u + x_c = 12$.
Solução: comprar 2 bilhetes da Eastern e 10 bilhetes da Continental. Bônus = 39.000 milhas.

Conjunto 9.1d

1. Seja x_{ij} = quantidade inteira designada ao quadrado (i, j). Use uma função objetivo fictícia com todos os coeficientes iguais a zero.
Restrições:

$$\sum_{j=1}^{3} x_{ij} = 15, i = 1, 2, 3, \sum_{i=1}^{3} x_{ij} = 15, j = 1, 2, 3,$$

$$x_{11} + x_{22} + x_{33} = 15, x_{31} + x_{22} + x_{13} = 15,$$

$$(x_{11} \ge x_{12} + 1 \text{ ou } x_{11} \le x_{12} - 1), (x_{11} \ge x_{13} + 1 \text{ ou } x_{11} \le x_{13} - 1),$$

$$(x_{12} \ge x_{13} + 1 \text{ ou } x_{12} \le x_{13} - 1), (x_{11} \ge x_{21} + 1 \text{ ou } x_{11} \le x_{21} - 1),$$

$$(x_{11} \ge x_{31} + 1 \text{ ou } x_{11} \le x_{31} - 1), (x_{21} \ge x_{31} + 1 \text{ ou } x_{21} \le x_{31} - 1),$$

$$x_{ij} = 1, 2, \ldots, 9 \text{ para todo } i \text{ e } j$$

Solução:

2	9	4
7	5	3
6	1	8

Soluções alternativas são permutações diretas de linhas e/ou colunas.

3. x_j = número de unidades por dia de produto j.
Maximizar $z = 25x_1 + 30x_2 + 22x_3$ sujeito a

$$\begin{pmatrix} 3x_1 + 4x_2 + 5x_3 \le 100 \\ 4x_1 + 3x_2 + 6x_3 \le 100 \end{pmatrix} \text{ ou } \begin{pmatrix} 3x_1 + 4x_2 + 5x_3 \le 90 \\ 4x_1 + 3x_2 + 6x_3 \le 120 \end{pmatrix}$$

$$x_1, x_2, x_3 \ge 0 \text{ e inteiras}$$

Solução: produzir 26 unidades de produto 1, 3 de produto 2, e nenhuma de produto 3; usar localização 2.

Conjunto 9.2a[2]

2. (a) $z = 6, x_1 = 2, x_2 = 0$.
(d) $z = 12, x_1 = 0, x_2 = 3$.

3. (a) $z = 7{,}25; x_1 = 1{,}75; x_2 = 1$.
(d) $z = 10{,}5; x_1 = 0{,}5; x_2 = 2$.

9. PLI 0-1 equivalente:
Maximizar $z = 18y_{11} + 36y_{12} + 14y_{21} + 28y_{22} + 8y_{31} + 16y_{32} + 32y_{33}$
sujeito a $15y_{11} + 30y_{12} + 12y_{21} + 24y_{22} + 7y_{31} + 14y_{32} + 28y_{33} \le 43$
Todas as variáveis são binárias.
Solução: $z = 50, y_{12} = 1, y_{21} = 1$; todas as outras = 0.
Equivalentemente, $x_1 = 2, x_2 = 1$.
A versão 0-1 requeria 41 nós. A original requer 29.

Conjunto 9.2b

1. (a) Corte legítimo porque passa por um ponto inteiro e não elimina nenhum ponto inteiro viável. Você pode verificar este resultado representando em gráfico o corte no espaço de solução da PL.

6. (a) Solução ótima inteira: $(x_1, x_2, x_3) = (2, 1, 6), z = 26$.
Solução arredondada: $(x_1, x_2, x_3) = (3, 1, 6)$, que é inviável.

Conjunto 9.3a

1. A tabela a seguir dá o número de empregados distintos que entram/saem do escritório do gerente quando mudamos do projeto i para o projeto j. O objetivo é achar uma 'rota' que passe por todos os projetos e que minimizará o tráfego total.

	1	2	3	4	5	6
1	—	4	4	6	6	5
2	4	—	6	4	6	3
3	4	6	—	4	8	7
4	6	4	4	—	6	5
5	6	6	8	6	—	5
6	5	3	7	5	5	—

Conjunto 9.3c

2. Veja a Figura C.12.

CAPÍTULO 10

Conjunto 10.1a

1. Solução: distância mais curta = 21 milhas. Rota: 1-3-5-7.

Conjunto 10.2a

3. Solução: distância mais curta = 17. Rota: 1-2-3-5-7.

Conjunto 10.3a

2. (a) Solução: valor = 120. $(m_1, m_2, m_3) = (0, 0, 3), (0, 4, 1), (0, 2, 2)$ ou $(0, 6, 0)$.

[2] Use o módulo de programação inteira do TORA para gerar a árvore B&B.

5. Solução: pontos totais = 250. Selecione 2 cursos de I, 3 de II, 4 de III e 1 de IV.

7. Seja $x_j = 1$ se a solicitação j for aceita; caso contrário, é igual a 0. O modelo da mochila equivalente é

Maximizar $z = 78x_1 + 64x_2 + 68x_3 + 62x_4 + 85x_5$ sujeito a

$$7x_1 + 4x_2 + 6x_3 + 5x_4 + 8x_5 \le 23, x_j = (0, 1), j = 1, 2, ..., 5$$

Solução: aceitar todas as solicitações, menos a primeira.

Conjunto 10.3b

1. (a) Solução: contratar 6 para a semana 1, demitir 1 para a semana 2, demitir 2 para a semana 3, contratar 3 para a semana 4 e contratar 2 para a semana 5.

3. Solução: alugar 7 carros para a semana 1, devolver 3 para a semana 2, alugar 4 para a semana 3 e nada a fazer para a semana 4.

Conjunto 10.3c

2. Decisões para os próximos 4 anos: Manter, Manter, Substituir, Manter. Custo total = $ 458.

Conjunto 10.3d

3. (a) Seja x_i e y_i o número de ovelhas mantidas e vendidas ao final do período i e defina-se $z_i = x_i + y_i$.

$$f_n(z_n) = \max_{y_n = z_n}\{p_n y_n\}$$

$$f_i(z_i) = \max_{y_i \le z_i}\{p_i y_i + f_{i+1}(2z_i - 2y_i)\}, i = 1, 2, ..., n - 1$$

CAPÍTULO 11

Conjunto 11.3a

2. (a) Custo total por semana = $ 51,50.
(b) Custo total por semana = $ 50,20, $y^* = 239{,}05$ lb.

4. (a) Escolher política 1 porque seu custo por dia é $ 2,17 em comparação com $ 2,50 para a política 2.
(b) Política ótima: pedir 100 unidades sempre que o nível de estoque cair até 10 unidades.

Conjunto 11.3b

2. Política ótima: pedir 500 unidades sempre que o nível de estoque cair até 130 unidades. Custo por dia = $ 258,50.

Figura C.12

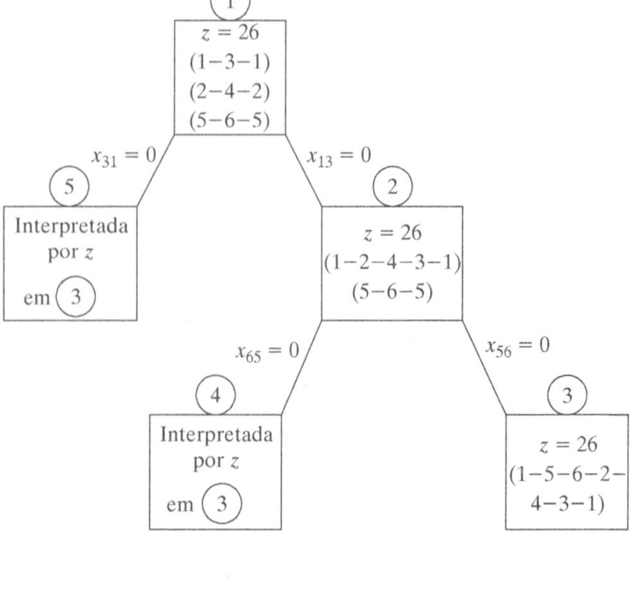

4. Nenhuma vantagem se $TCU_1(y_m) \leq TCU_2(q)$, o que quer dizer que não há nenhuma vantagem se o fator de desconto não ultrapassar 0,9344%.

Conjunto 11.3c

1. Solução AMPL/Solver: $(y_1, y_2, y_3, y_4, y_5) = (4{,}42; 6{,}87; 4{,}12; 7{,}2; 5{,}8)$, custo = \$ 568,12,
4. Restrição: $\sum_{i=1}^{4} \frac{365D_i}{y_i} \leq 150$.

   Solução Solver/AMPL: $(y_1, y_2, y_3, y_4) = (155{,}3; 118{,}82; 74{,}36; 90{,}09)$, custo = \$ 54,71.

Conjunto 11.4a

1. (a) 500 unidades requeridas no início dos períodos 1, 4, 7 e 10.

Conjunto 11.4b

3. Produzir 173 unidades no período 1, 180 no período 2, 240 no período 3, 110 no período 4 e 203 no período 5.

Conjunto 11.4c

1. (a) Não, porque o estoque não deve ser mantido desnecessariamente no final da projeção.
   (b) (i) $0 \leq z_1 \leq 5, 1 \leq z_2 \leq 5, 0 \leq z_3 \leq 4; x_1 = 4, 1 \leq x_2 \leq 6, 0 \leq x_3 \leq 4$.
   (ii) $5 \leq z_1 \leq 14, 0 \leq z_2 \leq 9, 0 \leq z_3 \leq 5; x_1 = 0, 0 \leq x_2 \leq 9, 0 \leq x_3 \leq 5$.
2. (a) $z_1 = 7, z_2 = 0, z_3 = 6, z_4 = 0$. Custo total = \$ 33.

Conjunto 11.4d

1. Use estoque inicial para satisfazer toda a demanda do período 1 e 4 unidades do período 2, desse modo reduzindo a demanda para os quatro períodos para 0, 22, 90 e 67, respectivamente.
   Solução ótima: pedir 112 unidades no período 2 e 67 unidades no período 4. Custo total = \$ 632.

Conjunto 11.4e

1. Solução: produzir 210 unidades em janeiro, 255 em abril, 210 em julho e 165 em outubro.

CAPÍTULO 12

Conjunto 12.1a

1. (a) 0,15 e 0,25, respectivamente. (b) 0,571. (c) 0,821.
2. $n \geq 23$.
3. $n > 253$.

Conjunto 12.1b

3. 5/32.
4. Seja p = probabilidade de Liz ganhar. A probabilidade de John ganhar é $3p$, o que é igual à probabilidade de Jim ganhar. A probabilidade de Ann ganhar é $6p$. Uma vez que um dos quatro ganha, $p + 3p + 3p + 3p + 6p = 1$.
   (a) 3/13.
   (b) 7/13.
   (c) 6/13.

Conjunto 12.1c

3. (a) 0,375. (b) 0,6.
7. 0,9545.

Conjunto 12.2a

2. (a) $K = 20$.
3. P{Demanda ≥ 1.100} = 0,3.

Conjunto 12.3a

3. (a) $P\{50 \leq \text{exemplares vendidos} \leq 70\} = 0{,}6667$.
   (b) Número esperado de exemplares não vendidos = 2,67
   (c) Lucro líquido esperado = \$ 22,33

Conjunto 12.3b

1. Média = 3,667; variância = 1,556.

Conjunto 12.3c

1. (a) $P(x_1 = 1) = P(x_2 = 1) = 0{,}4$, $P(x_1 = 2) = P(x_2 = 2) = 0{,}2$, $P(x_1 = 3) = P(x_2 = 3) = 0{,}4$.
   (b) Não, porque $P(x_1, x_2) \neq P(x_1)P(x_2)$.

Conjunto 12.4a

1. $(1/2)^{10}$.
3. 0,0547.

Conjunto 12.4b

1. 0,8646.
3. (a) $P\{n = 0\} = 0$.
   (b) $P\{n \geq 3\}$; 1.

Conjunto 12.4c

1. λ = 12 chegadas/min. $P\{t \leq 5 \text{ s}\} = 0{,}63$.

Conjunto 12.4d

2. 0,001435.

CAPÍTULO 13

Conjunto 13.1a

1. Pesos para A, B e C = (0,44214; 0,25184; 0,30602).

Conjunto 13.1b

2. CR > 0,1 para todas as matrizes, exceto **A**. $(w_S, w_J, w_M) = (0{,}331; 0{,}292; 0{,}377)$. Selecionar Maísa.
4. Todas as matrizes são consistentes. $(w_H, w_P) = (0{,}502; 0{,}498)$. Selecionar *H*.

Conjunto 13.2a

2. (a) Veja a Figura C.13
   (b) EV(milho) = –\$ 8.250, EV(soja) = \$ 250. Selecionar soja.
6. (a) Veja a Figura C.14.
   (b) EV(jogo) = –\$ 0,025. Não participe do jogo.

Figura C.13

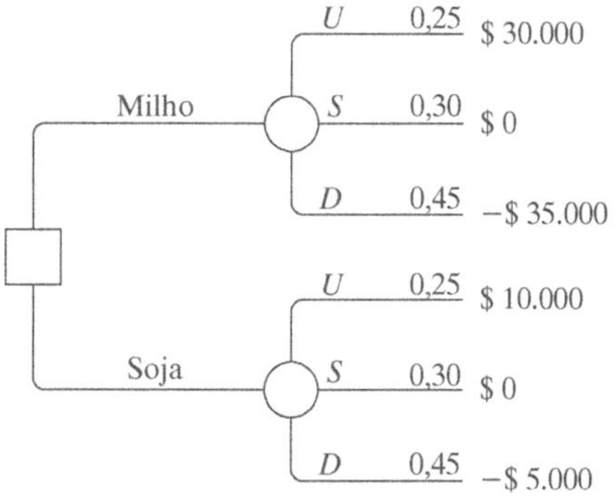

Figura C.14

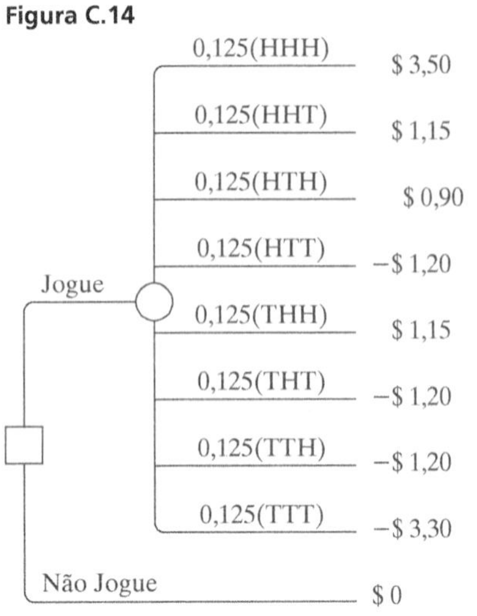

12. Ciclo ótimo de manutenção = 8 anos. Custo por ano = $ 397,50.
15. Taxa ótima de produção = 49 peças por dia.
19. O nível deve estar entre 99 e 151 galões.

Conjunto 13.2b

2. Seja z o evento que representa um item defeituoso em uma amostra de tamanho 5.
Resposta: $P\{A|z\} = 0{,}6097$, $P\{B|z\} = 0{,}3903$.

4. (a) Receita esperada se você publicar por conta própria = $ 196.000.
Receita esperada se for usada uma editora = $ 163.000.
(b) Se o levantamento previr sucesso, publique por conta própria; caso contrário, use uma editora.

7. (b) Despache o lote para B se ambos os itens forem ruins; caso contrário, despache o lote para A.

Conjunto 13.2c

1. (a) Valor esperado = $ 5; em conseqüência, não há nenhuma vantagem.
(b) Para $0 \le x < 10$, $U(x) = 0$; e para $x = 10$, $U(x) = 100$.
(c) Participe do jogo.

2. Loteria: $U(x) = 100 - 100p$, com $U(-\$\ 1.250.000) = 0$ e $U(\$\ 900.000) = 100$.

Conjunto 13.3a

1. (a) Todos os métodos: estudar a noite inteira (ação a_1).
(b) Todos os métodos: selecionar ações a_2 ou a_3.

Conjunto 13.4a

2. (a) Solução de ponto de sela em (2, 3). Valor do jogo = 4.
3. (a) $2 < v < 4$.

Conjunto 13.4b

1. Cada jogador deve misturar estratégias na proporção 50%-50%. Valor do jogo = 0.

2. Matriz de retorno para a Polícia:

	100%A	50%A-50%B	100%B
A	100	50	0
B	0	30	100

Estratégia para a Polícia: misturar 100% de estratégia A e 100% de estratégia B na proporção 50%-50%.
Estratégia para Robin: misturar 50% da estratégia A e 50% da estratégia B. Valor do jogo = $ 50 (= multa esperada paga por Robin).

Conjunto 13.4c

1. (a) Matriz de retorno para a equipe 1:

	AB	AC	AD	BC	BD	CD
AB	1	0	0	0	0	-1
AC	0	1	0	0	-1	0
AD	0	0	1	-1	0	0
BC	0	0	-1	1	0	0
BD	0	-1	0	0	1	0
CD	-1	0	0	0	0	1

Estratégia ótima para ambas as equipes: misturar AB e CD na proporção 50%-50%. Valor do jogo = 0.

3. (a) (m, n) = (Número de regimentos na localização 1, Número de regimentos na localização 2). Cada localização tem um retorno de 1 se ganhar e –1 se perder. Por exemplo, a estratégia (1, 1) de Blotto contra a estratégia (0, 3) do inimigo ganhará a localização 1 e perderá a localização 2, com um retorno líquido de 1 + (–1) = 0. Matriz de retorno para o coronel Blotto:

	3, 0	2, 1	1, 2	0, 3
2, 0	-1	-1	0	0
1, 1	0	-1	-1	0
0, 2	0	0	-1	-1

Estratégia ótima para Blotto: ele mistura as estratégias (2-0) e (0-2) na proporção de 50%-50%, e o inimigo mistura as estratégias (3-0) e (1-2) na proporção de 50%-50%. Valor do jogo = –0,5, e Blotto perde. O problema tem ótima alternativa.

CAPÍTULO 14

Conjunto 14.1a

1. (a) Pedir 1.000 unidades sempre que o nível de estoque cair até 537 unidades.

Conjunto 14.1b

2. Solução: $y^* = 317{,}82$ galões, $R^* = 46{,}82$ galões.
3. Solução: $y^* = 316{,}85$ galões, $R^* = 58{,}73$ galões. No Exemplo 14.1-2, $y^* = 319{,}44$ galões, $R^* = 93{,}61$ galões. A quantidade de pedido permanece aproximadamente a mesma do Exemplo 14.1-2, mas R^* é menor porque a variância da pdf da demanda é menor.

Conjunto 14.2a

3. $0{,}43 \le p \le 0{,}82$
6. 32 casacos.

Conjunto 14.2b

1. Pedir $9 - x$ se $x < 4{,}53$; caso contrário, não emitir pedido.

Conjunto 14.3a

2. Pedir $4{,}61 - x$ se $x < 4{,}61$; caso contrário, não emitir pedido.

CAPÍTULO 15

Conjunto 15.1a

1. (a) Produtividade = 71%.
   (b) Os dois requisitos não podem ser cumpridos simultaneamente.

Conjunto 15.2a

1.

Situação	Cliente	Servidor
(a)	Avião	Pista
(b)	Passageiro	Táxi
(h)	Carro	Vaga de estacionamento

Conjunto 15.3a

1. (b) (i) $\lambda = 6$ chegadas por hora; intervalo de tempo médio entre chegadas = $\frac{1}{6}$ hora.
   (c) (i) $\mu = 5$ atendimentos por hora; tempo médio de atendimento = 0,2 hora.
3. (a) $f(t) = 20e^{-20t}, t > 0$.
   (b) $P\{t > 15/60\} = 0{,}00674$.
7. O retorno de Jim é 2 centavos com probabilidade $P\{t \leq 1\} = 0{,}4866$ e –2 centavos com probabilidade $P\{t \geq 1\} = 0{,}5134$. Em 8 horas, Jim paga a Ann = 17,15 centavos.
10. (a) $P\{t \leq 4 \text{ minutos}\} = 0{,}4866$.
   (b) Porcentagem média de desconto = 6,208.

Conjunto 15.4a

1. $p_{n \geq 5}(1 \text{ hora}) = 0{,}55951$.
4. (a) $p_2(t = 7) = 0{,}24167$.
6. (a) λ combinada = 1/10 + 1/7, $p_2(t = 5) = 0{,}219$.

Conjunto 15.4b

2. (a) $p_0(t = 3) = 0{,}00532$.
   (c) $p_{n \leq 17}(t = 1) = 0{,}9502$.
5. $p_0(4) = 0{,}37116$.
8. (a) Tamanho médio do pedido = 25 – 7,11 = 17,89 itens.
   (b) $p_0(t = 4) = 0{,}00069$.

Conjunto 15.5a

3. (a) $p_{n \geq 3} = 0{,}4445$.
   (b) $p_{n \leq 2} = 0{,}5555$.
6. (a) $p_j = 0{,}2; j = 0, 1, 2, 3, 4$.
   (b) Número esperado na loja = 2 clientes.
   (c) $p_4 = 0{,}2$.

Conjunto 15.6a

1. (a) $L_q = 1p_6 + 2p_7 + 3p_8 = 0{,}1917$ carro.
   (c) $\lambda_{lost} = 0{,}1263$ carro por hora. Número médio de carros que não conseguirão vaga em 8 horas = 1,01 carros.
   (d) Número de vagas vazias =
   $$c - (L_s - L_q) = c - \sum_{n=0}^{8} np_n + \sum_{n=c+1}^{8} (n-c)p_n.$$

Conjunto 15.6b

2. (a) $p_0 = 0{,}2$.
   (b) Receita mensal média = \$ 50 × μt = \$ 375.
   (c) Pagamento esperado = \$ 40 × L_q = \$ 128.
5. (a) $p_0 = 0{,}4$.
   (b) $L_q = 0{,}9$ carro.
   (c) $W_q = 2{,}25$ min.
   (d) $p_{n \geq 11} = 0{,}0036$.
6. (d) Número de vagas é no mínimo 13.

Conjunto 15.6c

1. $P\{\tau > 1\} = 0{,}659$.
5. \$ 37,95 por dia de 12 horas.

Conjunto 15.6d

1. (a) $p_0 = 0{,}3654$.
   (b) $W_q = 0{,}207$ hora.
   (c) Número esperado de vagas vazias = $4 - L_q = 3{,}212$.
   (d) $p_5 = 0{,}04812$.
   (e) 40% de redução diminui W_s para aproximadamente 9,6 min ($\mu = 10$ carros/hora).
4. (a) $p_8 = 0{,}6$.
   (b) $L_q = 6{,}34$ geradores.
   (c) A probabilidade de achar um espaço vazio não pode exceder 0,4, independentemente da capacidade da esteira. Isso significa que a melhor utilização do departamento de montagem é 60%.
7. (a) $1 - p_5 = 0{,}962$.
   (b) $\lambda_{lost} = \lambda p_5 = 0{,}19$ cliente por hora.

Conjunto 15.6e

2. Para $c = 2$, $W_q = 3{,}446$ hora e para $c = 4$, $W_q = 1{,}681$ hora, uma melhoria de mais de 51%.
5. Seja K o número de lugares na sala de espera. Usando o TORA, $p_0 + p_1 + ... + p_{K+2} \geq 0{,}999$ resulta em $K \geq 10$.
7. (a) $p_n \geq_4 = 0{,}65772$.
   (e) Número médio de computadores ociosos = 0,667 computador.

Conjunto 15.6f

2. (c) Utilização = 81,8%.
   (d) $p_2 + p_3 + p_4 = 0{,}545$.
4. (a) $p_{40} = 0{,}00014$.
   (b) $p_{30} + p_{31} + L + p_{39} = 0{,}02453$.
   (d) Número esperado de vagas ocupadas = $L_s - L_q = 20{,}043 - 0{,}046 \approx 20$.
   (f) Probabilidade de não achar uma vaga para estacionar = $1 - p_{n \leq 29} = 0{,}02467$. Número de estudantes que não conseguirão estacionar em um período de 8 horas é aproximadamente 4.

Conjunto 15.6g

2. (a) Aproximadamente 7 cadeiras.
   (b) $p_{n \geq 8} = 0{,}2911$.

Conjunto 15.6h

1. (b) Número médio de técnicos de manutenção ociosos = 2,01.
   (d) $P\{2 \text{ ou } 3 \text{ servidores ociosos}\} = p_0 + p_1 = 0{,}34492$.
4. (a) $L_s = 1{,}25$ máquina.
   (b) $p_0 = 0{,}33342$.
   (c) $W_s = 0{,}25$ hora.
6. $\lambda = 2$ chamadas por hora por bebê; $\mu = 0{,}5$ bebê por hora; $R = 5, K = 5$.
   (a) Número de bebês acordados = $5 - L_s = 1$ bebê.
   (b) $p_5 = 0{,}32768$.
   (c) $p_{n \leq 2} = 0{,}05792$.

Conjunto 15.7a

2. (a) $E\{t\} = 14$ minutos e $\text{var}\{t\} = 12$ minutos². $L_s = 7{,}8672$ carros.
4. $\lambda = 0{,}0625$ receitas por minuto; $E\{t\} = 15$ minutos, $\text{var}\{t\} = 9{,}33$ minutos².
   (a) $p_0 = 0{,}0625$.
   (b) $L_q = 7{,}3$ receitas.
   (c) $W_s = 132{,}17$ minutos.

Conjunto 15.9a

2. Use $(M/M/1):(GD/10/10)$. O custo por hora é \$ 431,50 para mecânico de manutenção 1 e \$ 386,50 para mecânico de manutenção 2.

4. (b) $\mu = \lambda + \sqrt{\frac{c_2 \lambda}{c_1}}$

(c) Taxa ótima de produção = 2.725 peças por hora.

Conjunto 15.9b

2. (a) Custo horário por hora é \$ 86,4 para dois mecânicos de manutenção e \$ 94,80 para três.
   (b) Perda programada por quebra = \$ 30 × W_s = \$ 121,11 para dois mecânicos de manutenção e \$ 94,62 para três.
4. Taxa de quebras por máquina, λ = 0,36125 por hora, μ = 10 por hora. Modelo $(M/M/3):(GD/20/20)$ dá L_s = 0,70529 máquina. Perda de receita = \$ 36,60 e custo de três mecânicos de manutenção = \$ 60.

Conjunto 15.9c

1. (a) Número de mecânicos de manutenção ≥ 5.
   (b) Número de mecânicos de manutenção ≥ 4.

CAPÍTULO 16

Conjunto 16.1a

4. (a) $P\{H\} = P\{T\} = 0{,}5$. Se $0 \le R \le 0{,}5$, Jim ganha \$ 10,00. Se $0{,}5 < R \le 1$, Jan ganha \$ 10,00.
7. Amostragem de tempo de espera: se $0 \le R \le 0{,}5$, $L = 1$ dia. Se $0{,}5 < R \le 1$, L = 2 dias. Demanda por dia de amostragem: se $0 \le R \le 0{,}2$, demanda = 0 unidade. Se $0{,}2 < R \le 0{,}9$, demanda = 1 unidade. Se $0{,}9 < R \le 1$, demanda = 2 unidades. Use um R para amostrar L. Se $L = 1$, use outro R para amostrar a demanda para um dia; caso contrário, se $L = 2$, use um R para gerar demanda para o dia 1 e então um outro R para gerar demanda para o dia 2.

Conjunto 16.2a

1. (a) Discreta.

Conjunto 16.3a

4. Veja a Figura C.15.

Figura C.15

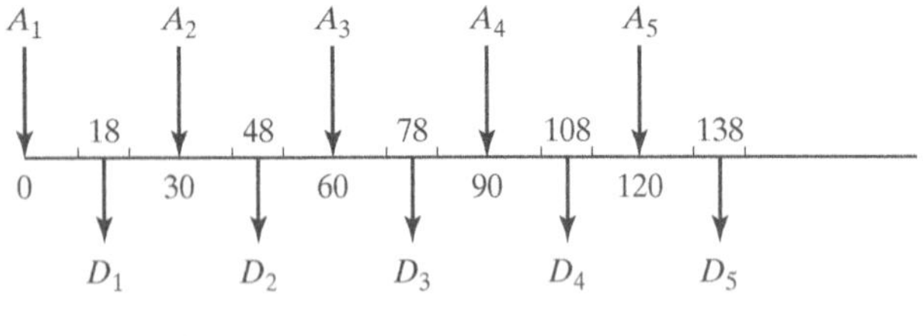

Conjunto 16.3b

1. $t = -\frac{1}{\lambda}\ln(1 - R)$, λ = 4 clientes por hora.

Cliente	R	t(h)	Tempo de chegada
1	—	—	0
2	0,0589	0,015176	0,015176
3	0,6733	0,279678	0,294855
4	0,4799	0,163434	0,458288

2. $t = a + (b - a)R$.
4. (a) $0 \le R < 0{,}2{:}d = 0$; $0{,}2 \le R < 0{,}5{:}d = 1$; $0{,}5 \le R < 0{,}9{:}d = 2$; $0{,}9 \le R \le 1{:}d = 3$.
9. Se $0 \le R \le p$, então $x = 0$; caso contrário, x = (Maior inteiro $\le \frac{\ln(1-R)}{\ln q}$).

Conjunto 16.3c

1. $y = -\frac{1}{5}\ln(0{,}0589 \times 0{,}6733 \times 0{,}4799 \times 0{,}9486) = 0{,}803$ hora.
6. $t = x_1 + x_2 + x_3 + x_4$, onde $x_i = 10 + 10R_i$, $i = 1, 2, 3, 4$.

Conjunto 16.4a

1. No Exemplo 16.4-1, comprimento do ciclo = 4. Com os novos parâmetros, a circularidade não era evidente até que 50 números aleatórios fosse m gerados. A conclusão é que a seleção judiciosa de parâmetros é importante.

Conjunto 16.5a

2. (a) Baseada em observação.
   (b) Baseada em tempo.
3. (a) 1,48 clientes.
   (b) 7,4 horas.

Conjunto 16.6a

2. Intervalo de confiança: $15{,}07 \le \mu \le 23{,}27$.

CAPÍTULO 17

Conjunto 17.1a

2. S1: Carro em patrulha
   S2: Carro que atende a uma chamada
   S3: Carro na cena de chamada
   S4: Prisão efetuada
   S5: Transporte para a delegacia de polícia

	S1	S2	S3	S4	S5
S1	0,4	0,6	0	0	0
S2	0,1	0,3	0,6	0	0
S3	0,1	0	0,5	0,4	0
S4	0,4	0	0	0	0,6
S5	1	0	0	0	0

Conjunto 17.2a

2. Probabilidades iniciais:

S1	S2	S3	S4	S5
0	0	1	0	0

Dados de entrada da cadeia de Markov:

	S1	S2	S3	S4	S5
S1	0,4	0,6	0	0	0
S2	0,1	0,3	0,6	0	0
S3	0,1	0	0,5	0,4	0
S4	0,4	0	0	0	0,6
S5	1	0	0	0	0

Resultado da matriz de transição ($\mathbf{P}^2$) (2 etapas ou 2 patrulhas)

	S1	S2	S3	S4	S5
S1	0,22	0,42	0,36	0	0
S2	0,13	0,15	0,48	0,24	0
S3	0,25	0,06	0,25	0,2	0,24
S4	0,76	0,24	0	0	0
S5	0,4	0,6	0	0	0

Probabilidades absolutas em 2 etapas = (0 0 1 0 0)$\mathbf{P}^2$

Estado	Absoluta (2 etapas)
S1	0,25
S2	0,06
S3	0,25
S4	0,2
S5	0,24

P\{prisão, S4, em 2 patrulhas\} = 0,2

Conjunto 17.3a

1. (a) Usando excelMarkovChains.xls, a cadeia é periódica com período 3.
(b) Os estados 1, 2 e 3 são transientes; o Estado 4 é absorvente.

Conjunto 17.4a

1. (a) Dados de entrada da cadeia de Markov:

	S	C	R
S	0,8	0,2	0
C	0,3	0,5	0,2
R	0,1	0,1	0,8

Probabilidades de estado no equilíbrio:
$(\pi_1, \pi_2, \pi_3) = (\pi_1, \pi_2, \pi_3)\mathbf{P}$
$\pi_1 + \pi_2 + \pi_3 = 1$

Resultados de saída

Estado	*Estado no equilíbrio*	*Tempo médio de retorno*
S	0,50	2,0
C	0,25	4,0
R	0,25	4,0

Receitas esperadas = 2 × 0,5 + 1,6 × 0,25 + 0,4 × 0,25 = \$ 1.500
(b) Dias ensolarados retornarão a cada $\mu_{SS} = 2$ dias — o que significa 2 dias seguidos sem sol.

5. (a) Dados de entrada da cadeia de Markov:

	nunca	às vezes	sempre
nunca	0,95	0,04	0,01
às vezes	0,06	0,9	0,04
sempre	0	0,1	0,9

(b)

Resultados de saída

Estado	*Estado no equilíbrio*	*Tempo médio de retorno*
nunca	0,441175	2,2666728
às vezes	0,367646	2,7200089
sempre	0,191176	5,2307892

44,12% nunca, 36,76% às vezes, 19,11% sempre
(c) Sonegação esperada de impostos/ano = 0,12(\$ 5.000 × 0,3676 + 12.000 × 0,1911) × 70.000.000 = \$ 34.711.641.097,07

14. (a) Estado = (i, j, k) = (Número no ano –2, Número no ano –1, Número no ano corrente), i, j, k = (0 ou 1)
Exemplo: (1-0-0) neste ano liga a (0-0-1) se um contrato for garantido para o próximo ano.

	0-0-0	1-0-0	0-1-0	0-0-1	1-1-0	1-0-1	0-1-1	1-1-1
0-0-0	0,1	0	0	0,9	0	0	0	0
1-0-0	0,2	0	0	0,8	0	0	0	0
0-1-0	0	0,2	0	0	0	0,8	0	0
0-0-1	0	0	0,2	0	0	0	0.8	0
1-1-0	0	0,3	0	0	0	0,7	0	0
1-0-1	0	0	0,3	0	0	0	0,7	0
0-1-1	0	0	0	0	0,3	0	0	0,7
1-1-1	0	0	0	0	0,5	0	0	0,5

(b)

Estado	Estado no equilíbrio
0-0-0	0,014859
1-0-0	0,066865
0-1-0	0,066865
0-0-1	0,066865
1-1-0	0,178306
1-0-1	0,178306
0-1-1	0,178306
1-1-1	0,249629

Número esperado de contratos em 3 anos
= 1(0,066865 + 0,066865 + 0,066865)
+ 2(0,178306 + 0,178306 + 0,178306)
+ 3(0,249629) = 2,01932

Número esperado de contratos/ano = 2,01932/3 = 0,67311

Conjunto 17.5a

1. (a) Probabilidades iniciais:

1	2	3	4	5
1	0	0	0	0

Cadeia de Markov de entrada:

1	2	3	4	5
0	0,3333	0,3333	0,3333	0
0,3333	0	0,3333	0	0,3333
0,3333	0,3333	0	0	0,3333
0,5	0	0	0	0,5
0	0,3333	0,3333	0,3333	0

Estado	Absoluta (3 etapas)	Estado no equilíbrio
1	0,07407	0,214286
2	0,2963	0,214286
3	0,2963	0,214286
4	0,25926	0,142857
5	**0,07407**	**0,214286**

(b) $a_5 = 0{,}07407$
(c) $\pi_5 = 0{,}214286$
(d) $\mu_{15} = 4{,}6666$

	$(\mathbf{I}-\mathbf{N})^{-1}$ 1	2	3	5	Mu
1	2	1	1	0,6667	4,6666
2	1	1,625	0,875	0,3333	3,8333
3	1	0,875	1,625	0,3333	3,8333
4	1	0,5	0,5	1,3333	3,3333

5. (a) Cadeia de Markov de entrada:

	A	B	C
A	0,75	0,1	0,15
B	0,2	0,75	0,05
C	0,125	0,125	0,75

(b)

Estado	Estado no equilíbrio
A	0,394737
B	0,307018
C	0,298246

A: 39,5%, B: 30,7%, C: 29,8%

(c)

	$(\mathbf{I}-\mathbf{N})^{-1}$ A	C		Mu B
A	5,71429	3,42857	A	**9,14286**
C	2,85714	5,71429	C	8,57143

	1	2		C
A	5,88235	2,35294	A	**8,23529**
B	4,70588	5,88235	B	1,5882

A → B: 9, 14 anos
A → C: 8, 23 anos

Conjunto 17.6a

2. (a) Estados: 1 semana, 2 semanas, 3 semanas, Biblioteca

Matriz **P**:

	1	2	3	biblioteca
1	0	0,3	0	0,7
2	0	0	0,1	0,9
3	0	0	0	1
biblioteca	0	0	0	1

(b)

	$(\mathbf{I}-\mathbf{N})^{-1}$ 1	2	3		Mu lib
1	1	0,3	0,03	1	1,33
2	0	1	0,01	2	1,1
3	0	0	1	3	1

Mantenho 1 livro 1,33 semanas em média.

8. (a)

Matriz P:

	1	2	3	4	F
1	0,2	0,8	0	0	0
2	0	0,22	0,78	0	0
3	0	0	0,25	0,75	0
4	0	0	0	0,3	0,7
F	0	0	0	0	1

(b)

	$(\mathbf{I}-\mathbf{N})^{-1}$ 1	2	3	4		Mu F
1	1,25	1,282	1,333	1,429	1	5,29
2	0	1,282	1,333	1,429	2	4,04
3	0	0	1,333	1,429	3	2,76
4	0	0	0	1,429	4	1,43

(c) Para poder cursar Cálculo II, o estudante deve terminar em 16 semanas (4 transições) ou menos. Número médio de transições necessárias = 5,29. Em conseqüência, um estudante médio não conseguirá terminar Cálculo I a tempo.
(d) Não, pela resposta em (c).

10. (a) estados: 0, 1, 2, 3, D (eliminar)

Matriz **P**:

	0	1	2	3	D
0	0,5	0,5	0	0	0
1	0,4	0	0,6	0	0
2	0,3	0	0	0,7	0
3	0,2	0	0	0	0,8
D	0	0	0	0	1

(b) Um novo cliente fica 12 anos na lista.

	$(\mathbf{I}-\mathbf{N})^{-1}$ 0	1	2	3		Mu D
0	5,952	2,976	1,786	1,25	0	12
1	3,952	2,976	1,786	1,25	1	9,96
2	2,619	1,31	1,786	1,25	2	6.96
3	1,19	0,595	0,357	1,25	3	3,39

(c) 6,96 anos.

CAPÍTULO 18

Conjunto 18.1a

1. (a) Nenhum ponto estacionário.
   (b) Mínimo em $x = 0$.
   (e) Ponto de inflexão em $x = 0$, mínimo em $x = 0{,}63$ e máximo em $x = -0{,}63$.
4. $(x_1, x_2) = (-1, 1)$ ou $(2, 4)$.

Conjunto 18.2a

1. (b) $(\partial x_1, \partial x_2) = (2{,}83, -2{,}5)\partial x_2$

Conjunto 18.2b

3. Condições necessárias: $2\left(x_i - \frac{x_n^2}{x_i}\right) = 0,\ i = 1, 2, \ldots, n - 1$. A solução é $x_j = \sqrt[n]{C}, i = 1, 2, \ldots, n$, $\partial f = 2\delta\sqrt[n]{C^{2-n}}$.
6. (b) Solução $(x_1, x_2, x_3, x_4) = \left(-\frac{5}{74}, -\frac{10}{74}, \frac{155}{74}, \frac{60}{74}\right)$, que é um ponto mínimo.

Conjunto 18.2c

2. Pontos de mínimos: $(x_1, x_2, x_3) = (-14{,}4; 4{,}56; -1{,}44)$ e $(4{,}4; 0{,}44; 0{,}44)$.

CAPÍTULO 19

Conjunto 19.1a

2. (c) $x = 2{,}5$, alcançado com $\Delta = 0{,}000001$.
   (e) $x = 2$, alcançado com $\Delta = 0{,}000001$.

Conjunto 19.1b

1. Por expansão de Taylor, $\nabla f(\mathbf{X}) = \nabla f(\mathbf{X}^0) + \mathbf{H}(\mathbf{X} - \mathbf{X}^0)$. A hessiana $\mathbf{H}$ é independente de $\mathbf{X}$ porque $f(\mathbf{X})$ é quadrática. Além disso, a expressão dada é exata porque derivadas de ordens mais altas são iguais a zero. Assim, $\nabla f(\mathbf{X}) = \mathbf{0}$ dá $\mathbf{X} = \mathbf{X}^0 - \mathbf{H}^{-1}\nabla f(\mathbf{X}^0)$. Como $\mathbf{X}$ satisfaz $\nabla f(\mathbf{X}) = \mathbf{0}$, $\mathbf{X}$ deve ser ótima independentemente da escolha de $\mathbf{X}^0$ inicial.

Conjunto 19.2a

2. Solução ótima: $x_1 = 0, x_2 = 3, z = 17$.
4. Seja $w_j = x_j + 1, j = 1, 2, 3$, $v_1 = w_1w_2$, $v_2 = w_1w_3$. Então,
   Maximizar $z = v_1 + v_2 - 2w_1 - w_2 + 1$
   sujeito a $v_1 + v_2 - 2w_1 - w_2 \leq 9$, $\ln v_1 - \ln w_1 - \ln w_2 = 0$,
   $\ln v_2 - \ln w_1 - \ln w_3 = 0$, todas as variáveis são não negativas.

Conjunto 19.2b

1. Solução: $x_1 = 1, x_2 = 0, z = 4$.
2. Solução: $x_1 = 0; x_2 = 0{,}4; x_3 = 0{,}7; z = -2{,}35$.

Conjunto 19.2c

1. Maximizar $z = x_1 + 2x_2 + 5x_3$
   sujeito a $2x_1 + 3x_2 + 5x_3 + 1{,}28y \leq 10$
   $9x_1^2 + 16x_3^2 - y^2 = 0$
   $7x_1 + 5x_2 + x_3 \leq 12{,}4$, $x_1, x_2, x_3, y \geq 0$

APÊNDICE A

Conjunto A.3a

1.
```
rest{i in 1..n}:(if i<=n-1 then x[i]+x[i+1]
else x[1]+x[n])>=c[i];
```

Conjunto A.4a

2. Veja arquivo A.4a-2.txt.

Conjunto A.5a

2. Dados para `unitprofit` devem ser relidos quatro vezes com ordem convoluta de elementos de dados

```
24  5  6  4  4
 6  5  1  4  2
 1  5 -1  4  1
 2  5  0  4  1
```

Conjunto A.5c

1. Resultará em erro porque membros dos conjuntos `paint` e `resource` não podem ser lidos da tabela com dois índices `RMaij`.

Índice remissivo

I

J

K

L

M

N

O

P

Q

R

Marcas registradas

AMPL é uma marca registrada da AMPL Optimization, LLC, 900 Sierra Pl. SE, Albuquerque, NM 87108-3379.

CPLEX é uma marca registrada da ILOG, Inc., 1080 Linda Vista Ave., Mountain View, CA 94043.

KNITRO é uma marca registrada da Ziena Optimization Inc., 1801 Maple Ave., Evanston, IL 60201.

LOQO é uma marca registrada da Princeton University, Princeton, NJ 08544.

Microsoft, Windows e Excel são marcas registradas da Microsoft Corporation nos Estados Unidos e/ou outros países.
MINOS é uma marca registrada da Stanford University, Stanford, CA 94305.

Solver é uma marca registrada da Frontline Systems, Inc., 7617 Little River Turnpike, Suite 960, Annandale, VA 22003.

TORA é uma marca registrada da SimTec, Inc., P.O. Box 3492, Fayetteville, AR 72702.

Observação: outros nomes de produtos e empresas citados neste livro podem ser marcas registradas ou marcas comerciais registradas de seus respectivos proprietários nos Estados Unidos e/ou outros países.

Sobre o autor

Hamdy A. Taha é professor emérito de Engenharia Industrial na University of Arkansas, onde lecionou e realizou estudos sobre pesquisa de operações e simulação. É autor de três outros livros sobre programação inteira e simulação, e suas obras foram traduzidas para os idiomas malaio, chinês, coreano, espanhol, japonês, russo, turco e indonésio. É também autor de vários capítulos de livros e seus artigos técnicos foram publicados em diversas mídias, como *European Journal of Operations Research, IEEE Transactions on Reliability, IIE Transactions, Interfaces, Management Science, Naval Research Logistics Quarterly, Operations Research* e *Simulation*.

O professor Taha recebeu os prêmios Alumni Award por excelência em pesquisa e o Nadine Baum Award por excelência de ensino destinado ao âmbito universitário, ambos pela University of Arkansas, e vários outros prêmios por pesquisa e ensino do College of Engineering, University of Arkansas. Também foi nomeado Senior Fulbright Scholar da Carlos III University, Madrid, Espanha. É fluente em três idiomas e ocupou cargos de ensino e consultoria na Europa, México e Oriente Médio.